Do what you can, with what you have, where you are.

- Theodore Roosevelt -

객관식 경영학

머리말

　이 책은 대한민국에서 치러지는 각종 경영학 객관식 시험을 준비하시는 수험생분들을 위한 연습문제집입니다. 이 책으로 대비 가능한 시험유형은 공사·공단시험, 공인노무사, 국가직 7급공무원(감사직), 지방직 공무원, 군무원 5급·7급·9급(군수직), 경영지도사, 가맹거래사, 각종 기업의 입사 및 승진시험 등입니다. 이 책은 정식으로 출간되기 전 가제본 형태의 '600제'로 처음 선을 보인 이후 초판에서는 '700제'로 문항수를 보강하였고, 제2판의 '1000제'를 거쳐 제3판에서는 '1200제'로 확대 개정하였습니다. 제4판에서부터 제9판에 이르기까지 매년 평균 200여개의 문항이 각각 추가되어 제9판 기준으로는 도합 2400여개가 넘는 문제들로 구성된 국내 최다문항 규모의 교재로 거듭났습니다. 그러다 보니 지나치게 많은 문항수와 두꺼운 교재의 무게로 불편함을 호소하시는 수험생분들이 많아졌습니다. 이제는 분량의 다이어트를 시도해야 할 시점이라 판단하였기에 이번 제10판에서는 2024년 7월까지 치러진 다양한 국가시험의 기출문제(약 180여 문항)를 추가하되, 지나치게 출제빈도가 낮은 지엽적 문항, 필요이상으로 어려운 고난도 문제들을 제거하여 결과적으로 2,000여 문항으로 구성함으로써 (전판 대비) 교재의 분량을 20%가량 줄였습니다.

　수록된 문제들은 모두 최신의 기출문제들로 구성하였으며, 출제오류가 있거나 수십년만에 한 번 출제되는 정도의 지엽적인 문항을 제외하고는 웬만한 기출문제를 모두 수록하여 독자 여러분들께서 실전의 난이도와 출제경향을 함께 파악하실 수 있도록 하였습니다. 시중에 이미 많은 수의 경영학 문제집들이 있기에 거기에 비슷한 책 한권을 더 추가하여 수험생 여러분들께 혼란을 드리고 싶지 않았습니다. 따라서 이 책을 쓰는 과정에서 다음과 같은 몇 가지의 특징이 부각될 수 있도록 신경을 썼습니다.

- 역대 기출문제를 분석하여 가능한 한 가장 세분화된 유사출제주제(본문의 TOPIC)들로 묶었습니다. 대부분의 객관식 문제집들이 적게는 5개, 많아도 30개 정도의 출제주제들로 단원을 나누는데 비해 이 책에서는 71개의 주제별로 기출문제들을 나누어 수록하였습니다. 이는 문제를 푸는 과정에서 해당 TOPIC에 관한 충실한 학습이 이루어질 수 있도록 하기 위함입니다.
- 전판과 마찬가지로 대부분의 수험생분들이 학습에 애로를 겪는 회계학과 재무관리 분야에서는 〈필수〉 문항을 별도로 표시하였습니다. 이 분야를 아예 포기하거나 막막해하시는 분들이 더러 계신데, 제가 〈필수〉로 표시한 문항만이라도 반복숙지해 주시면 전체 기출문제의 60~70%는 득점이 가능할 것입니다.
- 해설을 충실히 수록하였습니다. 별도로 기본서를 찾아보실 필요가 가급적 없도록 하기 위해 해설부분을 문제관련 이론요약에 해당하는 〈요점정리〉와 정답에 대한 설명이 들어가는 〈해설〉, 정답이 아닌 나머지 선택지(보기)들을 설명하는 〈추가해설〉 등으로 구분하였습니다.
- 각 TOPIC은 평균 25개 정도의 문항들로 구성되며, 이들 문항들은 시험종류별로(예, 7급공무원 문제들과 공인노무사 문제들을 따로) 분류하는 것이 아니라 내용의 유사성·동일성에 따라 서로 묶어 배치하였습니다. 따라서 수험생 여러분들께서는 문제를 푸는 과정에서 특정 내용항목에 대한 반복학습을 충분히 하실 수 있을 것입니다.
- 각 TOPIC의 첫 페이지에는 해당 주제에 대한 이론요약을 배치했습니다. 이 요약 페이지들만 따로 모으면 일종의 서브노트가 될 수 있도록 내용요약의 충실함에도 신경을 썼습니다.

이 책으로 시험을 준비하시는 분들께 다음과 같은 학습방법을 권해 드립니다.

첫째, 반드시 책의 단원 순서대로 문제를 풀 필요는 없고 스스로 취약하다고 생각하는 분야나 집중적 정리가 필요하다고 느껴지는 분야를 먼저 학습하시면 됩니다. 다만 하나의 TOPIC 내에서는 가급적 문항순서대로 푸시는 것이 좋습니다. 가장 기본이 되는 개념을 적용하는 문제부터 시작하여 해당 개념이 심화, 응용, 확장되는 문제의 순으로 배열하였기 때문입니다.

둘째, 문제의 해설을 보지 말고 먼저 풀어본 다음, 해설을 보면서 정답인 것과 오답인 것들을 추려 각각 그 이유를 음미해 보실 것을 권합니다. 경영학 시험에서는 유사한 지문이 반복되어 출제되는 경우가 종종 있기에 정답과 오답을 가려 숙지해 둔다면 실전에서 시간을 절약할 수 있을 것이라 생각합니다.

셋째, 다독할 것을 권합니다. 객관식 시험의 특성상 한 문제당 푸는 시간을 줄이는 것이 유리하므로 자주 반복해서 눈에 문제와 지문을 익혀둘 필요가 있습니다. 이 과정에서 쉽게 풀리는 문제는 넘어가되 잘 풀리지 않거나 반복해서 틀리는 문제는 별도로 표시해 두는 것이 좋습니다. 틀릴 때마다 표시를 해 둔다면 시험이 임박한 시점에서 본인이 많은 표시를 해 둔 문제를 중심으로 복습하면 되기 때문에 최종정리에 매우 유용합니다.

넷째, 자신이 준비하는 시험의 종류에 따라 집중적으로 출제되는 단원(● 표시)과 출제비중이 적은 단원(▲ 표시)이 있음에 유의해야 합니다. 현재까지의 출제경향을 정리한 다음 표를 보면서 수험의 강약을 조절하는 것이 좋습니다.

	일반 공기업	금융 공기업	7급 감사직	군무원	공인노무사	경영지도사	가맹거래사
제1편 서론	●	●	●	●	●	●	●
제2편 조직행동론	●	●	●	●	●	●	●
제3편 인적자원관리론	●	●	●	●	●	●	●
제4편 전략과 글로벌경영	●	●	●	●	●	●	●
제5편 마케팅관리론	●	●	●	●	●	●	●
제6편 생산운영관리론	●	●	●	●	●	●	●
제7편 회계학	●	▲*	▲*	▲	●	▲	●
제8편 재무관리론	●	▲*	●	●	●	▲	●
제9편 경영정보시스템론	●	●		●	●	▲	●

(*별도 과목으로 편성되므로 추가적인 내용학습과 문제풀이가 요망되는 영역)

책의 출간 과정에서 많은 분들의 도움을 받았습니다. 항상 좋은 책을 위해 성심성의껏 노력해 주시는 ㈜북포레의 진하준 대표님께 깊이 감사드립니다. 각종 강의일정을 조율해 주시고 책의 출간을 독려해 주신 학원 관계자분들, 전판으로 공부하며 다양한 피드백을 제공해 준 여러 수강생분들과 합격자분들께도 감사의 말씀을 드립니다. 무엇보다 이 책은 늘 강의와 원고작업에 바쁜 저를 마음으로 이해해주고 진심으로 응원해주는 아내의 헌신적 사랑과 아빠에게 에너지가 되어주는 귀염둥이 두 아들 덕분에 탄생할 수 있었습니다. 이 자리를 빌려 사랑과 감사의 마음을 전합니다. 끝으로 이 책으로 공부하시는 모든 분들의 건강과 합격, 그리고 행복을 진심으로 기원합니다.

2024년 추석연휴 마지막 날에
경영학박사 최중락

차 례

일러두기

제6판에서 추가된 2020년 기출문제들은 문제 번호에 A, B, C로 표기했습니다.
제7판에서 추가된 2021년 기출문제들은 문제 번호에 D, E로 표기했습니다.
제8판에서 추가된 2022년 기출문제들은 문제 번호에 F, G, H로 표기했습니다.
제9판에서 추가된 2023년 기출문제들은 문제 번호에 J, K, L로 표기했습니다.

제10판에서 '추가'된 2024년 기출문제들은 문제 번호에 M, N으로 표기했습니다.
(단, 기존 문제를 삭제하고 '대체'된 2024년 기출문제들은 기존 문제 번호를 따랐습니다.)

서 론

기업과 경영

TOPIC 01

1. 기업과 가치사슬

1) 기업: 영리를 목적으로 하여 형성된 조직 → 소유와 경영의 분리, 영리 획득, 계속기업

2) 가치사슬 접근: M. Porter ← 기업의 주요 활동내용들을 체계적으로 정리

　① 운영활동(본원적 활동): 수송·운송, 생산 및 운영, 마케팅, 사후지원 및 서비스

　② 지원활동: 조달(procurement), 인프라, 인적자원관리, R&D, 재무·회계, 전략

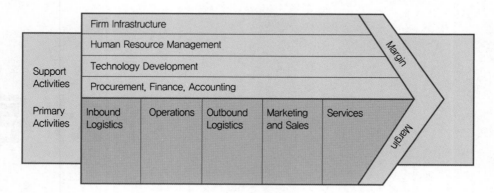

2. 조직의 목표 : 조직효과성

1) 개념: 조직이 목표를 달성하는 정도

2) 측정지표: 목표 접근법, 내부과정 접근법, 자원기준 접근법, 이해관계자 접근법

3) 효율성: 투입한 자원의 양에 대비하여 조직이 산출해 내는 결과물의 비율(효과성의 하위개념)

　① 수익성 $= \dfrac{\text{이익}}{\text{투자된 자본}}$ (경제성과 유사한 개념)

　② 생산성 $= \dfrac{\text{산출량(output)}}{\text{투입량(input)}}$ ，노동생산성 $= \dfrac{\text{산출량}}{\text{노동투입량}}$ ，자본생산성 $= \dfrac{\text{산출량}}{\text{자본투입량}}$

3. 기업지배구조(corporate governance)

1) 주주 자본주의: 기업의 주인은 주주 → 본인－대리인 문제 발생 → 방지장치(예 스톡옵션) 필요

2) 이해관계자 자본주의: 기업은 다양한 이해관계자의 연합 → 사회적 책임 강조

4. 기업집중(business concentration)

1) 집중의 동기: 경쟁의 배제, 생산성의 향상(시너지), 타 기업의 지배

2) 형태: 카르텔(신사협정), 트러스트(합병), 콘체른(수평/수직적 결합), 콤비나트(집적이익의 추구), 콩그로머레이트(재벌의 형태), 지주회사(콘체른과 유사)

01-1 ☑☐☐☐   2024 군무원 5급

다음 중 국민경제의 순환과정에 대한 설명으로 가장 적절하지 않은 것은?

① 가계, 기업, 정부가 주요 주체이다.
② 기업은 가계가 제공하는 노동력을 소비하는 소비주체이다.
③ 가계가 기업에 제공하는 노동력의 대가로 기업은 임금을 지불한다.
④ 임금은 가계소득의 원천 중의 하나가 된다.

해설 사실 이 문제는 경제원론에 해당하는 내용의 문제이다. 왜 이 문제를 경영학 문제로 출제하였는지 모르겠다.
① [O] 경제활동을 수행하는 주체로는 가계, 기업, 정부, 해외 등이 있다.
② [×] 노동공급 주체는 가계이고, 노동수요 주체는 기업이다. 그러면 맞는 선지 아닌가? 핵심은 '소비주체'에 있다. 기업은 생산주체이며, 소비주체는 가계가 된다. (치사한 문제라고 생각한다)
③ [O] 가계 구성원들이 취업하여 노동자가 되므로 옳은 선지이다.
④ [O] 노동자들이 기업으로부터 수령하는 임금은 가계소득의 가장 주된 원천 중 하나이다.
정답 ②

01-2 ☑☐☐☐   2014 경영지도사

기업을 둘러싼 환경에 관한 설명으로 옳지 않은 것은?

① 경제적 환경의 구체적 내용으로 경제체제, 경제상황, 국가경제규모, 재정, 금융정책 등이 있다.
② 기업의 환경을 내부환경과 외부환경으로 구분했을 때 주주는 외부환경에 속한다.
③ 기업의 간접환경(일반환경)에는 정치·법률적 환경, 경제적 환경, 기술적 환경, 사회·문화적 환경 등이 있다.
④ 기업에 노동력을 공급하는 종업원도 기업의 환경요인 중 하나이다.
⑤ 기업의 경쟁자나 부품 공급자는 직접환경(과업환경) 요인이다.

해설 대개 기업이 스스로 변경하기 어려운 요소는 외부환경

요인에 해당하며, 이를 거시환경요인 또는 간접환경요인이라 부르기도 한다. 흔히 정치, 경제, 사회문화, 기술적 변동요소들이 이에 포함된다.
주주는 기업의 내부 구성원이므로 내부환경이라 할 수 있다.
정답 ②

01-2M ☑☐☐☐   2024 경영지도사

기업과 경영에 관한 일반적인 설명으로 옳지 않은 것은?

① 기업 규모의 거대화에 따른 경영의 전문화와 자본의 분산 등으로 인해 소유와 경영의 분리 필요성이 제기되었다.
② 기업이 성장 또는 발달함에 따라 요구되는 경영자의 역할도 달라질 수 있다.
③ 기업지배구조(corporate governance)는 통상 기업 내부의 의사결정시스템, 이사회 및 감사의 역할과 기능, 경영자와 주주의 관계 등을 총칭하는 것이다.
④ 기업의 대주주, 임직원 또는 특수관계인은 그 기업의 사외이사로 선임될 수 없다.
⑤ 경영자원은 유형, 무형, 인적 자원으로 구분되며, 금융자산과 기계 등 유형의 자원이 기업의 지속적인 경쟁우위 확보·유지에 가장 중요한 자원이다.

해설 ① [O] 기업 규모가 커지면서 분업(=전문화)과 소액주주의 등장(=자본의 분산) 등의 특징이 나타나게 되었다. 따라서 지분을 소유하는 주주들이 직접 경영에 참여하는 것이 사실상 불가능해짐에 따라 전문경영인 시스템이 필요하게 되었고, 그 결과 소유와 경영이 분리되었다.
② [O] 앞의 선지 ①에 따르면 소규모기업과 대규모기업에서는 경영자가 수행하는 의사결정의 내용이나 경영자에게 요청되는 전문성의 수준이 달라진다.
③ [O] 지배구조는 일반적으로 기업의 주인이 누구인지에 관한 용어이다. 그러나 이를 넓게 해석하면 의사결정의 내용과 주요 이해관계자(stakeholder)들간의 역학관계를 모두 포괄하는 의미가 된다.
④ [O] 상법 제542조의8(사외이사의 선임)에 규정된 내용이므로 옳다.
⑤ [×] 기업의 지속적인 경쟁우위에 기여하는 중요한 자원은 인적자원이라 할 수 있다. 오라일리(O'Reilly)와 페퍼(Pfeffer)는 그의 저서 『숨겨진 가치(Hidden value)』에서 인적자원(human resource)이 기업의 가장 중요한 생산요소라고 주장하였는데

그 주된 이유는 인적자원이야말로 다른 생산요소(예, 토지, 자본 등)와는 차별화된 가치를 기업에 제공해 주기 때문이다.

정답 ⑤

01-3 ☑☐☐☐

2011 7급공무원 우책형

대기업과 중소기업의 관계에 대한 설명으로 옳지 않은 것은?

① 대기업이 분사(分社)를 통해 사실상의 자회사를 만들어 중소기업 영역에서 직접 운영하는 경우, 경제력이 분산되어 사회적 폐해가 줄어든다.

② 하도급계약 불이행은 대표적 불공정거래의 하나이고, 이로 인해 중소기업의 경영난이 가중된다.

③ 대기업 위주의 경제정책은 부작용과 경제적 불균형을 초래할 수 있으므로 중소기업 육성정책이 지속적으로 확대되어야 한다.

④ 대기업에 비하여 우리나라 중소기업 경쟁력이 저하된 중요한 이유 중 하나는 중소기업에 대한 사회의 경시풍조이다.

해설〉 중소기업이 잘 할 수 있는 영역에까지 대기업이 진출하는 현상은 사회적으로 결코 바람직하다고 보기 힘들다.

추가해설〉 ② 하도급은 특정 기업이 자신의 업무를 다른 기업이 대신 수행하도록 계약을 맺고 그에 대한 대가를 지불하는 업무방식이다. 보통 대기업이 중소기업에 업무를 위탁하는 경우가 많은데, 이 때 대기업이 우월한 지위를 남용하여 대금지급을 미루거나 과도한 업무량을 떠넘기는 소위 갑(甲)질 논란이 일게 된다. 이는 중소기업의 경영난을 심화시키는 원인이 된다.
③ 우리나라 정부는 지금까지 주로 대기업 위주의 경제정책을 수립하고 있었기에, 최근 '공정성장' 내지는 '경제민주화' 등의 구호를 통해 대기업과 중소기업의 병행발전이 필요하다는 시각이 대두되고 있다.
④ 당장 우리부터도 중소기업보다는 대기업에 취업하여 보다 높은 연봉과 생활수준을 누리려는 생각을 하고 있지 않은가?

정답 ①

01-4 ☑☐☐☐

2019 경영지도사

다음에서 공통으로 설명하는 경영개념은?

- 원재료 유입에서 최종 소비자에게 완제품 전달까지 각 단계에서 가치를 부가하는 일련의 조직적 작업 활동이다.
- 기업의 원가 또는 차별화 우위를 형성할 수 있는 요소들을 파악하여 경쟁우위 원천을 찾을 수 있다.

① benchmarking ② division of labor
③ just in time ④ reengineering
⑤ value chain

해설〉 하버드 대학의 마이클 포터가 창안한 가치사슬(value chain)은 원재료 투입에서 최종 소비자에게 완제품을 전달하기까지 각 단계에서 가치를 부가(add)하는 일련의 조직적 작업활동을 지칭하며, 기업은 가치사슬의 분석을 통해 원가 또는 차별화 우위(제8장 참조)를 형성할 수 있는 요소들을 파악하여 경쟁우위 원천을 찾아낼 수 있다.

추가해설〉 ①은 벤치마킹, ②는 노동의 분업, ③은 적시생산시스템, ④는 비즈니스 프로세스의 리엔지니어링을 뜻한다.

정답 ⑤

01-4F ☑☐☐☐

2022 가맹거래사

포터(M. Porter)의 가치사슬 활동을 순서대로 나열한 것은?

① 구매활동 → 생산활동 → 물류활동 → 서비스활동 → 판매 및 마케팅활동

② 구매활동 → 물류활동 → 생산활동 → 판매 및 마케팅활동 → 서비스활동

③ 구매활동 → 생산활동 → 물류활동 → 판매 및 마케팅활동 → 서비스활동

④ 구매활동 → 물류활동 → 생산활동 → 서비스활동 → 판매 및 마케팅활동

⑤ 구매활동 → 생산활동 → 판매 및 마케팅활동 → 물류활동 → 서비스활동

해설〉 단순하게 생각하면 쉽다. 원자재를 〈구매〉하여 〈생산〉

한 다음에는 운송을 해야 하니 〈물류〉가 다음에 온다. 만든 물건을 〈판매〉하고 이후에 부가적인 〈서비스〉를 제공한다.

정답 ③

01-5 ☑▢▢▢   2015 공인노무사

포터(M. Porter)의 가치사슬모델에서 주요 활동에 해당하지 않은 것은?

① 운영·제조   ② 입고·출고
③ 고객서비스   ④ 영업·마케팅
⑤ 인적자원관리

요점정리 • 운영활동(주요활동): 수송·운송, 생산 및 운영, 마케팅, 사후지원 및 서비스
• 지원활동(보조활동): 조달(procurement), 기반시설 관리, 인적자원관리, R&D, 재무·회계, 전략

해설 ①은 생산에, ②는 수송과 운송 기능에, ③은 서비스, ④는 마케팅 활동이므로 모두 주요활동에 포함된다.

정답 ⑤

01-6 ☑▢▢▢   2013 7급공무원 인책형

포터(M. Porter)가 기업의 가치 분석 틀로 제시한 가치사슬(value chain) 중 본원적 활동(primary activities)에 해당하지 않는 것은?

① 서비스(service)
② 마케팅 및 판매(marketing & sales)
③ 물류투입활동(inbound logistics)
④ 인적자원관리(human resource management)

해설
• 본원적(운영) 활동: 수송·운송(물류), 생산 및 운영, 마케팅, 사후지원 및 서비스
• 지원적(보조) 활동: 조달(procurement), 기반시설 관리, 인적자원관리, R&D, 재무·회계, 전략

정답 ④

01-7 ☑▢▢▢   2013 경영지도사

포터(M. Porter)의 가치사슬(value chain) 분석에서 본원적 활동에 해당되지 않는 것은?

① 구매   ② 물류
③ 서비스   ④ 연구개발
⑤ 마케팅

해설
• 운영활동: 수송·운송, 생산 및 운영, 마케팅, 사후지원 및 서비스
• 지원활동: 조달(procurement), 기반시설 관리, 인적자원관리, 연구개발(R&D), 재무·회계, 전략

정답 ④

01-7D ☑▢▢▢   2021 군무원 9급

가치사슬 분석에서 본원적 주된 활동에 해당하지 않는 것은?

① 구매   ② 생산
③ 판매   ④ 연구개발

해설 선지 ④의 연구개발과 인적자원관리는 전형적인 지원활동이다. 선지 ①의 구매는 원재료구매, 즉 영문으로 inbound logistics를 표현하는 경우에는 본원활동이 되지만, 일반적인 구매활동이라면 지원활동으로 분류한다. 따라서 본 문제는 선지 ①과 ④ 모두 정답으로 인정되었다.

정답 ①, ④

01-8 ☑▢▢▢   2015 경영지도사

포터(M. E. Porter)의 가치사슬모형에서 기업의 본원적 활동이 아닌 것은?

① 원부자재 구매활동   ② 서비스 활동
③ 생산활동   ④ 물류활동
⑤ 인적자원관리 활동

해설
• 운영활동(본원활동): 수송·운송, 생산 및 운영, 마케팅, 사후지원 및 서비스

• 지원활동(보조활동): 조달(procurement), 기반시설 관리, 인적자원관리, 연구개발(R&D), 재무·회계, 전략

추가해설 ① 원부자재는 원재료와 부자재를 포함하는 것인데, 여기서 원재료의 수송은 본원활동에 속한다.

정답 ⑤

01-9 ☑□□□　2018 경영지도사

포터(M. E. Porter)가 제시한 가치사슬(value chain)에서 주 활동 부문(primary activities)에 해당하지 않는 것은?

① 구매활동　　② 생산활동
③ 인적자원관리활동　　④ 물류활동
⑤ 서비스활동

해설 구매와 생산 및 물류와 서비스 활동은 주활동이며, 인적자원관리와 연구개발 및 조달 등은 지원부분(support activities)에 해당한다.

정답 ③

01-9A ☑□□□　2019 상반기 군무원 복원

다음 중 마이클 포터(M. Porter)의 가치사슬에서 지원활동(supporting activity)에 해당하지 않는 것은?

① 인프라 기반시설 관리
② 기술개발(R&D)
③ 제품의 사후 지원(A/S)
④ 인적자원관리

해설 제품 사후 지원은 서비스활동에 해당하며 이는 운영활동에 속한다.

지원 (보조) 활동	인프라(기업 하부구조)				
	인적자원관리(인사관리)				
	기술 개발(R&D)				
	구매와 조달(procurement), 회계, 재무관리				
운영 (본원) 활동	투입 측면의 물류활동	생산과 운영	산출 측면의 물류활동	마케팅과 판매 및 영업	서비스 활동

정답 ③

01-9B ☑□□□　2020 공인노무사

포터(M. Porter)의 가치사슬(value chain)모델에서 주요활동(primary activities)에 해당하는 것은?

① 인적자원관리　　② 기획·재무
③ 서비스　　④ 법률자문
⑤ 기술개발

해설
• 주요활동: 생산관리, 마케팅관리, 물류활동, 서비스(③) 등
• 지원활동: 인적자원관리(①), 재무관리(②), 법률(④), 연구개발(⑤), 회계 등

정답 ③

01-9D ☑□□□　2021 군무원 7급

포터의 가치사슬 모형에 대한 설명으로 옳지 않은 것은?

① 직접적으로 이윤을 창출하는 활동을 기간활동(primary activities)이라 한다.
② 가치 사슬은 다른 기업과 연계될 수 없다.
③ 판매 후 서비스 활동은 하류(downstream) 가치사슬에 포함된다.
④ 기업의 하부 구조는 보조 활동(support activities)에 포함된다.

해설 ① [○] primary activity는 대개 '운영활동' 내지 '본원활동'으로 번역하는 경우가 대부분이지만, 본 선지에서는 기업활동의 근간을 이룬다는 의미의 '기간활동'으로 번역했고, 맞는 말이다.
② [×] 틀린 설명이다. 가치사슬상의 모든 활동을 한 기업이 모두 수행하는 경우가 오히려 드물다. 즉 원료의 구매와 수송, 생산, 물류, 마케팅, 서비스 등이 각기 다른 기업에 의해 수행되는 경우가 더 많다는 것이다. 외주업체나 협력업체 등의 존재가 본 선지에 대한 반례라 할 수 있다.
③ [○] 상류와 하류의 구분은 특정 기업의 활동을 기준으로 그 다음 단계인 경우를 하류, 이전 단계인 경우를 상류라 한다. 판매 후 서비스는 판매기업 입장에서는 하류 활동이 된다.
④ [○] 하부 구조는 영어로 infrastructure, 즉 인프라(건물, 기계장비 등)에 대한 관리활동을 뜻한다. 이는 대표적인 지원활동이다.

01-10 ☑□□□　　　　　　　　2024 경영지도사

포터(M. Porter)의 가치사슬에서 지원활동에 해당하지 않는 것은?

① 조달　　　　　　② 서비스
③ 인적자원 관리　　④ 기업 인프라
⑤ 기술 개발

해설 지원활동(support activity)은 기업활동에 필요한 각종 소모품과 작업도구 등의 조달(procurement, ①), 기업의 기반시설에 대한 관리(기업 하부구조 관리, infrastructure management, ④), 기업을 구성하는 사람들에 대한 관리(인적자원관리, human resource management, ③), 기술의 연구와 개발(research and development, R&D, ⑤), 재무와 회계기능의 관리, 경영전략의 수립 등을 포함한다. 선지 ②의 서비스는 본원활동(primary activity)에 해당한다.

정답 ②

01-11 ☑□□□

다음 기업의 활동들 가운데 주요활동(primary activity)에 해당하지 않는 것들을 모두 고르면?

> a. 기업의 외부로부터 자원을 수송하는 기능
> b. 각종 소모품의 조달 기능
> c. 기업을 구성하는 사람들의 동기부여 활동
> d. 기술의 연구와 개발 활동
> e. 재화와 용역에 대한 사후적 지원 기능

① a, b, c　　　　　② b, c, d
③ c, d, e　　　　　④ a, d, e
⑤ b, d, e

해설 a는 물류, b는 조달, c는 인적자원관리, d는 연구·개발, e는 AS기능 등을 각각 뜻하며, 이 중 a와 e가 주요활동에 해당하고 나머지는 모두 지원활동에 해당한다.

정답 ②

01-12 ☑□□□　　　　　　　　2017 경영지도사

기업이 어떤 일을 하는지, 기업이 제품이나 서비스를 어떻게 전달하는지에 대한 개념적 설명을 기업이 부를 창출하는 방법과 함께 묘사한 것은?

① 비즈니스 생태계(business ecosystem)
② 비즈니스 동인(business driver)
③ 비즈니스 모델(business model)
④ 비즈니스 성과관리(business performance management)
⑤ 비즈니스 인텔리전스(business intelligence)

해설 기업이 제품과 서비스의 생산과 판매를 통해 돈을 버는 과정이나 절차 및 흐름을 비즈니스 모델이라 부른다.

추가해설 ①은 기업과 그를 둘러싼 여러 이해관계자들이 함께 공존하는 시스템을 의미하고, ②는 사업을 추진하는 이유나 원인을, ④는 목표를 어느 정도 달성하였는지 평가하는 과정을, ⑤는 기업경영에 필요한 각종 정보시스템을 의미한다.

정답 ③

01-13 ☑□□□　　　　　　　　2014 경영지도사

효율성(efficiency)과 효과성(effectiveness)에 관한 설명으로 옳지 않은 것은?

① 효과성은 자원의 사용정도를, 효율성은 목표의 달성 정도를 평가대상으로 한다.
② 효율성은 일을 올바르게 함(do things right)을, 효과성을 옳은 일을 함(do right things)을 의미한다.
③ 성공적 조직이라면 효율성과 효과성이 모두 높다.
④ 효율성은 목표달성을 위한 수단이다.
⑤ 효율성은 최소한의 자원 투입으로 최대한의 산출을, 효과성은 목표의 최대한 달성을 지향한다.

요점정리 효율성은 자원의 사용 정도를, 효과성은 목표의 달성 정도를 평가대상으로 하는 것이다.

해설 ①번 지문은 효율성과 효과성의 설명을 반대로 한 것이다.

추가해설 ② do things right는 일을 할 때 제대로(빠릿빠릿하게?) 한다는 의미이므로 효율성에, do right things는 제대로 된 일, 즉 애초에 올바른 목표를 잡아서 일을 추진한다는 의미이므로 효과성에 가깝다. 실제로 이 두 영어표현은 경영학 교수

님들이 종종 활용하시는 문구이므로 숙지해 둘 것
④ 효과성을 구성하는 한 요소가 효율성이다. 즉 효율성은 효과성의 부분집합이다. 따라서 효과성, 즉 목표의 달성을 위해서는 효율성이라는 수단이 요청된다.

정답 ①

01-13F ☑□□□　　　　2022 경영지도사

'과업을 올바르게 수행하는 것(doing things right)'을 의미하는 개념은?

① 유효성　　　　② 적합성
③ 효과성　　　　④ 창조성
⑤ 효율성

──────────────────────

해설▶ 피터 드러커(Peter Drucker)는 효율성과 효과성의 개념을 "doing things right" 및 "doing the right things"와 연관해 설명하였다.
1. Doing things right: 이 말은 직역하면 '일을 제대로 하라'는 의미이다. 제대로 일하라는 뜻은 다음의 두 의미를 가진다. 첫째, 업무를 수행함에 있어 다양한 방식을 사용할 수 있겠지만 기왕이면 가장 시간이 단축되거나 비용이 절약되는 방식으로 일을 하라는 것이다. 즉 같은 결과물을 얻기 위해 가장 적은 투입을 할 수 있다면 '제대로' 일하는 것이다. 둘째, 같은 시간과 비용을 들였다면 가장 많은 결과물을 얻어내라는 것이다. 즉 동일한 투입으로 가장 많은 산출을 달성할 수 있다면 이 역시 '제대로' 일하는 것이다. 정리하자면 드러커가 말한 "Doing things right"는 '효율성'을 뜻한다고 볼 수 있다.
2. Doing the right things: 이 말은 직역하면 '제대로 된 일을 하라'는 의미이다. 제대로 된 일이라는 의미는 우리가 여러 가지 일들을 할 수 있지만 가능하면 목표나 취지에 부합하는 일, 사명에 적합한 업무를 우선적으로 처리하라는 의미이다. 올바르지 않은 일, 즉 목표달성을 저해하거나 목표에서 많이 벗어난 일을 하지 말라는 것이다. 정리하자면 드러커가 말한 "Doing the right things"는 목적달성에 필요한 일을 하라는 의미이므로 목표달성정도와 동의어인 '효과성'을 뜻한다고 볼 수 있다.

정답 ⑤

01-14 ☑□□□　　　　2018 경영지도사

경영의 효율성(efficiency)에 관한 설명으로 옳지 않은 것은?

① 투입량에 대한 산출량의 비율이다.
② 조직목표의 달성정도와 관련이 있는 개념이다.
③ 자원의 낭비 없이 일을 올바르게 수행하는 것(doing things right)을 의미한다.
④ 최소한의 자원 투입으로 최대한의 산출을 얻는 것을 지향한다.
⑤ 효율성이 높아도 목표를 달성하지 못하는 경우가 있다.

──────────────────────

해설▶ 투입 대비 산출(①), 자원의 낭비를 줄이는 것(③, ④) 등은 모두 효율성의 개념과 관련이 있다. 때로는 효율성이 높아도 목표달성에 실패하는 경우가 있는데, 예를 들어 최소한의 시간과 비용으로 제품 생산을 하였으나 정작 회사가 적자를 보아 이윤창출목표에 실패한다면 이는 효율적이지만 효과적이지는 못한 사례(⑤)가 된다. '목표의 달성(②)'은 효율성보다는 효과성(effectiveness)의 개념에 가깝다.

정답 ②

01-15 ☑□□□　　　　2016 7급공무원 2책형

어떤 기업이 매출목표 달성을 위해 신기술을 도입하였다. 그 결과 전년 대비 생산량이 증가하고 생산원가는 감소하였으나 제품이 소비자의 관심을 끌지 못하여 매출목표를 달성하지 못하였다. 신기술 도입의 효과성과 효율성에 대한 설명으로 적절한 것은?

① 효과적이고 효율적이다.
② 효과적이지 않지만 효율적이다.
③ 효과적이지만 효율적이지 않다.
④ 효과적이지 않고 효율적이지도 않다.

──────────────────────

해설▶ 효과성은 목표달성 정도이고, 효율성은 그 과정에서 투입한 노력 대비 결과물의 크기가 어느 정도인지를 뜻한다. 생산량이 늘고 원가가 줄었다면 효율성은 늘었지만, 매출목표달성에 실패했다면 효과적이라 볼 수는 없다.

정답 ②

01-15D ☑☐☐☐
2021 군무원 5급

경영에서 효과성(effectiveness)은 매우 중요하다. 효과성과 가장 관련성이 높은 것은?

① 소비자에게 가장 저렴한 가격으로 공급하는 능력
② 소비자가 원하는 것을 공급 대비 생산하는 능력
③ 기업의 가격대비 비용을 최소화하는 능력
④ 기업의 투입 대비 산출 비율을 최소화하는 능력

[해설] 효과성은 목표의 실현이다. 선지 ②의 '소비자가 원하는 것을 공급하는 능력'은 기업이 달성해야 하는 주요 목표 중 하나라 할 것이다. 효과성을 달성하기 위한 수단 중 하나가 효율성인데, 이는 투입 대비 산출의 비율이다. 즉 적은 투입으로 생산을 하거나(선지 ①, ③) 같은 투입으로 더 많은 산출을 얻는 것을 뜻한다. 선지 ④에서처럼 투입 대비 산출 비율을 최소화하는 것은 효율성 개념이 반대 의미가 된다.

정답 ②

01-18 ☑☐☐☐
2015 경영지도사

동종 또는 유사업종의 기업간 독립성을 유지하면서 상호경쟁을 배제하는 것은?

① 카르텔(Cartel)　　② 인수합병(M&A)
③ 트러스트(Trust)　　④ 오픈숍(Open shop)
⑤ 클로즈드숍(Closed shop)

[요점정리] 카르텔(신사협정), 트러스트(합병), 콘체른(수평/수직적 결합), 콤비나트(집적이익의 추구), 콩그로머레이트(재벌의 형태), 지주회사(콘체른과 유사)

[해설] 문제에서 제시하는 개념은 신사협정을 통해 가격안정과 독점적 지위를 유지하려는 기업간 결합, 즉 카르텔이다.

정답 ①

01-19 ☑☐☐☐
2014 가맹거래사

동종업종 또는 유사업종 기업간 수평적으로 맺는 협정은?

① 트러스트　　　② 콘체른
③ 지주회사　　　④ 카르텔
⑤ 기업활동

[해설] ④ 유사업종의 기업들이 독립적 상태에서 가격안정 또는 시장지배 목적으로 신사협정을 체결하는 것. 이것이 정답
[추가해설] ① 경쟁의 제한 내지는 배제를 목적으로 법률적·경제적으로 통합되는 것
② 법률상 독립성을 유지하면서 주식소유나 자금대여 등의 방법에 의해 하나의 기업으로 수평적 또는 수직적으로 결합되는 형태
③ 타사의 주식을 보유하여 그 회사를 지배하는 기업
⑤ 일반적 용어이다.

정답 ④

01-20 ☑☐☐☐
2018 공인노무사

동종 또는 유사업종의 기업들이 법적, 경제적 독립성을 유지하면서 협정을 통해 수평적으로 결합하는 형태는?

① 지주회사(holding company)
② 카르텔(cartel)
③ 컨글로메리트(conglomerate)
④ 트러스트(trust)
⑤ 콘체른(concern)

[해설] 신사협정, 법/경제적 독립성 등의 키워드를 생각해 본다면 정답은 카르텔(담합)이 된다.

정답 ②

01-20J ☑☐☐☐
2023 경영지도사

동일·유사업종에 속하는 기업들이 법률·경제적으로 독립성을 유지하면서 일정한 협약에 따라 이루어지는 기업의 수평적 결합방식은?

① 트러스트(trust)　　② 콘체른(concern)
③ 콤비나트(kombinat)　④ 카르텔(cartel)
⑤ 흡수합병(merger)

[해설] 법률적, 경제적 독립을 유지한 기업들이 맺는 일종의 협약에 해당하는 용어는 카르텔이다. 트러스트는 기업간의 법적 결합이며(따라서 인수 및 합병과 그 개념이 유사함), 콤비나트는 지리적으로 집적된 기업간의 관계(예, 공업단지)이고, 콘체른은 기업이 법률상 독립성을 유지하지만 실질적으로는 주식소유나 자금대여 등의 방법에 의해 하나의 기업으로 결합되는 지주회사와 유사한 형태이다.

정답 ④

01-21 ☑□□□　　　2019 경영지도사

시장지배를 목적으로 동일한 생산단계에 속한 기업들이 하나의 자본에 결합하는 기업집중형태는?

① 카르텔(cartel)
② 콤비나트(combinat)
③ 콘체른(concern)
④ 조인트벤처(joint venture)
⑤ 트러스트(trust)

──────

해설 하나의 자본에 결합한다는 말은 합병을 한다는 뜻이다. 인수합병을 뜻하는 용어는 트러스트가 된다.

추가해설 ④의 조인트벤처는 합작투자를 뜻한다. 합작투자(joint venture)는 투자자금과 위험을 서로 분담하고, 합작파트너로부터 현지상황에 대한 정보를 빨리 파악할 수 있으며 현지의 네트워크를 비교적 쉽게 형성할 수 있다는 장점이 있지만, 이견의 조정이 어렵고 기술유출의 우려가 있다.

정답 ⑤

01-22 ☑□□□　　　2016 경영지도사

동종 또는 유사기업간의 수평적·수직적 결합이 아닌 이종기업간의 결합을 통해 이점을 추구하는 기업집중은?

① 카르텔(cartel)
② 트러스트(trust)
③ 콘체른(konzern)
④ 콩글로머리트(conglomerate)
⑤ 조인트벤처(joint venture)

──────

해설 유형이 다른 기업간의 결합은 흔히 우리나라의 재벌형태를 생각하면 쉽다. 재벌의 의미에 가장 가까운 용어가 바로 conglomerate이다.

정답 ④

01-23 ☑□□□　　　2014 경영지도사

자회사 주식의 일부 또는 전부를 소유해서 자회사 경영권을 지배하는 지주회사와 관련이 있는 기업 결합은?

① 콘체른(konzern)
② 카르텔(cartel)
③ 트러스트(trust)
④ 콤비나트(kombinat)
⑤ 조인트 벤처(joint venture)

──────

해설 법률상으로 독립적인 기업이 다른 독립적 기업의 주식을 소유하는 것은 일종의 기업결합이며, 이를 콘체른이라 한다. 이는 그 개념상 지주회사와 유사한 것이다.

정답 ①

01-23M ☑□□□　　　2024 군무원 5급

다음 중 콘체른(Konzern)에 대한 설명으로 가장 적절하지 않은 것은?

① 몇 개의 기업이 독립성을 상실한 채 하나의 거대 기업으로 변모하여 시장을 지배하게 되는데 이런 기업을 콘체른(Konzern)이라고 한다.
② 강력한 자본력을 가진 기업이 다른 기업에 출자하거나 주식을 교환하여 서로 관련이 없는 기업이 결합하는 경우가 많다.
③ 한국의 재벌기업이라고 불리는 기업들이 이에 해당하는 경우가 많다.
④ 대자본에 의한 기술개발이나 유망 산업으로의 진출 면에서는 장점이 있다.

──────

해설 ① [×] 개별기업들이 독립성을 상실하고 거대한 하나의 기업으로 통폐합된다면 이는 트러스트 내지는 콩그로머레이트로의 변화라 할 수 있다. 콘체른은 지주회사와 같이 개별기업들은 독립성을 유지하면서 자본상의 결합이 존재하는 경우(선지 ② 참조)를 말하기 때문이다.
③ [O] 재벌은 서로 다른 업종간 결합이므로 콩그로머레이트에도 해당되고, 지주회사 형태로 운영되는 재벌이 있다면 콘체른에도 해당될 수 있다.
④ [O] 콘체른이 자본상의 결합이라는 점을 생각하면 옳은 서술이다.

정답 ①

01-23D ✔☐☐☐ 2021 공인노무사

다음의 특성에 해당되는 기업집중 형태는?

- 주식 소유, 금융적 방법 등에 의한 결합
- 외형상으로 독립성이 유지되지만 실질적으로는 종속관계
- 모회사와 자회사 형태로 존재

① 카르텔(cartel) ② 콤비나트(combinat)
③ 트러스트(trust) ④ 콘체른(concern)
⑤ 디베스티처(divestiture)

해설 ④ 콘체른은 일종의 기업간 동맹체로서 몇 개의 기업이 법률상 독립성을 유지하지만 실질적으로는 주식소유나 자금대여 등의 방법에 의해 하나의 기업으로 결합되는 형태이다.

추가해설 ① 카르텔은 동종 또는 유사 업종의 기업들이 경쟁의 제한 내지는 완화를 목적으로 법률적·경제적 독립성을 유지한 상태에서 신사협정을 체결하여 가격안정을 도모하고 독점적으로 시장을 지배하여 기업의 안정과 경제적 이익을 얻기 위해 수평적으로 결합하는 형태를 말한다.
② 콤비나트는 유사 업종의 기업들이 시너지를 얻기 위하여 인접 지역에서 제휴를 하여 결합하는 형태를 의미한다.
③ 트러스트는 경쟁의 제한 내지는 배제나 시장지배를 목적으로 동일한 생산단계에 속한 여러 기업이 서로의 출자를 결합하여 법률적·경제적 독립성을 포기한 상태에서 완전히 새로운 기업으로 통합하는 결합형태이다.
⑤ 디베스티처는 경영성과가 부진하거나 비효율적인 생산라인을 타사에 매각하여 기업의 체질을 개선하고 경쟁력을 향상시키려는 기업집중전략이다.

정답 ④

01-23F ✔☐☐☐ 2022 경영지도사

'지주회사(holding company)에 의한 주식 소유'와 같은 형태의 기업집중은?

① 카르텔(cartel) ② 트러스트(trust)
③ 콘체른(Konzern) ④ 콤비나트(Kombinat)
⑤ 조인트 벤처(joint venture)

해설 콘체른(Konzern)은 일종의 기업간 동맹체로서 몇 개의 기업이 법률상 독립성을 유지하지만 실질적으로는 주식소유나 자금대여 등의 방법에 의해 하나의 기업으로 결합되는 형태로서, 지주회사와 그 개념이 유사하다.

정답 ③

01-23J ✔☐☐☐ 2023 서울시 7급

기업집중의 형태에서 콘체른(concern)에 대한 설명으로 가장 옳은 것은?

① 다수의 개별기업이 법률적으로는 독립성을 유지하지만 경제적으로는 독립성을 상실한 기업집중 형태로, 지주회사가 그 예이다.
② 다수의 개별기업이 법률적·경제적으로 독립성을 상실한 기업집중의 형태로, 구속력이 가장 크며 시장의 지배를 목적으로 한다.
③ 동종업종에 속한 기업들이 법률적·경제적으로 독립성을 유지하며 협정을 통해 수평적으로 이루어지는 결합 형태이다.
④ 생산공정이나 판매과정에서 상호 경쟁 관계가 없는 산업 분야에 진출해서 사업 활동을 영위하는 기업 형태이다.

해설 ① [○] 콘체른(Konzern, concern)은 일종의 기업간 동맹체로서 몇 개의 기업이 법률상 독립성을 유지하지만 실질적으로는 주식소유나 자금대여 등의 방법에 의해 하나의 기업으로 결합되는 형태이다. 여기서는 수평적 및 수직적 결합이 모두 가능하며, '지주회사'와 그 개념이 유사하다. 지주회사(holding company, 持株會社)는 타사의 주식을 보유하여 그 회사를 지배하는 기업을 의미한다.

추가해설 ②는 법적·경제적으로 통합된 트러스트(trust, 경쟁의 제한 내지는 배제나 시장지배를 목적으로 동일한 생산단계에 속한 여러 기업이 서로의 출자를 결합하여 법률적·경제적 독립성을 포기한 상태에서 완전히 새로운 기업으로 통합하는 결합형태), ③은 수평적 협정에 착안한다면 카르텔(cartel, 동종 또는 유사 업종의 기업들이 경쟁의 제한 내지는 완화를 목적으로 법률적·경제적 독립성을 유지한 상태에서 신사협정을 체결하여 가격안정을 도모하고 독점적으로 시장을 지배하여 기업의 안정과 경제적 이익을 얻기 위해 수평적으로 결합하는 형태), ④는 '관계가 없는' 분야로의 진출이라는 점에서 콩그로머레이트(conglomerate, 다른 기업의 주식을 업종을 가리지 않고 집중매입하여 합병함으로써 기업의 규모를 확대시켜 대기업으로서의 이점을 추구하려는 다각화 전략)에 해당한다.

정답 ①

01-24 ☑☐☐☐　　　2017 경영지도사

담합의 한 형태로 동종 상품을 생산하는 기업들이 가격이나 생산량, 출하량 등을 협정하여 경쟁을 피하고 이윤을 확보하려는 기업결합의 행태는?

① 콘체른(concern)
② 트러스트(trust)
③ 카르텔(cartel)
④ 컨글로머리트(conglomerate)
⑤ 디베스티처(divestiture)

───────────

해설 지문에서 벌써 '담합'이라는 힌트를 주었다. 경쟁을 피하기 위한 협정은 카르텔이다.

정답 ③

01-25 ☑☐☐☐　　　2018 경영지도사

카르텔에 관한 설명으로 옳지 않은 것은?

① 동종 또는 유사업종 기업 간에 수평적으로 맺는 협정이다.
② 참여기업들은 법률적, 경제적으로 완전히 독립되어 협정에 구속력이 없다.
③ 공동판매기관을 설립하여 협정에 참여한 기업의 생산품 판매를 규제하기도 한다.
④ 아웃사이더가 많을수록 협정의 영향력이 커진다.
⑤ 일반적으로 카르텔은 공정경쟁을 저해하기 때문에 법률로 금지하고 있다.

───────────

해설 ④ 카르텔에 참여하는 기업들이 많아야 협정의 영향력이 커진다. 아웃사이더, 즉 카르텔에서 소외되는 기업이 많다면 협정에 참여하지 않은 기업들을 통제할 수 없으니 협정의 효과가 감소한다.

정답 ④

01-25A ☑☐☐☐　　　2017 군무원 복원

다음 중 카르텔에 대한 설명으로 옳지 않은 것은?

① 각각의 기업은 완전한 독립성을 유지한다.
② 동종산업이 수평적으로 결합한 형태이다.
③ 기업결합 중 가장 강력한 형태이다.
④ 카르텔 방지를 위해 우리나라에서 공정거래위원회가 존재한다.

───────────

해설 카르텔은 동종 내지 유사업종의 기업들이 수평적으로 체결하는 일종의 신사협정으로서(②), 기업간의 지분공유나 인수합병 등이 아닌 방식의 기업간 연대에 가깝다(①). 우리말로는 '담합'으로 번역되는데 특히 가격의 담합은 소비자의 권리를 침해할 가능성이 높으므로 우리나라에서는 공정거래위원회가 담합을 규제하고 있다(④). 선지 ③에 해당하는 것은 기업간 인수합병인 트러스트(trust)이다.

정답 ③

01-25J ☑☐☐☐　　　2023 군무원 5급

기업집중의 형태인 카르텔과 트러스트의 차이점에 대한 설명으로 가장 옳지 않은 것은?

① 카르텔 : 독점적 이익협정을 목표
　 트러스트 : 독점적 기업지배를 목표
② 카르텔 : 가입기업의 독립성 유지
　 트러스트 : 가입기업의 독립성 상실
③ 카르텔 : 계약기간이 끝나면 자동해체
　 트러스트 : 조직 자체가 해체될 때까지 계속 유지
④ 카르텔 : 동종 혹은 이종기업의 수직적 결합
　 트러스트 : 주로 동종기업의 수평적 결합

───────────

해설 카르텔(cartel)은 동종 또는 유사 업종의 기업들이 경쟁의 제한 내지는 완화를 목적으로 법률적·경제적 독립성을 유지한 상태에서 신사협정을 체결하여 가격안정을 도모하고 독점적으로 시장을 지배하여 기업의 안정과 경제적 이익을 얻기 위해 수평적으로 결합하는 형태를 말한다. 카르텔은 기업간 상호 동등한 입장에서 맺는 협정이므로 구속력은 없거나 약하다. 반면 트러스트(trust)는 경쟁의 제한 내지는 배제나 기업과 시장의 지배를 목적으로 동일한 생산단계에 속한 여러 기업이 서로의 출자를 결합하여 법률적·경제적 독립성을 포기한 상태에서 완전히 새로운 기업으로 통합하는 반영구적 결합형태이다. ④ 카르텔은 서로 동등한 입장에서의 수평적 결합이며, 트러스트는 한 기업이 다른 기업을 통합하는 수직적 결합과 서로 대등하게 통합하는 수평적 결합을 모두 포함한다.

정답 ④

01-26 ☑☐☐☐　　　　　2018 경영지도사

울산석유화학단지와 같이 여러 개의 생산부문이 유기적으로 결합된 다각적 결합공장 혹은 공장집단은?

① 트러스트(trust)
② 콘체른(concern)
③ 콤비나트(kombinat)
④ 컨글로메리트(conglomerate)
⑤ 조인트벤처(joint venture)

[해설] ③ 콤비나트(kombinat)는 유사 업종의 기업들이 시너지를 얻기 위하여 인접 지역에서 제휴를 하여 결합하는 형태를 의미한다. 주로 공업단지의 형태로 나타나며 우리나라의 각종 지역공단(구미전자공단, 여수석유화학공단 등)과 해외의 공업 거점지역에서 흔히 발견할 수 있다.

[추가해설] ① 이는 경쟁의 제한 내지는 배제를 목적으로 여러 기업이 서로의 출자를 결합하여 법률적·경제적 독립성을 포기한 상태에서 완전히 새로운 기업으로 통합하는 결합형태이다.
② 이는 일종의 기업간 동맹체로서 몇 개의 기업이 법률상 독립성을 유지하지만 실질적으로는 주식소유나 자금대여 등의 방법에 의해 하나의 기업으로 결합되는 형태이다.
④ 이는 다른 기업의 주식을 업종을 가리지 않고 집중매입하여 합병함으로써 기업의 규모를 확대시켜 대기업으로서의 이점을 추구하려는 다각화 전략이다.
⑤ 이는 합작 투자를 의미하는 영문 용어이다.

정답 ③

01-26A ☑☐☐☐　　　　　2020 경영지도사

상호관련이 없는 이종 기업의 주식을 집중 매입하여 합병함으로써 기업 규모를 확대시켜 대기업의 이점을 추구하려는 다각적 합병은?

① 콤비나트(combinat)
② 다국적 기업(multinational corporation)
③ 조인트 벤처(joint venture)
④ 콩글로머리트(conglomerate)
⑤ 카르텔(cartel)

[해설] 관련이 적은 타 업계를 합병하여 기업규모를 확대하는 전략은 우리나라의 재벌과 같은 비관련 다각화 전략과 관련이 깊다. 이를 콩그로머레이트(conglomerate)라 한다.

정답 ④

01-27 ☑☐☐☐　　　　　2019 7급 가형

참가기업의 독립성과 결합 정도에 따른 기업집중 형태에 대한 설명으로 옳지 않은 것은?

① 카르텔(cartel or kartell)은 과당경쟁을 제한하면서 시장을 지배하기 위한 목적으로 각 기업이 경제적 독립성을 유지하면서 법률적으로 통합한 형태이다.
② 트러스트(trust)는 시장독점을 위해 각 기업이 법률적·경제적 독립성을 포기하고 새로운 기업으로 결합한 형태이다.
③ 컨글로머릿(conglomerate)은 기업규모 확대를 위해 다른 업종이나 기업 간 주식매입을 통해 결합한 형태이다.
④ 콘체른(concern or konzern)은 각 기업이 법률적 독립성을 유지하면서 주식소유 및 자금대여와 같은 금융적 방법에 의해 결합한 형태이다.

[해설] ①의 카르텔은 법적 결합이 아니라 경영방식이나 가격 등에 대한 담합을 시도하는 것이므로 설명이 잘못되었다. 한편 ②의 트러스트는 법적 결합이 맞으며, ③의 컨글로머릿은 일종의 재벌과 같이 서로 다른 분야가 결합된 대규모의 기업집단이다. ④의 콘체른은 법적으로 독립된 기업들이 주식소유나 자금대여 등의 방식으로 결합된 기업결합 방법이다.

정답 ①

회사의 유형

1. 개인기업

한 명의 소유자(Owner)가 자금조달과 각종 의사결정 및 관리의 전반을 담당하는 기업

2. 공동기업

합명회사(2인 이상 무한책임사원), 합자회사(유한+무한), 유한회사,
유한책임회사(합명회사+유한회사), 주식회사

인적회사	• 합명회사: 2인 이상의 무한책임사원(회사채무에 대한 무한정 책임을 지는 사원)이 공동출자한 기업 • 합자회사: 유한책임사원과 무한책임사원으로 구성된 기업
물적회사	• 유한회사: 유한책임사원으로 구성 → 주식회사보다 소규모이고 폐쇄적이며 비공중적인 기업, 사원총회가 최고 의사결정기구 • 유한책임회사: 유한책임사원으로 구성 → 형식(외부)적으로는 유한회사 · 주식회사와 유사하지만, 내부적으로는 합명 · 합자회사와 유사한 기업 • 주식회사: 현대 기업의 가장 대표적 형태 → 주주총회(최고의사결정기구), 이사회(사내이사+사외이사), 대표이사, 감사 등이 필수기구

3. 주식회사(株式會社, corporation)와 그 특징

1) 의의: 주주들의 출자로 형성되는 회사
2) 특징: 자본의 증권화, 주주의 유한책임, 자유로운 주식양도, 주주총회, 소유와 경영의 분리 등

〈주식회사의 주요 기관〉

기 관	내 용
주주총회	주주들이 모이는 주식회사의 최고 의결기구(필수기구)로서, 연 1회 개최되는 정기총회와 필요에 따라 수시로 소집되는 임시총회로 구분된다.
이사회	회사의 통상적 업무에 대한 의사결정을 위해 주주총회에서 선임된 이사(directors)들로 구성된 주식회사의 상설기구(필수기구)이다. 이사에는 회사 내의 인물인 사내이사와 회사 밖의 전문가 중에서 선임되는 사외이사가 있다. 우리나라에서는 경영진에 대한 감시와 감독의 효과성 제고를 위하여 1998년부터 상장기업의 사외이사제를 의무화하였다.
대표이사	대내적으로 회사의 업무집행을 총괄하며, 대외적으로는 회사를 대표하는 주식회사의 상설기구(필수기구)이다.
감 사	업무와 회계에 대한 감시역할을 담당하는 주식회사의 상설기구이다. 감사는 주주총회에서 선임되며, 감사독립성의 확보를 위해 이사 등의 직무와 겸임할 수 없다.

02-1 ☑☐☐☐
2015 경영지도사

무한책임사원과 유한책임사원으로 구성되는 기업 형태는?

① 합명회사 ② 합자회사
③ 유한회사 ④ 주식회사
⑤ 민법상의 조합

요점정리 합자회사(limited partnership)는 기업의 출자액을 한도로 책임을 지는 유한책임사원과 채무변제의무를 가지는 무한책임사원으로 구성된 회사이다. 일반적으로 합자회사에서는 무한책임사원은 경영을 담당하고, 유한책임사원은 자본조달과 이익분배에 관여한다.

해설 ① 2인 이상의 무한책임사원으로 구성된다.
② 유한책임사원과 무한책임사원으로 구성된다.
③ 유한책임사원만으로 구성되며, 주식회사보다는 소규모의 폐쇄적 기업이다.
④ 유한책임을 지는 주주들의 출자로 형성된다.

정답 ②

02-1J ☑☐☐☐
2023 군무원 9급

다음 중 무한책임사원과 유한책임사원으로 구성된 기업형태로 가장 옳은 것은?

① 주식회사 ② 유한회사
③ 합자회사 ④ 합명회사

해설 합자회사(limited partnership)는 기업의 출자액을 한도로 책임을 지는 유한책임사원과 채무변제의무를 가지는 무한책임사원으로 구성된 회사이다.

정답 ③

02-2 ☑☐☐☐
2014 공인노무사

무한책임사원과 유한책임사원으로 구성된 상법상의 기업형태는?

① 합명회사 ② 합자회사
③ 유한회사 ④ 주식회사
⑤ 자영회사

해설 ① 2인 이상의 무한책임사원으로 구성된 회사
② 무한책임사원과 유한책임사원으로 구성된 회사
③, ④ 유한책임사원으로 구성된 회사

정답 ②

02-2D ☑☐☐☐
2021 경영지도사

2명 이상의 공동출자로 기업 채무에 사원 전원이 연대하여 무한책임을 지는 기업형태는?

① 유한회사 ② 합자회사
③ 합명회사 ④ 협동조합
⑤ 주식회사

해설 전체 직원이 무한책임사원인 회사는 합명회사이다. 합자회사(②)에는 유한책임사원과 무한책임사원이 모두 포함되어 있다.

정답 ③

02-3 ☑☐☐☐
2018 7급 나형

기업의 형태에 대한 설명으로 옳지 않은 것은?

① 합명회사는 출자액 한도 내에서 유한책임을 지는 사원만으로 구성된다.
② 합자회사는 연대무한책임을 지는 무한책임사원과 출자액 한도 내에서 유한책임을 지는 유한책임사원으로 구성된다.
③ 협동조합은 농민, 중소기업인, 소비자들이 자신들의 경제적 권익을 보호하기 위하여 공동으로 출자하여 조직된다.
④ 주식회사는 주주와 분리된 법적인 지위를 갖는다.

해설 ① 합명회사는 2인 이상의 무한책임사원만으로 구성된다.
추가해설 ③ 협동조합의 예로는 농협(농업협동조합), 수협, 신협 등이 있다.
④ 주식회사는 그 자체가 별도의 법인(法人)이므로 자연인(自然人)인 주주와 분리된 별개의 법적 주체이다.

정답 ①

02-5 ☑☐☐☐　　　2012 7급공무원 인책형

주식회사에 대한 설명으로 적절하지 않은 것은?

① 주주의 유한책임제도를 전제로 한다.
② 자본의 증권화 제도를 채택하고 있다.
③ 주식은 증권거래소를 통해서만 거래될 수 있다.
④ 기업의 소유와 경영의 분리가 촉진된다.

해설》 ③ 굳이 증권거래소를 통하지 않더라도 인터넷을 활용한 전자거래 등의 방식도 얼마든지 가능하다.

정답 ③

02-6 ☑☐☐☐　　　2016 경영지도사

주식회사의 특징에 관한 설명으로 옳은 것은?

① 자본의 증권화로 소유권 이전이 불가능하다.
② 주주는 무한책임을 진다.
③ 소유와 경영의 분리가 불가능하다.
④ 인적결합 형태로 법적 규제가 약하다.
⑤ 자본조달이 용이하고, 과세대상 이익에 대해서는 법인세를 납부한다.

해설》 ① 자본의 증권화로 소유권 이전이 용이하다.
② 주주는 유한책임을 진다.
③ 소유와 경영의 분리가 가능하다.
④ 주식회사는 물적결합 형태로 법적 규제가 강하다.

정답 ⑤

02-6A ☑☐☐☐　　　2020 경영지도사

주식회사에 관한 설명으로 옳지 않은 것은?

① 다수의 출자자로부터 대규모 자본조달이 용이하다.
② 소유와 경영의 인적 통합이 이루어진다.
③ 주주총회는 최고의사결정기구이다.
④ 주주의 유한책임을 전제로 한다.
⑤ 자본의 증권화 제도를 통하여 자유롭게 소유권을 이전할 수 있다.

해설》 주식회사는 대규모의 물적회사로서 소유와 경영의 분리

를 그 핵심으로 한다.

정답 ②

02-6J ☑☐☐☐　　　2023 공인노무사

다음 특성에 모두 해당되는 기업의 형태는?

> • 대규모 자본 조달이 용이하다.
> • 출자자들은 유한책임을 진다.
> • 전문경영인을 고용하여 소유와 경영의 분리가 가능하다.
> • 자본의 증권화를 통해 소유권 이전이 용이하다.

① 개인기업　　　　② 합명회사
③ 합자회사　　　　④ 유한회사
⑤ 주식회사

해설》 대규모 자본조달이 용이한 동시에 출자자들이 유한책임을 지는 회사는 물적회사(유한회사, 유한책임회사, 주식회사)이며, 그 중 소유와 경영의 분리, 자본의 증권화, 소유권 이전의 용이함 등의 공통점을 가진 회사는 주식회사에 해당한다.

정답 ⑤

02-6K ☑☐☐☐　　　2023 경영지도사

주식회사의 특징에 관한 설명으로 옳지 않은 것은?

① 일반대중으로부터 자본을 쉽게 조달할 수 있다.
② 주주총회는 주주의 공동의사를 결정하는 최고의 사결정기관이다.
③ 이사회는 회사의 경영전반에 관한 의사결정기관이다.
④ 주식회사는 소유와 경영이 분리되어 있다.
⑤ 주식회사의 주주는 무한책임사원으로 구성된다.

해설》 ① [O] 주식회사는 주식발행을 통해 일반대중으로부터 자본을 조달할 수 있다.
② [O] 주주총회는 주식회사의 최고의사결정기구이다.
③ [O] 이사회는 회사의 통상적 업무에 대한 의사결정을 위해 주주총회에서 선임된 이사(directors)들로 구성된 주식회사의 상설기구(필수기구)이다.
④ [O] 주식회사에서 주주는 출자를 통한 자본위험을 부담하

는 대신 이사로 대표되는 경영진은 관리업무를 담당하게 됨으로써 소유와 경영의 분리가 이루어진다.
⑤ [×] 주주(stock holder)들은 <u>출자액의 한도 내에서 유한책임</u>을 지며, 주식을 자유롭게 양도할 수 있어 경영자는 자금의 장기 이용이 가능해진다.

정답 ⑤

02-7 ☑☐☐☐
2011 공인노무사
주식회사에 관한 특징으로 옳지 않은 것은?

① 주주의 유한책임
② 소유와 경영의 분리 가능
③ 소유권 이전의 어려움
④ 자본의 증권화
⑤ 대규모 자본조달 가능

요점정리 주식회사의 소유권 이전은 주식이전으로 이루어지는데, 주식거래 자체는 증권거래소를 직접 방문하지 않더라도 다양한 방식으로 수행하는 것이 가능하다. 또한 주식의 양도에는 제약도 거의 없다.
해설 ③ 주식회사에서는 주식거래를 통한 소유권 이전이 용이하다.

정답 ③

02-8 ☑☐☐☐
2017 7급공무원 가책형
주식회사(Corporation)에 대한 설명으로 옳지 않은 것은?

① 주주는 회사에 대해 개인적으로 출자한 금액한도에서 책임을 진다.
② 주식매매를 통하여 소유권 이전이 가능하다.
③ 전문지식을 가진 전문경영인에게 경영권을 위임하여 소유와 경영을 분리할 수 있다.
④ 주주의 수에 제한이 있어 복잡한 지배구조를 방지할 수 있다.

해설 ④ 주식회사는 물적회사, 대규모 회사로서 주주수의 제한이 없다. 주주가 많기에 오히려 주주들의 직접경영이 어려워 이사회를 도입하는 것이다.
추가해설 주식회사의 주주는 유한책임을 지며(①), 증권(주식)의 매매를 통해 소유권을 이전할 수 있다(②). 또한 효율적

경영을 위해 전문경영인에게 경영권을 위임하여 소유와 경영을 분리할 수 있다(③).

정답 ④

02-9 ☑☐☐☐
2013 경영지도사
주식회사에 관한 설명으로 옳지 않은 것은?

① 재무공시의 자율성이 제한된다.
② 주주는 이익에 대해 이자와 배당을 청구할 수 있다.
③ 주주는 출자한도 내에서 유한책임을 진다.
④ 유가증권시장에 공개된 회사의 주식은 매매가 가능하다.
⑤ 소유와 경영의 분리가 가능하다.

해설 ② 주주는 배당을 청구할 수 있다. 그러나 이자청구권은 주주가 아니라 채권자에게 있다. 따라서 이 설명은 옳지 않다.
추가해설 ① 법령과 회계기준에 따라 재무공시를 해야 한다.
③ 주주는 유한책임을 가진다.
④ 당연한 설명이다.
⑤ 소유자는 주주이지만, 전문경영인에게 경영을 맡길 수 있다.

정답 ②

02-9A ☑☐☐☐
2019 하반기 군무원 복원
주주에 대한 다음 설명으로 잘못된 것은?

① 주주는 채권자보다 앞서 이자를 받는다.
② 주주는 출자한도 내에서 유한책임을 진다.
③ 주주는 회사의 궁극적인 주인이다.
④ 주주는 주식시장에서 언제든지 주식을 양도하여 주주의 지위에서 벗어날 수 있다.

해설 주주는 주식을 소유한 사람이며, 주주에게는 배당이 지급될 수는 있어도 이자를 받지는 않는다. 기업으로부터 이자를 받는 것은 채권자의 권리가 된다.

정답 ①

02-10 ☑☐☐☐ 2018 서울시 7급 A형

주식회사의 특징으로 가장 옳은 것은?

① 경영자는 부채에 대해 무한책임을 진다.
② 기업의 이해관계자 집단과 이해조정의 문제가 생기지 않는다.
③ 지분의 유가증권화를 인정하지 않는다.
④ 소유와 경영이 분리되면서 대리인 문제가 발생한다.

해설 ① [×] 주식회사의 경영자는 유한책임을 진다.
② [×] 기업과 관련이 있는 모든 대상들을 이해관계자(stakeholder)라 하며, 주식회사는 이들과의 갈등 및 이해관계의 조절에 힘써야 한다.
③ [×] 주식회사의 지분은 주식, 즉 유가증권으로 발행된다.
④ [○] 소유주(주주)와 경영자(CEO)가 서로 다른 경우가 많아 본인−대리인간의 이해충돌 문제가 발생할 수 있다.
정답 ④

02-11 ☑☐☐☐ 2024 군무원 9급

다음 중 소유와 경영의 분리에 대한 설명으로 가장 적절한 것은?

① 기업과 경영의 분리
② 자본가와 종업원의 분리
③ 일반경영자와 전문경영자의 분리
④ 출자자와 경영자의 분리

해설 소유주는 출자자를 뜻하므로, 소유와 경영의 분리는 출자자와 경영자의 분리를 뜻한다.
정답 ④

02-11A ☑☐☐☐ 2019 상반기 군무원 복원

다음 중 주식회사의 특징이 아닌 것은?

① 투자자로부터 거액의 자본 조달이 용이하다.
② 3대 기구로 주주총회, 이사회, 감사 등을 들 수 있다.
③ 소유자가 경영에 참가해야 하므로 소유와 경영이 일치한다.
④ 주주는 출자액 한도 내에서만 자본위험에 대해 책임을 진다.

해설 주식회사에서는 소유와 경영의 분리가 이루어진다.
정답 ③

02-12 ☑☐☐☐ 2024 경영지도사

다음 기업 형태에 관한 설명으로 옳은 것을 모두 고른 것은?

> ㄱ. 주식회사의 주주는 유한책임이 원칙이며, 무한책임을 지는 경우도 있다.
> ㄴ. 합명회사는 2인 이상의 사원이 공동출자로 회사 경영에 직접, 무한 책임을 부담하는 인적회사이다.
> ㄷ. 합명회사는 출자금의 한도도 없고, 자금조달도 용이하다는 장점이 있다.
> ㄹ. 합자회사의 무한책임사원은 출자와 경영업무를 맡고, 유한책임사원은 출자만을 담당한다.
> ㅁ. 유한회사는 합자회사와 주식회사의 장점을 고려한 기업 유형이다.

① ㄱ, ㄴ   ② ㄴ, ㄷ
③ ㄴ, ㄹ   ④ ㄷ, ㄹ
⑤ ㄷ, ㅁ

해설 ㄱ. [×] 주식회사의 주주는 유한책임을 진다.
ㄴ. [○] 합명회사(unlimited partnership)는 2인 이상의 무한책임사원(회사의 채무에 대하여 무한정의 책임을 지는 사원)이 공동출자하여 정관을 법원에 등기한 형태의 기업을 뜻한다. 여기서는 사실상 소유와 경영이 분리되지 않는다.
ㄷ. [×] 자금조달이 용이한 것은 유가증권(예, 주식)을 발행하여 자금을 조달할 수 있는 주식회사이다.
ㄹ. [○] 합자회사(limited partnership)는 기업의 출자액을 한도로 책임을 지는 유한책임사원과 경영 및 채무변제의무를 가지는 무한책임사원으로 구성된 회사이다.
ㅁ. [×] 유한회사는 인적회사가 아니라 물적회사로서 주식회사와 유사성이 크다. 합자회사의 장점을 고려했다고 보기는 힘들다. 오히려 유한책임회사(limited liability company)야말로 여러 회사의 절충적 성격을 갖는다. 이는 형식적(외부적)으로는 유한회사·주식회사와 마찬가지로 출자금액 한도만큼의 책임을 지는 유한책임사원으로 구성된 물적회사이지만, 내부적 운영원리의 측면에서는 합명회사·합자회사와 유사한 조합으로서의 속성을 가진다.

02-13 ☑☐☐☐ 　　　　　2019 7급 가형

협동조합(cooperatives)에 대한 설명으로 옳지 않은 것은?

① 자신들의 경제적 권익을 보호하기 위해 두 명 이상이 공동출자로 조직한 공동기업이다.

② 조합원에게는 출자액에 비례하여 의결권이 부여된다.

③ 영리보다 조합원의 이용과 편익제공을 목적으로 운영된다.

④ 운영주체 또는 기능에 따라 소비자협동조합, 생산자협동조합 등으로 나눌 수 있다.

─────────

해설 협동조합은 비슷한 목적을 가진 생산자 또는 소비자가 모여 스스로 조합원이 되어 각자의 이익을 도모하기 위해 만드는 단체로서 주로 유럽과 일본에서 발달되었다. 우리나라에는 농업협동조합(농협), 신용협동조합(신협) 등이 대표적인 협동조합 기업이다. 협동조합에 가입하기 위해서는 출자금을 내야 한다. 출자금은 일종의 자본금처럼 쓰이는데, 주식을 보유한 주주와 달리 출자금을 출연한 조합원은 출자금액크기와 상관없이 동일한 의결권을 갖는다. 따라서 ②의 설명은 잘못되었다.

정답 ②

02-13M ☑☐☐☐ 　　　　　2024 군무원 5급

다음 중 특수형태기업으로서 협동조합에 대한 설명으로 가장 적절하지 않은 것은?

① 사기업의 성격이 강하나 공기업으로 분류된다.

② 조합 자체의 영리보다 조합원의 상호부조를 목적으로 한다.

③ 조합원의 임의 가입 및 탈퇴가 인정되며 출자액에 관계없이 평등한 의결권을 가진다.

④ 잉여금의 배분은 원칙적으로 조합원의 이용도에 따른다.

─────────

해설 ① [×] 협동조합 중 대표적인 사례가 바로 농업협동조합(약칭 '농협')이다. 농협은 사기업인가, 아니면 공기업인가?

농업인의 권익을 보호한다는 공적 성격을 갖기에 농협법이라는 법적 근거를 갖고 있지만, 농협은 법적으로는 공공기관으로 분류되지 않는다. 왜냐하면 협동조합은 조합원의 자발적 출자로 형성되기 때문이다. 정리하자면 협동조합은 그 결성원리나 운영방식에서 분명히 사기업의 속성을 갖지만 공적인 성격도 함께 갖는다. 따라서 공적 성격을 갖는 사기업에 가깝다.

② [○] 영리를 목적으로 하는 것은 '회사'라 부른다. 반면에 '조합'은 조합원의 상호부조(서로 돕기)가 그 목적이다.

③ [○] 조합이 주식회사와 가장 다른 점 중 하나는 바로 (1주 1표인 주식회사와는 달리) 1인 1표제를 실시한다는 것이다.

④ [○] 협동조합에서 잉여금이 발생하는 경우에는 통상 조합원이 협동조합을 이용(구매일수, 근로일수 등)하여 사업에 기여한 정도에 따라 금액을 배분한다.

정답 ①

03 경영자의 역할

1. 경영자와 그 역할

1) 유형: 창업경영자, <u>소유경영자, 전문(고용/수탁)경영자</u>, 최고경영층, 중간관리층, 현장관리층
　　　　(소유경영자: 강력한 리더십, 전문경영자: 전문성)

2) 자질

　① Katz: 전문기술(하위층), 인간관계기술(중간층), 개념기술(의사결정, 상위층)

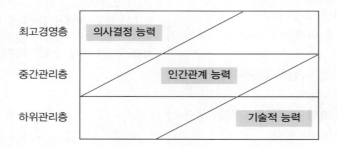

　② Mintzberg의 구분: 대인관계역할, 정보처리역할, 의사결정역할

대인관계역할	조직의 대표	상징적 존재: 법적 및 통상적으로 요구되는 일상업무 수행
	주도적 리더	부하 직원에 대한 동기부여와 과업지시 활동을 담당
	대내외 연계	후원 및 정보를 제공하는 외부집단과의 네트워크 유지활동
정보처리역할	정보 모니터	방대한 양의 정보수집 활동, 내·외부 정보의 중추신경 역할
	정보 배포자	외부 및 타 부서에서 접수된 정보를 내부 구성원들에게 전달
	조직 대변인	조직의 계획, 정책, 실천사항 및 성과를 외부에 전달, 동종업계의 전문가로서 활동하는 서비스
의사결정역할	창업 기업가	조직 내·외부 환경분석(SWOT)을 통한 기회포착 및 변화관리
	위기 경영자	조직이 곤경에 처하거나 예기치 못한 일 발생시 이를 안정시킴
	자원 배분자	조직의 주요 의사결정을 내리거나 이를 승인
	대표 협상자	주요 협상에서 조직을 대표하는 역할

2. 슘페터의 연구

1) 기업가 정신의 강조: 독창적이고 혁신적인 창업활동의 원동력, 창조적 파괴

2) 혁신의 5요인: <u>새로운 제품, 새로운 생산방식, 새로운 시장 개척, 새로운 원료와 자재, 새로운 조직의 형성</u>

03-1 ☑□□□
2008 7급공무원 봉책형

기업의 경영자는 소유경영자와 전문경영자로 구분할 수 있는데, 전문경영자의 장단점에 대한 설명으로 옳지 않은 것은?

① 상대적으로 강력한 리더십을 발휘할 수 있는 장점이 있다.
② 소유와 경영의 분리로 계속기업(going concern)이 가능한 장점이 있다.
③ 주주의 이해관계보다는 자신의 이해관계를 중시하는 단점이 있다.
④ 재직기간 동안의 단기적인 이익발생에 집착하는 단점이 있다.

──────────

요점정리 전문경영자는 대개 독립적이고 자율적인 경영관리를 통한 합리성 추구성향을 보인다는 점에서 장점을 가지지만, 주어진 임기 동안의 단기적 업적에만 집착하는 단점을 드러내기도 한다.

해설 ① 전문경영자는 오너(owner, 소유경영자)에 비해 리더십(내지는 장악력)이 약할 수 있다. 삼성그룹의 총수 일가와 휘하의 경영진들을 떠올려 보면 쉽게 이해가 될 것이다.

추가해설 ② 소유와 경영이 분리됨으로써 합리적 경영이 가능해진다. 따라서 기업의 영속성도 보장될 수 있다.
③, ④ 보통의 전문경영자는 임기를 가지므로, 해당 임기동안의 실적에만 집중할 수 있다.

정답 ①

03-2 ☑□□□
2013 경영지도사

전문경영자와 소유경영자에 관한 설명으로 옳지 않은 것은?

① 소유경영자는 환경변화에 빠르게 대응할 수 있다는 장점이 있다.
② 전문경영자에 비해 소유경영자는 단기적 성과에 집착하는 성향이 강하다.
③ 전문경영자와 주주 사이에 이해관계가 상충될 수 있다.
④ 전문경영자에 비해 소유경영자는 상대적으로 전문성이 떨어질 수 있다.

⑤ 소유경영자는 전문경영자에 비해 상대적으로 강력한 리더십의 발휘가 가능하다는 장점이 있다.

──────────

해설 ② 소유경영자는 임기가 없지만 전문경영자는 임기를 가진다. 따라서 단기적 시각을 가지는 것은 임기가 있는 전문경영자이다.

추가해설 ① 소유경영자는 오너(owner), 즉 기업의 최대주주이다. 따라서 자신의 의지대로 환경변화에 대응할 수 있다.
③ 소유경영자는 주주이므로 주가상승이 최대 관심사이다. 반면 전문경영자의 최대 관심사는 연봉상승에 있다. 따라서 둘의 이해관계는 충돌할 수 있는 것이다.
④ 전문경영자는 특정한 분야(예: 재무, 인사, 마케팅 등)나 전반적 관리역량면에서 우수한 사람이다. 하지만 소유경영자는 최대주주일 뿐, 전문성과는 무관한 것이다.
⑤ 상식적으로 대주주가 월급쟁이 사장에 비해 강한 리더십을 가짐을 알 수 있다.

정답 ②

03-3 ☑□□□
2018 서울시 7급 A형

경영자 분류에 대한 설명으로 가장 옳지 않은 것은?

① 소유경영자는 전문경영자에 비해 단기적 이익에 집중한다.
② 전문경영자는 출자여부와는 관계없이 기업을 경영하는 사람이다.
③ 소유경영자는 출자와 경영 기능을 동시에 담당한다.
④ 경영자를 계층에 따라 일선(현장)경영자, 중간경영자, 최고경영자로 분류할 수 있다.

──────────

해설 ① [×] 소유경영자는 임기가 정해져 있는 전문경영자와는 달리 사실상 임기가 없으므로 장기적 관점을 가질 수 있다.
② [O] 전문경영자는 기업의 지분이 전혀 없어도 경영권을 가질 수 있다. 애초에 '경영'만을 목적으로 주주들이 그에게 임무를 맡긴 것이기 때문이다.
③ [O] 소유경영자는 '소유'와 '경영'을 함께 할 수 있다.
④ [O] 일선-중간-최고경영자로 갈수록 계층이 상승한다.

정답 ①

03-3A ☑☐☐☐
2018 군무원 복원

다음 중 경영자에 대한 설명으로 옳지 않은 것은?

① 최고경영자는 주로 기업의 전반적인 계획업무에 집중한다.
② 전문경영자는 소유경영자의 자산을 증식하기 위해 고용된 대리인이다.
③ 직능경영자는 재무, 회계, 인사 등의 기능 중에 특정 영역을 전담한다.
④ 일선경영자는 현장실무능력이 요구된다.

해설 전문경영자는 기업의 성장을 위해 고용된 사람이므로 자산증식 목적과는 거리가 있다. 쉽게 말해서 기업의 전문경영인은 오너일가의 재산을 불려주는 사람이 아니라 기업 자체를 성장 및 발전시키는 사람이다. 한편 ③의 직능경영자는 특정 영역, 즉 기능을 담당하는 사람이다. 흔히 경영학에서 기능(function)을 직능으로 부르기도 한다.

정답 ②

03-3J ☑☐☐☐
2023 군무원 5급

전문경영자에 대한 설명으로 옳은 것을 모두 고른 것은?

ㄱ. 전문경영자는 자율적 경영과 경영관리의 합리화를 도모하는 성향을 보인다.
ㄴ. 전문경영자는 외부 환경변화에 빠르게 대응할 수 있다는 장점이 있다.
ㄷ. 전문경영자는 소유경영자에 비해 상대적으로 강력한 리더십의 발휘가 가능하다는 장점이 있다.
ㄹ. 전문경영자는 단기적 기업이익 및 성과에 집착하는 경향이 강하다.

① ㄱ, ㄴ   ② ㄱ, ㄹ
③ ㄴ, ㄷ   ④ ㄷ, ㄹ

해설 전문경영자(professional manager)는 '고용경영자(employed manager)'라는 명칭으로도 불리며, 이는 자본의 출자와 직접적 관련성이 적으면서 최고경영층으로서 활약하는 사람을 지칭하는 용어가 된다. 오늘날에는 기업이 대규모화되고 자본의 소유가 많은 주주들에게 분산됨에 따라 복잡한 경영문제를 효과적으로 해결하기 위하여 소유주로부터 경영기능을 위임(수

탁)받은 전문경영자가 출현하게 되었다. 전문경영자는 종종 '최고경영자'라는 의미의 Chief Executive Officer(CEO)로 불리기도 하는데, 이는 경영활동 전반에 걸친 포괄적 권한을 향유하기 때문이다. 전문경영자는 대개 <u>독립적이고 자율적인 경영관리를 통한 합리성 추구성향(ㄱ)</u>을 보인다는 점에서 장점을 가지지만, <u>주어진 임기동안의 단기적 업적에만 집착하는 단점(ㄹ)</u>을 드러내기도 한다.
ㄴ. [×] 외부 환경변화에 빠른 대응이 가능한 것은 전문경영자가 아닌 소유경영자이다.
ㄷ. [×] 강력한 리더십 발휘가 가능한 것은 전문경영자가 아닌 소유경영자이다.

정답 ②

03-4 ☑☐☐☐
2012 7급공무원 인책형

부분이 아닌 전체의 관점에서 자신이 맡은 업무를 진행하는 전반경영자(general manager)에 대한 설명으로 옳지 않은 것은?

① 전반경영자는 라인과 스탭 부문 상호 간에 일어나는 갈등을 조정한다.
② 전반경영자는 반드시 최고경영자일 필요는 없다.
③ 전반경영자는 독자적으로 사업단위를 책임진다.
④ 전반경영자는 마케팅, 생산, 재무, 인사 등 각 기능의 전문가를 뜻한다.

해설 전반경영자는 마케팅, 인사, 생산, 재무 등의 개별기능을 담당하는 것이 아니라 기업 전체를 총괄하는 관리자에 가깝다. 전반경영자는 최고경영자(CEO)일 수도 있지만, 아닐 수도 있다. 왜냐하면 한 기업이 여러 개의 사업부로 구성되는 경우 사업단위를 담당하는 관리자는 전반경영자이지만 최고경영자는 아니기 때문이다.

정답 ④

03-4A ☑□□□   2019 하반기 군무원 복원

경영자에 관한 다음 설명 중 옳지 않은 것은?

① 소유경영자는 단기이익을 추구한다.
② 소유경영자는 위험을 부담하고 상대적 높은 수익을 추구한다.
③ 전문경영자는 소유자와 독립하여 기업을 경영하는 자로써 기업 경영상의 결정에 대하여 판단의 자유를 가진다.
④ 전문 경영자는 이해집단으로부터 권한을 위임받아 기업의 존속과 성장을 위해 최고 의사를 결정하여 하부에 지시하는 기능을 가진 자이다.

해설 소유경영자는 장기적 관점을 가진다. 단기적 시각은 임기가 정해져 있는 전문경영인의 특징이다.

정답 ①

03-4D ☑□□□   2021 국가직 7급

소유경영과 전문경영에 대한 설명으로 옳은 것은?

① 소유경영은 가족경영으로 인한 역량 강화의 어려움으로 환경변화에 빠르게 대응하기 어렵다.
② 소유경영은 개인 이해와 회사 이해의 혼용 가능성으로 과감한 경영혁신이 어렵다.
③ 전문경영은 경영의 전문화와 장기적 관점의 수익 추구에 효과적이다.
④ 전문경영은 민주적 리더십과 기업의 안정적 성장에 효과적이다.

해설 소유경영의 장점 중 하나가 환경 변화에 대한 빠른 대응 및 과감한 혁신 가능성이다. 따라서 선지 ①과 ②는 반대로 서술된 것이다. (오너 입장에서 기업은 자신의 것이니까 쉽게 바꾸고 개선할 수 있다고 생각하면 쉽다.) 전문경영은 말 그대로 전문적 지식을 얻기 위해 정해진 기간(=임기)을 설정하고 전문가에게 경영을 위임하는 것이다. 따라서 선지 ③에서 '경영의 전문화'라는 구절은 옳으나, '장기적 관점'이라는 설명은 잘못되었다. 전문경영자는 임기 내의 단기적 성과에 집착하는 경향이 있어 문제로 지적되고 있다. 따라서 옳은 서술은 선지 ④이다. 전문경영시스템은 소유와 경영의 분리로 리더십 구조가 민주적이며, 전문성에 입각한 합리적 판단을 중시하므로 안정적 기업 성장에 효과적이다.

정답 ④

03-4E ☑□□□   2021 서울시 7급

〈보기〉에서 전문경영자의 장점을 모두 고른 것은?

─〈 보기 〉─
ㄱ. 과감한 경영혁신
ㄴ. 경영의 전문화, 합리화
ㄷ. 환경변화에의 빠른 적응
ㄹ. 회사의 안정적 성장

① ㄱ, ㄷ   ② ㄱ, ㄹ
③ ㄴ, ㄷ   ④ ㄴ, ㄹ

해설 기업이 대규모화되고 자본의 소유가 많은 주주들에게 분산됨에 따라 복잡한 경영문제를 효과적으로 해결하여 기업의 안정적 성장을 도모(ㄹ)하기 위해 소유주로부터 경영기능을 위임(수탁)받은 전문경영자(professional manager)가 출현하게 되었다. 전문경영자는 대개 독립적이고 자율적인 경영관리를 통한 합리성 추구성향(ㄴ)을 보인다는 점에서 장점을 가지지만, 주어진 임기동안의 단기적 업적에만 집착하는 단점을 드러내기도 한다. (ㄱ)의 '과감한 경영혁신'과 (ㄷ)에서 제시한 '환경변화에의 빠른 적응'은 전문경영자가 아니라 소유경영자에 관한 설명에 가깝다.

정답 ④

03-4M ☑□□□   2024 군무원 5급

최고경영층의 기능은 수탁기능과 전반관리기능으로 구분된다. 다음 중 전반관리기능에 대한 설명으로 가장 적절한 것은?

① 주주의 이익을 대표하고 보호하는 기능이다.
② 이 기능은 주로 이사회가 담당한다.
③ 기업 전체 경영을 위해 계획·조직·통제하는 기능을 한다.
④ 기업 자산을 관리하고 자산의 효과적인 활용을 도모한다.

해설 경영자의 기능 중 주주의 대리인으로서의 기능(선지 ①)을 수탁기능, 기업 전체의 운영과 관리를 맡는 기능을 전반관리기능이라고 한다. 따라서 가장 적절한 선지는 ③이다. 선지 ④도 부분적으로 기업관리에 대한 언급이 있지만, 통상 관리(management)라 함은 계획·조직·지휘·조정·통제를 포함하는 개념이므로, 가장 어울리는 정답은 ③이다. 한편 선지 ②

는 문제에서 최고경영층의 기능을 묻고 있는 상황에서 이사회의 담당기능을 설명하고 있으니 애초에 정답이 될 수 있는 가능성이 없는 선지이다.

정답 ③

03-6 ☑☐☐☐　2016 경영지도사

경영마인드(business mind)에 관한 설명으로 옳지 않은 것은?

① 경영마인드에는 고객중심, 가치극대화, 경쟁우위 마인드를 포함한다.
② 고객중심 마인드는 고객에게 제공되는 일체의 물리적·심리적 행동이 최상의 고객만족을 가져다 주는 것을 추구한다.
③ 가치극대화 마인드는 효율적인 방법으로 자원을 투입하여 최대의 산출이 발생하도록 추구한다.
④ 경쟁우위 마인드는 경쟁우위를 확보하기 위해 기술력이나 경영능력을 갖추는 것을 중시한다.
⑤ 경영마인드는 형평성과 일관성을 추구한다.

해설 경영마인드란 기업목표의 달성을 위해 효과성(effectiveness)과 효율성(efficiency)을 가진 여러 아이디어나 지혜를 적용하는 것을 말한다(⑤). 경영마인드의 구성요소로는 고객중심, 경쟁우위, 가치극대화가 있다(①).

정답 ⑤

03-7 ☑☐☐☐　2012 7급공무원 인책형

카츠(R. L. Katz)는 "어떤 경영자든 성공하기 위해서는 세 가지 기본적인 기술이 있어야 한다"고 주장했는데, 그 중 하위 및 중간 경영자층에 비해 최고경영자층에 많이 요구되는 기술은?

① 인간적 기술(interpersonal skill)
② 전문적 기술(technical skill)
③ 관리적 기술(operating skill)
④ 개념적 기술(conceptual skill)

요점정리 개념적 기술은 최고경영진과 같은 상위경영자에게 필요한 기술로서, 고도의 통합적 사고력과 창의력, 아이디어 생

산능력, 추상화 능력 등을 포함하는 개념이다. 인간적 기술은 중간관리자에게 필요한 대인관계능력, 전문적 기술은 하위관리자에게 필요한 해당분야의 전문성과 관련이 있으며, 관리적 기술은 모든 관리자에게 공히 적용되는 기술이 된다.

해설 ④ 최고경영층에게 요구되는 개념적 기술은 의사결정능력 내지는 상황판단능력이라 불리기도 한다.

정답 ④

03-8 ☑☐☐☐　2017 서울시 7급

카츠(R. L. Katz)가 제안한 경영자 또는 관리자로서 갖춰야 할 관리기술 중 최고경영자 계층에서 특히 중요시되는 것은?

① 운영적 기술(operational skill)
② 개념적 기술(conceptual skill)
③ 인간관계적 기술(human skill)
④ 전문적 기술(technical skill)

해설 최고경영층에게 요구되는 관리기술은 개념적 기술(②)이다. ①과 ④는 하위관리층에게 요구되는 것이며, ③은 중간관리층에게 필요한 것이다.

정답 ②

03-9 ☑☐☐☐　2024 공인노무사

카츠(R. L. Katz)가 제시한 경영자의 기술에 관한 설명으로 옳은 것을 모두 고른 것은?

> ㄱ. 전문적 기술은 자신의 업무를 정확히 파악하고 능숙하게 처리하는 능력을 말한다.
> ㄴ. 인간적 기술은 다른 조직구성원과 원만한 인간관계를 유지하는 능력을 말한다.
> ㄷ. 개념적 기술은 조직의 현황이나 현안을 파악하여 세부적으로 처리하는 실무적 능력을 말한다.

① ㄱ　　　　② ㄴ
③ ㄱ, ㄴ　　　④ ㄱ, ㄷ
⑤ ㄱ, ㄴ, ㄷ

해설 ㄱ. [O] 전문적 기술은 특정 업무분야와 관련된 지식을 이용할 수 있는 기술을 뜻하므로 옳다.

ㄴ. [ㅇ] 인간관계기술(human skill)이란 타인과 원활히 어울리며 소통과 동기부여에 능하도록 해 주는 기술이므로 옳다.

ㄷ. [×] 개념적 기술이란 기업의 복잡한 이해관계와 제반 활동들을 통합하고 조정할 수 있도록 해 주는 상황판단능력(conceptual skill, 의사결정능력)을 의미한다. 따라서 세부적이거나 구체적 업무처리보다는 전반적 판단으로 이해하는 것이 맞다.

정답 ③

대인관계역할	조직의 대표역할, 주도적 리더, 대내외 연계(네트워크)
정보제공역할	정보 모니터, 정보 배포자, 조직 대변인 역할
의사결정역할	창업 기업가, 위기 경영자, 자원 배분자, 대표 협상자

정답 ②

03-10 ☑☐☐☐　　　2017 경영지도사

경영자의 역할을 대인적 역할, 정보적 역할, 의사결정적 역할로 설명한 학자는?

① 민츠버그(H. Mintzberg)
② 쿤츠(H. Koontz)
③ 포터(M. E. Porter)
④ 드러커(P. F. Drucker)
⑤ 페이욜(H. Fayol)

해설 ① 민츠버그는 경영자의 역할을 대인적 역할, 정보적 역할, 의사결정 역할의 셋으로 구분하였다.

추가해설 ②, ⑤ 쿤츠는 경영관리의 과정을 페이욜과 유사한 관점에서 분류/구분하였다. 그 내용은 '계획 – 조직화 – 지휘 – 조정 – 통제'이다.

③ 포터는 가치사슬, 5-forces, 본원적 경쟁전략(원가우위/차별화) 등을 주장한 학자이다.

④ 드러커는 경영학의 아버지로 불리는 인물이며, MBO를 주창한 바 있다.

정답 ①

03-10A ☑☐☐☐　　　2017 군무원 복원

민츠버그(Mintzberg)가 주창한 경영자의 세 가지 역할에 해당하지 않는 것은?

① 정보전달자로서의 역할
② 상품전달자로서의 역할
③ 의사결정자로서의 역할
④ 대인관계에서의 역할

해설 민츠버그는 경영자의 역할을 다음의 셋으로 나누었다.

03-11 ☑☐☐☐　　　2013 경영지도사

민쯔버그(H. Mintzberg)의 경영자 역할 중 의사결정 역할의 범주에 속하지 않는 것은?

① 연락자
② 기업가
③ 문제해결자
④ 자원배분자
⑤ 협상자

해설 민츠버그의 경영자 역할을 요약하면 다음과 같다.

• 대인관계역할: 조직의 대표, 주도적 리더, 대내외 연계
• 정보처리역할: 정보 모니터, 정보 배포자, 조직의 대변인
• 의사결정역할: 창업 기업가(②), 위기경영자(③), 자원배분자(④), 대표 협상자(⑤)

정답 ①

03-12 ☑☐☐☐　　　2018 경영지도사

민츠버그(H. Mintzberg)의 10가지 경영자의 역할에 해당하지 않는 것은?

① 섭외자 역할(liaison role)
② 정보탐색자 역할(monitor role)
③ 조직설계자 역할(organizer role)
④ 분쟁조정자 역할(disturbance role)
⑤ 자원배분자 역할(resource allocator role)

해설 이것은 단순 암기를 해야 하는 문제이다. 민츠버그의 경영자 역할은 다음과 같다. 해당되지 않는 것은 ③이다.

대인관계역할	조직의 대표역할, 주도적 리더, 대내외 연계(섭외자)
정보제공역할	정보 탐색자, 정보 배포자, 조직의 대변인 역할
의사결정역할	창업 기업가, 분쟁 조정자, 자원 배분자, 대표 협상자

정답 ③

03-12D ☑☐☐☐　　　2021 군무원 5급

아래의 민쯔버그(H. Mintzberg)가 제시한 경영자의 역할 중 대인관계 역할(interpersonal roles)에 대한 설명으로 가장 옳지 않은 것은?

① 외부로부터의 투자유치 및 기업홍보를 위한 대변인 역할
② 조직의 대외적 업무에 있어서 대표자 역할
③ 리더로서 사원들에 대한 동기부여와 조직 내 갈등 해소 등의 역할
④ 상사와 부하, 기업과 고객 등의 관계에서 연결고리 역할

해설　민츠버그의 다음 경영자 역할분류 내용을 암기해야만 풀 수 있는 문제이다.

대인관계역할	조직의 대표역할, 주도적 리더, 대내외 연계(네트워크)
정보제공역할	정보 모니터, 정보 배포자, 조직 대변인 역할
의사결정역할	창업 기업가, 위기 경영자, 자원 배분자, 대표 협상자

정답 ①

03-13 ☑☐☐☐　　　2013 경영지도사

슘페터(J. Schumpeter)가 경영혁신을 언급하면서 지적한 생산요소에 해당하지 않는 것은?

① 새로운 제품의 생산
② 새로운 생산기술이나 방법의 도입
③ 새로운 조직의 형성
④ 신 시장 또는 새로운 판로의 개척
⑤ 혁신적인 기업가 정신

요점정리　슘페터는 혁신을 새로운 생산요소의 결합으로 정의하고 있으며, 그 내용은 다음의 다섯 가지 방식이다.
• 새로운 재화: 이전에는 없었던 재화이거나 새로운 품질의 재화를 생산
• 새로운 생산방식: 제품과 서비스를 새롭게 생산하는 방식을 도입
• 새로운 시장의 개척: 지금까지 접할 수 없었던 시장이 열리면서 변화가 일어남
• 새로운 원료와 자재: 새로운 원료 또는 중간재는 비용을 변화시키며 혁신을 유도
• 새로운 조직의 형성: 새로운 형태의 조직이나 관계가 형성되거나 기존의 독점적 지위가 깨어짐으로 해서 변화 발생

해설　⑤ 기업가 정신은 경영자가 수행해야 하는 가장 중요한 역할이며 슘페터가 언급한 내용도 맞지만 경영혁신의 5요인에 해당하지는 않는다.

정답 ⑤

03-14 ☑☐☐☐　　　2012 공인노무사

기업가 정신의 핵심요소가 아닌 것은?

① 비전의 제시와 실현욕구
② 창의성과 혁신
③ 성취동기
④ 인적 네트워크 구축
⑤ 도전정신

해설　기업가 정신은 도전, 창의, 혁신, 비전제시 등과 관련이 있다. '인적 네트워크 구축'은 경영자가 수행하는 주요 역할 중 하나임에 틀림없으나 기업가 정신의 의미와 직접적으로 연결된다고 보기는 어렵다.

정답 ④

03-14D ☑☐☐☐

2021 경영지도사

기업가정신의 필요성에 직접적으로 해당하지 않는 것은?

① 기업환경의 변화에 대한 대응
② 학습곡선의 안정화
③ 창조적 조직문화의 조성
④ 새로운 가치사슬의 탐색
⑤ 혁신의 원동력

해설〉 기업가정신은 창업과 혁신의 원동력으로서 도전정신 및 환경에 대한 대응 등의 의미를 갖는다. 하지만 '학습곡선'은 대량생산과 반복작업을 통한 효율성 증가와 원가절감 등의 의미를 내포하므로 기업가정신과 직접적으로 연관되는 개념이라 보기는 힘들다.

정답 ②

과학적 관리론과 인간관계론

1. 과학적 관리론

1) 등장배경

   ① 테일러(Taylor): <u>경제적 인간관(economic man)</u>에 입각 → <u>능률, 생산성, 효율성</u> 중시

   ② 취지: '직무 전문화'와 '노동의 분업'을 통한 과업수행의 유일 최선의 방법 찾기

2) 과학적 관리의 원칙(Taylorism)

   ① 작업지도표 작성을 통한 표준작업량과 표준임률의 설정

   ② 차별성과급을 통한 고임금 – 저인건비 실현

   ③ 과학적 선발·훈련·배치

   ④ 기능식 조직과 계획부 제도

   ⑤ <u>시간연구와 동작연구</u>

3) 한계: 보편론적 함정(상황변수의 무시), 심리적 요인 무시, 인간소외(인간 없는 조직), 폐쇄시스템 관점

4) 관련연구: 길브레스 夫妻(therbligs), 간트(Gantt chart) 등

5) 과학적 관리론과 관련이 있는 다른 이론들

   ① 일반관리론: 페이욜, 귤릭, 어윅 → <u>경영자의 관리기능</u>에 초점, 경영자 중심의 거시적 관점

   (계획 – 조직화 – 지휘 – 조정 – 통제)

   ② 포드주의(Fordism): 컨베이어 시스템(이동조립법, 대량생산·원가절감), 봉사주의, 저가격 – 고임금

2. 인간관계론

1) 기본전제: <u>사회적 인간관(social man)</u>에 기반하여 인간의 심리적 요인에 초점

2) 호손실험: 메이요(Mayo), 뢰슬리스버거 → 조명 실험, 계전기 실험, 면접조사, 배전기 실험

3) 주요 특징

   ① <u>전문화와 분업의 역기능</u>

   ② 물리적 작업조건에 대한 저평가(물리적 작업조건보다는 심리가 중요)

   ③ 비공식조직(예 동료집단 등)의 중요성 강조

   ④ 민주적이고 참여적인 조직관리 기법 중시

4) 한계: 조직 없는 인간, 사람을 목적이 아니라 수단으로 인식

5) 영향: <u>행동과학(behavioral science)</u> 등장 ← *[주의] 인간관계론과 행동과학은 별개의 이론임*

   (인간에 대한 폭넓은 이해를 위하여 학제적 연구 중시)

04-1 ☑□□□
2016 공인노무사

막스 베버(Max Weber)가 제시한 관료제 이론의 주요 내용이 아닌 것은?

① 규정에 따른 직무배정과 직무수행
② 능력과 과업에 따른 선발과 승진
③ 상황적합적 관리
④ 계층에 의한 관리
⑤ 규칙과 문서에 의한 관리

해설 관료제 이론은 규칙과 문서에 의한 관리를 강조하며(①, ⑤) 구성원을 능력에 따라 뽑고 보상과 승진을 부여한다(②). 또한 위계서열을 중시하는 경향이 있다(④). 조직이론의 역사적 흐름에서 볼 때 관료제론은 과학적 관리론과 더불어 대표적인 보편론이라 할 수 있는데, 여기서는 언제 어디서나 적용될 수 있는 조직관리의 원칙을 제시한다. 따라서 ③의 상황론적 관점과는 맞지 않는다.

정답 ③

04-2 ☑□□□
2015 경영지도사

막스 베버(M. Weber)가 제시한 이상적 관료조직의 원칙으로 옳지 않은 것은?

① 분업과 전문화
② 공식적인 규칙과 절차
③ 비개인성
④ 연공에 의한 승진
⑤ 공과 사의 명확한 구분

해설 ④ 연공주의는 관료제의 일반적 속성이 아니다. 오히려 관료제는 능력에 따른 승진을 강조한다.

추가해설 ③의 비개인성이란 사람이 바뀌더라도 업무는 연속적으로 이루어질 수 있도록 하는 관료제의 속성을 뜻한다. 관료제에서는 매뉴얼이나 규칙이 잘 정비되어 있으므로 일과 사람이 결속되기보다는 분리가 된다. 또한 관료는 신분을 보장받고 급료를 국가로부터 지급받기에 공적 업무와 사적 소유간의 분리가 발생한다. 즉 급료의 원천이 되는 토지가 관료 본인의 소유가 아니라 나라의 땅이기에 관직에서 물러나면 그 땅을 반납하게 되는 것이다.

정답 ④

04-3 ☑□□□
2018 경영지도사

베버(M. Weber)의 이상적인 관료제의 특징으로 옳지 않은 것은?

① 분업화와 전문화
② 명확한 권한 체계
③ 문서화된 공식적 규칙과 절차
④ 전문적 자격에 근거한 공식적인 선발
⑤ 개인별 특성을 고려한 관리

해설 베버의 관료제 특징 중 하나는 비개인화(impersonalization)이다. 이는 사람이 바뀌어도 업무가 연속될 수 있도록 개인 개성의 개입을 줄이는 관리방식이다. 따라서 ⑤는 관료제의 특성을 반대로 서술한 것이다.

정답 ⑤

04-4 ☑□□□
2016 경영지도사

막스 베버(M. Weber)가 제시한 관료제의 특성에 해당되지 않는 것은?

① 상위직급과 하위직급 간의 수평적 의사소통
② 문서로 정해진 규칙과 절차에 따른 과업의 수행
③ 기능적 전문화에 기초한 체계적인 업무의 분화
④ 직무는 전문화되고, 훈련받은 자에 의한 직무의 수행
⑤ 안정적이고 명확한 권한계층

해설 ① 관료제에서는 상급자와 부하직원 간 위계서열 및 수직적 소통을 강조한다.

정답 ①

04-4F ✓☐☐☐

2022 경영지도사

막스 베버(M. Weber)가 주장한 관료조직의 특징으로 옳은 것을 모두 고른 것은?

ㄱ. 분업	ㄴ. 창의성
ㄷ. 명확한 위계질서	ㄹ. 공식규정 및 규칙

① ㄱ, ㄴ
② ㄷ, ㄹ
③ ㄱ, ㄷ, ㄹ
④ ㄴ, ㄷ, ㄹ
⑤ ㄱ, ㄴ, ㄷ, ㄹ

해설〉 관료제의 기본 특징은 명확한 전문화(분업), 엄격한 위계질서, 공식적 규칙의 강조, 능력주의, 소유와 직위의 분리 등이 있다. 창의성은 관료제의 특징이라 보기 힘들다. 굉장히 상식적인 문제이다.

정답 ③

04-5 ✓☐☐☐

2017 경영지도사

관료제이론의 주요 내용과 거리가 먼 것은?

① 합법적 직무배정과 직무수행
② 직무의 전문성과 능력에 의한 고용
③ 계층에 의한 관리
④ 규칙과 문서에 의한 경영관리
⑤ 신속한 의사결정

해설〉 관료제에서는 규칙과 절차를 강조하므로(④) 직무의 배정과 업무수행 역시 그에 의거해서 이루어지게 된다(①). 또한 능력과 전문성에 따라 구성원을 충원하며(②), 위계질서와 계층구조를 중시한다(③). 그러나 답지 ⑤번에서와 같이 업무처리가 무조건 신속하다고 보기는 어렵다. 왜냐하면 복잡한 조직의 계층구조를 거쳐 결재를 받는 절차를 거치기 때문이다.

정답 ⑤

04-5M ✓☐☐☐

2024 군무원 5급

20세기 초 독일의 사회학자 막스 베버(Max Weber)는 조직활동을 연구하면서 이상적으로 작동하는 조직을 구상하고 관료제라는 이름을 붙였다. 베버의 관료제의 특징을 설명한 것으로서 다음 중 가장 적절하지 않은 것은?

① 조직의 경영자는 소유자가 아니라 직업경영인이다.
② 사람에 따라 적용이 차별화되고 유연하게 적용되는 체제이다.
③ 사람은 기술적 역량을 기준으로 선발한다.
④ 직무는 잘 정의된 단순하고 고정된 과업으로 분리한다.

해설〉 ② [×] 관료제의 중요한 특성 중 하나는 바로 비개인화(impersonality)이다. 이는 사람이 바뀌더라도 업무가 통일적이고 연속적으로 이루어질 수 있도록 하는 관료제의 속성이므로, 개인마다 유연하게 적용된다는 선지의 서술은 잘못되었다.

정답 ②

04-6 ✓☐☐☐

2007 7급공무원 문책형

테일러(F. Taylor)가 제창한 과학적 관리법(scientific management)의 내용에 해당하지 않는 것은?

① 과업관리
② 차별성과급제
③ 비공식조직
④ 기능식 직장제도

요점정리〉 과학적 관리의 핵심 키워드는 표준작업량과 표준임금률의 설정, 작업지표 작성을 통한 방임관리 방지, 차별성과급을 통한 고임금 − 저인건비 실현, 과학적 선발·훈련·배치, 기능식 조직과 계획부 제도, 시간연구와 동작연구 등이다.

해설〉 ③ 비공식조직은 과학적 관리법을 비판하며 등장한 인간관계론에서 강조하는 개념이다.

정답 ③

04-7 ✓☐☐☐

2015 경영지도사

테일러(F. Taylor)의 과학적 관리에서 활용된 방법이 아닌 것은?

① 차별적 성과급제
② 작업도구의 표준화
③ 직무에 적합한 작업자 선발과 훈련
④ 권한과 책임의 원칙
⑤ 시간·동작 연구

해설》 ④ 권한과 그에 상응하는 책임부여가 중요함을 경영의 원칙으로 명문화한 학자는 페이욜이다.

정답 ④

04-8 ☑□□□   2010 공인노무사

테일러(F. W. Taylor)의 과학적 관리법의 내용에 해당되지 않는 것은?

① 공정한 일일 작업량 설정
② 시간연구 및 동작연구
③ 차별성과급제
④ 기능식 직장제도
⑤ 사회적 접근

해설》 과학적 관리론은 경제적 접근법을 취하고 있다. 이는 조직구성원들이 금전적 인센티브에 민감하게 반응함을 의미한다. '사회적 접근법'은 인간관계론에 해당하는 문구이다.

정답 ⑤

04-9 ☑□□□   2016 경영지도사

테일러(F. Taylor)의 과학적 관리법의 내용으로 옳지 않은 것은?

① 차별적 성과급제 적용
② 시간 및 동작연구를 통해 과업 결정
③ 조명 및 계전기조립실험 실시
④ 수행활동의 기능별 분업
⑤ 근로자를 과학적으로 선발하여 교육

해설》 ③ 조명실험, 계전기실험, 배전기실험 등은 호손실험의 한 부분이며 이는 메이요(Mayo)에 의해 주창된 인간관계론과 관련이 깊다.

정답 ③

04-10 ☑□□□   2019 공인노무사

테일러(F. W. Taylor)의 과학적 관리법에 관한 설명으로 옳지 않은 것은?

① 시간 및 동작 연구
② 기능적 직장제도
③ 집단 중심의 보상
④ 과업에 적합한 종업원 선발과 훈련 강조
⑤ 고임금 저노무비 지향

해설》 테일러는 할당된 과업을 얼마나 잘 달성했는지에 따라 근로자들에게 개인별 차등성과급을 지급한다(따라서 ③은 틀렸음). 이는 기존의 시간제 임금과는 달리, 생산량이나 업적을 기준으로 임금의 고하를 연계시키는 것으로서 근로의욕 저하를 방지할 수 있다. 이러한 차별성과급을 통해 고임금－저인건비(paradox of high wages and low costs)의 실현이 가능해진다(⑤는 맞음). 따라서 테일러의 성과급은 개인성과급에 가깝다.
① [O] 근로자의 과업은 생산공정의 기획을 담당하는 계획부(기획부, planning department)에서 시간연구(time study)와 동작연구(motion study)로 대표되는 과학적 분석에 의하여 설계된다.
② [O] 공장조직을 지시와 복종으로만 이루어지는 종래의 군대식 조직에서 철저한 기능식 조직(functional organization)으로 전환하여, 근로자와 관리자가 책임을 철저하게 분담하고 과업의 과학적 수행을 위하여 서로 협동해야 함을 강조한다.
④ [O] 과학적으로 설계된 과업을 원활히 수행하기 위해서는 근로자들을 과학적인 방법으로 선발하고 훈련하며, 적절한 직무에 배치시킬 필요가 있다.

정답 ③

04-11 ☑□□□   2013 7급공무원 인책형

테일러(F. Taylor)의 과학적 관리법에 대한 설명으로 옳지 않은 것은?

① 시간 및 동작 연구에 따라 합리적 작업수행 방법을 제시하였다.
② 직무에 적합한 종업원의 선발과 훈련을 강조하였다.
③ 집단 성과급 제도를 도입하였다.
④ 기획부 제도를 도입하고, 기능별 감독 제도를 운영하였다.

해설》 ③ 테일러는 개인단위의 차별성과급 제도를 고안하였다. 집단 성과급 제도는 gainsharing과 profitsharing 등을 뜻한다.

정답 ③

04-11A ☑☐☐☐　　　2020 경영지도사

테일러(F. Taylor)의 과학적 관리법(Scientific Management)에 관한 설명으로 옳지 않은 것은?

① 작업방식의 과학적 연구
② 과학적인 근로자 선발 및 훈련
③ 관리활동의 통합
④ 차별적 성과급제
⑤ 합리적 경제인을 가정

해설〉 테일러는 조직 내 다양한 기능들의 철저한 분업을 강조하였다.

정답 ③

04-11J ☑☐☐☐　　　2023 경영지도사

테일러(F. Taylor)가 제시한 과학적 관리법에 관한 특징으로 옳지 않은 것은?

① 기획부제　　　　　② 직능적(기능식) 직장제
③ 지시표제　　　　　④ 차별적 성과급제
⑤ 대량생산방식의 3S

해설〉 생산공정의 기획을 담당하는 계획부(planning department, 선지 ①), 지시와 복종으로만 이루어지는 종래의 군대식 조직에서 탈피한 철저한 분업형 기능식 조직(functional organization, 선지 ②), 할당된 과업의 달성 정도에 따라 근로자들에게 지급되는 차별성과급(선지 ④) 등은 모두 과학적 관리법의 핵심 키워드라 할 수 있다. 또한 업무지시의 명확성을 높이기 위해 도입된 지시표(작업지도표, instruction card, 선지 ③)제 역시 과학적 관리법의 내용에 속한다. 그러나 선지 ⑤의 3S는 포드주의(Fordism)에서 언급한 제품과 작업의 표준화(standardization), 제품구조의 단순화(simplification), 제조공정의 전문화(specialization)의 약자로서, 과학적 관리법의 파생이론인 포드주의의 용어이므로 과학적 관리법 자체와는 관련이 가장 적다 하겠다.

정답 ⑤

04-12 ☑☐☐☐　　　2013 경영지도사

테일러(F. Taylor)의 과학적 관리법에 관한 설명으로 옳지 않은 것은?

① 시간연구와 동작연구
② 공정한 작업량 설정
③ 작업에 적합한 과학적인 근로자 선발
④ 시간제 임금지급을 통한 차별적 성과급제
⑤ 관리활동의 기능별 분업

해설〉 ④ 차별적 성과급이란 생산량이나 업적에 따라 성과급 규모를 차등화하는 것으로서, 시간제 임금(시급)과는 관련이 적다.

정답 ④

04-13 ☑☐☐☐　　　2010 7급공무원 고책형

과학적 관리법(scientific management)에 대한 설명으로 적절하지 않은 것은?

① 개인보다는 집단 중심의 보상을 더 중요시하였다.
② 시간 및 동작연구(time and motion study)가 주요한 기법으로 사용되었다.
③ 경제적 보상을 가장 중요한 동기부여의 수단으로 보았다.
④ 기획부제도, 기능식 직장제도, 작업지도표제도 등을 활용하였다.

해설〉 ① 과학적 관리법에서는 성과를 달성한 개인에게 차별 성과급을 지급하는 방식을 강조하였다.

정답 ①

04-14 ☑☐☐☐　　　2015 공인노무사

테일러(F. Taylor)의 과학적 관리의 특징으로 옳지 않은 것은?

① 과업관리　　　　　② 작업지도표 제도
③ 차별적 성과급제　　④ 기능식 직장제도
⑤ 컨베이어 시스템

요점정리 과학적 관리의 원칙: 표준작업량, 표준임률, 작업지도표, 차별성과급, 고임금-저인건비, 과학적 선발·훈련·배치, 기능식 조직, 계획부, 시간연구, 동작연구

해설 ⑤ 이는 포드(H. Ford)의 혁신적 생산설비이다. 이동조립법이라고도 불린다.

정답 ⑤

키워드이다. 이 둘을 제외한 나머지는 모두 테일러의 과학적 관리론과 관련이 있다.

정답 ①

04-14D ☑□□□
2021 군무원 9급

테일러의 과학적 관리법의 설명으로 가장 옳지 않은 것은?

① 내적 보상을 통한 동기부여
② 표준화를 통한 효율성 향상
③ 선발, 훈련, 평가의 합리화
④ 계획과 실행의 분리

해설 ① 내적(내재적) 보상은 일 자체에 대한 만족감을 뜻하므로, 경제적 보상(외재적 보상)을 강조하는 테일러 이론과는 어울리지 않는다.

추가해설 ④에서 언급하는 계획(plan)과 실행(do)의 분리는 조직 내 업무역할의 분업을 의미하므로 과학적 관리론과 큰 틀에서 맥락이 통한다.

정답 ①

04-15 ☑□□□
2011 7급공무원 우책형

테일러(F. Taylor)가 과학적 관리법을 통해 실현하고자 했던 것으로 옳은 것은?

① 저임금 고노무비(low wage-high labor cost)
② 고임금 저노무비(high wage-low labor cost)
③ 저가격 고임금(low price-high wage)
④ 고가격 저임금(high price-low wage)

해설 테일러는 이는 고임금-저인건비(paradox of high wages and low costs)의 실현을 목표로 했다. 고임금을 지급하면 일부 근로자들이 이에 반응하여 다른 직원들보다 더욱 열심히 일할 가능성이 있으며, 그 결과 다수의 일반적 종업원이 무기력하게 근무할 때에 비해 조직성과가 향상된다면 결과적으로 비교적 소수의 직원으로 더 큰 성과를 내는 것이 가능한 것이다.

정답 ②

04-14E ☑□□□
2021 가맹거래사

테일러(F. Taylor)의 과학적 관리를 설명하는 것을 모두 고른 것은?

ㄱ. 과업관리 활용
ㄴ. 시간 및 동작연구 이용
ㄷ. 차별적 성과급제 도입
ㄹ. 14가지 관리원칙 제시
ㅁ. 인간의 심리적 측면 강조

① ㄱ, ㄴ, ㄷ
② ㄱ, ㄴ, ㄹ
③ ㄱ, ㄴ, ㅁ
④ ㄴ, ㄷ, ㄹ
⑤ ㄷ, ㄹ, ㅁ

해설 (ㄹ)의 14가지 관리원칙은 페이욜(Fayol)의 일반관리론, (ㅁ)의 심리적 측면은 메이요(Mayo)의 인간관계론에 해당하는

04-16 ☑□□□
2024 공인노무사

테일러(F. W. Taylor)의 과학적 관리법에 제시된 원칙으로 옳은 것을 모두 고른 것은?

ㄱ. 작업방식의 과학적 연구
ㄴ. 과학적 선발 및 훈련
ㄷ. 관리자와 작업자들 간의 협력
ㄹ. 관리활동의 분업

① ㄱ, ㄴ
② ㄷ, ㄹ
③ ㄱ, ㄴ, ㄷ
④ ㄴ, ㄷ, ㄹ
⑤ ㄱ, ㄴ, ㄷ, ㄹ

해설 ㄱ. [O] 테일러에 따르면 근로자의 개별적인 과업은 분업의 원리에 입각한 과학적 분석에 의해 설계되어야 하며, 그 결과로서 표준화된 작업절차와 공정한 작업량 및 표준임률(임금지급률)이 설정된다.
ㄴ. [O] 과학적으로 설계된 과업을 원활히 수행하기 위해서는 근로자들을 과학적인 방법으로 선발하고 훈련하며, 적절한 직

무에 배치시킬 필요가 있다.

ㄷ. [ㅇ] 테일러는 노사관계에 대한 일원론적 관점(unitarism), 즉 '노사는 대립할 수 없는 협력 공동체'라는 관점을 강조하였다.

ㄹ. [ㅇ] 테일러는 공장의 생산성에 가장 중요한 역할을 하는 사람은 일선감독자(first-line foreman)이지만, 그에게 주어진 업무가 너무 많아서 감독자의 관리기능이 제대로 발휘되지 못하여 생산성이 저하되고 있다고 믿었다. 그리하여 테일러는 일선감독자의 직무구조에 분업의 원리를 적용하여 일선감독자는 부하 근로자들의 생산을 감독하는 데에만 치중하도록 하고 기타 생산계획이나 품질점검 그리고 근로자들의 훈련 등의 관리업무는 이를 전문적으로 취급할 수 있는 감독자를 따로 채용하여 그들에게 이들 관리업무를 맡겨야 한다는 기능적 감독자제도(functional foremanship)를 제안하였다.

정답 ⑤

04-17 ☑□□□
2014 경영지도사

관리과정의 순서로 옳은 것은?

① 조직화 → 통제 → 지휘 → 계획수립
② 계획수립 → 조직화 → 지휘 → 통제
③ 조직화 → 지휘 → 통제 → 계획수립
④ 계획수립 → 지휘 → 조직화 → 통제
⑤ 지휘 → 통제 → 계획수립 → 조직화

요점정리 페이욜은 경영자의 필수역할 6가지 중 '관리' 영역을 planning-organizing-leading-coordination-control의 5가지의 과정으로 세분화하였다. 이를 순서대로 번역하면 계획수립-조직화-지휘-조정-통제이다.

해설 이 문제에서는 '조정' 기능이 없으므로 이를 제외한 나머지를 나열하면 정답은 ②이다.

정답 ②

04-18 ☑□□□
2013 공인노무사

현대 경영이론에서 계획, 조직, 지휘, 조정, 통제의 관리기능을 주장한 사람은?

① F. W. Taylor ② Henry Ford
③ H. A. Simon ④ Henri Fayol
⑤ H. Mintzberg

해설 ① 과학적 관리론
② 포디즘, 봉사주의, 고임금 저가격, 컨베이어 벨트 시스템
③ 제한된 합리성, 의사결정론
④ 계획-조직-지휘-조정-통제
⑤ 조직구조의 유형 분류, 경영자의 역할 연구

정답 ④

04-19 ☑□□□
2014 가맹거래사

페이욜(Fayol)이 주장한 경영활동과 관련하여 연결이 옳은 것은?

① 기술활동-생산, 제조, 가공
② 상업활동-계획, 조직, 지휘, 조정, 통제
③ 회계활동-구매, 판매, 교환
④ 관리활동-재화 및 종업원 보호
⑤ 재무활동-원가관리, 예산통제

해설 페이욜의 6대 기능은 다음과 같다.
• 기술활동: 생산, 제조, 가공
• 상업활동: 구매, 판매, 교환
• 재무활동: 자본의 조달과 운영
• 보호활동: 재화와 종업원의 보호
• 회계활동: 재산목록, 대차대조표, 원가, 통계
• 관리활동: 계획, 조직, 지휘, 조정, 통제

정답 ①

04-20 ☑□□□
2015 경영지도사

페이욜(H. Fayol)이 제시한 경영활동(관리자가 해야 할 의무) 5요소로 옳지 않은 것은?

① 통제 ② 실행
③ 지휘(명령) ④ 조정
⑤ 조직

해설 페이욜의 관리기능은 계획수립-조직화-지휘-조정-통제 순서이다. 통상 계획과 통제 기능을 제외한 나머지를 '실행'이라 부르기도 하지만, 이 문제에서는 페이욜이 제시한 문구로 출제하였음에 유의할 것.

정답 ②

04-20A ✔☐☐☐

다음 중 조직의 경영관리과정에 관한 설명으로 옳지 않은 것은?

① 계획 – 조직 – 지휘 – 통제의 순으로 이루어진다.
② 조직화에서는 수행 업무와 수행 방법 및 담당자(리더)를 정한다.
③ 지휘에서는 갈등을 해결하고 업무 수행을 감독한다.
④ 계획에서는 목표와 전략을 수립한다.

해설〉 업무 수행의 감독은 통제(control)의 영역이다.

정답 ③

04-20D ✔☐☐☐

다음 중 경영기능과 그 내용이 가장 적절하지 않은 것은?

① 계획화(planning) – 목표설정
② 조직화(organizing) – 자원획득
③ 지휘(leading) – 의사소통, 동기유발
④ 통제(controlling) – 과업달성을 위한 책임의 부과

해설〉 통제는 일이 잘 되었는지를 사후적으로 평가하는 것이므로, '책임의 부과'와는 어울리지 않는다. 책임부과는 오히려 조직화 또는 지휘에 가깝다.

정답 ④

04-20E ✔☐☐☐

경영과 관리의 차이점에 대한 설명으로 옳지 않은 것은?

① 경영은 지향성을 가지고 조직을 운영하는 활동이라 할 수 있다.
② 경영은 기업을 운영하고 통제하는 활동이라 할 수 있다.
③ 관리는 업무를 조직화하고 감독하는 활동이라 할 수 있다.
④ 관리는 일을 진행하고 통제하는 활동이라 할 수 있다.

해설〉 약간 까다로운 문제이다. 영어로는 경영이나 관리나 모두 management라는 말을 사용하지만, 의미를 구분하자면 경영은 '계획 및 전략의 의미가 포함된 관리'이다. 즉 〈경영＝관리(업무실행과 통제)＋계획 및 전략〉이다. 여기서 포인트는 선지 ③의 '업무조직화 및 감독'이 경영이냐 관리냐 하는 것인데, 감독은 관리영역이라 볼 수 있으나 조직화는 계획의 후속활동으로서 경영에 가깝다.

정답 ③

04-20F ✔☐☐☐

관리과정의 단계 중 조직화에 대한 설명으로 가장 적절한 것은?

① 과업의 목표, 달성 방법 등을 정리하는 것
② 전체 과업을 각자에게 나누어 맡기고 그 일들의 연결 관계를 정하는 것
③ 과업이 계획대로 실행되었는지 살펴보고 필요한 시정조치를 취하는 것
④ 과업이 실제로 실행되도록 시키거나 이끌어가는 것

해설〉 페이욜은 경영자의 여러 역할 중 '관리 영역'을 다시 세분화하여 계획(planning), 조직화(organizing), 명령(또는 지휘, leading), 조정(coordination), 통제(control)로 구분하였다. 각 단계의 의미는 다음과 같다.

- 계획: 목표설정과 구체화 (선지 ①에 가까움)
- 조직화: 목표수행을 위해 업무를 세분화하여 이들간의 관계를 정하고 과업들을 묶어(직무형성) 개인에게 할당
- 지휘: 구성원을 동기부여시키고 이끌어 가는 활동들 (선지 ④에 가까움)
- 조정: 갈등관리와 업무속도 및 절차의 조율
- 통제: 일이 계획대로 진행되었는지를 사후 검토 (선지 ③과 가까움)

정답 ②

04-20G ✔□□□ 2022 군무원 7급

다음 중 계획-조직화-지휘-통제 등 경영관리의 4가지 기능에 대한 설명으로 가장 옳은 것은?

① 계획은 미래의 추세에 대해 예측하고 조직의 목표를 달성하기 위한 최선의 전략과 전술을 결정하는 과정이다.

② 조직화는 조직이 목표에 다가가고 있는지 확인하기 위한 명확한 기준을 설정하고 직원의 성공적인 수행을 보상하기 위한 과정이다.

③ 지휘는 조직의 구조를 설계하고 모든 것들이 목표 달성을 위해 함께 작동하는 체계를 구축하는 과정이다.

④ 통제는 비전을 수립하고 조직목표를 더 효과적으로 달성하기 위해 의사소통 및 권한과 동기를 부여하는 과정이다.

─────────

해설〉 선지 ①은 계획(planning)의 의미에 맞는 설명이다. 선지 ②의 설명("조직이 목표에 다가가고 있는지 확인하기 위한 명확한 기준을 설정하고 직원의 성공적인 수행을 보상하기 위한 과정")은 통제(control)의 의미에 가깝고, 선지 ③의 설명("조직의 구조를 설계하고 모든 것들이 목표 달성을 위해 함께 작동하는 체계를 구축")은 조직화(organizing)의 의미에 가깝다. 또한 선지 ④의 설명("조직목표를 더 효과적으로 달성하기 위해 의사소통 및 권한과 동기를 부여")은 지휘(leading)의 의미에 가깝다.

정답 ①

04-20M ✔□□□ 2024 공인노무사

조직의 목표를 달성하기 위하여 조직구성원들이 담당해야 할 역할 구조를 설정하는 관리과정의 단계는?

① 계획 ② 조직화

③ 지휘 ④ 조정

⑤ 통제

─────────

해설〉 페이욜의 '관리'기능의 세부내용은 다음과 같다.
- 계획(planning): 목표설정 및 전략과 절차의 수립
- 조직화(organizing): 과업정의, 역할설정, 권한부여, 업무배분 등
- 지휘(leading): 목표달성을 위한 동기부여와 리더십 발휘

- 조정(coordination): 통합과 조화를 위한 갈등관리의 과정
- 통제(control): 결과에 대한 평가 및 행동의 수정

따라서 조직구성원들이 담당하는 역할을 정하고 이를 배분하는 과정은 '조직화'에 해당한다.

정답 ②

04-20N ✔□□□ 2024 군무원 5급

다음 경영의 과정을 설명하는 내용 중 리드(leading)에 대한 설명으로 가장 적절한 것은?

① 조직의 성과를 위해 목표를 설정하고, 그 목표를 달성하기 위한 과업을 정하고 필요한 자원을 결정하는 일이다.

② 과업을 정하고, 관련된 과업을 묶어 부서를 정의하고, 권한을 부여하고, 자원을 배분하는 과정이다.

③ 직원의 활동을 관찰 및 평가하고, 조직이 목표를 향해 가고 있는지 확인하고 필요한 경우 수정을 가하는 작업이다.

④ 조직의 목표를 달성하기 위해 일할 동기를 부여하는 활동이다.

─────────

해설〉 리드는 우리말 '지휘'로 번역된다. 보통 부하직원들을 동기부여시키거나 리더십을 발휘하는 과정을 지칭한다. 따라서 적절한 선지는 ④이다.

① [×] 목표를 설정하고 자원을 결정하는 것은 계획화(planning)에 해당한다.

② [×] 과업을 묶고 권한을 부여하는 것은 조직화(organizing)에 해당한다.

③ [×] 목표달성 여부를 확인하고 필요시 수정작업을 하는 것은 통제(control)에 해당한다.

정답 ④

04-21 ✔□□□ 2014 경영지도사

페이욜(H. Fayol)이 제시한 관리원칙에 해당되지 않는 것은?

① 분권화의 원칙 ② 계층화의 원칙

③ 분업화의 원칙 ④ 지휘일원화의 원칙

⑤ 조직목표 우선의 원칙

요점정리 페이율의 관리원칙에는 분업의 원칙, 권한－책임 상응의 원칙, 규율의 원칙, 명령 통일의 원칙, 지휘의 일원화 원칙, 전체 이익에 대한 개인 이익 종속의 원칙, 종업원의 보고의 원칙, 권한의 집중(집권화) 원칙, 단절 없는 계층연쇄로 대표되는 조직구성의 원칙, 질서의 원칙, 공평(공정보상)의 원칙, 신분 안정의 원칙(고용안정), 솔선수범능력(창의력) 배양의 원칙, 단결의 원칙 등이 있다.

해설 ① 페이율은 분권화보다는 집권화를 강조하였다.

정답 ①

04-21A ☑☐☐☐   2020 경영지도사

페이율(H. Fayol)이 관리이론에서 주장한 경영관리의 14개 기본원칙에 해당하지 않는 것은?

① 업무의 분화
② 명령의 일원화
③ 방향의 단일화
④ 기술적 훈련, 역량 그리고 전문성에 근거한 선발
⑤ 개인보다 조직 이해의 우선

해설 역량과 전문성에 근거한 선발을 강조한 이론은 테일러의 과학적 관리론이다.

정답 ④

04-21J ☑☐☐☐   2023 경영지도사

페이율(H. Fayol)이 제시한 관리원칙에 해당하지 않는 것은?

① 권한과 책임   ② 개인목표 우선
③ 집권화   ④ 분업화
⑤ 질서

해설 페이율의 14대 일반관리원칙은 분업의 원칙(④), 권한-책임 상응의 원칙(①), 규율의 원칙, 명령 통일의 원칙, 지휘의 일원화 원칙, 전체 이익에 대한 개인 이익 종속의 원칙, 종업원의 보고의 원칙, 권한의 집중(집권화) 원칙(③), 단절 없는 계층연쇄로 대표되는 조직구성의 원칙, 질서의 원칙(⑤), 공평(공정보상)의 원칙, 신분 안정의 원칙(고용안정), 솔선수범능력(창의력) 배양의 원칙, 단결의 원칙으로 구성된다. 선지 ②는 오히려

페이율의 관리원칙 중 '전체 이익에 대한 개인 이익 종속의 원칙'에 반대되는 것이다.

정답 ②

04-21M ☑☐☐☐   2024 경영지도사

페이율(H. Fayol)이 제시한 경영원칙에 해당하지 않는 것은?

① 분업   ② 규율
③ 비전   ④ 보상
⑤ 권한과 책임

해설 페이율의 14대 일반관리원칙에는 분업의 원칙(①), 권한-책임 상응의 원칙(⑤), 규율의 원칙(②), 명령 통일의 원칙, 지휘의 일원화 원칙, 전체 이익에 대한 개인 이익 종속의 원칙, 종업원의 보고의 원칙, 권한의 집중(집권화) 원칙, 단절 없는 계층연쇄로 대표되는 조직구성의 원칙, 질서의 원칙, 공평(공정보상)의 원칙(④), 신분 안정의 원칙(고용안정), 솔선수범능력(창의력) 배양의 원칙, 단결의 원칙으로 구성된다.

정답 ③

04-22 ☑☐☐☐   2018 경영지도사

페이율(H. Fayol)이 제시한 경영조직의 일반원칙으로 옳지 않은 것은?

① 명령일원화의 원칙   ② 분업의 원칙
③ 동작경제의 원칙   ④ 권한과 책임의 원칙
⑤ 집권화의 원칙

요점정리 페이율의 관리원칙에는 분업의 원칙, 권한－책임 상응의 원칙, 규율의 원칙, 명령 통일의 원칙, 지휘의 일원화 원칙, 전체 이익에 대한 개인 이익 종속의 원칙, 종업원의 보고의 원칙, 권한의 집중(집권화) 원칙, 단절 없는 계층연쇄로 대표되는 조직구성의 원칙, 질서의 원칙, 공평(공정보상)의 원칙, 신분 안정의 원칙(고용안정), 솔선수범능력(창의력) 배양의 원칙, 단결의 원칙 등이 있다. '동작경제의 원칙'이라는 것은 없다.

해설 ③ 동작경제의 원칙은 가장 효율적인 작업방식과 업무 동작을 찾는 것으로서, 서블릭(therblig)으로 상징되는 길브레스 부부의 연구내용과 관련이 깊다.

정답 ③

04-22A ✓☐☐☐　　　　2020 서울시 7급

페이욜(Fayol)의 관리이론에 대한 설명으로 가장 옳지 않은 것은?

① 페이욜은 관리원칙이 일반 조직에 적용될 수 있다고 주장한다.
② 개인의 이익과 목표를 먼저 달성하여 조직의 최종적인 이익을 높일 수 있음을 주장한다.
③ 관리자가 피관리자에게 공정한 보상과 대우를 해야 한다고 주장한다.
④ 분업을 통한 전문화의 원칙을 주장한다.

해설　② 페이욜의 관리원칙 중에는 '전체 이익에 대한 개인 이익 종속의 원칙'이 있다. 이는 개인의 이익보다 조직의 이익이 우선시됨을 뜻한다.

정답 ②

04-22D ✓☐☐☐　　　　2021 공인노무사

페이욜(H. Fayol)의 일반적 관리원칙에 해당하지 않는 것은?

① 지휘의 통일성　　　② 직무의 분업화
③ 보상의 공정성　　　④ 조직의 분권화
⑤ 권한과 책임의 일치

요점정리　페이욜은 6가지 경영기능(기술, 상업, 재무, 보호, 회계, 관리) 가운데 '관리' 영역을 다시 세분화하여 계획(planning), 조직화(organizing), 명령(또는 지휘, leading), 조정(coordination), 통제(control)로 대별하였다. 이상의 내용 중에서 조직화, 명령, 조정활동을 '실행'이라는 명칭으로 통합하여 관리과정을 계획-실행-통제로 단순하게 부르기도 한다. 이상의 관리활동을 수행하기 위한 지침으로서 제시된 것이 14대 일반관리원칙이다. 그 내용은 분업의 원칙, 권한-책임 상응의 원칙, 규율의 원칙, 명령 통일의 원칙, 지휘의 일원화 원칙, 전체 이익에 대한 개인 이익 종속의 원칙, 종업원의 보고의 원칙, 권한의 집중(집권화) 원칙, 단절 없는 계층연쇄로 대표되는 조직구성의 원칙, 질서의 원칙, 공평(공정보상)의 원칙, 신분 안정의 원칙(고용안정), 솔선수범능력(창의력) 배양의 원칙, 단결의 원칙으로 구성된다.

해설　페이욜의 관리원칙에는 집권화의 원칙이 포함된다. 분권화는 집권화의 반대 개념이다.

정답 ④

04-23 ✓☐☐☐　　　　2007 7급공무원 문책형

포드가 주창한 경영관리의 합리화 방식에 해당하지 않는 것은?

① 노동조합 육성
② 이동조립법(컨베이어벨트 시스템) 도입
③ 제품 표준화
④ 부품 규격화

요점정리　포드는 대량생산을 위해 컨베이어 시스템을 도입하였으며, 생산비용의 절감을 위해 제품의 표준화와 규격화, 단순화 및 제조공정의 전문화 등을 강조하였다. 이는 흔히 3S로 불리는데, 그 내용은 각각 표준화(standardization), 단순화(simplification), 전문화(specialization)의 머릿글자를 딴 것이다.

해설　① 노동조합 육성은 포드의 공장운영 방식과 직접적 관련이 없다. 오히려 포드는 자신의 회사에 노조가 설립되는 것을 강경하게 반대하였다.

정답 ①

04-24 ✓☐☐☐　　　　2017 경영지도사

포드시스템에 관한 설명으로 옳지 않은 것은?

① 이동조립 생산방식　　② 차별적 성과급제도
③ 대량생산방식　　　　④ 생산의 표준화
⑤ 동시관리

해설　② 차별적 성과급 제도는 테일러의 과학적 관리론과 관련이 깊다.

추가해설　①의 이동조립, ③의 대량생산, ④의 표준화 등은 모두 포드시스템의 핵심 용어이다. ⑤의 동시관리는 각종 작업의 동시적 진행을 가능하게 하는 컨베이어 조립방식, 즉 이동조립법과 관련이 깊다.

정답 ②

04-24A ☑☐☐☐　　　2020 경영지도사

포드(H. Ford)는 기업의 목적을 사회 대중에 대한 봉사로 보고 포디즘(Fordism)을 주장하였는데 포디즘의 기본원리로 옳은 것은?

① 고가격 고임금　　② 저가격 고임금
③ 고가격 저임금　　④ 저가격 최저임금
⑤ 고가격 최저임금

해설 포드는 테일러의 '고임금 저인건비'의 원리를 한층 더 심화시켰다. 인건비가 절감되면 이를 통해 제품의 가격을 낮출 수 있기에 포드는 고임금 저가격의 원리를 정립시켰고 그 결과 경영활동이 대중에 대한 일종의 봉사가 될 수 있음을 강조했다.
　　　　　　　　　　　　　　　　　　정답 ②

04-24B ☑☐☐☐　　　2020 가맹거래사

생산의 표준화와 이동조립법(conveyor belt)을 도입하여 생산성을 높이고 경영을 합리화하고자 하는 관리기법은?

① 테일러 시스템
② 포드 시스템
③ 간트 차트의 통계적 품질관리
④ 메어나드의 동작연구
⑤ 길브레스의 방법연구

해설 이동조립법은 컨베이어 벨트를 활용한 대량생산의 한 방법으로서, 포드(Ford)가 개발한 대표적 경영기법이다.
　　　　　　　　　　　　　　　　　　정답 ②

04-25 ☑☐☐☐　　　2011 공인노무사

생산합리화의 3S로 옳은 것은?

① 표준화(standardization) – 단순화(simplification) – 전문화(specialization)
② 규격화(specification) – 세분화(segmentation) – 전문화(specialization)
③ 단순화(simplification) – 규격화(specification) – 세분화(segmentation)
④ 세분화(segmentation) – 표준화(standardization) – 단순화(simplification)
⑤ 규격화(specification) – 전문화(specialization) – 표준화(standardization)

해설 3S는 standardization, simplification, specialization이며 이는 각각 제품과 작업의 표준화(standardization), 제품구조의 단순화(simplification), 제조공정의 전문화(specialization)를 뜻한다.
　　　　　　　　　　　　　　　　　　정답 ①

04-25B ☑☐☐☐　　　2017 군무원 복원

포드(Ford) 시스템의 현대적 대량생산 공정 원리에 해당하지 않는 것은?

① 작업의 전문화　　② 제품의 단순화
③ 작업의 복잡화　　④ 부품의 표준화

해설 포드의 작업원리는 3S로 요약된다. 이는 전문화(Specialization), 단순화(Simplification), 표준화(Standardization)를 뜻한다.
　　　　　　　　　　　　　　　　　　정답 ③

04-26 ☑□□□

2017 공인노무사

호손실험(Hawthorne experiment)의 순서가 바르게 나열된 것은?

> ㄱ. 면접실험
> ㄴ. 조명실험
> ㄷ. 배전기 전선작업실 관찰
> ㄹ. 계전기 조립실험

① ㄱ → ㄴ → ㄷ → ㄹ
② ㄱ → ㄹ → ㄷ → ㄴ
③ ㄴ → ㄹ → ㄱ → ㄷ
④ ㄴ → ㄹ → ㄷ → ㄱ
⑤ ㄹ → ㄱ → ㄷ → ㄴ

해설 호손실험은 조명실험(1924~1927), 계전기실험(1927~1929), 면접실험(1928~1930), 배전기실험(1931~1932)의 순으로 진행되었다.

정답 ③

04-26F ☑□□□

2022 공인노무사

메이요(E. Mayo)의 호손실험 중 배선작업 실험에 관한 설명으로 옳지 않은 것은?

① 작업자를 둘러싸고 있는 사회적 요인들이 작업능률에 미치는 영향을 파악하였다.
② 생산현장에서 비공식조직을 확인하였다.
③ 비공식조직이 작업능률에 영향을 미치는 것을 발견하였다.
④ 관찰연구를 통해 진행되었다.
⑤ 경제적 욕구의 중요성을 재확인하였다.

요점정리 호손실험(The Hawthorne Study)은 인간관계론의 등장에 획기적인 이정표가 된 사건이다. 호손실험이 실시될 20세기 초 당시 기업들은 점차 조직규모의 확대, 기술적 복잡성, 전문화에 직면해 있었고, 여기에 적응하기 위하여 종업원의 기계화를 촉진하는 방식으로 관리를 하고 있었다. 이에 대하여 종업원들의 불만이 점차 가중되고 노조의 강경화가 진행되자, 경영자들은 새로운 관리방식에 대응할 필요가 있게 되었다. 이러한 시대적 배경 하에서, 하버드 대학교의 메이요(Mayo)는 그의 제자이자 동료교수였던 뢰슬리스버거(Roethlisberger)와 함

께 미국 서부전기회사의 호손(Hawthorne)공장 종업원을 상대로 연구를 수행하게 되었다. 당초 연구의 목표는 성과급이나 작업환경, 임률 등이 작업능률에 미치는 영향을 파악하기 위한 것이었으며, 연구는 8년에 걸쳐 모두 4단계로 진행되었다.

해설 ⑤ 호손실험의 주요 발견 중 하나는 인간의 행동이 경제적·논리적 측면에 의해서만 결정되는 것이 아니라 사회적·비합리적 측면에 의해서도 영향을 받는 것이다. 경제적 욕구의 중요성을 강조한 이론으로는 테일러(Taylor)의 과학적 관리론 등이 있다.

추가해설 호손실험의 4단계는 다음과 같다.
- 제1단계: 조명실험(1924년 11월 ~ 1927년 4월): 처음에는 조명의 효과를 측정하기 위한 실험이 진행되었다. 근로자를 두 집단으로 나누어 밝기변화와 생산성의 관계를 관찰하였는데(④), 밝기가 변화한 실험집단뿐만 아니라 비교대상이었던 통제집단에서조차 작업성과가 향상되는 결과가 나왔다.
- 제2단계: 계전기실험(1927년 4월 ~ 1929년 6월): 보다 정교한 실험을 위해 이번에는 조립에 종사하는 여공들을 6인 1조로 편성하여 특정 작업조건(예, 휴식시간 제공, 간식의 제공, 작업시간 단축 등)이 주어질 때 성과향상 여부를 테스트했다. 각 작업조는 6명 중 2명을 일단 따로 뽑은 뒤 그 2명에게 같이 일할 나머지 4명을 뽑게 하여 일종의 비공식집단(서로 친밀해지는 자생집단)을 이루게 한 후 동일한 작업실에서 일하게 하고, 감시원 1명을 붙이는 방식으로 진행되었다. 여러 작업조건의 변화에 불구하고 생산성에는 큰 차이가 없었으며, 심지어 실험이 끝난 뒤 작업조건을 기존 상태로 되돌려 놓았음에도 불구하고 여전히 높은 생산성이 유지된다는 점이 발견되었다.
- 제3단계: 면접실험(1928년 9월 ~ 1930년 9월): 세 번째 연구는 공장 전체 근로자들을 대상으로 실시한 면접조사였는데 여기서는 구성원들의 만족과 불만족에 영향을 주는 요인들에 대한 조사가 이루어졌다. 그 결과 작업의욕이 개인적 감정에 의해서도 영향을 받지만, 그가 속한 비공식 집단의 사회적 조건에 따라서도 크게 달라질 수 있음(①, ③)이 밝혀졌다.
- 제4단계: 배전기실험(1931년 11월 ~ 1932년 5월): 마지막 실험에서는 배전기 작업을 하는 14명의 남성 노동자를 관찰하였는데, 실험의 도중 이들 사이에 자연스럽게 2개의 비공식집단이 생겨났다(②). 업무수행의 과정에서는 개인의 능력이나 숙련도, 관리자의 지시나 성과급 등의 제도와 작업능률간의 논리적 상관관계가 도출되지 않았으며, 오히려 각자의 근로의욕 여하나 암묵적으로 합의된 규범(작업방식이나 업무수행에 대하여 구성원들이 서로 약속한 규칙)이 작업능률과 상관관계가 크다는 것을 발견했다.

정답 ⑤

04-26J ☑□□□ 2023 군무원 5급

호손실험(Hawthorne studies)의 결과가 주는 시사점으로 가장 옳지 않은 것은?

① 경영자는 효율적 경영을 위해 인간 심리 및 행동과 관련된 요소를 이해할 필요가 있다.
② 경영자는 조직 내 작업자들 상호 간 관계의 중요성을 이해할 필요가 있다.
③ 경영자는 동기부여 요인으로 경제적 요인뿐 아니라 비경제적 요인도 고려할 필요가 있다.
④ 경영자는 최고의 생산력을 유지하기 위해 계획과 생산을 분리해야 함을 이해할 필요가 있다.

해설 호손 실험의 핵심은 인간이 경제적 인센티브 뿐만 아니라 비경제적 요인(③), 구체적으로는 심리적 측면(①)과 인간관계(②)에 의해 영향을 받는 존재임을 밝힌 것이다. 따라서 선지 ④의 서술은 호손실험과는 어울리지 않는다. 생산력의 향상이나 유지, 계획과 생산의 분리 등은 고전이론(과학적 관리론, 일반관리론 등)에 관한 설명에 가깝다.

정답 ④

04-26K ☑□□□ 2023 서울시 7급

〈보기〉는 인간관계론의 근간이 된 호손실험(Hawthorne research)에 대한 설명이다. 〈보기〉에서 옳은 설명의 총 개수는?

─── 〈 보기 〉 ───
ㄱ. 호손은 실험을 주도한 사회학자의 이름에서 비롯되었다.
ㄴ. 실험의 목적은 과학적 관리법의 유효성을 검증하는 것이었다.
ㄷ. 공장 내의 조명도가 적절할 때 생산능률이 증대함을 확인하였다.
ㄹ. 종업원 상호 간의 비공식화된 조직이 작업성과에 영향을 미침을 확인하였다.

① 1   ② 2   ③ 3   ④ 4

해설 ㄱ. [×] '호손(Hawthorne)'은 실험이 진행된 공장의 이름이다. 실험을 주도한 것은 심리학자인 하버드대학교의 메이요(Mayo)와 뢰슬리스버거(Roethlisberger) 교수이다.

ㄴ. [○] 놀랍게도 맞다. 수험생분들이 유의하셔야 할 것은 호손실험이 처음부터 인간관계론을 검증하려 한 연구가 아니라는 점이다. 호손실험이 실시될 20세기 초 당시 기업들은 점차 조직규모의 확대, 기술적 복잡성, 전문화에 직면해 있었고, 여기에 적응하기 위하여 종업원의 기계화를 촉진하는 방식으로 관리를 하고 있었다. 이에 대하여 종업원들의 불만이 점차 가중되고 노조의 강경화가 진행되자, 경영자들은 새로운 관리방식에 대응할 필요가 있게 되었다. 이러한 시대적 배경 하에서, 하버드 대학교의 메이요(Mayo)와 뢰슬리스버거(Roethlisberger) 교수는 미국 서부전기회사의 호손(Hawthorne)공장 종업원을 상대로 연구를 수행하게 되었다. 당초 연구의 목표는 성과급이나 작업환경, 임률 등이 작업능률에 미치는 영향을 파악하기 위한 것이었으며, 연구는 모두 4단계로 진행되었다.

ㄷ. [×] 4단계로 진행된 호손실험의 1단계 실험을 '조명 실험'이라 한다. 여기서는 조명의 효과를 측정하기 위한 실험이 진행되었는데, 실험집단뿐만 아니라 통제집단에서조차 작업성과가 향상되는 결과가 나왔다. 또한 조명의 밝기가 밝아질 때 생산성이 개선된 동시에, 밝기가 어두워지는 경우에도 생산성이 오르는 희한한 결과가 도출되었기에 결과적으로 조명밝기-생산성 간 관계를 밝히는데 실패했다.

ㄹ. [○] 4단계 실험 중 마지막 실험인 배전기 실험에서는 작업능률에 영향을 미쳤던 비공식조직과 집단압력의 존재를 파악하게 되었다. 업무수행의 과정에서는 개인의 능력이나 숙련도, 관리자의 지시나 성과급 등의 제도와 작업능률간의 논리적 상관관계가 도출되지 않았으며, 오히려 각자의 근로의욕 여하나 암묵적으로 합의된 규범(작업방식이나 업무수행에 대하여 구성원들이 서로 약속한 규칙)이 작업능률과 상관관계가 크다는 것을 발견했다. 이상의 일련의 연구들을 통해 메이요는 작업능률의 사회성과 비경제적 요인의 중요성을 발견하였다.

정답 ②

04-27 ☑□□□ 2024 군무원 5급

다음 중 호손실험과 인간관계론에 대한 설명으로 가장 적절하지 않은 설명은?

① 인간관계론은 인간의 행동에 초점을 두고 있다.
② 호손실험은 인간은 감성의 논리에 따라 동기부여가 된다는 사실을 밝혔다.
③ 호손실험은 노동조합의 역할 등에 대해 간과했다.
④ 호손실험은 인간의 내면을 심층적으로 다뤘다.

해설 선지 ①과 ②는 인간관계론에 대한 일반적인 (그리고 한눈에 보아도) 말이 되는 서술이다. 그런데 나머지 두 선지에 관해서는 조금 더 설명이 필요하다.

③ [○] 과학적관리론(테일러)과 인간관계론(메이요)의 공통점은 바로 노동조합에 대한 부정적인 인식이다. 두 이론 모두 노사간에는 이해관계가 완전히 일치하므로 대립이 없으며, 따라서 노사간의 이해관계 대립을 전제로 하는 노동조합은 필요하지 않다고 보았다. 따라서 옳은 서술이다.

④ [×] 호손실험을 필두로 한 인간관계론에서 인간의 내면을 다룬 것은 맞다. 그러나 이 당시의 이론은 어디까지나 '돈보다는 사람의 마음이 중요해'라는 식의 단순하고 피상적인 접근법이었을 뿐, 오늘날의 심리학에서와 같은 엄밀한 접근이나 실험이 진행된 것은 아니다. 따라서 적절하지 않은 것은 ④가 된다.

정답 ④

04-28 ☑□□□   2018 경영지도사

호손(Hawthorne)실험과 관련한 설명으로 옳은 것은?

① 작업자는 임금 등 경제적 요인에 의해서 동기화된다.
② 작업자의 생산성은 작업환경 및 작업시간과 밀접한 연관이 있다.
③ 명확한 업무설계와 조직설계가 생산성 향상의 주요 요인이다.
④ 공식조직에 비해 비공식조직은 성과에 영향을 주지 않는다.
⑤ 작업자는 단지 관심을 기울여주기만 해도 성과가 개선된다.

해설 호손실험의 발견내용은 사람이 '경제적 요인(①)이나 작업환경(②) 및 업무설계조건(③) 혹은 공식조직(④)'이 아닌 나머지 요인에 의해서 영향을 받는다는 것이다. 인간관계 및 심리적 요인(⑤)이 중요하다.

정답 ⑤

04-29 ☑□□□   2019 경영지도사

호손(Hawthorne) 연구에 관한 설명으로 옳지 않은 것은?

① 인간이 조직에서 중요한 요소의 하나라는 사실을 강조하였다.
② 개인과 집단의 사회적·심리적 요소가 조직성과에 영향을 미친다는 사실을 인식하였다.
③ 비공식조직이 조직성과에 영향을 미치는 것을 확인하였다.
④ 작업의 과학화, 객관화, 분업화의 중요성을 강조하였다.
⑤ 매슬로우(A. Maslow) 등이 주도한 인간관계운동의 출현을 가져왔다.

해설 호손실험은 인간관계론 학파(대표적 학자: 맥그리거, 매슬로우 등)가 형성되는데 결정적 역할을 한 연구로서(⑤) 경제적 보상보다 사람의 마음(심리적 요소)과 인간관계(사회적 요소)가 경영에 있어 중요하다는 점을 일깨워주었다(①, ②). 특히 동료집단으로 대표되는 비공식집단이 종업원의 직무수행 동기와 업무방식에 영향을 줌을 확인하였으며(③) 이후 행동과학 및 인적자원관리에 영향을 미쳤다. 그러나 ④의 작업 과학화, 객관화, 분업화(전문화) 등은 테일러로 대표되는 과학적 관리론에서 중시한 개념으로서, 호손연구와는 직접적 관련이 적다.

정답 ④

04-29A ☑□□□   2020 경영지도사

호손(Hawthorne)연구의 내용으로 옳은 것은?

① 생산성과 표준화된 작업조건은 직접적인 관련이 있다.
② 작업자들의 행동이 관찰되거나 특별한 관심의 대상이 되는 것은 생산성과 관련이 없다.
③ 임금, 노동시간 등 근로조건의 기술적, 경제적 측면에 초점을 두었다.
④ 비공식 조직을 지배하는 감정의 논리가 생산성에 영향을 미친다.
⑤ 공식조직의 업무체계 강화는 생산성의 향상으로 이어진다.

해설 호손실험을 통해 정립된 인간관계론은 물리적 작업환경 등의 합리적 요인보다 감정과 심리 등의 요인이 생산성에 결정적 역할을 한다고 보았다. 이 과정에서 사회적 관점과 비공식 조직을 강조하였다.

정답 ④

04-29J ☑☐☐☐

메이요(E. Mayo)의 호오손실험에 관한 설명으로 옳은 것은?

① 인간관계론과 관련이 없다.
② 2차에 걸쳐서 진행된 프로젝트이다.
③ 비경제적 보상은 작업자의 만족과 관련이 없다.
④ 직무의 전문화를 강조했다.
⑤ 구성원의 생각과 감정을 중시했다.

해설 ① [×] 호손실험의 결과 인간관계론이 등장했다.
② [×] 4단계에 걸쳐 진행되었다. (조명실험, 계전기실험, 면접조사, 배전기실험)
③ [×] 비경제적 보상인 칭찬, 인간관계상의 즐거움 등은 작업자의 만족과 관련이 있다.
④ [×] 호손실험의 결과 등장한 인간관계론에서는 (과학적 관리론과는 달리) 직무전문화의 역기능에 주목하였다.
⑤ [○] 호손실험의 결과 등장한 인간관계론에서는 인간의 행위가 외부의 경제적 요소보다 내부의 심리적 요소에 의해 결정된다고 본다.

정답 ⑤

04-30 ☑☐☐☐

인간관계론의 내용에 관한 설명으로 옳은 것은?

① 과학적 관리법과 유사한 이론이다.
② 인간 없는 조직이란 비판을 들었다.
③ 심리요인과 사회요인은 생산성에 영향을 주지 않는다.
④ 비공식집단을 인식했으나 그 중요성을 낮게 평가했다.
⑤ 메이요(E. Mayo)와 뢰슬리스버거(F. Roethlisberger)를 중심으로 호손실험을 거쳐 정리되었다.

해설 인간관계론은 메이요와 뢰슬리스버거에 의해 정립되었으며, 호손실험이 그 계기가 되었다.

추가해설 인간관계론은 이론분류상 과학적 관리론과 대척점에 서 있으며(①), 조직의 입장보다는 개인의 입장만 지나치게 고려하였기에 '조직 없는 인간'이라는 비판을 받았다(②). '인간 없는 조직'은 과학적 관리론에 관한 표현이다. 또한 인간관계론에서는 인간의 심리적·사회적 측면이 생산성에 미치는 영향을 중시하였으며(③), 비공식집단의 중요성을 높게 평가했다(④).

정답 ⑤

04-30F ☑☐☐☐

다음 중 인간관계론에 대한 설명으로 가장 옳은 것은?

① 과학적관리법이라고도 한다.
② 차별적성과급을 핵심 수단으로 삼고 있다.
③ 비공식집단의 중요성을 발견했다.
④ 조직을 관리하는 최선의 관리방식은 회사의 규모나 시장 상황 등에 따라 상이할 수 있음을 발견했다.

해설 ① [×] 인간관계론은 과학적 관리론 이후에 등장한 이론이다.
② [×] 차별성과급은 목표 이상의 성과를 달성한 종업원에게 더 높은 임률을 적용하는 제도로서, 과학적 관리론에서 강조되는 것이다.
③ [○] 인간관계론 등장의 배경이 되는 호손실험은 하버드대의 메이요(Mayo) 교수에 의해 모두 4단계의 하위실험으로 진행되었다. 그 중 마지막 실험인 '배전기 실험'을 통해 작업능률에 영향을 미쳤던 비공식조직과 집단압력(social pressure, 작업자들의 업무수행에 주변 동료들이 큰 영향을 주는 현상)의 존재를 파악하게 되었다. 그 결과 메이요는 작업능률의 사회성과 비경제적 요인의 중요성을 발견하였다.
④ [×] 인간관계론과 과학적관리론은 모두 보편론적 관점을 취하므로, 최선의 조직관리방식이 존재한다고 가정한다.

정답 ③

04-31 ☑︎☐☐☐

2015 경영지도사

인간관계론에 관한 설명으로 옳지 않은 것은?

① 비용의 논리를 추구한다.
② 비공식 집단을 강조한다.
③ 사회적 인간관과 연관이 있다.
④ 만족이 생산성 향상을 가져온다고 생각한다.
⑤ 감정의 논리에 치중하는 경향이 있다.

해설 ① 인간관계론에서는 비용과 같은 경제적 측면보다는 감정과 같은 사회적 측면을 중시한다.

추가해설 ③ 인간관계론은 사회적 인간관, 과학적 관리론은 경제적 인간관에 가깝다.

정답 ①

04-32 ☑︎☐☐☐

2016 공인노무사

인간관계론에 해당하는 내용은?

① 기획업무와 집행업무를 분리시킴으로써 계획과 통제의 개념 확립
② 시간 및 동작연구를 통하여 표준 작업량 설정
③ 자연발생적으로 형성된 비공식 조직의 존재방식
④ 과업에 적합한 근로자 선발 및 교육훈련 방법 고안
⑤ 전문기능별 책임자가 작업에 대한 분업적 지도 수행

해설 ① 페이욜은 관리기능을 계획－조직화－지휘－조정－통제로 구분하였다.
②, ④, ⑤ 과학적 관리론에 대한 설명이다.
③ 인간관계론에서 비공식 조직을 강조하였다.

정답 ③

04-33 ☑︎☐☐☐

다음 중 과학적 관리론(scientific management)과 인간관계론(human relation theory)의 비교가 잘못된 것은?

	과학적 관리론	인간관계론
①	테일러(Taylor)	메이요(Mayo)
②	서부전기회사	시간연구
③	인간 없는 조직	조직 없는 인간
④	경제적 인간관	사회적 인간관
⑤	분업의 순기능에 주목	분업의 역기능에 주목

해설 과학적 관리론은 테일러의 공장에서 시간연구와 동작연구를 통해 체계화되었으며, 인간관계론은 미국 서부전기회사의 호손공장에서 실시된 실험으로부터 출발하였다.

정답 ②

04-33F ☑︎☐☐☐

2022 군무원 5급

다음은 과학적 관리론(scientific management)과 인간관계론(human relation theory)을 몇 가지 측면에서 비교한 것이다. 이 중 가장 옳지 않은 것은?

	과학적 관리론	인간관계론
①	테일러(Taylor), 간트(Gantt)	메이요(Mayo), 매슬로우(Maslow)
②	경제적 인간관	사회적 인간관
③	호손 연구	서부 전기회사
④	과업관리	비공식 집단

해설 ③ 5급 시험의 격(格)을 떨어뜨린다고 보아도 무방한 수준의 문제이다. 호손 실험의 결과 인간관계론이 등장한 것이며, 호손 실험이 이루어진 기업이 바로 서부전기회사이다.

정답 ③

04-33M ☑□□□   2024 군무원 7급

다음 중 경영학과 관련된 주요 이론에 대한 설명으로 적절하지 않은 것은?

① 과학적 관리론은 다품종소량생산체제하에서 보다 많은 제품을 더욱 값싸게 생산할 수 있도록 작업 방식을 개선할 수 있는 최선의 방법을 제시한 이론이다.
② 고전적 관리론이 현대 경영이론의 관점에서 주목을 받는 이유는 기업의 구성요소들 사이의 상호관련성에 대한 통찰력을 지니고 있기 때문이다.
③ 관료론제는 가장 효율적이고 이상적인 조직은 합리성에 기초를 두어야 한다는 전제에서 출발한다.
④ 인간관계론은 인간은 단순히 돈만을 위해서 일하는 경제인이 아니라 감정을 지니고 있고 남과 어울리고자 하는 사회인이며 동시에 작업장을 하나의 사회적 장으로 인식하였다.

해설 ① [×] 과학적 관리론은 다품종소량생산(가내수공업)에서 공장제 대량생산으로의 전환기였던 19세기 후반 ~ 20세기 초반에 공장의 생산 및 운영효율 증진을 위해 만든 이론이다.
정답 ①

04-34 ☑□□□   2017 공인노무사

경영이론의 주창자와 그 내용이 옳지 않은 것은?

① 테일러(Taylor): 차별적 성과급제
② 메이요(Mayo): 비공식 조직의 중시
③ 페이욜(Fayol): 권한과 책임의 원칙
④ 포드(Ford): 고임금 고가격의 원칙
⑤ 베버(Weber): 규칙과 절차의 중시

해설 포드는 기업경영을 대중에 대한 봉사로 보고, 노동자에게 고임금을 지급하는 동시에 제품가격을 낮추는 것을 중시하였다. 즉 포드주의(Fordism)는 고임금 저가격의 원칙으로 표현하는 것이 옳다.
정답 ④

04-35 ☑□□□   2019 서울시 7급 B책형

〈보기〉의 경영이론에 대한 설명 중 옳은 것을 모두 고른 것은?

─〈 보기 〉─
ㄱ. 테일러(Taylor)의 과학적 관리이론에서 과업관리 목표는 '높은 임금과 높은 노무비의 원리'이다.
ㄴ. 포드 시스템(Ford system)은 생산의 표준화를 전제로 한다.
ㄷ. 패욜(Fayol)의 관리이론 중 생산, 제작, 가공활동은 관리활동에 해당한다.
ㄹ. 메이요(Mayo)의 호손연구(Hawthorne Studies)에 의하면 화폐적 자극은 생산성에 영향을 미치지 않는다.

① ㄱ, ㄴ   ② ㄱ, ㄹ
③ ㄴ, ㄷ   ④ ㄴ, ㄹ

해설 ㄱ. [×] 테일러의 과업관리 목표는 '높은 임금과 낮은 노무비의 원리'이다. 고임금을 지급하면 일부 근로자들이 이에 반응하여 다른 직원들보다 더욱 열심히 일할 가능성이 있다. 그 결과 다수의 일반적 종업원이 무기력하게 근무할 때에 비해 조직성과가 향상된다면 결과적으로 비교적 소수의 직원으로 더 큰 성과를 내는 것이 가능한 것이다.
ㄴ. [○] 포드 시스템의 핵심은 3S다. 이는 제품과 작업의 표준화(standardization), 제품구조의 단순화(simplification), 제조공정의 전문화(specialization)을 뜻한다.
ㄷ. [×] 생산, 제작, 가공활동은 기술활동에 속한다. 관리활동에 속하는 항목은 계획, 조직화, 지휘, 조정, 통제 등이다.
ㄹ. [○] 호손실험의 발견사항 중 하나는 경제적 인센티브보다 심리적 자극 및 주변동료들로부터의 사회적 자극이 중요하다는 것이다.
정답 ④

다양한 조직이론

1. 근대관리론: 인간 있는 조직

1) 버나드(Barnard)의 협동체계론: <u>조직과 개인, 공헌과 만족간의 균형</u> 강조 + 권한수용설

2) 사이먼(Simon)의 의사결정론

   ① 주요 내용: 관리인(administrative man), 제한된 합리성(bounded rationality), 만족 중시

   ② 관련 이론: 쓰레기통 모형, 권한수용설

2. 시스템 이론

1) 시스템(system): <u>전체의 목적을 위해 함께 일하는 부분</u>으로 구성된 체계

2) 시스템의 유형: 개방시스템(환경을 고려하는 유기체), 폐쇄시스템(환경을 고려하지 않는 자족조직)

3) 개방시스템(예 기업)의 특징

   ① 분화에 따른 전문성의 증가: 전체 시스템은 상호의존적인 여러 하위시스템으로 구성

   ② 이인동과성(equifinality): 다른 투입으로도 같은 산출물을 만들 수 있음

   ③ 활동과정: <u>투입 → 처리 → 산출 → 피드백</u>(피드백을 통해 시스템의 균형이 달성됨)

   ④ 부(負)의 엔트로피: 개방시스템은 스스로 '무질서함의 정도(entropy)'를 낮추어 나감

3. 상황이론

1) 이론사적 의의: 각 조직이 처한 <u>상황에 맞는 조직구성의 방법</u>이 있다는 관점

2) 이론의 특징: 조직특성과 상황간의 적합성(fit)이 조직효과성에 영향을 미침, 중범위 이론

4. 최신경영이론 및 용어

1) 계량경영학: 2차 대전 이후 수요조사, 생산최적화 등에 계량적 의사결정기법이 도입

2) 자원기반관점(RBV): 가치있고 희소하며 모방과 대체가 불가능한 자원이 지속적 경쟁우위 제공

3) 자원의존이론(RDT): 조직은 생존을 위해 필요한 자원획득을 위한 주체적 노력을 기울임

4) 거래비용 이론: 거래비용으로 인한 시장실패를 방지하기 위하여 조직이 등장

5) 대리인 이론: 본인 – 대리인간의 정보비대칭으로 인한 대리인 비용을 줄이기 위한 매커니즘 연구

6) 인적자본이론: Becker → 인간에 대한 투자(=교육훈련) 강조

7) 구조조정: BPR, Downsizing, Outsourcing, Benchmarking 등과 관련

8) 시간기반 경쟁(TBC): 리드타임(소요시간) 최소화 전략

9) 기업의 사회적 책임: 경제적 책임 → 법적 책임 → 윤리(도덕)적 책임 → 자선(박애)적 책임

10) 지속가능경영: 경제적, 환경적, 사회적 이슈를 고려하여 지속가능한 기업활동 추구

5. 조직이론의 역사 요약

	합리적 인간관	사회적 인간관
폐쇄시스템 관점	1900~1930 (예 관료제, 과학적 관리론)	1930~1960 (예 인간관계론)
개방시스템 관점	1960~1970 (예 상황이론)	1970~ (조직생존/비합리성 중시관점, 예 자원의존이론)

05-1 ☑☐☐☐　　2019 경영지도사

버나드(C. Barnard)와 사이먼(H. Simon)이 주장한 이론은?

① 과학적 관리법　　② 관료제
③ 상황이론　　④ 의사결정이론
⑤ 경영과학

해설 근대관리론에서는 의사결정을 중시하는데 이를 대표하는 학자로는 버나드와 사이먼이 있다.

정답 ④

05-1F ☑☐☐☐　　2022 경영지도사

수학적 모델을 기초로 선형계획법과 같은 계량적 방법을 이용하여 조직 내 문제를 해결하고자 하는 경영이론은?

① 시스템이론　　② 상황이론
③ XY이론　　④ Z이론
⑤ 경영과학이론

해설 ⑤ 전쟁기간 동안 자원과 물자의 원활한 수송과 배분을 위하여 수학을 활용한 조직의사결정방법이 급격히 발달하였다. 이를 계량경영론, 경영과학 또는 운영과학(OR, Operation Research)이라 하며 전후에는 이러한 기법들이 컴퓨터의 발전에 힘입어 기업에서의 각종 문제해결에 활용되는 도구로 진화하였다. 주된 내용들은 선형계획법, 대기행렬 모형, 네트워크 모형, PERT/CPM 등이다.

정답 ⑤

05-2 ☑☐☐☐　　2016 경영지도사

인간은 인지능력의 한계로 제한된 합리성을 가지게 된다고 주장한 학자는?

① 마이클 포터(M. Porter)
② 허버트 사이먼(H. Simon)
③ 헨리 페이욜(H. Fayol)
④ 존 내쉬(J. Nash)
⑤ 엘톤 메이요(E. Mayo)

해설 제한된 합리성을 주장한 학자는 허버트 사이먼이다.

추가해설 ① 마이클 포터(M. Porter): 5-forces, 본원적 경쟁전략(원가우위/차별화)
③ 헨리 페이욜(H. Fayol): 관리과정(계획－조직화－지휘－조정－통제)
④ 존 내쉬(J. Nash): 경제학의 게임이론
⑤ 엘톤 메이요(E. Mayo): 호손실험과 인간관계론

정답 ②

05-3 ☑☐☐☐　　2015 경영지도사

시스템이론 관점에서 경영의 투입 요소와 산출 요소를 구분할 때, 산출 요소인 것은?

① 노동　　② 자본
③ 전략　　④ 정보
⑤ 제품

요점정리 시스템은 '전체의 목적을 위해 함께 일하는 부분으로 구성된 체계'로 정의되며, 시스템은 그의 생존과 번영을 위해서 외부 환경과 지속적 상호작용을 한다. 시스템에는 외부상호작용을 상정하지 않는 체계인 폐쇄시스템(closed system)과 외부와의 상호작용을 필요로 하는 개방시스템(open system)이 있지만, 일반적으로 시스템이라 하면 개방시스템을 의미하며, 그 대표적 예가 바로 기업시스템이 된다. 개방시스템은 일반적으로 투입－과정－산출(Input－Process－Output)과 그로부터의 피드백(feedback)이라는 과정을 통해 외부 환경과의 균형을 유지한다.

해설 투입은 원재료 내지는 인력이고, 산출은 기업활동의 모든 결과를 포함한다. 노동이나 자본 및 정보나 전략 등은 투입 요소이고, 제품 및 서비스 등은 산출이 된다.

정답 ⑤

05-4 ☑□□□   2010 7급공무원 고책형

시스템접근법에 대한 설명으로 적절하지 않은 것은?

① 모든 현상이나 문제를 '전체로서 하나의 단일체'라는 전일성(holism)의 관점에서 접근한다.
② 개방시스템으로서 동적 균형(dynamic equilibrium)을 추구한다.
③ 정(+)의 엔트로피(positive entropy)의 증대를 추구한다.
④ 피드백(feedback)을 통해 안정과 성장을 추구한다.

해설) ③ 엔트로피는 '무질서의 정도'이므로 부정적 개념이다. 따라서 제대로 작동하는 시스템이라면 이러한 무질서를 줄이고자 노력할 것이다. 그렇다면 정(+)이 아니라 부(−)의 엔트로피를 추구한다고 보아야 옳다.

추가해설) ① 시스템의 의미는 '전체 목적을 위해 함께 일하는 부분으로 구성된 체계'이다. 따라서 시스템 관점에서는 조직의 각 구성부문이 따로 작동하는 것이 아니라 전일성, 즉 전체가 함께 움직이는 것이다.
② 동적 균형이란 생존을 위해 외부환경에 대응하는 과정에서도 내부의 질서와 안정을 유지하기 위하여 지속적 노력을 기울인다는 의미이다.
④ 개방시스템은 일반적으로 투입−과정−산출(Input−Process−Output)과 그로부터의 피드백(feedback)이라는 과정을 통해 외부 환경과의 균형을 유지한다.

정답 ③

05-4D ☑□□□   2021 경영지도사

경영학 이론 중 시스템적 접근방법의 속성이 아닌 것은?

① 목표지향성   ② 환경적응성
③ 분화와 통합성   ④ 투입−전환−산출 과정
⑤ 비공식집단의 중요성

요점정리) 시스템은 "전체의 목적(목표)을 위해 함께 일하는 부분으로 구성된 체계"를 뜻한다. 시스템에는 외부환경과의 상호작용을 상정하지 않는 체계인 폐쇄시스템(closed system)과 외부와의 상호작용 및 환경적응을 필요로 하는 개방시스템(open system)이 있지만, 대개 시스템이라 하면 개방시스템을 의미하며, 그 대표적 예가 바로 기업시스템이 된다. 개방시스템은 일반적으로 투입−과정−산출(Input−Process−Output)과 그로부터의 피드백(feedback)이라는 과정을 통해 외부 환경과의 균형을 유지한다. 시스템이론에서는 환경(environment)을 강조

하고, 조직의 각 부문이 긴밀한 상호의존성(interdependence)을 가지며, 분화(분업화)와 통합(갈등관리 및 조정)으로 인해 발생하는 역기능을 극복하기 위한 체계간의 조화를 중시한다.

해설) 시스템이론은 스캇(Scott)의 조직이론 분류체계에서 제3상한에 해당하는 이론이며, ⑤의 비공식집단은 해당 이론의 제2상한에 속하는 '인간관계론'에서 중시하는 개념이다.

정답 ⑤

05-5 ☑□□□   2007 CPA

시스템(system)에 대한 다음의 설명 중 가장 적절하지 않은 것은?

① 하나의 시스템은 다수의 하위시스템으로 구성된다.
② 하위시스템들은 각각의 목적을 달성하기 위하여 서로 독립적으로 운영된다.
③ 시스템은 투입(input), 처리(process), 산출(output), 피드백(feedback)의 과정을 포함한다.
④ 기업은 개방시스템의 속성을 지니고 있다.
⑤ 시스템은 피드백을 통하여 균형을 유지한다.

해설) 시스템이란 전체의 목적을 위해 함께 일하는 부분으로 구성된 체계이다. 따라서 각 부문들이 상호 긴밀한 유기성 하에 움직인다.

정답 ②

05-6 ☑□□□   2017 경영지도사

상황이론(contingency theory)의 특징으로 옳지 않은 것은?

① 객관적 결과의 중시
② 조직의 환경적응 중시
③ 조직을 분석단위로 하는 분석
④ 계량적 분석 중시
⑤ 중범위이론 지향

요점정리) 상황이론 또는 구조적 상황이론(structural contingency theory, 狀況理論)은 모든 조직에 보편타당하게 적용되는 원리나 설계기법을 찾기보다는 각 조직이 처한 상황에 맞는 조직구성의 방법이 있다고 보는 관점이다. 이는 시스템이론의 연장선상에서 조직구조에 영향을 미치는 각종 상황변수(전략, 환경,

기술, 규모)의 역할에 주목하는 것이다.

[해설] ④ 계량적 분석을 중시하는 이론은 계량경영학 등의 최적화 이론이다.

[추가해설] ① 객관적 측면은 외부환경이나 조건이 우리 조직에 영향을 줌을 뜻한다. 반대로 주관적 관점은 우리 조직의 의지가 환경/조건보다 더 중요함을 의미한다. 상황론은 전자에 속한다.
② 상황이론은 조직이 환경에 부합되는 최적의 방법을 찾아나간다고 보므로 환경적응을 중시한다.
③ 상황이론에서는 개인이나 집단보다 조직 그 자체를 중시한다. 리더십 이론에서 등장하는 상황이론은 여기에서 설명하는 상황이론과 맥락을 같이하지만 완전히 동일한 이론은 아니므로 혼동하지 말 것
⑤ 개인이나 집단 차원의 이론은 미시이론(micro), 조직과 조직간의 관계를 고민하는 것은 거시이론(macro)이라 부르며, 그 중간에 위치한 이론(즉 개별 조직에 대한 연구)은 중범위(meso) 이론이 된다.

정답 ④

05-6D ✔□□□
2021 군무원 5급

기업에 따라 판매점의 운영방식을 일률적이 아닌 개별 판매점의 특색을 갖추어 다르게 하기도 한다. 이런 전략을 설명할 수 있는 이론으로 가장 적절한 것은?

① 행동과학이론　　② 상황이론
③ 과학적 관리이론　④ 합리적 선택이론

[해설] ② 개별 판매점의 상황을 고려하여 판매전략을 수립한다는 의미이므로 가장 적합한 이론은 상황이론이 된다.

[추가해설] ① 이는 다양한 학문분야의 연구결과를 종합할 필요가 있다는 의미의 이론이다.
③ 이는 경제적이고 합리적 인간관을 가정하고 근로자들의 효율적 업무수행 방식을 연구한 이론이다.
④ 이는 의사결정자가 다양한 정보를 종합적으로 고려하여 최적(optimal)의 의사결정을 내리는 방식에 관한 이론이다.

정답 ②

05-7 ✔□□□
2016 7급공무원 2책형

경영이론에 대한 설명으로 옳은 것은?

① 테일러(F. Taylor)의 과학적 관리론에서는 고정적 성과급제를 통한 조직관리를 강조하였다.
② 페이욜(H. Fayol)은 중요한 관리활동으로 계획수립, 조직화, 지휘, 조정, 통제 등을 제시하였다.
③ 바나드(C. Barnard)의 학습조직이론에서는 인간을 제한된 합리성을 갖는 의사결정자로 보았다.
④ 호손실험을 계기로 활발하게 전개된 인간관계론은 공식적 작업집단만이 작업자의 생산성에 큰 영향을 미친다고 주장하였다.

[해설] ① 테일러는 성과달성 정도에 따라 차별화되는 성과급제도를 강조하였다.
② 페이욜의 이론에 대한 올바른 설명이다.
③ 학습조직이론은 셍게(Senge)가 주장하였으며, 제한된 합리성 역시 사이먼(Simon)의 이론이다.
④ 인간관계론에서는 비공식 작업집단의 중요성을 강조하였다.

정답 ②

05-8 ✔□□□
2011 공인노무사

현대 경영학 이론에 관한 설명으로 옳지 않은 것은?

① 과학적 관리법에서는 효율과 합리성을 강조한다.
② 인간관계론에서는 인간의 사회·심리적 요인을 중시한다.
③ 행동과학이론에서는 조직 내 비공식조직의 활용을 중시한다.
④ 시스템이론에서는 조직을 여러 구성인자가 유기적으로 상호작용하는 결합체로 본다.
⑤ 상황이론에서는 조직구조가 조직이 처한 상황에 적합해야 한다고 본다.

[해설] 비공식조직을 중시하는 것은 인간관계론에 가까운 설명이다. 행동과학이론을 상징하는 용어는 '학제적(interdisciplinary) 연구'이다.

정답 ③

05-9 ☑□□□
2013 경영지도사

경영이론에 관한 설명으로 옳지 않은 것은?

① 페욜(H. Fayol)은 경영의 본질적 기능으로 기술적 기능, 영업적 기능, 재무적 기능, 보전적 기능, 회계적 기능, 관리적 기능의 6가지를 제시하였다.

② 사이먼(H. Simon)은 합리적 경제인 가설 대신에 관리인 가설을 바탕으로 하여 인간행동을 분석하였다.

③ 버나드(C. Barnard)는 조직 의사결정은 제약된 합리성에 기초하게 된다고 주장하였다.

④ 상황이론(contingency theory)은 여러 가지 환경 변화에 효율적으로 대응하기 위하여 조직이 어떠한 특성을 갖추어야 하는지를 규명하고자 하는 이론이다.

⑤ 인간관계론과 행동과학이론 등은 행동주의 경영이론에 속한다.

해설〉 ①, ④ 맞는 설명이다.
② 관리인 가설은 제한된(제약된) 합리성과 관련이 있으므로 옳다.
③ 제약된 합리성에 관한 내용은 사이먼의 주장에 가깝다.
⑤ 인간관계론과 행동과학은 모두 행동주의 이론으로 분류가능하다.

추가해설〉 ① 페이욜은 최고관리자의 관점에서 필수적으로 수행되어야 하는 경영활동을 여섯 가지로 설정하였다. 각 기능의 구체적 내용은 다음과 같다.
• 기술활동: 생산, 제조, 가공
• 상업(영업)활동: 구매, 판매, 교환
• 재무활동: 자본의 조달과 운영
• 보호(보전)활동: 재화와 종업원의 보호
• 회계활동: 재산목록, 대차대조표, 원가, 통계
• 관리활동: 계획, 조직, 지휘, 조정, 통제

정답 ③

05-10 ☑□□□
2018 경영지도사

경영이론의 발전과정에서 연구자들과 연구내용의 연결이 옳지 않은 것은?

① 길브레스 부부(F. B. & L. M. Gilbreth) – 동작연구
② 페이욜(H. Fayol) – 관리자의 의무
③ 메이요(E. Mayo) – 호손실험
④ 맥그리거(D. McGregor) – XY이론
⑤ 아지리스(C. Argyris) – 상황이론

해설〉 ⑤ 아지리스가 주장한 이론은 '상황이론'이 아니라 '미성숙-성숙' 이론이다.

추가해설〉 아지리스(Argyris)는 맥그리거의 X-Y형 인간관과 유사한 미성숙-성숙형 성격을 제시하였다. 본래 인간은 수동적이고 의존적이며 변덕스럽고 단기적 시각을 가지는 동시에 종속적이고 낮은 자아의식을 가지는 미성숙한 존재이지만, 직무의 확대(job enlargement)나 참여 중심의 관리 관행에 의하여 점차 성숙한 인간으로 성장해 간다. 성숙한 인간은 능동적이고 독립적이며 다양한 행동양식을 보이면서 깊고 강한 관심을 보이는 동시에 장기적 시각을 가지면서 타인과 대등하거나 우월한 지위를 가지는 자아의식이 강한 존재를 뜻한다.

정답 ⑤

05-10F ☑□□□
2022 경영지도사

행동주의 경영이론에 관한 설명 중 옳지 않은 것은?

① 호손(Hawthorne)실험의 주된 목적은 과학적 관리법의 유효성을 실제로 검증하는 것이다.

② 호손실험으로 비공식 집단의 중요성이 밝혀졌다.

③ 매슬로우(A. Maslow)의 욕구단계설은 인간의 5가지 욕구가 계층화되어 있다고 주장한다.

④ 아지리스(C. Argyris)는 미성숙단계의 특성으로 수동성, 단기적 안목, 다양한 행동양식 등을 제시한다.

⑤ 맥그리거(D. McGregor)는 X이론에서 감시와 통제를 통해 종업원을 관리해야 한다고 주장한다.

해설〉 ① [O] 생소해 보일 수 있는 선지지만 맞는 말이다. 역설적이게도 인간관계론은 기존 이론인 과학적 관리론을 검증하기 위해 실시된 호손실험의 결과 발견된 새로운 이론이다.
② [O] 호손실험의 주된 연구결과는 물리적 작업조건의 저평가, 인간관계와 심리적 측면의 중요성, 비공식집단의 역할 발견

등이다.
③ [○] 너무나 당연한 말이지만 매슬로우는 인간의 욕구가 생리적, 안전, 사회적, 존경, 자아실현의 다섯 가지 계층으로 구성된다고 보았다.
④ [×] 본래 인간은 수동적이고 의존적이며 단순한 행동양식을 보이면서 변덕스럽고 단기적 시각을 가지는 동시에 종속적이고 낮은 자아의식을 가지는 미성숙한 존재이지만, 직무의 확대(job enlargement)나 참여 중심의 관리 관행에 의하여 점차 성숙한 인간으로 성장해 간다. 성숙한 인간은 능동적이고 독립적이며 다양한 행동양식을 보이면서 깊고 강한 관심을 보이는 동시에 장기적 시각을 가지면서 타인과 대등하거나 우월한 지위를 가지는 자아의식이 강한 존재를 뜻한다. 따라서 선지의 내용 중 '다양한 행동양식'을 보이는 것은 성숙한 인간이 된다.
⑤ [○] 감시와 통제가 필요한 인간관은 인간을 부정적으로 바라보는 X이론이 된다.

정답 ④

05-11 ✔□□□
2016 경영지도사

경영이론에 관한 설명으로 옳지 않은 것은?

① 과학적 관리이론은 생산성과 효율성을 강조하였다.
② 자원기반이론은 기업의 활용 가능한 핵심자원에 초점을 두었다.
③ 인간관계이론은 행동과학이론의 주장을 반박하며 인간을 다양한 욕구를 가진 존재로서 파악하였다.
④ 시스템이론은 전체 시스템의 관점에서 조직을 연구하는 것이 중요하다고 하였다.
⑤ 상황이론은 조직구조 및 경영기법이 환경에 따라 변해야 한다고 하였다.

해설 ③ 행동과학이론은 인간관계이론보다 시기적으로 뒤에 나타난 이론이다.

정답 ③

05-13 ✔□□□
2016 가맹거래사

외부주주와 경영진, 주주와 채권자 등 위임관계에서 발생하는 감시비용, 확증비용, 잔여손실 등과 관련된 비용은?

① 매몰비용   ② 대리인비용
③ 학습비용   ④ 기회비용
⑤ 고객비용

요점정리 조직에서 권한을 위임하는 본인(principal)과 이를 대리하는 대리인(agent)사이의 이해대립으로 인해 발생하는 모든 비용을 대리인 비용(agency cost)이라 하며 여기에는 대리인 행동에 대한 감시비용(monitoring expenditure)과 본인에게 해가 되지 않고 있음을 확신시키기 위한 대리인 측의 확증비용(bonding expenditure), 그리고 대리인이 본인을 위한 최적의사결정을 하지 않아 발생하는 잔여비용(residual expenditure) 등이 포함된다. 대리인 이론의 포인트는 합리적 조직운영을 위해서 대리인 비용을 최소화하는 매커니즘을 찾아야 한다는 것이다.

해설 대리인비용＝감시비용＋확증비용＋잔여비용

정답 ②

05-14 ✔□□□
2013 7급공무원 인책형

대리인 비용을 대리문제 방지수단에 따라 구분할 때, 그 종류에 해당하지 않는 것은?

① 감시비용(monitoring cost)
② 확증비용(bonding cost)
③ 잔여손실(residual loss)
④ 보상손실(compensation loss)

해설 대리비용에는 대리인 행동의 감시비용, 본인을 안심시키기 위한 확증비용, 대리인이 본인을 위한 의사결정을 하지 못할 경우 발생하는 잔여손실 등이 포함된다.

정답 ④

05-15 ✔□□□
2015 경영지도사

주식회사의 대리인 문제에서 발생하는 감시비용에 포함되지 않는 것은?

① 성과급   ② 사외이사
③ 잔여손실   ④ 주식옵션
⑤ 외부회계감사

해설 감시비용은 대리인(경영자)이 본인(주주)의 이해관계, 즉 주가상승에 기여할 수 있도록 통제하기 위해 지출하는 비용을 뜻한다. 성과와 보상을 연계시키는 것이 그 대표적 사례가 되므로 성과급이나 스톡옵션이 이에 해당할 수 있다. 기업 외부인이 경영의사결정에 참여하는 사외이사제도나 기업에 속하지 않은 외부인(주로 공인회계사)에 의해 수행되는 회계감사 역시 경영자를 감시하는 제도의 일종이다. 그러나 ③의 잔여손실은 '대리인이 본인을 위해 일하지 않아서 생기는 비용'을 뜻하므로 감시비용과는 다른 성격의 비용이라 할 수 있다.

정답 ③

05-15J ☑☐☐☐   2023 군무원 9급

경영자가 주주의 이익을 최대화하는 목적 이외에 자신의 이익을 위한 의사결정과 행동을 하는 대리인 문제(agency problem)에 해당하지 않는 것은?

① 경영자가 자신을 보호하기 위해 적대적 인수합병이 일어나지 않도록 방어하는 정관을 제정하는 행위
② 경영자가 이사회의 구성원을 선임하는 데에 영향을 미쳐 사외이사의 독립성을 훼손하는 행위
③ 경영자가 경영 실적에 비해 과다한 보상을 책정하는 행위
④ 경영자가 일반 주식보다 자신이 소유한 주식에 대해 많은 투표권을 갖도록 책정하는 행위

요점정리 조직에서 권한을 위임하는 본인(principal)과 이를 대리하는 대리인(agent)사이에 형성되는 관계를 대리관계(본인-대리인 관계)라 한다. 대리인 관계를 기업상황에서 해석하면 경영자와 주주의 관계와 유사하다. 경영자와 주주는 각자 상이한 이해관계를 갖게 되며, 위험에 대한 선호도도 달라진다. 합리적 조직운영을 위해서는 대리인 비용을 최소화하는 매커니즘을 찾아야 한다.

해설 경영자가 회사의 이익보다는 자신의 이익을 우선시하거나(①), 경영자를 독립적으로 감시·견제하기 위해 만들어진 사외이사 제도의 근간을 흔드는 행위를 하는(②) 것은 가장 대표적인 대리인 문제로서, 경영자의 도덕적 해이(moral hazard)가 잘 나타나는 사례가 된다. 또한 회사의 실적에 비례한 보상이 아닌 과도한 보상을 요구하거나(③) 자신이 소유한 주식의 의결권 비중을 높이는 행위(④)는 모두 일반 주주의 이익에 저해되는 행동으로서 문제가 있다고 볼 수 있다. 따라서 본 문제의 선지 모두가 대리인 문제에 해당한다고 볼 수 있다.

정답 (모두 정답)

05-16 ☑☐☐☐   2009 7급공무원 봉책형

미국에서 유래한 경영혁신기법으로 기존의 프로세스를 처음부터 다시 생각하고 최신의 기술과 지식을 바탕으로 프로세스를 재설계하는 방법은?

① TQM(total quality management)
② BPR(business process reengineering)
③ BM(benchmarking)
④ ERP(enterprise resource planning)

요점정리 MIT 교수로 재직했던 해머(Hammer)는 비즈니스 프로세스 리엔지니어링(Business Process Reengineering, BPR)을 '영업실적을 나타내는 중요하고도 현대적인 척도인 비용, 품질, 서비스, 속도 등의 극적인 변혁을 실현하기 위해 업무수행 전 과정을 완전히 재고(from the zero-based perspective)하여 근본적으로 재설계하는 것'이라 정의하고 있다. 여기서 과정설계의 핵심이 되는 프로세스(process)란 '투입물을 고객에게 가치있는 결과물로 바꾸어 내는 행동들의 집합'이다.
이와 같은 리엔지니어링은 프로세스를 구성하는 업무들이 여러 부문에 산재되어 있고 업무처리 단계별로 의사결정 소요시간과 대기시간이 길어 직무수행과정 전체가 비효율적으로 이루어지는 것을 치유하는 데에 적합하다. 또한 부서간의 의사소통이 원활하지 못하고 각 부문들이 자신의 업무에만 집착하여 기업 전체의 성과를 훼손할 가능성이 있는 경우에도 매우 유용하다.

해설 ① 이는 전사적 품질관리 기법의 영어명칭이다.
② 이는 경영업무수행의 과정을 재설계하는 것으로서, 문제의 정답이다.
③ 이는 벤치마킹, 즉 우수기업의 모방을 의미한다. BPR의 과정에서 벤치마킹이 수단으로 활용될 수는 있으나, BPR이 곧 벤치마킹인 것은 아니다.
④ 이는 전사적 자원관리 기법의 영어명칭이다.

정답 ②

05-17 ☑☐☐☐
2015 경영지도사

마이클 해머(M. Hammer)가 주장한 경영혁신 기법으로서 서비스 부문의 프로세스·공정·절차 등을 근본적으로 변혁, 개선하고자 하는 것은?

① 리엔지니어링(Reengineering)
② 다운사이징(Downsizing)
③ 벤치마킹(Benchmarking)
④ 전사적 품질 경영(TQM: Total Quality Management)
⑤ 카이젠(Kaizen)

해설 업무과정의 근본적 혁신을 뜻하는 용어는 리엔지니어링이다.
⑤ 카이젠은 지속적 개선을 의미하는 전사적 품질관리 기법이다.
정답 ①

05-18 ☑☐☐☐
2013 경영지도사

중요한 업무 혹은 시간과 돈이 많이 드는 업무의 프로세스를 선정하여 투입·산출과정을 분석하고 거기에 알맞은 정보기술을 파악하여 공정을 단축하고 자동화함으로써 관리활동을 효율화하는 경영혁신기법은?

① 벤치마킹   ② 리엔지니어링
③ 리스트럭처링   ④ 전사적 품질관리
⑤ 태스크포스

해설 ① 타 기업의 성공사례를 모방하는 것이다.
② 업무과정을 효율화하는데 활용되는 기법이므로, 정답이다.
③ 조직구조를 재편성하는 과정을 뜻한다.
④ 불량을 구조적으로 제거하기 위해 전사적으로 협력하는 시스템이다.
⑤ 문제해결을 위해 형성되는 임시조직이다.
정답 ②

05-19 ☑☐☐☐
2014 경영지도사

비용, 품질, 서비스와 같은 핵심적 경영요소를 획기적으로 향상시킬 수 있도록 경영과정과 지원시스템을 근본적으로 재설계하는 기법은?

① 리엔지니어링(reengineering)
② 리스트럭처링(restructuring)
③ 다운사이징(downsizing)
④ 가치공학(value engineering)
⑤ 식스시그마(six sigma)

해설 ① 업무과정의 근본적 재설계를 뜻한다.
② 조직구조의 개편을 의미한다.
③ 조직구조 및 구성원의 감축을 뜻한다.
④ 고객에게 가치를 주는 제품요소를 찾아가는 과정이다.
⑤ 불량 감소를 목적으로 하는 품질관리 기법이다.
정답 ①

05-20 ☑☐☐☐
2018 경영지도사

사업구조 재구축을 통해 기업의 미래 지향적인 비전을 달성하고자 하는 경영기법은?

① 가치공학(value engineering)
② 리엔지니어링(reengineering)
③ 리스트럭처링(restructuring)
④ 벤치마킹(benchmarking)
⑤ 아웃소싱(outsourcing)

해설 문제 속에 답이 있다. 구조(structure)의 재구축을 묻고 있으므로 정답은 리스트럭처링, 즉 구조의 개편 내지는 재구축이다.
정답 ③

05-20J ☑☐☐☐ 2023 경영지도사

리스트럭처링(restructuring)에 관한 특징으로 옳지 않은 것은?

① 무능한 경영자의 퇴출
② 업무프로세스, 절차, 공정의 재설계
③ 미래지향적 비전의 구체화
④ 비관련사업의 매각
⑤ 전사적 차원으로 진행

해설 리스트럭처링은 흔히 '구조조정'으로 번역되는 사업구조의 개편작업을 뜻한다. 이 과정에서는 경영자의 교체(①)와 그에 뒤따르는 비중요부문의 매각(④) 등이 진행되며, 기존의 경영비전을 새롭게 리뉴얼하는 프로세스(③)를 포함한다. 이상의 모든 과정들은 기업의 한 분야에서만 진행되는 것이 아니라 전사적 차원에서(⑤) 이루어진다. 그러나 업무프로세스의 재설계는 흔히 '리스트럭처링'이 아니라 '리엔지니어링'에서 수행되는 과제이다. 사실 리스트럭처링이나 리엔지니어링이나 결과적으로 기업의 혁신을 가져온다는 점에서는 사실상 목적을 공유한다고 볼 수 있으나, 수험목적으로는 이 두 기법을 구분함에 유의할 것.

정답 ②

05-21 ☑☐☐☐ 2017 경영지도사

기존의 업무처리방식을 고려하지 않고 비용, 품질, 서비스, 속도 등 기업의 성과를 대폭 향상시키기 위하여 업무처리 과정이나 절차를 근본적으로 다시 생각하고 과감하게 재설계하는 경영기법은?

① 아웃소싱(outsourcing)
② 다운사이징(downsizing)
③ 리엔지니어링(reengineering)
④ 전략적 제휴(strategic alliance)
⑤ 벤치마킹(benchmarking)

해설 ① 이는 불필요한 업무영역을 외주화하는 것이다. BPR의 과정에서 아웃소싱이 수단으로 활용될 수는 있으나, BPR이 곧 아웃소싱인 것은 아니다.
② 이는 조직의 슬림화를 의미한다. BPR의 과정에서 다운사이징이 수단으로 활용될 수는 있으나, BPR이 곧 다운사이징인 것은 아니다.
③ 업무과정의 근본적 재설계로서, 이것이 정답이다.

④ 이는 경쟁관계에 있는 기업간에 사업이나 기술 분야에서 협력관계가 형성되는 것을 뜻한다.
⑤ 이는 우수기업의 모방을 의미한다. BPR의 과정에서 벤치마킹이 수단으로 활용될 수는 있으나, BPR이 곧 벤치마킹인 것은 아니다.

정답 ③

05-21A ☑☐☐☐ 2020 경영지도사

높은 성과를 올리고 있는 회사와 비교·분석하여 창조적 모방을 통해 개선하고자 하는 경영혁신 기법은?

① 동료그룹(peer group)평가
② 벤치마킹(benchmarking)
③ 구조조정(restructuring)
④ 6시그마(six sigma)
⑤ 종합적 품질경영(TQM: total quality management)

해설 벤치마킹(benchmarking)이란 측정의 기준이 되는 대상을 설정하고 그 대상과 비교 분석을 통해 장점을 따라배우는 행위를 말한다. 기업 경영 분야에서 '벤치마킹'이란 어떤 기업이 다른 기업의 제품이나 조직의 특징을 비교 분석하여 그 장점을 보고 배우는 경영 전략 기법을 말한다.

정답 ②

05-21J ☑☐☐☐ 2023 군무원 9급

탁월한 기업들의 경영활동을 이해하고 활용하여 자사의 경영활동을 개선하는 혁신 기법은?

① 블루오션 전략(blue ocean strategy)
② 지식경영(knowledge management)
③ 브레인스토밍(brainstorming)
④ 벤치마킹(benchmarking)

해설 ④ 잘 나가는 기업의 활동을 참고, 도입하여 우리 회사에 적용하는 의미로 주로 사용되는 벤치마킹(benchmarking)은 맥네어(McNair)에 의해 정의된 것으로서, 지속적 개선을 위하여 기업 내부의 활동 및 관리기능을 외부 조직과 비교하여 평가·판단하는 과정을 뜻한다.

추가해설 ① 김위찬과 마보안(Mauborgne)이 주창한 블루오션 전략(blue ocean strategy)은 충족되지 않은 다양한 소비자들의 수요를 찾아 이를 채워줄 수 있는 방법을 찾는 이른바 가치혁신(value innovation)을 통한 차별화 전략이다. 한 기업이 혁신을 하면 다른 기업이 유사한 제품과 서비스로 곧장 대응하는 방식의 모방적이고 소모적인 경쟁인 레드 오션(red ocean)을 떠나 기존의 경쟁구도를 뒤집는 새로운 무언가를 제시함으로써 완전히 새로운 경쟁우위(즉 무경쟁시장에서의 우위)를 확보하는 것을 뜻한다.

② 기업의 내·외부로부터 지식을 체계적으로 축적하고 활용하는 경영기법을 지식경영(knowledge management)이라 한다. 조직에서의 학습과정, 각 구성원이 보유한 지식을 팀이나 부서단위에서 공유하는 방법, 새로운 아이디어의 생성기법 등을 연구하는 분야라 할 수 있다.

③ 브레인스토밍(brainstorming)은 오스본(Osborn)에 의해 창안된 기법으로서, 창의적인 대안의 도출을 위하여 다수 인원이 한 가지 문제를 두고 떠오르는 각종 생각을 자유롭게 무작위적으로 말한다. 이 과정에서 토론을 이끄는 리더와 아이디어를 정리하는 역할을 하는 사람이 필요하며, 개진된 의견에 대해서는 비판을 가하지 않는 것을 원칙으로 한다.

정답 ④

05-21M ☑□□□
2024 군무원 5급

다음 중 벤치마킹(benchmarking)의 대상이 될 수 있는 것만을 묶은 것은?

가. 동일업종의 경쟁자
나. 동일업종의 우량기업
다. 기업 내부 조직
라. 이질업종의 우량기업

① 가, 나
② 가, 나, 다
③ 가, 나, 라
④ 가, 나, 다, 라

해설 벤치마킹은 쉽게 말하자면 우수기업을 모방하는 것이다. 따라서 '우수기업'이기만 하면 경쟁자든(가), 동종내 다른 회사든(나), 혹은 업종이 다르지만 우수한 타 기업이건(라), 심지어 우리 회사 내의 다른 부서나 조직(다)도 충분히 그 대상이 될 수 있다.

정답 ④

05-22 ☑□□□
2013 경영지도사

경영프로세스를 변화시키는 혁신기법으로만 묶인 것은?

① 비전만들기 － 리스트럭처링 － 벤치마킹
② 비전만들기 － 벤치마킹 － 학습조직
③ 비전만들기 － 리스트럭처링 － 학습조직
④ 신인사제도 － 다운사이징 － 리스트럭처링
⑤ 신인사제도 － 다운사이징 － 전사적 품질경영

해설 사실 각 보기에 언급된 모든 단어들이 경영혁신기법과 관련이 있다. 그 중 업무과정의 변화와 관련된 것만을 찾아야 하기에 다소 어려운 문제가 된다. 리스트럭처링은 조직구조 개편으로서 업무과정의 변화를 직접적으로 수반하지는 않을 수 있으므로 정답에서 제외된다. 다운사이징은 대개 업무과정의 재조정을 통한 인력감축이므로 관련이 있으며, 신인사제도 역시 업무수행과정의 혁신을 포함하는 경우가 보통이다. 전사적 품질경영(TQM)은 생산관리부서뿐만 아니라 모든 기업영역 구성원이 합심하여 품질수준을 높이는 것으로 과정(process) 혁신과 관련이 깊다. (개인적으로는 이 문제는 그냥 넘길 것을 권한다)

정답 ⑤

05-23 ☑□□□
2015 공인노무사

다음 주장에 해당하는 이론은?

ㄱ. 조직의 생존을 위해 이해관계자들로부터 정당성을 얻는 것이 중요하다.
ㄴ. 동일 산업내의 조직형태 및 경영관행 등이 유사성을 보이는 것은 조직들이 서로 모방하기 때문이다.

① 대리인 이론
② 제도화 이론
③ 자원의존 이론
④ 조직군생태학 이론
⑤ 협력적네트워크 이론

요점정리 조직과 환경간의 관련성을 다룬 여러 이론들 중 제도화 이론은 환경으로부터 어떤 조직의 존재가 정당하다고 인정될 때 비로소 조직이 성공할 수 있다고 주장한다. 이론의 제목에 나오는 제도(institution)란 인간의 행동에 영향을 미치는 사회적 측면(↔ 경제적 측면)의 제 요인을 총체적으로 일컫는 표현으로서 경제적 측면으로 설명되지 않는 규범, 윤리, 감정 등이 이에 해당하며, 제도화(institutionalization)는 조직이 사회구성원들로부터 이른바 정당성(legitimacy), 즉 조직의 활동이 바람직하고 적절하다는 인식을 획득함을 의미한다.

해설 ② 정당성, 유사성 등의 개념은 제도화 이론의 핵심 연구주제들이다. 이것이 정답

추가해설 ① 본인과 대리인의 이해관계 상충으로 인한 비용 발생을 논하는 이론
③ 조직이 생존을 위해서는 자원을 의존하는 외부환경에 주체적 영향력을 행사해야 한다는 이론
④ 조직군 속에서 변이 – 선택 – 보존 과정을 통해 다양한 조직이 등장하고 사멸한다는 이론
⑤ 조직간 연대와 협력을 강조하는 이론

정답 ②

05-24 ✔☐☐☐
2017 공인노무사

다음에서 설명하는 조직이론은?

- 조직의 환경요인들은 상호의존적인 관계를 형성하여야 한다.
- 조직 생존의 핵심적인 요인은 자원을 획득하고 유지할 수 있는 능력이다.
- 조직은 자율성과 독립성을 유지하기 위하여 환경에 대한 영향력을 행사해야 한다.

① 제도화 이론　　　　② 자원의존 이론
③ 조직군 생태학 이론　④ 거래비용 이론
⑤ 학습조직 이론

요점정리 자원의존 이론에 따르면 조직은 그 생존에 필요한 자원을 외부환경으로부터 의존하고 있기에, 독립성 유지를 위해 노력한다. 따라서 지문의 설명은 자원의존 이론에 관한 것이다.

해설 ①은 조직생존에 필요한 정당성 획득과 조직구조 동형화에, ③은 다양한 조직이 탄생하는 배경이 되는 생태학적 변이 – 선택 – 보존의 원리에, ④는 시장에서의 거래비용을 줄이기 위한 조직의 등장원리 설명에, ⑤는 개인학습과는 다른 조직학습의 원리 설명에 그 초점이 있다.

정답 ②

05-24F ✔☐☐☐
2022 공인노무사

다음에서 설명하는 조직이론은?

- 조직형태는 환경에 의하여 선택되거나 도태될 수 있다.
- 기존 대규모 조직들은 급격한 환경변화에 적응하기 어려워 공룡신세가 되기 쉽다.
- 변화과정은 변이(variation), 선택(selection), 보존(retention)의 단계를 거친다.

① 자원의존 이론　　　② 제도화 이론
③ 학습조직 이론　　　④ 조직군 생태학 이론
⑤ 거래비용 이론

해설 ④ 생물 등의 유기체(organism)와 그를 둘러싼 환경(environment)의 관계를 연구하는 학문을 생태학(ecology)이라 하며, 여기서의 주요 발견내용을 조직에 적용한 것이 조직군 생태학(population ecology)이다. 이는 하나의 유기체로서의 조직과 그 조직이 생존을 위해 의존하는 환경이 지속적으로 상호작용하는 과정에서 생태학의 주요 개념인 변이, 선택(선택받지 못하면 도태), 보존을 고려하여 조직들의 생성(탄생)과 사멸의 이유를 설명하는 것을 그 목적으로 하는 이론이다.

추가해설 ① 페퍼와 샐린식(Pfeffer & Salancik)에 의해 정립된 자원의존이론(resource dependent theory)은 조직과 환경과의 합리적 측면에 초점을 맞추기 보다는 환경에 대한 비합리적·정치적·권력적 측면을 주된 관심사로 연구하는 접근법으로, 조직이 환경에 적응한다는 관점에서 탈피하여 환경을 변화시켜 환경의 통제를 극복하고자 하는 조직의 주체적 노력을 강조하는 접근법이다.
② 조직과 환경간의 관련성을 다룬 여러 이론들 중 메이어와 로완(Meyer & Rowan)에 의해 주창된 제도화 이론(institutionalization theory)은 환경으로부터 어떤 조직의 존재가 정당하다고 인정될 때 비로소 조직이 성공할 수 있다고 주장한다. 여기서 제도(institution)란 인간의 행동에 영향을 미치는 사회적 측면(↔ 경제적 측면)의 제 요인을 총체적으로 일컫는 표현으로서 경제적 논리로 설명되지 않는 규범, 윤리, 감정 등이 이에 해당하며, 제도화(institutionalization)는 활동방식이나 운영원리가 사회적 법칙으로서의 자격을 획득하는 것을 의미한다. 정당성(legitimacy)은 조직의 활동이 바람직하고 적절하며 환경의 규범과 가치, 그리고 신념체계와 부합한다는 사회 전반의 시각을 의미한다.
③ 조직학습의 정의는 한마디로 "조직에서의 문제 해결력의 증진"이라고 할 수 있다. 이러한 학습 과정이 조직 구성원에게 내면화 되어 반복적이고 습관적으로 일어나면 학습조직(Learning organization)이 된다. 즉, 조직학습이 적절하게 일어나서 그 효과가 효율적으로 조직에 반영되었을 때 그 조직이 학습조직이

되는 것이다.

⑤ 거래비용 이론은 조직이 등장하고 그 경계를 형성하는 과정을 설명하는 이론이다. 이 이론은 코즈(Coase)로부터 출발하여 윌리암슨(Williamson)에 의해 체계화되었다. 윌리암슨 연구의 핵심은 위계적(hierarchical) 성격을 가지는 조직이 시장(market)으로부터 형성되는 이유를 밝힌 것으로서, 일정한 범위의 거래가 기업 조직 경계 안의 내부적 거래로 이루어지는 것이 시장에서 이루어지는 경우보다 상대적으로 비용이 적게 들어 효율적인 경우에 조직이 형성된다고 본다.

정답 ④

05-27 ☑□□□
2014 공인노무사

기업성과를 높이기 위해 정보통신기술을 적극적으로 활용하여 업무과정을 근본적으로 재설계하는 경영기법은?

① 콘커런트 엔지니어링
② 비즈니스 프로세스 리엔지니어링
③ 조직 리스트럭처링
④ 다운사이징
⑤ 벤치마킹

해설 ① 동시공학을 뜻한다. 이는 설계자, 생산자, 마케팅 담당자, 구매담당자 등 여러 주체가 참여하여 제품개발과정과 제작 프로세스를 설계하는 것이다.
② 업무과정의 근본적 혁신을 뜻한다. 이것이 정답이다.
③ 조직의 구조조정을 뜻한다. ④의 다운사이징(규모 감축)과도 유사한 맥락에서 사용될 수 있다.
⑤ 선진기업의 경영기법을 배우는 것이다.

정답 ②

05-27D ☑□□□
2021 경영지도사

기존의 경영활동을 무시하고 기업의 부가가치를 산출하는 활동을 완전히 백지상태에서 새롭게 구성하는 경영혁신기법은?

① 리스트럭처링(restructuring)
② 아웃소싱(outsourcing)
③ 목표관리(management by objective)
④ 전략사업단위(strategic business unit)
⑤ 리엔지니어링(reengineering)

해설 기존의 활동을 무시한다는 표현이나 백지상태 등의 문구를 통해 이 문제의 정답이 BPR, 즉 업무과정의 재설계임을 확인할 수 있다. 이 개념을 처음 제안한 MIT의 해머(Hammer) 교수는 비즈니스 프로세스 리엔지니어링(Business Process Reengineering, BPR)에 관한 그의 책에서 구조조정 내지는 직무수행과정의 재설계를 "영업실적을 나타내는 중요하고도 현대적인 척도인 비용, 품질, 서비스, 속도 등의 극적인(급진적인) 변혁을 실현하기 위해 업무수행 전 과정을 완전히 재고(from the zero-based perspective)하여 근본적으로 재설계하는 것"이라 정의하고 있다.

정답 ⑤

05-28 ☑□□□
2019 가맹거래사

비즈니스 프로세스 리엔지니어링의 특징에 관한 설명으로 옳은 것은?

① 업무 프로세스 변화의 폭이 넓다.
② 업무 프로세스 변화가 점진적이다.
③ 업무 프로세스 재설계는 쉽고 빠르다.
④ 조직 구조의 측면에서 상향식으로 추진한다.
⑤ 실패 가능성과 위험이 적다.

해설 BPR은 점진적 개선이 아니라(②) 근본적이고 급진적인 대폭적 혁신(①)을 뜻한다. 따라서 구성원들의 저항으로 인한 실패가능성이 크므로(③, ⑤), 최고경영자가 주도하여 하향적(top-down)으로 실시하는 것이 일반적이다(④).

정답 ①

05-28F ☑□□□
2022 경영지도사

다음과 같은 제품개발이 의미하는 혁신 형태는?

• HDTV 등장
• 스마트폰 지문 기술 도입
• 자동차 전후방 카메라 설치

① 파괴적 혁신   ② 점진적 혁신
③ 디자인 혁신   ④ 사업 혁신
⑤ 조직 혁신

해설 혁신은 크게 두 종류로 나뉜다. 1) 존속적 혁신(Sustaining Innovation)은 기존 제품이나 기술의 점진적 개선을 뜻한다. 2) 파괴적 혁신(Disruptive Innovation)은 기존 산업의 수익구조나 고객가치 제공 방식을 근본적으로 바꾸는 새로운 차원의 혁신이다. 따라서 파괴적 혁신은 소비자가 필요로 하는 효용을 제공하면서도 기존 기업 대비 확실한 우위 요소를 갖고 있는 것이 특징이다. 문제에서 제시하고 있는 사례들은 모두 기존 제품이 가지는 단점이나 한계를 부분적으로 극복하거나 보완하는 기술들이므로 존속적 혁신에 가까우며 이를 다르게 표현하면 선지 ②의 점진적 혁신이 된다.

정답 ②

05-30 ☑□□□   2015 7급공무원 3책형

친환경 경영과 직접적인 관련이 없는 것은?

① 식스시그마(6 sigma) 운동
② 탄소배출권
③ 지속가능한 경영
④ 교토의정서

해설 ① 식스시그마는 불량률을 100만개 중 3.4개 수준으로 줄이는 것을 목표로 하는 품질경영 전략이다. 따라서 친환경 경영과는 직접적 관련이 없다.

추가해설 ② 이는 온실가스 방출량을 줄이는 나라에게 UN에서 일정량의 탄소배출권(certified emission reduction, CER)을 부여하고, 이를 바탕으로 탄소감축목표를 달성하지 못한 기업이 CER을 보유한 기업이나 사업체로부터 돈을 주고 탄소배출권리를 구입할 수 있도록 한 제도이다. 2014년 현재 탄소배출권 1톤의 가격은 392유로이다.
③ 지속가능경영은 환경을 유지하고 보존하여 경영활동이 지속될 수 있도록 하는 기업의 사회적 책임을 포함하는 개념이다.
④ 교토의정서는 지구온난화의 규제 및 방지를 위한 국제협약인 기후변화협약의 수정안이다. 온실가스 감축약속을 지키지 못한 국가에게 관세 불이익을 줄 수 있도록 한 것이며, 2020년 만료 예정이다. 이후에는 교토의정서보다 더 많은 국가가 참여하는 파리협정으로 대체될 예정이며, 우리나라도 2016년 11월 3일 국회에서 파리협정 비준동의안을 통과시켰다.

정답 ①

05-31 ☑□□□   2015 경영지도사

기업윤리의 접근법 중 최대다수의 최대행복 제공을 목표로 하는 접근법은?

① 공리적 접근   ② 상대적 접근
③ 도덕권리적 접근   ④ 정의적 접근
⑤ 의무론적 접근

해설 ① 공리적 접근은 최대다수의 최대행복이 선(善)이라 보는 기업윤리의 접근법이다.
추가해설 ② 상황에 따라 옳고 그름의 기준이 바뀔 수 있다고 보는 접근법이다.
③ 윤리적 권리(right)를 옳고 그름의 기준으로 삼는 접근법이다.
④ 정의(justice), 즉 판단의 기준으로 옳다고 생각하는 원칙을 추구하는 접근법이다.
⑤ 애초에 지켜야 할 윤리적 기준이 있고 이를 반드시 준수해야 한다는 의무를 강조하는 접근법이다.

정답 ①

05-32 ☑□□□   2018 경영지도사

다수의 이익을 위해 소수의 이익은 희생될 수 있다는 전제 하에 최대다수의 최대행복을 기본원리로 삼는 윤리적 의사결정 접근법은?

① 공리주의 접근법   ② 상대주의 접근법
③ 도덕적 권리 접근법   ④ 사회적 정의 접근법
⑤ 의무론적 접근법

해설 ① 최대다수의 최대행복을 추구하는 원리로서, 이 문제의 정답이다.
② 의사결정에 있어 정답은 상황에 따라 달라질 수 있다는 관점이다.
③ 개인의 권리(right)를 옳고 그름의 기준으로 삼는 관점이다.
④ 정의(justice), 즉 사회구성원 모두가 옳다고 생각하는 기준을 중시하는 관점이다.
⑤ 지켜야 할 의무는 지켜야 한다는 관점이다.

정답 ①

05-32A ☑□□□   2020 경영지도사

윤리적 의사결정 기준 중 공리주의 접근법에 관한 설명이 아닌 것은?

① 최대 다수의 최대 행복을 지향한다.
② 금전적 측정이 곤란한 경우에는 비용－효익 분석을 적용할 수 없다.
③ 다수집단에 속한 사람들의 권리가 소수집단에 속한 사람들의 권리에 우선한다.
④ 이익극대화, 능률성 추구를 정당한 것으로 본다.
⑤ 결정 또는 행동이 정당성, 공정성, 공평성의 원칙을 전제로 한다.

해설 공리주의는 최대다수의 최대행복으로 대표되는 원칙이며(①), 비용보다 편익이 큰 정책을 옳은 것으로 평가한다. 따라서 효용가치와 투자비용의 금전적 측정이 필요하며(②), 많은 사람들이 혜택을 누릴 수 있다면 소수자의 피해는 어쩔 수 없는 것으로 가정한다(③). 이러한 공리주의의 원리는 이익의 극대화와 능률 및 효율을 중시하는 관점과 관련이 깊다(④). 그러나 ⑤에서 제시하고 있는 <u>정당성의 원칙은 개인의 권리(right)를 중시하는 관점이므로 누구도 부당한 대우를 받으면 안된다는 이론원칙이고, 공정성의 원칙은 노력한 만큼의 보상을 받아야 한다는 관점이므로 공리주의와는 의미가 다르다. 공평성의 원칙은 누구나 동등한 대우를 받아야 한다는 의미이므로 공리주의와 맞지 않다.</u>

정답 ⑤

05-32M ☑□□□   2024 군무원 9급

아프리카에 진출한 어떤 한국기업의 경우, 그 국가에서 적절하다고 여겨지는 관행을 기준으로 급여를 책정하였으므로 한국 기준에서는 터무니없는 저임금일지라도 윤리적이라고 판단하고 있다. 이러한 경영윤리관을 지칭하는 용어로서 가장 적절한 것은?

① 공리주의 윤리관
② 정의론적 윤리관
③ 사회계약론적 윤리관
④ 인권론적 윤리관

해설 ① [×] 이는 최대다수의 최대행복 실현(다수를 위한 소수 희생)을 의미한다.

② [×] 이는 공정성, 즉 옳다고 생각하는 판단기준(＝정의)을 강조하는 관점이며, 누구나 노력에 따라 정당한 대가를 누려야 한다는 취지의 윤리관이다.
③ [O] 이는 사회 전반과 업계에 통용되는 기준을 따르는 것이 윤리적 판단이라는 관점으로서, 본 문제의 정답이다.
④ [×] 이는 개인의 기본적 자유와 권리를 존중하는 윤리관이다.

정답 ③

05-32D ☑□□□   2021 경영지도사

경영자의 바람직한 윤리적 환경 구축에 관한 설명으로 옳지 않은 것은?

① 윤리의식이 잘 갖추어진 사람을 채용하고 승진시킨다.
② 윤리적 행동에 높은 가치를 부여하는 조직문화를 육성한다.
③ 윤리담당자를 임명한다.
④ 방임적 통제 프로세스를 발전시킨다.
⑤ 사람들이 의사결정과정에서 윤리적 차원을 고려하도록 한다.

해설 ④의 방임(放任)은 간섭하지 않고 내버려 둔다는 의미이다. 경영자가 방임적 통제를 한다는 말은 곧 부하직원들의 각종 행동에 상급자로서의 간섭이나 개입을 최소화한다는 뜻이다. 바람직한 윤리적 환경을 구축하는 과정에서 상급자가 개입을 하는 것이 좋은지 아닌지에 관해서는 논쟁의 소지가 다소 있겠으나, '방임적 통제를 발전시킨다'는 표현은 통상 내버려 둔다는 의미가 강하므로 윤리적 환경구축에 적절한 방법으로 보기는 어렵다.

정답 ④

05-33 ☑□□□   2016 경영지도사

기업경영과 관련하여 윤리적 이슈에 해당하지 않는 것은?

① 횡령   ② 불공정 행위
③ 환경파괴   ④ 수익성 제고
⑤ 안전불감

해설〉 수익성 제고 그 자체는 비윤리적 이슈라 보기 어렵다. 기업은 원래 수익을 추구하는 조직체이기 때문이다.

정답 ④

05-34 ☑☐☐☐　　　　　　　2014 경영지도사

기업의 사회적 책임에 대한 고전적 견해의 주장에 해당되는 것은?

① 기업의 사회적 목표 추구는 제품 및 서비스의 가격 상승을 초래하여 소비자들이 피해를 보게 된다.
② 기업의 사회적 목표 추구는 장기적으로 기업에 이익을 가져다준다.
③ 기업의 사회적 목표 추구로 기업은 기업이미지 개선을 도모할 수 있다.
④ 기업의 사회적 목표 추구로 기업은 정부규제를 회피할 수 있다.
⑤ 기업의 사회적 목표 추구는 기업의 권력에 상응하는 책임의 균형 차원에서 요구된다.

해설〉 기업의 사회적 책임(CSR)은 기업이 종업원, 고객, 주주, 지역사회와 같은 모든 이해관계자의 복지와 이익에 기여할 수 있도록 의사결정을 하고 행동을 해야 하는 의무를 뜻한다. 기업이 사회에 공헌해야 하는지에 관해서 찬반 논쟁이 있다. 전통적인 관점에서는 기업의 1차적 목적이나 책임을 이윤추구로 보므로 주주와 사원이 아닌 제3자에 대한 의무는 필수적인 것이 아니라고 보았다. 이 관점에 따르면 기업이 이윤추구 외의 활동을 수행하는 것은 생산비용을 증가시켜 오히려 사회구성원에게 해를 끼치는 결과를 초래한다(①). 하지만 CSR에 관한 최근의 관점에서는 기업도 하나의 법인격이므로, 인간과 마찬가지로 기업도 사회 속에서 도덕과 윤리를 지킬 때 비로소 그 이윤추구행위가 정당화될 수 있다고 본다.

정답 ①

05-34F ☑☐☐☐　　　　　　2022 가맹거래사

기업의 사회적 책임에 관한 설명으로 옳지 않은 것은?

① 기업의 사회적 책임에 관한 국제표준은 ISO 26000이다.
② ESG경영과 사회적 책임은 상호연관성이 높은 개념이다.
③ ISO 26000은 강제집행사항은 아니지만 국제사회의 판단기준이 된다.
④ 사회적 책임 분야는 CSV(Creating Shared Value)에서 CSR(Corporate Social Responsibility)의 순서로 발전되었다.
⑤ CSV는 기업경쟁력을 강화하는 정책이며 지역사회의 경제적·사회적 조건을 동시에 향상시키는 개념이다.

해설〉 ④ [×] CSR 개념이 먼저 등장했고 이후에 CSV가 만들어졌다. 두 개념의 의미는 다음과 같다.
• 기업의 사회적 책임(corporate social responsibility, CSR): 이는 기업이 종업원, 고객, 주주, 지역사회와 같은 모든 이해관계자의 복지와 이익에 기여할 수 있도록 의사결정을 하고 행동을 해야 하는 의무를 뜻한다.
• 공유가치 창출(creating shared value, CSV): 포터(Porter)와 크레이머(Kramer)에 의해 제안된 이 개념은 경제/사회적 조건을 개선시키면서 동시에 비즈니스 핵심 경쟁력을 강화하는 일련의 기업 정책 및 경영활동을 의미한다. 기존의 CSR과 새로 등장한 개념인 CSV 모두 이해관계자에게 도움이 되는 경영활동을 강조한다는 점에서 공통점이 있다. 하지만 CSR이 책임을 강조하는 것이라면 CSV는 가치창출에 초점을 맞춘 개념이라 할 수 있다.

추가해설〉 ①, ③ 국제표준협회(ISO, International Organization for Standardization)에서는 품질관련 인증제도를 실시하고 있다. ISO 9000 시리즈는 고객만족 제고와 성과개선을 포함한 일반적인 품질경영에 대한 인증, ISO 14000 시리즈는 환경경영(제품의 설계, 생산, 사용, 폐기 등 제품의 생애주기 과정에서 환경에 미치는 영향 및 개선사항)에 대한 인증, ISO 26000 시리즈는 사회적 책임과 지속가능경영에 대한 인증이다.
②, ④ 최근 유행하고 있는 개념인 ESG는 사회적 책임을 측정하는 구체적 방법 중 하나로서 환경(environment, 물 사용이나 연료관리 등), 사회(social, 지역개발, 고객의 개인정보보호, 인력의 다양성관리, 제품의 품질 등), 기업지배구조(governance, 기업임원의 보상, 리더십 등)의 측면에서 기업의 성과를 측정하는 기준이다.

정답 ④

05-34M ☑☐☐☐　　　　2024 군무원 5급

기업의 사회적 책임이 요구되는 배경으로 다음 중 가장 적절하지 않은 것은?

① 경제에는 외부경제효과와 외부불경제효과가 존재하게 되는데 주로 외부불경제효과가 주는 부정적 영향 때문이다.
② 현실적으로 시장의 많은 부분에서 불공정한 경쟁이 이루어지고 있기 때문이다.
③ 사회를 구성하는 모든 요인들의 상호 의존성이 약화되고 있어 각 구성원들의 책임이 강조된다.
④ 기업의 영향력이 상대적으로 증대되고 있기 때문이다.

―――――――――――――――――――――――

해설 ① [○] 외부불경제는 환경오염과 같이 기업의 활동으로 인하여 누군가가 손해나 피해를 입는 경우를 뜻한다. 기업의 사회적 책임은 이를 줄일 수 있다.
② [○] CSR 활동은 대기업의 독점 등으로 인한 불공정 경쟁이 만드는 폐해를 줄일 수 있다.
③ [×] CSR이 필요한 이유는 사회를 구성하는 각 요인들의 상호의존성이 '증가'하고 있기 때문이다.
④ [○] 기업의 영향력은 점차 증대되고 있고, 그래서 기업활동의 사회적 책임성이 요청된다.
　　　　　　　　　　　　　　　　　　　정답 ③

05-35 ☑☐☐☐　　　　2015 7급공무원 3책형

기업의 사회적 책임(CSR : Corporate Social Responsibility)의 내용으로 옳지 않은 것은?

① 기업의 유지 및 발전에 대한 책임
② 기업의 후계자 육성에 대한 책임
③ 기업의 주주 부(wealth)의 극대화에 대한 책임
④ 기업의 다양한 이해 조정에 대한 책임

―――――――――――――――――――――――

요점정리 기업의 사회적 책임은 기업의 유지와 성장을 위한 경영자의 노력(①), 기업존속을 위한 미래 경영진의 육성(②), 다양한 이해관계자들의 욕구를 충족시키고 갈등을 조정하는 책임(④), 지역사회에 대한 이익환원 등 여러 가지 항목들로 구성된다.
해설 ③ 주주 부의 극대화는 경영자가 추구해야 하는 여러 목표 중 하나이지만, 사회적 책임이라는 주제 하에서는 주주, 시민단체, 종업원, 지역사회, 정부 등 여러 이해관계자의 목표를

고루 충족시키는 것이 보다 더 중요하다.
　　　　　　　　　　　　　　　　　　　정답 ③

05-35A ☑☐☐☐　　　　2020 공인노무사

기업의 사회적 책임 중에서 제1의 책임에 해당하는 것은?

① 법적 책임　　　　　　② 경제적 책임
③ 윤리적 책임　　　　　④ 자선적 책임
⑤ 환경적 책임

―――――――――――――――――――――――

해설 기업의 사회적 책임 중 가장 기본적 책임은 좋은 물건과 서비스를 좋은 가격에 내놓는 '경제적 책임'이다. 이것이 완수되어야 비로소 그 이상의 책임을 논할 수 있다.
추가해설 기업의 사회적 책임은 경제적 책임에서 출발하여 법적 책임, 윤리(도덕)적 책임, 자선(자발)적 책임의 순서로 점차 확장된다.
　　　　　　　　　　　　　　　　　　　정답 ②

05-35F ☑☐☐☐　　　　2022 군무원 9급

다음 중 기업의 사회적 책임의 유형들에 대한 설명으로 가장 옳지 않은 것은?

① 경제적 책임: 이윤을 창출하는 것으로 가장 기초적인 수준의 사회적 책임에 해당됨
② 법적 책임: 법규를 준수하는 것
③ 윤리적 책임: 법적 책임의 범위 내에서 기업을 경영하는 것
④ 자선적 책임: 자발적으로 사회에 이바지하여 훌륭한 기업시민이 되는 것

―――――――――――――――――――――――

해설 기업의 사회적 책임은 양질의 물건과 서비스를 좋은 가격에 내놓음으로써 소비자에게 도움이 되는 동시에 기업도 수익을 창출하는 경제적 책임(①)으로부터 출발하여, 법적 규제에 순응하는 법적 책임(②), 도덕적이고 바람직한 행위에 대한 의무인 도덕적·윤리적 책임(③), 자발적으로 사회 구성원들을 돕고 선한 활동을 행하는 자선적·자발적 책임(④)으로 점차 확대된다. 선지 ③의 서술은 '법적 책임'에 해당하는 설명이다.
　　　　　　　　　　　　　　　　　　　정답 ③

05-35J ✔☐☐☐   2023 경영지도사

이윤 극대화, 일자리 창출 등 기본적 영역에 해당하는 기업의 사회적 책임은?

① 윤리적 책임
② 경제적 책임
③ 법적 책임
④ 자유 재량적 책임
⑤ 사회봉사 책임

해설 드러커(Drucker)와 캐롤(Carrol)에 따르면 기업의 사회적 책임은 양질의 물건과 서비스를 좋은 가격에 내놓음으로써 소비자에게 도움이 되는 동시에 기업도 수익을 창출하는 경제적 책임으로부터 출발하여, 법적 규제에 순응하는 법적 책임, 도덕적이고 바람직한 행위에 대한 의무인 도덕적·윤리적 책임, 자발적으로 사회 구성원들을 돕고 선한 활동을 행하는 자선적·자발적 책임으로 점차 확대된다. 그 중 좋은 제품과 서비스를 만들어 이익을 창출하고 일자리를 만드는 등 기업이 행하는 가장 기본적인 책임은 첫 번째 책임인 '경제적 책임'의 영역에 속한다.
정답 ②

05-35M ✔☐☐☐   2024 공인노무사

캐롤(B. A. Carroll)이 주장한 기업의 사회적 책임 중 책임성격이 의무성 보다 자발성에 기초하는 것을 모두 고른 것은?

ㄱ. 경제적 책임	ㄴ. 법적 책임
ㄷ. 윤리적 책임	ㄹ. 자선적 책임

① ㄱ, ㄴ
② ㄴ, ㄷ
③ ㄷ, ㄹ
④ ㄱ, ㄴ, ㄹ
⑤ ㄴ, ㄷ, ㄹ

해설 드러커(Drucker)와 캐롤(Carrol)에 따르면 다음의 4가지 CSR 측면이 존재한다. 기업의 사회적 책임은 양질의 물건과 서비스를 좋은 가격에 내놓음으로써 소비자에게 도움이 되는 동시에 기업도 수익을 창출하는 경제적 책임으로부터 출발하여, 법적 규제에 순응하는 법적 책임, 도덕적이고 바람직한 행위에 대한 의무인 도덕적·윤리적 책임, 자발적으로 사회 구성원들을 돕고 선한 활동을 행하는 자선적·자발적 책임으로 점차 확대된다. 이 중 앞의 둘(경제적 책임, 법적 책임)은 기업이 경제적으로 생존(소비자들로부터 선택받음)하거나 사회적으로 생존(정부로부터 승인을 얻음)하기 위하여 의무적으로 행하는 책임에 가깝다면, 뒤의 둘(윤리적 책임, 자선적 책임)은 기업이 알아서 스스로 잘 하는 의미에 가깝다는 점에서 자발성에 기초한

다고 해석할 수 있다.
정답 ③

05-36 ✔☐☐☐   2017 7급공무원 가책형

기업의 이해관계자에 대한 기업의 사회적 책임(CSR : Corporate Social Responsibility)이 잘못 연결된 것은?

① 종업원에 대한 책임 – 안전한 작업환경 제공, 적절한 노동의 대가 지불
② 사회에 대한 책임 – 새로운 부(Wealth)의 창출, 환경보호, 사회정의 촉진
③ 고객에 대한 책임 – 가치 있는 제품 및 서비스 공급, 고객만족
④ 투자자에 대한 책임 – 내부자거래(Insider Trading)로 주주의 부(Wealth) 극대화, 사회적 투자

요점정리 기업의 사회적 책임에는 기업을 둘러싼 여러 이해관계자 모두의 욕구를 충족시키고 이들간의 갈등을 조정하는 의무가 포함된다. 종업원, 사회일반, 고객, 투자자는 모두 이해관계자이므로 이들에게 기업은 사회적 책임을 진다.
해설 ④의 '내부자거래'는 기업 내부의 정보를 부당한 방식으로 획득하여 주식투자 등에 활용하여 불법적 수익을 얻는 행위이므로 투자자에게 권장해서도 안되며 사회적 책임의 영역은 더더욱 아니라 할 수 있다.
정답 ④

05-37 ✔☐☐☐   2017 경영지도사

드러커(P. Drucker)가 제안한 기업의 사회적 책임의 내용에 해당하지 않는 것은?

① 경제적 책임(economic responsibility)
② 법적 책임(legal responsibility)
③ 기술적 책임(technological responsibility)
④ 윤리적 책임(ethical responsibility)
⑤ 자선적 책임(discretionary responsibility)

요점정리 기업의 사회적 책임은 양질의 물건과 서비스를 좋은 가격에 내놓음으로써 소비자에게 도움이 되는 동시에 기업도 수익을 창출하는 경제적 책임(①)으로부터 출발하여, 법적 규제에 순응하는 법적 책임(②), 도덕적이고 바람직한 행위에 대

한 의무인 윤리적 책임(④), 자발적으로 사회 구성원들을 돕고 선한 활동을 행하는 자선적 책임(⑤)으로 점차 확대된다.

해설 ③에서 말하는 기술적 책임은 전통적 사회적 책임에서 설명하는 내용이 아니다.

정답 ③

05-38 ☑☐☐☐
2013 경영지도사

기업의 사회적 책임의 영역 중 가장 기본적이고, 제1차적 수준의 책임은?

① 경제적 책임　　　② 윤리적 책임
③ 법적 책임　　　　④ 자발적 책임
⑤ 도덕적 책임

해설 기업의 사회적 책임 중 가장 기본적 책임은 좋은 물건과 서비스를 좋은 가격에 내놓는 '경제적 책임'이다. 이것이 완수되어야 비로소 그 이상의 책임을 논할 수 있다.

정답 ①

05-38F ☑☐☐☐
2022 국가직 7급

기업의 사회적 책임(corporate social responsibility: CSR)에 대한 설명으로 옳은 것은?

① 가장 높은 수준의 사회적 책임은 주주 대신 종업원, 소비자, 사회 및 환경에 대한 기업의 책임을 의미한다.
② 사회적 책임을 다하는 기업에게는 사회적 권력이 부여된다는 것이 기본 원리이다.
③ 사회경제적 관점에서 이해관계자의 복리는 '보이지 않는 손'에 의하여 이루어진다.
④ 전통적 관점에 의하면 기업의 이익극대화가 기업의 유일한 사회적 책임이다.

해설 ④ [O] 기업의 사회적 책임은 기업이 종업원, 고객, 주주, 지역사회와 같은 모든 이해관계자의 복지와 이익에 기여할 수 있도록 의사결정을 하고 행동을 해야 하는 의무를 뜻한다. 기업이 사회에 공헌해야 하는지에 관해서 찬반 논쟁이 있다. 전통적인 관점에서는 기업의 1차적 목적이나 책임을 이윤추구로 보므로, 주주와 사원이 아닌 제3자에 대한 의무는 필수적인 것이 아니라고 보았지만, 최근에는 기업도 하나의 법인격이므

로, 인간과 마찬가지로 기업도 사회 속에서 도덕과 윤리를 지킬 때 비로소 그 이윤추구행위가 정당화될 수 있다고 본다.

추가해설 ① [×] 기업의 사회적 책임은 양질의 물건과 서비스를 좋은 가격에 내놓음으로써 소비자에게 도움이 되는 동시에 기업도 수익을 창출하는 경제적 책임(주주에 대한 책임을 포함함)으로부터 출발하여, 법적 규제에 순응하는 법적 책임, 도덕적이고 바람직한 행위에 대한 의무인 도덕적·윤리적 책임, 자발적으로 사회 구성원들을 돕고 선한 활동을 행하는 자선적·자발적 책임으로 점차 확대된다. 이상의 네 가지 책임은 그 범위가 점차 확대되는 의미이므로, 4단계 책임(자선적 책임)에 충실한 기업은 나머지 범위의 책임(주주에 대한 책임 등)에도 최선을 다하게 된다. ② [×] 사회적 책임과 기업의 사회적 권력은 서로 무관한 것이다. ③ [×] 만약 '보이지 않는 손'의 원리가 작동한다면 기업이 별다른 노력을 하지 않아도 이해관계자의 복리가 충족될 것이지만, 현실은 그렇지 않다.

정답 ④

05-39 ☑☐☐☐
2018 경영지도사

사회적 책임에 대한 기업의 대응전략에 해당하지 않는 것은?

① 방해전략(obstructive strategy)
② 공격전략(offensive strategy)
③ 방어전략(defensive strategy)
④ 행동전략(proactive strategy)
⑤ 적응전략(accommodative strategy)

요점정리 기업은 사회적 책임에 대한 윤리적 압력에 대해 다음의 네 가지 대응전략을 적절히 교대로 사용한다.
- 방해전략: 이는 기업의 이윤에만 집착하고 사회적 책임 수행은 전혀 신경쓰지 않는 전략이다.
- 방어전략: 이는 소극적으로 법이 요구하는 최소한의 규정만 지키는 전략이다. 잘못이 드러나기 전까지는 이를 부인하고 변명한다. 따라서 불법행위를 하지는 않지만 윤리 실천에 대한 관심은 없다.
- 적응전략: 이는 윤리경영의 압력이 클 때 도의적인 책임까지 인정하고 책임을 실천하는 전략이다. 그러나 압력이 없는데도 미리 적극적으로 윤리적 책임을 이행하는 것은 아니다.
- 행동전략: 이는 자발적·예방적·선제적으로 사회적 책임을 적극적으로 이행하는 전략이다. 사회봉사나 각종 기부활동 등에 기업이 앞장서서 솔선수범하는 경우이다.

해설 사회적 책임에 대한 기업의 반응전략은 상기 4가지(방해전략, 방어전략, 적응전략, 행동전략)이다. '공격전략'이라는 것은 없다.

정답 ②

05-39A ☑☐☐☐
2019 상반기 군무원 복원

다음 중 기업의 사회적 책임투자(SRI)에 해당하지 않는 것은?

① 중소벤처와 같이 성장전망이 좋은 기업에 투자한다.
② 기업지배구조를 고려해 투자한다.
③ 유해행위를 하는 기업의 투자를 철회한다.
④ 지역기금에 투자한다.

해설 사회책임투자(Social Responsible Investment, 이하 SRI)란 투자의사 결정 시, 기업의 재무적 요소뿐만 아니라 ESG 요소, 즉 환경(Environmental) · 사회(Social) · 지배구조(Governance) 요소와 같이 기업의 지속가능성에 영향을 미치는 비재무적 요소를 동시에 고려하여 보다 장기적이고 능동적인 관점에서 투자하는 것을 말한다. 미국의 경우, 저소득 공동체나 지역개발을 위해 투자하는 지역사회 투자(Community Investing)까지도 SRI로 분류하고 있다.

정답 ①

05-39D ☑☐☐☐
2021 공인노무사

캐롤(B.A. Carrol)의 피라미드 모형에서 제시된 기업의 사회적 책임의 단계로 옳은 것은?

① 경제적 책임 → 법적 책임 → 윤리적 책임 → 자선적 책임
② 경제적 책임 → 윤리적 책임 → 법적 책임 → 자선적 책임
③ 경제적 책임 → 자선적 책임 → 윤리적 책임 → 법적 책임
④ 경제적 책임 → 법적 책임 → 자선적 책임 → 윤리적 책임
⑤ 경제적 책임 → 윤리적 책임 → 자선적 책임 → 법적 책임

해설 드러커(Drucker)와 캐롤(Carroll)에 따르면 기업의 사회적 책임(CSR)의 내용은 경제적 책임, 법률적 책임, 윤리적 책

임, 박애적 책임의 네 단계로 구분된다.
a. 경제적 책임: 이는 기업이 경제활동을 통해 이익을 창출해야 한다는 것이다. 주주의 투자에 대하여 수익을 내고 종업원들에게는 보상을 지급하는 것 등이 이에 해당한다.
b. 법률적 책임: 이는 기업이 영위하는 시장에서의 활동이 관련 법률을 준수해야 한다는 것이다. 제조기업이 도매상을 대상으로 불법적인 밀어내기를 시도하는 경우 이익을 창출하더라도 이는 공정거래법을 위반하는 것이다.
c. 윤리적 책임: 이는 기업이 이해관계자에게 윤리적이고 옳은 것을 행하며 위해한 것을 피하는 의무이다. 기업은 고객과 같은 이해관계자와 장기적인 신뢰를 쌓으며 마케팅 성과의 향상을 꾀할 수 있다.
d. 박애(자선)적 책임: 이는 기업이 지역사회와 공동체의 번영 및 삶의 질 향상에 공헌하는 책임과 의무이다. 가장 고차원적인 사회적 책임이며, 이익의 일부를 기부하거나 공익적 캠페인에 활용하는 것이 이에 해당한다.

정답 ①

05-39E ☑☐☐☐
2021 국가직 7급

캐롤(A. B. Carroll)의 기업의 사회적 책임 4단계에 대한 설명으로 옳지 않은 것은?

① 제1단계는 경제적 책임으로 경쟁기업과의 공정 경쟁에 대한 책임을 의미한다.
② 제2단계는 법적 책임으로 경영활동을 수행할 때, 법규 준수에 대한 책임을 의미한다.
③ 제3단계는 윤리적 책임으로 경영활동을 수행할 때, 도덕적 책임의 이행을 의미한다.
④ 제4단계는 자선적 책임으로 경영활동과 관련이 없다 할지라도 사회적으로 의미가 있는 활동에 기업 스스로 자발적으로 참여하는 책임을 의미한다.

요점정리 캐롤(Carroll)과 드러커(Drucker) 등의 학자들에 따르면 기업의 사회적 책임은 양질의 물건과 서비스를 좋은 가격에 내놓음으로써 소비자에게 도움이 되는 동시에 기업도 수익을 창출하는 경제적 책임으로부터 출발하여, 법적 규제에 순응하는 법적 책임, 도덕적이고 바람직한 행위에 대한 의무인 도덕적 · 윤리적 책임, 자발적으로 사회 구성원들을 돕고 선한 활동을 행하는 자선적 · 자발적 책임으로 점차 확대된다.

해설 경쟁기업과 공정경쟁을 해야 하는 책임은 공정거래법 등의 법적 규제에 순응하는 것이므로 법적 책임, 즉 2단계 책임에 해당한다.

정답 ①

05-39M ☑☐☐☐　　　2024 경영지도사

캐롤(A. Carroll)이 제시한 기업의 사회적 책임(CSR: Corporate Social Responsibility) 4단계에 해당하지 않는 것은?

① 경제적 책임　　　② 자생적 책임
③ 법률적 책임　　　④ 윤리적 책임
⑤ 자선적 책임

해설 드러커(Drucker)와 캐롤(Carrol)에 따르면 다음의 4가지 CSR 측면이 존재한다. 기업의 사회적 책임은 양질의 물건과 서비스를 좋은 가격에 내놓음으로써 소비자에게 도움이 되는 동시에 기업도 수익을 창출하는 경제적 책임으로부터 출발하여, 법적 규제에 순응하는 법적 책임, 도덕적이고 바람직한 행위에 대한 의무인 도덕적·윤리적 책임, 자발적으로 사회 구성원들을 돕고 선한 활동을 행하는 자선적·자발적 책임으로 점차 확대된다.

추가해설 ② 자선적 책임(⑤)의 다른 명칭은 자발적 책임이다. 이것이 '자생적 책임'과 전혀 다른 의미라 할 수 있을까? 개인적으로는 '자생적 책임'을 영어로 번역하면 자발적 책임과 비슷한 워딩이 될 것 같기에, 본 문제는 적절하게 출제한 것으로 보기는 힘들다고 생각한다.

정답 ②

05-40 ☑☐☐☐　　　2017 7급공무원 가책형

공급사슬관리에서 "현재세대의 자원 운영 계획이 미래세대의 자원 활용 가능성을 제한하지 않아야 한다."라고 정의되는 지속 가능성(Sustainability)의 3요소가 아닌 것은?

① 재무적(경제적) 가치　② 기술적 가치
③ 환경적 가치　　　　④ 사회적 가치

요점정리 지속가능경영이란 기업이 경영에 영향을 미치는 경제적, 환경적, 사회적 이슈를 종합적으로 균형있게 고려하면서 기업의 지속가능성을 추구하는 경영 활동이다. 이는 생산성을 추구하는 전 과정에서 환경에 미치는 영향을 다각도로 고려함으로써 미래세대를 위한 오염물질 감소 및 지역사회 구성원들의 적극적 경영참여 등을 달성하는 것을 그 목표로 한다.

해설 경제, 환경, 사회적 가치를 고려하는 것을 지속가능성의 3요소 내지는 삼중선(triple bottom lines)이라 부른다.

정답 ②

05-41 ☑☐☐☐　　　2017 경영지도사

지속가능경영을 구성하는 세 가지 요소는?

ㄱ. 대내적 공정성	ㄴ. 대외적 공헌성
ㄷ. 경제적 수익성	ㄹ. 환경적 건전성
ㅁ. 사회적 책임성	

① ㄱ, ㄴ, ㄹ　　　② ㄱ, ㄴ, ㅁ
③ ㄱ, ㄷ, ㄹ　　　④ ㄱ, ㄷ, ㅁ
⑤ ㄷ, ㄹ, ㅁ

해설 지속가능경영이란 기업이 경영에 영향을 미치는 경제적, 환경적, 사회적 이슈를 종합적으로 균형있게 고려하면서 기업의 지속가능성을 추구하는 경영 활동이다. 즉 경제적으로는 수익성을, 환경적으로는 건전성을, 사회적으로는 책임성을 다하는 것이 그 핵심이다.

정답 ⑤

05-41F ☑☐☐☐　　　2022 군무원 7급

기업의 지속가능경영을 구성하는 3가지 요소에 해당하지 않는 것은?

① 경제적 수익성　　② 환경적 건전성
③ 대외적 공헌성　　④ 사회적 책임성

해설 지속가능경영의 3요소, 또는 3중선(tripple bottom line)은 경제적 수익성, 환경적 건전성, 사회적 책임성으로 구성된다.

정답 ③

05-42 ☑□□□
2017 서울시 7급

기업전략에서 고려하는 지속가능성(sustainability)에 대한 설명으로 가장 옳은 것은?

① 지속가능 기업전략에서는 이해관계자와 관계없이 주주의 이익을 우선시한다.
② 지속가능성 평가 기준의 일종인 삼중선(triple bottom lines)은 기업의 경제, 사회, 정부 차원의 책무를 강조한다.
③ 사회적 책임이 포함된 기업전략을 수립하는 것에 대해 모든 기업이 동의한다.
④ 기업의 이익을 넘어 사회의 이익을 제공할 수 있는 전략을 수립한다.

해설 ④ 지속가능경영 관점에서는 사회의 이익도 기업의 이익과 더불어 함께 중시된다.

추가해설 ① 지속가능경영에서는 이해관계자(주주, 고객, 투자자, 지역사회, 정부 등) 모두의 이익을 중시한다.
② 경제, 환경, 사회적 가치를 고려하는 것을 지속가능성의 3요소 내지는 삼중선(triple bottom lines)이라 부른다.
③ 기업이 사회에 공헌해야 하는지에 관해서 찬반 논쟁이 있다. 전통적인 관점에서는 기업의 1차적 목적이나 책임을 이윤추구로 보므로, 주주와 사원이 아닌 제3자에 대한 의무는 필수적인 것이 아니라고 보았지만, 최근에는 기업도 하나의 법인격이므로, 인간과 마찬가지로 기업도 사회 속에서 도덕과 윤리를 지킬 때 비로소 그 이윤추구행위가 정당화될 수 있다고 본다.

정답 ④

05-43 ☑□□□
2014 경영지도사

민간부문이 보유한 정보, 기술, 자본을 공공부문에 도입해 공동출자형식으로 행하는 기관 또는 사업은?

① 정부출연기관   ② 정부재정지원기관
③ 제3섹터   ④ 공익사업
⑤ 주택사업

해설 공공서비스를 생산하는 비영리 민간단체나 민·관 공동출자의 형태를 모두 포괄하여 제3섹터라 한다. 한편 제1섹터는 공기업, 제2섹터는 사기업이다.

정답 ③

05-44 ☑□□□
2019 상반기 군무원 복원

다음 중 환경오염의 원인이 아닌 것은?

① 인구증가   ② 도시화
③ 국제화   ④ 산업화

해설 굳이 해설하자면 세계화는 환경오염 문제를 해결하기 위한 국가간 협조를 강조하는 맥락에서 사용되는 용어이며, 환경오염의 원인과 직접적 관련성이 선지들 중에서는 가장 적은 편이다.

정답 ③

조직행동론

TOPIC 06 태도·성격·지각

1. 태 도
1) 개념: 대상(사물, 사람, 사건 등)에 대하여 호의적 또는 비호의적으로 평가·판단하는것
2) 구성요소: 인지(생각이나 평가방식), 정서(감정), 행동의도(행동하려는 의도)
3) 관련개념: 직무만족, 조직몰입, 인지부조화, 조직시민행동 등

2. 성 격
1) 개념: 한 개인이 타인이나 대상에 대해 반응하고 상호작용하는 모든 방식의 총체
2) 형성원인: 유전적 요소(nature)＋환경적 요소(nurture)
3) 성격유형
   ① Big-5: 경험에 대한 <u>개방성, 성실성, 외향성</u>, 친화성(＝조화성), 감정안정성(↔ 신경증)
   　　　　　　　 (리더십과 관련있는 성격변수, 그 중 성실성은 성과에 강한 영향)
   ② MBTI: 에너지 방향(외향－내향), 정보수집(감각－직관), 판단준거(사고－감정), 생활양식(판단－지각)
   ③ 통제위치(locus of control): <u>개인의 운명을 결정하는 주체</u>에 대한 지각 (내재론－외재론)
   ④ Type-A(노력, 성실, 경쟁, 조급, 꼼꼼, 스트레스) ↔ Type-B(여유, 여가, 만족)
   ⑤ 자기효능감: 특정한 일을 성공적으로 수행할 수 있는지에 대한 <u>스스로의 믿음</u>
   ⑥ 자기관찰(self-monitoring, 자기감시): 자신의 행동을 외부 상황에 적응시키는 능력

3. 지각과 귀인이론
1) 개념: 자신이 감각적으로 느끼는 <u>인상들을 조직하고 해석하는 과정</u>
2) 영향요인: 지각자 요인(누가?), 지각대상 요인(무엇을?), 상황적 요인(언제?)
3) 귀인이론: Heider가 체계화 → <u>현상의 원인을 이해하고 파악하는 과정</u>에 대한 이론
   ① 유형: 내적귀인(＝내부귀인): 원인이 행위자 내부의 능력이나 성격 등에 있음
   　　 ↔ 외적귀인(＝외부귀인): 원인이 행위자 외부의 상황요인에 있음
   ② 켈리(Kelley)의 귀인이론(＝공변이론, 큐빅모형)
   　　 － 특이성(distinctiveness): <u>특정 상황에서만 다르게</u> 행동한다면 → 외적귀인
   　　 － 합의성(consensus): 서로 <u>다른 사람들이 비슷하게</u> 행동한다면 → 외적귀인
   　　 － 일관성(constitency): 같은 사람이 <u>다른 상황에서 비슷하게</u> 행동한다면 → 내적귀인

4. 지각오류
1) 개념: 지각의 과정 중 각종 정보손실이나 왜곡으로 인하여 발생하는 정보해석의 오류
2) 귀인오류
   ① 근본귀인오류: <u>타인판단시 내재적 요인을 과대평가</u>
   ② 자기보호오류(＝자존적 편견): <u>잘 되면 내 탓, 안 되면 남 탓</u>
3) 그 밖의 지각오류
   ① 후광효과(＝현혹효과): 한 가지 특성이 좋아 보이면 나머지 특성도 좋게 보임
   ② 고정관념(＝상동효과, stereotype): 그가 소속된 <u>집단의 속성을 그에게 투영함</u>
   ③ 최근효과: 나중에 주어진 정보에 지나치게 큰 비중을 두어 판단하는 것
   ④ 유사효과: 자신과 유사한 특성을 가진 사람을 호의적으로 판단하는 것
   ⑤ 투사(＝주관의 객관화): <u>자신의 특성을 타인에게</u> 전가하여 판단하는 것
   　　　　　　　　 (**예** 거짓말쟁이가 다른 사람들도 거짓말을 한다고 생각하는 것)
   ⑥ 대조효과: 다른 대상과 견주어 상대적으로 특성을 파악하는 것 (**예** 상대적 박탈감)

06-1 ☑☐☐☐

상사 A에 대한 나의 태도를 기술한 것이다. 다음에 해당하는 태도의 구성요소를 옳게 연결한 것은?

> ㄱ. 나의 상사 A는 권위적이다.
> ㄴ. 나는 상사 A가 권위적이어서 좋아하지 않는다.
> ㄷ. 나는 권위적인 상사 A의 지시를 따르지 않겠다.

① ㄱ. 감정적 요소 ㄴ. 인지적 요소 ㄷ. 행동적 요소
② ㄱ. 감정적 요소 ㄴ. 행동적 요소 ㄷ. 인지적 요소
③ ㄱ. 인지적 요소 ㄴ. 행동적 요소 ㄷ. 감정적 요소
④ ㄱ. 인지적 요소 ㄴ. 감정적 요소 ㄷ. 행동적 요소
⑤ ㄱ. 행동적 요소 ㄴ. 감정적 요소 ㄷ. 인지적 요소

───────────────

해설 태도(attitude)란 대상(사물·사람·사건)에 대한 호의적 또는 비호의적인 평가와 판단을 의미한다. 일반적으로 태도는 인지(cognition, 대상에 대한 지식이나 정보의 판단), 정서(emotion, 대상에 대한 감정과 느낌의 판단), 행위의도(behavioral intention, 대상에 대해 특정한 행동을 취하려는 자세)라는 세 가지 구성 요소로 이루어진다. (ㄱ)은 권위적이라는 판단이므로 인지적 요소에 속하고, (ㄴ)은 좋아하지 않는다는 감정적 판단, (ㄷ)은 지시를 따르지 않겠다는 행동적 판단에 속한다.
정답 ④

06-1M ☑☐☐☐

개인이 사물, 사람, 사건에 대해 가지는 주관적인 경험을 나타내는 태도를 구성하는 요소가 아닌 것은?

① 정서적 요소   ② 인지적 요소
③ 관계적 요소   ④ 행위적 요소

───────────────

해설 태도(attitude)의 구성요소는 인지적, 정서적, 행위(행동의도)적 요소이다.
정답 ③

06-2 ☑☐☐☐

직무만족 및 불만족에 대한 설명으로 옳은 것은?

① 직무불만족을 증가시키는 개인적 성향은 긍정적 정서와 긍정적 자기평가이다.
② 역할 모호성, 역할 갈등, 역할 과다를 경험한 사람들의 직무만족이 높다.
③ 직무만족이란 직무를 통해 그 가치를 느끼고 업무 성취감을 느끼는 긍정적 감정 상태를 말한다.
④ 종업원과 상사 사이의 공유된 가치관은 직무만족을 감소시킨다.

───────────────

요점정리 직무만족은 직무에 대한 호의적인 태도로서 직무의 제반 특성(임금, 근무환경, 승진기회, 인간관계 등)에 대한 종합적 평가로부터 도출된다. 학계에서 직무만족은 조직몰입과 더불어 조직에서의 인간 행동을 설명하는데 있어 가장 중요한 변수로 취급되고 있다. 이는 만족도가 직무성과를 비롯한 조직 효과성을 예측하는 매우 효과적인 변수라는 점에 대부분의 학자들이 동의하기 때문이다.

해설 ① 불만은 부정적 정서와 부정적 자기평가에 의해 발생한다.
② 역할이 모호하거나 갈등을 겪으면 만족도가 떨어진다.
③ 직무만족의 제대로 된 정의이다.
④ 가치관의 공유는 만족을 증진시킬 것이다.
정답 ③

06-3 ☑☐☐☐

조직에서 공식적으로 주어진 임무 이외의 일을 자발적으로 수행하는 것은?

① 집단사고(groupthink)
② 직무만족(job satisfaction)
③ 직무몰입(job involvement)
④ 감정노동(emotional labor)
⑤ 조직시민행동(organizational citizenship behavior)

───────────────

해설 ⑤ 조직시민행동(organizational citizenship behavior)은 조직구성원들이 조직의 원활한 운영을 위해서 공식적으로 주어진 임무나 역할이 아니더라도 조직을 위해 자발적으로 희생하고 노력하며 동료를 돕는 행동을 의미한다. 이러한 조직시민행동은 그 자체로서 조직분위기를 좋게 할 뿐만 아니라 성과에도 큰 영향을 미친다. 최근에는 친(親)사회적 행동(pro-social behavior), 도움행동(helping behavior) 등의 용어로 사용되기도 한다.

추가해설 ① 이는 집단구성원간 형성되는 동조압력으로 인하여 주류적 의견에 비판적이거나 대안적 아이디어를 받아들이지 못하는 현상이다.
② 이는 내가 수행하는 일에 대한 호의적 태도를 뜻한다.
③ 이는 내가 수행하는 일과 나 자신을 동일시하는 태도나 감정 상태이다.
④ 이는 내가 느끼는 감정과 다른 감정을 조직을 위해 드러내야 하는 상황을 뜻한다.

정답 ⑤

06-3F ☑□□□
2022 가맹거래사

조직시민행동에서 조직생활에 관심을 가지고 적극적으로 참여하는 행동은?

① 예의행동(courtesy)
② 이타적 행동(altruism)
③ 공익적 행동(civic virtue)
④ 양심적 행동(conscientiousness)
⑤ 혁신적 행동(innovative behavior)

해설 ③ 공익적 행동 또는 시민덕목행동(civic virtue)은 조직이나 집단 또는 팀을 위한 행동이다. 관련 사례로는 조직이 후원하는 자선행사에 참여하는 행동 등을 들 수 있다.

추가해설 ① 예의행동(courtesy)은 다른 사람에 대해 기본적인 배려심을 베푸는 행동을 지칭한다. 업무의 진척 상황이 어떻게 되어가는지 주기적으로 확인하고, 이를 다른 동료들과 적절한 방식을 통해 공유하는 것 등이 그 예가 된다.
② 이타적 행동(altruism)은 소위 말하는 '친사회적 행동'으로서, 조직의 여러 상황에서 도움을 필요로 하는 다른 사람을 자발적으로 도와주는 각종 행위를 총칭한다.
④ 이는 성실한(conscientious) 행동으로도 번역되며, 직장이 요구하는 바를 이행하는 것과 관련이 깊은 행동으로서, 약속시간을 지키는 것 등이 이에 해당한다.
⑤ 조직시민행동의 구성요소에 해당되지 않는다.

참고 본 문제의 선지에 포함되지 않은 조직시민행동의 구성요소 중 하나로 신사적 행동(sportsmanship)이 있다. 이는 특정 유형의 행동에 관여하지 않음으로써 다른 사람들에게 도움이 된다는 점에서 다른 OCB 행동들과 구분된다. 예를 들어 불평을 하지 않거나, 단점을 지적하지 않는 것 등이 이에 해당한다.

정답 ③

06-4 ☑□□□
2015 공인노무사

Big 5 모델에서 제시하는 다섯 가지 성격요소가 아닌 것은?

① 개방성(openness)
② 객관성(objectivity)
③ 외향성(extraversion)
④ 성실성(conscientiousness)
⑤ 정서적 안정성(emotional stability)

해설 빅 파이브: 정서(감정)안정성, 성실성, 외향성, 개방성, 친화성

정답 ②

06-4J ☑□□□
2023 공인노무사

성격의 Big 5 모형에 해당하지 않는 것은?

① 정서적 안정성　　② 성실성
③ 친화성　　④ 모험선호성
⑤ 개방성

해설 빅 파이브(Big-Five) 이론 또는 5대 성격유형(five factor model, FFM)으로 불리는 이 모형은 사람의 성격을 구성하는 다섯 가지 요인에 관한 것이다. MBTI가 이론적으로 많은 도전을 받고 있는 반면, 빅 파이브 이론은 폭넓은 연구결과를 통해 지지받고 있다. 이하에서 설명할 다섯 가지 요인들은 각각 직무성과에 일정한 영향을 미칠 수 있기에, 각 요인을 활용하여 인력의 선발이나 교육훈련 등에 활용할 수 있다.
• 감정 안정성(emotional stability): 이는 스트레스에 견딜 수 있는 개인의 능력과 관계된다. 정서가 안정적인 사람들은 온화하고 자신감이 있으며 안정적이다. 반면 정서 안정성이 낮은 사람들은 신경질적(neuroticism)이고 불안을 잘 느낀다.
• 외향성(extraversion): 이는 사람들이 많은 관계들 안에서 느끼는 편안함의 정도와 관련이 있다. 외향적인 성향의 사람들은 사교적이며 친화력이 뛰어나다. 반면 내향적인 성향의 사람들은 수줍어하고 소심하며 조용하다.
• 개방성(openness to experience): 이는 새로운 것에 대한 관심과 흥미의 정도를 나타낸다. 개방성이 높은 사람들은 창의적이고 호기심이 많으며 예술적 감수성이 풍부하다. 반면 반대 성향의 사람들은 보수적이고 익숙한 환경에서 편안함을 느낀다.
• 친화성(agreeableness, 조화성): 이는 다른 사람들에게 양보하고 순응하는 성향을 의미한다. 친화성이 높은 사람들은 협

력적이고 온화하며 타인과 잘 어울리고 그를 신뢰한다. 친화성이 낮은 사람들은 차갑고 까다로우며 적대적이다.
- 성실성(conscientiousness): 이는 신뢰성(reliability, 일관성)과 관련이 깊다. 성실성이 높은 사람은 책임감이 있고 규칙적이며 믿음직스럽고 성취 지향적이다. 성실성이 낮은 사람들은 쉽게 이성을 잃는 편이고 산만하며 믿음직스럽지 못하다.

정답 ④

06-4M ☑☐☐☐   2024 가맹거래사

성격의 Big 5 모형의 요소로 옳은 것은?

① 친화성(agreeableness)
② 자존감(self-esteem)
③ 자기효능감(self-efficacy)
④ 자기관찰(self-monitoring)
⑤ 위험선호(risk taking)

해설 빅파이브에는 감정안정성, 외향성, 개방성, **친화성**, 성실성 등이 포함된다.

정답 ①

06-5 ☑☐☐☐   2019 가맹거래사

Big 5의 성격에 포함되지 않는 것은?

① 외향성(extraversion)
② 정서적 안정성(emotional stability)
③ 성실성(conscientiousness)
④ 자존감(self-esteem)
⑤ 개방성(openness to experience)

해설 빅 파이브: 감정(정서)안정성, 외향성, 개방성, 친화성, 성실성

정답 ④

06-5E ☑☐☐☐   2021 공인노무사

마키아벨리즘(machiavellism)에 관한 설명으로 옳지 않은 것은?

① 마키아벨리즘은 자신의 이익을 위해 타인을 이용하고 조작하려는 성향이다.
② 마키아벨리즘이 높은 사람은 감정적 거리를 잘 유지한다.
③ 마키아벨리즘이 높은 사람은 남을 잘 설득하며 자신도 잘 설득된다.
④ 마키아벨리즘이 높은 사람은 최소한의 규정과 재량권이 있을 때 높은 성과를 보이는 경향이 있다.
⑤ 마키아벨리즘이 높은 사람은 목적이 수단을 정당화시킬 수 있다고 믿는 경향이 있다.

요점정리 마키아벨리즘(Machiavellism, 흔히 Mach라는 약어로 표기) 성향이 강한 개인은 독단적이면서 감정 억제력이 뛰어나며, 목적이 수단을 정당화시킬 수 있다고 믿는다. 마키아벨리즘은 속임수와 조작을 사용하는 성향, 인간본성을 나약하고 믿을 수 없다고 보는 냉소적 관점, 전통적인 도덕과 윤리를 무시하는 성향 등으로 구성되며, 빅 파이브 구성요소 중에서는 친화성 및 성실성과 부(−)의 관계를 갖는다.

해설 ③ 마키아벨리즘이 높은 사람은 인간을 신뢰하지 않는다. 따라서 남의 말을 듣거나 설득되기보다는 자기 자신의 주장대로 남을 이끄는 것을 선호할 가능성이 높다. 따라서 해당 선지는 '남을 잘 설득하는 대신 자신은 잘 설득되지 않는다'로 바꾸어야 맞는 말이 된다. (출처: Robbins & Judge, *Organizational Behavior*, 18th edition.)

정답 ③

06-6 ☑☐☐☐   2024 공인노무사

핵심자기평가(core self-evaluation)가 높은 사람들은 자신을 가능성 있고, 능력있고, 가치있는 사람으로 평가한다. 핵심자기평가의 구성요소를 모두 고른 것은?

ㄱ. 자존감	ㄴ. 관계성
ㄷ. 통제위치	ㄹ. 일반화된 자기효능감
ㅁ. 정서적 안정성	

① ㄱ, ㄴ, ㄷ   ② ㄱ, ㄴ, ㅁ
③ ㄱ, ㄴ, ㄹ, ㅁ   ④ ㄱ, ㄷ, ㄹ, ㅁ
⑤ ㄴ, ㄷ, ㄹ, ㅁ

해설 슬프지만 이 문제는 핵심자아평가의 구성요소를 '암기' 해야 맞출 수 있는 문제이다. 다른 방식으로 정답을 추정할 수 없기 때문이다. 핵심자기평가란 개인이 자신과 타인, 주변환경을 지각하여 자신을 가능성 있고, 가치있는 사람으로 평가하는 정도로서(Judge, Locke, et al., 1997) 자신과 자신이 속한 세계를 인식하고 해석하는 하나의 프레임이다(Best et al., 2005). <u>핵심자아평가의 구성요소는 일반적 자기효능감(특정한 과제에 대한 자기효능감의 본 의미와는 다르게, 이는 전반적 업무수행에 대한 일반적 자신감을 의미함), 통제위치, 자존감, 감정(정서)안정성 등이다.</u>

정답 ④

06-6M ☑□□□   2024 군무원 9급

잠재적 창의성에 대한 설명으로 가장 적절하지 않은 것은?

① 창의적인 업무는 전문성이 기본이다.
② 똑똑한 사람은 복잡한 문제를 푸는 데 능숙하기 때문에 창의적이다.
③ 희망, 자기효과성, 긍정성은 개인의 창의성을 파악할 수 있는 요소이다.
④ 창의성은 바람직한 많은 개별적 특성과 관계가 있어 윤리와 상관관계가 높다.

해설 약간 수험생 입장에서 기분이 나쁠 수 있는 (그리고 전공자 입장에서는 기분이 나빠야 하는) 문제이다.
① [○] 창의성의 세계적 대가인 하버드 대학교의 애머빌(Amabile)에 따르면 창의성의 구성요소는 전문성(expertise), 창의적으로 사고하는 기술(creative thinking skills), 내재적 동기(intrinsic motivation)이다. 그래서 옳다고 볼 수 있다. (그런데, '창의적인 업무는 전문성이 기본'이라니? 이것이 옳은 문장 구성인지 모르겠다. 비문인데다가 무슨 이야기를 하려는 것인지 명확하지 않은 문장이다...)
② [○] 똑똑한 것과 창의적인 것은 별개인데, 본 문제에서는 맞는 말이라 한다. 그리고 그 이유로 복잡한 문제를 잘 풀기 때문이라고 하는데, 만약 이 선지가 옳다면 복잡한 문제를 잘 풀어서 수능시험 점수가 높은 사람들은 창의적이라고 볼 수 있다. (이상한 선지 아닌가?)
③ [○] 희망, 자기효과성(자기효능감), 긍정성 등은 대개 긍정 심리자본(positive psychological capital)과 관련이 있으며, 긍정성이 창의성과 관련이 있다는 일부 연구도 존재한다. 그래서 옳은 선지라 한다.

④ [×] 창의성에 관한 기존 연구내용은 이렇다.
• 창의성이 바람직한 특성과 관련이 있는가? (○)
• 창의성은 윤리적 부정행위와 관련이 있는가? (○) (그 이유는 창의성이 높은 사람은 여러 가지 궤변을 생산할 수 있기에 비윤리적 행동을 하고도 정당화할 가능성이 높기 때문이다.)
• 창의성은 윤리성과 상관관계가 있는가? (○) → 윤리적 행동을 높이거나 낮추는 것 모두 상관성이 있다.
이상의 내용들을 감안하면 출제의도대로 선지 4가 정답이(즉 틀린 선지가) 되기 위해서는 문장이 다음과 같이 바뀌어야 적절할 것이다.(그냥 상관관계라는 말만 갖고 정답이 선지 ④라는 것은 억지에 가깝다.)
[수정된 문장] 창의성은 윤리적 행동을 유발하는 다양한 개별적 특성과 긍정적 상관관계를 가진다.

정답 ④

06-7 ☑□□□   2024 가맹거래사

로키치(M. Rokeach)의 수단가치(instrumental values)로 옳지 않은 것은?

① 야망(ambitious)　　② 용기(courageous)
③ 청결(clean)　　　　④ 자유(freedom)
⑤ 복종(obedient)

해설 로키치의 궁극적 가치에는 편안한 삶, 성취감, 세계평화, 평등, **자유**, 행복, 즐거움, 자기존중, 지혜, 우정 등이 포함되며, <u>수단적 가치에는 야망, 용기, 유능한, 쾌활한, 깔끔한, 정직한, 지적인, 논리적인, 순종하는, 자기통제 등이 포함된다.</u>

정답 ④

06-8 ☑□□□   2010 공인노무사

개인의 일부 특성을 기반으로 그 개인 전체를 평가하는 지각경향은?

① 스테레오타입　　② 최근효과
③ 자존적 편견　　　④ 후광효과
⑤ 대조효과

해설 ① 소속집단의 특성으로 개인을 평가하는 지각오류
② 최근에 주어진 정보의 특성으로 전체 평가결과를 내리는 오류
③ 잘 되면 내 덕, 안 되면 남 탓
④ 개인의 일부 특성으로 전체를 판단

⑤ 자신 또는 평가대상의 주변과 견주어 특정한 대상을 판단 (예: 175cm 옆의 170cm은 작아보임)

정답 ④

06-9 ☑□□□   2016 공인노무사

다음 설명에 해당하는 지각 오류는?

> 어떤 대상(개인)으로부터 얻은 일부 정보가 다른 부분의 여러 정보들을 해석할 때 영향을 미치는 것

① 자존적 편견   ② 후광효과
③ 투사   ④ 통제의 환상
⑤ 대조효과

해설》 ① 잘 되면 내 덕, 안 되면 남 탓
② 개인의 일부 측면으로 나머지 정보를 해석
③ 자신의 생각이나 특성을 다른 사람에게 투영시킴
④ 통제할 수 없는 것을 통제할 수 있다고 믿음
⑤ 주변과 견주어 평가대상을 판단하는 과정에서 발생하는 오류

정답 ②

06-9D ☑□□□   2021 가맹거래사

어떤 대상의 한 특성을 중심으로 다른 것까지 평가하는 현상은?

① 유사효과(similar-to-me effect)
② 후광효과(halo effect)
③ 관대화 경향(leniency tendency)
④ 투영효과(projection)
⑤ 중심화 경향(central tendency)

해설》 ① 유사효과(similar-to-me effect): 자신과 비슷한 측면을 가진 상대방을 호의적으로 평가함
② 후광효과(halo effect): 개인의 한 특성으로 나머지 전체를 판단함
③ 관대화 경향(leniency tendency): 모든 피평가자에게 좋은 점수를 부여함
④ 투영효과(projection): 평가자 자신의 속성을 피평가자도 가지고 있다고 가정하고 판단함
⑤ 중심화 경향(central tendency): 모든 피평가자에게 중간 점

수를 부여함

정답 ②

06-10 ☑□□□   2010 가맹거래사

자신이 속한 집단의 지각에 기초하여 타인을 평가하는 지각적 오류는?

① 스테레오타입   ② 후광효과
③ 대조효과   ④ 최근효과
⑤ 자존적 편견

해설》 ① 자신이나 타인이 속한 집단의 특성에 기초하여 그를 판단하는 오류. 이것이 정답
② 개인의 한 특성으로 나머지 특성을 추정하는 오류
③ 비교대상과 견주는 과정에서 발생하는 오류로서, 평가대상 중 어느 하나가 다른 대상의 평가에 영향을 주는 것을 의미함
④ 가장 최근에 주어진 정보가 이전 정보에 비해 판단에 과잉 반영되는 오류
⑤ 잘 되면 내 덕, 안 되면 남 탓을 하는 오류

정답 ①

06-11 ☑□□□   2018 경영지도사

타인에 대한 평가에 평가자 자신의 감정이나 특성을 귀속 또는 전가시키는데서 발생하는 오류는?

① 후광효과   ② 상동적 태도
③ 주관의 객관화   ④ 선택적 지각
⑤ 관대화 경향

해설》 ③ 자신의 감정이나 태도를 타인 평가에 전가하는 것을 투사(projection), 혹은 주관의 객관화라 부른다.

추가해설》 ①은 개인이 가진 일부 특성으로 나머지 요소를 평가·판단하는 것이고, ②는 사람이 속한 집단의 특성을 개인의 특성인 양 생각하는 것이다. ④는 받아들이고 싶은 정보만 받아들이는 현상이고, ⑤는 다른 사람들 모두를 실제 그들의 모습보다 후하게 평가하는 것이다.

정답 ③

06-12 ☑︎□□□

2011 가맹거래사

피그말리언 효과(Pygmalion effect)와 동일한 의미를 나타내는 것은?

① 감정적 몰입
② 자기실현적 예언
③ 후광효과
④ 자존적 편견
⑤ 스테레오타이핑

해설 피그말리온 효과(Pygmalion effect)는 자기충족(실현)적 예언과 같은 의미로서, 기대가 그들의 행위를 결정한다는 의미이다.

참고 자존적 편견: 잘 되면 나의 덕, 안 되면 남의 탓

정답 ②

06-12E ☑︎□□□

2021 군무원 5급

켈리(Kelly)의 귀인이론에 따르면 사람들은 타인행동의 원인을 알고 이에 대처하는 경향이 있다. 만일 다른 사람의 행동이 외부적 요인이라고 생각하면 사람들은 그 타인에 대해 너그러운 반응을 보인다. 사람들은 어떤 경우에 이런 행동을 하게 되는가에 대한 설명으로 가장 옳은 것은?

① 타인행동의 높은 특이성
② 타인행동의 다른 사람과의 낮은 합의성
③ 타인행동의 높은 일관성
④ 타인행동의 높은 개연성

해설 켈리의 귀인이론에 따르면 특이성이 높으면 외적 귀인, 합의성이 높으면 외적 귀인, 일관성이 높으면 내적 귀인을 하게 된다. 문제에서는 언제 외적 귀인을 하는지 물었으므로 특이성이 높거나, 합의성이 높거나, 일관성이 낮은 경우를 고르면 된다.

정답 ①

06-12J ☑︎□□□

2023 공인노무사

켈리(H. Kelley)의 귀인이론에서 행동의 원인을 내적 또는 외적으로 판단하는데 활용하는 것을 모두 고른 것은?

ㄱ. 특이성(distinctiveness)
ㄴ. 형평성(equity)   ㄷ. 일관성(consistency)
ㄹ. 합의성(consensus)   ㅁ. 관계성(relationship)

① ㄱ, ㄴ, ㄷ
② ㄱ, ㄷ, ㄹ
③ ㄱ, ㄹ, ㅁ
④ ㄴ, ㄷ, ㅁ
⑤ ㄴ, ㄹ, ㅁ

해설 켈리(Kelley)는 관찰자가 특정 행동의 원인을 어떤 경우에 내부적으로 귀인하고 어떤 경우에 외부적으로 귀인하는지에 관해서 체계적인 설명을 시도하였다. 그에 의하면 내적, 외적귀인은 행동의 특이성, 합의성, 일관성의 3가지 차원에 의하여 결정된다고 한다. 이상의 세 가지 결정요인으로 귀인을 설명한 까닭에 그의 이론을 큐빅모델(cubic model)이라고 하기도 한다.

• 특이성(distinctiveness)은 개인이 특정 상황에서만 다르게 행동하는 것을 말한다. 어떤 사람이 평소에 보이는 행동방식과 다르게 행동하였다면(특이성 高) 그 행동은 외적 상황 때문에 발생한 것으로 귀인할 수 있다.
• 합의성(consensus)은 서로 다른 사람들이 같은 상황에서 비슷하게 행동하는 것을 말한다. 특정한 행동의 합의성이 높다면 그 행동의 원인은 행위자에게 있다기보다는 상황요인 때문인 것으로 귀인할 수 있다.
• 일관성(consistency)은 한 사람이 정기적이고 지속적으로 동일하거나 비슷하게 행동하는 것을 말한다. 행동의 일관성이 높다면 그 행동의 원인은 행위자의 내적인 요인에 있을 것으로 추측할 수 있다.

정답 ②

06-12K ☑︎□□□

2023 국가직 7급

귀인이론(attribution theory)에 대한 설명으로 옳은 것은?

① 자존적 귀인오류(self-serving bias)는 타인의 행동을 평가할 때 외재적 요인에 대해서 과소평가하고 내재적 요인에 대해서 과대평가하는 것이다.
② 행위자–관찰자 편견(actor-observer bias)은 어떤 행동에 대해 자기가 행한 행동에 대해서는 외재적 귀인을 하고 타인이 행한 행동에 대해서는 내재적 귀인을 하는 것이다.
③ 근본적 귀인오류(fundamental attribution error)는 자신의 성공에 대해서는 내재적 귀인을 하고 실패에 대해서는 외재적 귀인을 하는 것이다.
④ 관찰한 행동의 원인은 그 행동의 합의성(consensus)과 특이성(distinctiveness)이 높을 때 내재적 요인에 의해 귀인된다.

해설 ① [×] 자존적 편견은 (타인이 아니라) 나 자신에 대한 지각과정에서 발생하는 오류이다. 내가 잘 한 일에 대해서는 내적 귀인을, 내가 잘 못한 일에 대해서는 외적 귀인을 하는 경향이 있음을 뜻한다.
② [○] 맞는 설명이다. 내가 행동주체일 경우(＝행위자일 때)는 외적 귀인을, 내가 타인의 행동을 관찰할 때(＝관찰자일 때)는 내적 귀인을 하는 경향을 뜻한다.
③ [×] 근본귀인오류는 (나 자신이 아니라) 상대방에 대한 지각과정에서 발생하는 오류이다. 상대방의 업무수행에 대해서 내적 귀인을 주로 하는 경향이 있음을 뜻한다.
④ [×] 켈리(Kelley)에 따르면 행동의 특이성과 합의성이 높으면 외적 귀인을, 일관성이 높으면 내적 귀인을 하게 된다.

정답 ②

06-14F ☑☐☐☐　　2022 공인노무사

직무스트레스에 관한 설명으로 옳지 않은 것은?

① 직무스트레스의 잠재적 원인으로는 환경요인, 조직적 요인, 개인적 요인이 존재한다.
② 직무스트레스 원인과 경험된 스트레스 간에 조정변수가 존재한다.
③ 사회적 지지는 직무스트레스의 조정변수이다.
④ 직무스트레스 결과로는 생리적 증상, 심리적 증상, 행동적 증상이 있다.
⑤ 직무스트레스와 직무성과간의 관계는 U자형으로 나타난다.

요점정리 직무스트레스란 업무수행 및 사회생활의 과정에서 정신적·육체적으로 받는 부정적 억압으로 인하여 심기가 불안한 상태를 의미한다. 스트레스의 인과모형은 다음 그림과 같다. 왼쪽의 환경요인, 조직적 요인, 개인적 요인 등은 스트레스의 원인변수이고, 오른쪽의 생리적/심리적/행동 증상은 스트레스의 결과변수이다. 가운데 있는 '개인적 차이'는 같은 원인변수 하에서도 개인마다 스트레스의 크기가 달라지는데 기여하는 조정(조절)변수이다.

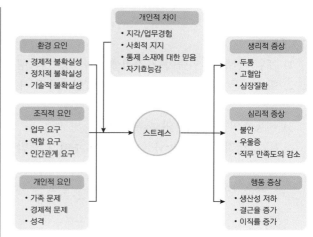

해설 ①,②,③,④ 앞의 그림을 참조할 것. 옳은 설명이다.
⑤ 일반적으로 스트레스와 업무성과간에는 역U자형의 관계가 성립한다고 알려져 있다. 스트레스의 크기가 적당한 수준일 때는 스트레스가 오히려 업무수행에 긴장을 불어넣어주어 성과증진에 도움이 되지만, 과도한 크기의 스트레스는 업무수행에 지장을 초래하여 성과저하를 가져온다는 것이다. 이를 도식화하면 다음과 같다.

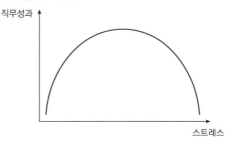

정답 ⑤

학습과 강화

1. 학 습

1) 개념: 반복적 연습이나 경험에 의한 장기적 행동변화

2) 학습이론: 행동주의(조건화 강조), 인지주의(사고과정 강조), <u>사회인지주의(행동+인지 강조)</u>

(주요개념: 대리학습과 자기효능감)

3) 행동주의 학습이론의 세부내용

　　① 고전적 조건화(Pavlov): 조건이 주어지면 반응이 나타남

　　② <u>조작적(=작동적) 조건화(Skinner)</u>: 자극에 대한 반응은 그 결과에 대한 피드백에 의해 강화됨

　　(손다이크의 '효과의 법칙'(원하는 결과를 낳는 행동은 반복됨)과 관련이 있음)

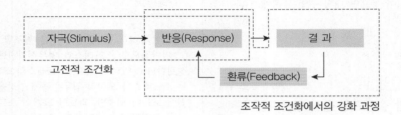

조작적 조건화에서의 강화 과정

2. 강 화

1) 개념: 결과에 대한 피드백을 통해 <u>특정한 행동을 조건화(conditioning)하는 과정</u>

2) 강화의 수단(strategy)

　　① 적극적(=긍정적) 강화: 바람직한 행동을 했을 때 유리한 (내재적·외재적) 보상을 부여

　　② 부정적(=소극적) 강화: 바람직한 행동을 했을 때 불리한 내용이나 자극을 제거

　　　　(예 위생조건 개선, 책임추궁 면제 등) → 도피학습, 회피학습

　　③ 벌: 구성원들이 받기 꺼려하는 반대급부의 제공

　　④ 소거: 기존에 주어졌던 이익이나 혜택의 제거

3) 강화의 일정(schedule): 연속강화법 vs. 단속강화법 → 현실적으로 단속강화를 많이 사용

　　① 고정간격법: 매 시간 일정한 간격으로 강화 제공(예 시급)

　　② 고정비율법: 매 일정한 투입량이 나타날 때마다 강화 제공 (예 성과급)

　　③ 변동간격법: <u>예측하지 못하는 시간 간격</u>으로 강화요인 제공 (예 감독방문)

　　④ 변동비율법: 일정하지 않은 투입량 간격으로 강화요인을 제공 (예 목표관리에 따른 보상 지급) → 가장
　　　　　강력한 동기부여 효과

〈강화의 수단〉

	긍정적 결과	부정적 결과
부여	적극적 강화(상)	벌
제거	소거	부정적 강화

〈강화의 일정〉

	반응시간 기준 강화제공	반응량 기준 강화제공
시간간격 또는 반응량이 고정	고정간격법	고정비율법
시간간격 또는 반응량이 변동	변동간격법	변동비율법

07-1 ☑□□□

스키너가 주장한 것으로 행동에 뒤따르는 보상을 변화시킴으로써 행동을 강화하거나 약하게 하는 것은?

① 관찰학습　　② 인지학습
③ 고전적 조건화　　④ 조작적 조건화
⑤ 도피학습

해설 파블로프의 고전적 조건화에 이어 스키너는 조작적 조건화를 강조하였다. 고전적 조건화(classical conditioning)는 무조건자극(예: 음식)과 조건자극(예: 종소리)을 결합하여 제공함으로써 궁극적으로 조건자극만으로 원하는 반응(예: 침의 분비)을 유도하는 것이다. 소비자들이 좋아하는 음악을 상품광고에 등장시키는 것은 소비자들이 이 음악에 대해 가지는 좋은 태도가 상품에 대한 태도로 이전되기를 기대하기 때문인데, 이 과정에서 고전적 조건화의 개념이 적용될 수 있다. 조작적 조건화(operant conditioning)는 반응의 결과(consequence)에 대한 환류(feedback) 과정에서 원하는 보상이 주어지는지의 여부에 따라 반응이 강화(reinforcement)된다고 보는 관점이다. 이에 따르면 인간이 행동의 주체가 되어 환류과정을 통해 스스로 학습할 수 있으며, 인간 행동의 대부분을 조작적 조건화를 통해 설명할 수 있다는 점에서 그 의의가 있다.

정답 ④

07-1F ☑□□□　　　　2022 가맹거래사

스키너(B. Skinner)의 작동적 조건화 이론(operant conditioning theory)에 포함되지 않는 것은?

① 소거(extinction)
② 처벌(punishment)
③ 대리적 강화(vicarious reinforcement)
④ 긍정적 강화(positive reinforcement)
⑤ 부정적 강화(negative reinforcement)

해설 조작적 조건화(operant conditioning, 작동적 조건화)는 스키너(Skinner)에 의해 제시된 이론으로서 반응의 결과(consequence)에 대한 환류(feedback) 과정에서 원하는 보상이 주어지는지의 여부에 따라 반응이 강화(reinforcement)된다고 보는 관점이다. 강화는 원하는 행동을 유도하기 위해 적절한 피드백(feedback)을 제공하는 행동 변화의 기제(매커니즘)로서, 개인에게 유리한 보상과 불리한 내용을 각각 부여하거나 제거하는 방식인 긍정적 강화, 부정적 강화, 처벌, 소거 등의 4대 요소로 구성된다.

정답 ③

07-2 ☑□□□　　　　2013 공인노무사

기존에 제공해 주던 긍정적 보상을 제공해 주지 않음으로써 어떤 행동을 줄이거나 중지하도록 하기 위한 강화(reinforcement) 방법은?

① 긍정적 강화　　② 소거
③ 벌　　④ 부정적 강화
⑤ 적극적 강화

해설 긍정적 보상의 제거: 소거
부정적 보상의 제거: 부정적(소극적) 강화

정답 ②

07-3 ☑□□□　　　　2010 7급공무원 고책형

행위강화전략 중 소거(extinction)에 해당하는 것은?

① 품행이 좋은 학생에게 칭찬과 격려를 아끼지 않는다.
② 성적이 기준에 미달한 학생에게 장학금의 지급을 일시적으로 중지한다.
③ 수형생활을 모범적으로 하는 죄수에게 감형이나 가석방의 기회를 부여한다.
④ 업무수행 실적이 계속해서 좋지 않은 직원을 징계한다.

해설 소거는 바람직하거나 좋은 것을 뺏음으로써 구성원들의 행동을 줄이는 강화수단이다. 따라서 적합한 내용은 ②이다.

추가해설 ① 이는 긍정적(적극적) 강화에 해당한다.
③ 이는 부정적(소극적) 강화에 해당한다.
④ 이는 벌에 해당한다.

정답 ②

07-4 ☑☐☐☐

강화계획(schedules of reinforcement)에서 불규칙한 횟수의 바람직한 행동 후 강화요인을 제공하는 기법은?

① 고정간격법 ② 변동간격법
③ 고정비율법 ④ 변동비율법
⑤ 연속강화법

해설 ① 규칙적 시간간격 후 강화요인(상 또는 벌 등)을 제공하는 기법이다.
② 불규칙한 시간간격 후 강화요인을 제공하는 기법이다.
③ 규칙적 횟수의 업무 내지는 정해진 업무량을 달성한 뒤 강화요인을 제공하는 기법이다.
④ 불규칙적 횟수의 업무 내지는 매번 변경되는(정해지지 않은) 업무량을 달성한 뒤 강화요인을 제공하는 기법이므로 이 문제의 정답이 된다.
⑤ 연속강화법(continuous reinforcement)은 종업원들이 바람직한 행동을 할 때마다 강화요인을 제공하는 방법을 말한다. 실제로 이 방법을 적용할 경우 성과는 매우 빠른 속도로 향상되지만, 강화요인(예, 금전적 요소)이 항상 준비되어야 하므로 현실에서 적용되는 빈도가 크지는 않다. 반면 단속강화법(부분강화법, intermittent reinforcement)은 바람직한 행동이 주어질 때마다 강화요인을 제공하는 것이 아니라, 부분적으로 특정한 기준(행동이 발생하는 시간(빈도)이나 행동의 양(비율))이 충족되었을 경우에 강화를 제공하는 방법을 말한다. 위 ①~④는 모두 단속강화법이다.

정답 ④

07-5 ☑☐☐☐

조직내 규율확립과 관련하여 '뜨거운 난로의 원칙(hot stove principles)'에 해당되지 않는 것은?

① 유연성 ② 일관성
③ 즉각성 ④ 사전경고
⑤ 사적인 것의 비개입

해설 뜨거운 난로의 법칙이란 효과적 처벌의 조건을 의미하는 법칙으로서, 처벌내용의 일관성과 즉시성, 사전경고, 사적 감정의 비개입 등으로 구성된다.

정답 ①

07-7 ☑☐☐☐

조직개발 기법 중 스키너(B. F. Skinner)의 조작적 조건화의 원리를 조직 상황에 적용하여 긍정적 행동의 강화에 이론적 기초를 두고 있는 기법은?

① 행동수정기법 ② 형태적 접근기법
③ 의사거래분석법 ④ 감수성 훈련기법
⑤ 델파이법

요점정리 조직의 관리 내지 경영에 있어 중요한 것 중 하나는 경영진이 바람직하다고 규정한 목표행동에 구성원들의 실제 행동이 유사하게 다가갈 수 있도록 그들의 행동을 유도하는 과정이다. 이를 조직행동수정(organizational behavior modification, OB-MOD)이라 한다. 행동수정을 위해서는 구성원에 대한 강화와 학습이 중요하다. 왜냐하면 학습으로 인하여 형성된 행동은 일시적 충격이나 지시에 의한 행동에 비해 비교적 오랜 시간 동안 지속되며 유지되기 때문이다.

추가해설 ④ 이는 소집단을 대상으로 변화담당자가 개입하여 집단 구성원들 스스로의 개방적 의사소통 및 피드백을 통해 자신의 행동에 대한 민감성을 높이고 대인관계기술을 향상시키는 방법이다.
⑤ 델파이법은 전문가들이 익명으로 서로의 견해에 대하여 서면상의 피드백을 주고받으며 견해를 수렴하는 방식이다.

정답 ①

TOPIC 08 동기부여의 내용이론

1. 동기부여의 의의

1) 개념: 목표를 달성하기 위한 노력의 강도와 방향성 및 지속성을 설명하는 동태적 과정

2) 이론분류

　① 내용이론: 무엇이 동기를 형성하는가? → 매슬로우, 앨더퍼, 맥그리거, 맥클랜드, 허쯔버그 등

　② 과정이론: 어떻게 동기가 형성되는가? → 브룸, 아담스, 로크, 데시 등

2. 매슬로우의 욕구단계이론

1) 기본가정: 하위 단계의 욕구가 충분히 채워지면 그보다 높은 수준의 욕구가 인간의 행동을 유발

2) 5대 욕구의 내용: <u>생리적 욕구 → 안전 욕구 → 사회적 욕구 → 존경 욕구 → 자아실현 욕구</u>

3. 앨더퍼의 ERG 이론

1) 기본가정: 인간의 욕구는 위계에 따라 존재욕구(E), 관계욕구(R), 성장욕구(G)로 구분

　① 충족-진행의 원리: 하위 단계의 욕구가 만족되면 상위 단계의 욕구로 진행

　② 좌절-퇴행의 원리: 상위욕구 미충족시 하위 단계의 욕구가 커짐 <u>(매슬로우와의 차이점)</u>

4. 맥클랜드의 성취동기이론

인간의 욕구는 (위계로 나뉘지 않는) 성취욕구, 권력욕구, 친교욕구로 구분

5. 맥그리거의 X-Y이론

인간의 속성: X론(경제적 이해에 민감, 타율적) ↔ Y론(자율적 동기형성 가능, 창의적)

6. 허쯔버그의 2요인 이론

1) 기본가정: 기존 연구와는 달리 <u>만족과 불만이 각기 다른 요인에 의해 발생한다는 점</u> 지적

2) 연구내용

　① 동기요인: 만족을 유발하는 요인 → 성취감, 인정, 일 그 자체, 책임감, 성장과 발전 등

　② 위생요인: 미충족시 불만을 유발하는 요인 → 정책, 규정, 감독, 임금, 작업조건, 인간관계 등

3) 시사점: 종업원의 만족과 보람 증진을 위해서 <u>직무충실과 내재적 동기부여가 필요함을 역설</u>

7. 해크만과 올드햄의 직무특성모형

1) 기본가정: 직무특성이 종업원 심리상태에 영향을 주어 궁극적으로 직무만족과 성과에 긍정적 영향

2) 이론의 구조

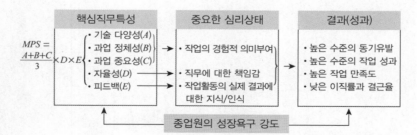

08-1 ☑☐☐☐　　2014 경영지도사

경영학의 역사적 전개과정상에서 나타난 이론들 중 성격이 다른 것은?

① 매슬로우(A. Maslow)의 욕구단계론
② 허츠버그(F. Herzberg)의 2요인이론
③ 맥그리거(D. McGregor)의 X-Y이론
④ 베버(M. Weber)의 관료제 조직론
⑤ 아지리스(C. Argyris)의 성숙-미성숙이론

해설 경영학의 역사적 전개과정에서 나타난 여러 이론들 중 우리가 경영학원론이나 개론 수준에서 배우는 이론은 크게 조직이론, 동기부여이론, 리더십이론 등으로 구분된다. 본 문제에서 ④의 관료제 이론을 제외한 나머지는 모두 동기부여 이론에 속한다. 관료제 이론은 조직이론에 해당된다.

정답 ④

08-1J ☑☐☐☐　　2023 경영지도사

경영이론에 관한 연구자와 그 이론의 연결이 옳지 않은 것은?

① 메이요(E. Mayo)-ERG이론
② 맥그리거(D. McGregor)-X·Y이론
③ 아지리스(C. Argyris)-미성숙·성숙이론
④ 매슬로우(A. Maslow)-욕구단계론
⑤ 허쯔버그(F. Herzberg)-2요인이론

해설 ① 메이요는 인간관계론의 효시가 되는 호손실험을 주도한 하버드대학교의 심리학 교수로서, ERG 이론과는 무관하다. ERG이론은 앨더퍼(Alderfer)가 주창한 동기부여 이론이다.

정답 ①

08-2 ☑☐☐☐　　2012 공인노무사

동기부여의 내용이론에 해당하는 것은?

① 성취동기이론　② 기대이론
③ 공정성이론　④ 목표설정이론
⑤ 인지평가이론

해설 내용이론에 속하는 이론으로는 욕구단계이론(매슬로우), ERG이론(앨더퍼), 성취동기이론(맥클랜드), 2요인이론(허쯔버그), X-Y이론(맥그리거), 직무특성이론(해크만과 올드햄) 등이 있다.

정답 ①

08-3 ☑☐☐☐　　2013 경영지도사

동기부여의 내용 이론에 해당되지 않는 것은?

① 2요인이론　② ERG이론
③ X, Y이론　④ 공정성이론
⑤ 욕구단계이론

요점정리
• 내용이론: 무엇이 동기를 형성하는가? → 욕구단계이론, ERG 이론, 성취동기이론, 2요인 이론, X-Y이론 등
• 과정이론: 어떻게 동기가 형성되는가? → 기대이론, 공정성이론, 목표설정이론 등

정답 ④

08-4 ☑☐☐☐　　2017 가맹거래사

동기부여의 내용이론에 해당하는 것을 모두 고른 것은?

ㄱ. A. Maslow의 욕구단계이론
ㄴ. C. Alderfer의 ERG이론
ㄷ. V. Vroom의 기대이론
ㄹ. J. Adams의 공정성이론
ㅁ. F. Herzberg의 2요인이론

① ㄱ, ㄷ　　② ㄱ, ㄹ
③ ㄱ, ㄴ, ㅁ　　④ ㄴ, ㄷ, ㄹ
⑤ ㄴ, ㄷ, ㅁ

해설 동기부여의 내용이론에는 욕구단계이론(ㄱ), ERG이론(ㄴ), X-Y이론, 2요인이론(ㅁ), 직무특성이론 등이 있으며, 나머지 이론은 모두 과정이론에 해당된다.

정답 ③

08-4J ☑☐☐☐
2023 서울시 7급

동기부여의 내용이론이 아닌 것은?

① 성취동기이론　　② 2요인이론

③ 기대이론　　④ ERG이론

해설 동기부여의 내용이론(content theory)에는 매슬로우의 욕구단계설, 앨더퍼의 ERG 이론(④), 맥클랜드의 성취동기이론(①), 맥그리거의 X-Y이론, 허쯔버그의 2요인 이론(②), 해크만과 올드햄의 직무특성모형 등이 있으며, 동기부여의 과정이론(process theory)에는 브룸의 기대이론(③), 아담스의 공정성이론, 로크의 목표설정이론, 데시의 인지평가이론 등이 있다.

정답 ③

08-5 ☑☐☐☐
2013 경영지도사

인간의 욕구는 계층을 형성하며, 고차원의 욕구는 저차원의 욕구가 충족될 때 동기부여 요인으로 작용한다는 욕구단계이론을 제시한 사람은?

① 맥그리거(D. McGregor)

② 매슬로우(A. Maslow)

③ 페욜(H. Fayol)

④ 버나드(C. Barnard)

⑤ 사이몬(H. Simon)

해설 ② 욕구의 5단계 계층구조(생리 - 안전 - 사회 - 존경 - 자아실현)를 제시하였으며, 저차욕구 충족시 고차원의 욕구가 동기부여 기제로 등장한다고 주장하였다. 따라서 이 문제의 정답이다.

추가해설 ① X-Y론을 제시한 학자이다.
③ 관리과정(계획 - 조직화 - 지휘 - 조정 - 통제)을 체계화한 학자이다.
④ 조직균형론과 협동체계론, 권한수용설 등을 주장하였다.
⑤ 의사결정에서의 제한된 합리성 이론으로 유명하다.

정답 ②

08-6 ☑☐☐☐
2007 7급공무원 문책형

매슬로우(Maslow)가 제시한 다섯 단계의 인간 욕구에 해당하지 않는 것은?

① 자아실현 욕구　　② 사회적 욕구

③ 안전 욕구　　④ 경쟁 욕구

해설 매슬로우의 5대 욕구: 생리적 욕구 - 안전 욕구 - 사회적 욕구 - 존경 욕구 - 자아실현 욕구

정답 ④

08-7 ☑☐☐☐
2015 경영지도사

매슬로우(A. Maslow)의 욕구단계설에 포함되는 욕구가 아닌 것은?

① 생리적 욕구(Psychological needs)

② 자아존중의 욕구(Self-esteem needs)

③ 안전의 욕구(Safety needs)

④ 자아실현의 욕구(Self-actualization needs)

⑤ 행복의 욕구(Happiness needs)

해설 매슬로우의 다섯 욕구: 생리적 욕구, 안전 욕구, 사회적 욕구, 존경 욕구, 자아실현 욕구

정답 ⑤

08-8 ☑☐☐☐
2016 공인노무사

매슬로우(A. H. Maslow)가 제시한 욕구단계이론의 내용이 아닌 것은?

① 권한위임에 대한 욕구

② 신체적 안전에 대한 욕구

③ 소속감이나 애정에 대한 욕구

④ 의식주에 대한 욕구

⑤ 존경받고 싶은 욕구

해설 매슬로우의 욕구: 생리적 욕구(④의 일부), 안전 욕구(②), 사회적 욕구(③), 존경 욕구(⑤), 자아실현 욕구

정답 ①

08-9 ☑□□□

매슬로우(Maslow)의 욕구단계를 순서대로 나열한 것은?

ㄱ. 생리욕구	ㄴ. 안전욕구
ㄷ. 소속욕구	ㄹ. 존경욕구
ㅁ. 자아실현욕구	

① ㄱ－ㄴ－ㄷ－ㄹ－ㅁ
② ㄱ－ㄷ－ㄴ－ㄹ－ㅁ
③ ㄱ－ㄷ－ㄴ－ㅁ－ㄹ
④ ㄴ－ㄱ－ㄷ－ㄹ－ㅁ
⑤ ㄴ－ㄱ－ㄷ－ㅁ－ㄹ

해설〉 생리적 욕구 → 안전 욕구 → 사회적 욕구 → 존경 욕구 → 자아실현 욕구

정답 ①

08-10 ☑□□□

매슬로우의 욕구 5단계를 낮은 단계에서 높은 단계의 순서로 올바르게 나열한 것은?

ㄱ. 안전 욕구	ㄴ. 생리적 욕구
ㄷ. 사회적 욕구	ㄹ. 자아실현 욕구
ㅁ. 존경 욕구	

① ㄱ → ㄴ → ㄷ → ㄹ → ㅁ
② ㄱ → ㄴ → ㄷ → ㅁ → ㄹ
③ ㄴ → ㄱ → ㄷ → ㅁ → ㄹ
④ ㄴ → ㄷ → ㄱ → ㄹ → ㅁ
⑤ ㄴ → ㄷ → ㄱ → ㅁ → ㄹ

해설〉 생리적 욕구 → 안전 욕구 → 사회적 욕구 → 존경 욕구 → 자아실현 욕구

정답 ③

08-10A ☑□□□

매슬로우의 욕구단계이론들의 욕구들을 낮은 단계에서 높은 단계의 순서대로 나열한 것은?

① 생리적욕구 － 안전욕구 － 자아실현욕구 － 사회적욕구
② 안전욕구 － 사회적욕구 － 존경욕구 － 자아실현욕구
③ 안전욕구 － 생리적욕구 － 자아실현욕구 － 존경욕구
④ 생리적욕구 － 존경욕구 － 안전욕구 － 자아실현욕구

해설〉 매슬로우의 욕구단계이론에서 가장 낮은차원의 욕구는 생리적 욕구이며, 그 다음 안전욕구, 사회적욕구, 존경욕구, 자아실현욕구 등의 순서로 나타난다.

정답 ②

08-11 ☑□□□

매슬로우(Maslow)의 욕구단계이론에서 최상위 욕구는?

① 안전 욕구   ② 자아실현 욕구
③ 사회적 욕구   ④ 존경 욕구
⑤ 생리적 욕구

해설〉 생리적 → 안전 → 사회적 → 존경 → 자아실현

정답 ②

08-12 ☑□□□

욕구단계 이론에서 매슬로우(Maslow)가 주장하는 인간의 욕구를 하위부터 상위단계 순으로 바르게 나열한 것은?

ㄱ. 일상의 안전, 보호, 안정 등에 대한 욕구
ㄴ. 물과 음식, 물질적 풍요 등에 대한 욕구
ㄷ. 다른 사람과의 관계 속에서 사랑, 관심, 소속감 등에 대한 욕구
ㄹ. 창조적인 능력을 향상시키고 활용하여 자아를 실현하고자 하는 욕구
ㅁ. 타인으로부터 존경, 권위, 위엄 등에 대한 욕구

① ㄱ - ㄴ - ㄷ - ㄹ - ㅁ
② ㄴ - ㄱ - ㄷ - ㅁ - ㄹ
③ ㄴ - ㄱ - ㅁ - ㄷ - ㄹ
④ ㄴ - ㄷ - ㄱ - ㅁ - ㄹ

해설 (ㄱ)은 안전욕구, (ㄴ)은 생리적 욕구, (ㄷ)은 사회적 욕구, (ㄹ)은 자아실현 욕구, (ㅁ)은 존경욕구이다. 따라서 순서대로 나열하면 ㄴ - ㄱ - ㄷ - ㅁ - ㄹ이 된다.

정답 ②

08-13 ☑☐☐☐   2019 공인노무사

매슬로우(A. H. Maslow)의 욕구단계이론에 관한 설명으로 옳지 않은 것은?

① 최하위 단계의 욕구는 생리적 욕구이다.
② 최상위 단계의 욕구는 자아실현 욕구이다.
③ 욕구계층을 5단계로 설명하고 있다.
④ 다른 사람으로부터 인정과 존경을 받고자 하는 욕구는 성장욕구에 속한다.
⑤ 하위단계의 욕구가 충족되어야 상위단계의 욕구를 충족시키기 위한 동기부여가 된다.

해설 앨더퍼(Alderfer)는 인간의 욕구를 크게 존재욕구(Existence needs), 관계욕구(Relatedness needs), 성장욕구(Growth needs)의 세 유형으로 구분하였다. 그 중 성장욕구(G)는 매슬로우의 존경 욕구와 자아실현 욕구의 일부를 통합한 개념으로서, 개인의 잠재력과 능력의 성장과 관련된 욕구이다. 따라서 ④는 매슬로우가 아니라 앨더퍼에 관한 설명이다.

정답 ④

08-13A ☑☐☐☐   2019 하반기 군무원 복원

다음 중 매슬로우의 욕구 단계가 아닌 것은 무엇인가?

① 자아실현 욕구   ② 성장욕구
③ 존경욕구   ④ 사회적 욕구

해설 성장욕구는 앨더퍼의 ERG 이론 중 G에 해당한다.

정답 ②

08-13D ☑☐☐☐   2021 가맹거래사

매슬로우(A. Maslow)가 주장한 욕구단계이론의 5가지 욕구에 포함되지 않는 것은?

① 생리적 욕구(physiological needs)
② 안전 욕구(safety needs)
③ 소속 및 애정 욕구(belongingness and love needs)
④ 존경 욕구(esteem needs)
⑤ 성장 욕구(growth needs)

해설 매슬로우의 5가지 욕구는 생리적 욕구, 안전 욕구, 사회적(소속) 욕구, 존경 욕구, 자아실현 욕구 등이다. ⑤의 성장욕구는 매슬로우의 이론을 변형한 앨더퍼(Alderfer)의 욕구유형 중 하나이다.

정답 ⑤

08-14A ☑☐☐☐   2020 가맹거래사

매슬로우(A. Maslow)의 욕구단계이론에 관한 설명으로 옳지 않은 것은?

① 상위단계의 욕구 충족이 좌절되면 그 보다 하위단계의 욕구를 충족시키려 한다.
② 하위단계욕구가 충족되었을 때, 상위단계욕구가 발생하게 된다.
③ 욕구결핍상태가 발생하게 되면 그 욕구를 충족시키기 위해 노력하게 된다.
④ 인간의 욕구는 일련의 단계 내지 중요성에 따라 계층별로 배열할 수 있다.
⑤ 계층상 가장 상위단계의 욕구는 자아실현의 욕구이다.

해설 상위욕구 충족이 좌절(frustration)될 경우 하위욕구로의 퇴행(regression)이 일어나는 것은 앨더퍼의 ERG 이론에 대한 설명이다.

정답 ①

08-14D ☑□□□

사랑에 실패한 사람들 중에는 갑자기 식욕이 느는 경우가 있다고 한다. 이 현상을 설명할 수 있는 이론으로 가장 적절한 것은?

① ERG(존재관계성장) 이론
② 2요인 이론
③ 욕구단계이론
④ XY이론

해설 앨더퍼의 ERG 이론에 따르면 상위욕구의 충족에 실패한 경우(좌절) 하위 욕구로의 퇴행(regression)이 일어날 수 있다. 사랑은 관계욕구(R)에 속하고, 식욕은 존재욕구(E)에 해당하므로 사랑에 실패하여 식욕이 증가하는 것은 좌절－퇴행 원리의 대표적 사례가 된다.

정답 ①

08-15A ☑□□□

다음 중 동기부여 이론에 대한 설명으로 옳은 것은?

① 매슬로우(Maslow)는 욕구를 생리적 욕구－사회적 욕구－안전 욕구－존경 욕구－자아실현 욕구로 구분하였다.
② 앨더퍼(Alderfer)의 ERG 이론에 따르면 현재욕구가 좌절되면 상위욕구가 증가한다.
③ 맥클리랜드(McClelland)는 3가지 욕구 중 성취욕구를 가장 중시했다.
④ 허츠버그(Herzberg)의 2요인이론에 따르면 임금은 동기요인에 해당한다.

해설 ① [×] 안전 욕구와 사회적 욕구의 설명이 바뀌었다.
② [×] 현재욕구가 좌절되면 하위욕구가 증가한다. 이를 좌절-퇴행의 원리라 한다.
③ [O] 3가지 욕구(성취욕구, 권력욕구, 친교욕구) 중 성취욕구가 업무성과에 가장 도움이 된다고 보았다.
④ [×] 임금은 위생요인에 속한다.

정답 ③

08-16 ☑□□□

맥그리거(D. McGregor)의 X, Y이론에 관한 설명으로 옳은 것은?

① 조직의 감시, 감독 및 통제가 필요하다는 주장은 Y이론이다.
② 쌍방향 의사결정은 X이론에서 주로 발생한다.
③ 자기통제가 많은 것은 X이론이다.
④ 순자의 성악설은 X이론과 Y이론 모두에 해당한다.
⑤ 개인의 목적과 조직의 목적이 부합하는 조직에서는 Y이론에 근거하여 운영된다.

요점정리 X이론은 성악설, Y이론은 성선설에 가깝다. 물론 맥그리거 본인이 성선이나 성악의 개념을 이야기하지는 않았으나 X이론과 Y이론의 내용을 토대로 추정할 수는 있다. X이론에서는 수동적 인간을 상정하며 수직적이고 명령과 통제 중심의 소통방식이 요청되지만, Y이론에서는 능동적 인간을 상정하며 수평적이고 자율적 인간을 상정한다. 따라서 개인과 조직의 조화, 내지는 개인목표와 조직목표의 균형과 같은 지문은 Y이론에 가깝다고 볼 수 있다.

추가해설 ① 조직의 감시, 감독 및 통제가 필요하다는 주장은 X이론이다.
② 쌍방향 의사결정은 Y이론에서 주로 발생한다.
③ 자기통제가 많은 것은 Y이론이다.
④ 순자의 성악설은 X이론에만 해당한다.

정답 ⑤

08-18 ☑□□□

맥그리거(D. McGregor)의 X－Y이론은 인간에 대한 기본 가정에 따라 동기 부여방식이 달라진다는 것이다. Y이론에 해당하는 가정 또는 동기부여방식이 아닌 것은?

① 문제해결을 위한 창조적 능력 보유
② 직무수행에 대한 분명한 지시
③ 조직목표 달성을 위한 자기 통제
④ 성취감과 자아실현 추구
⑤ 노동에 대한 자연스러운 수용

해설 ② X론은 타율적, Y이론은 자율적인 인간을 가정하므로 업무지시를 중시하는 것은 Y론이 아닌 X론에 해당한다.

정답 ②

08-18F ☑□□□
2022 공인노무사

맥그리거(D. McGregor)의 XY이론 중 Y이론에 관한 설명으로 옳은 것을 모두 고른 것은?

> ㄱ. 동기부여는 생리적 욕구나 안전욕구 단계에서만 가능하다.
> ㄴ. 작업조건이 잘 갖추어지면 일은 놀이와 같이 자연스러운 것이다.
> ㄷ. 대부분의 사람들은 엄격하게 통제되어야 하고 조직목표를 달성하기 위해서는 강제되어야 한다.
> ㄹ. 사람은 적절하게 동기부여가 되면 자율적이고 창의적으로 업무를 수행한다.

① ㄱ, ㄴ ② ㄱ, ㄷ
③ ㄴ, ㄷ ④ ㄴ, ㄹ
⑤ ㄷ, ㄹ

해설 X이론(theory X)에 의하면 인간은 본래 태만하고 일하기를 싫어하며 이기적이고 창의력이 부족한 동시에 <u>저차원적 욕구(생리적 욕구나 안전욕구)에 의해서 동기부여되는 존재이다(ㄱ)</u>. 이러한 관점 하에서 <u>관리자는 종업원의 업무를 구조화하고 철저히 통제·감독하는데 집중하게 된다(ㄷ)</u>.
한편 Y이론(theory Y)에 의하면 <u>인간은 자율적으로 업무를 수행하며(ㄹ)</u> 책임을 질 줄 알고 조직이 처한 문제를 해결하는 데 필요한 창의력을 가지고 있으며 저차원적 욕구뿐만 아니라 고차원적 욕구(사회적 욕구나 존경욕구 및 자아실현욕구)에 의해서 동기부여되는 존재이다. 이러한 관점 하에서 <u>관리자는 일을 놀이처럼 즐길 줄 아는 인간의 자율성에 입각하여 보다 자아실현에 초점을 둔 관리에 집중하게 된다(ㄴ)</u>.

정답 ④

08-19 ☑□□□
2010 공인노무사

허쯔버그(F. Herzberg)의 2요인이론에서 동기요인(motivator)에 해당되는 것은?

① 감독 ② 성취감
③ 복리후생 ④ 작업환경
⑤ 임금

요점정리 • 동기요인: 만족을 유발하는 요인 → 성취감, 상사

나 동료로부터의 인정, 일 그 자체, 책임감, 성장과 발전 등
• 위생요인: 미충족시 불만을 유발하는 요인 → 회사의 정책, 관리규정, 감독행위, 임금, 작업조건, 인간관계, 지위 등

정답 ②

08-19D ☑□□□
2021 공인노무사

허츠버그(F. Herzberg)의 2요인이론에서 위생요인에 해당하는 것은?

① 성취감 ② 도전감
③ 임금 ④ 성장가능성
⑤ 직무내용

해설 동기요인에 해당하는 개념으로는 성취, 인정, 직무내용(일 자체), 도전감, 성장가능성, 능력증진 등이 있으며, <u>위생요인에 해당하는 개념으로는 상사, 감독, 동료, 보상(임금), 휴가, 환경 등이 있다.</u>

정답 ③

08-20 ☑□□□
2016 공인노무사

허츠버그(F. Herzberg)의 2요인이론에서 동기요인을 모두 고른 것은?

> ㄱ. 상사와의 관계 ㄴ. 성취
> ㄷ. 회사 정책 및 관리방침 ㄹ. 작업 조건
> ㅁ. 인정

① ㄱ, ㄴ ② ㄱ, ㅁ
③ ㄴ, ㄷ ④ ㄴ, ㅁ
⑤ ㄹ, ㅁ

해설 동기요인은 만족을 유발하는 요인으로서 성취감(ㄴ), 상사나 동료로부터의 인정(ㅁ), 일 그 자체, 책임감, 성장과 발전 등이 이에 해당된다. 반면 위생요인은 미충족시 불만을 유발하는 요인으로서 회사의 정책, 관리규정, 감독행위, 임금, 작업조건, 인간관계, 지위 등이 이에 해당된다.

정답 ④

08-21 ☑☐☐☐

2018 경영지도사

허즈버그(F. Herzberg)의 2요인이론에서 동기요인에 해당하지 않는 것은?

① 직무에 대한 성취   ② 직무에 대한 인정
③ 직무 자체   ④ 능력의 신장
⑤ 감독

해설 동기요인에 해당하는 개념으로는 성취, 인정, 일 자체, 능력증진 등이 있으며, 위생요인에 해당하는 개념으로는 상사, 감독, 동료, 보상, 휴가, 환경 등이 있다.

정답 ⑤

08-22 ☑☐☐☐

2013 7급공무원 인책형

동기이론 중 허쯔버그(F. Herzberg)의 2요인 이론 (two factor theory)에 대한 설명으로 옳지 않은 것은?

① 임금, 작업조건, 동료관계 등은 동기유발요인에 해당된다.
② 동기유발요인은 만족요인, 위생요인은 불만족요 인이라고 한다.
③ 만족과 불만족을 동일 차원의 양 극점이 아닌 별 개의 차원으로 본다.
④ 직무불만족은 직무 상황과 관련되고, 직무만족은 직무 내용과 관련된다.

해설 ① 임금, 작업조건, 동료관계 등은 위생요인에 해당한다.

정답 ①

08-23 ☑☐☐☐

2015 경영지도사

허즈버그(F. Herzberg)는 직무만족 - 생산성의 관련성 을 연구한 결과, 2요인 이론을 주장하였다. 허즈버그가 제시한 동기요인으로 옳은 것을 모두 고른 것은?

ㄱ. 책임감	ㄴ. 인정
ㄷ. 급여	ㄹ. 성장
ㅁ. 일 자체	

① ㄱ, ㄴ, ㄷ, ㄹ   ② ㄱ, ㄴ, ㄷ, ㅁ
③ ㄱ, ㄴ, ㄹ, ㅁ   ④ ㄱ, ㄷ, ㄹ, ㅁ
⑤ ㄴ, ㄷ, ㄹ, ㅁ

해설 • 동기요인: 만족을 유발하는 요인 → 성취감, 상사나 동료로부터의 인정, 일 그 자체, 책임감, 성장과 발전 등
• 위생요인: 미충족시 불만을 유발하는 요인 → 회사의 정책, 관리규정, 감독행위, 임금, 작업조건, 인간관계, 지위 등

정답 ③

08-23A ☑☐☐☐

2020 경영지도사

허즈버그(F. Herzberg)의 2요인이론에서 위생요인에 해당하는 것은?

① 성취   ② 인정
③ 책임감   ④ 성장과 발전
⑤ 감독자

해설 감독자(상사), 동료, 보상, 근무조건 등은 위생요인에 해 당한다.

정답 ⑤

08-24 ☑☐☐☐

2016 가맹거래사

허츠버그(F. Hertzberg)가 제시한 2요인(two-factor) 이론을 따르는 경영자가 종업원들의 동기를 유발시키기 위한 방안으로 옳지 않은 것은?

① 좋은 결과를 낸 종업원을 표창한다.
② 종업원이 하고 있는 업무가 매우 중요함을 강조 한다.
③ 좋은 성과를 낸 종업원에게 더 많은 급여를 지급 한다.
④ 좋은 성과를 낸 종업원을 승진시킨다.
⑤ 좋은 성과를 낸 종업원에게 자기 개발의 기회를 제공한다.

해설 동기요인은 성취감, 인정과 칭찬, 권한과 책임 등과 관 련이 있다. 급여와 같은 보상요인은 동기요인(만족증가요인)이 아니라 위생요인(불만감소요인)이다.

정답 ③

08-25 ☑□□□ 　　　　　2017 경영지도사

허즈버그(F. Herzberg)의 이요인 이론(dual factor theory)에 관한 설명으로 옳지 않은 것은?

① 만족에 영향을 미치는 요인과 불만족에 영향을 미치는 요인은 별도로 존재한다.

② 위생요인은 만족을 증가시킬지의 여부에 영향을 미치며, 불만족해소 여부에는 영향을 미치지 못한다.

③ 동기요인은 개인으로 하여금 열심히 일하게 하며 이에 따라 성과도 높여주는 요인이다.

④ 구성원의 만족도를 높이기 위해서는 위생요인보다 동기요인을 사용해야 한다.

⑤ 이요인 이론에 의하면 불만족요인을 제거한다고 해서 반드시 만족수준이 높아지는 것은 아니다.

해설 ①, ② 2요인 이론에서는 만족에 영향을 미치는 동기요인과 불만족에 영향을 미치는 위생요인을 구분한다. 동기요인이 증가하면 만족이 증가하고 동기요인이 감소하면 만족이 감소한다. 위생요인이 충족되면 불만족이 줄어들고 위생요인이 미충족되면 불만족이 증가한다. 따라서 위생요인이 만족증가와 관련이 있다는 ②의 설명은 잘못된 것이다.

③ 동기요인이 충족되면 만족도가 높아지므로, 개인은 더욱 열심히 일하게 되고 성과도 향상된다.

④ 만족의 원인으로 작용하는 것은 동기요인이므로 옳은 설명이다.

⑤ 불만족의 원인이 되는 요인을 제거하면 불만족이 감소할 뿐, 만족수준이 높아지지는 않는다.

정답 ②

08-25A ☑□□□ 　　　　　2017 군무원 복원

허쯔버그(Herzberg)의 2요인이론에 대한 설명으로 옳은 것은?

① 위생요인의 예로는 고용안정성, 업무조건, 회사정책, 성취감 등이 있다.

② 허쯔버그는 만족과 관련된 요인을 불만족 해소와 만족 증진 차원으로 나누었다.

③ 위생요인의 관리를 통해 직원의 동기수준(만족도)을 높일 수 있다.

④ 허쯔버그는 불만족 원인의 제거를 통해 만족의 상승을 이끌어 낼 수 있다고 보았다.

해설 ① [×] 성취감은 동기요인이다.

② [○] 맞는 말이다.

③ [×] 동기수준을 높이는 요인은 동기요인이지 위생요인이 아니다.

④ [×] 만족의 상승은 동기요인을 통해 이룩할 수 있다.

정답 ②

08-25D ☑□□□ 　　　　　2021 국가직 7급

허즈버그(F. Herzberg)의 동기 – 위생이론(two-factor theory: 2요인 이론)에 대한 설명으로 옳지 않은 것은?

① 동기요인은 직무만족 요인이며, 위생요인은 직무불만족 요인이다.

② 작업조건, 고용안정, 회사정책은 위생요인이다.

③ 직무의 불만족요인을 제거하고, 만족요인으로 동기를 유발해야 성과를 높일 수 있다.

④ 만족요인인 종업원의 임금 인상으로 성과를 높일 수 있다.

해설 ①, ③ [○] 동기요인은 충족 시 만족에 기여하는 요인이고, 위생요인은 미충족 시 불만족이 증가하게 되는 요인이다. 따라서 불만족 요인은 제거하는 동시에, 만족요인은 증진시켜야 한다.

② [○] 위생요인에는 작업조건, 상사 및 동료와의 인간관계, 회사의 각종 정책들, 보상제도 등이 포함된다.

④ [×] 임금은 대표적인 위생요인으로서, 허쯔버그에 따르면 임금은 인상되더라도 불만족 감소에만 기여할 뿐, 만족도 증진에는 도움이 되지 못한다.

정답 ④

08-25J ☑□□□ 　　　　　2023 군무원 9급

허츠버그(F. Herzberg)의 2요인이론(two-factor theory)에 대한 설명으로 가장 적절한 것은?

① 임금, 작업조건, 회사정책은 위생요인에 해당한다.

② 위생요인을 개선하면 만족이 증가한다.

③ 직장에서 타인으로부터 인정받지 못한 직원은 불만족하게 된다.

④ 불만족을 해소시키면 만족이 증가한다.

해설 허쯔버그(Herzberg)는 개인에게 만족감을 가져다주는 요인(동기요인)과 불만족을 가져다주는 요인(위생요인)이 전혀 다를 수 있다는 점을 지적하였다. 즉, 동기요인(성취감, 상사나 동료로부터의 칭찬과 인정, 일 그 자체, 직무에 대한 책임, 성장과 발전 등)은 불만족과 무관(따라서 선지 ③은 틀렸음)하며, 불만족 요인(위생요인, hygiene factor, 회사의 정책이나 관리규정, 감독행위, 임금과 복리후생, 물리적 작업조건, 동료와의 관계, 직업의 안정성 등)을 제거(즉 위생요인을 개선)한다고 해서(예, 임금인상이나 작업환경 개선 등) 직무동기가 부여되고 만족도가 증가하는 것이 아닐 수 있다는 것이다. (따라서 선지 ①은 옳으며, 선지 ②와 ④는 틀렸음)

정답 ①

08-25M ✔☐☐☐　　2024 군무원 7급

다음은 동기부여 이론들 중 허즈버그(F. Herzberg)의 2-요인 이론(two-factor theory)에 관한 설명들이다. 가장 적절하지 않은 것은?

① 2-요인이란 직무만족과 관련되는 동기요인과 직무 불만족과 관련된 위생요인을 말한다.

② 직무 불만족과 관련된 외적 요인들을 위생요인 (hygiene factor)이라 하며, 이들을 적절히 관리하면 불만을 갖지 않게 됨에 따라 동기부여 효과가 적극적으로 발생하게 된다.

③ 직무만족과 관련된 내적 요인들을 동기요인 (motivator)이라 하며, 이들을 적절히 관리하면 동기부여 효과가 발휘되게 된다.

④ 성취감, 인정감, 책임감 등은 동기요인에, 감독, 회사정책, 작업조건, 동료와의 관계 등은 위생요인에 해당한다.

해설 ② [×] 위생요인을 적절히 관리하면 불만이 줄어드는 것은 옳다. 그러나 위생요인의 관리가 동기부여 효과로 이어진다는 선지 후반부의 설명은 잘못되었다.

정답 ②

08-26 ✔☐☐☐　　2010 7급공무원 고책형

여러 학자들이 제시한 동기부여의 내용이론을 고차욕구와 저차욕구로 나누어 볼 때, 적절하지 않은 것은?

	고차욕구	저차욕구
① 매슬로우	자아실현욕구	생리적 욕구
② 앨더퍼	성장욕구	존재욕구
③ 맥클리랜드	성취욕구	권력욕구
④ 허즈버그	동기요인	위생요인

요점정리 맥클랜드(McClelland)와 그의 동료들은 사람의 욕구를 위계가 없는 세 가지(성취욕구, 권력욕구, 친교욕구)로 대별하여 살펴보았다. 그들은 개인의 성격을 이 세 가지 욕구의 구성체로 간주하고, 그 중 성취욕구가 높은 사람이 강한 수준의 동기를 갖고 직무를 수행한다고 보았다.

해설 ③ 맥클랜드는 욕구간의 위계서열을 상정하지 않았다.

정답 ③

08-28 ✔☐☐☐　　2010 공인노무사

핵크맨(J. R. Hackman)과 올드햄(G. Oldham)의 직무특성이론에서 제시된 핵심직무특성이 아닌 것은?

① 피드백
② 자율성
③ 기술다양성
④ 과업정체성
⑤ 직무전문성

요점정리 직무특성이론에서의 핵심직무특성에는 기술다양성, 과업정체성, 과업중요성, 자율성, 피드백 등이 포함된다.

정답 ⑤

08-28D ✔☐☐☐　　2021 공인노무사

직무특성모형(job characteristics model)의 핵심직무차원에 포함되지 않는 것은?

① 성장욕구 강도(growth need strength)
② 과업정체성(task identity)
③ 과업중요성(task significance)
④ 자율성(autonomy)
⑤ 피드백(feedback)

정답 ④

요점정리 해크만과 올드햄은 동기부여의 주된 독립변수로서 직무의 특성에 주목하였다. 다섯 가지 주요 직무특성(직무차원)은 기술다양성, 과업정체성, 과업중요성, 자율성, 피드백이다.

해설 성장욕구 강도 역시 직무특성모형에 포함되는 변수는 맞다. 그러나 '핵심직무차원'이 아니라 '조절변수', 즉 핵심직무차원이 결과변수에 미치는 효과에 영향을 주는 변수에 해당한다. 다음 그림을 참조할 것.

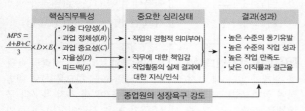

정답 ①

08-29 ☑☐☐☐　　2013 경영지도사

해크만(R. Hackman)과 올드햄(G. Oldham)의 직무특성모형에서 직무특성화를 위한 5가지 핵심적 특성이 아닌 것은?

① 기능 다양성　　② 과업 정체성
③ 과업 중요성　　④ 과업 몰입도
⑤ 피드백

해설 핵심직무특성 다섯 가지에는 기술다양성(①), 과업정체성(②), 과업중요성(③), 자율성, 피드백(⑤)이 있다.

정답 ④

08-30 ☑☐☐☐　　2019 서울시 7급 B책형

해크만(Hackman)과 올드햄(Oldham)이 제시한 직무특성모형에 포함되지 않는 직무특성은?

① 피드백　　② 자율성
③ 과업정체성　　④ 과업적합성

해설 직무특성모형에서 제시하는 5대 핵심직무특성에는 기술다양성, 과업정체성(③), 과업중요성, 자율성(②), 피드백(①) 등이 있다. ④번 선지의 과업적합성이라는 개념은 직무특성모형에 포함되어 있지 않다.

08-31 ☑☐☐☐　　2017 7급공무원 가책형

핵크맨(Hackman)과 올드햄(Oldham)이 제시한 직무특성모형에서 핵심직무차원에 해당하는 것만을 모두 고른 것은?

ㄱ. 기술 다양성	ㄴ. 과업 표준성
ㄷ. 과업 정체성	ㄹ. 과업 중요성
ㅁ. 과업 교차성	ㅂ. 자율성·피드백

① ㄱ, ㄴ, ㄷ, ㄹ　　② ㄱ, ㄷ, ㄹ, ㅂ
③ ㄴ, ㄷ, ㄹ, ㅁ　　④ ㄴ, ㄹ, ㅁ, ㅂ

해설 직무특성이론에서의 핵심직무특성에는 기술다양성(ㄱ), 과업정체성(ㄷ), 과업중요성(ㄹ), 자율성(ㅂ), 피드백(ㅂ) 등이 포함된다.

정답 ②

08-32 ☑☐☐☐　　2017 가맹거래사

직무특성모형에서 핵심직무차원에 포함되지 않는 것은?

① 기능의 다양성(skill variety)
② 과업의 정체성(task identity)
③ 과업의 중요성(task significance)
④ 동기부여(motivation)
⑤ 자율성(autonomy)

해설 핵심직무차원에는 기술(기능)다양성, 과업정체성, 과업중요성, 자율성, 피드백 등이 포함된다. ④의 '동기부여'는 핵심직무차원이 충족된 직무를 수행할 경우의 긍정적 결과에 해당한다.

정답 ④

08-33 ☑☐☐☐
2019 경영지도사

해크만과 올드햄(R. Hackman & G. Oldham)의 직무특성모형에서 5가지 핵심 직무특성이 아닌 것은?

① 기능 다양성　　　② 과업 정체성
③ 과업 중요성　　　④ 과업 전문성
⑤ 자율성

해설 핵심직무특성: 기능(기술) 다양성, 과업 정체성, 과업 중요성, 자율성, 피드백

정답 ④

08-34 ☑☐☐☐
2013 7급공무원 인책형

직무특성이론에서 주장하는 핵심직무특성에 대한 내용으로 옳지 않은 것은?

① 기술 다양성: 직무를 수행하는 데 요구되는 기술의 종류가 얼마나 다양한가를 의미한다.
② 과업 정체성: 직무가 독립적으로 완결되는 것을 확인할 수 있는 정도를 의미한다.
③ 직무 혁신성: 개인이 수행하는 직무가 조직 혁신에 어느 정도 기여할 수 있는가를 의미한다.
④ 피드백: 직무 수행 도중에 직무의 성과와 효과성에 대해 직접적이고 명확한 정보를 획득할 수 있는 정도를 의미한다.

해설 ③ '직무혁신성'이라는 것은 핵심직무특성에 포함되는 개념이 아니다.

정답 ③

08-35 ☑☐☐☐
2016 경영지도사

해크먼(R. Hackman)과 올드햄(G. Oldham)의 직무특성모형에서 직무가 다른 사람의 작업이나 생활에 실질적인 영향을 미칠 수 있는 정도를 의미하는 것은?

① 기술다양성　　　② 과업정체성
③ 과업중요성　　　④ 자율성
⑤ 피드백

해설 ① 기술다양성: 직무가 요구하는 활동의 폭(예: 다기능공)
② 과업정체성: 업무 전체를 조망할 수 있는 정도(예: P−D−S를 모두 수행하는 작업자)
③ 과업중요성: 조직과 타인에 미치는 영향력(예: 유명학원의 강사)
④ 자율성: 독립적 재량권(예: 상급관리자 직무)
⑤ 피드백: 업무수행에 대한 정보가 주어지는 정도(예: 매주 시험을 보는 경우)

정답 ③

08-35A ☑☐☐☐
2018 군무원 복원

해크만과 올드햄(Hackman & Oldham)의 직무특성이론 중 직무의 의미감과 관련이 없는 요소는?

① 기술다양성　　　② 과업정체성
③ 자율성　　　　　④ 과업중요성

해설 핵심직무특성 다섯 가지는 3개의 주요심리상태와 관련이 있다. 심리상태 중 의미감은 직무특성 중 기술다양성, 과업정체성, 과업중요성 등과 관련이 있고, 심리상태 중 책임감은 직무특성 중 자율성과, 심리상태 중 지식은 직무특성 중 피드백과 관련이 있다.

정답 ③

08-35J ☑☐☐☐
2023 공인노무사

직무특성모형에서 중요심리상태의 하나인 의미충만(meaningfulness)에 영향을 미치는 핵심직무차원을 모두 고른 것은?

ㄱ. 기술다양성	ㄴ. 과업정체성
ㄷ. 과업중요성	ㄹ. 자율성
ㅁ. 피드백	

① ㄱ, ㄴ, ㄷ　　　② ㄱ, ㄴ, ㅁ
③ ㄱ, ㄹ, ㅁ　　　④ ㄴ, ㄷ, ㄹ
⑤ ㄷ, ㄹ, ㅁ

해설 직무특성모형에서는 직무성과를 내는 데 있어 종업원의 심리상태가 중요 요소라는 점을 강조한다. 다섯 가지 핵심직무특성(기술다양성, 과업정체성, 과업중요성, 자율성, 피드백)들

은 작업의 의미에 대한 이해(의미충만성, meaningfulness), 직무에 대한 책임감(responsibility), 작업활동의 결과에 대한 지식(knowledge) 등의 심리상태와 관계를 갖는다. 구체적으로 기술다양성·과업정체성·과업중요성 등은 직무의 의미충만성에, 자율성은 책임감에, 피드백은 작업활동 결과에 대한 지식에 각각 영향을 미친다. 이상의 내용을 도식화하면 다음과 같다.

$$MPS = \frac{A+B+C}{3} \times D \times E$$

정답 ①

08-36 ☑□□□   2024 가맹거래사

직무특성모형의 결과요인으로 옳지 않은 것은?

① 내적인 동기부여 증대
② 작업성과의 질적 향상
③ 과업 정체성의 증가
④ 작업에 대한 만족도 증대
⑤ 이직률 및 결근율 저하

해설 과업정체성은 직무특성모형의 원인변수이다.

추가해설 직무특성모형을 독립(원인)변수, 매개변수, 결과변수, 조절변수로 나누어 살펴보면 다음과 같다.

• 독립(원인)변수: 기술다양성, 과업정체성, 과업중요성, 자율성, 피드백
• 매개변수: 의미감, 책임감, 지식
• 결과변수: 동기부여, 성과, 만족도, 이직률, 결근율
• 조절변수: 종업원의 성장욕구 강도(GNS)

정답 ③

08-38 ☑□□□   2020 서울시 7급

동기 부여를 강조하는 직무 설계에 대한 설명으로 가장 옳지 않은 것은?

① 직무 수행에 많은 기술이 필요할수록 높은 동기 부여가 된다.
② 자신의 직무가 조직 내에서 중요할수록 높은 동기 부여가 된다.
③ 업무 수행 방법에 대해 자율적으로 의사결정을 내릴 수 있는 권한이 많을수록 높은 동기부여가 된다.
④ 직무 성과에 대한 피드백이 불명확할수록 높은 동기 부여가 된다.

요점정리 해크만과 올드햄은 동기부여의 주된 독립변수로서 직무의 특성에 주목하였다. 다섯 가지 주요 직무특성은 기술다양성, 과업정체성, 과업중요성, 자율성, 피드백이며 이들의 내용은 다음과 같다.

• 기술다양성(skill variety, 기능다양성): 직무가 요구하는 활동의 폭과 범위를 뜻한다. 다기능공(multi-skilled worker)의 경우 다양한 기능을 사용하는 직무기회를 제공받으므로 기술다양성이 커져 동기부여 수준도 높다고 볼 수 있다.
• 과업정체성(task identity): 이는 수행업무의 정체성을 명확히 이해하고 전체업무를 조망할 수 있는 정도를 의미한다. 단순히 업무의 내용이나 수행방법이 무엇인지를 인지하는 것을 넘어서, 자신의 직무가 타 직무와 어떻게 연결되어 회사전체의 과업으로 완결(complete)되는지에 관한 인식이 존재해야 비로소 과업정체성이 형성되었다고 할 수 있다. 따라서 과업의 분화가 많이 될수록 과업정체성은 감소할 가능성이 크다.
• 과업중요성(task significance): 해당 직무가 조직목표달성이나 타인의 삶에 영향을 주는 정도를 뜻한다.
• 자율성(autonomy): 직무 계획 및 수행에 있어 자유와 독립성이 주어지는 정도를 의미한다.
• 피드백(feedback): 업무를 수행한 뒤 해당 업무수행의 효과성과 적절성에 대한 명확한 정보가 주어지는 정도를 의미한다.

해설 ④ 직무 성과에 대한 피드백은 분명하고 명확해야만 동기부여에 도움이 된다.

정답 ④

TOPIC 09 동기부여의 과정이론

1. 브룸의 기대이론

1) 기본가정: 직무수행에의 동기는 노력 – 업적(성과) – 보상의 연결고리와 관련이 있음
2) 동기부여의 과정: $M = E$(기대) $\cdot$ I(수단성) $\cdot$ V(유의성) (세 가지가 모두 존재하여야 함)
   ① 기대(E): 특정한 노력이 업적으로 이어질 것이라는 가능성에 대한 믿음 (주관적)
      → 자기효능감, 목표의 난이도, 통제감 등의 영향을 받으며 0과 1 사이의 값을 가짐
   ② 수단성(I): 업적에 대하여 보상이 주어질 것으로 믿을 수 있는 정도 (주관적)
      → 조직이나 상사에 대한 신뢰, 조직정치 등의 영향을 받으며 –1과 1 사이의 값을 가짐
   ③ 유의성(V): 주어진 보상에 대한 개인의 선호도 (주관적)
      → 개인적 욕구, 가치, 목표 등의 영향을 받음

2. 아담스의 공정성이론

1) 기본가정: 자신의 투입/산출 비율과 준거대상의 그것을 비교하여 균형상태를 이루면 공정성을 인식
            (페스팅거의 인지부조화 이론에 근거하였음)
2) 불공정 지각시 → ① 투입·산출의 변경, ② 지각 왜곡, ③ 준거대상 변경, ④ 상황 변경(場 이탈)

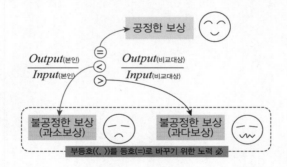

3) 정의(justice): 분배적 정의(아담스의 이론), 절차적 정의, 상호작용적 정의

3. 로크의 목표설정이론

1) 기본가정: 좋은 목표가 주어지면 구성원의 동기부여가 가능
2) 좋은 목표의 특성(조건): 구체적, 현실적, 적당한 난이도, 달성여부 확인과 피드백 용이 등
3) 상황변수: 구성원의 속성, 문화적 차이, 과업의 특성 등에 따라 목표 – 성과간 관계 변화 가능
4) 목표관리법(MBO): 드러커&맥그리거 → 조직목표와 개인목표의 정렬을 통한 조직관리 방안

4. 데시의 인지평가이론

1) 기본가정: 자신의 직무가 가지는 의미/가치 등에 대한 인지적 평가를 통해 동기부여가 영향 받음
            (스스로 원해서 하는지 아니면 대가를 바라고 하는지)
2) 내재적 보상과 외재적 보상
   ① 내재적 보상: 스스로 하는 일에 대해 느끼는 만족과 성취감
   ② 외재적 보상: 직무환경으로부터 주어지는 각종 임금, 지위, 인정 등
   ③ 내재적 보상을 누리는 사람에게 외재적 자극이 주어지면 오히려 동기유발의 정도가 낮아짐

09-1 ☑☐☐☐
2016 경영지도사

동기부여이론 중 과정이론에 해당하는 것은?

① 브룸(V. Vroom)의 기대이론
② 매슬로우(A. Maslow)의 욕구단계이론
③ 아지리스(C. Argyris)의 성숙·미성숙이론
④ 허즈버그(F. Herzberg)의 2요인이론
⑤ 맥그리거(D. McGregor)의 X·Y이론

요점정리 내용이론: 무엇이 동기를 형성하는가? → 욕구단계이론, ERG이론, 성취동기이론, 2요인이론, 성숙-미성숙이론, XY이론 등
과정이론: 어떻게 동기가 형성되는가? → 기대이론, 공정성이론, 목표설정이론 등

정답 ①

09-2 ☑☐☐☐
2018 가맹거래사

동기부여의 과정이론에 속하는 이론은?

① 매슬로우의 욕구단계이론
② 로크의 목표설정이론
③ 앨더퍼의 ERG이론
④ 맥그리거의 X·Y이론
⑤ 허츠버그의 2요인이론

해설 ② 과정이론
①,③,④,⑤ 내용이론

정답 ②

09-3 ☑☐☐☐
2010 가맹거래사

동기부여 이론은 내용이론과 과정이론으로 구분된다. 다음 중 과정이론에 속하는 것은?

① 매슬로우의 욕구단계이론
② 맥그리거의 X이론, Y이론
③ 브룸의 기대이론
④ 허즈버그의 2요인이론
⑤ 아지리스의 성숙, 미성숙이론

해설 내용이론: 욕구단계이론, ERG 이론, 성취동기이론, 2요인이론 등
과정이론: 기대이론, 공정성이론, 목표설정이론 등

정답 ③

09-3A ☑☐☐☐
2020 가맹거래사

동기부여의 과정이론에 해당하는 것은?

① 허즈버그(F. Herzberg)의 2요인이론
② 맥클레란드(D. McClelland)의 성취동기이론
③ 앨더퍼(C. Alderfer)의 ERG이론
④ 허시(P. Hersey)의 수명주기이론
⑤ 아담스(J. Adams)의 공정성이론

해설 • 내용이론: 욕구단계이론, ERG 이론, 성취동기이론, 2요인이론 등
• 과정이론: 기대이론, 공정성이론, 목표설정이론 등

추가해설 ④의 수명주기이론은 허시와 블랜차드의 리더십 이론인 '상황적 리더십 이론'의 또 다른 이름이다. 부하가 미숙할 때부터 성숙해질 때까지 어울리는 리더십을 논했기에 수명주기이론으로도 불리는 것이다.

정답 ⑤

09-4 ☑☐☐☐
2018 경영지도사

모티베이션(motivation) 내용이론에 속하지 않는 것은?

① 매슬로우(A. H. Maslow)의 욕구단계이론
② 아담스(J. S. Adams)의 공정성이론
③ 허즈버그(F. Herzberg)의 2요인이론
④ 알더퍼(C. P. Alderfer)의 ERG이론
⑤ 맥클리랜드(D. C. McClelland)의 성취동기이론

해설 내용이론에 속하지 않는 것은 결국 과정이론을 뜻한다. 과정이론에 해당하는 학자로는 브룸(기대이론), 아담스(공정성이론), 로크(목표설정이론), 데시(인지적평가이론) 등이 있다.

정답 ②

09-5 ☑□□□

모티베이션 이론 중 과정이론으로만 묶인 것은?

① 욕구단계론, 성취동기이론
② 공정성이론, 목표설정이론
③ ERG이론, 기대이론
④ ERG이론, 2요인이론
⑤ 성취동기이론, 욕구단계론

해설 • 동기부여의 내용이론: 욕구단계이론, ERG 이론, 성취동기이론, X-Y 이론, 2요인 이론, 직무특성이론
• 동기부여의 과정이론: 기대이론, 공정성이론, 목표설정이론, 자기결정이론(인지평가이론)

정답 ②

09-5A ☑□□□

브룸(V. Vroom)이 제시한 기대이론의 작동순서로 올바른 것은?

① 기대감 ⇨ 수단성 ⇨ 유의성
② 기대감 ⇨ 유의성 ⇨ 수단성
③ 수단성 ⇨ 유의성 ⇨ 기대감
④ 유의성 ⇨ 기대감 ⇨ 수단성
⑤ 유의성 ⇨ 수단성 ⇨ 기대감

해설 브룸(Vroom)은 사람이 언제, 어떤 경우에 직무에 대한 높은 동기를 갖게 되는지 그 과정에 주목하였다. 브룸은 사람들이 서로 다른 욕구와 욕망을 갖고 있으며, 동일한 결과물이 주어진다고 하더라도 개인이 그 결과를 어느 정도 선호하는지에 따라 상이한 동기가 부여될 것이라고 예상하였다. 그는 동기부여의 순차적 과정에 초점을 두었는데, 우선 개인의 노력이 특정한 성과로 이어지고(기대감, expectancy), 그 성과에 대해 보상이 주어지며(수단성, instrumentality), 보상에 대한 개인의 선호가 높을 때(유의성) 동기부여가 증진된다고 보았다.

정답 ①

09-5J ☑□□□

브룸(V. Vroom)의 기대이론에서 동기부여를 나타내는 공식으로 ( )에 들어갈 내용으로 옳은 것은?

동기부여(M) = 기대(E) × 수단성(I) × ( )

① 욕구(Needs) ② 성격(Personality)
③ 역량(Competency) ④ 유의성(Valence)
⑤ 타당성(Validity)

해설 브룸은 동기부여의 순차적 과정에 초점을 두었는데, 우선 개인의 노력이 특정한 성과로 이어지고, 그 성과에 대해 보상이 주어진다는 전제 하에, 각 과정별로 동기부여와 관련된 세 가지 개념을 기대(노력과 성과간의 관계), 수단성(성과와 보상간의 관계), 유의성(보상에 대한 선호도)으로 소개하였다. 브룸에 의하면 기대와 수단성, 그리고 유의성이 모두 높은 값을 가질 때 비로소 동기부여가 된다고 한다. 즉, 동기는 기대, 수단성, 유의성의 곱으로 표현가능하다.

정답 ④

09-5M ☑□□□

브룸(V. Vroom)이 제시한 기대이론의 요소에 해당하지 않는 것은?

① 기대감 ② 공정
③ 노력 ④ 성과
⑤ 유의성

해설 브룸의 기대이론에서는 개인의 노력이 성과로 이어질 확률(기대, expectancy), 성과와 보상간의 상관관계(수단성, instrumentality), 보상에 대한 개인의 선호도(유의성, valance)의 곱으로 동기부여의 크기를 계산한다. 따라서 기대감, 노력, 성과, 유의성 등의 선지는 이상에서 언급한 내용에 포함되어 있으나, 공정(②)은 이에 포함되지 않는다.

정답 ②

09-6 ☑□□□

2015 공인노무사

수단성(instrumentality) 및 유의성(valence)을 포함한 동기부여이론은?

① 기대이론(expectancy theory)
② 2요인이론(two factor theory)
③ 강화이론(reinforcement theory)
④ 목표설정이론(goal setting theory)
⑤ 인지평가이론(cognitive evaluation theory)

──────────────

해설 기대이론에 따르면 동기부여는 기대(expectancy), 수단성(instrumentality), 유의성(valence)의 곱으로 계산된다.

추가해설 ② 2요인이론은 만족의 유발요인인 동기요인과 불만족의 유발요인인 위생요인에 관한 이론이다.
③ 강화이론은 조직구성원에 대해 바람직한 행동을 더욱 촉진하고 바람직하지 않은 행동을 억제하기 위한 수단과 방법들에 관한 이론이다.
④ 목표설정이론은 좋은 목표가 설정될 경우 구성원의 동기가 증진된다는 이론이다.
⑤ 인지평가이론은 외재적 보상수단이 제공될 경우 구성원이 원래 갖고 있던 내재적 동기가 감소한다는 이론이다.

정답 ①

09-6F ☑□□□

2022 군무원 7급

다음 동기부여 이론 중에서 빅터 브룸(Victor Vroom)의 기대이론(expectancy theory)에 대한 설명으로 가장 옳은 것은?

① 높은 수준의 노력이 좋은 성과를 가져오고 좋은 성과평가는 임금상승이나 조직적 보상으로 이어진다.
② 강화요인이 바람직한 행동을 반복할 가능성을 높이고 행동이 그 결과의 함수라고 주장하는 이론이다.
③ 직무만족을 가져오는 요인은 직무 불만족을 가져오는 요인과는 서로 분리되고 구별된다.
④ 자기효능감은 어떤 과업을 수행할 수 있다는 개인의 믿음을 의미하며, 자기 효능감이 높을수록 성공할 능력에 더 큰 확신을 가진다.

──────────────

해설 ① 브룸(Vroom)은 동기부여의 순차적 과정에 초점을 두었는데, 우선 개인의 노력이 특정한 성과로 이어지고, 그 성과에 대해 보상이 주어진다는 전제 하에, 각 과정별로 동기부여와 관련된 세 가지 개념을 기대, 수단성, 유의성으로 소개하였다.

추가해설 ② 이는 강화(reinforcement)의 정의를 서술한 것이다.
③ 이는 허쯔버그의 2요인 이론에 대한 설명이다. 기존의 연구들이 만족과 불만족을 동일선상의 양극점으로 간주했던 것과는 달리, 허쯔버그(Herzberg)는 개인에게 만족감을 가져다주는 요인(동기요인)과 불만족을 가져다주는 요인(위생요인)이 전혀 다를 수 있다는 점을 지적하였다.
④ 이는 반두라(Bandura)가 제안한 자기효능감(self-efficacy)의 개념을 설명한 것이다.

정답 ①

09-8 ☑□□□

2016 경영지도사

동기부여이론에 관한 설명으로 옳지 않은 것은?

① 매슬로우(A. Maslow)의 욕구단계이론에 의하면 자아실현이 최상위의 욕구이다.
② 허즈버그(F. Herzberg)의 2요인이론에 의하면 금전적 보상은 위생요인에 속한다.
③ 알더퍼(C. Alderfer)의 ERG이론은 존재욕구, 관계욕구, 성장욕구로 구분하여 설명하였다.
④ 아담스(J. Adams)의 공정성이론은 내용이론에 속한다.
⑤ 맥클레랜드(D. McClelland)는 성취욕구, 권력욕구, 친교욕구로 구분하여 설명하였다.

──────────────

해설 내용이론: 무엇이 동기를 형성하는가? → 욕구단계이론, ERG 이론, 성취동기이론, 2요인 이론, 성숙-미성숙 이론, XY 이론 등
과정이론: 어떻게 동기가 형성되는가? → 기대이론, 공정성이론, 목표설정이론 등

정답 ④

09-8A ☑☐☐☐

2020 경영지도사

동기부여에 관한 연구자와 그 이론의 연결이 옳지 않은 것은?

① 맥클리랜드(D. McClelland) - 성취동기이론
② 브룸(V. Vroom) - Z이론
③ 아담스(J. Adams) - 공정성이론
④ 알더퍼(C. Alderfer) - ERG이론
⑤ 맥그리거(D. McGregor) - XY이론

해설 브룸은 기대이론을 주창하였다. Z이론은 오우치(Ouchi)의 이론이며, 동기부여 이론이 아니다.

정답 ②

09-10 ☑☐☐☐

2017 공인노무사

기대이론에서 동기부여를 유발하는 요인에 관한 설명으로 옳지 않은 것은?

① 수단성이 높아야 동기부여가 된다.
② 기대가 높아야 동기부여가 된다.
③ 조직에 대한 신뢰가 클수록 수단성이 높아진다.
④ 가치관에 부합되는 보상이 주어질수록 유의성이 높아진다.
⑤ 종업원들은 주어진 보상에 대하여 동일한 유의성을 갖는다.

해설 브룸(Vroom)의 기대이론에서는 노력과 성과/결과간의 관계(기대), 성과/결과와 보상간의 관계(수단성), 보상의 선호도(유의성) 모두가 있어야 동기부여가 된다고 본다. 이 때 수단성은 조직이 성과에 대해 보상을 주리라는 믿음이 있을 때 강화되며(③), 유의성은 특정 보상에 대한 개인의 선호도이므로 이는 사람마다 다른 값을 가질 수 있다(⑤).

정답 ⑤

09-11 ☑☐☐☐

2017 7급공무원 가책형

브룸(Vroom)의 기대이론에 대한 설명으로 옳지 않은 것은?

① 자기효능감이 높고 목표의 난이도가 낮으면 기대가 커진다.
② 조직에 대한 신뢰가 낮고 의사결정이 조직정치에 의해 좌우된다는 인식이 강할수록 수단성이 커진다.
③ 개인적 욕구와 가치관, 목표에 부합되는 보상이 주어지면 유의성이 커진다.
④ 유의성, 수단성, 기대감 중 어느 하나라도 0이 발생하면 동기는 일어나지 않는다.

해설 ② 수단성은 성과와 보상간의 상관관계이다. 조직이 (성과창출시 보상을 지급한다는) 약속을 빈번히 깨어 신뢰도가 낮아지거나, 성과가 아닌 외적 요소(예: 조직정치)로 인해 상사에게 잘 보이는 직원이 성과급을 받는 경우 수단성에 대한 구성원들의 인식은 매우 낮아질 것이다.

추가해설 ① 기대는 노력을 할 경우 성과가 날 것인지에 관한 확률이므로, 자기효능감(특정한 업무에 대한 자신감)이 높고 목표가 쉬울 경우 기대도 커질 수 있다.
③ 유의성은 보상에 대한 구성원들의 개인적 선호도이다. 따라서 자신의 욕구나 가치관 및 목표에 부합하는 보상이 지급된다면 유의성은 증가할 것이다.
④ 동기부여는 기대, 수단성, 유의성의 곱이므로 이들 중 하나라도 그 값이 0이 되면 전체 동기부여도 0이 된다.

정답 ②

09-12 ☑☐☐☐

2018 공인노무사

다음 사례에서 A의 행동을 설명하는 동기부여이론은?

> 팀원 A는 작년도 목표 대비 업무실적을 100% 달성하였다. 이에 반해 같은 팀 동료 B는 동일 목표 대비 업무실적이 10% 부족하였지만 A와 동일한 인센티브를 받았다. 이 사실을 알게 된 A는 팀장에게 추가 인센티브를 요구하였으나 받아들여지지 않자 결국 이직하였다.

① 기대이론   ② 공정성이론
③ 욕구단계이론   ④ 목표설정이론
⑤ 인지적평가이론

해설 주목해야 할 것은 두 가지이다. 첫째, 인센티브 금액 자체의 크기만을 비교하는 것이 아니라 그 과정에서 달성한 나의 노력 내지는 실적을 감안한다. 이는 투입－산출간의 비율을 고려하는 것이다. 둘째, 목표 대비 실적의 충족 여부를 주변 사람과 비교한다. 이는 사회적 비교(social comparison)를 의미한다. 이상의 내용을 토대로 아담스(Adams)의 공정성이론에 대한 설명임을 확인할 수 있다.

정답 ②

09-13 ☑◻◻◻

동기부여 이론 중 공정성이론(equity theory)에서 불공정성으로 인한 긴장을 해소할 수 있는 방법을 모두 고른 것은?

ㄱ. 투입의 변경	ㄴ. 산출의 변경
ㄷ. 준거대상의 변경	
ㄹ. 현장 또는 조직으로부터 이탈	

① ㄱ, ㄴ
② ㄷ, ㄹ
③ ㄱ, ㄴ, ㄷ
④ ㄱ, ㄷ, ㄹ
⑤ ㄱ, ㄴ, ㄷ, ㄹ

해설 불공정성 지각시 이를 줄이기 위한 개인의 행동 방식에는 투입(input)의 변경, 산출(output)의 변경, 투입과 산출에 대한 인지적 왜곡, 비교(준거)대상의 변경, 상황으로부터의 이탈 등이 있다.

• 자신의 투입이나 산출물의 변경: 예를 들어 노력에 비해 보상이 변변치 않다고 느끼는 사람은 노력을 덜 기울이거나 또는 같은 노력으로 더 많은 생산물을 만드는 방법을 찾는다.
• 자기 자신이나 타인에 대한 인지(지각)의 왜곡: 타인의 노력 대비 보상이 더 커 보인다면 그 사람이 더 중요한 일을 하고 있을지도 모른다는 식의 생각을 할 수 있다.
• 준거대상(referent)의 변경: 자신이 상대적으로 부족해 보이지 않는 대상을 파악하여 비교를 하려 한다.
• 상황을 변경: 이는 장(場) 이탈이라고도 하며, 해당 조직이나 부서를 떠나는 것을 의미한다.

정답 ⑤

09-14 ☑◻◻◻

아담스(J. S. Adams)의 공정성 이론에서 조직구성원들이 개인적 불공정성을 시정(是正)하기 위한 방법에 해당하지 않는 것은?

① 투입의 변경
② 산출의 변경
③ 투입과 산출의 인지적 왜곡
④ 장(場) 이탈
⑤ 준거인물 유지

해설 아담스에 따르면 불공정성 지각시 이를 줄이기 위한 개인의 행동 방식은 다음과 같다.

• 자신의 투입이나 산출물의 변경: 예를 들어 노력에 비해 보상이 변변치 않다고 느끼는 사람은 노력을 덜 기울이거나 또는 같은 노력으로 더 많은 생산물을 만드는 방법을 찾는다.
• 투입과 산출에 대한 인지적 왜곡: 자신이나 타인의 투입 및 산출의 크기가 자신이 느끼는 것과는 다를 수 있다는 생각을 함으로써 불편한 감정을 극복할 수 있다.
• 자기 자신이나 타인에 대한 지각의 왜곡: 타인의 노력 대비 보상이 더 커 보인다면 그 사람이 더 중요한 일을 하고 있을지도 모른다는 식의 생각을 할 수 있다.
• 준거대상(referent)의 변경: 자신보다 상대적으로 부족해 보이는 대상을 파악하여 그와 비교함으로써 우월감을 가지려 한다. (따라서 '준거인물 유지'라는 ⑤의 설명은 틀린 것이다)
• 상황을 변경: 이는 장(場) 이탈이라고도 하며, 해당 조직이나 부서를 떠나는 것을 의미한다.

정답 ⑤

09-15 ☑◻◻◻

로크(Locke)의 목표설정이론(goal-setting theory)에 기초한 주장으로 옳지 않은 것은?

① 추상적인 목표의 제시는 목표 실행자의 창의력을 증진시켜 성과를 높일 수 있게 해 준다.
② 적절한 피드백의 제공은 성과 향상의 필요조건이다.
③ 목표 실행자의 목표설정과정 참여는 목표에 대한 이해도를 향상시켜 성과를 높일 수 있게 해 준다.
④ 목표달성에 대한 적절한 보상은 성과 향상을 위한 필요조건이다.

요점정리 로크(Locke)는 구체적이고도 명확한 목표(goal)를 향해 일하려는 노력이나 의도가 직무에 대한 동기를 부여해 주는 가장 중요한 원천이라고 생각했다(목표 → 노력 → 성과). 그냥 일하는 것이 아니라, 무엇을 달성하기 위해 일하는지가 분명할 때 더욱 열심히 일할 수 있다는 것이다. 그에 따르면 동기부여를 시킬 수 있는 좋은 목표란, 구체적(specific)이면서 달성이 쉽지 않은 적당한 수준의 난이도(difficulty)를 갖춘 동시에 구성원들이 수용할 수 있는(acceptable) 것이어야 한다. 또한 목표달성여부의 확인이 용이하여야 하며, 목표달성의 결과로서 보상 및 환류(feedback)와도 연계될 수 있어야 한다.

해설 ① 로크에 따르면 동기부여를 위한 목표는 구체성을 띠고 있어야 한다.

정답 ①

09-16 ☑☐☐☐ 　　　　　2016 서울시 7급

다음 동기부여 이론들에 대한 설명 중 가장 옳지 않은 것은?

① 매슬로우(Maslow)의 욕구계층이론에 따르면 인간은 하위단계의 욕구가 채워지면 순차적으로 상위단계의 욕구를 채우려 한다고 가정한다.

② 허즈버그(Herzberg)의 2요인이론에서 동기유발요인은 급여, 작업조건, 고용안정 등 작업환경과 관련된 것을 의미한다.

③ 브룸(Vroom)의 기대이론에 의하면 동기부여는 기대, 보상의 가치, 수단성의 3요소에 의해 영향을 받는다.

④ 애덤스(Adams)의 공정성이론은 개인의 투입과 산출에 대한 평가에 기초를 두고 있다.

해설 ② 허쯔버그에 따르면 급여나 작업조건 및 고용안정 등의 작업환경은 위생요인, 즉 불만족의 영향요인이라 할 수 있다. 따라서 이 지문은 틀린 설명이다.

추가해설 ① 매슬로우에 따르면 저차욕구가 충족되는 경우 순차적으로 고차욕구로 진행한다.
③ 브룸에 따르면 동기부여는 기대, 수단성, 유의성(보상의 가치)의 곱으로 결정된다.
④ 아담스에 따르면 공정성의 평가시에는 자신과 준거인물의 투입과 산출을 상대적으로 비교하게 된다.

정답 ②

09-17 ☑☐☐☐ 　　　　　2018 7급 나형

동기부여이론에 대한 설명으로 옳지 않은 것은?

① Y이론적 관점에 따르면 직원은 부정적 강화(Reinforcement)에 의해 동기부여가 된다.

② 아담스(J. S. Adams)의 공정성이론에 따르면 사람은 자신의 일에 투입한 요소와 그로부터 받은 보상의 비율을 다른 사람의 그것과 비교한다.

③ 2요인이론에서 동기유발요인은 직무에 내재하는 요인들이다.

④ 기대이론에서 동기부여가 되는 정도는 노력과 성과 관련성, 성과와 결과 관련성, 결과와 개인의 욕구 사이의 관련성의 영향을 받는다.

해설 ① Y이론에 따르면 사람은 일하는 과정을 즐기고, 스스로 학습하고 성장하며, 창의력이 넘친다. 따라서 외부의 자극, 즉 상이나 벌 또는 부정적 강화(나쁜 자극의 제거) 등을 필요로 하지 않는다.

추가해설 ② 공정성이론의 핵심은 투입과 산출의 비율을 준거(referent) 인물과 비교한다는 것이다.
③ 동기요인은 직무 자체의 즐거움이나 책임 및 직무수행으로부터의 칭찬과 인정 등이다.
④ 노력과 성과 관련성을 '기대', 성과와 결과 관련성을 '수단성', 결과와 개인의 욕구 사이의 관련성을 '유의성'이라고 하며, 이 셋의 곱에 의해 동기부여가 결정된다.

정답 ①

09-17J ☑☐☐☐　　　2023 군무원 7급

다음 중 동기부여 이론에 대한 설명으로 가장 적절하지 않은 것은?

① 알더퍼(C. Alderfer)의 ERG이론은 인간의 욕구를 친교욕구, 권력욕구, 성취욕구로 구분하였다.

② 아담스(J. Adams)의 공정성이론(equity theory)에 따르면 준거인과 비교할 때 자신이 과다보상을 받았다고 인식하는 직원은 불공정성을 해소하려는 동기가 유발된다.

③ 브룸(V. Vroom)의 기대이론(expectancy theory)에서 동기부여 강도를 설명하는 변수는 기대감, 수단성, 유의성이다.

④ 허츠버그(F. Herzberg)의 2요인이론(two-factor theory)에서 불만족과 관련된 요인을 위생요인이라고 한다.

해설 ① [×] 알더퍼의 ERG 이론은 인간의 욕구를 존재욕구(E), 친교욕구(R), 성장욕구(G)로 구분한다. 선지에서처럼 친교욕구, 권력욕구, 성취욕구로 구분한 이론은 맥클랜드의 성취동기이론이다.
② [O] 아담스에 따르면 준거인과 비교하여 과다보상을 받거나 과소보상을 받는 경우 불공정 해소 동기가 유발된다.
③ [O] 브룸은 동기부여의 순차적 과정에 초점을 두었는데, 우선 개인의 노력이 특정한 성과로 이어지고, 그 성과에 대해 보상이 주어진다는 전제 하에, 각 과정별로 동기부여와 관련된 세 가지 개념을 기대, 수단성, 유의성으로 소개하였다.
④ [O] 불만족 관련요인을 위생요인(hygiene factor), 만족 관련요인을 동기요인(motivator)이라 한다.

정답 ①

09-17K ☑☐☐☐　　　2023 국가직 7급

동기부여에 대한 설명으로 옳지 않은 것은?

① 브룸(Vroom)의 기대이론에서 도구성(instrumentality)은 목표달성과 보상 간의 연결에 대해 개인이 지각하는 주관적 확률이다.

② 직무특성모형에서 피드백은 작업의 의미감을 주고, 공정성은 작업성과의 책임감을 경험하게 해준다.

③ 앨더퍼(Alderfer)는 ERG 이론을 통해, 특정 욕구의 충족이 좌절되었을 때 하위 욕구를 추구하는 퇴행현상이 나타남을 제시하였다.

④ 허즈버그(Herzberg)의 2요인이론에서, 위생요인은 불만족의 방지 혹은 감소와 관계가 있다.

해설 ① [O] 도구성(수단성, Instrumentality)은 노력의 산물로서 형성된 성과(결과) 또는 업적에 대하여 보상이 주어질 것으로 믿을 수 있는 정도를 의미하는 개념으로서, 업적과 보상간의 주관적 상관관계이므로 −1과 1 사이의 값을 갖는다. (정석대로 해석하자면 도구성은 확률이라기보다는 상관관계이다. 그러나 도구성이 음(−)인 경우는 흔치 않으므로 양(+)인 경우만으로 국한시키자면 업적과 보상간 확률이라고 해석할 여지도 있다.)
② [×] 직무특성모형의 5대 핵심직무특성은 기술다양성, 과업정체성, 과업중요성, 자율성, 피드백이다. '공정성'은 포함되지 않는다. 또한 "피드백은 작업의 의미감을 주고"라는 부분도 틀렸다. '의미감'에 영향을 주는 요인들은 기술다양성, 과업정체성, 과업중요성이며, 피드백이 영향을 주는 심리상태는 '지식'이다.
③ [O] 앨더퍼는 인간의 욕구를 크게 존재욕구(Existence needs), 관계욕구(Relatedness needs), 성장욕구(Growth needs)의 세 유형으로 구분하고, 하위 단계의 욕구가 만족되면 상위 단계의 욕구로 진행(progress)하며(충족-진행 원리) 상위 단계 욕구가 제대로 충족되지 않을 경우(frustration) 하위 단계에 대한 욕구가 더 커진다(좌절-퇴행 원리)는 점을 기본 전제로 설정하였다.
④ [O] 허쯔버그(Herzberg)는 개인에게 만족감을 가져다주는 요인(동기요인)과 불만족을 가져다주는 요인(위생요인)이 전혀 다를 수 있다는 점을 지적하였다. 충족 시 직무동기를 유발하고 만족도를 증진시키는 업무상 요인(동기요인, motivator)으로서는 성취감, 상사나 동료로부터의 칭찬과 인정, 일 그 자체, 직무에 대한 책임, 성장과 발전 등이 있고, 미충족 시 직무불만족을 유발하는 요인(위생요인, hygiene factor)으로는 회사의 정책이나 관리규정, 감독행위, 임금과 복리후생, 물리적 작업조건, 동료와의 관계, 직업의 안정성 등이 있다고 한다. 허쯔버그는 위생요인은 충족되더라도 불만을 줄이는데만 기여할 뿐, 만족증진과는 관련이 적다고 보았다.

정답 ②

09-18 ☑☐☐☐
2017 경영지도사

내재적으로 동기부여된 행동에 외재적 보상이 제공되면 오히려 내재적 동기가 감소하게 되는 현상을 설명하고 있는 이론은?

① 기대이론   ② 욕구단계이론
③ 인지평가이론   ④ ERG이론
⑤ 목표설정이론

요점정리 데시(Deci)는 자신의 직무가 가지는 의미와 가치에 대한 인지적 평가(cognitive evaluation, 내가 일을 왜 하는지에 대한 고민과 분석) 과정을 통해 동기부여의 양과 질이 결정된다고 보았다. 이 이론의 핵심적 가정은 일에 대한 대가가 주어질 때 사람들은 그 일을 그들이 원해서 하는 것이 아니라 해야 하기 때문에 하는 것으로 받아들인다는 것이다. 인지평가이론에서는 내재적 보상(intrinsic rewards)과 외재적 보상(extrinsic rewards)을 구분한다. 즉 내재적 보상(즉, 스스로 하는 일에 대해서 느끼는 만족감과 성취감)을 얻기 위해 그 일을 하던 사람에게 돈과 같은 외재적 보상(즉, 나의 내면이 아닌 외부에서 주어지는 보상)을 주면 그 사람은 이제 돈을 위해 일하는 것처럼 된다는 것이다. 요약하자면 내재적 보상이 존재할 때 외재적 보상이 개입하면 내재적 보상의 동기부여 효과가 줄어든다.

정답 ③

09-19 ☑☐☐☐
2024 가맹거래사

데시(E. Deci)는 내재적 동기에 의해 직무를 수행할 때 외재적 보상이 주어지면 내재적 동기가 낮아진다고 주장한다. 이 이론으로 옳은 것은?

① 목표설정이론   ② 절차공정성이론
③ 분배공정성이론   ④ 기대이론
⑤ 인지평가이론

해설 ① [×] 로크(Locke)의 이론이다.
② [×] 레벤탈(Leventhal)의 이론이다.
③ [×] 아담스(Adams)의 이론이다.
④ [×] 브룸(Vroom)의 이론이다.
⑤ [○] 데시(Deci)와 라이언(Ryan)이 함께 주장한 이론으로서, 본 문제의 정답이다.

정답 ⑤

09-24F ☑☐☐☐
2022 경영지도사

동기부여에 관한 설명으로 옳지 않은 것은?

① 매슬로우(A. Maslow)의 욕구단계이론에서 자아실현욕구는 결핍–충족의 원리가 적용되지 않는다.
② 맥클리랜드(D. McClelland)의 성취동기이론에서 권력욕구가 강한 사람은 타인에게 영향력을 행사하고, 인정받는 것을 좋아한다.
③ 브룸(V. Vroom)의 기대이론에서 기대감, 수단성, 유의성 등이 중요한 동기부여 요소이다.
④ 알더퍼(C. Alderfer)의 ERG이론에서 관계욕구와 성장욕구가 동시에 발현될 수 있다.
⑤ 스키너(B. Skinner)의 강화이론에서 비난, 징계 등과 같은 불쾌한 자극을 제거함으로써 바람직한 행동을 강화하는 것을 소거(extinction)라고 한다.

해설 ① [○] 많은 수험생들이 간과하는 사실 중 하나가 바로 '결핍–지배 원리'와 '충족–출현 원리'가 마지막 욕구단계인 자아실현 욕구에서는 적용되지 않는다는 점이다. 자아실현을 이루는 사람이 있는가? 만약 누군가가 어떤 이상이나 자아실현에 성공했다면 그것에 안주하는 것이 아니라 또 다른 자아실현 대상을 찾게 되지 않을까? 이처럼 자아실현은 아무리 성공한다 해도 결코 만족되거나 채워질 수 없는 최상위의 욕구가 된다. 따라서 본 선지는 옳다.
② [○] 권력욕구는 영향력 행사에의 욕구 그 자체이다.
③ [○] 브룸에 따르면 기대, 수단성, 유의성의 곱이 동기부여의 값이라 했다.
④ [○] 알더퍼의 ERG 이론이 매슬로의 욕구단계설과 가장 다른 점 중 하나가 바로 두 욕구의 동시발현 가능성이다. 알더퍼에 따르면 '충족–진행'의 흐름과 '좌절–퇴행'의 가능성이 항상 존재하기에 경우에 따라서는 두 서로 다른 방향의 흐름이 특정한 지점에서 함께 나타날 수 있다.
⑤ [×] 불쾌한 자극을 제거하는 것은 소거가 아니라 '부정적 강화'이다. 따라서 이 문장은 일단 틀린 것이다. 그렇다면 다음 질문에 답을 해 보라. 스키너의 강화이론은 동기부여 이론에 해당하는 것인가? 놀랍게도 그렇다. 대부분의 수험생들에게는 익숙하지 않겠지만 '학습과 강화'라는 주제는 미국 교과서에서는 대부분 동기부여 단원에서 다루는 내용이다. 왜 학습이 동기부여의 한 영역인지는 (다분히 학술적인 논의이므로) 여기서 길게 서술할 이유는 없고 다만 학습이 동기부여의 주제 중 하나라는 점을 이번 기회에 기억해 두자.

정답 ⑤

09-24G ☑☐☐☐

다음은 동기부여에 관한 여러 이론들을 설명한 것이다. 이 중 가장 옳지 않은 것은?

① 공정성 이론(equity theory)에 따르면, 개인이 불공정성에 대한 지각에서 오는 긴장을 감소시키는 방법으로는 자신의 투입(input) 변경, 산출(output) 변경, 투입과 산출의 인지적 왜곡, 비교 대상의 변경 등이 있다.

② 기대이론(expectancy theory)은 개인의 동기수준을 기대감(expectancy), 수단성(instrumentality), 유의성(valence)의 곱으로 설명한다.

③ 허쯔버그(Herzberg)의 2요인 이론(two-factor theory)에서 봉급, 작업조건, 감독, 상급자와의 관계 등은 동기요인(motivator)에 해당하는 것으로, 위생요인(hygiene factor)이 충족되더라도 구성원을 동기화시키지 못하며, 성과 향상을 위해서는 동기요인을 충족시켜야 한다고 주장한다.

④ 맥크리랜드(McClelland)의 성취동기 이론(achievement motive theory, three-needs theory)에 따르면, 소속 욕구(need for affiliation)가 높은 사람은 다른 사람의 인정을 받으려고 노력하고, 권력 욕구(need for power)가 높은 사람은 다른 사람을 지배하고 통제하기를 원한다.

해설 ① [O] 2007년 CPA 기출선지를 활용한 것으로서 2022년 5급 군무원 시험에서도 유사하게 출제된 바 있는 지문이다. 아담스(Adams)는 페스팅거(Festinger)의 인지부조화 이론에 근거하여 사람이 특정 과업 수행에 필요한 투입(input, 노력)과 그에 따른 결과(output, 보상)를 타인과의 비교를 통해 상대적·계량적으로 어떻게 파악하는지가 동기부여에 있어 매우 중요한 과정이라고 생각하였다. 자신의 투입/산출 비율과 다른 사람의 투입/산출 비율이 균형을 이룬다면 이 조직에서의 보상시스템은 비교적 공정한 것으로 인식된다. 따라서 이 경우 회사에서 남들보다 적은 액수의 돈을 받더라도 자신의 노력(투입)에 대비한 보상(산출)의 크기가 합당하다고 생각한다면 불공정성을 느끼지 않을 수도 있는 것이다. 즉 보상의 절대액보다는 상대적 수준이 중요해진다. 만약 이러한 상대적 비교 과정에서 불공정성(inequity)이 지각된다면, 개인은 이에 대하여 긴장(tension)을 느끼게 되고 이를 줄여 나가기 위한 노력을 기울이게 된다. 불공정성 지각시 이를 줄이기 위한 개인의 행동방식에는 투입(input)의 변경, 산출(output)의 변경, 투입과 산출에 대한 인지적 왜곡, 비교대상의 변경 등이 있다.

- 자신의 투입이나 산출물의 변경: 예를 들어 노력에 비해 보상이 변변치 않다고 느끼는 사람은 노력을 덜 기울이거나 또는 같은 노력으로 더 많은 생산물을 만드는 방법을 찾는다.
- 자기 자신이나 타인에 대한 인지(지각)의 왜곡: 타인의 노력 대비 보상이 더 커 보인다면 그 사람이 더 중요한 일을 하고 있을지도 모른다는 식의 생각을 할 수 있다.
- 준거대상(referent)의 변경: 자신이 상대적으로 부족해 보이지 않는 대상을 파악하여 비교를 하려 한다.
- 상황을 변경: 이는 장(場) 이탈이라고도 하며, 해당 조직이나 부서를 떠나는 것을 의미한다.

② [O] 브룸(Vroom)은 사람이 언제, 어떤 경우에 직무에 대한 높은 동기를 갖게 되는지 그 과정에 주목하였다. 그는 동기부여의 순차적 과정에 초점을 두었는데, 우선 개인의 노력이 특정한 성과로 이어지고, 그 성과에 대해 보상이 주어진다는 전제 하에, 각 과정별로 동기부여와 관련된 세 가지 개념을 기대, 수단성, 유의성으로 소개하였다. 브룸에 의하면 기대와 수단성, 그리고 유의성이 모두 높은 값을 가질 때 비로소 동기부여가 된다고 한다. 즉, 동기는 기대, 수단성, 유의성의 곱으로 표현가능하다.

- 기대(Expectancy)는 특정 행위나 노력이 특정한 결과나 업적으로 이어질 것이라는 가능성에 대한 믿음으로서, 주관적 확률값이라는 특징을 가지므로 수치상으로 0부터 1까지의 값을 갖는다.
- 수단성(Instrumentality)은 이는 노력의 산물로서 형성된 성과(결과) 또는 업적에 대하여 보상이 주어질 것으로 믿을 수 있는 정도를 의미하는 개념으로서, 업적과 보상간의 상관관계이므로 -1과 1 사이의 값을 갖는다.
- 유의성(Valence, 선호도 또는 유인가)는 주어진 보상에 대한 개인의 선호나 중요성, 또는 가치를 의미한다. 좋아하는 보상이 주어진다면 양(+)의 유의성을 가지며, 싫어하는 보상이 주어진다면 음(-)의 유의성을 갖게 되므로 이 수치는 -n부터 n사이의 값을 가진다.

③ [×] 기존의 연구들이 만족과 불만족을 동일선상의 양극점으로 간주했던 것과는 달리, 허쯔버그(Herzberg)는 개인에게 만족감을 가져다주는 요인(동기요인)과 불만족을 가져다주는 요인(위생요인)이 전혀 다를 수 있다는 점을 지적하였다. 즉, 불만족 요인을 제거한다고 해서(예, 임금인상이나 작업환경 개선 등) 직무동기가 부여되고 만족도가 증가하는 것이 아닐 수 있다는 것이다. 허쯔버그의 연구에 의하면, 충족 시 직무동기를 유발하고 만족도를 증진시키는 업무상 요인(동기요인, motivator)으로서는 성취감, 상사나 동료로부터의 칭찬과 인정, 일 그 자체, 직무에 대한 책임, 성장과 발전 등이 있고, 미충족 시 직무불만족을 유발하는 요인(위생요인, hygiene factor)으로는 회사의 정책이나 관리규정, 감독행위, 임금과 복리후생, 물리적 작업조건, 동료와의 관계, 직업의 안정성 등이 있다고 한다. 즉 본 선지에서 '위생요인(hygiene factor)이 충족되더라도 구성원을 동기화시키지 못하며, 성과 향상을 위해서는 동기요인을 충족시켜야 한다고 주장'한다는 부분은 옳지만, 그 앞 부분에서 동기요인과 위생요인을 잘못 분류하였기에 틀린 선지가 된다.

④ [O] 맥크리랜드(McClelland)와 그의 동료들은 사람의 욕구를 크게 세 가지(성취욕구, 권력욕구, 친교욕구)로 대별하여 살펴보았다. 그들은 개인의 성격을 이 세 가지 욕구의 구성체로 간주하고, 그 중 성취욕구가 높은 사람이 강한 수준의 동기를 갖고 직무를 수행한다고 보았다.

• 성취욕구(N-Ach, need for achievement)는 도전적인 목표를 설정하면서 동시에 이를 달성하고자 하는 욕구를 의미한다.

• 권력욕구(N-Pow, need for power)는 다른 사람들에 대한 영향력과 통제력에 대한 욕구를 의미한다. 권력욕구가 높은 사람은 책임지는 역할을 맡는 것을 좋아하고, 타인에 대한 영향력 행사나 경쟁의 상황을 즐기는 특성을 보이며, 신분이나 지위상승에도 높은 관심을 보인다.

• 친교욕구(N-Aff, need for affiliation)는 대인관계와 인정에 대한 욕구를 말한다. 친교욕구가 높은 사람은 협력적 상황을 상대적으로 선호하며, 우정을 중시하고 친밀감을 유지하고자 한다.

정답 ③

집단역학

1. 집단의 의의와 형성

1) 개념: 특정 목적을 위해 상호작용하는 2인 이상의 집합체

2) 유형: 공식집단과 <u>비공식집단</u>, 내집단과 외집단, <u>준거집단</u>
               (호손실험과 관련)   (행동의 기준집단)

3) 형성원인: 안전, 지위의 획득, 자긍심, 소속감, 권력 쟁취, 목표 달성 등

4) 형성과정: Tuckman의 5단계 모형(형성 → 혼란/격동 → 규범화 → 성취/수행 → 해체)

2. 집단의 속성

1) 지위: 개인에게 사회적으로 주어지는 직위나 서열 ← <u>능력, 매력, 권력</u>에 의해 결정

2) 역할: 지위에 따라 기대되는 행동양식 → 역할이나 그에 대한 기대간 상충시 역할갈등 발생

3) 규범: 집단 내에서 수용가능한 행동 표준 → 메이요의 호손실험, 애쉬의 동조연구 등

4) 응집성: 집단에 머물도록 동기부여되는 정도 → <u>순기능(소통원활, 사기증진), 역기능(집단사고 등)</u>

5) 규모: 집단의 구성원 수 → 적정해야 좋다 → 과도한 규모는 사회적 태만(링겔만 효과) 유발 가능
                                       (집단규모 확대에 따른 효율성 저하)

6) 인적 구성: 성별, 인종, 종교, 문화, 배경지식 등의 다양성 → <u>순기능(창의성), 역기능(갈등)</u>

3. 권력과 갈등

1) 권력

① 의미: 개인이나 집단의 행동을 원하는 대로 바꿀 수 있는 능력

② 발생원인: 의존성 → 자원의 <u>중요성, 희소성, 비대체성</u>과 관련

③ 원천과 유형 (French & Raven)

공식적 권력 (사회적 지위로부터 파생되는 권력)	강압적 권력	무력이나 위협으로부터 발생
	보상적 권력	상대가 원하는 경제적·정신적 보상을 해 줄 수 있는 능력으로부터 발생
	합법적 권력	규정이나 법규와 같은 공식적 제도에 의해 발생
개인적 권력 (개인적 특성에서 파생되는 권력)	준거적 권력	매력이나 바람직한 자원 및 인간적 특성을 보유함으로써 발생
	전문적 권력	특정 분야에 대한 지식이나 해결방안을 알고 있다는 점으로부터 발생

2) 갈등

① 의미: 사회주체 간 이해관계 충돌의 결과로 서로 적대시하거나 대립하는 경우

② 갈등과정: 원인 → 갈등의 인지 → 갈등처리의도 형성 → 갈등행동 → 결과

③ 순기능: 의사결정 질 향상, 창의성, 변화, (타 집단과 갈등시) 집단 결속, 문제해결방안 발견 등

④ 역기능: 업무에너지 분산, 심리적 위협, 자원 낭비, (집단 내 갈등시) 집단 결속의 저해

⑤ 협상: 갈등해결의 수단 → 분배적 협상과 통합적 협상으로 구분

4. 의사소통

1) 구성요소: 송신자, 메시지, 전달경로, 수신자

2) 과정: 암호화 → 경로를 통한 전달 → 복호화 → 피드백

3) 소음: 메시지 명확성 왜곡 (원인: 여과, 지각오류, 정보과중, 의미의 난이도, 지위, 감정과 정서, 성차, 문화적 차이 등)

10-1 ☑□□□

조직행동의 집단수준 변수에 해당하는 것은?

① 학습 ② 지각
③ 태도 ④ 성격
⑤ 협상

> **요점정리** 조직행동론은 직장 내 인간의 행동에 대하여 연구하는 학문분야로서, 분석수준에 따라 개인, 집단, 조직차원으로 구분된다.
> • 개인차원: 이 영역은 주로 심리학에서의 연구내용을 근거로 하여 태도, 성격, 지각, 학습, 동기부여 등과 같은 주제들을 다룬다.
> • 집단차원: 이 영역은 사회학과 사회심리학에서의 연구내용을 근거로 하여 규범과 역할, 팀, 권력과 정치, 갈등과 협상, 의사소통, 의사결정(때로는 개인차원이나 조직차원으로 구분되기도 함), 리더십 등과 같은 주제들을 다룬다.
> • 조직차원: 이 영역은 조직이 형성되는 원리와 그에 영향을 미치는 주요 요인들에 대한 내용으로서 조직구조와 설계, 조직문화, 조직학습, 조직변화와 조직개발 등의 주제들을 다룬다.

> **해설** ①, ②, ③, ④ → 개인차원의 변수
> ⑤ → 집단차원의 변수

정답 ⑤

10-2 ☑□□□

툭크맨(B. W. Tuckman)은 집단 발전의 과정을 5단계로 설명하였다. 마지막 단계인 해체기(adjourning)를 제외한 나머지 발전의 단계들이 가장 적절한 순서로 연결된 것은?

① 격동기(storming) – 형성기(forming) – 규범기(norming) – 성과수행기(performing)
② 격동기(storming) – 규범기(norming) – 형성기(forming) – 성과수행기(performing)
③ 형성기(forming) – 규범기(norming) – 격동기(storming) – 성과수행기(performing)
④ 형성기(forming) – 격동기(storming) – 규범기(norming) – 성과수행기(performing)
⑤ 규범기(norming) – 격동기(storming) – 성과수행기(performing) – 형성기(forming)

> **요점정리** 터크만에 따르면 집단은 일반적으로 형성－혼란(격

동)－규범화－수행/성취－해체의 다섯 단계를 거쳐 형성·발전·소멸한다. 형성기(forming)는 구성원들이 상당한 불확실성 하에서 서로에 대해 조금씩 알아가는 단계이며, 혼란기(storming)에서는 집단의 목표와 구조에 대한 전반적인 합의가 이루어지지만 소통이나 과업수행의 방법 및 절차 또는 집단의 구조와 계층관계에 대한 갈등과 대립이 나타나는 단계이다. 규범화(norming) 단계에서는 갈등의 극복과 해결과정에서 집단의 정체성과 동지애가 강해지며 조직체계 및 구조가 등장하여 문제해결이 원활해지며, 수행/성취기(performing)에서는 집단 구성원들이 공동의 목표 수행을 위해 각자에게 부여된 역할에 따라 임무를 다하고 집단의 에너지가 과업의 수행 및 성취를 위해 집중되는 단계이다. 마지막 단계는 해체기(adjourning)이다.

정답 ④

10-3 ☑□□□

집단 발달의 5단계 모형에서 집단 구성원들 간에 집단의 목표와 수단에 대해 합의가 이루어지고 응집력이 높아지며, 구성원들의 역할과 권한관계가 정해지는 단계는?

① 형성기(forming)
② 폭풍기(storming)
③ 규범기(norming)
④ 성과달성기(performing)
⑤ 해체기(adjourning)

> **해설** 터크만(Tuckman)에 따르면 집단을 둘러싼 환경이 비교적 안정적일 때 집단은 점진적이며 예측가능한 5단계의 발달과정을 거친다.

형성 (forming)	구성원들이 상당한 불확실성 하에서 서로에 대해 조금씩 알아가는 단계
혼란 (storming)	소통이나 과업수행의 방법 및 절차, 집단의 구조와 계층관계에 대한 갈등과 대립이 나타나는 단계
규범화 (norming)	갈등의 극복과 해결과정에서 집단의 정체성과 동지애가 강해지며 조직체계(역할, 권한) 및 구조가 등장하여 문제해결이 원활해지는 단계
수행/성취 (performing)	공동의 목표 수행을 위해 각자에게 부여된 역할에 따라 임무를 다하며, 집단의 에너지가 과업의 수행 및 성취를 위해 집중되는 단계
해체 (adjourning)	기존의 과업활동을 마무리하고 집단 구성원들 간의 관계를 정리하는 단계

정답 ③

10-5 ☑☐☐☐

사회적 태만(social loafing) 또는 무임승차는 개인이 혼자 일할 때보다 집단으로 일하면 노력을 덜 하려는 경향을 일컫는다. 이러한 현상을 줄이기 위한 방안으로 가장 옳지 않은 것은?

① 개인별 성과를 측정하여 비교할 수 있게 한다.
② 과업을 전문화시켜 책임소재를 분명하게 한다.
③ 팀의 규모를 늘려서 공동의 업무를 증가시킨다.
④ 직무충실화를 통해 직무에서 흥미와 동기가 유발되도록 한다.

―――――――――――――――

요점정리 개인은 혼자 일할 때보다 여럿이서 함께 일할 때 노력의 투입량을 줄이는 경향이 있는데 이를 사회적 태만(social loafing)이라 한다. 집단적 노력의 산출물은 구성원 개인들이 투입하는 노력의 크기와 비례하지 않는 경우가 많기에 무임승차자(free-rider)가 발생할 가능성이 높다.

해설 ③ 여럿이서 일할 때, 즉 팀의 규모가 커질 때 사회적 태만이 발생한다. 따라서 팀 규모를 늘리는 것은 해법이 아니라 이 문제의 발생 원인이 된다.

추가해설 무임승차 현상을 방지하기 위해서는 과업을 전문화시켜 책임소재를 분명하게 하고(①), 개인별 성과를 측정하여 비교할 수 있게 만들 필요가 있다(②). 또한 애초부터 동기수준이 높아 근무의욕이 높은 사람을 선발하거나 직무충실화(권한과 책임의 부여)를 통해 직무수행의 과정에서 흥미와 동기가 유발되도록 하는 것(④)도 대안이 된다.

정답 ③

10-5J ☑☐☐☐

집단응집성의 증대요인으로 옳지 않은 것은?

① 구성원의 동질성   ② 집단 내 경쟁
③ 성공적인 목표달성   ④ 집단 간 경쟁
⑤ 구성원 간 높은 접촉빈도

―――――――――――――――

해설 응집성(cohesiveness)은 구성원들이 서로에게 끌리며 집단 내에 머물도록 동기부여되는 정도를 뜻한다. 구성원들이 함께 보낸 시간이 길거나 서로에 대하여 매력을 느낄 때, 또는 공동의 적이 있을 때나 집단적 보상이 주어지는 경우, 과거 같은 구성원들과 업무성과를 낸 경험 등은 응집성을 증대시키는 요인이 된다. 반면 집단구성원의 숫자가 너무 많거나 집단 내 갈등 또는 경쟁이 있을 때에는 응집성이 감소할 수 있다.

정답 ②

10-6 ☑☐☐☐

조직 내에서 권한(authority)과 권력(power)에 대한 설명으로 옳지 않은 것은?

① 권한은 조직 내 직위에서 비롯된 합법적인 권리를 말한다.
② 권력을 휘두르기 위해서 반드시 많은 권한을 가질 필요는 없다.
③ 관리자는 종업원에게 권한을 이양할 때, 그에 상응하는 책임을 부여하여 권한이 남용되지 않도록 해야 한다.
④ 사장이 누구를 만날지, 언제 만날지를 결정할 수 있는 비서는 권력은 작으나 권한은 크다.

―――――――――――――――

요점정리 권한은 공식적 규정에 의한 힘이지만, 권력은 상대에 대해 가지는 일반적인 영향력을 뜻한다.

해설 ④ 비서의 공식적 역할은 제한되어 있다. 따라서 권력은 클 수 있어도 권한은 작은 것이다.

정답 ④

10-7 ☑☐☐☐

프렌치(J.R.P. French)와 레이븐(B. Raven)이 구분한 5가지 권력 유형이 아닌 것은?

① 합법적 권력   ② 기회적 권력
③ 강제적 권력   ④ 보상적 권력
⑤ 준거적 권력

―――――――――――――――

요점정리 프렌치와 레이븐(French & Raven)에 의하면 권력의 원천(또는 유형)에는 크게 다섯 가지가 있다고 한다. 이들은 각각 강압적 권력(coercive power, 무력이나 위협), 보상적 권력(reward power, 경제적·정신적 보상), 합법적 권력(legitimate power, 법규나 제도), 준거적 권력(referent power, 개인적 매력이나 특성), 전문적 권력(expert power, 지식이나 문제해결방안)으로 불린다. 여기서 앞의 세 가지 권력은 모두 개인이 사회적으로 점유하고 있는 지위로부터 발생하는 것이므로 공식적 권력이라 하고, 뒤의 두 가지 권력은 개인의 특성으로부터 비롯되는 것이므로 개인적 권력이라 한다.

해설 5대 권력 유형: 강압적 권력, 합법적 권력, 보상적 권력, 준거적 권력, 전문적 권력

정답 ②

10-8 ☑☐☐☐
2019 경영지도사

프렌치와 레이븐(J. French & B. Raven)이 제시한 조직 내 권력의 원천 5가지가 아닌 것은?

① 구조적 권력(structural power)
② 보상적 권력(reward power)
③ 강압적 권력(coercive power)
④ 합법적 권력(legitimate power)
⑤ 전문적 권력(expert power)

해설 프렌치와 레이븐(French & Raven)에 의하면 권력의 원천(또는 유형)에는 크게 다섯 가지가 있다고 한다. 이들은 각각 강압적 권력(coercive power, 무력이나 위협), 보상적 권력 (reward power, 경제적·정신적 보상), 합법적 권력(legitimate power, 법규나 제도), 준거적 권력(referent power, 개인적 매력이나 특성), 전문적 권력(expert power, 지식이나 문제해결 방안)으로 불린다.

정답 ①

10-9 ☑☐☐☐
2015 경영지도사

프렌치와 레이븐(J. R. P. French & B. Raven)이 제시한 조직 내 권력(power)의 원천 5가지에 포함되지 않는 것은?

① 보상적 권력(Reward power)
② 사회적 권력(Social power)
③ 강압적 권력(Coercive power)
④ 합법적 권력(Legitimate power)
⑤ 전문적 권력(Expert power)

해설 권력의 5대 원천: 강압적 권력, 보상적 권력, 합법적 권력, 준거적 권력, 전문적 권력

정답 ②

10-9D ☑☐☐☐
2021 공인노무사

조직으로부터 나오는 권력을 모두 고른 것은?

ㄱ. 보상적 권력	ㄴ. 전문적 권력
ㄷ. 합법적 권력	ㄹ. 준거적 권력
ㅁ. 강제적 권력	

① ㄱ, ㄴ, ㄷ
② ㄱ, ㄴ, ㄹ
③ ㄱ, ㄷ, ㅁ
④ ㄴ, ㄹ, ㅁ
⑤ ㄷ, ㄹ, ㅁ

해설 프렌치와 레이븐(French & Raven)에 의하면 권력의 원천(또는 유형)에는 크게 다섯 가지가 있다고 한다. 이들은 각각 강압적 권력(강제적 권력, coercive power, 무력이나 위협), 보상적 권력(reward power, 경제적·정신적 보상), 합법적 권력 (legitimate power, 법규나 제도), 준거적 권력(referent power, 개인적 매력이나 특성), 전문적 권력(expert power, 지식이나 문제해결방안)으로 불린다. 여기서 <u>앞의 세 가지(강압, 보상, 합법) 권력은 모두 개인이 사회적으로 점유하고 있는 지위나 조직으로부터 발생하는 것이므로 공식적 권력이라 하고, 뒤의 두 가지 권력은 개인의 특성으로부터 비롯되는 것이므로 개인적 권력이라 한다.</u>

정답 ③

10-9J ☑☐☐☐
2023 군무원 5급

공식적으로 소유한 권력이 아닌, 개개인 특성에 근거한 비공식적 권력의 원천에 해당하지 않는 것은?

① 전문적 권력
② 강압적 권력
③ 준거적 권력
④ 카리스마적 권력

해설 <u>공식적 권력에는 강압적 권력, 보상적 권력, 합법적 권력이 포함되고, 개인적(비공식적) 권력에는 전문적 권력과 준거적 권력이 있다.</u>

정답 ②

10-10 ☑☐☐☐
2019 공인노무사

프렌치와 레이븐(French & Raven)의 권력원천 분류에 따라 개인적 원천의 권력에 해당하는 것을 모두 고른 것은?

ㄱ. 강제적 권력	ㄴ. 준거적 권력
ㄷ. 전문적 권력	ㄹ. 합법적 권력
ㅁ. 보상적 권력	

① ㄱ, ㄴ   ② ㄴ, ㄷ
③ ㄷ, ㄹ   ④ ㄹ, ㅁ
⑤ ㄱ, ㄴ, ㅁ

해설▷ 프렌치와 레이븐(French & Raven)에 의하면 권력의 원천(또는 유형)에는 크게 다섯 가지가 있다고 한다. 이들은 각각 강압적 권력(coercive power, 무력이나 위협), 보상적 권력(reward power, 경제적·정신적 보상), 합법적 권력(legitimate power, 법규나 제도), 준거적 권력(referent power, 개인적 매력이나 특성), 전문적 권력(expert power, 지식이나 문제해결 방안)으로 불린다. 여기서 앞의 세 가지 권력은 모두 개인이 사회적으로 점유하고 있는 지위로부터 발생하는 것이므로 공식적 권력이라 하고, 뒤의 두 가지 권력(준거적 권력, 전문적 권력)은 개인의 특성으로부터 비롯되는 것이므로 개인적 권력이라 한다.

정답 ②

10-10J ☑☐☐☐
2023 가맹거래사

프렌치(J. French)와 레이븐(B. Raven)이 제시한 권력의 원천 중 개인의 특성에 기반한 권력은?

① 강제적 권력, 합법적 권력
② 강제적 권력, 보상적 권력
③ 준거적 권력, 합법적 권력
④ 준거적 권력, 전문적 권력
⑤ 전문적 권력, 합법적 권력

해설▷ 공식적 권력에는 강압적 권력, 보상적 권력, 합법적 권력이 포함되고, 개인적(비공식적) 권력에는 전문적 권력과 준거적 권력이 있다.

정답 ④

10-11 ☑☐☐☐
2005 CPA

프렌치(French)와 레이븐(Raven)이 제시한 권력의 원천 중 조직의 공식적 지위와 관련되지 않은 것만으로 묶인 것은?

a. 보상적 권력(reward power)
b. 강압적 권력(coercive power)
c. 합법적 권력(legitimate power)
d. 전문적 권력(expert power)
e. 준거적 권력(referent power)

① a, b   ② b, c
③ c, d   ④ d, e
⑤ a, e

해설▷ 공식적 지위와 관련된 권력은 강압적, 합법적, 보상적 권력이고, 개인적 측면에 기인한 권력은 전문적, 준거적 권력이다.

정답 ④

10-12 ☑☐☐☐
2011 가맹거래사

리더의 개인적인 성격특성에 기반을 둔 권력은?

① 준거적 권력   ② 합법적 권력
③ 보상적 권력   ④ 강압적 권력
⑤ 전문적 권력

해설▷ 강압적 권력, 합법적 권력, 보상적 권력은 조직적 지위로부터 발생하므로 공식적 권력인 반면, 준거적 권력과 전문적 권력은 개인의 특성에 기인하는 권력이다. 개인 특성에 기반을 둔 두 권력 중에서도 준거적 권력은 매력과 같은 요인에, 전문적 권력은 지식과 같은 요인에 의해 발생한다.

정답 ①

10-12D ☑□□□　　2021 군무원 9급

개인적 권력에 해당하는 것은?

① 부하 직원의 휴가 요청을 받아들이지 않을 수 있는 영향력
② 다른 직원에게 보너스를 제공하는 것을 결정할 수 있는 영향력
③ 높은 지위로 인해 다른 직원에게 작업 지시를 내릴 수 있는 영향력
④ 다른 직원에게 전문지식을 제공하여 발생하는 영향력

해설　프렌치와 레이븐의 권력 5대 원천이론에 따르면 공식적 권력에는 강압적, 합법적, 보상적 권력이, 개인적 권력에는 전문적, 준거적 권력이 포함된다. ①은 강압적 권력, ②는 보상적 권력, ③은 합법적 권력, ④는 전문적 권력이다.

정답 ④

10-12E ☑□□□　　2021 경영지도사

조직 내 권력의 원천 중 준거적 권력에 관한 설명으로 옳은 것은?

① 조직의 보상과 자원을 통제할 수 있는 능력
② 다양한 벌을 통제할 수 있는 능력
③ 조직적 직위로 타인을 통제할 수 있는 능력
④ 가치관 유사, 개인적 호감으로 통제할 수 있는 능력
⑤ 가치 있는 정보를 소유하거나 분석할 수 있는 능력

요점정리　프렌치와 레이븐(French & Raven)에 의하면 권력의 원천(또는 유형)에는 크게 다섯 가지가 있다고 한다. 이들은 각각 강압적 권력(coercive power, 무력이나 위협), 보상적 권력(reward power, 경제적 및 정신적 보상), 합법적 권력(legitimate power, 법규나 제도), 준거적 권력(referent power, 개인적 매력이나 특성), 전문적 권력(expert power, 지식이나 문제해결방안)으로 불린다.

해설　① 보상과 자원의 통제력 → 보상적 권력
② 벌(처벌)의 통제력 → 강압적 권력
③ 제도나 법이 규정하는 공식적·조직적 직위에 의한 통제력 → 합법적 권력
④ 개인특성이나 매력 등의 호감에 의한 통제력 → 준거적 권력
⑤ 지식과 정보의 소유나 분석력 → 전문적 권력

정답 ④

10-13 ☑□□□　　2017 가맹거래사

A부장은 부하들이 자신의 지시를 성실하게 수행하지 않으면 부하들의 승진 누락, 원하지 않는 부서로의 이동, 악성 루머 확산 등의 방식으로 대응한다. 부하들은 A부장의 이러한 보복이 두려워서 A부장의 지시를 따른다. A부장이 주로 사용하는 권력은?

① 강압적 권력　　② 준거적 권력
③ 보상적 권력　　④ 합법적 권력
⑤ 전문적 권력

해설　승진누락이나 타 부서로의 이동은 부장의 지위에 대한 공식적 권력이라는 점에서 (규정에 근거한) 합법적 권력으로 이해할 수 있다. 그러나 그러한 권력의 행사근거가 부하직원의 능력이나 업적이 아니라 자신에 대한 충성정도라는 점에서 공식적 권력을 부당한 방식으로 활용하는 것이라 할 수 있다. 특히나 악성 루머 등을 퍼트림에도 불구하고 부하직원들이 저항하지 못하는 이유는 A부장이 조직에서 부하들보다 높은 지위를 갖기 때문이다. 따라서 이 경우 A부장은 합법적 권력보다는 강압적 권력, 즉 위협이나 보복 내지는 협박의 방식을 주로 활용한다고 보는 것이 타당하다.

정답 ①

10-14 ☑□□□　　2014 공인노무사

조직에서 권력을 강화하기 위한 전술이 아닌 것은?

① 목표관리
② 불확실한 영역에 진입
③ 의존성 창출
④ 희소자원 제공
⑤ 전략적 상황요인 충족

해설　① 목표관리는 성과관리 내지는 동기부여의 수단이다.

추가해설　상대방에게 불확실성을 느끼게 하거나(②) 의존성을 갖게 하는 경우(③), 또는 희소한 자원을 제공하거나(④) 권력강화와 관련한 상황요인(예: 관계상의 중심성 획득)을 충족하는 경우(⑤)는 모두 권력을 강화하는 방법이 된다.

정답 ①

10-15 ☑□□□　　　2017 경영지도사

조직정치에 관한 설명으로 옳지 않은 것은?

① 자원의 희소성이 높을수록 조직정치의 동기가 강해진다.
② 불확실한 상황에서의 의사결정시 조직정치가 발생할 가능성이 높다.
③ 조직내 기술이 복잡할수록 조직정치가 발생할 가능성이 높다.
④ 목표가 명확할수록 조직정치가 발생할 가능성이 높다.
⑤ 장기전략에 대한 결정일수록 조직정치가 발생할 가능성이 높다.

요점정리▶ 조직 내의 개인 혹은 집단이 원하는 결과를 얻는 데 필요하다고 판단되는 권력을 획득하거나 이를 증가시키기 위해 수행하는 각종 활동을 정치(politics), 또는 조직정치(organizational politics)라 한다. 조직정치는 직무수행에 반드시 필요하지는 않은 행동이며, 당사자의 사익추구를 위해 등장하는 경우가 대부분이다. 조직정치의 유발요인은 다음과 같다.
• 조직정치 유발의 개인적 원인: 성격, 권력욕구, 능력 부족, 근속기간, 외부취업기회 등
• 조직정치 유발의 집단 및 조직적 원인: 조직의 구조조정(재구조화), 경영진의 승계, 자원할당, 기회와 자원의 부족, 애매한 규정, 환경 변화, 최고경영진의 사익추구, 불신하는 분위기, 독재적 관리방식 등

해설▶ ④ 목표가 명확한 경우에는 애매모호함과 불확실성이 감소하므로 조직정치가 감소할 것이다.

추가해설▶ 자원이 부족할수록(①), 상황이 불확실할수록(②), 조직내 기술이나 업무내용이 복잡할수록(③), 장기적 이슈에 대한 의사결정 상황일수록(⑤ → 단기보다는 장기로 갈수록 불확실성이 증가함) 조직정치의 발생확률은 증가한다.

정답 ④

10-15M ☑□□□　　　2024 군무원 7급

종업원들에게 자존감과 업무 몰입도를 높이기 위해 요구되는 심리적 강화 요인을 임파워먼트(empowerment)라 한다. 다음에 제시된 항목들 중 임파워먼트의 구성요소에 해당하는 것들로만 가장 적절하게 묶인 것은?

> ㉠ 의미감(meaning)
> ㉡ 능력(competence)
> ㉢ 자기결정력(self-determination)
> ㉣ 영향력(impact)

① ㉠, ㉢　　　　　　② ㉠, ㉡, ㉢
③ ㉡, ㉢, ㉣　　　　④ ㉠, ㉡, ㉢, ㉣

해설▶ 심리적 임파워먼트의 구성요소는 의미감(내 일이 중요한 의미를 가진다는 느낌), 능력(역량이 있다는 느낌), 자기결정력(스스로 결정하였다는 느낌), 영향력(나의 업무수행이 결과에 영향을 미쳤다는 느낌) 등이다. 따라서 문제에서 제시한 모든 항목이 다 해당된다.

정답 ④

10-16 ☑□□□　　　2011 가맹거래사

조직 내 집단 간의 갈등을 유발하는 원인이 아닌 것은?

① 업무의 상호의존성　　② 보상구조
③ 지각의 차이　　　　　④ 한정된 자원의 분배
⑤ 상위목표

요점정리▶ 갈등의 원인은 개인적 차원의 경우와 집단 및 조직적 차원의 경우로 나누어 볼 수 있다. 갈등의 개인적 원인으로는 공격적 본능, 욕구의 좌절, 불안, 초조, 긴장감 등을 극복하기 위한 방어 메커니즘(사실의 부정, 투사, 정당화 등), 성격과 가치관의 차이, 지각의 차이, 학습(갈등이 만연한 환경에서 지낸다면 갈등을 일으키는 사람이 될 가능성도 큼) 등이 있으며, 집단 및 조직적 원인으로는 지위와 역할(각자 역할이 충돌하거나 지위와 역할이 불일치할 경우), 부서간 목표의 차이, 인적·물적·금전적 자원의 부족, 제도와 규정의 불확실성, 계층과 직급간 차이, 평가 및 보상제도, 구성원간의 과업상호의존성(task interdependence), 집단 간 특성의 차이 등이 있다.

해설▶ ⑤ 상위목표의 설정은 갈등해소의 수단이 된다.

정답 ⑤

10-17 ☑☐☐☐
2015 7급공무원 3책형

루블(Ruble)과 토마스(Thomas)의 갈등관리(갈등해결) 전략유형에 대한 설명으로 옳지 않은 것은?

① 강요(competing)전략은 위기 상황이나 권력 차이가 큰 경우에 이용한다.
② 회피(avoiding)전략은 갈등 당사자 간 협동을 강요하지 않으며 당사자 한 쪽의 이익을 우선시 하지도 않는다.
③ 조화(accommodating)전략은 사회적 신뢰가 중요하지 않은 사소한 문제에서 주로 이용된다.
④ 타협(compromising)전략은 갈등 당사자의 협동과 서로 이익을 절충하는 것으로 서로의 부분적 이익 만족을 추구한다.

요점정리 갈등관리의 유형(conflict handling mode)은 라힘(Rahim), 토마스(Thomas), 루블(Ruble) 등의 학자들에 의해 연구된 바 있다. 이들에 따르면 갈등은 자신의 주장을 관철시키려는 의도와 상대방의 관심사를 만족시켜 주려는 정도에 따라 다섯 가지 유형으로 나뉜다.

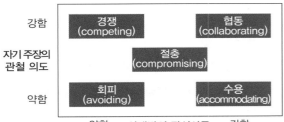

해설 ① 경쟁 또는 강요 전략은 어느 한쪽의 힘이 강하다는 확신이 있을 때 사용할 수 있다.
② 회피 전략은 양쪽의 관심사를 모두 충족시킬 의지가 없을 때 사용된다. 따라서 협동도 절충도 하지 않는다.
③ 조화 또는 수용 전략은 나의 주장을 접고 상대방의 관심사를 우선 충족시켜주려는 것이다. 따라서 이 전략은 상대방으로부터 신뢰를 얻고자 할 때 사용한다. 지문의 설명은 틀렸다.
④ 타협 전략은 절충 전략으로도 불리며 각자의 관심사를 조금씩 양보하는 것이다.

정답 ③

10-17M ☑☐☐☐
2024 공인노무사

킬만(T. Kilmann)의 갈등관리 유형 중 목적달성을 위해 비협조적으로 자기 관심사만을 만족시키려는 유형은?

① 협력형　　② 수용형
③ 회피형　　④ 타협형
⑤ 경쟁형

해설 사실 꼬투리를 잡자면 출제 오류이다. 엄밀히 말하면 학자 이름이 잘못되었다. 갈등관리유형을 집대성한 미국 피츠버그대학의 킬만 교수의 정확한 이름은 Ralph. H. Kilmann이다. (저자의 지도교수님의 미국 유학시절 지도교수가 바로 킬만 교수임) 킬만 교수와 공저한 학자가 Kenneth W. Thomas로서 흔히 갈등관리유형을 인용할 때 Thomas & Kilmann의 모형이라 부른다. 아마도 출제위원께서는 'Thomas & Kilmann의 모형'을 'Thomas Kilmann의 모형'으로 오인하여(즉 킬만교수의 이름을 토마스로 오해하여) 출제한 것 같다. 아무튼 사람 이름이 정답을 찾는데 결정적인 힌트는 아니니까 각설하고, 이 모형에 따르면 자기 관심사만을 충족시키려 하고, 상대방 needs의 충족에는 무관심한 유형을 경쟁형이라 부른다. 따라서 정답은 ⑤이다.

추가해설 ① 이는 나와 상대방 모두의 관심사를 동시에 충족하고자 하는 win-win형의 갈등관리 유형이다.
② 이는 상대방의 관심사만을 충족시키려 하는 유형이다.
③ 이는 나와 상대방의 관심사 모두를 충족하지 않으려는 lose-lose형의 갈등관리 유형이다.
④ 이는 나와 상대방의 관심사를 모두 부분적으로만 충족하고자 하는 갈등관리 유형이다.

정답 ⑤

10-17D ☑☐☐☐
2021 서울시 7급

상황에 따른 갈등 해결의 방법을 짝지은 것 중 가장 옳지 않은 것은?

① 이슈가 사소한 것이거나 자기의 의견이 관철될 가능성이 매우 낮을 때 - 철수/회피
② 나중을 위하여 신용을 얻고자 할 때 - 양보/수용
③ 목표는 중요하나 더 이상 설득이 힘들 때 - 타협
④ 비슷한 파워를 가진 집단들끼리의 갈등일 때 - 강요

해설 갈등관리의 유형(conflict handling mode)은 라힘

(Rahim), 토마스(Thomas), 루블(Ruble) 등의 학자들에 의해 연구된 바 있다. 이들에 따르면 갈등은 자신의 주장을 관철시키려는 의도와 상대방의 관심사를 만족시켜 주려는 정도에 따라 다섯 가지 유형으로 나뉘며, 각각의 유형은 나름의 특징과 그에 따른 활용방안을 도출할 수 있다.

- 경쟁(competing, 강요)은 자기주장적이며 비협력적인 방식으로서, 신속하고 확고한 의사결정이 필요한 비상상황이나, 중요하고 옳은 일이지만 다수의 사람들이 싫어하는 조치를 취해야만 할 때(예, 구조조정 등) 사용하는 것이 바람직하다.
- 협동(collaboration)은 자기주장적이며 협력적인 방식으로서, 단편적 측면에서 문제들을 다루기보다는 총체적으로 문제들을 다루기 때문에 장기적 관점에서 효력이 발생하는 갈등해결 방안의 도출이 가능하다.
- 절충(compromising, 타협)은 자기주장과 협력성 모두 중간 범위의 방식으로서, 목적 달성이 중요하지만 양측의 대치로 인한 더 큰 손실을 막을 필요가 있을 때, 서로 양립할 수 없는 문제에 직면할 때, 이슈가 복잡하여 잠정적인 선에서 타협을 보아야만 할 때, 그리고 시간이 부족할 때 차선책으로 활용하는 것이 바람직하다. 이 방식은 비교적 민주적인 방법이므로 쌍방이 다른 목표를 갖고 있거나 비슷한 정도의 세력을 가지고 있을 때 사용하면 효과적이다. 따라서 ④의 설명은 강요(경쟁) 방식보다는 절충(타협) 방식에 더욱 어울린다고 볼 수 있다.
- 회피(avoiding, 철수)는 자기주장적이지도 않고 협력적이지도 않는 방식으로서, 서로의 관심사를 충족시키는 해법이 없거나 문제해결에 너무나 오랜 시간이 걸려 그 해결로 인한 이익보다 손실이 더 클 때 사용할 수 있다.
- 수용(accommodating, 조화)은 자기주장은 낮지만 협력적인 경우의 갈등처리 의도로서, 우리측이 잘못했거나 이슈 자체가 상대방에게 더욱 중요하거나 또는 나중의 이슈를 위해 사회적으로 신임을 얻고자 할 때 사용할 수 있다.

정답 ④

10-17F ☑☐☐☐   2022 가맹거래사

갈등 상황에서 자신이 원하는 것을 포기하고 상대방이 원하는 것을 충족시키는 토마스(K. Thomas)의 갈등해결전략은?

① 회피전략   ② 수용전략
③ 경쟁전략   ④ 타협전략
⑤ 통합전략

[해설] ② 수용(accommodating, 조화)은 자기의 요구를 주장하는 정도는 낮지만 상대방과는 협력적인 경우의 갈등처리 의도로서, 우리측이 잘못했거나 이슈 자체가 상대방에게 더욱 중요하거나 또는 나중의 이슈를 위해 사회적으로 신임을 얻고자 할 때 사용할 수 있다.

[추가해설] '회피'는 자신이 원하는 것과 상대방이 원하는 것 모두를 포기하는 전략이고, '경쟁'은 자신이 원하는 것만을 추구하는 전략이며, '타협'은 자신과 상대방이 원하는 것을 각각 일부씩만 추구하는 전략이고, '통합'은 자신이 원하는 것과 상대방이 원하는 것 모두를 최대로 충족하려고 노력하는 전략을 뜻한다.

정답 ②

10-17G ☑☐☐☐   2022 국가직 7급

갈등에 대한 설명으로 옳지 않은 것은?

① 조직 내 갈등에 직무갈등, 관계갈등, 과정갈등이 있다.
② 갈등을 통해 개인의 욕구불만을 해소할 수 있다.
③ 갈등의 대처방식으로 협조(collaboration)는 서로 양보하여 약간씩만 자기만족을 꾀하는 방식이다.
④ 협상의 기술에는 배분적 협상과 통합적 협상이 있다.

[해설] ① [O] 갈등은 그 유발요인에 따라 업무갈등, 관계갈등, 과정갈등 등으로 나눌 수 있다. 업무갈등(task conflict)은 수행하는 과업의 내용이나 목표에 관련한 갈등이고, 관계갈등(relational conflict)은 인간관계에서 일어나는 갈등, 과정갈등(process conflict)은 업무의 처리 방법상의 이견으로 발생하는 갈등을 의미한다.
② [O] 갈등은 기본적으로 평화로운 상태에서는 미처 발견하지 못했던 다양한 문제들을 발견하고 이를 극복하는 계기가 된다. 인간의 욕구도 상당부분 갈등과정에서 충족되는 것이라 할 수

있다.

③ [×] 갈등처리의도 중 협조 방식은 자신과 상대방의 관심과 이해관계를 정확히 파악하여 문제해결을 위한 통합적 대안을 도출하는 경우를 뜻한다. 선지에서 설명하는 것처럼 '서로 양보하여 약간씩만 자기만족을 꾀하는 방식'은 자신과 타인의 공통된 관심분야를 서로 주고받는 방법인 절충(타협, compromising)에 해당한다.

④ [○] 갈등해소 수단 중 하나가 협상이며, 이는 크게 분배(배분)적 협상과 통합적 협상의 두 유형으로 나뉜다. 분배적 협상(distributive bargaining)은 제한된 자원을 두고 누가 더 많은 부분을 차지할 것인가를 결정하는 협상인 반면 통합적 협상(integrative bargaining)은 서로가 모두 만족할 수 있는 선에서 상호 승리(win-win)를 추구하는 협상이다.

정답 ③

10-18 ☑☐☐☐ 2012 7급공무원 인책형

조직관리에 있어 집단이나 부서 간 갈등 해소는 중요한 관리 요소이다. 이러한 갈등을 해소하는 데 적합한 것으로만 고른 것은?

ㄱ. 직접 대면	ㄴ. 상위목표의 설정
ㄷ. 자원의 확충	ㄹ. 상호의존성 제고

① ㄱ, ㄴ, ㄷ ② ㄱ, ㄴ, ㄹ
③ ㄱ, ㄷ, ㄹ ④ ㄴ, ㄷ, ㄹ

요점정리 갈등의 축소전략 : 대면, 초월적 목표 설정, 자원의 확충, 공통 관심사의 강조, 협상 등

해설 직접 대면(ㄱ), 상위목표 설정(ㄴ), 자원 확충(ㄷ) 등은 모두 갈등을 해소하는 수단이 될 수 있다. 그러나 상호의존성의 제고(ㄹ)는 도리어 갈등을 부추기는 결과를 초래할 수도 있다. 서로간의 업무가 얽히는 것이 상호의존성이므로 갈등이 발생하는 원인으로 이해하는 것이 타당하다.

정답 ①

10-19 ☑☐☐☐ 2014 공인노무사

분배적 교섭의 특성에 해당되는 것은?

① 나도 이기고 상대도 이긴다.
② 장기적 관계를 형성한다.
③ 정보공유를 통해 각 당사자의 관심을 충족시킨다.
④ 당사자 사이의 이해관계보다 각 당사자의 입장에 초점을 맞춘다.
⑤ 양 당사자 모두 만족할 만큼 파이를 확대한다.

요점정리 분배적 협상(distributive bargaining)은 자원의 크기가 고정되어 있을 때, 이해관계가 상반되는 양 당사자가 각자 자신의 몫을 극대화하려는 협상방식이다. 여기서는 각자의 협상입장(position, 협상당사자들이 각자 내세우는 요구조건 자체)에 따라 목표수준(최종적으로 얻고자 하는 수준)과 저항수준(더 이상 양보가 불가능한 수준) 사이에서 타결이 이루어진다.

반면 통합적 협상(integrative bargaining)은 서로가 모두 만족할 수 있는 선에서 상호 승리(win-win)를 추구하는 협상이다. 여기서는 서로의 이해관계(interest, 협상당사자들이 협상을 통해 궁극적으로 달성하고자 하는 목표)에 대한 파악과 정보공유를 통해 각자의 니즈(needs)가 모두 충족되는 선에서 타결이 이루어진다. 이상의 내용을 요약하면 다음과 같다.

- 분배적 교섭: Win-lose, 상대의 입장(position)에 집중, 정보공유 최소화, 파이 나누기, 단기적
- 통합적 교섭: Win-win, 상대의 이해(interest)에 집중, 정보공유 최대화, 파이 키우기, 장기적

정답 ④

10-20 ☑☐☐☐ 2013 가맹거래사

갈등해결을 위한 협상전략 중 통합적 협상(integrative bargaining)의 특성이 아닌 것은?

① 양쪽 당사자 모두 만족할 만큼 성과를 확대한다.
② 나도 이기고 상대도 이기는 윈-윈 전략을 구사한다.
③ 당사자들 사이의 이해관계보다 각 당사자의 입장에 초점을 맞춘다.
④ 당사자들 간의 장기적 관계를 형성한다.
⑤ 정보공유를 통해 각 당사자의 흥미를 만족시킨다.

해설 통합적 협상에서는 당사자들이 취하는 입장(position, 협상안으로 제시하는 내용 그 자체)보다는 각자의 이해관계

(interest, 협상을 통해 궁극적으로 달성하고자 하는 바)에 초점을 둔다.

정답 ③

10-20A ☑☐☐☐ 2018 군무원 복원

피셔와 유리(Fisher & Ury)의 협상갈등 해결이론에 대한 설명으로 옳지 않은 것은?

① 사람과 문제를 분리시킨다.
② 각자의 관심사보다 주장하는 바에 집중한다.
③ 둘 다 이익을 볼 수 있는 합의점을 찾는다.
④ 객관적 기준에 근거한 결과를 주장한다.

해설 피셔와 유리는 『Getting to Yes』라는 협상론 책의 저자들로서, 최중락 강사가 기본이론 강의 중에 도서관 창문을 여는 사람과 닫는 사람의 협상사례로 소개한 바가 있다. 이들이 강조하는 협상 스타일은 바로 통합적 협상(integrated bargaining)으로서 여기서는 각자가 주장하는 바(position)보다 각자가 그러한 주장을 펼치게 되는 이유, 즉 이해관계나 관심사(interest)에 초점을 두어야 한다.

정답 ②

10-22 ☑☐☐☐ 2016 경영지도사

의사소통(communication) 과정이 옳은 것은?

ㄱ. 발신자	ㄴ. 메시지
ㄷ. 매체	ㄹ. 수신자
ㅁ. 피드백	

① ㄱ → ㄴ → ㄷ → ㄹ → ㅁ
② ㄱ → ㄷ → ㄴ → ㄹ → ㅁ
③ ㄱ → ㄹ → ㄴ → ㄷ → ㅁ
④ ㄴ → ㄱ → ㄷ → ㅁ → ㄹ
⑤ ㄴ → ㄷ → ㄱ → ㅁ → ㄹ

해설 소통의 과정은 발신자 – 메시지 – 매체 – 수신자 – 피드백 순이다.

정답 ①

10-23 ☑☐☐☐ 2015 공인노무사

Communication에서 전달된 메시지를 자신에게 주는 의미로 변환시키는 사고 과정은?

① 잡음(noise)   ② 해독(decoding)
③ 반응(response)   ④ 부호화(encoding)
⑤ 피드백(feedback)

해설 ① 커뮤니케이션의 방해요소이다.
② 전달된 메시지를 해석하는 과정이다. 이것이 정답
④ 자신의 생각을 메시지로 만드는 과정이다. Decoding의 반대 과정
⑤ 메시지를 전달받은 사람이 자신이 알아들은 내용을 다시 전하는 과정이다.

정답 ②

10-23J ☑☐☐☐ 2023 가맹거래사

효과적인 커뮤니케이션의 장애요인에 해당하는 것을 모두 고른 것은?

ㄱ. 정보과중	ㄴ. 적극적 경청
ㄷ. 선택적 지각	ㄹ. 피드백의 활용
ㅁ. 필터링(filtering)	

① ㄱ, ㄴ, ㄹ   ② ㄱ, ㄴ, ㅁ
③ ㄱ, ㄷ, ㅁ   ④ ㄴ, ㄷ, ㄹ
⑤ ㄷ, ㄹ, ㅁ

해설 적극적 경청과 피드백은 커뮤니케이션의 장애요인을 극복하는 기법들이다. 나머지 선지(과중한 정보량, 선택적 지각이나 필터링과 같이 원하는 것만 골라서 듣는 태도)는 모두 효과적 의사소통을 저해하는 요인들이다.

정답 ③

10-24 ☑□□□
2024 공인노무사

효과적인 의사소통을 방해하는 요인 중 발신자와 관련된 요인이 아닌 것은?

① 의사소통 기술의 부족
② 준거체계의 차이
③ 의사소통 목적의 결여
④ 신뢰성의 부족
⑤ 정보의 과부하

해설 ① [○] 발신자는 말하는 사람이다(=송신자, sender). 따라서 그의 소통스킬이 부족할 경우 효과적 소통에 지장이 생길 수 있다.
② [○] 준거체계(frame of reference)를 쉽게 설명하자면 생각하는 방식 또는 사고체계를 말한다. 말하는 사람이 듣는 사람과 상이한 사고방식을 갖고 있다면 소통이 잘 될 리가 없다.
③ [○] 소통의 궁극적 이유는 특정한 목표나 목적을 서로 공유하면서 공감대를 얻는 것이다. 그런데 소통을 하는 목적이 결여되어 있다면 발화자는 듣는 이에게 어떤 말을 걸어야 할지 파악하기 어렵게 된다. 예를 들어 수강생은 강의를 통해 점수를 올리고자 하는 목적의식이 있는데 만약 강사가 그러한 목표를 갖지 않는다면 강의를 통해 수강생이 원하는 점수를 얻기 쉽지 않을 것이다.
④ [○] 신뢰성은 발화의 진실성 내지는 일관성을 뜻하므로 발화자의 이 측면이 낮다면 수신자는 커뮤니케이션의 내용을 어디까지 믿어야 할지 판단하기 힘들게 된다.
⑤ [×] 정보가 한꺼번에 많이 주어지는 것이 과부하(overload)이다. 따라서 이는 듣는 이(수신자)가 강의내용을 제대로 수용하거나 받아들이지 못해서 생기는 커뮤니케이션 문제이지, 발화자의 문제로 보기는 어렵다.

정답 ⑤

10-25 ☑□□□
2017 가맹거래사

조직차원의 공식적 커뮤니케이션이 아닌 것은?

① 군집형 커뮤니케이션
② 대각선 커뮤니케이션
③ 수평적 커뮤니케이션
④ 상향식 커뮤니케이션
⑤ 하향식 커뮤니케이션

요점정리 커뮤니케이션 중 조직에서 공식적으로 이루어지는 유형으로는 부하가 상사에게 보고하는 상향식(④), 상사가 부하에게 지시하는 하향식(⑤), 동일한 지위의 구성원간에 이루어지는 소통방식인 수평식(③), 소속집단과 계층 모두가 다른 사람들 간의 커뮤니케이션인 대각형(②) 등이 있다.

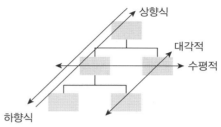

정답 ①

10-25A ☑□□□
2020 공인노무사

구성원들 간 의사소통이 강력한 특정 리더에게 집중되는 유형은?

① 원형
② Y자형
③ 수레바퀴형
④ 사슬형
⑤ 전체연결형

요점정리 의사소통 네트워크의 각 유형을 도식화하면 다음과 같다. 수레바퀴형, 사슬형, Y형 등은 수직적 속성이 강한 네트워크인 반면, 원형이나 완전연결형은 수평적 속성이 강한 네트워크에 해당한다.

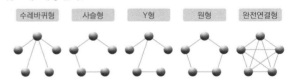

해설 ③ 수레바퀴형(Wheel or star type)은 집단 내에 특정한 리더가 있을 때 발생한다. 특정의 리더에 의해서 모든 정보의 전달이 이루어지기 때문에 특정 리더에게 권한이 집중되는 양상을 보인다.

추가해설 ① 원형(circle type)은 위원회 조직이나 태스크포스 조직에서와 같이 권력의 집중이 없고 지위의 고하도 없이 특정 문제의 해결을 위하여 민주적으로 구성된 조직에서 주로 등장하게 된다.
② Y형(Y type)은 집단 내에 특정한 리더가 있는 것은 아니지만, 비교적 집단을 대표할 수 있는 인물이 존재하는 경우에 나타난다. 흔히 라인과 스탭의 혼합집단에서 찾아볼 수 있다.
④ 사슬형(chain type)은 공식적인 계통과 수직적(수평적)인 경로를 통해서 의사(정보) 전달이 이루어지는 형태이다.

⑤ 완전연결형(전체연결형, all channel type)은 구성원 전체가 서로의 의견이나 정보를 자유의지에 따라 교환하는 형태이다.

정답 ③

10-26 ☑□□□

집단 내에 강력한 리더가 있는 것은 아니지만 어느 정도 대표성 있는 인물을 통해 비교적 공식적인 계층을 따라 의사소통이 신속하게 이루어지는 의사소통 네트워크 유형은?

① 완전연결형   ② 바퀴형
③ 원형   ④ 연쇄형
⑤ Y자형

요점정리 의사소통 네트워크의 핵심내용은 다음과 같다.
• 수직형 네트워크: 위/아래가 존재하는 의사소통 유형으로서, 공식적 조직계통을 따라 정보가 단계적으로 전달되는 사슬형(chain, 연쇄형), 카리스마적이지는 않지만 집단을 이끌고 대표하는 인물이 존재하는 경우에 해당되는 Y형, 강력한 리더가 구성원간 소통의 중심에 서는 수레바퀴형(wheel) 등이 있다.
• 수평형 네트워크: 비교적 평등한 구성원간에 존재하는 의사소통 유형으로서, 문제해결을 위해 조직되는 회의 및 협의체(taskforce)에 해당되는 원형(circle), 모든 구성원간 의사전달이 이루어져 원활한 소통이 가능한 완전연결형(all channel) 등이 있다.

해설 명확한 대표가 존재하지는 않으나 비교적 대표성이 있는 인물, 즉 대표로서의 직함은 없지만 실질적 대표가 존재하는 경우는 Y형이다.

정답 ⑤

10-27 ☑□□□

집단 내에 중심적인 인물 또는 리더가 존재하여 구성원들 간의 정보전달이 그 한 사람에게 집중되는 커뮤니케이션 네트워크 유형은?

① 연쇄형   ② 수레바퀴형
③ Y형   ④ 완전연결형
⑤ 원형

해설 ① 사슬형이라고도 부른다. 수평적 또는 수직적으로 형성된 공식적 조직계통을 따라 정보가 단계적으로 전달되는 특

징을 가지기 때문에 명령과 권한의 체계가 명확한 공식적이고 전통적인 유형의 조직에서 많이 이용되고 있다.
② 강력한 리더가 소통의 중심에 서는 네트워크 형태로서, 특정 리더가 모든 정보의 전달을 감독하기 때문에 조직 내의 정보 역시 리더에게 집중된다. 본 문제의 정답이다.
③ 이는 사슬형의 변형적 네트워크로서, 집단 내에 특정한 카리스마적 리더가 있는 것은 아니지만, 비교적 집단을 이끌고 대표할 수 있는 인물이 존재하는 경우에 나타난다.
④ 이는 모든 구성원간에 원활한 소통이 이루어지는 네트워크 형태로서 자유로운 소통에 기반하여 창의적이고 참신한 아이디어를 이끌어 낼 수 있으며 구성원의 만족도가 높다는 장점이 있다.
⑤ 이는 뚜렷한 리더나 커뮤니케이션의 방향 없이 정보가 흘러가는 패턴으로서 특정한 문제의 해결을 위해 조직되는 태스크포스 등이 이에 해당한다.

정답 ②

10-27D ☑□□□

집단 내에서 지위의 차이에 의해 의사소통경로가 엄격하게 정해져 있어 지위를 따라 상사와 부하 간에 직접적으로 의사소통이 이루어지는 의사소통 네트워크는?

① 연쇄형(사슬형)   ② Y자형
③ 원형   ④ 바퀴형(수레바퀴형)

해설 우선 의사소통 네트워크는 크게 수직적 형태(수레바퀴형, 사슬형, Y형)와 수평적 형태(원형, 완전연결형)로 나눌 수 있다. 첫 번째 힌트, 문제에서 '지위의 차이'라고 언급하였으므로 수평적 형태는 아니다. 따라서 수직적 네트워크의 3가지 중 하나가 정답이 될 것이다. 두 번째 힌트, '지위를 따라' 소통이 이루어진다고 했으므로 여러 계층을 순차적으로 흘러가는 소통 방식을 의미한다. 이상의 두 힌트를 조합하면 사슬형 네트워크가 가장 적합하다.

추가해설 Y자형이 되기 위해서는 '집단 내에 특정한 카리스마적 리더가 있는 것은 아니지만, 비교적 집단을 이끌고 대표할 수 있는 인물이 존재'함을 알 수 있는 키워드가 나와야 한다.

정답 ①

10-28 ☑□□□　　　2019 상반기 군무원 복원

의사소통 네트워크에 대한 설명 중 옳지 않은 것은?

① 수레바퀴형은 집단 내 강력한 리더가 존재하고, 모든 정보는 리더를 중심으로 집중되며 이를 통해 모든 사람들에게 전달된다.
② 원형은 의사소통 속도가 빠르다.
③ 라인조직과 스탭조직이 혼합된 경우에는 Y형을 사용한다.
④ 사슬형과 원형의 만족도가 가장 높다.

해설 〉사슬형은 가장 만족도가 낮은 편이다.

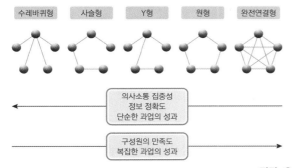

정답 ④

1. 의사결정의 의미와 과정

1) 개념: 복수의 대안들 가운데 최적을 선택

2) 의사결정에 필요한 정보의 속성: 정확성, 경제성, 완전성, 적시성, 관련성, 간편성, 검증가능성 등

3) 의사결정 과정: 문제 인식 → 대안의 탐색 → 대안의 평가 → 선택 → 실행 → 결과에 대한 평가

2. 의사결정 모형

1) 합리적 의사결정 모형: 의사결정의 이념형(ideal type), 규범적 특성

[기본가정] 완전정보, 가장 효용이 높은 대안 선택, 일관된 선호체계, 이상적 상황의 의사결정

2) 만족모형(=제한된 합리성 모형): March & Simon

[기본가정] 능력의 제약, 환경의 복잡성, 최적이 아니라 만족하는 선에서 결정, 주관적 의사결정

가정	합리적 의사결정 모형(규범적)	제한된 합리성 모형(기술적)
의사결정자의 합리성	완전한 합리성	제한된 합리성
정보의 가용성	완전한 접근 가능함	제한적 접근만 가능함
대안의 선택	최적안(optimal solution) 선택	만족안(satisfactory solution) 선택

3) 직관적 모형(=이미지 이론): 기존 경험 또는 대안이 풍기는 이미지에 따라 의사결정을 수행

4) 쓰레기통 모형

① 의의: 의사결정이 예기치 못한 순간 발생할 수 있음을 지적하는 모형

② 조직화된 무질서: 우선순위의 상이함, 지식과 경험의 부족, 의사결정자의 잦은 교체

③ 의사결정이 일어나는 상황조건: 의사결정자, 대안, 문제 및 이슈, 선택기회

3. 집단의사결정

1) 의미와 특징

① 의미: 다수 구성원들의 역량과 견해를 반영하여 합의를 도출하기 위한 의사결정

② 장점: 다양한 정보와 지식의 결합, 실수 가능성 감소, 사고의 다양성, 결론의 수용성 증가

③ 단점: 시간 증가, 책임소재 불분명, 소수의 지배, 순응(동조) 현상, 집단사고, 집단양극화

2) 집단사고와 집단양극화

① 집단사고: 동조압력으로 인하여 대안적 의견에 대해 비판적 평가를 행하지 못하는 현상

[원인] 도덕적 우월감, 상대에 대한 부정적 고정관념, 강한 응집성 등

② 집단양극화: 양 집단간 상호작용을 거듭하면서 점차 극단적 입장과 태도를 취하게 되는 현상

[원인] 외집단과의 상호작용(외적 경로)과 몰입의 심화(내적 경로)로 인하여 발생

3) 집단사고와 집단양극화 극복을 위한 의사결정 기법

① 브레인스토밍: 오스본에 의해 개발 → 자유롭게 무작위적으로 아이디어 도출 → 동조압력 극복

② 명목집단법: 대인 커뮤니케이션(예 토론)이 제한된 명목상의 임시집단을 통한 의견 수렴

③ 델파이법: 전문가들에 의해 서면상으로 이루어지는 무기명 토론 방식

④ 변증법적 토의: 집단 구성원을 대립하는 두 개의 편으로 나누어 토론하게 하는 기법

⑤ 악마의 옹호자: 제시된 의견에 고의로 반대하는 반론자를 통해 문제에 대한 정확한 인식 제고

11-1 ☑☐☐☐

경영자의 의사결정 접근법 중 합리성 모델에 대한 주장으로 옳지 않은 것은?

① 목적 지향적이고 논리적이다.
② 만족할 만한 대안을 해결안으로 받아들인다.
③ 조직의 이해를 최대한 반영한다.
④ 문제가 명확하고, 모호하지 않다.

해설 ① [O] 합리모델은 주어진 조건 하에서 최적(optimal)의 답을 찾으려고 노력하는 의사결정 방식이다. 따라서 목적 지향적이고, 논리성을 강조한다.
② [×] 만족할 수 있는 대안을 선택하는 의사결정 방식은 합리성 모델이 아니라 제한된 합리성 모델(bounded rationality model)이다.
③ [O] 합리모델에서는 조직구성원의 다양한 니즈(needs)와 이해관계를 적당한 선에서 해결하는 것이 아니라 가능한 한 최대한 반영하려 노력한다.
④ [O] 합리모델은 확실성하의 의사결정을 추구한다. 따라서 명확한 문제의 해결에 활용된다.

정답 ②

11-2 ☑☐☐☐

앤소프(H. Ansoff)의 경영자 계층에 따른 의사결정이론에 관한 설명으로 옳지 않은 것은?

① 기업자원의 효율을 극대화하기 위한 일정계획, 감독, 통제활동 등은 전략적 의사결정이다.
② 기업의 환경변화에 대응하기 위한 제품 및 시장믹스 선정, 신사업영역 결정, 기술개발 등의 활동은 전략적 의사결정이다.
③ 조직의 목표 달성 구체화를 위해 제 자원을 조직화하여 최적성과를 달성토록 하는 활동은 관리적 의사결정이다.
④ 특정업무의 효과적, 효율적 수행과 관련된 활동으로 현재 조직에서 일어나고 있는 시간개념의 활동은 업무적 의사결정이다.
⑤ 제품생산계획, 조직편성, 자원의 조달방법, 인사와 훈련계획, 권한·책임의 문제, 판매·유통경로 분석 등은 관리적 의사결정이다.

요점정리 앤소프(Ansoff)는 의사결정을 그 범위와 수준에 따라 전략적 의사결정, 관리적 의사결정, 업무적 의사결정 등으로 분류하였다.
• 전략적 의사결정은 기업의 장기적 목표와 비전을 수립하고, 외부환경의 요구(demand)에 적응하는 것(즉, 유연성)과 관련한 최고경영층의 의사결정이다. 비반복적이고 비구조적인 문제에 대한 의사결정이 주로 수행된다.
• 관리적 의사결정은 기업조직을 구성하는 각 단위에서 자원을 활용하여 조직성과를 향상시키기 위해 무엇을 해야 하는지와 관련한 중간관리자의 의사결정이다.
• 업무적 의사결정은 일선 단위조직(주로 작업집단이나 팀)에서 효율성을 극대화하기 위하여 수행되는 라인관리자의 의사결정이다. 반복적이고 정형화된 의사결정이 주로 수행된다.

해설 ① [×] 전략적 의사결정은 기업의 전반적 방향과 목표를 설정하고 자원을 배분하는 의사결정에 해당한다. 일정계획이나 감독은 업무적 의사결정에 해당한다.
②,③,④,⑤ [O] 전략적, 관리적, 업무적 의사결정에 대한 올바른 정의이다.

정답 ①

11-2J ☑☐☐☐

정형적 의사결정에 대한 설명으로 가장 옳지 않은 것은?

① 정형적 의사결정은 주로 하위 계층에서 이뤄지고 그 영향은 국지적이며 단기적이다.
② 의사결정의 초점이 조직 내부 문제에 집중되며 조직 체제를 폐쇄 시스템으로 가정한다.
③ 정형적 의사결정은 비자발적이며 여유를 가지고 의사결정을 할 수가 없다. 따라서 가능한 위험을 최소화할 수 있는 의사결정이어야 한다.
④ 정형적 의사결정은 이미 분명히 밝혀진 문제에 대한 의사결정으로 대체안 평가 기준이 명확하다.

해설 정형화(routinized)된 상황이란, 자주 반복되어 늘 유사한 대안이 준비되어 있고(④) 그에 따른 행동양식이 구성원들에게 어느 정도 체화되어 있는 상황을 의미한다. 따라서 하위 계층(①)에서 주로 수행되며, 상황적 고려사항보다는 현재 주어진 조건 하에서(②) 문제를 해결한다. 이 경우에는 의사결정에 따르는 스트레스나 시간 및 비용이 적다. 이런 경우의 의사결정을 프로그램 의사결정(programmed decision)이라 한다.
③ [×] 정형적 의사결정에서 자발성이 있는지 없는지는 중요하지 않다. 문제가 반복되느냐 그렇지 않느냐가 더욱 중요하다.

그리고 시간적 여유가 없는 것은 '비정형적'인 의사결정의 특징이다. 예외적이고 갑작스러운 비정형화(nonroutinized)된 상황에서는 기존에 생각하지 않았던 새로운 대안을 탐색하고 평가해야 하므로 기존에 축적된 풍부한 업무수행경험과 창의성이 필요하게 된다. 이런 경우의 의사결정을 비프로그램 의사결정(nonprogrammed decision)이라 한다.

정답 ③

11-2K ✔□□□ 2023 경영지도사

경영의사결정에 관한 설명으로 옳은 것은?

① 버나드(C. Barnard)는 정형적·비정형적 의사결정으로 분류하였다.
② 기업목표 변경, 기업성장·다각화 계획 등은 관리적 의사결정에 해당한다.
③ 업무적 의사결정은 조직 내 여러 자원의 변환 과정에서 효율성을 극대화하는 것과 관련되며 주로 하위경영층에 의해 이루어진다.
④ 위험성하에서의 의사결정은 발생할 수 있는 결과를 추정할 수 있으나 그 발생확률을 알 수 없는 경우에 이루어진다.
⑤ 각 대안에 대한 기대치를 계산하는 의사결정나무는 비정형적 의사결정에 속한다.

해설 ① [×] 사이먼(Simon)은 반복성 여부에 따라 의사결정을 유형화하였다. 정형화(routinized)된 상황이란, 자주 반복되어 늘 유사한 대안이 준비되어 있고 그에 따른 행동양식이 구성원들에게 어느 정도 체화되어 있는 상황을 의미한다. 하지만 예외적이고 갑작스러운 비정형화(nonroutinized)된 상황에서는 기존에 생각하지 않았던 새로운 대안을 탐색하고 평가해야 하므로 기존에 축적된 풍부한 업무수행경험과 창의성이 필요하게 된다.
② [×] 관리적 의사결정은 기업조직을 구성하는 각 단위에서 자원을 활용하여 조직성과를 향상시키기 위해 무엇을 해야 하는지와 관련한 중간관리자의 의사결정이다. 기업목표 변경, 기업성장·다각화 계획 등은 최고경영자가 주로 수행하는 '전략적 의사결정'에 속한다.
③ [○] 업무적 의사결정은 일선 단위조직(주로 작업집단이나 팀)에서 효율성을 극대화하기 위하여 수행되는 라인관리자(하위경영층)의 의사결정이다. 반복적이고 정형화된 의사결정이 주로 수행된다.
④ [×] 구텐베르크(Gutenberg)는 의사결정의 종류를 확률에 따라서 확실성 하에서의 의사결정(사건 발생 여부를 확실히 알

고 있는 경우), 위험 하에서의 의사결정(사건이 발생할 확률을 알고 있는 경우), 불확실성 하에서의 의사결정(사건발생확률을 알지 못하는 경우) 등으로 구분하였다.
⑤ [×] 의사결정나무(decision-making tree)는 각 대안별 경우의 수와 발생확률이 정해진 정형화된 상황에서 주로 사용되는 의사결정이다.

정답 ③

11-3 ✔□□□ 2018 경영지도사

인간두뇌의 한계와 정보부족 등으로 인해 완전한 합리성은 불가능하므로 제한된 합리성에 근거하여 의사결정을 하게 된다는 모형은?

① 경제인모형　　　② 만족모형
③ 점증모형　　　　④ 최적모형
⑤ 혼합모형

해설 사이먼(Simon)에 따르면 인간의 인지능력에는 제한이 있어 최적의사결정을 위한 모든 정보의 이해와 활용이 사실상 불가능하다. 최근의 격심한 경영환경 변화와 각종 시간제약 및 수많은 고려요인의 출현 등은 경영자들로 하여금 합리적 의사결정 과정을 따르기 어렵게 만든다. 실제로 조직에서는 시간과 인지능력의 제약으로 가능한 모든 대안을 다 검토하지 못하고 의사결정하는 경우가 많다. 따라서 사이먼에 따르면 대부분의 경우에 의사결정은 인간이 이해할 수 있는 범위 내에서 이루어지며, 최적화(optimization)보다는 의사결정자가 만족(satisfy)하는 선에서 결정된다. 이를 제한된 합리성 모형(bounded rationality model)이라 하며, 합리모형에 대비하여 만족모형(satisfaction model)이라 하기도 한다.

정답 ②

11-3B ✔□□□ 2020 경영지도사

사이먼(H. Simon)이 주장한 의사결정의 제한된 합리성 모델(bounded rationality model)의 내용에 해당하지 않는 것은?

① 규범적 모델
② 단순화 전략의 사용
③ 불완전하고 부정확한 정보사용
④ 만족해(satisficing solution)를 선택
⑤ 모든 가능한 대안을 고려하지 못함

해설 규범적 모델이란 '의사결정은 마땅히 이러해야 한다'는 당위를 제시하는 모델로서 합리적 의사결정 이론에 해당하는 서술이다. 제한된 합리성 모델은 '현실에서의 의사결정은 적당히 만족하는 선에서 결정된다'는 의미로서 기술적 모델(descriptive model)로 불린다.

정답 ①

11-3C ☑☐☐☐

2020 서울시 7급

정보 수집과 분석에 대한 인간의 능력 한계로 인하여 객관적인 효용의 극대화가 아닌 충분히 만족스럽다고 판단되는 차선의 대안 중 하나를 선택한다는 관점을 가진 의사결정 모형은?

① 정치적 의사결정 모형
② 합리적 의사결정 모형
③ 직관적 의사결정 모형
④ 제한된 합리성 모형

해설 효용 극대화를 추구하는 경우를 경제적 합리성 모형이라 하는 반면, 인간의 능력한계를 인정하고 만족을 추구하는 경우를 제한된 합리성 모형이라 한다.
추가해설 ① 조직 내 다수 세력집단의 연합(coalition)에서 중요하게 생각하는 문제가 의사결정에서 우선적으로 다루어진다고 보는 관점으로서, 카네기 모형이라고도 한다.
③ 직관적 의사결정은 흔히 이미지이론(image theory)으로 불리기도 하는데 이는 과거의 경험이나 대안들이 자신에게 풍기는 이미지에 따라 의사결정을 행하기 때문이다. 직관에 의해 이루어지는 의사결정모델을 휴리스틱(Heuristic) 모델이라 하기도 하는데, 휴리스틱 접근법은 극도의 불확실성과 시간제약 하에서 전례 및 정보가 없거나 과학적 예측이 불가능한 경우에 사용된다.

정답 ④

11-3F ☑☐☐☐

2022 경영지도사

사이먼(H. Simon)의 제한된 합리성 모델(bounded rationality model)의 특성으로 옳은 것은?

① 만족해 선택
② 대안에 대한 완벽한 정보
③ 우선순위 불변
④ 경제적 인간 가정
⑤ 실행 과정과 결과에 대한 완벽한 지식

해설 제한된 합리성 모형의 다른 명칭이 '만족 모형'인 이유는 완벽한 정보나 지식을 얻어 최적해(optimal solution)를 얻는 것이 불가능한 상황에서는 적당히 만족스러운(satisfactory) 답을 찾는 것이 더 나을 수 있음을 강조했기 때문이다.
추가해설 완전정보(②), 선호체계의 일관성(③), 경제적인 인간관과 그에 따른 완전정보의 가정(④, ⑤)은 모두 합리적 의사결정 모형(rational model)의 특징에 해당한다.

정답 ①

11-3M ☑☐☐☐

2024 군무원 5급

의사결정에 크게 영향을 미치는 중요한 요소는 의사결정 스타일이다. 의사결정 스타일을 모호성을 용인하는 정도와 합리성(이성적 또는 직관적)을 기준으로 4가지로 구분할 수 있다. 다음 중 '모호성을 용인하지 못하며 이성적으로 따져 결정하는 스타일'을 지칭하는 용어로서 가장 적절한 것은?

① 지시적 의사결정 스타일
② 분석적 의사결정 스타일
③ 개념적 의사결정 스타일
④ 행동적 의사결정 스타일

해설 의사결정자의 스타일은 의사결정에 가장 큰 영향을 미치는데, 이에 관하여 로우(Rowe)를 비롯한 학자들은 사고방식(way of thinking)이 합리적인지 아니면 직관적인지, 그리고 불확실성 감수능력(tolerance of ambiguity)이 큰지 작은지에 따라 의사결정 스타일을 네 가지로 구분하였다.
• 단순형(지시형, directive style, 합리적 & 확실성 선호): 이들은 합리성을 추구하지만 불확실성에 대한 인내력이 없기에 적은 양의 정보라도 있는 것을 토대로 철저히 분석하여 단기간에 신속한 의사결정을 내린다. 본 문제의 정답이라 할 수

있다. 영어 directive는 통상 우리말로 지시적 또는 단순함으로 번역된다.

- 분석형(analytic style, 합리적 & 불확실성 인내 가능): 이들은 애매모호한 상태를 잘 참으면서 정보를 계속 추가하며 가능한 한 더 많은 대안을 검토하여 최적의 것을 택하려 한다. 따라서 신중하고 조심스런 의사결정을 하게 된다.
- 개념형(conceptual style, 직관적 & 불확실성 인내 가능): 이들은 장기적 관점에서 많은 대안을 검토하되 기존의 틀에서 벗어난 창조적이고 비상한 결정을 많이 하는 스타일이다.
- 행동형(behavioral style, 직관적 & 확실성 선호): 이들은 애매모호성을 참을 수 없으므로 남이 주는 정보나 생각을 그대로 받아들인다. 그러다보니 남들과 대화를 하거나 회의를 하면서 그들이 주장하는 대로 빨리 결정하기가 쉬운 스타일이다.

정답 ①

11-4 ☑☐☐☐　　　　2016 경영지도사

집단의사결정의 특징이 아닌 것은?

① 개인의사결정에 비해 보다 정확한 경향이 있다.
② 개인의사결정에 비해 책임소재가 더 명확하다.
③ 개인의사결정에 비해 더 많은 대안을 생성할 수 있다.
④ 의사결정 시 다양한 경험과 관점을 반영할 수 있다.
⑤ 소수의 아이디어를 무시하는 경향이 일어날 수 있다.

해설〉 ② 집단의사결정은 의사결정과정에의 참여자가 여러 명이므로 책임소재가 흐려질 가능성이 크다.

추가해설〉 ①, ③, ④ 개인의사결정에 비해 집단의사결정에서는 많은 사람들의 관점, 지식 및 정보가 결합되므로 정확성이 높고 더 많은 대안을 발견할 수 있다.
⑤ 집단의사결정에서는 주류집단의 생각과 다른 소수의견이 무시될 가능성이 있고, 이것이 집단사고(groupthink)로 이어지기도 한다.

정답 ②

11-4J ☑☐☐☐　　　　2023 경영지도사

집단의사결정에 관한 설명으로 옳지 않은 것은?

① 집단사고의 위험성이 존재한다.
② 개인의 주관성을 감소시킬 수 있다.
③ 상이한 관점에서 보다 많은 대안을 생성할 수 있다.
④ 명목집단법은 집단 구성원 간 반대논쟁을 활성화하여 문제 해결안을 발견하고자 한다.
⑤ 명목집단법과 정보기술을 조화시키는 전자회의를 통해 집단의사결정의 효율성을 높일 수 있다.

해설〉 ① [○] 집단사고(groupthink)는 집단 내에서 동조압력 (즉, 합의에 대한 규범) 때문에 대안적인 의견(예, 보기 드문 견해, 소수의 입장, 비대중적인 의견)에 대하여 비판적이고 심도 있는 평가를 행하지 못하는 현상으로서 집단의사결정의 역기능 중 대표적인 현상이다.
②,③ [○] 집단의사결정에서는 일반적으로 개인의 독단적 결정에 비해 완벽에 가까운 정보와 지식의 결합으로 인해 주관적 실수의 가능성이 적다. 또한 사고의 다양성 덕분에 미처 혼자서는 생각하지 못한 이슈에 대한 고찰이 가능하며, 여러 사람들이 최종 결론을 내리는데 참여하기 때문에 결론의 수용성이 증가한다.
④ [×] 명목집단법(nominal group technique)은 의사결정이 이루어지는 동안 구성원간의 대인 커뮤니케이션이 제한된 그야말로 명목적(nominal)인 임시집단을 구성하여 의사결정을 행하는 기법이다.
⑤ [○] 명목집단법의 단점 중 하나는 한 번에 한 문제밖에 처리할 수 없다는 것이다. 전자회의 기법이 도입되면 의사결정 처리 속도를 높일 수 있을 것이다.

정답 ④

11-6 ☑☐☐☐　　　　2017 공인노무사

다음이 설명하는 기법은?

- 비구조적인 문제를 다루는데 유용하다.
- 경험을 체계화하고 정형화하여 해결책을 발견한다.

① 팀 빌딩　　　　② 휴리스틱
③ 군집분석　　　　④ 회귀분석
⑤ 선형계획법

해설 비구조적이라는 말은 반복되지 않고 분석이 어려운 새로운 문제라는 의미이고, 이를 기존의 경험을 통해 해결하는 방법은 휴리스틱(heuristic)이다. ①은 구성원들이 함께 일하는 방법을 터득함으로써 업무효율을 높이는 전략이고, ③은 분석 대상을 유사한 것들끼리 묶는 기법이다. ④는 독립변수가 종속변수에 미치는 영향을 파악하는 기법이며, ⑤는 일차함수(선형함수)로 두 변수간 관계를 살펴보는 방법이다.

정답 ②

11-6D ✓□□□
2021 가맹거래사

다음에서 설명하는 현상은?

- 응집력이 높은 집단에서 나타나기 쉽다.
- 집단구성원들이 의견일치를 추구하려다가 잘못된 의사결정을 하게 된다.
- 이에 대처하기 위해서는 자유로운 비판이 가능한 분위기 조성이 필요하다.

① 집단사고(groupthink)
② 조직시민행동(organizational citizenship behavior)
③ 임파워먼트(empowerment)
④ 몰입상승(escalation of commitment)
⑤ 악마의 주장(devil's advocacy)

해설 응집력이 높은 집단에서는 구성원들의 의견이 한 방향으로 쏠리는 현상이 일어나기 쉽다. 이를 집단사고(groupthink)라 하며, 이를 방지하기 위해서는 자유로운 의견 교환이 가능하도록 분위기를 조성할 필요가 있다.

추가해설 ②는 직무기술서상에 명시되지 않았지만 다른 동료 직원들을 돕는 행위를 뜻하고, ③은 부하직원에 대한 권한위임을, ④는 잘못된 의사결정에 집착하는 현상을, ⑤는 집단사고를 해결하기 위해 주류 의견에 대한 반대의견을 내게끔 하는 방식을 뜻한다.

정답 ①

11-6J ✓□□□
2023 공인노무사

집단사고(groupthink)의 증상에 해당하지 않는 것은?

① 자신의 집단은 잘못된 의사결정을 하지 않는다는 환상
② 의사결정이 만장일치로 이루어져야 한다는 환상
③ 반대의견을 스스로 자제하려는 자기검열
④ 외부집단에 대한 부정적인 상동적 태도
⑤ 개방적인 분위기를 형성해야 한다는 압력

해설 재니스(Janis)에 의해 정의된 집단사고(groupthink)는 집단 내에서 동조압력(즉, 합의에 대한 규범) 때문에 대안적인 의견(예, 보기 드문 견해, 소수의 입장, 비대중적인 의견)에 대하여 비판적이고 심도 있는 평가를 행하지 못하는 현상으로서 집단의사결정의 역기능 중 대표적인 현상이다. 해당 집단이 도덕적으로 우월하고 역량이 뛰어나서 판단오류를 범하지 않는다는 근거 없는 믿음(①)을 가지거나, 상대 집단에 대한 부정적인 고정관념(④)에 사로잡혀 있을 때, 비민주적인 분위기 속에서 강한 응집성이 형성될 때 집단사고가 발생하기 쉽다. 집단사고가 발생하면, 해당 집단의 다수 구성원들은 소수자의 견해가 없다는, 즉 모두가 다수파의 견해에 동조할 것이라는 만장일치 환상(②)에 빠지게 되며, 주류와 반대의견을 가진 소수자들은 침묵(③)하게 된다.

정답 ⑤

11-7 ✓□□□
2010 7급공무원 고책형

집단의사결정 과정에서 나타나는 집단사고(groupthink)에 대한 설명으로 옳은 것은?

① 집단토의 전에는 개인의 의견이 극단적이지 않았는데, 토의 후 양 극단으로 의견이 쏠리는 현상이다.
② 응집력이 높은 집단에서 구성원들간 합의에 대한 요구가 지나치게 커서 다른 대안의 모색을 저해하는 경향이 있다.
③ 집단구성원으로서 자신의 책임을 다하지 않고 회피하면서 보상의 분배에는 적극적으로 참여하는 현상이다.
④ 최초 집단의사결정이 잘못된 것이라는 사실을 알면서도 본능적으로 최초 의사결정을 방어하고 합리화하려는 행동이다.

요점정리 집단사고는 집단 내에서 동조압력(즉, 합의에 대한 규범) 때문에 대안적인 의견(예: 보기 드문 견해, 소수의 입장, 비대중적인 의견)에 대하여 비판적이고 심도 있는 평가를 행하지 못하는 현상으로서 집단의사결정의 역기능 중 대표적인 현상이다. 해당 집단이 도덕적으로 우월하고 역량에 있어서도 강하다는 근거 없는 믿음을 가지거나, 상대 집단에 대한 부정적인 고정관념에 사로잡혀 있을 때, 비민주적인 분위기 속에서 강한 응집성이 형성될 때 집단사고가 발생하기 쉽다. 집단사고가 발생하면, 해당 집단의 다수 구성원들은 소수자의 견해가 없다는, 즉 모두가 다수파의 견해에 동조할 것이라는 만장일치 환상에 빠지게 된다.

추가해설 ① 집단양극화에 관한 설명이다. 이는 대립이나 토론의 상황에 놓여 있는 양 집단이 서로간의 상호작용을 거치면서 점차 극단적인 입장과 태도를 취하게 되는 현상을 지칭한다. 이는 크게 두 가지 경로를 통해 형성된다. 첫 번째는 외적 경로로서, 집단 구성원들이 상대 집단과의 상호작용을 통해 스스로의 소속감을 재확인받는 과정인데, 이 과정에서는 내집단이 외집단에 견주어 스스로의 정체성을 형성하기 때문이다. 두 번째 과정은 내적 경로로서, 집단 내부에서 발생하는 몰입의 심화 현상인데, 이는 유사한 구성원들끼리 서로의 주장을 강화해주는 의견만을 선택적으로 청취하고 상대집단에 대한 일방적인 매도나 비난이 이루어진다.
③ 이는 무임승차 현상에 관한 설명이다.
④ 이는 몰입의 심화 현상에 관한 설명이다.

정답 ②

11-7A ☑□□□   2020 경영지도사

집단의사결정의 장점으로 볼 수 없는 것은?

① 구성원으로부터 다양한 정보를 얻을 수 있다.
② 다각도로 문제에 접근할 수 있다.
③ 구성원의 수용도와 응집력이 높아진다.
④ 의사결정에 참여한 구성원들의 교육효과가 높게 나타난다.
⑤ 집단사고의 함정에 빠질 가능성이 배제된다.

해설 집단사고는 집단의사결정의 전형적인 단점이다. 따라서 집단사고가 배제된다는 표현은 틀린 것이다.

정답 ⑤

11-7D ☑□□□   2021 공인노무사

다음 설명에 해당하는 의사결정기법은?

- 자유롭게 아이디어를 제시할 수 있다.
- 타인이 제시한 아이디어에 대해 비판은 금지된다.
- 아이디어의 질보다 양을 강조한다.

① 브레인스토밍(brainstorming)
② 명목집단법(nominal group technique)
③ 델파이법(delphi technique)
④ 지명반론자법(devil's advocacy)
⑤ 프리모텀법(premortem)

해설 ① 브레인스토밍(brainstorming)은 오스본(Osborn)에 의해 창안된 기법으로서, 창의적인 대안의 도출을 위하여 다수 인원이 한 가지 문제를 두고 떠오르는 각종 생각을 자유롭게 무작위적으로 말한다. 이 과정에서 토론을 이끄는 리더와 아이디어를 정리하는 역할을 하는 사람이 필요하며, 개진된 의견에 대해서는 비판을 가하지 않는 것을 원칙으로 한다.

추가해설 ② 명목집단법은 의사결정이 이루어지는 동안 구성원간의 대인 커뮤니케이션이 제한된 그야말로 명목적(nominal)인 임시집단을 구성하여 의사결정을 행하는 기법이다.
③ 델파이법은 미국 Rand 연구소에서 개발된 기법으로서 전문가들에 의해 서면상으로 이루어지는 일종의 무기명 토론방식이며, 불확실한 미래의 예측이나 장기적 의사결정에 주로 활용된다.
④ 지명반론자법은 악마의 옹호자 기법으로도 불리며, 제시된 의견에 대해서 반론자로 지명된 사람의 반론을 듣고 토론을 벌여 본래의 안을 수정하고 보완하는 일련의 과정을 거친 후 최종대안을 도출하여 집단사고를 방지하는 기법이다.
⑤ 프리모텀 기법은 어떤 프로젝트가 실패했다고 미리 가정하고 그 원인을 집단구성원들과 함께 찾는 활동을 뜻한다.

정답 ①

11-7J ☑□□□
2023 경영지도사

브레인스토밍(brainstorming)에 관한 특징으로 옳지 않은 것은?

① 아이디어의 양보다는 질 우선
② 다른 구성원의 아이디어에 대한 비판 금지
③ 조직구성원의 자유로운 제안
④ 자유분방한 분위기 조성
⑤ 다른 구성원의 아이디어와 결합 가능

해설 ① 브레인스토밍(brainstorming)은 오스본(Osborn)에 의해 창안된 기법으로서, 창의적인 대안의 도출을 위하여 다수 인원이 한 가지 문제를 두고 떠오르는 각종 생각을 자유롭게 무작위적으로 말한다. 이 과정에서 토론을 이끄는 리더와 아이디어를 정리하는 역할을 하는 사람이 필요하며, 개진된 의견에 대해서는 비판을 가하지 않는 것을 원칙으로 한다. 여기서는 아이디어의 질보다 양을 중시한다. (반대로 아이디어의 질을 중시하는 기법은 고든법이다.)

정답 ①

11-7M ☑□□□
2024 가맹거래사

브레인스토밍에서 지켜야 할 규칙으로 옳지 않은 것은?

① 타인의 아이디어에 대해 비판해서는 안 된다.
② 자유롭게 아이디어를 제시할 수 있어야 한다.
③ 전문가들에게 독립된 장소에서 서면으로 의견을 제시하도록 한다.
④ 가능한 많은 아이디어를 제시하도록 한다.
⑤ 타인의 아이디어를 수정하여 제시하는 것이 허용된다.

해설 ③ [×] 전문가들의 의견을 서면으로 받는 것은 델파이법의 특징이다.

정답 ③

11-8 ☑□□□
2009 7급공무원 봉책형

다음의 특성을 가지고 있는 집단의사결정 기법은?

> 첫째, 문제가 제시되고 참가자들간의 대화는 차단된다.
> 둘째, 각 참가자들은 자기의 생각과 해결안을 가능한 한 많이 기록한다.
> 셋째, 참가자들은 돌아가면서 자신의 해결안을 집단을 대상으로 설명하며 사회자는 칠판에 그 내용을 정리한다.
> 넷째, 참가자들이 발표한 내용에 대해 보충설명 등이 추가된다.
> 다섯째, 발표가 끝나면 제시된 의견들의 우선순위를 묻는 비밀투표를 실시하여 최종적으로 해결안을 선택한다.

① 팀빌딩기법
② 브레인스토밍
③ 델파이기법
④ 명목집단기법

해설 대화가 차단된 상태에서 각자 자신의 의견을 제시하는 기법으로서, 집단사고(group thinking)를 방지하는 명목집단법을 의미한다.

추가해설 ① 구성원들이 함께 일하는 방법을 터득함으로써 과업집단의 효율성을 높이기 위해 사용되는 기법이다.
② 창의적인 대안의 도출을 위하여 다수 인원이 한 가지 문제를 두고 떠오르는 각종 생각을 자유롭게 무작위적으로 말하는 기법이다.
③ 이는 전문가들에 의해 서면상으로 이루어지는 일종의 무기명 토론방식으로서, 불확실한 미래의 예측이나 장기적 의사결정에 주로 활용된다.

정답 ④

11-8M ☑□□□
2024 경영지도사

다음에서 설명하는 집단의사결정 기법은?

> - 상호작용하는 동일 그룹 내의 구성원보다 다른 그룹으로부터 더 많고 좋은 아이디어를 얻을 수 있다는 가정 하에 개발된 집단의사결정기법으로서 서로 얼굴을 맞대고 하는 방법이다.
> - 익명성이 보장되기 때문에 자유롭게 의견을 제시할 수 있다는 장점이 있다.
> - 비슷한 의견이 제시될 수 있고, 제시된 의견을 수집하고 단순화하는데 시간이 많이 걸린다는 단점이 있다.
> - 주로 창조적이고 혁신적인 대안을 개발하거나, 실행가능하고 일상적인 의사결정에 유용하다.

① 명목집단법(nominal group technique)
② 델파이기법(delphi technique)
③ 브레인스토밍(brain storming)
④ 지명반론자법(devil's advocate method)
⑤ 분석적 기법(analytic technique)

해설 하나씩 출제자가 제시한 힌트를 살펴보면서 정답의 범위를 좁혀보자. 우선, 얼굴을 서로 맞대는 '대면' 기법이므로, 비대면 의사결정 기법인 델파이법(②)은 정답후보군에서 탈락된다. 익명성이 보장된다는 두 번째 힌트를 통해 우리는 정답이 거의 명목집단법에 가까워짐을 추정할 수 있으며, 의견을 모으는 과정에 시간이 걸린다는 점, 대안개발에 유용하다는 점 등을 고려하면 역시 정답은 명목집단법이 된다.
③,④ [×] 브레인스토밍과 지명반론자법에서는 익명성이 보장된다고 보기 어렵다.
⑤ [×] 이는 계량적 분석을 동원하는 것으로서 집단의사결정 기법이 아니라 계량의사결정기법에 해당한다.

정답 ①

11-9 ☑□□□
2008 7급공무원 봉책형

의사결정을 위한 근거자료가 부족한 상황에서 전문가집단의 각 구성원에게 설문을 보내고 이에 대한 응답을 모아 요약정리한 후, 다시 전문가에게 보내는 과정을 반복함으로써 의사결정을 행하는 방법은?

① 델파이(Delphi)법
② 브레인스토밍(Brainstorming)법
③ 캔미팅(can meeting)법
④ 변증법적(dialectic) 토론법

해설 문제에서 설명하는 기법은 델파이법이다. 델파이법임을 파악할 수 있는 키워드는 '자료가 부족한 상황', '전문가 집단', '설문을 보내는 과정의 반복' 등이다.

추가해설 ② 이는 자유롭게 아이디어를 내는 방법이다.
③ 이는 직급을 고려하지 않고 자유롭게 토론하는 방법이다.
④ 이는 고의적으로 반대자를 설정하여 그와의 토론을 통해 우리가 미처 예상치 못했던 문제점을 발견하는 방법이다.

정답 ①

11-10 ☑□□□
2013 경영지도사

예측하고자 하는 특정문제에 대해 전문가들의 의견을 모으고 조직화하여 합의에 기초한 하나의 결정안을 만드는 시스템적 의사결정 방법은?

① 의사결정나무   ② 델파이기법
③ 시뮬레이션   ④ 브레인스토밍
⑤ 명목집단기법

해설 ② 전문가들이 한 장소에 모이지 않은 상태에서 의견을 취합하는 의사결정 기법이다. 따라서 정답이다.

추가해설 ① 여러 갈래로 나뉘는 의사결정상황을 시각적으로 체계화하는 기법이다.
③ 상황요건을 가정하고 일어날 가능성이 있는 시나리오를 검증하는 기법이다.
④ 자유롭게 여러 방면의 아이디어를 내는 기법이다.
⑤ 토론이나 대화 등의 상호작용을 억제한 조건에서 의사결정을 행함으로써 집단압력(group pressure)의 영향을 줄이려는 의사결정 기법이다.

정답 ②

11-11 ☑□□□
2016 가맹거래사

다음에서 설명하는 방법은?

> 합의된 예측을 달성하기 위해 이전의 조사결과로부터 작성된 일련의 설문지를 전문가들에게 반복적인 절차를 통해 예측지를 구하는 방법

① 중역의견법
② 델파이법
③ 회귀분석법
④ 수명주기유추법
⑤ 판매원의견합성법

해설 전문가들의 의견을 반복적으로 설문을 통해 구하는 기법은 델파이법이다.

추가해설 중역의견법이나 회귀분석 및 판매원의견법 등은 모두 생산관리 분야의 수요예측편(Topic 41)에서 학습할 것이다.

정답 ②

11-12 ☑□□□
2015 공인노무사

델파이 기법에 관한 설명으로 옳지 않은 것은?

① 전문가들을 두 그룹으로 나누어 진행한다.
② 많은 전문가들의 의견을 취합하여 재조정 과정을 거친다.
③ 의사결정 및 의견개진 과정에서 타인의 압력이 배제된다.
④ 전문가들을 공식적으로 소집하여 한 장소에 모이게 할 필요가 없다.
⑤ 미래의 불확실성에 대한 의사결정 및 장기예측에 좋은 방법이다.

해설 ① 델파이법에서는 전문가집단을 세부그룹으로 나누지 않는다.

정답 ①

11-13 ☑□□□
2014 경영지도사

전문가들을 한 자리에 모으지 않고, 이들을 대상으로 서면으로 정보를 수집하여 의견을 종합한 후 종합의견에 대한 이들의 의견을 재차 묻는 식의 지속적인 피드백 과정을 수 회 거쳐 의견을 수렴하는 방법은?

① 델파이법
② 시장조사법
③ 자료유추법
④ 전문가의견법
⑤ 판매원의견종합법

해설 지리적으로 떨어져 있는 전문가들로부터 의견을 종합하는 방식은 델파이법이다.

정답 ①

11-14 ☑□□□
2018 경영지도사

미국의 랜드연구소에서 개발한 의사결정기법으로, 전문가들을 한 장소에 대면시키지 않아 상호간의 영향을 배제하면서 전문적인 견해를 얻는 방법은?

① 제3자조정기법(third party peace-making technique)
② 상호작용집단법(interaction group method)
③ 브레인스토밍(brain storming)
④ 델파이기법(delphi technique)
⑤ 명목집단기법(nominal group technique)

해설 키워드를 확인하자. 미국 Rand 연구소, 전문가, 비대면 접촉 등의 단어가 공통적으로 나타내는 의사결정 기법은 델파이법이다.

정답 ④

11-15 ☑□□□　　　2019 경영지도사

델파이법에 관한 설명으로 옳지 않은 것은?

① 모든 토의 구성원에게 문제를 분명히 알린다.
② 전문가들에게 대안을 수집하기 때문에 신속하게 의사결정을 할 수 있다.
③ 전문가들로부터 개진된 의견을 취합하여 다시 모든 구성원과 공유한다.
④ 시간적·지리적 제약이 있는 경우 유용하게 활용될 수 있다.
⑤ 합의된 의사결정대안의 도출까지 진행과정을 반복한다.

해설 델파이법은 미국 Rand 연구소에서 개발된 기법으로서 전문가들에 의해 서면상으로 이루어지는 일종의 무기명 토론방식이며, 불확실한 미래의 예측이나 장기적 의사결정에 주로 활용된다. 여기서는 문제나 이슈에 대해 각 전문가들이 생각하는 바를 서면으로 제출하면 토론의 진행자는 이를 전문가 집단의 구성원 수만큼 인쇄하여 각 개인에게 회람시킨다. 각 전문가는 개별 의견에 대한 자신의 견해를 코멘트하고 이를 다시 토론 진행자에게 보낸다. 진행자는 코멘트된 종이를 다시 그 아이디어를 원래 낸 사람에게 보내고, 그는 자신의 생각을 수정하여 다시 진행자에게 제출한다. 이 과정을 최적의 대안이 도출될 때까지 반복한다. 합리적이며 최적화된 대안 도출이 가능하고, 시간적·지리적 제약이 있을 때 유용하게 활용할 수 있으며, 그 실천방안 역시 발견해낼 수 있다는 장점이 있지만, 시간이 오래 걸리고 응답자에 대한 통제가 어렵다(즉, 중도탈락이나 미응답시 제제를 가할 수 없음)는 단점이 있다. 따라서 신속한 의사결정이 가능하다는 ②의 설명은 잘못된 것이다.

정답 ②

11-15J ☑□□□　　　2023 국가직 7급

집단의사결정 방법 중 델파이법(Delphi technique)에 대한 설명으로 옳은 것은?

① 의사결정에 참여한 구성원 각자는 다른 사람이 제출한 의견을 인지할 수 있다.
② 긴박성이 요구되는 문제해결에 적합하다.
③ 참여자의 익명성이 보장되지 않는다.
④ 제시된 의견들의 우선순위를 비밀투표에 부쳐 최종안을 선택한다.

해설 ① [O] 델파이법에서는 다른 참가자들이 제출한 의견을 회람(돌려 읽기)하므로 타인의 의견을 인지할 수 있다.
② [×] 델파이법에서는 의사결정에 소요되는 시간이 긴 편이다.
③ [×] 델파이법의 핵심은 '전문가'들이 '익명성'이 보장되는 '비대면' 상황에서 토론을 행하는 것이다.
④ [×] 여러 의견 중 우선순위를 비밀투표에 부치는 것은 명목집단법에 가까운 설명이다.

정답 ①

11-16 ☑□□□　　　2017 경영지도사

집단의사결정기법에 해당하지 않는 것은?

① 브레인스토밍(brainstorming)
② 명목집단법(norminal group technique)
③ 델파이법(delphi method)
④ 지명반론자법(devil's advocate method)
⑤ 그룹 다이내믹스(group dynamics)

요점정리 일반적으로 '집단의사결정기법'이라 함은 집단의사결정으로 인한 부정적 측면인 집단사고 등을 극복할 수 있도록 다양한 아이디어를 개발하고 집단의 의견이 한 쪽으로 쏠리는 현상을 방지하는데 그 목적이 있다.

해설 브레인스토밍(①), 명목집단법(②), 델파이법(③), 지명반론자법(④) 등은 모두 집단의사결정기법에 해당한다. 그러나 그룹 다이내믹스(⑤)는 소위 '집단역학'으로 번역되는 현상으로서, 집단구성원들이 상호작용하는 과정에서 나타나는 제반 현상(예: 권력추구, 조직정치, 갈등, 커뮤니케이션 등)을 지칭하는 용어이다.

정답 ⑤

11-17 ☑☐☐☐ 2018 7급 나형

조직에서의 집단의사결정에 대한 설명으로 옳지 않은 것은?

① 집단의사결정은 개인의사결정보다 다양한 관점을 고려할 수 있다.
② 집단의사결정은 구성원의 참여의식을 높여 구성원에게 만족감을 줄 수 있다.
③ 집단의사결정은 집단사고를 통해 합리적이고 합법적인 최선의 의사결정을 도출해 낼 수 있다.
④ 집단의사결정 기법에는 명목집단법, 델파이법, 변증법적 토의법 등이 있다.

요점정리 집단사고(groupthink)는 대안적인 의견(예, 보기 드문 견해, 소수의 입장, 비대중적인 의견)에 대하여 비판적이고 심도 있는 평가를 행하지 못하는 현상으로서 집단의사결정의 역기능 중 대표적인 현상이다.

해설 ③ 집단사고는 합리적이고 최선의 대안을 찾는데 장애가 된다.

추가해설 집단의사결정은 여러 사람의 견해를 수렴하는 것이므로 다양한 관점의 고려가 가능하고(①), 여러 사람들이 최종 결론을 내리는데 참여하기 때문에 결론의 수용성이 증가한다(②). 반면 앞서 언급한 집단사고나 집단양극화 같은 문제점이 발생하므로 이를 줄이기 위해 명목집단법, 델파이법, 변증법적 토의법 등의 기법들을 활용할 수 있다(④).

정답 ③

11-18 ☑☐☐☐ 2019 공인노무사

집단의사결정의 특징에 관한 설명으로 옳지 않은 것은?

① 구성원으로부터 다양한 정보를 얻을 수 있다.
② 의사결정에 참여한 구성원들의 교육효과가 높게 나타난다.
③ 구성원의 합의에 의한 것이므로 수용도와 응집력이 높아진다.
④ 서로의 의견에 비판없이 동의하는 경향이 있다.
⑤ 차선책을 채택하는 오류가 발생하지 않는다.

해설 집단의사결정은 여럿이서 모여 의사결정을 하는 것이므로 여러 사람들의 다양한 생각과 아이디어를 교류할 수 있고(①) 모두가 결정과정에 개입하므로 수용도가 향상된다(③). 또한 구성원이 리더의 의견을 맹목적으로 추종하지 않고 의사결정 과정에 참여하게 되므로 의사결정능력의 향상이라는 교육목표의 달성도 가능하다(②). 다만 다수의 의견이 나타날 경우 소수의견을 갖는 개인은 자신의 생각을 감추고 다수의견에 동조하는 집단사고(groupthink) 현상이 발생할 수 있고(④) 이 과정에서 충분한 토론이 이루어지지 못하게 되므로 최선의 대안이 아닌 그보다 못한 대안을 선택하게 될 가능성도 있다. 따라서 ⑤의 설명은 잘못된 것이다.

정답 ⑤

11-19 ☑☐☐☐ 2019 경영지도사

경영의사결정에 관한 설명으로 옳지 않은 것은?

① 합리적 의사결정모형은 완전한 정보를 가진 가장 합리적인 의사결정행동을 모형화하고 있다.
② 경영자가 하는 대부분의 의사결정은 최선의 대안보다는 만족할만한 대안을 선택하는 것으로 귀결되는 경우가 많다.
③ 브레인스토밍은 타인의 의견에 대한 비판을 통해 대안을 찾는 방법이다.
④ 집단응집력을 낮춤으로써 의사결정과정에서의 집단사고 경향을 낮출 수 있다.
⑤ 명목집단법은 문제의 답에 대한 익명성을 보장하고, 반대논쟁을 극소화하는 방식으로 문제해결을 시도하는 방법이다.

해설 ① [O] 합리모형의 핵심은 의사결정자가 완전한 정보를 갖는다고 보는 것이다.
② [O] 이는 제한된 합리성 모형의 주장과 맥을 같이 한다. 여기서는 최선의 대안을 찾는 것은 사실상 불가능하므로 현재 주어진 조건에서 그나마 만족할만한 대안을 선택하게 된다고 본다.
③ [×] 브레인스토밍의 핵심은 타인이 무슨 이야기를 하더라도 비판하지 않는 것이다.
④ [O] 집단사고의 원인 중 하나가 집단구성원들의 높은 응집성이므로, 이를 낮추면 집단사고의 발생도 줄일 수 있다.
⑤ [O] 명목집단법은 최대한 많은 아이디어가 나올 수 있도록 익명성을 보장한 상태에서 의견을 제출하도록 하는 것이다.

정답 ③

리더십 이론 종합정리

1. 리더십의 개념
목적의 성취를 위해 구성원에게 효과적으로 영향을 미칠 수 있는 능력

2. 특성이론
1) 의의: 리더를 리더답게 해 주는 자질(trait)이 리더로서의 유효성에 미치는 영향력을 연구
2) 연구경향: [과거] 리더의 자질에 대한 사례연구(case study) → [최근] 리더의 성격특성(Big-5) 연구

3. 행동이론
1) 아이오와 대학의 연구: 리더의 행동스타일을 <u>전제형, 민주형, 자유방임형으로 구분</u>
                                      (권한, 생산성) (효과성) (자율의 정도)
2) 미시간 대학의 연구: 리커트 → 직무중심성 vs. 구성원지향성 (동일 차원의 양 극단)
3) 오하이오 주립대학의 연구: 구조주도 vs. 배려 (다른 차원) → 둘 다 뛰어나야 효과적인 리더
4) 블레이크와 머튼의 관리격자모형

   ① 의의: OSU 연구를 발전시켜 '생산에 대한 관심'과 '인간에 대한 관심'을 각 9등분한 격자 활용

   ② 리더십 스타일: <u>무관심형, 컨트리클럽형, 과업형, 중간형, 팀형(이상형)</u> → 이상형이 최고
5) PM 이론: 미스미 → 성과기능(P)과 유지기능(M)으로 대별 (리더십 효과: PM, Pm＝pM, pm 순서)

4. 상황이론
1) 의의: 리더십의 효과성은 리더의 개인적 요소와 상황적 요소의 상호작용에 의해 결정
2) 피들러의 리더십 상황이론

   ① 리더의 특성: <u>LPC 점수가 높으면 관계지향, 낮으면 과업지향</u>

   ② 상황변수: 리더－구성원 관계, 과업구조, 직위권력
3) 허시와 블랜차드의 상황적 리더십 이론(SLT)

   ① 리더십 스타일: 과업×관계 → 지시형(과업 高), 설득형(둘다 高), 참여형(관계 高), 위임형(둘다 低)

   ② 상황변수: 부하직원의 성숙도＝능력과 의지의 총체
4) 하우스의 경로－목표 모형: <u>리더십 이론과 동기부여 이론(기대이론)을 접목</u>

   ① 리더십 스타일: 지시적, 후원적, 참여적, 성취지향적

   ② 상황변수: 구성원의 특성(능력, 통제위치, 욕구), 과업환경(과업특성, 작업집단, 조직특성)
5) 브룸·예튼·제이고의 리더－참여 모형: <u>부하직원을 의사결정에 참여시키는 정도에 따라 리더십 구분</u>
                                       (AI－AII－CI－CII－GII)

5. 현대적 리더십 이론
1) LMX 이론: 리더와 부하직원간 관계의 질에 따라 리더십의 성과가 달라짐
2) 변혁적 리더십: 구성원들의 변화와 혁신을 위한 관점을 제시하는 리더십(↔거래적 리더십)
3) 카리스마 리더십: 이상적 비전을 제시하며 구성원으로부터 충성심을 요구하는 리더십
4) 서번트 리더십: 집단의 역량 강화에 기여하는 헌신적 파트너형 리더십
5) 슈퍼 리더십: 구성원 스스로를 셀프 리더로 만들어 나가는 리더십

12-1F ☑☐☐☐

다음 중에서 리더십의 관점이 아닌 것은?

① 전술이론   ② 특성이론
③ 행동이론   ④ 상황이론

해설 리더십 이론은 리더십을 무엇으로 파악할 것인지에 대한 각종 관점에 따라 여러 가지 경향으로 분류해 볼 수 있다. 특성이론은 리더십을 리더가 보유한 특성으로 보는 관점이고, 행동이론은 리더십을 리더의 행위(과업중심적 행동, 관계중심적 행동)로 보는 관점이다. 한편 상황이론은 리더의 특성이나 행위가 주어진 상황조건에 따라 각기 다른 효과를 지닌다는 관점에서 리더십을 바라본다. 관계이론은 리더십을 리더와 구성원간 상호관계로 바라보며, 기타 현대적 리더십 이론들(변혁적 리더십이나 서번트 리더십 등)은 주로 리더십을 구성원과 조직의 혁신이나 변화를 주도할 수 있는 행위 내지는 역량으로 파악하는 관점을 취한다.

정답 ①

12-2 ☑☐☐☐

오하이오 주립대학 모형의 리더십 유형구분은?

① 구조주도형 리더 – 배려형 리더
② 직무 중심적 리더 – 종업원 중심적 리더
③ 독재적 리더 – 민주적 리더
④ 이상형 리더 – 과업지향형 리더
⑤ 무관심형 리더 – 인간관계형 리더

해설 오하이오 주립대학에서는 리더십 유형을 업무중심의 '구조주도형'과 인간중심의 '배려형'으로 구분하였다.

추가해설 ②는 미시간 대학의 연구, ③의 독재–민주–방임의 구분은 아이오와 대학의 연구에 해당하며, 나머지 보기의 리더십 유형들은 여러 학자들의 연구를 뒤섞은 것들이다.

정답 ①

12-3 ☑☐☐☐

블레이크(R. R. Blake)와 모우튼(J. S. Mouton)의 리더십 관리격자모델의 리더 유형에 관한 설명으로 옳지 않은 것은?

① (1, 1)형은 조직구성원으로서 자리를 유지하는데 필요한 최소한의 노력만을 투입하는 방관형(무관심형) 리더이다.
② (1, 9)형은 구조주도행동을 보이는 컨트리클럽형(인기형) 리더이다.
③ (9, 1)형은 과업상의 능력을 우선적으로 생각하는 과업형 리더이다.
④ (5, 5)형은 과업의 능률과 인간적 요소를 절충하여 적당한 수준에서 성과를 추구하는 절충형(타협형) 리더이다.
⑤ (9, 9)형은 인간과 과업에 대한 관심이 모두 높은 팀형 리더이다.

요점정리 블레이크(Blake)와 머튼(Mouton)은 오하이오 주립대학의 구조주도 및 배려 차원을 각각 생산에 대한 관심(concern for production)과 인간에 대한 관심(concern for people)으로 명명하고 각 차원을 9등분한 다음, 가로축에 생산에 대한 관심을 배치하고 세로축에 인간에 대한 관심을 배치하여 리더십 스타일을 측정할 수 있는 관리격자모형(managerial grid)을 개발하였다. 관리격자모형에서 언급되는 대표적인 리더십 스타일에는 두 측면 모두 미약한 무관심형(1,1), 인간에 대한 관심만 존재하는 컨트리클럽형(1,9), 생산에 대한 관심만 있는 과업형(9,1), 두 측면 모두에 중간 정도의 관심을 보이는 중간형(5,5), 두 측면 모두에 강한 관심을 보이는 팀형(이상형) 등이 있다. 이름에서도 알 수 있듯이 그들의 연구는 상황의 특성에 상관없이 이상형(팀형) 리더(9,9)가 조직을 이끌 때 효과성이 가장 크다고 보았다.

해설 ② (1,9)형 리더는 업무적 측면의 관심은 적지만 인간적 측면의 관심이 많은 컨트리클럽형 리더이다. 지문의 '구조주도'는 업무적 측면의 리더행동을 의미하므로 설명이 틀렸다.

정답 ②

12-3D ☑□□□
2021 국가직 7급

관리격자(managerial grid)에 대한 설명으로 옳은 것은?

① 관리격자는 인간에 대한 관심(concern for people)과 조직에 대한 관심(concern for organization)의 두 축으로 구성된다.
② 좋은 작업환경의 제공과 공정한 임금구조 유지는 인간에 대한 관심 축에 포함된다.
③ 관리격자는 브룸과 예튼(V. H. Vroom & P. W. Yetton)이 주장한 이론이다.
④ 컨트리클럽형(인기형, country club)은 상급자의 욕구나 동기를 충족시키면 조직의 업무수행이 향상된다는 리더십 유형이다.

해설 ①, ③ [×] 관리격자모형은 블레이크(Blake)와 머튼(Mouton)에 의해 고안되었다. 이들은 오하이오 주립대학의 구조주도 및 배려 차원을 각각 생산에 대한 관심(concern for production)과 인간에 대한 관심(concern for people)으로 명명하고 각 차원을 9등분한 다음, 가로축에 생산에 대한 관심을 배치하고 세로축에 인간에 대한 관심을 배치하여 리더십 스타일을 측정할 수 있는 관리격자모형(managerial grid)을 개발하였다.
② [O] 생산에 대한 관심(concern for production)은 정책결정의 질, 절차와 과정, 연구의 창의성, 업무의 효율성 등에 관한 것이며, 인간에 대한 관심(concern for people)은 조직몰입 제고, 자존심 유지, 신뢰에 근거한 책임 부여, 양호한 작업조건(작업환경 및 임금) 배려, 긍정적인 대인관계 유지 등이 해당된다.
④ [×] 컨트리클럽형(country club style)은 인간에 대한 관심은 매우 높은 반면 생산에 대한 관심은 매우 낮은 경우이다. 이러한 유형의 리더는 만족스러운 인간관계를 유지하기 위해 구성원들의 욕구에 깊은 관심을 보임으로써 긍정적이고 우호적인 집단 분위기와 이에 맞는 업무 진행 속도를 유지시킨다. 그러나 생산에 대한 적극적인 관심이 부족하여 효과적이라 보기가 어렵다.

정답 ②

12-3J ☑□□□
2023 군무원 7급

블레이크(R. Blake)와 머튼(J. Mouton)의 관리격자(managerial grid)에 대한 설명으로 가장 적절하지 않은 것은?

① 생산에 대한 관심과 인간에 대한 관심 정도에 따라 리더의 유형을 분류한다.
② 중간형은 생산에 대한 관심과 인간에 대한 관심 모두 보통인 유형이다.
③ 컨트리클럽형은 근로자의 사기 증진을 강조하여 조직의 분위기를 편안하게 이끌어 나가지만 작업 수행과 임무는 소홀히 하는 경향이 있다.
④ 과업형 리더에게는 생산에 대한 관심을 높일 수 있는 훈련을 통해 이상형 리더로 발전시켜야 한다.

해설 ① [O] 블레이크(Blake)와 머튼(Mouton)은 오하이오 주립대학의 구조주도 및 배려 차원을 각각 생산에 대한 관심(concern for production)과 인간에 대한 관심(concern for people)으로 명명하고 각 차원을 9등분한 다음, 가로축에 생산에 대한 관심을 배치하고 세로축에 인간에 대한 관심을 배치하여 리더십 스타일을 측정할 수 있는 관리격자모형(managerial grid)을 개발하였다.
② [O] 생산과 인간의 두 측면 모두에 중간 정도의 관심을 보이는 리더십 스타일을 중간형(5,5)이라 한다.
③ [O] 인간에 대한 관심만 존재하는 컨트리클럽형(1,9) 리더는 업무수행의 측면에는 관심이 덜하므로 옳은 서술이다.
④ [×] 과업형(9,1) 리더는 이미 생산에 대한 관심은 충분하므로, 인간에 대한 관심을 향상시킴으로써 이상형(9,9) 리더로 발전시켜야 한다.

정답 ④

12-3K ☑□□□
2023 경영지도사

블레이크(R. Blake)와 모튼(J. Mouton)의 리더십 관리격자 모델과 리더 유형의 연결이 옳은 것은?

① 1·1형 – 친화형
② 1·9형 – 과업형
③ 5·5형 – 무능력형
④ 9·1형 – 절충형
⑤ 9·9형 – 이상형

해설 관리격자모형에서 언급되는 대표적인 리더십 스타일에는 두 측면 모두 미약한 무관심형(1,1), 인간에 대한 관심만 존재하는 컨트리클럽형(1,9), 생산에 대한 관심만 있는 과업형(9,1), 두 측면 모두에 중간 정도의 관심을 보이는 중간형(5,5), 두 측면 모두에 강한 관심을 보이는 팀형(이상형)(9,9) 등이 있다.

정답 ⑤

12-4 ☑☐☐☐   2011 공인노무사

리더십연구 학자와 그 리더십이론의 연결이 옳지 않은 것은?

① 피들러(Fiedler) : 상황이론
② 허시와 블랜차드(Hersey & Blanchard) : 경로−목표이론
③ 블레이크와 머튼(Blake & Mouton) : 관리격자이론
④ 브룸과 이튼(Vroom & Yetton) : 리더−참여모형
⑤ 그린리프(Greenleaf) : 서번트(servant) 리더십

해설 ② 허시와 블랜차드는 '상황적 리더십 이론(SLT)'을 제시하였다. '경로−목표 이론'은 하우스(House)의 이론이다.

정답 ②

12-4A ☑☐☐☐   2019 하반기 군무원 복원

다음 중 리더십 이론이 아닌 것은?

① 특성 이론   ② 행동 이론
③ ERG 이론   ④ 상황 이론

해설 ERG 이론은 동기부여 이론이다.

정답 ③

12-4M ☑☐☐☐   2024 경영지도사

피들러(F. Fiedler)의 리더십 상황이론에서 제시된 상황변수를 모두 고른 것은?

> ㄱ. 리더와 구성원의 관계
> ㄴ. 과업 행동과 관계 행동
> ㄷ. 과업 구조
> ㄹ. 리더의 직위 권한

① ㄱ, ㄴ   ② ㄱ, ㄷ
③ ㄱ, ㄴ, ㄹ   ④ ㄱ, ㄷ, ㄹ
⑤ ㄴ, ㄷ, ㄹ

해설 피들러 이론에서의 주된 상황변수는 상황의 호의도(favorableness)이며, 이는 리더와 구성원의 관계(leader-member relations, 구성원들이 리더를 신뢰하고 그의 지도에 기꺼이 따르려는 정도), 과업의 구조(task structure, 업무내용과 그 수행방법이 명확한 정도), 리더의 직위 권력(position power, 리더가 채용, 승진, 보상 등에 영향을 미치는 정도)에 의해 결정된다.

정답 ④

12-5 ☑☐☐☐   2018 가맹거래사

리더십이론 중 피들러(F. E. Fiedler) 모형에 관한 설명으로 옳은 것을 모두 고른 것은?

> ㄱ. 리더의 행동차원을 인간에 대한 관심과 과업에 대한 관심 두 가지로 나누어 다섯 가지 형태의 리더십으로 구분하였다.
> ㄴ. 상황요인으로 과업이 짜여진 정도, 리더와 부하 사이의 신뢰정도, 리더 지위의 권력정도를 제시하였다.
> ㄷ. 상황이 리더에게 아주 유리하거나 불리할 때는 과업주도형 리더십이 효과적이라고 주장하였다.
> ㄹ. 리더의 유형을 파악하기 위해 LPC(least preferred co-worker) 점수를 측정해서 구분하였다.

① ㄱ, ㄴ   ② ㄱ, ㄹ
③ ㄴ, ㄷ   ④ ㄴ, ㄷ, ㄹ
⑤ ㄱ, ㄴ, ㄷ, ㄹ

해설 ㄱ. [×] 리더의 특성을 과업지향과 관계지향의 두 가지로 구분하였다.
ㄴ. [○] 상황의 호의도는 지문에서 설명하는 세 가지로 구성된다.
ㄷ. [○] 상황이 유리하거나 불리할 때는 과업형, 유·불리의 중간 상황에는 관계형이 적합하다.
ㄹ. [○] LPC 점수가 높으면 관계형 리더, 낮으면 과업형 리더이다.

정답 ④

12-5J ☑☐☐☐
2023 공인노무사

피들러(F. Fiedler)의 상황적합 리더십이론에 관한 설명으로 옳지 않은 것은?

① LPC 척도는 가장 선호하지 않는 동료작업자를 평가하는 것이다.
② LPC 점수를 이용하여 리더십 유형을 파악한다.
③ 상황요인 3가지는 리더 – 부하관계, 과업구조, 부하의 성숙도이다.
④ 상황의 호의성이 중간 정도인 경우에는 관계지향적 리더십이 효과적이다.
⑤ 상황의 호의성이 좋은 경우에는 과업지향적 리더십이 효과적이다.

해설 ① [○] LPC는 least preferred co-worker, 즉 '가장 선호되지 않는 동료작업자'의 약어이다.
② [○] LPC 설문은 가장 같이 일하고 싶지 않은 사람을 한 사람 생각해 낸 다음, 그에 대한 18개의 문항에 대한 응답점수를 합산하여 그 점수가 높을수록 관계지향형 리더, 낮을수록 과업지향형 리더로 파악한다.
③ [×] 피들러는 리더십의 효과성이 '상황의 호의도(favorableness)'에 의해 결정된다고 보았다. 이는 리더와 구성원의 관계(leader-member relations, 구성원들이 리더를 신뢰하고 그의 지도에 기꺼이 따르려는 정도), 과업의 구조(task structure, 업무내용과 그 수행방법이 명확한 정도), 리더의 직위 권력(position power, 리더가 채용, 승진, 보상 등에 영향을 미치는 정도)으로 구성된다. 이상의 3개 상황요인의 유·불리 여부에 따라 가장 불리한 경우부터 유리한 경우까지 모두 8개의 상황이 도출된다. 선지 후반부에 제시된 '리더의 성숙도'는 허시와 블랜차드(Hersey & Blanchard)가 강조한 상황변수이다.
④,⑤ [○] 피들러는 상황의 호의도가 중간 정도일 때는 LPC 점수가 높은 관계지향적인 리더십이 적합한 반면, 상황이 아주 호의적이거나 반대로 아주 비호의적일때는 LPC 점수가 낮은

과업중심적 리더십이 최선의 성과를 가져다준다고 한다.

정답 ③

12-5K ☑☐☐☐
2023 서울시 7급

은행 창구 직원들의 관리자와 직원들은 좋은 관계성을 유지하고 있고, 직원들의 직무수행 절차가 잘 구조화되어 있으며, 관리자의 직위권력이 강할 때 피들러의 상황모델(Fiedler contingency model) 중 가장 효과적인 리더십 스타일은?

① 관계지향 리더십
② 과업지향 리더십
③ 팀지향 리더십
④ 성취지향 리더십

해설 피들러(Fiedler)의 상황모델은 최초의 리더십 상황이론으로 알려져 있다. 그는 집단의 성과는 과업동기 및 관계동기라고 하는 리더의 성격적 특성과 리더십 상황의 호의도(favorableness, 상황이 리더에게 우호적인 정도)간의 적합(match)정도에 따라 달라진다고 보았다. 그에 따르면 상황의 호의도(favorableness)는 리더와 구성원의 관계(leader-member relations, 구성원들이 리더를 신뢰하고 그의 지도에 기꺼이 따르려는 정도), 과업의 구조(task structure, 업무내용과 그 수행방법이 명확한 정도), 리더의 직위 권력(position power, 리더가 채용, 승진, 보상 등에 영향을 미치는 정도)에 의해 결정된다고 한다. 이상의 3개 상황요인의 유·불리 여부에 따라 가장 불리한 경우부터 유리한 경우까지 모두 8개의 상황이 도출된다. 피들러는 상황의 호의도가 중간 정도일 때는 LPC 점수가 높은 관계지향적인 리더십이 적합한 반면, 상황이 아주 호의적이거나 반대로 아주 비호의적일때는 LPC 점수가 낮은 과업중심적 리더십이 최선의 성과를 가져다준다고 한다. 이상의 내용을 표로 만들면 다음과 같다.

상황	I	II	III	IV	V	VI	VII	VIII
리더 – 구성원 관계	좋음				나쁨			
과업구조화 정도	높음		낮음		높음		낮음	
리더의 직위권력	강함	약함	강함	약함	강함	약함	강함	약함
어울리는 리더십	과업중심 리더십				관계중심 리더십		과업중심 리더십	

문제에서 제시한 조건은 종합하면 표의 상황 I에 해당한다. 따라서 이 경우에는 과업지향 리더십이 어울린다.

정답 ②

12-6 ☑□□□

허쉬와 블랜차드(P. Hersey & K. Blanchard)의 상황적 리더십 이론에서 설명한 4가지 리더십 스타일이 아닌 것은?

① 설명형
② 설득형
③ 관료형
④ 참여형
⑤ 위임형

해설 허시와 블랜차드는 리더십 스타일을 과업행동(task behavior)과 관계행동(relationship behavior)에 따라 모두 네 가지(지시형, 지도형, 참여형, 위임형)로 구분하였다. 두 행동을 모두 많이 하는 경우는 지도형(판매형, 설득형, selling), 과업행동을 주로 하는 리더는 지시형(설명형, telling), 관계행동을 주로 하는 리더는 참여형(participating), 두 행동을 모두 적게 하는 경우는 위임형(delegating)이라 한다.

정답 ③

12-7 ☑□□□

허시와 브랜차드(Hersey & Blanchard)의 리더십 유형 중 낮은 지시행동과 낮은 지원행동을 보이는 유형은?

① 지시형 리더
② 지도형 리더
③ 지원형 리더
④ 위임형 리더
⑤ 카리스마적 리더

요점정리 허쉬와 블랜차드에 따르면 높은 과업행동과 낮은 지원(관계)행동을 보이는 리더는 지시형, 높은 과업행동과 높은 지원행동을 보이는 리더는 설득형(지도형, 판매형), 낮은 과업행동과 높은 지원행동을 보이는 리더는 참여형, 낮은 과업행동과 낮은 지원행동을 보이는 리더는 위임형에 해당된다.

리더십	위임형	참여형	설득형	지시형
리더의 행동스타일	과업↓ 관계↓	과업↓ 관계↑	과업↑ 관계↑	과업↑ 관계↓
부하의 성숙도	능력↑ 의지↑	능력↑ 의지↓	능력↓ 의지↑	능력↓ 의지↓

해설 문제에서는 지시행동과 지원(관계)행동 모두 낮은 경우를 묻고 있으므로 위임형 리더십이 정답이 된다.

정답 ④

12-7D ☑□□□

허시(P. Hersey)와 블랜차드(K. Blanchard)가 제시한 상황적 리더십 이론(Situational Leadership Theory, SLT)에서 아래의 리더십 유형(leadership style)별로 리더의 과업지향적 행위(directive behavior)와 관계지향적 행위(supportive behavior)의 수준을 설명한 것 중 가장 옳은 것은?

① 지시형(directing): 높은 과업지향적 행위, 높은 관계지향적 행위
② 코치형(coaching): 낮은 과업지향적 행위, 높은 관계지향적 행위
③ 지원형(supporting): 높은 과업지향적 행위, 낮은 관계지향적 행위
④ 위임형(delegating): 낮은 과업지향적 행위, 낮은 관계지향적 행위

해설 허시와 블랜차드의 4가지 리더십 유형은 다음과 같이 정리할 수 있다.

	낮은 과업지향적 행위	높은 과업지향적 행위
높은 관계지향적 행위	참여형(participating)	지도형(selling)
낮은 관계지향적 행위	위임형(delegating)	지시형(telling)

따라서 옳은 설명은 ④의 위임형에 관한 것이다.

정답 ④

12-8 ☑☐☐☐
2012 공인노무사

허시와 블랜차드(P. Hersey & K. H. Blanchard)의 상황적 리더십 이론에 관한 설명으로 옳은 것은?

① 부하의 성과에 따른 리더의 보상에 초점을 맞춘다.
② 리더는 부하의 성숙도에 맞는 리더십을 행사함으로써 리더십 유효성을 높일 수 있다.
③ 리더가 부하를 섬기고 봉사함으로써 조직을 이끈다.
④ 리더십 유형은 지시형, 설득형, 거래형, 희생형의 4가지로 구분된다.
⑤ 리더십에 영향을 줄 수 있는 상황적 요소는 과업구조, 리더의 지위권력 등이다.

해설 허시와 블랜차드는 '부하의 성숙도'를 상황변수로 상정하여 리더십 이론을 전개하였다. ③은 서번트 리더십, ⑤는 피들러의 이론에 가까운 지문이다. ④에서는 거래형과 희생형이라는 명칭이 잘못되었다.

정답 ②

12-9 ☑☐☐☐
2019 경영지도사

하우스(R. House)의 경로 – 목표 이론에서 정의한 리더십 행동 유형이 아닌 것은?

① 혁신적(innovational) 리더
② 성취지향적(achievement oriented) 리더
③ 지시적(instrumental) 리더
④ 지원적(supportive) 리더
⑤ 참여적(participative) 리더

해설 하우스는 리더십을 네 가지 하위 차원(지시적(수단적), 후원적(지원적), 참여적, 성취지향적 리더십)을 가진 행위로 보았다.

정답 ①

12-9A ☑☐☐☐
2020 공인노무사

하우스(R. House)가 제시한 경로 – 목표이론의 리더십 유형에 해당하지 않는 것은?

① 권한위임적 리더십   ② 지시적 리더십
③ 지원적 리더십   ④ 성취지향적 리더십
⑤ 참가적 리더십

해설 하우스는 리더십을 네 가지 유형으로 구분하였으며 그 내용은 지시적(수단적) 리더십, 후원적(지원적) 리더십, 참여적(참가적) 리더십, 성취지향적 리더십 등이다.
추가해설 네 리더십 유형의 앞글자를 따서 '시원참취'로 암기하기도 한다.

정답 ①

12-9J ☑☐☐☐
2023 군무원 7급

하우스(House)와 미첼(Mitchell)이 제시한 리더십 상황이론인 경로목표이론(path-goal theory)에서 제시된 리더십 행동 유형에 대한 설명 중 가장 적절하지 못한 것은?

① 지시적 리더(directive leader) – 하급자가 어떤 일정에 따라 무슨 일을 해야 할지 스스로 결정하여 추진하도록 지시하는 유형
② 지원적 리더(supportive leader) – 하급자의 복지와 안녕 및 그들의 욕구에 관심을 기울이고 구성원 간에 상호 만족스러운 인간관계를 조성하는 유형
③ 참여적 리더(participative leader) – 하급자들을 주요 의사결정에 참여시키고 그들의 의견 및 제안을 적극 고려하는 유형
④ 성취지향적 리더(achievement-oriented leader) – 도전적인 목표를 설정하고 성과 향상을 추구하며 하급자들의 능력 발휘에 대해 높은 기대를 설정하는 유형

해설 ① [×] 지시적(directive, 수단적) 리더십은 (선지에서처럼 하급자가 스스로 결정하도록 허용하는 것이 아니라) 구성원에 대한 통제와 감독을 강조하는 리더의 행동 스타일로서, 규정준수를 독려하고 작업일정을 마련하며 직무를 명확히 해 주는 행위 등을 지칭한다. 나머지 지원(후원), 참여, 성취지향적

리더에 관해서는 선지의 설명이 적절하다.

정답 ①

12-9M ☑☐☐☐

하우스(R. House)의 경로 – 목표 이론에서 제시하는 리더십 유형으로 옳지 않은 것은?

① 지시적 리더십   ② 서번트 리더십
③ 지원적 리더십   ④ 참여적 리더십
⑤ 성취지향적 리더십

해설 경로-목표 모형의 리더십 유형들은 지시적(수단적) 리더십, 후**원**적 리더십, **참**여적 리더십, 성**취**지향적 리더십 등이다 (**시원참취**).

정답 ②

12-10 ☑☐☐☐

리더십 이론에 관한 설명으로 옳지 않은 것은?

① 리더십 특성이론에서는 리더가 지니는 카리스마, 결단성, 열정, 용기 등과 같은 특성을 찾아내는데 초점을 둔다.
② 오하이오 주립대 연구에 의하면 구조주도(initiating structure)와 배려(consideration)가 모두 높은 수준인 리더가 한 요인 혹은 두 요인이 모두 낮은 수준을 보인 리더보다 높은 과업성과와 만족을 보이는 것으로 나타났다.
③ 하우스(R. House)의 경로 – 목표 이론에 의하면 내부적 통제위치를 지닌 부하의 경우에는 참여적 리더십이 적합하다.
④ 피들러(F. Fiedler)의 상황적합 모형에 의하면 개인의 리더십 유형은 상황에 따라 변화한다고 한다.
⑤ 허쉬(P. Hersey)와 블랜차드(K. Blanchard)의 상황적 리더십 이론에서는 부하들의 준비성(readiness)을 중요한 요소로 고려하고 있다.

해설 ④ 피들러는 리더십이 LPC 설문에 의해 측정되는 개인의 특성이므로 상황에 따라 가변적이지 않다고 본다. 따라서

상황이 변경될 경우에는 리더를 교체해야 한다.

추가해설 ① 리더십 특성이론은 리더가 가지는 고유한 자질이나 성격 내지는 특징을 찾으려 했다.
② 오하이오 주립대 연구에 따르면 구조주도와 배려 모두가 높을 경우가 가장 좋은 결과를 보여준다.
③ 하우스에 따르면 부하가 내부적 통제성향을 갖는 경우에는 알아서 일을 잘 할 것이므로 지시적 리더보다는 참여적 리더십을 선호하게 된다.
⑤ 준비성은 성숙도(maturity)로 번역되기도 하며, 이는 부하의 능력과 의지로 구성된다.

정답 ④

12-11 ☑☐☐☐

리더십 이론에 관한 설명으로 옳지 않은 것은?

① 리더십 이론은 특성론적 접근, 행위론적 접근, 상황론적 접근으로 구분할 수 있다.
② 블레이크(R. Blake)와 모우튼(J. Mouton)의 관리격자이론에 의하면 (9.9)형이 이상적인 리더십 유형이다.
③ 허쉬(R. Hersey)와 블랜차드(K. Blanchard)는 부하들의 성숙도에 따른 효과적인 리더십행동을 분석하였다.
④ 피들러(F. Fiedler)는 상황변수로서 리더와 구성원의 관계, 과업구조, 리더의 지휘권한 정도를 고려하였다.
⑤ 하우스(R. House)의 경로 – 목표이론에 의하면 상황이 리더에게 아주 유리하거나 불리할 때는 과업지향적인 리더십이 효과적이다.

해설 ⑤는 피들러의 리더십 이론에 대한 설명이다.
추가해설 ① [O] 리더십의 전통적 이론유형은 특성론, 행동론, 상황론이며 최근에는 LMX, 변혁적 리더십 등 다양한 이론들이 추가되고 있다.
② [O] 관리격자모형에서는 생산에 대한 관심을 9칸으로, 인간에 대한 관심을 9칸으로 각각 구분하고 있다.
③ [O] 허쉬와 블랜차드의 리더십 모형에서 주요한 상황변수는 부하들의 성숙도이다.
④ [O] 피들러의 상황변수로 옳은 설명이다.

정답 ⑤

12-11F ✔☐☐☐ 2022 국가직 7급

리더십 이론에 대한 설명으로 옳지 않은 것은?

① 경로−목표 모형에 의하면, 리더가 목표를 정해주고 역할을 분담시키며 일의 순서를 정해 주면 성실한 작업자는 성과를 올리지만 그렇지 않은 작업자는 정서적 피로감이 유발된다.

② 허쉬(P. Hersey)와 블랜차드(K. Blanchard)에 의하면, 리더는 부하들의 태도와 행동으로 자질 및 동기를 파악하고 그들의 자율의식, 책임의식, 자신감 등을 고려하여 인간중심 또는 과업중심의 리더십을 발휘해야 한다.

③ 블레이크(R. Blake)와 머튼(J. Mouton)의 관리격자 이론에 의하면, 과업형은 리더 혼자 계획하고 통제하며 부하를 생산도구로 여기는 유형이다.

④ 피들러(F. Fiedler)의 상황이론에 의하면, 리더와 부하의 신뢰 정도가 아주 강한 경우에는 과업 지향적 리더십이 더 효과적이고 중간 혹은 아주 약한 경우에는 관계 지향적 리더십이 더 효과적이다.

──────────

해설 ① [O] 경로−목표 이론의 핵심은 부하의 목표달성을 위해 리더가 일종의 수단(도구, 경로)이 되어야 한다는 것이다. 따라서 리더가 업무수행의 장애요인을 제거하고 목표달성을 돕는 행동을 수행하면 부하직원의 성과가 향상되지만, 그렇지 않은 경우에는 부하직원의 성과창출 역량이 저해된다. 본 선지에서는 '정서적 피로감'이라는 표현을 사용했는데 이는 쉽게 말하면 상사가 목표설정 및 역할분담을 적절히 하지 않을 경우 부하직원의 스트레스가 증가함을 의미한다.

② [O] 허시와 블랜차드에 따르면 부하직원의 성숙도(업무달성 능력과 역할수행에의 의지)에 따라 상사가 그에 적절한 리더십 스타일을 발휘해야 하며, 여기서 리더십 스타일은 인간중심 행동양식(relationship behavior)과 과업중심 행동양식(task behavior)으로 크게 구분된다. 두 행동을 모두 많이 하는 경우는 지도형(판매형, 설득형, selling), 과업행동을 주로 하는 리더는 지시형(설명형, telling), 관계행동을 주로 하는 리더는 참여형(participating), 두 행동을 모두 적게 하는 경우는 위임형(delegating)이라 한다.

③ [O] 블레이크와 머튼의 관리격자 그래프에서 과업형은 (9,1)에 위치하며 인간에 대한 관심보다는 생산에 대한 관심을 주로 가지는 리더 유형이다. 따라서 선지의 설명대로 부하에 대한 인간적 존중보다는 업무중심적인 행동양식을 나타내는 리더십 스타일이다.

④ [×] 피들러 이론에서의 상황변수(상황호의도)는 1) 리더와 부하직원간의 관계, 2) 과업의 구조화된 정도, 3) 리더의 직위

권력에 의해 결정된다. 이 세 변수를 모두 종합한 상황이 우호적이거나 비우호적인 경우에는 과업지향적 리더십이, 중간 정도의 호의도를 가지는 경우에는 관계지향적 리더십이 성과에 도움이 된다.

정답 ④

12-12 ✔☐☐☐ 2024 군무원 7급

다음은 리더십 이론에 관한 여러 설명들이다. 이들 중 가장 적절하지 않은 것은?

① 블레이크와 머튼(Blake and Mouton)의 관리격자 모형(Managerial Grid Model)에서는 상황의 특성과 관계없이 생산과 인간 모두에 높은 관심을 가지는 '팀형(9, 9) 리더십' 스타일을 가장 이상적인 유형으로 본다.

② 허쉬와 블랜차드(Hersey and Blanchard)의 상황적 리더십 이론은 리더십 스타일을 지시형(telling), 지도형(selling), 참여형(participating), 위임형(delegating)으로 구분한다.

③ 하우스(House)의 경로−목표 이론에 의하면, 외재적 통제위치를 갖고 있는 부하에게는 참여적 리더십이 적합하다.

④ 오하이오 주립대학의 리더십 행동 연구에서는 리더십을 구조주도(initiating structure)와 배려(consideration)의 두 차원으로 나누었다.

──────────

해설 ③ [×] 외재적 통제위치를 갖고 있는 부하에게는 업무를 명확히 알려주는 지시적 리더십(directive leadership)이 필요하다.

정답 ③

현대적 리더십 이론

1. LMX 이론

1) 이론적 배경: VDL(수직짝관계이론)에서 발전 → 리더-구성원 관계의 질에 따라 성과/결과가 달라짐

2) 내집단의 형성 원인: 구성원의 보답 능력과 상사의 보상 능력간 교환

3) 리더십의 효과성: 내집단쌍 구성원 → 만족도↑, 몰입도↑, 인사평가↑, 이직률↓

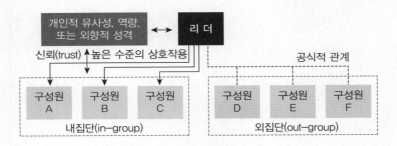

2. 카리스마 리더십

1) 이론적 배경: 베버의 권위(카리스마적 권위, 전통적 권위, 합법적 권위) 연구와 관련

2) 내용: 이상적 비전+소통능력+환경감지능력+구성원들로부터 존경과 지지 획득+위압적

3. 변혁적 리더십

1) 이론적 배경: 거래적 리더십에 대한 비판으로 등장 (실질적으로는 거래적 리더십과 상보적 관계)

2) 내용: 번즈(Burns)와 배스(Bass) → 구성원들의 혁신과 변화를 위한 관점을 제시하는 리더십

3) 거래적 리더십과의 비교

리더십 구분	요 인	내 용
변혁적 리더십	카리스마	바람직한 가치관, 존경심, 자신감 등을 구성원들에게 심어주고, 비전을 제시한다.
	개별적 관심	구성원들이 개인적 성장을 이룩할 수 있도록 그들의 욕구를 파악하고 알맞은 임무를 부여한다.
	지적 자극	구성원들이 상황을 분석하는 데 있어 기존의 틀을 뛰어넘어 보다 창의적인 관점을 개발하도록 격려한다.
거래적 리더십	조건적 보상	구성원들에게 무엇을 해야 그들이 원하는 보상을 받을 수 있는지를 알려준다.
	예외에 의한 관리	구성원들이 부여받은 임무를 수행하도록 하고, 목표가 달성될 때까지 간섭하지 않는다. 즉, 예외적 사건이 발생했을 때에만 간섭한다.

4. 서번트 리더십

1) 의의: 그린리프(Greenleaf) → 집단역량강화에 기여하는 파트너십형 리더십

2) 특징: 지속적인 변화나 장기적 조직성장이 필요한 상황 등에 적극적으로 대응하기 위해 필요

5. 슈퍼 리더십

1) 셀프 리더십: 구성원이 스스로를 리드(lead)하는데 필요한 사고나 행동을 수립하는 전략

2) 슈퍼 리더십: 구성원 스스로가 자기 자신을 리드할 수 있는 역량과 기술을 갖도록 하는 리더십

13-1A ✔☐☐☐

리더십 이론에 관한 설명으로 옳지 않은 것은?

① 경로−목표이론: 리더는 구성원이 목표를 달성할 수 있도록 명확한 길을 제시해야 한다.
② 리더십 상황이론: 리더의 행위가 주어진 상황에 적합하면 리더십의 효과가 증가한다.
③ 리더−구성원 교환이론: 리더는 내집단−외집단을 구분하지 않고 동일한 리더십을 발휘한다.
④ 리더십 특성이론: 리더가 지닌 신체적, 심리적, 성격적 특성 등에 따라 리더십의 효과가 달라진다.
⑤ 리더십 행동이론: 리더가 부하들에게 어떤 행동을 보이는가에 따라 리더십의 효과가 달라진다.

해설 리더−구성원 교환이론에 따르면 리더는 여러 가지 이유에 근거하여 내집단과 외집단을 차등대우하며 그 결과 리더십의 효과도 양 집단에서 다르게 나타날 수 있다.

정답 ③

13-2 ✔☐☐☐

리더십 유형을 크게 거래적 리더십과 변혁적 리더십으로 구분할 때, 변혁적 리더십 유형의 설명으로 옳은 것은?

① 알기 쉬운 방법으로 중요한 목표를 설명하고 자긍심을 고취한다.
② 노력에 대한 보상을 약속하고 성과에 따라 보상한다.
③ 부하들이 조직의 규칙과 관습을 따르도록 한다.
④ 부하들의 문제를 해결해 주거나 해답이 있는 곳을 알려준다.

요점정리
• 거래적 리더십: 조건적 보상, 예외에 의한 관리
• 변혁적 리더십: 카리스마, 지적 자극, 개별적 관심

해설 ① 이는 변혁적 리더십, 즉 구성원이 보다 높은 수준의 성취목표를 가질 수 있도록 독려하는 내용에 해당한다.
② 이는 조건적 보상, 즉 거래적 리더십의 내용이다.
③ 이 역시 규정과 절차를 중시하는 거래적 리더십의 내용이다.
④ 부하들이 할 일을 대신 해 주는 것은 변혁적/거래적 모두에

해당하지 않는다.

정답 ①

13-2D ✔☐☐☐

거래적 리더십의 구성요소에 해당하는 것을 모두 고른 것은?

ㄱ. 자유방임	ㄴ. 개별화된 배려
ㄷ. 예외에 의한 관리	ㄹ. 보상연계

① ㄱ, ㄴ   ② ㄷ, ㄹ
③ ㄱ, ㄷ, ㄹ   ④ ㄴ, ㄷ, ㄹ
⑤ ㄱ, ㄴ, ㄷ, ㄹ

해설 번즈(Burns)와 배스(Bass)는 기존의 모든 리더십론이 구성원과 리더간 교환관계에 기반한 거래적 리더십(transactional leadership)에 치중되어 있다고 비판하는 과정에서, 장기적인 관점과 혁신을 위한 자극을 제공하는 새로운 유형의 리더십인 변혁적 리더십(transformational leadership)을 주창하였다. 여기서 거래적 리더십은 목표달성을 위해 규정된 과업행동을 효율적으로 수행할 수 있도록 적절한 강화기제를 사용하는 리더십 스타일로서, 그 구성요소로는 조건적 보상(contingent reward, 만족스런 업무수행에 대해 보상 제공), 능동적 예외관리(active management-by-exception, 업무수행과정에 적극 개입하여 지속적으로 과정을 살피고 문제 발생시 수정), 수동적 예외관리(passive management-by-exception, 문제 발생시에만 개입하여 수정) 등이 있다. 많은 수험생들이 (ㄷ)과 (ㄹ)이 거래적 리더십의 하위요소임을 쉽게 파악할 수 있었겠지만, (ㄱ)에 대해서는 약간의 의문이 있을 것이다. 수동적 예외관리는 문제가 발생할 때만 개입하므로 문제가 없는 경우에는 개입하지 않는 방임형 스타일을 취한다는 점을 기억할 것.

정답 ③

13-3 ✔☐☐☐

부하 개개인의 관심사와 발전적 욕구에 관심을 기울이며, 부하들의 기존 사고를 새로운 방식으로 변화시켜 나아가는 리더십은?

① 상황적 리더십   ② 거래적 리더십
③ 변혁적 리더십   ④ 전략적 리더십
⑤ 자유방임적 리더십

해설 변혁적 리더는 카리스마, 구성원에 대한 개인적 관심과 배려, 지적 자극 등의 특성을 토대로 구성원의 변화와 혁신을 도모하는 리더이다. 거래적 리더는 그 반대 개념으로서 조건적 보상과 예외에 의한 관리를 중시하는 리더이다.

정답 ③

13-4 ☑☐☐☐　　　　　2011 공인노무사

현대적 리더십이론의 하나인 변혁적 리더십에서 변혁적 리더의 특성이 아닌 것은?

① 카리스마　　　　　② 영감고취(inspiration)
③ 지적인 자극　　　　④ 개별적 배려
⑤ 예외에 의한 관리

해설 ⑤ 예외에 의한 관리, 조건적 보상 등은 모두 거래적 리더의 특성이다.

정답 ⑤

13-5 ☑☐☐☐　　　　　2015 경영지도사

배스(B. M. Bass)의 변혁적 리더십에 포함되는 4가지 특성이 아닌 것은?

① 카리스마(이상적 영향력)
② 영감적 동기부여　　　③ 지적인 자극
④ 개인적 배려　　　　　⑤ 성과에 대한 보상

해설 변혁적 리더십은 카리스마, 영감제시, 지적자극, 개인적 배려의 요소로 구성된다. 성과에 대한 보상(⑤)은 거래적 리더십의 요소이다.

정답 ⑤

13-5J ☑☐☐☐　　　　　2023 군무원 9급

번스(J. Burns)의 변혁적리더십(transformational leadership)의 하부 요인으로 가장 적절하지 않은 것은?

① 카리스마　　　　　② 지적 자극
③ 자기 통제　　　　　④ 영감적 동기화

해설 변혁적 리더십은 구성원들이 개인적 이익을 초월한 조직 차원의 이익에 기여할 수 있도록 고무하고 비전(vision)을 제시하는 한편, 구성원 개인의 성장과 발전을 위한 노력도 동시에 경주할 수 있도록 독려하고 배려하는 리더십이다. 그 구성요소로는 카리스마와 관련된 영감적 동기부여(inspirational motivation, 비전을 제시하고 이를 열정적으로 소통), 이상적 역할모델(idealized influence, 이상적 리더로서 모범적 행동을 보임), 개별적 관심(individualized consideration, 구성원 개인의 욕구와 감정을 파악하여 적절한 코칭과 지원을 실시), 지적자극(intellectual stimulation, 기존 관행에 대해 의문을 가지고 새로운 관점에서 현상을 바라보도록 자극) 등이 있다.

정답 ③

13-6 ☑☐☐☐　　　　　2014 공인노무사

변혁적 리더가 갖추어야 할 자질이 아닌 것은?

① 조건적 보상　　　　② 비전제시 능력
③ 신뢰 확보　　　　　④ 비전전달 능력
⑤ 설득력과 지도력

해설 ① 조건적 보상과 예외에 의한 관리는 거래적 리더(transactional leader)의 특성이다.

정답 ①

13-6F ☑☐☐☐　　　　　2022 군무원 7급

다음 중 변혁적 리더십(transformational leadership)의 특징에 대한 설명으로 가장 옳지 않은 것은?

① 부하들의 관심사와 욕구 등에 관하여 개별적인 관심을 보여준다.
② 부하들에게 즉각적이고 가시적인 보상으로 동기부여한다.
③ 부하들에게 칭찬과 격려를 함으로써 부하들의 사기를 진작시켜 업무를 추진한다.
④ 부하들이 모두 공감할 수 있는 바람직한 목표를 위해 노력하도록 동기 부여한다.

해설 변혁적 리더십의 구성요소에는 영감적 동기부여(③, ④), 이상적 역할모델 제시, 개별적 관심(①), 지적인 자극 등이 있다. 선지 ②의 즉각적이고 가시적인 보상은 거래적 리더십의

구성요소인 '조건적 보상(conditional rewards)', 즉 잘하면 상을 주고 못하면 벌을 주는 정책에 가깝다.

정답 ②

13-7 ☑☐☐☐

변혁적 리더십의 구성요소 중 다음 내용에 해당하는 것은?

> • 높은 기대치를 전달하고, 노력에 집중할 수 있도록 상징을 사용
> • 미래에 대한 매력적인 비전 제시, 업무의 의미감 부여, 낙관주의와 열정을 표출

① 예외에 의한 관리   ② 영감적 동기부여
③ 지적 자극   ④ 이상적 영향력
⑤ 개인화된 배려

해설 변혁적 리더십의 구성요소는 카리스마(영감적 동기부여, 이상적 역할모델), 지적 자극, 개별적 관심과 배려 등이다. 그 중 '높은 기대치'에 해당하는 용어인 비전(vision), 그리고 낙관적 이상과 업무의 의미감(meaningfulness) 부여 등의 힌트와 가장 관련이 깊은 것은 '영감적 동기부여(inspirational motivation)'이다.

정답 ②

13-10 ☑☐☐☐

변혁적 리더십의 특징에 해당하지 않는 것을 모두 고른 것은?

> ㄱ. 부하들에게 장기적인 목표를 위해 노력하도록 동기 부여한다.
> ㄴ. 부하들을 위해 문제를 해결하거나 해답을 찾을 수 있는 곳을 알려준다.
> ㄷ. 부하들에게 즉각적이고도 가시적인 보상으로 동기 부여한다.
> ㄹ. 부하들에게 자아실현과 같은 높은 수준의 개인적인 목표를 동경하도록 동기 부여한다.
> ㅁ. 질문을 하여 부하들에게 스스로 해결책을 찾도록 격려하거나 함께 일을 한다.

① ㄱ, ㄴ   ② ㄱ, ㅁ
③ ㄴ, ㄷ   ④ ㄷ, ㄹ
⑤ ㄹ, ㅁ

해설 변혁적 리더십은 혁신과 변화를 위하여 구성원의 동기를 고차원적 수준으로 끌어올리는 것이며, 이 과정에서 카리스마, 지적 자극, 개별적 관심 등의 특징을 보인다. (ㄷ)처럼 바로 보상을 제공하는 것은 거래적 리더십의 특징이며, (ㄴ)처럼 문제를 대신 해결해 주는 것은 변혁적 리더십이나 거래적 리더십의 특성 모두에 해당하지 않는다.

정답 ③

13-10J ☑☐☐☐

변혁적 리더십에 관한 설명으로 옳지 않은 것은?

① 비전과 사명감을 부여하고, 자긍심을 높여준다.
② 뛰어난 성과에 대한 보상을 약속하고, 성취를 인정한다.
③ 개인적 관심을 보이고, 잠재력 개발을 위해 개별적 코치와 조언을 한다.
④ 이해력과 합리성을 장려하고, 기존의 틀을 벗어나 창의적 관점에서 문제를 해결하도록 촉진한다.
⑤ 높은 비전을 제시하고, 노력에 집중할 수 있도록 상징을 사용하며, 중요한 목적을 간단명료하게 표현한다.

해설 ①,⑤ [O] 변혁적 리더십은 구성원들이 개인적 이익을 초월한 조직 차원의 이익에 기여할 수 있도록 고무하고 비전(vision)을 제시하는 한편, 구성원 개인의 성장과 발전을 위한 노력도 동시에 경주할 수 있도록 독려하고 배려하는 리더십이다. (선지 ⑤의 상징이나 간단명료한 설명 등은 비전의 전파를 위해 필요한 요소이다.)
② [×] 성과에 대해 보상을 약속하는 것은 거래적 리더십의 하위요소 중 하나인 조건적 보상(conditional reward)에 가까운 서술이다.
③,④ [O] 변혁적 리더십의 구성요소로는 카리스마와 관련된 영감적 동기부여(inspirational motivation, 비전을 제시하고 이를 열정적으로 소통), 이상적 역할모델(idealized influence, 이상적 리더로서 모범적 행동을 보임), 개별적 관심(individualized consideration, 구성원 개인의 욕구와 감정을 파악하여 적절한 코칭과 지원을 실시), 지적 자극(intellectual stimulation, 기존 관행에 대해 의문을 가지고 새로운 관점에서 현상을 바라보도록

자극) 등이 있다.

정답 ②

13-11 ☑□□□　　　2013 7급공무원 인책형

리더십 이론에 대한 설명으로 옳지 않은 것은?

① 특성이론은 리더가 지녀야 할 공통적인 특성을 규명하고자 한다.

② 상황이론에서는 상황에 따라 적합한 리더십 유형이 달라진다고 주장한다.

③ 배려(consideration)와 구조 주도(initiating structure)에 따라 리더십 유형을 분류한 연구는 행동이론에 속한다.

④ 변혁적 리더십은 명확한 역할 및 과업 요건을 제시하여 목표 달성을 위해 부하들을 동기부여하는 리더십이다.

──────────

해설〉 ④ 명확한 과업요건을 제시하는 것은 거래적 리더십이다.

정답 ④

13-11A ☑□□□　　　2017 군무원 복원

리더십에 대한 설명으로 옳은 것은?

① 변혁적 리더십은 부하가 미래에 대한 비전을 받아들이고 추구하도록 격려한다.

② 서번트 리더십은 상사와 부하간의 교환관계에 기반을 두고, 보상과 처벌을 통해 부하를 통제하는 리더십이다.

③ 거래적 리더십에서 리더는 부하들이 자기통제(self-control)에 의해 스스로 이끌어 나가도록 하는 역할모델이 된다.

④ 카리스마적 리더십은 인간관계에 초점을 두며 예외에 의한 관리로 부하를 변혁시킨다.

──────────

해설〉 ① [O] 변혁적 리더십은 비전의 제시, 지적인 자극, 이상적 역할모델, 개별적 관심과 배려 등의 키워드로 요약된다.
② [×] 교환관계, 보상과 처벌 등은 거래적 리더십 내지는 LMX형 리더십에 어울리는 설명이다.

③ [×] 자기통제는 스스로 이끌어 나간다는 의미이므로 셀프리더십(self-leadership)에 어울리는 키워드이다.
④ [×] 예외에 의한 관리는 거래적 리더십의 키워드이다.

정답 ①

13-12 ☑□□□　　　2018 공인노무사

서번트(servant) 리더의 특성으로 옳지 않은 것은?

① 부하의 성장을 위해 헌신한다.

② 부하의 감정에 공감하고 이해하려고 노력한다.

③ 권력이나 지시보다는 설득으로 부하를 대한다.

④ 조직의 구성원들에게 공동체 정신을 심어준다.

⑤ 비전 달성을 위해 위험감수 등 비범한 행동을 보인다.

──────────

요점정리〉 서번트 리더십(servant leadership)은 그린리프(Greenleaf)에 의해 주창된 리더십론으로서, 구성원들이 목표달성을 하는데 있어 지치지 않으며 스스로 성장할 수 있도록 각종 환경을 조성해주고 도와주는 리더십이다. 온갖 허드렛일을 하면서 다른 동행자들을 도왔던 헤르만 헤세의 소설"동방순례"의 주인공 레오(Leo)로부터 착안하여 명명된 리더십 유형이다. 서번트 리더는 구성원들과 수평적 관계를 형성하고 파트너십을 통한 협력을 강조한다. 이는 위에서 아래로 지시하는 리더가 아니라 구성원과 같은 위치에서 그들의 업무를 적극적으로 헌신하고 뒷받침하며 돕는다는 의미로서, 지식경영시대에 꼭 필요한 리더십 스타일이라 할 수 있다.

해설〉 ⑤ 카리스마적 리더는 비전달성에의 자신감을 보이며 미래 성과에 대한 믿음을 바탕으로 자기희생적 모범을 보임으로써 구성원들의 신뢰와 몰입을 이끌어 낸다. 따라서 이 설명은 서번트 리더십이 아니라 카리스마 리더십의 특징이다.

정답 ⑤

13-13 ☑□□□　　　2013 공인노무사

부하들 스스로가 자신을 리드하도록 만드는 리더십은?

① 슈퍼 리더십　　　② 서번트 리더십
③ 카리스마적 리더십　④ 거래적 리더십
⑤ 코칭 리더십

──────────

해설〉 ① 부하들이 스스로를 이끄는 셀프리더가 되게끔 만들어주는 리더십을 뜻한다.

추가해설 ② 집단역량강화에 기여하는 파트너십형 리더십이다.
③ 웅장하고 이상적 비전을 제시하며 소통능력과 환경감지능력이 뛰어나고 구성원들로부터 존경과 지지를 획득하는 위압적 리더십이다.
④ ↔ 변혁적 리더십
⑤ 말 그대로 상담과 조언 등의 코칭을 해 주는 리더십이다.

정답 ①

13-13A ☑☐☐☐
2020 경영지도사

조직 구성원이 리더의 새로운 이상에 의해 태도와 동기가 변화하고 자발적으로 자신과 조직의 변화를 이끌어낼 수 있도록 하는 리더십은?

① 거래적 리더십(transactional leadership)
② 수퍼리더십(super-leadership)
③ 변혁적 리더십(transformational leadership)
④ 서번트 리더십(servant leadership)
⑤ 진성 리더십(authentic leadership)

해설 변혁적 리더는 카리스마, 구성원에 대한 개인적 관심과 배려, 지적 자극 등의 특성을 토대로 구성원의 변화와 혁신 및 고차원적 동기로의 향상 등을 도모하는 리더이다. 거래적 리더십은 변혁적 리더십의 반대 개념이다.
추가해설 ⑤의 진성 리더십은 솔직하고 진실된 방식으로 구성원과 교류하는 리더의 모습을 뜻한다.

정답 ③

13-13D ☑☐☐☐
2021 군무원 5급

기업 간 경쟁이 심화되고 소비자의 욕구가 빠르게 변화할수록 기업은 이러한 상황에 재빠르게 대응하고 해당 현장에서 즉각적 문제해결이 가능하도록 하기 위한 리더십이 필요하다. 이러한 상황에 가장 효과적으로 대응할 수 있는 리더십으로 옳은 것은?

① 셀프(자기)리더십   ② 변혁적 리더십
③ 과업지향형 리더십   ④ 카리스마 리더십

해설 약간 어려운 문제인데, 키워드를 찾자면 '즉각적 문제해결이 가능하도록 하기 위한 리더십'이다. 즉각적 문제해결, 내지는 실시간 대응 등의 용어는 경영학에서 대개 분권화와 관련

되어 있다. 리더가 모든 판단을 행하는 경우에는 리더에게 보고하는 시간, 리더가 내린 지시를 이행하는 시간 등이 의사결정 속도를 더디게 만들기 때문에 빠른 대응을 위해서는 집권화가 아닌 분권화가 필요하다. 즉 이 문제는 부하직원들에게 분권화를 하기 위한 리더십이 무엇인지를 묻는 것이다. 영어로 empowering leadership 내지는 delegating leadership 등의 용어로 설명할 수도 있으나, 선지 중에서는 부하직원들 스스로 리더십을 갖추어간다는 의미의 self leadership이 가장 적합하다. 셀프리더십을 갖추도록 부하를 이끄는 상사의 리더십을 '슈퍼 리더십'이라 칭함도 같이 기억해 두자.

정답 ①

13-13E ☑☐☐☐
2021 군무원 9급

진성 리더십(authentic leadership)의 내용과 관련이 없는 것은?

① 명확한 비전제시
② 리더의 자아인식
③ 내재화된 도덕적 신념
④ 관계의 투명성

요점정리 진성(진정성)리더십은 우리나라의 객관식 시험 중에서는 2021년 CPA 시험에 처음 등장한 개념이다. 워크북에서도 이 개념이 소개되어 있지만, 그 내용을 알더라도 이번 문제를 풀려면 공인노무사 2차 선택과목인 〈경영조직론〉 수준의 지식이 필요하다.

1) 진정성 리더십(authentic leadership)의 개념: 자신이 가진 핵심가치와 정체성, 그리고 감정을 근거로 구성원들과 상호작용함으로써 조직을 건강하고 알차게 이끌어 가는 리더십을 뜻한다. 쉽게 말해서 진성리더란 자신에 대해 잘 알고, 자신의 신념이 무엇인지를 알고 있으며, 그 가치관과 신념에 따라 공개적이고 솔직하게 행동하는 사람이다.

2) 구성요소: 진정성 리더십은 다음의 세 가지로 구성된다.
• 자아인식(self-awareness): 이는 현실에 기반하여 수행되는 자기 스스로에 대한 솔직한 파악이다.
• 진성행동(authentic behavior): 이는 자기규제(self-regulation)라고도 불리며, 자기 자신의 내면이나 가치관과 일치하는 행동을 하는 것을 의미한다. 이는 크게 두 요소로 구성된다. 첫째, 내면화된 도덕적 시각(internalized moral perspective)이다. 리더는 자기조절을 통해서 자신의 내면적 도덕기준과 가치관을 밖으로 드러내는 행동의 지침으로 삼는다. 즉 자신의 가치관에 맞게 행동한다는 것이다. 그리고 외부의 압력(social pressure 등)이 자신을 통제하지 못하게 한다. 대중적 상식이나 통념에 입각하기보다는 자기 내면의 소리에 귀를

기울인다. 둘째, 균형잡힌 정보처리(balanced processing)이다. 이는 결정을 내리기 전에 정보를 객관적으로 분석하는 능력, 그리고 다른 사람들의 의견을 다각도로 검토하는 능력을 가리킨다.
- 진정성 기반 인간관계 (relational authenticity): 이는 자신의 참된 모습을 다른 사람들에게 공개적으로 정직하게 나타내는(공개하는) 행위이다. 즉 자신의 긍정적인 면과 부정적인 면 모두를 드러내고 타인들과 진실하고 투명하게 소통하는 것이다.

[해설] ② 리더의 자아인식, ③ 내재화된 도덕적 신념, ④ 관계의 투명성 등은 모두 앞에서 설명한 진정성 리더십의 구성요인에 해당한다. 그러나 ①의 비전제시는 진정성 리더십이 아닌 '변혁적 리더십'의 요소에 가깝다.

정답 ①

13-13F ☑□□□
2022 가맹거래사

진성 리더십(authentic leadership)에 포함되는 것을 모두 고른 것은?

ㄱ. 자아인식	ㄴ. 정서적 치유
ㄷ. 관계적 투명성	ㄹ. 균형잡힌 정보처리
ㅁ. 내면화된 도덕적 신념	

① ㄱ, ㄴ, ㄷ, ㄹ
② ㄱ, ㄴ, ㄷ, ㅁ
③ ㄱ, ㄴ, ㄹ, ㅁ
④ ㄱ, ㄷ, ㄹ, ㅁ
⑤ ㄴ, ㄷ, ㄹ, ㅁ

[해설] 진성(진정성)리더십(authentic leadership)은 자신이 가진 핵심가치와 정체성, 그리고 감정을 근거로 구성원들과 상호작용함으로써 조직을 건강하고 알차게 이끌어 가는 리더십을 뜻한다. 진정성 리더십은 다음의 세 가지로 구성된다.
- 자아인식(self-awareness)(ㄱ): 이는 현실에 기반하여 수행되는 자기 스스로에 대한 솔직한 파악이다.
- 진성행동(authentic behavior): 이는 자기규제(self-regulation)라고도 불리며, 자기 자신의 내면이나 가치관과 일치하는 행동을 하는 것을 의미한다. 이는 크게 두 요소로 구성된다. 첫째, 내면화된 도덕적 시각(internalized moral perspective)이다(ㅁ). 리더는 자신의 가치관에 맞게 행동하며, 외부의 압력(social pressure 등)이 자신을 통제하지 못하게 한다. 대중적 상식이나 통념에 입각하기보다는 자기 내면의 소리에 귀를 기울인다. 둘째, 균형잡힌 정보처리(balanced processing)이다(ㄹ). 이는 결정을 내리기 전에 정보를 객관적으로 분석하는 능력, 그리고 다른 사람들의 의견을 다각도로 검토하는 능력을 가리킨다.

- 진정성 기반 인간관계(relational authenticity): 이는 자신의 참된 모습을 다른 사람들에게 공개적으로 정직하게 나타내는(공개하는) 행위이다. 이를 '관계적 투명성'(ㄷ)으로 부르기도 한다.

정답 ④

13-13J ☑□□□
2023 군무원 5급

리더십 스타일에 대한 설명으로 가장 적절하지 않은 것은?

① 민주적(democratic) 리더는 경영 상황을 설명하고, 직원들이 아이디어를 내도록 권장하고, 직원을 경영의사결정에 참여시킨다.
② 독재적(autocratic) 리더는 종업원이 자신의 지시를 따르도록 하기 위해 자신의 권한과 경제적 보상책을 사용한다.
③ 자유방임형(free-rein) 리더는 종업원에게 팀워크와 대안에 대한 논의를 장려한다.
④ 진정성(authentic) 리더는 기업의 목적과 사명에 열정적이고, 이해관계자들과 장기적 관계를 형성한다.

[해설] 사실상 국어 문제이다. 민주의 뜻과 독재의 뜻을 안다면 선지 ①과 ②는 옳음을 알 수 있다. (어떤 리더십 이론에 속하는지 고민할 필요도 없다.) 선지 ④은 사실 엄밀히 보자면 진정성 리더십의 본질적 의미(자신이 가진 핵심가치와 정체성, 그리고 감정을 근거로 구성원들과 상호작용함으로써 조직을 건강하고 알차게 이끌어 가는 리더십)와는 약간 다른 서술이다. 다만 기업의 목적을 잘 알고, 이해관계자와 장기적 관계를 형성하기 위해 노력한다는 점을 보면 옳은 선지에 가깝다. 선지 ③의 자유방임은 상사의 개입이 최소화되며 부하직원의 자율성을 최대한 보장함을 뜻한다. 따라서 팀워크나 대안에 대한 논의 등의 개입조차 하지 않는 것이 그 본래 의미에 가깝다.

정답 ③

13-14 ☑☐☐☐

2017 공인노무사

리더십에 관한 설명으로 옳지 않은 것은?

① 거래적 리더십은 리더와 종업원 사이의 교환이나 거래관계를 통해 발휘된다.
② 서번트 리더십은 목표달성이라는 결과보다 구성원에 대한 서비스에 초점을 둔다.
③ 카리스마적 리더십은 비전달성을 위해 위험감수 등 비범한 행동을 보인다.
④ 변혁적 리더십은 장기비전을 제시하고 구성원들의 가치관 변화와 조직몰입을 증가시킨다.
⑤ 슈퍼 리더십은 리더가 종업원들을 관리하고 통제할 수 있는 힘과 기술을 가지도록 하는데 초점을 둔다.

───────────────

해설 슈퍼 리더십은 종업원 스스로 리더십을 함양하는 셀프 리더(self-leader)가 될 수 있도록 이끌어주고 독려하는 리더십을 의미한다. 따라서 리더가 부하를 관리하거나 통제하는 등의 개념과는 어울리지 않는다.

추가해설 ① 거래적 리더십에서 '거래'는 조건적 보상으로 나타난다. 즉 부하가 잘 하면 보상을 제공하고 그렇지 못하면 벌을 준다는 의미이다.
② 서번트 리더십의 핵심은 리더의 역할을 봉사자로 보았다는 것이다.
③ 카리스마적 리더는 스스로 위험을 감수함으로써 부하들로부터 존경을 이끌어 낸다.
④ 변혁적 리더는 장기적인 측면의 조직혁신을 위해 구성원들의 생각을 바꾸어 낸다.

정답 ⑤

13-16 ☑☐☐☐

2016 가맹거래사

다음 설명 중 옳지 않은 것은?

① 브룸(Vroom)의 기대이론에 의하면 보상의 유의성(valence)은 개인의 욕구에 따라 다르며, 동기부여를 결정하는 요인이다.
② 아담스(Adams)의 공정성이론에 의하면 보상에 대한 공정성 지각 여부가 종업원의 노력(투입)정도를 결정한다.
③ 피들러(Fiedler)의 상황적합성이론에 의하면 리더와 부하의 관계가 좋을 때에는 과업지향적인 리더십을 구사하는 것이 좋다.
④ 스키너(skinner)의 작동적 조건화에서 소거(extinction)란 과거의 부정적 결과를 제거함으로써 긍정적인 행동의 확률을 높이는 것을 말한다.
⑤ 리더-구성원 교환이론(LMX)에 의하면 리더는 외집단보다는 내집단을 더 많이 신뢰한다.

───────────────

해설 ④ 소거는 긍정적 결과를 제거함으로써 부정적 행동의 확률을 낮추는 방법이다.

추가해설 ③ 피들러에 따르면 과업지향적 리더십은 리더와 부하의 관계가 좋을 때도 사용되고 나쁠 때도 사용된다. 관계지향적 리더십은 리더와 부하의 관계가 중간 정도일 때 사용된다.

정답 ④

13-16J ☑☐☐☐   2023 국가직 7급

리더십 이론에 대한 설명으로 옳은 것은?

① 허시(Hersey)와 블랜차드(Blanchard)는 부하의 성숙도가 가장 높을 때는 위임형(delegating) 리더십이 효과적이고, 부하의 성숙도가 가장 낮을 때는 지도형(coaching) 리더십이 효과적이라고 주장하였다.

② 피들러(Fiedler)의 상황이론에 따르면 리더-멤버 사이의 관계가 좋고, 과업이 구조화되어 있고, 리더의 권한이 강한 상황에서는 관계지향형 리더가 과업지향형 리더보다 효과적이다.

③ 슈퍼리더십(super leadership)은 과업구조가 명확하지 않거나 조직이 불안정한 상황에서 효과적이기 때문에 부하의 지도 및 통제에 역점을 두고 있다.

④ 개별적 배려와 지적 자극은 변혁적(transformational) 리더의 특성이고, 예외에 의한 관리는 거래적(transactional) 리더의 특성이다.

해설》 ① [×] 허쉬와 블랜차드에 따르면 성숙도가 가장 높을 때(M4) 위임형 리더십을 사용하는 것은 옳지만, 부하의 성숙도가 가장 낮을 때(M1)는 지도형이 아닌 지시형(telling, directive) 리더십을 사용하는 것이 좋다고 한다.

② [×] 피들러에 따르면 리더-멤버 사이의 관계가 좋고, 과업이 구조화되어 있고, 리더의 권한이 강한 상황은 리더에게 가장 유리한 상황조건이 된다. 이 경우에는 관계지향형이 아니라 과업지향형 리더십이 관계지향형 리더보다 효과적이다.

③ [×] 슈퍼리더십(Superleadership)은 구성원 스스로가 자기 자신을 리드할 수 있는 역량과 기술을 갖도록 하는 리더십 스타일이다. 구성원이 자기 자신에게 목표를 부여하고 그 수행을 독려하는데 필요한 각종 사고방식이나 행동양식을 수립할 수 있게 되면 셀프리더(self-leader)라 할 수 있으므로, 슈퍼리더는 곧 구성원들을 셀프리더로 만드는 리더라 할 수 있다.

④ [○] 변혁적 리더십의 구성요소로는 카리스마와 관련된 영감적 동기부여(inspirational motivation, 비전을 제시하고 이를 열정적으로 소통), 이상적 역할모델(idealized influence, 이상적 리더로서 모범적 행동을 보임), 개별적 관심(individualized consideration, 구성원 개인의 욕구와 감정을 파악하여 적절한 코칭과 지원을 실시), 지적 자극(intellectual stimulation, 기존 관행에 대해 의문을 가지고 새로운 관점에서 현상을 바라보도록 자극) 등이 있다.

반면 거래적 리더십의 구성요소로는 조건적 보상(contingent reward, 만족스런 업무수행에 대해 보상 제공), 능동적 예외관리(active management-by-exception, 업무수행과정에 적극 개

입하여 지속적으로 과정을 살피고 문제 발생시 수정), 수동적 예외관리(passive management-by-exception, 문제 발생시에만 개입하여 수정) 등이 있다.

정답 ④

13-18D ☑☐☐☐   2021 군무원 7급

다음 중 리더십에 관련된 이론에 대한 설명으로 가장 옳지 않은 것은?

① 하우스(House)의 경로목표이론에서 상황적 변수는 집단의 과업내용, 부하의 경험과 능력, 부하의 성취욕구이다.

② 거래적 리더십(transaction leadership)은 장기적인 목표를 강조해 부하들이 창의적 성과를 낼 수 있게 환경을 만들어 주며, 새로운 변화와 시도를 추구하게 된다.

③ 변혁적 리더십(transformational leadership)은 영감적동기와 지적자극과 같은 방법을 통해서 부하들의 행동에 변화를 일으키는 리더십이다.

④ 리더-멤버 교환이론(LMX)에서 내집단(in-group)은 리더와 부하와의 교환관계가 높은 집단으로 승진의 기회가 생기면 리더는 내집단을 먼저 고려하게 된다.

해설》 ① [○] 하우스는 리더십 스타일과 구성원의 성과간 관계를 조절하는 상황변수로서 크게 구성원의 특성과 환경요소를 들고 있다. 전자(구성원의 특성)에는 능력, 통제위치, 욕구 및 동인 등이 포함되며 후자(환경요소)에는 과업특성, 작업집단의 성격, 조직특성 등이 포함된다.

② [×] 장기적인 목표 추구, 창의적 성과의 강조, 변화 추구 등을 중시하는 리더십은 거래적 리더십이 아니라 변혁적 리더십에 해당한다. 거래적 리더십은 목표달성을 위해 규정된 과업행동을 효율적으로 수행할 수 있도록 적절한 강화기제를 사용하는 리더십 스타일로서, 그 구성요소로는 조건적 보상(contingent reward, 만족스런 업무수행에 대해 보상 제공), 능동적 예외관리(active management-by-exception, 업무수행과정에 적극 개입하여 지속적으로 과정을 살피고 문제 발생시 수정), 수동적 예외관리(passive management-by-exception, 문제 발생시에만 개입하여 수정) 등이 있다.

③ [○] 변혁적 리더십은 구성원들이 개인적 이익을 초월한 조직 차원의 이익에 기여할 수 있도록 고무하고 비전(vision)을 제시하는 한편, 구성원 개인의 성장과 발전을 위한 노력도 동

시에 경주할 수 있도록 독려하고 배려하는 리더십이다. 그 구성요소로는 카리스마와 관련된 **영감적 동기부여**(inspirational motivation, 비전을 제시하고 이를 열정적으로 소통), 이상적 역할모델(idealized influence, 이상적 리더로서 모범적 행동을 보임), 개별적 관심(individualized consideration, 구성원 개인의 욕구와 감정을 파악하여 적절한 코칭과 지원을 실시), 지적 자극(intellectual stimulation, 기존 관행에 대해 의문을 가지고 새로운 관점에서 현상을 바라보도록 자극) 등이 있다.

④ [O] 리더의 보상능력과 구성원의 공헌능력이 서로 교환되는 내집단 관계에서는 상호간에 동업자적 신뢰와 존경심이 형성되어 공동운명의식을 나누게 되고, 서로간에 큰 영향력을 주고받게 된다(high interaction). 내집단에 속한 종업원들의 만족도와 직무몰입도가 더 높으며, 리더에 의한 평가점수도 더 좋다.

정답 ②

조직설계에 영향을 미치는 상황변수

1. 환 경

1) 의의: 조직의 과업수행에 영향을 주는 단체 및 세력들과 그들간의 집합
2) 번즈와 스토커의 연구: 기계식 조직 vs. 유기적 조직
   ① 기계식 조직
   - 환경 특성: 단순하고 상대적으로 안정적이며 자원의 여유가 많은 환경
   - 구조상의 특징: 비탄력적인 과업과 수직적 의사소통구조, 높은 수준의 공식성과 권한의 집중화
   ② 유기적 조직
   - 환경 특성: 복잡하고 변동성이 크며 상대적으로 자원의 여유가 적은 환경
   - 구조상의 특징: 탄력적인 과업과 수평적인 의사소통구조, 낮은 수준의 공식성과 권한의 분권화
3) 로렌스와 로쉬의 연구: 분화(differentiation, 차별화)와 통합(integration)
   [핵심] 불확실성과 복잡성 → 분화의 압력이 증가 → 부문간 조정을 위한 **통합**의 필요성 역시 증가

2. 기 술

1) 의의: 조직이 <u>자원을 산출물로 변화시키기 위해 수행하는</u> 각종 활동을 포괄적으로 지칭하는 개념
2) 우드워드: 기술복잡성에 따라 단위생산기술, 대량생산기술, 연속공정(장치)생산기술로 구분
3) 페로우: 과업의 변이성(다양성)과 분석가능성에 따라 일상/기능/공학/비일상 기술 등으로 구분
4) 톰슨: 부서간 상호의존성에 따라 중개형, 연속형, 집중형 기술 등으로 구분

3. 규 모

1) 의의: 조직구성원의 수 → 조직구조에 유의미한 영향
2) 규모와 조직구조의 관계 (블라우, 애스톤 그룹, 메이어): <u>복잡성 증가, 공식성 증가, 집중성 감소</u>

4. 전 략

1) 의의: 기업의 목적을 달성하기 위하여 조직 전체와 그 부문들 모두를 하나로 이끄는 계획과 방침
2) 챈들러의 연구: "구조는 전략을 따른다(Structure follows strategy)."
3) 마일즈와 스노우의 연구: <u>공격형 전략 vs. 방어형 전략</u> (+분석형 전략)
   ① 공격형 전략: 위험을 감수하고 혁신을 추구 → 복잡성·집중성·공식성이 낮은 <u>유기적 구조</u>
   ② 방어형 전략: 현상유지 추구 → 복잡성·집중성·공식성이 모두 높은 <u>기계적 구조</u>
   ③ 분석형 전략: 공격형과 방어형의 절충 형태
4) 포터의 연구: <u>원가우위 전략 vs. 차별화 전략</u> (+집중화 전략)
   ① 원가우위 전략: 높은 수율 달성, **효율성 추구**, 감독과 관리, 작업절차 표준화, 관리자 수 증가
   ② 차별화 전략: **차별적 제품**, 구성원에게 폭넓은 재량 부여, 위험감수 및 창의적 사고 촉진
   ③ 집중화 전략: 원가우위와 차별화의 선택적 병행 및 절충

14-1 ☑□□□
2013 경영지도사

조직을 설계할 때 영향을 미치는 요인에 해당하지 않는 것은?

① 조직의 연혁과 규모   ② 직무전문화와 공식화
③ 전략   ④ 경영환경
⑤ 시장의 변화

요점정리 조직설계에 영향을 미치는 상황요인에는 조직의 역사와 규모, 경영전략, 환경, 기술 등이 있으며, 그 결과 형성되는 조직의 구조적 속성으로는 직무전문화, 부문화, 통제범위, 명령체계, 집권화, 공식화 등이 있다.

해설 ② 직무전문화와 공식화는 조직설계의 결과이지, 그 원인(요인)이 아니다.

정답 ②

14-2 ☑□□□
2018 경영지도사

기업환경에서 일반환경(간접환경)에 관한 내용으로 옳지 않은 것은?

① 경쟁기업 출현   ② 공정거래법 개정
③ 컴퓨팅 기술 발전   ④ 저출산 시대 심화
⑤ 환율과 원유가격 변동

요점정리 일반환경은 정치·법, 경제, 사회, 문화, 기술적 이슈이고, 과업환경은 우리 기업의 경영에 직접적 영향을 주는 이슈이다.

해설 ① 경쟁기업의 출현은 과업환경에 속한다.

정답 ①

14-2J ☑□□□
2023 공인노무사

경영환경을 일반환경과 과업환경으로 구분할 때, 기업에게 직접적인 영향을 주는 과업환경에 해당하는 것은?

① 정치적 환경   ② 경제적 환경
③ 기술적 환경   ④ 경쟁자
⑤ 사회문화적 환경

해설 환경은 크게 과업수행과의 관련성에 따라 일반환경 (general environment, 모든 기업에 보편적이고 간접적으로 영향을 주는 정치, 경제, 사회문화, 기술적 환경)과 과업환경(task environment, 특정 조직의 과업수행에 직접적으로 관련된 환경으로서, 경쟁자나 고객 및 공급업자 등을 포함)으로 구분된다. 따라서 선지 ④의 '경쟁자'는 과업환경에 속하고, 나머지 선지들은 모두 일반환경에 해당한다.

정답 ④

14-2M ☑□□□
2024 경영지도사

기업환경은 기업에 미치는 영향의 정도인 밀접성에 따라 직접적 환경과 간접적 환경으로 구분한다. 간접적 환경 요인에 해당하지 않는 것은?

① 사회계층   ② 경제체제
③ 기술수준   ④ 소비자
⑤ 국가정책

해설 간접환경 내지 일반환경(general environment)은 모든 기업에게 공통적으로 적용되는 정치(⑤), 경제(②), 사회문화 (①), 기술적 환경(③)을 총칭한다. 선지 ④의 소비자는 우리 기업에게 특수한 영향을 미칠 수 있는 직접환경 내지 과업환경 (task environment)에 속한다.

정답 ④

14-3 ☑□□□
2015 경영지도사

조직구조를 설계할 때 고려하는 상황변수가 아닌 것은?

① 전략(Strategy)   ② 제품(Product)
③ 기술(Technology)   ④ 환경(Environment)
⑤ 규모(Size)

해설 조직구조에 영향을 미치는 상황변수에는 환경, 기술, 규모, 전략 등이 있다.

정답 ②

14-3F ☑☐☐☐
2022 공인노무사

조직설계의 상황변수에 해당하는 것을 모두 고른 것은?

ㄱ. 복잡성	ㄴ. 전략
ㄷ. 공식화	ㄹ. 기술
ㅁ. 규모	

① ㄱ, ㄴ, ㄷ
② ㄱ, ㄴ, ㄹ
③ ㄱ, ㄷ, ㅁ
④ ㄴ, ㄹ, ㅁ
⑤ ㄷ, ㄹ, ㅁ

해설 상황이론은 조직효과성(즉 성과나 능률 또는 유연성), 상황변수, 조직특성변수의 세 가지 항목에 초점을 둔다. 즉, 조직효과성에 영향을 미치는 요인을 상황변수와 조직특성변수로 보며, 이들간의 적합성(fit)이 조직효과성을 결정한다고 주장한다.

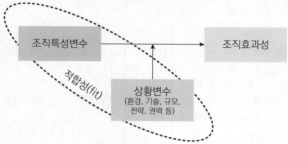

여기서 상황변수는 다시 인적 요소의 개입여부에 따라 객관적 상황변수와 주관적 상황변수로 나뉘는데, 전자에는 환경, 기술(ㄹ), 규모(ㅁ)가, 후자에는 전략(ㄴ)등이 포함된다. 한편 조직특성변수에 해당하는 변수로는 조직구조(복잡성, 집중성, 공식성 등)와 관리시스템이 있다.

정답 ④

14-3M ☑☐☐☐
2024 공인노무사

기업 외부의 개인이나 그룹과 접촉하여 외부환경에 관한 중요한 정보를 얻는 활동은?

① 광고
② 예측활동
③ 공중관계(PR)
④ 활동영역 변경
⑤ 경계연결(boundary spanning)

해설 최근 경영학 분야에서 중요한 개념으로 떠오르고 있는 경계연결 또는 경계관리(boundary spanning)는 외부환경의 핵심요소들과 조직의 각 부분을 연결하고 조정하는 전략으로서, 주로 환경과 정보를 주고받는 역할로 정의할 수 있다. 일반적

으로 경계관리자의 역할을 수행하는 사람은 경영자, 판매원, 고객상담원, 일선감독자, 중역간부 등으로 다양하다. 이들은 각기 자신의 위치에서 다음의 두 가지 역할을 수행한다. 첫째, 환경에 필요한 정보를 탐색하고 이를 조직 안으로 들여오는 정보입수(detect and bring) 역할이다. 구체적으로 소비자 관련 정보를 수집하는 활동 등을 예로 들 수 있으며, 문제에서 이야기하는 활동내용이 바로 이것이다. 둘째, 조직 안의 정보를 조직에 필요한 정도로 조직에게 유리하게 환경에 내보내는 정보전달(send) 역할이다. 구체적으로 홍보부서의 기업홍보 활동 등을 예로 들 수 있다.

정답 ⑤

14-4 ☑☐☐☐
2011 공인노무사

기계적 조직과 유기적 조직의 비교·설명으로 옳은 것은?

① 기계적 조직은 직무 전문화가 낮고, 유기적 조직은 직무 전문화가 높다.
② 기계적 조직은 의사결정 권한이 분권화되어 있고, 유기적 조직은 의사결정 권한이 집권화되어 있다.
③ 기계적 조직은 동태적이고 복잡한 환경에 적합하며, 유기적 조직은 안정적이고 단순한 환경에 적합하다.
④ 기계적 조직은 통제범위가 넓고, 유기적 조직은 통제범위가 좁다.
⑤ 기계적 조직은 지휘계통이 길고, 유기적 조직은 지휘계통이 짧다.

해설 단순하고 상대적으로 안정적이며 자원의 여유가 많은 환경에 직면한 조직의 경우에는 기계식 조직구조가 형성되는데, 그 특징은 비탄력적인 과업과 수직적 의사소통구조, 긴 지휘계통, 좁은 통제범위, 높은 수준의 공식성과 권한의 집중화를 들 수 있다.
반면 복잡하고 변동성이 크며 상대적으로 자원의 여유가 적은 환경에 직면한 조직의 경우에는 유기적 조직구조가 형성되는데, 그 특징은 탄력적인 과업과 수평적인 의사소통구조, 짧은 지휘계통, 넓은 통제범위, 낮은 수준의 공식성과 권한의 분권화를 들 수 있다.

정답 ⑤

14-5 ☑□□□
2015 경영지도사

기계적 조직구조의 특징이 아닌 것은?

① 많은 규칙
② 집중화된 의사결정
③ 경직된 위계질서
④ 비공식적 커뮤니케이션
⑤ 계층적 구조(Tall structure)

해설〉 기계적 조직구조는 쉽게 생각해서 관료제적 조직구조라 보면 된다. 따라서 공식적 커뮤니케이션이 비공식적 커뮤니케이션보다 중시된다.

정답 ④

14-6 ☑□□□
2007 7급공무원 문책형

번스(Burns)와 스톨커(Stalker)는 상반되는 조직 형태의 유형으로서 기계적 조직(mechanic organization)과 유기적 조직(organic organization)을 제시하였다. 다음 중 기계적 조직과 비교할 때, 유기적 조직의 상대적 특성에 대한 설명으로 옳지 않은 것은?

① 동태적 환경에서 적합하다.
② 의사결정권의 분권화 정도가 높다.
③ 업무의 분업화 정도가 높다.
④ 업무의 공식화 정도가 낮다.

해설〉 ③ 기계적 조직은 분업화 정도가 크지만, 유기적 조직은 그렇지 않다.
추가해설〉 ① 기계적 조직은 안정적 환경에서, 유기적 조직은 동태적 환경에서 적합하다.
② 기계적 조직은 집권화 정도가, 유기적 조직은 분권화 정도가 크다.
④ 기계적 조직은 공식화 정도가 크지만, 유기적 조직은 그렇지 않다.

정답 ③

14-6D ☑□□□
2021 경영지도사

유기적 조직의 특성이 아닌 것은?

① 융통성 있는 의무
② 많은 규칙
③ 비공식적 커뮤니케이션
④ 탈집중화된 의사결정 권한
⑤ 수평적 구조

해설〉 불안정성이 큰 환경 하에서는 유기적 구조(organic structure)가 형성되는데, 그 특징은 탄력적(융통적)인 과업(①)과 수평적인 의사소통구조(⑤), 낮은 수준의 공식성(③)과 권한의 분권화(④)를 들 수 있다. 선지 ②의 '많은 규칙'은 높은 수준의 공식성을 뜻하므로 유기적 조직이 아니라 기계식 조직의 특성에 가깝다.

정답 ②

14-7 ☑□□□
2013 경영지도사

기계적 조직과 유기적 조직에 관한 설명으로 옳지 않은 것은?

① 기계적 조직은 부문화가 엄격한 반면, 유기적 조직은 느슨하다.
② 기계적 조직은 공식화 정도가 낮은 반면, 유기적 조직은 높다.
③ 기계적 조직은 직무전문화가 높은 반면, 유기적 조직은 낮다.
④ 기계적 조직은 의사결정권한이 집중화되어 있는 반면, 유기적 조직은 분권화되어 있다.
⑤ 기계적 조직은 경영관리위계가 수직적인 반면, 유기적 조직은 수평적이다.

요점정리

차원	기계식 조직	유기적 조직
환경	안정적 환경	불안정적 환경
복잡성 (분업화)	높다(업무간의 경계가 뚜렷함)	낮다(업무간의 경계가 뚜렷하지 않음)
집중성(권한의 위치)	높다(조직의 최고층에 집중)	낮다(지식과 능력이 있는 곳에 분포)
공식성	높다(업무처리 방법이 상세히 규정됨)	낮음(개인이 스스로에게 적합한 방법을 결정함)
갈등의 해소	상사의 조정이나 의사결정에 의함	개인간 토론 등의 상호작용
정보의 흐름과 상호작용	제한적, 수직적, 하향적	개방적, 수평적, 상향적
커뮤니케이션의 내용	지시와 명령 (공식적 커뮤니케이션)	조언과 정보제공 (비공식적 커뮤니케이션)

해설 ② 기계식 조직의 공식화(규정과 절차의 문서화 정도) 수준은 높고, 유기적 조직은 그 반대이다.

정답 ②

14-8 ☑☐☐☐
2013 7급공무원 인책형

경영조직론 관점에서 기계적 조직과 유기적 조직에 대한 설명으로 옳지 않은 것은?

① 기계적 조직은 효율성과 생산성 향상을 목표로 한다.
② 기계적 조직에서는 공식적 커뮤니케이션이 주로 이루어지고, 상급자가 조정자 역할을 한다.
③ 유기적 조직에서는 주로 분권화된 의사결정이 이루어진다.
④ 유기적 조직은 고객의 욕구 및 환경이 안정적이고 예측가능성이 높은 경우에 효과적이다.

해설 ④ 안정적이고 예측가능한 환경에서는 기계적 조직을, 불안정적이고 예측이 어려운 환경에서는 유기적 조직을 사용하는 것이 좋다.

정답 ④

14-9A ☑☐☐☐
2019 상반기 군무원 복원

단위생산과 대량생산에 어울리는 조직유형은 각각 무엇인가?

① 유기적 조직, 유기적 조직
② 유기적 조직, 기계식 조직
③ 기계식 조직, 유기적 조직
④ 기계식 조직, 기계식 조직

해설 우드워드에 따르면 단위생산과 연속생산기술에서는 유기적 조직구조를, 대량생산기술에서는 기계식 조직구조를 사용할 경우 성과가 좋다고 한다.

정답 ②

14-9M ☑☐☐☐
2024 공인노무사

페로우(C. Perrow)의 기술분류 유형 중 과업다양성과 분석가능성이 모두 낮은 유형은?

① 일상적 기술
② 비일상적 기술
③ 장인기술
④ 공학기술
⑤ 중개기술

해설 페로우는 예외적인 경우가 드물며(다양성 低) 발생하는 문제가 일상적이고 분석가능성이 높은 기술(routine, 예: 철강), 과업의 다양성이 낮으며 발생하는 문제가 비일상적이고 문제의 분석가능성이 낮은 기술(craft, 장인 기술, 예: 공예), 과업의 다양성이 높아 예외가 빈번하지만 잘 짜여진 공식과 기법에 의해서 문제의 분석가능성이 높은 기술은 공학적 기술(engineering, 예: 건설, 법률, 회계), 과업의 다양성이 높아 예외가 많고 문제의 분석가능성이 낮은 기술은 비일상적 기술(nonroutine, 예: 첨단과학, 컨설팅)로 분류하였다.

정답 ③

14-10 ☑☐☐☐
2010 공인노무사

문제의 분석가능성과 과업다양성이라는 두 가지 차원을 이용한 페로우(C. Perrow)의 기술분류에 해당되지 않는 것은?

① 장인기술　　　② 비일상적 기술
③ 중개형 기술　　④ 일상적 기술
⑤ 공학적 기술

요점정리 페로우는 예외적 문제의 발생빈도(과업다양성, task variability)와 그 문제의 분석가능성(problem analyzability)에 따라 기술유형을 네 가지로 구분하였다. 예외적인 경우가 드물며 잘 정의되어 분석가능성이 높은 기술은 일상적 기술(routine, 예: 철강), 예외적인 경우가 드물지만 잘 정의되지 않아 분석이 어려운 기술은 기능적 기술(craft, 장인 기술, 예: 공예), 다수의 예외가 존재하지만 잘 정의되어 분석가능성이 높은 기술은 공학적 기술(engineering, 예: 건설), 다수의 예외가 존재하며 분석도 어려운 기술은 비일상적 기술(nonroutine, 예: 항공기)로 분류하고, 이들 기술유형변수의 각각과 조직구조의 제 측면 간 관계를 논하였다.

해설 ③ 중개형 기술은 톰슨의 기술유형에 속하므로 페로우의 이론과는 거리가 있다.

정답 ③

14-10A ☑☐☐☐
2020 공인노무사

페로우(C. Perrow)가 제시한 기술 분류 기준으로 옳은 것을 모두 고른 것은?

| ㄱ. 기술복잡성　　　ㄴ. 과업다양성 |
| ㄷ. 상호의존성　　　ㄹ. 과업정체성 |
| ㅁ. 문제분석 가능성 |

① ㄱ, ㄴ　　　② ㄴ, ㄹ
③ ㄴ, ㅁ　　　④ ㄷ, ㅁ
⑤ ㄱ, ㄷ, ㄹ

해설 페로우는 예외적 문제의 발생빈도(과업다양성, task variability)와 그 문제의 분석가능성(problem analyzability)에 따라 기술유형을 네 가지로 구분하였다.

추가해설 기술복잡성(ㄱ)은 우드워드(Woodward)의 기술분류 기준으로서 그 의미는 생산과정에서 기계를 사용하는 정도를 뜻한다. 한편 상호의존성(ㄷ)은 톰슨(Thompson)의 기술분

류 기준으로서 그 의미는 부서간에 서로 업무적 상관성이 존재하는 정도를 뜻한다.

정답 ③

14-10F ☑☐☐☐
2022 가맹거래사

톰슨(J. Thompson)의 기술과 조직구조 관계에 대한 분류기준에 해당하는 것은?

① 기술복잡성　　　② 과업다양성
③ 과업정체성　　　④ 분석가능성
⑤ 상호의존성

해설 톰슨(Thompson)은 과업수행의 과정에서 한 부서가 타 부서(또는 타 구성원)와 관련을 맺고 있는 정도인 상호의존성(interdependence)을 그 수준이 가장 낮은 결합형(집합형), 중간 수준인 순차형, 가장 높은 수준인 교호형으로 나누고, 각 상호의존성에 따라 조직이 사용하는 기술유형을 크게 세 가지로 분류하였다.

추가해설 ①의 기술복잡성은 기계를 사용하는 정도를 뜻하며 우드워드(Woodward)의 기술유형 분류 기준에 해당한다. ②와 ④의 과업다양성 및 분석가능성은 페로우(Perrow)의 기술유형 분류 기준에 해당한다.

정답 ⑤

14-11 ☑☐☐☐
2002 CPA

Thompson이 제시한 집합적(pooled), 순차적(sequential), 교호적(reciprocal) 상호의존성은 의사소통을 요구하는 정도가 서로 다르다. 의사소통을 요구하는 정도가 가장 높은 것부터 순서대로 바르게 나열된 것은?

① 집합적 – 순차적 – 교호적
② 집합적 – 교호적 – 순차적
③ 교호적 – 집합적 – 순차적
④ 교호적 – 순차적 – 집합적
⑤ 순차적 – 집합적 – 교호적

요점정리 톰슨(Thompson)은 과업수행의 과정에서 한 부서가 타 부서(또는 타 구성원)와 관련을 맺고 있는 정도인 상호의존성(interdependence)을 그 수준이 가장 낮은 결합형(집합형), 중간 수준인 순차형, 가장 높은 수준인 교호형으로 나누고, 각

상호의존성에 따라 조직이 사용하는 기술유형을 크게 세 가지(중개형, 연속형, 집중형)로 분류하였다.

해설 톰슨에 따르면 집중적이고 강력한 소통을 필요로 하는 것은 교호적 상호의존성이며, 그 다음으로 순차적 상호의존성과 집합적 상호의존성의 순이다.

정답 ④

14-14 ☑□□□ 　　　　　　　　2016 가맹거래사

정보시스템으로 인한 조직변화에 관한 설명으로 옳은 것은?

① 중간관리자의 역할이 늘어난다.
② 권위적인 리더십이 필요해진다.
③ 경영자층과 하위층의 의사소통이 더욱 쉬워진다.
④ 조직계층의 수가 늘어난다.
⑤ 조직 내의 의사결정 권한이 상위계층에 집중된다.

해설 ③ 정보통신기술의 발달은 소통의 양과 질을 모두 높여주었다.
추가해설 ①, ④ 정보시스템의 등장으로 조직의 계층수가 줄어듦으로써 중간관리자의 역할 역시 줄어든다.
② 정보화 사회에서는 수평적인 리더십이 필요하다.
⑤ 정보화 사회에서는 의사결정의 분권화가 요청된다.

정답 ③

14-15 ☑□□□ 　　　　　　　　2017 경영지도사

마일즈(R. Miles)와 스노우(C. Snow)가 제시한 환경적합적 대응전략으로만 구성되어 있는 것은?

① 전방통합형 전략, 후방통합형 전략, 차별화 전략
② 집중화 전략, 방어형 전략, 반응형 전략
③ 원가우위 전략, 차별화 전략, 집중화 전략
④ 차별화 전략, 반응형 전략, 후방통합형 전략
⑤ 공격형 전략, 방어형 전략, 분석형 전략

해설 마일즈와 스노우(Miles & Snow)에 따르면 성공하는 전략유형에는 세 가지가 있다. 첫째는 역동적 환경 하에서 위험을 감수하는 동시에 효율성보다는 창의와 혁신 및 모험을 추구하는 공격형 전략(prospector, 혁신형)이고, 여기서는 유연한 분권형 조직의 효과성이 크다. 두 번째는 안정적 환경 하에서

현상유지 및 안정을 추구하는 방어형 전략(defender)이며, 여기서는 효율성과 생산성을 중시하는 집권형 조직의 효과성이 크다. 세 번째는 분석형 전략(analyzer)으로, 이는 혁신과 안정성을 동시에 추구하는 전략으로서 공격형 전략과 방어형 전략의 중간에 위치한 것이다.

정답 ⑤

14-15J ☑□□□ 　　　　　　　　2023 가맹거래사

마일즈(R. Miles)와 스노우(C. Snow)의 전략유형으로 옳지 않은 것은?

① 반응형(reactor)　　　② 방어형(defender)
③ 분석형(analyzer)　　④ 혁신형(innovator)
⑤ 공격형(prospector)

요점정리 마일즈와 스노우(Miles & Snow)에 따르면 성공하는 전략유형에는 세 가지가 있다. 첫째는 역동적 환경 하에서 위험을 감수하는 동시에 효율성보다는 창의와 혁신 및 모험을 추구하는 공격형 전략(prospector, 혁신형)이고, 여기서는 유연한 분권형 조직의 효과성이 크다. 두 번째는 안정적 환경 하에서 현상유지 및 안정을 추구하는 방어형 전략(defender)이며, 여기서는 효율성과 생산성을 중시하는 집권형 조직의 효과성이 크다. 세 번째는 분석형 전략(analyzer)으로, 이는 혁신과 안정성을 동시에 추구하는 전략으로서 공격형 전략과 방어형 전략의 중간에 위치한 것이다. 그들에 따르면 실패하는 전략유형에는 반응형(reactor)이 있으며 이는 일종의 임기응변식 대응방식이므로 제대로 된 성공전략이라 볼 수 없다.

해설 혁신형과 공격형은 동일한 전략이다. 따라서 우리말로만 선지가 구성되었다면 ④와 ⑤는 동일한 것이 된다. 그러나 영문표현이 각각 innovator와 prospector로 제시되어 있기에, 이 경우 마일즈와 스노우가 언급하지 않은 것은 innovator가 된다.

정답 ④

14-15M ☑☐☐☐

2024 공인노무사

마일즈(R. Miles)와 스노우(C. Snow)의 전략 유형 중 유연성이 높고 분권화된 학습지향 조직구조로 설계하는 것이 적합한 전략은?

① 반응형 전략　　　② 저원가 전략

③ 분석형 전략　　　④ 공격형 전략

⑤ 방어형 전략

해설 '유연성이 높고 분권화된 학습지향 조직'이 구체적으로 무엇인지 모르겠다면, 이것이 기계식 조직구조와 유기적 조직구조 중 무엇에 가까울지를 먼저 생각해보라. 유기적 조직에 해당될 가능성이 높다. 그렇다면, 선지의 전략유형 중 유기적 조직구조와 잘 어울리는 전략이 무엇인지 찾아보자. 선지 중 유기적 조직구조와 어울리는 것은 하나(공격형 전략)밖에 없다. 따라서 정답은 ④이다. (개인적으로 나에게 이 문제를 출제하라고 한다면, 선지 중 하나는 '차별화 전략'으로 할 것이다. 왜냐하면 공격형 전략과 차별화 전략은 유사한 속성의 전략이며 유기적 조직구조가 어울리기 때문이다. 따라서 시험응시생들에게 혼란을 주기 좋은 함정이 된다. 물론, 차별화 전략은 마일즈와 스노우가 아니라 포터(M. Porter)의 전략유형에 해당되므로 이 선지가 포함되더라도 정답은 ④가 된다.)

정답 ④

TOPIC 15 조직구조

1. 조직의 구조적 변수

복잡성(complexity)	조직 내 분화(differentiation, 차별화)의 정도
직무전문화(work specialization)	각자 업무의 일부를 나누어 전문적으로 수행하는 정도
부문화(departmentalization)	전문화된 업무들을 묶는 기준(기능, 제품, 지역, 고객 등)
통제범위(관리폭, span of control)	관리자가 직접적으로 지휘·통솔하는 종업원의 수
집권화(집중성, centrality)	단일 지점에 의사결정권한이 집중되는 정도
공식성(formalization)	일의 분량, 수행일정, 수행방법 등을 문서화시킨 정도
표준화(standardization)	재료투입, 과업수행방식, 산출물 등을 구체화하여 통일시킨 정도

2. 민츠버그의 조직구조 유형 연구

부문의 명칭	주된 역할	강조점	조정기제	관련 조직구조
전략부문 (strategic apex)	의사결정(예 CEO)	집권화	직접적인 감독	단순구조 (simple structure)
핵심운영부문 (operating core)	제품과 서비스의 생산 (예 교수, 의사)	전문화	직무기술의 표준화	전문적 관료제 (professional bureaucracy)
중간라인부문 (middle line)	전략부문과 핵심운영부문을 연결	분권화	산출물의 표준화	사업부제 조직 (divisional structure)
기술전문가부문 (technostructure)	조직의 시스템 설계 담당 (예 IT, 엔지니어)	표준화	작업(과정)의 표준화	기계적 관료제 (machine bureaucracy)
지원스탭부문 (support staff)	각종 스탭부문 (예 인사, 홍보, 법무 등)	유기적 협력	상호 조정 (mutual adjustment)	애드호크라시 (adhocracy)

3. 다양한 조직구조

1) 기능식 조직: 라인 및 스탭 부문들을 전문적 기능에 따라 결합하여 설계
　① 상황요인: 안정적 환경, 부서간 상호의존성↓, 일상적 기술 사용, 중간 규모(대규모 ×)의 조직
　② 장점: 협업과 규모의 경제의 이점, 기술개발 용이, 자원과 노력의 낭비 감소, 지식공유 가능
　③ 단점: 상호조정↓, 전체최적화↓, 기여도 및 책임소재 파악↓, 전반적 관리기술 학습/교육↓
2) 사업부제 조직: 제품/시장 또는 고객을 중심으로 한 자족적 경영단위(=사업부)들로 기업을 부문화
　① 상황요인: 기업전략의 다각화, 조직규모의 증가 등
　② 장점: 환경변화 대응력 우수, 조정 용이, 목표관리 용이
　③ 단점: 운영비용 증가 (기능부문에서 규모의 경제 달성 ×)
3) 매트릭스 조직: 기능식 조직과 사업부제(프로젝트·제품·지역 등)를 결합, 이중통제 구조
　① 장점: 지식공유 용이, 인적자원 관리의 융통성, 시장과 고객 요구에 적극적 대응 가능
　② 단점: 부문간 갈등, 몰입도나 충성심의 저하, 관리비용 증가
4) 프로젝트 조직: 특정 과업의 집행을 위한 임시적 조직 → 유연성과 문제해결력 극대화
5) 프로세스 조직: BPR의 결과로 등장하는 조직 → 고객 요구에 신속하게 대응
6) 네트워크 조직: IT로 결합된 가상조직 → 수평적 연결, 환경변화에 신속 대응, 아웃소싱 관련
7) 라인스탭 조직: 조직목표달성에 직접적으로 관련되는 기능부문(라인, 수직적 속성)과 전문지식에 입각하여 라인을 돕는 부문(스탭, 수평적 속성)으로 구성되는 전통적 조직구조

160　PART 02 조직행동론

15-1D ☑☐☐☐

조직을 구축할 때 분업을 하는 이유로 가장 옳지 않은 것은?

① 업무몰입의 지원　② 숙련화의 제고
③ 관찰 및 평가 용이성　④ 전문화의 촉진

요점정리 일반적인 분업(전문화)의 장점은 다음과 같다. (출처: 박경규(2020), 『신인사관리』, 서울: 홍문사)
- 기업측의 장점: 첫째, 업무가 자세하게 나뉘어져 있으므로 기업에서는 작업자를 선발하고 훈련하기가 쉬워진다. 둘째, 단순/반복작업으로 대량생산이 가능해진다. 셋째, 단순작업이 반복되므로 작업현장에서는 숙련공이 필요하지 않기에 노무비 절감이 가능해진다. 넷째, 개별적인 과업을 감독하면 되기 때문에 작업과정의 전반적 관리가 편리하다.
- 종업원측의 장점: 첫째, 전체 업무가 아니라 부분적인 개별과업을 수행하기 때문에 작업결과에 대한 책임부담이 감소한다. 둘째, 포괄적 범위를 고려하지 않아도 되기 때문에 회사 업무에 대한 인지적(정신적) 부담이 줄어든다. 셋째, 단순한 과업의 처리방식만 숙지하면 되므로 특별한 직무교육을 별도로 받을 필요가 없어진다. 넷째, 고도의 기술을 장기간 학습할 필요가 없으므로 미숙련공의 취업이 용이해진다.

해설 업무몰입은 동기부여와 유사한 맥락에서 사용되므로, 분업(직무범위 축소)보다는 직무충실 등에 더 어울리는 문구이다.

정답 ①

15-1J ☑☐☐☐

경영관리자의 핵심 기능 중 하나인 조직화 프로세스에 관한 설명으로 가장 적절하지 않은 것은?

① 업무를 개별 직무로 분할하고 근로자에게 과업을 할당하는 프로세스를 분업(division of labor)이라고 한다.
② 유사하거나 서로 연관되어 있는 과업과 활동을 조정할 수 있도록 이들 직무를 집단화하는 프로세스를 전문화(specialization)라고 한다.
③ 과업을 수행하기 위한 권한과 책임을 할당하는 프로세스를 권한위임(delegation of authority)이라고 한다.
④ 조직화 프로세스의 최종결과는 공식적 조직구조이다.

해설 ② [×] 유사하거나 연관된 과업이나 작업을 집단화하는 프로세스를 부문화(departmentalization)라 부른다. 전문화는 분업의 다른 표현이다.
①,③ [○] 각각 분업과 권한위임에 대한 적절한 설명이다.
④ [○] 조직화의 의미 자체가 '조직구조를 형성하는 작업'이므로 옳은 서술이다.

정답 ②

15-3 ☑☐☐☐

민츠버그(H. Mintzberg)가 제시한 조직의 5가지 부문이 아닌 것은?

① 최고경영층·전략경영 부문(Strategic apex)
② 일반지원 부문(Supporting staff)
③ 중간계층 부문(Middle line)
④ 전문·기술지원 부문(Technostructure)
⑤ 사회적 네트워크 부문(Social network)

해설
- 핵심운영부문: 제품과 서비스를 생산 → 전문화 추구
- 전략부문: 최고경영진의 의사결정 → 집권화 추구
- 중간라인부문: 전략부문과 핵심운영부문을 연결 → 분권화 추구
- 기술전문가부문: 조직의 시스템 설계 담당(예: IT, 엔지니어 등) → 표준화 추구
- 지원스탭부문: 각종 스탭부문(예: 인사, 홍보, 법무 등) → 상호 적응과 협력 추구

정답 ⑤

15-3D ☑☐☐☐

민쯔버그(H. Mintzberg)가 제시한 조직구조 설계에 있어서의 기본 부문(basic parts)에 해당하지 않는 것은?

① 전략경영부문(strategic apex)
② 기술지원부문(techno structure)
③ 협력네트워크부문(cooperative network)
④ 생산핵심부문(operation core)

해설 민츠버그의 5대 조직 기본부문은 전략부문, 핵심운영부

문, 중간라인부문, 기술전문가부문, 지원스탭부문 등이다.

- 전략부문(strategic apex)은 조직을 가장 포괄적인 관점에서 관리하는 최고경영진이 전략을 수립하는 곳이다.
- 핵심운영부문(operating core, 생산핵심부문)은 조직의 제품이나 서비스를 생산해내는 가장 기본적이면서도 중요한 영역이다(생산현장에서의 조립공, 병원에서의 의사, 대학에서의 교수 등).
- 중간라인부문(middle line)은 전략부문과 핵심운영부문을 직접적으로 연결하는 라인에 위치한 모든 중간관리자들로 구성된 부분이다.
- 기술전문가부문(technostructure, 기술지원부문)은 조직의 시스템 설계와 관련된 분석가(엔지니어, 연구인력, IT전문가 등)를 포함하고 있으며, 여기서는 작업(과정)의 표준화(standardization of work)에 의한 조정에의 압력이 강하게 작용한다.
- 지원스탭부문(support staff)은 기본적인 과업 흐름 이외의 조직문제에 대한 지원을 담당하는 전문가(예, 인사, 법무, 홍보, 재무 등)들로 구성되어 있다.

정답 ③

15-3J ☑□□□　　2023 공인노무사

민츠버그(H. Mintzberg)의 5가지 조직유형에 해당하지 않는 것은?

① 매트릭스 조직
② 기계적 관료제
③ 전문적 관료제
④ 애드호크라시
⑤ 사업부제 조직

해설 민츠버그(Mintzberg)는 조직을 구성하는 다섯 가지 부문(전략부문, 기술전문가부문, 핵심운영부문, 중간라인부문, 지원스탭부문)과 각 부문별로 강조되는 조정의 형태를 토대로 5가지 전형적인 조직구조유형(단순구조, 기계적 관료제, 전문적 관료제, 사업부제, 애드호크라시)을 정의하였다. 선지 ①의 매트릭스 조직은 서로 다른 두 종류의 조직구조를 결합한 형태로서, 조직의 한 방향으로는 전통적인 기능별 또는 업무별 조직을 배치하는 한편 다른 방향에서는 프로젝트별·제품별·지역별 조직부문을 배치하여 종횡으로 엮어 형성하는 조직구조 유형이다. 매트릭스 조직은 민츠버그의 5대 조직유형과 무관하다.

정답 ①

15-5 ☑□□□　　2019 7급 가형

조직구조와 조직설계에 관한 연구를 설명한 것으로 옳지 않은 것은?

① 민쯔버그(Mintzberg)의 연구에 의하면 조직 구성원의 기능을 5가지의 기본적 부문으로 구분하고, 조직의 상황별로 다르게 나타나는 기본적 부문의 우세함에 따라 조직구조를 5가지 유형으로 분류한다.
② 톰슨(Thompson)의 연구에 의하면 과업 수행을 위하여 다른 부서와의 의존적 관계에 따라 상호의존성을 3가지로 분류하였는데, 이 중에서 가장 낮은 상호의존성을 중개형이라고 한다.
③ 번즈와 스타커(Burns and Stalker)의 연구에 의하면 조직의 환경이 안정적일수록 기계적 구조가 형성되고 가변적일수록 유기적 구조가 형성되는데, 기계적 구조가 유기적 구조보다 낮은 분화와 높은 분권화의 특성을 보인다.
④ 페로우(Perrow)의 연구에 의하면 비일상적 기술은 과업의 다양성이 높고 분석가능성이 낮은 업무에 적합하고, 분권화와 자율화가 요구된다.

해설 ① [○] 민츠버그는 조직구성요소를 다섯 부문으로 구분하고, 이들 다섯 부문 중 어디에 힘이 실리는지에 따라 다섯 가지 조직구조가 발생한다고 보았다.
② [○] 상호의존성: 중개형 기술 < 연속형 기술 < 집중형 기술
③ [×] 기계식 구조는 유기적 구조보다 조직구조의 복잡성, 집중성, 공식성이 높다. 따라서 기계식 구조의 분화(differentiation) 정도와 집권화 정도가 유기적 구조보다 더 크다. 그러므로 '낮은 분화와 높은 분권화'라는 설명은 반대로 된 것이므로 기계식 조직보다 유기적 조직에 더 어울린다.
④ [○] 페로우는 과업의 다양성(예외발생 빈도)과 분석가능성에 따라 기술을 일상적 기술, 공예기술, 공학기술, 비일상적 기술 등으로 구분하였고 4가지 기술 중 비일상적 기술을 사용하는 조직은 유기적 조직에 가까워지므로 분권화와 자율화가 요청될 수 있다.

정답 ③

15-6A ☑□□□   2020 경영지도사

분권적 권한(decentralized authority)에 관한 설명으로 옳지 않은 것은?

① 종업원들에게 더 많은 권한위임이 발생한다.
② 의사결정이 신속하다.
③ 소비자에 대한 반응이 늦다.
④ 분배과정이 복잡하다.
⑤ 최고경영진의 통제가 약하다.

해설 분권적 권한을 사용하는 조직은 최고경영진이 아니라 고객을 응대하는 현장 직원들에게 판단권한을 주게 되므로 소비자의 다양한 요구에 대하여 (상부의 처리를 기다릴 필요 없이) 즉각적인 응대가 가능해진다.

정답 ③

15-6M ☑□□□   2024 군무원 5급

다음 중 집중화 또는 분권화에 대한 설명으로 가장 적절하지 않은 것은?

① 기업문화가 개방적인 경우 분권화가 적합하다.
② 환경이 안정적인 경우에는 집중화되는 경향이 있다.
③ 의사결정의 결과가 매우 심각하거나 조직이 위기에 처했을 때는 분권화가 효과적이다.
④ 조직이 클수록 집중화의 정도가 높은 경향이 있다.

해설 ① [O] 개방적 문화를 가진 기업에서는 다양한 사고나 아이디어를 수용하기 쉽게 분권화하는 경향이 있다.
② [O] 번즈와 스토커의 논리에 따르면 안정적 환경하에서는 집중화된 기계식 조직구조를 활용하는 경향이 있다.
③ [×] 중요한 이슈, 특히 조직의 존립에 위험이 될 수 있는 의사결정은 리더에게 집중시키는 편이 낫다.
④ [O] (사실은 [×]) 대규모 조직은 소규모 조직에 비해 분권화되는 경향이 크다. 따라서 이 선지는 엄밀히 말하면 틀렸고, 이론상으로도 복수정답을 인정해야 한다. 그러나 출제자가 단순하게 소규모기업은 분권화, 대규모기업은 집권화라는 도식으로 접근한 오류를 범한 것이다. 사업부제는 대규모 기업에서 사용되는데, 그 특징 중 하나가 분권화이다(Mintzberg, 1979).

정답 ③

15-7 ☑□□□   2016 가맹거래사

조직설계 요소 중 통제범위와 관련된 설명으로 옳지 않은 것은?

① 과업이 복잡할수록 통제범위는 좁아진다.
② 관리자가 스텝으로부터 업무 상 조언과 지원을 많이 받을수록 통제의 범위가 좁아진다.
③ 관리자가 작업자에게 권한과 책임을 위임할수록 통제범위는 넓어진다.
④ 작업자와 관리자의 상호작용 및 피드백이 많이 필요할수록 통제범위는 좁아진다.
⑤ 작업자가 잘 훈련되고 작업동기가 높을수록 통제 범위는 넓어진다.

요점정리 통제범위는 한 명의 상사가 관리하는 부하직원의 수이다. 따라서 과업이 복잡하거나 어려울수록(①), 상사와 부하 간의 상호작용이 빈번할수록(④) 좁아진다. 반대로 구성원이 알아서 일을 잘 처리할 수 있거나(⑤) 구성원에게 권한위임을 폭넓게 한다면(③) 통제범위를 넓힐 수 있다.

해설 ② 관리자(상사)가 업무상의 지원을 제3자(스텝)로부터 받을 수 있다면 통제범위, 즉 관할하는 부하직원의 수를 늘릴 수 있다.

정답 ②

15-7J ☑□□□   2023 군무원 9급

통제 범위(span of control)가 좁아지면 발생할 수 있는 상황에 대한 설명으로 가장 적절하지 않은 것은?

① 관리자의 통제는 능률이 오른다.
② 부하의 창의성 발휘가 고도화된다.
③ 관리비가 증대되어 기업 고정비가 증가한다.
④ 상하간의 의사소통이 원활해진다.

해설 통제범위는 상사 1인이 관리하는 부하직원의 수이다. 따라서 통제범위가 좁아진다는 것은 상사 1인당 적은 수의 부하직원을 관리함을 뜻한다. 보통 이 경우 상사의 입장에서 통제가 수월해지고(①), 상사와 부하간 긴밀한 소통이 가능해진다(④). 그러나 상사가 부하 한 명 한 명을 밀착관리하게 되므로 부하의 입장에서는 재량의 범위가 줄어든다. 따라서 창의성이 발휘된다는 취지의 선지 ②는 틀렸다. 또한 동일한 부하직원의 수를 가정할 경우 통제범위가 좁아지면 더 많은 상사를 선발해야 하므로 관리비(주로 인건비)는 증가하게 된다(③). 인건비는 통상 경영학에서 고정비로 취급한다. 틀린 선지를 찾는 것이므로 정답은 ②이다.

정답 ②

15-7K ☑☐☐☐   2023 서울시 7급

경영관리자의 통제범위(span of control)는 경영관리자가 직접 감독하는 직원의 수이다. 최적의 통제범위를 결정하는 요인에 대한 설명으로 가장 옳지 않은 것은?

① 과업이 복잡할수록 통제범위는 좁아진다.
② 책임을 위임하는 경영관리자의 능력이 우수할수록 통제범위는 넓어진다.
③ 작업자와 경영관리자 사이의 상호작용과 피드백이 많이 요구될수록 통제범위는 넓어진다.
④ 작업자의 기술수준이 높을수록 통제범위는 넓어진다.

해설 ① [○] 과업이 복잡하면 종업원이 일을 처리하기 위해 상사와 논의하는 시간이 길어질 것이다. 따라서 한 명의 상사가 관리하는 부하직원의 수를 늘릴 수가 없다.
② [○] '위임하는 경영관리자'의 의미 해석에 주의를 요한다. 여기서는 '책임을 위임받는 관리자'라는 의미로 해석해야 한다. 즉 위임받는 부하직원의 능력이 우수하다면, 이 때는 상급자가 일일이 업무를 지시할 필요가 없어지므로 보다 많은 수의 부하직원을 관리감독하는 것이 가능해진다.
③ [×] 작업자(부하)와 경영관리자(상사) 사이의 상호작용과 피드백이 많이 요구된다면 빈번한 상호작용이 필요하므로 한 명의 상사가 많은 수의 부하를 관리하기 힘들어진다. 따라서 통제범위가 좁아진다.
④ [○] 작업자(부하)의 기술수준이 높아지면 스스로 많은 업무를 처리할 수 있으므로 상사의 관여를 상대적으로 덜 필요로 하게 된다. 따라서 통제범위가 넓어진다.

정답 ③

15-8 ☑☐☐☐   2013 경영지도사

생산, 판매, 회계, 인사, 총무 등의 부서를 만들고 관련 과업을 할당하는 조직설계 방식은?

① 사업부 조직   ② 매트릭스 조직
③ 기능별 조직   ④ 팀 조직
⑤ 네트워크 조직

해설 ③ 생산, 판매, 인사 등은 기업의 기능(function)이다. 따라서 문제에서 제시하는 조직구조는 기능별 조직이다.
추가해설 ① 제품별, 지역별, 고객유형별로 구조화된 조직이다.
② 제품 – 지역, 고객 – 기능 등 둘 이상의 관리차원(managerial dimension)을 종횡으로 결합한 조직구조이다.
④ 구성원간의 유기적 협력을 극대화하는 조직구조이다.
⑤ 가상기업 내지는 모듈형 조직으로 불리는 것으로서, 복수의 기업이 시간과 공간의 제약을 넘어서 연대 또는 협력하는 형태의 조직구조이다.

정답 ③

15-9 ☑☐☐☐   2010 가맹거래사

다음 내용이 설명하고 있는 조직구조는?

- 테일러가 창안한 조직구조이다.
- 수평적 분화에 중점을 두고 있다.
- 각자의 전문분야에서 작업능률을 증대시킬 수 있다.

① 기능식조직   ② 네트워크조직
③ 매트릭스조직   ④ 사업부제조직
⑤ 오케스트라조직

해설 테일러는 역할분업(분화)에 기초한 기능식 조직을 강조하였다.
⑤ 오케스트라 단원처럼 서로 상이한 기능을 담당하는 전문가들이 전체적인 조화를 이루는 조직

정답 ①

15-10 ☑☐☐☐   2019 서울시 7급 B책형

조직설계에서 기능조직의 특징에 대한 설명으로 가장 옳지 않은 것은?

① 각 기능별 규모의 경제를 획득할 수 있다.
② 각 기능별 기술개발이 용이하다.
③ 내적 효율성 향상이 가능하다.
④ 다품종 생산에 효과적이다.

해설 기능조직(functional organization)은 직능식 조직이라고

도 하며, 내용이 유사하고 업무관련성이 높은 조직의 구성부문 (예, 인사, 재무, 생산, 마케팅 등)들을 중심으로 결합하여 설계한 조직 형태이다. 일반적으로 환경이 안정적이고 각 부서간의 상호의존성이 낮을 때, 그리고 조직의 규모가 비교적 작고 소수의 제품이나 서비스를 생산할 때 적합하다고 알려져 있다(따라서 다품종 생산에 적합하다는 ④는 틀린 설명이 된다).

유사 업무를 묶어 부문을 편성하게 되므로 부서(부문) 내 협업과 효율적 규모의 경제의 이점을 동시에 누릴 수 있으며(①, ③), 유사기능 담당자간 협업을 통한 기술개발이 용이한 동시에(②) 지식공유가 가능해진다는 장점이 있다.

하지만 기능식 조직에서는 서로 다른 일을 하는 부문(부서)간에 협력과 의사소통 및 상호조정이 어렵다. 또한 부문최적화에 치중하다보니 전체최적화를 달성하지 못할 가능성이 있다.

정답 ④

15-11 ☑□□□
2012 가맹거래사

이익센터와 가장 관련이 큰 조직형태는?

① 스탭 조직
② 기능식 조직
③ 사업부제 조직
④ 매트릭스 조직
⑤ 애드호크라시

[해설] 이익센터는 독자적으로 수익과 비용의 귀속주체가 되는 사업부를 뜻한다. 사업부는 제품이나 지역 내지는 특정 고객부문의 사업영역을 담당하므로 이익센터가 될 수 있다.

정답 ③

15-11A ☑□□□
2019 상반기 군무원 복원

사업부제 조직구조 중 소매, 도매, 정부 등으로 나누는 기준은 무엇인가?

① 제품별
② 고객별
③ 기능별
④ 지역별

[해설] 미국의 경영학 교과서이자 현재 국내에서도 많이 읽히는 Robbins 등의 『경영학원론(Fundamentals of Management)』에서 사업부 조직의 유형을 설명한 문장에서 참조한 것이다. 문제 출제자가 교과서의 한 문장을 선택하여 출제한 것인데, (현재의 복원이 맞다면) 적절한 출제는 아니었다고 생각한다. 시중의 문제집 중에 이 문제를 마케팅 문제로 해설해 놓은 책들도 있는데, 개인적으로 매우 안타까운 해설이라 생각한다. 적어도 이 분야를 전공한 강사의 책으로 공부하도록 하자.

정답 ②

15-12 ☑□□□
2019 경영지도사

사업별 조직구조의 강점이 아닌 것은?

① 분권화된 의사결정
② 기능부서 간 원활한 조정
③ 불안정한 환경에서 신속한 변화에 적합
④ 명확한 책임 소재를 통한 고객만족 향상
⑤ 제품 라인 간 통합과 표준화 강화

[해설] 사업부제(divisional structure, 부문별 조직)는 조직을 그 최종생산물(제품) 또는 시장이나 고객을 기준으로 하여 분할된 경영단위들로 부문화 하는 것이다. 사업부제 조직은 제품이나 시장에 따른 분권적 조직편성이기 때문에(①) 소비자의 요구 등을 포함한 외부 환경변화에 대응하는 능력이 비교적 우수하며(③) 명확한 책임소재를 통한 고객만족 향상 등에 유리한 것으로 알려져 있다(④). 또한 여러 기능영역들이 하나의 목표를 가진 사업부로 통합되므로 기능부서간 조정의 문제도 해결되고(②), 적절한 규모를 가진 사업부가 이익과 생산의 책임을 지게 되므로 달성 가능한 목표치의 제시와 원활한 의사소통에도 도움이 된다. 하지만 특정 분야에 대한 지식과 능력의 전문화가 쉽지 않고, <u>기업이 생산하는 여러 제품라인간 통합과 표준화가 어려우며</u>, 기능영역이 중복되는 경우가 많아 운영비용이 증가(규모의 경제 상실)할 수 있다. 따라서 ⑤의 설명은 잘못된 것이다.

정답 ⑤

15-13 ☑□□□
2015 경영지도사

동일한 제품이나 지역, 고객, 업무과정을 중심으로 조직을 분화하여 만든 부문별 조직(사업부제 조직)의 장점으로 옳지 않은 것은?

① 책임소재가 명확하다.
② 기능부서간의 조정이 보다 쉽다.
③ 환경변화에 대해 유연하게 대처할 수 있다.
④ 특정한 제품, 지역, 고객에게 특화된 영업을 할 수 있다.
⑤ 자원의 효율적인 활용으로 규모의 경제를 기할 수 있다.

요점정리 기능식 조직은 내용이 유사하고 업무관련성이 높은 조직의 구성부문(인사, 재무, 생산, 마케팅 등)들을 중심으로 결합하여 설계한 조직 형태이다. 주로 가치사슬(value chain)을 구성하는 조직의 핵심기능요소를 기준으로 편성되는 경우가 많다. 일반적으로 환경이 안정적이고 각 부서간의 상호의존성이 낮을 때, 그리고 조직의 규모가 비교적 작고 소수의 제품이나 서비스를 생산할 때 적합하다고 알려져 있다. 기능식 조직은 유사 업무를 묶어 부문을 편성하게 되므로 부서(부문) 내 협업과 규모의 경제의 이점을 동시에 누릴 수 있으며, 유사기능 담당자 간 협업을 통한 기술개발이 용이한 동시에 지식공유가 가능해진다는 장점이 있다. 하지만 기능식 조직에서는 서로 다른 일을 하는 부문(부서) 간에 협력과 의사소통 및 상호조정이 어렵다. 또한 부문최적화에 치중하다보니 전체최적화를 달성하지 못할 가능성이 있으며, 업무의 최종성과에 대한 각 기능영역의 기여도 및 책임소재를 파악하기가 힘들고 환경에 대한 능동적 대응 및 혁신이 어려울 수 있다.

해설 ⑤ 자원의 효율적 활용을 통한 규모의 경제는 특정한 기능 및 역할을 한 곳에 모아 만든 기능식 조직(functional organization)의 특징이 된다.

정답 ⑤

15-13A ☑☐☐☐

사업부별 조직구조에 관한 설명으로 옳지 않은 것은?

① 오늘날 대부분의 다국적 기업들이 채택하고 있다.
② 각 사업부는 독립적인 수익단위 및 비용단위로 운영된다.
③ 성과에 대한 책임 소재가 불분명하다.
④ 시장변화 또는 소비자 욕구변화에 비교적 빠르게 대처할 수 있다.
⑤ 사업부문별로 권한과 책임이 부여된다.

해설 사업부제는 각 사업부가 독립된 성과와 이익의 주체가 되므로 책임소재가 분명하다는 특징을 갖고 있다.

정답 ③

15-14 ☑☐☐☐

한 사람의 업무담당자가 기능부문과 제품부문의 관리자로부터 동시에 통제를 받도록 이중권한 구조를 형성하는 조직구조는?

① 기능별 조직
② 사업부제 조직
③ 매트릭스 조직
④ 프로젝트 조직
⑤ 팀제 조직

요점정리 이중권한구조 → 매트릭스 조직

추가해설 매트릭스 조직(matrix organization)은 서로 다른 두 종류의 조직구조를 결합한 형태의 조직구조이다. 즉, 조직의 한 방향으로는 전통적인 기능별 또는 업무별 조직을 배치하는 한편, 다른 방향에서는 프로젝트별·제품별·지역별 조직부문을 배치하여 종횡으로 엮어 구조를 형성한다. 예를 들어, 글로벌기업 한국지사의 영업담당 팀장이 한국지사장과 본사 영업담당 임원에게 동시에 보고하는 체계(two-boss system)는 전형적인 매트릭스 조직이다. 이처럼 매트릭스 조직은 전통적인 명령일원화의 원칙에서 벗어나는 예외적 형태의 조직이며, 대규모가 아닌 중간 규모의 조직구조라 할 수 있다.

정답 ③

15-15 ☑☐☐☐

명령통일의 원칙이 무시되며 개인이 두 상급자의 지시를 받고 보고를 하는 조직으로 동태적이고 복잡한 환경에 적합한 조직구조는?

① 사업부제 조직
② 팀 조직
③ 네트워크 조직
④ 매트릭스 조직
⑤ 기능식 조직

해설 two-boss system으로 대표되는 조직구조는 매트릭스 구조이다.

정답 ④

15-16 ☑︎☐☐☐ 2013 7급공무원 인책형

매트릭스 조직에 대한 설명으로 옳은 것은?

① 이중적인 명령 체계를 갖고 있다.
② 시장의 새로운 변화에 유연하게 대처하기 어렵다.
③ 기능적 조직과 사업부제 조직을 결합한 형태이다.
④ 단일 제품을 생산하는 조직에 적합한 형태이다.

해설 매트릭스 조직구조는 이중명령체계를 가지고 있어(①) 변화적응에 비교적 유리한 편이다(②). 이 때 결합되는 두 조직은 반드시 기능별 조직과 사업부제 조직일 필요는 없으며(③), 복수의 제품과 서비스를 생산하는 조직에서도 적용될 수 있다(④).

정답 ①

15-17 ☑︎☐☐☐ 2013 가맹거래사

매트릭스 조직구조의 장점으로 옳지 않은 것은?

① 분야별 전문성을 살릴 수 있다.
② 조직의 인력을 신축적으로 활용할 수 있다.
③ 전문적 지식과 기술의 활용을 극대화할 수 있다.
④ 조직 내의 협력과 팀 활동을 촉진시킨다.
⑤ 의사결정의 책임소재를 명확히 할 수 있다.

해설 ⑤ 매트릭스는 복수상사 시스템으로 운영된다. 따라서 의사결정 책임이 분산되는 경우가 많다.

정답 ⑤

15-17A ☑︎☐☐☐ 2020 서울시 7급

조직 형태 중 매트릭스 조직에 대한 설명으로 가장 옳지 않은 것은?

① 매트릭스 조직은 프로젝트 조직과 직능식 조직의 장점을 포함한다.
② 매트릭스 조직의 구성원은 수평 및 수직적 명령체계에 모두 속할 가능성이 있다.
③ 라인 조직에 비해 명령체계에 의한 혼선과 갈등을 줄일 수 있다는 장점이 있다.
④ 매트릭스 조직의 기업은 동시에 다양한 프로젝트를 수행할 수 있다.

요점정리 매트릭스 조직(matrix organization)은 서로 다른 두 종류의 조직구조를 결합한 형태의 조직구조이다. 여기서는 기능부문과 프로젝트/제품 영역간의 갈등이 발생할 가능성이 높은데, 이는 조직구조가 다원화되면서 나타나는 조정의 문제이기도 하면서 권한이나 주도권에 대한 다툼의 문제이기도 하다. 또한 조직구성원은 자신의 위치가 불명확하게 되므로 역할갈등을 겪는 동시에 조직에 대한 몰입도나 충성심이 저하될 수 있다.

해설 ③ 매트릭스 조직에서는 이중명령체계로 인한 갈등과 혼선의 발생 가능성이 높다.

정답 ③

15-18 ☑︎☐☐☐ 2016 가맹거래사

매트릭스(matrix)조직에 관한 설명으로 옳지 않은 것은?

① 기술의 전문성과 제품 혁신을 동시에 추구하는 조직에 적합한 구조이다.
② 인적자원을 유연하게 공유하거나 활용할 수 있다.
③ 구성원들은 두 명의 상관에게 보고를 해야 한다.
④ 전통적인 수직적 계층구조에 수평적인 팀을 공식화하여 양자간의 균형을 추구한다.
⑤ 역할 분담, 권력 균형, 갈등 조정 등이 쉬워 효율적인 조직 운영이 가능하다.

해설 ⑤ 매트릭스 조직은 지식공유 용이, 관리의 일관성, 인적자원 관리의 융통성, 시장과 고객 요구에 적극적 대응 가능 등의 장점을 가지는 반면, 부문간 갈등, 몰입도나 충성심의 저하, 관리비용 증가 등의 단점을 가진다.

정답 ⑤

15-18A ☑︎☐☐☐ 2020 공인노무사

매트릭스 조직의 장점에 해당하지 않는 것은?

① 구성원들 간 갈등해결 용이
② 환경 불확실성에 신속한 대응
③ 인적자원의 유연한 활용
④ 제품 다양성 확보
⑤ 구성원들의 역량향상 기회 제공

해설 매트릭스 조직은 제품부문, 기능부문, 지역부문 등의 여러 조직구성차원 중 둘 이상의 차원이 결합되는 조직구조로서, 조직이 직면하는 다양한 환경요구에 부응할 수 있고(②) 조직구성원들이 다방면에서 업무경험을 쌓을 수 있어(⑤) 인력을 비교적 융통성 있게 활용할 수 있다(③), 또한 한 조직에서 다양한 제품생산이 필요한 경우에도(④) 활용가능한 조직구조 유형이다. 그러나 그 개념상 다차원의 결합으로 만들어진 조직구조이므로 부서간의 갈등이 증가하며(①) 구성원의 충성도 저하 등의 문제가 일어날 수 있다.

정답 ①

15-19 ☑☐☐☐
2012 7급공무원 인책형

오늘날 많은 기업들이 팀제 조직을 선호하는 이유로 가장 적절하지 않은 것은?

① 팀제 조직은 커뮤니케이션과 의사결정의 신속성 및 정확성이 향상되므로 효율적이다.
② 팀제 조직은 이질성과 다양성을 결합하여 시너지 효과를 창출할 수 있다.
③ 팀제 조직은 전통적 경영조직에 비해 환경 대응능력이 탁월하다.
④ 팀제 조직은 팀원의 책임을 덜어주고 권한을 강화하므로 운영이 원활하다.

요점정리 팀제 조직(team organization)이란 집단구성원 개인이 투입한 노력들의 합 이상의 시너지를 창출(＝팀워크의 발휘)하여 높은 수준의 성과를 내는 조직구조를 의미한다. 팀제는 전통적 관료조직의 한계를 극복하고 구성원들의 자발적 참여와 협력을 증진하며 현장중심의 문제해결능력 증진을 도모하기 위하여 전세계적으로 확산되고 있는 추세이다. 팀제의 도입을 통해 기업들은 의사결정의 속도를 향상시키는 한편 다양한 팀원들간의 시너지로 높은 성과를 창출하는 등의 효과를 누릴 수 있다. 분업화된 전통조직과는 달리 팀제 하에서 구성원들은 성과에 대한 폭넓은 권한과 책임을 동시에 가지게 된다.

해설 ④ 팀제 조직에서는 팀원의 책임과 권한이 동시에 강화된다.

정답 ④

15-19A ☑☐☐☐
2017 군무원 복원

다음에서 설명하는 용어는 무엇인가?

> 특정 과제나 목표를 달성하기 위해 구성하는 임시 조직으로서, 조직의 유연성, 구성원의 전문성, 동태성 등을 특징으로 한다.

① 기능식 조직
② 사업부제 조직
③ 매트릭스 조직
④ 프로젝트 조직

해설 '특정한 목표'를 project라 부른다. 이를 달성하기 위해 전문가들이 모여 임시적으로 형성하는 유연한 조직을 프로젝트 조직이라 부른다.

①은 철저한 분업형 조직구조이고, ②는 다양한 제품이나 서비스를 생산하는 기업이 업무효율을 위해 자율적이고 준독립적인 사업부를 형성하여 생산과 마케팅 등의 권한을 부여하는 조직구조이다. ③은 둘 이상의 조직구조 특성을 결합한 구조로서, 종업원이 복수의 상사로부터 통제를 받는 조직구조이다. 매트릭스조직에서는 명령일원화 원칙이 적용되지 않는다.

정답 ④

15-19D ☑☐☐☐
2021 군무원 7급

다음 제시된 조직구조 형태에 대한 설명 중 매트릭스 조직이 가지는 특징에 해당되는 것만을 모두 고르면?

> a. 두 개 이상의 조직 형태가 목적에 의해 결합한 형태이다.
> b. 프로젝트를 수행하기 위해 만들어지는 한시적인 조직 형태이다.
> c. 기존 조직구성원과 프로젝트 구성원 사이에 갈등이 생길 가능성이 크다.
> d. 업무 참여시 전문가와 상호작용이 가능하므로 창의적인 업무 수행이 가능하다.
> e. 명령일원화의 원칙이 적용되며 조직 운영의 비용이 작게 발생한다.

① a, d
② a, b
③ c, d, e
④ b, c, d

요점정리 매트릭스 조직에 관한 문제지만 선지 중 프로젝트 조직에 관한 것이 많아 그에 대한 내용을 짚어본다. 프로젝트 조직(project organization)은 특정한 과업의 수행을 위해 비교적 소수의 구성원으로 편성된 유연한 조직구조를 의미한다. 기존의 조직구성원 가운데 프로젝트의 수행에 필요한 사람들로 프로젝트팀을 구성하며 임무가 수행되면 해당 팀은 해산하게 되므로 임시조직의 성격을 가진다. 최근 조직을 둘러싼 환경이 복잡해지고 변화가 심해짐에 따라 직능(역할)간 분화에 근거한 기능식 구조의 한계가 대두되었고, 이를 극복하기 위한 대안으로서 문제해결을 목표로 하는 유연성 있는 프로젝트 조직의 필요성이 대두하게 되었다.

- 장점: 프로젝트 조직에서는 프로젝트의 발생과 동시에 각 부문으로부터 필요한 인원을 모아 팀을 형성하기 때문에 인력 구성상의 유연성을 꾀할 수 있으며, 팀원들의 관심을 과제 달성에 집중시킬 수 있으므로 과업에 대한 구성원들의 참가의 욕을 높일 수 있다. 또한 조직의 제도나 절차상의 제약을 적게 받기 때문에 조직의 기동성과 환경 적응력을 높일 수 있다.

- 단점: 프로젝트 조직은 프로젝트 관리자(PM, 팀장)의 개인적 역량에 의존하는 바가 크며, 팀 구성원들이 원 소속 부서의 업무와 팀 업무를 병행해야 할 경우 양 업무의 효율성이 모두 떨어질 수 있다. 또한 프로젝트 팀이 최고경영진의 관심을 받는 과업을 수행할 경우 팀원의 우월감이 지나치게 커져 조직에 위화감을 조성할 수 있다.

해설 b와 c는 프로젝트 조직에 대한 서술이다. e는 매트릭스의 특징을 반대로 서술한 것이다. 매트릭스 조직은 흔히 두 명 이상의 상사가 개입하므로 명령일원화, 즉 1인 1상사 시스템의 예외가 된다.

정답 ①

15-20 ☑☐☐☐   2011 7급공무원 우책형

네트워크형 조직의 특성으로 옳지 않은 것은?

① 네트워크에 참여한 기업들은 자사가 보유한 핵심역량 강화에 주력한다.

② 네트워크 내 서로 다른 핵심역량을 보유한 기업들과 적극적이고 효율적인 제휴가 중요하다.

③ 네트워크형 조직은 가상조직 또는 모듈조직 등으로 불리기도 한다.

④ 수직적으로 연계된 구조와 사람 및 정보를 중시하고, 자기관리에 의한 통제방식을 주요한 관리수단으로 활용한다.

요점정리 네트워크 조직(network organization)은 급변하는 환경에 대응하여 기업경영의 핵심인 지식과 정보의 원활한 소통, 공유, 창조를 가능케 하기 위해 여러 조직간 유기적인 연계를 극대화한 조직으로서, 주로 IT 기술에 기반하여 여러 조직들이

수평적으로 연결되어 각자 자신의 핵심역량에 해당하는 업무를 수행하게 된다. 이는 곧 각 기업의 입장에서는 자신의 고유역량 외의 기능들을 외주(outsourcing)할 수 있음을 뜻한다. 이 경우 조직과 조직간의 전통적인 경계(boundary)가 없어지는 개방적 운영이 이루어지게 된다. 네트워크 조직은 가상조직(virtual organization) 또는 모듈형 조직(modular organization)으로 불리기도 한다.

해설 ④ 네트워크 조직은 수평형 조직구조에 가깝다.

정답 ④

15-20A ☑☐☐☐   2020 경영지도사

조직 내에는 꼭 필요한 핵심 기능을 보유하고 그 외의 기능들은 상황에 따라 다른 조직을 활용함으로써 조직의 유연성을 확보하고자 하는 조직구조는?

① 매트릭스 조직
② 라인-스태프 조직
③ 사업부제 조직
④ 네트워크 조직
⑤ 라인 조직

해설 네트워크 조직(network organization)은 급변하는 환경에 대응하여 기업경영의 핵심인 지식과 정보의 원활한 소통, 공유, 창조를 가능케 하기 위해 여러 조직간 유기적인 연계를 극대화한 조직으로서, 주로 IT 기술에 기반하여 여러 조직들이 수평적으로 연결되어 각자 자신의 핵심역량에 해당하는 업무를 수행하게 된다.

정답 ④

15-20D ☑☐☐☐   2021 경영지도사

공간과 시간, 그리고 조직의 경계를 넘어 컴퓨터와 정보·통신기술을 이용하는 조직형태는?

① 기능식 조직
② 사업부제 조직
③ 매트릭스 조직
④ 가상 조직
⑤ 프로세스 조직

해설 가상 조직(virtual organization) 또는 네트워크 조직(network organization)은 급변하는 환경에 대응하여 기업경영의 핵심인 지식과 정보의 원활한 소통, 공유, 창조를 가능케 하기 위해 여러 조직간 유기적인 연계를 극대화한 조직으로서, 주로 IT 기술에 기반하여 여러 조직들이 수평적으로 연결되어 각자 자신의 핵심역량에 해당하는 업무를 수행하게 된다. 이는 곧 각 기업의 입장에서는 자신의 고유역량 외의 기능들을 직접

투자할 필요 없이 외주(outsourcing)할 수 있음을 뜻한다. 이 경우 조직과 조직간의 전통적인 경계(boundary)가 없어지는 개방적 운영이 이루어지게 된다. 가상 조직은 모듈형 조직(modular organization)으로 불리기도 한다.

정답 ④

15-20M ☑□□□
2024 공인노무사

다음과 같은 장점을 지닌 조직구조는?

> • 관리 비용을 절감할 수 있음
> • 작은 기업들도 전 세계의 자원과 전문적인 인력을 활용할 수 있음
> • 창업 초기에 공장이나 설비 등의 막대한 투자없이도 사업이 가능

① 사업별 조직구조　　② 프로세스 조직구조
③ 매트릭스 조직구조　　④ 지역별 조직구조
⑤ 네트워크 조직구조

해설〉 첫 번째 힌트인 '관리비용 절감'에 따르면 대규모의 조직(사업별 조직구조, 지역별 조직구조, 프로세스 조직구조)은 해당사항이 없으며, 관리자의 인건비가 이중으로 낭비되는 매트릭스 조직구조도 정답에서 제외된다. 두 번째 힌트인 '전 세계의 자원과 인력을 활용'할 수 있다는 점에 착안하면, 핵심업무 외의 나머지 업무를 외주화하거나 협력업체와의 긴밀한 관계를 맺음으로써 사업을 영위함을 알 수 있다. 여기까지 읽으면 수험생 대부분은 거의 정답을 찾을 수 있으리라 생각한다. 마지막 힌트인 '막대한 투자 없이도 사업이 가능'함은 곧 우리 회사가 공장이나 설비를 투자하지 않아도 다른 회사의 공장이나 설비를 활용한 사업이 가능함을 뜻한다. 따라서 정답은 모듈형 조직, 네트워크 조직, 무경계 조직 등이 된다.

정답 ⑤

15-21 ☑□□□
2016 경영지도사

전통적 조직형태에 해당하는 것은?

① 사내벤처분사 조직　　② 역피라미드형 조직
③ 라인스텝조직　　　　④ 가상조직
⑤ 글로벌 네트워크 조직

해설〉 전통적 조직구조로는 기능식 구조, 사업부제 구조, 라인

스텝 구조 등이 있으며 나머지 조직구조들은 모두 현대적 구조라 할 수 있다.

정답 ③

15-21D ☑□□□
2021 경영지도사

사내 벤처비즈니스의 성공요인이 아닌 것은?

① 의사결정을 행사할 수 있다.
② 자원을 활용할 수 있다.
③ 실패를 두려워하지 않는다.
④ 팀원을 채용할 수 있다.
⑤ 조직경계를 넘지 않는다.

해설〉 사내벤처 조직은 기업가(entrepreneur)적 조직의 한 형태로서, 조직 구성원에게 기업가 정신을 고취함으로써 조직의 내부 또는 외부에 자율적인 사내기업을 설치·운영하여 지속적인 혁신과 조직변화를 촉진하려는 조직이다(출처: 신유근(2005), 『인간존중경영: 조직행위론적 접근』, 서울: 다산출판사, 제13장). 이상의 정의에 따르면 사내벤처에서는 조직경계를 넘는 경영활동이 가능하다. 따라서 선지 ⑤는 적절한 설명이 아니다.

정답 ⑤

15-22 ☑□□□
2014 경영지도사

조직형태에 관한 설명으로 옳은 것은?

① 기능별 조직은 특정과제나 목표를 달성하기 위해 구성하는 임시조직이다.
② 부문별 조직은 업무내용이나 기능을 유사한 것끼리 묶는 조직형태를 말한다.
③ 네트워크 조직은 전통적 조직의 핵심요소를 간직하고 있으나 조직의 경계와 구조가 없다.
④ 프로젝트 조직은 동일한 제품이나 지역, 고객, 업무과정을 중심으로 분화하여 만든 조직이다.
⑤ 라인조직은 기능별 조직의 다른 형태로 기능을 중심으로 수평적으로 조직된다.

해설〉 ①은 프로젝트 조직, ②는 기능식 조직, ④는 사업부제(=부문별) 조직에 해당하는 설명이다. ⑤의 라인 조직은 수직적 성격이 강하며, 수평적으로 조직되는 구조는 스텝조직에 가깝다.

정답 ③

15-22F ☑☐☐☐

조직구조에 관한 설명으로 옳은 것은?

① 위원회 조직구조는 의사결정을 빠르게 하고 책임 소재를 분명히 한다는 장점이 있다.

② 네트워크 조직구조는 핵심 이외의 사업을 외주화하기 때문에 외부환경의 변화에 민활하게 대응할 수 있다.

③ 매트릭스 조직구조는 업무 수행자의 기능 및 제품에 대한 책임 규명이 쉽다는 장점이 있다.

④ 사업부 조직구조는 각 사업부 간의 전문성 교류를 원활하게 함으로써 규모의 경제를 실현하게 한다.

⑤ 기능적 조직구조는 전문화보다 고객 요구에 대한 대응을 더 중요시한다.

해설 ① [×] 위원회 구조는 합의제 방식으로 의사결정이 이루어지므로 판단의 속도가 느린 편이고 특정인에게 의사결정 책임을 물을 수도 없다.
② [○] 네트워크 조직은 필요한 사업영역을 다른 기업으로부터 조달받는 방식을 사용하므로 환경변화에 비교적 잘 대응할 수 있다.
③ [×] 매트릭스 조직은 조직구성원에 대한 이중통제 방식, 즉 two-boss system을 사용하므로 책임소재 파악이 쉽지 않다.
④ [×] 사업부제 조직에서는 인력운용 측면에서 규모의 경제 효과를 얻기가 힘들다. 특정 분야에 대한 지식과 능력의 전문화가 쉽지 않고, 기업이 생산하는 여러 제품라인간 통합과 표준화가 어려우며, 기능영역이 중복되는 경우가 많아 운영비용이 증가(규모의 경제 상실)하기 때문이다.
⑤ [×] 기능식 조직은 유사 업무를 묶어 부문을 편성하게 되며, 이는 특정 기능분야를 중심으로 전문화가 이루어짐을 뜻한다.

정답 ②

15-22J ☑☐☐☐

다음 중 조직형태에 대한 설명으로 가장 적절하지 않은 것은?

① 라인 조직(line organization)은 신속한 의사결정과 실행이 가능하다.

② 라인스탭 조직(line and staff organization)의 구성원은 두 개 이상의 공식적인 집단에 동시에 속한다.

③ 사업부제 조직(divisional organization)은 사업부별로 업무수행에 대한 통제와 평가를 한다.

④ 네트워크 조직(network organization)은 필요에 따라 기업 내부 부서 및 외부 조직과 네트워크를 형성해서 함께 업무를 수행한다.

해설 ① [○] 라인(line)은 조직의 목표 달성과 직접적으로 관련되는 가치사슬상의 주요 기능에 대하여 권한과 책임을 지는 부문(또는 부서)을 말하며, 일반적인 라인 조직은 명령체계로 연결되어 있기에 수직적 속성이 강하다. 따라서 신속한 의사결정 및 실행이 가능하다.
② [×] 한 명의 구성원이 두 개 이상의 공식적인 집단이나 조직형태에 동시에 속하는 조직구조는 매트릭스 조직(matrix organization)에 가깝다.
③ [○] 사업부제(divisional structure, 부문별 조직)는 조직을 그 최종생산물(제품) 또는 시장이나 고객을 기준으로 하여 분할된 경영단위들로 부문화 하는 것이다. 여기서 전체조직을 구성하는 경영단위를 사업부(division)라 하며, 이들 <u>사업부는 각 사업영역이나 제품에 대하여 독자적인 생산과정과 이익책임을 갖게 된다.</u>
④ [○] 네트워크 조직(network organization)은 급변하는 환경에 대응하여 기업경영의 핵심인 지식과 정보의 원활한 소통, 공유, 창조를 가능케 하기 위해 조직 내부 및 외부의 여러 조직·부서간 유기적인 연계를 극대화한 조직으로서, 주로 IT 기술에 기반하여 여러 조직들이 수평적으로 연결되어 각자 자신의 핵심역량에 해당하는 업무를 수행하게 된다.

정답 ②

15-22K ☑☐☐☐

조직구조에 대한 설명으로 옳은 것은?

① 매트릭스 조직에서는 역할 갈등과 업무 혼선이 생길 수 있다.

② 네트워크 조직은 환경변화에 유연하지 못하고 고정비 부담이 크다.

③ 사업부 조직은 기능부서에서 규모의 경제효과가 커지는 강점이 있다.

④ 기능 조직은 제품 종류가 소수보다 다수인 경우에 효과적이다.

해설 ① [O] 매트릭스 조직(matrix organization)은 서로 다른 두 종류의 조직구조를 결합한 형태의 조직구조이다. 예를 들어, 글로벌기업 한국지사의 영업담당 팀장이 한국지사장과 본사 영업담당 임원에게 동시에 보고하는 체계는 전형적인 매트릭스 조직이다. 매트릭스 조직구조는 여러 장점이 있으나, 여기서 <u>조직구성원은 자신의 위치가 불명확하게 되므로 역할갈등을 겪는 동시에 조직에 대한 몰입도나 충성심이 저하될 수 있다.</u>

② [×] 네트워크 조직(network organization)은 급변하는 환경에 대응하여 기업경영의 핵심인 지식과 정보의 원활한 소통, 공유, 창조를 가능케 하기 위해 여러 조직간 유기적인 연계를 극대화한 조직으로서, 주로 IT 기술에 기반하여 여러 조직들이 수평적으로 연결되어 각자 자신의 핵심역량에 해당하는 업무를 수행하게 된다. 이는 곧 각 기업의 입장에서는 <u>자신의 고유역량 외의 기능들을 직접 투자할 필요 없이 외주(outsourcing)할 수 있음을 뜻한다. 따라서 유연성이 극대화되고 고정비가 줄어든다.</u>

③ [×] 사업부제(divisional structure, 부문별 조직)는 조직을 그 최종생산물(제품) 또는 시장이나 고객을 기준으로 하여 분할된 경영단위들로 부문화 하는 것이다. 사업부제 조직은 제품이나 시장에 따른 분권적 조직편성이기 때문에 소비자의 요구 등을 포함한 외부 환경에 대응하는 능력이 비교적 우수하며 명확한 책임소재를 통한 고객만족 향상 등에 유리한 것으로 알려져 있다. 하지만 <u>기능영역이 중복되는 경우가 많아 운영비용의 증가(규모의 경제 상실)할 수 있다.</u>

④ [×] 기능식 조직(functional organization)은 직능식 조직이라고도 하며, 내용이 유사하고 업무관련성이 높은 조직의 구성부문(예, 인사, 재무, 생산, 마케팅 등)들을 중심으로 결합하여 설계한 조직 형태이다. 일반적으로 환경이 안정적이고 각 부서간의 상호의존성이 낮을 때, 그리고 조직의 규모가 비교적 작고 <u>소수의 제품이나 서비스를 생산할 때 적합하다고 알려져 있다.</u>

정답 ①

15-22L ☑☐☐☐

경영조직에 관한 설명으로 옳지 않은 것은?

① 기계적 조직은 공식화 정도가 높다.

② 유기적 조직은 환경 변화에 신속히 대응할 수 있다.

③ 라인조직은 업무수행에 있어 유사한 기술이나 지식이 요구되는 활동을 토대로 조직을 부문화시킨 것으로 내적 효율성을 기할 수 있다.

④ 매트릭스 조직은 이중적 명령계통으로 인해 중첩되는 부문 간 갈등이 야기될 수 있다.

⑤ 위원회 조직은 조직의 특정 과업 해결을 위해 조직의 일상적 업무 수행 기구와는 별도로 구성된 전문가 혹은 업무관계자들의 활동조직이다.

해설 ① [O] 기계식 조직은 공식화 정도가 높을뿐만 아니라 복잡성과 집중성의 정도 역시 높다.

② [O] 기계식 조직은 안정적 환경에, 유기적 조직은 역동적 환경에 유리한 조직형태이다.

③ [×] "업무수행에 있어 유사한 기술이나 지식이 요구되는 활동을 토대로 조직을 부문화"시킨 조직구조는 기능식 조직이다. 기능식 조직(functional organization)은 직능식 조직이라고도 하며, 내용이 유사하고 업무관련성이 높은 조직의 구성부문(예, 인사, 재무, 생산, 마케팅 등)들을 중심으로 결합하여 설계한 조직 형태이다. 주로 가치사슬(value chain)을 구성하는 조직의 핵심기능요소를 기준으로 편성되는 경우가 많다. 일반적으로 환경이 안정적이고 각 부서간의 상호의존성이 낮을 때, 그리고 조직의 규모가 비교적 작고 소수의 제품이나 서비스를 생산할 때 적합하다고 알려져 있다.

④ [O] 매트릭스 조직에서 일어날 수 있는 가장 심각하고 중요한 문제는 기능부문과 프로젝트/제품 영역간의 갈등이다. 이는 조직구조가 다원화되면서 나타나는 조정의 문제이기도 하면서 권한이나 주도권에 대한 다툼의 문제이기도 하다.

⑤ [O] 위원회 조직구조는 특정한 문제의 해결을 위해 관계자들간 합의·협의제 방식으로 의사결정이 이루어지는 조직유형이며, 구성원 모두의 합의가 필요하므로 판단 및 결정의 속도가 느린 편이고 특정인에게 의사결정 책임을 물을 수도 없다.

정답 ③

15-22M ☑□□□

2024 경영지도사

명령일원화의 원칙을 토대로 전문적인 지식이나 기술을 가진 사람들을 참모로 하여 보다 더 효과적인 경영활동을 위해 협력하도록 하는 조직형태는?

① 라인 조직　　　　　② 기능별 조직
③ 라인-스태프 조직　　④ 프로젝트 조직
⑤ 위원회 조직

해설 전문적인 지식과 기술을 가진 참모집단을 스태프(staff)라 한다. 스태프만 존재하는 조직은 거의 없으며, 대부분의 조직은 업무활동을 수행하는 구성원집단, 즉 라인(line)의 존재를 필수 조건으로 삼는다. 따라서 문제에서 설명하는 조직구조는 라인-스태프의 혼합 구조이다.

추가해설 기능별 조직(②)은 조직을 전문분야에 따라 분업화한 조직구조이며, 프로젝트 조직(④)은 특정한 미션의 해결을 위해 임시적으로 전문가들을 모은 조직구조이다. 선지 ⑤의 위원회 조직은 합의제 방식으로 의사결정이 이루어지는 조직구조를 뜻한다.

정답 ③

15-23 ☑□□□

2024 군무원 9급

다음 중 수평적 조직구조의 장점에 대한 설명으로 가장 적절하지 않은 것은?

① 지휘·명령 계통이 단순하고 책임, 의무 및 권한의 통일적 귀속이 명확하다.
② 직공에 대한 작업지도가 쉬워 미숙련공을 활용할 수 있다.
③ 하나의 직능부서 내에서는 조정이 잘 이루어진다.
④ 작업자는 전문적 지식이나 기술을 가진 선임의 지도로 직무경험을 축적할 수 있다.

해설 ① [×] 본 선지의 설명은 수평적 조직구조가 아니라 관료제와 같은 수직적 조직구조에 보다 어울리는 설명이 된다.
② [○] 보통 수평적 조직구조에서는 전문가를 고용하므로 미숙련공 활용이라는 표현은 어울리지 않는다. 다만 선지 ④와 연관지어 생각해 본다면, 전문가가 선임직원으로서 미숙련 작업자인 후임직원을 서로 대등한 입장에서 지도해 줄 수 있다.
③ [○] 일반적으로 어느 조직이든 간에 특정한 직능(function, 기능)부서 내에서는 조정이 원만하게 이루어진다. (타 부서와의 조정이 용이한지는 별도의 문제이지만...)

④ [○] 앞에서 선지 ②를 설명한 것으로 갈음한다.

정답 ①

조직차원의 제 변수

1. 조직학습

1) 의의: 조직학습(조직에서의 문제 해결능력 증진) → 반복/습관화 → 학습조직

2) 형식지와 암묵지(Nonaka)

구 분	형식지	암묵지
정 의	언어로 표현 가능한 객관적 지식	언어로 표현하기 어려운 주관적 지식
특 징	언어를 통해 습득 가능한 지식 전수가 상대적으로 용이함	경험을 통해 몸에 배어 있는 지식 전수가 상대적으로 어려움
속 성	구체적(specific) 공식적(formalized) 체계적(systemized)	추상적(abstract) 개인적(personalized) 비체계적(un-systemized)
사 례	사용매뉴얼, 각종 프로그램	영업노하우, 프레젠테이션 테크닉

3) 지식창조 과정: 이식화(사회화) → 표출화(외재화) → 연결화(통합화) → 내재화(체화)

2. 조직변화

1) 조직변화의 과정(Lewin): 해빙 → 변화 → 재동결

2) 변화저항의 극복전략

　① 강제적 전략: 권력에 의한 제재 → 단기적, 피상적 조치에 불과

　② 규범적 · 사회적 전략: 변화주도자의 힘/정보가 작은 경우 → 자발적 참여 · 협력과 혁신수용 유도

　③ 공리적 · 기술적 전략: 손실의 보상, 혁신시기의 조정, 인사배치 활용 등

3) 혁신의 양면적 모형: 변화의 시작(연구개발 등)은 유기적으로, 변화의 실행은 기계적으로!

3. 조직문화

1) 개념: 조직구성원들이 공유하고 전수하는 가치관과 신념 및 규범

2) 구성요소(Schein): 기본적 가정(근본가정), 가치, 인공물

3) 전파수단: 상징물, 의례와 의식, 스토리, 언어 등

4) 강한 문화와 약한 문화

　① 강한 문화(strong culture): 강한 결속력과 몰입도

　② 약한 문화(weak culture): 서로 다른 하위문화가 존재

5) 장점: 공통의 의사결정 기준 제공, 내부적 단합과 결속 유도, 조직몰입 강화를 통한 효과성 증진, 조직체 고유의 지속가능한 경쟁우위

6) 단점: 변화저항의 원인, 창의성과 다양성을 무시하는 획일화, M&A 時 통합적 문화의 형성을 지체

7) 조직문화에 영향을 미치는 국가문화: 홉스테드의 연구

　→ 권력거리, 개인주의 – 집단주의, 남성성 – 여성성, 불확실성 회피, 장기지향성 – 단기지향성

16-1 ☑□□□
2009 7급공무원 봉책형

노나카(Nonaka)는 지식을 존재하고 있는 형태에 따라서 암묵지와 형식지로 구분하였다. 다음 중 암묵지와 형식지에 대한 설명 중 옳지 않은 것은?

① 암묵지는 경험을 통해 몸에 밴 지식이므로 전수하기가 쉽다.
② 형식지는 언어나 기호로 표현될 수 있는 객관적이고 이성적인 지식을 말한다.
③ 암묵지에서 형식지로의 전환을 표출화라고 한다.
④ 형식지에서 암묵지로의 전환을 내면화라고 한다.

요점정리 지식경영 분야를 집대성한 노나카(Nonaka)는 언어나 숫자로 표현되어 그 공유가 비교적 쉬운 객관적 지식을 형식지(explicit knowledge)라 하고, 학습이나 체험을 통해 개인이나 집단에 습득되어 있지만 겉으로 드러나지 않은 형태의 지식을 암묵지(tacit knowledge)라 명명하였다.

해설 ① 암묵지는 경험을 통해 몸에 밴 지식이므로 문서화되기 어려운 탓에 전수가 쉽지 않다.

추가해설 ③, ④ 표출화: 암묵지 → 형식지, 내면화: 형식지 → 암묵지
표출화는 대개 지식을 현실 속에서 표현 내지 체험함으로써 형식지화(化)하는 과정으로서 외재화라 부르기도 하며, 내면화는 공유와 통합의 과정을 거친 지식을 개인의 암묵지로 만드는 과정으로서 '체화'라고 부르기도 한다.

정답 ①

16-1M ☑□□□
2024 경영지도사

지식에 관한 설명으로 옳지 않은 것은?

① 지식이란 사람의 행동과 의사결정에 지침을 주는 본능, 지각, 아이디어, 규칙과 절차 등의 결합을 의미한다.
② 지식은 데이터를 집적하고 체계화한 후 가공한 형태로 정보의 하위 개념이다.
③ 지식은 개인의 자산이자 기업의 자원으로써 부가가치 창출에서 차지하는 역할이 커지고 있다.
④ 암묵지란 개인이 학습과 체험을 통해 쌓은 지식으로 문서화하기 어렵다.
⑤ 형식지란 언어, 문자, 숫자의 형태로 존재하는 지식을 말한다.

해설 ② [×] 데이터(data)는 종업원의 이름, 주당 노동시간, 재고부품번호, 주문량 등과 같이 가공되지 않은 있는 그대로의 사실을 의미하며, 정보(information)는 각각의 사실들이 지니고 있는 본래의 가치를 초월하여 새로운 부가적인 가치를 지니는 방식으로 조직화된 사실들의 집합체라 말할 수 있다. 이것이 확장·발전되면 지식(knowledge)이 된다. 따라서 지식이 정보의 하위개념이라는 서술은 틀린 것이다.

정답 ②

16-2 ☑□□□
2017 가맹거래사

암묵지(tacit knowledge)에 관한 설명으로 옳은 것은?

① 다른 사람에게 전수하기 쉽다.
② 경험을 통해 쌓여진 지식이다.
③ 공식성과 체계성을 갖고 있다.
④ 제품설명서, 매뉴얼 등이 해당된다.
⑤ 객관적 지식이다.

해설 암묵지는 개인의 경험이나 노하우로 대표되는 지식(②)으로서 추상적이고 비체계적 특성을 갖고 있다(③). 따라서 타인에게 전수하기가 어렵고(①) 주관적 특성을 갖는다(⑤). ④의 제품설명서나 매뉴얼 등은 대표적인 형식지이다.

정답 ②

16-2A ☑□□□
2020 경영지도사

지식을 형식지와 암묵지로 구분할 때 암묵지의 특징으로 볼 수 없는 것은?

① 언어로 표현 가능한 객관적 지식
② 경험을 통해 몸에 밴 지식
③ 은유를 통한 전달
④ 다른 사람에게 전이하기가 어려움
⑤ 노하우, 이미지, 숙련된 기능

해설 암묵지는 언어로 표현이 어렵다. 객관적이고 언어적 전달이 용이한 지식은 형식지에 해당한다.

정답 ①

16-3 ☑☐☐☐

일반적으로 지식은 암묵지(tacit knowledge)와 형식지(explicit knowledge)로 분류한다. Nonaka가 제시한 지식순환의 나선형 프로세스 중에서 (ㄱ)에 해당하는 것은?

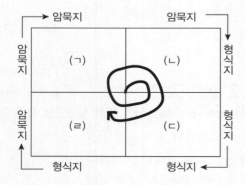

① Socialization 　　② Combination
③ Externalization 　④ Collaboration
⑤ Internalization

해설〉 (ㄱ) 사회화, 이식화(Socialization)
(ㄴ) 외재화, 표출화(Externalization)
(ㄷ) 연결화, 통합화(Combination)
(ㄹ) 내재화, 체화(Internalization)

정답 ①

16-4 ☑☐☐☐

일본의 지식 경영학자인 노나까(I. Nonaka)의 지식변환 과정에서 형식지에서 암묵지로의 전환은?

① 자본화(capitalization)
② 연결화(combination)
③ 외부화(externalization)
④ 내면화(internalization)
⑤ 사회화(socialization)

해설〉 사회화: 암묵지 → 암묵지
외부화: 암묵지 → 형식지
연결화: 형식지 → 형식지
내면화: 형식지 → 암묵지

16-5 ☑☐☐☐

노나카(I. Nonaka)의 지식변환 과정 중 다음의 설명에 해당하는 것은?

- 개인 간의 직접적인 상호작용을 통해 암묵지가 암묵지 그대로 전달되는 경우를 말한다.
- 장인들이 관찰, 모방, 지도와 같은 도제관계를 통해 장기적으로 지식을 전수하는 경우를 말한다.

① 연결화(combination)
② 외부화(externalization)
③ 사회화(socialization)
④ 내면화(internalization)
⑤ 정보화(information)

요점정리〉 조직학습은 조직구성원들의 형식지 및 암묵지 습득 과정이며, 이는 형식지와 암묵지가 각각 독립적으로 창출되는 과정이 아니라 상호 순환하는 과정이다. 이 과정은 이식화(사회화, socialization, 각자의 암묵지를 서로 공유), 표출화(외재화, externalization, 지식을 현실 속에서 표현 내지 체험함으로써 형식지화(化) 하는 과정), 연결화(통합화, combination, 각자가 보유하던 지식을 집단 수준에서 연결하고 통합시킴), 내재화(체화, internalization, 공유와 통합의 과정을 거친 지식을 개인의 암묵지로 만드는 과정) 등으로 구성된다.

해설〉 특정인의 암묵지가 다른 사람의 암묵지로 전환되는 과정은 사회화이다.

정답 ③

16-5A ☑☐☐☐

2017 군무원 복원

노나카(Nonaka)의 지식경영에서, 형식지가 암묵지로 변화되는 과정은?

① 내재화(internalization)
② 외재화(externalization)
③ 통합화(combination)
④ 사회화(socialization)

해설 형식지가 암묵지로 전환되는 과정은 내재화(체화)이다.

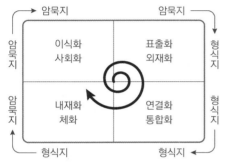

정답 ①

16-5F ☑☐☐☐

2022 군무원 9급

조직 내부에서 지식을 증폭 및 발전시키는 과정에 대한 설명 중 가장 옳지 않은 것은?

① 이식(공동화 socialization): 각 개인들이 가진 형식지(explicit knowledge)를 조직 안에서 서로 나누어 가지는 과정
② 표출(명료화 externalization): 머릿속의 지식을 형식지로 옮기면서 새로운 지식이 얻어지는 과정
③ 연결(통합화 combination): 각자의 단편지식들이 연결되면서 통합적인 새로운 지식들이 생성되는 과정
④ 체화(내재화 internalization): 구성원들이 얻은 형식지를 머릿속에 쌓아 두면서 자신의 지식과 경험으로 만드는 과정

해설 ① 이식화는 개인 간의 직접적인 상호작용을 통해 <u>암묵지가 암묵지 그대로 전달</u>되는 경우를 말한다.

정답 ①

16-5J ☑☐☐☐

2023 군무원 7급

노나카(Ikujiro Nonaka)가 제시한 암묵지(tacit knowledge)와 형식지(explicit knowledge)간의 상호작용을 통한 4개의 지식변환과정(knowledge conversion process)인 ㉠-㉡-㉢-㉣을 가장 적절하게 표시하고 있는 것은?

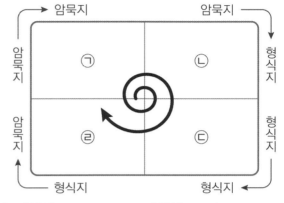

① 종합화(combination) − 사회화(socialization) − 외재화(externalization) − 내재화(internalization)
② 종합화(combination) − 외재화(externalization) − 사회화(socialization) − 내재화(internalization)
③ 사회화(socialization) − 외재화(externalization) − 종합화(combination) − 내재화(internalization)
④ 사회화(socialization) − 외재화(externalization) − 내재화(internalization) − 종합화(combination)

해설 노나카의 조직학습과정은 조직구성원들의 형식지 및 암묵지 습득과정이며, 이는 형식지와 암묵지가 각각 독립적으로 창출되는 과정이 아니라 상호 순환하는 과정이다. 이 과정은 **이식화**(사회화, socialization, 각자의 암묵지를 서로 공유), **표출화**(외재화, externalization, 지식을 현실 속에서 표현 내지 체험함으로써 형식지화(化) 하는 과정), **연결화**(종합화, **통합화**, combination, 각자가 보유하던 지식을 집단 수준에서 연결하고 통합시킴), **내재화**(체화, internalization, 공유와 통합의 과정을 거친 지식을 개인의 암묵지로 만드는 과정) 등으로 구성된다.

정답 ③

16-5K ✔□□□
2023 가맹거래사

노나카(I. Nonaka)의 지식전환 모델에 관한 설명으로 옳지 않은 것은?

① 암묵지(implicit knowledge)와 형식지(explicit knowledge)의 전환과정에서 지식이 공유되고 창출된다.
② 암묵지에서 형식지로 전환과정을 외재화(externalization)라 한다.
③ 형식지에서 암묵지로 전환과정을 표준화(standardization)라 한다.
④ 형식지에서 형식지로 전환과정을 결합화(combination)라 한다.
⑤ 암묵지에서 암묵지로 전환과정을 사회화(socialization)라 한다.

해설 ③ [×] 형식지에서 암묵지로 전환되는 과정을 내재화(internalization)라 한다.

정답 ③

16-6 ✔□□□
2019 7급 가형

지식경영에 대한 설명으로 옳은 것은?

① 언어로 표현하기 힘든 주관적 지식을 형식지라고 한다.
② 암묵지에서 형식지로 지식이 전환되는 과정을 내면화라고 한다.
③ 수집된 데이터를 문제해결과 의사결정에 도움이 될 수 있도록 일정한 패턴으로 정리한 것을 정보라고 한다.
④ 지식경영은 형식지를 기업 구성원들에게 체화시킬 수 있는 암묵지로 전환하여 공유하는 경영방식이다.

해설 ① [×] 언어로 표현하기 힘든 지식을 암묵지(tacit knowledge)라 한다. 형식지(explicit knowledge)는 언어로 표현이 되는 객관적 지식을 뜻한다.
② [×] 암묵지에서 형식지로 전환되는 과정은 외재화(표출화), 형식지에서 암묵지로 전환되는 과정은 내면화(내재화, 체화)이다.
③ [○] 데이터(data)를 모아 정리하면 정보(information)가 되고, 정보를 모아 정리하면 지식(knowledge)이 된다.
④ [×] 지식경영은 구성원 각자가 갖고 있던 암묵지를 외재화하여 모두가 공유할 수 있는 형식지로 변환하여 기업 내에 축적하는 작업과 관련이 있다. 암묵지는 추상적 지식이므로 다른 이들과의 공유가 어렵다.

정답 ③

16-6D ✔□□□
2021 가맹거래사

지식경영과 관련한 용어에 관한 설명으로 옳은 것은?

① 지식경영은 지식을 생성, 저장, 활용하는 일련의 과정을 의미한다.
② 지식은 객관적 사실, 측정된 내용, 통계를 의미한다.
③ 데이터 및 정보는 지식과 명확히 구별하기 어렵다.
④ 암묵지(tacit knowledge)는 객관적이고 이성적이며 기술적 지식을 포함한다.
⑤ 형식지(explicit knowledge)는 경험을 통해 축적한 지식으로 통찰력과 노하우를 의미한다.

해설 ②, ③ 객관적 사실이나 측정된 내용은 모두 데이터(data)에 관한 설명이다. 데이터를 가공하여 의미있게 만든 것이 '정보(information)'이고, 이를 체계화한 것이 '지식(knowledge)'이다.
④, ⑤ 형식지와 암묵지에 관한 설명이 바뀌었다.

정답 ①

16-8 ✔□□□
2016 경영지도사

다음은 무엇에 관한 설명인가?

> 기업이 가지고 있는 지적 자산뿐만 아니라 구성원 개개인의 지식이나 노하우를 체계적으로 발굴하여 조직내부의 보편적인 지식으로 공유하고, 공유지식의 활용을 통해 조직전체의 문제해결 능력과 기업가치를 향상시키는 경영방식

① Knowledge Management
② Enterprise Resource Planning
③ Value Engineering
④ Business Process Reengineering
⑤ Executive Information Systems

해설 문제의 설명은 지식경영이다. 이를 표현하는 보기는 ① 이다. ②는 전사적 자원관리, ③은 가치공학, ④는 비즈니스 프로세스 리엔지니어링, ⑤는 중역정보시스템의 영어표기이다.

정답 ①

16-9 ☑☐☐☐

2011 공인노무사

피터 셍게(Peter Senge)가 주장한 학습조직 모형의 내용에 해당하지 않는 것은?

① 팀 학습　　　　② 개인적 숙련
③ 성과에 따른 평가　④ 시스템적 사고
⑤ 비전의 공유

요점정리

• 시스템적 사고: 이는 사람들이 조직 내에서 혹은 인생에서 발생하는 다양한 사건들(events)을 관찰하고 복잡한 상호 관계의 패턴들을 전체적 관점에서 살펴보도록 해주는 사고 프로세스이다.
• 자아완성(personal mastery, 개인적 숙련): 이는 자신이 무엇이 될 수 있는지 혹은 무엇이 될 것인지에 대한 개인적인 비전을 명확히 하고 심화시키는 과정을 끊임없이 거치면서, 동시에 지속적으로 비전과 현실과의 차이를 확인해 나가는 수련을 의미한다.
• 지적모형(mental model): 이는 우리가 세상을 이해하는 방식인 동시에 우리가 직면하는 다양한 상황들에 대응하는 방식을 뜻한다. 이들을 지속적으로 확인·검토함으로써 각자 사고의 기반이 무엇인지 확인할 수 있다.
• 비전의 공유(shared vision): 이는 조직이 추구하는 방향이 무엇인지, 그리고 그것이 왜 중요하며 필요한 것인지에 관해 모든 조직구성원들이 공감대를 형성하는 과정을 뜻한다. 이 과정에서 리더의 역할이 매우 중요하다.
• 팀 학습(team learning): 이는 학습조직의 구축을 위해 필수불가결한 팀 단위에서의 토론과 지식공유를 의미한다.

해설 셍게의 학습조직 모형은 시스템적 사고, 개인적 숙련, 지적 모형, 비전의 공유, 팀 학습 등의 다섯 가지로 구성된다. '성과에 따른 평가'는 해당사항이 없다.

정답 ③

16-10 ☑☐☐☐

2016 가맹거래사

조직의 가치창출을 위해 지식을 생성, 저장, 공유, 활용하는 일련의 활동은?

① 공급망관리　　② 고객관계관리
③ 전사적 품질경영　④ 지식경영
⑤ 기술경영

해설 지식을 만들고 보관하고 나누는 활동과 관련된 개념은 '지식경영'이다.

추가해설 ① 원료의 처리에서 시작하여 최종 소비자에 제품 및 서비스가 도달하기까지 각 단계에서의 작업흐름과 정보의 총체적 관리
② 고객과의 관계를 지속하는 마케팅 방식
③ 경영 전반에 걸쳐 지속적인 노력을 통해 조직의 모든 구성원들이 품질향상을 도모
⑤ 공학과 경영을 통합·연결하여 기술중심 기업의 성공을 다루는 학문

정답 ④

16-11 ☑☐☐☐

2018 경영지도사

조직 내의 인적자원들이 보유하고 있는 지식을 체계화하고 서로가 공유하기 위하여 구축하는 시스템은?

① CRM　　② FMS
③ ERP　　④ KMS
⑤ SCM

해설 ① Customer Relationship Management → 고객관계관리
② Flexible Manufacturing System → 유연생산시스템
③ Enterprise Resource Planning → 전사적자원관리
④ Knowledge Management System → 지식경영시스템. 본 문제의 정답이다.
⑤ Supply Chain Management → 공급사슬관리

정답 ④

16-12F ☑□□□　　　2022 군무원 5급

지속적으로 학습하고 적응하며, 변화하는 역량을 개발하는 조직을 학습조직(learning organization)이라 한다. 다음은 학습조직의 중요한 특징을 조직설계, 정보공유, 조직문화 및 리더십 측면에서 설명한 것들이다. 이 중 가장 옳지 않은 것은?

① 조직구조 측면에서 학습조직은 무경계의 팀 조직 형태를 그 특징으로 하며, 관리자와 팀원 사이에는 명확한 권한－지시 관계가 존재한다.
② 정보공유 측면에서 학습조직은 구조적, 물리적 장벽이 거의 존재하지 않기 때문에, 공개적인 의사소통과 광범위한 정보공유를 그 특징으로 한다.
③ 조직문화 측면에서 학습조직은 구성원들 사이에 공유된 비전이 존재하며, 강한 공동체 의식, 상호존중 의식, 상호신뢰의 풍토가 조성되어 있다.
④ 리더십 측면에서 학습조직은 리더가 구성원 사이에 공유할 비전을 적극적으로 제시하며, 협동적 분위기를 유도하고 강화시키려고 노력하는 특징을 갖는다.

───────────

해설 ① [×] 조직학습(organizational learning)은 '조직에서의 문제 해결력 증진'으로 정의할 수 있다. 이러한 학습 과정이 조직 구성원에게 내면화 되어 반복적이고 습관적으로 일어나면 학습조직(Learning organization)이 된다. 즉, 조직학습이 적절하게 일어나서 이 학습의 효과가 효율적으로 조직에 반영되었을 때 그 조직이 학습조직이 되는 것이다. 학습의 과정에서는 조직 내·외부의 아이디어를 적극적으로 활용하게 되므로 학습조직은 본질적으로 무경계조직(boundaryless organization)의 형태를 갖게 된다. 이는 급변하는 환경에 대응하여 기업경영의 핵심인 지식과 정보의 원활한 소통, 공유, 창조를 가능케 하기 위해 여러 조직간 유기적인 연계를 극대화한 조직으로서, 주로 IT 기술에 기반하여 여러 조직들이 수평적으로 연결되어 각자 자신의 핵심역량에 해당하는 업무를 수행하게 된다. 이는 곧 각 기업의 입장에서는 자신의 고유역량 외의 기능들을 직접 투자할 필요 없이 외주(outsourcing)할 수 있음을 뜻한다. 이 경우 조직과 조직간의 전통적인 경계(boundary)가 없어지는 개방적 운영이 이루어지게 된다. 따라서 선지에서와 같은 '명확한 권한－지시' 등의 수직적 속성과는 관계가 적다.
② [○] 앞서 ①에서 언급한 것처럼 학습조직에서는 지식공유와 확산을 위해 명확한 경계를 설정하기보다는 광범위한 소통과 정보공유를 시도하게 된다. 이 과정에서 소위 개방적 혁신(open innovation)이 활용될 수 있다. 이는 고객, 전략적 파트너, 공급

자(supplier) 등 다양한 이해관계자들을 제품과 서비스 개발에 직접 참여시킴으로써 성공적인 혁신을 유도하는 것이다.
③ [○] 비전의 공유(building shared vision)는 조직이 추구하는 방향이 무엇인지, 그리고 그것이 왜 중요하며 필요한 것인지에 관해 모든 조직구성원들이 공감대를 형성하는 과정을 뜻한다. 이 과정에서 리더의 역할이 매우 중요하다. 본 개념은 지식경영 분야의 세계적 대가인 MIT의 셍게(Senge)가 그의 베스트셀러인 『제5의 수련(The Fifth Discipline)』에서 학습 조직을 만들기 위하여 조직의 구성원들에 의해 반드시 완성되어야 하는 5가지 핵심원칙 중 하나로 제안한 바 있다. (다섯 가지 원칙은 다음과 같다. 시스템 사고(systems thinking), 자아완성(전문적 소양, personal mastery), 지적모형(세계관, mental model), 비전의 공유(building shared vision), 팀 학습(team learning))
④ [○] 학습조직에 어울리는 리더십은 변혁적 리더십이다. 변혁적 리더십(transformational leadership)은 구성원들이 개인적 이익을 초월한 조직 차원의 이익에 기여할 수 있도록 고무하고 비전(vision)을 제시하는 한편, 구성원 개인의 성장과 발전을 위한 노력도 동시에 경주할 수 있도록 독려하고 배려하는 리더십이다. 그 구성요소로는 카리스마와 관련된 영감적 동기부여(inspirational motivation, 비전을 제시하고 이를 열정적으로 소통), 이상적 역할모델(idealized influence, 이상적 리더로서 모범적 행동을 보임), 개별적 관심(individualized consideration, 구성원 개인의 욕구와 감정을 파악하여 적절한 코칭과 지원을 실시), 지적 자극(intellectual stimulation, 기존 관행에 대해 의문을 가지고 새로운 관점에서 현상을 바라보도록 자극) 등이 있다.

정답 ①

16-13 ☑□□□　　　2019 경영지도사

혁신을 위한 환경요소가 아닌 것은?

① 유기적 조직구조
② 세밀하고 철저한 일정관리
③ 긍정적 피드백
④ 갈등에 대한 포용
⑤ 낮은 외부 통제

───────────

해설 혁신을 위해서는 아이디어가 자유롭게 표출될 수 있는 조건을 마련하는 것이 필요하다. 이를 위해서는 기계식 조직구조보다는 유기적 구조가 혁신에 유리하며, 구성원의 아이디어에 대한 열린 자세와 긍정적 피드백이 중요하다. 이 과정에서 갈등은 창의적 대안의 도출에 도움이 되므로 적극 장려할 필요가 있으며, 통제의 수준을 낮추는 것 역시 필요하다. 그러나 선지 ②의 세밀한 일정관리는 도리어 구성원을 속박하여 자유로운 아이디어 창출을 방해할 수 있으므로 적절하지 않다.

정답 ②

16-15 ☑☐☐☐ 2019 가맹거래사

레윈(K. Lewin)의 3단계 변화 모형에서 변화과정을 순서대로 나열한 것은?

① 각성(arousal) → 해빙(unfreezing) → 변화(changing)
② 각성(arousal) → 실행(commitment) → 재동결(refreezing)
③ 해빙(unfreezing) → 변화(changing) → 재동결(refreezing)
④ 해빙(unfreezing) → 실행(commitment) → 수용(acceptance)
⑤ 진단(diagnosis) → 변화(changing) → 수용(acceptance)

해설 조직변화의 일반적 과정은 르윈(Lewin)의 단계이론(세력장 이론, force field theory)을 따라 필요성 인식, 해빙, 변화, 재동결의 순서를 거친다.

정답 ③

16-16A ☑☐☐☐ 2019 상반기 군무원 복원

다음 중 파스칼과 피터스의 7S에 해당하지 않는 것은?

① 공유가치 ② 전략
③ 구성원 ④ 소프트웨어

해설 조직문화의 구성요소
1. 샤인(Schein): 기본가정, 가치, 인공물
2. 파스칼(Pascale)과 피터스(Peters): 7S 모형

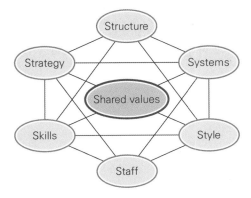

파스칼과 피터스의 7S 모형은 조직문화의 구성요소를 구조, 시

스템, 리더십 스타일, 구성원, 기술, 전략, 공유가치 등의 7가지로 분류한 것이다. 이를 영문으로 표현한 것은 위의 그림에서 잘 표현되어 있으며 이에 해당하지 않는 것을 선지에서 고르면 '소프트웨어'가 된다.

정답 ④

16-16B ☑☐☐☐ 2020 경영지도사

맥킨지(McKinsey)가 제시한 조직문화 7S요소에 해당하지 않는 것은?

① 공유가치(shared value)
② 정신(spirit)
③ 구조(structure)
④ 전략(strategy)
⑤ 구성원(staff)

해설 7S 모형에는 공유가치(shared value), 조직구조(structure), 경영전략(strategy), 구성원(staff), 관리기술(skills), 리더십스타일(style), 제도(system) 등으로 구성된다.

정답 ②

16-16C ☑☐☐☐ 2020 공인노무사

파스칼(R. Pascale)과 피터스(T. Peters)의 조직문화 7S 중 다른 요소들을 연결시켜 주는 핵심적인 요소는?

① 전략(strategy)
② 관리시스템(system)
③ 관리 기술(skill)
④ 구성원(staff)
⑤ 공유가치(shared value)

요점정리 파스칼(Pascale)과 피터스(Peters)가 조직문화의 구성요소로서 고안하여 널리 알려진 7S는 공유가치(shared value : 문화를 강화하는 가치관과 이미지), 전략(strategy), 구조(structure : 조직의 architecture), 제도(system : 생산시스템, 평가시스템, 선발시스템, 품질시스템 등), 구성원(staff : 인적 자원의 선발과 개발), 기술(skill : 변화 프로세스를 실행해야만 하는 개인의 역량), 리더십 스타일(style : 최고경영자들의 태도)을 의미한다.

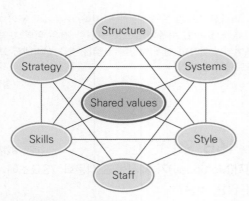

해설▶ 7S 구성요소 중 공유가치(shared value)는 구성원들 모두가 공동으로 소유하고 있는 가치관과 이념 그리고 전통가치와 조직의 기본목적 등 조직체 전반에 관한 믿음 내지는 신념이다. 공유가치는 다른 조직문화 구성요소에 지배적인 영향을 줌으로써 조직문화 형성에 가장 중요한 위치를 차지하고 있다.

정답 ⑤

16-16D ✔☐☐☐　　　　2021 군무원 7급

조직문화의 구성요소에 대한 7S 모형은 맥킨지(Mckinsey)가 개발한 모형으로 조직문화에 영향을 주는 조직 내부요소를 7가지 요인으로 나타낸 것이다. 이 7가지 요인에 해당하지 않는 것은?

① 조직구조(structure)
② 학습(study)
③ 관리기술(skill)
④ 공유가치(shared value)

해설▶ 7S의 구성요소는 공유가치(shared value), 조직구조(structure), 경영전략(strategy), 구성원(staff), 관리기술(skills), 리더십스타일(style), 제도(system)이다.

정답 ②

16-17 ✔☐☐☐　　　　2014 공인노무사

약한 문화를 가진 조직의 특성에 해당되는 것은?

① 응집력이 강하다.
② 의례의식, 상징, 이야기를 자주 사용한다.
③ 다양한 하위문화의 존재를 허용한다.
④ 조직가치의 중요성에 대한 광범위한 합의가 이루어져 있다.
⑤ 조직의 가치와 전략에 대한 구성원의 몰입을 증가시킨다.

요점정리▶ 대부분의 성공적인 조직에는 강하고 잘 개발된 조직문화가 있다고 알려져 있다. 여기서 강한 문화(strong culture)는 구성원들 간에 공통된 의사결정기준이 존재하므로 그들 간의 결속력이 강하여 조직에 대한 충성과 몰입도가 강하지만, 약한 문화(weak culture)에서는 서로 다른 하위문화(subculture)가 존재하는 경우가 많아 단합력이 약하다.

해설▶ ③ 약한 문화란 하위문화가 존재하고 그 개성이 커서 통합된 하나의 문화속성이 강하지 않은 것이다.

정답 ③

16-18 ✔☐☐☐　　　　2018 경영지도사

조직문화에 의하여 설정된 규범, 공유된 가치, 전통, 신념, 의식, 기대 등을 통하여 이루어 지는 통제의 유형은?

① 자율 통제　　　　② 관료적 통제
③ 시장 통제　　　　④ 클랜(clan) 통제
⑤ 스크리닝(screening) 통제

요점정리▶ 미국의 윌리엄 오우치(W. Ouchi) 교수는 조직에서 사용되는 통제방식을 크게 셋으로 분류하였다. 관료통제는 관료제나 위계서열, 시장통제는 가격, 문화통제는 가치나 전통에 의한 것이다. 여기서 문화통제를 오우치는 Clan 통제라 부르기도 하였다.

해설▶ ④ Clan은 '친족(씨족)'이라는 의미로서 가족주의적 공동체 정신에 입각하여 구성원들이 공유하는 문화를 중시하는 방식이다.

정답 ④

16-18M ☑☐☐☐ 2024 군무원 7급

조직문화의 유형을 구분하는 데 유용한 기법 중 하나로, 카메론(K.S.Cameron)과 퀸(R.E.Quinn)의 경쟁가치 프레임워크(competing value framework, CVF)를 기반으로 하는 방법이 있다. 다음 중 이 기법에 의한 조직문화의 유형으로 가장 적절하지 않은 것은?

① 공식화(formalized) 조직문화
② 계층적(hierarchy) 조직문화
③ 에드호크러시(adhocracy) 조직문화
④ 시장지향적(market) 조직문화

요점정리 현재 이론적으로 가장 널리 사용되고 있는 조직문화 이론이 바로 미시건 대학교의 퀸(Quinn)이 정립한 경쟁가치모형(competing value framework)이다. 여기서는 유연성과 안정, 내부지향과 외부지향의 4가지 관점으로 나누어 조직문화의 유형을 네 가지로 나눈다. 과거 대학원 과정에서 학습되던 경쟁가치모형은 최근 10여년 사이에 학부수준의 조직문화론이나 조직이론 교과서에서 보편적으로 수록된 내용이 되었으며, 국가시험에 직접적으로 출제된 것은 2024년이 처음으로서 2월의 CPA시험과 7월의 군무원 7급 시험에서 다루어졌다.

	내부 (구성원) 지향	외부 (고객) 지향
유연성과 재량	협력문화/친족문화	적응문화/애드호크라시문화
안정과 통제	관료문화/위계문화	경쟁문화/시장문화

- 협력문화 또는 친족문화(clan culture)는 1960년대와 1970년대 후반에 미국을 무섭게 추격했던 일본 기업을 연구한 후, 일본 기업에 내재된 가치를 발견하는 과정에서 개념화되었다. 여기서는 구성원의 몰입과 참여를 통해 외부환경에 빠르게 대응하는 것을 중시하며, 팀워크(teamwork), 종업원 몰입 프로그램(employee involvement program), 종업원에 대한 기업의 헌신(corporate commitment to employees) 등이 강조된다. 친족문화는 인간관계론과 관련된 많은 학자들에 의해서 많은 지지를 받았다. 친족문화적 속성은 개인이 아닌 팀 업적을 기준으로 한 보상, 자신들의 구성원을 채용 및 해고할 수 있는 준자율적 작업집단(semi-autonomous work teams), 종업원 스스로가 제안할 수 있도록 종업원을 격려하는 품질 관리조(quality circles) 등의 제도를 통해 잘 드러난다.
- 적응문화 또는 애드호크라시 문화(adhocracy culture)는 21세기 조직 환경의 특징인 매우 혼란스럽고 격변하는 상황에 가장 잘 반응하는 조직 형태이다. 이 문화에서 경영의 주요 과업은 환경이 주는 신호를 탐색하고 해석하여 고객의 요구를 충족시키는 것이며, 기업가 정신(entrepreneurship), 유연성(flexibility), 창의성(creativity) 강화 등이 강조된다. 애드호크라시 문화는 항공우주산업, 소프트웨어 개발, 컨설팅, 정보통신(IT)과 같은 산업에서 자주 볼 수 있다. 이러한 조직의 중요한 과제는 혁신적 제품과 서비스를 생산하는 동시에 새로운 기회에 빠르게 적응해야 하는 것이다.
- 경쟁문화 또는 시장문화(market culture)는 외부환경에 있는 특정 고객의 요구를 충족시켜야 하지만 빠른 변화가 필요하지 않는(즉 시장이 성숙한 환경의) 조직에 적합한 문화유형으로서, 경쟁력(competitiveness)과 생산성(productivity)을 핵심가치로 한다. 시장문화는 주로 대부분의 제조업과 서비스업에서 발견할 수 있으며, 질서와 규정 못지않게 경쟁우위를 강조하므로 목표달성 정도에 따라 보상을 지급하는 성과주의를 운영기조로 삼는다.
- 관료문화 또는 위계문화(hierarchy culture)는 베버(Weber)의 연구를 그 바탕으로 하고 있으며, 전략적 초점에 내부에 있고 안정된 환경에서 일관성을 지향하는 문화이다. 1960년대까지 가장 효과적인 조직으로 알려진 바 있는 관료제에 부합하는 조직 문화는 공식화되고 구조화된 직무문화로서 안정성(stability), 예측력(predictability), 효율성(efficiency) 등의 가치에 입각해서 목표달성을 위한 협력, 전통, 관행 등을 강조한다. 위계문화에서는 구성원의 몰입도는 다른 문화유형에 비해 낮은 편이지만 질서와 예측가능성이 높아 구성원들이 선호하기도 한다.

해설 경쟁가치모형에서는 조직문화를 클랜(clan, 친족)문화, 위계(hierarchy, 관료)문화, 애드호크라시 문화, 시장문화 등의 넷으로 분류한다. 따라서 이 분류에 속하지 않는 선지는 ①의 공식화 문화이다.

정답 ①

16-19 ☑☐☐☐ 2017 가맹거래사

국가 간 문화차이와 관련하여 홉스테드(G. Hofstede)가 제시한 문화차원(cultural dimensions)에 해당하지 않는 것은?

① 권력거리(power distance)
② 불확실성 회피(uncertainty avoidance)
③ 남성성 – 여성성(masculinity-femininity)
④ 민주주의 – 독재주의(democracy-autocracy)
⑤ 개인주의 – 집단주의(individualism-collectivism)

요점정리 홉스테드는 40개국 11만 6,000명의 IBM 종업원들을 대상으로 직무 관련 가치에 대해 조사했다. 그는 국가의 문화에 따라 경영자들과 종업원들이 가지는 가치관이 상이하다는 점을 밝히고 이를 다음의 다섯 가지로 분류했다.

권력거리(power distance)	권력이 불균등하게 분포되어 있다고 생각하는 정도
개인주의(individualism) vs. 집단주의(collectivism)	개인으로서의 활동을 선호하는지, 아니면 집단구성원으로서의 활동을 선호하는지의 여부
남성성(masculinity) vs. 여성성(femininity)	성취지향적인지 아니면 관계지향적인지의 여부
불확실성 회피(uncertainty avoidance)	불확실하고 모호한 상태를 사회가 기피하는 정도
장기지향성(long-term orientation) vs. 단기지향성(short-term orientation)	미래, 지속성, 성장 등의 가치를 중시하면 장기지향적, 현재의 시점에서 해야할 일을 강조하면 단기지향적

정답 ④

16-20 ☑☐☐☐　　　2019 CPA

비교경영연구에서 합스테드(Hofstede)의 국가간 문화 분류의 차원으로 가장 적절하지 않은 것은?

① 고맥락(high context)과 저맥락(low context)
② 불확실성 회피성향(uncertainty avoidance)
③ 개인주의(individualism)와 집단주의(collectivism)
④ 권력거리(power distance)
⑤ 남성성(masculinity)과 여성성(femininity)

해설〉 홉스테드(Hofstede)는 국가문화를 분류하는 기준을 첫 연구에서 네 가지로 제시하였다. 각 기준의 내용은 권력거리(권력의 불균등성), 개인주의-집단주의, 남성성(성취지향)-여성성(관계지향), 불확실성 회피성향 등이었다. 그의 후속연구에서는 장기지향성(미래중시)-단기지향성(현재중시)이라는 새로운 가치관이 추가되었으며, 가장 최근에는 자적(indulgence)-자제(restraint) 문화의 새로운 유형이 추가된 바 있다. ①의 고맥락-저맥락은 미국의 인류학자 Hall이 제시한 개념으로서 언어 자체가 중요한지(저맥락) 아니면 상황에 대한 이해가 중요한지(고맥락)를 뜻하는 개념이다.

정답 ①

16-20F ☑☐☐☐　　　2022 국가직 7급

홉스테드(G. Hofstede)의 문화적 차이에 대한 설명으로 옳지 않은 것은?

① 권력거리는 사회 내에서 부와 권력의 불평등에 대한 수용 정도이다.
② 여성중심적인 문화에서는 관계를 중요시하며 구성원을 배려하는 경향이 있다.
③ 불확실성 회피성향이 낮은 문화에서는 변화를 두려워하지 않으며 위험을 극복하려는 경향이 높다.
④ 사회주의의 몰락 이후, 문화적 차이가 세계적인 갈등의 가장 큰 원인이 될 것으로 예측하였다.

요점정리〉 홉스테드는 각국의 문화적 차이를 권력거리(power distance), 개인주의(individualism) 대 집단주의(collectivism), 남성성(masculinity) 대 여성성(femininity), 불확실성 회피(uncertainty avoidance) 등의 기준에 의해 분류하였다.

해설〉 ④ 문화적 차이가 세계적 갈등의 원인이 될 것으로 예측한 가장 대표적인 연구는 새뮤얼 헌팅턴의 저서 『문명의 충돌(Clash of Civilizations)』이다. 1980년대 말까지 세계 질서를 결정하던 미국과 소련의 양극(bi-polar) 냉전체제가 소련의 붕괴 이후 다극(multi-polar) 체제로 재편되면서 그 동안 각 국가들 내부에서 쌓여온 갈등, 그리고 자본주의와 공산주의 이념을 대체하는 새로운 이데올로기로서의 문명 정체성이 새로운 분쟁의 씨앗이 될 것이라고 주장했다.

정답 ④

16-20G ☑☐☐☐　　　2022 군무원 5급

다음 중 호프스테드(Hofstede)가 제시한 국가 간 문화 분류 차원에 해당되지 않는 것은?

① 불확실성 기피 성향(uncertainty avoidance)
② 개인주의(individualism) 대 집단주의(collectivism)
③ 편협성(parochialism) 대 진취성(progressiveness)
④ 남성성(masculinity) 대 여성성(femininity)

해설〉 홉스테드는 각국의 문화적 차이를 권력거리(power distance), 개인주의(individualism) 대 집단주의(collectivism), 남성성(masculinity) 대 여성성(femininity), 불확실성 회피(uncertainty avoidance) 등의 기준에 의해 분류하였다.

정답 ③

16-20M ✔☐☐☐

다음 중 호프스테드(G. Hofstede)가 제시한 국가적 문화 유형의 차이를 구분하는 기준에 해당하는 것으로 가장 알맞게 짝지어진 것은?

- ㉠ 권력 격차(power distance)
- ㉡ 개인주의/집단주의(individualism/collectivism)
- ㉢ 개방성/배타성(openness/exclusiveness)
- ㉣ 단기지향성/장기지향성(short-term/long-term)
- ㉤ 불확실성 회피(uncertainty avoidance)
- ㉥ 수직적 계층성/수평적 계층성(vertical hierarchy /horizontal hierarchy)

① ㉠, ㉡, ㉢, ㉣　　　　② ㉠, ㉡, ㉣, ㉤
③ ㉠, ㉡, ㉤, ㉥　　　　④ ㉢, ㉣, ㉤, ㉥

해설 홉스테드의 국가문화가치 분류기준에는 권력격차(㉠), 개인주의/집단주의(㉡), 남성성/여성성, 불확실성 회피(㉤), 장기지향성/단기지향성(㉣), 자적/자제 등이 있다.

정답 ②

16-21 ✔☐☐☐

국가간 문화적 차이를 이해하기 위해 홉스테드(G. Hofstede)가 제시한 모형에 대한 설명으로 옳지 않은 것은?

① 개인주의 문화권에서는 개인의 성취도와 자유도가 높게 평가되고, 집단주의 문화권에서는 내부집단에 대한 충성이 중요시된다.
② 의사소통시 고맥락(high context) 문화권에서는 배경과 상황을 중시하고, 저맥락(low context) 문화권에서는 언어나 문서를 중시한다.
③ 남성다움이 강한 문화권에서는 남녀의 사회적 역할 구분이 명확하다.
④ 불확실성 회피 성향이 높은 문화권에서는 직업의 안정성과 명확한 업무지시 등을 선호하고, 불확실성 회피 성향이 낮은 문화권에서는 변화를 두려워하지 않는다.

해설 홉스테드의 문화가치 구분기준은 권력거리, 개인주의−집단주의, 남성성−여성성, 불확실성 회피, 장기지향−단기지향의 5가지이다.

추가해설 고맥락−저맥락은 일반적으로 문화구분에 활용되는 기준이 맞지만, 홉스테드의 구분과는 관련이 없다. 고맥락(high context)은 언어로 표현되는 것 외의 요소가 상대방과의 커뮤니케이션에서 높은 비중을 차지하는 문화적 속성을 의미한다. 우리나라의 경우 상대방의 말 자체를 곧이 곧대로 받아들이면 오해를 사는 경우가 종종 있다. 또한 말로 표현하지는 않지만 눈치껏 알아서 무엇인가를 행해야 하는 경우도 있다. 이것이 바로 고맥락 문화이다. 반면 서구의 경우에는 언어로 표현되는 내용을 있는 그대로 받아들이면 되는 경우가 많다. 따라서 문자나 말이 커뮤니케이션에서 차지하는 비중이 크므로 상황(맥락)의 비중이 적어서 저맥락 문화라 부른다.

정답 ②

16-21M ✔☐☐☐

미국 인류학자인 에드워드 홀(Edward Hall)은 배경(context)을 기준으로 문화를 분류했다. 배경이란 커뮤니케이션 상황 또는 명시적으로 표현되지 않은 의도를 말하며, 맥락이라고도 불린다. 문화는 배경의 영향력에 따라 고배경 문화와 저배경 문화로 구분된다. 다음 중 고배경 문화에 대한 설명으로 가장 적절하지 않은 것은?

① 우리나라 문화는 미국이나 독일 등 서구 국가에 비해 고배경 문화 성격이 높다.
② 고배경 문화에서는 저배경 문화에 비해 시간 개념이 분명하지 않다.
③ 고배경 문화에서는 협상을 오래 끈다. 이러한 목적은 서로 상대를 알기 위함이다.
④ 고배경 문화에서는 말보다는 명시적 언어인 글로 표현하는 것이 중시된다.

해설 ① [○] 고배경, 또는 고맥락 문화는 문자나 언어 그 자체가 아닌 상황이나 주변조건이 커뮤니케이션에서 차지하는 비중이 높은 경우를 뜻한다. 보통 우리나라와 같은 문화를 고맥락이라 한다. 따라서 선지 ①은 옳다.
② [○] 고맥락 문화는 시간을 명확하게 다루지 않는다. "오전에 볼까?"나 "오후에는 바빠요" 등과 같이 포괄적인 시간개념으로 이야기 하는 경우가 많으며, 정확한 시각을 중시하는 것은 저맥락에 가까운 서구 문화이다.
③ [○] 옳은 설명이다. 반대로 저맥락 문화에서는 협상을 빨리

끝내려 한다.

④ [×] 고배경 문화에서는 말과 글보다 상황이 중요하며, 오히려 저맥락 문화에서 말과 글이 중요하게 취급된다.

정답 ④

16-22J ✓☐☐☐   2023 공인노무사

퀸과 카메론(R. Quinn & K. Cameron)이 제시한 조직 수명주기 단계의 순서로 옳은 것은?

ㄱ. 창업 단계	ㄴ. 공식화 단계
ㄷ. 집단공동체 단계	ㄹ. 정교화 단계

① ㄱ→ㄴ→ㄷ→ㄹ   ② ㄱ→ㄴ→ㄹ→ㄷ
③ ㄱ→ㄷ→ㄴ→ㄹ   ④ ㄱ→ㄷ→ㄹ→ㄴ
⑤ ㄱ→ㄹ→ㄴ→ㄷ

해설 기업수명주기(corporate life cycle)는 조직을 하나의 유기체(organism)로 간주하고, 탄생과 성장 및 성숙과 쇠퇴의 단계를 거치며 변천해 간다고 보는 관점이며, 이를 연구한 대표적 학자가 퀸과 카메론(Quinn & Cameron)이다. 그들은 생물학의 연구원리를 조직학에 도입하여 마치 인간의 생로병사와 같이 조직도 마찬가지의 성장경로를 거친다는 연구결과를 제시하였다. 그들의 조직수명주기 모형은 창업-집단공동체-공식화-정교화의 4단계 성장모형으로 나타난다. 각 단계의 핵심내용을 간단히 요약하면 다음과 같다.

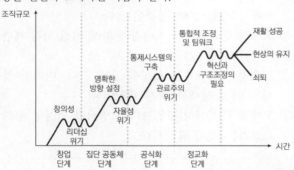

- 창업단계(entrepreneurial stage): 이 단계에서는 자사의 핵심상품이 시장에 널리 알려지게끔 하는 것이 관리의 우선순위이므로, 경영자가 자신의 재량에 의한 혁신성과 아이디어로 승부할 필요가 있다. 조직은 비공식적인 1인 체제로 조직이 운영되지만 점차 조직이 확대되고 안정화되면서 한 명의 리더(창업자)만으로 조직관리를 수행하기에는 어려움이 발생한다(리더십 위기).
- 집단 공동체 단계(collective stage): 이 단계에서는 리더십 위기의 극복 과정에서 조직구조의 관료제화가 진행됨에 따

라 관리의 초점도 비용 감소와 이익 극대화로 옮겨간다. 이 과정에서 조직의 명확한 목표와 방향의 설정이 이루어진다. 조직의 성장이 가속화됨에 따라 창업 단계의 비공식적 구조로부터 점차 관료제의 비중이 늘어나면서 공식성과 복잡성이 증가한다. 이 과정에서 조직구조의 복잡성이 증가함에 따라 구성원 각각이 자율성의 보장을 요구하게 되고, 경영진은 관료적 통제의 권한을 놓지 않으려 하면서 권한위임의 필요성이 대두된다(자율성 위기).

- 공식화 단계(formalization stage): 이 단계에서는 자율성 위기의 극복 과정에서 직접 통제의 한계를 느낀 최고경영자가 의사결정권한을 하부로 위임하는 동시에 보다 밀도있는 통제를 위하여 공식적 규정과 절차 및 관리회계 등의 내부통제시스템을 도입함으로써 권한위임형 사업부제가 등장한다. 관료주의적 속성이 강화되면서 스탭이 늘어나고, 절차의 공식성이 증가하며, 위계에 따른 업무분담이 명확해진다. 한편 시장 확대의 과정에서 점차 조직을 구성하는 제 분야에서 혁신이 일어나지 않고 효율과 규정만을 중시함에 따라(관료주의 위기) 새로운 형태의 조직이 요청된다. 이는 규정과 절차에 얽매이는 형식주의(번문욕례, 繁文縟禮)가 지나쳐서 생기는 문제이다.
- 정교화 단계(elaboration stage): 이 단계에서는 구조의 경직성에 빠진 조직이 활력을 되찾기 위하여 통합과 조정이 강조되는 구조(예, 팀제, 사내벤처, 제품군별 구조 등)로 조직을 재설계한다. 획일적 조직구조보다는 다양한 상황에 적합한 유연한 구조(애드호크라시)의 설계를 통해 환경에 세밀하고 적절하게 대처한다는 의미에서 정교화 단계라 부른다. 방대한 통제시스템과 규칙 및 절차가 구축되면서 나타나는 문제점을 극복하기 위하여 팀제를 도입하는 동시에 상호 협동의 달성을 위하여 수평적 조정기제를 강화하는 등의 시도를 하게 된다. 태스크포스나 팀제 혹은 매트릭스 조직 등을 만들어 부문간 협력을 강조한다. 그래서 이 단계를 협력화 단계라 부르기도 한다. 팀 육성에 의한 방법으로 활력을 회복하였다 하더라도 성숙기에 도달한 이후에는 일시적 쇠퇴기에 진입하게 된다. 이는 조직의 규모가 점차 증가하고 관성이 증가함에 따라 혁신과 구조조정을 필요로 하기 때문인데, 이의 극복과 조직재활을 위해서는 문제해결과 혁신을 강조하는 참여형 조직운영방식이 요청된다.

정답 ③

인적자원관리론

직무관리

1. 직무분석

1) 의의: 직무(job)의 내용과 직무수행자의 특성을 밝히는 체계적인 작업

2) 절차: 예비작업(문헌연구) → 본조사(직무정보수집) → 정리 및 분석(직무기술서와 명세서의 작성)

3) 직무정보의 수집 방법

방 법	내 용	특 징(장 점)	단 점
관찰법	실제 과업/직무를 관찰, 체계적 기록	다수 작업자 관찰이 필요	관찰자 주관 개입, 내면 관찰 불가, 오랜 시간 관찰 불가
면접법	작업자의 직접 진술 확보	긴 시간의 직무 요약 가능	면접대상과 호의적 관계구축 必
질문지법	설문지 응답 및 기술 확보	시간과 노력의 절약	해석상 차이로 인한 오류 가능
경험법	Learning by doing	가장 정확한 내용 파악 可	실제 수행 가능한 직무 숫자 적음
중요사건법	효과적 행동사례 수집·분석	직무행동과 성과간 관계 파악 용이	직무행동의 분류/평가에 많은 시간과 비용이 소요
작업기록법	작업일지나 메모사항의 분석	내용의 신뢰도 高	작업일지의 내용이 직무분석에서 원하는 것이 아닌 경우 문제가 됨
임상적 방법	시간/동작연구, 테스트법 (우수자 시연 등)	비교적 정밀하고 객관적 자료 도출 가능	절차가 복잡하고 전문적 지식을 필요로 함
혼합법	위의 두 가지 이상 방법을 함께 사용		

4) 직무기술서와 직무명세서: 직무 자체의 정보는 직무기술서, 사람에 대한 정보는 직무명세서에 정리

2. 직무평가

1) 의의: 직무들의 상대적 가치를 체계적으로 결정하는 과정 → 직무급의 확립에 필수적 절차

2) 직무평가의 방법

	계급적 (등급구간 有)	계열적 (등급구간 無)	
비양적 (점수화 X)	분류법 (수준이나 등급으로 분류하여 간단/편리, 대표직무의 대표성이 낮으면 문제)	서열법 (신속간편, 비용절감, 기준모호, 적은 수의 직무분석에 적합)	전체적
양적 (점수화 O)	점수법 (요소별 중요도에 따라 등급점수 산정, 가중치 설정에 주관개입, 시간과 비용↑)	요소비교법 (평가요소별 서열매기고 평가점수 부여, 임금공정성과 타당성↑, 복잡함, 시간/비용↑)	분석적
	직무 대 기준	직무 대 직무	

3. 직무설계(= 직무재설계)

1) 의의: 종업원 만족과 조직목표 달성을 동시에 달성하기 위한 직무내용 및 작업방식의 설계

2) 직무설계의 두 관점

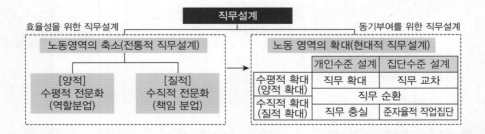

17-1 ☑☐☐☐
2007 7급공무원 문책형

인적자원관리의 영역에 포함되지 않는 것은?

① 조직과 조직구성원 간의 이해와 신뢰를 바탕으로 조직의 유지, 발전에 기여하는 정신적 태도를 구축하는 활동
② 조직의 비전과 목표를 달성하기 위하여 수평적 조직을 설계하는 활동
③ 조직이 필요로 하는 능력과 자질을 갖춘 인원의 모집과 선발을 계획하고 실행하는 활동
④ 조직이 그 구성원에게 지급하는 임금의 수준과 체계를 설계하고 실행하는 활동

요점정리 인적자원관리의 세부영역은 크게 일과 사람에 대한 연구로 나뉜다. 일(job)에 관한 연구를 직무관리라 하고, 사람에 관한 연구는 다시 채용(확보관리), 개발(교육훈련, 경력관리), 평가(인사고과), 보상(임금과 복지후생), 유지(노사관계, 근로조건관리), 방출(이직, 정리해고) 등의 내용으로 나뉜다.

해설 ① 이는 구성원의 유지관리에 대한 설명이고, 인적자원관리의 영역이 된다.
② 이는 조직설계에 대한 설명이고, 조직론의 영역이 된다.
③ 이는 구성원의 확보관리에 대한 설명이고, 인적자원관리의 영역이 된다.
④ 이는 구성원의 보상관리에 대한 설명이고, 인적자원관리의 영역이 된다.

정답 ②

17-2 ☑☐☐☐
2011 가맹거래사

구조적 인사관리의 기본영역에 해당하지 않는 것은?

① 예산관리　　② 신분관리
③ 평가관리　　④ 보수관리
⑤ 직무관리

해설 인사관리의 영역: 신분(승진, 배치 등), 평가(고과), 보수(임금), 직무(직무분석 등)

정답 ①

17-3 ☑☐☐☐
2013 가맹거래사

인적자원관리의 기본영역과 세부관리활동의 연결이 옳은 것은?

① 확보관리 – 경력관리, 이동관리, 승진관리, 교육훈련
② 개발관리 – 인간관계관리, 근로조건관리, 노사관계관리
③ 평가관리 – 직무평가, 인사고과
④ 보상관리 – 계획, 모집, 선발, 배치
⑤ 유지관리 – 임금관리, 복지후생

해설 ① 경력관리, 이동관리, 승진관리, 교육훈련 → 개발관리
② 인간관계관리, 근로조건관리, 노사관계관리 → 유지관리
④ 계획, 모집, 선발, 배치 → 확보관리
⑤ 임금관리, 복지후생 → 보상관리

추가해설 간혹 직무평가는 직무관리의 영역으로 별도로 분류하기도 함에 주의할 것. 본 문제에서는 직무관리에 관한 선지가 없으므로 직무평가도 평가관리의 일부로 포함시킬 수 있다.

정답 ③

17-3M ☑☐☐☐
2024 군무원 7급

다음 중 직무(job)의 특성에 대한 설명으로 가장 적절하지 않은 것은?

① 기업조직의 목표달성을 위해 필요한 일들이 완성되어야 하는데 이를 관리할 목적으로 직무가 만들어진다.
② 직무를 관리자 주관에 따라 마음대로 정하는 것은 아니고 기업 전체의 조직차원에서 정의되고 통용되어야 한다.
③ 직무는 그 수행자가 누구인가에 관계없이 독립적으로 정해지고 기술되어 있다.
④ 직무의 내용과 범위 등은 기업 내외부의 요구에 따라 수시로 변경된다.

해설 ④ [×] 이 선지가 정답인 이유를 굳이 추정하자면, 직무범위가 사전에 확정된 다음에는 쉽게 변경되지 않기 때문에 '수시로' 바뀌지 않기 때문이다. 다만 이는 어디까지나 미국식 인사관리(＝직무중심 인사관리) 문화에서 직무범위의 확정을 전

제로 채용, 교육, 평가, 보상 등의 제반 인사관리가 전개되기 때문이며, 여기서도 직무범위가 불변, 즉 변화할 수 없다는 것이 아니다. 만약 선지에서 '수시로'가 빠진다면 선지 ④도 옳은 말이 될 수 있다.

정답 ④

17-4 ☑□□□ 2010 공인노무사

직무를 수행하는데 필요한 기능, 능력, 자격 등 직무수행요건(인적요건)에 초점을 두어 작성한 직무분석의 결과물은?

① 직무명세서 ② 직무평가
③ 직무표준서 ④ 직무기술서
⑤ 직무지침서

요점정리 직무요건에 초점을 둔 직무분석 결과물은 직무기술서, 인적요건에 초점을 둔 직무분석 결과물은 직무명세서이다.

정답 ①

17-5 ☑□□□ 2016 경영지도사

직무분석의 방법에 해당되지 않는 것은?

① 면접법 ② 중요사건법
③ 요소비교법 ④ 관찰법
⑤ 질문지법

요점정리 직무분석(직무정보수집)의 방법에는 관찰법, 면접법, 질문지법, 경험법, 중요사건법, 작업기록법, 임상적 방법 등이 있다.

해설 요소비교법은 직무간의 상대적 가치를 결정하는 직무평가의 방법이다.

정답 ③

17-7 ☑□□□ 2012 공인노무사

직무분석에 관한 설명으로 옳지 않은 것은?

① 직무분석은 직무와 관련된 정보를 수집·정리하는 활동이다.
② 직무분석을 통해 얻어진 정보는 전반적인 인적자원관리 활동의 기초자료로 활용된다.
③ 직무분석을 통해 직무기술서와 직무명세서가 작성된다.
④ 직무기술서는 직무를 수행하는데 필요한 인적요건을 중심으로 작성된다.
⑤ 직무평가는 직무분석을 기초로 이루어진다.

해설 ④ 인적요건에 해당하는 내용들은 직무명세서(job specification)에 기록된다.

정답 ④

17-7F ☑□□□ 2022 공인노무사

직무분석에 관한 설명으로 옳은 것은?

① 직무의 내용을 체계적으로 정리하여 직무명세서를 작성한다.
② 직무수행자에게 요구되는 자격요건을 정리하여 직무기술서를 작성한다.
③ 직무분석과 인력확보를 연계하는 것은 타당하지 않다.
④ 직무분석은 작업장의 안전사고 예방에 도움이 된다.
⑤ 직무분석은 직무평가 결과를 토대로 실시한다.

해설 ① [×] 직무의 내용을 정리한 서식은 '직무기술서'이고, '직무명세서'는 인적정보를 기록한 서식이다.
② [×] 인적자원의 자격요건(specification)을 정리한 서식은 직무명세서이다.
③ [×] 직무분석은 인력확보 뿐만 아니라 교육훈련, 평가관리, 보상관리 등 인사관리의 제반 영역 전반에 걸쳐 필요한 기초자료를 제공하는 작업이다.
④ [○] 앞의 선지(③) 해설의 연장선상에서 직무분석 결과를 토대로 작업장의 안전보강 및 작업자들의 안전한 작업수행에 필요한 정보를 확인할 수 있다.
⑤ [×] 직무분석 결과를 토대로 직무평가를 실시하므로 설명이 거꾸로 된 것이다.

정답 ④

17-8 ☑☐☐☐
2019 경영지도사

직무수행에 요구되는 지식, 기능, 행동, 능력 등을 기술한 문서는?

① 고용계약서　　　　② 역량평가서
③ 직무평정서　　　　④ 직무기술서
⑤ 직무명세서

해설 직무분석의 결과물은 크게 두 종류로 구분된다. 하나는 직무 자체의 수행방법과 절차 등을 기록한 직무기술서이고, 다른 하나는 직무를 수행하는 사람의 지식이나 필요역량 등을 기술한 직무명세서이다. 문제에서 언급하고 있는 지식, 기능, 행동, 능력 등은 업무 자체의 내용이라기보다는 업무를 수행하는 사람과 관련된 정보이므로 정답은 직무명세서가 된다.

정답 ⑤

17-9 ☑☐☐☐
2016 공인노무사

직무기술서에 포함되는 사항이 아닌 것은?

① 요구되는 지식　　　② 작업 조건
③ 직무수행의 절차　　④ 수행되는 과업
⑤ 직무수행의 방법

해설 직무기술서는 직무자체의 요건에 대한 정리서식이고, 직무명세서는 해당 직무를 수행하는 사람의 요건에 대한 서식이다. 따라서 '지식'은 사람에 관한 서식이므로 직무기술서의 포함사항이 아니다.

정답 ①

17-10 ☑☐☐☐
2016 가맹거래사

직무기술서에 포함되는 내용으로 옳지 않은 것은?

① 직무수행에 필요한 지식과 기술
② 직무의 구체적인 내용
③ 직무수행 절차와 방법
④ 직무수행에 필요한 자원 및 설비
⑤ 직무수행 환경

해설 직무기술서는 직무수행 관련된 내용 자체(업무내용, 절차와 방법, 자원이나 설비, 작업환경 등)를 정리하는 서식이며, 직무명세서는 직무를 수행하는 사람의 지식이나 기술 관련 내용을 정리하는 서식이다.

정답 ①

17-10D ☑☐☐☐
2021 가맹거래사

직무기술서(job description)에 포함되는 것을 모두 고른 것은?

ㄱ. 직무내용	ㄴ. 필요한 지식
ㄷ. 직무수행방법	ㄹ. 작업조건
ㅁ. 요구되는 능력	

① ㄱ, ㄴ, ㄷ　　　② ㄱ, ㄴ, ㄹ
③ ㄱ, ㄷ, ㄹ　　　④ ㄴ, ㄷ, ㅁ
⑤ ㄷ, ㄹ, ㅁ

해설 직무기술서에는 직무 자체의 내용, 수행방법이나 작업조건, 업무절차 내지는 의무와 책임 등이 포함된다. 이를 줄여서 흔히 TDR(Task, Duty, Responsibility)로 지칭한다. 한편 직무명세서에는 직무수행을 위해 요구되는 구성원의 지식, 기술, 능력 등의 항목이 포함되며 이를 KSA(Knowledge, Skill, Ability)라 부른다.

정답 ③

17-10J ☑☐☐☐
2023 군무원 9급

직무 수행에 필요한 기술, 지식, 능력 등의 자격요인을 정리한 문서에 해당하는 것은?

① 직무기술서　　　　② 직무명세서
③ 직무행위서　　　　④ 직무분석서

해설 직무분석의 결과물은 직무기술서와 직무명세서이다. 직무기술서(job description)는 직무의 명칭과 내용, 직무수행방법과 절차, 작업조건, 성과기준 등(직무조건)이 기록되며, 직무명세서(job specification)에는 해당 직무를 수행할 종업원이 갖추어야 하는 각종 인적자격요건(학력, 기술, 지식, 신체적 능력, 지적 능력, 과거의 경험)을 기록하게 된다.

정답 ②

17-10K ☑☐☐☐
2023 군무원 7급

직무(job)에 대한 설명으로 가장 적절하지 않은 것은?

① 직무분석(job analysis)의 결과는 직원의 선발, 배치, 교육, 평가의 기초 자료로 사용된다.

② 직무기술서(job description)에는 직무의 명칭, 내용, 수행 절차, 작업조건 등이 기록된다.

③ 직무명세서(job specification)에는 해당 직무를 수행하는 사람이 갖추어야 할 자격 요건이 기록된다.

④ 직무기술서와 직무명세서를 토대로 직무분석을 실시한다.

해설 ① [○] 직무분석(job analysis)은 직무를 구성하는 과업을 구체화하고 직무 수행에 요구되는 사항에 대한 정보를 수집 정리하는 체계적인 작업이며, 여기서 얻어진 정보는 전반적인 인적자원관리 활동의 기초자료로 활용된다. 예를 들어 직무분석의 결과물은 직무평가나 인사평가 등의 근거로 사용될 수 있으며, 모집과 선발의 자격요건 도출, 인력수요의 산정, 임금의 책정과 교육대상자 선정, 안전사고 감소 대책의 수립 등에도 활용될 수 있다.

②,③ [○] 직무기술서(job description)는 직무의 명칭과 내용, 직무수행방법과 절차, 작업조건, 성과기준 등(직무조건)이 기록되며, 직무명세서(job specification)에는 해당 직무를 수행할 종업원이 갖추어야 하는 각종 인적자격요건(학력, 신체적 능력, 지적 능력, 과거의 경험)을 기록하게 된다.

④ [×] 직무기술서와 직무명세서는 직무분석의 출발점이 아니라 그 결과물이다.

정답 ④

17-11 ☑☐☐☐
2010 7급공무원 고책형

직무평가의 방법에는 분류법, 서열법, 점수법, 요소비교법의 4가지가 있다. 이 방법들은 성격상 계량적 방법과 비계량적 방법으로 구분되기도 하고, 또한 직무 대 기준 그리고 직무 대 직무를 평가하는 방법으로 구분되기도 한다. 계량적 방법이면서 직무 대 직무를 평가하는 방법은?

① 분류법   ② 서열법
③ 점수법   ④ 요소비교법

	계급적 (등급구간 有)	계열적 (등급구간 無)	
비양적 (점수화 X)	분류법	서열법	전체적
양적 (점수화 O)	점수법	요소비교법	분석적
	직무 대 기준	직무 대 직무	

해설 ① 분류법은 비계량적이며, 직무 대 기준을 평가하는 방법이다.

② 서열법은 비계량적이며, 직무 대 직무를 평가하는 방법이다.

③ 점수법은 계량적이며, 직무 대 기준을 평가하는 방법이다.

④ 요소비교법은 계량적이며, 직무 대 직무를 평가하는 방법이다.

정답 ④

17-12 ☑☐☐☐
2018 가맹거래사

직무평가 방법이 아닌 것은?

① 서열법   ② 분류법
③ 점수법   ④ 작업기록법
⑤ 요소비교법

해설 직무평가 방법: 서열법, 분류법, 점수법, 요소비교법

추가해설 ④ 작업기록법은 직무평가가 아니라 직무분석의 기법이다.

정답 ④

17-13 ☑☐☐☐
2011 공인노무사

조직 내 직무간의 상대적 가치를 평가하는 직무평가 요소가 아닌 것은?

① 지식   ② 숙련
③ 경험   ④ 노력
⑤ 성과

해설 직무평가는 사람이 아니라 직무(일)의 가치를 판단하는 것이므로, 해당 작업을 수행하는 사람의 평균적 지식, 숙련, 경험, 노력 등의 가치를 반영한다. 성과는 각 종업원이 업무를 수행한 다음에 판단할 수 있으므로 직무의 가치와는 무관하다.

정답 ⑤

17-14 ☑☐☐☐　　　　2016 CPA

직무평가(job evaluation) 방법으로 가장 적절한 것은?

① 요소비교법(factor comparison method)
② 강제할당법(forced distribution method)
③ 중요사건기술법(critical incident method)
④ 행동기준평가법(behaviorally anchored rating scale)
⑤ 체크리스트법(check list method)

──────────

해설〉 직무평가의 방법은 서열법, 분류법, 점수법, 요소비교법 등의 4가지이다. 보기 ②~⑤는 모두 '직무평가'가 아닌 '인사평가'의 기법이다. 직무평가는 수행하는 업무의 상대적 가치를 판단하는 작업인 반면, 인사평가는 업무를 수행하는 사람의 특성이나 행동 및 실적을 판단하는 작업이다.

정답 ①

17-14D ☑☐☐☐　　　　2021 서울시 7급

직무평가(job evaluation) 기법이 아닌 것은?

① 점수법　　　　　　② 분류법
③ 요소비교법　　　　④ 체크리스트법

──────────

해설〉 직무평가 기법에는 서열법, 분류법, 점수법, 요소비교법 등이 있다. 선지 ④의 체크리스트법(＝대조표법)은 직무를 평가하는 것이 아니라 사람을 평가하는 '인사평가'의 기법에 해당한다.

정답 ④

17-15 ☑☐☐☐　　　　2024 공인노무사

다음 특성에 부합하는 직무평가 방법으로 옳은 것은?

- 비계량적 평가
- 직무 전체를 포괄적으로 평가
- 직무와 직무를 상호 비교하여 평가

① 서열법　　　　　　② 등급법
③ 점수법　　　　　　④ 분류법
⑤ 요소비교법

──────────

해설〉 직무평가 방법(서열법, 분류법, 점수법, 요소비교법) 중

비계량적(＝포괄적)인 것은 서열법과 분류법이다. 또한 직무평가 방법 중에서 직무와 직무를 상호 비교하는 평가법은 서열법과 요소비교법이다. 따라서 이 두 특성간 교집합을 찾으면 정답은 서열법이 된다.

정답 ①

17-15A ☑☐☐☐　　　　2020 가맹거래사

직무분석 및 직무평가에 관한 설명으로 옳지 않은 것은?

① 직무평가란 공정한 임금구조 마련을 위해 직무의 상대적 가치평가를 하는 과정이다.
② 직무기술서는 직무에 대한 정보를 직무의 특성에 초점을 두고 작성한 문서이다.
③ 직무명세서는 직무를 수행하기 위해 직무담당자가 갖추어야 할 최소한의 인적요건을 기술한 문서이다.
④ 직무분석 방법에는 서열법, 점수법, 분류법이 있다.
⑤ 직무평가 방법에는 계량적과 비계량적 방법이 있다.

──────────

해설〉 서열법, 분류법, 점수법, 요소비교법 등은 모두 직무평가의 기법이다. 직무분석의 기법으로는 관찰법, 면접법, 질문지법, 중요사건법 등이 있다.

정답 ④

17-15F ☑□□□
2022 군무원 7급

다음 직무평가(Job Evaluation)의 방법 중에서 점수법에 대한 설명으로 가장 옳은 것은?

① 평가자가 포괄적인 지식을 사용하여 직무 전체를 서로 비교해서 순위를 결정한다.

② 직무를 여러 평가요소로 분리하여 그 평가요소에 가중치(중요도) 및 일정 점수를 배분한 뒤, 각 직무의 가치를 점수로 환산하여 상대적 가치를 평가하는 방법이다.

③ 사전에 직무에 대한 등급을 미리 정해 놓고 각 등급을 설명하는 서술을 준비한 다음, 각 직무가 어느 등급에 속하는지 분류하는 방법이다.

④ 여러 직무들을 전체적으로 비교하여 직무들 간의 서열을 결정하고, 기준직무의 내용이 변하면 전체 직무를 다시 재평가한다.

해설〉 점수법(point rating method)은 평가요소를 선정하여 각 요소별 중요도(가중치)에 따라 등급별 점수를 산정하고, 총점수를 계산하여 직무평가를 수행하는 방법으로서 직무평가기법 중 널리 사용되는 방법 중 하나이다. 따라서 이 개념에 가장 근접한 설명을 찾으면 선지 ②가 된다.

추가해설〉 선지 ①과 ④는 서열법에 대한 것이며, 선지 ③은 분류법에 대한 것이다.

정답 ②

17-15J ☑□□□
2023 서울시 7급

직무분석과 직무평가에 대한 설명으로 가장 옳은 것은?

① 직무분석방법에는 분류법과 요소비교법 등이 있다.

② 직무평가방법에는 점수법과 서열법 등이 있다.

③ 직무기술서(job description)는 해당 직무를 수행하기 위해 필요한 인적요건과 관련한 지식, 기술, 능력 등을 서술한다.

④ 핵크만(Hackman)과 올드햄(Oldham)의 직무특성이론에서 핵심 직무차원은 과업정체성, 과업중요성, 과업효율성이다.

해설〉 ① [×] 직무분석방법에는 관찰법, 면접법, 질문지법, 경험법, 중요사건법 등이 있다.

② [○] 직무평가방법에는 서열법, 분류법, 점수법, 요소비교법 등이 있다.

③ [×] 인적요건을 서술하는 서식은 직무명세서(job specification)이다.

④ [×] 핵심직무차원에는 기술다양성, 과업정체성, 과업중요성, 자율성, 피드백 등이 포함된다. (과업효율성이라는 차원은 해크만과 올드햄의 이론상에 존재하지 않는다.)

정답 ②

17-15M ☑□□□
2024 군무원 9급

다음 중 직무설계에 관한 설명으로 가장 적절한 것은?

① 기계적 접근은 경제학 중 행동경제학에 근간을 두고 있다.

② 동기부여적 접근은 심리학 중 임상심리학에 기반을 두고 있다.

③ 지각－운동적 접근은 사람들이 정신적인 능력과 한계를 초과하지 않는 수준에서 직무설계를 하는 것이다.

④ 생물학적 접근은 조명이나 공기, 장소와 작업 시간보다 작업 자체에 관심을 기울인다.

해설〉 ① [×] 기계적 접근은 전통적 경제학, 즉 비용절감과 성과증진 등에 초점을 둔다. 따라서 인간심리를 중시하는 현대경제학의 한 분과인 행동경제학과는 거리가 멀다.

② [×] 동기부여적 접근은 2요인이론과 직무특성모형 등으로 대표되는 산업조직심리학의 현대적 관점에 입각하여 분업의 역기능에 초점을 두고 있다.

③ [○] 이는(perceptual-motor approach) 인간의 정신적 한계에 초점을 두는 접근법으로서, 직무가 인간의 정신능력(mental ability)에 미치는 영향을 줄이도록 하는 직무설계이다. (예, 한 번에 여러 정보를 다룸으로써 받는 스트레스를 줄이기 위하여 업무용 SNS의 사용시간과 범위를 제한하는 것)

④ [×] 이는(biological approach) 신체적 한계에 초점을 두는 접근법으로서, 작업환경과 업무수행방식을 개선하여 직무수행이 육체에 미치는 긴장을 줄이도록 하는 직무설계이다. (예, 직업병 예방을 위한 사무공간배치의 개선)

정답 ③

17-16 ☑□□□   2014 경영지도사, 2019 경영지도사 변형

현대적 직무설계 방안에 해당되지 않는 것은?

① 직무순환(job rotation)

② 직무확대(job enlargement)

③ 직무충실화(job enrichment)

④ 직무전문화(job specialization)

⑤ 준자율적 작업집단(semi-autonomous work group)

해설 전통적 직무설계: 직무전문화(＝수평적·수직적 분업)
현대적 직무설계: 직무확대화(직무순환, 직무확대, 직무충실, 직무교차, 준자율적 작업집단)

정답 ④

17-16A ☑□□□   2020 서울시 7급

개인의 직무를 수직적으로 확장시키는 것에 해당하는 것은?

① 직무충실(job enrichment)

② 직무확장(job enlargement)

③ 직무순환(job rotation)

④ 준자율적 작업집단(semi-autonomous workgroup)

요점정리 노동 영역의 확대(현대적 직무설계)

	개인수준 설계	집단수준 설계
수평적 확대 (양적 확대)	직무 확대	직무 교차
	직무 순환	
수직적 확대 (질적 확대)	직무 충실	준자율적 작업집단

해설 직무충실(job enrichment)은 수직적 확대, 직무확대(job enlargement)는 수평적 확대에 해당한다. 직무순환은 수평적 측면과 수직적 측면을 모두 갖는다. 한편 준자율적 작업집단은 집단을 대상으로 하는 수직적 직무확대가 된다.

정답 ①

17-16D ☑□□□   2021 공인노무사

전통적 직무설계와 관련 없는 것은?

① 분업   ② 과학적 관리

③ 전문화   ④ 표준화

⑤ 직무순환

요점정리 전통적 직무설계는 산업공학적 전통에 입각하여 직무의 구조화 방식에 하나의 최상의 기법이 있다는 가정 하에서 효율의 극대화를 꾀하는 방식이다. 이는 노동영역의 축소를 기조로 한 분업과 전문화(Smith), 그리고 과학적 관리론(Taylor) 등과 관련을 가지며, 직무의 분업화와 기능의 단순화를 통한 반복작업을 강조한다. 전통적 직무설계의 장점은 과업이 표준화(통일)되어 있어 근로자의 교육훈련이 많이 필요하지 않고, 종업원의 정신적 스트레스 수준이 낮으며, 업무상 실수가 발생할 여지가 적고 인력활용도를 높일 수 있다는 점이다. 하지만 이 접근 방식은 직무만족과 동기부여의 측면에서 부정적이며, 상대적으로 높은 결근율을 보인다는 단점이 있다.

해설 직무순환은 전통적 직무설계가 아니라 현대적 직무설계의 주요 기법 중 하나이다. 현대적 직무설계는 종업원의 동기부여를 위해 다양한 방식으로 직무범위를 확대하여 종업원으로 하여금 일하는 재미를 느낄 수 있게 하는 것을 목표로 한다. 직무범위의 확대는 인적자원의 지식과 기능의 확장으로 이어지므로 인력배치의 폭을 넓히는 데도 기여할 수 있다. 구체적인 예로는 직무확대, 직무충실, 직무순환, 준자율적 작업집단 등을 들 수 있다.

정답 ⑤

17-16J ☑□□□   2023 군무원 5급

개인이 수행하는 직무의 범위를 수직적으로 확대하는 직무설계 방법은?

① 직무확대   ② 직무순환

③ 직무교차   ④ 직무충실

해설 개인 차원의 직무설계에 해당하는 것은 직무확대와 직무충실이다. 그 중 '수직적 확대'라는 힌트에 부합하는 것은 직무충실이 된다. 직무교차와 직무순환은 통상 집단차원의 직무설계로 분류한다. (단, 과거 2007년 CPA에서는 직무순환도 개인차원의 직무설계에 포함시킨 적이 있음에 유의할 것.)

정답 ④

17-17 ☑□□□　　　2013 경영지도사

동기부여적 직무설계 방법에 관한 설명으로 옳지 않은 것은?

① 직무 자체 내용은 그대로 둔 상태에서 구성원들로 하여금 여러 직무를 돌아가면서 번갈아 수행하도록 한다.
② 작업의 수를 증가시킴으로써 작업을 다양화 한다.
③ 직무내용의 수직적 측면을 강화하여 직무의 중요성을 높이고 직무수행으로부터 보람을 증가시킨다.
④ 직무세분화, 전문화, 표준화를 통하여 직무의 능률을 향상시킨다.
⑤ 작업배정, 작업스케줄 결정, 능률향상 등에 대해 스스로 책임을 지는 자율적 작업집단을 운영한다.

요점정리 동기부여적 직무설계는 조직심리학과 경영학의 이론적 발전에 힘입어 심리적 의미나 동기부여적 잠재성에 영향을 주는 직무특성에 중점을 둔다. 이 접근법에서는 전통적 직무설계로 인한 노동자의 소외(alienation) 문제를 극복하고 만족과 보람을 느낄 수 있는 방식으로 직무를 설계하고자 하며, 구체적으로는 다양한 방식으로 직무범위를 확대하여 종업원으로 하여금 일하는 재미를 느낄 수 있게 하자는 내용이다. 직무확대, 직무충실, 직무순환, 준자율적 작업집단 등을 예로 들 수 있다.

해설 ① 직무순환에 관한 설명이다.
② 직무의 특성을 다양하게 하는 방식으로서, 지루함을 줄여준다.
③ 구성원이 가진 권한과 책임의 폭을 넓히는 직무충실에 관한 설명이다.
④ 이는 분업에 관한 설명으로서, 전통적 직무설계에 대한 설명이다. 따라서 문제의 취지(동기부여적 직무설계)와 반대로 된 보기가 된다.
⑤ 자율작업집단은 집단차원의 직무확대라 할 수 있다.
　　　　　　　　　　　　　　　　　　　정답 ④

17-18 ☑□□□　　　2010 공인노무사

상사의 의사결정이나 계획 및 통제의 권한을 위양하여 부하의 재량권과 자율성을 강화하는 직무설계 방법은?

① 직무확대　　　　② 직무세분화
③ 직무충실화　　　④ 직무전문화
⑤ 직무특성화

요점정리 권한의 위임, 재량권 부여, 자율성 강화, 수직적 직무확대 등의 키워드는 모두 직무충실과 관련이 있다.
해설 의사결정 권한의 위양은 직무충실화에 해당한다.
　　　　　　　　　　　　　　　　　　　정답 ③

17-19 ☑□□□　　　2011 7급공무원 우책형

직무설계 방법 중 작업자가 수행하는 직무에 대한 의사결정의 자율권과 재량, 책임을 부여하기 위해 직무수행과 관련된 계획, 조직, 통제, 평가기능 등을 추가하여 수행하도록 하는 것은?

① 직무전문화　　　② 직무확대
③ 직무충실화　　　④ 직무순환

해설 의사결정권한이나 계획 및 통제기능 등을 부여하는 것은 수직적 직무확대인 직무충실화에 해당한다.
　　　　　　　　　　　　　　　　　　　정답 ③

17-20 ☑□□□　　　2019 가맹거래사

직무충실화(job enrichment)에 관한 설명으로 옳지 않은 것은?

① 작업자가 수행하는 직무에 자율권과 책임을 부과하는 것이다.
② 허즈버그(F. Herzberg)의 2요인 이론에 근거하고 있다.
③ 여러 직무를 여러 작업자들이 순환하며 수행하는 방식이다.
④ 성장욕구가 낮은 작업자에게는 부담스러울 수 있다.
⑤ 도입할 경우 관리자들이 반발할 수도 있다.

요점정리 직무충실(job enrichment)은 관리기능 중에서 실행(do) 영역뿐만 아니라 관리자의 영역으로 여겨져 왔던 계획(plan)·통제(see) 영역의 권한과 책임까지도 종업원에게 위임함으로써(①), 자아성취감과 일의 보람을 느낄 수 있도록 하여 높은 동기를 유발시키고 생산성의 향상을 도모하려는 직무설계의 방법을 의미한다. 이는 수직적 직무확대(vertical job enlargement)로서 직무의 질적 개선을 의미한다. 허쯔버그의 2요인 이론에 의하면 동기유발요인은 고차원적 욕구의 충족을 통해서만 가능하게 되므로(②), 더 큰 통제력과 존경을 기대할 수 있는 수직적 직무확대인 직무 충실이 종업원의 동기부여에 확실한 효과를 가져올 수 있다. 대신 부하들에게 권한을 위임하는 것이므로 종업원 본인의 성장욕구가 있어야 효과가 있으며(④) 권한을 나눠야 하는 상사들의 반발이 예상된다(⑤).

해설 ③은 직무순환(job rotation)에 관한 설명이다. 이는 여러 직무를 여러 작업자가 일정 기간을 주기로 순환하여 수행하는 것을 의미한다. 직무 순환은 특정 직무의 장기간 수행에 따른 스트레스와 매너리즘을 감소시켜 주며, 종업원의 능력 신장을 기할 수 있다.

정답 ③

17-20A ✔☐☐☐　　2019 하반기 군무원 복원
직무충실화의 내용에 해당하는 것은 무엇인가?

① 직원이 담당하는 과업량을 늘리고 그의 권한은 그대로 유지한다.
② 직원이 담당하는 과업량을 늘리고 그에 따른 권한과 책임 및 자율성을 추가한다.
③ 직원이 담당하는 과업을 주기적으로 변경함으로써 과업의 단조로움을 극복한다.
④ 직원들 간에 담당하는 직무의 교환을 통하여 다른 직무를 경험하게 한다.

해설 직무충실의 핵심은 권한과 책임의 증대에 있다.

정답 ②

17-20B ✔☐☐☐　　2020 경영지도사
직무관리에 관한 설명으로 옳지 않은 것은?

① 직무를 수행하는데 필요한 지식과 능력, 숙련도, 책임 등과 같은 직무상의 요건을 체계적으로 결정하는 과정을 직무분석(job analysis)이라 한다.
② 직무기술서(job description)는 책임과 의무, 근로조건, 다른 직무와의 관계 등을 정리한 것이다.
③ 직무명세서(job specification)는 특정한 업무를 수행하는데 필요한 지식, 기술, 능력 등을 요약한 것이다.

④ 직무순환(job rotation)은 여러 기능의 습득을 위해 종업원들에게 다양한 직무를 수행하도록 한다.
⑤ 직무충실화(job enrichment)에서는 종업원이 수행하는 과업의 숫자는 증가하나 의사결정 권한이나 책임은 별로 증가하지 않는다.

해설 직무충실화는 권한과 책임의 증가(수직적 직무확대)를 뜻한다. 과업의 수가 증가하는 것은 직무확대(job enlargement)이다.

정답 ⑤

17-21 ✔☐☐☐　　2017 공인노무사
다음 설명에 해당하는 직무설계는?

- 직무성과가 경제적 보상보다는 개인의 심리적 만족에 있다고 전제한다.
- 종업원에게 직무의 정체성과 중요성을 높여주고 일의 보람과 성취감을 느끼게 한다.
- 종업원에게 많은 자율성과 책임을 부여하여 직무경험의 기회를 제공한다.

① 직무 순환　　② 직무 전문화
③ 직무 특성화　　④ 수평적 직무확대
⑤ 직무 충실화

해설 직무설계는 크게 효율성을 중시하는 관점과 동기부여를 중시하는 관점으로 나뉘고, 문제에서는 '심리적 만족을 강조하므로 동기부여 관점에 해당하는 것을 찾으면 된다. 일단 ②는 효율성을 위한 분업을 의미하므로 문제에서 묻는 대상이 아니다. '일의 보람과 성취감', 그리고 '자율성과 책임을 부여'한다는 것은 곧 개인에게 업무처리에 대한 권한을 주는 수직적 직무확대, 즉 직무충실(job enrichment)을 의미한다. ③의 직무특성화는 좋은 직무가 가지는 특성과 관련된 것이지, 직무설계 방법은 아니다.

정답 ⑤

18 확보관리와 개발관리

1. 인력계획

1) 인력수요예측

① 거시적－미시적 접근법(미시적 접근법의 적정인력산정 숫자가 더 큼)

② 양적－질적 접근법

양적 접근법	생산성 비율분석, 추세분석(시계열분석), 회귀분석, 노동과학적 기법
질적 접근법	자격요건분석(안정적 환경), 시나리오 기법, 명목집단법, 델파이법

2) 인력공급예측: 내부공급(마코프체인, 기능목록, 대체도)과 외부공급(노동시장)을 고려

2. 모 집

1) 의의: 유능한 인력을 조직으로 유인하여 그들이 특정 직위에 응시하도록 독려하는 과정

2) 모집의 원천

① 내부노동시장을 통한 모집: 현 조직 내 충원

  i) 장점: 동기부여에 효과적, 채용소요시간 짧음, 적응기간 단축, 비용효율성 제고 등

  ii) 단점: 인재선택의 폭 축소(피터의 원리: 무능력자 자동승진), 교육훈련비 증가 등

② 외부노동시장을 통한 모집: 조직 밖으로부터의 충원

  i) 장점: 인재선택의 폭 확대, 조직분위기 쇄신, 교육훈련비 감소 등

  ii) 단점: 모집시간과 비용 증가, 내부인력의 불만, 위험부담 大, 경력직 채용시 인건비 증가 등

3) 모집의 방법

① 내부노동시장을 통한 모집: 사내공모제도

② 외부노동시장을 통한 모집: 광고, 직업소개기관, 종업원 추천(현실적 직무소개(RJP) 가능), 웹 기반 모집, 인턴사원제, 교육기관을 통한 모집 등

3. 선 발

1) 의의: 필요로 하는 직위에 적합한 자격을 갖춘 사람을 선별하는 과정

2) 선발절차와 선발도구

① 일반적 선발절차: 지원서 접수 및 검토 → 선발시험 → 면접/평가센터 → 기타

② 면접의 유형: 구조화 면접(정해진 질문), 비구조화 면접(자유질문), 반구조화 면접, 집단면접(면접대상자가 복수), 위원회면접(＝패널면접, 면접관 多), 스트레스 면접
    (평가자간 신뢰성 증가)   (상황 대응력)

3) 선발도구의 평가기준

① 신뢰성: 선발도구의 일관성 내지는 안정성

  → 실시－재실시 검증, 대체형식 검증, 평가자간 신뢰성, 내적 일관성(반분법, 크론바하의 알파 등)

② 타당성: 선발도구가 그 목적에 부합되는 정도(예측치(점수)와 준거치(성과)가 일치하는 정도)

  → 동시타당성, 예측타당성, 내용타당성, 구성타당성 등

③ 유용성: 선발도구가 조직에 도움이 되는 정도 → 선발율이 높으면 유용성이 낮아질 가능성 大

4. 인력개발

1) 교육훈련

① 절차: 필요성분석(수요조사) → 계획/설계 → 실시 → 평가

② 조직사회화: 입사 전/후의 직원을 대상, 진입충격 완화를 위한 RJP, 오리엔테이션, 멘토링 등

③ 교육담당자와 장소: 사내교육(OJT) ↔ 사외교육(Off-JT)

④ 액션러닝: 현장경험을 중시하는 경험위주의 교육훈련 기법

⑤ 교육훈련의 평가(커크패트릭): 반응 → 학습 → 행동 → 결과(성과)

2) 승진제도: 연공주의와 능력주의 → 직급승진, 자격승진(직능자격제도 활용), 대용승진, OC승진 등

3) Schein의 경력 닻 모형 → 관리적 능력, 전문능력, 안전성, 기업가적 창의성, 자율성/독립성, 봉사/헌신, 순수한 도전, 라이프스타일

18-1 ☑□□□
2017 공인노무사

질적 인력수요 예측기법에 해당하지 않는 것은?

① 브레인스토밍법   ② 명목집단법
③ 시나리오 기법   ④ 자격요건 분석법
⑤ 노동과학적 기법

[해설] ⑤ 노동과학적 기법은 테일러의 과학적 관리론에서 실시된 것과 유사한 작업시간연구(time study)를 통해 조직의 하위 개별 작업장별로 필요한 인력을 산출하는 양적 기법이다. 여기서는 연간 총 작업시간을 측정하여 연간 1인당 작업시간으로 나누어 인력수요를 산정한다.

[추가해설] ① 브레인스토밍법은 떠오르는 각종 생각을 자유롭게 무작위적으로 말하는 방법이다.
② 명목집단법은 대인 커뮤니케이션이 제한된 그야말로 명목적(nominal)인 임시집단을 구성하여 인력수요를 산정하는 기법이다.
③ 시나리오 기법은 전문가집단의 브레인스토밍(brainstorming)과 예측을 전담하는 프로젝트 조직에 의해 환경변화나 SWOT요인에 대한 분석 등을 통하여 미래의 직무내용의 변화와 그에 따르는 인력수요의 변동을 예측하는 방법이다.
④ 자격요건 분석법은 직무수행에 필요한 각종 지식(knowledge), 기술(skill), 능력(ability)으로 대표되는 직무수행역량에 기반하여 인력의 과부족을 판단하는 기법이다.

정답 ⑤

18-2A ☑□□□
2018 군무원 복원

인력예측에 대한 다음 설명 중 옳지 않은 것은?

① 하향적 접근법은 주로 인력수요의 예측과정을 상위 계층이 주도하는 것이다.
② 인적 자원의 조절은 인력 수급이 원활하지 않을 때 진행된다.
③ 델파이기법을 통해 회귀식을 도출할 수 있다.
④ 마코프 분석은 공급량을 예측하는 기법이다.

[해설] 델파이법은 질적 기법이므로 양적 기법의 결과물인 회귀식과 아무런 상관이 없다.

정답 ③

18-3 ☑□□□
2019 가맹거래사

내부노동시장에서 지원자를 모집하는 내부 모집에 관한 설명으로 옳지 않은 것은?

① 외부모집에 비해 비용이 적게 든다.
② 구성원의 사회화기간을 단축시킬 수 있다.
③ 외부모집에 비해 지원자를 정확하게 평가할 가능성이 높다.
④ 빠르게 변화하는 환경에 적응하는 데 외부모집보다 효과적이다.
⑤ 모집과정에서 탈락한 직원들은 사기가 저하될 수 있다.

[해설]

	외부모집 : 외부노동시장 시스템	내부모집 : 내부노동시장 시스템
장점	• 조직변화에 필요한 새로운 아이디어나 자질의 유입 → 혁신에 용이 • 조직이 필요한 역량을 획득하도록 도움 • 타 산업(cross-industry)에 대한 통찰력 제공 • 경력사원 채용으로 교육훈련비용의 절감 • 평등한 고용기회라는 목표를 달성하도록 도움	• 지원자가 현재 타 부서의 직원이므로 성과와 역량의 정확한 평가가 가능 • 모집과 선발 비용이 적게 듦 • 승진기회의 제공을 통한 사기(morale) 증진 • 내부인들의 능력개발 유도
단점	• 잘못된 배치(misplacement)의 가능성 • 채용 비용의 증가 • 조직 적응에 시간이 소요됨 • 내부 직원의 사기 저하 → 내부인과 외부인 간의 마찰 발생	• 자기사람 심기(inbreeding)와 좁은 모집범위로 인해 조직이 제한된 시각을 가지게 함 • 내부인을 타 부서로 배치하기 위해 교육훈련 비용이 많이 듦 • 과다한 경쟁과 정치적 내분으로 모집 탈락시 불만 증가

정답 ④

18-4 ☑□□□ 2014 7급공무원 A책형

인력 채용 시에 외부 모집의 유리한 점으로 옳은 것은?

① 승진 기회 확대로 종업원 동기부여 향상
② 조직 분위기 쇄신 가능
③ 모집에 소요되는 시간, 비용 단축
④ 채용된 기업의 문화에 대한 적응이 쉬움

[해설] 승진기회 확대(①), 모집에 소요되는 시간과 비용의 단축(③), 문화적응의 용이성(④) 등은 모두 내부 모집의 장점이라 할 수 있다.

정답 ②

18-5 ☑□□□ 2012 가맹거래사

조직에서 시간이 지남에 따라 업무량과 무관하게 구성원 수가 증가하는 경향을 나타내는 법칙은?

① 파킨슨 법칙 ② 파레토 법칙
③ 에릭슨 법칙 ④ 호손 법칙
⑤ 하인리히 법칙

[해설] ① 업무량과 상관없이 구성원 수가 증가하는 경향. 이것이 정답
② 소수의 제품이나 고객 또는 요인이 전체 매출이나 문제의 원인일 수 있음을 의미
③ 1만 시간 노력을 투입하면 전문가가 된다는 법칙
④ 호손실험에서 발견된 법칙
⑤ 큰 사고가 일어나기 전에 작은 사고의 경고가 있다는 법칙

정답 ①

18-6 ☑□□□

다음 중 내부모집과 외부모집의 특성에 관한 설명으로 알맞은 것은?

① 외부모집을 통해 기업은 조직 내부의 분위기에 신선한 충격을 줄 수 있다.
② 외부모집은 외부인이 자기직무에 잘 적응하기까지의 적응비용과 시간이 들지 않는다.
③ 내부모집은 내부인끼리의 경쟁이라서 선발에 탈락되어도 불만이 적으며 과다경쟁도 거의 없다.
④ 내부모집의 경우 지원자들에 대해서 거의 정보가 없다.
⑤ 내부모집은 일반적으로 외부모집에 비해 채용비용이 많이 든다고 볼 수 있다.

[해설] ② 외부모집은 직무적응비용이 내부모집에 비해 많이 든다.
③ 내부모집은 외부모집에 비해 선발 탈락 시 불만이 증가할 수 있다.
④ 내부모집은 지원자에 대하여 충분한 정보를 수집할 수 있다.
⑤ 채용비용은 내부모집이 외부모집에 비해 저렴하다.

정답 ①

18-7 ☑□□□ 2024 공인노무사

외부 모집과 비교한 내부 모집의 장점을 모두 고른 것은?

> ㄱ. 승진기회 확대로 종업원 동기 부여
> ㄴ. 지원자에 대한 평가의 정확성 확보
> ㄷ. 인력수요에 대한 양적 충족 가능

① ㄱ ② ㄴ
③ ㄱ, ㄴ ④ ㄴ, ㄷ
⑤ ㄱ, ㄴ, ㄷ

[해설] ㄱ. [O] 내부모집은 현직 근로자 중에서 적격자를 찾아 공석을 채우는 것이다. 따라서 대부분의 내부모집은 승진 형태로 이루어지게 되며, 구성원의 동기부여에 도움이 된다.
ㄴ. [O] 현재 우리 회사 내 타 부서에 근무하는 직원을 평가하는 것이므로, 외부인 평가에 비해서 평가에 필요한 자료(인사고과자료)를 확보하기가 쉽다.
ㄷ. [×] 내부모집은 현재 근무하는 인력을 공석으로 이동시키는 정책이라 할 수 있다. 따라서 조직구성원의 총 인원이 변동하는 것은 아니며, 공석으로 인력이 순차적으로 이동하다보면 궁극적으로는 외부에서 인력을 뽑아야 하는 상황이 올 수도 있다. 따라서 인력수요를 양적으로 충족시킨다고 보기에는 무리가 있다.

정답 ③

18-8 ☑︎☐☐☐　　　　　2024 군무원 5급

다음 중 인력채용으로서 리쿠르팅(recruiting)에 대한 설명으로 가장 적절하지 않은 것은?

① 리쿠르팅은 충분한 수의 적당한 사람을 적기에 구하기 위해 실시하는 모든 활동을 말한다.
② 해고하거나, 충원하지 않거나, 전근을 시키는 등의 조치는 디쿠르팅(decruiting)에 해당된다.
③ 기존 직원들도 리쿠르팅의 대상이다.
④ 외부 리쿠르팅 전문 인터넷 사이트를 통한 모집은 고급 인력을 확보하는 방법이다.

해설〉 리쿠르팅은 우리말로는 '모집'이며, 우수인재가 우리 회사에 지원할 것을 독려하는 과정(①)을 뜻한다. 이와 정반대로 사람을 내보내는 조치는 디쿠르팅이며(②), 모집의 원천에는 현재의 조직구성원(내부노동시장, ③)과 회사 밖의 구직자(외부노동시장)가 있다. 고급인력을 확보하기 위해서는 기존 종업원들의 추천을 받거나(종업원 추천제, employee referral) 원하는 인력을 상대로 타겟 리쿠르팅(target recruiting)하는 방법을 사용한다. 선지 ④의 인터넷 전문 사이트(예, 잡코리아)는 일반 인력을 확보하는 방법으로 주로 사용된다.

정답 ④

18-9 ☑︎☐☐☐　　　　　2019 공인노무사

모집 방법 중 사내공모제(job posting system)의 특징에 관한 설명으로 옳지 않은 것은?

① 종업원의 상위직급 승진 기회가 제한된다.
② 외부 인력의 영입이 차단되어 조직이 정체될 가능성이 있다.
③ 지원자의 소속부서 상사와의 인간관계가 훼손될 수 있다.
④ 특정부서의 선발 시 연고주의를 고집할 경우 조직 내 파벌이 조성될 수 있다.
⑤ 선발과정에서 여러번 탈락되었을 때 지원자의 심리적 위축감이 고조된다.

해설〉 사내공모제도는 내부모집제도의 일종이다. 이는 필요한

직위에 적합한 인력을 현 조직 내부에서 충원하는 것을 말한다. 여기서는 주로 승진의 형태로 충원이 이루어지므로(①) 동기부여에 효과적이며, 채용에 소요되는 시간이 짧다는 점에서 효율적이다. 또한 조직에 대한 기존의 지식이 있으므로 새로운 자리에 적응하는 시간이 적게 걸리며, 해당 인력이 기존에 차지하고 있던 자리에 신규인력을 채용하면 되므로 비용효율성도 있다. 하지만 인재선택의 폭이 좁아지고 파벌이 형성되어(④) 조직이 정체되고(②), 새로운 직무에의 적응 과정에서 교육훈련비가 예상외로 많이 들 수도 있으며, 결과적으로 내부에서 이동되는 인재가 기존에 수행하는 업무는 결국 외부로부터 채용해야 하고, 이동을 희망하는 직원의 경우 현재 부서 상사와의 관계가 나빠질 수 있다(③)는 단점도 있다. 또한 내부이동을 희망하더라도 회사측 사유로 사내공모에서 탈락될 수도 있는데, 이 경우 지원자는 조직이 자신을 원하지 않거나 유능하게 여기지 않는다고 생각할 수 있으므로 심리적 위축도 발생할 수 있다(⑤).

정답 ①

18-11 ☑︎☐☐☐　　　　　2015 공인노무사

선발시험 합격자들의 시험성적과 입사 후 일정 기간이 지나서 이들이 달성한 직무성과와의 상관관계를 측정하는 지표는?

① 신뢰도　　　　　② 대비효과
③ 현재타당도　　　④ 내용타당도
⑤ 예측타당도

해설〉 ① 이는 선발의 일관성을 뜻하는 용어이다.
② 평가대상간 비교의 결과 평가결과의 왜곡이 일어나는 현상이다.
③ 이는 동일한 평가항목을 통해 현직자와 신입사원 점수를 비교하는 것을 뜻한다.
④ 이는 선발도구가 평가주제의 내용을 잘 반영하는지를 뜻한다.
⑤ 이것이 정답

정답 ⑤

18-11F ☑□□□
2022 경영지도사

실무에 종사하고 있는 직원들에게 시험문제를 풀게 하여 측정한 결과와 그들이 현재 수행하고 있는 직무와의 상관관계를 나타내는 타당도는?

① 현재타당도(concurrent validity)
② 예측타당도(predictive validity)
③ 구성타당도(construct validity)
④ 내용타당도(content validity)
⑤ 외적타당도(external validity)

해설 ① 현직 종업원의 업무성과와 예측도구(예, 시험)의 점수를 비교하는 개념은 동시타당도 또는 현재타당도이다.
추가해설 ②는 높은 점수를 얻은 신입사원이 입사 후에도 높은 성과를 내는지 비교하는 개념이고, ③은 이론적인 속성을 실제 측정에서 반영하고 있는지를 확인하는 개념, ④는 측정해야 하는 내용(subject matter)이 실제 측정에 반영되고 있는지를 확인하는 개념, ⑤는 특정한 실험실에서의 연구결과가 실제 상황에 적용될 수 있는지를 설명하는 개념이다.

정답 ①

18-12 ☑□□□
2016 공인노무사

다음 설명에 해당하는 것은?

> 전환배치 시 해당 종업원의 '능력(적성) – 직무 – 시간'이라는 세 가지 측면을 모두 고려하여 이들 간의 적합성을 극대화시켜야 된다는 원칙

① 연공주의   ② 균형주의
③ 상향이동주의   ④ 인재육성주의
⑤ 적재적소적시주의

해설 배치전환의 원칙: 적재적소적시주의(능력, 직무, 시간의 동시고려), 인재육성주의, 균형주의

정답 ⑤

18-13 ☑□□□
2011 가맹거래사

인력모집과 선발에 관한 설명으로 옳지 않은 것은?

① 사내공모제는 승진기회를 제공함으로써 기존구성원에게 동기부여를 제공한다.
② 클로즈드 숍(closed shop)제도의 경우 신규종업원 모집은 노동조합을 통해서만 가능하다.
③ 집단면접은 다수의 면접자가 한 명의 응모자를 평가하는 방법이다.
④ 외부모집을 통해 조직에 새로운 관점과 시각을 가진 인력을 선발할 수 있다.
⑤ 내부모집방식에서는 모집범위가 제한되고 승진을 위한 과다경쟁이 생길 수 있다.

해설 ③ 집단면접은 면접대상자(=피면접자)가 여러 명인 면접을 의미한다. 면접자(=면접관)가 여러 명인 면접은 위원회 면접이라 한다.
추가해설 ② 숍(shop) 제도는 조합원 참가제도를 의미하며, 기본적으로 오픈 숍(노조가입 여부에 상관없이 채용 가능), 유니온 숍(채용 후 일정기간이 지나면 노조가입이 의무), 클로즈드 숍(노조원이 아니면 채용 불가)의 세 가지가 있다.

정답 ③

18-14 ☑□□□
2017 공인노무사

종업원 선발을 위한 면접에 관한 설명으로 옳은 것은?

① 비구조화 면접은 표준화된 질문지를 사용한다.
② 집단 면접의 경우 맥락효과(context effect)가 발생할 수 있다.
③ 면접의 신뢰성과 타당성을 높이기 위해 면접내용 개발 단계에서 면접관이나 경영진을 배제한다.
④ 위원회 면접은 한명의 면접자가 여러 명의 피면접자를 평가하는 방식이다.
⑤ 스트레스 면접은 여러 시기에 걸쳐 여러 사람이 면접하는 방식이다.

해설 ① [×] 구조화 면접은 표준화된 설문지를 사용하지만, 비구조화 면접은 면접관 재량에 따라 질문내용이 바뀔 수 있다.
② [○] 맥락효과는 집단 면접에 참여하는 피평가자 집합의 구성(즉 어떤 사람들이 한꺼번에 면접에 참여하는지)에 따라 면접 결과가 달라질 수 있다는 의미이다. 따라서 옳다.

③ [×] 면접의 신뢰성(일관성)과 타당성(목적적합성)을 높이려면 면접관이나 경영진이 면접내용 개발과정에 참여하는 것이 바람직하다.
④ [×] 위원회 면접은 면접관 여러 명이 피면접자(피평가자)를 판단하는 방식이다.
⑤ [×] 스트레스 면접은 예상치 못한 질문을 통해 그 대응방식을 확인하는 면접이다. 여러 시기에 걸쳐 여러 사람이 면접하는 방법은 복수 면접(multiple interview)이다.

정답 ②

18-15A ☑☐☐☐　　　　2018 군무원 복원
신뢰성 검사방법에 대한 설명 중 옳지 않은 것은?

① 실시-재실시 검사는 동일한 대상에게 동일한 시험을 시간을 두고 재실시하는 방법이다.
② 양분법은 하나의 검사를 양쪽으로 나누어 측정하는 방법이다.
③ 대체형식법은 같은 시험을 다시 실시하는 방법이다.
④ 복수양식법은 대등한 2개 이상의 측정도구로 동일한 대상을 검사하는 방법이다.

해설 대체형식법은 유사하지만 똑같지는 않은 측정도구로 동일한 대상을 검사하는 방법이며, 선지 ④의 복수양식법과 동일하다.

정답 ③

18-16 ☑☐☐☐　　　　2018 공인노무사
교육훈련 필요성을 파악하기 위한 일반적인 분석방법이 아닌 것은?

① 전문가자문법　　　　② 역할연기법
③ 자료조사법　　　　　④ 면접법
⑤ 델파이기법

요점정리 교육훈련계획은 조직의 목표 실현을 위해 필요한 교육훈련의 내용을 규명하는 과정으로서, 그 주된 내용은 종업원의 현재 및 잠재능력의 측정과 종업원의 성장·개발욕구(경력욕구 포함)분석 등으로 구성된다. 이를 교육훈련의 필요성 분석(needs analysis)이라고도 한다. 교육훈련의 니즈는 크게 두 가지로 구성된다. 하나는 조직적·객관적인 차원의 니즈이고 다른 하나는 개인적·주관적인 차원의 니즈이다. 전자는 조직이 주어진 거시적 환경(정치, 경제, 사회, 기술)과 미시적 환경(직무수행조건) 하에서 경제적 생존과 성장을 위해 어떤 인재를 필요로 하는지와 관련이 있으며, 후자는 조직구성원(경영자, 중간관리자, 종업원)들이 바라는 교육훈련의 내용과 관계가 깊다.

해설 교육훈련의 필요성을 분석하는데 사용되는 도구로는 자료조사법(③), 작업표본법, 질문지법, 전문가자문법(①), 면접법(④), 델파이기법(⑤) 등이 있다.

추가해설 ② 역할연기법(role playing)은 관리자뿐만 아니라 일반 종업원을 대상으로 인간관계에 대한 태도개선 및 인간관계기술의 향상 목적으로 실시 가능한 교육훈련 기법으로서, 각 상황에 따른 역할(기대되는 행동양식)을 수행함으로써 각자의 입장을 이해하는 동시에 이상적인 행동패턴을 확인하는 데도 도움이 된다.

정답 ②

18-17 ☑☐☐☐　　　　2013 공인노무사
OJT(On the Job Training)에 해당하는 것은?

① 세미나　　　　　　② 사례연구
③ 도제식 훈련　　　　④ 시뮬레이션
⑤ 역할연기법

해설 회사 밖에서 이루어지는 교육이나 전문적 훈련방식 또는 강의는 모두 Off-JT이다(①, ②, ④, ⑤). 반면 ③과 같이 사무실(업무공간)에서 man-to-man으로 진행되는 교육은 OJT에 해당된다.

정답 ③

18-18 ☑☐☐☐　　　　2014 7급공무원 A책형
숙련자가 비숙련자에게 자신의 여러 가지 경영기법을 오랜 기간에 걸쳐 전수해 주는 교육·훈련 기법으로서 비공식적으로 진행되는 특징이 있는 것은?

① 코칭　　　　　　　② 멘토링
③ 직무순환　　　　　④ 실습장 훈련

해설 숙련된 선배나 상사가 후배에게 업무 및 인간관계상의 노하우를 비공식적으로 전수하는 기법은 멘토링이다. 코칭은 주로 공식적으로 진행되며 그 내용도 업무적 측면의 것이 많다.

실습장 훈련은 현장에서 이루어지는 작업과 동일하거나 유사한 작업을 직접 수행하게 하면서 체험하는 방식으로 진행되는 교육훈련 기법이다.

정답 ②

18-19 ☑□□□
2014 경영지도사

훈련의 방법을 직장 내 훈련(OJT)과 직장 외 훈련(Off-JT)으로 구분할 때 직장 외 훈련에 해당되지 않는 것은?

① 강의실 강의   ② 영상과 비디오
③ 시뮬레이션   ④ 직무순환
⑤ 연수원 교육

해설 > 직장 외 훈련은 주어진 과업을 수행하는 직장이 아닌 다른 장소(예: 강의실, 연수원 등)에서 이루어지는 교육훈련을 의미한다. 직무순환은 직장에서 다양한 기능이나 기술을 배우게 하기 위하여 활용되는 교육 및 배치방식이므로 직장 내 훈련에 해당된다.

정답 ④

18-20 ☑□□□
2017 가맹거래사

직장 내 훈련(on-the-job training: OJT)에 관한 설명으로 옳지 않은 것은?

① 훈련이 실무와 연결되어 매우 구체적이다.
② 일을 실제로 수행하면서 학습할 수 있다.
③ 훈련비용을 절감할 수 있다.
④ 업무 우수자가 가장 뛰어난 훈련자이다.
⑤ 훈련자와 피훈련자 간 의사소통이 원활해진다.

요점정리

OJT (라인 중심)	장점	교육의 직무관련성 高, 즉각적 피드백, 상사-동료간 협조정신 발휘, 비용 절감, 맞춤형 교육 가능
	단점	교육성과低, 집중도低, 동시교육 애로, 고도의 지식·전문성 교육 애로, 잘못된 관행의 전수
Off JT (스탭 중심)	장점	교육훈련 성과↑, 집중도 高, 고도의 지식·전문성 교육 可
	단점	직무관련성低, 피드백 받기 어려움, 별도의 교육장소 必, 고비용

해설 > ④ 좋은 상사나 고성과자가 반드시 부하나 후임자에게 좋은 선생님이 되지는 못할 수 있다. 자기가 일을 잘 하는 것과 이를 다른 사람에게 잘 설명하는 것은 전혀 별개인 것이다.

정답 ④

18-21 ☑□□□
2018 7급 나형

OJT(On the Job Training)에 대한 설명으로 옳지 않은 것은?

① 보통 훈련전문가가 담당하기 때문에 훈련의 효과를 믿을 수 있다.
② 피훈련자는 훈련받은 내용을 즉시 활용하여 업무에 반영할 수 있다.
③ 기존의 관행을 피훈련자가 무비판적으로 답습할 가능성이 있다.
④ 훈련자와 피훈련자의 의사소통이 원활해진다.

해설 > ① OJT를 진행하는 상사나 고성과자는 직급이 높거나 일을 잘 하는 사람일 뿐이지, 결코 교육훈련분야의 전문가가 아니다. 교육 자체의 효과를 높이기 위해서는 전문강사가 진행하는 Off-JT를 실시하는 것이 바람직하다.

추가해설 > OJT는 직무현장에서 진행되는 교육이므로 훈련내용을 즉시 업무에 반영할 수 있고(②), 훈련담당자와 교육대상자(피훈련자)간의 소통이 활성화된다(③). 그러나 회사에서 대대로 내려오는 옳지 못한 업무관행이나 습관 및 부조리 등이 상사에 의해 후임 직원에게 주입될 우려도 있다(④).

정답 ①

18-21D ☑□□□
2021 군무원 9급

직장 내 교육훈련(OJT)에 관한 설명으로 가장 옳지 않은 것은?

① 교육훈련 프로그램 설계 시 가장 먼저 해야 할 것은 필요성 분석이다.
② 직장상사와의 관계를 돈독하게 만들 수 있다.
③ 교육훈련이 현실적이고 실제적이다.
④ 많은 종업원들에게 통일된 훈련을 시킬 수 있다.

요점정리 OJT와 Off-JT의 특징을 요약하면 다음과 같다.

OJT (라인 중심)	장점	교육의 직무관련성 高, 즉각적 피드백, 상사-동료 간 협조정신 발휘, 비용 절감, 맞춤형 교육 가능
	단점	교육성과低, 집중도低, 동시교육 애로, 고도의 지식·전문성 교육 애로, 잘못된 관행의 전수
Off JT (스탭 중심)	장점	교육훈련 성과↑, 집중도 高, 고도의 지식·전문성 교육 可
	단점	직무관련성低, 피드백 받기 어려움, 별도의 교육장소 必, 고비용

해설 ① [○] 교육훈련의 첫 단계는 교육에 대한 수요조사이고, 이를 필요성 분석이라 한다.
② [○] OJT는 대부분 직장상사나 선배에 의해 진행되는 교육훈련이다.
③ [○] OJT를 통해 업무상 해결해야 하는 문제나 직무수행에 도움이 되는 내용을 교육받게 된다.
④ [×] 많은 사람들에게 통일된 훈련을 시키는 것은 Off-JT의 특징이다.

정답 ④

18-22 ☑□□□
2024 군무원 9급

다음 중 직장내 교육훈련(OJT)에 관한 설명으로 가장 적절하지 않은 것은?

① 교육훈련 프로그램 설계 시 가장 먼저 해야 할 것은 필요성 분석이다.
② 직장상사와의 친밀감을 제고할 수 있다.
③ 많은 종업원들에게 통일된 훈련을 시킬 수 있다.
④ 교육훈련이 현실적이고 실제적이다.

해설 ① [○] OJT뿐만 아니라 모든 교육훈련의 출발점은 필요성 분석이다.
②,④ [○] OJT는 상사나 선배가 업무상의 노하우나 지식을 일대일로 전수하는 과정이므로 상사와의 친밀감이 증가하고, 실제적이며 현실적인 내용을 학습할 수 있다.
③ [×] 앞서 설명한 대로 OJT는 일대일(1:1) 교육이다. 많은 종업원에게 통일된 훈련을 제공할 수 있는 것은 Off-JT이다.

정답 ③

18-22D ☑□□□
2021 경영지도사

고도의 전문기술이 필요한 직종에서 장기간 실무와 이론 교육을 병행하는 교육훈련 형태는?

① 오리엔테이션
② 도제제도
③ 직무순환제도
④ 정신개발 교육
⑤ 감수성 훈련

해설 ② 도제제도(apprenticeship)는 일정기간 동안 작업장 내에서 상사나 선배로부터 기능을 배우고 익히는 방법으로서, 주로 정교한 작업이 요구되는 직무에 적용된다. 대학에서 교수로부터 석사 및 박사과정을 거치는 경우, 의과대학에서 수련의들이 진료와 수술 등을 교수로부터 배우는 경우, 미용업이나 요식업에서 장인의 기술을 배우는 경우 등이 모두 이에 해당한다.

추가해설 ① 오리엔테이션(orientation)이란 신입사원이 조직생활을 하면서 알아야 할 기본적인 규칙, 정책, 절차에 친숙하도록 하는 대표적 조직사회화 프로그램을 말한다.
③ 직무순환(job rotation)은 여러 직무를 여러 작업자가 일정 기간을 주기로 순환하여 수행하는 것을 의미한다. 이를 통해 특정 직무의 장기간 수행에 따른 스트레스와 매너리즘을 감소시키는 동시에 종업원의 능력 신장을 기할 수 있다.
⑤ 감수성 훈련(sensitivity training, T-group training)은 지식보다는 태도와 행동의 변화에 초점을 둔 대인관계 향상 교육이다. 서로 모르는 10명 내외의 사람으로 소집단을 만들어 허심탄회하게 자신의 느낌을 말하고, 다른 사람이 자신을 어떻게 생각하는지 귀담아 듣는다.

정답 ②

18-22E ☑□□□
2021 공인노무사

교육참가자들이 소규모 집단을 구성하여 팀워크로 경영상의 실제 문제를 해결하도록 하여 문제해결과정에 대한 성찰을 통해 학습하게 하는 교육방식은?

① team learning
② organizational learning
③ problem based learning
④ blended learning
⑤ action learning

해설 ⑤ 최근 교육현장에서 널리 활용되고 있는 액션 러닝은 '행동을 통한 학습(learning by doing)' 관점에 기반하여, 경영현장에서 실제로 겪을 수 있는 다양한 사례들에 대하여 가상적인 의사결정과 문제해결절차를 경험하게 함으로써 다양한 이슈와

문제에 대한 대응능력을 키우는 것을 목표로 하는 훈련기법이다.

추가해설 ①은 (개인중심 학습이 아닌) 팀 단위의 학습, ②는 조직 차원의 학습, ③은 문제해결에 초점을 둔 학습, ④는 온라인과 오프라인 학습을 섞은 '혼합형 학습'을 각각 의미한다.

정답 ⑤

18-23 ☑□□□   2019 CPA

교육훈련 평가에 관한 커크패트릭(Kirkpatrick)의 4단계 모형에서 제시된 평가로 가장 적절하지 않은 것은?

① 교육훈련 프로그램에 대한 만족도와 유용성에 대한 개인의 반응평가
② 교육훈련을 통해 새로운 지식과 기술을 습득하였는가에 대한 학습평가
③ 교육훈련을 통해 직무수행에서 행동의 변화를 보이거나 교육훈련내용을 실무에 활용하는가에 대한 행동평가
④ 교육훈련으로 인해 부서와 조직의 성과가 향상되었는가에 대한 결과평가
⑤ 교육훈련으로 인해 인지능력과 감성능력이 향상되었는가에 대한 기초능력평가

해설 커크패트릭은 교육훈련을 평가하는 기준으로 반응(교육에 대한 느낌이나 만족도), 학습(교육 참가자들의 역량 향상 정도), 행동(교육참가자들의 업무수행 방식 변화), 결과(조직성과 증가 정도)의 네 가지 기준을 제시하였다.

정답 ⑤

18-24 ☑□□□   2017 서울시 7급

교육 훈련의 효과성을 평가하기 위해 커크패트릭(Kirkpatrick)은 4단계 평가 기준을 제안하였다. 평가의 기초를 기준으로 쉬운 것부터 차례대로 나열한 것으로 옳은 것은?

① 학습기준, 반응기준, 결과기준, 행동기준
② 반응기준, 학습기준, 행동기준, 결과기준
③ 행동기준, 결과기준, 반응기준, 학습기준
④ 결과기준, 행동기준, 학습기준, 반응기준

요점정리 커크패트릭(Kirkpatrick)은 교육훈련관리의 성과를 반응, 학습, 행동, 결과의 4단계로 나누어 각각을 측정·평가 할 수 있다고 주장하였다. 반응(reaction)은 교육훈련 참여자들의 개발프로그램에 대한 전반적 느낌이나 만족도에 대한 평가를 의미한다. 학습(learning)은 교육 참가자들의 KSA(지식, 기술, 능력)에서의 향상도에 대한 평가를 의미한다. 행동(behavior)은 교육 참가자들의 성과행동에 일어난 변화를 평가하는 것으로서, 주로 학습내용을 현장에서 어떻게, 그리고 어느 정도로 적용하고 있는지를 살펴보는 것이다. 결과(result)는 인적자원 교육활동의 최종적 산물이 되는 조직효과성의 변화 정도를 측정하는 것으로서, 교육훈련을 통해 기업이 얻는 이익을 파악하는 것이다.

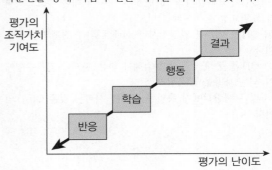

해설 반응-학습-행동-결과 순으로 갈수록 평가자체의 난이도는 올라가지만(즉 평가는 어려워지지만) 해당 교육훈련 평가가 조직에 기여하는 정도 역시 점차 증가한다.

정답 ②

18-25 ☑□□□   2014 가맹거래사

연공주의의 장점을 모두 고른 것은?

ㄱ. 이직과 노동이동이 감소한다.
ㄴ. 직무수행의 성과와 직무난이도가 잘 반영된다.
ㄷ. 근로자들의 생활이 안정된다.
ㄹ. 고급인력의 확보와 유지가 용이하다.
ㅁ. 임금계산이 객관적이고 용이하다.

① ㄱ, ㄷ, ㄹ   ② ㄱ, ㄷ, ㅁ
③ ㄴ, ㄷ, ㅁ   ④ ㄱ, ㄴ, ㄹ, ㅁ
⑤ ㄴ, ㄷ, ㄹ, ㅁ

해설 성과와 직무난이도가 승진과 보상에 잘 연동(ㄴ)되는 제도는 능력주의이다. 여기서는 능력이 있는 고급인재의 확보와 유지가 쉽다(ㄹ). 나머지 (ㄱ), (ㄷ), (ㅁ)은 모두 연공주의에 해당하는 설명들이다.

정답 ②

18-26 ☑□□□

인사적체가 심하여 구성원 사기저하가 발생할 때 명칭만의 형식적 승진이 이루어지는 제도는?

① 직계승진   ② 자격승진
③ 조직변화 승진   ④ 대용승진
⑤ 역직승진

[해설] ① 직무가치에 따라 승진하는 제도
② 직무수행능력이나 자격수준에 따라 승진하는 제도
③ 자리가 없는 경우 사람을 위해 직책을 신설하여 승진시키는 제도
④ 명칭만 바꾸어 주는 승진
⑤ 직급에 따라 진급하는 승진

정답 ④

18-26M ☑□□□

직무내용의 실질적인 변화 없이 직급명칭이 변경되는 형식적 승진으로 옳은 것은?

① 직급승진   ② 대용승진
③ 자격승진   ④ 연공승진
⑤ 조직변화승진

[해설] 대용승진제도는 준(quasi)승진이라고 하며 승진필요성은 있지만 직책이 없는 경우에 직무내용의 실질적 변화 없이 직위명칭이나 자격호칭상의 상승만 이루어지게 하는 것이다. 이러한 승진제도는 오랫동안의 승진정체로 조직분위기가 좋지 않을 경우 또는 종업원이 대외업무를 수행함에 있어 대고객 신뢰도의 증진을 도모할 필요가 있을 때 사용된다.

정답 ②

18-27 ☑□□□

다음 중 경력관리의 목적으로 가장 옳지 않은 것은?

① 인적자원의 효율적인 확보 및 배분
② 효과적인 임금제도의 설계
③ 이직 방지 및 유능한 후계자 양성
④ 종업원의 성취동기 유발

[해설] 경력관리(career management or development)란 개인의 성장목표와 조직효과성 목표의 조화를 이룰 수 있는 방향으로 개인 직무상의 여정을 설계하는 관리과정을 의미한다. 경력의 관리가 체계적으로 이루어진다면 해당 기업이 직원관리를 잘 한다는 의미이므로 유능한 인재의 확보가 가능해지고(①) 현재의 종업원들 역시 이직을 덜 하며 유능한 후계자의 조직자체양성이 가능해진다(③). 이는 궁극적으로 구성원들의 성취동기를 유발하게 되어(④) 조직성과와 구성원 만족도 모두를 향상시킬 수 있다. 그러나 임금의 설계는 경력관리의 직접적 효과나 목적이라 보기는 어렵다.

정답 ②

18-28 ☑□□□

샤인(Schein)이 제시한 경력 닻의 내용으로 옳지 않은 것은?

① 전문역량 닻 – 일의 실제 내용에 주된 관심이 있으며 전문분야에 종사하기를 원한다.
② 관리역량 닻 – 특정 전문영역보다 관리직에 주된 관심이 있다.
③ 자율성 · 독립 닻 – 조직의 규칙과 제약조건에서 벗어나려는데 주된 관심이 있으며 스스로 결정할 수 있는 경력을 선호한다.
④ 도전 닻 – 해결하기 어려운 문제나 극복 곤란한 장애를 해결하는 데 주된 관심이 있다.
⑤ 기업가 닻 – 타인을 돕는 직업에서 일함으로써 타인의 삶을 향상시키고 사회를 위해 봉사하는 데 주된 관심이 있다.

[요점정리] 샤인의 8개 닻은 관리적 능력, 전문능력, 안전성, 기업가적 창의성, 자율성/독립성, 봉사/헌신, 순수한 도전, 라이프스타일 등이다.

[해설] ⑤ 기업가 닻은 사업의 시작과 같은 비정형적 업무를 즐기는 사람에 해당하는 경력 닻이다. ⑤번 지문의 설명은 봉사와 헌신 닻에 해당하는 것이다.

정답 ⑤

유지관리

1. 노사관계

1) 노동조합의 조직강화수단: 숍 제도(조합원 참가제도) + 체크오프(조합비 일괄공제제도)

→ 오픈 숍(가입자유), 유니온 숍(채용 후 기간 경과시 가입), 클로즈드 숍(비노조원 채용불가)

2) 단체교섭의 유형

① 기업별 교섭: 기업 vs. 기업노조

② 집단교섭: 복수의 기업 vs. 복수기업의 노조

③ 통일교섭: 사용자 단체 vs. 산별 노조

④ 대각선 교섭: 기업 vs. 상위노조

⑤ 공동교섭: 기업 vs. 기업노조 + 상위노조

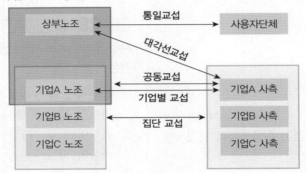

3) 노동쟁의의 유형

① 개념: 노사간 협상이 아니라 실력행사에 따른 분쟁상태 발생

② 노동자측의 쟁의수단: 파업(노동제공 거부), 태업(의도적인 작업능률 저하), 불매운동(boycott), 생산통제(공장시설이나 원자재 점유), 피케팅(사업장 또는 공장출입 저지), 준법투쟁

③ 사용자측의 쟁의수단: 직장폐쇄, 조업계속, 대체고용

4) 고충처리제도: 사측 조치에 대한 근로자 보호 및 불평등 해결을 위한 공식 절차

2. 유연근무제

1) 집중근무시간제: 일일 근로시간을 늘림으로써 주당 근로일수를 조정

2) 선택적 근로시간제: 총근로시간에 맞추어 원하는 대로 근무시간을 조정

3) 근로시간의 간주: 직무수행에 필요한 시간(or 노사가 협의한 시간)을 근로시간으로 간주

4) 부분근로시간제: 정규근로시간보다 적은 시간동안 적은 급여로 업무 수행

3. 경영참가

	경영관리과정에 대한 참가(과정참가)	경영관리결과에 대한 참가(결과참가)
경영활동에 대한 간접참가	N/A	재산참가 – 종업원지주제(ESOP) – 스톡옵션(Stock Option)
경영활동에 대한 직접참가	의사결정참가(협의의 경영참가) – 공동의사결정제 – 노사협의체	성과참가(이익참가) – 성과배분계획(gainsharing) – 이익배분계획(profit sharing)

19-1 ☑□□□
2015 7급공무원 3책형

노동조합의 가입 및 운영 요건을 정하는 숍제도(shop system) 중 채용된 후 일정한 수습 기간이 지나 정식사원이 되면 조합 가입 의무가 있는 방식은?

① 오픈숍(open shop)
② 유니언숍(union shop)
③ 클로즈드숍(closed shop)
④ 에이전시숍(agency shop)

해설 숍(shop) 제도는 조합원 참가제도 내지는 노동조합 구성원을 조직화하는 방식이다.
① 가입이 자유로운 노조이다.
② 채용 후 일정기간이 지나면 노조가입이 의무화되는 방식이다. 이것이 정답.
③ 노조원이 아니면 채용이 불가한 방식이다.
④ 조합원과 비조합원 모두에게 조합비 징수하는 방식이다.

정답 ②

19-2 ☑□□□
2015 공인노무사

조합원 및 비조합원 모두에게 조합비를 징수하는 shop 제도는?

① open shop   ② closed shop
③ agency shop   ④ preferential shop
⑤ maintenance shop

해설 숍(shop) 제도는 조합원 참가제도를 의미하며, 기본적으로 오픈 숍(가입이 자유로운 노조), 유니온 숍(채용 후 일정기간이 지나면 노조가입이 의무), 클로즈드 숍(노조원이 아니면 채용 불가)의 세 가지가 있으며, 이의 변형 형태로서 에이전시 숍(조합원과 비조합원 모두에게 조합비 징수), 프레퍼렌셜 숍(노조원을 우선적으로 채용하는 제도), 메인터넌스 숍(한 번 가입 시 일정기간 조합원 지위 유지) 등의 제도가 있다.

정답 ③

19-3 ☑□□□
2010 가맹거래사

노동조합의 가입방법에 관한 설명으로 옳지 않은 것은?

① 클로즈드 숍(closed shop) 제도는 기업에 속해 있는 근로자 전체가 노동조합에 가입하여야 할 의무가 있는 제도이다.
② 클로즈드 숍(closed shop) 제도에서는 기업과 노동조합의 단체협약을 통하여 근로자의 채용·해고 등을 노동조합의 통제 하에 둔다.
③ 클로즈드 숍(closed shop) 제도에서는 기업은 노동조합원만을 신규인력으로 채용해야 한다.
④ 유니언 숍(union shop)제도에서는 신규채용된 근로자는 일정기간이 지나도 반드시 노동조합에 가입해야 할 의무는 없다.
⑤ 오픈 숍(open shop)제도에서는 노동조합 가입여부가 고용 또는 해고의 조건이 되지 않는다.

해설 유니언숍 제도 하에서는 근로자가 채용 이후 일정기간 경과 후 노동조합에 가입해야 한다.

정답 ④

19-4 ☑□□□
2009 CPA

비노조원도 채용할 수 있으나, 일정기간이 경과된 후 반드시 노동조합에 가입하여야 하는 제도로 가장 적절한 것은?

① 오픈 숍(open shop)
② 클로즈드 숍(closed shop)
③ 유니온 숍(union shop)
④ 체크오프 시스템(check-off system)
⑤ 에이전시 숍(agency shop)

해설 이는 유니온 숍에 대한 설명이다. 에이전시 숍은 노조원 여부를 떠나 종업원 모두가 노조에 조합비를 납부해야 하는 제도이다.

정답 ③

19-5 ☑☐☐☐　　　2019 경영지도사

사용자가 노동조합원이 아닌 자도 고용할 수 있지만, 일단 고용된 근로자는 일정 기간 내 노동조합에 가입해야 하는 제도는?

① 플렉스 숍(flex shop)
② 레이버 숍(labor shop)
③ 오픈 숍(open shop)
④ 클로즈드 숍(closed shop)
⑤ 유니온 숍(union shop)

해설 고용 이후 일정 기간 내 노동조합에 가입해야 하는 제도는 유니온 숍이다. 오픈 숍은 노조가입여부와 상관없이 고용되는 형태이고, 클로즈드 숍은 노조가입이 의무가 되는 고용형태이다.

정답 ⑤

19-5A ☑☐☐☐　　　2018 군무원 복원

다음 중 노조가입의 여부와 상관없이 조합원과 비조합원을 임의로 채용가능한 제도는?

① 오픈숍　　　　② 클로즈드숍
③ 유니온숍　　　④ 에이전시숍

해설 노조가입여부에 상관없이 채용되는 방식은 오픈숍, 노조가입자만 채용하는 방식은 클로즈드숍, 채용 후 일정기간 내 노조에 가입하는 제도는 유니온숍, 조합원 여부와 관계없이 조합비를 납부하는 제도는 에이전시숍이다.

정답 ①

19-5J ☑☐☐☐　　　2023 군무원 9급

노동조합 제도에 대한 설명으로 가장 거리가 먼 것은?

① 오픈 숍(open shop)은 조합원 여부와 상관없이 고용할 수 있으며, 조합 가입이 고용조건이 아니다.
② 클로즈드 숍(closed shop)은 사용자가 조합원만 선발해야 하는 제도이다.
③ 에이전시 숍(agency shop)은 조합원뿐 아니라 비조합원 노동자에게도 조합 회비를 징수하는 제도이다.
④ 유니온 숍(union shop)은 하나의 사업장에 하나의 노동조합만 인정하는 제도이다.

해설 숍(shop) 제도는 조합원 참가제도를 의미하며, 기본적으로 오픈 숍(노조가입 여부에 상관없이 채용 가능), 유니온 숍(채용 후 일정기간이 지나면 노조가입이 의무), 클로즈드 숍(노조원이 아니면 채용 불가)의 세 가지가 있으며, 이의 변형 형태로서 에이전시 숍(조합원과 비조합원 모두에게 조합비 징수), 프레퍼렌셜 숍(노조원을 우선적으로 채용하는 제도), 메인터넌스 숍(한 번 가입 시 일정기간 조합원 지위 유지) 등의 제도가 있다. 따라서 설명이 잘못된 것은 유니온 숍에 관한 선지 ④이다.

정답 ④

19-5K ☑☐☐☐　　　2023 서울시 7급

노동조합이 근로자와 조합원 자격의 관계를 근로협약에 명시하여 조합의 존립을 보장받고자 하는 숍제도(shop system)의 유형 중 근로자가 노동조합에 가입하지 않아도 좋으나 조합비는 납부해야 하며, 노동조합은 조합비를 받는 대가로 비조합원을 위해서도 단체교섭을 맡는 제도로 가장 옳은 것은?

① 유니언숍(union shop)
② 에이전시숍(agency shop)
③ 오픈숍(open shop)
④ 클로즈드숍(closed shop)

해설 숍(shop) 제도는 조합원 참가제도를 의미하며, 기본적으로 오픈 숍(노조가입 여부에 상관없이 채용 가능), 유니온 숍(채용 후 일정기간이 지나면 노조가입이 의무), 클로즈드 숍(노조원이 아니면 채용 불가)의 세 가지가 있으며, 이의 변형 형태로서 에이전시 숍(조합원과 비조합원 모두에게 조합비 징수),

프레퍼렌셜 숍(노조원을 우선적으로 채용하는 제도), 메인터넌스 숍(한 번 가입 시 일정기간 조합원 지위 유지) 등의 제도가 있다. 문제에서 설명하고 있는 제도의 키워드는 '조합비 납부'이므로 정답은 에이전시 숍이다.

정답 ②

19-6 ☑☐☐☐   2011 공인노무사

근로자의 임금 지급시 조합원의 노동조합비를 일괄하여 징수하는 제도는?

① 유니온 숍(union shop)
② 오픈 숍(open shop)
③ 클로즈드 숍(closed shop)
④ 체크오프 시스템(check-off system)
⑤ 에이전시 숍(agency shop)

───────────────────────────

[해설] 노동조합비의 일괄징수제도는 체크오프 시스템이다. 이는 노동조합의 존속을 가능하게 하는 제도적 장치 중 하나이다.

정답 ④

19-7 ☑☐☐☐   2018 가맹거래사

조합원이 아니더라도 단체교섭의 당사자인 노동조합이 모든 종업원으로부터 조합비를 징수하는 제도는?

① open shop   ② closed shop
③ union shop   ④ agency shop
⑤ maintenance shop

───────────────────────────

[해설] ① 노조 가입여부와 채용이 무관하게 결정되는 제도
② 노조 가입을 해야만 채용이 결정되는 제도
③ 노조 가입이 채용의 전제는 아니지만 채용후 일정기간 경과후 노조에 가입해야 하는 제도
④ 노조 가입여부와 상관없이 조합비를 징수하는 제도. 체크오프 시스템은 임금에서 노조비를 원천징수하는 제도를 부르는 이름이며 노조가입여부와 연관되는 개념은 아니므로, 체크오프와 에이전시 숍을 구분할 필요가 있다.
⑤ 노조 가입 후 일정기간 동안은 조합원 자격을 유지해야 하는 제도

정답 ④

19-7A ☑☐☐☐   2020 7급 나형

노동조합과 노사관계에 대한 설명으로 옳지 않은 것은?

① 일반적으로 노동조합은 오픈숍(open shop) 제도를 확립하려고 노력하고, 사용자는 클로즈드숍(closed shop)이나 유니언숍(union shop) 제도를 원한다.
② 노사관계는 생산의 측면에서 보면 협조적이지만, 생산의 성과배분 측면에서 보면 대립적이다.
③ 노동조합의 경제적 기능은 사용자에 대해 직접 발휘하는 노동력의 판매자로서의 교섭기능이다.
④ 노사 간에 대립하는 문제들이 단체교섭을 통해 해결되지 않으면 노사 간에는 분쟁상태가 일어나고, 양 당사자는 자기의 주장을 관철하기 위하여 실력행사에 들어가는데 이것을 '노동쟁의(labor disputes)'라고 한다.

───────────────────────────

[해설] 노동조합의 힘이 가장 강력하게 발휘될 수 있는 숍제도는 노조가입이 채용의 전제조건이 되는 클로즈드 숍이다. 오픈 숍은 노조가입과 무관하게 채용이 가능하므로 노조입장에서는 유리한 제도가 아니다.

[추가해설] ②, ③ 노사관계는 종업원(노동자)과 관리자(사용자)간의 대립적 관계를 다루는 동시에 양자의 협력도 강조한다는 점에서 양면적이다. 한편 경제적 관계(예, 임금협상 등)를 규율하는 동시에 사회적 관계(예, 기업은 하나의 사회적 시스템이라는 점)를 규율한다는 점에서도 양면성을 띠고 있다고 할 수 있다. 또한 노사관계는 종속관계와 대등관계의 양면성을 갖고 있다. 생산이란 측면에서 보면 근로자는 종업원으로서 경영자의 지휘·명령에 따르는 종속적 위치에 있는 반면, 노동력의 공급자로서의 근로자는 노동조합을 통하여 근로조건의 결정과 운영에 사용자측과 대등한 입장에서 교섭하므로 대등관계가 있다.

정답 ①

19-7D ☑☐☐☐   2021 군무원 9급

헌법이 보장하고 있는 노동자의 3가지 기본 권리에 해당하지 않는 것은?

① 단결권   ② 단체협의권
③ 단체교섭권   ④ 단체행동권

───────────────────────────

[해설] 헌법상 노동3권은 단결권, 단체교섭권, 단체행동권을 의

미한다. 사실 이 내용은 노사관계에 속하기는 하지만 경영학의 직접적 범위인지에는 의문이 있다. 상식이라 보고 출제하신 듯하다.

정답 ②

19-7F ☑️□□□   2022 가맹거래사

파업을 효과적으로 수행하기 위하여 파업 비참가자들에게 사업장에 들어가지 말 것을 독촉하고 파업참여에 협력할 것을 요구하는 행위는?

① 태업   ② 보이콧
③ 피케팅   ④ 직장폐쇄
⑤ 준법투쟁

해설〉 ③ 피케팅(picketing)은 파업이나 불매운동을 효과적으로 수행하기 위해 근로희망자들의 사업장 혹은 공장 출입을 저지하고 파업참여에 협력할 것을 호소하는 행위이다. 파업의 배반자를 감시하는 동시에 제3자에게 파업 참여를 독려하는 평화적 설득을 그 목적으로 한다.

추가해설〉 ① 태업(soldiering)은 근로자가 집단적이고 의도적으로 작업능률을 저하시키는 쟁의행위를 말한다. 사용자측에 경제적 압박을 가하는 수단으로 활용된다.
② 불매운동(boycott)은 사용자 또는 그와 거래관계에 있는 제3자의 제품구입이나 시설이용을 거절한다든가 그들과의 거래관계를 거절할 것을 호소하는 투쟁행위이다.
④ 직장폐쇄(lockout)는 사용자가 그의 주장을 관철시키기 위한 수단으로서 근로자를 직장으로부터 집단적으로 차단하고 근로자가 제공하는 노무를 총괄적으로 거부하는 쟁의행위이다. 이는 노조에게 임금손실로 인한 경제적 압박을 하는 동시에 노조의 쟁의 거점을 봉쇄하고자 하는 목적을 가지고 있다. (노동자의 쟁의수단에 해당하는 다른 선지와는 달리 직장폐쇄는 사용자의 쟁의수단이라는 특징을 갖는다.)
⑤ 준법투쟁(work-to-rule)은 법 규정 그대로의 권리를 행사함으로써 그들의 주장을 관철시키고자 하는 쟁의행위로서, 집단휴가의 실시, 시간외 근무의 거부, 정시출퇴근 등이 여기에 해당한다.

정답 ③

19-8 ☑️□□□   2019 공인노무사

노동조합의 조직형태에 관한 설명으로 옳지 않은 것은?

① 직종별 노동조합은 동종 근로자 집단으로 조직되어 단결이 강화되고 단체교섭과 임금 협상이 용이하다.
② 일반노동조합은 숙련근로자들의 최저생활조건을 확보하기 위한 조직으로 초기에 발달한 형태이다.
③ 기업별 노동조합은 조합원들이 동일기업에 종사하고 있으므로 근로조건을 획일적으로 적용하기가 용이하다.
④ 산업별 노동조합은 기업과 직종을 초월한 거대한 조직으로서 정책활동 등에 의해 압력 단체로서의 지위를 가진다.
⑤ 연합체 조직은 각 지역이나 기업 또는 직종별 단위조합이 단체의 자격으로 지역적 내지 전국적 조직의 구성원이 되는 형태이다.

해설〉 노동조합(노조)에는 크게 조합원의 자격에 따라 결정되는 단위노조와 노동조합이 지역이나 전국적 단위로 결합되는 연합노조(⑤)의 두 가지 형태로 분류해 볼 수 있다. 그 중 단위노조는 노동조합에 가입하는 조합원의 자격에 따라 정해지는 노조로서, 단체교섭결정권의 귀속주체에 따라 직업별 노동조합(초기에 발달한 노조로서 동종직업 종사자간에 결성되므로 단결력 우수, ①), 산업별 노동조합(특정산업 종사자간에 결성되므로 국가나 사회 수준의 정책형성에 영향을 미칠 수 있음, ④), 기업별 노동조합(특정기업 근로자간에 결성, ③), 일반 노동조합(숙련도나 직종에 무관하게 결성되며 대개 비숙련공 위주로 발달, 따라서 ②는 틀린 설명)으로 나뉜다. 우리나라 노조의 대부분은 기업별 노동조합이다.

정답 ②

19-9 ☑️□□□   2013 공인노무사

산업별 노동조합이 개별기업 사용자와 개별적으로 행하는 경우의 단체교섭 방식은?

① 통일교섭   ② 공동교섭
③ 집단교섭   ④ 대각선교섭
⑤ 기업별 교섭

해설〉

- 기업별 교섭: 기업 vs. 기업노조
- 집단교섭: 복수의 기업 vs. 복수기업의 노조
- 통일교섭: 사용자 단체 vs. 산별 노조
- 대각선 교섭: 기업 vs. 상위노조
- 공동교섭: 기업 vs. 기업노조＋상위노조

정답 ④

19-10 ☑☐☐☐ 2017 경영지도사

전국에 걸친 산업별 노조 또는 하부단위 노조로부터 교섭권을 위임받은 연합체노조와 이에 대응하는 산업별 혹은 사용자단체 간의 단체교섭은?

① 기업별 교섭　　② 집단교섭
③ 통일교섭　　④ 대각선교섭
⑤ 공동교섭

해설 통일교섭은 전국에 걸친 산별노조나 하부단위 노조로부터 교섭권을 위임받은 연합노조와 이에 대응하는 산업별, 지역별 사용자단체간의 교섭을 의미한다. 산업별 교섭 또는 복수사용자교섭이라고도 하며 영미를 비롯한 유럽각국에서 사용되고 있다. 일반적으로 노조측의 협상력이 강하다는 장점이 있지만 협상 결렬 시 파업 참가대상이 한 국가의 특정산업조합원 전체가 되므로 국민경제 전반에 미치는 손실이 지대하다는 단점이 있다.

정답 ③

19-10M ☑☐☐☐ 2024 공인노무사

산업별 노동조합 또는 교섭권을 위임받은 상급단체와 개별 기업의 사용자 간에 이루어지는 단체교섭 유형은?

① 대각선 교섭　　② 통일적 교섭
③ 기업별 교섭　　④ 공동교섭
⑤ 집단교섭

해설 ① 대각선 교섭은 이는 <u>단위노조가 소속된 상부단체(예, 산별노조)와 개별 사용자간에 이루어지는 교섭형태</u>를 말한다. 사용자단체가 조직되어 있지 않거나, 조직되어 있더라도 각 기업에 특수한 사정이 있을 경우에 사용된다. 본 문제의 정답이다.

추가해설 ② 통일교섭은 전국에 걸친 산별노조나 하부단위 노조로부터 교섭권을 위임받은 연합노조와 이에 대응하는 산업별, 지역별 사용자단체간의 교섭을 의미한다. 산업별 교섭 또는

복수사용자교섭이라고도 하며 영미를 비롯한 유럽각국에서 사용되고 있다.

③ 기업별 교섭은 기업 내 조합원을 협약의 적용대상인 교섭단위로 하여 기업별 노조와 사용자간에 단체교섭이 이루어지는 방식이다. 우리나라 대부분의 경우가 이에 해당하며, 개별기업의 특수성이 교섭내용에 잘 반영된다는 장점과 노조의 교섭력이 취약하다는 단점이 있다.

④ 공동교섭은 기업별 단위노조 또는 지역별 단위노조가 그 상부단위 노조와 공동으로 참가하여 기업별 사용자측과 교섭하는 방식을 말한다. 대개 노조에 가장 유리한 노동조건을 제시하는 특정기업과 선 교섭을 실시한 뒤 그 결과를 상부단위 노조의 구성단위가 되는 개별기업 노조를 통해 타 기업에 강요하는 이른바 유형교섭(pattern bargaining)을 활용하는 전략과 관련이 깊다.

⑤ 집단교섭은 유럽에서 흔히 볼 수 있는 형태로서, 복수의 단위노조와 복수의 사용자가 업종, 기업규모, 지역 등을 기준으로 집단연합전선을 형성하여 교섭하는 방식이다. 여기서 노조간 연합은 상위단위노조인 산별노조나 연합노조를 의미하는 것이 아니라, 개별노조간 연대를 의미한다.

정답 ①

19-11 ☑☐☐☐ 2018 가맹거래사

단체교섭의 방식 중 단위노조가 소속된 상부단체와 각 단위노조에 대응하는 개별 기업의 사용자간에 이루어지는 교섭형태는?

① 기업별 교섭　　② 집단교섭
③ 대각선교섭　　④ 복수사용자교섭
⑤ 통일교섭

해설 대각선 교섭은 단위노조가 소속된 상부단체(예 : 산별노조)와 개별 사용자간에 이루어지는 교섭형태를 말한다. 사용자단체가 조직되어 있지 않거나, 조직되어 있더라도 각 기업에 특수한 사정이 있을 경우에 사용된다.

정답 ③

TOPIC 19 유지관리　213

19-11A ☑☐☐☐

사용자가 노동조합의 정당한 활동을 방해하는 것은?

① 태업
② 단체교섭
③ 부당노동행위
④ 노동쟁의
⑤ 준법투쟁

해설 ③ 부당노동행위는 정당한 노동조합 활동을 이유로 불이익취급을 하거나 노동조합 활동에 사용자가 지배·개입하는 등 근로자의 노동3권(단결권, 단체교섭권, 단체행동권)을 침해하는 사용자의 행위를 말한다. (「노동조합 및 노동관계법 조정법」 제81조)

추가해설 ① 태업(soldiering)은 근로자가 집단적이고 의도적으로 작업능률을 저하시키는 쟁의행위를 뜻한다.
② 단체교섭(collective bargaining)이란 노동조합과 사용자가 양자의 단체적 가치를 전제로 하여 근로자의 임금이나 근로시간 및 그 밖의 근로조건에 관한 협약의 체결을 위해 집단적 타협을 모색하고 또 체결된 협약을 관리하는 절차와 행위이다.
④ 노동쟁의는 노동조합과 사용자 또는 사용자단체간에 임금·근로시간·복지·해고 기타 대우 등 근로조건의 결정에 관한 주장의 불일치로 인하여 발생한 분쟁상태를 말한다.
⑤ 준법투쟁(work to rule)은 피고용인들이 법 규정을 엄격하게 준수하거나 법 규정 그대로의 권리를 행사함으로써 그들의 주장을 관철시키고자 하는 쟁의행위이다.

정답 ③

19-11J ☑☐☐☐

집단 휴가 실시, 초과근무 거부, 정시 출·퇴근 등과 같은 근로자의 쟁의행위는?

① 파업
② 태업
③ 준법투쟁
④ 직장폐쇄
⑤ 피케팅

해설 ③ 준법투쟁(work-to-rule)은 법 규정 그대로의 권리를 행사함으로써 그들의 주장을 관철시키고자 하는 쟁의행위로서, 집단휴가의 실시, 시간외 근무의 거부, 정시출퇴근 등이 여기에 해당한다.

추가해설 직장폐쇄는 사용자의 쟁의수단이고, 나머지 선지들은 모두 노동자의 쟁의수단이다.
① 파업(strike) : 이는 근로자가 단결하여 근로조건의 유지 및 개선이라는 목적 달성을 위해 집단적으로 노동의 제공을 거부하는 행위이다. 직장이탈과 농성을 수반하는 경우가 많다.

② 태업(soldiering) : 이는 근로자가 집단적이고 의도적으로 작업능률을 저하시키는 쟁의행위를 말한다. 사용자측에 경제적 압박을 가하는 수단으로 활용된다.
④ 직장폐쇄(lockout) : 이는 사용자가 그의 주장을 관철시키기 위한 수단으로서 노동조합의 쟁의행위에 대응하여 근로자를 직장으로부터 집단적으로 차단하고 근로자가 제공하는 노무를 총괄적으로 거부하는 쟁의행위이다. 이는 노조에게 임금손실로 인한 경제적 압박을 하는 동시에 노조의 쟁의 거점을 봉쇄하고자 하는 목적을 가지고 있다.
⑤ 피케팅(picketing) : 이는 파업이나 불매운동을 효과적으로 수행하기 위해 근로희망자들의 사업장 혹은 공장 출입을 저지하고 파업참여에 협력할 것을 호소하는 행위이다. 파업의 배반자를 감시하는 동시에 제3자에게 파업 참여를 독려하는 평화적 설득을 그 목적으로 한다.

정답 ③

19-12 ☑☐☐☐

노사관계에 관한 설명으로 옳지 않은 것은?

① 좁은 의미의 노사관계는 집단적 노사관계를 의미한다.
② 메인트넌스 숍(maintenance shop)은 조합원이 아닌 종업원에게도 노동조합비를 징수하는 제도이다.
③ 우리나라 노동조합의 조직형태는 기업별 노조가 대부분이다.
④ 사용자는 노동조합의 파업에 대응하여 직장을 폐쇄할 수 있다.
⑤ 채용이후 자동적으로 노동조합에 가입하는 제도는 유니온 숍(union shop)이다.

해설 ② 메인터넌스 숍은 한 번 가입시 일정기간동안 조합원의 지위를 유지하는 제도를 뜻한다.

추가해설 ① 원래 노사관계는 개별적 근로관계(소위 근로기준법의 규율대상)와 집단적 노사관계(소위 노동조합 관련법의 규율대상)를 모두 포괄한다. 그러나 협의의 노사관계는 집단적 노사관계만을 의미한다.
③ 우리나라의 노조형태는 대부분 기업별 노조이지만, 다른 나라에서는 산업별 노조가 많은 경우도 있다.
④ 사용자의 쟁의수단에는 직장폐쇄, 조업계속 등이 있다. 대체고용도 가능하지만 우리나라에서는 불법이다.
⑤ 숍(shop) 제도는 조합원 참가제도를 의미하며, 기본적으로 오픈 숍(노조가입 여부에 상관없이 채용 가능), 유니온 숍(채용후 일정기간이 지나면 노조가입이 의무), 클로즈드 숍(노조원

이 아니면 채용 불가)의 세 가지가 있다.

정답 ②

19-13 ☑□□□
2014 공인노무사

산업재해의 원인 중 성격이 다른 것은?

① 건물, 기계설비, 장치의 결함
② 안전보호장치, 보호구의 오작동
③ 생산공정의 결함
④ 개인의 부주의, 불안정한 행동
⑤ 경계표시, 설비의 오류

해설 ④는 인적 원인이고 나머지는 모두 물적 원인에 해당한다.

정답 ④

19-14 ☑□□□
2014 공인노무사

조직구성원들의 경영참여와 관련이 없는 것은?

① 분임조　　　　　② 제안제도
③ 성과배분제도　　④ 종업원지주제도
⑤ 전문경영인제도

해설 ① 품질개선활동 등에 구성원들이 참여하는 제도이다. ② 구성원들이 아이디어를 제안하는 제도이다. ③ 생산성의 증가 내지는 원가절감으로 인한 이익을 노사가 공유하는 제도이다. ④ 구성원들에게 주식을 나누어주는 제도이다. ⑤ 이는 구성원의 경영참가와 무관하다.

정답 ⑤

19-16 ☑□□□
2019 경영지도사

탄력적 근로시간제를 근로자대표와 합의하에 실시할 경우 단위기간 한도는?

① 2주　　　　　② 1개월
③ 3개월　　　　④ 6개월
⑤ 1년

해설 근로기준법 제51조의 일부를 인용하면 다음과 같다. 아래 조항에 따르면 근로자대표와 합의할 경우 3개월을 한도로 하여 탄력근로(특정 기간에는 더 많이 근무하고, 다른 기간에는 적게 근무하는 형태)를 시행할 수 있다.

〈근로기준법 제51조(탄력적 근로시간제)〉

① 사용자는 취업규칙(취업규칙에 준하는 것을 포함한다)에서 정하는 바에 따라 2주 이내의 일정한 단위기간을 평균하여 … 근로시간을 초과하여 근로하게 할 수 있다. …

② 사용자는 근로자대표와 서면 합의에 따라 다음 각 호의 사항을 정하면 3개월 이내의 단위기간을 평균하여 … 근로시간을 초과하여 근로하게 할 수 있다. 다만 …

1. 대상 근로자의 범위
2. 단위기간(3개월 이내의 일정한 기간으로 정하여야 한다)
3. 단위기간의 근로일과 그 근로일별 근로시간
4. 그 밖에 대통령령으로 정하는 사항

추가해설 2021년 근로기준법이 개정되어 현재는 단위기간 3개월에서 6개월 사이의 새로운 구간을 신설하였기에, 탄력근로의 법정 최대 한도는 6개월이다.

정답 ③

19-16A ☑□□□
2018 군무원 복원

다음 중 옳지 않은 것은?

① 탄력근무제는 회사 측의 요구로 실시될 수 있으며 회사의 상황이 급할 때 유용하다.
② 유연근무시간제는 워크숍, 회의시간 등의 일정관리 조정이 용이하다.
③ 선택시간제는 회의시간의 일정을 맞추기가 힘들다.
④ 교대근무제 하에서는 생활패턴(biorhythm)이 망가질 수 있다.

해설 유연근무시간제나 선택시간제 모두 종업원이 출근과 퇴근 시간을 스스로 원하는 시간으로 조정하는 것이다. 따라서 회의나 워크숍 등 전체 구성원들이 참여해야 하는 업무의 추진에 장애가 된다. 그래서 최근에는 유연근무시간제를 도입하더라도 모든 종업원들이 필수로 근무하는 핵심시간(core time)을 설정하는 기업들이 있다.

정답 ②

19-17 ☑□□□

2013 가맹거래사

우리나라에서 적용하고 있는 정리해고의 요건이 아닌 것은?

① 긴박한 경영상의 필요가 있어야 한다.
② 사용자는 해고를 피하기 위한 노력을 다하여야 한다.
③ 공정한 해고의 기준을 정하고 이에 따라 그 대상을 선정하여야 한다.
④ 자질이 부족하거나 행동이 건전하지 못한 직원 해고는 인정하여야 한다.
⑤ 사용자는 해고를 피하기 위한 방법 및 해고의 기준 등에 관하여 노동조합 내지 근로자 대표와 성실하게 협의하여야 한다.

───────────────

해설〉 ④ 자질 부족 내지는 행동의 불건전 등과 같은 자의적 기준은 정리해고의 법적인 근거가 될 수 없다.

정답 ④

TOPIC 20 평가와 평가오류

1. 평가의 개념과 구성요건

1) 평가: 합리적 인사관리와 공정한 보상을 위해 종업원 능력, 태도, 업적을 체계적으로 평가·분석

→ 평가관리 = 성과관리

2) 평가의 구성요건

① 신뢰성: 측정하고자 하는 내용이 얼마나 <u>정확하고 제대로 측정</u>되었는지와 관련(일관성)

② 타당성: 평가내용이 <u>평가의 목적을 얼마나 잘 반영하는지의 정도</u>

→ 성과평가는 보상의 책정에, 역량평가는 승진 및 교육훈련의 용도에 활용되는 것이 바람직

③ 수용성: 구성원들이 평가제도를 합당한 것으로 받아들이고 그 공정성과 활용목적을 신뢰

④ 기타 요소: 실용성(비용과 효익의 비교), 적법성, 전략적 부합성, 민감성(변별력), 구체성 등

2. 평가오류

1) 평가자의 의도적인 주관적 평가

① 항상오류: 관대화, 가혹화, 중심화

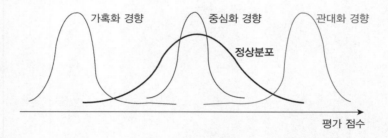

② 상동오류: 소속집단의 특성으로 개인을 판단

③ 연공오류: 연령, 학력, 근속연수가 평가결과에 영향을 미침

2) 평가자 자신이 인식하지 못하는 오류

① 후광효과: 한 가지 속성으로 나머지 속성을 추론

② 시간적 오류(=최근효과): 가장 최근에 주어진 정보가 판단에 큰 영향을 미침

③ 상관편견: 상관이 없는 복수의 요소간 상관을 크게 인식

④ 논리적 오류: 상관이 있는 두 개념 중 어느 한 항목의 평가만으로 나머지를 판단

⑤ 근접오류: 인접한 평가요소간의 차이를 실제보다 크게 지각하는 현상

⑥ 유사성 오류: 평가자 자신과 비슷한 평가대상에 더 호의적

3) 정보의 부족으로 인한 오류

① 중심화 경향: 정보가 부족하여 평균에 가까운 점수를 부여

② 귀인과정오류: 내적귀인과 외적귀인을 혼동하는 경우

③ 2차 평가자 오류: 차상위상사의 평가오류

20-1 ☑☐☐☐

2013 공인노무사

인사평가 측정결과의 검증기준 중 '직무성과와 관련성이 있는 내용을 측정하는 정도'를 의미하는 것은?

① 신뢰성
② 수용성
③ 타당성
④ 구체성
⑤ 실용성

해설 ① 평가의 일관성을 뜻한다.
② 구성원(평가자와 피평가자)이 평가내용과 과정 및 결과를 받아들이는 정도를 뜻한다.
③ 직무성과와 평가내용간의 관련성을 뜻한다. 이것이 정답.
④ 평가결과가 피평가자의 행동개선에 필요한 구체적 방안을 담고 있는 정도를 뜻한다.
⑤ 평가에 투입한 예산 대비 그 효과가 어느 정도인지를 뜻한다.

정답 ③

20-2 ☑☐☐☐

2015 가맹거래사

인사평가에 관한 설명으로 옳지 않은 것은?

① 조직에서 사람을 평가하는 방법을 제도화한 것으로 구성원 개개인의 잠재능력, 자질 및 업적 등을 평가하는 것이다.
② 조직에서 직무를 수행하는 구성원의 성과를 평가하고 개발지향적 의미를 포함한다.
③ 평가원칙으로는 타당성, 신뢰성, 수용성, 실용성이 있다.
④ 평가목적은 경영전략과의 연계성, 성과향상, 구성원 능력개발, 공정한 보상, 적재적소 배치 등이다.
⑤ 인사평가 시 집단성과에 공헌하는 개인행위는 평가요소로 선정하지 않는다.

요점정리 평가관리란 인적자원의 합리적인 관리와 공정한 보상을 위하여 구성원의 제 측면(예: 능력, 태도, 자질, 업적 등)을 평가하는 과정이며, 그 범위에 따라 개인에 대한 평가(인사평가, 인사고과)와 팀에 대한 평가(집단평가), 조직에 대한 평가(조직평가) 등으로 구분된다. 합리적인 기준에 의하여 평가가 이루어진다면, 보상과 승진 및 유지관리 등에 대한 종업원의 심리적 저항이나 반감이 크게 줄어들 수 있고, 나아가 직무만족과 성과의 증진으로 이어질 수도 있다. 따라서 평가는 구성원의 능력을 개발하는 과정과 보상크기의 결정 및 부서배치 등 다양한 측면에 활용될 수 있다. 일반적으로 평가에 대한 검증기준(평가

가 잘 되었는지를 판단하는 원칙)으로는 신뢰성, 타당성, 수용성, 실용성, 구체성, 전략부합성 등이 있다.

해설 ⑤ 성과에 공헌하는 개인의 행위는 인사평가의 중요한 요소라 할 수 있다.

정답 ⑤

20-2M ☑☐☐☐

2024 군무원 9급

다음 중 성과 측정에 관한 설명으로 가장 적절하지 않은 것은?

① 성과 측정은 기업의 목표를 뒷받침하고 기업에 중요한 가치를 개선할 수 있도록 도와주어야 한다.
② 성과 측정은 일이 처리되는 방식보다 얼마나 많은 일이 얼마나 자주 처리되는지에 주목해야 한다.
③ 성과 측정은 고객의 요구에 따라 프로세스 성과를 제공할 수 있어야 한다.
④ 성과 측정은 프로세스 전체를 파악해야 한다.

해설 ① [O] 성과를 측정하고 평가하는 궁극적 이유 중 하나는 기업의 가치 개선이므로 옳다.
② [×] 성과측정시에는 업무수행에 필요한 투입요소(노력, 시간 등), 과정요소(방법, 행동, 절차 등), 결과요소(성과 등)가 모두 포함된다. 따라서 일이 처리되는 방식보다 다른 점에 초점을 맞춘다는 설명은 틀렸다. 일처리의 방식도 중요한 성과측정의 한 요소이다.
③ [O] 프로세스 성과는 과정적 성과로도 표현되며, 일이 진행되는 중간 과정에서 나타나는 효과(예, 고객요구의 충족 정도)를 포함한다.
④ [O] 당연한 말이지만 성과측정의 대상에는 프로세스, 즉 업무처리의 과정적 측면 모두도 포함된다.

정답 ②

20-2N ☑□□□
2024 군무원 9급

다음 중 성과측정 기준에 대한 설명으로 가장 적절하지 않은 것은?

① 신뢰성이란 측정결과가 실제 성과를 얼마나 제대로 평가했는지 정도를 말한다.
② 전략적 적합성은 성과관리시스템이 조직의 전략, 목표, 문화와 부합하는 직무성과를 끌어내는 정보를 말한다.
③ 수용성이란 측정결과를 사용하는 사람이 받아들이는 정도를 말한다.
④ 구체성이란 성과측정을 통해 회사가 종업원에게 무엇을 요구하고 있는지 정도를 말한다.

해설 ① [×] 성과를 제대로 평가하는 정도는 '타당성'이다.
② [○] 전략부합성의 올바른 의미이다.
③ [○] 수용성은 측정결과를 사용하는 사람, 즉 평가자와 피평가자 모두가 평가과정과 결과를 납득할 수 있는 정도를 뜻한다.
④ [○] 구체성의 정확한 의미이다.
정답 ①

20-3 ☑□□□
2012 공인노무사

인사고과에 관한 설명으로 옳지 않은 것은?

① 인사고과란 종업원의 능력과 업적을 평가하여 그가 보유하고 있는 현재적 및 잠재적 유용성을 조직적으로 파악하는 방법이다.
② 인사고과의 수용성은 종업원이 인사고과 결과가 정당하다고 느끼는 정도이다.
③ 인사고과의 타당성은 고과내용이 고과목적을 얼마나 잘 반영하고 있느냐에 관한 것이다.
④ 현혹효과(halo effect)는 피고과자의 어느 한 면을 기준으로 다른 것까지 함께 평가하는 경향을 말한다.
⑤ 대비오차(contrast errors)는 피고과자의 능력을 실제보다 높게 평가하는 경향을 말한다.

해설 ⑤ 실제보다 더 높게 평가하는 경향은 '관대화'이다. 대비오차는 주변 평가대상과 비교하여 판단하는 오류를 의미한다.
정답 ⑤

20-4 ☑□□□
2017 7급공무원 가책형

인사평가의 오류 중 평가자가 평가측정을 하여 다수의 피평가자에게 점수를 부여할 때 점수의 분포가 특정방향으로 쏠리는 현상으로 인해 발생하는 분배적 오류(Distributional Error) 혹은 항상 오류(Constant Error)에 해당하는 것으로만 옳게 짝지은 것은?

① 유사성 오류, 대비 오류, 관대화 오류
② 유사성 오류, 관대화 오류, 중심화 오류
③ 대비 오류, 관대화 오류, 중심화 오류
④ 관대화 오류, 중심화 오류, 가혹화 오류

해설 항상오류(constant error)는 평가자의 개인적 성향에 근거하여 항상 규칙적으로 발생하는 오류를 말한다. 점수의 분배시 발생한다고 하여 분배적 오류(distributional error)라 하기도 한다. 항상오류에는 관대화, 가혹화, 중심화 등이 있다. 관대화 경향(leniency tendency)은 실제 능력이나 성과보다 더 높게 평가하려는 경향이며, 가혹화 경향(harsh tendency)은 실제 능력이나 성과보다 더 낮게 평가하려는 경향을, 중심화 경향(central tendency)은 평가척도(기준)가 가지는 범위의 중간 정도에 피평가자를 두려는 경향을 의미한다.
정답 ④

20-4D ☑□□□
2021 공인노무사

인사평가의 분배적 오류에 해당하는 것은?

① 후광효과　　　② 상동적 태도
③ 관대화 경향　　④ 대비오류
⑤ 확증편향

해설 항상오류(constant error)는 평가자의 개인적 성향에 근거하여 항상 규칙적으로 발생하는 오류를 말한다. 점수의 분배시 발생한다고 하여 분배적 오류(distributional error)라 하기도 한다. 항상오류에는 관대화, 가혹화, 중심화 등이 있다. 관대화 경향(leniency tendency)은 실제 능력이나 성과보다 더 높게 평가하려는 경향이며, 가혹화 경향(harsh tendency)은 실제 능력이나 성과보다 더 낮게 평가하려는 경향을, 중심화 경향(central tendency)은 평가척도(기준)가 가지는 범위의 중간 정도에 피평가자를 두려는 경향을 의미한다.

추가해설 ⑤ 확증편향(確證偏向, confirmation bias)은 원래 가지고 있는 생각이나 신념을 거듭 확인하려는 지각오류를 뜻한다. 흔히 하는 말로 "사람은 보고 싶은 것만 본다"와 같은 것이 바로 확증편향이다.

정답 ③

20-5 ✔□□□
2017 가맹거래사

A부장은 인사고과 시 부하들의 능력이나 성과를 실제보다 높게 평가하는 경향이 있다. 이와 관련된 인사고과 오류는?

① 관대화 경향(leniency error)
② 상동적 오류(stereotyping)
③ 연공오류(seniority error)
④ 후광효과(halo effect)
⑤ 대비오류(contrast error)

해설 ① 실제의 능력이나 성과보다 높게 평가/판단하는 것이므로 이것이 정답이다.
추가해설 ② 이는 소속집단(예: 성별, 인종, 학벌 등)의 특성으로 개인의 나머지 측면을 평가하는 오류이다.
③ 이는 연령이나 학력 또는 근속연수가 평가결과에 영향을 미치는 오류이다.
④ 이는 개인의 한 가지 특성(예: 외모, 언변 등)으로 나머지 측면을 평가하는 오류이다.
⑤ 이는 평가자 자신이나 다른 평가대상과 견주어 평가대상을 판단하는 오류이다.

정답 ①

20-6 ✔□□□
2009 7급공무원 봉책형

인사고과를 위한 평가에서 일반적으로 많이 범하게 되는 오류 중, 평가자 자신의 감정이나 경향을 피평가자의 능력을 평가하는 데 귀속시키거나 전가하는 오류는? (예를 들면, 정직하지 못한 사람이 남을 의심하거나 부정직한 의도가 있는 것으로 지각하는 경우이다)

① 주관의 객관화(projection)
② 현혹효과(halo effect)
③ 논리적 오류(logical error)
④ 관대화 경향(tendency of leniency)

해설 자신의 생각을 상대방에게 투영하는 것은 투사, 즉 주관

의 객관화 현상이다.
추가해설 ② 현혹효과 또는 후광효과는 상대의 한 특성(예: 외모)으로 나머지 특성(예: 인성)을 추론하는 오류이다.
③ 이는 고과요소간 논리적 상관성이 존재하는 경우, 어느 한 항목의 평가결과의 크기에 견주어 다른 항목을 측정하지도 않은 상태에서 임의로 추정해버리는 현상이다.
④ 이는 실제보다 후하게 상대를 평가하는 현상이다.

정답 ①

20-7 ✔□□□
2012 7급공무원 인책형

성과평가 시 평가자들이 종업원들의 성과를 정확하게 측정하지 못하는 오류에 대한 설명으로 적절하지 않은 것은?

① 후광효과(halo effect)는 피평가자의 일부 특성이 전체 평가 기준에 영향을 미치는 오류이다.
② 상동효과(stereotyping)는 피평가자 간 차이를 회피하기 위해 모든 피평가자들을 유사하게 평가하는 오류이다.
③ 투사효과(projection)는 평가자의 특성을 피평가자의 특성이라고 생각하고 잘못 판단하는 오류이다.
④ 대비효과(contrast effect)는 피평가자를 평가할 때 주위의 다른 사람과 비교하여 잘못 평가하는 오류이다.

해설 ② 상동효과는 피평가자가 속한 유형(인종, 젠더 등)에 대한 편견에 근거하여 발생하는 오류이다.

정답 ②

20-8 ✔□□□
2016 경영지도사

평가자의 사람에 대한 경직된 고정관념이 평가에 영향을 미치는 인사고과의 오류는?

① 관대화 경향(leniency tendency)
② 중심화 경향(central tendency)
③ 주관의 객관화(projection)
④ 최근효과(recency tendency)
⑤ 상동적 태도(stereotyping)

해설》 고정관념을 영어로 stereotyping, 즉 상동적 태도라 한다.
③ 주관의 객관화는 자신의 생각을 다른 사람에게 투영하여 그도 자신처럼 생각하리라 믿는 판단오류이다. '투사'라고도 불린다.

정답 ⑤

20-9 ☑□□□ 2019 공인노무사

인사고과의 오류 중 피고과자가 속한 사회적 집단에 대한 평가에 기초하여 판단하는 것은?

① 상동적 오류(stereotyping errors)
② 논리적 오류(logical errors)
③ 대비오류(contrast errors)
④ 근접오류(proximity errors)
⑤ 후광효과(halo effect)

해설》 ① 피평가자(=피고과자)가 속한 인종이나 민족, 종교, 지역, 성별 등 소속집단의 이미지에 기초하여 개인을 평가하는 오류로서, 본 문제의 정답이다.
② 이는 서로 관련이 있는 두 측정요소 중 어느 하나만을 평가하고 이를 토대로 다른 하나의 요소를 비슷하게 판단하는 오류이다. 예를 들어 사람의 키만 측정한 다음 (키와 관련이 있는) 몸무게는 측정하지도 않고서 마치 직접 측정한 것처럼 수치를 추정하는 것이다.
③ 이는 대조효과라 하기도 하며, 비교대상이 무엇인지에 따라 실제의 평가결과가 달라지는 현상을 의미한다.
④ 이 역시 인접한 주변 대상에 따라 평가대상에 대한 인식이 달라지는 것이다.
⑤ 이는 평가자가 피평가자의 어느 한 개인적 특징으로 나머지 전체를 평가해버리는 경향을 말한다.

정답 ①

20-10 ☑□□□ 2013 가맹거래사

다음에 해당하는 인사고과 오류는?

- 글씨 잘 쓰는 사람을 더 좋게 평가한다.
- 출근율이 높은 사람을 더 창의적이라고 평가한다.

① 후광효과   ② 중심화 경향
③ 관대화 경향   ④ 상동효과
⑤ 최근효과

해설》 ① 하나의 특징으로 나머지를 판단하는 현상이므로 이것이 정답이다.
추가해설》 ② 평균점수로 평가하는 경향
③ 높은 점수로 평가하는 경향
④ 특정인이 속한 집단적 속성으로 그 사람을 판단하는 현상
⑤ 마지막에 주어진 정보에 많은 가중치를 두어 판단하는 현상

정답 ①

20-11 ☑□□□ 2011 공인노무사

인사고과 시 평가자에게 흔히 나타나는 고과상의 오류로 옳지 않은 것은?

① 후광효과(halo effect)
② 서열화 경향(ranking tendency)
③ 관대화 경향(leniency tendency)
④ 논리적 오류(logical errors)
⑤ 최근효과(recency effect)

해설》 서열화 경향이라는 것은 소위 '줄을 세우려는 경향'을 의미하는데, 이는 일반적인 평가오류와 상관이 없는 단어이다.
추가해설》 ① 하나의 측면으로 나머지 측면을 넘겨짚는 오류
③ 실제보다 후하게 평가하는 오류
④ 관련이 없는 요인들간에 논리적 관계를 오해하는 오류
⑤ 마지막에 주어진 정보가 최종판단에 과도한 영향을 미치는 오류

정답 ②

20-12 ☑□□□ 2014 경영지도사

어느 하나의 평가요소에 대한 평가의 결과가 다른 요소의 평가 결과에 영향을 미치는 평가상의 오류는?

① 관대화 경향(leniency tendency)
② 상동적 평가(stereotyping)
③ 후광효과(halo effect)
④ 중심화 경향(central tendency)
⑤ 최근효과(recency tendency)

해설》 ③ 이는 한 요인의 평가결과가 다른 요인의 평가에 영향을 미치는 오류이다(예: 잘생겼으니 성격도 좋을 것이라 생각

하는 것).

추가해설 ① 이는 실제보다 후하게 평가하려는 경향이다.
② 이는 특정한 집단에 대한 편견에 기인하여 개인을 판단하려는 태도이다.
④ 이는 평가점수를 중간, 즉 평균에 가깝게 주려는 경향이다.
⑤ 이는 평가시점에 가까운 시기에 겪은 사건이나 항목에 대한 기억이 평가에 영향을 미치는 오류를 의미한다.

정답 ③

20-13 ☑□□□　2007 7급공무원 문책형

공정한 평가를 저해하는 요소에 대한 다음 설명 중 옳은 것을 모두 고른 것은?

> ㄱ. 논리적 오류 – 외부적 상황이 모호할수록 자신의 경험, 욕구, 동기를 근거로 눈에 먼저 들어오는 정보에 의존하고 다른 정보는 무시하려는 경향
> ㄴ. 현혹효과의 문제 – 피평가자의 어느 한 면을 기준으로 해서 다른 것까지 함께 평가하려는 경향
> ㄷ. 관대화 경향 – 피평가자의 실제 능력이나 실적보다도 더 높게 평가하려는 경향
> ㄹ. 상동적 태도 – 피평가자가 속한 사회적 집단 또는 계층을 기초로 피평가자를 평가하려는 경향

① ㄱ, ㄴ, ㄷ　② ㄱ, ㄴ, ㄹ
③ ㄱ, ㄷ, ㄹ　④ ㄴ, ㄷ, ㄹ

해설 (ㄱ)의 '논리적 오류'는 고과요소간 논리적 상관성이 존재하는 경우, 어느 한 항목의 평가결과의 크기에 견주어 다른 항목을 측정하지도 않은 상태에서 임의로 추정해버리는 현상이다. 현재 보기(ㄱ)에서 설명하는 내용은 '선택적 지각'에 가깝다. 나머지 (ㄴ), (ㄷ), (ㄹ)은 흔히 발생하는 평가오류의 내용으로 옳은 설명들이다.

정답 ④

20-14 ☑□□□　2008 7급공무원 봉책형

고과자가 피고과자를 평가함에 있어 쉽게 기억할 수 있는 최근 업적이나 능력을 중심으로 평가하려는 데서 나타나는 오류는?

① 시간적 오류(recency errors)
② 논리적 오류(logical errors)
③ 후광효과(halo effect)
④ 주관의 객관화(projection)

해설 ① 최근 잘 기억에 남은 사건에 기인하여 평가하는 오류이다. 따라서 정답이다.
추가해설 ② 이는 고과요소간 논리적 상관성이 존재하는 경우, 어느 한 항목의 평가결과의 크기에 견주어 다른 항목을 측정하지도 않은 상태에서 임의로 추정해버리는 현상이다.
③ 이는 개인적인 한 측면의 요인(예: 외모)으로 나머지 측면(예: 인성)을 넘겨짚는 현상이다.
④ 이는 자신의 생각을 다른 사람에게 투영하는 것이다. 거짓말쟁이가 남도 거짓말쟁이일 것이라 추정하는 것이 그 예이다.

정답 ①

20-15 ☑□□□　2018 가맹거래사

평가자가 평가항목의 의미를 정확하게 이해하지 못했을 때 나타나는 인사평가의 오류는?

① 후광효과　② 상관편견
③ 시간적 오류　④ 관대화 경향
⑤ 대비오류

해설 상관편견(correlational bias)은 평가자가 관련성이 없는 평가항목들 간에 높은 상관성을 인지하거나 또는 이들을 구분할 수 없어서 유사·동일하게 인지할 때 발생한다. 일반적으로 책임감과 성실성은 비슷한 평가변수로 다루어지는 경향이 있으며, 기획력과 창의력도 엄연히 서로 다른 개념이지만 유사한 패턴으로 인식될 가능성이 크다.

정답 ②

20-16 ☑□□□
2017 서울시 7급

인사평가 시 발생할 수 있는 대인지각 오류에 대한 설명으로 가장 옳지 않은 것은?

① 후광오류(halo errors)는 피평가자의 일부 특성으로 그 사람에 대한 전체적인 평가를 긍정적으로 내리는 경향이다.

② 나와 유사성 오류(similar-to-me errors)는 자신의 특성과 유사한 피평가자에 대해 관대히 평가하는 경향이다.

③ 상동적 태도(stereotyping)는 피평가자가 속한 집단의 특성으로 피평가자 개인을 평가하려는 경향이다.

④ 대비오류(contrast errors)는 평가자가 본인의 특성과 피평가자의 특성을 비교하려는 경향이다.

해설 ① 이는 개인적인 한 측면의 요인(예: 외모)으로 나머지 측면(예: 인성)을 넘겨짚는 현상이다.
② 이는 자신과 비슷한 속성(예: 출신학교, 지역, 직장 등)을 가진 사람에게 관대한 오류이다.
③ 이는 평가대상이 포함된 집단의 속성으로 평가대상 자체를 판단하는 오류이다.
④ 주의해야 하는 지문이다. 원래 대비오류(contrast error)는 평가대상끼리 견주었을 때 발생하는 오류이다. 즉 키가 175cm인 사람 옆에 키가 190cm인 사람이 서면 훨씬 커 보이는 것과 같은 효과이다. 그런데 2001년 공인회계사 시험에서는 "대비오류(contrast errors)란 고과자가 자신의 특성과 비교하여 고과대상자를 평가하는 경향을 말한다."는 문장이 옳은 지문으로 출제가 되었다. 그래서 이후의 수험가에서는 대비오류를 평가자 본인이든 아니면 다른 평가대상이든 간에 인접대상과 견주어 비교하는 것이면 모두 옳은 것으로 간주하고 있다. 하지만 이번 문제에서는 다시 이 지문이 틀린 것이라 하였으니 공부하는 수험생 입장에서는 상당히 난감한 것이 사실이다. 통상적으로 대비오류 또는 대조효과라 하면 비교나 평가가 되는 대상끼리 견주었을 때 상대적으로 더 돋보이거나 못나보이는 효과로 이해하는 것이 좋겠다.

정답 ④

20-16A ☑□□□
2018 군무원 복원

고과자가 피고과자를 평가할 때 다른 피고과자나 고과자 자신과 비교하여 평가함으로써 나타나는 오류로 옳은 것은?

① 대비효과
② 시간오류
③ 투사효과
④ 후광효과

해설 ① 대비효과: 비교대상에 견주어 평가함
② 시간오류: 최근효과와 초기효과를 모두 포함하는데, 일반적으로 시간오류라 하면 최근효과, 즉 가장 마지막에 주어진 정보의 비중이 다른 정보의 비중보다 높은 경우를 뜻한다.
③ 투사효과: 자신의 생각이나 관점을 상대에게 전가하는 현상이다.
④ 후광효과: 피평가자의 개인적 한 측면으로 전체를 평가하는 오류이다.

정답 ①

20-16B ☑□□□
2020 서울시 7급

관리자들은 공정하게 종업원의 성과를 평가해야 하지만, 성과 평가 시에 왜곡의 가능성이 존재한다. 성과 측정 오류에 대한 설명으로 가장 옳지 않은 것은?

① 평가자들의 정치적 성향은 성과 평가에 오류를 가져오지 않는다.

② 평가자들은 자신과 비슷하다고 생각하는 사람을 더 좋게 평가하는 경향이 있다.

③ 평가자들은 개인을 비교할 때 객관적 기준이 아니라 다른 사람과 비교하는 대조 오류를 범할 수 있다.

④ 평가자들은 하나의 특징을 가지고 다른 부분들을 판단하는 경향이 있다.

해설 ① [×] 정치적 성향 등과 같은 개인적 측면의 요인은 평가에 상당한 영향을 미칠 수 있다. 자신과 같은 정치적 성향의 부하직원을 우호적으로 판단한다면 이는 유사성 오류(similar-to-me error)를 범하는 것이고, 특정한 정치성향의 사람을 좋거나 나쁘게 판단한다면 후광효과(halo effect)나 상동오류(stereotype)의 가능성도 존재한다.

추가해설 ② 유사성 오류에 관한 설명으로서 옳다.

③ 대조오류 또는 대비효과는 가장 빈번하게 발생하는 평가 오류이다.

④ 후광효과에 관한 설명으로서 옳다.

정답 ①

20-16F ☑☐☐☐　　2022 군무원 7급

다음 중 인사평가의 신뢰성을 떨어뜨릴 수 있는 오류에 대한 설명으로 가장 옳지 않은 항목은?

① 연공오류는 피평가자가 가지고 있는 연공적 속성인 연령, 학력, 근속년수가 평가에 영향을 미치는 경우이다.

② 후광효과는 평가자와 피평가자 간의 가치관, 행동패턴 그리고 태도 면에서 유사한 정도에 따라 평가결과가 영향을 받는 경우이다.

③ 대비오류는 평가자가 여러 명을 평가할 때 우수한 피평가자 다음에 평가되는 경우 실제보다 낮게 평가하고 낮은 수준의 피평가자 다음에는 높게 평가하는 경우를 말한다.

④ 자존적편견은 자신의 자기존중감이 위협받는 상황에 처하면, 자기 존중감을 높이고 유지하려는 경우를 말한다.

해설　① [○] 연공오류(seniority error)는 피평가자의 연공적 속성인 연령, 학력, 근속연수가 평가결과에 영향을 미치는 것을 말한다. 이는 문화에 따라 그 경향이 달리 나타나는데, 우리나라에서는 같은 성취에 대해 고연령, 고학력자를 더 우대하는 분위기가 있지만 서양에서는 그 반대로 나타나는 경향도 발견된다.

② [×] 후광효과(halo effect)는 평가자가 피평가자의 어느 한 특징으로 전체를 평가해버리는 경향을 말한다. 영어 성적이 뛰어난 사람의 성실성이나 업무수행능력에 대해 좋은 인상을 갖게 되는 경우나, 외모를 보고 성격까지 추론하는 것 등이 이에 해당한다. 따라서 본 선지는 후광효과에 관한 설명이 아니다. 오히려 선지의 서술은 유사성 오류에 가깝다. <u>유사성 오류(similar-to-me error)는 평가자 자신이 스스로와 가치관, 행동, 태도, 속성 등이 비슷한 평가대상에게 더 후하거나 더 박한 평가를 하는 것을 말한다.</u> 일반적으로는 유사성으로 인해 후한 점수를 받는 경우가 문제가 되지만, 그 반대의 경우도 발생할 수 있다.

③ [○] 대비오류(contrast error)는 대조효과라 하기도 하며, 특정한 피평가자가 순서상 다음에 평가되는 피평가자의 평가에 영향을 미치는 경우를 지칭한다. 면접시 우수한 후보 바로 뒷순서의 평범한 후보는 중간 이하의 평가점수를 받게 될 가능성이 크다.

④ [○] 자존적 편견 또는 자기보호오류(self-serving bias)는 자신에 대한 판단에 있어서 성공시에는 능력이나 노력과 같은 내재적 요인에 귀인하는 반면, 실패시에는 그 원인을 외재적 요인에 귀속시키려는 경향을 지칭한다. 이는 비단 자신에 대한 사건뿐만 아니라 자기가 속한 집단이나 가깝게 여기고 있는 집단(예, 내가 응원하는 스포츠팀)의 성패에 대해서도 비슷하게 나타난다.

정답 ②

20-16J ☑☐☐☐　　2023 군무원 5급

인사평가의 신뢰성 관련 오류 중 평가자 자신이 인지 못 하는 오류에 해당하는 것은?

① 상동적 오류　　　② 연공 오류
③ 평균화의 오류　　④ 유사성 오류

해설　평가오류는 크게 세 유형으로 나뉜다(박경규, 2023).

- 평가자의 의도적 주관적 평가: 항상오류(관대화, 가혹화, 중심화), 상동오류, 균형효과(평균화오류), 연공오류
- 평가자 자신도 인지하지 못하는 실수: 후광효과, 시간오류(최근효과), 최초효과, 상관편견, 대비오류, 유사성오류
- 정보부족으로 인한 오류: 중심화 경향, 귀인과정오류(근본귀인오류, 자기보호오류 등), 2차평가자오류

정답 ④

20-17 ☑□□□   2024 공인노무사

고과자가 평가방법을 잘 이해하지 못하거나 피고과자들 간의 차이를 인식하지 못하는 무능력에서 발생할 수 있는 인사고과의 오류는?

① 중심화 경향   ② 논리적 오류
③ 현혹효과   ④ 상동적 태도
⑤ 근접오차

해설 인사평가의 오류는 주로 다음의 세 유형으로 구분할 수 있다.
- 평가자의 의도적인 오류: 항상오류(관대화, 가혹화, 중심화 포함), 상동오류, 균형효과, 연공오류
- 평가자 자신도 인지하지 못하는 오류: 현혹(후광)효과, 초두(최초)효과, 시간적 오류(최근효과), 상관편견, 대비오류, 유사성 오류, 주관의 객관화
- 정보 부족으로 인한 오류: 중심화 경향, 귀인과정오류, 2차 평가자 오류

위의 세 유형 중, 평가방법을 잘 이해하지 못하는 경우는 마지막 유형(정보부족으로 인한 오류)에 해당되며, 평가자가 평가항목에 대한 지식이나 평가능력 자체가 부족하여 피평가자 모두에게 비슷한 점수를 주는 것은 중심화 경향에 해당한다.

참고 ② 논리적 오류는 논리적 상관성이 존재하는 경우, 두 변수 중 어느 한 가지만 측정함으로써 나머지를 넘겨짚는(예, 상관성이 큰 키와 체중 가운데, 키만 측정하여 체중을 추정하는 경우) 오류를 의미한다.
⑤ 근접오차(proximity error)는 쉽게 기억할 수 있는 최근의 실적이나 능력을 중심으로 평가하려는 데서 생기는 오차로서, 최근오류 내지는 시간적 오류와 유사한 의미이다.

정답 ①

인사평가의 기법

1. 상대평가와 절대평가

	상대평가	절대평가
평가기준	사람과 사람을 비교하는 것이므로 기준이 명확치 않음	평가기준이 비교적 명확함(능력, 업적)
팀워크	동료간 적대적인 관계가 형성되고 팀워크 형성 어려움	팀이 협력하여 평가기준을 충족시키는 것이 가능하므로 화합에 유리함
수용성	기준이 불분명하므로 수용성 낮음	평가자는 평가하기 쉽고, 피평가자도 납득하기 쉬움
평가논리	선별의 논리	개발 및 육성의 논리
조정	평가결과를 조정하면 타인이 영향을 받게 되므로 어려움	기준에 근거하여 조정이 이루어지므로 쉬움

2. 비교를 목적으로 하는 평가

1) 서열법: 종합적 성과수준별로 순서를 정하는 방법 → 평가가 용이하지만 고과왜곡의 발생 可
2) 강제할당법: 특정 분포(예 정규분포)의 구간비율에 따라 종업원을 할당 → 항상오류 방지 可

3. 개인특성에 대한 평가

1) 체크리스트법(＝대조표법): 평가 관련 특성이나 행동 리스트에 고과자가 체크하여 판단
　　→ 후광효과로부터 자유롭지만 수용성이 낮을 수 있음
2) 강제선택기술법: 둘 중 하나를 선택해야만 하는 문항들로 구성
　　→ 타당성·신뢰성 우수하지만 고과자의 심리갈등 유발
3) 평정척도법: 고과대상을 평가구성요소와 그 달성정도로 평가하는 가장 대중적인 평가방법
　　→ 적절한 고과요소 선정시 평가타당성 高, 그러나 항상오류나 후광효과 발생 可

4. 행동과정에 대한 평가

1) 주요사건기록법(＝중요사건법): 핵심성공요인(CSF)을 추출하여 평가에 적용
　　→ 실용성과 신뢰성 高, 타당성의 문제 발생
2) 행위기준고과법(BARS): 평정척도법과 주요사건기록법을 혼용한 표준평정척도법
　　→ 신뢰성과 타당성 高, 비용 高
3) 행위관찰고과법(BOS): BARS 보완, 평가기준으로 제시되는 행동에 대한 빈도 측정
4) 평가센터법(AC): 종업원 선발/개발/진단 목적으로 활용가능, 별도장소에서 예시과제를 수행토록 함
　　→ 타당도 高, 시간과 비용 많이 소요

5. 성과와 업적에 대한 종합적 평가

1) 목표관리법(MBO): 종업원과 직속상사의 협의적 목표설정 → 신뢰성, 수용성, 타당성↑, 비용↑
2) 균형성과표(BSC)를 활용한 평가: 구성원 성과가 조직성과에 기여하는 과정을 평가, 성과관리 도구
(4대 관점: 재무적 측면, 고객 측면, 내부 프로세스 측면, 학습 및 성장 측면)
3) 360도 다면평가: 다각도 피드백, HRD 목적

21-1 ☑□□□
2017 경영지도사

인사고과의 방법 중 상대평가의 기법에 해당하지 않는 것은?

① 단순서열법(simple ranking method)
② 교대서열법(alternative ranking method)
③ 쌍대비교법(paired comparison method)
④ 강제할당법(forced distribution method)
⑤ 평정척도법(rating scale method)

해설 인사고과 기법 가운데 서열법(단순서열, 교대서열법, 쌍대비교)과 강제할당법은 상대평가에 속하고, 평정척도법은 절대평가에 해당된다.

• 서열법(ranking method)은 종업원의 서열을 정하는 상대평가 방법으로서, 종합적인 성과수준별로 최고 성과자부터 순서대로 1위, 2위, 3위 등의 순서를 정해 나가는 직접적 서열법(straight ranking), 최고성과자와 최저성과자를 찾아낸 뒤, 이를 기준으로 다른 종업원들을 순차적으로 찾아내어 서열을 매기는 상호적 서열법(alternate ranking, 교대서열법), 피고과자를 둘씩 짝지어 상대적 서열을 정한 뒤, 이렇게 결정된 쌍들 간의 비교결과를 종합하여 서열을 정하는 짝 비교법(paired comparison, 쌍대비교법) 등의 세부 유형으로 나뉜다.

• 강제할당법(forced distribution method)은 정해진 특정 분포(예: 정규분포)에 따라 서열을 정하는 방법으로서, 최고성과와 최저성과 사이를 몇 개의 구간으로 나눈 뒤, 구간별 정규분포 곡선의 면적 비율에 따라 종업원을 할당하는 방식이다.

정답 ⑤

21-2 ☑□□□
2018 공인노무사

인사평가방법 중 피평가자의 능력, 태도, 작업, 성과 등에 관련된 표준행동들을 제시하고 평가자가 해당 서술문을 대조하여 평가하는 방법은?

① 서열법
② 평정척도법
③ 체크리스트법
④ 중요사건기술법
⑤ 목표관리법

해설 ③ 체크리스트법(adjective checklist, 대조표법)은 평가에 적합하다고 판단되는 몇 가지 특성이나 행동(잠재능력, 태도, 작업행동, 성과 등)을 구체적으로 기술한 문장을 리스트에 기재한 뒤 고과자가 이를 읽고 체크하여 채점 기준표상의 등급과 비교하는 방법이다.

정답 ③

21-2M ☑□□□
2024 경영지도사

평가요소별 등급을 정한 후 피고과자의 업무성과를 체크하는 인사고과방법은?

① 서열법
② 업무보고법
③ 강제할당법
④ 평가척도법
⑤ 목표관리법

해설 문장이 조금 어색하지만, '평가요소별 등급'의 의미를 풀어서 설명하자면 '성실성'과 같은 평가항목(=평가요소)의 점수를 체크하기 위한 등급표(5점척도나 7점척도 등)를 의미한다. 따라서 본 문제에서 말하는 인사고과 방법은 평정척도법(rating scale)이다.

정답 ④

21-3 ☑□□□
2016 공인노무사

다음 설명에 해당하는 인사평가기법은?

> 평가자가 피평가자의 일상 작업생활에 대한 관찰 등을 통해 특별히 효과적이거나 비효과적인 행동, 업적 등을 기록하고 이를 평가시점에 정리하여 평가하는 기법

① 서열법
② 평정척도법
③ 체크리스트법
④ 중요사건기술법
⑤ 강제선택서술법

요점정리 주요사건기록법(critical incidents method, 중요사건법)은 특별히 효과적이거나 또는 비효과적인 피평가자의 행동을 토대로 업무수행에의 핵심성공요인(CSF, critical success factor)을 추출하여 평가에 적용하는 기법이다. 조직효과성 향상에 기여할 수 있는 고과항목을 추출하여 이와 관련된 구성원의 특성이나 직무행동을 중점적으로 기록·기술하여 피고과자의 직무태도와 업무수행능력을 개선하도록 유도한다.

해설 ④ 핵심성공요인(CSF)을 추출하여 평가에 적용. 이것이 정답

추가해설 ① 종합적 성과수준별로 순서를 정하는 방법
② 고과대상을 평가구성요소와 그 달성정도로 평가하는 가장 대중적인 평가방법
③ 평가에 적합하다고 판단되는 몇 가지 특성이나 행동 리스트에 고과자가 체크하여 판단
⑤ 둘 중 하나를 선택해야만 하는 문항들로 구성

정답 ④

21-3J ✓☐☐☐

평정척도법과 중요사건기술법을 결합하여 계량적으로 수정한 인사평가기법은?

① 행동기준평가법(behaviorally anchored rating scales)
② 목표관리법(management by objectives)
③ 평가센터법(assessment center method)
④ 체크리스트법(check list method)
⑤ 강제할당법(forced distribution method)

해설 ① 스미스와 켄달(Smith & Kendall)에 의해 고안된 행위기준고과법(BARS, Behaviorally Anchored Rating Scale)은 인성적인 특질을 중시하는 전통적인 인사평가 방법의 비판에 기초하여, 평정척도법과 주요사건기술법을 혼용하여 평가직무에 직접적으로 적용되는 행동묘사문을 핵심성공요인(Critical Success Factor)과 관련된 여러 행동범주에 포함시켜 구성하는 표준평정척도법이다.

추가해설 ② 목표관리법(MBO, management by objective)은 드러커(Drucker)와 맥그리거(McGregor)에 의해 개발된 개념으로서, 종업원이 직속상사와 협의하여 작업 목표량을 설정하고 이에 대한 실제 성과달성도를 부하와 상사가 함께 측정하고 평가하는 방법을 뜻한다.
③ 평가센터법(Human Assessment Center)은 종업원(특히 관리자)의 선발(Selection), 개발(Development), 진단(Inventory)에 있어 신뢰성과 타당성을 높이기 위한 목적으로 진행되는 평가기법으로서, 우선 각 직무단위별로 필요한 능력을 추출하여 목록화한 다음, 이들 능력이 가장 잘 발현될 수 있는 다양한 예시과제(시뮬레이션)를 설정하여 후보자들에게 수행하도록 하여 그 내용에 대한 여러 고과자의 평가를 토대로 해당 인원의 적격여부나 육성의 포인트를 잡아 나가는 평가방식이다.
④ 체크리스트법(adjective checklist, 대조표법)은 평가에 적합하다고 판단되는 몇 가지 특성이나 행동(잠재능력, 태도, 작업행동, 성과 등)을 구체적으로 기술한 문장을 리스트에 기재한 뒤 고과자가 이를 읽고 체크하여 채점 기준표상의 등급과 비교하는 방법이다. 후광효과로부터 자유롭지만 수용성이 낮을 수 있다.
⑤ 강제할당법(forced distribution method)은 고과대상의 실제 성과분포에 상관없이 정해진 특정 분포(예, 정규분포)에 따라 서열을 정하는 방법으로서, 최고성과와 최저성과 사이를 몇 개의 구간으로 나눈 뒤, 구간별 정규분포곡선의 면적 비율에 따라 종업원을 할당하는 방식이다. 평가자의 항상오류를 방지할 수 있다는 장점이 있지만 서열의 결정 기준과 성과의 기준이 모호하다는 단점이 있다.

정답 ①

21-5 ✓☐☐☐

인사고과에서 평가문항의 발생빈도를 근거로 피고과자를 평가하는 방법은?

① 직접서열법
② 행위관찰평가법
③ 분류법
④ 요인비교법
⑤ 쌍대비교법

해설 행위관찰고과법(BOS)은 행위기준평가법(BARS)를 보완한 것으로서 평가기준으로 제시되는 행동에 대한 빈도를 측정하여 평가하는 방법이다.

추가해설 직접서열법(①)과 쌍대비교법(⑤)은 모두 서열법의 일종이다. 직접서열법은 각 대상들을 전체적으로 비교하는 것이고, 쌍대비교법은 두 대상씩 짝을 지어 비교하는 방법이다. 분류법(③)은 인사고과가 아니라 직무평가의 방법이며(Topic 17 참조), 요인비교법은 직무평가 기법 중 요소비교법의 동의어이다.

정답 ②

21-6 ✓☐☐☐

목표관리(MBO: Management By Objectives)의 주요 특성이 아닌 것은?

① 관리자와 구성원 간의 공동목표 설정
② 상위목표와 하위목표의 일치
③ 목표관리의 중간시점에서 경과와 진행상황을 피드백하고 향후 방향을 조정하는 중간평가
④ 상황변화에 따른 목표의 수정과 우선순위 조정
⑤ 호봉제를 통한 안정적 보상시스템 마련

요점정리 목표관리법은 드러커(Drucker)와 맥그리거(McGregor)에 의해 개발된 개념으로서, 종업원이 직속상사와 협의하여 작업 목표량을 설정하고 이에 대한 성과달성도를 부하와 상사가 함께 측정하고 평가하는 방법을 뜻한다. 목표관리식 고과법의 핵심은 종업원의 고과 참여(participation)와 상사의 고과 지원(support)에 있다. 목표관리법은 상하급자간 참여를 통하여 작업목표에 대한 합의(consensus)를 도출하고, 이에 기반하여 결과지향적으로 이루어지는 고과방식이다. 구성원과 상사의 니즈(needs)가 모두 반영됨에 따라 고과하기 쉬운 동시에, 정기적으로 주어지는 피드백 덕분에 구성원의 수용도도 높은 평가라 할 수 있다.

해설 ⑤ 이는 연공급에 대한 설명이다. 시간이 경과할수록 임금이 증가하는 방식은 목표관리와 맞지 않는다. 목표관리에서는 목표달성 정도에 따라 보상이 차등 지급된다.

정답 ⑤

21-7 ☑□□□
2016 7급공무원 2책형

종업원의 동기부여와 성과관리 수단으로 기업에서 활용하는 목표관리기법(Management By Objective; MBO)의 특징으로 적절하지 않은 것은?

① 목표달성 기간의 명시
② 개인 목표의 구체화를 위한 과정
③ 상사와 조직에 의한 하향식 목표 설정
④ 목표달성 여부에 대한 실적 및 정보의 피드백 제공

요점정리 목표관리법(MBO)은 구체적 목표(②)를 상사와 부하간의 합의에 따라 결정하여 제한된 기간 내에(①) 이를 달성하였는지 주기적으로 점검하고 피드백을 제공하는(④) 성과관리 수단이다.

해설 ③ 하향식 목표는 상사가 일방적으로 정해주는 목표이다. 따라서 MBO의 취지에 맞지 않는다.

정답 ③

21-7F ☑□□□
2022 경영지도사

목표관리(MBO)에 관한 설명으로 옳지 않은 것은?

① 구체적이면서 실행 가능한 목표를 세운다.
② 부하는 상사와 협의하지 않고 목표를 세운다.
③ 목표의 달성 기간을 구체적으로 명시한다.
④ 성과에 대한 정보를 피드백한다.
⑤ 업무수행 후 부하가 스스로 평가하여 그 결과를 보고한다.

해설 ② 목표관리의 주요 특징 중 하나가 바로 상사와 부하의 협의에 의한 참여적 목표설정이다. 따라서 본 선지의 설명은 목표관리의 특징을 오히려 반대로 서술한 것이다.

추가해설 목표의 구체성(①), 시간의 명시(③), 상사의 성과피드백과(④) 부하의 자발적 보고(⑤) 등은 모두 목표관리의 특징에 해당한다.

정답 ②

21-8 ☑□□□
2015 경영지도사

목표관리(MBO: Management By Objectives)에 관한 설명으로 옳지 않은 것은?

① 단기목표를 강조하는 경향이 있다.
② 결과에 의한 평가가 이루어진다.
③ 사기와 같은 직무의 무형적인 측면을 중시한다.
④ 종업원들이 역량에 비해 더 쉬운 목표를 설정하려는 경향이 있다.
⑤ 평가와 관련하여 행정적인 서류 업무가 증가하는 경향이 있다.

해설 ③ 무형적 측면보다는 측정이 되는 계량적 목표를 중시한다.

추가해설 ① 구체적이고 명확한 목표설정을 강조하다보니 주로 단기적인 목표가 설정되는 경향이 있는 것은 사실이다.
② 과정이나 노력보다는 결과적으로 목표를 달성했는지에 초점을 둔다.
④ 목표달성도가 중요하므로 낮은 목표를 잡아 쉽게 달성하려는 경향이 있다.
⑤ 구성원 각자마다 목표를 잡아주고 관리해야 하므로 서류업무가 증가한다.

정답 ③

21-9 ☑□□□
2012 가맹거래사

목표관리에 관한 설명으로 옳지 않은 것은?

① 목표달성 정도를 정기적으로 확인
② 목표설정 과정에 구성원 참여
③ 톱다운(top-down)방식의 목표설정
④ 목표달성 방법의 자율적 결정
⑤ 동기부여의 효과

해설 ③ 목표관리는 상향식(bottom-up) 방식의 목표설정을 강조한다. 이 지문과 ②, ④는 논리적 모순관계이므로 혼자 따로 노는 ③이 정답임이 자명하다.

정답 ③

21-9A ☑□□□   2020 가맹거래사

목표에 의한 관리(MBO)에 관한 설명으로 옳지 않은 것은?

① 맥그리거(D. McGreger)의 X이론에 바탕을 둔다.
② 보통 1년을 주기로 한 단기목표를 설정한다.
③ 측정 가능한 목표를 설정한다.
④ 조직의 목표 설정 시 구성원이 참여한다.
⑤ 목표달성 여부에 대한 피드백을 제공한다.

－－－－－－－－－－

해설 목표에 의한 관리는 구성원이 상사와 협의하에(참여적 목표설정, ④) 특정한 목표를 수립하면 그 달성을 위해 스스로 (별도의 지시나 감독 없이도) 열심히 노력할 수 있다는 관점에서 출발한 조직관리 방안이다. 이 과정에서 동기부여에 도움이 되는 목표는 측정이 가능하고(③), 1년을 기준으로 하는 단기목표(②)를 뜻한다. 목표달성 과정 중간중간에 상사는 부하직원의 목표달성 정도를 확인하고 피드백을 제공한다(⑤). 결론적으로 목표를 중심으로 한 부하직원의 자발적 노력이 강조되는 것이므로 <u>부하직원을 게으르고 일하기를 싫어하는 부정적 측면의 인간으로 묘사하는 X이론의 관점과는 거리가 멀다</u>고 볼 수 있다.

정답 ①

21-9B ☑□□□   2020 공인노무사

MBO에서 목표설정 시 SMART 원칙으로 옳지 않은 것은?

① 구체적(specific)이어야 한다.
② 측정가능(measurable)하여야 한다.
③ 조직목표와의 일치성(aligned with organizational goals)이 있어야 한다.
④ 현실적이며 결과지향적(realistic and result-oriented)이어야 한다.
⑤ 훈련가능(trainable)하여야 한다.

－－－－－－－－－－

해설 목표관리법(MBO, management by objectives)에서 동기부여에 도움이 되는 목표는 구체적(specific)이고 측정가능(measurable)하며 성취가능(achievable) 또는 조직목표와 정렬(align)이 가능한 동시에 조직성과지향적(result-oriented)이면서 <u>시간제약이 존재하는(time-bounded)</u> 것이어야 한다.

정답 ⑤

21-10 ☑□□□   2010 공인노무사

목표에 의한 관리(MBO)의 주요 특성이 아닌 것은?

① 목표달성 기간의 명시
② 상사와 부하간의 협의를 통한 목표설정
③ 다면평가
④ 목표의 구체성
⑤ 실적에 대한 피드백

－－－－－－－－－－

해설 목표에 의한 관리(MBO)에서도 기본적으로 평가권자는 상사가 된다. 구성원의 고과참여(participation)는 '고과목표설정과정에의 참여'를 의미하기 때문이다.

정답 ③

21-11 ☑□□□   2019 경영지도사

목표관리(MBO)의 일반적 요소가 아닌 것은?

① 목표의 구체성(goal specificity)
② 명확한 기간(explicit time period)
③ 성과 피드백(performance feedback)
④ 참여적 의사결정(participative decision making)
⑤ 조직구조(organizational structure)

－－－－－－－－－－

해설 목표관리법(MBO, management by objective)은 드러커(Drucker)와 맥그리거(McGregor)에 의해 개발된 개념으로서, 종업원이 직속상사와 협의하여 작업 목표량을 설정하고 이에 대한 실제 성과달성도를 부하와 상사가 함께 측정하고 평가하는 방법을 뜻한다. 목표관리식 고과법의 핵심은 <u>종업원의 고과 참여(participation)와 상사의 고과 지원(support)(④)</u>에 있다. 일반적으로 목표관리법이 성공하기 위해서는 <u>구체적(Specific)이며 측정가능(Measurable)하고(①)</u> 도전적(Achievable)이며 결과지향적(Result-oriented)이고 <u>시간제약(Time-bounded)이 있는 목표(②)</u>가 필요하다(이를 약자로 SMART라 부른다). 목표설정 이후에는 <u>목표가 제대로 달성되고 있는지에 관한 성과피드백이 주기적으로 진행(③)</u>된다. 선지 ⑤의 조직구조는 이에 해당되지 않는다.

정답 ⑤

21-11F ☑□□□   2022 군무원 9급

다음 중 목표에 의한 관리(MBO)의 성공요건이 아닌 것은?

① 목표의 난이도   ② 목표의 구체성
③ 목표의 유연성   ④ 목표의 수용성

해설 목표관리의 이론적 배경인 로크(Locke)의 목표설정이론 (goal-setting theory)에 따르면 동기부여를 시킬 수 있는 좋은 목표란 구체적(specific)이면서 달성이 쉽지 않은 적당한 수준의 난이도(difficulty)를 갖춘 동시에 구성원들이 수용할 수 있는(acceptable) 것이어야 한다.

정답 ③

21-12 ☑□□□   2014 경영지도사

목표관리(MBO)에서 바람직한 목표설정방법이 아닌 것은?

① 약간 어려운 목표를 설정해야 한다.
② 목표설정과정에 당사자가 참여해야 한다.
③ 목표설정에 있어서 수량, 기간, 절차, 범위를 구체적으로 설정해야 한다.
④ 경영전략에 의거하여 하향식(top-down 방식)으로 목표를 설정해야 한다.
⑤ 목표설정 후 업무가 진행되어 가는 도중에도 현재까지 수행된 업무 결과를 담당자에게 알려주어야 한다.

해설 ① 너무 쉽거나 너무 어려운 목표는 좋지 않다.
② 이 지문이 옳다면 ④는 옳지 않은 것이다. 대개 MBO에서는 상사와 부하직원이 서로 의견을 교류하여 목표를 설정하는 것을 강조한다.
③ 동기부여를 위해서는 구체적인 목표를 세워야 한다.
⑤ 업무진행 상황을 중간중간에 피드백 해 주어야 목표수립이 보다 쉬워진다.

정답 ④

21-12M ☑□□□   2024 경영지도사

목표에 의한 관리(MBO)에 관한 내용으로 옳지 않은 것은?

① 목표 설정에 개인 참여
② 장기적인 목표 강조
③ 조직 목표와 개인 목표의 일치
④ 성과와 능률 중시
⑤ 효과적인 통제

해설 ① [○] MBO에서는 상사가 일방적으로 정하는 목표보다는 종업원의 의견이 반영되는 참여형 목표설정을 강조한다.
② [×] 목표관리법에서는 시간제약을 설정하기 용이한 단기목표를 (장기목표보다) 선호한다.
③ [○] 목표관리법에서는 조직목표와 개인목표의 정렬(alignment)을 강조한다. 이는 상위목표가 하위목표로 캐스케이딩(cascading)되는 과정으로 표현하기도 한다.
④ [○] 목표관리법은 성과와 결과를 측정하여, 목표와 비교하는 방식의 조직관리방법이다. 따라서 성과와 이를 달성하는 과정에서의 능률을 강조한다.
⑤ [○] 목표관리법은 목표 대비 달성도를 측정함으로써 조직 구성원의 업무수행에 대한 효과적 통제를 시도한다.

정답 ②

21-13 ☑□□□   2015 7급공무원 3책형

인사평가제도 중 다면평가에 대한 설명으로 옳지 않은 것은?

① 업무 성격이 고도의 지식과 기술을 요구하는 경우가 많아 다면평가가 더욱 필요하게 되었다.
② 연공 서열 위주에서 팀 성과 위주로 인적자원관리의 형태가 변화하면서 다면평가의 필요성이 증대되었다.
③ 원칙적으로 다면평가의 결과는 본인에게 공개하지 않기 때문에 인사평가 자료로는 제한적으로 사용된다.
④ 직속 상사를 포함한 관련 주변인들이 업무 측면 이외에도 여러 가지 능력을 평가하는 것이다.

요점정리 다면평가는 상사를 포함한 본인과 동료 팀원, 하급자와 외부이해관계자(고객이나 공급자 등)에 의해서 이루어지는 평가 및 피드백이다(④). 최근 업무의 성격이 다양하고 복잡해짐에 따라(①) 상사 혼자서 부하직원의 제반 측면을 모두 파악하기가 힘들어지고 있으며, 개인적 업무보다는 팀 단위의 협업이 강조되고 있는 추세에 따라(②) 다면평가의 필요성 또한 증가하고 있다.

[해설] ③ 다면평가의 영어식 표현인 '360°피드백'은 피고과자에게 평가결과에 대한 피드백을 제공함으로써 인적자원의 개발을 촉진하는 것을 그 목표로 한다. 따라서 공개하지 않는다는 언급은 틀렸다.

정답 ③

21-14 ☑☐☐☐ 2010 가맹거래사

인사고과의 방법 중 하나인 다면평가에 관한 설명으로 옳지 않은 것은?

① 2인 이상의 고과자들이 공동으로 고과에 참여하는 방식이다.
② 고과자의 주관과 편견을 감소시키는 효과가 있다.
③ 고과자들의 개인별 고과편차를 감소시키는 데 목적이 있다.
④ 특정 계층의 고과자들에 의하여 평가가 좌우된다.
⑤ 다면평가방법 중 하나인 360도 피드백은 피평가자를 전방위적 측면에서 평가하여 피드백을 주는 기법이다.

[해설] 360° 다면평가는 특정 계층이 아니라 상사를 포함한 본인과 동료, 하급자와 외부이해관계자(고객이나 공급자 등)에 의해서 이루어지는 평가 및 피드백을 총칭한다. 엄밀히 말하면 다면평가는 임금이나 선발 및 승진에 활용되는 평가제도라고 하기보다는 피고과자에게 피드백을 줌으로써 인적자원의 개발을 꾀하려는 목적에서 등장한 제도이다.

정답 ④

21-15 ☑☐☐☐ 2016 가맹거래사

복수의 평가자가 적성검사, 심층면접, 시뮬레이션, 사례연구, 역할연기 등의 평가방법을 활용하여 지원자의 행동을 관찰 및 평가하여 선발하는 방법은?

① 다면평가법(360° appraisal)
② 행동평가법(behavioral observation method)
③ 종합평가제도(assessment center)
④ 패널면접법(panel interview)
⑤ 직무적성평가법(job aptitude appraisal)

[요점정리] 경영학 공부를 하면서 어려운 점 중 하나가 바로 같은 의미의 기법들이 서로 다른 방식의 우리말로 번역되어 있어 혼란스럽다는 것이다. 이 문제의 핵심은 '종합평가제도'라는 선지의 영문을 보고 이것이 '평가센터법' 내지는 '인적평정센터법'과 같은 의미임을 간파하는데 있다.

[해설] ③ 종합평가법 또는 평가센터법은 종업원의 선발, 개발, 진단 목적으로 활용가능하며, 별도의 장소에서 예시과제를 후보자들로 하여금 수행토록 하고 이를 복수의 평가자가 판단하는 방법이다.

정답 ③

21-16 ☑☐☐☐ 2018 경영지도사

관리직 인력을 선발할 때 주로 사용하며, 다수의 지원자를 특정 장소에 모아놓고 여러 종류의 선발도구를 적용하여 지원자를 평가하는 방법은?

① 서열법   ② 체크리스트법
③ 중요사건기술법   ④ 평가센터법
⑤ 행위관찰척도평가법

[해설] 평가센터법(Human Assessment Center, HAC)은 관리직 인력을 선발·교육·평가할 때 주로 사용하는 방법으로서, 복수의 지원자들을 일정 기간 동안 특정 장소에 머무르게 하면서 그들의 일거수일투족을 관찰하며 다양한 방식의 도구를 활용하여 지원자들의 여러 측면을 종합적으로 판단하고자 할 때 사용하는 방식이다. 평가센터법은 비용상의 문제로 하위직보다 주로 상위 관리직 채용에 활용된다.

정답 ④

21-17 ☑□□□

평가센터법(assessment center)에 관한 설명으로 옳지 않은 것은?

① 평가에 대한 신뢰성이 양호하다.
② 승진에 대한 의사결정에 유용하다.
③ 교육훈련에 대한 타당성이 높다.
④ 평가센터에 초대받지 못한 종업원의 심리적 저항이 예상된다.
⑤ 다른 평가기법에 비해 상대적으로 비용과 시간이 적게 소요된다.

해설〉 평가센터법은 관리자 선발이나 승진 결정에 활용되는 방법으로 평가의 타당성과 신뢰성을 높이기 위해 개발되었다 (①, ③). 복수의 대상자들을 일정 기간 동안 특정 장소에 머무르게 하면서 그들의 일거수일투족을 관찰하며 다양한 방식의 도구를 활용하여 그들의 여러 측면을 종합적으로 판단하고자 할 때 사용하는 방식이므로 승진대상자의 역량(대인관계능력, 의사결정능력 등)을 효과적으로 검토할 수 있다(②). 다만 평가센터에 초대된 사람들 중에서 승진대상자를 결정하게 되므로 초대가 되지 않은 후보자들의 심리적 저항감 내지는 박탈감을 유발할 수 있고(④), 비용이 많이 드는 문제가 있어(⑤) 하위직보다 주로 상위 관리직 채용에 활용된다.
정답 ⑤

21-18 ☑□□□

관리자 계층의 선발이나 승진에 사용되는 평가센터법 (assessment center method)에 대한 설명으로 옳지 않은 것은?

① 피평가자의 언어능력이 뛰어나면 다른 능력을 평가하는데 현혹효과(halo effect)가 나타날 가능성이 있다.
② 다른 평가기법에 비해 평가 시간과 비용이 많이 소요된다.
③ 기존 관리자들의 공정한 평가와 인력개발을 위해서도 활용될 수 있다.
④ 전문성을 갖춘 한 명의 평가자가 다수의 피평가자를 동시에 평가한다.

해설〉 평가센터법(Human Assessment Center)은 종업원(특히 관리자)의 선발(Selection), 개발(Development), 진단(Inventory)에 있어 신뢰성과 타당성을 높이기 위한 목적으로 진행되는 평가기법으로서(③), 우선 각 직무단위별로 필요한 능력을 추출하여 목록화한 다음, 이들 능력이 가장 잘 발현될 수 있는 다양한 예시과제(시뮬레이션)를 설정하여 후보자들에게 수행하도록 하여 그 내용에 대한 여러 고과자의 평가를 토대로(따라서 ④는 잘못된 설명임) 해당 인원의 적격여부나 육성의 포인트를 잡아 나가는 평가방식이다. 아무래도 다양한 평가도구를 종합적으로 활용하다보니 시간과 비용이 많이 소요되며(②) 평가과정이 주로 토론이나 시험 및 면접 등으로 진행되다보니 언어능력이 뛰어난 직원이 후광효과(현혹효과, halo effect)로 인해 높은 점수를 얻는 오류가 발생할 수도 있다(①).
정답 ④

21-18J ☑□□□

인사평가에 대한 설명으로 옳은 것은?

① 행동기준고과법(BARS: behavioral anchored rating scale)은 목표대비 달성 정도를 체크리스트법과 중요사건법의 결합 척도로 평가한다.
② 다면평가법에서 평가 참여자로는 상급자, 동료, 하급자 등 내부 구성원은 포함되지만 외부 고객은 고려되지 않는다.
③ 후광효과(halo effect)는 피평가자 개인의 특성보다는 출신학교와 같은 사회적 집단에 근거해 평가할 때 나타나는 오류이다.
④ 평가센터법(assessment center method)은 피평가자의 역량을 정확하게 평가할 수 있지만, 평가비용이 많이 들고 평가시간이 오래 걸린다.

해설〉 ① [×] 스미스와 켄달(Smith & Kendall)에 의해 고안된 행위기준고과법(BARS)는 평정척도법과 주요사건기술법을 혼용하여, 평가직무에 직접적으로 적용되는 행동묘사문을 핵심성공요인(Critical Success Factor)과 관련된 여러 행동범주에 포함시켜 구성하는 표준평정척도법이다.
② [×] 다면평가는 상사를 포함한 본인과 동료, 하급자와 외부이해관계자(고객이나 공급자 등)에 의해서 이루어지는 평가 및 피드백을 총칭한다. 주로 상사에 의해 이루어지던 과거 평가관행의 한계(부족한 정보로 부하직원을 판단)를 극복하기 위하여 등장했으며, 피평가자에 대한 정보를 조금이라도 갖고 있는 모든 주체들이 참여하는 평가방식이다.
③ [×] 선지의 서술은 고정관념 내지 상동오류에 가깝다. 상동

오류(stereotyping)는 특정한 유형(종교, 성별, 인종 등 피평가자가 속한 집단)에 대해 가지고 있는 편견에 근거하여 발생하는 오류를 말한다. 후광효과는 평가자가 피평가자의 어느 한 개인적 특징으로 나머지 전체를 평가해버리는 경향으로서, 특정 항목에 대한 평가가 다른 항목의 평가 또는 지원자에 대한 전반적 평가에 영향을 주는 것을 말한다. 영어 성적이 뛰어난 사람의 성실성이나 업무수행능력에 대해 좋은 인상을 갖게 되는 경우나, 외모를 보고 성격까지 추론하는 것 등이 이에 해당한다.
④ [O] 평가센터법(Assessment Center, AC)은 관리직 인력을 선발(S형, selection)이나 인력개발(D형, development), 적성·능력 진단(I형, 평가, inventory)을 위하여 주로 사용하는 방법으로서, 복수의 지원자들을 일정 기간 동안 특정 장소에 머무르게 하면서 그들의 일거수일투족을 다수의 평가자가 관찰하며 다양한 방식의 도구를 활용하여 지원자들의 여러 측면을 종합적으로 판단하고자 할 때 사용하는 방식이다. (그래서 이 기법을 '종합평가법'으로 부르기도 한다.) 평가센터법은 비용이 많이 들기 때문에 하위직보다 주로 상위 관리직 채용에 활용된다.

정답 ④

임금의 수준과 체계

1. 보상의 구성 : 임금+복지후생

2. 임금공정성의 내용

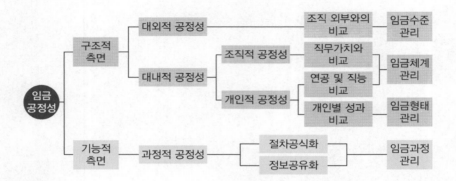

3. 임금수준의 관리 : 전체 종업원 평균임금총액의 설정

1) 영향요인: 대외요인(타사 임금수준, 생계비, 물가, 정부정책)+대내요인(규모, 전략, 노조, 지불능력)

2) 임금의 상한선: 기업의 지불능력 ← 생산성(물적·부가가치 생산성)과 수익성(BEP 등)에 따라 결정

3) 임금의 하한선: 생계비 ← 이론적 생계비, 종업원의 생애주기, 법정최저임금 등의 영향

4) 적정임금수준의 결정: 상한선과 하한선 사이

① 지배임금률: 동일지역/유사산업/동일직무 노동자의 평균수령임금수준(임금의 사회적 균형)

② 노동조합: 노조의 단체교섭력이 강할수록 임금수준 상향

③ 경영전략: 선도전략(경쟁기업보다↑), 동행전략(지배임금률 수준), 추종전략(경쟁기업보다↓)

4. 임금체계의 관리 : 임금을 구성하는 지급항목들에 대한 결정과정 및 임금격차의 구조 관리

1) 연공급(숙련상승설과 생계비 보장설에 근거함)

① 의의: 개인의 학력·자격·연령 등을 고려하여 근속연수에 따라 임금을 결정 → 속인급

② 장점: 동양적 문화에 부합, 충성심 제고, 직무분석이 어려운 직무에 적용가능, 고연공자 선호

③ 단점: 동일노동에 다른임금, 인건비 부담 가중, 전문가 확보 애로, 젊은 층 사기 저하, 보신주의

④ 임금피크제: 동일한 인건비 체계 하에서 일정연령을 기준으로 생산성과 임금을 연계

2) 직무급(기업간 노동의 자유로운 이동을 전제로 함)

① 의의: 직무평가에 의해 측정된 직무의 상대적 가치에 따라 지급되는 임금 → 속직급

② 장점: 동일노동 동일임금, 합리적 인사관리 가능, 노동생산성과 작업능률 향상

③ 단점: 시행절차 복잡, 학력/연공중심 풍토에서의 저항, 가족주의적 문화와 충돌 등

3) 직능급(관련개념: 역량급, 지식급, 기술급, 자격급 등)

① 의의: 직무수행능력(KSA 등)에 상응하도록 임금을 설정 → 직무급과 연공급의 절충

② 장점: 근로의욕 고취, 자기계발 욕구 자극

③ 단점: 형식적 자격기준에 집착, 경쟁의 격화, 능력개발이 어려운 분야 적용 애로

22-1 ☑□□□

임금수준 결정의 기업 내적 요소가 아닌 것은?

① 기업규모　　　　② 경영전략
③ 노동조합　　　　④ 생계비
⑤ 지불능력

요점정리 임금수준에 영향을 미치는 제반 요인들은 크게 기업의 외부요인과 기업의 내부요인으로 나누어 살펴볼 수 있다.
• 대외적 요인: 이는 사회일반의 임금수준, 생계비, 물가, 정부정책(예: 최저임금) 등을 포함한다. 기업이 자체적으로 통제하기가 쉽지 않은 변수들이 주로 이에 해당된다.
• 대내적 요인: 이는 기업규모, 경영전략, 노동조합, 지불능력(예: 손익분기점) 등을 포함한다. 경영진의 의지에 따라 통제가 가능한 변수들이 주로 이에 해당한다.

해설 생계비는 기업 내부적으로 정할 수 있는 성질의 것이 아니다. 정부의 최적임금이나 종업원의 생애주기(life-cycle) 등이 생계비의 영향요인이 되기 때문이다.
정답 ④

22-2 ☑□□□

임금수준 결정의 기업 내적요소에 해당하는 것은?

① 생계비　　　　　② 시장임금
③ 기업의 지불능력　④ 경쟁기업의 임금
⑤ 물가상승률

해설 지불능력은 기업이 노동력에 대해 최대로 지불할 수 있는 가격으로서, 생산성과 수익성 등의 기업내적 요인에 의해 결정되는 것이다. 나머지 요인들은 모두 기업이 통제할 수 없는 외적 요인들이다.
정답 ③

22-3 ☑□□□

임금수준의 관리에 관한 설명으로 옳지 않은 것은?

① 대외적 공정성을 확보하기 위해서는 노동시장의 임금수준 파악이 필요하다.
② 기업의 임금 지불능력을 파악하는 기준으로 생산성과 수익성을 들 수 있다.
③ 임금수준 결정 시 선도전략은 유능한 종업원을 유

인하는 효과가 크다.
④ 임금수준의 관리는 적정성의 원칙을 지향한다.
⑤ 임금수준의 하한선은 기업의 지불능력에 의하여 결정된다.

요점정리 대외적 공정성은 곧 임금수준관리의 원칙이며 이 과정에서 상한선(지불능력), 하한선(생계비), 적정수준(시장임금, 전략)이 고려된다. 여기서 지불능력은 생산성과 수익성으로, 하한선은 생계비와 최저임금으로, 경영전략은 타사보다 많이 지급하는 선도전략, 타사만큼 지급하는 동행전략, 타사보다 적게 지급하는 추종전략으로 그 세부내용이 구분된다.

해설 ⑤ 지불능력과 관련있는 개념은 상한선이다.
정답 ⑤

22-4 ☑□□□

기업의 임금수준을 결정할 때 고려해야 할 요소로서 가장 적절하지 않은 것은?

① 기업의 손익분기점
② 근로자의 평균 근속년수
③ 근로자의 생계비 수준
④ 경쟁사의 임금 수준
⑤ 정부의 정책이나 법규

해설 ② 임금수준은 사용자에 의하여 지급되는 평균임률의 총액을 의미한다. 근속연수(연공)는 임금체계를 결정할 때의 고려사항이다.
정답 ②

22-5 ☑□□□

최저임금제도와 관련이 없는 것은?

① 계약자유의 존중　② 저임 근로자 보호
③ 임금인하경쟁 방지　④ 유효수요 창출
⑤ 사회 안정

요점정리 최저임금제도(minimum wage system)는 국가가 저임금 근로자의 생활보호(②)를 위하여 임금의 하한선을 정하고, 사용자에게 이 수준 이상을 지급하도록(③) 법으로 강제하는 제도로서, 최저임금제에서 설정하는 임금을 법정임금이라고

도 부른다. 원래 임금은 노동시장에서 자율적으로 결정되는 것이지만, 최저임금제도는 이러한 시장원리를 사회정책적인 관점에서 제약을 가해 수정한 사회적 제도라 할 수 있다. 오늘날에는 세계노동기구(ILO)의 가맹국 중 다수의 국가들이 이 제도를 채택하고 있다. 최저임금제의 기본적인 목적은 사회정책적인 빈곤퇴치 목적으로서, 최저생계비에도 미달되는 임금으로 살아가는 한계근로자(비노조조직원이나 미숙련근로자 등)가 인간다운 생활을 할 수 있도록 정부가 개입하여 그 임금수준을 보장해주는 것이다(⑤). 또한 최저임금제는 불황기에 임금이 일정수준 이하로 하락하는 것을 방지하므로 구매력을 보호하여 유효수요(effective demand, 구매력이 뒷받침되는 수요)를 창출할 수 있으며(④), 이는 경기회복에 큰 도움이 된다.

해설 ① 계약자유의 원리에 따르면 임금은 노사간 자율적으로 협의하에 정할 수 있는 것이다. 이 경우 상대적으로 힘이 강한 사용자의 입장이 더 많이 반영되어 임금수준이 낮게 책정될 가능성이 있기에, 정부가 개입하여 임금수준의 하한선을 강제하는 것이 바로 최저임금제도인 것이다.

정답 ①

22-6 ☑☐☐☐ 　　　　　　　2018 공인노무사
최저임금제의 필요성으로 옳지 않은 것은?

① 계약자유 원칙의 한계 보완
② 저임금 노동자 보호　③ 임금인하 경쟁 방지
④ 유효수요 창출　　　　⑤ 소비자 부담 완화

해설 ⑤ 최저임금이 정해지면 기업은 물건의 가격을 일정수준 이하로 내릴 수 없으므로 가격측면에서 소비자부담이 줄어든다고 볼 수 없다.

정답 ⑤

22-7 ☑☐☐☐ 　　　　　　　2019 경영지도사
우리나라의 최저임금제도 운영에서 실시되지 않았던 것은?

① 업종별 차등 적용
② 지역별 차등 적용
③ 직무별 차등 적용
④ 사업체 규모별 차등 적용
⑤ 근로자 연령별 차등 적용

해설 1988년부터 시행된 우리나라의 최저임금제는 과거에는 업종별(제조업 등), 직무별(업무의 특성), (직원 숫자에 따른) 사업체 규모별, 근로자의 근속기간 등으로 차등적용을 해 왔으나 최근에는 이러한 차등화를 하지 않고 통일된 기준으로 전국 모든 근로자에게 적용되고 있다. 다만 ②와 관련한 지역별 차등화는 실시한 적이 전혀 없다.

정답 ②

22-8 ☑☐☐☐ 　　　　　　　2018 경영지도사
임금체계에 관한 설명으로 옳지 않은 것은?

① 임금체계란 기업의 임금총액을 종업원 수로 나눈 것이다.
② 직무급이란 직무들을 평가하여 직무의 상대적 가치에 따라 임금을 결정하는 것이다.
③ 연공급이란 종업원의 근속연수, 학력 등을 기준으로 임금을 결정하는 것이다.
④ 직능급은 종업원이 보유하고 있는 직무수행능력을 기준으로 임금을 결정하는 것이다.
⑤ 임금의 내부공정성은 기업이 허용임금 총액을 종업원들에게 어떻게 배분하느냐와 관련이 있다.

요점정리 임금체계(pay structure)관리는 임금을 구성하는 지급항목들에 대한 결정기준과 임금격차(pay difference)의 구조에 대한 관리로서, 통상적으로 내적공정성에 의거하여 기본급과 제반 수당을 결정하는 과정을 지칭한다. 기본급이 노동력의 제공대가 중 어느 부분에 초점을 맞추는지에 따라 일 자체에 대한 대가인 직무급, 종업원 본인에 체화된 가치에 대한 대가인 연공급과 직능급 등으로 구분된다. 여기서 직무급을 속직급, 연공급과 직능급을 속인급이라 부르기도 한다.

해설 ① 임금총액을 종업원 수로 나눈 것은 평균 총액임금, 즉 임금수준이다. 이는 임금의 대외적 공정성(외적 공정성)과 관련이 있다.

추가해설 ② 직무급은 직무가치에 따라 지급되는 임금체계이다.
③ 연공급은 시간과 밀접한 관련이 있는 근속연수와 학력 등을 반영하는 임금체계이다.
④ 직능급의 '직능'은 직무수행능력을 뜻하며, 최근 역량급이나 지식급 혹은 기술급 등의 용어로도 사용된다.

정답 ①

22-9 ☑□□□
2015 경영지도사

기업 내 직무들 간의 상대적 가치를 기준으로 임금을 결정하는 유형은?

① 직무급(Job-based pay)
② 연공급(Seniority-based pay)
③ 역량위주의 임금(Competency-based pay)
④ 스킬위주의 임금(Skill-based pay)
⑤ 개인별 인센티브(Individual incentive plan)

해설 ① 직무의 상대적 가치에 따른 임금결정 방법이다. 이 문제의 정답이다.
② 구성원의 근속연수에 따라 임금을 결정하는 방법이다.
③, ④ 말 그대로 각자의 보유역량이나 기술수준에 따라 임금을 차등지급하는 방법이다.
⑤ 개인이 달성한 성과에 따라 차등지급되는 임금이다.

정답 ①

22-10 ☑□□□
2019 공인노무사

직무급의 특징에 관한 설명으로 옳지 않은 것은?

① 직무의 상대적 가치에 따라 개별 임금이 결정된다.
② 능력주의 인사풍토 조성에 유리하다.
③ 인건비의 효율성이 증대된다.
④ 동일노동 동일임금 실현이 가능해진다.
⑤ 시행 절차가 간단하고 적용이 용이하다.

해설 직무급은 직무의 상대적 가치에 따라 책정되는 임금체계 유형으로서(①) 같은 일을 하는 사람은 같은 보상을 받는 동일노동 동일임금의 원리가 실현되어(④) 근속기간이 길면 임금액수가 증가하는 연공급에 비해 인건비를 효율적으로 활용할 수 있다(③). 여기서는 중요한 직무를 수행할 때 임금이 상승하므로 보다 중요한 직무를 수행하기 위하여 구성원들이 능력개발 노력을 기울일 수 있다(②). 다만 직무급을 실시하기 위해서는 직무의 상대적 가치를 평가하는 작업, 즉 <u>직무평가가 선행되어야 하므로 타 임금유형에 비해 절차가 다소 복잡하게 된다</u>(따라서 ⑤는 틀림).

정답 ⑤

22-11 ☑□□□
2017 가맹거래사

직무급에 관한 설명으로 옳지 않은 것은?

① 동일노동에 대한 동일임금의 원칙에 기반한다.
② 임금을 산정하는 절차가 단순하다.
③ 능력주의 인사풍토 조성에 도움이 된다.
④ 연공주의 풍토 하에서는 직무급 도입에 저항이 크다.
⑤ 직무를 평가하여 직무의 상대적 가치를 기준으로 임금을 결정한다.

요점정리 직무급은 직무의 상대적 가치에 따라 임금을 차등지급하는 제도(⑤)이므로, 같은 직무를 수행할 경우 같은 임금을 지급한다(①). 따라서 구성원들은 높은 임금을 받기 위해서 보다 중요한 가치를 가지는 직무를 수행할 수 있어야 하기에 자신의 능력을 개발하는데 집중하게 된다(③). 우리나라와 같이 연공주의적 풍토가 강한 나라에서는 직무가치에 따른 임금책정에 거부감이 클 수 있는데(④), 그 이유는 근속기간이 길더라도 동일한 직무를 수행할 경우 직무급제도 하에서는 임금상승률이 연공급에 비해 크지 않기 때문이다.

해설 ② 직무급은 직무분석과 직무평가를 거친 이후, 직무평가점수에 기반하여 임금을 지급하는 방식이다. 따라서 임금산정의 절차가 복잡하다고 볼 수 있다.

정답 ②

22-12 ☑□□□
2019 서울시 7급 B책형

직무급(job-based payment)에 대한 설명으로 가장 옳지 않은 것은?

① 직무급의 임금체계를 도입하기 위해서 직무평가가 선행적으로 요구된다.
② 직원의 연령, 근속 연수, 학력 등 속인적 요소가 강조된다.
③ 동일노동에 대한 동일임금의 원칙에 입각한 임금체계이다.
④ 조직 내 직무들 간 상대적 가치를 기준으로 임금이 결정된다.

해설 직무급(job-based pay)은 직무평가에 의하여 평정된 각 직무의 상대적 가치(직무의 중요도, 난이도, 위험 등이 반영)에 따라 임금이 결정되는(④) 속직적 임금체계유형의 하나이다(따

라서 ②는 틀린 설명임). 이는 동일노동에 대하여 동일임금이 지급되는 원칙으로서(③), 가장 합리적인 임금체계라 할 수 있다. 직무급이 성공적으로 운영되기 위해서는 직무수행을 위해 필요한 숙련의 정도·책임의 정도·작업조건 등을 합리적으로 분석하고 평가하는 것, 즉 직무분석과 직무평가의 신뢰성과 타당성이 필수적으로 요청되며(①), 기업간 노동력이 자유롭게 이동할 수 있어야 한다. 또한 직무의 가치와 종업원의 능력이 가급적 일치할 수 있도록 채용하고 적재적소에 배치할 때 비로소 직무급은 그 실시목적을 달성할 수 있다.

정답 ②

22-12A ☑☐☐☐　　2020 경영지도사

직무급(job-based pay)에서 중요하게 고려하는 요소는?

① 직무의 상대적 가치
② 기업의 매출 성과
③ 근속연수
④ 최저생계비
⑤ 직무수행 능력

[해설] 직무급은 직무의 상대적 가치에 따라 지급되는 임금을 뜻한다.

정답 ①

22-13 ☑☐☐☐　　2011 공인노무사

근로자의 직무수행 능력을 기준으로 임금을 결정하는 임금체계는?

① 직무급　　　　　② 연공급
③ 직능급　　　　　④ 업적급
⑤ 성과급

[해설] ① 직무의 상대적 가치에 따라 결정되는 임금
② 종업원의 근속기간에 따라 결정되는 임금
③ 종업원의 직무수행 능력에 따라 결정되는 임금
④, ⑤ 종업원의 실적(업적, 성과)에 따라 결정되는 임금

정답 ③

22-13J ☑☐☐☐　　2023 군무원 5급

종업원의 가치를 임금배분의 공정성 기준으로 삼는 임금제도로만 고른 것은?

ㄱ. 연공급	ㄴ. 직무급
ㄷ. 성과급	ㄹ. 직능급

① ㄱ, ㄴ　　　　　② ㄱ, ㄹ
③ ㄴ, ㄷ　　　　　④ ㄷ, ㄹ

[해설] 종업원의 가치, 즉 속인적 가치에 해당하는 요인은 근속기간(연공), 능력(직무수행능력, 직능)이다. 성과도 개인이 달성하는 것이므로 속인적 가치에 속할 수 있다. 다만 성과는 종업원 가치 그 자체는 아니고, 다음 공식에서처럼 종업원의 가치항목인 근속기간(시간)과 직무수행능력에 의해 파생적으로 달성되는 것이다.

$$성과 = f(능력, 노력, 시간)$$

따라서 정답은 연공급과 직능급이 된다.

정답 ②

22-14 ☑☐☐☐　　2018 7급 나형

임금체계에 대한 설명으로 옳지 않은 것은?

① 연공급체계는 고용의 안정성과 직원의 귀속의식을 향상시킨다.
② 직무급체계는 각 직무의 상대적 가치를 기준으로 임금을 결정한다.
③ 직능급체계는 '동일노동 동일임금(Equal Pay for Equal Work)'이 적용된다.
④ 직능급체계는 직원의 자기개발 의욕을 자극한다.

[해설] ③ 동일노동 동일임금, 즉 합리적 임금시스템을 의미하는 임금체계는 직무급이다.

[추가해설] ① 연공급에서는 장기근속자에게 많은 임금을 주므로 고용의 안정성 및 직원의 회사에 대한 충성도를 향상시킨다.
② 직무급은 직무가치에 따른 임금이다.
④ 직능급은 직무수행 능력에 따른 임금이므로 직원들의 능력 향상 욕구를 자극할 수 있다.

정답 ③

22-14F ☑☐☐☐

2022 군무원 7급

다음 중 임금배분의 기준에 대한 설명으로 가장 옳은 것은?

① 직무급은 종업원이 달성한 성과의 크기를 기준으로 임금액을 결정하는 제도이다.

② 직능급은 종업원이 보유하고 있는 직무수행능력을 기준으로 임금을 결정하는 제도이다.

③ 연공급은 해당기업에 존재하는 직무들을 평가하여 상대적인 가치에 따라 임금을 결정하는 제도이다.

④ 성과급은 종업원의 근속년수를 기준으로 임금을 차별화하는 제도이다.

해설 ① [×] 직무급은 종업원이 수행하는 직무의 상대적 가치에 기반하여 책정되는 기본급이다.
② [○] 직능급은 종업원의 직무수행능력, 곧 역량(competency)에 기반하여 책정되는 기본급이며, 여기서 역량에는 지식(knowledge), 기술(skill), 자아개념(self-concept), 특질(trait), 동기(motive) 등의 요소가 포함된다.
③ [×] 연공급은 종업원의 근속기간 및 학력을 반영하여 책정되는 기본급이다.
④ [×] 성과급은 종업원이 개인적 및 집단적으로 달성한 성과(performance)에 기반하여 책정된다.

정답 ②

22-15 ☑☐☐☐

2017 경영지도사

기업이 임금피크제를 도입하는 배경으로 볼 수 있는 것을 모두 고른 것은?

> ㄱ. 고령화 사회
> ㄴ. 세계화로 인한 무한경쟁체제로의 돌입
> ㄷ. 지식집약산업의 확대에 따른 노동력 수요 증가
> ㄹ. 단기적 임금인상보다 고용안정을 선호하는 근로자의 욕구

① ㄱ, ㄴ, ㄷ   ② ㄱ, ㄴ, ㄹ
③ ㄱ, ㄷ, ㄹ   ④ ㄴ, ㄷ, ㄹ
⑤ ㄱ, ㄴ, ㄷ, ㄹ

요점정리 최근 정년연장추세와 더불어 임금피크제도(salary peak system)가 주목받고 있다. 이는 동일한 인건비 체계 하에서 고용안정을 중시하는 제도로서, 근로자의 계속고용을 위해 노사합의에 의하여 일정 연령을 기준으로 생산성과 임금을 연계시켜 점진적으로 임금을 줄여나가는 것이다.

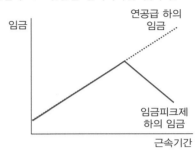

해설 (ㄷ)의 지식집약산업의 증가는 고급두뇌, 즉 우수인력에게 파격적 보상을 해 주는 오늘날의 트렌드와 관련이 있지만 임금피크제와 직접적 관련성은 적다.

추가해설 고령화로 인해 정년연장의 필요성이 대두됨에 따라 연공급을 유지는 기업의 인건비 부담을 줄이기 위해 임금피크제가 고안된 것이다(ㄱ). 이는 곧 세계화로 인하여 선진국뿐만 아니라 저렴한 인건비를 앞세우는 개발도상국과도 경쟁해야 하는 우리나라의 입장에서 인건비의 절감을 통한 경쟁력 제고 측면도 고려된 것이다(ㄴ). 또한 근로자 입장에서도 임금을 많이 받는 대신 일찍 정년을 맞이하는 것보다는 장기근속을 선호하게 되면서 임금피크제가 확산되고 있다(ㄹ).

정답 ②

22-16 ☑☐☐☐

2015 공인노무사

임금관리에 관한 설명으로 옳지 않은 것은?

① 임금체계는 공정성이 중요한 관심사이다.

② 연공급은 근속연수를 기준으로 임금을 차등화하는 제도이다.

③ 직무급은 직무의 표준화와 전문화가 선행되어야 한다.

④ 직능급은 동일 직무를 수행하면 동일 임금을 지불한다.

⑤ 임금수준을 결정하는 주요 요인에는 기업의 지불능력과 생산성 등이 있다.

해설 ④ 동일직무에 동일임금을 지급하는 제도는 직무급이다.

추가해설 직무급을 실시하기 위해서는 직무의 분석과 평가가 선행되어야 한다. 그러한 점에서 선지 ③의 직무의 표준화와 전문화는 합리적인 업무분업에 따라 직무가 구성되어야 함을 지적한 것이므로 타당한 언급이다.

정답 ④

23 성과급과 복지후생

1. 성과급의 관리(=임금형태의 관리)

1) 의의와 특징

① 개념: 종업원이 달성한 업무성과를 기초로 임금을 결정 ← 노력–생산성 관계가 명확할 때 적용

② 장점: 생산성과 근로의욕의 제고, 동기부여, 유능한 인재의 영입가능 등

③ 단점: 근로자 수입의 불안정성 증가, 개인성과급일 경우에는 팀워크의 저하 우려 등

2) 개인 인센티브

	일정시간당 생산단위		제품단위당 소요시간	
고정임률	단순성과급 (생산량비례급)		표준시간급	
변동임률	복률성과급		할증성과급	
	• 테일러식	• 메리크식	• 할시식	• 비도우식
	• 맨체스터(일급보장)식	• 리틀식	• 로완식	• 간트식

3) 집단 인센티브 (이익=수익 – 비용) → 多 직무역량 및 대인적 역량 증가 유도

① 성과배분계획(gain sharing): 노무비·원가 절감에의 노력에 대한 반대급부

	스캔론 플랜	럭커 플랜	임프로셰어 플랜
참여도	제안위원회 or 작업팀	럭커위원회	훌륭한 아이디어의 제안/활용
목표	노무비 감소	노무비 감소	직·간접적 근로시간 감축
보너스의 기준	SVOP	생산(부가)가치	절약작업시간
보너스 지급간격	월별, 분기별	월별, 분기별	주별

② 이익배분계획(profit sharing): 초과하는 이익 발생 時 이를 종업원에게 배분하는 성과참가 방법

4) 연봉제: Merit pay의 한국적 적용 → 성과평가 결과를 매년 임금에 반영하는 성과형 보상제도

2. 복지후생

1) 의의: 종업원과 그 가족의 생활수준 향상을 위하여 시행하는 임금 이외의 간접적인 제 급부를 총칭

2) 법정 복지후생

① 사회보험 (4대 보험)

　i) 국민건강보험·국민연금: 기업과 종업원이 반씩 부담

　ii) 산업재해보상보험: 기업이 전액 부담

　iii) 고용보험: 고용안정/직업능력개발사업은 기업이 전액, 실업보험수당은 기업·종업원이 반씩

② 법정퇴직금: 근로자 퇴직급여 보장법 → 공로보상설, 임금후불설, 생활보장설

③ 퇴직연금제도: 확정급여(DB) vs. 확정기여(DC)

3) 유연복지후생 (카페테리아식 복지후생, 선택적 복지후생)

① 개념: 종업원 개인별 니즈와 욕구를 고려하여 제공

② 유형: 기본핵심 접근법, 모듈 접근법, 혼합선택형 등

③ 성공조건: 실행방법과 관리가 복잡 → 구성원의 적극적 참여와 소통 必

23-1 ☑☐☐☐   2024 공인노무사

기업이 종업원에게 지급하는 임금의 계산 및 지불 방법에 해당하는 것은?

① 임금수준   ② 임금체계
③ 임금형태   ④ 임금구조
⑤ 임금결정

해설) ① [×] 임금수준의 의미는 '평균 총액 임금'이다.
② [×] 임금체계의 의미는 기본급을 결정하는 기준 및 임금격차의 결정기준에 가깝다.
③ [o] 임금의 계산방법(시간급 및 성과급) 및 지불방식에 해당하는 것으로서, 본 문제의 정답이다.
④ [×] 엄밀히 말하자면 인적자원관리론에서 언급되는 학술적 용어는 아니다.
⑤ [×] 이 역시 선지 ④와 마찬가지로 학술적 용어라 보기 힘들다.
정답 ③

23-1D ☑☐☐☐   2021 경영지도사

다음과 같은 특징이 있는 임금형태는?

- 근로자에게 합리성을 준다.
- 생산성 제고, 원가절감, 근로자의 소득증대에 효과가 있다.
- 근로자의 수입이 불안정하다.

① 연공급   ② 직능급
③ 직무급   ④ 성과급
⑤ 역량급

해설) '합리적'이라는 의미는 열심히 일한 만큼 임금을 받는다는 것이며, 이 과정에서 생산성이 제고될 것이다. 여기서 이미 성과급이 정답임을 추론할 수 있다. 대부분의 경우 성과급을 사용하면 단위시간당 더 많은 제품과 서비스를 생산하게 되므로 원가절감에 도움이 되는 반면, 생산량의 변동에 따라 임금 자체가 바뀌게 되므로 수입 불안정의 문제가 존재한다.
정답 ④

23-1F ☑☐☐☐   2022 군무원 5급

다음 중 보상과 혜택의 영향으로 보기 가장 옳지 않은 것은?

① 조직에 필요한 사람들을 유인하는 주요 요인이 된다.
② 특정 행동에 뒤따르는 보상은 학습효과로 인해 그 이후 유사한 상황에서 그 행동의 발생 가능성을 억제한다.
③ 직원들에게 재정적 안정성을 제공하여 일하는 동기를 유발한다.
④ 가치 있는 직원들이 경쟁사에 가지 않도록 유지해준다.

해설) ① [o] 이를 보상의 구성효과(sorting effect)라 부른다. 특정한 보상 제도가 시행될 때 내재적 동기수준이 높거나 근로의욕이 충만한 종업원들이 조직의 일원으로 될 가능성이 그렇지 않을 때보다 더 높다는 의미이다.
② [×] 보상으로 인한 학습효과는 유사한 상황에서 그 행동의 발생 가능성을 높인다. 추상적 문구 같지만 한번 더 읽어보면 굉장히 당연한 이야기임을 알 수 있다. 뭔가를 해서 상을 받았다면 다음번에도 그 행동을 더 반복할 가능성이 높다.
③ [o] 이를 보상의 인센티브 효과(incentive effect)라 부른다. 이는 보상이 조직구성원들의 근로의욕을 자극하여 더 열심히 일하게 하는 결과 조직성과증진에 이바지하는 것이다.
④ [o] 이를 보상의 유지효과(retention effect)라 부른다.
정답 ②

23-2 ☑☐☐☐   2012 공인노무사

생산제품의 판매가치와 인건비와의 관계에서 배분액을 계산하는 집단성과급제는?

① 순응임금제   ② 물가연동제
③ 스캔론 플랜   ④ 럭커 플랜
⑤ 시간급

해설) 생산제품의 판매가치에 따라 지급되는 집단성과급은 스캔론 플랜이다.

추가해설) ① 순응임금제는 물가나 생계비, 가격 등과 연동하여 임금을 변동시키는 제도이다.
④ 럭커 플랜은 생산제품의 부가가치에 따라 지급되는 집단성과급이다.
정답 ③

23-2F ☑□□□
2022 공인노무사

스캔론 플랜(Scanlon Plan)에 관한 설명으로 옳지 않은 것은?

① 기업이 창출한 부가가치를 기준으로 성과급을 산정한다.
② 집단성과급제도이다.
③ 생산제품의 판매가치와 인건비의 관계에서 배분액을 결정한다.
④ 실제인건비가 표준인건비보다 적을 때 그 차액을 보너스로 배분한다.
⑤ 산출된 보너스액 중 일정액을 적립한 후 종업원분과 회사분으로 배분한다.

해설 ① 부가가치를 기준으로 산정되는 집단성과급은 럭커 플랜(Rucker Plan)이다.

추가해설 스캔론 플랜(Scanlon plan)은 미국의 스캔론(Scanlon)에 의해 고안되었으며, 노사협력에 의한 생산성 향상에 대한 대가를 매출액 기준으로 지불하는 방식의 집단성과배분 모형(②)이다.
- 성과배분 기준: 생산성 향상을 위해 공개적 집단제안제도를 확립하고, 여기서 나타나는 종업원의 건설적 제안이 생산위원회(production committee)나 적격심사위원회(screening committee) 등의 집단협의체를 통하여 생산활동에 반영되어 나타나는 인건비의 감축정도가 성과배분의 기준(④)이 된다.
- 성과배분 방식: 단위기간(예, 1개월)마다 계산되는 생산제품의 시장판매가치(SVOP, sales value of production, 매출)와 해당 기간동안의 기준노무비의 평균 비율을 따져 표준노무비율을 산정(③)하고, 특정 시점의 실제 노무비 지출규모를 SVOP 대비 표준노무비(예상노무비)와 비교하여 그 절약분 중 25%는 결손월에 대비하여 사내유보분으로 남기고(⑤) 나머지 75%에 대하여 종업원과 회사측이 각각 3:1로 나누어 갖는 방식이다. 이 방식을 사용할 경우 종업원들은 대체적으로 통상적 급여액의 10~15%를 상여금으로 받게 된다.

정답 ①

23-3 ☑□□□
2018 공인노무사

다음에서 설명하는 것은?

- 기업이 주어진 인건비로 평시보다 더 많은 부가가치를 창출하였을 경우, 이 초과된 부가가치를 노사협동의 산물로 보고 기업과 종업원 간에 배분하는 제도
- 노무비 외 원재료비 및 기타 비용의 절감액도 인센티브 산정에 반영함

① 연봉제
② 개인성과급제
③ 임금피크제
④ 럭커 플랜
⑤ 스캔론 플랜

해설 성과배분계획(gain sharing plan, 생산성이득분배제도)는 노무비 및 원가절감에의 노력에 대하여 반대급부로 주어지는 성과참가의 한 유형이다. 여기서는 (극단적인 경우) 회사가 적자를 내더라도 생산성만 증가하면 그로 인한 비용감소분에 대하여 성과급을 지급한다. 대표적 예로는 구성원 대상의 제안제도를 활성화하여 그 결과 매출액(생산판매가치, SVOP)에 대비한 인건비의 감소분이 발생시 이를 집단성과급으로 지급하는 스캔론 플랜(Scanlon plan), 노사협력의 결과 부가가치(VA)에 대비한 인건비의 감소분이 발생시 이를 집단성과급으로 지급하는 럭커 플랜(Rucker plan) 등이 있다.

정답 ④

23-3J ☑□□□
2023 경영지도사

다음과 같은 특징이 있는 보상제도는?

- 생산의 판매가치에 대한 인건비 절감액을 종업원에게 보너스로 지급
- 능률개선을 위해 종업원에게 직접적인 인센티브를 제공하는 효과 기대

① 스캔론플랜(Scanlon plan)
② 럭커플랜(Rucker plan)
③ 임프로쉐어(improshare)
④ 성과배분제(profit sharing)
⑤ 직능급제(skill based pay)

해설 ① 생산의 판매가치(SVOP, sales value of product), 인

건비 절감액, 인센티브 등의 키워드를 종합해 보면 정답은 스캔론 플랜이 된다.

추가해설 ② 럭커플랜은 부가가치에 대비한 인건비 절감액을 배분하는 집단 인센티브 제도이다.
③ 임프로쉐어 플랜(improshare plan)은 생산단위당 소요되는 표준노동시간과 실제노동시간을 비교하여 절약된 노동시간 큼에 해당하는 생산성 이득을 노사가 각각 1 : 1로 배분하는 제도이다.
④ Profit sharing은 발생한 이익(이윤)을 노사가 협의한 기준에 따라 배분하는 제도이다.

정답 ①

23-4 ✔☐☐☐
2013 공인노무사

단위당 소요되는 표준작업시간과 실제작업시간을 비교하여 절약된 작업시간에 대한 생산성 이득을 노사가 각각 50 : 50의 비율로 배분하는 임금제도는?

① 임프로쉐어 플랜 ② 스캔론 플랜
③ 럭커 플랜 ④ 메리크식 복률성과급
⑤ 테일러식 차별성과급

해설 ① 임프로쉐어 플랜(improshare plan)은 생산단위당 소요되는 표준노동시간과 실제노동시간을 비교하여 절약된 노동시간만큼에 해당하는 생산성 이득을 노사가 각각 1 : 1로 배분하는 제도이다.

추가해설 ② 이는 생산성이득을 매출액 대비 노무비 절감규모에 따라 종업원에게 분배하는 제도이다.
③ 이는 생산성이득을 부가가치 대비 노무비 절감규모에 따라 종업원에게 분배하는 제도이다.
④ 이는 표준생산성의 83%와 100%를 기준으로 성과급 크기가 달라지는 제도이다.
⑤ 이는 표준생산성의 100%를 기준으로 성과급 크기가 달라지는 제도이다.

정답 ①

23-4A ✔☐☐☐
2019 상반기 군무원 복원

다음 중 성과급의 특징에 대한 설명으로 옳지 않은 것은?

① 집단성과급에는 스캔론플랜, 럭커플랜, 임프로쉐어플랜 등이 있다.
② 노동자에게 동기부여 및 공정성과 합리성을 제공한다.
③ 작업량에만 치중하여 제품의 품질 저하를 초래할 우려가 있다.
④ 기본급이 고정되어 있어서 계산이 쉽다.

해설 성과급의 단점 중 하나가 계산이 어렵다는 것이다.

정답 ④

23-5 ✔☐☐☐
2014 7급공무원 A책형

최근 확산되고 있는 연봉제의 설명으로 옳지 않은 것은?

① 개별 종업원의 능력, 실적, 공헌도를 평가하여 연간 임금을 결정한다.
② 종업원에게 지급하는 임금을 1년분으로 묶어서 결정한다.
③ 기본급이나 수당과 같이 세분화된 임금 항목이 있고 별도로 지급되는 상여금이 있다.
④ 전년도 근무 성과를 기초로 당해 연도의 1년분 임금을 지급하는 방식이 보편적으로 사용된다.

요점정리 연봉제는 개별 종업원의 전년도의 능력, 직무, 실적, 연공, 공헌도를 평가하고 이를 기준으로 매년 계약에 의해 연간 임금수준을 차별화하는 능력중시형 임금결정체계로서, '공헌에 비례하는 임금지급원칙'을 실천함으로써 종업원의 동기부여와 기업의 경영효과성을 높이는 것을 그 목적으로 하고 있는 전형적인 성과형 보상제도이다. 한국에서는 복잡한 임금구성항목을 단순화(각종 수당 및 상여금 등의 복잡한 임금항목을 연봉이라는 항목으로 통합)시켜 임금관리의 간소화를 도모하기 위한 목적으로도 널리 활용되고 있다.

해설 ③ 연봉제의 중요한 도입취지 중 하나는 복잡한 임금구성을 단순화하는데 있다.

정답 ③

23-6 ✅☐☐☐

2012 공인노무사

임금에 관한 설명으로 옳지 않은 것은?

① 직무급은 직무를 평가하여 상대적인 가치에 따라 임금수준을 결정한다.
② 직능급은 종업원의 직무수행능력을 기준으로 임금수준을 결정한다.
③ 메릭식 복률성과급은 임률의 종류를 두 가지로 정하고 있다.
④ 할증급은 종업원에게 작업한 시간에 대하여 성과가 낮다 하더라도 일정한 임금을 보장한다.
⑤ 연공급은 종업원의 근속연수와 학력 등을 기준으로 임금수준을 결정한다.

해설 ③ 메릭식은 표준작업량의 83%와 100%를 기준으로 임금구간을 셋으로 나눈다.

추가해설 ④ 할증급 또는 할증성과급은 다음 그래프에서도 확인할 수 있듯이 기준생산량 이하의 경우에는 고정된 액수를 지급한다.

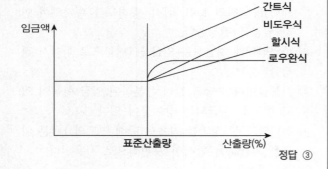

정답 ③

23-6D ✅☐☐☐

2021 국가직 7급

임금에 대한 설명으로 옳지 않은 것은?

① 연공급은 근속연수에 따라 임금이 인상되며, 소극적인 근무태도를 야기하는 단점이 있다.
② 직무급은 개인별 임금격차에 대한 불만을 해소할 수 있지만 철저한 직무분석이 전제되어야 한다.
③ 직능급은 직무수행자의 역량에 따라 차별 임금을 지급하기 때문에 정확한 직무평가가 어려운 기업에서는 사용할 수 없다.
④ 성과급은 노동생산성 향상의 장점이 있지만 단기간 내 최대 산출을 위해 제품의 질을 희생시킬 수 있다는 단점이 있다.

해설 ③ 직능급은 직무수행 능력에 대한 평가 결과에 따라 임금을 차등화하는 제도이다. 따라서 직무에 대한 평가가 아니라 구성원의 능력에 대한 평가가 필요하다. 따라서 틀린 선지이다.

추가해설 ① 연공급은 오래 근무할수록 임금액수가 증가하므로 회사와 상사의 눈 밖에 나지 않고 회사를 다니기 위한 소극적 직무태도가 만연할 우려가 있는 것이 사실이다. 따라서 옳다.
② 직무급은 중요한 직무를 수행할수록 임금이 증가하므로 사전에 직무중요도를 파악하기 위한 철저한 직무분석과 직무평가가 선행되어야 한다. 따라서 옳다.
④ 성과급을 실시하는 조직에서는 대개 단위시간당 생산량을 늘릴수록 더 많은 임금을 받게 되므로 제품의 질을 희생하는 대신 생산속도를 높이려는 시도가 종종 발견된다. 따라서 옳다.

정답 ③

23-7 ✅☐☐☐

2010 가맹거래사

정년까지 고용을 유지하는 대신 일정 연령이 되면 생산성 등을 감안하여 임금을 줄이는 제도는?

① 이익분배제   ② 집단임금제
③ 임금피크제   ④ 최저임금제
⑤ 차별성과급제

해설 정년을 기점으로 임금이 줄어든다는 것은 곧 정년시점에서의 임금이 정점(peak)임을 의미한다. 이러한 임금제도를 '임금피크제'라 한다.

정답 ③

23-8 ☑☐☐☐

보상관리에 관한 설명으로 옳지 않은 것은?

① 임금수준의 적정성을 유지하기 위하여 경쟁사 임금을 조사할 필요가 있다.
② 직무급은 '동일노동 동일임금' 원칙에 입각하고 있으며 기업간 노동이동이 자유로운 경우에 적합하다.
③ 직능급 도입으로 종업원들의 자기개발노력을 유인할 수 있다.
④ 성과급 도입은 우수인력의 확보 및 유지에 도움이 될 수 있다.
⑤ 성과배분기준으로 스캔론 플랜에서는 부가가치를, 럭커 플랜에서는 매출액을 사용한다.

해설 ⑤ 스캔론 플랜 → 매출액 기준 성과배분, 럭커 플랜 → 부가가치 기준 성과배분

추가해설 ① 임금수준의 결정과정에서는 상한선, 하한선, 그리고 적정선을 고려하게 되는데 그 중 경쟁사의 임금을 조사하는 것은 적정선 결정과 관련이 깊다.
⑤ 직무급은 동일회사 내에서 같은 직무를 수행하는 사람들은 같은 임금을 받는(즉 기업 내 동일노동 동일임금) 시스템이므로, 임금을 더 많이 받고자 하는 종업원은 동일 직무에 더 많은 임금을 주는 다른 기업으로 이직을 원하게 된다. 따라서 직무급 제도가 실시되기 위해서는 (더 많은 임금을 원할 경우) 타 기업으로 자유롭게 옮길 수 있어야 한다.

정답 ⑤

23-12 ☑☐☐☐

부가급(fringe benefit)에 해당하지 않는 것은?

① 카페테리아식 복지후생제도
② 각종 보험금
③ 직능수당
④ 식당과 기숙사 등의 서비스

해설 Fringe benefit이란 core benefit, 즉 임금의 상대 개념인 복지후생을 의미한다. '부가급'이라는 용어에 속지 말 것. 직능수당(③)은 임금의 한 영역이 된다.

정답 ③

23-13 ☑☐☐☐

복리후생에 관한 설명으로 옳지 않은 것은?

① 구성원의 직무만족 및 기업공동체의식 제고를 위해서 임금 이외에 추가적으로 제공하는 보상이다.
② 의무와 자율, 관리복잡성 등의 특성이 있다.
③ 통근차량 지원, 식당 및 탁아소 운영, 체육시설 운영 등의 법정복리후생이 있다.
④ 경제적·사회적·정치적·윤리적 이유가 있다.
⑤ 합리성, 적정성, 협력성, 공개성 등의 관리원칙이 있다.

해설 ③ 법정복리후생은 4대보험, 법정퇴직금, 유급휴가 제도 등을 지칭한다.

추가해설 ① 임금을 core benefit(핵심혜택), 복리후생을 fringe benefit(부가혜택)이라 부르기도 한다.
② 법정복리후생은 의무적으로 실시해야 하는 것이지만, 비법정복리후생은 기업이 자율적으로 실시하는 것이다. 또한 복리후생 프로그램의 종류가 매우 많은 편이라 관리상의 복잡성이 있다.
④ 박경규(2016)에서 인용된 문구로 추정된다. 이 책에서는 복리후생의 실시에 경제적 목적(종업원 사기향상으로 조직성과 개선), 사회적 목적(종업원간 사회적 통합과 복지에 기여), 정치적 목적(복리후생 실시를 통해 정부와 노조의 기업에 대한 영향력을 감소시킬 수 있음), 윤리적 목적(종업원의 생계 지원) 등의 이유가 있다고 밝히고 있다.
⑤ 복리후생은 투입비용 대비 효과가 있어야 하고(합리성) 그 크기나 규모가 적정해야 하며(적정성) 노사 모두의 협조가 필요한 동시에(협력성) 투명하게 운영되어야 한다(공개성).

정답 ③

23-14 ☑☐☐☐

우리나라 법정복리후생 내 사회보험에 해당되지 않는 것은?

① 국민연금보험   ② 국민건강보험
③ 고용보험   ④ 상해보험
⑤ 산업재해보상보험

해설 4대 사회보험: 국민연금보험, 국민건강보험(구 의료보험), 고용보험, 산업재해보상보험

정답 ④

23-15 ☑□□□

종업원의 복리 및 안전욕구를 충족하기 위해 기업이 제공하는 복리후생제도는 크게 법정 복리후생과 법정외 복리후생(자발적 복리후생)으로 구분할 수 있다. 법정외 복리후생에 해당하지 않는 것은?

① 건강검진 및 건강상담과 같은 보건위생에 대한 지원
② 주택 구입 및 임차 비용 지원, 자사주 매입 등과 같은 경제적 지원
③ 오락, 체육, 문화생활에 대한 지원
④ 건강보험, 고용보험, 산업재해보상보험 등의 지원

해설〉 ④ 소위 4대보험에 대한 지원은 법정 복리후생이다. 나머지 선택지들은 모두 비법정 복리후생으로서 기업이 자율적으로 프로그램을 운영할 수 있다.

정답 ④

23-17 ☑□□□

인사평가와 보상에 대한 설명으로 옳지 않은 것은?

① 집단성과급제도는 근로자 간의 인간관계 훼손, 협동심 저하 등 개인성과급제도의 단점을 극복하기 위해 설계된 것으로 '성과배분제도'라고도 한다.
② 균형성과표(BSC)는 임직원의 성과를 재무적 관점, 고객 관점, 내부 비즈니스 프로세스 관점, 학습과 성장 관점의 측면에서 다면적으로 평가하는 방법이다.
③ 목표에 의한 관리(MBO)는 본인을 포함한 상급자와 하급자, 동료와 외부의 이해관계자(고객, 공급업자 등)에 의해서 이루어지는 평가와 피드백을 총칭한다.
④ 선택적(카페테리아식) 복리후생은 근로자의 욕구를 반영하기 때문에 동기부여에 효과적이지만, 관리가 복잡하고 운영비용이 많이 발생한다.

해설〉 본인을 포함한 상급자와 하급자, 동료와 외부의 이해관계자(고객, 공급업자 등)에 의해서 이루어지는 평가와 피드백은 '다면평가'에 어울리는 설명이다. 목표에 의한 관리(MBO)는 상사와 부하간의 목표협의와 그 결과에 대한 검토를 통하여 부하직원을 평가하는 방식이다.

정답 ③

전략과 글로벌경영

TOPIC 24 핵심역량과 산업구조분석

1. 핵심역량

1) 의의: 프라할라드와 하멜에 의해 주창 → 기업을 지탱하는 <u>핵심기술 내지는 경영관리력</u>

2) 특징

① 조직에서의 집단적 학습과정과 관련되며, 때로는 타 기업과의 공동역량증진도 가능

② 다양한 산업분야로의 진출 기회를 제공

③ 사업확장과 철수 의사결정에 영향

2. 내부환경분석: SWOT 분석

내부요인 외부요인	강점(strength)	약점(weakness)
기 회 (opportunity)	• SO 전략: 내부적 강점을 통해 기회를 최대한 활용	• WO 전략: 내부의 약점을 기회를 통해 최대한 극복
위 협 (threat)	• ST 전략: 내부적 강점을 활용하여 위기를 극복	• WT 전략: 외부의 위기극복을 위해 약점을 보완

3. 외부환경분석: 산업구조분석(Porter)

1) 의의: 산업의 구조가 기업의 행동에 영향을 미쳐 결과적으로 성과로 이어짐

→ <u>구조−행동−성과(S−C−P) 패러다임</u>

2) 산업구조를 이해하는 다섯 가지 힘(5-forces)

① 기존 기업과의 경쟁: 산업집중도, 기업 간 유사성, 제품차별화의 정도 등

② 대체재의 위협: 소비자들을 유혹하는 대체재의 출현

③ 잠재적 진입자의 위협: 신규 경쟁자의 진입 용이성과 관련

→ 탁월한 제품, 독특한 유통경로, 절대적 비용우위, 제도적 진입장벽 등이 필요

④ 구매자의 교섭력: 구매자가 가지는 영향력의 크기(예 구매자에 의한 수직통합이 가능時 증가)

⑤ 공급자의 교섭력: 공급자가 가지는 영향력의 크기(예 상품의 일상재 化 촉진時 감소)

4. 균형성과표

1) 의의: 카플란과 노튼이 개발한 성과측정도구

→ <u>재무지표 및 CSF와 관련한 운영상의 제 지표들을 의미있게 결합한 조직효과성 측정도구</u>

2) 조직효과성 측정기준

① 재무적 측면: 이익, 매출액, ROI 등의 회계학적 측정치

② 고객 측면: 고객만족도, 재구매율, 고객충성도 등

③ 내부 프로세스 측면: 주문이행률, 주문당 비용, 리드타임 등

④ 학습 및 성장 측면: 이직률, 직무만족도, 조직몰입도 등

24-1 ☑☐☐☐
2009 7급공무원 봉책형

한 기업이 다른 여러 사업에 참여하는 것을 다각화라고 정의하는데, 기업이 이러한 다각화를 추진하는 목적(동기)이라고 볼 수 없는 것은?

① 성장 추구
② 규모의 경제성 획득
③ 위험 감소
④ 시장지배력의 행사

해설 다각화는 여러 사업분야로 관심을 분산시키는 것이다. 그 결과 기업의 규모가 커지고(①), 시장에서 우월적 지위를 갖게 되며(④), 관련된 다양한 사업분야 운영을 통한 시너지 효과(범위의 경제) 창출이 가능하고, 특정 사업분야에서 위기를 겪더라도 다른 분야에서의 사업을 통해 기업 전체의 수익성을 유지할 수 있다(③). 그러나 다각화가 한 분야에서의 효율성을 뜻하는 규모의 경제와는 거리가 있다. 규모의 경제는 하나의 제품이나 서비스의 생산량이 증가할수록 한 단위당 생산비용이 감소함을 뜻하는 용어이기 때문이다.

정답 ②

24-1A ☑☐☐☐
2018 군무원 복원

다음 중 기업이 다각화를 선택하는 이유가 아닌 것은?

① 성장의 추구(building empire)
② 위험의 분산(risk hedging)
③ 범위의 경제(economies of scope)
④ 규모의 경제(economies of scale)

해설 다각화는 여러 사업분야에 진출하는 것이므로 '동일제품의 생산량 증가시 효율성이 증가하는 현상'을 뜻하는 규모의 경제와는 거리가 멀다.

정답 ④

24-1F ☑☐☐☐
2022 군무원 9급

다음 중에서 일정 기간 내의 생산의 절대량이 증가할수록 제품(또는 제품을 생산하는 작업)의 단가가 저하되는 현상을 설명한 것으로 가장 옳은 것은?

① 규모의 경제
② 범위의 경제
③ 경험효과
④ 시너지

해설 ① 규모의 경제(economies of scale)는 자원투입량을 증가시킬 때 산출량이 투입량 증가비율 이상으로 증가하는 현상을 지칭한다. 생산량이 자원투입량 이상으로 증가한다는 것은 곧 생산되는 제품 한 단위당 투입되는 자원의 양(또는 단가)이 감소한다는 것이다. 규모의 경제는 대개 다음의 원천에 의해 달성된다.

• 기술적 특성으로 인한 자연독점: 전력이나 통신은 하나 혹은 소수업체가 운영하는 것이 효율적이다. 이를 자연독점이라 한다.
• 투입자원의 비분할성: 일정량 이하로 구매하는 것이 어려운 자원들이 많다면 한꺼번에 많은 양을 투입하여 대량생산하는 것이 유리하다.
• 전문화의 이득: 소규모 기업보다는 대규모 기업에서 업무별 특화로 인한 이점을 활용하는 것이 가능하다.

추가해설 각 선지간의 관계에 주목하자. 경험효과(③)는 규모의 경제(①)의 주요 원인변수 중 하나이고, 범위의 경제(②)의 핵심키워드가 곧 시너지(④)이다.

정답 ①

24-2 ☑☐☐☐
2024 군무원 9급

다음 중 관련다각화가 가장 효과적인 전략이 될 수 있는 경우는?

① 기업이 속한 산업이 정체되었거나 저성장인 경우
② 기업의 현재 제품 시장이 포화 상태인 경우
③ 신제품의 판매 주기가 현재 제품의 판매 주기와 서로 보완될 수 있는 경우
④ 기업의 현재 유통 경로를 신제품 출시에 활용할 수 있는 경우

해설 정답은 ①이라고는 하는데, 솔직히 말하면 약간 어색한 문제이다. 정답이 꼭 ①이어야 할 이유가 없다.
선지 ①의 설명처럼 현재의 산업이 정체되거나 저성장일 때 관련다각화를 통해 새로운 활로를 모색할 수 있다는 점에서 이것이 정답이라는 출제위원의 생각이 있다면, 선지 ②도 정답이 될 수 있는 것이다. 왜냐하면 시장이 포화상태인 것과 앞의 선지에서 사용된 '정체' 내지 '저성장'이라는 키워드는 서로 바꾸어 사용할 수 있는 유사용어이기 때문이다.
③ [×] 이는 관련다각화보다는 비관련다각화를 통한 위험분산의 취지에 가깝다. 판매주기가 보완적이라는 의미는 서로 다른 판매주기를 갖는 상품이라는 의미이기 때문이다.
④ 이는 관련다각화를 사용할 수 있는 경우에 해당한다. 유통경로의 재활용이 가능한 경우라면 두 제품이 서로 관련제품일 확률이 높기 때문이다. (따라서 이게 왜 오답이어야 하는지 모

르겠다.)

정답 ①

24-3D ☑□□□　　2021 경영지도사

하멜과 프라할라드(Hamel & Prahalad)가 제시한 핵심역량(core competence) 강화와 관련이 없는 것은?

① 비관련 다각화(unrelated diversification)
② 제휴전략(coalition strategy)
③ 차별화전략(differentiation strategy)
④ 리엔지니어링(reengineering)
⑤ 가치사슬 분석(value chain analysis)

───────────────

해설 자원기반관점(RBV, resource-based view)에 따르면 기업은 보유한 자원(물질자원, 인적자원, 조직자원 등)을 이용하여 혁신을 이룩하고 이를 바탕으로 장기적인 경쟁우위를 구축해야 한다. 여기서 혁신을 통한 장기적 경쟁우위의 창출을 설명할 보다 구체적인 개념이 필요하게 되었고, 프라할라드(Prahalad)와 하멜(Hamel)은 이를 핵심역량(core competence)이라 명명하였다. 핵심역량은 기업을 지탱하는 핵심기술 내지는 경영 관리력과 이들을 사용하는 능력으로서, 효과적 전략수립과정과 조직에서의 집단적 학습과정 및 개방적 혁신(open innovation)과 같은 타사와의 공동기술개발(②의 제휴를 포함) 등을 통하여 배양된다. ④의 리엔지니어링은 업무절차의 개선 내지 혁신이므로 그 결과 핵심역량을 강화하는데 도움이 될 수 있으며, ③의 차별화전략도 기업역량 강화에 기여할 수 있다. 또한 핵심역량은 기업이 새로운 사업영역으로 확장하거나 시장에서 철수하는 등의 의사결정을 하는 기준으로도 사용된다. 즉 핵심역량이 있는 분야로는 관련다각화(①과는 다름)를 시도할 수 있다. 비관련다각화는 현재 우리 기업이 수행하는 분야와 무관한 영역으로의 확장이므로 핵심역량의 강화와는 거리가 멀다.

추가해설 ⑤의 가치사슬(value chain)은 원재료 투입에서 최종 소비자에게 완제품을 전달하기까지 각 단계에서 가치를 부가(add)하는 일련의 조직적 작업활동을 지칭하며, 기업은 가치사슬의 분석을 통해 원가 또는 차별화 우위를 형성할 수 있는 요소들을 파악하여 경쟁우위 원천을 찾아낼 수 있다.

정답 ①

24-3K ☑□□□　　2023 경영지도사

핵심역량에 관한 설명으로 옳지 않은 것은?

① 집중적인 학습과정을 통해 단기간에 구축가능한 절대적 시장경쟁력이다.
② 고객에 대한 편익을 증대시킨다.
③ 경쟁사가 모방하기 어려운 독보적 능력이다.
④ 경쟁사를 능가하는 우월적 능력이다.
⑤ 전략적 제휴의 효과적 운용을 용이하게 한다.

───────────────

해설 ① [×] 핵심역량은 혁신과 그 결과 나타나는 장기적 경쟁우위를 포함한다. 따라서 단기간에 구축되기는 쉽지 않으며, 일정시간의 축적을 필요요건으로 한다.

추가해설 핵심역량은 기업을 지탱하는 핵심기술 내지는 경영관리력과 이들을 사용하는 능력으로서, 효과적 전략수립과정과 조직에서의 집단적 학습과정 및 개방적 혁신(open innovation)과 같은 타사와의 공동기술개발 등을 통하여 배양된다. 따라서 핵심역량은 고객의 편익을 증대시키고(②) 그 결과 경쟁사의 능가를 가져오며(④) 기업이 새로운 사업영역으로 확장·제휴하거나(⑤) 시장에서 철수하는 등의 의사결정을 하는 기준으로도 사용된다. 또한 핵심역량을 통해 구축된 경쟁우위는 타사가 모방하거나 대체하기 힘든(③) 고유의 경쟁력으로 기능할 수 있다.

정답 ①

24-4 ☑□□□　　2016 가맹거래사

전략을 수립하는 과정에서 기업외부의 기회와 위협 요소들을 파악하고 기업내부의 강점 및 약점을 분석하는 기법은?

① BCG 분석　　　② SWOT 분석
③ GAP 분석　　　④ BEP 분석
⑤ 4P분석

───────────────

해설 기회(opportunity), 위협(threat), 강점(strength), 약점(weakness) → SWOT

추가해설 ①의 BCG는 Boston Consulting Group, ③의 gap은 (기대 내지는 이상과 현실간의) 격차 내지는 차이를 뜻하는 용어이다. ④의 BEP는 손익분기점을 의미하는 break even point, ⑤의 4P는 마케팅믹스인 product(제품)-price(가격)-place(유통)-promotion(촉진)의 약자이다.

정답 ②

24-4A ✓☐☐☐ 2019 하반기 군무원 복원

환경의 기회와 위협에 대한 분석 및 기업 역량에 대한 강점과 약점을 분석하는 기법은?

① 가치사슬 분석　② 시장침투 전략
③ 사업포트폴리오 전략　④ SWOT 분석

해설 강점(Strength), 약점(Weakness), 기회(Opportunity), 위협(Threat)의 머릿글자를 따면 SWOT가 된다.

정답 ④

24-5 ✓☐☐☐ 2019 경영지도사

SWOT분석에 관한 설명으로 옳은 것은?

① 교섭력 분석기법
② 사업포트폴리오 분석기법
③ 안정성 평가기법
④ 기업환경의 기회, 위협, 강점, 약점을 분석하는 기법
⑤ 수익성, 성장성, 효과성을 분석하는 최신기법

해설 환경분석에 대한 가장 직관적이면서도 유용한 틀 중 하나가 바로 SWOT 분석이라 할 수 있다. 이는 기업의 외적 요인에 해당하는 기회(opportunity) 및 위협(threat)과 내적 요인에 해당하는 강점(strength) 및 약점(weakness)을 의미있게 결합하여 유용한 전략을 도출하는 도구를 의미한다.

정답 ④

24-6 ✓☐☐☐ 2011 가맹거래사

SWOT분석의 S-W-O-T를 올바르게 나열한 것은?

① Strength - Weakness - Openness - Threat
② Strength - Weakness - Opportunity - Threat
③ Strength - Wellness - Openness - Threat
④ Strategy - Wellness - Opportunity - Trouble
⑤ Strategy - Weakness - Opportunity - Trouble

해설 S: 강점(Strength), W: 약점(Weakness), O: 기회(Opportunity), T: 위협(Threat)

정답 ②

24-7 ✓☐☐☐ 2001 CPA

강점 - 약점 - 기회 - 위협(SWOT) 분석의 결과 W - T 상황이라고 판단되는 경우에 가장 적당하지 않은 전략은?

① 철수　② 핵심역량개발
③ 전략적 제휴　④ 벤치마킹
⑤ 집중적 다각화

해설 약점이 존재하고 위기상황이라면 이를 타개하기 위한 대책을 세워야 한다. 위기극복을 위해서는 해당 사업에서 철수하거나(①) 해당분야 역량강화를 위한 노력(②, ③)을 기울여야 한다. 때로는 같은 위기를 극복한 다른 기업의 사례를 분석하는 것(④) 역시 도움이 된다. 그러나 다각화(⑤)는 위기상황에서 벗어나기 위한 대안이라 하기 힘들다.

정답 ⑤

24-7D ✓☐☐☐ 2021 경영지도사

SWOT 모델에서 철수전략이 필요한 경우는?

① 강점 - 기회　② 약점 - 기회
③ 강점 - 위협　④ 약점 - 위협
⑤ 모든 경우

해설 시장에서 철수하는 경우는 대외적 환경이 좋지 않은 상황에서(위협, threat) 우리 기업에 강점이 없을 때(약점, weakness)이다.

정답 ④

24-7F ✓☐☐☐ 2022 국가직 7급

SWOT 분석의 각 상황에 대한 전략 대안으로 적절하지 않은 것은?

① ST - 시장침투전략, 다각화 전략
② WT - 제품/시장 집중화 전략, 철수 또는 축소 전략
③ WO - 전략적 제휴, 핵심역량 개발 전략
④ SO - 제품확충전략, 다각화 전략

해설 ④ SO는 우리 회사의 장점(strength)을 살릴 수 있는 기

회(opportunity)가 주어졌다는 의미으로 현재의 시장기회를 가장 잘 살리는 대안을 마련하는 것이 중요하다. 따라서 다른 제품이나 서비스로의 다각화는 어울리지 않는다.

추가해설 ① ST는 장점이 있음에도 불구하고 환경의 위협이 닥치는 경우이므로 이를 극복하기 위해 저가정책(시장침투)이나 다각화를 시도할 필요가 있다.
② WT는 약점이 있는 영역에서 위기가 닥치는 것이므로 이를 극복하기 위해 기업의 자원과 에너지를 틈새시장 공략(집중화)에 집중하거나 철수 내지 축소하는 대안을 선택할 수 있다.
③ WO는 약점이 있는 영역에서 기회가 오는 것이므로 타사와의 제휴를 통해 약점을 보완하거나 핵심역량 개발을 통해 약점을 극복하는 전략을 선택할 수 있다.

정답 ④

24-8 ☑□□□　　　　　2010 7급공무원 고책형

M. Porter가 제시한 산업구조분석 모형에서 산업 내 기업 상호간의 경쟁 상태에 영향을 주는 다섯 가지 요인에 해당되지 않는 것은?

① 현재 기업들의 성장잠재력
② 새로운 기업의 진입 가능성
③ 기존 기업들 간의 경쟁의 정도
④ 대체품의 압력

해설 포터의 다섯가지 산업구조분석 요인은 현재의 경쟁구조(③), 진입장벽(②), 대체재의 위협(④), 구매자의 교섭력, 공급자의 교섭력 등이다.

정답 ①

24-8M ☑□□□　　　　　2024 군무원 7급

경영학자 마이클 포터(M. Porter)는 기업이 처한 과업환경에 관하여 그것을 구성하는 다섯 가지 요소를 이용한 소위 '5-요인 모형'(five-forces model)을 통해 설명하고 있다. 다음 중 포터가 제시하는 5 요인으로서 가장 적절하지 않은 것은?

① 보완재의 존재 여부
② 수요자의 교섭력
③ 잠재적 경쟁자의 진입 위협
④ 기존 기업과의 경쟁

해설 ① [×] 5-forces에는 대체재의 위협이 포함되며, 보완재는 해당되지 않는다. (논리적으로 말이 되는지와는 별론으로 학자의 이론은 그 내용을 있는 그대로 암기하여야 문제를 풀 수 있다.)

정답 ①

24-9 ☑□□□　　　　　2016 서울시 7급

포터(Michael Porter)는 기업의 환경에서 경쟁적 우위를 확보하는 데 위협이 되는 요소를 5가지로 파악하여 다섯 가지의 힘(5 forces)이라고 명명하였다. 이 요소에 해당하지 않는 것은?

① 혁신의 위협(threat of innovation)
② 기존 기업간의 경쟁(threat of rivalry)
③ 대체재의 위협(threat of substitutes)
④ 신규 진입자의 위협(threat of entry)

요점정리 포터(Porter)는 산업구조의 분석을 경영학에 최초로 도입하였다. 그의 분석틀에 따르면 다섯 가지 경쟁적인 힘(5-forces)에 의해 특정 산업의 수익률이 결정된다. 이들 중 세 가지(대체재, 잠재적 진입자, 기존 사업자)는 수평적(horizontal) 경쟁요인으로서 현 산업에서 생산하는 제품 또는 서비스의 직접적인 경쟁항목을 뜻하고, 나머지 두 가지(공급자, 구매자)는 수직적(vertical) 경쟁요인으로서 한 산업과 가치사슬로 얽혀 있는 경쟁항목을 뜻한다.

정답 ①

24-9F ☑□□□　　　　　2022 군무원 5급

기업의 환경을 산업환경과 일반환경으로 구분할 경우, 산업환경과 관련하여 포터(M. Porter)는 5요인 모형(5 forces model)에서, 기업이 수익을 창출할 수 있느냐 없느냐 하는 능력은 5가지 요인에 의해 영향을 받는다고 제시하고 있다. 다음 중 이 5요인에 해당하지 않는 것은?

① 대체품의 위협(threat of substitute products)
② 구매자의 교섭력(bargaining power of buyer)
③ 공급자의 교섭력(bargaining power of supplier)
④ 인구통계적 요인(demographic forces)

해설 포터에 따르면 다섯 가지 경쟁적인 힘(5-forces)에 의해 특정 산업의 수익률이 결정된다. 이들 중 세 가지(대체재, 잠재적 진입자, 기존 사업자)는 수평적(horizontal) 경쟁요인으로서 현 산업에서 생산하는 제품 또는 서비스의 직접적인 경쟁항목을 뜻하고, 나머지 두 가지(공급자, 구매자)는 수직적(vertical) 경쟁요인으로서 한 산업과 가치사슬로 얽혀 있는 경쟁항목을 뜻한다.

정답 ④

24-10 ☑□□□　　　　　2015 경영지도사

포터(M. E. Porter)의 산업분석 모형에서 그 산업의 경쟁력을 결정하는 5가지 요소가 아닌 것은?

① 차별화　　　　　② 잠재적 진입자
③ 대체재　　　　　④ 경쟁사
⑤ 공급자

해설 포터의 산업구조분석 5요인은 현재의 경쟁, 대체재의 위협, 진입장벽(신규경쟁자의 진입가능성), 구매자의 교섭력, 공급자의 교섭력 등이다.

정답 ①

24-11 ☑□□□　　　　　2012 공인노무사

포터(M. Porter)가 제시한 산업경쟁에 영향을 미치는 5개의 요인에 해당되지 않는 것은?

① 대체품의 위협
② 진입장벽
③ 구매자의 교섭력
④ 산업 내 경쟁업체들의 경쟁
⑤ 원가구조

해설 5-forces: 현재의 경쟁, 진입장벽, 대체재, 구매자의 교섭력, 공급자의 교섭력

정답 ⑤

24-12 ☑□□□　　　　　2011 CPA

포터(Porter)의 산업구조 분석기법의 5가지 요소로 가장 적절하지 않은 것은?

① 기업지배구조의 변동성
② 잠재적 진입자의 위협
③ 대체재의 위협
④ 구매자의 교섭력
⑤ 현재 산업내의 경쟁

해설 5-forces: 대체재, 잠재적 진입자, 기존 사업자, 공급자의 교섭력, 구매자의 교섭력

정답 ①

24-13 ☑□□□　　　　　2016 경영지도사

마이클 포터(M. Porter)가 산업환경분석을 위해 사용한 5가지 경쟁요인에 해당되지 않는 것은?

① 대체재의 위협　　　② 신규진입 위협
③ 구매자의 교섭력　　④ 공급자의 교섭력
⑤ 노조와의 교섭력

해설 포터의 산업구조분석 5요인은 현재의 경쟁, 대체재의 위협, 진입장벽(신규경쟁자의 진입가능성), 구매자의 교섭력, 공급자의 교섭력 등이다.

정답 ⑤

24-14 ☑□□□　　　　　2014 경영지도사

포터(M. Porter)가 제시한 산업구조 분석의 요소로 옳지 않은 것은?

① 대체재의 위협　　　② 가치사슬 활동
③ 공급자의 교섭력　　④ 구매자의 교섭력
⑤ 신규경쟁자의 진입 가능성

해설 포터의 산업구조분석 5요인은 현재의 경쟁, 대체재의 위협, 진입장벽(신규경쟁자의 진입가능성), 구매자의 교섭력, 공급자의 교섭력 등이다. 가치사슬은 이에 해당되지 않는다.

정답 ②

24-15 ☑☐☐☐
2014 가맹거래사

포터(Porter)의 산업구조분석기법의 5요소에 해당되지 않는 것은?

① 대체재의 위협 ② 잠재적 진입자의 위협
③ 구매자의 교섭력 ④ 공급자의 교섭력
⑤ 노동조합의 교섭력

───────────────

해설〉 5-forces: 현재의 경쟁, 진입장벽, 대체재, 구매자의 교섭력, 공급자의 교섭력

정답 ⑤

24-16 ☑☐☐☐
2010 가맹거래사

마이클 포터(M. Porter)의 5 Forces 모형의 요인이 아닌 것은?

① 구매자의 교섭력
② 경영자의 리더십
③ 기존 기업들간의 경쟁
④ 공급자의 교섭력
⑤ 잠재적 진입자의 위협

───────────────

해설〉 5 forces: 기존 기업과의 경쟁, 대체재의 위협, 잠재적 진입자의 위협, 공급자의 협상력, 구매자의 협상력

정답 ②

24-16D ☑☐☐☐
2021 군무원 5급

기업의 전략적 의사결정을 위한 환경위협 요인에 해당하지 않은 것을 모두 고른 것은?

ㄱ. 구매자	ㄴ. 공급자
ㄷ. 정부의 통화정책	ㄹ. 미래경쟁자
ㅁ. 유망기술	

① ㄱ, ㄷ ② ㄴ, ㄷ
③ ㄷ, ㅁ ④ ㄹ, ㅁ

───────────────

해설〉 환경위협요인이라는 말에 너무 당황할 필요는 없다. 결국 산업경쟁력을 좌우하는 5가지 요인(5-forces)을 의미하기 때

문이다. 즉 5-forces에 속하지 않는 것들을 고르라는 문제이다. 다섯 가지 요인에는 현재의 경쟁자, 잠재적 진입자(=미래 경쟁자), 대체재, 구매자, 공급자가 포함된다. 따라서 보기 중에서는 정부의 통화정책(ㄷ)과 유망기술(ㅁ)이 정답이 된다.

정답 ③

24-16E ☑☐☐☐
2021 경영지도사

포터(M. Porter)의 산업구조분석 모형에 해당하지 않는 것은?

① 산업군내 기존 산업 간의 경쟁
② 구매자의 교섭력
③ 공급자의 교섭력
④ 잠재적 진입자의 위협
⑤ 대체재의 위협

───────────────

해설〉 포터의 산업구조분석은 5-forces 모델로도 불리는데, 이는 기존의 경쟁구도, 공급자의 교섭력, 구매자의 교섭력, 잠재적 진입자의 위협, 대체재의 위협 등으로 구성된다. 여기서 '기존의 경쟁구도'는 해당산업 내에서 기존에 존재하던 경쟁기업이 누구인가 하는 것이다. 즉 기존 '산업' 경쟁이 아니라 기존 '기업' 간의 경쟁관계를 말하는 것이다. 조금 더 거시적 시각에서 선지 ①을 분석해 보자면, 포터의 산업구조모형은 특정산업 내 기업 간의 경쟁구조를 살펴보는 모형이다. 따라서 ①에서처럼 '산업 간의 경쟁구조'를 보는 것은 아니다.

정답 ①

24-17 ☑☐☐☐
2018 가맹거래사

마이클 포터(M. Porter)의 산업구조분석에서 산업의 수익률을 결정하는 5가지 경쟁적인 세력이 아닌 것은?

① 기존 기업들 간의 경쟁
② 잠재적 진입자의 위험
③ 구매자의 교섭력
④ 원가우위 경쟁
⑤ 공급자의 교섭력

───────────────

해설〉 5-forces: 현재의 경쟁, 대체재의 위협, 잠재적 진입자의 위협, 구매자의 교섭력, 공급자의 교섭력

정답 ④

24-17F ☑□□□   2022 공인노무사

포터(M. Porter)의 산업구조분석 모형에서, 소비자 관점의 사용용도가 유사한 다른 제품을 고려하는 경쟁분석의 요소는?

① 산업내 기존 경쟁업체간 경쟁
② 잠재적 경쟁자의 진입 가능성
③ 대체재의 위협
④ 공급자의 교섭력
⑤ 구매자의 교섭력

요점정리   포터(Porter)는 산업구조의 분석을 경영학에 최초로 도입하였다. 그의 분석틀에 따르면 다섯 가지 경쟁적인 힘 (5-forces)에 의해 특정 산업의 수익률이 결정된다. 이들 중 세 가지(대체재, 잠재적 진입자, 기존 사업자)는 수평적(horizontal) 경쟁요인으로서 현 산업에서 생산하는 제품 또는 서비스의 직접적인 경쟁항목을 뜻하고, 나머지 두 가지(공급자, 구매자)는 수직적(vertical) 경쟁요인으로서 한 산업과 가치사슬로 얽혀 있는 경쟁항목을 뜻한다.

해설   대체재는 우리 회사가 생산하는 제품이나 서비스의 역할을 대신하는 상품이다. 소비자가 쉽게 대체재로 이동할 수 있거나, 그 대체재가 현 재화보다 월등히 나은 효용을 소비자들에게 제공한다면 대체재의 존재 여부 자체가 수익률에 상당한 영향을 미칠 수 있다. 대개 대체재가 적을 때 산업의 수익률은 높아진다.

정답 ③

24-17J ☑□□□   2023 군무원 7급

산업의 매력도를 평가하는 환경분석도구로서 포터(M. Porter)의 5대 경쟁세력모형(5-Forces Model)에서 제시된 5대 경쟁요인과 가장 거리가 먼 것은?

① 대체재(substitute)의 위협
② 신규 진입기업(new entrant)의 위협
③ 정부정책(government policy)의 위협
④ 공급자(supplier)의 교섭력

해설   포터(Porter)는 산업구조의 분석을 경영학에 최초로 도입하였다. 그의 분석틀에 따르면 다섯 가지 경쟁적인 힘(5-forces)에 의해 시장매력도(특정 산업의 평균 수익률)가 결정된다. 이들 중 세 가지(대체재, 잠재적 신규진입자, 기존 경쟁자)는 수평적(horizontal) 경쟁요인으로서 현 산업에서 생산하는 제품

또는 서비스의 직접적인 경쟁항목을 뜻하고, 나머지 두 가지(공급자, 구매자)는 수직적(vertical) 경쟁요인으로서 한 산업과 가치사슬로 얽혀 있는 경쟁항목을 뜻한다. 선지 ③의 정부정책은 포터가 고려한 경쟁세력 요인이 아니다.

정답 ③

24-19 ☑□□□   2012 CPA

포터(Porter)의 산업구조분석 모형을 근거로 할 때, 해당 산업에서의 수익률이 가장 높은 경우는?

	진입장벽	공급자의 교섭력	구매자의 교섭력	대체재의 위협
①	낮음	낮음	높음	낮음
②	낮음	높음	높음	높음
③	낮음	낮음	낮음	낮음
④	높음	높음	높음	높음
⑤	높음	낮음	낮음	낮음

해설   가장 수익성이 높아 우리에게 매력적인 상황을 찾자. 진입장벽이 높고, 공급자와 구매자의 교섭력이 낮으며 대체재 위협이 적은 상황이 매력적 상황이다.

정답 ⑤

24-20 ☑□□□   2013 경영지도사

특정 산업에서 활동하고 있는 기업이 산업매력도를 확인하기 위하여 산업경쟁구조분석을 하였다. 산업경쟁구조요인별로 산업매력도를 설명한 내용으로 옳지 않은 것은?

① 진입장벽이 높을수록 매력도는 떨어진다.
② 대체재가 나타날 가능성이 클수록 매력도는 떨어진다.
③ 기존 경쟁업체의 수가 많고, 경쟁이 치열할수록 매력도는 떨어진다.
④ 고객의 수가 적거나 고객이 단체를 구성하여 강한 협상력을 갖고 있는 경우 매력도는 떨어진다.
⑤ 원자재 혹은 부품을 독점하거나 특수한 기술을 지니고 있는 공급업체와 거래를 하여야하는 상황이라면 매력도는 떨어진다.

일반적으로 진입장벽이 높고, 대체재가 적으며, 경쟁자가 적고, 고객과 공급업자의 협상력이 약한 경우 산업매력도가 증가한다.

해설 ① 진입장벽이 높다면 현 산업은 매우 매력적인 것이다. 왜냐하면 다른 경쟁자의 진입이 쉽지 않기 때문이다.

정답 ①

24-21 ☑☐☐☐   2019 경영지도사

포터(M. Porter)의 산업구조분석모형(five forces model)에 관한 설명으로 옳은 것은?

① 잠재경쟁자의 진입위험이 높으면 산업의 전반적인 수익률은 낮아진다.
② 산업 내 기존기업 간의 경쟁정도가 높으면 산업의 전반적인 수익률은 높아진다.
③ 구매자의 교섭력이 낮으면 산업의 전반적인 수익률은 낮아진다.
④ 공급자의 교섭력이 높으면 산업의 전반적인 수익률은 높아진다.
⑤ 산업의 제품에 대한 대체재의 출현가능성이 낮으면 산업의 전반적인 수익률은 낮아진다.

해설 포터는 산업구조분석을 위한 다섯 가지 힘(five-forces)을 언급하였다. 현재의 경쟁자가 많거나 잠재진입자가 많거나 대체재가 많으면 산업의 수익성은 낮아진다. 그리고 공급자와 구매자가 우리 기업에 비해 상대적으로 강한 협상력을 갖고 있다면 이 경우에도 기업의 수익성은 낮아진다.

추가해설 ② 산업 내 기존기업 간의 경쟁정도가 높으면 산업의 전반적인 수익률은 낮아진다.
③ 구매자의 교섭력이 낮으면 산업의 전반적인 수익률은 높아진다.
④ 공급자의 교섭력이 높으면 산업의 전반적인 수익률은 낮아진다.
⑤ 산업의 제품에 대한 대체재의 출현가능성이 낮으면 산업의 전반적인 수익률은 높아진다.

정답 ①

24-21D ☑☐☐☐   2021 경영지도사

높은 진입장벽에 해당하지 않는 것은?

① 진입에 있어 높은 자본소요량이 필요함
② 진입한 기존 기업들이 규모의 경제를 확보함
③ 잠재적 진입자와 진입한 기존 기업간의 기술적 차이가 적음
④ 진입한 기존 기업들이 지적재산권을 확보함
⑤ 진입한 기존 기업들이 유통채널을 구축함

진입장벽이란 특정 산업에 대한 진입 비용과 관련이 깊다. 각종 진입장벽으로 인하여 쉽사리 타 기업이 진입하기 힘든 시장이라면 비교적 높은 수익률을 누릴 수 있지만, 그렇지 않다면 수익률은 저하되기 쉽다. 따라서 잠재적 진입자를 줄이기 위해서는 탁월한 제품(브랜드), 독특한 유통경로, 비용우위, 제도적 진입장벽(예, 규제) 등을 적절히 활용할 수 있어야 한다.

해설 높은 진입장벽이란 다른 기업이나 경쟁자들이 쉽사리 우리와의 경쟁에 뛰어들지 못하게 하는 요인을 뜻한다. 즉 경쟁자를 불리하게 만들거나(①의 높은 자본소요량), 우리를 유리하게 만드는 요인(②의 규모의 경제, ④의 지적재산권, ⑤의 유통채널)들이 진입장벽이 된다. 만약 ③에서 설명하는 것처럼 진입자와 기존 기업간 기술차이가 적다면 이는 '낮은 진입장벽'을 의미하게 된다.

정답 ③

24-21M ☑☐☐☐   2024 군무원 5급

다음 중 산업 내 진입장벽이 높지 않은 경우는?

① 초기투자부담이 높을 때
② 유통망에 대한 접근이 어려울 때
③ 기존 고객의 상표 충성도가 높지 않을 때
④ 기존 기업이 규모의 경제를 실현할 때

해설 기존 고객의 상표(=브랜드) 충성도가 높지 않다면 신규 기업 입장에서는 진입하기 용이한(=진입장벽이 낮은) 상황이 된다.

정답 ③

24-22 ✅☐☐☐　　2024 공인노무사

포터(M. Porter)의 산업구조분석 모형에 관한 설명으로 옳지 않은 것은?

① 산업 내 경쟁이 심할수록 산업의 수익률은 낮아진다.
② 새로운 경쟁자에 대한 진입장벽이 낮을수록 해당 산업의 경쟁이 심하다.
③ 산업 내 대체재가 많을수록 기업의 수익이 많이 창출된다.
④ 구매자의 교섭력은 소비자들이 기업의 제품을 선택하거나 다른 제품을 구매할 수 있는 힘을 의미한다.
⑤ 공급자의 교섭력을 결정하는 요인으로는 공급자의 집중도, 공급물량, 공급자 판매품의 중요도 등이 있다.

해설 ① [O] 상식적인 선지이다. 일반적으로 기업간의 경쟁이 치열할수록 산업의 수익률은 낮아진다.
② [O] 특정 산업에 대한 진·출입 비용은 수익률에 큰 영향을 미친다. 각종 진입장벽으로 인하여 쉽사리 타 기업이 진입하기 힘든 시장이라면 비교적 높은 수익률을 누릴 수 있지만, 그렇지 않다면 (심한 경쟁으로 인하여) 수익률은 저하되기 쉽다.
③ [×] 소비자가 쉽게 대체재로 이동할 수 있거나, 그 대체재가 현 재화보다 월등히 나은 효용을 소비자들에게 제공한다면 대체재의 존재 여부 자체가 수익률에 상당한 영향을 미칠 수 있다. <u>대개 대체재가 적을 때 산업의 수익률은 높아진다.</u>
④ [O] 산업 생산품의 소비자에 해당하는 구매자의 가격탄력성(가격에 민감하게 반응하는 정도), 정보력(제품의 사양과 가격 및 원가구조 등에 대한 정보 인지), 전환비용(구매자들의 공급자를 바꾸는 데 드는 비용), 수직적 통합의 가능성(구매자가 가치사슬상 전후 단계로의 신규사업진출을 할 수 있는지의 여부) 등은 구매자의 협상능력에 영향을 주어 산업수익률을 변화시킬 수 있다. 대개 구매자의 교섭력이 강할수록 산업의 수익률은 낮아진다.
⑤ [O] 구매자와 마찬가지로 공급자의 협상능력 역시 산업수익률에 큰 영향을 미친다. 실제로 제품이 덜 차별화되고 일상재(commodity)화 될수록 공급자의 교섭력이 점차 낮아져서 공급자가 누리는 이윤이 줄어들지만, 제품이 차별화되어 있거나 그 공급이 소수기업에 집중되어 있어 공급처의 변경에 비용이 많이 든다면 공급자의 교섭력이 강화되어 산업의 수익률은 낮아지게 된다. 공급자가 공급하는 물량이 적거나, 공급물량의 중요성이 크다면 이 경우에도 공급자의 협상력이 강화된다.

정답 ③

24-24 ✅☐☐☐　　2010 7급공무원 고책형

기업의 성과를 측정하기 위해 전통적인 재무 지표 외에 고객, 내부 비즈니스 프로세스, 학습과 성장 지표 등을 종합적으로 고려하는 측정시스템은?

① 균형성과표(balanced scorecard)
② 리엔지니어링(reengineering)
③ 행위기준평가법(behaviorally anchored rating scales)
④ 평가센터법(assessment center method)

요점정리 균형성과표(BSC, Balanced Scorecard)는 카플란과 노튼(Kaplan & Norton)에 의해 개발된 성과측정도구로서, 전통적인 재무지표와 기업의 핵심성공요인(KSF or CSF, key success factor or critical success factor)과 관련한 제반 운영상의 지표(재무적 측면, 고객 측면, 내부 프로세스 측면, 종업원의 학습과 성장 측면)들을 의미있게 결합하여 조직차원의 성과(조직 효과성)를 측정할 수 있도록 만든 것이다.

해설 재무, 고객, 프로세스, 학습과 성장 등은 모두 균형성과표(BSC)의 구성요소이다.

추가해설 ②는 경영과정의 혁신과 개선을, ③은 종업원의 업무수행과정 및 행동을 평가하는 표준평정척도법을, ④는 종업원(특히 관리자)의 선발, 개발, 평가에 활용되는 종합적 평가도구를 의미한다.

정답 ①

24-25 ✅☐☐☐　　2014 가맹거래사

재무와 비재무, 장기와 단기, 결과와 과정의 균형을 고려한 성과평가방법은?

① 행위기준평가법　　② BSC 평가법
③ 목표관리법　　　　④ 행동관찰척도법
⑤ 평가센터법

해설 ① BARS. 이는 평정척도법과 주요사건기록법을 혼용한 표준평정척도법이다.
② Balanced Scorecard. 조직성과의 제 측면을 균형있게 평가하는 기법. 이것이 정답.
③ MBO. 이는 드러커와 맥그리거가 개발한 기법으로서, 종업원이 직속상사와 협의하여 목표를 설정하고 이에 대한 달성도를 평가한다.
④ BOS. 이는 BARS를 보완한 것으로서, 평가기준으로 제시되

는 행동에 대한 빈도를 측정하는 평가기법이다.

⑤ AC 또는 HAC. 이는 종업원의 선발, 개발, 진단 목적으로 활용가능하며, 별도의 장소에서 예시과제를 후보자들로 하여금 수행토록 하는 기법이다.

정답 ②

24-26 ☑☐☐☐ 2010 가맹거래사

균형성과표(BSC)의 네 가지 성과측정 관점이 아닌 것은?

① 고객관점　　　　② 공급자관점
③ 내부 프로세스관점　④ 학습 및 성장관점
⑤ 재무관점

해설 균형성과표의 4대 측정기준: 재무, 고객, 내부 프로세스, 학습과 성장

정답 ②

24-27 ☑☐☐☐ 2019 공인노무사

균형성과표(Balanced Score Card)에 해당하지 않는 것은?

① 고객 관점　　　② 내부 프로세스 관점
③ 사회적 책임 관점　④ 학습과 성장 관점
⑤ 재무 관점

해설 균형성과표의 4대 관점: 재무적 관점, 고객 관점, 내부 프로세스 관점, 학습과 성장 관점

정답 ③

24-28 ☑☐☐☐ 2019 경영지도사

균형성과표(BSC)의 네 가지 관점이 아닌 것은?

① 내부 프로세스 관점　② 외부 프로세스 관점
③ 고객관점　　　　④ 학습 및 성장 관점
⑤ 재무관점

해설 균형성과표의 4대 관점은 재무적 관점, 고객 관점, 내부 프로세스 관점, 학습 및 성장 관점이다. 따라서 '외부 프로세스

관점'은 해당되지 않는다.

정답 ②

24-28A ☑☐☐☐ 2017 군무원 복원

다음 중 균형성과표(BSC)의 구성요소가 아닌 것은?

① 학습과 성장 관점　② 내부 프로세스 관점
③ 고객 관점　　　　④ 환경 관점

해설 BSC의 4대 구성요소는 재무, 고객, 내부프로세스, 학습과 성장이다.

정답 ④

24-28F ☑☐☐☐ 2022 군무원 9급

다음 중 균형성과표(BSC)의 4가지 관점에 해당하지 않는 것은?

① 학습과 성장 관점
② 내부 비즈니스 프로세스 관점
③ 경쟁자 관점
④ 재무적 관점

해설 균형성과표의 4대 관점은 재무적 관점, 고객 관점, 내부 프로세스 관점, 종업원의 학습과 성장 관점 등이다.

정답 ③

24-29 ☑☐☐☐ 2010 공인노무사

회계나 재무적 관점으로만 경영성과를 평가하는 전통적 성과평가 방식을 탈피하여 재무, 고객, 내부 프로세스 및 학습·성장 등의 네 가지 관점에서 경영성과를 평가하는 경영기법은?

① CRM　　　　② BSC
③ SCM　　　　④ KMS
⑤ ERP

해설 재무, 고객, 내부 프로세스, 학습과 성장 등의 네 가지 관점에서 경영성과를 판단하는 기법은 카플란과 노튼에 의해

개발된 균형성과표(BSC, Balanced Scorecard)이다. CRM은 고객관계관리, SCM은 공급사슬관리, KMS는 지식경영시스템, ERP는 전사적 자원관리를 의미하는 약어이다.

정답 ②

24-30 ☑□□□   2016 경영지도사

카플란(R. Kaplan)과 노턴(D. Norton)이 제시한 균형성과표(balanced scorecard)의 4가지 관점에 해당되지 않는 것은?

① 고객(시장)   ② 주주
③ 학습과 성장   ④ 내부프로세스
⑤ 재무

해설 균형성과표의 4대 관점: 재무적 측면, 고객 측면, 내부운영 프로세스 측면, 종업원의 학습과 성장 측면

정답 ②

24-31 ☑□□□   2016 CPA

케플란(Kaplan)과 노튼(Norton)의 균형성과표(BSC : Balanced Scorecard)에서 제시한 4가지 관점으로 가장 적절하지 않은 것은?

① 재무적 관점   ② 고객관점
③ 학습과 성장 관점   ④ 내부 프로세스 관점
⑤ 사회적 책임 관점

해설 균형성과표의 4대 측면은 재무적 관점, 고객 관점, 내부 프로세스 관점, 종업원의 학습과 성장 관점의 4가지이다.

정답 ⑤

24-31A ☑□□□   2020 가맹거래사

균형성과표(BSC)에서 조직의 성과를 측정하기 위한 4가지 주요 관점에 해당하지 않는 것은?

① 고객 관점   ② 재무적 관점
③ 경쟁 관점   ④ 내부 프로세스 관점
⑤ 학습과 성장 관점

해설 BSC의 4대 관점: 재무, 고객, 내부 프로세스, 학습과 성장

정답 ③

24-32 ☑□□□   2009 7급공무원 봉책형

조직의 글로벌화, 정보지식사회화가 진전되면서 많은 조직들이 무형의 가치측정까지도 포함된 균형성과표(balanced scorecard : BSC)에 의한 평가방법을 도입하고 있다. 균형성과표의 네 가지 관점에 포함되지 않는 것은?

① 재무적 관점
② 학습과 성장 관점
③ 경쟁력과 차별화 관점
④ 고객 관점

해설 균형성과표의 4대 차원은 재무적 관점, 고객 관점, 내부운영 프로세스 관점, 종업원의 학습과 성장 관점이다.

정답 ③

24-33 ☑□□□   2017 서울시 7급

기업의 경영성과를 평가하는 데 사용되는 균형성과표(Balanced Scorecard : BSC)의 평가관점과 성과지표·측정지표 간의 연결로 가장 옳지 않은 것은?

① 재무 관점 – EVA(Economic Value Added)
② 고객 관점 – 시장점유율
③ 내부 프로세스 관점 – 자발적 이직률
④ 학습 및 성장 관점 – 직원 만족도

요점정리 균형성과표에서 활용되는 조직효과성 측정지표는 다음과 같다.
- 재무적 측면: 이익, 매출액, ROI 등의 회계학적 측정치
- 고객 측면: 시장점유율, 고객만족도, 재구매율, 고객충성도 등
- 내부 프로세스 측면: 주문이행률, 주문당 비용, 리드타임 등
- 학습 및 성장 측면: 이직률, 직무만족도, 조직몰입도 등

해설 ③ 자발적 이직률은 '학습과 성장 관점'에 해당하는 지표이다.

정답 ③

24-33F ☑□□□
2022 가맹거래사

균형성과표(BSC)에 포함되지 않는 것은?

① 외부지표와 내부지표의 균형
② 원인지표와 결과지표의 균형
③ 단기지표와 장기지표의 균형
④ 개인지표와 집단지표의 균형
⑤ 재무지표와 비재무지표의 균형

해설 균형성과표(Balanced Scorecard)에서는 재무적 측면, 고객 측면, 내부 프로세스 측면, 종업원의 학습과 성장 측면의 4대 요소를 균형있게 측정하려고 한다. 선지 ①은 고객(외부)과 내부프로세스(내부)의 측정으로 설명이 가능하며, 선지 ②는 고객이나 종업원 등의 비재무지표(원인)와 재무지표(결과)의 측정을 의미하므로 사실상 선지 ⑤와 의미가 같다. 선지 ③은 재무적 측면의 요소들이 단기적인 속성을 가지며 나머지 요소들이 비교적 장기적인 측정변수라는 점에 착안한 것이다. 그러나 개인과 집단의 균형이라는 내용은 4대 측정지표의 어느 것에도 해당되지 않는다.

정답 ④

24-34 ☑□□□
2014 7급공무원 A책형

균형성과표(Balanced Score Card : BSC)와 비교하여 전통적 성과관리시스템의 한계에 대한 설명으로 옳지 않은 것은?

① 구성원의 경영전략에 대한 이해도가 높지 않다.
② 성과에 대한 재무적 관심이 부족하다.
③ 자원 할당과 전략의 연계가 부족하다.
④ 인센티브와 목표달성의 연계가 부족하다.

해설 ② 전통적 성과관리 시스템은 재무적 측면에 지나치게 집착하는 측면이 있었다. 그래서 재무 외의 여러 측면을 고루 평가하는 균형성과표가 도입된 것이다.

추가해설 전통적 성과관리시스템에서는 전략적 관점이 부족하며(①), 전략-조직운영-자원할당 간의 연계성도 부족했다(③). 또한 목표와 인센티브(성과급 등)간의 연계도 강하지 못했다(④).

정답 ②

24-34D ☑□□□
2021 군무원 5급

최근에 민간 및 공공조직에서 성과관리를 위한 체계로서 많이 활용되고 있는 균형성과표(Balanced Score Card, BSC)에 대한 설명으로 가장 옳지 않은 것은?

① 조직의 성과관리를 재무, 고객, 내부프로세스, 학습 및 성장관점으로 구분하여 성과관리지표를 도출 및 관리한다.
② 조직의 균형성과표는 해당 조직의 비전, 전략, 목표 등에 따라 차별적으로 설계 및 운용될 수 있다.
③ 전통적 성과관리 체계의 한계점을 보완하면서 정성적 및 지식적 활동지표까지도 포괄하는 성과측정시스템이다.
④ 궁극으로는 조직의 대표적 성과인 회계 및 재무적 성과목표를 달성하는데 초점을 두고 있는 성과관리체계이다.

해설 균형성과표는 전통적 성과관리 시스템이 지나치게 재무 및 회계적 목표 달성에만 집중한다는 점에 대한 반성에 기초하여, 마케팅, 생산운영, 인사조직 등 경영학의 제반 분야의 다양한 목표를 고루 충족할 필요가 있음을 강조하는 이론모형이다. 따라서 ④는 균형성과표의 본래 취지를 반대로 설명한 것이라 틀린 것이다.

정답 ④

24-34J ☑□□□
2023 국가직 7급

균형성과표(BSC: balanced scorecard)에 대한 설명으로 옳은 것은?

① 균형성과표는 전략실행이 아닌 전략수립을 위해 개발된 도구이다.
② 조직의 비전은 균형성과표에서 고려되지 않는다.
③ 고객 관점은 가장 미래지향적인 관점으로 다른 3가지 관점의 성과를 이끌어 내는 원동력이다.
④ 내부 프로세스 관점은 성과 극대화를 위해 기업의 핵심 프로세스나 역량을 규명하는 과정이다.

해설 ① [×] 균형성과표는 전략의 실행 과정에서도 유용하게 활용될 수 있다. 엄밀히 말하면 전략수립과 실행간의 괴리(gap)를 극복시켜 줄 수 있는 도구이다.

② [×] 균형성과표의 4대 항목(재무, 고객, 내부운영프로세스, 학습과 성장)은 모두 기업조직의 비전(vision) 하에 정렬되어 있는 것이다.

③ [×] 나머지 3가지 관점의 원동력으로서 기능하는 것은 종업원의 학습과 성장 관점이다.

④ [O] 내부 비즈니스 프로세스 관점은 성과를 극대화하기 위해 기업의 핵심 프로세스 및 핵심 역량을 규명하는 과정에 대한 관점이다. (이 문장은 편저자의 수험서 원문 그대로이며, 고려대 배종석 교수의 『인적자원론』에서 인용한 것이다.) 내부프로세스란, 기업 내의 원재료, 정보, 사람 같은 투입요소를 제품과 서비스 등의 산출요소로 변화시키는 과업이나 활동들의 집합을 의미한다. 이 관점에서의 성과는 주로 내부 공정이나 생산과정 및 업무의 흐름 등과 관련하여 주문 이행률이나 주문당 비용, 리드 타임(lead time) 등으로 평가하게 된다.

정답 ④

25 경영전략의 수립과 실행

1. 경영전략의 수립과 실행

1) 전략의 수립: 사명(mission) 및 비전과 목표 중심으로 환경분석 → 선택가능한 전략적 대안 도출

2) 전략의 실행: 형성된 전략을 구현할 수 있는 조직시스템의 마련, 보상체계의 정비, 인적자원관리, 동기부여, 기업 자원의 적정배분 등

3) 전략경영의 수준: 기업수준(corporate level) → 사업수준(business level) → 기능수준(function level)

4) 전략실행을 위한 인적자원관리: SHRM

    ① 의미: 경영전략과 인적자원관리를 상호 연계시키는 인적자원관리 활동 및 체계

    ② 적합성의 강조: 인적자원관리의 제반 기능(확보, 보상, 평가 등) 및 전략간의 fit 강조

2. 사업부 수준의 본원적 경쟁전략(Porter): 원가우위 vs. 차별화

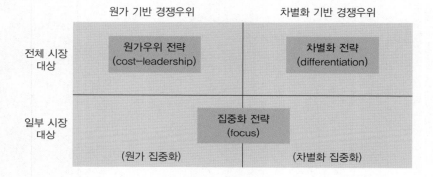

1) 원가우위 전략

    ① 원가우위의 원천: 규모의 경제, 입지, 공급사슬관리(SCM), 설비의 효율적 활용, 인터넷 등

2) 차별화 전략

    ① 차별화우위의 원천: 독특한 제품특성과 가치, 특별한 포지셔닝, 사회적·심리적 특성, 인터넷 등

    ② 블루오션 전략

        i) 의의: 김위찬과 마보안이 주창, 가치혁신을 통한 차별화 전략

        ii) 내용: 유사한 제품과 서비스로 맞대응하는 레드오션 전략이 아니라 기존의 경쟁구도를 뒤집는 완전히 새로운 무언가를 제시 (≠ 틈새시장 전략)

3. 수직적 통합: 가치사슬상의 전·후 연관 활동분야를 동시에 운영

1) 전방통합: 기업이 유통부문에 대한 소유권과 통제능력 획득

2) 후방통합: 기업이 투입요소(원료, 부품 등)에 대한 소유권을 갖고 이를 통제할 수 있는 능력 획득

25-1 ☑☐☐☐
2014 경영지도사

장기적인 조직의 임무, 목표, 자원배분에 관한 의사결정을 수행하는 과정은?

① 운영적 계획
② 전술적 계획
③ 전략적 계획
④ 지속적 계획
⑤ 산업적 계획

해설 일단 지속적 계획(④)과 산업적 계획(⑤)은 말장난에 가까우므로 논외로 하고, 나머지 보기를 살펴본다. ①의 '운영'은 '실무 수행'에 가까운 의미이다. 따라서 조직 전체의 목표나 자원의 배분보다는 구체적이고 일상적인 문제해결업무에 어울리는 표현이다. 따라서 정답이 아니다. ②의 전술과 ③의 전략은 그 의미상의 차이가 있다. 둘 다 목표설정과 그 수행방안의 고민이라는 점에서는 공통점이 있으나, '전략'은 궁극적인 목적달성논리에 집중하는 반면 '전술'은 전략의 구체적 실행 수단을 뜻한다. 즉 전술은 전략의 도구이자 수단이라 할 수 있다. 따라서 정답은 ③의 '전략적 계획'이 된다.

정답 ③

25-1A ☑☐☐☐
2020 경영지도사

계획화(planning)의 단점이 아닌 것은?

① 시간과 비용의 수반
② 의사결정의 지연
③ 미래 지향적 사고
④ 경직성 유발
⑤ 동태적 환경에서의 한계

해설 계획을 세우는 과정에서는 비용과 시간이 소모되므로(①) 의사결정 속도가 느려진다(②). 한 번 계획을 세우게 되면 그 계획에 집착하거나 계획대로 업무를 수행하려는 경직성(④)을 갖게 되므로 변화무쌍한 동태적(dynamic) 환경에서는 한계가 노출될 수 밖에 없다(⑤). 그러나 계획의 미래지향성은 계획의 단점이라기보다는 장점에 가깝다.

정답 ③

25-1M ☑☐☐☐
2024 군무원 5급

다음 중 조직의 방향을 설정하는 위계단계 중 가장 상위 개념은?

① 비전
② 전략
③ 실천과제
④ 실행계획

해설 조직의 방향을 설정하는 최상위개념은 비전(vision)이다. 비전은 조직이 나아가야 할 미래의 방향을 뜻하며, 이를 구체적으로 '우리 조직의 존립이유'로 표현한 것이 미션(mission)이다. 전략은 비전과 미션의 하위개념이며, 이를 구체화하면 실행계획과 실천과제가 된다.

정답 ①

25-2 ☑☐☐☐
2015 경영지도사

전략적 의사결정의 특징으로 옳지 않은 것은?

① 전사적
② 비반복적
③ 비구조적
④ 분권적
⑤ 비정형적

요점정리 전략(strategy)이란 희소한 경영자원을 배분하여 기업에게 경쟁우위를 창출하고 유지시켜 줄 수 있는 전사적 차원의 의사결정이라 할 수 있다. 전략적 의사결정은 주로 일상적으로 일어나는 업무보다는 반복되지 않는 비구조적·비정형적인 업무과제(즉 문제해결의 틀이 짜여져 있지 않음)에 대한 의사결정과 관련이 깊다.

해설 ④ 전략적 의사결정은 최고경영진에 의해 수행되는 경우가 많다. 따라서 분권적이라기보다는 집권적이다.

정답 ④

25-3 ☑☐☐☐

경영전략에 관한 설명으로 옳지 않은 것은?

① 경영전략은 기업이 활동하는 경영환경의 위협, 위험, 기회에 대하여 기업이 보유한 경영자원으로 대응하고자 하는 노력이다.

② 전략은 달성하고자 하는 목표와 기업 활동의 기본 방침을 연결시켜 준다.

③ 전략은 그 대상이 되는 기업 활동이나 관련된 조직의 범위와 수준에 따라 흔히 전사적 전략, 사업전략, 운영전략으로 나누어진다.

④ 기업이 어떤 사업을 수행할 것인지 혹은 사업포트폴리오를 어떻게 구성할 것인지 등에 관한 결정은 전사적 전략에 속한다.

⑤ 운영전략은 기업 내 사업단위가 그 사업에 관련된 시장에서의 경쟁에 대한 전략이다.

요점정리 전략은 대개 의사결정의 수준과 범위에 따라 기업수준의 전략(전사적 전략), 사업부 전략, 기능별 전략(운영전략)의 셋으로 구분된다.

해설 ⑤ 운영전략은 대개 기능별 전략으로도 불리며, 이는 인사 · 생산 · 마케팅 · 재무 등 각 영역별 자원의 효율적 활용전략을 의미한다. 지문에서 제시하고 있는 '기업 내 사업단위가 그 사업에 관련된 시장에서의 경쟁'은 사업부 수준에서의 전략이다.

정답 ⑤

25-4 ☑☐☐☐

경영전략의 수준에 관한 설명으로 옳지 않은 것은?

① 경영전략은 조직규모에 따라 차이가 있으나 일반적으로 기업차원의 전략, 사업부 단위 전략, 기능별 전략으로 구분된다.

② 성장, 유지, 축소, 철수, 매각, 새로운 사업에의 진출 등에 관한 전략적 의사결정은 기업차원의 전략 영역에 포함된다.

③ 사업부 전략은 각 사업영역과 제품분야에서 어떻게 경쟁우위를 획득하고 유지해 나갈 것인지를 결정하는 전략을 말한다.

④ 기능별 전략은 사업단위들간의 시너지효과를 높이는 데 초점을 둔다.

⑤ 생산, 재무, 인사, 마케팅 등의 활동 방향을 정하기 위한 것은 기능별 전략이다.

요점정리 **기업수준의 전략**(corporate strategy)은 어떤 종류의 시장이나 산업군에 속하여 경쟁할 것인지를 결정하는 것과 같이 조직 전체의 장기적 방향과 자원배분의 지침과 관련이 있는 전략 수준이다. 인수합병(M&A), 신사업영역의 선택, 사업부문의 분할과 매각, 사업단위 간 시너지 창출방안 도출 등이 이에 속한다. **사업부 전략**(business strategy)은 전략적 사업단위(SBU, strategic business unit), 즉 자율적 운영권을 가진 사업부에서 경쟁력을 확보하고 유지하는 것과 관련이 있는 전략수준이다. 제품이나 서비스의 개발, 시설의 입지선정, 차별화우위의 획득방법 개발 등이 이에 속한다. **기능별 전략**(functional strategy)은 사업의 원활한 수행을 위해서 각 기능(function)영역 내에서 자원을 효과적으로 사용하는 것과 관련이 있는 전략수준이다. 경쟁력 있는 인재의 선발(인사관리), 최신기술의 성공적 도입(생산관리), 광고제작(마케팅), 자금조달(재무관리) 등이 이에 속한다.

해설 ④ 사업단위들간의 시너지효과는 전사적 차원(기업수준)의 전략에서 고민할 영역이다. 기능별 전략은 ⑤에서 설명하듯이 인사, 생산, 마케팅, 재무 등 각각의 기능영역별 전략을 의미한다.

정답 ④

25-4A ☑☐☐☐

기업이 제품과 서비스를 생산하기 위하여 사용하는 구체적인 활동이나 방법을 규제하는 통제의 유형은?

① 운영적 통제   ② 전략적 통제
③ 전술적 통제   ④ 관료적 통제
⑤ 시장 통제

해설 운영(operation)전략은 사업의 원활한 수행을 위해서 각 기능(function)영역 내에서 자원을 효과적으로 사용하는 것과 관련이 있는 전략이다. 경쟁력 있는 인재의 선발(인사관리), 최신기술의 성공적 도입(생산관리), 광고제작(마케팅), 자금조달(재무관리) 등이 이에 속한다. 문제에서 설명하는 제품과 서비스의 생산은 생산관리의 내용영역이 된다. 한편 통제는 전략이 제대로 수행되었는지의 평가와 관련이 있으므로 '제품과 서비스의 생산'에 대한 통제는 운영통제가 된다.

정답 ①

25-4F ☑☐☐☐

다음 중에서 기업의 종합적인 관점에서 비전과 목표를 설정하고 각 사업분야에서 경영자원을 배분하고 조정하는 일련의 활동으로 가장 옳은 것은?

① 기업전략   ② 사업부전략
③ 기능별전략   ④ 마케팅전략

해설 ① 기업수준의 전략(corporate strategy)은 어떤 종류의 시장이나 산업군에 속하여 경쟁할 것인지를 결정하는 것과 같이 조직 전체의 장기적 방향과 자원배분의 지침과 관련이 있는 전략수준이다. 인수합병(M&A), 신사업영역의 선택, 사업부문의 분할과 매각, 사업단위간 시너지 창출방안 도출 등이 이에 속한다.

추가해설
• 사업부 전략(business strategy, 경쟁전략): 이는 전략적 사업단위(SBU, strategic business unit), 즉 자율적 운영권을 가진 사업부에서 경쟁력을 확보하고 유지하는 것과 관련이 있는 전략수준이다. 제품이나 서비스의 개발, 시설의 입지선정, 차별화우위의 획득방법 개발 등이 이에 속한다.
• 기능별 전략(functional strategy, 운영전략): 이는 사업의 원활한 수행을 위해서 각 기능(function)영역 내에서 자원을 효과적으로 사용하는 것과 관련이 있는 전략수준이다. 경쟁력 있는 인재의 선발(인사관리), 최신기술의 성공적 도입(생산관리), 광고제작(마케팅), 자금조달(재무관리) 등이 이에 속한다. (따라서 ④는 ③에 포함되는 개념이 된다.)

정답 ①

25-5 ☑☐☐☐

기업 전체 차원에서 수립되는 기본전략(grand strategy)의 유형이 아닌 것은?

① 집중화전략   ② 안정전략
③ 축소전략   ④ 방어전략
⑤ 성장전략

요점정리 전략은 대개 의사결정의 수준과 범위에 따라 기업수준의 전략, 사업부 전략, 기능별 전략의 셋으로 구분된다. 기업 전체 관점에서 수립되는 기업수준의 전략을 본 문제에서와 같이 '기본전략'이라 부르기도 한다. 기업 전체 전략은 사업포트폴리오 분석을 통해 어디에 집중하고 어디에서 출수할 것인지 등을 결정하는 것이다. 인수합병(M&A), 신사업영역의 선택, 사업부문의 분할과 매각, 사업단위 간 시너지 창출방안 도출 등이 이에 속한다.

해설 ① 집중화, 원가우위, 차별화 등의 본원적 전략(generic strategy)은 기업 수준이 아니라 특정한 사업부 수준의 경영전략이라 할 수 있다.

정답 ①

25-6 ☑☐☐☐

과거의 목표설정과 관리방식을 유지하면서 주요 정책이나 방침에 변화를 주지 않는 전략은?

① 안정전략   ② 확장전략
③ 축소전략   ④ 결합전략
⑤ 차별화전략

해설 안정전략은 기업이 강점을 갖고 있으나 환경이 유리하지 않거나 반대로 기업은 약점을 가지지만 환경의 기회요소가 예상될 때 활용되는 방법으로서, 큰 변화를 추구하지 않고 현상유지를 도모하는 전략이다.

추가해설 ② 확장전략은 성장전략으로도 불리며 유리한 환경하에서 기업의 강점을 극대화하는 방법으로서, 기업규모를 증대시키고 현재의 영업범위를 확대하는 전략이다.
③ 축소전략은 경제여건이 불리하거나 환경이 불확실할 경우 비용감축을 통해 능률을 확보하려는 전략으로서 우회전략(turnaround), 구조조정, 영업양도, 청산 등을 포함한다.

정답 ①

25-6A ☑☐☐☐
2020 경영지도사

기업조직 내의 각 사업부가 각기 다른 전략을 동시에 채용하는 전략유형은?

① 확장전략   ② 성장전략
③ 축소전략   ④ 안정전략
⑤ 결합전략

해설 여러 전략을 동시에 적용하는 것은 곧 결합전략 내지는 혼합전략을 뜻한다.

정답 ⑤

25-6D ☑☐☐☐
2021 경영지도사

전략집단(strategic group)을 의미하는 것은?

① 제품단위의 비용우위전략이다.
② BCG 모델의 cash cow에 해당한다.
③ 수명주기의 단계이다.
④ 가치사슬(value chain)의 유형이다.
⑤ 산업내 유사한 전략을 채택한 기업군이다.

해설 제목에 답이 있다. 전략의 집단이란 비슷하거나 같은 전략을 선택하는 기업들의 묶음을 뜻한다. 예를 들어 원가우위전략을 택하는 기업들이 주변에 5개 있다면 이들은 모두 동일전략군에 속한다.

정답 ⑤

25-7 ☑☐☐☐
2015 경영지도사

기업의 성과에 영향을 주는 기업 외부환경(external environment)이 아닌 것은?

① 사회문화   ② 법률
③ 경제정책   ④ 정치
⑤ 최고경영자

요점정리 외부환경은 거시환경요인과 산업구조요인으로 구분된다. 거시환경요인에는 정치 및 법적 환경(Political and legal environment), 경제적 환경(Economic environment), 사회/문화적 환경(Social and cultural environment), 기술적 환경(Technological environment) 등이 있으며, 이들에 대한 분석

은 각 환경요인들의 영어 머리글을 따서 PEST 분석이라고도 한다. 산업구조요인은 포터의 5-forces에 관한 것이다. 한편 내부환경은 주로 기업의 내부에서 경영활동에 영향을 미칠 수 있는 각종 요인들을 의미한다. 조직구조, 기업문화, 최고경영자(리더십), 인적자원의 특성, 주주, 가치사슬, 재무보고서 등이 내부환경에 해당된다.

해설 외부환경은 조직의 경계 밖에 위치한 것이다. 최고경영자는 조직경계 내에 있으므로 내부환경요인이 된다.

정답 ⑤

25-7D ☑☐☐☐
2021 경영지도사

거시수준의 구조조정에 해당하는 것은?

① 산업구조조정   ② 제품구조조정
③ 사업구조조정   ④ 재무구조조정
⑤ 인력구조조정

해설 일반적으로 '거시수준'이 무엇인지에 관하여 학술적으로 정해진 의미는 없다. 다만 다른 선지들과 비교하였을 때 가장 거시적, 즉 넓은 범위에 속하는 것이 무엇인지를 찾으면 될 것이다. 제품(②)이나 사업(③)의 구조조정은 해당 기업 내부에 관한 것이다. 재무(④)와 인력(⑤) 역시 그렇다. 하지만 산업(①)은 특정 기업의 범위 밖에 있는 것이다. 기업보다는 산업의 범위가 더 넓기 때문이다. 따라서 정답은 ①이 된다.

정답 ①

25-8 ☑☐☐☐
2014 경영지도사

기업을 둘러싼 환경에 관한 설명으로 옳지 않은 것은?

① 경제적 환경의 구체적 내용으로 경제체제, 경제상황, 국가경제규모, 재정, 금융정책 등이 있다.
② 기업의 환경을 내부환경과 외부환경으로 구분했을 때 주주는 외부환경에 속한다.
③ 기업의 간접환경(일반환경)에는 정치·법률적 환경, 경제적 환경, 기술적 환경, 사회·문화적 환경 등이 있다.
④ 기업에 노동력을 공급하는 종업원도 기업의 환경요인 중 하나이다.
⑤ 기업의 경쟁자나 부품 공급자는 직접환경(과업환경) 요인이다.

해설 주주는 기업의 내부 구성원이므로 내부환경이라 할 수 있다.

정답 ②

25-8A ☑□□□ 　　　　　2020 경영지도사

기업의 외부환경을 일반환경과 과업환경으로 구분할 때 과업환경에 해당하는 것은?

① 경제적 환경　　　　② 정치적·법적 환경
③ 인구통계적 환경　　④ 사회·문화적 환경
⑤ 경쟁자 환경

해설 정치, 경제, 사회문화, 기술, 인구통계적 측면 등은 모두 거시적 환경요인으로서 기업에 영향을 간접적으로 미치는 환경 요소가 된다. 반면 과업환경은 기업 활동에 구체적인 영향을 주는 요인으로서 경쟁자, 고객, 공급업자 등이 이에 해당한다.

정답 ⑤

25-9 ☑□□□ 　　　　　2014 경영지도사

경영통제에 관한 설명으로 옳지 않은 것은?

① 사전통제는 목표달성을 위하여 사전준비를 확인하는 가장 바람직한 통제이다.
② 진행통제는 업무가 수행되는 동안에 통제에 영향을 미치는 것을 통제하는 방법이다.
③ 사후통제는 업무가 종료된 후에 이루어지는 통제 활동으로 피드백을 통해 결과의 변경이 가능하다.
④ 통제활동을 수행하기 위해서는 명확한 평가기준이 필요하다.
⑤ 평가기준과 수행결과의 차이에 대한 원인이 밝혀지면 이에 대한 대응조치를 강구해야 한다.

요점정리 통제는 일반적으로 경영활동의 시간흐름에 따라 사전통제, 과정통제(진행통제), 사후통제로 구분할 수 있다. 사전통제(pre-action control)는 목표설정이 적절하게 이루어졌고 구체적 경영활동(예: 인사, 생산, 마케팅, 재무 등)의 준비가 철저히 되었는지의 정도를 평가하는 것이다. 과정통제(process control)는 업무수행의 단계별로 진행내용이 계획한 바와 일치되는지 비교·검토하여 피드백을 제공하는 것이다. 사후통제

(post-action control)는 경영활동의 결과물(제품이나 서비스)에 대한 평가를 의미하며, 사후통제의 결과물은 다음의 경영활동 계획수립에 영향을 미친다.

해설 ③ 사후통제는 말 그대로 업무종료 이후의 활동이다. 따라서 이미 완성된 결과를 바꿀 도리가 없다. 다만 다음번의 활동에 도움이 될 만한 시사점을 얻을 수는 있을 것이다.

정답 ③

25-9A ☑□□□ 　　　　　2020 경영지도사

경영관리 과정상 통제(controlling)의 목적에 해당하는 것을 모두 고른 것은?

> ㄱ. 기회의 발견
> ㄴ. 오류와 실수의 발견
> ㄷ. 비용감소와 생산성 향상
> ㄹ. 환경의 변화와 불확실성에의 대처

① ㄱ, ㄴ　　　　　　② ㄷ, ㄹ
③ ㄱ, ㄷ, ㄹ　　　　④ ㄴ, ㄷ, ㄹ
⑤ ㄱ, ㄴ, ㄷ, ㄹ

해설 통제는 계획대로 업무가 진행되었는지 확인하는 작업이므로 업무처리중에 발생한 오류나 실수를 발견하고(ㄴ) 비용을 줄이거나 생산성을 높일 수 있는(ㄷ) 새로운 방법이나 사업기회가 있는지 모색하는 계기(ㄱ)를 제공한다. 궁극적으로 효과적인 통제과정을 통해 기업은 환경변화에 능동적인 대응을 할 수 있는 길을 찾을 수 있다(ㄹ).

정답 ⑤

25-9F ☑□□□ 　　　　　2022 경영지도사

경영통제와 관련된 설명으로 옳은 것은?

① 생산수량, 불량률, 비용 등은 산출표준에 해당한다.
② PERT, 재무상태분석 등은 재무통제에 해당한다.
③ 원재료, 재공품은 재고통제 대상이 아니다.
④ 재무상태표상의 유동자산을 유동부채로 나눈 것을 당좌비율이라고 한다.
⑤ 문제가 발생하기 전에 취하는 관리적인 행동을 동시통제(concurrent control)라고 한다.

해설 ① 생산량이나 불량발생 정도, 각종 비용항목 등은 너무나 당연한 말이지만 투입이나 과정항목이 아니라 산출항목에 해당한다.

추가해설 ② PERT는 프로젝트 일정관리의 도구로서 재무통제와는 상관이 없다.
③ 원재료와 재공품은 모두 재고항목에 포함된다.
④ 당좌비율은 당좌자산을 유동부채로 나눈 값이다.
⑤ 문제발생 전에 실시하는 행동을 예방통제 내지는 사전통제라 한다.

정답 ①

25-9G ☑☐☐☐

2022 국가직 7급

경영관리활동 중 통제(control)에 대한 설명으로 옳지 않은 것은?

① 기업규모와 다양성이 커져서 하위층 관리자에게 권한위임과 분권화가 증대되면 통제의 필요성은 감소한다.
② 편차수정의 내용은 경영자의 다음 계획수립에 유용한 정보로 반영될 수 있다.
③ 실제 경영활동이 수행되기 전에 예방적 관리 차원에서 수행하는 통제 유형도 있다.
④ 모든 활동이 종결된 후 수행하는 통제가 보편적이고, 종업원 개개인의 업적평가기준 및 보상기준으로 사용될 수 있다.

해설 ① [×] 일반적으로 하위층에게 권한위임을 할수록 통제의 필요성은 감소하는 것이 맞다. 그러나 '기업규모와 다양성이 커지는 경우'에는 조직구조의 복잡성과 구성원간 갈등이 증가함에 따라 조직차원에서의 통제시스템이 더욱 발달되는 것이 일반적이다.
② [○] 통제 본연의 취지를 잘 설명하는 선지이다.
③ [○] 통제 중에는 사전적 예방통제도 존재한다.
④ [○] 앞의 선지 ③에도 불구하고 가장 일반적인 통제유형은 활동 수행 후 사후적으로 이루어지는 통제이며, 이러한 통제정보는 개인의 평가와 보상 의사결정에 활용된다.

정답 ①

25-9J ☑☐☐☐

2023 경영지도사

경영통제에 관한 설명으로 옳지 않은 것은?

① 경영의 계획·조직·지휘 활동과 더불어 순환적으로 수행되어야 할 기본적인 기능이다.
② 경영통제시스템은 조직의 목표 달성을 위해 사전에 설정된 표준에 조직의 성과를 일치시키고자 하는 것이다.
③ 신제품 개발 시 시장의 수요를 예측하고 생산일정계획을 수립하는 것은 동시통제시스템에 해당한다.
④ 기업의 자산이 효율적으로 관리되고 있는지를 확인하는 것은 재무통제에 해당한다.
⑤ 재무통제는 최고경영층이 주로 사용하는데 비해, 예산통제는 중간경영층이 많이 사용하는 통제기법이다.

해설 ① [○] 경영계획이 뜻한대로 실천되었는지 조직활동을 조사하고 평가하는 체계적 과정을 통제(control)라 한다. 가장 기본적 경영기능 중 하나이다.
② [○] 사전에 세운 계획과 조직성과(실천)의 내용에 차이가 발생하였을 때 통제활동이 원활하게 이루어진다면 그 차이의 원인을 파악하고 앞으로의 경영활동을 수정하는데 필요한 시사점을 얻을 수 있다.
③ [×] 미리 예측하고 일정계획을 수립하는 것은 사전통제시스템에 해당한다. 동시통제는 자원변환과정 중에 이루어지는 통제활동을 의미한다.
④ [○] 자산이 효율적으로 관리되는지를 확인하기 위해서는 자금조달방법과 자본비용 및 재고자산회전율 등을 검토할 필요가 있으며 이는 모두 재무통제의 영역에 해당한다. 재무통제는 자본의 조달이나 운용에 초점을 맞춘 통제활동을 포함한다.
⑤ [○] 재무통제기법은 최고경영층이 주로 사용하는데 비해 예산통제기법은 중간경영층이 많이 사용하는 시스템이 맞다. 여기서 예산(budget)은 경영활동을 효과적으로 수행하기 위해 수립되는 경영계획을 수량 또는 화폐 단위로 표시한 것이며, 예산통제를 이용한 경영활동의 통제 단계는 1) 예산의 편성, 2) 예산의 집행, 3) 예산의 차이 분석 등으로 구분된다.

정답 ③

25-10 ☑☐☐☐ 2011 7급공무원 우책형

포터(M. Porter)가 제시하고 있는 사업수준의 경쟁우위를 확보하기 위한 경쟁전략에 해당되지 않는 것은?

① 차별화전략(differentiation strategy)
② 집중화전략(focus strategy)
③ 다각화전략(diversification strategy)
④ 원가우위전략(cost leadership strategy)

───────

요점정리 포터(Porter)는 기업이 선택할 수 있는 사업부 수준의 본원적(generic) 경쟁전략으로 원가우위 전략, 차별화 전략, 집중화 전략을 언급한 바 있다.

정답 ③

25-11 ☑☐☐☐ 2010 공인노무사

포터(M. E. Porter)가 주장한 경쟁력 확보를 위한 본원적 전략에 해당되는 것은?

① 제품전략, 서비스전략
② 유지전략, 혁신전략
③ 구조전략, 기능전략
④ 원가우위전략, 차별화전략
⑤ 구조조정전략, 인수합병전략

───────

해설 포터의 본원적 경쟁전략: 원가우위, 차별화, 집중화

정답 ④

25-12 ☑☐☐☐ 2018 공인노무사

포터(M. Porter)의 경쟁전략 유형에 해당하는 것은?

① 차별화(differentiation) 전략
② 블루오션(blue ocean) 전략
③ 방어자(defender) 전략
④ 반응자(reactor) 전략
⑤ 분석자(analyzer) 전략

───────

요점정리 사업부 수준의 전략은 기업이 참여하는 사업영역에서의 경쟁우위와 수익률을 확보하기 위한 각종 계획의 수립과 실행 과정을 뜻한다. 포터(Porter)는 기업이 선택할 수 있는 사업부 수준의 본원적(generic) 경쟁전략으로 원가우위 전략, 차별화 전략, 집중화 전략을 언급한 바 있다.

추가해설 공격형, 방어형, 분석형, 반응형 전략은 마일즈와 스노우(Miles & Snow)의 전략유형에 해당한다. 그들에 따르면 성공하는 전략유형에는 세 가지가 있다. 첫째는 역동적 환경 하에서 위험을 감수하는 동시에 효율성보다는 창의와 혁신 및 모험을 추구하는 공격형 전략(prospector, 혁신형)이고, 여기서는 유연한 분권형 조직의 효과성이 크다. 두 번째는 안정적 환경 하에서 현상유지 및 안정을 추구하는 방어형 전략(defender)이며, 여기서는 효율성과 생산성을 중시하는 집권형 조직의 효과성이 크다. 세 번째는 분석형 전략(analyzer)으로, 이는 혁신과 안정성을 동시에 추구하는 전략으로서 공격형 전략과 방어형 전략의 중간에 위치한 것이다. 만약 기업이 특정한 전략을 세우고 그에 따라 행동하는 것이 아니라 상황에 맞게 임시방편적 대응만 하는데 그친다면 이를 반응형(reactor) 전략이라 부르는데, 마일즈와 스노우에 따르면 이는 제대로 된 전략이 아니라고 본다.

정답 ①

25-12A ☑☐☐☐ 2020 경영지도사

포터(M. Porter)의 경쟁우위의 유형과 경쟁의 범위를 기준으로 한 본원적 전략(generic strategy)에 해당하는 유형을 모두 고른 것은?

ㄱ. 비용우위 전략	ㄴ. 안정 전략
ㄷ. 차별화 전략	ㄹ. 집중화 전략
ㅁ. 방어 전략	

① ㄱ, ㄴ, ㄷ
② ㄱ, ㄴ, ㅁ
③ ㄱ, ㄷ, ㄹ
④ ㄴ, ㄷ, ㄹ
⑤ ㄴ, ㄹ, ㅁ

───────

해설 마이클 포터의 본원적 경쟁전략은 원가우위(비용우위), 차별화, 집중화의 세 가지이다.

정답 ③

25-12J ☑☐☐☐ 2023 군무원 9급

포터(M. Porter)의 본원적 경쟁전략(generic competitive strategy)과 가장 거리가 먼 것은?

① 집중화 전략
② 차별화 전략
③ 현지화 전략
④ 원가우위 전략

해설 포터(Porter)는 일찍이 기업이 선택할 수 있는 사업부 수준의 본원적(generic) 경쟁전략으로 원가우위 전략, 차별화 전략, 집중화 전략을 언급한 바 있다.

정답 ③

25-13 ☑□□□　　　　　2013 경영지도사

포터(M. Porter)의 본원적 전략 중 월마트(Wal-Mart)가 회사 창립 때부터 견지해 오고 있는 전략은?

① 원가우위전략　　　② 차별화전략
③ 집중화전략　　　　④ 시장침투전략
⑤ 다각화전략

해설 월마트는 다른 업체보다 훨씬 더 싼 가격에 제품을 판매하고 있다. 따라서 원가우위(cost advantage or cost leadership) 전략을 사용한다고 볼 수 있다.

정답 ①

25-14 ☑□□□　　　　　2015 경영지도사

본원적 경쟁전략의 하나인 원가우위 전략에서 원가의 차이를 발생시키는 요인이 아닌 것은?

① 학습 및 경험곡선 효과
② 경비에 대한 엄격한 통제
③ 적정규모의 설비
④ 디자인의 차별화
⑤ 규모의 경제

요점정리 원가우위의 원천 → 규모의 경제, 경험효과, 공장의 유리한 입지, 공급업자들과의 원만한 관계, 생산시설의 활용도, 인터넷의 활용, 조직의 효율성 증대

해설 ④ 디자인 차별화는 차별화 전략의 요인이 된다.

정답 ④

25-15 ☑□□□　　　　　2019 가맹거래사

포터(M. Porter)의 비용우위(cost leadership) 전략을 실행하는 방법이 아닌 것은?

① 제품품질의 차별화
② 효율적인 규모의 설비투자
③ 간접비의 효율적인 통제
④ 경험곡선효과에 의한 원가의 감소
⑤ 저비용국가에서 생산

해설 원가우위는 비용절감으로 달성된다. 따라서 효율성을 높이거나(②, ③) 원가가 절감되는 방법을 찾으면(④, ⑤) 된다. ①의 품질차별화는 원가우위의 반대전략인 차별화(differentiation)에 해당되는 방법이다.

정답 ①

25-15M ☑□□□　　　　　2024 경영지도사

포터(M. Porter)의 차별화 전략 요소에 해당하지 않는 것은?

① 규모의 경제　　　② 높은 품질
③ 독특한 서비스　　④ 혁신적인 디자인
⑤ 브랜드 이미지

해설 차별화우위(differentiation advantage)는 새로운 기술이나 제품개발, 우월한 서비스 등을 통하여 소비자에게 독특한 가치를 제공하여 줌으로써 높은 가격프리미엄을 얻는 것을 말한다. 여기서 '독특한 가치'는 유형과 무형의 차별화 요소 모두를 통해 달성할 수 있다. 차별화는 일반적으로 제품의 우수하거나 독특한 특성(②)이나 디자인(③, ④), 소비자에게 각인되는 특별한 포지셔닝(⑤), 사회적·심리적 특성(고객의 개성을 잘 드러내주는 제품의 개발), 인터넷을 활용한 정보량과 풍부성(richness)의 동시 충족(예, 아마존의 성공사례) 등을 통하여 이루어진다. 반면 규모의 경제(①)는 차별화의 반대 전략인 원가우위(cost leadership) 전략의 핵심적 구성요소에 해당한다.

정답 ①

25-16 ☑□□□   2014 공인노무사

차별화 전략의 원천에 해당되는 것은?

① 경험효과   ② 규모의 경제
③ 투입요소 비용   ④ 생산시설 활용도
⑤ 제품의 특징과 포지셔닝

요점정리 차별화는 일반적으로 제품의 독특한 특성이나 디자인, 소비자에게 각인되는 특별한 포지셔닝, 사회적·심리적 특성(고객의 개성을 잘 드러내주는 제품의 개발), 인터넷을 활용한 정보량과 풍부성(richness)의 동시 충족(예: 아마존의 성공 사례) 등을 통하여 이루어진다.

해설 ①, ②, ③, ④ → 원가우위의 원천
⑤ → 차별화의 원천

정답 ⑤

25-16D ☑□□□   2021 군무원 5급

전략의 수준을 사업부 수준의 전략과 전사적 수준의 전략으로 구분할 때, 사업부 수준의 전략의 예에 해당하지 않는 것은?

① 다른 기업과 차별화된 자동차를 판매한다.
② 다양한 고객을 상대하는 대신 좁은 범위의 고객을 대상으로 햄버거를 판매한다.
③ 규모의 경제를 통한 비용 절감을 이루어 값싼 볼펜을 판매한다.
④ 영화 제작사와 제휴를 맺어서 새로운 영화에 등장하는 캐릭터 인형을 판매한다.

요점정리 사업부 전략(business strategy, 경쟁전략)은 전략적 사업단위(SBU, strategic business unit), 즉 자율적 운영권을 가진 사업부에서 경쟁력을 확보하고 유지하는 것과 관련이 있는 전략수준이다. 제품이나 서비스의 개발, 시설의 입지선정, 차별화우위의 획득방법 개발 등이 이에 속한다. <u>포터(Porter)의 본원적 경쟁전략(원가우위, 차별화, 집중화 등) 이론이 바로 사업부 수준의 전략에 관한 것이다.</u>

해설 ①은 차별화 전략, ②는 집중화 전략, ③은 원가우위 전략에 해당하므로 모두 사업부 수준의 경쟁전략이다. 반면 ④는 전략적 제휴에 관한 사례이며, 통상 다각화, 전략적 제휴나 인수합병 등의 의사결정은 전사적(기업) 수준의 전략으로 분류한다.

정답 ④

25-17 ☑□□□   2014 7급공무원 A책형

포터(M. E. Porter)가 제시한 기업의 본원적 경쟁전략에 해당하지 않는 것은?

① 낮은 원가를 유지하기 위해 추가적 특성이나 서비스를 제거한 표준화된 제품을 제공한다.
② 독특한 기능을 제공하기 위해 추가적 비용을 지불한다.
③ 끊임없이 새로운 시장에 진입하거나 기존시장에서 철수하여 시장 다각화를 도모한다.
④ 특정 고객층에 집중화된 전문 상품을 개발한다.

해설 ① → 원가우위
② → 차별화
③ 신규시장 진입이나 다각화는 포터의 본원적 경쟁전략이 아니다.
④ → 집중화

정답 ③

25-17A ☑□□□   2019 하반기 군무원 복원

마이클 포터의 본원적 경영전략(generic strategy)에 대한 설명으로 잘못된 것은?

① 소기업이 집중화 전략을 쓰는 경우 저원가 전략은 고려하지 않아도 된다.
② 소기업이 집중화 전략을 사용하는 경우 차별화 전략은 고려할 수 있다.
③ 시장점유율이 높은 기업은 원가우위 전략을 통하여 시장지배력을 강화할 수 있다.
④ 시장점유율이 낮은 기업은 차별화 전략을 통하여 시장점유율의 확대를 모색할 수 있다.

해설 대규모 기업은 원가우위와 차별화 전략을 사용하며, 일부 시장에만 관심을 두는 소규모 기업은 집중화 전략을 사용한다. 여기서 집중화의 초점은 저원가가 될 수도 있고 차별화가 될 수도 있다.

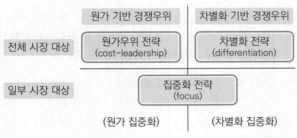

	원가 기반 경쟁우위	차별화 기반 경쟁우위
전체 시장 대상	원가우위 전략 (cost-leadership)	차별화 전략 (differentiation)
일부 시장 대상	집중화 전략 (focus)	
	(원가 집중화)	(차별화 집중화)

정답 ①

25-17M ☑☐☐☐   2024 군무원 5급

포터의 3가지 전략인 원가주도전략, 차별화전략, 집중전략에 대한 설명으로 가장 적절하지 않은 것은?

① 포터는 세 가지 전략 중 무엇이든 명확히 실행하라고 조언한다.
② 대체로 소규모 기업이 세 가지 전략 중에 차별화 전략을 선택한다.
③ 포터는 이 세 가지 경쟁전략을 본원적 전략이라고 했는데, 그 이유는 산업의 특성에 관계없이 모든 산업 분야에 적용될 수 있기 때문이다.
④ 원가주도전략은 경쟁사보다 낮은 가격으로 제품이나 서비스를 생산하여 경쟁우위를 확보하는 전략이다.

해설》 ① [○] 당연한 말이다. 어느 전략이든 명확히(제대로) 해야 한다.
② [×] 포터는 소규모기업은 자원과 역량이 부족하므로 작은 규모의 시장에서 성과를 내는 집중화 전략을 선택하는 것이 바람직하다고 조언하였다.
③ [○] 본원적 전략(generic strategy)의 올바른 의미이다.
④ [○] 원가우위 전략의 올바른 뜻이다.

정답 ②

25-17F ☑☐☐☐   2022 경영지도사

기업이 성공하기 위해서 경쟁이 없는 새로운 시장을 창출해야 한다는 전략은?

① 침투 전략(penetration strategy)
② 레드오션 전략(red ocean strategy)
③ 블루오션 전략(blue ocean strategy)
④ 창조 전략(creation strategy)
⑤ 표적시장 전략(target market strategy)

해설》 김위찬과 마보안(Mauborgne)이 주창한 블루오션 전략 (blue ocean strategy)은 충족되지 않은 다양한 소비자들의 수요를 찾아 이를 채워줄 수 있는 방법을 찾는 이른바 가치혁신 (value innovation)을 통한 차별화 전략이다. 한 기업이 혁신을 하면 다른 기업이 유사한 제품과 서비스로 곧장 대응하는 방식의 모방적이고 소모적인 경쟁인 레드오션(red ocean)을 떠나 <u>기존의 경쟁구도를 뒤집는 새로운 무언가를 제시함으로써 완전히 새로운 경쟁우위(즉 무경쟁시장에서의 우위)를 확보하는 것</u>을 뜻한다. 블루오션 전략이론에 따르면 기존의 본원적 경쟁전략은 모두 레드오션 전략이라 할 수 있다. 집중화 전략에서 이야기하는 틈새시장조차도 기존의 기업들과 '같은 방식'으로 시장을 바라보는 와중에 발견한 작은 세분시장을 의미하는 반면(예, 자동차 회사들이 소형차, 중형차, 대형차 등으로 제품을 분류할 때 새로 진출하는 기업이 소형차와 중형차 사이 시장을 표적시장으로 삼는 경우) 블루오션은 기존의 기업들과는 '완전히 다른 방식으로 시장을 정의'하여 사업기회를 창출하는 것(예, 자동차 시장을 소형-중형-대형이 아니라 성별로 접근하여 여성친화적 자동차를 개발하는 경우)이다.

정답 ③

25-17G ☑☐☐☐　　2022 군무원 7급

기업의 경쟁전략에 있어서 경쟁우위는 차별화우위와 비용우위로 실현될 수 있는데, 다음 중 경쟁우위와 경쟁전략에 대한 설명으로 가장 옳지 않은 항목은?

① 차별화우위는 경쟁기업과는 다른 차별화된 제품을 제공함으로써 소비자로 하여금 차별화를 하는데 소요된 비용 이상의 가격프리미엄을 받는 것이다.
② 규모의 경제, 경험효과, 조직의 효율성 증대 등은 비용우위의 원천이 될 수 있다.
③ 다양한 제품의 기획이나 제품 품질에 대한 광고전략 등을 통해 비용우위전략을 추진할 수 있다.
④ 차별화우위는 소비자가 제품과 서비스에 대하여 느끼는 사회적, 감정적, 심리적 차이에서도 나타날 수 있다.

───────────────

해설 차별화우위(differentiation advantage)는 새로운 기술이나 제품개발, 우월한 서비스 등을 통하여 소비자에게 독특한 가치를 제공하여 줌으로써 높은 가격프리미엄을 얻는 것을 말한다(①). 여기서 '독특한 가치'는 유형과 무형의 차별화 요소 모두를 통해 달성할 수 있다. 차별화는 일반적으로 제품의 독특한 특성이나 디자인, 소비자에게 각인되는 특별한 포지셔닝, 사회적·심리적 특성(고객의 개성을 잘 드러내주는 제품의 개발), 인터넷을 활용한 정보량과 풍부성(richness)의 동시 충족(예, 아마존의 성공사례) 등을 통하여 이루어진다(④).

　　반면 원가우위(cost advantage or cost leadership)는 비용을 줄임으로써 달성할 수 있다. 일반적으로 비용을 절감시키는 방법으로는 규모의 경제(economies of scale), 경험효과(experience curve effect, 생산공정에 있는 근로자들이 생산과정을 반복하면서 작업효율성을 높여가는 것) 또는 학습효과(learning curve effect), 조직의 효율성 증대(②), 공장의 유리한 입지, 공급업자들과의 원만한 관계, 생산시설의 활용도, 인터넷의 활용(즉, 각종 부대비용을 온라인화를 통하여 감축) 등이 있다.

　　따라서 옳지 않은 설명을 고르면 정답은 선지 ③이 된다. 다양한 제품 기획이나 제품품질에 대한 광고전략 등은 다른 회사 제품에 비해 차별화된 경쟁력이 있을 경우 시행하게 되므로 이들은 모두 원가우위보다는 차별화우위에 근접한 설명이 된다.

정답 ③

25-19 ☑☐☐☐　　2017 7급공무원 가책형

수직적 통합(Vertical Integration) 방식이 다른 것은?

① 정유업체의 유정개발사업 진출
② 영화상영관업체의 영화제작사업 진출
③ 자동차업체의 차량공유사업 진출
④ 컴퓨터업체의 반도체사업 진출

───────────────

요점정리 수직적 통합은 두 가지 방향으로 일어난다. 후방통합(backward integration)은 기업이 부품과 원료와 같은 투입(공급)요소에 대한 소유권을 갖고 이를 통제할 수 있는 능력을 갖는 것(예: 자동차 생산회사가 생산에 필요한 강판을 안정적으로 확보하기 위해 철강회사를 인수하는 것)을 의미하는 반면, 전방통합(forward integration)은 기업이 유통부문에 대한 소유권과 통제능력을 갖는 것을 의미한다.

해설 ①, ②, ④는 모두 투입(공급)측면이나 가치사슬상의 이전 단계로 진출하는 것이므로 후방통합이다. 반면 ③은 가치사슬상의 이후 단계(자동차가 만들어진 다음에 비로소 차량공유가 가능함)로의 진출이다.

정답 ③

25-20 ☑☐☐☐　　2007 7급공무원 문책형

셔츠제조업자가 의류상점을 새로 개설하여 사업 확장을 도모하였다면 다음 중 어느 전략에 해당하는가?

① 전방통합전략　　　② 후방통합전략
③ 다운스코핑전략　　④ 비관련 다각화전략

───────────────

해설 셔츠제조업자 입장에서 의류상점은 다음 단계의 사업체이다. 이미 만들어진 옷을 판매하는 곳이기 때문이다. 이렇게 가치가 창출되는 과정의 전/후에 있는 업체로의 확장을 도모하는 것을 수직통합이라 하며, 그 중 다음 단계로의 진출을 전방통합, 이전 단계로의 진출을 후방통합이라 한다.

정답 ①

25-20A ☑☐☐☐
2019 상반기 군무원 복원

자동차 완제품 회사와 자동차 부품 업체 간의 결합 유형은 무엇인가?

① 수직적 결합   ② 수평적 결합
③ 구조적 결합   ④ 통합적 결합

해설 서로 다른 가치사슬상의 단계끼리 결합하는 것은 수직적 통합이다. 반면 동종업계끼리 결합하는 것은 수평적 통합이다.

정답 ①

25-21 ☑☐☐☐
2013 7급공무원 인책형

후방통합(backward integration)에 대한 설명으로 옳은 것은?

① 제조 기업이 원재료의 공급업자를 인수·합병하는 것을 말한다.
② 제조 기업이 제품의 유통을 담당하는 기업을 인수·합병하는 것을 말한다.
③ 기업이 같거나 비슷한 업종의 경쟁사를 인수하는 것을 말한다.
④ 기업이 기존 사업과 관련이 없는 신사업으로 진출하는 것을 말한다.

해설 후방통합은 가치사슬상의 흐름 전 단계의 기업을 인수하거나 합병하는 경우이다.

추가해설 ① 이것이 후방통합의 사례이다. → 수직적 통합
② 이는 전방통합의 사례이다. → 수직적 통합
③ 이는 수평적 통합의 사례이다.
④ 이는 다각화의 사례이다.

정답 ①

25-22 ☑☐☐☐
2014 7급공무원 A책형

자동차 제조회사 경영자는 최근 경영환경 변화에 효과적으로 대응하여 경영성과를 극대화하기 위해 사업확장을 추구하고자 한다. 그는 사업확장 방안으로 전방통합을 추진하고자 하는데, 전방통합의 이점으로 옳지 않은 것은?

① 시장에 대한 통제력 증대를 통해 독점적 지위를 유지할 수 있다.
② 판매 및 분배 경로를 통합함으로써 제품의 안정적 판로를 확보할 수 있다.
③ 부품의 자력 공급을 통해 제품차별화 가능성을 높일 수 있다.
④ 적정 생산규모를 유지함으로써 생산비용과 재고비용을 감소시킬 수 있다.

해설 ③ 제조업체의 전방통합은 유통업체를 인수하는 경우이다. 따라서 후방에 위치한 부품의 공급과는 관련이 없다.

정답 ③

25-22A ☑☐☐☐
2017 군무원 복원

다음 중 옳지 않은 것은?

① 제조기업이 원재료의 공급업자를 인수합병하는 것을 전방통합이라 한다.
② 기업이 유사하거나 동종 업체를 인수하는 것을 수평적 통합이라 한다.
③ 기업이 기존 사업과 관련이 없는 신사업으로 진출하여 여러 기업을 지배할 경우 이를 복합기업이라 한다.
④ 제조 기업이 제품의 유통을 담당하는 기업을 인수합병하는 것을 전방통합이라 한다.

해설 제조기업이 원재료, 즉 가치사슬의 이전단계 기업을 인수합병하는 경우를 후방통합(backward integration)이라 부른다.

정답 ①

25-22J ☑☐☐☐   2023 군무원 7급

성장을 위한 전략 가운데 수직적통합(vertical integration) 및 수평적통합(horizontal integration)에 대한 설명으로 가장 거리가 먼 것은?

① 수평적통합을 통해 '규모의 경제'를 달성할 수 있다.
② 전방통합을 하면 안정적인 판로를 확보할 수 있다.
③ 후방통합을 통해 원가를 절감할 수 있다.
④ 의류제조업체가 섬유제조업체를 통합하는 것은 전방통합에 해당한다.

해설 ① [○] 수평적 통합은 동종업계간의 통합이므로 이 경우 기업은 규모의 경제 효과를 달성할 수 있다.
② [○] 전방통합(forward integration)은 제조기업이 (가치사슬상의 다음 단계인) 유통부문에 대한 소유권과 통제능력을 갖는 것을 의미한다. 따라서 안정적 판로 개척에 용이하다.
③ [○] 후방통합(backward integration)은 제조기업이 (가치사슬상의 이전 단계인) 부품과 원료와 같은 투입(공급)요소에 대한 소유권을 갖고 이를 통제할 수 있는 능력을 갖는 것(예, 자동차 생산회사가 생산에 필요한 강판을 안정적으로 확보하기 위해 철강회사를 인수하는 것)을 의미한다. 따라서 후방통합을 통해 원자재의 납품단가를 줄일 수 있다.
④ [×] 섬유는 의류의 원자재이다. 따라서 의류제조업체가 섬유제조업체를 통합하는 것은 가치사슬상 이전단계를 통합하는 것이므로 후방통합에 해당한다.

정답 ④

25-23F ☑☐☐☐   2022 경영지도사

거래특유자산(transaction specific asset)에 대한 투자가 커서 거래상대방의 기회주의적인 행동이 우려될 때 취하는 기업 수준의 전략은?

① 제휴전략　　　　② 벤치마킹전략
③ 수직적통합전략　　④ 제품수명주기전략
⑤ 비관련다각화전략

해설 거래상대방이 기회주의적으로 행동할 경우에는 그와의 거래비용이 증가하게 되므로 이를 줄이는 전략이 필요하다. 통상 거래상대방과의 거래비용을 줄이기 위해서는 인수합병과 같은 통합전략(내부화전략)을 사용할 수 있다.

정답 ③

25-23J ☑☐☐☐   2023 경영지도사

수직적 통합전략에 관한 설명으로 옳지 않은 것은?

① 기업의 유통경로나 생산투입물의 공급원에 대한 소유나 통제를 도모하는 경영전략이다.
② 기업이 전방 혹은 후방으로 자사의 가치사슬 활동을 확대하고자 하는 것이다.
③ 전방수직통합을 통해 기업 산출물에 대한 수요의 예측력을 높일 수 있다.
④ 수요 불확실성에 효과적 대응이 가능하여 기업의 유연성을 높일 수 있다.
⑤ 생산투입물에 대한 공급안정성을 높이고자 하는 경우 후방수직통합을 채택하게 된다.

요점정리 수직적 통합(vertical integration)은 한 기업이 가치사슬상의 전후(수직적)로 연관된 두 개 이상의 활동 분야를 동시에 운영하는 것을 의미한다. 수직적 통합은 두 가지 방향으로 일어난다. 후방통합(backward integration)은 기업이 부품과 원료와 같은 투입(공급)요소에 대한 소유권을 갖고 이를 통제할 수 있는 능력을 갖는 것을 의미하는 반면, 전방통합(forward integration)은 기업이 유통부문에 대한 소유권과 통제능력을 갖는 것을 의미한다.

해설 ①,② [○] 유통경로를 통합하는 것은 전방통합, 공급원을 소유하는 것은 후방통합에 해당한다.
③ [○] 전방통합은 (가치사슬의 다음 단계인) 유통분야로의 통합을 시도하는 것이므로 안정적 판매망을 구축할 수 있어서 수요예측력을 높이는데 도움이 된다.
④ [×] 가치사슬상의 수직통합은 유통이나 원료공급을 특정한 업체로 독점화시키는 것이므로 새롭게 등장하는 유통망이나 신기술 등을 적용하는데 있어 기업의 유연성을 떨어뜨릴 수도 있다. 기업과 기업이 수직적 통합을 한다는 것은 곧 가치사슬상의 서로 앞(예, 조선업)과 뒤(예, 해운업)에 위치한 기능을 담당하던 기업끼리 인수·합병을 시도한다는 것이다. 예를 들어 조선업체와 해운업체가 합병하게 되면 조선업체에서 만든 선박은 거의 대부분 자사로 편입된 해운업체에서 인수할 가능성이 크다. 이 경우 기업활동의 유연성, 즉 환경변화시 거래업체를 바꾸기 용이한 정도는 수직통합 전에 비해 오히려 감소한다고 볼 수 있다.
⑤ [○] 후방통합은 (가치사슬의 이전 단계인) 원자재 분야로의 통합을 시도하는 것이므로 안정적 공급망을 구축할 수 있다.

정답 ④

25-24F ☑☐☐☐　　　2022 군무원 7급

다음 중 다각화(diversification)에 대한 설명으로 가장 옳은 것은?

① 수직적 통합에서 후방통합(backward integration)은 판매 및 마케팅 경로를 통합하여 안정적인 유통경로를 확보할 수 있다.

② 관련다각화는 기존의 제품이나 시장을 벗어나 새로운 사업으로 진출하는 것을 의미한다.

③ 비관련다각화는 특정 기업이 현재의 사업범위와 서로 관련성이 큰 사업에 진출하는 것을 의미한다.

④ 수직적 통합에서 통합된 기업 중 어느 한 기업이 비효율성을 나타내는 경우, 전체 기업으로 비효율성이 확대될 가능성이 높다.

해설 ① [×] 후방통합은 제조업체 입장에서는 그 이전 단계, 즉 원자재 공급업체나 납품업체를 통합하는 것을 뜻한다. 선지의 설명처럼 판매 및 마케팅 경로를 통합하는 것은 전방통합에 해당한다.
② [×] 관련다각화는 (당연한 말이지만) 기존의 사업범위와 연관성이 있는 사업분야에 진출하는 것이다.
③ [×] 비관련다각화는 (이 역시 당연한 말이지만) 기존의 사업범위에서 벗어나 새로운 사업에 진출하는 것이다.
④ [○] 수직통합은 전후방 통합을 포괄하는 용어이므로 가치사슬상의 앞과 뒤에 위치한 사업영역이 모두 한 기업에 속하게 되는 것이다. 이를테면 원자재 공급, 생산운영, 유통 및 마케팅 영역이 모두 한 기업의 사업범위에 들어가는 것이다. 이 경우에는 수직통합을 구성하고 있는 어느 한 사업부문에서 비효율이나 경영실패가 나타날 때 나머지 영역으로 비효율이 증폭될 가능성이 크다.

정답 ④

25-25A ☑☐☐☐　　　2018 군무원 복원

수직적 통합에 대한 설명으로 옳지 않은 것은?

① 자전거 부품업체가 자전거 제조업체를 통합하면 수직적 전방통합이다.

② 수직적 통합은 자원이 분산되어 전문성이 감소할 수 있다.

③ 수직적 통합 시 관리에 유연성이 증가한다.

④ 수직적 통합은 제품의 생산과정이나 유통경로상에서 공급자나 수요자를 통합하는 전략이다.

해설 수직통합이 증가하게 되면 우리회사 내에 포섭된 다른 사업부의 생산품을 반드시 사용해야 하므로(즉 우리물건을 우리회사 내부 구성원끼리 써 줘야 하므로) 환경변화에 대응하는 것이 오히려 어렵다. 한편 선지 ②의 설명은 수직통합시 기업이 영위하는 사업부의 수가 증가하게 되므로 소규모 기능식 조직이 아니라 대규모 사업부제가 되는 과정에서 기능적 전문성과 기능 측면에서 규모의 경제를 포기하게 된다는 의미이다.

정답 ③

사업포트폴리오 분석

1. BCG 매트릭스

1) 의의: 상대적 시장점유율(=자사점유율/최대경쟁사점유율)과 성장률로 사업단위를 구분

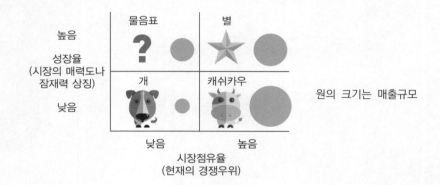

2) 4개 영역의 내용

① 별: 고수익 고성장, 중립적 현금흐름(투자 필요), 성장 또는 유지전략 사용

② 캐쉬카우: 고수익 저성장, 양(+)의 현금흐름, 유지 또는 추수 전략 사용

③ 물음표: 저수익 고성장, 음(−)의 현금흐름, 성장 또는 철수 전략 사용

④ 개: 저수익 저성장, 중립적 또는 음(−)의 현금흐름, 철수 전략 사용

3) 현금흐름의 방향: 캐쉬카우에서 획득한 현금을 물음표(문제아)에 투자

4) 포트폴리오상에서의 이상적 이동양상: 물음표−별−캐쉬카우−개 순서

2. GE-McKinsey 매트릭스

1) 의의: 산업의 장기매력도(성장률, ROI 등)와 사업단위 경쟁력(품질, 노하우 등)으로 사업단위를 구분

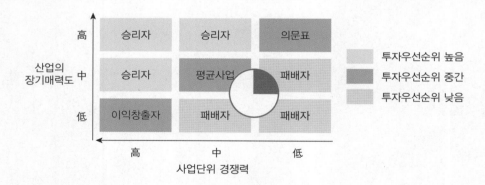

2) 9개 영역의 내용

① 승리자(3개 칸), 이익창출자(1개 칸), 평균사업(1개 칸), 의문표(1개 칸), 패배자(3개 칸)

② 승리자는 투자우선순위에 해당, 패배자는 투자 최후순위

3) 매트릭스 내 파이(pie) 도표: 현재의 시장규모와 점유율 상징 → 크기는 규모, 진한 부분은 점유율

26-1 ☑️□□□

2017 경영지도사

BCG(Boston Consulting Group) 매트릭스 전략에 사용된 두 가지 기준은?

① 시장 성숙도, 시장 점유율
② 시장 점유율, 시장 성장률
③ 시장 성장률, 시장 세분화
④ 시장 세분화, 후방 통합도
⑤ 후방 통합도, 전방 통합도

요점정리 BCG 매트릭스의 가로축은 상대적 시장점유율(market share, 현재의 경쟁우위를 상징)이고 세로축은 시장성장률(market growth, 시장의 매력도 및 잠재력을 상징)이다. 여기서 상대적 시장점유율은 우리 기업의 현재 시장점유율을 최대 경쟁자의 시장점유율로 나눈 값이므로, 이 값이 1보다 크다면 우리기업이 현재 업계 1위라는 뜻이 된다.

정답 ②

26-2 ☑️□□□

2007 7급공무원 문책형

보스톤 컨설팅 그룹이 개발한 포트폴리오 매트릭스에서 자금 젖소(cash cows)에 해당하는 상황을 설명하고 있는 것은?

① 사업성장률이 낮고 시장점유율은 높은 경우
② 사업성장률이 낮고 시장점유율도 낮은 경우
③ 사업성장률이 높고 시장점유율은 낮은 경우
④ 사업성장률이 높고 시장점유율도 높은 경우

해설 ① 이는 자금젖소에 관한 설명이다.
② 이는 개에 관한 설명이다.
③ 이는 물음표(의문표, 문제아)에 관한 설명이다.
④ 이는 스타(별)에 관한 설명이다.

정답 ①

26-3 ☑️□□□

2015 공인노무사

BCG의 성장 – 점유율 매트릭스에서 시장성장률은 낮고 상대적 시장점유율이 높은 영역은?

① Dog
② Star
③ Cash Cow
④ Problem Child

⑤ Question Mark

해설 ① 성장률도 낮고 점유율도 낮은 영역
② 성장률도 높고 점유율도 높은 영역
③ 성장률은 낮고 점유율은 높은 영역
④, ⑤ 성장률은 높고 점유율은 낮은 영역

정답 ③

26-4 ☑️□□□

2017 가맹거래사

BCG 성장 – 점유율 매트릭스에서 미래의 성장가능성은 낮으나, 현재의 상대적 시장점유율이 높아서 기업의 현금흐름 창출에 기여하는 사업부는?

① 스타(star)
② 현금젖소(cash cow)
③ 블루오션(blue ocean)
④ 개(dog)
⑤ 물음표(question mark)

해설 ② 성장가능성은 낮지만 현재의 시장점유율은 높은 영역. 여기서는 현재 많은 수익을 창출하지만 성장세가 둔화되고 있으므로 투자하기보다는 추수(harvest, 수확) 또는 유지(hold)하는 전략이 요청된다.

추가해설 ① 성장가능성도 높고 현재의 시장점유율도 높은 영역
③ 김위찬과 마보안(Mauborgne)이 주창한 블루오션 전략(blue ocean strategy)은 충족되지 않은 다양한 소비자들의 수요를 찾아 이를 채워줄 수 있는 방법을 찾는 이른바 가치혁신(value innovation)을 통한 차별화 전략이다.
④ 성장가능성도 낮고 현재의 시장점유율도 낮은 영역
⑤ 성장가능성은 높지만 현재의 시장점유율이 낮은 영역

정답 ②

26-5 ☑️□□□

2010 가맹거래사

BCG 매트릭스에서 상대적 시장점유율은 높으나 시장성장률이 낮은 영역은?

① 별(star)
② 물음표(question mark)
③ 오리(duck)
④ 개(dog)
⑤ 현금젖소(cash cow)

해설〉① 상대적 시장점유율이 높고 시장성장률도 높은 영역
② 상대적 시장점유율이 낮고 시장성장률은 높은 영역
③ 이런 영역은 없다.
④ 상대적 시장점유율이 낮고 시장성장률도 낮은 영역
⑤ 상대적 시장점유율이 높고 시장성장률은 낮은 영역

정답 ⑤

26-6 ☑□□□　　　　2010 공인노무사

BCG 매트릭스에서 상대적 시장점유율은 낮고 시장성장률이 높은 영역은?

① 별(Stars)
② 물음표(Question Marks)
③ 닭(Hens)
④ 개(Dogs)
⑤ 현금젖소(Cash Cows)

해설〉① 시장점유율이 높고 시장성장률도 높은 영역
② 시장점유율이 낮고 시장성장률은 높은 영역
③ 이런 영역은 없다. 그 밖에도 오리(duck) 등이 오답으로 제시될 수 있으므로 속지 말 것.
④ 시장점유율이 낮고 시장성장률도 낮은 영역
⑤ 시장점유율이 높고 시장성장률은 낮은 영역

정답 ②

26-7 ☑□□□　　　　2011 가맹거래사

BCG 매트릭스에서 상대적 시장점유율은 낮지만 시장성장률이 높은 영역은?

① 스타(star)　　② 물음표(question mark)
③ 개(dog)　　④ 현금 젖소(cash cow)
⑤ 고양이(cat)

해설〉① 상대적 시장점유율이 높고, 시장성장률도 높은 영역
② 상대적 시장점유율이 낮고, 시장성장률은 높은 영역. 이것이 정답.
③ 상대적 시장점유율이 낮고, 시장성장률도 낮은 영역
④ 상대적 시장점유율이 높고, 시장성장률은 낮은 영역
⑤ BCG 매트릭스에서 이런 명칭을 가지는 영역은 존재하지 않는다.

정답 ②

26-7J ☑□□□　　　　2023 공인노무사

다음 BCG 매트릭스의 4가지 영역 중, 시장성장률이 높은(고성장) 영역과 상대적 시장점유율이 높은(고점유) 영역이 옳게 짝지어진 것은?

> ㄱ. 현금젖소(cash cow)
> ㄴ. 별(star)
> ㄷ. 물음표(question mark)
> ㄹ. 개(dog)

	고성장	고점유
①	ㄱ, ㄴ	ㄴ, ㄷ
②	ㄱ, ㄴ	ㄴ, ㄹ
③	ㄱ, ㄹ	ㄱ, ㄴ
④	ㄴ, ㄷ	ㄱ, ㄴ
⑤	ㄴ, ㄷ	ㄱ, ㄷ

해설〉BCG 매트릭스의 가로축은 상대적 시장점유율(market share, 현재의 경쟁우위를 상징)이고 세로축은 시장성장률(market growth, 시장의 매력도 및 잠재력을 상징)이다. 이 모형에 따르면 기업의 사업부문은 크게 별(star, 고점유 고성장), 캐쉬카우(현금젖소, cash cow, 고점유 저성장), 물음표(문제아, question mark, 저점유 고성장), 개(dog, 저점유 저성장)의 네 가지 종류로 나뉜다. 이를 정리하면 다음 그림과 같다.

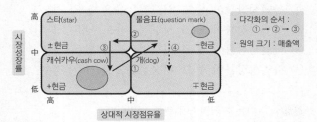

따라서 문제에서 제시한 고성장영역은 '별'과 '물음표'이며, 고점유영역은 '별'과 '현금젖소'에 해당한다.

정답 ④

26-8 ☑□□□

2014 7급공무원 A책형

BCG 매트릭스의 제품 포트폴리오 전략 중에서 철수, 청산, 매각 등의 시장철수 전략이 요구되는 전략적 사업단위는?

① question mark　　② star

③ cash cow　　④ dog

[해설] 시장철수가 필요한 영역은 수익성과 성장가능성 모두가 낮은 개 영역이다.

정답 ④

26-8A ☑□□□

2020 가맹거래사

BCG 매트릭스 중 다음에서 설명하는 사업단위는?

- 낮은 시장점유율과 낮은 시장성장률을 나타낸다.
- 현금을 창출하지만 이익이 아주 적거나 손실이 발생한다.
- 시장전망이 밝지 않아 가능한 빨리 철수하는 것이 바람직하다.

① star　　② question mark

③ pig　　④ dog

⑤ cash cow

[해설] 첫 번째 힌트에서 이미 정답이 나왔다. 시장점유율과 성장률 모두가 낮은 경우는 개(Dog)에 해당한다.

정답 ④

26-9 ☑□□□

2017 서울시 7급

보스톤 컨설팅 그룹에서 개발한 BCG 매트릭스에서 상대적 시장점유율이 높고 시장성장률이 낮은 경우와 상대적 시장점유율이 낮고 시장성장률이 높은 경우를 각각 어떤 사업분야로 분류하는가?

① 자금젖소(cash cow)와 물음표(question mark)

② 자금젖소(cash cow)와 별(star)

③ 물음표(question mark)와 별(star)

④ 물음표(question mark)와 개(dog)

[해설] 상대적 시장점유율이 높고 시장성장률이 낮은 경우 → cash cow(자금젖소)
상대적 시장점유율이 낮고 시장성장률이 높은 경우 → question mark(물음표)

정답 ①

26-9F ☑□□□

2022 군무원 9급

다음 중 제품 포트폴리오 관리 도구인 BCG 매트릭스가 제공하는 4가지 진단상황에 대한 설명으로 가장 옳지 않은 것은?

① 별(star): 시장성장률과 시장점유율이 모두 높은 제품

② 현금젖소(cash cow): 시장점유율은 낮지만 시장성장률이 높은 제품

③ 개(dog): 시장성장률과 시장점유율이 모두 낮은 제품

④ 물음표(question mark): 시장성장률은 높지만 시장점유율이 낮은 제품

[해설] 현금젖소는 시장점유율은 높지만 시장성장률이 낮은 제품에 해당한다.

정답 ②

26-10 ☑□□□

2013 공인노무사

BCG 매트릭스에서 시간 흐름에 따른 사업단위(SBU)의 수명주기를 순서대로 나열한 것은?

① 별 → 현금젖소 → 개 → 물음표

② 물음표 → 별 → 현금젖소 → 개

③ 현금젖소 → 개 → 별 → 물음표

④ 개 → 물음표 → 현금젖소 → 별

⑤ 물음표 → 현금젖소 → 별 → 개

[요점정리] 도입기(물음표) → 성장기(별) → 성숙기(캐쉬카우) → 쇠퇴기(개)

[해설] 제품수명주기와 BCG 매트릭스를 견주어 본다면 도입기에는 물음표, 성장기에는 별, 성숙기에는 캐쉬카우, 쇠퇴기에는 개에 비유할 수 있다.

정답 ②

26-11 ☑□□□   2003 CPA

BCG 점유율－성장 매트릭스에서 최적 현금흐름(cash flow)의 방향으로 가장 적합한 것은?

① star → question mark

② star → cash cow

③ cash cow → question mark

④ dog → question mark

⑤ dog → cash cow

──────────

[해설] 캐쉬카우로부터 벌어들인 현금흐름을 물음표로 이동시켜 투자하는 것이 바람직하다.

[추가해설] 일반적으로 캐쉬카우에서 획득한 자금을 물음표에 투자하여 별로 만든 다음 일정 기간 유지하다가 시장성장이 둔화되면서 점차 캐쉬카우로 이동하는 것이 포트폴리오상의 이상적 이동양상이다.

정답 ③

26-12 ☑□□□   2013 경영지도사

BCG(Boston Consulting Group) 매트릭스에 관한 설명으로 옳지 않은 것은?

① 원의 크기는 매출액 규모를 나타낸다.

② 수직축은 시장성장률, 수평축은 상대적 시장점유율을 나타낸다.

③ 기업의 자원을 집중적으로 투입하는 강화전략은 시장성장률과 시장점유율이 높은 사업에 적합하다.

④ 시장성장률은 낮지만 시장점유율이 높은 사업은 현상유지전략을 사용한다.

⑤ 시장성장률은 높지만 시장점유율이 낮은 사업의 경우, 안정적 현금 확보가 가능하다.

──────────

[해설] ⑤ 성장률은 높지만 점유율이 낮으면 물음표(question mark) 영역이다. 여기서는 성장세를 끌어올리기 위한 투자가 필요하며, 많은 현금이 투입된다.

[추가해설] ① BCG 매트릭스 상에 존재하는 원(circle)의 크기는 해당 사업단위의 매출액을 의미하며, 그 위치는 해당 사업단위의 시장점유율(경쟁력 내지는 수익성)과 시장성장률(매력도)에 의해 결정된다.

② 옳은 설명이다. 여기서 수평축인 상대적 시장점유율이란, (우리기업의 시장점유율)/(최대경쟁기업의 시장점유율)로 계산한다.

③ 성장률과 점유율이 모두 높으면 별(star) 영역이다. 따라서 강화(build)가 필요하다.

④ 성장률이 낮지만 점유율이 높으면 현금젖소(cash cow) 영역이다. 여기서는 안정적 현금확보가 가능하므로 현상유지 전략을 사용하는 것이 타당하다.

정답 ⑤

26-12A ☑□□□   2017 군무원 복원

BCG 매트릭스에 관한 설명으로 옳지 않은 것은?

① 산업이나 시장의 성장률과 상대적 시장점유율로 사업기회를 분석하는 기법이다.

② 시장성장률은 보통 10%를 기준으로 고저(高低)를 나눈다.

③ Star 영역의 현금흐름은 대개 긍정적이다.

④ Cash Cow 영역일 때는 현상유지 전략이 필요하다.

──────────

[해설] ③ [×] Star 영역은 점유율이 높은 대신 성장률도 높아서 현금투자가 많이 필요하다. 따라서 현금이 반드시 남는 것은 아니고 부족할 수도 있다.

② [○] 상대적 시장점유율은 1을 기준으로 하고, 시장성장률은 보통 10%를 기준으로 한다.

정답 ③

26-12F ☑□□□   2022 군무원 7급

다음 중 BCG(Boston Consulting Group)의 성장－점유율 모형(growth-share model)에서 BCG 매트릭스에 대한 설명으로 가장 옳지 않은 항목은?

① 문제아(problem children)는 성장률이 높은 시장에서 상대적 시장점유율이 낮은 사업이다.

② 현금젖소(cash cow)는 상대적 시장점유율이 크지만 성장률이 둔화되고 투자의 필요성이 감소하여 현금잉여가 창출되는 사업이다.

③ 개(dog)는 성장률이 낮은 시장에서 시장점유율이 취약한 사업이다.

④ 스타(star)는 고도성장 시장에서 시장의 선도자가 되어 현금유출이 적고 현금흐름의 여유가 큰 사업이다.

해설 ④ 스타 영역에서는 시장성장률이 높기 때문에 성장속도에 맞추어 지속적인 재투자가 필요하므로 경우에 따라서는 현금젖소 영역보다 현금흐름의 여유가 크지 않을 수 있다. 벌어들인 수익을 모아두는 것이 아니라 사업성장을 위해 투자해야 하기 때문이다.

추가해설 ①은 굳이 추가적인 설명이 필요 없는 문장이고, ②에서는 '성장률 둔화'와 '투자의 필요성 감소'가 사실상 같은 의미임에 주목할 필요가 있다. 앞서 선지 ④를 설명하면서 성장속도가 빠르면 재투자가 필요하다고 언급한 것과 동일한 맥락이다. 선지 ③에서 '시장점유율이 취약'하다는 표현은 시장점유율이 낮다는 의미로 생각하면 된다.

정답 ④

26-12M ☑☐☐☐
2024 가맹거래사

BCG 매트릭스에 관한 설명으로 옳지 않은 것은?

① 사업의 매력도를 평가하기 위해 시장성장률을 사용한다.
② 사업의 경쟁력을 평가하기 위해 상대적 시장점유율을 사용한다.
③ Cash Cow는 시장성장률과 상대적 시장점유율이 모두 높은 영역이다.
④ Dog는 시장성장률과 상대적 시장점유율이 모두 낮은 영역이다.
⑤ Star는 지속적인 투자가 요구되는 영역이다.

해설 ③ [×] 캐시카우에서는 시장성장률이 낮다.

정답 ③

26-13 ☑☐☐☐
2012 가맹거래사

BCG 매트릭스에 관한 설명으로 옳지 않은 것은?

① 시장점유율이 높은 영역은 스타와 현금젖소이다.
② 스타는 고성장시장의 리더이다.
③ 개는 저성장시장의 리더이다.
④ 의문표(?)는 고성장시장의 추종자이다.
⑤ 성장율이 낮은 영역은 개와 현금젖소이다.

해설 ③ 개는 철수가 필요한 영역이다. 어느 경우에든 리더가 되기 힘들다.

정답 ③

26-13F ☑☐☐☐
2022 가맹거래사

BCG 매트릭스에 관한 설명으로 옳지 않은 것은?

① 미국의 보스턴 컨설팅 그룹이 개발한 사업전략 분석 기법이다.
② 절대적 시장점유율과 시장성장률의 관계를 분석한다.
③ 사업부의 분면 위치는 시간이나 시장 환경에 따라 재평가되어야 한다.
④ 시장성장률은 사업매력도를 나타내고 일반적으로 사업부의 매출성장률로 측정한다.
⑤ 각 사분면의 사업부 명칭은 Question Mark, Star, Cash Cow, Dog이다.

해설 ② BCG 매트릭스의 가로축은 상대적 시장점유율이다. 이는 최대경쟁기업의 시장점유율과 우리 회사 시장점유율의 비율로 나타낸다. (=우리회사의 시장점유율/최대경쟁기업의 시장점유율)

추가해설 ④ 본 선지는 이번 문제에서 옳은 것으로 출제되었지만, 과거 2017년 7급 시험에서는 시장성장률을 해당 '기업 사업부'의 매출성장률이 아니라 해당 '기업이 속한 시장 전체'의 매력도로 판단하였다. 주의할 것.

정답 ②

26-14 ☑□□□
2009 7급공무원 봉책형

기업이 현재의 사업구조를 평가하여 전략을 수립하기 위해 사업 포트폴리오 매트릭스를 작성·분석하는 기법의 한 가지로 BCG매트릭스가 있다. 이 기법은 시장점유율과 시장성장률을 토대로 네 가지 경우로 구분하고, 그 각각에 대해 스타(star), 문제아(problem child), 현금젖소(cash cow), 개(dog)와 같이 고유한 이름을 부여하고 있다. 이 네 가지 경우에 대한 설명으로 옳지 않은 것은?

① 개(dog) : 이익도 별로 발생시키지 못하고 시장성장률도 낮아 별다른 투자도 필요치 않은 상태로서 이 사업단위는 가능하면 빨리 포기하는 것이 낫다.

② 현금젖소(cash cow) : 기업 자금확보의 주원천으로 배당금이나 새로운 투자자금의 주된 공급원 역할을 하는 사업단위에 해당한다.

③ 문제아(problem child) : 상대적으로 시장점유율은 높으나 시장성장성이 낮아 많은 투자가 요구되는 사업단위에 해당한다.

④ 스타(star) : 상대적으로 시장점유율이 높고 잠재적 성장 가능성도 높아 전체 사업포트폴리오의 핵심위치에 있다.

해설 ③ 문제아(또는 물음표)는 시장점유율은 낮지만 성장성이 높아 많은 투자가 요구되는 사업단위이다.

정답 ③

26-15 ☑□□□
2013 가맹거래사

BCG의 성장-점유율 매트릭스에 관한 설명으로 옳지 않은 것은?

① 세로축은 시장성장률, 가로축은 상대적 시장점유율을 나타낸다.

② 물음표(question marks)는 높은 시장성장률과 높은 상대적 시장점유율을 유지하기 때문에 투자가 필요하지 않다.

③ 별(stars)은 성장을 위해 많은 투자를 필요로 한다.

④ 현금 젖소(cash cows)는 높은 상대적 시장점유율을 유지하는데 투자비용이 적게 들어 많은 현금을 창출해낸다.

⑤ 개(dogs)는 낮은 시장성장률과 낮은 상대적 시장점유율을 나타낸다.

해설 ② 물음표는 높은 시장성장률과 낮은 상대적 시장점유율을 유지하는 영역으로서, 많은 투자를 필요로 한다.

추가해설 ③ 별(stars)은 대개 성장성과 시장점유율 모두가 높기에 가장 많은 현금이 창출되는 것으로 오해를 하는 수험생들이 많다. 그러나 성장률이 높다는 의미는 곧 성장을 위해 많은 투자를 필요로 한다는 것이므로, 높은 시장점유율로 인해 벌어들인 돈을 다시 재성장을 위하여 사용해야 한다. 따라서 (더 이상) 성장의 필요성이 적기에 벌어들은 돈을 모두 그대로 모아둘 수 있는 캐쉬카우에 비해 별에서는 여유현금이 적은 것이다.

정답 ②

26-16 ☑□□□
2012 공인노무사

BCG 매트릭스에 관한 설명으로 옳은 것은?

① 횡축은 시장성장률, 종축은 상대적 시장점유율이다.

② 물음표 영역은 시장성장률이 높고, 상대적 시장점유율은 낮아 계속적인 투자가 필요하다.

③ 별 영역은 시장성장률이 낮고, 상대적 시장점유율은 높아 현상유지를 해야 한다.

④ 자금젖소 영역은 현금창출이 많지만, 상대적 시장점유율이 낮아 많은 투자가 필요하다.

⑤ 개 영역은 시장지배적인 위치를 구축하여 성숙기에 접어든 경우이다.

해설 ② 성장률이 높다는 의미는 곧 성장을 위해 많은 투자를 필요로 한다는 것이다.

추가해설 ① 가로(횡)축은 점유율, 세로(종)축이 성장률이다.
③ 별 영역은 시장성장률과 점유율이 모두 높다.
④ 자금젖소 영역은 시장점유율이 높다.
⑤ 개는 쇠퇴기에 접어드는 경우를 뜻한다.

정답 ②

26-17 ☑□□□   2014 가맹거래사

BCG 매트릭스 기법에 관한 설명으로 옳지 않은 것은?

① 산업이나 시장의 성장률과 상대적 시장점유율로 사업기회를 분석하는 방법이다.
② 별 사업은 시장이 커지고 있어서 성장전략이 요구된다.
③ 물음표 사업은 시장이 성장하고 있지만 추가 투자에는 위험이 존재한다.
④ 현금젖소 사업은 시장이 더 이상 커지지 않으므로 시장에서 철수할 준비를 한다.
⑤ 개 사업은 시장이 커질 가능성도 낮고 수익도 거의 나지 않는다.

해설 ④ 현금젖소 시장은 가장 많은 현금을 창출하는 수익처이므로 철수가 아니라 최대한 많은 현금을 벌어들이는 수확전략(harvest)을 사용하는 것이 유리하다.

정답 ④

26-18 ☑□□□   2014 경영지도사

BCG 매트릭스에 관한 설명으로 옳은 것은?

① 어떤 사업 단위가 개(dog) 위치에 있었다면 이를 별(star)로 이동하도록 관리하는 것이 바람직하다.
② 현금젖소(cash cow) 상황은 시장성장률은 낮지만, 시장점유율이 높은 경우이다.
③ 물음표(question mark) 상황은 시장이 커질 가능성도 낮고, 수익도 거의 나지 않는 상황이다.
④ 개(dog) 상황은 현금유입은 적지만, 현금유출이 많은 경우이다.
⑤ 별(star) 상황에 필요한 전략은 현상유지 전략이다.

해설 ① 개는 수익성과 잠재력 모두가 작은 경우이므로, 철수(divest)하는 것이 바람직하다.
② 현금젖소의 정의 그대로이다.
③ 물음표 영역은 잠재력이 큰 대신 현재 수익이 덜 나는 상황이다.
④ 개는 현금유입도 안되고 (잠재력이 낮아 투자할 일이 없으므로) 현금유출도 적다.
⑤ 별은 앞으로의 성장잠재력이 큰 영역이므로 현상유지도 필요할 수 있겠지만 보다 본질적으로는 투자(invest)가 필요하다.

정답 ②

26-18J ☑□□□   2023 경영지도사

BCG 매트릭스 기법에 관한 설명으로 옳은 것은?

① 산업매력도지표와 사업강점지표를 구성하여 수행하는 사업포트폴리오 평가 기법이다.
② 원의 크기는 사업부의 시장점유율을 나타낸다.
③ 시장성장률이 높을수록 사업부의 매력도가 높은 것으로 평가된다.
④ 상대적 시장점유율이 0.4라는 것은 자사 사업부의 시장점유율이 그 시장에서의 경쟁기업 중 가장 큰 점유율을 나타내는 경쟁사 시장점유율의 2/5 수준임을 의미한다.
⑤ 안정적인 현금이 유입되어 유망한 신규사업에 대한 투자재원으로 활용되는 사업부는 별(star)군 사업부로 분류된다.

해설 ① [×] BCG 매트릭스의 가로축은 상대적 시장점유율(market share, 현재의 경쟁우위를 상징)이고 세로축은 시장성장률(market growth, 시장의 매력도 및 잠재력을 상징)이다.
② [×] BCG 매트릭스 상에 존재하는 원(circle)의 크기는 해당 사업단위의 매출액을 의미하며, 그 위치는 해당 사업단위의 시장점유율(경쟁력 내지는 수익성)과 시장성장률(매력도)에 의해 결정된다.
③ [×] 시장성장률은 해당 사업부가 아니라 그 사업부가 속한 '시장'의 매력도를 뜻한다. 약간 까다로운 선지이지만, 과거 유사 기출문제(2017년 국가직 7급)가 있으니 참고할 것.
④ [○] 상대적 시장점유율은 우리 회사를 제외한 최대 경쟁기업의 시장점유율에 대비한 우리 회사의 점유율을 뜻한다. 따라서 이 값이 0.4라는 것은 최대경쟁자 대비 우리회사의 점유율이 40%(즉 2/5)라는 의미이다.
⑤ [×] 안정적 현금이 유입되는 사업부는 일반적으로 캐쉬카우로 분류된다.

정답 ④

26-19 ☑☐☐☐
2016 공인노무사

보스톤 컨설팅 그룹(BCG)의 사업 포트폴리오 매트릭스에 관한 설명으로 옳은 것은?

① 산업의 매력도와 사업의 강점을 기준으로 분류한다.

② 물음표(question mark)에 속해 있는 사업단위는 투자가 필요하나 성장가능성은 낮다.

③ 개(dog)에 속해 있는 사업단위는 확대전략이 필수적이다.

④ 별(star)에 속해 있는 사업단위는 철수나 매각이 필수적이다.

⑤ 자금젖소(cash cow)에 속해 있는 사업단위는 수익이 높고 안정적이다.

───────────────

해설 ⑤ 자금젖소 영역은 높은 시장점유율과 안정적 수익성을 보인다. 따라서 이 설명이 정답이다.

추가해설 ① BCG 매트릭스에서는 상대적 시장점유율과 성장가능성으로 구분한다.
② 물음표 영역에는 투자가 많이 필요하다.
③ 개 영역은 철수나 매각이 필요하다.
④ 별 영역은 확대 내지는 강화가 필요하다.

정답 ⑤

26-20 ☑☐☐☐
2016 경영지도사

BCG매트릭스에 관한 설명으로 옳지 않은 것은?

① 별(star)에 해당하는 사업은 성장전략을 추구하는 것이 바람직하다.

② 개(dog)에 해당하는 사업은 철수전략이나 회수전략이 바람직하다.

③ 현금젖소(cash cow)에 해당하는 사업은 현재의 시장지위를 유지하고 강화하는 전략이 바람직하다.

④ 물음표(question mark)에 해당하는 사업이 경쟁우위를 가질 수 있다고 판단되면 성장전략과 과감한 투자가 바람직하다.

⑤ 사업 포트폴리오의 성공적인 순환경로는 현금젖소 → 별 → 물음표 → 개다.

요점정리 각각의 사업부별로 수익률을 극대화하기 위하여 강화, 유지, 추수, 철수 등의 전략이 동원되는데, 별의 경우에는 현재 수익성도 높고 성장률도 높으므로 현 상태를 강화(build, 육성, 성장) 내지는 유지(hold)하는 전략이, 캐쉬카우의 경우에는 현재 많은 수익을 창출하지만 성장세가 둔화되고 있으므로 투자하기보다는 추수(harvest, 수확) 또는 유지(hold)하는 전략이, 물음표의 경우에는 현재의 수익성은 낮지만 성장률이 높으므로 향후 수익성을 제고하는 방향으로 역량을 더욱 강화(build)하거나 또는 아예 철수(divest)하는 전략이, 개의 경우에는 수익성과 성장률이 모두 낮으므로 현 시장에서 획득가능한 모든 이익을 다 추수(harvest)한 뒤 관심을 다른 곳으로 옮기는 철수(divest) 전략이 필요하다.

해설 ⑤ 바람직한 포트폴리오의 순환경로는 도입기(물음표) − 성장기(별) − 성숙기(현금젖소) − 쇠퇴기(개)이다.

정답 ⑤

26-21 ☑☐☐☐
2019 경영지도사

BCG매트릭스에 관한 설명으로 옳지 않은 것을 모두 고른 것은?

> ㄱ. 개(dogs)는 시장의 성장률이 높고 점유율이 낮은 사업을 말한다.
> ㄴ. 별(stars)은 시장의 성장률이 높고 점유율이 높은 사업을 말한다.
> ㄷ. 현금젖소(cash cows)는 시장의 성장률은 낮지만 점유율은 높은 사업을 말한다.

① ㄱ   ② ㄴ
③ ㄱ, ㄷ   ④ ㄴ, ㄷ
⑤ ㄱ, ㄴ, ㄷ

───────────────

해설 ㄱ. [×] 개는 시장성장률과 시장점유율 모두가 낮은 영역이다.

정답 ①

26-22E ☑□□□　　　　2021 공인노무사

GE/맥킨지 매트릭스(GE/McKinsey matrix)에서 전략적 사업부를 분류하기 위한 두 기준은?

① 산업매력도 – 사업단위 위치(경쟁력)
② 시장성장률 – 시장점유율
③ 산업매력도 – 시장성장률
④ 사업단위 위치(경쟁력) – 시장점유율
⑤ 시장점유율 – 가격경쟁력

요점정리 GE-McKinsey 매트릭스는 시장점유율과 시장성장률에 기반하여 만들어지는 BCG 매트릭스에 여러 추가변수를 반영하여 발전시킨 것으로서 산업의 장기매력도와 사업단위의 경쟁력을 두 축으로 하여 사업포트폴리오의 투자우선순위를 판단하는 기법이며, 그 취지상 현금흐름보다는 투자수익률(ROI)을 강조한다. 산업의 장기매력도(long-term industry attractiveness)는 시장의 성장률과 규모, 경쟁의 강도, 자본집약도, 투자수익률 등을 토대로 고려하며, 사업단위의 경쟁력(business strength / competitive position)은 시장점유율과 품질, 애프터 서비스, 기술적 노하우, 가격경쟁력, 생산성, 비용구조 등을 종합적으로 고려하여 판단한다.

해설 GE-McKinsey 매트릭스에서 전략적 사업부의 두 가지 분류기준은 '산업의 (장기)매력도'와 '사업단위의 경쟁력'이 된다.

정답 ①

26-22F ☑□□□　　　　2022 경영지도사

기업전략에 관한 설명으로 옳지 않은 것은?

① BCG 매트릭스에서 성장은 느리지만 시장점유율이 높아서 이익이 많이 나는 집단을 별(star)이라고 한다.
② 포터(M. Porter)의 집중화전략은 한정된 특수 고객층에 집중하여 원가우위전략 혹은 차별화전략을 쓰는 것을 말한다.
③ 포터(M. Porter)의 차별화전략은 품질이나 디자인이 뛰어난 만큼 비용이 많이 든다.
④ SWOT분석은 외부환경의 기회와 위협, 내부환경의 강점과 약점을 분석한다.
⑤ 자원기반관점(resource-based view)에서는 기업이 통제하는 자원과 역량이 경쟁우위의 원천이 된다.

해설 ① [×] 별 영역은 시장점유율과 시장성장률 모두가 높은 영역에 해당한다.

추가해설 ②, ③ [O] 포터의 본원적 경쟁전략은 원래 원가우위 전략과 차별화 전략의 두 가지로 구성된다. 이들 두 전략은 전체 시장을 공략하는 기업에 적합하다. 반대로 자원과 능력의 부족으로 전체 시장 공략이 어려운 경우에는 틈새 시장 공략과 유사한 집중화 전략을 사용하게 된다.
④ [O] SWOT 분석은 외부환경과 내부환경을 분석하는 대표적 모형이다.
⑤ [O] 전략적 우위를 달성하는 과정에서 산업의 구조에 집중하는 관점이 포터의 5-Forces라면 반대로 기업의 내부역량에 집중하는 이론에 해당하는 것이 바로 자원기반관점이다.

정답 ①

TOPIC 27 인수합병

1. 전략적 제휴

경쟁관계에 있는 기업과 일시적인 협조관계 체결

→ 자원과 위험의 공유, 시장진입 시간 단축, 산업표준채택경쟁에서 유리한 위치

2. 기업계열화의 유형

1) 수직적 계열화: 가치사슬의 전·후에 위치한 회사간 통합계열의 형성

2) 수평적 계열화: 동종업계 기업간의 통합계열 형성

3) 사행적 계열화: 제품 생산과정에서 발생하는 부산물이나 보조서비스 담당 기업과의 통합계열 형성

4) 분기적 계열화: 하나의 원료로부터 파생되는 여러 제품라인을 담당하는 기업과의 통합계열 형성

3. 인수합병

1) 개념: 둘 이상의 서로 다른 기업이 하나로 통합

2) 목적: 신속한 시장진입, 규모 및 범위의 경제 활용, 조직구조의 개편, 해외시장 진출 등

3) 인수합병의 시너지효과: 수익의 증가, 비용의 감소, 세금의 절약, 재무적 시너지, 저평가기업의 인수

4) 적대적 인수합병과 그 대응수단

- 경영권 확보수단: 주식공개매수, 백지위임장 투쟁, 차입매수(외부차입금 이용), 곰의 포옹, 파킹(우호적 제3자가 인수토록 한 뒤 그를 통해 경영권 확보) 등

- 경영권 방어수단: 정관의 개정, 독소조항(poison pill), 황금낙하산, 핵심자산(crown jewel)의 매각, 황금 주와 차등의결권주, 백기사 등

27-1 ☑□□□

경영자의 의사결정과 행위 등을 통제하는 기업 지배구조는 크게 내부와 외부 통제메커니즘으로 구분할 수 있다. 내부 통제메커니즘에 해당하지 않는 것은?

① 노동조합
② 위임장 경쟁
③ 최고경영자 보상
④ 이사회

[해설] 내부 통제는 기업의 이사회, 보상제도, 대주주, 노동조합 등의 통제를 뜻하고, 외부 통제는 정부정책이나 법규, 상품시장에서의 경쟁, 기업지배권 시장 등의 통제를 의미한다. 위임장 경쟁은 경영권을 두고 다툼을 벌이는 것이다. 따라서 경영자의 활동에 대한 내부감시라기보다는 외부통제에 가깝다.

정답 ②

27-2 ☑□□□

기업계열의 형태 중 부산물을 가공하거나 혹은 보조적 서비스를 행하는 기업을 계열화하는 형태는?

① 수직적 계열화
② 수평적 계열화
③ 사행적 계열화
④ 분기적 계열화
⑤ 카르텔

[해설] ③ 이는 특정 제품의 생산과정에서 발생하는 부산물을 취급하는 기업을 통합계열로 편입시키는 것이다. 두부를 만드는 회사가 콩비지를 만드는 공장을 별도 법인으로 설립하는 등이 그 예이다.

[추가해설] ① 이는 가치사슬의 전·후에 위치한 회사간 통합계열 형성을 뜻한다. 의류회사가 직물회사를 편입시키는 경우가 이에 해당한다.
② 이는 동종업계 기업간의 통합계열 형성이다. 승용차 회사와 트럭 회사간 계열형성이 그 예이다.
④ 이는 하나의 원료로부터 여러 개의 제품이 나뉘어 생산될 때 각 제품생산 기업을 계열로 묶는 것이다. 원유가공을 통해 연료, 윤활유, 플라스틱 등이 생산되는 경우가 이에 해당한다.
⑤ 이는 신사협정을 통해 가격안정과 독점적 지위를 유지하려는 기업간 결합이다.

정답 ③

27-3 ☑□□□

경쟁관계에 있는 기업들 간에 특정사업 및 업무분야에 걸쳐 협력관계를 맺는 것을 의미하는 것으로 기업 간의 상호 보완적인 제품, 시설, 기능, 기술을 공유하고자 하는 것은?

① 아웃소싱
② 전략적 제휴
③ 기업집중
④ 기업계열화
⑤ 기업전문화

[해설] ② 전략적 제휴는 경쟁관계에 있는 기업이 일부 사업 또는 기능별 활동부문에서 일시적인 협조관계를 갖는 것이다.

[추가해설] ① 아웃소싱은 경쟁력 강화를 위해 자사 기능의 일부를 외부기업에 위탁하는 것이다.
③ 기업집중은 한 기업이 경쟁의 배제, 생산성 향상, 타 기업의 지배 등의 목적을 가지고 다른 기업의 자본을 흡수 또는 결합하는 과정이다.
④ 기업계열화는 여러 사업부문을 한 기업 내에 편제하는 유형과 방법을 말한다.
⑤ 기업전문화는 특정 사업분야에서의 전문성을 높이는 과정이다.

정답 ②

27-3D ☑□□□

다른 회사와의 연합으로 부가가치 확대와 경쟁우위를 확보하고자 하는 전략은?

① 제휴전략(coalition strategy)
② 수평적 통합(horizontal integration)
③ 원가우위전략(cost leadership)
④ 방어전략(defensive strategy)
⑤ 수직적 통합(vertical integration)

[해설] 타사와의 연합은 대개 alliance 내지 coalition 등의 용어로 표현되며 대개 '제휴 내지는 연합'으로 번역된다. 연합은 법적인 통합은 아니므로 ②나 ⑤와는 그 속성이 다르다. ③의 원가우위전략이나 ④의 방어전략은 '부가가치 확대와 경쟁우위 확보'라는 제시문의 내용과 어울리지 않는다.

정답 ①

27-4 ☑☐☐☐
2018 경영지도사

다음과 같은 전략유형은?

> • 기업이 내부개발이나 인수·합병을 통해 새로운 사업에 진출하는 것이 여의치 않을 경우 고려할 수 있는 대안이다.
> • 둘 이상의 기업이 상호이익을 도모하기 위하여 동반자 관계를 맺는 것을 말한다.

① 구조조정　　　　② 전략적 제휴
③ 직접확장전략　　④ 청산전략
⑤ 영업양도전략

요점정리 전략적 제휴(strategic alliance)는 경쟁관계에 있는 기업이 일부 사업 또는 기능별 활동부문에서 경쟁기업과 일시적인 협조관계를 갖는 것을 의미한다. 전략적 제휴는 궁극적으로 상호성(reciprocity)에 근거하여 파트너들끼리 상호이익을 얻기 위하여 경영자원들을 공유, 교환, 통합하는 조직적 접근이 된다. 일반적으로 전략적 제휴는 자원과 위험을 공유하고, 신제품개발과 시장진입의 속도를 줄이며, 산업표준의 채택을 위한 경쟁에서 유리한 고지를 점하게 해 주거나, 시장진입 및 탈출의 유연성을 확보해 준다는 점에서 그 효용이 있다.

정답 ②

27-5 ☑☐☐☐
2014 경영지도사

기업의 인수합병 목적으로 옳지 않은 것은?

① 시장지배력 확대
② 투자소요액 증대
③ 시장진입 속도 단축
④ 성숙된 시장으로 진입
⑤ 규모의 경제와 범위의 경제 활용

해설 ② 인수합병이 성공적일 경우 기업은 (새로운 사업분야에 독자적으로 진출할 때에 비해서) 진출비용을 절감할 수 있다.

추가해설 ⑤ 규모의 경제는 생산량 증가로 인한 단위당 원가절감을, 범위의 경제는 사업범위 확대로 인한 부문간 시너지를 뜻한다.

정답 ②

27-6 ☑☐☐☐
2012 가맹거래사

기업이 다른 기업을 인수합병하는 이유로 옳지 않은 것은?

① 저렴한 비용으로 새로운 사업에 신속히 진출할 수 있다.
② 조세절감효과를 얻을 수 있다.
③ 진입장벽을 쉽게 뛰어넘을 수 있다.
④ 부족한 기업능력을 보완할 수 있다.
⑤ 경쟁사와의 마찰이 커진다.

요점정리 일반적으로 인수합병은 신속한 시장진입, 부족했던 기업역량의 보강, 투자소요액의 절감, 규모 및 범위의 경제의 활용, 조직구조의 재편, 해외시장 진출, 인수합병을 통한 법인세 절감효과, 경영자의 경영능력 과시 등의 목적으로 이루어지는 경우가 많다.

해설 ⑤ 인수합병 후 경쟁사와 마찰이 더 심해진다면 이것은 인수합병의 반대논리가 된다.

정답 ⑤

27-7 ☑☐☐☐
2014 경영지도사

한기업이 타 산업의 전혀 다른 기업활동을 하는 기업을 인수합병하는 것은?

① 수평적 인수합병　　② 수직적 인수합병
③ 적대적 인수합병　　④ 관련기업 인수합병
⑤ 콩글로메리트 인수합병

해설 ① 이는 동종업계를 인수하는 것이다.
② 이는 가치사슬상 관련이 있는 업계를 인수하는 것이다.
③ 이는 업종과 상관없이 다른 기업을 지배하려는 목적으로 인수하는 것이다.
④ 말 그대로 관련업종 기업을 인수하는 것이다.
⑤ 이는 재벌기업의 형성과정에서 볼 수 있듯이 업종을 가리지 않고 인수합병하는 것이다.

정답 ⑤

27-9 ☑□□□   2017 7급공무원 가책형

인수합병에서 인수기업의 성과에 대한 설명으로 옳은 것은?

① 인수합병을 성공으로 이끄는 가장 중요한 요인은 높은 인수 프리미엄이다.
② 두 조직을 유기적으로 결합하는 합병 후 통합과정은 인수합병 성패의 주요 요인이 된다.
③ 인수합병의 최종목표는 경쟁기업과의 입찰에서 승리하는 것이다.
④ 모든 인수합병은 기업성장을 위해 긍정적으로 작용한다.

해설 ② 합병 후 통합(PMI: post-merger integration)이란 인수합병 이후 기업의 물리적, 문화적 융합을 의미한다. 이 작업이 성공적으로 이루어져야만 인수합병의 시너지가 비로소 제대로 나타날 수 있다.

추가해설 ① 인수 프리미엄이란 최종 인수금액과 인수대상 기업의 기존 시장가치와의 차이를 의미한다. 이 값이 크다면 기존 가치에 비해 더 높은 금액을 지불하고 인수한다는 뜻인데, 이는 곧 인수를 하는 기업 입장에서 인수대상 기업의 가치를 높이 평가한다는 의미이다. 하지만 인수 이후 실적이 예상보다 좋지 않다면 인수 프리미엄을 잘못 추정하였다는 비판을 받게 된다. 즉 인수 프리미엄이 높을수록 인수합병이 성공적이라고 말할 수는 없다는 것이다.
③ 입찰에서 승리하여 인수에 성공하였다 한들, 시너지가 나지 않거나 지나치게 과도한 인수비용을 지불한 경우 도리어 승자의 저주(winner's curse)에 빠질 수도 있다.
④ 인수합병을 통해 기업이 오히려 위험에 빠지는 경우도 종종 발견된다.

정답 ②

27-11 ☑□□□   2015 경영지도사

우호적인 제3자를 통해 지분을 확보하게 한 뒤, 주주총회에서 제3자로 하여금 투표권을 행사하게 하여 기습적으로 경영권을 탈취하는 방법은?

① 팩맨(Pac man)
② 파킹(Parking)
③ 그린메일(Green mail)
④ 공개매수(Tender offer)
⑤ 독약처방(Poison pill)

해설 지문에서 설명하는 방법은 파킹이다.
① 팩맨은 어떤 기업이 적대적 매수를 시도할 때 매수 대상 기업이 되레 매수 기업을 인수하겠다는 역매수 계획을 공표하고 매수 기업 주식의 공개매수 등을 시도하는 것으로 극단적인 반격전략 중 하나다.
③ 그린 메일은 투기성 자본이 경영권이 취약한 기업의 지분을 매집한 뒤 해당 기업의 경영진을 교체하겠다고 위협하거나, 대주주에게 M&A 포기 대가로 높은 가격에 지분을 되사줄 것 등을 요구하는 행위다. 대주주에게 초록색인 미 달러화를 요구하는 편지를 보낸다는 점에서 그린 메일이라는 이름이 붙여졌다.
⑤ 포이즌 필은 적대적 M&A 공격을 받는 기업이 기존 주주들에게 시가보다 싼 값에 주식을 살 수 있는 권리(신주인수권)를 주는 경영권 방어수단이다. 이를 활용하면 인수 시도자가 M&A 대상 기업의 기존 주주들로부터 주식을 매입할 때 더 많은 비용이 들어 M&A 시도를 포기하는 경우가 많다.

정답 ②

27-12 ☑□□□   2018 서울시 7급 A형

적대적 인수 및 합병(M&A) 방어 전략으로 가장 옳지 않은 것은?

① 독약조항(poison pill)
② 황금낙하산(golden parachute)
③ 백기사(white knight)
④ 주식옵션(stock option)

해설 독약조항, 황금낙하산, 백기사 등의 기법은 적대적 인수합병에 대한 방어수단이다. 그러나 주식옵션은 특정한 가격에 주식을 사거나 팔 수 있는 권리를 의미하므로 적대적 인수합병 수단이라 보기는 어렵다.

정답 ④

27-13 ☑☐☐☐　2012 가맹거래사, 2020 가맹거래사 변형

적대적 인수합병으로부터 기업을 방어하기 위해서 회사 자산 중 가장 중요한 부분을 처분하여 인수기도를 와해시키는 것은?

① 왕관의 보석(crown jewel)
② 황금낙하산(golden parachute)
③ 그린메일(green mail)
④ 팩맨(pac-man)
⑤ 백기사(white knight)

요점정리
- 경영권 확보수단: 주식공개매수, 그린메일, 백지위임장 투쟁, 차입매수(외부차입금 이용), 곰의 포옹, 파킹(우호적 제3자가 인수토록 한 뒤 그를 통해 경영권 확보) 등
- 경영권 방어수단: 팩맨, 정관의 개정, 독소조항(poison pill), 황금낙하산(인수합병 후 퇴사시 거액의 퇴직금 지급하게 하는 조항), 핵심자산(crown jewel)의 매각, 황금주와 차등의 결권주, 백기사 등

해설 회사 자산 중 가장 소중한 부분을 crown jewel이라 한다.
정답 ①

27-13A ☑☐☐☐　2019 상반기 군무원 복원

다음 중 적대적 M&A의 공격수단이 아닌 것은?

① 위임장 경쟁　　② 공개시장매수
③ 그린메일　　　④ 황금낙하산

해설 황금낙하산은 거액의 퇴직금을 제공하는 조건으로 매수자의 매수의지를 꺾는 대표적인 적대적 M&A 방어 전략이다.
정답 ④

27-13J ☑☐☐☐　2023 공인노무사

적대적 M&A의 방어전략 중 다음에서 설명하는 것은?

> 피인수기업의 기존 주주에게 일정조건이 충족되면 상당히 할인된 가격으로 주식을 매입할 수 있는 권리를 부여함으로써, 적대적 M&A를 시도하려는 세력에게 손실을 가하고자 한다.

① 백기사(white knight)
② 그린메일(green mail)
③ 황금낙하산(golden parachute)
④ 독약조항(poison pill)
⑤ 왕관보석(crown jewel)

해설 ④ 독약조항 또는 독소조항(poison pill)은 잠재적 인수자에게 그 기업을 인수할 경우 매우 불리한 결과를 가져오게끔 하는 회사의 내규나 조약을 의미한다. 문제에서 제시한 바와 같이 외부로부터의 인수시도가 있을 때 기존주주에게 할인된 가격으로 주식을 매입할 권리를 주면 인수를 시도하는 기업에 타격을 줄 수 있다.

추가해설 ① 백기사(white knight): 적대적 인수합병 대상이 된 기업의 경영진이 자신들에게 유리한 제3자에게 우호적 인수합병을 제의함으로써 적대적 M&A 시도를 방어하는 것이다.
② 그린 메일(green mail): 이는 적대적 인수합병을 시도하는 기업(A)측이 경영권이 취약한 (피인수기업의) 대주주(B)에게 (A가) 보유한 주식을 높은 가격에 팔기 위해 보낸 편지를 의미한다. 편지를 보내는 목적이 초록색 '달러(돈)'를 버는 것이기 때문에 그린 메일이라는 이름이 붙여졌고 이런 메일을 보내는 사람들을 그린 메일러(green mailer)라고 부른다. 그린 메일러들은 자산 가치가 높거나 첨단 기술을 보유하고 있으면서 대주주의 지분이 낮은 기업을 주요 타깃으로 삼고 활동한다. 이런 상장 기업의 주식을 대량 매입한 뒤 경영진에게 메일을 보내 위협하는 것이다. 적대적인 인수·합병(M&A)을 포기하는 대가로 자신들이 그간 확보한 주식을 시가보다 높은 값에 사들일 것을 제안한다. (해설출처: 한경비즈니스 "해시태그 경제 용어: 그린메일", 2020.12.21.)
③ 황금낙하산(golden parachute): 기업이 외부인에게 인수되어 경영진이 교체될 경우 거액의 퇴직보상금을 기존 경영진에게 지급하도록 하는 고용계약의 내용이다. 이 경우 인수합병 이후에 거액의 보상금 지급으로 인하여 기업가치가 하락할 수 있어 M&A의 매력이 감소하게 된다.
⑤ 왕관의 보석 또는 핵심자산(crown jewel)의 매각: 외부인이 기업을 인수하려고 시도하는 경우, 회사자산 중 가장 중요한 부분을 처분하여 인수의욕을 떨어뜨리는 것이다.
정답 ④

27-14 ☑□□□
2013 가맹거래사

적대적 인수합병의 방어 수단으로 옳지 않은 것은?

① 백기사(white knight)

② 왕관의 보석(crown jewel)

③ 독약제공(poison pill)

④ 황금낙하산(golden parachutes)

⑤ 주식공개매수(take-over bid)

해설 ⑤ 이는 적대적 인수합병의 공격수단이다.

추가해설 ① 백기사(white knight)는 우호적 제3자를 활용하여 적대적 합병공격을 방어하는 것이고, ② 왕관의 보석(crown jewel)은 핵심자산을 팔아버림으로써 합병의욕을 꺾는 방법이다. ③ 독약제공(poison pill)은 합병을 시도할 경우 불리한 결과가 초래되게끔 내규를 바꾸는 것이고, ④ 황금낙하산(golden parachutes)은 거액의 퇴직보상금을 지급하게 하여 인수의욕을 꺾는 수단이다.

정답 ⑤

27-14J ☑□□□
2023 군무원 7급

다음 중 적대적 M&A에 대한 방어 수단과 가장 거리가 먼 것은?

① 황금낙하산

② 차입매수(LBO)

③ 백기사

④ 포이즌 필

해설 ② 차입매수(leveraged buyout)는 인수기업이 피인수기업의 자산이나 미래수익을 담보로 외부에서 자금을 조달하고, 이 외부차입금을 이용하여 인수대상기업의 주식을 매입한 후 경영권을 확보하는 방법이다.

추가해설 적대적 인수합병을 시도하는 기업이 활용하는 공격수단으로는 주식공개매수, 그린메일(green mail), 백지위임장 투쟁, 차입매수, 곰의 포옹(=새벽의 기습), 파킹(parking) 등이 있으며, 적대적 인수합병의 대상기업이 이를 방어하는 수단으로는 정관의 개정, 독소조항(poison pill), 황금낙하산, 핵심자산(crown jewel)의 매각, 황금주나 차등의결권주의 신설, 백기사 등이 있다.

정답 ②

27-15 ☑□□□
2015 가맹거래사

적대적 인수합병의 방어수단 중의 하나로 거액의 퇴직보상금을 인수합병 되는 기업 경영진에게 지급하도록 하는 내용을 고용계약에 규정하는 것은?

① 독약조항(poison pill)

② 왕관의 보석(crown jewel)

③ 백기사(white knight)

④ 황금낙하산(golden parachute)

⑤ 그린메일(green mail)

해설 ④ 인수시 기존 기업의 경영진에게 거액의 퇴직보상금을 주도록 계약을 해 두면 타 기업으로부터의 인수합병 시도가 감소할 수 있다. 이 때의 퇴직보상금 지급계약을 '황금낙하산'이라 한다.

추가해설 ① 잠재적 인수자가 해당 기업을 인수할 경우 매우 불리한 결과를 가져오게끔 하는 회사의 내규나 조약을 뜻한다. ② 외부인이 기업을 인수하려고 시도하는 경우 회사자산 중 가장 중요한 부분을 처분하여 인수의욕을 떨어뜨리는 방법이다. ③ 적대적 인수합병 상황에 놓인 기업이 자신들에게 유리한 제3자에게 우호적 인수합병을 제의함으로써 적대적 인수합병 시도를 방어하는 방법이다. ⑤ 특정기업의 주식을 대주주 몰래 장내에서 일정부분 이상 사들인 다음 대주주에게 기업인수 의향이 있음을 통지하는 서한

정답 ④

27-15J ☑□□□
2023 국가직 7급

다음 설명에 해당하는 인수 · 합병(M&A: merger & acquisition) 방어전략은?

> 경영진이 적대적 인수 · 합병으로 인하여 임기 전에 퇴직하게 될 때 일반적으로 지급되는 퇴직금 외에 현금과 주식매수권(stock option), 일정한 기간동안의 보수 등 상당한 액수의 추가보상금이 지급되도록 정관에 규정해 둠으로써 적대적 M&A 세력을 견제하는 전략이다.

① 왕관보석(crown jewel) 전략

② 백기사(white knight) 전략

③ 황금낙하산(golden parachute) 전략

④ 그린 메일(green mail) 전략

해설 선지 ③의 설명하는 황금낙하산(golden parachute)은 기업이 외부인에게 인수되어 경영진이 교체될 경우 거액의 퇴직보상금을 기존 경영진에게 지급하도록 하는 고용계약의 내용이다. 이 경우 인수합병 이후에 거액의 보상금 지급으로 인하여 기업가치가 하락할 수 있어 M&A의 매력이 감소하게 된다.

추가해설 ① 이는 핵심자산(crown jewel)의 매각으로도 불린다. 외부인이 기업을 인수하려고 시도하는 경우, 회사자산 중 가장 중요한 부분을 처분하여 인수의욕을 떨어뜨리는 것이다. ② 이는 적대적 인수합병 대상이 된 기업의 경영진이 자신들에게 유리한 제3자(백기사, white knight)에게 우호적 인수합병을 제의함으로써 적대적 M&A 시도를 방어하는 것이다. ④ 그린메일(Green mail)은 초록색(Green)을 띄는 미 달러화와 공갈이나 협박 등을 의미하는 블랙메일(Black mail)의 합성어로 '달러를 요구하는 편지'라는 의미이다. 이는 경영권을 넘볼 수 있는 수준의 주식을 확보한 특정 집단이 기업의 경영자로 하여금 보유한 주식을 프리미엄 가격에 되사줄 것을 요구하는 행위로서, 적대적 인수합병의 공격 전략이다. 따라서 앞의 선지들과는 그 목적이 다른 것이다. (출처: 연합인포맥스(https://news.einfomax.co.kr))

정답 ③

27-16 ☑☐☐☐ 2016 경영지도사

아웃소싱(outsourcing)에 관한 설명으로 옳지 않은 것은?

① 기업이 생산·유통·포장·용역 등 업무의 일부분을 기업외부에 위탁하는 것이다.

② 기업을 혁신하고 경쟁력을 높일 수 있는 방법 중 단기간에 많은 효과를 얻을 수 있는 방법이다.

③ 성장과 경쟁력 및 핵심역량 강화를 위한 대안으로 활용되고 있다.

④ 독립 가능한 사업부와 조직 단위를 개개의 조직 단위로 나누어 소형화하는 것이다.

⑤ 기업은 고유업무에 집중함으로써 생산성 향상을 도모할 수 있다.

요점정리 아웃소싱(outsourcing)은 핵심역량에의 집중을 통한 기업경쟁력 강화를 위하여 자사 기능 중 경쟁력이 강한 부분은 직접 수행하고 그렇지 않은 나머지 기능은 외부 기업에 위탁하는 것을 뜻한다.

해설 ④ 이는 하나의 기업을 여러 부문의 형태로 쪼개는 사내

벤처나 모듈형 조직에 대한 설명에 가깝다.

정답 ④

27-16F ☑☐☐☐ 2022 국가직 7급

아웃소싱에 대한 설명으로 옳지 않은 것은?

① 핵심부문만 내부화하고, 기타 비핵심부문은 외부에서 조달하는 전략이다.

② 기업의 비용절감과 유연성 확보가 가능하다.

③ 아웃소싱 이후에도 동일한 사업을 수행하므로 리스크는 감소하지 않는다.

④ 장기적으로 실행하면 핵심기술이 상실되고 공급업체에 종속될 위험이 있다.

해설 아웃소싱은 비핵심부분을 외부에서 조달하는(①) 전략이므로 아웃소싱 이전과 이후의 사업영역은 달라질 수 밖에 없다. 따라서 선지 ③은 틀렸다. 특히 비용을 많이 유발하거나 기업경쟁력에 무관한 영역을 외주기업에 맡기는 경우가 많으므로 각종 비용과 운영리스크가 줄어들 가능성이 높고 이를 통해 기업은 경영환경의 변화에 유연하게 대응하는 역량을 증진시킬 수 있다(②). 다만 아웃소싱을 남발하거나 장기적으로 사용할 경우에는 외주로 넘기게 되는 역할 자체에 대한 기업의 대응역량이 감소하게 되어 궁극적으로는 이를 공급하는 기업에 종속될 가능성이 존재한다(④).

정답 ③

27-16G ☑☐☐☐ 2022 군무원 7급

다음 내용은 어떤 기업전략의 사례를 설명하는 것이다. 아래의 사례에 가장 옳은 것은?

> N사는 운동화를 만드는 과정 중에서 제품 디자인과 판매와 같이 가치사슬의 처음과 끝부분만 자신이 담당하고 나머지 생산부문은 전세계의 하청기업에 맡기고 있다. 하청기업들간에 서로 비용절감 및 품질향상 경쟁을 유도하여 그 중에서 가장 낮은 가격과 높은 품질의 제품을 구매한다.

① 전략적 아웃소싱　　② 전략적 제휴
③ 다각화 전략　　④ 수직적 통합

해설 가치사슬(value chain)을 구성하는 여러 기능영역 중 일부를 하청업체에게 맡기는 것이므로 아웃소싱(①)에 해당된다. '전략적'이라는 말에 헷갈릴 필요는 전혀 없다. 아웃소싱을 경영전략의 일환으로 추진한다는 의미일 뿐이다.

추가해설 ② 전략적 제휴(strategic alliance)는 경쟁관계에 있는 기업이 일부 사업 또는 기능별 활동부문에서 경쟁기업과 일시적인 협조관계를 갖는 것이다.
③ 다각화(diversification)란 한 기업이 다른 여러 산업에 참여하는 것이다.
④ 수직적 통합(vertical integration)은 한 기업이 가치사슬상의 전후(수직적)로 연관된 두 개 이상의 활동 분야를 동시에 운영하는 것이다.

정답 ①

27-17 ✔☐☐☐
2018 경영지도사

금융기관들이 한 자리에 모여 협약을 체결한 다음 그에 따라 채권을 출자로 전환하거나, 원리금 상환을 유예시키거나 또는 신규자금을 지원하여 기업을 회생시키는 제도는?

① 부도(dishonor)
② 협조융자(joint-financing)
③ 인수합병(merger & acquisition)
④ 워크아웃(work-out)
⑤ 턴어라운드(turn-around)

요점정리 재무개선작업(財務改善作業, 영어: debt restructuring) 또는 워크아웃(영어: workout)은 기업가치 회생작업을 가리키는 말로 회생시킬 가치가 있는 기업을 살려내는 금융권(채권자) 주도의 기업회생작업을 말하며 부실징후가 있는 채무기업에 대해 채권들과 채무자가 채무의 변제방법 및 향후 기업 정상화를 상호 협의하여 기업갱생을 도모하는 재건형 정리절차를 말한다. 워크 아웃을 기업경영에 처음 도입한 것은 80년대 후반 미국 제너럴 일렉트릭(GE)사로 GE는 실제로 워크 아웃에 성공해 세계 최우량기업이 되었다. 이후 워크 아웃이라는 용어가 기업, 금융, 공동부문의 구조조정에 널리 사용되고 있다(출처: 한국어 위키백과).

해설 ④ 일종의 기업회생제도로서 정답은 워크아웃이다. 용어 자체를 묻는 문제니 암기해 두자.

추가해설 ⑤의 턴어라운드는 힘든 상황에 놓였던 기업이 극적으로 부활하는 것을 의미하는 경영용어이다.

정답 ④

27-17A ✔☐☐☐
2020 공인노무사

㈜한국은 정부의 대규모 사업에 참여하면서 다수 기업과 공동출자를 하고자 한다. 이 전략 유형에 해당하는 것은?

① 우회전략(turnaround strategy)
② 프랜차이징(franchising)
③ 포획 전략(captive strategy)
④ 집중전략(concentration strategy)
⑤ 컨소시엄(consortium)

해설 2개 이상의 회사나 단체의 협동체를 뜻하는 단어는 컨소시엄(⑤)이다.

추가해설 ①은 비용절감과 구조조정을 통해 상황을 반전시키는 전략을 뜻하며, ②는 품질관리나 경영방식을 모기업이 통제하는 형태의 해외진출 방법이다. ③은 가격관리 정책에서 주로 통용되는 용어로서 주제품(예, 면도기)은 상대적으로 저렴한 가격에 판매하는 대신 보조제품(예, 면도날)은 상대적으로 비싼 가격에 판매하는 정책을 뜻한다. ④는 여러 분야 대신 한 분야만을 중점적으로 공략하는 전략을 의미한다.

정답 ⑤

27-18 ✔☐☐☐
2015 가맹거래사

아웃소싱의 기대효과가 아닌 것은?

① 조직구조를 유연하게 유지하여 환경대응력을 강화할 수 있다.
② 조직에서 핵심 및 비핵심 분야를 포괄하는 다양한 인재의 역량을 육성할 수 있다.
③ 외부 인력을 활용하여 아웃소싱 업무의 생산성을 높일 수 있다.
④ 핵심역량을 가진 사업분야에 경영자원을 집중할 수 있다.
⑤ 조직구조 혁신을 시도할 때 유용한 수단이 될 수 있다.

해설 ② 아웃소싱은 비핵심분야를 조직 외부로 분리하는 것이다.

정답 ②

국제경영

1. 세계화의 동인
규모의 경제, 범위의 경제, 원료구입비용과 생산원가 절감, 시장개방의 트렌드, 기회활용과 위험분산 등

2. 해외시장 진출방법의 결정요인
내부요인(경영자원, 핵심역량, 기술력, 브랜드, 국제화 경험 등) + 외부요인(산업의 특성, 진출대상국가의 정치·경제·사회문화·기술 요인) → 수출, 계약, 해외직접투자 中 선택

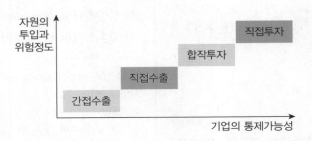

3. 시장거래와 계약에 의한 해외진출
1) 수출에 의한 해외진출: 재화의 국제간 이동 → 간접수출(종합무역상사나 수출대행업체 활용), 직접수출(자사 내 수출전담부서나 판매법인 활용)
2) 계약에 의한 해외진출: 기업의 제반 경영자산을 하나의 상품으로 취급하여 현지기업과 일정한 법적 계약을 통해 판매
   - 라이선스: 로열티 받고 브랜드 및 기술의 사용권한과 기간 판매
   - 프랜차이즈: 품질관리나 경영방식 및 운영 등에 대한 지원을 모기업이 직접 수행
   - 생산계약: 해외하청업체와 납품계약 체결
   - 관리계약: 현지국 기업을 위탁관리하고 그 대가를 받음
   - 턴키(turnkey) 계약: 건물이나 생산설비를 활용직전단계까지 제작·준비한 이후 인도해 주는 방식

4. 직접투자에 의한 해외진출
1) 개념: 해외에 있는 법인체의 주식을 20% 이상 소유하는 방식으로 해외 진출
2) 유형: 합작투자, 신설투자, 인수합병 등
3) 다국적기업경영

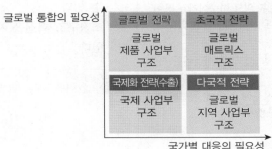

28-1 ☑☐☐☐
2016 공인노무사

브릭스(BRICs)로 일컬어지는 신흥경제권 국가가 아닌 것은?

① 인도   ② 캐나다
③ 러시아   ④ 브라질
⑤ 중국

해설 브릭스: 브라질(B), 러시아(R), 인도(I), 중국(C)

정답 ②

28-2 ☑☐☐☐
2012 7급공무원 인책형

기업의 세계화를 촉진시키는 요인이 아닌 것은?

① 인터넷을 비롯한 통신수단의 발달
② 지역별 자유무역협정의 체결
③ 유통채널의 국가 간 차이 증가
④ 관세와 무역장벽의 철폐

해설 ①, ②, ④는 모두 세계화의 촉진요인이지만, ③은 세계화의 저해요인이 된다.

정답 ③

28-2F ☑☐☐☐
2022 군무원 9급

다음 중 글로벌경영의 필요성에 대한 설명으로 가장 옳지 않은 것은?

① 해외시장 확보를 통한 매출액 증대
② 지리적 다변화를 통한 위험집중
③ 국내 규제의 회피
④ 해외조달을 통한 투입요소 비용의 절감

해설 ① [O] 국내에서 잘 팔리는 상품이라면 굳이 해외시장까지 노릴 필요가 없을 것으로 생각될 수 있으나, 해외에서도 잘 팔릴 것으로 예상된다면 해외진출을 하여 매출을 더욱 증가시킬 기회를 마다할 이유가 없다.
② [×] 지리적 다변화, 즉 사업을 영위하는 대상지역이 넓어지면 보통은 위험이 분산될 수 있다. 예를 들어 특정 국가에서는 인기가 없는 상품이 다른 지역에서는 인기를 끌 수 있으며, 계절이 서로 반대인 두 국가(한국과 호주 등)에서 동시에 사업을

운영한다면 계절상품(예, 수영복)이 연중 일정하게 판매될 수도 있다.
③ [O] 국내법상의 규제를 받는 산업이 해외에서는 해당 규제를 피할 수 있다면 규제회피를 위해 해외진출을 선택할 수도 있다.
④ [O] 투입요소는 토지, 노동, 자본 등을 뜻한다. 만약 외국에서 사업을 할 경우 지대(토지비용)나 임금(노동비용), 내지 이자율(자본비용)의 감소가 예상된다면 해외진출을 하는 것이 훨씬 유리할 것이다.

정답 ②

28-3 ☑☐☐☐
2014 7급공무원 A책형

자원투입·위험의 크기와 통제수준에 따라 기업의 해외시장 진출과정을 순서대로 바르게 나열한 것은?

① 직접수출 → 간접수출 → 단독투자 → 합작투자
② 직접수출 → 간접수출 → 합작투자 → 단독투자
③ 간접수출 → 직접수출 → 단독투자 → 합작투자
④ 간접수출 → 직접수출 → 합작투자 → 단독투자

해설 일단 국내를 기반으로 진행되는 '수출'보다는 해외에 직접 뛰어드는 '투자'가 그 위험이 크다. 수출 중에서는 대행업체를 통한 간접수출의 위험이 가장 작고, 그 다음이 직접수출이다. 투자 중에서는 해외기업과의 합작투자보다 우리 기업이 직접투자하는 경우의 위험이 더 크다.

정답 ④

28-3D ☑☐☐☐
2021 군무원 9급

다음은 기업이 세계화를 추진하는 과정에서 취할 수 있는 다양한 방법들이다. 이 중에서 경영관리를 위한 이슈나 의사결정이 가장 많이 발생하는 것은?

① 글로벌 소싱(global sourcing)
② 전략적 제휴(strategic alliance)
③ 해외 자회사(foreign subsidiary)
④ 프랜차이즈(franchise)

해설 세계화에 투입되는 에너지, 관리역량, 의사결정 등의 정도는 세계화 단계가 심화될수록 커진다. 일반적으로 세계화는 수출-계약-투자 방식으로 그 단계가 발달된다.

① 외국으로부터 자원이나 부품을 조달한다는 의미이다. (수출이나 계약)
② 전략적 제휴는 계약과 투자 사이에 위치하는 단계이다.
③ 투자(해외직접투자)에 속한다.
④ 계약 방식에 속한다.

정답 ③

28-4 ☑□□□ 2011 공인노무사

해외시장으로의 진출 전략에 관한 설명으로 옳지 않은 것은?

① 전략적 제휴는 다른 기업들과 특정 사업 및 업무 분야에 걸쳐 협력관계를 맺어 공동으로 해외사업에 진출하는 전략이다.
② 해외자회사의 장점은 해외시장에서 많은 자금과 기술을 운영하면서 기업의 자산들을 해외정부로부터 안전하게 지킬 수 있는 것이다.
③ 라이선싱(licensing)은 자신의 제품을 생산할 수 있는 권리를 일정한 대가를 받고 외국 기업에게 일정기간동안 부여하는 것을 말한다.
④ 국제합작투자의 장점은 기술의 공유, 위험의 분산, 마케팅 및 경영 노하우의 공유 등이다.
⑤ 해외직접투자는 기술·자본·상표·경영능력 등 여러 생산요소가 하나의 시스템으로 해외에 이전되는 것을 말한다.

해설〉② 해외 자회사는 보유자산에 대한 외국정부의 위협으로부터 완전히 자유롭지 못하다.
추가해설〉⑤ 해외직접투자의 가장 대표적인 사례는 해외에 현지법인을 설립하는 것이다. 이 경우 우리 회사의 기술과 자본뿐만 아니라 브랜드(상표), 경영자, 조직운영능력 등이 모두 한꺼번에 해외법인으로 이전된다.

정답 ②

28-4M ☑□□□ 2024 군무원 9급

다음 중 투자를 통한 해외 시장 진입 방식에 대한 설명으로 가장 적절하지 않은 것은?

① 완전자회사를 이용한 시장 진입을 통해 관리자들이 표적시장에서 이루어지는 활동에 대해 완전하게 지배력을 행사할 수 있다.
② 조인트벤처의 전방통합은 기업의 업스트림(상향) 활동에 합작 투자를 의미한다.
③ 조인트벤처는 일반적으로 완전자회사에 비해 적은 리스크를 안고 있다.
④ 전략적 제휴의 단점은 미래의 현지 혹은 세계적인 경쟁자를 만들 수 있다는 점이다.

해설〉① [O] 완전자회사는 모기업이 지분을 모두 보유하고 있는 자회사이므로 해당 기업 활동의 완전한 통제가 가능하다.
② [×] 전방통합은 가치사슬의 다음 단계, 즉 하류(downstream) 방향으로의 진출을 뜻한다.
③ [O] 조인트벤처는 합작투자의 개념이므로 완전자회사, 즉 단독투자보다는 우리기업이 자체적으로 감당해야 할 위험이 적다.
④ [O] 타사와 전략적 제휴를 하게 되면, 우리 기업의 노하우나 기술이 유출될 우려가 없지 않다.

정답 ②

28-5 ☑□□□ 2015 7급공무원 3책형

자동차 제조기업 A사는 B국에 단순 수출이 아닌 자회사 설립을 준비하고 있다. A사가 B국에 해외직접투자를 하는 이유로 옳지 않은 것은?

① B국의 유통망 및 대정부 관계취약에서 발생하는 외국인 비용을 절감하기 위한 경우
② B국의 기술 및 브랜드와 같은 경영자원을 내부화하기 위한 경우
③ B국의 A사 신제품에 대한 소비 시점이 A사 자국 내 소비 시점과 동일한 경우
④ B국의 환율 위험 및 무역장벽 회피를 위한 경우

요점정리〉 해외 자회사 설립은 가장 적극적 형태의 해외진출이다. 물건만 수출하는 것이 아니라 우리기업의 인적자원과 물적

자산을 이전하여 새로운 회사를 설립하는 것이기 때문이다. 굳이 많은 비용을 들여 이렇게 하는 이유는 외국인으로서의 불리함을 극복하고(①), 외국에서만 얻을 수 있는 경영자원을 획득하며(②), 각종 무역장벽 및 환위험을 회피(④)하기 위함이다.

해설 ③ 외국과 국내의 소비자 구매시기나 패턴이 유사하다면 굳이 해외에 기업을 별도로 만들 필요가 없다. 수출만 하면되기 때문이다.

정답 ③

28-6 ☑□□□   2010 7급공무원 고책형

해외직접투자 방식 중 기업이 최종재의 생산에 필요한 원재료나 중간재를 확보하거나, 최종소비자에게 제품을 판매할 목적으로 해외에 진출하는 방법은?

① 수평적 해외직접투자
② 수직적 해외직접투자
③ 다각적 해외직접투자
④ 프랜차이징(franchising)

해설 원재료의 공급기능이나 소비자 대상 유통기능 등을 통합하는 것은 수직통합에 해당한다.

정답 ②

28-7 ☑□□□   2016 7급공무원 2책형

해외직접투자의 유형인 그린필드투자(green-field investment)와 브라운필드투자(brown-field investment)에 대한 설명으로 적절한 것은?

① 그린필드투자 – 새로운 기업의 설립
   브라운필드투자 – 기존에 존재하는 현지 기업의 합병/인수
② 그린필드투자 – 서비스업에 대한 투자
   브라운필드투자 – 제조업에 대한 투자
③ 그린필드투자 – IT/정보/콘텐츠/문화 등 지식 산업에 대한 투자
   브라운필드투자 – 기존 굴뚝 산업에 대한 투자
④ 그린필드투자 – 정부/공공기관 주도의 직접 투자
   브라운필드투자 – 순수 민간 주도의 직접 투자

해설 그린필드 투자는 투자대상국 기업에서 직접 공장이나 사업장을 짓는 방식의 투자이며, 브라운필드 투자는 이미 존재하는 현지회사를 인수하는 방식이다.

정답 ①

28-8 ☑□□□   2012 7급공무원 인책형

최근 기업의 글로벌 경영(global management) 활동과 관련하여 중국, 인도, 브라질, 러시아 등 신흥시장(emerging market)의 전략적 의미가 부각되고 있다. 신흥시장에서 사업을 수행하는 데 따르는 위험 요인으로 적절하지 않은 것은?

① 정치적 불안
② 대규모 기업집단 부재
③ 상이한 법적·제도적 체계
④ 지적 재산권 보호의 어려움

해설 ② 대규모 기업집단이 없다는 것은 해외로 진출하려는 우리나라 기업의 입장에서는 호재가 된다.

정답 ②

28-9 ☑□□□   2007 7급공무원 문책형

다국적기업은 글로벌전략 수립에 있어 글로벌화(세계화)와 현지화의 상반된 압력에 직면하게 된다. 다음 중 현지화의 필요성을 증대시키는 요인은?

① 유통경로의 국가별 차이 증가
② 규모의 경제 중요성 증가
③ 소비자 수요 동질화
④ 무역장벽 붕괴

해설 ① 국가별 유통경로가 다르므로 현지화를 한다. 따라서 옳다.

추가해설 ② 규모의 경제는 현지화보다는 세계경제의 통합에 필요한 요인이다.
③ 소비자 수요는 이질적이다. 즉 나라마다 조금씩 다른 측면이 있다.
④ 무역장벽 붕괴는 글로벌 통합에 기여하는 요인이다.

정답 ①

28-10 ☑□□□
2015 경영지도사

다른 기업에게 수수료를 받는 대신 자사의 기술이나 상품 사양을 제공하고 그 결과로 생산과 판매를 허용하는 것은?

① 아웃소싱(Outsourcing)
② 합작투자(Joint venture)
③ 라이선싱(Licensing)
④ 계약생산(Contract manufacturing)
⑤ 턴키프로젝트(Turn-key project)

해설 라이선스(license)는 브랜드 및 기술에 대하여 사용권한과 기간을 협정당사자 간에 정한 뒤 해외기업이 해당 브랜드로 사업활동을 영위하는 대신 일정액의 사용료(로열티)를 지급하는 방식의 해외진출 기법이다. 무역장벽이 존재하거나 상품 및 서비스 간 이동의 비용이 너무 클 때 주로 사용하게 된다.

추가해설 ① 아웃소싱은 경쟁력 강화를 위해 자사 기능의 일부를 외부기업에 위탁하는 것이다.
② 합작투자는 복수의 기업이 투자자금과 위험을 분담하여 새로운 시장에 진출하는 형태이다.
④ 계약생산은 본사와 해외하청업체간에 납품계약을 체결하고 이 계약에 근거하여 국제화를 추구하는 형태이다.
⑤ 턴키계약은 건물이나 생산설비를 직접 활용하기 직전 단계까지 제작한 후 인도해주는 방식이다.

정답 ③

28-11 ☑□□□
2011 7급공무원 우책형

국제계약의 유형에 대한 설명으로 적절하지 않은 것은?

① 프랜차이징(franchising)은 넓은 의미에서 라이선싱의 한 형태이며, 패스트푸드, 호텔, 자동차 판매 등과 같은 서비스산업에서 널리 활용되고 있는 계약이다.
② 관리계약(management contract)은 현지국 기업을 위탁관리해주고 일정한 대가를 받는 계약이다.
③ 계약생산(contract manufacturing)은 생산설비 등을 건설하고 설비가 가동되어 생산이 개시될 수 있는 시점에 소유권을 넘겨주는 계약이다.
④ 라이선싱(licensing)은 생산기술이나 특허권과 같은 독점적 자산의 사용권을 제공하고 그 대가를 받는 계약이다.

해설 계약생산은 본사가 해외하청업체에 납품계약을 체결하고 생산을 대행시키는 것이다. 현재 ③의 설명은 턴키 계약에 관한 것이다.

정답 ③

28-11J ☑□□□
2023 군무원 9급

판매회사가 제조업체에 제품의 생산을 위탁하면 제조업체가 이 제품을 자체적으로 설계·개발·생산하여 판매회사에 납품하는 방식으로 가장 적절한 것은?

① OJT   ② OBM   ③ ODM   ④ OEM

해설 ① OJT: 이는 on-the-job training의 약자로서, 사내교육훈련을 의미한다.
② OBM: 이는 original brand manufacturing의 약자로서, 자체상표생산을 뜻한다. 개발과 생산 및 유통 모두를 한 회사 내에서 독자적으로 진행한다.
③ ODM: 이는 original design manufacturing의 약자로서, 제조자설계생산을 뜻한다. 제조업체는 판매업체(주문업체)가 요청한 제품에 대해 자체기술력으로 설계·개발·생산하여 납품한다. 본 문제의 정답이다.
④ OEM: 이는 original equipment manufacturing의 약자로서, 주문자위탁생산을 뜻한다. 제조업체는 판매업체(주문업체)가 요청한 사항과 기술사항(specification)대로 생산만 하는 것이다. 애플(Apple)이 iPhone을 중국이나 인도의 제조업체를 통해 생산하는 것이 전형적 사례이다.

추가해설 ODM, OBM, OEM을 비교하면 다음 표와 같다.

	OEM	ODM	OBM
명칭	주문자위탁생산 (＝주문자상표부착생산)	제조자설계생산	자체상표생산
사업 구조	생산만 하청에서 담당	생산과 디자인을 하청에서 담당	생산, 디자인, 유통 모두를 한 기업 자체적으로 수행
장점	제조업체: 확실한 고객사 확보 주문업체: 생산원가의 절감	제조업체: 확실한 고객사 확보 주문업체: 개발비용까지 절감	가장 높은 부가가치 창출 가능
단점	제조업체: 수동적 을(乙)의 입장 주문업체: 기술유출 우려 존재	제조업체: 주문회사에 의한 기술유출 우려 주문업체: 독자기술개발력 상실	유통채널 구축 및 마케팅 비용 소요

정답 ③

28-13 ☑□□□   2014 경영지도사

제휴와 투자에 의한 국제화 전략에 해당되지 않는 것은?

① 프랜차이징   ② 합작기업
③ 컨소시엄   ④ 해외직접투자
⑤ 구상무역

해설〉 기업의 국제화 방법은 크게 수출, 계약, 투자 등으로 구분할 수 있다. 그 중 프랜차이징은 계약에 의한 국제화이다. 나머지 보기들은 모두 투자(전략적 제휴 포함)에 의한 국제화 방법이며, 구상무역이란 수출입 물품의 대금을 돈으로 지급하지 않고 그에 상응하는 수입 또는 수출로 상계(相計)하는 국제 무역 거래 방식을 의미한다.

정답 ①

28-14J ☑□□□   2023 국가직 7급

바틀렛(Bartlett)과 고샬(Ghoshal)은 해외 자회사의 유형을 현지시장의 중요성과 자회사의 핵심역량에 따라 네 가지로 규정하였다. 이 중에서 현지시장이 전략적으로 중요하지 않은 시장에 위치하고 있으나 그 자회사가 상당히 높은 수준의 핵심역량을 보유하고 있는 유형은?

① 전략적 리더(strategic leader)
② 기여자(contributor)
③ 실행자(implementer)
④ 블랙홀(black hole)

해설〉 바틀렛과 고샬은 해외자회사의 유형을 두 가지 기준(현지시장의 중요성, 자회사의 핵심역량)에 따라 4가지로 구분하였다. 그 내용은 다음 표와 같다.

	자회사의 핵심역량 ↓	자회사의 핵심역량 ↑
현지시장의 중요성 ↑	블랙홀 (black hole)	전략적 리더 (strategic leader)
현지시장의 중요성 ↓	실행자(수행자, implementer)	기여자 (contributor)

정답 ②

28-15 ☑□□□   2008 7급공무원 봉책형

혁신의 국제적 활용, 글로벌 효율성, 다국적 유연성을 동시에 달성함으로써 전세계적인 경쟁우위를 확보하는 전략은?

① 국제화 전략(international strategy)
② 글로벌 통합전략(global integration strategy)
③ 초국적 전략(transnational strategy)
④ 다국적 적응전략(multinational responsiveness strategy)

해설〉 글로벌 효율성과 다국적 유연성을 동시에 획득하려는 전략은 '초국적 전략'이다.

추가해설〉 ①은 글로벌 통합과 현지적응의 압력 두 가지 모두가 낮을 때 사용하는 수출 중심의 전략이고, ②는 글로벌 통합의 관점에서 모든 국가의 소비자들에게 표준화된 제품을 제공하되, 활동의 조정과 운영 측면만 개별 국가단위로 수행하는 것이다. ④는 현지적응의 관점에서 각 국가별로 커스토마이징(customizing)된 제품과 서비스로 승부를 거는 전략을 뜻하며, 본사 아래 각 지역별 사업부를 두게 된다.

정답 ③

28-15A ☑☐☐☐

2020 7급 나형

다국적기업이 선택할 수 있는 네 가지 전략을 평가하는 통합 – 적응 모형(Integration – Responsiveness framework)에 대한 설명으로 옳지 않은 것은?

① 글로벌 – 표준화 전략(global-standardization strategy)은 높은 수준의 비용절감 압박과 낮은 수준의 현지적응 압박이 결합하여 나온 것이다.

② 국제적 전략(international strategy)은 상대적으로 규모가 큰 내수시장이 있고, 강력한 명성과 브랜드를 보유한 다국적기업들이 주로 사용한다.

③ 다국적 전략(multi-domestic strategy)을 추구하는 다국적기업들은 현지적응을 최대화하려고 시도한다.

④ 초국가적 전략(transnational strategy)을 추구하는 다국적기업이 창출하는 가치 대부분이 현지국에서 창출되기 때문에 환위험(foreign exchange risk)에 적게 노출된다.

요점정리▶ 용어가 생소해 보이지만 우리가 잘 알고 있는 내용을 다르게 표현한 것에 불과하다. 국제경영전략은 크게 글로벌 통합(global integration)을 중시하는 경우와 현지 적응(local responsiveness)을 중시하는 경우로 구분되며 이는 다음과 같이 도식화 가능하다.

글로벌 통합의 필요성 ↑

글로벌 전략	초국적 전략
글로벌 제품 사업부 구조	글로벌 매트릭스 구조
국제화 전략(수출)	다국적 전략
국제 사업부 구조	글로벌 지역 사업부 구조

국가별 대응의 필요성 →

해설▶ ① [O] 글로벌-표준화 전략(global-standardization strategy)은 그림의 왼쪽 위에 해당한다. 비용절감을 위해 현지 맞춤형 제품보다는 통일된 제품을 생산하여 규모의 경제를 달성한다.

② [O] 국제적 전략(international strategy)은 그림의 왼쪽 아래에 해당한다. 해외 현지화와 글로벌화 모두 덜 추구하는 이유로는 상대적으로 규모가 큰 내수시장(국내시장)이 있기 때문이다.

③ [O] 다국적 전략(multi-domestic strategy)은 그림의 오른쪽

아래에 해당한다. 현지적응과 맞춤형 제품출시를 중시하는 전략이다.

④ [×] 초국가적 전략(transnational strategy)은 그림의 오른쪽 위에 해당한다. 여기서는 기업가치 대부분이 현지국에서 창출되기 때문에 환위험에 많이 노출된다.

정답 ④

28-16 ☑☐☐☐

2019 서울시 7급 B책형

기업이 제품을 여러 국가에 동시에 판매할 때, 국제가격의 표준화와 차별화에 대한 전략적 결정방법에 해당하지 않는 것은?

① 본국중심가격결정   ② 현지중심가격결정
③ 목표중심가격결정   ④ 세계중심가격결정

해설▶ 해외시장으로 진출하는 다국적기업은 제품과 서비스의 가격결정에 다음과 같은 원칙들을 사용할 수 있다. ③의 목표중심 가격결정은 글로벌 기업이 아닌 국내기업에서도 적용가능한 것으로서 가격결정의 일반적 원칙에 해당한다.

• 본국중심 가격결정(①): 이는 일종의 가격표준화 전략으로서, 특정 품목의 최종 소비자 가격을 전 세계적으로 동일하게 책정하여 고객이 운임 및 수입세를 부담하도록 하는 방법이다.

• 현지중심 가격결정(②): 이는 일종의 가격차별화 전략으로서, 각국별로 현지환경에 적합하다고 판단되는 가격을 개별적으로 설정하는 방법이므로 현지의 수요 및 경쟁조건 등에 민감하게 대처할 수 있다.

• 세계중심 가격결정(④): 이는 일종의 중용적 정책으로서, 전 세계적으로 단일가격을 고집하는 것도 아니고, 그렇다고 자회사 입장에서의 가격결정의 필요성을 전혀 무시하는 것도 아닌 중간적 접근방법이다.

정답 ③

28-17 ☑☐☐☐

세계 각국의 근로조건을 국제적으로 표준화할 목적으로 추진되는 다자간 무역협상을 설명하는 용어는?

① Blue Round   ② Green Round
③ Technology Round   ④ Competition Round
⑤ Ethics Round

해설 ① Blue Round: 세계 각국의 근로조건을 국제적으로 표준화하는 무역협상 용어
② Green Round: 자연환경 보호를 목적으로 합의된 환경기준을 제정하는 무역협상 용어
③ Technology Round: 공정무역을 위하여 각국 정부의 기술 보조금 지원을 규제하는 무역협상 용어
④ Competition Round: 국제적 경쟁조건을 평준화하려는 무역협상 용어
⑤ Ethics Round: 경제활동의 윤리적 환경조건을 표준화하려는 무역협상 용어

정답 ①

28-18J ☑☐☐☐

다음 중 오프쇼링(offshoring)에 관한 설명으로 가장 옳지 않은 것은?

① 기업이 지켜야 할 정보나 데이터에 대한 보안이 용이하다.
② 기업들은 비용 절감 등의 이유로 오프쇼링을 선택한다.
③ 사업장 혹은 자회사를 외국으로 옮기는 것을 말하며 아웃소싱과 동일한 의미이다.
④ 자회사를 외국에서 운영하는 것이기에 국제적 업무에서 강한 통제가 가능하다.

요점정리 오프쇼(어)링은 기업업무의 일부를 타국으로 이관하는 행위를 뜻한다. 업무를 넘긴다는 점에서 큰 틀의 아웃소싱에 해당한다. 그러나 <u>일반적인 아웃소싱과의 차이점은 그 범위가 국경선을 넘는다는 점과 보조업무뿐만이 아니라 주된 업무까지 이전시킬 수 있다는 점, 그리고 그 핵심이 '어떤 기업'한테 넘기느냐가 아니라 '어느 국가'로 넘기느냐에 있다는 점 등을 들 수 있다.</u> 기업 전체가 타국으로 넘어가는 해외이전의 경우에도 사용되는 용어이다.

해설 ① [△] 사실 옳다고 보기엔 약간 문제가 있는 선지이다. 기업의 기능 일부를 해외로 이전하는 경우, 이를 담당할 해외 파트너 기업이 개입하므로 보안상 문제가 없을 수가 없다. 다만 해당 국가 기업이 보안상 전문성이 있을 경우에는 보안관리에 이점이 생길 수도 있겠다. (그런데 이런 식으로 해석하면 옳고 그름을 가릴 수 있는 선지가 아마 없지 않을까?)
② [O] 통상 오프쇼어링은 비용절감의 목적으로 실시한다. 이는 아웃소싱도 마찬가지이다.
③ [×] 앞서 언급한 것처럼 오프쇼어링이 아웃소싱과 동의어는 아니다.
④ [△] 우선 해외 자회사와 강한 네트워크를 형성하게 되므로 이에 대한 강한 통제가 가능할 수도 있다. 그런데 이 역시 앞의 선지 ①과 마찬가지로 자국에서 모든 영역을 다 담당하는 대기업에 비한다면 해외자회사에 대한 통제는 약하다고 볼 수도 있지 않을까? (개인적으로는 선지들이 조금씩 다 이상하다고 생각한다.)

정답 ③

마케팅관리론

STP(1): 시장세분화

1. 마케팅 개념의 발전과정(Kotler)

발전과정	목 표
생산(production) 컨셉	원가 절감: 만들면 팔린다(수요>공급)
제품(product) 컨셉	품질 향상: 잘 만들면 팔린다
판매(selling) 컨셉	제품판매의 효율성: 잘 팔아야 팔린다
마케팅(marketing) 컨셉	고객 니즈(needs)와 욕구(wants)의 파악과 충족
사회적(societal) 마케팅 컨셉	지속가능성과 사회적 책임(CSR) 강조

2. 마케팅 전략의 수립과정

시장세분화(segmentation) → 표적시장 선정(targeting) → 포지셔닝(positioning)

3. 시장세분화

1) 의미: 잠재시장을 서로 다른 욕구를 갖는 구별되는 집단으로 나누는 과정

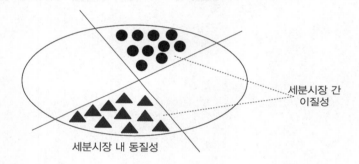

세분시장 간 이질성

세분시장 내 동질성

2) 단계: 세분화의 기준 선정(인구통계, 사회심리, 행동변수 등) → 세분시장 프로필 작성

3) 시장세분화의 기준

① 인구통계적 변수: 인구, 나이, 성별, 가족구성 등

② 사회심리적(심리도식적) 변수: 성격, 가치관, 라이프스타일(AIO), 사회적 지위 등

③ 행동적 변수: 사용상황, 구매행동 및 빈도, 마케팅 민감도, 추구편익 등

　　　　　　　　　(소비자가 제품이나 서비스로부터 기대하는 특정한 혜택이나 이점)

4) 방법

① 단일속성 시장세분화

② 다속성 시장세분화

5) 시장세분화의 성공조건

① 측정가능성: 수치나 데이터로 시장상황의 파악이 가능

② 타 시장과의 차이점이 뚜렷해야 함

③ 충분한 규모와 수익성을 담보할 수 있어야 함

④ 기업 영향력의 전달 가능성: 마케팅 프로그램이 구매행동에 영향을 줄 수 있어야 함

⑤ 고객에의 접근성

29-1 ☑☐☐☐

기업의 시장지향성 정도에 따른 마케팅 관련 개념의 발전 흐름으로 옳은 것은?

① 생산개념 → 판매개념 → 총체적 마케팅개념 → 마케팅개념
② 판매개념 → 생산개념 → 총체적 마케팅개념 → 마케팅개념
③ 마케팅개념 → 생산개념 → 총체적 마케팅개념 → 마케팅개념
④ 생산개념 → 판매개념 → 마케팅개념 → 총체적 마케팅개념
⑤ 판매개념 → 생산개념 → 마케팅개념 → 총체적 마케팅개념

해설 코틀러(Kotler)의 마케팅 개념 발전과정: 생산컨셉(원가절감) → 제품컨셉(품질향상) → 판매컨셉(판매활동 중시) → 마케팅컨셉(소비자행동 분석) → 사회적(총체적) 마케팅 컨셉 (지속가능성과 CSR 강조)

정답 ④

29-1J ☑☐☐☐

기업 경영에서 마케팅 개념(marketing concept)이 발전해 온 순서로 옳은 것은?

① 생산 개념→제품 개념→판매 개념→마케팅 개념
② 생산 개념→판매 개념→제품 개념→마케팅 개념
③ 제품 개념→생산 개념→판매 개념→마케팅 개념
④ 제품 개념→판매 개념→생산 개념→마케팅 개념
⑤ 판매 개념→제품 개념→생산 개념→마케팅 개념

해설 코틀러(Kotler)에 따르면 마케팅 개념은 역사적으로 다음과 같이 발전해 왔다고 한다.
1) 생산 컨셉(production concept): 이는 수요가 공급을 초과하는 산업사회의 마케팅 개념으로서, 고객이 구매 가능한 제품은 만들자마자 곧바로 팔린다는 것이다. 따라서 이 시기에는 원가절감이 가장 중요하게 대두된다.
2) 제품 컨셉(product concept): 이는 제품의 질(quality)이 뛰어나면 고객이 구매한다는 것이다. 따라서 이 시기에는 품질향상이 가장 중요하게 대두된다.
3) 판매 컨셉(selling concept): 이는 대량생산이 본격화됨에

따라 효과적인 판매활동과 촉진(promotion) 활동을 펼쳐야 고객이 구매한다는 것이다(기업 중심의 push 전략). 따라서 이 시기에는 제품판매의 효율성이 강조된다.
4) 마케팅 컨셉(marketing concept): 이는 고객의 니즈(needs)와 욕구(wants)를 잘 파악하고 이를 충족시켜주어야 한다는 것이다. 따라서 이 시기에는 소비자 행동의 이해가 중시된다.
5) 사회적 마케팅 컨셉(societal marketing concept): 이는 고객과 사회 전체의 복지를 보존, 향상시키는 기업의 역할을 강조하는 것이다. 지속가능성장 또는 기업의 사회적 책임(CSR) 개념이 중시된다.
선지들을 보면 마지막 5)단계에 해당하는 사회적 마케팅이 제외되어 있으므로 나머지의 순서를 나열하면 생산-제품-판매-마케팅 컨셉의 순서이다.

정답 ①

29-1K ☑☐☐☐

마케팅 철학의 변화 과정을 순서대로 나열한 것으로 가장 적절한 것은?

① 생산지향 → 판매지향 → 제품지향 → 고객지향 → 사회지향
② 생산지향 → 제품지향 → 판매지향 → 고객지향 → 사회지향
③ 생산지향 → 판매지향 → 고객지향 → 제품지향 → 사회지향
④ 생산지향 → 제품지향 → 고객지향 → 판매지향 → 사회지향

해설 코틀러(Kotler)에 따르면 마케팅 개념은 역사적으로 생산 컨셉(production concept), 제품 컨셉(product concept), 판매 컨셉(selling concept), 마케팅 컨셉(marketing concept, 고객 중시 전략), 사회적 마케팅 컨셉(societal marketing concept)의 순서로 발전해 왔다고 한다.

정답 ②

29-2 ☑□□□
2010 가맹거래사

특정상품에 대한 수요가 공급을 초과하는 상황에서 강조되는 마케팅컨셉은?

① 생산컨셉
② 제품컨셉
③ 판매컨셉
④ 고객중심 마케팅컨셉
⑤ 사회지향적 마케팅컨셉

해설 과잉수요라면 만들기만 해도 팔릴 것이다. 따라서 생산컨셉이 정답이다.

정답 ①

29-3 ☑□□□
2019 공인노무사

생산성을 높이고, 유통을 효율화 시키는 등 주로 원가절감에 관심을 갖는 마케팅 개념은?

① 판매 개념
② 생산 개념
③ 관계마케팅 개념
④ 통합마케팅 개념
⑤ 내부마케팅 개념

해설 코틀러(Kotler)는 마케팅 개념이 생산 – 제품 – 판매 – 마케팅 – 사회적(통합적/총체적) 마케팅의 다섯 단계로 발전해 왔다고 보았다. 그 중 원가절감이 중요한 것은 생산컨셉에 해당한다. 생산 컨셉(production concept)은 수요가 공급을 초과하는 산업사회의 마케팅 개념으로서, 고객이 구매 가능한 제품은 만들자마자 곧바로 팔린다는 것이다.

추가해설 ⑤의 내부마케팅은 고객을 대상으로 하는 외부마케팅 개념에 대비하여 조직 내부 구성원(종업원)의 동기부여를 위한 다양한 인적자원관리 정책을 뜻한다.

정답 ②

29-3A ☑□□□
2019 상반기 군무원 복원

다음 중 고객의 입장을 생각하는 개념은 무엇인가?

① 생산 컨셉
② 제품 컨셉
③ 판매 컨셉
④ 마케팅 컨셉

해설 고객의 관점이 도입되는 것은 마케팅 컨셉부터이다.

발전과정	목표
생산(production) 컨셉	원가 절감: 만들면 팔린다(수요＞공급)
제품(product) 컨셉	품질 향상: 잘 만들면 팔린다
판매(selling) 컨셉	제품판매의 효율성: 잘 팔아야 팔린다
마케팅(marketing) 컨셉	고객 니즈(needs)와 욕구(wants)의 파악과 충족
사회적(societal, 총체적) 마케팅컨셉	지속가능성과 사회적 책임(CSR) 강조

정답 ④

29-4 ☑□□□
2018 경영지도사, 2020 가맹거래사 변형

불건전한 수요상황에서 지나친 수요를 가급적 억제하거나 소멸시키기 위하여 필요한 마케팅은?

① 전환마케팅(conversional marketing)
② 자극마케팅(stimulation marketing)
③ 재마케팅(remarketing)
④ 유지마케팅(maintenance marketing)
⑤ 대항마케팅(counter marketing)

해설 ① 부정적 수요(예, 상조서비스에 대한 부정적 인식)를 긍정적 수요로 전환하는 방법이다.
② 소비자의 제품에 대한 흥미와 관심을 환기시켜 무(無)수요를 긍정적 수요로 전환하는 방법이다. 기존에 없던 신제품에 적용된다.
③ 수요가 감소할 경우 이를 부활시키려는 노력이다.
④ 수요잠식을 막고 현상을 유지하는 방법이다.
⑤ 본 문제의 정답으로서, 불건전한 수요(예, 담배)를 억제하거나 소멸시키는 방법이다. 금연광고 등이 이에 해당한다.

정답 ⑤

29-4A ☑□□□
2020 공인노무사

마약퇴치 운동과 같이 불건전한 수요를 파괴시키는 데 활용되는 마케팅은?

① 동시화 마케팅(synchro marketing)
② 재마케팅(remarketing)
③ 디마케팅(demarketing)
④ 대항 마케팅(counter marketing)
⑤ 터보 마케팅(turbo marketing)

해설 ① 이는 생산시점과 소비시점을 일치시키는 마케팅 전략을 뜻한다. 쉽게 말하면 생산이 완료될 때 판매가 이루어질 수 있도록 타이밍을 잡는 방법이다.
② 이는 감소한 제품수요를 부활시키는 마케팅 전략을 뜻한다.
③ 이는 자사 제품에 대한 초과수요를 감소시키는 것을 목적으로 하는 마케팅 기법이다.
④ 본 문제의 정답으로서, 불건전한 수요(예, 담배)를 억제하거나 소멸시키는 방법이다. 마약이나 담배 또는 술 등의 수요를 줄이기 위해 실시하는 광고들이 이에 해당한다.
⑤ 이는 제품개발, 유통, 생산, 금융, 마케팅 등의 각종 활동과 흐름을 컴퓨터 커뮤니케이션과 자동화(automation)에 의한 적시생산(just-in-time) 방식으로 전개하여 주기시간(cycle time)을 크게 단축하는 마케팅 방법을 뜻한다.

정답 ④

29-5 ☑☐☐☐ 2019 공인노무사

수요가 공급을 초과할 때 수요를 감소시키는 것을 목적으로 하는 마케팅관리 기법은?

① 전환적 마케팅(conversional marketing)
② 동시화 마케팅(synchro marketing)
③ 자극적 마케팅(stimulative marketing)
④ 개발적 마케팅(developmental marketing)
⑤ 디마케팅(demarketing)

해설 ① 이는 부정적인 수요를 긍정적 수요로 전환시키는 마케팅 기법이다.
② 이는 불규칙적 수요 상태에서 바람직한 수요의 시간패턴에 실제 수요의 시간패턴을 맞추기 위한 마케팅 기법이다. 즉 기업이 생산가능한 시점에 고객의 수요가 발생할 수 있도록 하는 것이다.
③ 이는 소비자의 제품에 대한 흥미와 관심을 환기시켜 무(無)수요를 긍정적 수요로 전환시키는 개념이다.
④ 이는 없던 제품에 대한 잠재수요가 있을 때 이를 개발시키는 기법이다.
⑤ 이는 자사 제품에 대한 초과수요를 감소시키는 것을 목적으로 하는 마케팅 기법으로서, 본 문제의 정답이 된다.

정답 ⑤

29-6 ☑☐☐☐ 2019 서울시 7급 B책형

소비자가 어떤 상품을 구매하고자 하는 욕구는 있으나, 그것을 구입할 경제적 능력이 없다면 마케팅은 발생할 수 없다. 그 이유에 대한 설명으로 가장 옳은 것은?

① 둘 혹은 그 이상의 당사자가 미충족된 욕구를 지니고 있기 때문이다.
② 한 당사자가 다른 당사자를 만족시키고자 하는 욕망이 없기 때문이다.
③ 관여한 당사자 중 하나가 다른 당사자를 만족시킬 수 있는 능력이 없기 때문이다.
④ 당사자들끼리 의사소통할 수 있는 방법이 전혀 없기 때문이다.

해설 복잡해 보이는 문장들이지만 사실 내용은 간단하다. 물건을 사고 싶어도 돈이 없다는 것이다. 즉 좋은 상품이 출시되어도 너무 비싸면 마케팅은 이루어질 수가 없다는 의미이다. 이 내용을 달리 표현해 보면 어느 한 당사자(소비자)가 다른 당사자(기업)에게 적당한 가격을 지불할 능력이 없다는 것이므로 정답은 ③이 된다. 사실상 국어문제에 가까운 것이다.

정답 ③

29-6M ☑☐☐☐ 2024 군무원 7급

마케팅 전략 수립을 위해 시장기회를 분석하는 데는 경쟁자 분석이 필요할 수 있다. 이 경우 경쟁자 분석 방법은 보통 기업중심적 방법과 고객중심적 방법으로 구분할 수 있는데, 다음 중 기업중심적 방법으로 가장 적절하지 않은 것은?

① 브랜드 전환 매트릭스(brand switching matrix)
② 제품－시장 매트릭스(product－market matrix)
③ 기술적 대체 가능성(technological substitutability) 판단법
④ 표준 산업분류(standard industrial classification) 코드 활용법

해설 기업중심의 경쟁자분석법에는 제품-시장 매트릭스(②), 대체가능성의 파악(③), 표준산업분류법(④) 등이 있으며, 고객중심의 경쟁자분석법에는 브랜드전환 매트릭스(①), 교차탄력성의 파악, 지각도, 사용상황 대체, 상품제거 등의 기법이 있다.

정답 ①

29-7 ☑□□□

2013 가맹거래사

STP전략의 활동을 순서대로 나열한 것은?

① 위치 정립 → 표적시장 선정 → 시장세분화
② 위치 정립 → 시장세분화 → 표적시장 선정
③ 표적시장 선정 → 위치 정립 → 시장세분화
④ 시장세분화 → 표적시장 선정 → 위치 정립
⑤ 시장세분화 → 위치 정립 → 표적시장 선정

해설 Segmentation(시장세분화) → Targeting(표적시장 선정) → 포지셔닝(positioning)

정답 ④

29-8 ☑□□□

2015 경영지도사

시장을 세분화하는 데 사용하는 기준으로서 인구통계적 변수가 아닌 것은?

① 가족규모 및 형태　② 소득
③ 라이프 스타일　④ 교육수준
⑤ 종교

해설 각종 통계지표에서 볼 법한 항목들은 대개 인구통계적 변수이다. 라이프스타일은 통계처리를 할 수 있는 항목이라기보다는 사회심리적 변수에 가깝다.

정답 ③

29-9 ☑□□□

2010 가맹거래사

시장세분화를 위한 소비자의 인구통계학적 속성이 아닌 것은?

① 성별　② 소득
③ 교육수준　④ 라이프스타일
⑤ 생애주기(life-cycle stage)

요점정리
• 인구통계적 시장세분화 변수: 인구, 나이, 성별, 가족구성 등

• 사회심리적(심리도식적) 시장세분화 변수: 성격, 가치관, 라이프스타일(AIO), 사회적 지위 등
• 행동적 시장세분화 변수: 사용상황, 구매행동 및 빈도, 마케팅 민감도, 추구편익 등

해설 라이프스타일은 사회심리적 변수이다.

정답 ④

29-9M ☑□□□

2024 가맹거래사

소비자행동에 영향을 미치는 요인 중 소비자의 활동, 관심, 의견 등을 조사하여 파악되는 것은?

① 사회계층　② 준거집단
③ 문화　④ 라이프스타일
⑤ 가족

해설 Activity, Interest, Opinion 등을 종합하여 라이프스타일(lifestyle)로 정의한다.

정답 ④

29-10 ☑□□□

2015 가맹거래사

시장세분화의 기준변수 중 인구 통계적 변수에 해당하는 것은?

① 나이　② 라이프스타일
③ 개성　④ 추구편익
⑤ 제품 사용률

해설 ① → 인구통계적 세분화 변수
②, ③ → 사회심리적 세분화 변수
④, ⑤ → 행동적 세분화 변수

정답 ①

29-11 ☑□□□

2018 경영지도사

시장세분화의 유형 중 인구통계적 세분화에 포함되는 요소가 아닌 것은?

① 사용률　② 연령
③ 직업　④ 교육수준
⑤ 소득

해설 ① 사용률은 추구편익, 구매빈도, 마케팅 민감도 등과 더불어 행동적 세분화 변수이다.

추가해설 연령(②), 직업(③), 교육수준(학력, ④), 소득(⑤), 거주지역, 가족구성원의 수 등은 모두 인구통계학적 시장세분화 변수이다.

정답 ①

29-11J ☑□□□　　　2023 가맹거래사

고객특성 차원에서 인구통계학적 세분화 기준이 아닌 것은?

① 성별　　　　　　② 나이
③ 교육수준　　　　④ 가족규모
⑤ 라이프스타일

해설 인구통계학적 변수(demographics)에는 인구, 나이, 성별, 소득, 직업, 지역, 교육수준, 종교, 소득, 자산, 수입원, 가족수명주기상의 단계 등이 포함된다. 라이프스타일은 (인구통계가 아니라) 심리도식적 세분화 기준에 속한다.

정답 ⑤

29-12 ☑□□□　　　2010 공인노무사

시장세분화를 위한 소비자의 행동분석적 요인에 해당되지 않는 것은?

① 편익　　　　　　② 제품사용경험
③ 제품의 사용정도　④ 상표애호도
⑤ 가족생애주기

해설 가족생애주기 또는 가족인구의 구성은 소비자의 개인적 측면이므로 인구통계학적 변수에 속한다고 볼 수 있다.

정답 ⑤

29-13 ☑□□□　　　2018 가맹거래사

시장세분화의 기준변수 중 행동적 변수가 아닌 것은?

① 소비자가 추구하는 편익
② 제품에 대한 태도
③ 소비자들의 성격
④ 제품사용경험
⑤ 충성도

해설 ① 행동적 변수
② 행동적 변수
③ 사회심리적(심리도식적) 변수
④ 행동적 변수
⑤ 행동적 변수

정답 ③

29-14 ☑□□□　　　2011 가맹거래사

시장세분화를 위한 소비자의 행동적 변수가 아닌 것은?

① 충성도(loyalty)
② 제품 사용경험(user status)
③ 소비자가 추구하는 편익(benefits sought)
④ 제품 사용률(usage rate)
⑤ 라이프스타일(lifestyle)

해설 ① 행동적 세분화 변수
② 행동적 세분화 변수
③ 행동적 세분화 변수
④ 행동적 세분화 변수
⑤ 사회심리적 세분화 변수

정답 ⑤

29-14F ☑☐☐☐   2022 군무원 7급

다음은 시장세분화의 기준을 설명하는 내용이다. 아래의 사례에서 가장 옳은 것은?

- 제품편익: 제품을 구매하고 사용하여 어떤 편익을 얻고자 한다.
- 브랜드 충성도: 어떤 특정 브랜드에 대해 선호하는 심리상태를 말한다.
- 태도: 제품에 대한 소비자의 태도를 조사하여 시장을 세분화할 수 있다.

① 인구통계적 세분화
② 지리적 세분화
③ 행동적 세분화
④ 심리적 특성에 의한 세분화

해설 추구편익, 브랜드 충성도, 구매제품에 대한 태도 등은 모두 행동적 세분화 기준에 속한다. 시장세분화 기준(인구통계적 세분화, 심리도식적 세분화, 행동적 세분화)은 세부 변수를 잘 암기해야 하는 영역이다.

정답 ③

29-15 ☑☐☐☐   2013 7급공무원 인책형

시장을 세분화하기 위한 행동적 변수들로만 묶인 것은?

ㄱ. 가족생애주기	ㄴ. 개성
ㄷ. 연령	ㄹ. 사회계층
ㅁ. 추구편익	ㅂ. 라이프스타일
ㅅ. 상표 애호도	ㅇ. 사용량

① ㄱ, ㄴ, ㄷ
② ㄹ, ㅁ, ㅂ
③ ㅁ, ㅅ, ㅇ
④ ㅂ, ㅅ, ㅇ

해설 ㅁ, ㅅ, ㅇ → 행동변수
ㄴ, ㄹ, ㅂ → 사회심리적 변수
ㄱ, ㄷ → 인구통계적 변수

정답 ③

29-15A ☑☐☐☐   2019 하반기 군무원 복원

시장세분화에 대한 다음 설명으로 잘못된 것은?

① 시장세분화는 동질적 시장을 전제로 하여 하위시장으로 구분하는 것이다.
② 시장세분화가 성공하기 위해서는 시장 사이에 충분한 차별성이 존재하여야 한다.
③ 시장세분화를 통해 경쟁자보다 해당시장에서 먼저 경쟁우위를 확보할 수 있다.
④ 제품구매고객을 분류하는 대표적인 기준으로는 인구통계적 기준, 가치관·성격을 비롯한 심리특성적 기준 등에 있다.

해설 시장세분화는 이질적 소비자들을 유사한 덩어리(segment, 세분시장)로 나누는 작업이다.

정답 ①

29-16 ☑☐☐☐   2013 경영지도사

차별적 마케팅의 일환으로 서로 다른 특성을 지닌 소비자집단을 다양한 기준으로 세분화할 필요가 있다. 그 한 가지 기준인 행동적 변수에 해당하지 않는 것은?

① 구매 또는 사용상황
② 소비자가 추구하는 편익
③ 소비자의 라이프스타일
④ 상표충성도
⑤ 제품사용경험

해설 시장세분화의 주요 변수는 다음과 같다.
- 인구통계적 변수: 인구, 나이, 성별, 가족구성 등
- 사회심리적 변수: 성격, 가치관, 사회적 지위, 라이프스타일(③) 등
- 행동적 변수: 사용상황(①), 구매행동 및 빈도(⑤), 마케팅 민감도, 추구편익(②), 브랜드충성도(④) 등

정답 ③

29-17 ☑□□□ 2019 경영지도사

세분시장을 결정할 때 고려해야 할 요인이 아닌 것은?

① 수익 및 성장의 잠재력
② 세분시장 내 욕구의 동질성 정도와 세분시장 간 욕구의 상이성 정도
③ 세분시장에 대한 접근가능성의 정도
④ 시장세분화에 소요되는 비용
⑤ 세분시장의 인지부조화

해설 시장의 세분화, 즉 전체시장을 여러 개의 차별화된 시장으로 나누기 위해서는 몇 가지 기준이 필요하다. 우선 세분화된 시장들이 일정한 수익을 제공할 수 있어야 하고(①), 기업이 세분시장의 고객들에게 여러 마케팅 수단을 활용하여 접근할 수 있어야 한다(③). 세분화된 시장들끼리는 서로 달라야 하지만 세분화된 시장 내부의 고객들끼리는 유사성이 커야 하며(②), 세분화의 과정에 지나친 비용이 소요되지 않아야 한다(④). 선지 ⑤의 인지부조화(dissonance)는 기대와 현실간의 불일치 내지는 태도와 행동의 불일치를 뜻하는 용어로서, 시장세분화의 고려사항과는 큰 관련이 없다.

정답 ⑤

29-18 ☑□□□ 2013 공인노무사

시장세분화에 관한 설명으로 옳은 것은?

① 인구통계적 세분화는 나이, 성별, 가족규모, 소득, 직업, 종교, 교육수준 등을 바탕으로 시장을 나누는 것이다.
② 사회심리적 세분화는 추구하는 편익, 사용량, 상표애호도, 사용 여부 등을 바탕으로 시장을 나누는 것이다.
③ 시장표적화는 시장 내에서 우월한 지위를 차지하도록 고객을 위한 제품·서비스 및 마케팅 믹스를 개발하는 것이다.
④ 시장포지셔닝은 세분화된 시장의 좋은 점을 분석한 후 진입할 세분시장을 선택하는 것이다.
⑤ 행동적 세분화는 구매자의 사회적 위치, 생활습관, 개인성격 등을 바탕으로 시장을 나누는 것이다.

해설 ② 행동적 세분화에 대한 설명이다.
③ 시장포지셔닝에 대한 설명이다.

④ 시장표적화에 대한 설명이다.
⑤ 사회심리적 세분화에 대한 설명이다.

정답 ①

29-19 ☑□□□ 2015 가맹거래사

시장 세분화의 성공 조건이 아닌 것은?

① 접근성(accessibility)
② 시장규모의 실재성(substantiality)
③ 측정성(measurability)
④ 무형성(intangibility)
⑤ 차별성(differentiability)

요점정리 시장세분화가 제대로 수행되었다면 각 세분시장은 명확하고 구체적인 수치나 데이터로 측정가능(measurable)할 것이며, 서로 다른 세분시장과의 차이점(difference)이 뚜렷하고, 적절한 규모의 구매력이 뒷받침되어 기업에 충분한 수익성(substantiality)을 담보해 줄 수 있어야 하며, 마케팅 프로그램이 그들의 구매행동에 영향력을 미칠 수 있어야 한다. 또한 각 세분시장은 기업의 노력이 고객에게 전달될 수 있는 접근성(accessibility)을 가져야 한다.

해설 세분시장이 눈에 보이지 않으면 안 된다. 상식에 가까운 문제

정답 ④

29-20 ☑□□□ 2011 가맹거래사

시장세분화가 유용하게 사용되기 위해 갖추어야 할 요건이 아닌 것은?

① 측정 가능성(measurability)
② 소멸 가능성(perishability)
③ 충분한 규모의 시장성(substantiality)
④ 차별화 가능성(differentiability)
⑤ 접근 가능성(accessibility)

요점정리 세분시장은 측정가능해야 하고(①), 다른 시장과 차별화되어야 하며(④), 수익을 내기에 충분한 규모를 갖추어야 하고(③), 기업의 마케팅 노력이 고객에게 전달될 수 있어야 한다(⑤).
해설 시장이 소멸되면 안 된다.

정답 ②

29-21 ☑☐☐☐
2018 공인노무사

효과적인 시장세분화를 위한 요건으로 옳지 않은 것은?

① 측정가능성
② 충분한 시장 규모
③ 접근가능성
④ 세분시장 간의 동질성
⑤ 실행가능성

───────────────

해설 ④ 서로 다른 세분시장에 속하는 고객간에는 서로의 특성이 이질적이어야 하고, 동일한 세분시장 내의 고객들은 서로 동질적이어야 한다.

추가해설 ⑤ '실행가능성'은 우리 회사의 마케팅 노력이 고객에게 실행될 수 있어야 한다는 의미이다. '접근가능성'과 유사하다고 이해하면 될 것이다.

정답 ④

29-21A ☑☐☐☐
2020 서울시 7급

시장세분화에 대한 설명으로 가장 옳지 않은 것은?

① 세분시장에 대한 접근가능성이 높아야 한다.
② 세분시장 내의 이질성과 세분시장 간의 동질성이 높아야 한다.
③ 시장을 효과적으로 세분화할 수 있는 기준변수를 선택해야 한다.
④ 매스마케팅에 비해 높은 경쟁우위와 새로운 기회의 발견이라는 장점이 있을 수 있다.

───────────────

해설 ② 세분시장 내에서는 동질성이 높아야 하고, 다른 세분시장과는 차이점(이질성)이 커야 한다.

추가해설 ④ 매스마케팅은 전체 시장 소비자를 대상으로 하는 대중적 마케팅 전략이다. 가능한 한 많은 고객에게 어필(appeal)할 수 있는 제품과 서비스를 개발하는 것에 집중한다. 반면 오늘날의 마케팅은 고객들이 모두 같을 수 없다는 점에 착안하여 고객을 여러 세분화된 집단으로 구분하고 각 집단별 최적의 마케팅 믹스(marketing mix)를 제공하여 더 높은 수익을 얻는 것을 목표로 한다. 따라서 매스마케팅에 비해 세분화 마케팅은 다른 기업보다 앞서 나갈 수 있는 경쟁력을 제공해줄 뿐만 아니라, 새로운 사업의 기회를 발견할 수 있도록 도와준다.

정답 ②

29-22 ☑☐☐☐
2012 가맹거래사

효과적 시장세분화에 관한 설명으로 옳지 않은 것은?

① 세분시장의 규모가 측정가능해야 한다.
② 행태적 세분화를 위한 기준으로 제품 사용상황, 사용량, 추구편익 등을 활용한다.
③ 동일한 세분시장 내에 있는 소비자들의 이질성이 극대화되도록 해야 한다.
④ 특정한 시장세분화 기준변수가 모든 상황에서 가장 효과적인 것은 아니다.
⑤ 세분시장의 규모가 수익을 창출할 수 있도록 커야 한다.

───────────────

해설 ③ 동일한 세분시장 내 소비자들끼리는 동질성이 극대화되어야 한다.

정답 ③

29-22M ☑☐☐☐
2024 가맹거래사

효과적인 시장세분화의 조건으로 옳지 않은 것은?

① 각 세분시장은 서로 이질성이 있어야 한다.
② 각 세분시장은 측정가능성이 있어야 한다.
③ 각 세분시장은 접근가능성이 있어야 한다.
④ 각 세분시장은 유형성이 있어야 한다.
⑤ 각 세분시장은 충분한 규모가 되어야 한다.

───────────────

해설 ④ 유형성은 서비스마케팅에서 언급되는 SERVQUAL의 특성이다.

정답 ④

29-23 ☑□□□   2017 공인노무사

시장세분화에 관한 설명으로 옳지 않은 것은?

① 세분화된 시장 내에서는 이질성이 극대화 되도록 해야 한다.
② 효과적인 시장세분화를 위해서는 시장의 규모가 측정 가능해야 한다.
③ 나이, 성별, 소득은 인구통계학적 세분화 기준에 속한다.
④ 제품사용 상황, 추구편익은 행동적 세분화 기준에 속한다.
⑤ 라이프스타일, 성격은 심리도식적 세분화 기준에 속한다.

──────────

해설 시장세분화가 제대로 되었다면 세분시장 내에서는 소비자들이 비슷해야 하고(동질성), 다른 세분시장의 소비자끼리는 서로 그 특성이 달라야 한다(이질성).

정답 ①

29-24 ☑□□□   2007 7급공무원 문책형

시장세분화의 장점이라고 보기 어려운 것은?

① 시장세분화를 통하여 목표시장을 뚜렷이 설정할 수 있다.
② 마케팅 4P를 목표시장의 요구에 적합하도록 조정할 수 있다.
③ 규모의 경제와 경험 효과를 충분히 활용할 수 있다.
④ 기업의 경쟁적 강약점에 따라 유리한 목표시장을 선택할 수 있다.

──────────

해설 ③ 규모의 경제를 위해서는 시장규모를 키워야 하는데, 시장세분화는 이미 존재하는 시장을 여러 하위시장으로 쪼개는 것이므로 규모의 경제 효과를 누리기에는 적합하지 않다.

정답 ③

29-24F ☑□□□   2022 군무원 9급

다음 중 시장세분화를 통해 기대할 수 있는 효과에 대한 설명으로 가장 옳지 않은 것은?

① 고객들의 욕구를 보다 잘 이해할 수 있다.
② 마케팅 기회를 더 잘 발견할 수 있다.
③ 시장세분화를 하면 할수록 비용효율성이 높아지기 때문이다.
④ 기업들이 동일한 소비자를 놓고 직접 경쟁하지 않아도 되므로 가격경쟁이 완화될 수 있다.

──────────

해설 ③ 원칙적으로 시장을 세분화하면(=쪼개면) 얻을 수 있는 예상매출규모가 줄어든다. 따라서 순전히 비용효율성만을 따지자면 세분화를 하지 않는 것이 더 낫다.

추가해설 시장세분화를 해야 하는 가장 큰 이유는 고객의 니즈가 상이하고(따라서 각각의 소비자는 잠재적으로는 별개의 시장이라 할 수 있음) 그에 따라 기업이 모든 고객의 니즈를 충족시킬 수 없기에 이른바 '선택의 문제'에 직면하기 때문이다. 세분화를 통해 기업은 특정 세분시장 고객만을 상대하면 되므로 그들을 더욱 잘 이해할 수 있고(①), 새로운 마케팅 기회의 발견이 가능하며(②), 동일 고객을 두고 여러 기업간 경쟁을 할 필요가 없어져 경쟁완화가 예상된다(④).

정답 ③

29-25 ☑□□□   2010 7급공무원 고책형

시장세분화에 대한 설명으로 적절하지 않은 것은?

① 효익 세분화 – 소비자들이 제품에서 추구하는 주요 편익에 따라 시장을 나눈다.
② 심리적 세분화 – 연령, 교육수준, 성별, 가족규모 등의 특성에 따라 시장을 나눈다.
③ 지리적 세분화 – 피자헛의 경우 미국 동부지방 주민에게는 치즈, 서부지방 주민에게는 토핑재료, 중서부 주민에게는 두 가지 모두를 더 많이 제공하는 경우처럼 시장을 나눈다.
④ 볼륨 세분화 – 소비자를 대량 이용자, 중간 이용자, 소량이용자, 비사용자로 나눈다.

──────────

해설 ② 이는 인구통계적 세분화에 해당한다.

정답 ②

29-25J ☑☐☐☐

다음 중 시장세분화 전략에 대한 설명으로 가장 적절하지 않은 것은?

① 시장세분화란 시장을 서로 비슷한 요구를 가지는 구매자 집단으로 구분하는 것을 말한다.
② 시장을 고객의 심리적 특성에 따라 구분하기 위해 소비자의 구매 패턴, 소비자가 추구하는 편익 등을 고려한다.
③ 시장세분화 전략에서 인구통계학적 특성이 다른 특성보다 구분하기 용이하기 때문에 가장 많이 사용되는 변수이다.
④ 시장세분화의 기준으로 특정 제품군에서의 소비자 행동에 대한 정보를 사용할 수 있다.

해설》 ① [O] 시장세분화의 가장 1차적인 의미이다.
② [×] 고객의 구매패턴이나 추구편익 등은 모두 행동적 세분화 기준으로서, 고객의 심리적 특성과는 유형이 다른 세분화 기준이라 할 수 있다.
③ [O] 인구통계학적 기준은 연령대나 인구규모, 거주지역 등으로 세분화하는 것으로서 가장 널리 사용되는 유형이라 할 수 있다.
④ [O] 소비자의 행동, 특히 구매행동에 관한 정보(예, 구매장소, 구매빈도 등)는 시장세분화의 유용한 기준 중 하나이다.

정답 ②

29-26 ☑☐☐☐

효과적인 시장세분화가 되기 위한 조건으로 옳지 않은 것은?

① 세분화를 위해 사용되는 변수들이 측정가능해야 한다.
② 세분시장에 속하는 고객들에게 효과적이고 효율적으로 접근할 수 있어야 한다.
③ 세분시장 내 고객들과 기업의 적합성은 가능한 낮아야 한다.
④ 같은 세분시장에 속한 고객들끼리는 최대한 비슷해야 하고 서로 다른 세분시장에 속한 고객들 간에는 이질성이 있어야 한다.
⑤ 세분시장의 규모는 마케팅활동으로 이익이 날 수 있을 정도로 충분히 커야 한다.

해설》 시장세분화가 제대로 수행되었다면 각 세분시장은 명확하고 구체적인 수치나 데이터로 측정가능(measurable) 할 것이며(①), 서로 다른 세분시장과의 차이점(difference)이 뚜렷하고(④), 적절한 규모의 구매력이 뒷받침 되어 기업에 충분한 수익성(substantiality)을 담보해 줄 수 있어야 하며(⑤), 마케팅 프로그램이 그들의 구매행동에 영향력을 미칠 수 있어야 한다. 또한 각 세분시장은 기업의 노력이 고객에게 전달될 수 있는 접근성(accessibility)을 가져야 한다(②).
③ [×] 시장세분화의 과정에서는 동일한 세분시장 내에 있는 소비자들의 동질성이 극대화되는 한편, 타 세분시장에 속한 소비자들간에는 서로 차이가 나도록 해야 한다. 자주 출제되는 포인트이므로 확실히 기억해 둘 것.

정답 ③

29-27 ☑□□□

2000 CPA

C사는 치약시장을 충치예방, 미백효과, 청결유지, 향기를 추구하는 시장으로 세분화했다. 이와 같은 시장세분화는 다음 중 어떤 세분화 기준을 적용한 경우인가?

① 행동적 변수 – 효용(benefit)
② 심리분석적 변수 – 효용(benefit)
③ 행동적 변수 – 사용상황
④ 심리분석적 변수 – 사용상황
⑤ 인구통계적 변수 – 사용상황

해설〉 추구편익(benefits sought)은 대표적인 행동적 변수이다.
정답 ①

29-29 ☑□□□

2017 7급공무원 가책형

시장세분화(Market Segmentation)에 대한 설명으로 옳지 않은 것은?

① 사용상황, 사용량, 추구편익, 가족생활주기 등은 시장세분화를 위한 행동적 변수에 속한다.
② 같은 세분시장에 속하는 고객들끼리는 최대한 비슷하여야 하고 서로 다른 세분시장에 속한 고객들끼리는 최대한 달라야 한다.
③ 신제품이 혁신적일수록 너무 일찍 앞서서 시장세분화를 하는 것은 바람직하지 않다.
④ 역세분화(Counter-Segmentation)는 고점유율 회사보다 저점유율 회사에 적합한 방법이다.

해설〉 ① 가족생활주기는 인구통계적 변수에 속한다.
추가해설〉 ② 세분시장 내의 고객끼리는 동질적이고, 세분시장을 달리하는 고객끼리는 이질적이다.
③ 혁신적인 신상품의 경우에는 시장세분화가 시기상조일 수 있으며, 이는 지나친 세분화가 오히려 수익성을 악화시킬 수도 있기 때문이다.
④ 세분화된 시장을 통합하여 여러 세분시장을 동시에 공략할 수 있는 상품을 내놓는 역세분화(counter-segmentation) 전략을 사용할 수도 있는데, 종종 도전자 입장에 놓인 기업은 역세분화를 하는 것이 바람직할 수도 있다.
정답 ①

29-29D ☑□□□

2021 CPA

시장세분화와 목표시장 선정에 관한 설명으로 적절한 항목만을 모두 선택한 것은?

> a. 측정가능성(measurability)은 효과적인 시장세분화 요건 중 하나이다.
> b. 성별은 세분화 변수들 중 하나이며, 인구통계학적 변수로 분류된다.
> c. 새로운 마케팅 기회가 시장세분화를 통해 발견될 수 있다.

① a
② a, b
③ a, c
④ b, c
⑤ a, b, c

해설〉 a. [○] 시장세분화가 제대로 수행되었다면 각 세분시장은 명확하고 구체적인 수치나 데이터로 측정가능(measurable)할 것이다.
b. [○] 소비자 집단은 다음의 기준으로 세분화 할 수 있다.
• 인구통계학적 변수(demographics): 인구, 나이, **성별**, 소득, 직업, 지역, 교육수준, 종교, 소득, 자산, 수입원, 가족수명주기상의 단계 등
• 사회·심리적 변수(psychographics, 심리도식적 변수): 라이프스타일, 성격, 가치관, 사회적 지위, 계급, 가족수명주기상의 단계, 개성 등
• 행동적 변수(behavioral: 제품의 사용 상황(occasion), 구매행동 및 빈도, 추구 편익(benefits sought, 고객이 추구하는 핵심 편익), 마케팅 민감도, 상표애호도 등
c. [○] 시장을 세분화하는 과정에서 미처 우리 회사가 기존에 발견하지 못했던 새로운 사업기회를 찾아낼 수 있다. 학원강사가 수험시장을 위 b의 다양한 기준을 통해 분석하는 과정에서 기존 학원강사들이나 교재로 cover되지 못했던 새로운 강의컨셉이나 교재개발 아이디어를 얻을 수 있는 것이 그 예이다. 본 지문은 왜 맞는지 이론적으로 분석할 필요 없이 직관적으로 그 내용을 받아들일 수 있으면 그것으로 족하다.
정답 ⑤

STP(2): 표적시장 선정 및 포지셔닝

1. 표적시장의 선정

1) 개념: 세분시장의 매력도를 평가하여 하나 혹은 복수의 표적시장을 선정

2) 시장매력도의 판단기준

　① 세분시장의 크기와 수익성 및 성장성

　② 시장잠재력: 일정기간 동안에 우리 회사와 경쟁 회사들이 달성할 수 있는 최대 매출액

　③ 진입장벽 및 경쟁자의 수(구조 − 행동 − 성과 패러다임)

　④ 기업의 목표 및 경영전략

　⑤ 기타 요인: 판매의 주기성/계절성, 가용자원, 접근용이성, 리스크 등

3) 목표시장의 선정 방법

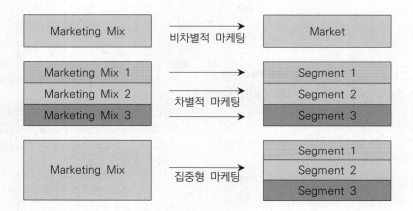

2. 포지셔닝

1) 의미: 고객의 마음 속에 경쟁상품과 구별되는 분명한 위치를 차지하여 전달

2) 포지셔닝 방법: 속성, 혜택, 사용상황, 사용자, 경쟁자, 제품군, 품질, 가격 등을 활용

　　　　　　　　　　　　(사회적 관계 속에서 갖는 상징적(symbolic) 의미를 강조)

3) 과정

　① 소비자가 중시하는 가치나 효용을 토대로 경쟁의 축 찾기

　② 지각도(포지셔닝 맵)를 활용하여 표적시장 또는 틈새 찾기

4) 관련 용어: 가치제안, 디포지셔닝, 재포지셔닝 등

30-1 ☑☐☐☐

목표시장 선정에 관한 설명으로 옳지 않은 것은?

① 동질적 제품에 대해서는 무차별적 마케팅이 유리하다.
② 기업자원이 제한되어 있는 경우에는 집중적 마케팅이 유리하다.
③ 경쟁자 수가 많을수록 차별적 마케팅이 유리하다.
④ 제품수명주기에서 도입기에는 차별적 마케팅이 유리하다.
⑤ 소비자들의 욕구가 유사할 경우에는 무차별적 마케팅이 유리하다.

요점정리 표적시장의 선정에는 세 가지 전략이 있다. 하나의 마케팅 믹스를 전체 시장에 적용하는 비차별적 마케팅(예: 한 권의 경영학 책으로 모든 종류의 수험시장(CPA, 노무사, 공무원 등)에 진입), 세분시장별로 다른 마케팅 믹스를 적용하는 **차별적 마케팅**(예: 수험시장별로 각기 상이한 경영학 책을 만듦), 특정 하나의 세분시장(niche, 틈새)에 마케팅 믹스를 집중적으로 적용하는 **집중형 마케팅**(예: 한 시장을 정해서 그 시장에서만 판매될 경영학 책을 만듦) 등이 대표적인 표적시장 선정 방법이다.
해설 ④ 도입기에는 아직 이 제품이 얼마나 많이 팔릴 것인지 판단이 어렵다. 따라서 이 경우에는 비차별적 마케팅 전략을 사용하는 것이 좋다.

정답 ④

30-2 ☑☐☐☐

세분화된 시장의 차이점을 무시하고 한 제품으로 전체 시장을 공략하는 전략은?

① 차별적 마케팅 ② 비차별적 마케팅
③ 세분화 마케팅 ④ 집중적 마케팅

해설 ② 세분시장의 차이를 무시하고 하나의 마케팅믹스(제품, 가격, 유통, 촉진)로 전체 시장을 공략하는 전략은 비차별(무차별) 마케팅이며, 벽돌이나 시멘트 및 설탕 등의 제품에 사용 가능하다.
추가해설 ④의 집중적 마케팅도 하나의 제품으로 시장을 공략하는 방법이다. 다만 집중마케팅은 여러 세분시장 중 하나의 세분시장만을 주된 타겟으로 삼기 때문에, 전체 시장을 대상으로 하는 비차별 마케팅과는 의미가 다르다.

정답 ②

30-3 ☑☐☐☐

표적시장에 관한 설명으로 옳지 않은 것은?

① 단일표적시장에는 집중적 마케팅전략을 구사한다.
② 다수표적시장에는 순환적 마케팅전략을 구사한다.
③ 통합표적시장에는 역세분화 마케팅전략을 구사한다.
④ 인적, 물적, 기술적 자원이 부족한 기업은 보통 집중적 마케팅전략을 구사한다.
⑤ 세분시장 평가 시에는 세분시장의 매력도, 기업의 목표와 자원 등을 고려해야 한다.

해설 ② 표적시장이 여러 개 일때 이들 모두에 마케팅 노력을 기울이는 경우를 '차별화 마케팅 전략'이라 부른다.
추가해설 ① 집중적 마케팅 전략은 어느 한 세분시장에 모든 마케팅 노력을 기울이는 것이므로, 단일표적시장에 적합하다고 볼 수 있다.
③ 표적시장이 통합되는 경우에는 세분시장별 마케팅 노력 역시 통합할 필요가 있다. 따라서 역세분화(counter-segmentation)를 하는 방법도 가능하다.
④ 자원이 부족한 기업은 특정한 세분시장에만 집중하는 경우가 대부분이므로 이 설명은 옳다.
⑤ 세분시장 평가 시에는 매력도, 기업의 자원, 성장가능성, 시장점유율, 접근성 등의 여러 요인들을 고려한다.

정답 ②

30-3A ☑☐☐☐

다음 중 차별화의 대상에 해당하지 않는 것은?

① 경쟁 ② 제품
③ 서비스 ④ 이미지

해설 제품, 서비스, 이미지 등은 모두 기업이 차별화하기 위해 노력하는 대상이지만, 경쟁은 특정기업의 노력으로 바꿀 수 있는 것이 아니며, 차별화의 대상은 더더욱 아니다. 상식적으로 생각해 보라. 경쟁을 어떻게 차별화할 수 있는가?

정답 ①

30-4 ☑☐☐☐
2012 공인노무사

특정 기업이 자사 제품을 경쟁제품과 비교하여 유리하고 독특한 위치를 차지하도록 하는 마케팅 전략은?

① 관계마케팅   ② 포지셔닝
③ 표적시장 선정   ④ 일대일 마케팅
⑤ 시장세분화

해설 유리하고 독특한 위치＝포지션(position)

추가해설 ①은 고객과의 관계를 중시하는 마케팅 전략을, ③은 세분시장 가운데 우리 기업이 공략해야 하는 주된 시장을 선정하는 것을, ④는 고객 맞춤형 마케팅 전략을 의미한다.

정답 ②

30-5 ☑☐☐☐
2010 가맹거래사

경쟁제품과의 차별성을 목표고객에게 인식시키기 위한 마케팅 전략은?

① 유지전략   ② 철수전략
③ 포지셔닝전략   ④ 성장전략
⑤ 유통전략

해설 우리 제품이 다른 경쟁제품과 어떤 점에서 다른지를 각 인시키는 과정은 고객의 마음속에 어떤 특정한 위치(position)를 잡는 것이므로 포지셔닝이라 부른다.

정답 ③

30-6 ☑☐☐☐
2010 7급공무원 고책형

다음은 기업이 제품을 포지셔닝(positioning)하는 방법에 대한 설명이다. 그 목적을 바르게 기술한 것을 모두 고른 것은?

> ㄱ. 속성에 의한 포지셔닝 – 가장 흔히 사용되는 포지셔닝의 방법으로 제품자체가 지니고 있는 고유의 특성을 소비자에게 인식시킨다.
> ㄴ. 사용 상황에 의한 포지셔닝 – 제품이 사용될 수 있는 적절한 상황이나 용도를 소비자에게 인식시킨다.
> ㄷ. 경쟁자에 의한 포지셔닝 – 경쟁사의 제품과 비교하여 자사 제품만이 줄 수 있는 혜택이나 편익을 소비자에게 인식시킨다.
> ㄹ. 사용자에 의한 포지셔닝 – 표적시장 내의 전형적인 소비자를 겨냥하여 자사 제품이 그들에게 적합한 제품이라고 인식시킨다.

① ㄱ, ㄴ, ㄷ   ② ㄱ, ㄷ, ㄹ
③ ㄴ, ㄷ, ㄹ   ④ ㄱ, ㄴ, ㄷ, ㄹ

해설 속성은 고유의 특성, 상황은 사용가능한 용도이므로 (ㄱ)과 (ㄴ)은 옳다. 경쟁자 포지셔닝은 경쟁 기업에 대비하여 우리기업의 장점을 각인시키는 방법이고, 사용자 포지셔닝은 전형적 고객을 설득하는 광고이므로 (ㄷ)과 (ㄹ)도 옳다. 따라서 모두 옳은 설명이다.

정답 ④

30-7 ☑□□□
2001 CPA

다음 중 제품의 구매나 사용이 사회적 관계 속에서 갖는 상징적(symbolic) 의미를 강조하려는 경우에 가장 적합한 포지셔닝 유형은?

① 제품속성에 의한 포지셔닝
② 제품가격에 의한 포지셔닝
③ 제품사용자에 의한 포지셔닝
④ 경쟁에 의한 포지셔닝
⑤ 제품군(群)에 의한 포지셔닝

요점정리 포지셔닝의 과정에서는 **제품속성**(attribute, "세계 7대 자연경관 제주도"), **혜택**(benefit, "흡수가 빠른 소화제"), **사용상황**(use/application, "야근할 때는 박카스"), **사용자**(user, "트렌드를 선도하는 고객들이 사용하는 제품"), **경쟁자**(competitor, "경쟁사 대비 40% 가벼운 제품"), **제품군**(product category, "업계 Top 3"), **품질**, **가격** 등을 사용하여 다른 회사와는 다른 차별화된 경쟁력이 있음을 고객에게 알린다.

해설 사회적 관계나 상징적 의미 등은 '어떤 사람이 사용하는가'에 초점을 둔 포지셔닝이 된다.

정답 ③

30-7J ☑□□□
2023 군무원 7급

STP(Segmentation, Targeting, Positioning)의 위상정립(Positioning)을 위한 방법과 가장 거리가 먼 것은?

① 속성(attribute)에 의한 위상정립
② 편익(benefit)에 의한 위상정립
③ 경쟁자(competitor)에 의한 위상정립
④ 자원(resource)에 의한 위상정립

해설 포지셔닝(positioning)은 기업이 자사의 제품을 고객의 마음(mind) 속에 경쟁상품과 구별되는 분명한 위치를 차지하게끔 하는 제반 활동을 뜻한다. 이 과정에서는 **제품속성**(attribute, "세계 7대 자연경관 제주도"), **혜택**(편익, benefit, "흡수가 빠른 소화제"), 사용상황(use/application, "야근할 때는 박카스"), 사용자(user, "트렌드를 선도하는 고객들이 사용하는 제품"), **경쟁자**(competitor, "경쟁사 대비 40% 가벼운 제품"), 제품군(product category, "업계 Top 3"), 품질, 가격 등을 사용하여 다른 회사와는 다른 차별화된 경쟁력이 있음을 고객에게 알린다. 선지 ④의 자원은 포지셔닝 방법과 거리가 멀다.

정답 ④

30-8 ☑□□□
2017 가맹거래사

포지셔닝 전략의 유형에 관한 설명으로 옳지 않은 것은?

① 제품속성에 의한 포지셔닝은 자사브랜드를 주요 제품속성이나 편익과 연계하는 것이다.
② 제품군에 의한 포지셔닝은 자사제품을 대체 가능한 다른 제품군과 연계하여 소비자의 제품전환을 유도하는 것이다.
③ 제품사용자에 의한 포지셔닝은 제품을 특정 사용자나 사용자계층과 연계하는 것이다.
④ 범주 포지셔닝은 제품을 그 사용상황에 연계하는 것이다.
⑤ 경쟁적 포지셔닝은 자사브랜드를 경쟁제품과 직접 혹은 암시적으로 연계하는 것이다.

해설 ④ 범주는 category, 즉 제품군을 의미한다. 사용상황 포지셔닝은 해당 제품이나 서비스를 언제 활용할 것인지에 관한 것이므로 설명이 잘못되었다.

추가해설 ① 속성은 제품특징이나 편익과 관련이 깊다.
② 제품군은 유사하게 분류되는 제품들의 집합/범주를 의미한다. 따라서 옳다.
③ 제품사용자 포지셔닝은 제품을 사용하는 사람이나 제품이 대표하는 집단을 활용한 포지셔닝이다.
⑤ 우리 제품의 컨셉이 뚜렷하지 않은 경우에는 경쟁제품이나 서비스를 통해 우리제품을 홍보할 수 있다.

정답 ④

30-11 ☑□□□ 2016 경영지도사

STP전략에 관한 설명으로 옳지 않은 것은?

① 인구통계적 세분화는 나이, 성별, 가족규모, 소득, 직업, 교육수준 등을 바탕으로 시장을 나누는 것이다.

② 행동적 세분화는 추구하는 편익, 사용량 등을 바탕으로 시장을 나누는 것이다.

③ 사회심리적 세분화는 제품사용경험, 제품에 대한 태도, 충성도, 종교 등을 바탕으로 시장을 나누는 것이다.

④ 시장표적화는 세분화된 시장의 좋은 점을 분석한 후 진입할 세분시장을 선택하는 것이다.

⑤ 시장포지셔닝은 시장 내에서 우월한 위치를 차지하도록 고객을 위한 제품·서비스 및 마케팅 믹스를 개발하는 것이다.

───────────────

해설〉③ 사회심리적 세분화는 성격, 가치관, 사회적 지위 등으로 시장을 나누는 것이다.

정답 ③

30-11D ☑□□□ 2021 군무원 7급

STP 전략에 대한 설명으로 가장 옳지 않은 것은?

① 시장세분화(market segmentation)란 전체시장을 일정한 기준에 의해 동질적인 세분시장으로 구분하는 과정이다.

② 지리적, 인구통계적, 심리특정적, 구매행동적으로 상이한 고객들로 구분하여 시장을 세분화한다.

③ 시장위치선정(market positioning)이란 각 세분시장의 매력성을 평가하고 여러 세분시장 가운데서 기업이 진출하고자 하는 하나 또는 그 이상의 세분시장을 선정하는 과정이다.

④ 제품의 구매나 사용이 사회적 관계 속에서 갖는 상징적(symbolic) 의미를 강조하는 경우에 가장 적절한 포지셔닝은 제품사용자에 의한 포지셔닝이다.

───────────────

해설〉①, ② [O] 시장세분화의 개념 및 세분화 기준(인구통계, 심리, 행동, 지리)을 잘 설명한 선지이다.

③ [×] 여러 세분시장의 매력도를 검토하고 진출하고자 하는 시장을 선정하는 과정은 표적시장 선정(targeting)에 관한 설명이다. 포지셔닝(=위치선정, 정위화)은 기업이 자사의 제품을 고객의 마음(mind) 속에 경쟁상품과 구별되는 분명한 위치를 차지하게끔 하는 제반 활동을 뜻한다.

④ [O] 사용자 포지셔닝은 대개 해당 제품 자체나 그 제품을 사용하는 행위가 가지는 상징적 의미를 강조하는 것이다. 예를 들어 '성공한 CEO는 제네시스를 탑니다' 등의 문구로 홍보하는 것이 사용자 포지셔닝의 예이다.

정답 ③

30-11E ☑□□□ 2021 가맹거래사

마케팅전략에 영향을 미치는 거시적 환경에 해당하지 않는 것은?

① 인구통계적 환경 ② 기업내부 환경
③ 경제적 환경 ④ 기술적 환경
⑤ 문화적 환경

───────────────

해설〉 거시환경이란 기업을 둘러싼 외부적 환경요인 중 기업이 직접 통제하기 어려운 정치, 경제, 사회문화, 기술적 환경 등을 총칭한다. 따라서 선지 ②의 기업 내부환경은 거시환경이라기보다는 미시환경에 속한다고 보는 것이 타당하다.

정답 ②

30-11J ✅☐☐☐　　　　2023 국가직 7급

시장세분화 및 목표시장선정에 대한 설명으로 옳은 것은?

① 역세분화(counter-segmentation)는 시장점유율이 낮은 기업보다는 높은 기업에게 적합한 방법이다.
② 효과적인 시장세분화의 조건에서 측정가능성은 세분시장에 접근하여 그 시장에서 활동할 수 있는 정도이다.
③ 집중적 마케팅 전략은 각 세분시장의 차이를 무시하고 단일 혹은 소수의 제품으로 전체시장에 접근하는 것이다.
④ 시장세분화 기준변수를 고객행동변수와 고객특성변수로 구분할 때, 추구편익(혜택)은 고객행동변수로 분류된다.

해설　① [×] 세분화된 시장을 통합하여 여러 세분시장을 동시에 공략할 수 있는 상품을 내놓는 것을 역세분화(counter-segmentation) 전략이라 하는데, 종종 도전자 입장에 놓인 기업(즉 시장점유율이 낮은 기업)은 역세분화를 하는 것이 바람직할 수도 있다.
② [×] 시장세분화가 제대로 수행되었다면 각 세분시장은 명확하고 구체적인 수치나 데이터로 측정가능(measurable) 할 것이며, 서로 다른 세분시장과의 차이점(difference)이 뚜렷하고, 적절한 규모의 구매력이 뒷받침 되어 기업에 충분한 수익성(substantiality)을 담보해 줄 수 있어야 하며, 마케팅 프로그램이 그들의 구매행동에 영향력을 미칠 수 있어야 한다. 또한 각 세분시장은 기업의 노력이 고객에게 전달될 수 있는 접근성(accessibility)을 가져야 한다. 선지의 서술은 측정가능성보다는 접근성에 가까운 설명이다.
③ [×] 집중적 마케팅(concentrated marketing)은 우리 회사에 가장 적합한 것으로 판단되는 하나의 세분시장만을 표적으로 정하는 전략이다. 대개 인적·물적·재무적·기술적 자원이 풍부하지 않을 때 취하는 전략이며 틈새시장 공략 전략으로 발전하기도 한다. 선지에서 설명하는 "각 세분시장의 차이를 무시하고 단일 혹은 소수의 제품으로 전체시장에 접근하는 것"은 비차별(무차별)적 마케팅 전략을 의미한다.
④ [O] 세분화 기준으로는 고객의 특성에 초점을 둔 기준과 고객의 행동에 초점을 둔 기준이 있다.
• 고객특성변수는 다시 소비자 집단을 인구통계학적 변수(demographics, 인구, 나이, 성별, 소득, 직업, 지역, 교육수준, 종교, 소득, 자산, 수입원, 가족수명주기상의 단계 등이며 소득, 자산, 수입원 등은 별도의 '경제적 변수'로 구분하기도 함), 사회·심리적 변수(psychographics, 라이프스타일, 성격, 가치관, 사회적 지위, 계급, 개성 등)로 구분하는 내용을 포함한다.
• 고객의 행동적 변수(behavioral)에는 제품의 사용 상황(occasion), 구매행동 및 빈도, <u>추구 편익(benefits sought, 고객이 추구하는 핵심 편익)</u>, 마케팅 민감도, 상표애호도 등이 포함된다.

정답 ④

TOPIC 31 소비자행동과 표본추출

1. 소비자행동

1) 관여도

   ① 의의: 특정 상황에서 <u>자극에 의하여 발생하는 개인적 관심의 정도</u>

   ② 영향: 포괄적 문제해결(고관여), 제한적 문제해결(저관여) → <u>관여도와 인지적 반응은 비례</u>

   ③ 관여도와 구매행동

	저관여	고관여
브랜드간 차이 작음	습관적 구매	부조화 감소
브랜드간 차이 큼	다양성 추구	복잡한 구매

2) 구매의사결정과정

   ① 소비자의 의사결정 black box: **구매의사결정과정 + 정보처리과정**

   ② 구매의사결정의 과정: 문제인식 → 정보탐색 → 대안평가 → 구매 → 구매 후 행동

3) 정보처리과정

   정보노출 → <u>주의</u> → 지각 → 기억 → <u>태도 형성 및 학습</u> → 구매의사결정

   　　　　　(인지 후 감정 형성)　　　(피쉬바인 모델, 피쉬바인확장모델 등)

2. 표본추출

1) 확률표본추출: <u>각 표본들이 모집단으로부터 추출될 확률이 동일(=1/n)한 방법</u>

   ① 단순 무작위 추출: 위너스 경영아카데미 수강생 전체 중 20명을 **랜덤**으로 추출

   ② 체계적 추출: 수강생 전체를 수강신청 순서대로 나열한 **리스트**상에서 15번째 학생부터 매 10번째 학생들을 뽑는 방식(15, 25, 35번째…)

   ③ 층화 추출: 학생들을 거주지역(시, 도)에 따라 나눈 뒤 각 지역 **집단 내에서 랜덤추출**

   ④ 군집 추출: 거주지역(시, 도)에 따라 수강생들을 나눈 다음 그 중 임의로 n개 집단을 뽑는 방식

2) 비확률표본추출: <u>연구자의 개인적 판단에 의해 표본을 추출</u>

   ① 단순 추출: 수강생을 거주지역별로 나눈 다음 각 세분집단에서 n명씩 마음대로 뽑음

   ② 편의 추출: 전체 수강생 중에서 **연구자 마음대로** 20명 추출

   ③ 판단 추출: 전체 수강생 중에서 **연구자가 잘 아는 기준**(예 초시생과 재시생, n시생 등)에 의거하여 표본을 추출

   ④ 할당 추출: 전체 수험생 중 남자가 60%, 여자가 40%라면 수강생 중에서도 **각 세분집단의 비중을 모집단과 같은 비율로 추출**

   ⑤ 눈덩이 추출: 한 명 수강생을 선정하여 조사한 뒤, 그의 추천을 받아 두 번째 응답자를 선정

31-1 ☑□□□

소비자구매행태를 고관여와 저관여로 구분한 설명으로 옳지 않은 것은?

① 다양성을 추구하는 행태를 보인다면 저관여 구매 행태이다.

② 복잡한 구매행태를 보인다면 고관여 구매행태이다.

③ 구매후 부조화 감소는 주로 고관여 구매행태에서 나타난다.

④ 습관적 구매는 저관여 구매행태에 속한다.

⑤ 충동구매는 고관여 구매행태이다.

요점정리 관여도(involvement)란 특정 상황에서 대상(제품이나 서비스)에 관한 개인적 중요성이나 관심의 정도를 뜻한다. 이는 어떤 제품이나 서비스의 구매가 소비자에게 얼마나 중요하게 여겨지는가를 의미한다. 개인적인 중요도나 관심이 높은 경우는 고관여(high involvement), 낮은 경우에는 저관여(low involvement)라 한다.

해설 ⑤ 충동구매는 별다른 고민의 과정 없이 어떤 욕구에 의해 바로 발생하는 저관여 구매행태이다. 이것이 정답

추가해설 ① 저관여는 편의품 구매에 해당하므로 다양한 브랜드에 대한 거부감이 없을 수 있다.
② 복잡한 구매의사결정과정은 고관여에 해당한다.
③ 고관여 상품은 심사숙고하여 구입한 것이므로 구매 후 부조화를 의도적으로 억제하려고 노력할 것이다.
④ 습관적 구매는 편의품에 해당하므로 저관여라 할 수 있다.

정답 ⑤

31-2 ☑□□□

고관여(high involvement) 상황 하에서 소비자 구매의 사결정과정 5단계가 순서대로 바르게 나열된 것은?

① 문제 인식 → 정보 탐색 → 구매 → 대안 평가 → 구매 후 행동

② 문제 인식 → 정보 탐색 → 대안 평가 → 구매 → 구매 후 행동

③ 정보 탐색 → 문제 인식 → 구매 → 대안 평가 → 구매 후 행동

④ 정보 탐색 → 문제 인식 → 구매 → 구매 후 행동 → 대안 평가

요점정리 일반적으로 소비자의 구매의사결정은 문제인식 – 정보탐색 – 대안평가 – 구매 – 구매 후 행동의 순서를 거친다. 고관여제품에 대한 구매의사결정의 경우 이 과정을 모두 밟는 포괄적 문제해결(extensive problem solving)을 수행하지만, 저관여 제품의 경우에는 적은 노력을 들여 제한적 문제해결(limited problem solving)을 수행하므로 의사결정 단계 중 일부를 건너뛰게 된다.

해설 고관여 상황에서는 소비자가 여러 구매대안들을 신중하게 검토할 것이다. 따라서 문제인식 – 정보탐색 – 대안평가 – 구매 – 구매후행동 등의 5단계를 거치게 된다.

정답 ②

31-3 ☑□□□

관여도에 따른 소비자 구매행동 유형에 대한 설명으로 옳은 것은?

① 저관여 제품이고 제품특성 차이가 작을 때 소비자는 다양성(Variety-Seeking) 추구 구매 행동을 보인다.

② 고관여 제품이고 제품특성 차이가 클 때 소비자는 습관적(Habitual) 구매 행동을 보인다.

③ 저관여 제품이고 제품특성 차이가 클 때 소비자는 복잡한(Complex) 구매 행동을 보인다.

④ 고관여 제품이고 제품특성 차이가 작을 때 소비자는 부조화 감소(Dissonance-Reducing) 구매 행동을 보인다.

요점정리

	저관여	고관여
브랜드간 차이 작음	습관적 구매	부조화 감소
브랜드간 차이 큼	다양성 추구	복잡한 구매

해설 ④ 고관여 제품이고 제품특성 차이가 작을 때 소비자는 어떤 브랜드를 선택할 것인지 고민이 깊을 수 있다. 따라서 이 경우에는 후회를 최소화할 수 있는 선택을 하기 위해 노력할 것이다. 이를 부조화 감소 구매라 한다.

추가해설 ① 저관여 제품이고 제품특성 차이가 작을 때 소비자는 습관적으로 기존에 구입하던 브랜드를 계속 구입하게 된다.
② 고관여 제품이고 제품특성 차이가 클 때 소비자는 다양한 평가요소를 고려할 것이므로 의사결정과정이 복잡할 수 있다.
③ 저관여 제품이고 제품특성 차이가 클 때 소비자는 여러 특성을 가진 브랜드를 번갈아가며 구입하는 이른바 다양성 추구 구매행동을 보일 수 있다.

정답 ④

31-4 ☑□□□

소비자의 관여도(involvement)에 관한 설명으로 옳지 않은 것은?

① 제품에 대한 관심이 많을수록 관여도가 높아진다.
② 제품의 구매가 중요하고 지각된 위험이 높을수록 관여도가 높아진다.
③ 관여도가 높을수록 소비자는 신중하게 의사결정을 하려고 한다.
④ 다양성 추구(variety seeking) 구매행동은 관여도가 높을 때 나타날 수 있다.
⑤ 인지부조화 감소(dissonance reduction) 구매행동은 관여도가 높을 때 나타날 수 있다.

해설 관여도는 제품에 대한 중요성이나 관심의 정도를 뜻하므로(①) 제품구매에 대한 지각된 위험이 높을수록 관여도가 높아지고(②), 그 결과 의사결정이 신중해질 가능성이 크다(③). 관여도와 소비자 행동의 유형은 다음 표와 같다. 따라서 다양성추구 구매행동은 관여도가 낮을 때 나타나고, 인지부조화 감소 구매행동은 관여도가 높을 때 나타난다.

	저관여	고관여
브랜드간 차이 작음	습관적 구매	부조화 감소
브랜드간 차이 큼	다양성 추구	복잡한 구매

정답 ④

31-4A ☑□□□

제품에 대해 소비자가 높은 관여도(involvement)를 보이는 경우 취할 수 있는 구매행동은? (복수정답)

① 복잡한 구매행동
② 부조화 감소 구매행동
③ 다양성 추구 구매행동
④ 습관적 구매행동

해설 관여도에 따른 소비자행동은 브랜드간 차이가 큰지 작은지에 따라 다음과 같이 나타난다.

	저관여	고관여
브랜드간 차이 작음	습관적 구매	부조화 감소
브랜드간 차이 큼	다양성 추구	복잡한 구매

정답 ①, ②

31-5 ☑□□□

제품에 대하여 소비자가 비교적 낮은 관여도(Involvement)를 보이며 브랜드 간의 차이가 미미할 경우에 취할 수 있는 소비자 구매행동은?

① 복잡한 구매행동(complex buying behavior)
② 부조화 감소 구매행동(dissonance-reducing buying behavior)
③ 다양성 추구 구매행동(variety-seeking buying behavior)
④ 습관적 구매행동(habitual buying behavior)

해설 저관여인 동시에 브랜드간 차이가 작다면 소비자는 습관적으로 기존에 구입하던 브랜드를 계속 구입하게 된다.

추가해설 ① 고관여인 동시에 브랜드간 차이가 클 경우
② 고관여인 동시에 브랜드간 차이가 작을 경우
③ 저관여인 동시에 브랜드간 차이가 클 경우
④ 저관여인 동시에 브랜드간 차이가 작을 경우

정답 ④

31-5F ☑□□□

다음 빈칸 A에 들어갈 소비자 구매행동의 유형으로 가장 적절한 것은?

구분	고관여	저관여
최초구매	복잡한 의사결정	A
반복구매	브랜드 충성	관성적 구매

① 구매 후 부조화(post-purchase dissonance)
② 개성 추구(personality seeking)
③ 수동적 구매(passive purchase)
④ 다양성 추구(variety seeking)
⑤ 보완적 구매(compensatory purchase)

해설 일반적으로 관여도와 브랜드간의 차이에 따라 소비자의 구매행동 양상에 차이가 나타난다. 저관여 상품의 경우 브랜드간 차이가 적거나 반복구매하는 제품의 경우에는 습관(관성)적인 구매행태를 보이지만, 브랜드간 차이가 크거나 최초구매 상황처럼 제품이나 브랜드에 대한 지식이 많지 않은 경우에는 경험을 축적해보고자 다양한 제품을 구매할 가능성이 크다. 따라서 A에 들어가기 적절한 용어는 '다양성 추구'가 된다. 한편 고

관여 상품의 경우 브랜드간 차이가 적어서 미묘한 차이로 구매가 이루어지는 경우에는 구매부조화(즉 구매 후의 후회)를 줄이는 방식의 구매행태가 나타날 가능성이 크지만, 브랜드간 차이가 크거나 최초구매와 같이 신중한 판단이 필요한 경우에는 여러 요소를 종합적으로 고려하여 최종 구매대상을 결정해야 하므로 복잡한 구매의사결정 단계를 거칠 가능성이 높다. 끝으로 고관여 소비자 중 특정 제품을 반복구매하는 경우에는 이미 브랜드에 대한 충성도가 형성되었다고 볼 수 있을 것이다.

정답 ④

31-6D ☑☐☐☐   2010, 2021 가맹거래사

소비자들의 일반적인 구매의사결정과정의 순서로 옳은 것은?

① 문제인식 → 정보탐색 → 대안평가 → 구매 → 구매후 행동
② 정보탐색 → 대안평가 → 문제인식 → 구매 → 구매후 행동
③ 정보탐색 → 문제인식 → 대안평가 → 구매 → 구매후 행동
④ 구매 → 정보탐색 → 대안평가 → 문제인식 → 구매후 행동
⑤ 문제인식 → 구매 → 대안평가 → 구매후 행동 → 정보탐색

해설 일반적(관여도 높음) 상황에서는 문제인식, 정보 탐색, 대안 평가, 구매, 구매후 행동 순으로 의사결정을 하게 된다.

정답 ①

31-6F ☑☐☐☐   2022 CPA

소비자 정보처리과정의 순서로 가장 적절한 것은?

① 노출 → 감지 → 주의 → 기억 → 이해
② 노출 → 감지 → 주의 → 이해 → 기억
③ 노출 → 주의 → 감지 → 이해 → 기억
④ 노출 → 주의 → 감지 → 기억 → 이해
⑤ 노출 → 주의 → 이해 → 감지 → 기억

해설 소비자의 정보처리과정은 소비자가 자극(stimulus)에 노출되고, 주의를 기울이며, 자극 내의 정보를 해석하고, 정보를 수용하며 기억하는 과정을 말한다. 이상의 과정을 상세히 설명하자면 다음과 같다. 우선 자극은 제품, 매장, 패키지, 광고 등을 의미한다. 자극 내 포함된 정보는 소비자의 지식이나 태도에 바로 영향을 미치거나 또는 학습과정을 통해 기억에 저장되었다가 이후 소비자의 의사결정에 영향을 미친다. 정보처리의 과정은 감각(sensation)기관을 통한 노출로부터 시작하여 주의와 지각 과정을 거친다. 지각을 통해 소비자는 무수히 많은 정보들 가운데 기억해야 할 것을 취사선택하여 그 의미를 조직화하고 해석하게 된다. 해석된 정보는 단기기억 또는 장기기억에 저장되고 필요할 때마다 인출되어 구매행동에 영향을 미친다. 이상의 프로세스에서 키워드를 추출하자면 노출, 주의, 해석(이해), 수용, 기억 순이다. 선지 중에서 이상의 순서와 맞는 것들을 고르면 ②, ③, ⑤이다. 정답을 찾기 위해서는 '감지'의 의미를 알아야 하는데, 통상 감지(感知)는 외부자극을 느끼어 알게 되는 상태를 뜻한다. 따라서 노출된 외부정보는 감지된 이후에 본격적으로 주의(attention, 노출되는 자극을 걸러내는 작용)를 기울이는 단계로 넘어간다고 보는 것이 자연스럽다. 따라서 노출과 주의 사이에 감지가 오는 선지를 고르면 정답은 ②가 된다.

정답 ②

31-7 ☑☐☐☐   2016 공인노무사

소비자들의 구매의사 결정과정을 순서대로 바르게 나열한 것은?

① 정보탐색 → 필요인식 → 대안평가 → 구매 → 구매 후 행동
② 정보탐색 → 필요인식 → 구매 → 대안평가 → 구매 후 행동
③ 정보탐색 → 대안평가 → 필요인식 → 구매 → 구매 후 행동
④ 필요인식 → 정보탐색 → 대안평가 → 구매 → 구매 후 행동
⑤ 대안평가 → 정보탐색 → 필요인식 → 구매 → 구매 후 행동

해설 소비자 의사결정 과정은 문제인식(필요성 인식), 정보의 탐색, 대안의 평가, 구매, 구매 후 행동으로 이루어진다.

정답 ④

31-7A ☑□□□
2017 군무원 복원

소비자 구매의사결정 단계를 다음에서 바르게 나열한 것은?

ㄱ. 대안평가	ㄴ. 구매 후 행동
ㄷ. 문제인식	ㄹ. 구매결정
ㅁ. 정보탐색	

① ㄱ－ㄴ－ㄷ－ㄹ－ㅁ
② ㄴ－ㄷ－ㄹ－ㅁ－ㄱ
③ ㄷ－ㅁ－ㄱ－ㄹ－ㄴ
④ ㄷ－ㅁ－ㄹ－ㄱ－ㄴ

해설 소비자의 구매의사결정과정은 일반적으로 문제인식, 정보의 탐색, 대안의 평가, 선택(구매), 구매 후 행동 등으로 나타난다.

정답 ③

31-8 ☑□□□
2014 가맹거래사

고관여(high involvement)제품의 구매의사결정과정이 순서대로 나열된 것은?

① 문제인식 → 정보탐색 → 구매 → 대안평가 → 구매후 행동
② 문제인식 → 대안평가 → 정보탐색 → 구매 → 구매후 행동
③ 정보탐색 → 문제인식 → 구매 → 구매후 행동 → 대안평가
④ 정보탐색 → 문제인식 → 구매 → 대안평가 → 구매후 행동
⑤ 문제인식 → 정보탐색 → 대안평가 → 구매 → 구매후 행동

해설 고관여 상황에서는 소비자가 여러 구매대안들을 신중하게 검토할 것이다. 따라서 문제인식－정보탐색－대안평가－구매－구매후행동 등의 5단계를 거치게 된다.

정답 ⑤

31-9 ☑□□□
2017 가맹거래사

일본의 광고대행사 덴쯔(Dentsu)가 AIDMA 모델을 활용하여 새롭게 제시한 소비자 구매행동 모델의 과정을 순서대로 나열한 것은?

① 검색(search) → 흥미(interest) → 구매(action) → 공유(share) → 주의(attention)
② 검색(search) → 구매(action) → 공유(share) → 주의(attention) → 흥미(interest)
③ 검색(search) → 공유(share) → 주의(attention) → 흥미(interest) → 구매(action)
④ 주의(attention) → 흥미(interest) → 검색(search) → 공유(share) → 구매(action)
⑤ 주의(attention) → 흥미(interest) → 검색(search) → 구매(action) → 공유(share)

요점정리 효과적인 광고메시지는 소비자들의 주의(attention)을 집중시키고, 흥미(interest)를 유발하며, 욕구(desire)를 일으키고, 구매행동(action)을 이끌 수 있는 것이다. 이를 변형한 일본의 덴츠社에서는 '주의'와 '흥미'과정 이후에 소비자들이 이 제품이나 서비스에 관한 정보를 검색(search)한 이후 '구매'를 하게 되고, 그 만족/불만족 여부를 주변 지인들과 공유(share)한다는 A－I－S－A－S 모형을 개발하였다.

정답 ⑤

31-10 ☑□□□
2016 가맹거래사

소비자의 지각과정 순서로 옳은 것은?

① 주의 → 노출 → 해석 → 수용
② 주의 → 노출 → 수용 → 해석
③ 노출 → 해석 → 주의 → 수용
④ 노출 → 주의 → 수용 → 해석
⑤ 노출 → 주의 → 해석 → 수용

해설 TV 시청 등은 정보에 노출되는 것이다. 이 중에서 눈에 띄는 광고에 주의를 기울이고 그 정보를 해석하여 수용할지 말지를 결정한다.

정답 ⑤

31-10J ☑□□□   2023 군무원 9급

소비자 행동의 근간을 이루는 소비자 정보처리과정을 순서에 맞게 나열한 것은?

① 노출 → 주의 → 지각 → 태도
② 주의 → 노출 → 지각 → 태도
③ 노출 → 태도 → 주의 → 지각
④ 태도 → 노출 → 주의 → 지각

해설 소비자의 정보처리과정은 소비자가 자극(stimulus)에 노출되고, 주의를 기울이며, 자극 내의 정보를 해석(지각)하고, 정보를 수용하며 기억하여 제품이나 서비스에 관한 **태도**를 형성하는 제반 과정을 말한다. 이상의 과정을 도식화하면 다음과 같다.

정답 ①

31-10K ☑□□□   2023 가맹거래사

소비자의 정보처리과정에 관한 설명 중 옳지 않은 것은?

① 정보처리과정은 노출 → 이해(해석) → 주의 → 기억 순으로 진행된다.
② 노출은 자극이 감각기관에 들어오는 것이다.
③ 이해(해석)는 유입된 정보를 조직하고 그 의미를 해석하는 것이다.
④ 주의는 정보처리자원을 특정 자극에 집중하는 인지작용이다.
⑤ 기억은 처리된 정보를 저장하는 것이다.

해설 ① [×] 소비자의 정보처리과정은 소비자가 자극(stimulus)에 **노출**되고, 주의를 기울이며, 자극 내의 정보를 **해석**하고, 정보를 수용하며 기억하는 과정을 말한다. 본 선지는 주의와 해석의 순서가 잘못되었다.
② [O] 노출(exposure)이란 자극에 물리적으로 접근하여 인간의 감각기관(미각, 청각, 촉각, 시각, 후각)이 활성화될 준비가 된 상태를 뜻한다.
③ [O] '해석'에 대한 국어사전적 의미를 설명한 것이다.

④ [O] 주의(attention)는 노출되는 자극을 걸러내는 작용을 뜻한다. 소비자는 여러 정보에 대하여 선택적 주의(selective attention)를 기울일 수 있다. 즉 자극의 우선순위가 관심도에 따라 인지적 자원(cognitive resource)을 선택적으로 할당하고 그 순간 나머지 자극들은 무시한다는 것이다.
⑤ [O] 기억(memory)은 정보를 저장하고 유지하며 다시 불러내는 기능을 의미한다.

정답 ①

31-11 ☑□□□   2008 7급공무원 봉책형

제품구매시점에서 소비자들이 느끼는 제품구매결과에 대한 불확실성의 정도를 무엇이라고 하는가?

① 인지적 부조화
② 지각된 결과
③ 인지적 관여도
④ 지각된 위험

해설 ① 이는 구매 전 예상과 실제간 차이를 의미한다.
② 이는 구매 결과에 대한 느낌이다.
③ 이는 소비자가 구매활동에 대해 관심을 쏟는 정도이다.
④ 이는 소비자들이 느끼는 구매결과에 대한 불확실성 정도이다.

정답 ④

31-12 ☑□□□   2012 7급공무원 인책형

소비자 구매 의사결정과정 중 인지 부조화(cognitive dissonance)와 관련이 깊은 단계는?

① 욕구의 발생   ② 정보의 탐색
③ 대안의 평가   ④ 구매 후 행동

요점정리 구매 후 부조화(post-purchase dissonance)는 제품의 구매 이후 그와 관련된 부정적인 정보나 생각들이 나타나서 기존의 호의적인 정보나 생각들과 조화되지 않는 심리적 불편함을 의미한다.

해설 인지부조화는 구매 전의 기대가 구매 후 현실과 다를 때 발생한다. 따라서 구매가 끝난 시점에서 비로소 인지부조화가 일어나는 것이다.

정답 ④

31-13 ☑□□□
2016 공인노무사

제품구매에 대한 심리적 불편을 겪게 되는 인지부조화 (cognitive dissonance)에 관한 설명으로 옳은 것은?

① 반품이나 환불이 가능할 때 많이 발생한다.
② 구매제품의 만족수준에 정비례하여 발생한다.
③ 고관여 제품에서 많이 발생한다.
④ 제품구매 전에 경험하는 긴장감과 걱정의 감정을 뜻한다.
⑤ 사후서비스(A/S)가 좋을수록 많이 발생한다.

해설 인지부조화는 구입 전의 기대와 구입 후의 사용감이 다를 때 느껴지는 감정이다. 대개 환불이 어렵거나(①) 고관여 제품인 경우(③) 많이 발생하며, 제품 사용 전의 기대에 비해 사용 후 불만이 느껴지는 경우(②, ④), 또는 애프터서비스가 나쁠 때에도(⑤) 발생할 수 있다.

추가해설 고관여 제품의 경우 심사숙고하여 구입하는 것이 대부분이다. 따라서 구입 이후 구매 전에 몰랐던 제품의 단점이 눈에 띄거나 혹은 주변사람들이 내가 선택한 제품에 대한 부정적 평가를 하는 경우 '괜찮아. 다음에 다른 것을 사지 뭐' 등의 생각을 하기 보다는 '내가 잘못 구입한 것인가? 내가 웬만한 정보는 전부 검색해 보고 샀는데 뭐가 잘못된 것이지?' 등과 같은 생각을 할 가능성이 크다. 또한 매력적인 대안, 즉 소비자가 구매의사결정 마지막 순간까지 비교대상에 놓고 끝까지 고민했던 대안상품이 존재하는 경우에도 본인의 구매결정이 잘못된 것은 아니었는지 지속적으로 따져보게 될 가능성이 있다. 따라서 고관여 제품의 경우 인지부조화도 크게 느끼게 되고, 그 인지부조화를 줄이기 위한 노력도 (저관여 제품에 비해) 더 많이 이루어지게 된다.

정답 ③

31-14 ☑□□□
2007 7급공무원 문책형

소비자는 동일한 동기를 가지고, 동일한 상황에 처해져 있더라도 동일한 자극에 대해 서로 다르게 지각함으로써 상당히 다른 행동을 취하기도 한다. 이러한 소비자의 지각 과정으로 볼 수 없는 것은?

① 선택적 왜곡(selective distortion)
② 선택적 학습(selective learning)
③ 선택적 주의(selective attention)
④ 선택적 기억(selective retention)

해설 지각은 여러 감각, 지식, 정보 등을 자신(소비자)이 기존에 가지고 있던 배경지식과 접목하여 새로이 해석하고 기억하는 과정이다. 이 과정에서 자신이 보고 싶은 것만 보이는 현상 (선택적 주의)이 발생하여 실제와 지각되는 내용간 왜곡이 발생할 수 있으며(선택적 왜곡), 그 결과 전달된 내용 중 일부만이 기억에 남을(선택적 기억) 수 있다.

정답 ②

31-15 ☑□□□
2016 7급공무원 2책형

홍길동은 다속성태도모형에 기반해 자동차에 대한 태도를 형성한다. 중요도가 높을수록 해당 속성을 중요하게 여기는 것이고 속성별 브랜드의 평가 점수가 높을수록 해당 브랜드의 속성에 대해 우수하게 평가하는 것이다. 다음은 홍길동의 자동차 선택과 관련된 속성의 중요도 및 각 속성별 브랜드 평가에 대한 내용이다. 홍길동이 가장 선호하는 자동차 브랜드는?

		제품 속성		
		가격	성능	스타일
중요도		0.5	0.3	0.2
속성별 평가	A브랜드	4	6	8
	B 브랜드	5	5	6
	C 브랜드	3	7	6
	D 브랜드	4	7	5

① A 브랜드
② B 브랜드
③ C 브랜드
④ D 브랜드

해설 다속성태도모형은 각 속성별 점수를 평가요소별 중요도 (가중치)에 따라 가중평균한 값이 가장 큰 브랜드를 선택하는 방법이다.

A: $(4 \times 0.5) + (6 \times 0.3) + (8 \times 0.2) = 5.4$
B: $(5 \times 0.5) + (5 \times 0.3) + (6 \times 0.2) = 5.2$
C: $(3 \times 0.5) + (7 \times 0.3) + (6 \times 0.2) = 4.8$
D: $(4 \times 0.5) + (7 \times 0.3) + (5 \times 0.2) = 5.1$

정답 ①

31-16 ☑□□□
2019 서울시 7급 B책형

표는 음료를 구매하고자 하는 갑(甲) 소비자의 음료선택과 관련된 속성의 중요도와 각 속성별 브랜드 평가에 대한 내용이다. 중요도가 높을수록 해당속성을 중요하게 여기는 것이고, 속성별 평가 점수가 높을수록 해당 브랜드의 속성에 대해 우수하게 평가하는 것을 의미한다. 갑 소비자가 대안평가 방법 중 사전편집식 방식(lexicographic rule)을 이용할 때, 갑 소비자가 선택할 하나의 브랜드는?

제품속성	중요도	속성별 평가			
		A 브랜드	B 브랜드	C 브랜드	D 브랜드
맛	0.6	4	4	2	3
향기	0.3	3	2	3	1
가격	0.1	1	2	3	5

① A 브랜드　　　　② B 브랜드
③ C 브랜드　　　　④ D 브랜드

해설 사전편집식 방식은 평가요소 간 중요도의 차이가 있을 경우 가장 중요한 평가기준에서 가장 높은 점수를 얻은 대안을 선택하는 방식이다. 만약 가장 중요한 기준에서 최고득점을 한 대안이 여러 개이면 다음에는 두 번째로 중요한 기준을 적용하여 우열을 가린다. 이 기준을 문제에 적용해 보자.
1) 문제의 표에서 가장 중요한 평가요소인 맛(중요도 0.6)에서 가장 높은 점수(4점)를 얻은 A와 B 브랜드가 우선 선정된다.
2) 다음 두 번째로 중요한 평가요소인 향기(중요도 0.3)에서 더 높은 점수(3점)를 얻은 A브랜드가 최종적으로 소비자의 선택을 받게 된다.

정답 ①

31-17 ☑□□□
2003 CPA

소비자가 대안적인 브랜드들을 평가할 때, 특정 브랜드의 여러 가지 속성(attribute) 중 뛰어난 속성이 취약한 속성을 상쇄하지 못하는 비보상적인(non-compensatory) 방법이 아닌 것은?

① 다속성 태도(multi-attribute attitude) 모형
② 사전적(lexicographic) 모형
③ 순차적 제거(elimination by aspect) 모형
④ 결합적(conjunctive) 모형
⑤ 분리적(disjunctive) 모형

요점정리 소비자가 대안들을 평가하는 방식에는 크게 보완(보상)적 방법과 비보완(비보상)적 방법이 있다. 보완적 방식(compensatory rule, 보상적 방식)은 특정 평가기준에서 낮은 점수를 받았다 하더라도 다른 기준에서 높은 점수를 얻음으로써 보상(compensate)이 가능한 대안평가 방식을 뜻한다. 다속성 태도 모형이 보완적 방식의 대표적 예이며, 교육수준이 높거나 고관여 상태의 소비자가 주로 이러한 방식을 사용하여 대안을 평가하게 된다. 비보완적 방식(non-compensatory rule, 비보상적 방식)은 특정 평가기준에서의 약점이 다른 평가기준에서의 강점에 의하여 보완되지 않는 대안평가 방식을 뜻한다. 구체적으로는 결합방식, 분리방식, 사전편찬방식, 순차적 제거방식이 있으며, 고관여 상태에 있더라도 상표대안들의 수가 아주 많은 경우에는 비보완적 방식을 사용할 수 있다.

해설 ① 다속성 태도 모형은 보상적 방식의 대표적 예이다.

정답 ①

31-17A ☑□□□
2018 군무원 복원

다음 대안평가의 방식 중 TV 제품을 구매하려 할 때 특정 속성(TV의 화질)의 값을 우선적으로 고려하여 선택하는 방식은?

① 사전편집식　　　　② 분리식
③ 결합식　　　　　　④ 순차적 제거식

해설 • 결합방식(conjunctive rule)은 평가기준별로 최소기준치(cut-off)를 정한 다음 모든 평가기준에서 이 기준을 넘는 대안을 선택하는 방식으로서, 복수의 대안이 선택될 수도 있으며 모든 대안이 탈락될 수도 있다. 따라서 이 경우에는 다른 규칙의 사용이 필요하다.
• 분리방식(disjunctive rule)은 평가기준별로 최소기준치(cut-off)를 정한 다음 어느 한 가지 평가기준이라도 충족된 대안을 합격시키는 방식으로서, 고려대상이 되는 대안들이 이미 어느 정도 만족할 만한 수준에 이르렀거나 몇 가지 평가기준에서 상당한 약점이 있더라도 무방할 때 사용할 수 있다. 결합방식은 모든 기준을 '그리고(and)'로 연결시키지만, 분리방식은 각 기준들이 '또는(or)'으로 연결된다.
• 사전편찬방식(lexicographic rule)은 평가요소 간 중요도의 차이가 있을 경우 가장 중요한 평가기준에서 가장 높은 점수를 얻은 대안을 선택하는 방식이다. 만약 가장 중요한 기준에서 최고득점을 한 대안이 복수일 때 비로소 두 번째로 중요한 기준을 적용하여 우열을 가린다. 사전에서 단어를 나열하는 방식과 같다고 해서 사전편찬식이라 불리는 것이다.
• 순차적 제거방식(sequential elimination rule)은 속성별 제거

법(elimination by aspect)으로도 불린다. 이는 소비자가 중요하게 생각하는 여러 평가요소별로 최소기준치(cut-off)를 정한 다음 이를 충족시키지 못한 대안을 그 중요도 순으로 제거하는 방식이다.

정답 ①

31-17F ☑☐☐☐
2022 국가직 7급

소비자의 대안평가 방식 중 비보상적 방식에 대한 설명으로 옳은 것은?

① 분리식(disjunctive rule)은 모든 속성에서 최소한의 수용기준을 설정하고, 그 기준을 만족시키는 대안 중 평가 점수가 가장 높은 대안을 선택하는 방식이다.

② 결합식(conjunctive rule)은 모든 속성에서 수용 가능한 최소 수준을 설정하고, 단 하나의 기준이라도 충족시키지 못하면 제거하는 방식이다.

③ 순차적 제거식(sequential elimination rule)은 모든 속성에서 최소 어느 정도는 되어야 한다는 수용기준을 설정하고, 평가 점수가 가장 낮은 대안부터 제거해 나가는 방식이다.

④ 사전편집식(lexicographic rule)은 복수의 대안이 하나의 기준에서 동등한 평가를 받을 때, 사전과 마찬가지로 가나다 순으로 대안을 선택하는 방식이다.

해설 ① [×] 분리방식(disjunctive rule)은 평가기준별로 최소기준치(cut-off)를 정한 다음 어느 한 가지 평가기준이라도 충족된 대안을 합격시키는 방식으로서, 고려대상이 되는 대안들이 이미 어느 정도 만족할 만한 수준에 이르렀거나 몇 가지 평가기준에서 상당한 약점이 있더라도 무방할 때 사용할 수 있다.
② [O] 결합방식(conjunctive rule)은 평가기준별로 최소기준치(cut-off)를 정한 다음 모든 평가기준에서 이 기준을 넘는 대안을 선택하는 방식으로서, 복수의 대안이 선택될 수도 있으며 모든 대안이 탈락될 수도 있다.
③ [×] 순차적 제거방식(sequential elimination rule)은 속성별 제거법(elimination by aspect)으로도 불린다. 이는 소비자가 중요하게 생각하는 여러 평가요소별로 최소기준치(cut-off)를 정한 다음 이를 충족시키지 못한 대안을 그 중요도 순으로 제거하는 방식이다.
④ [×] 사전편찬방식(lexicographic rule)은 평가요소 간 중요도의 차이가 있을 경우 가장 중요한 평가기준에서 가장 높은

점수를 얻은 대안을 선택하는 방식이다. 만약 가장 중요한 기준에서 최고득점을 한 대안이 복수일 때 비로소 두 번째로 중요한 기준을 적용하여 우열을 가린다.

정답 ②

31-23 ☑☐☐☐
2019 CPA

소비자 의사결정과정에 관한 설명으로 가장 적절하지 않은 것은?

① 상기상표군(evoked set)은 외적 정보탐색과 관련이 있다.

② 사전편집식(lexicographic rule)은 비보완적 대안 평가방식이다.

③ 결합식(conjunctive rule)은 비보완적 대안평가방식이다.

④ 구매경험이 있는 저관여 소비자가 구매노력을 덜기 위해 특정 브랜드를 반복 구매하는 것은 관성적 구매(inertia)와 관련이 있다.

⑤ 특정 브랜드에 대해 호의적 태도를 가지고 반복 구매하는 것은 브랜드충성도와 관련이 있다.

해설 ① [×] 상기상표군은 머릿속에 떠오르는 브랜드들의 집합이다. 따라서 이는 과거의 소비경험이나 타인의 의견 및 광고 등을 스스로 기억해 내는 내적탐색과 관련이 있다.
②, ③ [O] 비보완적 대안평가 방식은 특정 평가기준에서의 약점이 다른 평가기준에서의 강점에 의해 보완되지 않는 것으로서 사전편집방식, 분리방식, 결합방식, 연속제거방식 등이 그 예이다.
④ [O] 구매경험이 있는 소비자가 반복, 습관적으로 구매하는 것은 관성적 구매로서 저관여 구매방식의 일종이 된다.
⑤ [O] 브랜드 충성도는 특정한 브랜드 상품을 반복구매하는 정도를 뜻한다.

정답 ①

31-23D ☑☐☐☐

소비자행동에서 저관여 상황과 고관여 상황의 태도 형성 및 변화의 차이를 통합하여 설명하는 것으로 옳은 것은?

① 다속성태도모형(multi-attribute model)
② 정교화가능성모형(elaboration likelihood model)
③ 연상(association)에 의한 태도모형
④ 단순노출효과(mere exposure effect)

───────────────

해설〉 ① 다속성태도모형은 피쉬바인(Fishbein)에 의해 제시된 태도형성이론으로서 특정 제품이나 브랜드에 대한 소비자의 태도가 여러 가지 속성에 대한 종합적 평가로부터 형성된다고 보는 관점이다.
② 본 문제의 정답이다. 정교화가능성모형은 페티와 카치오포(Petty & Cacioppo)가 제시한 모형으로 커뮤니케이션이 어떤 과정을 통해 소비자의 태도를 변화시키는지를 설명해 주는 커뮤니케이션 효과모형이다. 여기서 '정교화 가능성'이란 소비자가 주의를 기울여 정보를 처리하려는 노력의 정도를 뜻하는데, 고관여인 경우 정교화 가능성도 커지고 저관여인 경우에는 그 가능성이 작아진다. 이 모형에 의하면, 소비자의 태도변화는 제시된 논점에 대한 사고의 결과로서 설득이 되는 중심경로(central route)와 제시된 논점과는 별 상관이 없는 광고모델의 매력성, 메시지의 재미 등의 주변경로(peripheral route)에 의해 일어난다. 그리고 소비자 설득을 위해 중심경로와 주변경로 중 무엇을 선택할지의 여부는 관여도에 따라 달라진다. 즉 고관여 소비자를 대상으로 하는 광고의 경우 구체적인 제품정보(중심경로)를 설득력 있게 제시하는 것이 효과적인 반면 저관여 소비자를 표적으로 하는 경우에는 제품정보보다 광고모델(주변경로)에 초점을 두는 것이 더 효과적이다.
③ 소비자행동론에서 연상은 브랜드에서 널리 사용되는 용어이다. 브랜드가 잘 떠오를 경우 긍정적 태도형성으로 이어져 구매가능성이 증가할 확률이 높다.
④ 단순노출효과는 자종크와 마르쿠스(Zajonc & Markus)가 제시한 개념으로 어떤 대상에 대한 반복적 노출이 저절로 그 대상에 대한 호의적인 태도를 형성한다는 것이다.

정답 ②

31-23J ☑☐☐☐

소비자행동에서 다음과 같은 현상을 가장 적절하게 설명하는 것은?

> 새로 출시된 자동차의 디자인이 처음에는 마음에 들지 않았지만, 계속 보다 보니 조금씩 호감도가 증가한다.

① 휴리스틱(heuristic)
② 프로스펙트 이론(prospect theory)
③ 사회판단이론(social judgment theory)
④ 단순노출효과(mere-exposure effect)

───────────────

해설〉 ① [×] 휴리스틱은 경험에 의한 판단을 의미한다.
② [×] 프로스펙트 이론(prospect theory, 전망이론)은 카네만(Kahneman)과 트버츠키(Tversky)에 의해 제시된 이론으로서 소비자의 효용이 절대적 크기가 아니라 준거점에 따른 상대적 위치에 의해 지각된다는 관점이다.
③ [×] 사회판단이론(social judgement theory)은 셰리프(Sherif)에 제시된 이론으로서, 설득하는 메시지가 수용영역(latitude of acceptance) 내에 위치하면 설득이 되고, 거부영역(기각영역, latitude of rejection)에 위치하면 설득에 실패하며, 중립영역(latitude of noncommitment)에 속하면 수용도 거부도 일어나지 않는다.
④ [○] 단순노출효과(mere exposure effect)는 자종크와 마르쿠스(Zajonc & Markus)가 제시한 개념으로 어떤 대상에 대한 반복적 노출이 저절로 그 대상에 대한 호의적인 태도를 형성한다는 것이다. 사람을 자꾸 보면 볼수록 정이 드는 것과 마찬가지로 제품이나 브랜드도 자꾸 볼수록 호감이 생기는 이유를 설명하는 개념이 된다.

정답 ④

31-24 ☑□□□
2024 군무원 7급

다음 중 소비자의 구매 의사결정에 대한 설명으로 가장 적절한 것은?

① 정교화 가능성 모형(elaboration likelihood model)에 따르면, 소비자의 정보처리 경로는 중심경로(central route) – 중간경로(middle route) – 주변경로(peripheral route)로 구분된다.

② 기대불일치모형(expectation disconfirmation model)에 의하면, 만족과 불만족은 소비자가 제품 사용 후 내린 평가가 기대 이상이냐 기대보다 못하냐에 따라 결정된다는 것이다.

③ 소비자의 구매 의사결정과정에서 '구매 후 과정'과 관련하여 귀인이론(attribution theory)은 구매 후 소비자가 불만족 원인이 일시적이고, 기업이 통제 불가능한 것이었고, 기업의 잘못으로 일어났다고 소비자가 생각할수록 불만족할 가능성이 높다.

④ 구매하기로 선택한 대안이 갖지 못한 장점을 선택하지 않은 대안이 갖고 있을 때, 구매 후 부조화(postpurchase dissonance) 현상은 크게 발생하지 않는다.

해설 ① [×] 정교화가능성 모형에서 중간경로는 존재하지 않는다.
② [○] 어찌 보면 너무나 당연한 설명이며, 올리버(Oliver)의 기대-불일치 모형에 관한 올바른 서술이다. 기대보다 실제 제품 경험이 좋으면 만족하고, 그 반대라면 불만족한다는 의미이다.
③ [×] 문제가 되는 원인이 '항구적'으로 발생하고, 개인의 입장에서 통제가능하지 않으며, 기업의 잘못일 경우 불만족이 커진다.
④ [×] 구매하기로 결정한 대안이 가지지 못하는 단점을 다른 대안이 갖게 된다면 구매 후 부조화는 더욱 증가한다.

정답 ②

31-24A ☑□□□
2018 군무원 복원

제품의 현재가격은 2,000원이고 웨버상수(K)는 0.2이다. 소비자가 가격차이를 느끼지 못하도록 가격인상을 시도할 경우 설정 가능한 가격대는?

① 현재가격 < 2,300원
② 2,300원 ≤ 현재가격 < 2,400원
③ 2,400원 ≤ 현재가격 < 2,500원
④ 2,500원 ≤ 현재가격 < 2,600원

해설 베버의 법칙을 이용하면 된다.
$$K = \frac{가격변화}{기존가격} = \frac{x-2,000}{2,000} = 0.2$$
위의 식에서 x를 구하면 2,400원이 된다. 이 말은 2,400원부터 가격의 인상을 소비자들이 느끼기 시작한다는 의미이므로 2,400원을 넘지 않는 선에서 최대로 가격을 책정하는 것이 회사 입장에서 바람직하다는 것이다.

정답 ②

31-24F ☑□□□
2022 CPA

소비자가 문제를 인식했을 때 이를 해결할 수 있는 수단을 찾기 위해 기억 속에 저장되어 있는 정보에서 회상하는 과정으로 가장 적절한 것은?

① 강화된 주의(heightened attention)
② 내적 탐색(internal search)
③ 의도적 노출(intentional exposure)
④ 관여(involvement)
⑤ 프레이밍(framing)

해설 ① [×] 이는 지속적으로 높게 관여된 제품군에 관하여 정보수집을 하던 중 우연히 관련 정보에 노출될 경우 발생되는 주의를 의미한다. 수험생이 좋은 교재를 오랜 기간 찾다가 대형서점을 방문할 때 우연히 특정 교재가 눈에 들어오는 것이 그 사례가 된다.
② [○] 필요한 정보가 소비자의 기억 속에 이미 저장된 경우에는 과거의 소비경험이나 타인의 의견 및 광고 등을 기억해 내는 방식의 내적 탐색이 이루어진다. 제품에 대한 지식수준이 높거나, 기억 속에 유용한 정보를 많이 가지고 있다면 또는 지난번 구매에 큰 만족을 느낀 경우에는 내적 탐색을 수행할 가능성이 크다.
③ [×] 이는 소비자 스스로가 특정 정보를 의도적으로 받아들

이는 것을 뜻한다.

④ [×] 이는 특정 상황에서 대상(제품이나 서비스)에 관한 개인적 중요성이나 관심의 정도를 뜻하며, 어떤 제품이나 서비스의 구매가 소비자에게 얼마나 중요하게 여겨지는가와 관련이 있다.

⑤ [×] 이는 '틀짜기'로도 불리며 특정 사건 내지 문제가 제시되는 형태를 뜻한다. 프레이밍 방식에 따라 의사결정이 달라질 수 있는데, 예를 들어 동일한 문제에 대해 부정적 문장이 제시된 경우 위험 회피적(risk-aversing)인 의사결정을 하고, 긍정적인 문장으로 제시될 때에는 위험 추구적(risk-taking)인 의사결정을 한다는 것이다.

정답 ②

31-25 ☑☐☐☐   2007 CPA

소비자들이 좋아하는 음악을 상품광고에 등장시키는 것은 소비자들이 이 음악에 대해 가지는 좋은 태도가 상품에 대한 태도로 이전되기를 기대하기 때문이다. 이를 가장 잘 설명하는 학습이론은 무엇인가?

① 내재적 모델링(covert modeling)
② 작동적 조건화(operant conditioning)
③ 수단적 조건화(instrumental conditioning)
④ 대리적 학습(vicarious learning)
⑤ 고전적 조건화(classical conditioning)

해설 고전적 조건화는 무조건자극(예: 음악)과 조건자극(예: 상품)을 결합하여 제공함으로써 궁극적으로 조건자극만으로 원하는 반응(예: 구매)을 유도하는 것이다.

정답 ⑤

31-25D ☑☐☐☐   2021 군무원 9급

소비자 구매행동에 영향을 미치는 요인 중 내적인 동기 요인과 가장 관련이 없는 것은?

① 소비자의 태도   ② 가족
③ 학력   ④ 나이

해설 태도, 학력, 나이는 소비자의 개인적(내적) 요인이지만, 가족은 사회적(외적) 요인이다.

정답 ②

31-26 ☑☐☐☐   2024 군무원 9급

다음 중 소비자행동의 영향요인으로 개인 심리적 요인과 가장 거리가 먼 것은?

① 라이프스타일   ② 학습
③ 가치   ④ 가족

해설 가족은 사회적 요인에 해당한다. 나머지 요인(라이프스타일, 학습, 가치)은 개인차원의 변수들이다.

정답 ④

31-29 ☑☐☐☐   2016 경영지도사

소비자보호에 관한 설명으로 옳지 않은 것은?

① 소비자보호운동은 판매자와 소비자 사이에서 야기되는 소비자의 불만에 대한 시민과 정부의 대응 행동이다.
② 소비자보호운동은 판매자와 소비자 간의 거래관계에서 힘의 균형이 소비자에게 기울어지게됨에 따라 이를 균등화시키기 위한 노력이다.
③ 소비자보호 관련 법은 소비자 권리, 제품안전규제의 강화 및 개인정보 보호 등을 포함하고 있다.
④ 소비자보호에는 안전, 피해보상, 깨끗한 환경에서 살 권리 등이 있다.
⑤ 소비자보호운동은 기업이 경제와 사회에 해악을 미칠 수도 있다고 보는 시각에서 비롯되었다.

해설 ② 소비자보호운동은 힘의 균형이 판매자에게 기울어짐에 따라 이를 바로잡기 위해 출발하였다.

정답 ②

31-29D ☑☐☐☐   2021 군무원 5급

마케팅 의사결정을 위한 조사자료 수집방법 중 1차 자료의 수집방법으로 가장 옳지 않은 것은?

① 우편조사법   ② 전화면접법
③ 문헌조사법   ④ 대인면접법

요점정리 1차 자료(primary data)는 연구자가 현재 수행 중인 의사결정문제를 해결하기 위하여 직접 수집한 자료를 뜻한다. 연구자가 직접 실시하는 설문조사(survey)나 관찰조사(observation, 고객이 말하지 않는 문제를 발견할 수 있는 인류학적 참여관찰법), 표적집단면접(FGI, focus group interview) 등을 통해 축적된 자료들이 이에 해당한다. 2차 자료(secondary data)는 연구자가 아닌 다른 사람들에 의해 이미 정리되어 있으며 현재의 문제해결에 사용가능한 자료로서, 각종 통계자료나 서적 및 보고서와 논문, 인터넷 등을 통해 수집된다.

해설 우편조사, 전화면접, 대인면접 등은 모두 연구자의 직접적 자료수집 활동이므로 1차 자료의 축적방식이다. 그러나 ③의 문헌조사는 기존에 정리된 자료를 다시 사용하는 것이므로 2차 자료의 수집방식에 해당한다.

정답 ③

31-30 ☑☐☐☐　　　　　2015 가맹거래사
조사방법 중 탐색적(exploratory) 방법이 아닌 것은?

① 인과관계조사　　　② 심층면접법
③ 문헌조사　　　　　④ 전문가의견조사
⑤ 표적집단면접법

요점정리 마케팅에서 조사방법은 크게 탐색조사, 기술조사, 인과조사로 구분된다. ②~⑤는 모두 탐색조사에 활용되는 기법이다.

해설 탐색조사(exploratory research)는 문제가 무엇인지 밝히거나 해당 문제에 대한 예비 지식을 넓히고 문제 자체에 익숙해지기 위한 목적으로 실시되는 연구조사의 유형으로서, 문헌조사(2차 자료조사), 관찰조사, 경험조사(전문가조사) 또는 사례조사(case study), 표적집단면접(FGI, focus group interview) 등을 포함한다.

정답 ①

31-30A ☑☐☐☐　　　　2019 상반기 군무원 복원
다음 중 탐색조사에 속하지 않는 것은?

① 관찰조사　　　　　② 패널조사
③ 사례조사　　　　　④ 면접조사

해설 관찰조사, 사례조사, 면접조사는 모두 탐색조사에 속하며, 패널조사는 기술조사의 한 유형이다.

	탐색조사	기술조사	인과조사
목적	문제의 확인과 문제해결에 필요한 기초지식의 축적 및 아이디어와 통찰의 발견	관심대상의 특성이나 기능을 파악하고 빈도, 변수간 상관관계, 예측 등을 수행	변수간 원인과 결과 사이의 관계를 규명
특징	유연함, 융통성	사전에 구체적 가설의 명시	하나 혹은 그 이상의 독립변수들의 처리
	종종 전체조사의 시작	사전에 계획되고 구체화된 설계	다른 조절변수들의 통제
방법	문헌조사(2차 자료) 관찰조사 경험조사(전문가조사) 사례조사(case study) 면접조사 - 표적집단면접(FGI) - 투사법(projective)	종단조사: 여러 시점에 걸친 자료 조사 횡단조사: 특정 시점에서 자료 조사 → 통계데이터(2차 자료), 설문조사, 패널조사 등을 활용	진실험조사 - 통제집단 사전사후설계 - 통제집단 사후설계 준실험조사 - 현장실험 비실험조사(전실험) - 단일집단 사전사후설계 - 단일집단 사후설계

정답 ②

31-30B ☑☐☐☐　　　　2019 하반기 군무원 복원
마케팅조사를 위한 자료수집에 대한 다음 설명으로 잘못된 것은 무엇인가?

① 2차 자료는 1차 자료에 비하여 직접 마케팅과 관련된 자료를 수집하는 것이므로 마케팅조사에 있어서 관련성이 높다.
② 2차 자료는 1차 자료에 비하여 획득비용이 저렴하다.
③ 1차 자료는 2차 자료에 비하여 정보의 질은 우수하다.
④ 1차 자료는 2차 자료에 비해 시간과 비용이 많이 든다.

해설 마케팅과 관련한 데이터를 직접 수집한 결과는 '1차 자료'이다.

정답 ①

31-31 ☑□□□   2014 가맹거래사

소수의 응답자들을 대상으로 한 장소에서 주어진 주제에 대하여 자유롭게 토론을 하여 자료를 수집하는 방법은?

① 표적집단면접법   ② 문헌조사
③ 델파이법   ④ 사례조사
⑤ 기술조사

해설 소수의 응답자를 대상으로 자유토론을 하는 자료수집 방법은 표적집단면접(FGI, focus group interview)이다.

정답 ①

31-31A ☑□□□   2018 군무원 복원

다음 중 절대값 0이 존재하는 척도는?

① 명목척도(nominal scale)
② 서열척도(ordinal scale)
③ 등간척도(interval scale)
④ 비율척도(ratio scale)

해설

	명목척도	서열척도	등간척도	비율척도
특징	범주나 종류를 구분	서열(상대위치)을 표현	서열 및 간격을 표현	절대적 크기값 표현
연산	불가능	대부분 불가능	덧셈, 뺄셈만 가능	사칙연산 가능
사례	지역번호	회사의 계급	온도, 지능지수	몸무게, 소득

기본서와 〈경영학 워크북〉에서도 서술하고 있듯 절대적 크기를 확인하는 지표는 비율척도이고, 여기서의 0은 실제로 없음(無)을 뜻한다. 반면 등간척도의 0은 일종의 기준점을 뜻한다.

정답 ④

31-31B ☑□□□   2019 상반기 군무원 복원

자신의 문제나 심리를 다른 상황이나 그림 혹은 타인의 이야기에 빗대어 표현하게끔 하는 방법은 무엇인가?

① 프로빙 기법   ② 래더링 기법
③ 프로젝션 기법   ④ 에스노그라피

해설 ① 프로빙 기법은 응답자의 불완전한 응답에 대하여 되묻는 기법이다.
② 래더링 기법은 제품의 속성이나 가치를 개인적 가치에 연결시켜 설명하는 기법이다.
③ 프로젝션 기법은 우리말로 '투사'라고 하며, 자신의 생각이나 심리를 타인에 전가하여 표현하는 것이다.
④ 에스노그라피는 '민속지'로 번역되며, 특정 집단 구성원의 생각이나 삶의 방식 및 행동양식 등을 서술하는 연구기법으로서, 문화인류학 분야에서 널리 활용된다.

정답 ③

31-31C ☑□□□   2019 상반기 군무원 복원

첫 테스트에서 먹은 것 때문에 두 번째 먹었을 때 맛있는지 모르는 효과는 무엇인가?

① 성숙효과   ② 매개효과
③ 상호작용효과   ④ 시험효과

해설 ① 성숙효과: 이는 시간이 지남에 따라 실험대상자의 속성이 점차 바뀌므로 실험의 결과가 영향을 받는 현상이다. 이를테면 피부재생에 비타민이 미치는 효과를 측정하려 할 때, 측정대상이 어린이나 청소년이라면 비타민 섭취와 상관없이 성장하기 때문에 비타민의 효과가 마치 대단한 것처럼 느껴질 수 있는 것이다.
② 매개효과: 매개효과는 독립변수와 종속변수 사이에 연결고리(논리적 징검다리) 역할을 하는 변수가 존재할 때 나타나는 효과이다.
③ 상호작용효과: 이는 독립변수가 종속변수에 미치는 영향에 제3의 변수가 개입하여 그 효과를 증폭시키거나 감소시킬때 나타나는 효과이다.
④ 시험효과: 이는 첫 번째 시험의 결과가 두 번째 시험에 영향을 미치는 것을 뜻한다. 모의시험을 친 수험생은 그렇지 않은 수험생에 비해 실전에서 더 높은 점수를 얻을 가능성이 크고, 어제 먹은 맛난 음식 때문에 오늘 먹는 음식의 맛이 덜하게 느껴지는 것이다.

정답 ④

31-31J ☑□□□
2023 군무원 5급

유아용 학습교재를 개발하기 위해 엄마들과 면접을 진행하는 과정에서 자기 아이가 다른 아이보다 학습능력이 뒤떨어지는 것으로 나타날 때 솔직한 대답을 이끌어내기 어려울 수 있다. 이럴 경우 응답자들로 하여금 간접적으로 자신의 동기, 신념, 태도 또는 느낌 등을 표현하게 하는 질문 기법이 요구되는데, 이러한 질문 기법에 해당하지 않는 것은?

① 단어연상법(word association)
② 문장완성법(sentence completion)
③ 그림묘사법(picture response technique)
④ 래더링기법(laddering technique)

해설 ①,②,③ [O] 단어를 떠올리게 하거나, 문장의 일부만 보여주고 나머지를 완성하게 하거나, 그림의 상황이나 내용을 설명하라고 요구하는 기법들은 모두 개인의 생각이나 태도 또는 느낌을 간접적으로 표현시키는 방법이다.
④ [×] 래더링 기법은 제품의 속성이나 가치를 개인적 가치에 연결시켜 설명하는 기법이다.

정답 ④

31-32 ☑□□□
2016 7급공무원 2책형

표본추출방법에 대한 설명으로 옳지 않은 것은?

① 단순무작위표본추출법, 군집표본추출법, 층화표본추출법은 확률표본추출방법에 해당한다.
② 모집단의 특성을 반영하도록 미리 할당된 비율에 따라 표본을 추출하는 할당표본추출은 비확률표본추출에 해당한다.
③ 조사자가 표본선정의 편리성에 중점을 두고 조사자 임의대로 표본을 선정하는 방법은 편의표본추출법이다.
④ 모집단을 서로 배타적이고 포괄적인 소그룹으로 구분한 다음 각 소그룹별로 단순 무작위 표본추출하는 방법은 판단표본추출방법이다.

요점정리 표본추출의 방법에는 확률표본추출과 비확률표본추출이 있다. 확률표본추출(probability sampling)은 각 표본들이 모집단으로부터 추출될 확률이 동일한 표본추출방식으로서 단

순 무작위 추출, 체계적 추출, 층화추출, 군집추출 등으로 구분된다. 비확률표본추출(non-probability sampling)은 각 표본이 추출될 확률이나 방법이 사전에 알려지지 않는 표본추출방식으로서 편의추출, 판단추출, 할당추출 등으로 구분된다.

해설 ④ 이는 층화추출에 대한 설명이다.

정답 ④

31-32A ☑□□□
2020 가맹거래사

마케팅조사 자료수집 시 다음에 해당하는 표본추출방법은?

- 추출된 표본이 모집단을 대표하지 못할 수도 있다.
- 표본 추출비용이 거의 발생하지 않고 절차가 간단하다.
- 조사자나 면접원이 편리한 장소와 시간에 접촉하기 쉬운 대상들을 표본으로 추출한다.

① 편의표본추출　　　② 군집표본추출
③ 층화표본추출　　　④ 할당표본추출
⑤ 판단표본추출

해설 첫 번째 제시문(추출된 표본이 모집단을 대표하지 못할 수도 있다)은 비확률표본추출을 의미한다. 따라서 확률추출에 해당하는 군집(②), 층화(③) 추출은 제거된다. 표본추출비용이 거의 발생하지 않으며, 연구자가 편리하게 접촉 가능한 이들을 표집하는 방식이므로 정답은 편의추출(convenient sampling)이 된다.

정답 ①

31-32J ☑□□□
2023 군무원 7급

다음 중 확률표본추출방법에 해당하는 것은?

① 층화표본추출(stratified sampling)
② 편의표본추출(convenience sampling)
③ 판단표본추출(judgmental sampling)
④ 할당표본추출(quota sampling)

요점정리 확률표본추출(probability sampling)은 각 표본들이 모집단으로부터 추출될 확률이 동일한 표본추출방식으로서 단

순 무작위 추출, 체계적 추출, 층화추출(①), 군집추출 등으로 구분된다. 한편 비확률표본추출(non-probability sampling)은 각 표본이 추출될 확률이나 방법이 사전에 알려지지 않는 표본추출방식으로서 편의추출, 판단추출, 할당추출 등으로 구분된다.

해설 ①의 층화추출법(stratified sampling)은 모집단을 상호 배타적인 집단군으로 구분한 뒤 단순 무작위 또는 체계적 방식으로 추출하는 방법이다.

정답 ①

31-32K ☑□□□　　　　2023 가맹거래사

비확률표본추출방법에 해당하는 것은?

① 할당표본추출법
② 단순무작위표본추출법
③ 체계적표본추출법
④ 층화표본추출법
⑤ 군집표본추출법

요점정리 확률표본추출(probability sampling)은 각 표본들이 모집단으로부터 추출될 확률이 동일한 표본추출방식으로서 단순 무작위 추출, 체계적 추출, 층화추출, 군집추출 등으로 구분된다. 한편 비확률표본추출(non-probability sampling)은 각 표본이 추출될 확률이나 방법이 사전에 알려지지 않는 표본추출방식으로서 **편의추출, 판단추출, 할당추출(①)** 등으로 구분된다.

해설 ①의 할당추출법(quota sampling)은 모집단을 구성하고 있는 범주의 비율대로 표본을 추출하는 방법이다. 예를 들어 선거 여론조사에서 세대별 인구비례에 따라 설문을 실시하는 경우가 이에 해당한다.

정답 ①

31-32M ☑□□□　　　　2024 가맹거래사

확률표본추출방법으로 옳은 것은?

① 층화표본추출　　　　② 할당표본추출
③ 편의표본추출　　　　④ 판단표본추출
⑤ 눈덩이표본추출

해설 확률표본추출의 사례로는 단순무작위추출, 체계적 추출, 층화추출, 군집추출 등이 있다.

정답 ①

31-33 ☑□□□　　　　2012 7급공무원 인책형

마케팅 조사(marketing research)를 위한 표본추출방법 중에서 할당 표본추출(quota sampling) 방법에 대한 설명으로 옳은 것은?

① 확률 표본추출 방법 중의 하나이다.
② 모집단 내의 각 대상이 표본에 추출될 확률이 모두 동일한 방법이다.
③ 모집단의 특성을 반영하도록 통제 특성별로 미리 정해진 비율만큼 표본을 추출하는 방법이다.
④ 모집단을 어떤 기준에 따라 상이한 소집단으로 나누고 각 소집단으로부터 표본을 무작위로 추출하는 방법이다.

요점정리

확률 표본 추출	단순무작위 추출	모집단의 각 원소를 동일한 확률에 의해 랜덤으로 추출
	체계적 추출	시작점이 무작위로 설정된 뒤 동일한 간격으로 추출
	층화 추출	상호배타적 집단군으로 구분한 뒤 각 집단 내에서 랜덤으로 추출
	군집 추출	상호배타적 집단군 가운데 어느 하나를 랜덤으로 선정하여 전수조사
비확률 표본 추출	편의추출	연구자가 자신의 마음대로 편리한 장소에서 편리한 기준으로 추출
	판단추출	연구자가 표본집단에 대한 지식이 많은 경우 가장 적합한 대상을 추출
	할당추출	모집단을 구성하고 있는 범주의 비율대로 표본을 추출

해설 할당추출은 모집단을 구성하는 각 범주(category)의 비율에 맞추어 표본을 구성하여 표본과 모집단의 특성이 유사해지도록 만드는 방법이다. 따라서 비확률표본추출이라 할 수 있으므로 ①, ②, ④는 틀린 설명이 된다.

정답 ③

31-33J ☑☐☐☐   2023 서울시 7급

마케팅조사에 대한 설명으로 가장 옳은 것은?

① 군집표본추출법(cluster sampling)은 모집단을 어떤 기준에 따라 서로 상이한 소집단들로 나누고, 각 소집단으로부터 표본을 무작위로 추출하는 방법이다.

② 체계적오차가 작으면 신뢰성(reliability)이 높고, 비체계적오차가 작으면 타당성(validity)이 높다.

③ 표적집단면접법(FGI)과 설문조사는 1차 자료를 수집하기 위한 방법이며, 탐색조사에 적합한 자료수집방법이다.

④ 기업의 매출액과 특정 제품에 대한 소비자의 연령 및 소득은 비율척도에 해당한다.

해설 ① [×] 이는 층화추출법에 관한 설명에 가깝다. 군집추출법(cluster sampling)은 <u>상호배타적인 집단군 가운데 어느 하나를 랜덤으로 선정하여 전수조사하는</u> 방법이다. 여기서 표본추출의 대표성을 보장하기 위해서는 모집단을 군집으로 분류할 때 어느 정도 그 속성이 유사한 동질적 집단들로 나누어야 한다.

② [×] 일반적으로 조사오차는 그 발생요인의 속성에 따라 체계적 오차와 비체계적 오차로 구분할 수 있다.

• 체계적 오차(systemic error): 이는 조사방법 자체의 문제로 인하여 조사를 통해 얻은 측정값이 (문제가 없을 경우에 비해서) 일관되게 커지거나 작아지는 경우 등의 편향(bias)을 지칭한다. <u>일반적으로 체계적 오차가 발생할 경우 연구결과의 타당성(validity, 조사를 통해 목적에 부합되는 자료를 얻는 정도)에 문제가 생긴다.</u>

• 비체계적 오차(nonsystemic error): 이는 조사방법상의 문제는 없지만 오차 자체의 분산(variance)이 커서 조사를 통해 얻은 측정값 자체가 일관되지 않은 분포를 보이는 현상을 뜻한다. <u>일반적으로 비체계적 오차가 발생할 경우 연구결과의 신뢰성(reliability, 조사를 통해 얻은 자료의 일관성)에 문제가 생긴다.</u>

따라서 본 선지는 신뢰성과 타당성에 관한 서술을 반대로 한 것이다.

③ [×] 탐색조사(exploratory research)는 문제가 무엇인지 밝히거나 해당 문제에 대한 예비 지식을 넓히고 문제 자체에 익숙해지기 위한 목적으로 실시되는 연구조사의 유형으로서, 문헌조사(2차 자료조사), 관찰조사, 경험조사(전문가조사) 또는 사례조사(case study), 표적집단면접(FGI, focus group interview), 투사법(projection) 등을 포함한다. 반면 기술조사(descriptive research)는 연구자가 관심을 가지고 있는 상황에 대한 특성 파악과 특정상황의 발생빈도, 변수간의 상호관계, 관련된 상황에 대한 예측 등을 목적으로 하여 실시되는 연구조사의 유형으로서, 대개 통계데이터(2차 자료), 설문조사(survey), 패널조사(여러 시점에 걸쳐 측정한 데이터) 등의 방법을 활용하여 진행하는 경우가 대부분이다. 따라서 본 선지에서 '설문조사'는 탐색조사가 아니라 기술조사에 적합한 자료수집 방법이 된다.

④ [O] 사회과학에서 변수의 측정방식은 제공되는 정보의 수준과 자료분석에 활용가능한 통계적 방법의 수준에 따라 명목척도, 서열척도, 등간척도, 비율척도의 넷으로 크게 구분되며, 이상의 순서에 따라 각 척도가 포함하는 정보량이 증가한다. 그 중 비율척도(ratio scale)는 등간척도와 모든 특성에서 동일하나 0이 자의적으로 부여된 기준값이 아닌 절대적 의미를 갖게 된다는 점에서 등간척도와 구별된다. 예를 들어 온도의 0은 기준점의 의미지만(등간척도), 몸무게의 0은 실제로 질량이 없다는 의미이다. 따라서 비율척도끼리는 일반적인 사칙연산이 모두 가능하다. 매출액과 소득 등 금액으로 표현되는 대부분은 비율척도이며, 연령의 경우 '살아온 기간'으로 정의한다면 비율척도로 볼 수 있다.

정답 ④

31-34 ☑☐☐☐   2024 군무원 7급

다음 마케팅 조사와 관련된 여러 설명들 중 가장 적절한 설명은?

① 등간척도(interval scale)는 속성의 절대적 크기를 측정하기 때문에 사칙연산이 가능하다.

② 외적 타당성(external validity)이란 실험 결과를 실험실 밖의 실제상황에서 어느 정도까지 설명력 있게 확대 적용할 수 있느냐의 정도를 나타내는 지표를 말한다.

③ 표적 집단 면접(focus group interview), 문헌조사, 전문가 의견조사는 기술조사 방법(descriptive research method)에 해당한다.

④ 전화 설문 기법(telephone survey technique)은 표본 범주를 통제하기가 용이하다.

해설 ① [×] 등간척도는 상대적 크기를 측정하며, 사칙연산 중 더하기와 빼기만 가능하다.

② [O] 외적 타당성은 실험결과가 일반적 상황에 적용되는지의 정도이다. 따라서 옳은 선지이다.

③ [×] 표적집단면접과 문헌조사 및 전문가의견조사는 모두 탐색조사(exploratory research)에 해당한다.

④ [×] 전화설문은 누가 받을지 미리 알 수가 없기에 표본범주(누가 표본으로 선정되는지)의 통제가 어렵다.

정답 ②

31-36D ☑☐☐☐　　　2021 CPA

마케팅조사에 관한 설명으로 적절한 항목만을 모두 선택한 것은?

> a. 마케팅정보의 원천을 1차 자료와 2차 자료로 구분할 때, 공공기관(통계청, 한국은행 등)에서 발간한 자료는 2차 자료에 해당된다.
> b. 척도의 4가지 유형 중에서 측정대상을 구분하는 범주나 종류를 측정하는 데 사용되는 유형을 서열척도(ordinal scale)라고 한다.
> c. 전수조사와 표본조사 모두 표본오차가 발생한다.

① a
② a, b
③ a, c
④ b, c
⑤ a, b, c

해설 a. [○] 마케팅조사에서 사용하는 자료에는 1차 자료와 2차 자료가 있다. 1차 자료(primary data)는 연구자가 현재 수행중인 의사결정문제를 해결하기 위하여 직접 수집한 자료를 뜻한다. 연구자가 직접 실시하는 설문조사(survey)나 관찰조사(observation, 고객이 말하지 않는 문제를 발견할 수 있는 인류학적 참여관찰법), 표적집단면접(FGI, focus group interview) 등을 통해 축적된 자료들이 이에 해당한다. 2차 자료(secondary data)는 연구자가 아닌 다른 사람들에 의해 이미 정리되어 있으며 현재의 문제해결에 사용가능한 자료로서, 각종 통계자료나 서적 및 보고서와 논문, 인터넷 등을 통해 수집된다. 통계자료에는 기업내부자료와 기업외부자료가 있는데, 회계자료나 영업 및 마케팅자료(POS 자료를 포함한 시장조사자료) 등은 내부자료에 속하며 정부통계나 언론사의 자료 등은 외부자료에 해당한다. 일반적으로 연구의 출발점은 2차 자료의 검토로부터 이루어지는 경우가 많다.
b. [×] 사회과학에서 변수의 측정방식은 제공되는 정보의 수준과 자료분석에 활용가능한 통계적 방법의 수준에 따라 명목척도, 서열척도, 등간척도, 비율척도의 넷으로 크게 구분되며, 이상의 순서에 따라 각 척도가 포함하는 정보량이 증가한다.
- 명목척도(nominal scale)는 측정대상이 속한 범주나 종류를 구분하기 위한 척도로서, 단지 분류적인 개념만을 내포한다(예, 설문조사에서 남자는 0점, 여자는 1점을 부여하는 경우). 따라서 측정점수 자체는 아무런 계량적 의미를 가지지 못하며 점수의 연산도 불가능하다.
- 서열척도(ordinal scale)는 명목척도가 가지는 분류적 속성에 서열적 속성을 추가로 가진다(예, 연봉 1억 이상은 1, 5천만원 이상은 2, 3천만원 이상은 3, 2천만원 이하는 4로 번호를 부여하는 경우). 따라서 특정한 성격을 가지는 정도에 따라 범주들간의 서열화가 가능하다. 하지만 각 범주간의 간격이 동일하지는 않을 수 있으며 서열점수간의 연산도 의미가 없다.
- 등간척도(interval scale)는 대상을 서열화할 수 있을 뿐만 아니라 대상들간의 간격을 표준화된 척도로 표시할 수 있다(예, 온도를 ℃로 나타내는 것, 상대적 소득수준을 물가지수로 표현하는 것, 지능을 IQ로 표현하는 것 등). 등간척도로 표시되는 숫자들간에는 (IQ 점수 같은 예외도 있지만) 덧셈과 뺄셈의 연산이 가능하지만, 이것이 절대기준(absolute standard)에 의한 수치가 아니라 상대적 크기의 비교값에 불과하기에 측정치들간의 절대적 크기 비교는 불가능하다.
- 비율척도(ratio scale)는 등간척도와 모든 특성에서 동일하나 0이 자의적으로 부여된 기준값이 아닌 절대적 의미를 갖게 된다는 점에서 등간척도와 구별된다. 예를 들어 온도의 0은 기준점의 의미지만(등간척도), 몸무게의 0은 실제로 질량이 없다는 의미이다. 따라서 비율척도끼리는 일반적인 사칙연산이 모두 가능하다.
c. [×] 조사에서 발생하는 오류는 크게 표본오차(표본오류)와 비표본오차(비표본오류)로 구분할 수 있다. 표본오차(sampling error)는 표본을 추출하는 과정에서 발생하는 오류로서, 모집단의 속성을 대표하지 못하는 표본이 선정되는 것이 그 원인이며 표본크기가 작을수록 증가한다. 따라서 전수조사의 경우에는 표본오차가 발생하지 않는다. 반면 비표본오차(non-sampling error)는 표본오차를 제외한 나머지 오류로서 주로 설문과 자료집계의 과정에서 발생하는 오류이다. 일반적으로 표본수가 증가함에 따라 비표본오차(예, 코딩오류, 자료의 누락 등)는 증가하며 표본오류는 감소한다.

정답 ①

31-38F ☑☐☐☐　　　2022 가맹거래사

㈜가맹은 성별에 따른 제품 선호도(좋음, 나쁨으로 구분)에 차이가 있는지를 파악하기 위해 소비자 250명을 대상으로 시장조사를 실시하였다. 마케팅 조사를 위한 올바른 분석기법은?

① 선형 회귀분석
② 분산분석
③ 요인분석
④ 교차분석
⑤ 두 모집단 t분석

해설 성별은 보통 여성과 남성의 두 집단으로 분류가능한 명목변수이고, 제품선호도도 좋음과 나쁨의 두 집단으로 분류하므로 본 문제에서는 명목변수가 된다. 따라서 명목변수와 명목변수간의 관계를 보는 데 사용되는 분석법을 고르면 교차표 분석(cross-tabulation analysis)이 된다. (이러한 문제는 조사방법들의 개념정의를 암기하느냐의 문제이므로 별다른 공부방법이 없다. 그냥 외워야 하는 것이다. 왜 명목변수간의 관계를 파악할 때는 교차분석을 사용하는가 등과 같은 질문은 합격할 때까지는 하지 않기로 하자.)

정답 ④

제품과 브랜드

1. 제품의 개념

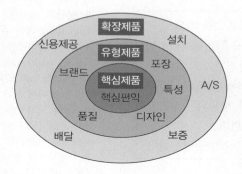

2. 제품관련 주요 의사결정사항

1) 개별제품의 의사결정 내용: 속성, 브랜딩, 패키징(용기, 포장재), 레이블링, 제품지원서비스
2) 제품믹스(=기업이 판매하는 모든 제품의 집합)의 관리
   ① 폭: 제품믹스 내 모든 제품라인(=상호 밀접한 제품들의 집합)들의 수
   ② 길이: 각 제품라인 내 브랜드의 수
   ③ 깊이: 각 브랜드 내 개별 품목들의 수
3) 제품 - 시장 확장 매트릭스(Ansoff)

	기존제품	신제품
기존 시장	시장침투	제품개발
신 시장	시장개발	다각화

3. 브랜드

1) 브랜드 지식: 최초상기상표 〉 비보조인지(회상) 〉 보조인지(재인) 〉 무인지
2) 브랜드 전략

	기존 제품군	새 제품군
현존 브랜드	라인 확장(=계열확장) → 수직확장(상향/하향), 수평확장 (희석효과 우려)	브랜드 확장(=카테고리 확장)
신규 브랜드	멀티브랜드(=복수상표)	새로운 브랜드

32-1 ☑□□□ 2015 가맹거래사, 2023 가맹거래사 변형
마케팅믹스의 4P's에 해당하지 않는 것은?

① Price ② Promotion
③ Place ④ Product
⑤ Procedure

해설〉 4P: 제품(product), 가격(price), 유통(place), 촉진(promotion)

정답 ⑤

32-1A ☑□□□ 2020 경영지도사
마케팅의 4P에 해당하지 않는 것은?

① 가격 ② 제품
③ 유통 ④ 소비자
⑤ 촉진

해설〉 4P: Product(제품), Price(가격), Place(유통), Promotion (촉진)

정답 ④

32-1B ☑□□□ 2017 군무원 복원
다음 중 마케팅믹스(marketing mix)의 4P와 거리가 먼 것은?

① 포지셔닝(positioning)
② 가격(price)
③ 유통경로(place)
④ 촉진(promotion)

해설〉 마케팅믹스는 제품, 가격, 유통, 촉진으로 구성된다.

정답 ①

32-1C ☑□□□ 2019 하반기 군무원 복원
다음 중 마케팅믹스(4P)에 해당하지 않는 것은?

① 제품(product) ② 가격(price)
③ 유통(place) ④ 포장(package)

해설〉 마케팅믹스는 마케팅의 실천수단으로서 제품, 가격, 유통, 촉진(promotion)으로 구성된다.

정답 ④

32-1F ☑□□□ 2022 군무원 9급
다음 중 마케팅 믹스(4P Mix)에 해당하지 않는 것은?

① 상품(product) ② 가격(price)
③ 유통(place) ④ 과정(process)

해설〉 마케팅믹스는 마케팅의 수단 내지는 도구를 의미하며, 여기에는 제품(product), 가격(price), 유통(place), 촉진 (promotion)이 포함된다.

정답 ④

32-2 ☑□□□ 2014 7급공무원 A책형
마케팅 믹스인 4P와 각각의 구성요소를 옳게 짝지은 것은?

① 제품 – 보증 ② 가격 – 브랜드
③ 유통 – 포장 ④ 촉진 – 품질

해설〉 ① 보증은 확장제품의 한 예가 된다. 제품은 핵심제품, 유형제품, 확장제품의 3계층으로 구분될 수 있다.
② 브랜드는 제품의 한 요소이다.
③ 포장 역시 제품의 요소이다.
④ 품질도 제품에 속한다.

정답 ①

32-2D ☑☐☐☐
2021 가맹거래사

마케팅믹스 4P와 로터본(Lauterborn)의 4C의 대응 관계로 옳지 않은 것은?

① 4P: 기업관점, 4C: 소비자관점
② 4P: 제품, 4C: 소비자문제해결
③ 4P: 가격, 4C: 소비자비용
④ 4P: 유통, 4C: 유통의 편리성
⑤ 4P: 촉진, 4C: 제품접근성

해설 4P는 제품(product), 가격(price), 유통(place), 촉진(promotion)의 4가지 마케팅 믹스를 뜻한다. 이는 모두 기업관점의 용어이다. 이를 소비자의 문제해결 관점으로 전환한 개념이 4C이다. 4C는 고객(customer, 고객의 문제해결을 위해 필요(needs)한 것과 고객이 선호(wants)하는 내용), 비용(cost, 고객이 지불하는 비용), 편의(convenience, 접근/활용 등의 편의성), 소통(communications, 고객과 기업의 의사소통)을 뜻한다. 따라서 ⑤의 '제품접근성'은 '고객과의 소통'으로 바꿔야 한다.

정답 ⑤

32-2M ☑☐☐☐
2024 군무원 9급

다음 중 판매자 관점의 4P에 대한 비판으로 등장한 구매자 관점의 4A에 해당하지 않은 것은?

① 가용성   ② 촉진
③ 인지도   ④ 수용성

해설 제품, 가격, 유통, 촉진 등의 전통적 4P에 대응되는 구매자 관점의 4A에는 Acceptability(수용성), Affordability(지불 가능성), Accessibility(접근 가능성), Awareness(인지도) 등이 포함된다.

정답 ②

32-3 ☑☐☐☐
2017 공인노무사

제품 구성요소 중 유형제품(tangible product)에 해당하는 것은?

① 보증(guarantee)   ② 상표명(brand name)
③ 대금결제방식(payment)
④ 배달(delivery)
⑤ 애프터 서비스(after service)

해설 핵심제품: 제품의 핵심적/본질적 편익
유형제품: 브랜드, 포장, 품질, 특성 등
확장제품: 대금결제(예: 신용제공), 배달, 보증(guarantee), 애프터서비스(A/S), 설치 등

정답 ②

32-4 ☑☐☐☐
2011 가맹거래사

제품개념 중 확장제품에 해당되지 않는 것은?

① 품질보증   ② 애프터서비스
③ 배달   ④ 설치
⑤ 포장

해설 핵심제품: 핵심편익
유형제품: 브랜드, 포장, 특성, 품질, 디자인
확장제품: 신용제공, 설치, A/S, 품질보증, 배달

정답 ⑤

32-4A ☑☐☐☐
2020 7급 나형

일반적으로 제품의 구성 차원은 핵심제품, 유형제품, 확장제품의 세 가지 수준으로 구성되는데, 애프터서비스(A/S)와 동일한 제품 차원에 속하는 구성요소에 해당하는 것으로만 묶은 것은?

ㄱ. 특성	ㄴ. 배달	ㄷ. 편익
ㄹ. 설치	ㅁ. 포장	ㅂ. 스타일(모양)
ㅅ. 신용	ㅇ. 브랜드	

① ㄱ, ㅂ, ㅇ   ② ㄴ, ㄹ, ㅅ
③ ㄷ, ㅁ, ㅇ   ④ ㄹ, ㅁ, ㅅ

해설 설치, 배달, 신용제공(할부서비스), 애프터서비스 등은 모두 확장제품(extended or augmented product)에 해당한다.

추가해설 (ㄷ)의 편익은 핵심제품(core product)에 해당하고, 나머지 특성(ㄱ), 포장(ㅁ), 스타일(ㅂ, 모양), 브랜드(ㅇ)는 유형제품(tangible product)에 해당한다.

정답 ②

32-4J ☑☐☐☐　　　　2023 군무원 5급

'○○ 발효유'는 위산에 취약한 비피더스 유산균을 캡슐로 감싸 장까지 살아서 도달하는 제품속성으로 소비자에게 소구하고 있다. '○○ 발효유'와 동일한 제품 차원에 속하는 구성요소로만 고른 것은?

ㄱ. 브랜드	ㄴ. 디자인
ㄷ. 품질	ㄹ. 보증
ㅁ. 포장	

① ㄱ, ㄴ, ㄷ　　　　② ㄱ, ㄷ, ㄹ
③ ㄴ, ㄷ, ㄹ　　　　④ ㄷ, ㄹ, ㅁ

해설 제품계층구조는 코틀러(Kotler)에 의하여 제시되었다. 제품은 크게 계층구조에 따라 본질적 편익을 뜻하는 핵심제품(core product, 예: 교통수단), 핵심편익에 대해 고객이 구체적으로 체험가능한 요소인 품질과 브랜드(상표), 패키징, 스타일, 기타 특성 등이 추가된 유형제품(실제제품, actual or tangible product, 예: 토요타 PRIUS 자동차), 핵심제품과 유형제품을 지원하는 부가요소인 각종 서비스나 혜택(설치, 배달, 애프터서비스 등)이 부가되어 제공되는 확장제품(extended or augmented product, 예, 자동차의 무상보증서비스 등)으로 구분할 수 있다. 문제에서 설명하는 발효유의 속성은 본질적 편익에 속하는 핵심제품이라 볼 여지도 있으나, '캡슐로 감싸 장까지 살아서 도달'하는 것은 발효유의 본질이라기보다는 사실 이 제품만의 고유특징이라 볼 수 있다. 통상 고유한 특성이나 속성은 '유형제품'으로 분류한다. 유형제품에 해당하는 선지는 브랜드, 디자인, 품질 등이다. (그런데 마지막의 '포장'도 사실 유형제품에 속한다. 그렇다면 '보증'을 제외한 모든 내용이 맞고, 선지 (ㄹ)을 제외하다보니 ①이 답이 되는 것일 뿐이다.)

정답 ①

32-5 ☑☐☐☐　　　　2009 7급공무원 봉책형

제품의 개념은 핵심제품, 유형제품, 확장제품으로 구성된다. 다음 중 유형제품에 대한 관리로 볼 수 없는 것은?

① 표적 소비자 집단이 제품에 기대하는 혜택을 파악
② 제품품질에 영향을 미칠 수 있는 요소들에 대한 결정
③ 제품 스타일의 개발
④ 제품 상표명에 대한 결정

요점정리 제품계층구조는 코틀러(Kotler)에 의하여 제시되었다. 제품은 크게 계층구조에 따라 본질적 편익을 뜻하는 핵심제품(core product, 예: 교통수단), 핵심편익에 품질과 브랜드(상표), 패키징, 스타일, 기타 특성 등이 추가된 유형제품(실제제품, actual or tangible product, 예: 토요타 PRIUS 자동차), 유형제품에 각종 서비스나 혜택(설치, 배달, 애프터서비스 등)이 부가되어 제공되는 확장제품(extended or augmented product, 예: 자동차의 무상보증서비스 등)으로 구분할 수 있다. 이상의 논의에 따르면 유형제품은 브랜드(상표), 포장, 모양, 디자인, 스타일 등의 결정과 관련이 깊다.

해설 ①의 핵심편익은 '핵심제품'에 관한 의사결정이 된다.

정답 ①

32-5A ☑☐☐☐　　　　2020 서울시 7급

제품은 핵심제품, 유형제품, 확장제품으로 구성된다. 〈보기〉 중 확장제품에 포함되는 항목의 총 개수는?

〈보기〉	
ㄱ. 제품 디자인	ㄴ. 제품 포장
ㄷ. 브랜드명	ㄹ. 보증제도
ㅁ. 배달	

① 두 개　　　　② 세 개
③ 네 개　　　　④ 다섯 개

해설
- 핵심제품: 〈보기〉에서 해당되는 항목이 없음
- 유형제품: 제품 디자인(ㄱ), 포장(ㄴ), 브랜드명(ㄷ)
- 확장제품: 보증(ㄹ), 배달(ㅁ)

정답 ①

32-5M ✔☐☐☐
2024 군무원 5급

필립 코틀러(Philip Kotler)와 게리 암스트롱(Gary Armstrong)은 제품의 개념을 세 단계로 구분하여 정의하면서, 이들의 합이 비로소 진정한 제품이라 주장하였다. 다음 중 이와 관련한 설명으로 가장 적절하지 않은 것은?

① 확장제품은 개념적 존재이기 때문에 이것을 물리적 실체로 만들어야 한다.
② 핵심제품이란 '소비자가 진정으로 원하는 것이 무엇인가?'라는 질문의 답으로, 특정 제품으로부터 얻기를 원하는 편익의 조합이다.
③ 유형제품만으로 소비자를 만족시키기 어렵기 때문에 추가적인 고객서비스와 편익의 집합체인 확장제품을 개발해야 한다.
④ 품질, 특징, 디자인, 브랜드명, 가격, 포장 등을 개발하는 것은 유형제품에 해당된다.

해설 ① [×] 개념적 존재인 것은 '핵심제품'이다. 이를 구체화하여 물리적 실체로 만든 것이 바로 유형제품(tangible product)이다.
②,③,④ [○] 핵심제품, 유형제품, 확장제품 등에 관한 올바른 설명이다.

정답 ①

32-6 ✔☐☐☐
2018 가맹거래사

제품은 핵심제품, 유형제품, 확장제품으로 구성된다. 이에 관한 설명으로 옳은 것은?

① 핵심제품의 관점에서 보면 소비자들은 제품의 상표를 구매하고 있는 것이다.
② 핵심제품은 확장제품에 의해 구체화된다.
③ 유형적 제품특성에서 소비자는 서로 다른 여러 제품들 중 하나를 구매할 수 있다.
④ 확장제품은 포장, 상표 등으로 구성된다.
⑤ 유형제품에는 제품의 설치, 배달 등이 포함된다.

해설 ① 상표(brand)는 유형제품에 속한다.
② 핵심제품의 내용을 구체화하는 것은 유형제품이다.

④ 포장과 상표 등은 유형제품에 속한다.
⑤ 설치와 배달 등은 확장제품에 속한다.

정답 ③

32-6J ✔☐☐☐
2023 군무원 9급

제품 전략에 관한 설명으로 옳지 않은 것은?

① 제품 전략은 전체 시장의 욕구(needs)를 바탕으로 적절한 제품의 개발 및 운영을 위한 전략이다.
② 제품 전략의 수립에는 물리적인 제품뿐만 아니라 다양한 요소가 포함되어야 한다.
③ 제품 전략을 창출하는 것은 브랜드, 포장, 보증기간 등의 선택을 포함한다.
④ 제품 전략은 마케팅 프로그램의 기본 요소가 되는 마케팅 믹스(4P) 중 하나의 전략이다.

해설 ① [×] 제품전략은 전체시장의 욕구가 아니라 표적시장(target market)의 고객이 가지는 욕구를 해소하기 위한 제품개발에 집중한다.
② [○] 제품에는 유형의 요인(디자인, 포장 등) 뿐만 아니라 무형적 요소(예, 브랜드, 보증, 결제수단제공 등)가 포함된다.
③ [○] 앞서 선지 ②에서 언급한 것과 같이 제품에는 브랜드, 포장, 보증기간 등의 요인이 포함된다.
④ [○] 제품전략은 가격, 유통, 촉진과 더불어 4P에 속한다.

정답 ①

32-7 ✔☐☐☐
2013 가맹거래사

저관여(low involvement) 제품에 해당하는 것은?

① 비누   ② 자동차
③ 가구   ④ TV
⑤ 컴퓨터

해설 ① 편의품이므로 저관여 상품이다.
② 전문품은 대표적 고관여 상품이다.
③ 선매품의 관여도는 편의품과 전문품 사이에 위치한다.
④, ⑤ 전자제품은 대개 고관여 제품이다.

정답 ①

32-8 ☑☐☐☐　　　　2011 가맹거래사

소비재의 각 유형에 관한 일반적인 설명으로 옳은 것은?

① 편의품은 대체제품 수용도가 낮다.
② 선매품은 선택적 유통경로전략이 유리하다.
③ 선매품은 구매빈도가 매우 높은 편이다.
④ 전문품은 대체제품 수용도가 높다.
⑤ 전문품은 불특정 다수에 대한 광고가 효과적이다.

해설 ① 편의품은 생필품 같은 일상재이므로 대체품의 수용도가 높다.
②, ③ 선매품은 가구, 의류, 중고차, 주요 내구재, 호텔, 항공서비스 등 편의품과 전문품의 사이에 위치한 제품들로서, 유통경로는 전속적(전문품) 경로와 집약적(편의품) 경로의 중간인 선택적 경로가 적절하며, 구매빈도 역시 전문품과 편의품의 사이이다.
④, ⑤ 전문품은 고급 승용차, 고가의 전자제품, 디자이너 의류, 의료 및 법률자문 서비스 등 고가의 상품인 경우가 많으므로 대체품 수용도가 낮고, 특정한 계층을 위한 광고를 하는 것이 바람직하다.

정답 ②

32-9 ☑☐☐☐　　　　2019 가맹거래사

소비재의 제품유형에 관한 설명으로 옳지 않은 것은?

① 편의품은 소비자가 제품구매를 위해 많은 노력을 기울이지 않는 제품이다.
② 전문품은 소비자가 제품구매를 위해 특별한 노력을 기울이는 제품이다.
③ 설탕이나 화장지 같이 자주 구매되는 필수품은 편의품에 포함된다.
④ 선매품의 경우 소비자가 구매계획과 정보탐색에 많은 시간을 할애한다.
⑤ 전문품의 경우 소비자들의 브랜드충성도는 높지 않다.

해설 소비재(consumer product)는 개인적 소비를 위해 최종소비자가 구매하는 제품으로서 고객의 구매행태에 따라 <u>편의품(convenience goods, 필요를 느낄 때 수시로 구매할 수 있는 제품, 예: 비누, 신문, 껌, 설탕, 화장지 → ③)</u>, 선매품(shopping goods, 편의품보다는 구매빈도가 약간 떨어지는 제품, 예: 가구, 의류, 가전제품, 중고차, 항공서비스), 전문품(specialty

goods, 독특한 특징과 차별화되는 브랜드 정체성을 가진 제품, 예: 고가자동차, 유명 디자이너 의류, 법률자문 서비스, 명품) 등으로 나뉜다. <u>편의품은 저관여 상태에서 일상적 문제해결 또는 제한적 문제해결 과정을 거쳐 구매되고, 전문품은 고관여 상태에서 포괄적 문제해결 과정을 거쳐 구매된다(①,②).</u> 한편 선매품의 구매시에는 각 제품과 브랜드간 비교가 활발히 일어나는데(④), 이는 선매품의 특성상 소비자들이 가격이나 품질 등을 비교적 꼼꼼하게 따지기 때문이다. 또한 편의품과 선매품은 제품군(product class)과 관련된 개념이라면, 전문품은 브랜드(brand)와 관련된 개념이라 할 수 있다. 이 말은 편의품이나 선매품은 제품 그 자체로 소비자들이 인식하지만, <u>전문품의 경우에는 브랜드 이미지를 중시한다는 의미이다(⑤)</u>. 따라서 ⑤의 설명은 잘못된 것이다.

정답 ⑤

32-9A ☑☐☐☐　　　　2020 공인노무사

마케팅전략에 관한 설명으로 옳은 것은?

① 마케팅 비용을 절감하기 위해 차별화 마케팅전략을 도입한다.
② 제품전문화 전략은 표적시장 선정전략의 일종이다.
③ 포지셔닝은 전체 시장을 목표로 하는 마케팅전략이다.
④ 제품의 확장속성이란 판매자가 제공하거나 구매자가 추구하는 본질적 편익을 말한다.
⑤ 시장세분화 전제조건으로서의 실질성이란 세분시장의 구매력 등이 측정가능해야 함을 의미한다.

해설 ① [×] 일반적으로 제품을 차별화하기 위해서는 별도의 제품특성을 개발하는 동시에 브랜드 다각화도 동시에 전개해야 하므로 비용이 더 드는 경우가 많다.
② [○] <u>코틀러(Kotler)에 따르면 목표시장 선택(targeting)의 전략유형에는 단일 세분시장 집중전략, 제품 전문화 전략, 시장 전문화 전략, 전체세분시장 포괄전략 등이 있다.</u>
• 단일 세분시장 집중전략은 기존의 기업들이 관심을 기울이지 않던 틈새(niche)를 공략하는 것으로 자원이 많지 않은 창업기업에서 주로 사용된다.
• 제품 전문화 전략은 하나의 제품군에서 얻은 명성을 토대로 다른 시장에 진출하는 방법이다. 회계사 경영학 시장에서 이름을 날리는 강사가 공무원 경영학 시장에 진출하는 경우나, 미국 생활용품회사 암앤허머(Arm&Hammer)가 베이킹소다를 식품재료시장, 세척용품시장 등에 포장만 달리하여 제품을 출시하는 것 등이 대표적이다.
• 시장전문화 전략은 (제품 전문화 전략과는 반대로) 여러 제

품군을 활용하여 하나의 세분시장을 공략하는 것이다.
• 전체세분시장 포괄전략은 자원이 많은 기업이 활용하는 것으로서, 여러 제품군을 활용하여 여러 표적시장을 모두 공략하는 전략이다.
③ [×] 포지셔닝은 고객의 마음 속에 경쟁상품과 구별되는 분명한 위치를 차지하여 전달하는 과정을 뜻한다.
④ [×] 본질적 편익은 핵심제품(core product)에 해당하며, 확장제품은 부가적으로 제공되는 각종 서비스나 혜택으로서 대금결제(예: 신용제공), 배달, 보증(guarantee), 애프터서비스(A/S), 설치 등을 포함하는 개념이다.
⑤ [×] 측정가능성은 실질성과 구별되는 별개의 개념이다. 실질성(Substantiality)은 세분시장의 규모가 충분히 크고 이익이 발생할 가능성이 큰 정도를 뜻한다.

정답 ②

32-10 ☑☐☐☐　　2016 가맹거래사

선매품(shopping goods)이 아닌 것은?

① 가구　　　　　　② 의류
③ 중고차　　　　　④ 사탕
⑤ 가전제품

해설 ④ 사탕은 편의품에 속한다.

정답 ④

32-11 ☑☐☐☐　　2017 서울시 7급

다음 표는 소비재의 제품특성에 대한 설명이다. ㉠~㉢에 들어갈 제품의 유형으로 바르게 나열된 것은?

소비재의 특성	제품의 유형		
	㉠	㉡	㉢
구매 전 지식	적다	많다	많다
구매노력	보통	적다	많다
대체제품 수용도	보통	높다	없다
구매빈도	보통	많다	다양하다

	㉠	㉡	㉢
①	편의품	선매품	전문품
②	편의품	전문품	선매품
③	선매품	편의품	전문품
④	선매품	전문품	편의품

요점정리 소비재(consumer product)는 개인적 소비를 위해 최종소비자가 구매하는 제품으로서 고객의 구매행태에 따라 편의품(convenience goods, 필요를 느낄 때 수시로 구매할 수 있는 제품, 예: 비누, 신문, 껌), 선매품(shopping goods, 편의품보다는 구매빈도가 약간 떨어지는 제품, 예: 가구, 의류, 가전제품, 중고차, 항공서비스), 전문품(specialty goods, 독특한 특징과 차별화되는 브랜드 정체성을 가진 제품, 예: 고가자동차, 유명 디자이너 의류, 법률자문 서비스, 명품) 등으로 나뉜다.

해설 답을 찾는데 중요한 힌트들부터 추적해 보자. 표의 마지막 행에 제시된 '구매빈도'상에서 자주 구입하는 제품은 편의품이다. 따라서 ㉡은 편의품이 되고, 이미 정답이 ③임을 확인할 수 있다. 그러나 보다 신중을 기하기 위해 '구매노력'을 보자. 심사숙고하는 상품은 전문품이다. 따라서 ㉢이 전문품이다. 이상의 내용 검토를 통해 정답을 확인할 수 있겠다.

정답 ③

32-12 ☑☐☐☐　　2018 공인노무사

다음에서 설명하는 소비재는?

• 특정 브랜드에 대한 고객 충성도가 높다.
• 제품마다 고유한 특성을 지니고 있다.
• 브랜드마다 차이가 크다.
• 구매 시 많은 시간과 노력을 필요로 한다.

① 편의품(convenience goods)
② 선매품(shopping goods)
③ 전문품(specialty goods)
④ 자본재(capital items)
⑤ 원자재(raw materials)

해설 브랜드 충성도가 높다는 것은 곧 대체품에 대한 심리적 수용도가 낮다는 의미이고, 제품마다 차별화되는 특성이 있으며, 구매 시 많은 시간과 노력을 들인다는 것은 신중하고 꼼꼼한 의사결정, 즉 포괄적 문제해결(extensive problem solving)을 시도한다는 것이다. 따라서 이에 해당되는 제품은 고관여 제품인 '전문품'이 된다.

정답 ③

32-12A ☑□□□　　　　2020 가맹거래사

소비재의 제품유형 중 다음에 해당하는 것은?

- 제품 구매 시 타 제품과의 비교를 위해 상당한 시간과 노력이 투입된다.
- 지역별로 소수의 판매점을 통해 유통되는 선택적 유통경로전략이 유리하다.
- 불특정 다수에 대한 광고와 특정 구매자 집단을 표적으로 하는 인적판매를 활용한다.

① 전문품　　　　　　② 소모품
③ 자재와 부품　　　　④ 선매품
⑤ 편의품

해설 문제에서 소비재(편의품, 선매품, 전문품)에 해당한다고 하였으므로 산업재 항목인 자재(③)와 소모품(②)을 제외한다. 그리고 타 제품과의 비교를 많이 하는 경우는 저관여라 할 수 없으므로 가장 가격이 저렴한 편의품(⑤)도 정답에서 제외한다. 남은 것은 선매품과 전문품인데, 전문품(①)의 경우 특정 지역의 소수 매장에 독점판매권을 허용하는 전속적 유통경로전략을 주로 활용하므로 남은 것은 선매품이 된다.

정답 ④

32-12D ☑□□□　　　　2021 공인노무사

선매품(shopping goods)에 관한 설명으로 옳은 것은?

① 소비자가 필요하다고 느낄 때 수시로 구매하는 경향을 보인다.
② 소비자는 가격, 품질, 스타일 등 다양한 정보를 수집하여 신중하게 비교하는 경향을 보인다.
③ 소비자는 잘 알지 못하거나 알고 있어도 능동적으로 구매하려 하지 않는다.
④ 일상생활에서 빈번히 구매하는 저관여 제품들이 많다.
⑤ 독특한 특징을 지니거나 브랜드 차별성을 지니는 제품들이 많다.

요점정리 소비재(consumer product)는 개인적 소비를 위해 최종소비자가 구매하는 제품으로서 고객의 구매행태에 따라 편의품(convenience goods, 필요를 느낄 때 수시로 구매할 수 있는 제품, 예: 비누, 신문, 껌), 선매품(shopping goods, 편의품

보다는 구매빈도가 약간 떨어지는 제품, 예: 가구, 의류, 가전제품, 중고차, 항공서비스), 전문품(specialty goods, 독특한 특징과 차별화되는 브랜드 정체성을 가진 제품, 예: 고가자동차, 유명 디자이너 의류, 법률자문 서비스, 명품) 등으로 나뉜다.

해설 ② 선매품의 구매시에는 각 제품과 브랜드간 비교가 활발히 일어나는데, 이는 선매품의 특성상 소비자들이 가격이나 품질 등을 비교적 꼼꼼하게 따지기 때문이다.

추가해설 일상생활에서 수시로 빈번히 구매하는(①, ④) 상품은 주로 편의품에 해당한다. 그리고 ⑤의 설명처럼 독특한 특성을 지니는 차별화된 상품은 주로 전문품이다.

정답 ②

32-14 ☑□□□　　　　2017 공인노무사

제품/시장 매트릭스(product/market matrix)에서 신제품을 가지고 신시장에 진출하는 성장전략은?

① 다각화 전략　　　　② 제품개발 전략
③ 집중화 전략　　　　④ 시장침투 전략
⑤ 시장개발 전략

해설 앤소프(Ansoff)의 제품/시장 매트릭스에 따르면 기존 제품으로 기존 시장에서의 고객 점유율을 높이는 것은 시장침투(④), 기존 제품으로 신시장에 진출하는 것은 시장개발(⑤), 신제품으로 기존 시장의 고객에 접근하는 것은 제품개발(②), 신제품으로 신시장에 진출하는 전략은 다각화(①) 전략이다. ③의 집중화는 하나의 좁은 시장영역에 초점을 맞추는 포터(Porter)의 경쟁전략 원리 중 하나로서, 제품/시장 매트릭스와는 상관이 없다.

정답 ①

32-14F ☑□□□　　　　2022 공인노무사

앤소프(H. I. Ansoff)의 제품 – 시장 확장전략 중 기존 제품으로 기존 시장의 점유율을 확대해 가는 전략은?

① 원가우위 전략　　　② 시장침투 전략
③ 시장개발 전략　　　④ 제품개발 전략
⑤ 다각화 전략

해설 제품 – 시장 매트릭스는 앤소프(Ansoff)에 의해 개발된 기업의 성장전략 매트릭스이다. 이를 통해 기업은 제품의 유형과 시장의 유형에 따른 성장전략의 방향을 파악할 수 있다. 신

장침투(market penetration)는 기존 제품을 유지하는 선에서 기존 고객에 대한 매출량이나 점유율을 높이는 방법이며, 제품개발(product development)은 현재의 시장과 고객들에게 새로운 제품을 제공하는 것이다. 시장개발(market development)은 현재의 제품 포트폴리오로 새로운 시장에 진출하는 것이며, 다각화(diversification)는 새로운 제품을 개발하여 새로운 시장으로 진출하고자 하는 것으로서 혁신성이 높지만 위험도 높다. 선지 ①의 '원가우위 전략'은 포터의 본원적 경쟁전략 중 하나에 속한다.

정답 ②

32-14J ☑☐☐☐　　2023 경영지도사

앤소프(H. Ansoff)가 제시한 기업 수준의 성장전략에 해당하지 않는 것은?

① 시장침투 전략　　② 제품개발 전략
③ 다각화 전략　　④ 시장개발 전략
⑤ 차별화 전략

해설) 앤소프(Ansoff)에 의해 개발된 기업의 성장전략은 모두 4가지(시장침투, 제품개발, 시장개발, 다각화)이다.
• 시장침투(market penetration)는 기존 제품을 유지하는 선에서 기존 고객에 대한 매출량이나 점유율을 높이는 방법이다.
• 제품개발(product development)은 현재의 시장과 고객들에게 새로운 제품을 제공하는 것이다.
• 시장개발(market development)은 현재의 제품 포트폴리오로 새로운 시장에 진출하는 것이다.
• 다각화(diversification)는 새로운 제품을 개발하여 새로운 시장으로 진출하고자 하는 것으로서 혁신성이 높지만 위험도 높다.
선지 ⑤의 차별화 전략은 포터(Porter)가 제시한 기업의 본원적 경쟁전략 3가지(원가우위, 차별화, 집중화) 중 하나이다.

정답 ⑤

32-15 ☑☐☐☐　　2013 공인노무사

제품 – 시장 매트릭스에서 기존시장에 그대로 머물면서 기존제품의 매출을 늘리고 시장점유율을 한층 높여가는 성장전략은?

① 시장침투　　② 제품개발
③ 시장개발　　④ 다각화
⑤ 고객세분화

해설) ① 기존 제품으로 기존 시장에서의 점유율을 높이는 전략
추가해설) ② 새로운 제품으로 기존 시장에서의 점유율을 높이는 전략
③ 기존 제품으로 새로운 시장에서의 점유율을 높이는 전략
④ 새로운 제품으로 새로운 시장에서의 점유율을 높이는 전략
⑤ 제품 – 시장 매트릭스상의 전략이 아니다.

정답 ①

32-15F ☑☐☐☐　　2022 국가직 7급

앤소프(I. Ansoff)의 '제품/시장 매트릭스'에서 시장침투(market penetration) 전략에 대한 설명으로 옳은 것은?

① 혁신적인 신제품을 개발한다.
② 매력적인 시장으로 진입한다.
③ 시장에 출시된 제품의 가격을 인하한다.
④ 기존 제품을 구매하는 고객들이 새로운 제품을 구매할 수 있도록 광고의 빈도를 늘린다.

요점정리) 제품 – 시장 확장 매트릭스는 앤소프(Ansoff)에 의해 개발된 것으로서 제품의 유형과 시장의 유형에 따른 위치와 전략을 파악할 수 있게 해준다. 대개 어떤 시장에서 비슷한 전략을 쓰는 기업들의 집단(전략군, strategic group) 내에서는 경쟁이 치열한 법이므로 이 매트릭스를 활용하여 같은 시장에서 동일 제품으로 경쟁하는지, 아니면 시장위치나 제품이 다른 상황인지, 그것도 아니면 아예 전혀 다른 제품과 다른 시장에서 활동하므로 경쟁자라 보기 힘든지 등을 파악할 수 있다.

	기존제품	신제품
기존시장	시장침투	제품개발
신시장	시장개발	다각화

시장침투(market penetration)는 기존 제품을 유지하는 선에서 기존 고객에 대한 매출량이나 점유율을 높이는 방법이며, 제품개발(product development)은 현재의 시장과 고객들에게 새로운 제품을 제공하는 것이다. 시장개발(market development)은 현재의 제품 포트폴리오로 새로운 시장에 진출하는 것이며, 다각화(diversification)는 새로운 제품을 개발하여 새로운 시장으로 진출하고자 하는 것으로서 혁신성이 높지만 위험도 높다.

해설 ③ 기존 제품의 가격인하는 기존 고객에 대한 매출량이나 점유율을 높이기 위하여 가장 흔하게 사용할 수 있는 전략이 된다.

추가해설 ①은 앤소프 매트릭스상의 '제품개발' 전략과 '다각화' 전략 모두에 해당하며, ②의 '매력적 시장'은 기존시장이 될 수도 있고 신시장이 될 수도 있으므로 앤소프 매트릭스에 들어맞는 설명이 아니다. ④는 '제품개발'을 위한 전략에 가깝다.

정답 ③

32-16 ☑☐☐☐
2014 가맹거래사

제품 – 시장 매트릭스에서 새로운 시장에 신제품 출시를 통해 시장점유율을 제고하는 전략은?

① 다각화전략
② 신제품개발전략
③ 시장개발전략
④ 시장침투전략
⑤ 고객세분화전략

해설 ① 신시장에 신제품을 출시하는 전략이다. 이것이 정답.

추가해설 ② 이는 시장과 상관없이 새로운 제품을 만드는 것이다. 특히 현재의 시장에서 새로운 제품을 출시할 때를 지칭하는 경우가 많다.
③ 이는 기존 제품이 판매될 수 있는 새로운 시장을 개척하는 것이다.
④ 이는 저가로 출시하는 가격정책이다. 제품 – 시장 매트릭스와 무관하다.
⑤ 시장세분화는 제품 – 시장 매트릭스와 무관하다.

정답 ①

32-17 ☑☐☐☐
2016 경영지도사

앤소프(H. Ansoff)가 주창한 성장전략 중 신제품을 통해 신시장에 진출하는 전략은?

① 저원가 전략
② 다각화 전략
③ 시장개발전략
④ 제품개발전략
⑤ 시장침투전략

해설

정답 ②

32-17D ☑☐☐☐
2021 가맹거래사

앤소프(H. Ansoff)의 제품 / 시장 매트릭스에 해당하지 않는 전략은?

① 시장침투전략
② 제품개발전략
③ 차별화전략
④ 시장개발전략
⑤ 다각화전략

요점정리 앤소프(Ansoff)에 따르면 기업은 제품의 유형과 시장의 유형에 따른 성장전략의 방향을 모색할 수 있다. **시장침투**(market penetration)는 기존 제품을 유지하는 선에서 기존 고객에 대한 매출량이나 점유율을 높이는 방법이며, **제품개발**(product development)은 현재의 시장과 고객들에게 새로운 제품을 제공하는 것이다. **시장개발**(market development)은 현재의 제품 포트폴리오로 새로운 시장에 진출하는 것이며, **다각화**(diversification)는 새로운 제품을 개발하여 새로운 시장으로 진출하고자 하는 것으로서 혁신성이 높지만 위험도 높다.

해설 차별화 전략은 포터(Porter)의 본원적 경쟁전략 유형에 해당한다.

정답 ③

32-17J ☑☐☐☐ 2023 군무원 9급

'㈜오직커피'는 커피만을 판매하는 단일 매장 커피 전문점이며, 그 매장은 한국에 있다. '㈜오직커피'는 여러 가지 성장전략을 고민하고 있는데, 성장전략에 대한 설명으로 가장 적절한 것은?

① 한국에서 '㈜오직커피' 매장 하나를 추가로 여는 것은 '시장개발전략'에 해당한다.
② 베트남에 '㈜오직커피' 매장을 여는 것은 '시장침투전략'에 해당한다.
③ 기존 '㈜오직커피' 매장에서 기존 고객에게 샌드위치를 판매하는 것은 '다각화전략'에 해당한다.
④ 기존 '㈜오직커피' 매장에서 기존 고객을 대상으로 판촉활동을 하는 것은 '시장침투전략'에 해당한다.

해설 제품-시장 확장 매트릭스의 각 영역별 의미는 다음과 같다.
• 시장침투(market penetration)는 기존 제품을 유지하는 선에서 기존 고객에 대한 매출량이나 점유율을 높이는 방법이다. 선지 ①과 ④(현재 시장, 현재 제품)가 여기에 해당한다. 따라서 선지 ①은 (시장개발이 아니므로) 틀린 것이며, 선지 ④는 옳은 것이다.
• 제품개발(product development)은 현재의 시장과 고객들에게 새로운 제품을 제공하는 것이다. 선지 ③(현재 시장, 새로운 제품)이 여기에 해당한다. 따라서 선지 ③은 (다각화전략이 아니므로) 틀린 것이다.
• 시장개발(market development)은 현재의 제품 포트폴리오로 새로운 시장에 진출하는 것이다. 선지 ②(새로운 시장, 현재 제품)이 여기에 해당한다. 따라서 선지 ②은 (시장침투가 아니므로) 틀린 것이다.
• 다각화(diversification)는 새로운 제품을 개발하여 새로운 시장으로 진출하고자 하는 것이다. 현재 선지 중에는 다각화전략에 해당하는 것이 없다.

정답 ④

32-17K ☑☐☐☐ 2023 군무원 5급

아래 ○○ 커피회사의 기업성장전략으로 가장 옳은 것은?

> ○○ 커피회사는 광고, 가격, 서비스, 매장 디자인을 개선해서 고객이 더 자주 들르거나 머무를 때마다 더 많이 구매하도록 유도하고 있다. 또한, 모바일 앱의 새로운 주문기능을 통해 고객은 음성 명령 또는 메시징을 통해 인공지능 기반 가상 바리스타에게 주문할 수 있다. 그 결과, ○○ 커피회사의 매출액은 전년 대비 약 2배로 증가하였다.

① 시장침투전략
② 제품개발전략
③ 시장개발전략
④ 다각화전략

해설 제시문의 내용은 주로 현재의 고객이 더 많이 구매하도록 유도하는 전략이므로 앤소프(Ansoff)의 제품-시장 매트릭스의 4개 전략 중 시장침투전략에 해당한다.

정답 ①

32-17M ☑☐☐☐ 2024 가맹거래사

앤소프(H. Ansoff)의 제품 / 시장 매트릭스에서 새로운 제품을 가지고 새로운 시장을 대상으로 하는 전략으로 옳은 것은?

① 시장침투전략
② 시장개발전략
③ 제품개발전략
④ 차별화전략
⑤ 다각화전략

해설 새로운 제품을 새로운 시장에 내놓는 전략은 다각화(diversification)에 해당한다.

정답 ⑤

32-18 ☑☐☐☐

"양치질은 식사 후 하루 세 번이 아니라 간식 후와 취침 전 그리고 구취가 날 때마다 여러 번 할수록 치아건강에 더욱 좋습니다."라는 광고문구와 같이 현재 제품을 사용하는 고객들로 하여금 더 많이 또는 더 자주 구입하게 함으로써 성장을 달성하는 전략은?

① 시장침투전략　　② 제품개발전략
③ 시장개발전략　　④ 다각화전략

요점정리 앤소프(Ansoff)의 제품−시장 확장 매트릭스의 4개 전략은 다음과 같이 요약할 수 있다. 시장침투(market penetration)는 기존 제품을 유지하는 선에서 기존 고객에 대한 매출량이나 점유율을 높이는 방법이며, 제품개발(product development)은 현재의 시장과 고객들에게 새로운 제품을 제공하는 것이다. 시장개발(market development)은 현재의 제품 포트폴리오로 새로운 시장에 진출하는 것이며, 다각화(diversification)는 새로운 제품을 개발하여 새로운 시장으로 진출하고자 하는 것으로서 혁신성이 높지만 위험도 높다.

해설 ① 기존 제품을 기존 고객이 더 많이 사용하게끔 하는 전략으로서, 이 문제의 정답이다.

추가해설 ② 기존 고객을 대상으로 새로운 제품을 판매하는 전략이다.
③ 기존 제품을 새로운 고객을 대상으로 판매하는 전략이다.
④ 새로운 제품을 새로운 고객시장에 판매하는 전략이다.

정답 ①

32-18A ☑☐☐☐

마케팅 전략에 대한 설명 중 옳지 않은 것은?

① 기존 제품으로 새로운 시장에 진출하는 경우는 시장개발 전략에 해당한다.
② 의류업체가 의류뿐만 아니라 액세서리, 가방, 신발 등을 판매하는 경우는 제품개발전략에 해당한다.
③ 호텔이 여행사를 운영하는 경우 관련다각화 전략에 해당한다.
④ 아기비누를 피부가 민감한 성인에게 판매하는 경우 시장침투 전략에 해당한다.

해설 기존의 제품을 새로운 고객시장에 판매하는 경우는 시장개발 전략에 해당한다. 침투전략은 기존 제품을 기존 고객들에게 더 많이 판매하는 마케팅 전략이다.

정답 ④

32-21 ☑☐☐☐

단일상품보다 다수상품으로 상품라인을 구성하는 이유로 옳지 않은 것은?

① 소비자욕구의 충족
② 원가우위 확보
③ 소비자의 가격민감도
④ 경쟁자 진입의 저지
⑤ 소비자의 다양성 추구 성향

해설 ② 원가우위를 추구한다면 단일상품만 판매하는 것이 더 낫다.

추가해설 다양한 상품라인을 구성할 경우 여러 소비자들의 욕구충족이 가능해지고(①), 여러 다양한 브랜드 선택옵션을 제공하기에(⑤) 경쟁자와의 경쟁에서 유리한 고지에 설 수 있다(③). 왜냐하면 한 회사에서 여러 상품을 내놓게 되면(예: 브랜드 A, B, C, D, E 중 A ~ D가 한 회사의 제품인 경우) 그 회사의 제품이 선택될 확률이 높아지기 때문이다(A와 E만 경쟁할 때는 선택확률이 1/2지만, A, B, C, D, E 중 A ~ D가 한 회사의 제품인 경우 그 회사가 선택받을 확률이 4/5로 향상). 또한 소비자들이 가격에 민감한 경우에는 고가라인과 저가라인의 다양화를 시도할 수 있다(④).

정답 ②

32-22 ☑☐☐☐

제품에 부착되어 상표명을 보여주고 제조회사, 제조날짜, 성분, 사용법 등 제품 정보를 소비자에게 전달하는 것은?

① 브랜딩　　　　② 패키징
③ 포지셔닝　　　④ 레이블링
⑤ 제품지원서비스

해설 제품에 대한 구체적인 정보를 전하는 표지를 제품에 부착하는 과정은 레이블링(labeling)이라 한다.

추가해설 ③ 패키징(packaging)은 제품의 모양이나 포장을 의미한다.

정답 ④

32-23 ☑☐☐☐

다음 설명 중 알맞지 않은 것은?

① 제품의 차별화는 깊이와 관련이 있다.
② 제품믹스는 특정 판매업자가 구매자들에게 제공하는 제품계열과 품목들의 집단을 말한다.
③ 제품품목은 크기, 가격, 기타 속성에 의해서 구별될 수 있는 제품계열 내의 단위를 나타낸다.
④ 현대자동차에서 승용차, 버스, 트럭, 승합차가 있으면 제품믹스의 깊이는 4가 된다.
⑤ 현대자동차에서 승용차 내에 아반테, 소나타, 그랜저의 세 종류가 있다면 제품믹스의 길이는 3이다.

해설 제품믹스는 생산자가 소비자에게 제공하는 제품의 집단이다. 제품믹스의 폭(넓이, width)은 제품믹스 안에 들어 있는 제품라인의 수를 뜻하고, 제품라인의 길이(length)는 제품라인 안에 들어 있는 브랜드의 개수를 나타낸다. 제품라인의 깊이(depth)는 각각의 브랜드가 얼마나 많은 개별 품목으로 구성되어 있는지를 의미한다. ④번 보기의 설명은 깊이가 아니라 폭에 대한 설명이 된다.

정답 ④

32-23F ☑☐☐☐   2022 군무원 7급

다음 내용은 제품믹스 및 제품계열관리와 관련된 것이다. 보기에 해당하는 개념 중 가장 옳은 것은?

> ㄱ. (___)은(는) 특정 판매자가 구매자들에게 제공하는 모든 제품계열과 품목을 합한 것이다.
> ㄴ. (___)은(는) 동일 유형의 유통경로를 통해 동일한 고객집단에게 판매되는 서로 밀접한 관련이 있는 제품들의 집단이다.
> ㄷ. (___)은(는) 하나의 제품계열 내에서 크기, 가격, 외형 또는 다른 속성에 따라 구분할 수 있는 하나의 독특한 단위이다.

① ㄱ(제품품목), ㄴ(제품계열), ㄷ(제품믹스)
② ㄱ(제품계열), ㄴ(제품믹스), ㄷ(제품품목)
③ ㄱ(제품믹스), ㄴ(제품계열), ㄷ(제품품목)
④ ㄱ(제품계열), ㄴ(제품품목), ㄷ(제품믹스)

해설 세 선지 중 가장 좁은 범위, 세분화된 범위의 용어는 (ㄷ)이다. '하나의 단위'라고 적혀 있기 때문이다. 이를 '품목'으로 볼 수 있다. (선지를 잘 보면 품목, 계열, 믹스의 관계설정을 하는 문제인데, 가장 좁은 범위가 품목임을 파악하는 것이 중요하다.) 그 다음으로 문제를 푸는 열쇠는 '계열'의 영문번역이 line임을 파악하는 것이다. 통상 브랜드 전략의 용어 중 하나인 '라인확장'을 '계열확장'으로 번역하는 경우가 많음에 착안할 것. 아무튼 상품라인 또는 제품라인이라는 말을 일상적으로 사용할 적에는 유사하거나 관련이 있는 제품의 집합을 일컫는 경우가 많다. 따라서 선지 (ㄴ)은 '제품계열'로 보는 것이 타당하다. 그렇다면 이러한 제품계열의 집합을 무엇이라 부를까? 여러 가지가 섞여 있다는 의미의 '믹스(mix)'가 된다. 따라서 선지 (ㄱ)은 '제품믹스'가 될 것이다.

정답 ③

32-24 ☑☐☐☐   2012 가맹거래사

기업이 신제품을 출시하기 전 고려해야 할 윤리적·법적 의무에 해당되지 않는 것은?

① 안전성 시험(safety test)
② 제품회수(product recall)
③ 제품기능(product performance)
④ 가격인하(price discount)
⑤ 제품정보(product information)

해설 ④ 물론 가격이 낮으면 고객한테 좋겠지만, 가격인하가 윤리적인 의무나 법적 강제사항은 아니다.

추가해설 신제품 출시를 위해서는 제품의 기능에 대한 철저한 검토(③)와 유해성 및 안전성 검사가 필요하다(①). 또한 고객에게 제품에 대한 적절한 정보를 제공해야 하며(⑤) 문제있는 제품이 고객에게 전달된 경우 이를 회사책임하에 회수하는 것 역시 필요한 과제이다(②).

정답 ④

32-25 ☑☐☐☐   2017 가맹거래사

브랜드의 구성요소가 아닌 것은?

① 라벨(label)   ② 캐릭터(character)
③ 슬로건(slogan)   ④ 심벌(symbol)
⑤ 로고(logo)

요점정리 제품은 구체적인 속성(특성)과 이를 구현하는 하드웨어적 측면의 결합이라면, 브랜드는 이러한 제품에 대한 이미지나 느낌, 즉 소프트웨어적 측면이라 할 수 있다. 브랜드 분야의 세계적 석학인 켈러(Keller)에 의하면 브랜드를 구성하는 요소에는 이름(name), 로고(logo), 심벌(상징, symbol), 슬로건(slogan), 그리고 제품의 경우 눈에 보이는 패키지의 디자인 등이 포함된다. 상징물을 캐릭터화하는 경우 그 캐릭터도 브랜드에 포함되며, 브랜드의 상징색(color)도 구성요소가 된다. 만약 브랜드를 대표하는 노래가 있다면 이도 브랜드의 요소가 되는데, 이를 징글(jingle)이라 한다.

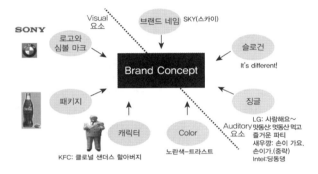

해설 라벨은 레이블링이라고도 불리며, 이는 제품의 속성 정보를 드러내는 수단이다.

정답 ①

32-25D ☑☐☐☐   2021 공인노무사

브랜드(brand) 요소를 모두 고른 것은?

ㄱ. 징글(jingle)	ㄴ. 캐릭터(character)
ㄷ. 슬로건(slogan)	ㄹ. 심볼(symbol)

① ㄱ, ㄴ   ② ㄷ, ㄹ
③ ㄱ, ㄴ, ㄷ   ④ ㄴ, ㄷ, ㄹ
⑤ ㄱ, ㄴ, ㄷ, ㄹ

해설 브랜드를 구성하는 요소에는 이름(name), 로고(logo), 심벌(상징, symbol), 슬로건(slogan), 그리고 제품의 경우 눈에 보이는 패키지의 디자인, 캐릭터(character, 상징물이나 동·식물), 상징색(color), 징글(jingle, 브랜드를 대표하는 노래) 등이 있다. 따라서 보기의 모든 항목들이 브랜드의 구성요소에 포함된다.

정답 ⑤

32-26 ☑☐☐☐   2012 공인노무사

제약회사 등에서 많이 사용하는 상표전략으로 각 제품마다 다른 상표를 적용하는 전략은?

① 개별상표   ② 가족상표
③ 상표확장   ④ 복수상표
⑤ 사적상표

해설 ① 제약회사에는 제품마다 별도의 상표(brand)를 붙이는데, 이를 개별브랜드전략이라 한다.
② 이는 여러 제품에 공통의 브랜드를 붙이는 전략이다.
③ 이는 새로운 제품군에 기존 브랜드를 붙이는 전략이다.
④ 이는 하나의 제품군에 속하는 여러 제품에 서로 다른 브랜드를 붙이는 것이다. 개별상표전략의 특수한 형태라 할 수 있다.
⑤ 이는 유통업자가 자체 상표를 제품에 붙이는 것이다.

정답 ①

32-27 ☑☐☐☐   2010 공인노무사

어린이식품을 생산하여 판매하는 A사가 A라는 브랜드를 가지고 전국에 10개의 'A 어린이집'을 열고자 한다. A사가 사용하려는 브랜드 전략은?

① 라인확장(line extension)
② 차별화(differentiation)
③ 공동 브랜드(co-brand)
④ 리포지셔닝(repositioning)
⑤ 범주 확장(category extension)

해설 어린이 식품 회사가 전혀 다른 범주의 영역에 같은 브랜드를 사용하는 것은 브랜드 확장(=상표확장, 범주확장)이라 한다.
추가해설 ①은 동일한 제품범주에 해당되는 신제품에 같은 브랜드를 사용하는 전략이고, ②는 경영전략에서 원가우위 전략에 대비되는 개념을 의미한다. ③은 두 개 이상의 브랜드를 한 상품에 함께 붙이는 방법이며, ④는 기존 제품의 포지션을 새롭게 바꾸는 작업을 뜻한다.

정답 ⑤

32-27F ✔☐☐☐　　　　　2022 공인노무사

기존 브랜드명을 새로운 제품범주의 신제품에 사용하는 것은?

① 공동 브랜딩(co-branding)
② 복수 브랜딩(multi-branding)
③ 신규 브랜드(new brand)
④ 라인 확장(line extension)
⑤ 브랜드 확장(brand extension)

해설 ① 두 개 이상의 브랜드를 하나의 상품에 적용하는 것이다.
② 동일 범주의 신제품에 새로운 브랜드를 적용하는 것이다.
③ 새로운 범주의 신제품에 새로운 브랜드를 적용하는 것이다.
④ 동일 범주의 신제품에 기존 브랜드를 적용하는 것이다.
⑤ 새로운 범주의 신제품에 기존 브랜드를 적용하는 것으로서, 본 문제의 정답이 된다.

정답 ⑤

32-28 ✔☐☐☐　　　　　2013 공인노무사

A기업에서 화장품으로 성공한 '그린러브' 상표를 세제와 치약에도 사용하려고 하는 전략은?

① 메가상표(mega brand)
② 개별상표(individual brand)
③ 상표연장(brand extension)
④ 복수상표(multi brand)
⑤ 상표자산(brand equity)

해설 새로운 제품범주(세제와 치약)에 속하는 신상품에 기존 제품(화장품)의 브랜드를 붙이는 것을 '브랜드 확장(카테고리 확장)'이라 한다.

추가해설 ①은 한 시장에서 독점적 인지도를 가지면서 라인을 확장한 다수의 개별 브랜드들을 보증하는 형태로 사용되는 패밀리 브랜드나 기업 브랜드이다. ②는 각각의 제품이 갖는 개성있는 브랜드를 뜻하고, ④는 동일한 제품군에서 추가되는 신상품마다 각기 다른 이름을 붙이는 것이다. ⑤는 브랜드로 인해 증가하는 기업의 가치를 의미한다.

정답 ③

32-28D ✔☐☐☐　　　　　2021 가맹거래사

한 제품시장에서 성공을 거둔 기존 브랜드를 다른 제품범주의 신제품에도 사용하는 전략은?

① 수평적 라인확장전략(horizontal line extension strategy)
② 수직적 라인확장전략(vertical line extension strategy)
③ 개별브랜드전략(individual brand strategy)
④ 브랜드확장전략(brand extension strategy)
⑤ 공동브랜드전략(family brand strategy)

해설 같은 브랜드를 사용하므로 기본적으로 공동브랜드 전략에 속한다. 그러나 공동브랜드 전략은 다시 라인확장전략과 브랜드확장전략으로 구분된다. 같은 범주의 신상품에 기존 브랜드를 사용하면 라인확장, 다른 범주의 신상품에 기존 브랜드를 사용하면 브랜드확장이 된다.

정답 ④

32-29 ✔☐☐☐　　　　　2024 공인노무사

브랜드에 관한 설명으로 옳지 않은 것은?

① 브랜드는 제품이나 서비스와 관련된 이름, 상징, 혹은 기호로서 그것에 대해 구매자가 심리적인 의미를 부여하는 것이다.
② 브랜드 자산은 소비자가 브랜드에 부여하는 가치, 즉 브랜드가 창출하는 부가가치를 말한다.
③ 켈러(J. Keller)에 따르면, 브랜드 자산의 원천은 브랜드의 인지도와 브랜드의 이미지이다.
④ 브랜드 이미지는 긍정적이고 독특하며 강력해야 한다.
⑤ 브랜드 개발은 창의적인 광고를 통해 관련 이미지를 만들어내는 것이다.

해설 ① [O] 브랜드(brand)는 마케터가 자신의 제품을 식별하고 다른 경쟁자의 제품으로부터 심리적으로 차별화시킬 목적으로 사용하는 이름, 어구, 기호, 상징, 디자인 또는 이들의 결합을 지칭하는 것으로서 우리말로 상표(商標)라고도 부른다.
② [O] 켈러(Keller)에 의해 개념화된 브랜드 자산(brand equity)은 상품에 브랜드를 붙임으로써 추가되는 가치를 뜻한다. 이는 곧 어떤 제품이나 서비스가 특정 브랜드를 가졌기 때

문에 발생된 바람직한 마케팅효과의 재무적 환산치 또는 수익의 증가분으로 해석될 수 있다.

③ [O] 강력한 브랜드 자산을 구축하는 원천은 브랜드 지식(brand knowledge)이며 이는 소비자의 기억 속에 저장되어 있는 브랜드 관련 각종 정보들의 유기적 결합이다. 강력한 브랜드 자산을 구축하는 원천은 브랜드 인지도와 브랜드 이미지에 대한 연상이다. (그런데, 브랜드 자산을 정의한 학자의 이름은 Kevin Lane Keller이다. 즉 그의 이름을 줄이면 K. L. Keller가 된다. 문제에서 출제자가 적은 J. Keller라는 교수는 없다. 출제위원으로 위촉되는 분들은 출제과정에서 용어와 학자이름 등의 인용에 신중함을 기하여, 시험의 신뢰성을 저해시킬 수 있는 오류를 범하지 않았으면 좋겠다는 바람을 갖는다.)

④ [O] 일반적으로 좋은 브랜드 연상은 호감도(favorability, 해당 브랜드에 대한 이미지가 긍정적인 속성을 가지는 정도), 강도(strength, 특정 브랜드를 연상하는 반응의 빈도와 속도), 독특성(uniqueness, 경쟁브랜드와 차별화된 이미지를 가지는지의 여부)의 세 조건을 충족하는 것이다.

⑤ [×] 브랜드 개발은 광고집행이나 이미지 창조가 아니라, 브랜드를 새롭게 만들거나 기존 브랜드 구조를 리뉴얼하는 과정을 포함한다. 즉 이 선지는 의미없는 문구들을 '브랜드 개발'이라는 주어에 붙인 것에 불과하다.

정답 ⑤

32-30 ☑☐☐☐   2024 군무원 9급

다음 중 브랜드 개발에 대한 설명으로 가장 적절하지 않은 것은?

① 브랜드 확장은 현재의 브랜드명을 새로운 제품 범주의 신제품이나 수정 제품으로 확장하는 것이다.

② 복수 브랜드는 동일 제품 범주 내에서 여러 개의 브랜드를 도입하는 것이다.

③ 신규 브랜드는 신제품에 사용할 적절한 기존 브랜드명이 없을 때 새로운 브랜드명을 개발하는 것이다.

④ 라인 확장은 기업이 기존 브랜드명을 새로운 제품 범주로 확장하는 것이다.

해설 ④ [×] 라인 확장은 기존 브랜드명을 기존 제품 범주에 속하는 신상품에 활용하는 것이다.

정답 ④

32-32 ☑☐☐☐   2017 7급공무원 가책형

계열확장(Line Extension)에 대한 설명으로 옳지 않은 것은?

① 계열확장은 새로운 브랜드명을 도입·구축하는 데 드는 마케팅 비용을 절감시켜준다.

② 하향적 계열확장의 경우 모브랜드(Parent Brand)의 자기잠식(Cannibalization) 위험성이 낮다.

③ 계열확장이 시장에서 실패할 경우 모브랜드(Parent Brand)의 이미지에 부정적인 영향을 줄 수 있다.

④ 계열확장은 신제품에 대한 소비자의 지각된 위험을 줄여준다.

요점정리 라인확장(line extension, 계열확장)은 기존의 브랜드 자산이 크다고 판단되는 경우 같은 상품범주 내에서 추가된 (즉 동일한 제품라인 안에서 새로운 형태, 색상, 원료 등을 사용한) 신상품에 기존 브랜드를 사용하는 전략을 뜻한다. 이 방식의 장점은 <u>신제품 출시 時 비용과 위험의 부담은 줄이는 동시에(①, ④)</u> 소비자의 다양성 추구 욕구를 충족시키고, 기업의 잉여생산설비를 활용하며, 소매상의 진열대 점유율 확대를 도모할 수 있는 전략이라는 점이다. 그러나 원래 브랜드가 가졌던 생생한 의미가 희석되고 기존 브랜드가 신상품의 특성을 잘 나타내지 못할 수도 있으며, 소비자의 혼란을 유발할 수 있고 <u>자사의 타 제품 매출을 빼앗어 오는 자기잠식(cannibalization)을 야기할 수 있다는 문제도 있다(②).</u> 라인확장된 상품이 시장에서 실패하게 되면 이 상품과 브랜드를 공유하는 모브랜드의 이미지에도 타격이 불가피하다(③).

해설 하향적 계열확장은 기존 브랜드보다 저가의 신상품으로 확장되는 것이다. 따라서 상대적으로 고가인 기존 브랜드의 판매량이 줄어드는 자기잠식이 발생할 수 있다.

정답 ②

32-32A ☑□□□　　2018 군무원 복원

다음 중 틀린 것은?

① 구체적 이미지의 브랜드가 추상적 이미지의 브랜드보다 확장 범위가 넓다.

② 라인확장은 기존의 제품범주에 속하는 신제품에 기존 브랜드명을 그대로 사용하는 전략이다.

③ 복수브랜드는 동일한 제품범주 내에서 여러 개의 브랜드를 사용하는 전략이다.

④ 카테고리확장은 기존 브랜드와 다른 제품범주에 속하는 신제품에 기존 브랜드를 사용하는 전략이다.

해설 구체적 브랜드는 특정 상품과 긴밀하게 연결되어 있으므로 오히려 확장이 어렵다. 반면 추상적 브랜드는 어떤 구체적 제품과의 연관성이 적으므로 다른 제품에도 사용할 수가 있다.

정답 ①

32-32D ☑□□□　　2021 군무원 7급

제품과 상표에 대한 설명으로 가장 옳지 않은 것은?

① 제품믹스의 폭이란 전체 제품라인의 수를 말한다.

② 브랜드 인지도(brand awareness)란 소비자가 브랜드를 재인식하거나 회상할 수 있는 능력을 말한다.

③ 상표전략에서 라인확장(line extension)이란 새로운 제품에 기존상표를 사용하는 전략으로 광고비용을 절약해 주지만 특정 제품이 실패할 경우 다른 제품에 영향을 준다.

④ 복수상표(multi branding)란 동일제품범주에서 다수의 상표를 도입하는 것으로 특성에 따른 상표를 제공하고 진열공간을 많이 확보할 수 있으나 마케팅 비용이 많이 발생할 수 있다.

해설 본래 라인확장은 동일제품범주에 속하는 신제품에 기존상표를 사용하는 전략을 뜻한다. 같은 브랜드를 여러 상품에 적용하는 것이므로 하나가 실패하면 다른 제품에까지 영향이 있다. 따라서 선지 ③은 엄밀히 보면 틀린 선지가 아니다. 출제자가 이 선지를 정답으로 선정한 이유는 아마도 '새로운 제품에 기존상표'라는 부분을 문제삼은 것으로 추정된다. 여기서 '제품'을 '제품범주'의 의미로 사용하였다면 이 문장은 틀린 것이 맞고, 정답이 된다. 라인확장은 동일제품범주에서만 사용되기 때문이다. 하지만 '제품'은 통상 '제품범주'와 다른 의미로 사용된다. 자동차나 라면은 제품범주이고, '제네시스'나 '신라면 블랙'은 제품이다. 동일제품범주에 속하는 신제품에 같은 브랜드를 붙인다면 이 역시 라인확장이 된다. 즉 이 선지를 '라인확장 (line extension)이란 (동일제품범주에 속하는) 새로운 제품에 기존상표를 사용하는 전략'으로 해석한다면 맞는 말이 된다. 오히려 열심히 공부한 수험생이 헷갈리게 만들어 버렸으니 출제자의 세심한 배려가 아쉬운 문항이라 하겠다.

정답 ③

신제품 개발과 제품수명주기

1. 신제품 개발

1) 핵심성공요인

상대적 이점, 특징이해의 단순성, 마케팅 노력의 도달가능성, 기업역량과 제품특성의 부합성

2) 신제품 개발 전략

① 선제적 전략: 숨어있는 시장기회를 발견하여 새 제품 출시

② 반응적 전략: 신제품 개발을 유도하는 외부요인(예 경쟁작 출시) 발생시 신제품 출시

3) 신제품 개발 단계

아이디어 창출 및 심사 → 컨셉 개발 및 테스트 → 마케팅 전략(4P)의 수립 → 사업성 분석 → 시제품 검증 → 시장 테스트 → 출시

4) 신제품에 대한 소비자의 반응: 혁신수용모델(Rogers)

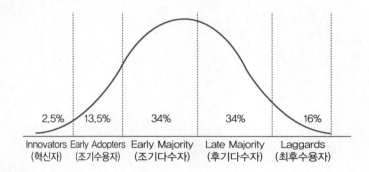

2. 제품수명주기

1) 개념: 제품이 시장에 도입되어 성장하고 성숙하고 쇠퇴하는 일련의 과정 및 단계 지칭

2) 내용

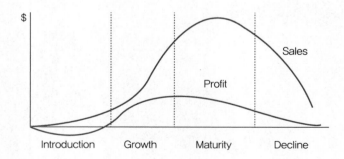

① 도입기: 비용지출 多, 적자, 인지도 높이기, 집중적 마케팅

② 성장기: 흑자전환기, 경쟁격화, 침투가격 전략

③ 성숙기: 시장포화, 경쟁정점, 브랜드 다각화, 판촉비용 증가

④ 쇠퇴기: 이익과 매출 감소, 경쟁업체 감소, 철수 직전 단계, 최소한의 광고/판촉 집행

33-1 ☑□□□
2014 7급공무원 A책형

선도 진입자가 후발 주자보다 유리한 점으로 옳지 않은 것은?

① 기술적 리더십 강화
② 구매자의 제품 전환비용 발생
③ 자원의 선취
④ 시장 불확실성 해결

해설 ④ 시장을 선점하기 위해서는 남들이 가지 않는 길을 가야 한다. 이는 상대적으로 더 큰 불확실성에 노출됨을 의미한다.

추가해설 ① 시장을 선점하게 되면 자사의 기술규격이 산업표준이 될 가능성이 커진다.
② 시장을 선점하게 되면 이를 구매한 소비자가 나중에 다른 회사의 제품으로 전환하려 할 때 비용이 발생해서 쉽게 구매처를 바꾸기 어렵다.
③ 시장을 선점할 경우 해당 제품생산에 필요한 자원을 경쟁자보다 먼저, 그리고 효율적으로 공급자들로부터 얻을 수 있다.

정답 ④

33-2 ☑□□□
2018 서울시 7급 A형

소비자가 현재 사용하고 있는 특정 제품이나 서비스에서 다른 제품이나 서비스를 사용하려고 할 경우 발생되는 비용은?

① 전환 비용(switching cost)
② 조달 비용(procurement cost)
③ 거래 비용(transaction cost)
④ 대리인 비용(agency cost)

해설 문제에 힌트가 있다. 다른 제품이나 서비스로 전환(switching)하는데 드는 비용은 전환비용이다. 기존 기업은 고객을 유지하기 위해 전환비용을 높이려 할 것이고, 신규 진입 기업은 기존 기업의 고객을 뺏어오기 위해 전환비용을 낮추는 전략을 사용할 것이다.

추가해설 ②는 소모품 등의 조달에 소요되는 비용이고, ③은 우리 회사 내부에서 만드는 것이 아니라 시장에서 외부 업체와의 거래를 통해 구입하는데 드는 비용이며, ④는 본인이 직접 업무를 수행하지 않고 대리인에게 맡길 때 발생하는 비용이다.

정답 ①

33-3 ☑□□□
2016 7급공무원 2책형

소비자뿐만 아니라 회사의 직원, 일반대중까지 폭넓은 사람들의 커뮤니티를 신제품 혁신과정에 초대하여 혁신의 가능성을 높이는 정책은?

① 클라우드(cloud) 컴퓨팅
② 크라우드(crowd) 소싱
③ MOT(Moment of Truth)
④ 오프 – 쇼어(off-shore) 파이낸싱

해설 ① 이는 네트워크를 통해 공유자원에 접속할 수 있도록 하는 서비스이다.
② 여러 사람들의 아이디어를 결합하여 혁신을 도모하는 개념이다. 이것이 정답이다.
③ 이는 고객과의 접점 내지는 만나는 지점을 뜻한다.
④ 이는 조세절감 내지는 규제회피의 목적으로 해외에 근거지를 두고 수행되는 금융활동을 의미한다.

정답 ②

33-4 ☑□□□
2016 가맹거래사

신제품개발과정의 단계로 옳은 것은?

① 소비자요구분석 → 컨셉도출 → 아이디어창출 → 제품개발 → 신제품사업성 확인 → 상품화
② 소비자요구분석 → 아이디어창출 → 컨셉도출 → 신제품사업성 확인 → 제품개발 → 상품화
③ 소비자요구분석 → 컨셉도출 → 아이디어창출 → 신제품사업성 확인 → 제품개발 → 상품화
④ 아이디어창출 → 소비자요구분석 → 컨셉도출 → 신제품사업성 확인 → 제품개발 → 상품화
⑤ 아이디어창출 → 소비자요구분석 → 컨셉도출 → 제품개발 → 신제품사업성 확인 → 상품화

해설 신제품 개발 과정: 아이디어 창출 및 심사 → 컨셉 개발 및 테스트 → 마케팅 전략(4P)의 수립 → 사업성 분석 → 시제품 검증 → 시장 테스트 → 출시

정답 ②

33-7 ☑□□□   2000 CPA

신제품 개발과정에 관한 다음의 내용 중에서 올바른 것을 고르시오.

> a. 아이디어 창출단계에서는 많은 수의 아이디어 창출에 중점을 둔다.
> b. 사업성분석은 제품컨셉트 테스트 다음에 이루어진다.
> c. 제품컨셉트 개발단계에서 시제품(prototype)을 만든다.
> d. 시장 테스트(market test)는 제품 출시(시판) 후에 소규모로 실시된다.

① a, b   ② a, d
③ b, c   ④ b, d
⑤ c, d

해설〉 c. 시제품은 컨셉개발과 마케팅 믹스 개발, 그리고 사업성 검토 등의 절차를 모두 거친 이후에 제작된다.
d. 시장 테스트는 시판 전에 실시된다.

정답 ①

33-7D ☑□□□   2021 군무원 9급

신상품 개발 프로세스에 관한 설명으로 가장 적절한 것은?

① 아이디어 창출단계에서 많은 수의 아이디어 창출에 중점을 둔다.
② 제품컨셉트 개발단계에서 시제품을 만든다.
③ 신상품 컨셉트는 아이디어를 소비자가 사용하는 언어나 그림 등을 통하여 추상적으로 표현한 것이다.
④ 시장테스트는 제품 출시 후에 소규모로 실시된다.

요점정리〉 신상품 개발은 1) 아이디어 창출 및 심사, 2) 컨셉 개발 및 테스트, 3) 마케팅 믹스의 개발, 4) 사업성 분석, 5) 시제품 생산, 6) 시장 테스트, 7) 출시(launching)의 순으로 진행된다. 본 문제의 모든 선지는 CPA 기출선지들이다.
해설〉 ① 아이디어를 창출할 때의 핵심은 최대한 많은 아이디어를 내는 것이다. 맞는 설명이다.
② 제품컨셉트의 개발은 신상품개발의 2단계이고, 시제품 생산

은 5단계이다. 틀렸다.
③ 신상품의 컨셉은 구체적이어야 한다. 틀렸다.
④ 시장 테스트는 출시 전에 실시해야 한다. 상식적으로 생각해봐도 틀린 말이다.

정답 ①

33-8 ☑□□□   2019 경영지도사

모험적으로 위험을 감수하고 새로운 아이디어를 적극적으로 수용하는 계층은?

① 혁신자(innovator)
② 조기수용자(early adopter)
③ 조기다수자(early majority)
④ 후기다수자(late majority)
⑤ 지각수용자(laggard)

해설〉 로저스(Rogers)의 혁신수용모형에 따르면 새로운 아이디어를 적극적으로 수용하는 계층은 신제품을 가장 먼저 구매하는 혁신자가 된다.

정답 ①

33-9 ☑□□□   2013 공인노무사

신제품을 가장 먼저 받아들이는 그룹에 이어 두번째로 신제품의 정보를 수집하여 신중하게 수용하는 그룹은?

① 조기수용자(early adopters)
② 혁신자(innovators)
③ 조기다수자(early majority)
④ 후기다수자(late majority)
⑤ 최후수용자(laggards)

요점정리〉 로저스(Rogers)는 그의 혁신수용모델(innovation adoption model)에서 소비자들을 신제품 수용 시점에 따라 혁신자, 조기수용자, 조기다수자, 후기다수자, 최후수용자등 5개 범주로 구분하였다. 위험도가 높은 신제품을 기꺼이 사용하려는 사람은 혁신자(innovator, 소비자 중 2.5%), <u>비교적 이른 시기에 제품을 사용하며 그 결과를 주변에 적극적으로 알리는 오피니언 리더들은 조기수용자(early adopter, 소비자 중 13.5%)</u>, 조기수용자에 이어 신중하게 그러나 비교적 빠른 시기에 신제품을 수용하는 사람들은 조기다수자(early majority, 소비자 중 34%), 대세가 된 다음에서야 수용하는 사람들은 후기다수자(late majority, 소비자 중

34%), 이른바 전통으로 자리잡은 제품만을 구매하는 사람들은 최후수용자(laggard, 소비자 중 16%)라 부른다.

해설 로저스(Rogers)의 혁신수용모델: 혁신자 – 조기수용자 – 조기다수자 – 후기다수자 – 최후수용자

정답 ①

33-9J ☑☐☐☐
2023 공인노무사

로저스(E. Rogers)의 혁신에 대한 수용자 유형이 아닌 것은?

① 혁신자(innovators)
② 조기수용자(early adopters)
③ 후기수용자(late adopters)
④ 조기다수자(early majority)
⑤ 후기다수자(late majority)

해설 일반적으로 소비자들은 신제품이 출시되더라도 관망하는 경향을 보인다. 아직 장단점에 대한 검증이 이루어지지 않았기 때문이다. 그러나 광고나 홍보가 진행되면서 구매의사결정 時 신제품을 고려상표군(consideration set)에 포함시키는 소비자가 등장한다. 이와 관련하여 <u>로저스(Rogers)는 이른바 혁신수용모델(innovation adoption model)을 제시하였는데 그 핵심내용은 혁신수용에 개인차가 존재한다는 것이다.</u> 그는 소비자들을 신제품 수용 시점에 따라 혁신자, 조기수용자, 조기다수자, 후기다수자, 최후수용자 등 5개 범주로 구분하였다. (따라서 선지 ③의 '후기수용자'라는 명칭은 로저스 모형에서는 존재하지 않는 유형이다.) 위험도가 높은 신제품을 기꺼이 사용하려는 사람은 혁신자(innovator, 소비자 중 2.5%), 비교적 이른 시기에 제품을 사용하며 그 결과를 주변에 적극적으로 알리는 오피니언 리더들은 조기수용자(early adopter, 소비자 중 13.5%), 조기수용자에 이어 신중하게 그러나 비교적 빠른 시기에 신제품을 수용하는 사람들은 조기다수자(early majority, 소비자 중 34%), 대세가 된 다음에서야 수용하는 사람들은 후기다수자(late majority, 소비자 중 34%), 이른바 전통으로 자리잡은 제품만을 구매하는 사람들은 최후수용자(laggard, 소비자 중 16%)라 부른다.

정답 ③

33-10 ☑☐☐☐
2014 공인노무사

로저스(Rogers)가 주장한 혁신의 수용과 확산모형에서 신제품을 수용하는 소비자 분포의 비율로 옳지 않은 것은?

① 혁신자(innovators) – 2.5%
② 조기수용자(early adopters) – 16%
③ 전기다수자(early majorities) – 34%
④ 후기다수자(late majorities) – 34%
⑤ 최후수용자(laggards) – 16%

해설 혁신자 2.5%, 조기수용자 13.5%, 조기다수자 34%, 후기다수자 34%, 최후수용자 16%이다.

정답 ②

33-10A ☑☐☐☐
2020 가맹거래사

신제품의 수용과 확산 시 다음 특성을 나타내는 집단은?

- 소속된 집단에서 존경을 받는다.
- 주로 사회에서 의견 선도자 내지 여론 주도자의 역할을 한다.
- 전체 소비자 집단의 약 13.5%를 차지한다.

① 혁신층　　　　　② 조기 수용층
③ 조기 다수층　　　④ 후기 다수층
⑤ 최후 수용층

해설 로저스의 혁신수용모델에서 13.5%의 소비자 비중을 차지하는 층은 조기수용자(early adopter)이다.

정답 ②

33-10M ☑□□□　　2024 가맹거래사

로저스(E. Rogers)가 분류한 신제품 수용자 유형 중 조기다수자(early majority)에 관한 설명으로 옳은 것을 모두 고른 것은?

> ㄱ. 전체 수용자의 34%를 차지한다.
> ㄴ. 전체 수용자 중 세 번째 순서로 신제품을 수용한다.
> ㄷ. 조기수용자(early adopters) 다음으로 신제품을 수용한다.

① ㄱ　　　　　　　② ㄴ
③ ㄱ, ㄷ　　　　　④ ㄴ, ㄷ
⑤ ㄱ, ㄴ, ㄷ

해설 조기다수자는 신제품 수용순서에서 혁신자와 조기수용자에 이은 세 번째에 해당하며, 소비자의 34%를 차지한다. 따라서 선지 세 가지 모두 옳은 설명이다.

정답 ⑤

33-11 ☑□□□　　2016 7급공무원 2책형

혁신적인 신제품의 수용에 대한 설명으로 옳지 않은 것은?

① 소비자의 기존 사용습관에 부합할수록 신제품의 수용 속도는 느려진다.
② 기존 제품대비 상대적 이점이 크고, 시험사용이 가능한 경우 신제품의 수용 속도는 빨라진다.
③ 제프리 무어(Geoffrey Moore)는 혁신수용이론의 조기수용층(early adopters)과 조기다수층(early majority) 사이에 캐즘(chasm)이라는 간극이 존재한다고 주장하였다.
④ 로저스(E. Rogers)가 주장한 혁신수용이론(innovation-diffusion theory)은 혁신수용 속도에 따라 소비자를 혁신층(innovators), 조기수용층(early adopters), 조기다수층(early majority), 후기다수층(late majority), 지연층(laggards)으로 구분한다.

해설 ① 기존 사용습관과 비슷한 신제품이라면 수용속도가 빨라질 것이다. 반대로 ②와 같은 상황에서는 그 수용속도가 빨라진다.

③ 캐즘은 처음에 호평을 받았던 상품이 일정수준 이상으로 매출이 늘지 않는 간격을 뜻한다. 이를 극복한 상품만이 조기다수자에게 판매될 수 있다.
④ 혁신수용이론의 소비자층 구분에 부합되는 지문이다.

정답 ①

33-12 ☑□□□　　2010 7급공무원 고책형

신제품의 구입에 있어서 혁신자(innovator) 집단의 특성에 해당되지 않는 것은?

① 교육수준이 높다.
② 자신의 가치관이나 판단에 따라 신제품을 구입한다.
③ 다른 집단보다 상표충성도가 높다.
④ 할인, 쿠폰, 샘플 등 새로운 판촉을 선호하는 경향이 있다.

해설 ③ 혁신자는 새로운 제품에 대한 개방성이나 수용성이 큰 집단이다. 따라서 상표충성도가 높다기보다는 오히려 상표전환율이 높다.

추가해설 ④ 혁신자들은 새로운 판매촉진 방식, 즉 1+1(one-plus-one)이나 기존에 없던 할인프로모션 등을 적극적으로 수용한다. 즉 새로운 판촉방식이 도입되는 제품을 구입해 보고자 하는 의향이 크다고 볼 수 있다.

정답 ③

33-13 ☑□□□　　2014 공인노무사

제품수명주기를 순서대로 나열한 것은?

> ㄱ. 도입기　　　ㄴ. 성장기
> ㄷ. 성숙기　　　ㄹ. 쇠퇴기

① ㄱ - ㄴ - ㄷ - ㄹ
② ㄱ - ㄷ - ㄴ - ㄹ
③ ㄴ - ㄱ - ㄷ - ㄹ
④ ㄴ - ㄱ - ㄹ - ㄷ
⑤ ㄷ - ㄱ - ㄹ - ㄴ

해설 제품수명주기(product life cycle): 도입기 → 성장기 → 성숙기 → 쇠퇴기

정답 ①

33-14 ☑☐☐☐

제품수명주기(PLC)의 단계별 특성에 관한 설명으로 옳지 않은 것은?

① 도입기에는 경쟁자의 수가 적다.
② 성장기에는 매출 성장이 빠르다.
③ 성숙기에는 이익이 점점 증가한다.
④ 쇠퇴기에는 경쟁자의 수가 감소한다.
⑤ 쇠퇴기에는 비용지출이 감소한다.

요점정리 도입기(introduction)에는 제품의 인지도를 높이는 일에 집중하며, 효율성이 높은 선택적인 유통경로를 택해 집중적인 마케팅을 펼칠 필요가 있다. 이 시기에는 제품특성에 따라 고가 또는 저가 전략을 선택적으로 구사하게 되며, 소비자의 대부분이 혁신자라 할 수 있다. 성장기(growth)는 본격적으로 소비자들의 마음을 얻어가는 시기로서, 보다 공격적인 마케팅과 제품 확장, 및 침투가격 전략(초기 저가격에서 시작하여 점차 가격을 높이는 전략)을 시도한다. 이 시기에 손익분기점을 돌파하는 기업이 많으며, 경쟁자의 수가 늘어난다. 성숙기(maturity)에는 매출과 수익이 정점을 찍게 되며 브랜드 다각화와 경쟁시장별 맞춤 가격전략을 활용하게 된다. 또한 타사 고객을 자사의 고객으로 유치하기 위하여 판촉비용을 증가시키며 집약적인 유통전략을 활용한다. 광고에 있어서는 브랜드 간 차이와 성능을 집중적으로 부각시킨다. 쇠퇴기(decline)에는 경쟁력이 없는 상품의 시장철수(divesting)가 이루어지며, 핵심 고정 고객의 유치를 위한 최소한의 광고만을 집행한다. 판촉의 빈도도 줄어들고 가격도 낮아지는 경우가 많다.

해설 ③ 성숙기는 매출과 이익이 정점에 도달하는 시기이다. 따라서 이익이 점점 증가한다기보다는 정체된다고 보는게 맞다. 다만 이익의 수준은 다른 시기보다 성숙기에서 가장 높다.

정답 ③

33-15 ☑☐☐☐

제품수명주기에 관한 설명으로 옳지 않은 것은?

① 시장개발, 제품개선, 마케팅믹스 수정 시기는 성숙기이다.
② 제품 수 축소 및 철수 시기는 쇠퇴기이다.
③ 매출액과 순이익의 성장률이 둔화되는 시키는 성장기이다.
④ 입소문 유포자는 도입기와 관련이 있다.
⑤ 고소득층이나 혁신층을 대상으로 마케팅활동을 하는 시기는 도입기이다.

해설 ③ 매출액과 순이익의 성장이 둔화되는 시기는 성숙기이다. 이것이 정답

추가해설 ① 성숙기에는 경쟁자와의 차별화 내지는 (경쟁자의 공격으로부터) 수익성의 유지를 위해 다양한 노력을 시도할 필요가 있다. 따라서 시장개발, 제품의 개선, 마케팅믹스(4P)의 수정 등이 요청된다.
② 쇠퇴기에는 해당 제품의 사업을 마무리해야 하므로 제품의 수를 줄이게 된다.
④ 도입기에 입소문을 퍼트릴 필요가 있다. 옳은 말이다.
⑤ 도입기에 제품을 구입하는 사람들은 혁신자(innovator)이거나 소득이 높아 제품구입에 거리낌이 없는 계층이라 할 수 있다.

정답 ③

33-15A ☑☐☐☐

제품수명주기에서 성장기에 대한 설명 중 옳은 것은?

① 제품의 품질에 대한 신뢰성을 확보하고 경쟁기업의 진입에 대비한다.
② 제품을 차별화하면서 기존고객의 점유율을 유지하고 새로운 고객을 창출한다.
③ 마케팅믹스를 수정하고, 상품모델의 다양화를 추구한다.
④ 마케팅 전략을 통하여 수익성이 낮은 시장에서 철수하거나 시장 참여를 축소한다.

해설 경쟁자의 진입이 시작되는 시기가 성장기이므로 적절한 설명은 선지1이다. 선지2에서 '차별화'는 성숙기에 해당되고, 선지3의 '다양화'도 성숙기에 해당된다. 선지4의 '철수'는 쇠퇴기에 해당한다.

정답 ①

33-16 ☑☐☐☐
2011 7급공무원 우책형

제품수명주기 중 성숙기에 대한 설명으로 옳은 것은?

① 판매율이 증가해서 수익은 상당한 수준에 이르며, 다수의 경쟁자들이 시장에 진입하고, 제품이 시장에 수용되어 정착된다.

② 가장 많은 장애물에 직면하며, 경쟁강도가 약하더라도 빈번한 제품 변경이 발생하고, 유통이 제한적이며 활발한 촉진활동을 수행한다.

③ 고객기호변화, 기술변화, 경쟁격화 등으로 판매가 감소하고 이익이 잠식된다.

④ 판매성장률은 둔화되고 과잉생산이 초래되며, 기본제품을 다양하게 변형시키는 라인확장이 발생한다.

해설〉 성숙기에는 매출과 수익이 정점을 찍게 되며 브랜드 다각화(라인확장 등)와 경쟁시장별 맞춤 가격전략을 활용하게 된다. 또한 타사 고객을 자사의 고객으로 유치하기 위하여 판촉비용을 증가시키며 집약적인 유통전략을 활용한다. 광고에 있어서는 브랜드 간 차이와 성능을 집중적으로 부각시킨다.

추가해설 ① 다수의 경쟁자가 진입하는 단계는 성장기이다.
② 성숙기의 경쟁강도는 약하지 않다. 따라서 틀렸다.
③ 이는 쇠퇴기에 대한 설명이다.

정답 ④

33-16A ☑☐☐☐
2018 군무원 복원

제품수명주기에서 성숙기에 해당하는 특징이 아닌 것은?

① 매출이 점점 증가한다.
② 광고비의 지출이 많다.
③ 브랜드 다각화를 위한 연구개발비 지출이 많다.
④ 경쟁 기업은 가격을 인하한다.

해설〉 성숙기에는 매출, 이익, 경쟁 모두 정점에 도달한다. 따라서 매출이 점점 증가한다고 보기는 어렵다.

정답 ①

33-16D ☑☐☐☐
2021 서울시 7급

제품수명주기에 대한 설명으로 가장 옳지 않은 것은?

① 도입기는 소비자에게 제품을 알리는 기간으로, 판촉비용이 판매수익을 초과하는 경우가 많다.

② 성장기는 매출액이 급속도로 증가하는 기간으로, 이 시기의 판촉활동은 제품의 특성을 재조명하는 데 초점을 둔다.

③ 성숙기는 시장이 경쟁제품들로 포화되는 기간으로, 판매수량의 증가율이 극대화되는 시기이다.

④ 쇠퇴기는 판매수량과 이익이 줄어드는 시기이다.

해설〉 ① [O] 도입기에는 매출보다 지출이 커서 손해를 보는 경우가 많다. 여기서 지출을 유발하는 요인으로는 제품개발에 대한 투자비용, 인지도를 높이기 위한 광고 및 판촉비용, 유통경로의 개척비용 등이 있다.
② [O] 성장기에는 규모의 경제 효과를 통한 원가절감 및 매출증가 효과가 커진다. '제품 특성의 재조명'이란 도입기에 홍보에 주력했던 제품특성을 성장기에 다시 한번 더 널리 알린다는 뜻이다.
③ [×] 성숙기는 경쟁강도, 매출, 영업이익 모두가 극대점에 도달하는 시기이다. 정점을 찍는다는 의미는 판매수량의 증가율이 극대화(판매량 그래프의 기울기가 점점 증가)되는 것이 아니라 수량 자체가 최고점에 도달(기울기가 점점 감소하여 0에 도달)한다는 것이다.
④ [O] 쇠퇴기는 판매수량이 감소하며 이익의 크기도 점차 감소하므로 시장 철수를 고민하는 시기이다.

정답 ③

33-17 ☑☐☐☐
2019 가맹거래사

제품수명주기에 관한 설명으로 옳지 않은 것은?

① 도입기에는 소비자의 시용구매를 유도하기 위한 많은 노력이 요구된다.

② 도입기에는 적자이거나 이익이 나더라도 매우 낮다.

③ 성장기에는 판매가 급속히 확대되고 경쟁기업들이 진입한다.

④ 성숙기에는 조기수용자(early adopters)의 구매가 시장 확대에 중요하다.

⑤ 쇠퇴기에는 경쟁력이 약한 제품들을 제거한다.

해설 ①, ②도입기는 제품출시 초기이므로 시용(trial), 즉 혁신자(innovator)나 조기수용자(early adopter)들이 시험삼아 구매하게끔 유도할 필요가 있다. 따라서 판매량은 적고 판매노력은 많이 필요하므로 적자가 발생할 가능성이 있다.
③ 손익분기점(BEP)을 돌파할 경우 이익이 비용보다 증가하므로 판매량이 급증하며 경쟁자가 진입한다.
④ 조기수용자의 구매가 중요한 시기는 도입기나 성장기 같은 초창기에 해당한다. 성숙기에 다수자(majority)의 구매가 필요하다. 따라서 옳지 않은 설명이며, 본 문제의 정답이 된다.
⑤ 쇠퇴기는 철수를 고민하는 시기이므로 경쟁력이 약한 제품인 경우 제거할 필요가 있다.

정답 ④

33-18 ✔☐☐☐　　2014 경영지도사

제품수명주기에 관한 설명으로 옳은 것은?

① 도입기는 신제품이 시장에 처음 나타나는 시기로 이때 매출은 적고 상표를 강조하는 광고를 하며 경쟁자가 진입한다.
② 성장기는 시장에서 어느 정도 알려져서 매출이 급상승하는 시기이며, 이때 본원적 수요를 자극하기 위한 광고를 하며 상품을 알리는데 주력해야 한다.
③ 안정기는 매출도 많지만 안정에 접어든 시기로 이때 이익도 가장 많이 난다.
④ 성숙기는 매출이 최고조에 달하는 시기이며 이때 경쟁이 심하고 상표의 차별성을 강조하며 마케팅 전략의 수정이 필요하다.
⑤ 쇠퇴기에는 새로운 신상품이 나타나지만 매출이 줄지 않고 이익이 계속 발생하므로 이를 유지하는 전략을 구사하는 것이 필요하다.

해설 ① 도입기는 아직 이익이 나지 않는 단계이므로 경쟁자의 진입이 본격화되지는 않는다. 경쟁자가 들어오는 단계는 성장기이다.
② 상품을 알리는데 광고노력을 집중하는 단계는 도입기이다.
③ 이익이 가장 많이 나는 단계는 성숙기이다.
④ 옳은 설명이다.
⑤ 쇠퇴기에는 신상품이 출시되지 않으며 이익도 감소한다. 따라서 시장에서 철수하는 전략이 필요하다.

정답 ④

33-19 ✔☐☐☐　　2013 가맹거래사

제품수명주기에 관한 설명으로 옳지 않은 것은?

① 시간의 경과에 따라 제품의 수명을 도입기, 성장기, 성숙기, 쇠퇴기로 나눈 것이다.
② 도입기에는 제품에 대한 인지도가 낮고 유통이 한정되어 있어 제품판매는 저조하고 낮은 판매성장률을 보인다.
③ 성숙기에는 시장점유율을 확보하려고 노력하여 매출이 급상승한다.
④ 선진국에서 이미 쇠퇴한 제품이라도 후진국에서는 성장기의 제품이 될 수도 있다.
⑤ 쇠퇴기에는 과거 투자에 대한 회수를 극대화하고자 한다.

해설 ③ 성숙기에는 매출과 이익이 정점에 달한다. 급상승한다는 표현은 잘못되었다.
추가해설 ④ 일반적으로 동일한 제품이라 하더라도 마케팅 환경(국가별 경제수준 등)에 따라 제품수명주기상의 위치는 달라질 수 있다. 예를 들어 스마트폰이 한국에서는 성숙기 상태이지만 신흥국가에서는 이제 막 성장기에 접어들었을 가능성도 있다.
⑤ 쇠퇴기에는 기존에 집행된 투자안을 회수 내지는 수확하여 해당 사업분야의 철수를 준비한다.

정답 ③

33-20 ✔☐☐☐　　2014 가맹거래사

제품수명주기전략에 관한 설명으로 옳지 않은 것은?

① 도입기에는 소비자욕구를 충족시켜주는 기본적 기능을 갖춘 제품을 판매한다.
② 소비재와 산업재의 도입기 유통전략은 중간상활용 및 직접유통 등에서 유사하다.
③ 성장기에는 소비자욕구의 다양화에 대처하기 위해 제품차별화 방안을 모색한다.
④ 성장기에는 시장점유율을 극대화하는 전략을 택한다.
⑤ 성숙기에는 시장점유율을 유지하는 전략을 택한다.

요점정리 소비재 시장에 비해 산업재 시장에서는 구매자의 수가 적은 대신 거래가 대량으로 발생하며 기술적으로 복잡한 경우가 많기에 전문성을 가진 판매자와 구매자들이 거래에 직접 참여한다. 기업에서는 보통 구매센터(buying center)를 만들어 목표와 정보를 공유하고 산업재의 구매업무를 전담시킨다.

[해설] ② 소비재는 주로 중간상을 널리 활용하지만 산업재는 주로 직접유통을 활용하는 경우가 많다.

정답 ②

33-21 ☑☐☐☐　　　2015 공인노무사

전형적인 제품수명주기(PLC)에 관한 설명으로 옳지 않은 것은?

① 도입기, 성장기, 성숙기, 쇠퇴기의 4단계로 나누어진다.
② 성장기에는 제품선호형 광고에서 정보제공형 광고로 전환한다.
③ 도입기에는 제품인지도를 높이기 위해 광고비가 많이 소요된다.
④ 성숙기에는 제품의 매출성장률이 전체적으로 둔화되기 시작한다.
⑤ 쇠퇴기에는 제품에 대해 유지전략, 수확전략, 철수전략 등을 고려할 수 있다.

[해설] ② 정보제공형 광고는 처음 제품을 선보이는 도입기에 사용하는 것이 좋다. 제품선호형 광고는 우리 회사의 제품이 경쟁사의 것보다 낫다는 점을 홍보하는 광고이므로, 경쟁자의 진입이 본격화되는 성장기부터 사용할 수 있다.
⑤ 쇠퇴기에는 흔히 철수전략을 사용한다고 생각하지만 수확(뽑아먹기) 내지는 유지전략을 사용할 수도 있다.

정답 ②

33-22A ☑☐☐☐　　　2017 군무원 복원

다음은 제품수명주기(product life cycle)에 관한 표이다. 설명이 잘못된 것은?

	도입기	성장기	성숙기	쇠퇴기
① 경쟁자	적거나 소수	증가	다수	감소
② 이익	없거나(−)	창출 시작	정점	잠식
③ 고객층	혁신층	조기 수용자	조기 다수자	최후 수용자
④ 가격	원가가산	시장침투	경쟁대응	가격인상

[해설] 쇠퇴기에는 시장에서 철수를 준비하는 단계이므로 가격을 인상하는 것은 바람직하지 않다. 철수 전 기존의 제품을 처분해야 하므로 오히려 가격을 인하할 가능성이 있다.

정답 ④

33-23 ☑☐☐☐　　　2015 경영지도사

제품수명주기에서 성장기의 특성에 관한 설명으로 옳지 않은 것은?

① 수요가 급증하기 시작한다.
② 새로운 경쟁자들이 증가한다.
③ 유통경로가 확대되고 시장규모가 커진다.
④ 제품인지도를 높여 새로운 구매수요를 발굴한다.
⑤ 제조원가가 급속히 감소함에 따라 이윤이 증가한다.

[해설] ④ 인지도를 높이는 것은 도입기의 과업이다.
[추가해설] 수요가 급증하거나(①) 경쟁자들이 등장해서(②) 시장규모가 커지고(③) 제조원가가 급속히 감소하는 시기(⑤)는 성장기에 해당한다.

정답 ④

33-24 ☑□□□
2024 공인노무사

다음에서 설명하는 제품수명주기의 단계는?

> • 고객의 신제품수용이 늘어나 생산량이 급속히 증가하면서 단위당 제품원가, 유통비용, 촉진비용이 하락한다.
> • 지속적인 판매량 증대로 이익이 빠르게 늘어난다.

① 도입기　　　　② 성장기
③ 성숙기　　　　④ 정체기
⑤ 쇠퇴기

해설 문제에서 주어진 힌트들을 살펴보면 답을 찾기 쉽다. '생산량이 급속히 증가'한다는 것에서 이미 〈성장기〉라는 정답이 나왔지만, 추가적 힌트를 검토하자면, 원가의 하락, 지속적 판매량 증대, 이익이 빠르게 늘어남 등의 부분에서 성장기임을 확실히 알 수 있다.

정답 ②

33-25 ☑□□□
2018 7급 나형

제품수명주기이론의 단계별 특성에 대한 설명으로 옳지 않은 것은?

① 도입기에 기업은 제품 시용(Trial)을 유인한다.
② 성숙기에는 매출액증가율이 둔화된다.
③ 쇠퇴기에 기업은 매출액 감소를 보완하기 위해 유통경로를 확대한다.
④ 성장기에는 판매량이 증가함에 따라 경험곡선 효과가 나타난다.

해설 ① [○] 시용은 처음 사용해 보는 것이므로 도입기의 과업이 맞다.
② [○] 성숙기에는 매출과 이익 모두 정점에 도달한다. 따라서 '증가율'은 점차 떨어진다. 다만 증가율이 감소하는 것일 뿐 매출 자체가 감소하는 것은 아니라는 점에 주의할 것.
③ [×] 쇠퇴기에는 시장철수를 고민하게 되므로 기존에 이미 있던 유통경로도 폐쇄를 할 것이다.
④ [○] 경험곡선 내지 학습곡선 효과는 대량생산으로 인한 규모의 경제, 즉 원가절감 효과를 의미한다. 성장기에 이러한 현상이 발생한다.

정답 ③

33-27 ☑□□□
2018 서울시 7급 A형

제품수명주기(product life cycle)에 대한 설명으로 가장 옳은 것은?

① 제품수명주기는 도입기, 성장기, 성숙기, 쇠퇴기로 나뉜다.
② 성장기에 판매 극대점에 도달한다.
③ 쇠퇴기에 접어든 상품의 수명주기를 다시 성장기로 되돌려 놓을 수 없다.
④ 제품 성숙기에는 제품의 판매가 급격히 증가하면서 순이익이 발생하는 시기이다.

해설 ① [○] 지극히 당연한 말이다. 가끔은 이런 당연한 말도 눈여겨 볼 필요가 있다.
② [×] 판매 극대점에 도달하는 시기는 성장기가 아니라 성숙기이다.
③ [×] 쇠퇴기에 접어든 상품이라도 재활성화(revitalization)를 통해 다시 성장시킬 수 있다. 재마케팅이라는 용어를 떠올려 볼 것.
④ [×] 판매가 급증하는 시기는 성숙기가 아니라 성장기이다.

정답 ①

33-28 ☑□□□
2010 CPA

AC사는 기존에 출시했던 상품이 상품수명주기상 쇠퇴기에 진입했는지 검토하고 있다. 해당 상품이 보이는 다음과 같은 징후 중에서 쇠퇴기의 징후로 가장 적절하지 않은 것은?

① 신규고객 보수성의 감소
② 이익의 감소
③ 판매량의 감소
④ 경쟁업체 수의 감소
⑤ 고객당 비용의 감소

요점정리 경영학에서 보수주의(conservatism)는 정치적 의미에서의 보수–진보와는 전혀 다른 의미로서, 위험을 가급적 멀리하려는 성향을 뜻한다.

해설 ① 보수성의 의미를 잘 안다면 이는 쇠퇴기와 전혀 어울리지 않는다는 사실을 알 수 있을 것이다. 쇠퇴기에 신규로 진입하는 고객이라면 극도로 보수적인 최후수용자일 가능성이 매우 높다.

정답 ①

34 서비스 마케팅

1. 서비스의 개념과 특징

1) 개념: 사람의 노력과 설비 등을 통하여 <u>고객의 욕구를 충족하는 활동</u>
2) 특징
   ① 무형성: 눈에 보이지 않음
   ② 비분리성: 생산과 소비의 동시 발생
   ③ 이질성(＝변동성): 제공자와 제공상황에 따라 품질이 다양함
   ④ 소멸성: 재고의 형태로 보관이 불가능

2. 서비스 마케팅 믹스: 4P＋물리적 증거＋프로세스＋사람

1) 물리적 증거: 서비스가 전달되고 고객과 상호작용하는 환경 → 내부환경, 외부환경, 유형적 요소(유니폼, 티켓 등)
2) 프로세스: 서비스가 전달되는 절차나 활동의 흐름(관련개념: MOT)
3) 사람: 서비스 provider → <u>내부 마케팅</u>, 상호작용 마케팅, 관계 마케팅 중요
   (동기부여와 만족증진을 위한 제반 노력)

3. 서비스의 품질관리

1) 2차원 모형(그뢴루스): 결과품질과 과정품질
2) SERVQUAL(파라수라만, 자이새물, 베리): 5대 항목에 대한 <u>소비자 기대와 실제성과 지각간 gap 분석</u>

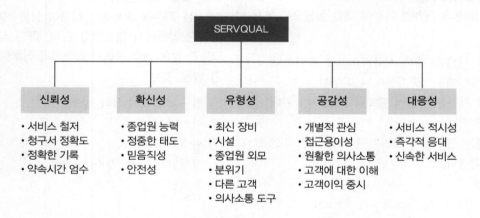

3) SERVPERF(크로닌과 테일러): 기대가 아닌 <u>서비스 성과지각만으로 서비스 품질 측정</u>

34-1 ☑☐☐☐

서비스 마케팅에 대한 설명으로 옳지 않은 것은?

① 서비스는 누가, 언제, 어디서, 누구에게 제공하느냐에 따라 품질이 달라질 수 있다.
② 제품과 다른 서비스의 특성으로 무형성, 분리성, 변동성, 소멸성 등을 들 수 있다.
③ 서비스 마케팅 믹스에는 전통적인 마케팅 믹스 4P 이외에 물리적 증거, 사람 및 프로세스가 포함된다.
④ 고객은 지각된 서비스가 기대된 서비스에 미치지 못할 경우 불만족하게 된다.

해설) ① 이를 서비스의 이질성이라 한다.
② 서비스의 중요한 특징 중 하나는 비분리성이다. 이는 생산시점과 소비시점이 동시에 발생하여 분리가 안 된다는 의미이다.
③ 물리적 증거(physical evidence), 사람(people) 및 프로세스(process)를 전통적 4P에 더하여 7P라 한다.
④ 기대에 비해 실제 서비스에 대한 지각 정도가 더 높아야 만족한다.

정답 ②

34-2 ☑☐☐☐

서비스의 특성으로 옳지 않은 것은?

① 노동집약성　　② 무형성
③ 비분리성　　④ 소멸성
⑤ 동질성

요점정리) 서비스는 제품과 구별되는 여러 가지 고유의 특성을 지니고 있는데 그 내용은 일반적으로 무형성, 생산과 소비의 비분리성, 이질성, 소멸성의 네 가지로 요약된다. 그리고 서비스는 사람이 수행하는 것이므로 노동집약적 특성을 가진다.
해설) ⑤ 서비스는 동질성이 아니라 이질성(heterogeneity)을 갖는다. 서비스는 제공자와 제공상황에 따라 그 품질이 매우 다양하게 나타난다. 같은 강사의 학원 강의라 하더라도 시간대, 수강생의 수, 강의 장소 등에 따라 강의의 질이 달라질 수 있다. 따라서 표준화가 어렵고 품질관리도 힘들다.

정답 ⑤

34-2A ☑☐☐☐

서비스마케팅의 특징 중 옳지 않은 것은?

① 서비스는 생산과 소비가 동시에 이루어진다.
② 서비스는 무형적 특성을 가지므로 물리적 요소가 결합될 수 없다.
③ 서비스는 제공자에 따라 품질이 달라지기 때문에 표준화가 어렵다.
④ 서비스는 공급이 수요보다 많더라도 재고로 비축할 수 없다.

해설) 서비스의 네 가지 특징을 정의하면 다음과 같다.

무형성 (intangibility)	눈에 보이지 않음 ➡ 경험적 속성이 강하기에, 품질의 측정이나 확신이 어려움
비분리성 (inseparability)	생산과 소비가 동시에 이루어짐 ➡ 고객 접촉정도가 커서 표준화된 대량생산이 쉽지 않음
이질성/변동성 (heterogeneity /variability)	제공자와 제공상황에 따라 그 품질이 매우 다양하게 나타남
소멸성 (perishability)	재고의 형태로 보관하기가 어렵기에, 수요와 공급의 철저한 관리(예약시스템 등)가 필요함

서비스는 무형성을 갖지만, 물리적 증거(physical evidence)와의 결합도 가능하다.

정답 ②

34-2D ☑☐☐☐

서비스의 특성에 해당되는 것을 모두 고른 것은?

ㄱ. 무형성: 서비스는 보거나 만질 수 없다.
ㄴ. 비분리성: 서비스는 생산과 소비가 동시에 발생한다.
ㄷ. 소멸성: 서비스는 재고로 보관될 수 없다.
ㄹ. 변동성: 서비스의 품질은 표준화가 어렵다.

① ㄱ, ㄴ, ㄷ　　② ㄱ, ㄴ, ㄹ
③ ㄱ, ㄷ, ㄹ　　④ ㄴ, ㄷ, ㄹ
⑤ ㄱ, ㄴ, ㄷ, ㄹ

해설 제품과 구별되는 서비스의 4대 고유 특징에는 무형성, 생산과 소비의 비분리성, 이질성(변동성), 소멸성 등이 있다.

정답 ⑤

34-2E ✓□□□ 2021 공인노무사

서비스의 특성으로 옳지 않은 것은?

① 무형성
② 비분리성
③ 반응성
④ 소멸성
⑤ 변동성(이질성)

해설 서비스는 제품과 구별되는 여러 가지 고유의 특성을 지니고 있는데 그 내용은 일반적으로 무형성, 생산과 소비의 비분리성, 이질성, 소멸성의 네 가지로 요약된다.
- 무형성(intangibility): 서비스는 눈에 보이지 않는다. 감동이나 만족과 같은 심리적 상태에 의존하기 때문이다.
- 비분리성(inseparability): 서비스는 생산과 소비가 동시에 이루어진다. 고객이 서비스의 생산현장에 같이 참여하게 되므로 고객과의 접촉정도가 제조업에 비해 큰 편이다.
- 이질성(heterogeneity) 또는 변동성(variability): 서비스는 제공자와 제공상황에 따라 그 품질이 매우 다양하게 나타난다.
- 소멸성(perishability): 서비스는 제품과는 달리 재고의 형태로 보관할 수가 없어서 판매되지 않으면 즉각 소멸한다.

추가해설 ③의 반응성(responsiveness)은 서비스 품질관리 지표로 활용되는 SERVQUAL의 구성요소 중 하나로서, 고객에게 신속한 서비스를 제공하는 정도를 뜻한다.

정답 ③

34-2F ✓□□□ 2022 CPA

서비스의 특징으로 가장 적절하지 않은 것은?

① 무형성(intangibility)
② 생산과 소비의 비분리성(inseparability)
③ 변동성(variability)
④ 소멸성(perishability)
⑤ 동질성(homogeneity)

해설 서비스는 제품과 구별되는 여러 가지 고유의 특성을 지니고 있는데 그 내용은 일반적으로 무형성, 생산과 소비의 비분리성, 이질성, 소멸성의 네 가지로 요약된다. 따라서 정답은 ⑤이다.

- 무형성(intangibility): 서비스는 눈에 보이지 않는다. 감동이나 만족과 같은 심리적 상태에 의존하기 때문이다. 따라서 서비스는 본인이 직접 사용해 보기 전에는 그 품질에 대한 측정이나 확신이 약할 수밖에 없으며, 제품의 속성(탐색적, 경험적, 신뢰적 속성) 가운데 경험적 속성의 측면이 강한 편이다.
- 비분리성(inseparability): 서비스는 생산과 소비가 동시에 이루어진다. 고객이 서비스의 생산현장에 같이 참여하게 되므로 고객과의 접촉정도가 제조업에 비해 큰 편이고, 서비스 품질에 대한 가치판단이 생산현장에서 즉시 이루어지며 서비스 제공자(service provider)는 서비스 품질을 통제할 수 있는 시간여유가 거의 없다. 또한 대부분의 서비스는 주문생산의 형태로 제공되므로 표준화된 대량생산이 어렵고 생산성 측정도 쉽지 않다.
- 이질성(heterogeneity) 또는 변동성(variability): 서비스는 제공자와 제공상황에 따라 그 품질이 매우 다양하게 나타난다. 같은 강사의 학원 강의라 하더라도 시간대, 수강생의 수, 강의 장소 등에 따라 강의의 질이 달라질 수 있다. 따라서 표준화가 어렵고 품질관리도 힘들다.
- 소멸성(perishability): 서비스는 제품과는 달리 재고의 형태로 보관할 수가 없어서 판매되지 않으면 즉각 소멸한다. 또한 서비스는 한 번의 사용으로 가치가 완전히 사라진다.

정답 ⑤

34-3 ✓□□□ 2015 가맹거래사

인적서비스에 관한 설명으로 옳지 않은 것은?

① 품질의 좋고 나쁨에 대한 평가는 주관적이다.
② 판매되지 않은 서비스는 재고형태로 보관이 가능하다.
③ 서비스 제공과정에 고도의 고객접촉이 일어난다.
④ 서비스는 가변적이며 비표준적인 산출물을 생산한다.
⑤ 서비스는 대량생산이 어렵다.

요점정리 서비스(service)는 사람의 노력과 설비 등을 통하여 고객의 욕구를 충족시켜 주는 모든 활동으로 정의된다. 소비자 욕구의 다양화, 급속한 기술의 발전, 평균수명의 증가, 삶의 복잡화에 따라 서비스업이 경제에서 차지하는 비중은 점차 커지고 있다. 서비스는 제품과 구별되는 여러 가지 고유의 특성을 지니고 있는데 그 내용은 일반적으로 무형성, 생산과 소비의 비분리성, 이질성, 소멸성의 네 가지로 요약된다.

해설 ② 서비스는 재고보관이 거의 불가능하다.

정답 ②

34-4 ☑□□□　　　　2008 7급공무원 봉책형

서비스 구매에 관한 소비자행동모델이 유형제품구매에 관한 모델보다 상대적으로 복잡한 이유를 가장 잘 설명한 것은?

① 상대적으로 고가이기 때문에
② 준거집단의 영향력이 상대적으로 크기 때문에
③ 종류가 많기 때문에
④ 소비와 구매가 동시에 이루어지기 때문에

요점정리 서비스는 생산과 소비가 동시에 이루어진다. 이를 비분리성(inseparability)이라 한다. 고객이 서비스의 생산현장에 같이 참여하게 되므로 고객과의 접촉정도가 제조업에 비해 큰 편이고, 서비스 품질에 대한 가치판단이 생산현장에서 즉시 이루어지며 서비스 제공자(service provider)는 서비스 품질을 통제할 수 있는 시간여유가 거의 없다. 또한 대부분의 서비스는 주문생산의 형태로 제공되므로 표준화된 대량생산이 어렵고 생산성 측정도 쉽지 않다.

해설 서비스는 소비자가 구매하려는 시점에서 바로 생산이 이루어진다. 이를 비분리성 또는 동시성이라 할 수 있으며, 이 때문에 소비자는 많은 심사숙고를 통해 구매의사를 결정해야 한다.
　　　　　　　　　　　　　　　　　　정답 ④

34-6 ☑□□□　　　　2018 가맹거래사

서비스 마케팅에 관한 설명으로 옳지 않은 것은?

① 서비스 비분리성이란 서비스가 서비스제공자와 분리될 수 없음을 의미한다.
② 서비스 변동성은 누가, 언제, 어디서, 어떻게 서비스를 제공하느냐에 따라 서비스품질이 달라지는 것을 의미한다.
③ 서비스 소멸성은 나중에 판매하거나 사용하기 위해 서비스를 저장할 수 없음을 의미한다.
④ 외부마케팅은 현장종업원들의 사기를 증진시켜 외부 고객을 만족시키는 것을 말한다.
⑤ 상호작용 마케팅은 서비스 접점에서 구매자-판매자 상호작용의 품질을 제고시켜 우수한 서비스 품질을 실현하는 활동을 말한다.

해설 ① [O] 비분리성은 서비스의 생산과 소비가 동시에 발생함을 뜻한다. 이는 서비스가 그 제공자와 분리될 수 없음을

의미한다.
② [O] 변동성은 서비스 제공자와 상황에 따라 서비스의 품질이 달라짐을 뜻한다.
③ [O] 소멸성은 서비스를 재고의 형태로 보관할 수 없음을 의미한다.
④ [×] 회사 종업원들의 사기를 증진시키는 것은 내부마케팅, 고객의 만족을 위해 노력하는 것은 외부마케팅이다.
⑤ [O] 상호작용 마케팅은 고객과 판매직원간에 형성되는 관계의 개선을 통해 서비스의 질을 향상시키려는 노력이다.
　　　　　　　　　　　　　　　　　　정답 ④

34-7A ☑□□□　　　　2020 서울시 7급

제품과 차별되는 서비스의 특성에 대한 설명으로 가장 옳지 않은 것은?

① 서비스는 눈에 보이지 않는 무형적 특성이 있다.
② 품질의 표준화가 어렵다.
③ 대체로 생산과 소비의 분리가 이루어진다.
④ 재고로 저장하는 것이 어렵다.

요점정리 서비스의 특징 중 하나가 비분리성(inseparability)이며, 그 뜻은 서비스의 생산과 소비가 동시에 이루어진다는 것이다. 고객이 서비스의 생산현장에 같이 참여하게 되므로 고객과의 접촉정도가 제조업에 비해 큰 편이고, 서비스 품질에 대한 가치판단이 생산현장에서 즉시 이루어지며 서비스 제공자(service provider)는 서비스 품질을 통제할 수 있는 시간여유가 거의 없다. 또한 대부분의 서비스는 주문생산의 형태로 제공되므로 표준화된 대량생산이 어렵고 생산성 측정도 쉽지 않다.

해설 ③ 서비스는 생산과 소비의 분리가 어려운 비분리성을 그 특징으로 한다.
　　　　　　　　　　　　　　　　　　정답 ③

34-7F ☑☐☐☐   2022 군무원 7급

서비스업은 제품 생산 및 제조업체와는 다른 특성을 가지고 있다. 다음 중 서비스 운영의 특징에 대한 설명으로 가장 옳지 않은 항목은?

① 서비스는 무형적인 특성이 있어서 구매 전에 관찰 및 시험이 어렵다.

② 서비스는 생산과 동시에 소비되므로 저장될 수 없다.

③ 서비스는 시간소멸적인 특성이 있어서 서비스 능력을 저장할 수 없다.

④ 서비스 전달 시스템에 고객이 참여하기 때문에 고객마다 동일한 서비스가 제공된다.

해설 ① [○] 서비스의 무형성에 대한 전형적 서술이다. 서비스는 눈에 보이지 않기에 탐색적 속성(정보검색 등을 통해 확인할 수 있는 특징)보다는 경험적 속성(체험해 보아야 비로소 파악할 수 있는 특징)을 가지게 된다.
② [○] 이를 서비스의 비분리성이라 부른다.
③ [○] 이를 서비스의 소멸성이라고 하며, 예약시스템 도입이나 차별화된 가격정책 등이 모두 소멸성과 관련이 있는 것이다.
④ [×] 선지의 앞부분("서비스 전달 시스템에 고객이 참여")은 옳다. 그러나 뒷부분이 틀렸다. 서비스 전달 과정에 고객이 참여하기 때문에 고객마다 다른 차별화된 서비스를 제공해야 하는 경우가 더 많기 때문이다. 이를 서비스의 이질성이라 부른다.
정답 ④

34-8 ☑☐☐☐   2012 7급공무원 인책형

서비스품질을 측정하기 위해 개발된 SERVQUAL 차원과 측정 항목의 연결이 옳지 않은 것은?

① 신뢰성(reliability) – 약속 이행정도

② 대응성(responsiveness) – 고객에 대한 배려와 개인적 관심

③ 확신성(assurance) – 예절을 포함한 고객에게 믿음을 주는 정도

④ 유형성(tangibility) – 시설의 청결정도

요점정리 SERVQUAL 모형은 신뢰성, 확신성, 유형성, 공감성, 대응성의 5개의 측면에서 모두 22개 항목으로 서비스의 품질을 검토한다. 신뢰성(reliability)은 약속한 서비스를 정확하게 제공하는 정도, 확신성(assurance)은 서비스 제공자가 믿음직한 태도와 능력을 보여주는 정도, 유형성(tangibles)은 외형적으로 서비스의 제공상태를 파악할 수 있는 정도, 공감성(empathy)은 고객에 대한 개인적 관심과 배려의 정도, 대응성(반응성, responsiveness)은 고객에게 신속한 서비스를 제공하는 정도로 각각 정의된다.

해설 ② 고객에 대한 배려와 개인적 관심은 공감성(empathy)에 해당한다. 대응성은 서비스의 적시성과 즉각적 응대를 뜻한다.
정답 ②

34-9 ☑☐☐☐   2018 가맹거래사

SERVQUAL 모형의 서비스품질을 측정하는 5가지 차원이 아닌 것은?

① 유형성   ② 신뢰성
③ 공감성   ④ 확신성
⑤ 무결성

해설 SERVQUAL에서 서비스 품질을 측정하는데 활용하는 5대 요소는 신뢰성, 확신성, 유형성, 공감성, 대응성이다. '무결성'은 포함되지 않는다.
정답 ⑤

34-9F ☑☐☐☐   2022 공인노무사

서비스 품질평가에 사용되는 SERVQUAL 모형의 서비스 차원이 아닌 것은?

① 유형성(tangibles)   ② 신뢰성(reliability)
③ 반응성(responsiveness)
④ 공감성(empathy)   ⑤ 소멸성(perishability)

요점정리 SERVQUAL 모형은 신뢰성, 확신성, 유형성, 공감성, 대응성의 5개의 측면에서 서비스의 품질을 검토한다. 신뢰성(reliability)은 약속한 서비스를 정확하게 제공하는 정도, 확신성(assurance)은 서비스 제공자가 믿음직한 태도와 능력을 보여주는 정도, 유형성(tangibles)은 외형적으로 서비스의 제공상태를 파악할 수 있는 정도, 공감성(empathy)은 고객에 대한 개인적 관심과 배려의 정도, 대응성(반응성, responsiveness)은 고객에게 신속한 서비스를 제공하는 정도로 각각 정의된다. 이 모형은 호텔, 레스토랑, 여행업, 에어로빅학원 등을 포함한 거의 모든 서비스 분야에서 품질 측정에 활용될 수 있다.

해설 ⑤의 '소멸성'은 서비스 자체의 4대 특징(무형성, 생산과 소비의 비분리성, 이질성, 소멸성)에 속하는 것은 맞지만, 서비스 품질관리의 요소는 아니다.

정답 ⑤

34-9J ☑☐☐☐
2023 군무원 9급

〈SERVQUAL〉 모형의 품질 차원으로 가장 적절하지 않은 것은?

① 신뢰성
② 공감성
③ 유형성
④ 내구성

해설 파라수라만(Parasuraman), 자이새믈(Zeithaml)과 베리(Berry)가 제안한 SERVQUAL 모형은 서비스품질의 갭 모형(quality gap model) 즉 서비스 품질에 대한 소비자의 기대수준(expected service)과 인지된 서비스(perceived service)와의 차이를 측정하는 방식으로 고객만족을 조사하는 효과적이면서도 가장 널리 활용되는 도구이다. SERVQUAL 모형은 신뢰성, 확신성, 유형성, 공감성, 대응성의 5개의 측면에서 모두 22개 항목으로 서비스의 품질을 검토한다. 신뢰성(reliability)은 약속한 서비스를 정확하게 제공하는 정도, 확신성(assurance)은 서비스 제공자가 믿음직한 태도와 능력을 보여주는 정도, 유형성(tangibles)은 외형적으로 서비스의 제공상태를 파악할 수 있는 정도, 공감성(empathy)은 고객에 대한 개인적 관심과 배려의 정도, 대응성(반응성, responsiveness)은 고객에게 신속한 서비스를 제공하는 정도로 각각 정의된다.

정답 ④

34-9M ☑☐☐☐
2024 경영지도사

서비스품질 평가 요소와 그에 관한 설명으로 옳지 않은 것은?

① 신뢰성 – 약속한 서비스를 정확히 제공하는 능력
② 반응성 – 고객을 도와주려는 의지와 신속히 서비스를 제공하고자 하는 의지
③ 확신성 – 노하우와 능력을 토대로 고객이 안심하고 이용할 수 있도록 믿음을 심어주기 위한 노력
④ 표준성 – 고객에게 제공하는 개별적 배려와 관심 정도
⑤ 유형성 – 물리적 시설, 종업원 복장과 외모, 커뮤니케이션을 위한 각종 도구 등

해설 SERVQUAL 모형은 신뢰성, 확신성, 유형성, 공감성, 대응성의 5개의 측면에서 모두 22개 항목으로 서비스의 품질을 검토한다. 신뢰성(reliability)은 약속한 서비스를 정확하게 제공하는 정도, 확신성(assurance)은 서비스 제공자가 믿음직한 태도와 능력을 보여주는 정도, 유형성(tangibles)은 외형적으로 서비스의 제공상태를 파악할 수 있는 정도, 공감성(empathy)은 고객에 대한 개인적 관심과 배려의 정도, 대응성(반응성, responsiveness)은 고객에게 신속한 서비스를 제공하는 정도로 각각 정의된다. '표준성'은 SERVQUAL의 요소에 포함되지 않는다.

정답 ④

34-10 ☑☐☐☐
2015 7급공무원 3책형

'극장' 혹은 '야구장'처럼 많은 고객이 운집하는 엔터테인먼트 서비스에서 고객들에게 훌륭한 경험을 제공하는 것이 고객만족을 통한 기업의 수익창출에 중요하다. 이러한 서비스에서 고객에게 훌륭한 경험을 제공하는 핵심 요인의 사례로 적절하지 않은 것은?

① 고객 참여를 위한 파도타기 같은 집단 응원
② 고객의 오감을 만족시킬 수 있는 의자 및 음향설비와 같은 시설
③ 고객의 기억을 지속하기 위한 티셔츠와 같은 기념품
④ 고객을 지속적으로 유인하기 위한 마일리지 프로그램

해설 '훌륭한 경험'과 관련이 없는 것을 찾자. 집단응원의 기억(①), 의자와 음향설비 등으로 대표되는 만족감(②), 관람 후에도 기억에 오래 남을 수 있는 기념품(③) 등은 모두 경험과 관련이 있으나, 마일리지 프로그램(④)은 반복관람을 유도하는 방법이지 경험을 기억에 남기는 방법은 아니다.

정답 ④

34-11 ☑□□□
2014 공인노무사

관계마케팅의 등장배경으로 옳지 않은 것은?

① 정보통신기술의 급격한 발전
② 구매자 중심시장에서 판매자 중심시장으로 전환
③ 고객욕구 다양화로 고객만족이 더욱 어려워짐
④ 시장 규제완화로 신시장 진입기회 증가에 따른 경쟁자의 증가
⑤ 마케팅 커뮤니케이션의 효율성을 높이기 위해 표적고객들에게 차별화된 메시지 전달이 필요해짐

요점정리 관계마케팅 또는 상호작용 마케팅(interactive marketing)은 종업원과 고객과의 원만한 관계를 활용한 마케팅 방식이다. 이는 고객관계관리(CRM)와도 관련이 있는데, 고객과의 관계개선을 통한 고객생애가치의 극대화를 추구하는 것이다. 이러한 관계마케팅은 고객만족도 증진과 경쟁자 대비 차별화우위의 달성을 위해 점차 그 중요성이 증가하고 있으며, IT 기술의 발달로 고객정보수집이 용이해짐에 따라 대부분의 기업들에서 시행되고 있다.

해설 ② 오히려 구매자 중심시장으로 이동하기에 관계마케팅이 필요한 것이다.

정답 ②

34-12 ☑□□□
2015 가맹거래사

다음 설명에 해당하는 용어는?

> 다양한 분석기법을 활용하여 고객 데이터로부터 개별고객의 가치, 욕구, 행동패턴 등을 예측하여 고객만족을 위한 고객관리전략을 수립하고 고객과의 관계를 지속하는 마케팅 방식

① RFM   ② EDLP
③ CRM   ④ MIS
⑤ CSR

해설 ③ CRM: Customer Relationship Management → 고객관계관리

추가해설 ① RFM: Recency, Frequency, Monetary의 약자. 고객의 세분화 과정에서 거래의 최근성, 거래빈도, 거래규모(금액)를 활용하는 기법이다.
② EDLP: Every Day Low Price의 약자. 월마트 창업자 샘 월턴이 내건 경영철학이다.
④ MIS: Management Information System의 약자. 경영정보시스템을 뜻한다.
⑤ CSR: Corporate Social Responsibility의 약자. 기업의 사회적 책임을 뜻한다.

정답 ③

34-13 ☑□□□
2024 군무원 7급

다음 중 고객관계관리(customer relationship management, CRM)에 대한 설명으로 가장 적절하지 않은 것은?

① 거시적 관점에서 전략적 CRM은 기업의 경영환경에 영향을 미치고 있는 기업, 고객, 경쟁자, 협력자를 통합적으로 고려한다.
② 미시적 관점에서 전술적 CRM은 고객에게 최적의 상품과 서비스를 제공하기 위한 자료의 도출과 분석에 초점을 둔 구체적인 고객대응 전략을 목표로 한다.
③ RFM(recency, frequency, monetary) 분석은 고객과의 커뮤니케이션에 초점을 맞춘 분석이다.
④ 잠재고객의 평생가치는 해당 잠재고객을 경쟁상대에게 빼앗겼을 때 예상할 수 있는 손실값으로 정의할 수 있다.

해설 ④ [×] 잠재고객의 생애가치는 예상되는 고객들이 라이프 사이클 기간 동안 기업에 가져다 줄 것으로 추정되는 이익의 합계금액이다.

정답 ④

34-16F ☑☐☐☐

2022 군무원 7급

다음 중 서비스 품질의 5가지 차원에 대한 설명으로 가장 옳은 항목은?

① 신뢰성(reliability)은 고객에 대한 배려와 개별적인 관심을 보일 준비자세를 의미한다.

② 공감성(empathy)은 약속한 서비스를 정확하게 수행할 수 있는 능력을 의미한다.

③ 대응성(responsiveness)은 고객을 돕고 신속한 서비스를 제공하겠다는 의지를 의미한다.

④ 확신성(assurance)은 물리적인 시설이나 설비, 직원 등 외형적인 수단을 의미한다.

요점정리 ▶ 파라수라만(Parasuraman), 자이새믈(Zeithaml)과 베리(Berry)가 제안한 SERVQUAL 모형은 서비스품질의 갭 모형(quality gap model) 즉 서비스 품질에 대한 소비자의 기대수준(expected service)과 인지된 서비스(perceived service)와의 차이를 측정하는 방식으로 고객만족을 조사하는 효과적이면서도 가장 널리 활용되는 도구이다. SERVQUAL 모형은 신뢰성, 확신성, 유형성, 공감성, 대응성의 5개의 측면에서 모두 22개 항목으로 서비스의 품질을 검토한다. 신뢰성(reliability)은 약속한 서비스를 정확하게 제공하는 정도, 확신성(assurance)은 서비스 제공자가 믿음직한 태도와 능력을 보여주는 정도, 유형성(tangibles)은 외형적으로 서비스의 제공상태를 파악할 수 있는 정도, 공감성(empathy)은 고객에 대한 개인적 관심과 배려의 정도, 대응성(반응성, responsiveness)은 고객에게 신속한 서비스를 제공하는 정도로 각각 정의된다.

해설 ▶ 선지 ①은 공감성, 선지 ②는 신뢰성, 선지 ④는 유형성에 대한 설명에 각각 해당한다. 설명이 옳게 된 항목은 선지 ③ 뿐이다.

정답 ③

가격결정의 원리

1. 가격의 개념

1) 가격의 의의: 판매자에 의해 설정되는 상품의 구매금액

2) 가격의 속성

① 소비자 편익에 대한 반대급부

② 가장 유연한 마케팅믹스

③ 이익에 직접적 영향

3) 가격－품질 연상: 비싼 상품의 품질이 더 좋을 것이라 생각하는 소비자의 심리

2. 가격의 설정원리

1) 소비자 측면의 고려사항

① 고객가치: 가치기반 가격결정

② 관련개념

ⅰ) 준거가격: 소바자가 판단의 기준으로 삼는 가격

ⅱ) 유보가격: 소비자가 지불가능한 최대 가격

ⅲ) 최저수용가격: 소비자가 품질을 의심하지 않고 받아들일 수 있는 최저 가격

ⅳ) 가격탄력성: 낮다면 가격인상해도 매출이 증가할 수 있음

ⅴ) 로스 어버전: 손실회피성향 → 가격 인하보다는 인상에 민감하게 반응(cf. 프로스펙트 이론)

2) 기업 측면의 고려사항

① 원가: 원가기반 가격결정(규모의 경제, 경험곡선 등의 영향)

→ 마케팅의 합리성 측면에서 문제

② 관련개념: 원가가산법, 목표이익법

3) 경쟁사 측면의 고려사항: 경쟁기반 가격결정

3. 신제품 가격결정(1) : 시장침투 가격결정

1) 개념: 초기에 낮은 가격으로 승부하는 전략 → 제품 확산속도 증가 목적

2) 사용상황

① 다수의 소비자가 가격에 민감(＝가격탄력성 高)

② 규모의 경제 및 경험곡선 효과의 실현이 가능

③ 경쟁자의 시장진입 저지 목적

4. 신제품 가격결정(2) : 스키밍 가격결정

1) 개념: 초기에 높은 가격을 책정하는 전략 → 고급이미지 구축이 필요한 혁신제품

2) 사용상황

① 소비자 구성 중 혁신자(innovator)의 비중이 높은 경우

② 제품의 속성이 고가격에 적합한 경우(예 명품)

③ 소비자들이 가격－품질 연상을 강하게 가지고 있는 경우

④ 소량생산으로 인한 높은 원가를 고가격으로 상쇄하고자 할 경우

⑤ 규모의 경제 실현이 어려운 경우

35-1 ☑☐☐☐
2011 공인노무사

소비자들이 제품가격의 높고 낮음을 평가할 때 비교기준으로 사용하는 가격은?

① 유보가격   ② 최저수용가격
③ 관습가격   ④ 준거가격
⑤ 단수가격

해설 ① 지불가능한 최대가격
② 품질을 의심하지 않고 소비자가 수용가능한 최저가격
③ 관습적으로 형성되어 있는 가격
④ 판단의 기준(reference)이 되는 가격
⑤ 의도적으로 끝자리 수를 조정한 가격(예: 99,900)

정답 ④

35-1A ☑☐☐☐
2020 가맹거래사

어떤 제품을 구매하고자 할 때 소비자들 자신이 심리적으로 적정하다고 생각하는 가격결정방법은?

① 단수가격   ② 관습가격
③ 준거가격   ④ 명성가격
⑤ 단계가격

해설 소비자 자신이 가격판단의 기준으로 생각하는 가격을 준거가격(referent pricing)이라 한다.

추가해설 ④ 명성가격(prestige pricing)은 소비자의 명성이나 위신을 나타내는 제품의 경우 높은 수준으로 가격을 설정하는 전략을 뜻한다.

정답 ③

35-1F ☑☐☐☐
2022 군무원 9급

다음 중에서 가격책정방법이 아닌 것은?

① 원가가산의 방법   ② 수요지향적 방법
③ 경쟁지향적 방법   ④ 재고지향적 방법

해설 가격결정에 영향을 미치는 요인을 소비자 측면(수요지향), 기업의 측면(원가가산), 경쟁자의 측면에서 고려해 볼 수 있다.

• 수요지향적 방법: 마케터가 가격설정에 있어 가장 중요하게 생각해야 하는 요인은 고객가치(customer value)이다. 소비자가 제품 또는 서비스로부터 얻는 편익(benefit)은 고객이 지불가능한 금액, 즉 가격상한선 책정에 있어 중요한 이슈가 되므로 평소 시장조사 등을 통해 고객가치를 파악할 수 있도록 노력해야 한다. 고객가치에 기반하여 가격을 책정하는 방법을 가치기반 가격결정(value-based pricing)이라 부른다. 여기서는 구매자의 가격판단 기준이 되는 준거가격(reference price)과 고객이 지불가능한 최대치인 유보가격(reservation price) 및 품질을 의심치 않고 구매할 수 있는 최저치인 최저수용가격(lowest acceptable price) 등을 조사할 필요가 있다.

• 원가가산의 방법: 제품과 서비스의 원가(cost)는 가격결정에 있어 필수적 구성요소이며, 여기서는 고정비(fixed cost)와 변동비(variable cost)의 구분이 중요하다. 원가구조상 단위당 공헌이익(=가격-변동비)이 클수록 고정비의 회수에 유리한 조건이 형성되므로 공헌이익률이 높은 상품의 경우에는 가격목표를 판매량 증대에 두는 것이 바람직하다. 이처럼 상품의 원가에 기반을 두고 가격을 책정하는 방식을 원가기반 가격결정(cost-based pricing)이라 하며, 가격 하한선의 책정에 있어서는 총제조원가에 비해 변동원가의 크기가 중요한 이슈가 된다.

• 경쟁지향의 방법: 경쟁자의 원가와 가격은 준거가격에 영향을 미친다는 점에서 특히 중요하지만 현실적으로 타사의 원가정보는 파악하기가 매우 어렵기 때문에 각종 단서(예, 재무보고서 등)를 활용하여 향후 경쟁사의 가격전략을 예측할 필요가 있다. 경쟁제품 가격에 기반을 둔 가격책정방식을 경쟁자 기반 가격결정(competitor-based pricing)이라 하며 그 구체적인 가격계산 방식인 경쟁기반가격법(going-rate pricing 또는 benchmark pricing)은 경쟁사의 가격을 기준으로 동일한 수준이나 또는 조금 높거나 낮도록 가격을 결정하는 방법이다. 가격경쟁을 피할 수 있다는 장점이 있지만 소비자의 입장을 고려하지 않는다는 단점이 있다.

정답 ④

35-1G ☑☐☐☐
2022 경영지도사

가격 결정의 주요 목표로 옳지 않은 것은?

① 시장 침투   ② 수익의 안정
③ 제품의 판매 촉진   ④ 경쟁에 대한 대응 및 예방
⑤ 신제품 개발 역량 촉진

해설 시장 침투(①)나 판매의 촉진(③), 내지는 경쟁에 대한 대응(④)이 목표인 경우는 저가정책을 쓴다. 반면 안정적 수익이 목표라면(②) 저가정책을 제외한 나머지 가격대를 선정한다. 선지 ⑤의 신제품 개발역량 촉진은 가격정책과는 거리가 멀다.

정답 ⑤

35-1M ✓☐☐☐
2024 군무원 5급

다음 중 기업의 생존부등식을 바르게 설명한 것은?

① P(상품의 가격)＜C(상품의 원가)
② V(상품의 가치)＞P(상품의 가격)
③ PB(생산자혜택)＝V(상품의 가치)－P(상품의 가격)
④ CB(소비자혜택)＝P(상품의 가격)－C(상품의 원가)

해설 생존부등식은 기업의 생존조건을 말하는 등식으로서, 서울대학교 윤석철 명예교수에 의해 창안되었다. 기업이 생존하려면 원가보다는 가격이 비싸야 하고, 가격보다는 고객이 느끼는 가치가 커야 한다. 정리하면 생존부등식은 다음과 같다.

$$Cost < Price < Value$$

따라서 위 식과 같은 논리로 표현된 선지는 ②가 된다.

정답 ②

35-2 ✓☐☐☐
2010 CPA

EJ사는 자사 상품의 가격을 동일한 비율로 인하하는 경우보다 인상하는 경우에 판매량 변화가 더 크다는 사실을 경험적으로 알고 있다. 이러한 현상을 설명할 수 있는 이론적 근거로 가장 적절한 것은?

① 음의 법칙(negative law)
② 비율효과(ratio effect)
③ 타협효과(compromise effect)
④ 채찍효과(bullwhip effect)
⑤ 로스 어버젼(loss aversion)

해설 사람들은 이익(가격하락으로 유발)보다 손실(가격상승으로 유발)에 더 민감하다. 즉 손실회피(loss aversion) 성향을 가진다.

추가해설 ③ 타협효과는 특정 속성에 대한 선호가 불분명할 경우 양극단에 위치한 대안은 회피하고 비교적 안전하다고 느끼는 중간 대안을 선택하려는 경향을 뜻한다.
④ 채찍효과는 공급사슬(가치사슬)의 상류로 갈수록 수요정보가 증폭되는 현상을 의미한다.

정답 ⑤

35-3 ✓☐☐☐
2014 공인노무사

수요의 가격탄력성이 가장 높은 경우는?

① 대체재나 경쟁자가 거의 없을 때
② 구매자들이 높은 가격을 쉽게 지각하지 못할 때
③ 구매자들이 구매습관을 바꾸기 어려울 때
④ 구매자들이 대체품의 가격을 쉽게 비교할 수 있을 때
⑤ 구매자들이 높은 가격이 그만한 이유가 있다고 생각할 때

해설 가격탄력성이 높다는 말은 가격변동시 수요량의 변화가 극심하다는 의미이다. 대체품과의 가격비교가 쉬운 경우(④)에는 그렇지 않은 경우에 비해 저렴한 상품으로의 전환이 일어날 가능성이 크다. 대체재나 경쟁자가 없거나(①) 가격이 높음을 느끼지 못하는 경우(②), 구매습관을 바꾸기 어려운 경우(예: 기호식품이나 담배 등)(③), 또는 고가의 제품에 그만한 이유가 있다고 느끼는 경우(⑤)에는 가격이 상승하더라도 수요가 줄어들 가능성이 낮다.

정답 ④

35-7B ✓☐☐☐
2019 상반기 군무원 복원

생산자가 원가를 가장 중요한 기준으로 하여 가격을 책정하는 방식은?

① 지각기준 가격결정   ② 목표이익률 가격결정
③ 모방 가격결정   ④ 입찰참가 가격결정

해설 원가를 중시하는 가격결정이란 곧 원가를 초과하여 이익을 얻기 위한 가격결정이라는 뜻이다. 따라서 정답은 '목표이익률' 가격결정이 된다. 소비자의 지각이나 경쟁자의 모방을 가격결정 방식으로 삼을 경우 원가보다 낮은 가격을 정해야 할 우려가 있다.

정답 ②

35-7F ☑☐☐☐   2022 가맹거래사

원가중심적 가격결정방법에 해당하는 것은?

① 경쟁입찰 가격결정방법
② 부가가치 가격결정방법
③ 시장가치 가격결정방법
④ 목표이익 가격결정방법
⑤ 항시저가 가격결정방법

해설 제품과 서비스의 원가(cost)는 가격결정에 있어 필수적 구성요소이며, 여기서는 고정비(fixed cost)와 변동비(variable cost)의 구분이 중요하다. 원가구조상 단위당 공헌이익(＝가격－변동비)이 클수록 고정비의 회수에 유리한 조건이 형성되므로 공헌이익률이 높은 상품의 경우에는 가격목표를 판매량 증대에 두는 것이 바람직하다. 이처럼 <u>상품의 원가에 기반을 두고 거기에 목표이익을 추가하여 가격을 책정하는 방식을 원가기반 가격결정(cost-based pricing)</u>이라 하며, 가격 하한선의 책정에 있어서는 총제조원가에 비해 변동원가의 크기가 중요한 이슈가 된다.

정답 ④

35-7M ☑☐☐☐   2024 군무원 9급

다음 중 비용중심적 가격결정방법에 대한 설명으로 가장 적절하지 않은 것은?

① 지수가격결정은 총원가와 원가비율을 이용하여 가격을 결정하는 방법으로, 주로 서비스산업에서 사용된다.
② 비용가산 가격결정은 생산원가에 일정한 가산액이나 가산율을 부가하는 방법이다.
③ 공헌마진 가격결정은 상품회전율과 상대적 수익률을 기준으로 하는 가격결정방법이다.
④ 손익분기점 가격결정은 상품을 생산하고 판매하는 전 과정을 통해서 특별한 손실이나 이익이 나지 않은 수준에서 가격을 결정하는 방법이다.

해설 ① [O] 지수가격결정에 대한 올바른 설명이다.
② [O] 비용항목에 일정한 마진이나 목표이익을 추가하여 가격을 결정하는 방식이다.
③ [×] 공헌마진 가격결정은 가격에서 단위당 변동비를 차감하여 계산하는 공헌마진을 극대화할 수 있는 가격을 설정하는

방법으로서, 이익 극대화에 적합한 방법이다.
④ [O] 손익분기점의 올바른 의미이다.

정답 ③

35-8 ☑☐☐☐   2017 서울시 7급

다음 중 시장침투가격(penetration pricing) 전략이 적합한 상황과 가장 거리가 먼 것은?

① 소비자들이 가격에 민감하지 않을 때
② 시장 성장률이 높을 때
③ 경쟁자의 진입을 사전에 방지하고자 할 때
④ 규모의 경제가 존재할 때

요점정리 시장침투 가격전략(penetration pricing)은 신제품의 도입 초기부터 고객가치보다 낮은 가격을 매겨 시장확산속도를 신속하게 끌어올리는 것을 목표로 한다. 이 전략은 <u>다수의 소비자가 가격에 민감하거나 시장성장률이 높아서 규모의 경제 및 경험곡선 효과의 실현이 가능한 경우, 또는 경쟁자의 시장진입을 저지하고자 할 때</u> 사용할 수 있다.

정답 ①

35-9 ☑☐☐☐   2019 가맹거래사

시장침투가격결정(penetration pricing)에 관한 설명으로 옳지 않은 것은?

① 신제품 출시 때, 빠른 시간 내에 매출 및 시장점유율을 확대하고자 하는 경우 적합한 방식이다.
② 경쟁자의 진입을 방지하고자 할 때 효과적인 방식이다.
③ 가격에 민감하지 않은 혁신소비자층(innovators)을 대상으로 하는 것이 적절하다.
④ 단위당 이익이 낮더라도 대량판매를 통해 높은 총이익을 얻을 수 있을 때 활용할 수 있는 방식이다.
⑤ 대체적으로 소비자들이 가격에 민감할 때 적합한 방식이다.

해설 침투가격은 출시 초기에 저가로 제품을 출시하는 방법이므로 시장점유율의 빠른 확대에 도움이 되고(①), 경쟁자의 진입을 방지할 수 있다(②). 이는 소비자들이 가격이 민감하거

나(⑤) 한 제품당 달성가능한 이익이 적더라도 대량판매를 통해 총이익을 증가시킬 수 있을 때 사용된다(④). 그러나 ③의 혁신소비자들의 경우는 가격이 싸든 비싸든 처음 출시된 제품을 구입하고자 하는 사람들이다. 따라서 타겟 소비층들이 혁신자인 경우에는 굳이 침투가격을 고집할 이유가 없다.

정답 ③

35-10 ☑□□□　　　　　　　2015 가맹거래사

신제품을 시장에 출시하는 경우 특정 세분시장 확보를 위한 고가격 책정전략은?

① 시장침투가격(penetration pricing)
② 스키밍가격(skimming pricing)
③ 이미지가격(image pricing)
④ 이분가격(two-part pricing)
⑤ 노획가격(captive pricing)

──────────────

해설》 ① 저가정책
② 고가정책
③ 이미지에 따라 가격을 책정하는 정책
④ 통신요금이 기본요금과 사용요금으로 구분되듯이 두 영역의 합으로 구성되는 가격정책
⑤ 노획가격＝포획가격. 프린터와 잉크/토너와 같이 특정 제품과 결합되는 상품의 가격 책정 방식이다.

정답 ②

35-11 ☑□□□　　　　　　　2017 경영지도사

경쟁이 거의 없는 동안 최적 이익을 얻기 위하여 신제품 가격을 높게 책정하는 전략은?

① 스키밍 가격전략(skimming price strategy)
② 침투 전략(penetration strategy)
③ 항시저가책정전략(everyday low pricing strategy)
④ 고－저 가격책정전략(high－low pricing strategy)
⑤ 심리적 가격책정전략(psychological pricing strategy)

──────────────

해설》 ① 신제품 가격을 높게 책정하는 정책
② 신제품 가격을 낮게 책정하는 정책
③ 늘 제품 가격을 낮게 책정하는 정책

④ 이런 정책은 없다.
⑤ 단수가격(예: 99,900원 등)처럼 사람의 심리적 속성을 활용하는 가격정책

정답 ①

35-12 ☑□□□　　　　　　　2012 가맹거래사

스키밍(skimming) 가격 책정은 주로 언제, 어떻게 하는 전략인가?

① 도입기 － 고가격　　② 도입기 － 저가격
③ 성장기 － 저가격　　④ 성숙기 － 고가격
⑤ 성숙기 － 저가격

──────────────

해설》 스키밍 가격은 도입기에 고가격을 책정하는 정책이다. 반대로 도입기에 저가격을 책정하는 정책은 침투가격 전략이다.

정답 ①

35-13 ☑□□□　　　　　　　2016 가맹거래사

제품수명주기상 도입기에 고가격 전략을 적용하는 경우로 옳지 않은 것은?

① 초기에 높은 시장점유율을 확보하려 할 때
② 특허 기술 등의 이유로 제품이 보호되고 있을 때
③ 잠재적 고객들이 가격－품질의 연상이 강할 때
④ 경쟁자에 대한 시장 진입장벽이 높을 때
⑤ 대체품에 비해 신제품의 가치가 높을 때

──────────────

해설》 ① 시장점유율이 높다면 판매량을 늘릴 수 있다는 뜻이다. 따라서 이 경우에는 규모의 경제 효과를 누릴 수 있으므로 단가를 낮게 책정할 수 있다.

정답 ①

35-14 ✓□□□

신제품을 통해 시장에 진입할 때 초기 고가전략(skim-ming pricing strategy)을 적용하기에 적절한 경우는?

① 신제품이 소비자가 원하는 탁월한 특성을 갖고 있는 경우
② 신제품에 대한 규모의 경제가 가능한 경우
③ 신제품에 대한 극심한 경쟁이 예상되는 경우
④ 신제품에 대한 대규모의 시장이 존재하는 경우

───────

요점정리 스키밍 가격전략(skimming pricing, 초기고가전략)은 신제품의 도입 초기에 고가격을 매겨 최고의 수익을 올리는 것을 목표로 한다. 소비자의 인적 구성에서 혁신자 계층이 두텁거나 제품의 속성이 고가격에 적합한 경우(예: 프리미엄 제품), 특허에 의해 신제품의 독점판매권이 보호되는 경우, 신제품의 확산속도가 매우 느릴 것으로 예상되는 경우, 또는 소비자들이 가격–품질 연상을 강하게 가지고 있을 때(예: 품질선도자로서의 이미지 구축이 필요한 상황)나 소량생산으로 인한 높은 원가를 고가격으로 상쇄하고자 할 때 사용할 수 있다.

해설 ① 탁월한 특성이 있는 제품이라면 소비자들이 기꺼이 높은 가격을 지불할 수 있을 것이다. ②, ③, ④는 모두 시장침투가격, 즉 저가전략을 적용하는 경우가 된다.

정답 ①

35-14J ✓□□□

스키밍 가격(skimming pricing)에 대한 설명으로 옳지 않은 것은?

① 신상품 수용 시점에 따른 잠재 구매자 집단별 유보가격과 관련이 있다.
② 시간이 지나면서 가격이 내려가는 모든 경우가 스키밍 가격에 해당하지는 않는다.
③ 진입장벽이 낮은 경우에 적절하다.
④ 잠재 구매자들의 가격–품질 연상이 강한 경우에 효과적이다.

───────

해설 ①, ④ [O] 스키밍 가격전략(skimming pricing, 초기고가전략)은 신제품의 도입 초기에 고가격을 매겨 최고의 수익을 올리는 것을 목표로 한다. 신상품에 대해 유보가격(최대 지불가능 가격)이 높은 소비자들을 주 타겟으로 하는 가격정책이며, 소비자들이 가격-품질 연상을 강하게 가지고 있을 때(예, 품질선

도자로서의 이미지 구축이 필요한 상황)나 소량생산으로 인한 높은 원가를 고가격으로 상쇄하고자 할 때 사용할 수 있다.
② [O] 초기 고가정책을 스키밍 가격이라 한다. 따라서 가격이 시간이 흐름에 따라 점차 하락하는 경우라 해도 초기 가격 자체가 고가의 범주에 속하지 않는다면 이를 스키밍 가격이라 부르지는 않는다.
③ [×] 진입장벽이 낮다는 것은 경쟁자의 진입이 쉽다는 것이다. 따라서 이럴 때는 가격을 높이는 스키밍 전략보다는 가격을 낮추는 침투가격(penetration pricing)을 사용하는 것이 타당하다. 스키밍 가격은 소비자의 인적 구성에서 혁신자 계층이 두텁거나 제품의 속성이 고가격에 적합한 경우(예, 프리미엄 제품), 특허에 의해 신제품의 독점판매권이 보호되는 경우, 신제품의 확산속도가 매우 느릴 것으로(즉 판매량 증가가 적을 것으로) 예상되는 경우 그 효용이 증가한다.

정답 ③

35-15 ✓□□□

신제품 가격결정방법 중 초기고가전략(skimming pricing)을 채택하기 어려운 경우는?

① 수요의 가격탄력성이 높은 경우
② 생산 및 마케팅 비용이 높은 경우
③ 경쟁자의 시장진입이 어려운 경우
④ 제품의 혁신성이 큰 경우
⑤ 독보적인 기술이 있는 경우

───────

해설 ① 고객이 가격에 민감하다는 의미이므로 고가전략보다는 저가전략, 즉 시장침투가격을 활용하는 것이 적절하다.
추가해설 ② 각종 비용이 높다면 고가정책을 쓰는 것이 맞다.
③ 경쟁자의 진입이 어렵다는 것은 곧 우리 회사가 독점적 지위를 누릴 가능성이 높다는 것이다. 따라서 가격을 높게 책정해도 고객이 우리 회사의 제품이나 서비스를 사용할 수밖에 없다.
④ 혁신적 신제품의 가격은 대개 고가로 책정된다.
⑤ 독보적 기술이 있다면 대체재가 적거나 없음을 뜻하므로 우리 회사 제품의 가격을 비싸게 책정해도 팔릴 것이다.

정답 ①

35-15J ☑☐☐☐ 2023 경영지도사

가격전략에 관한 설명으로 옳지 않은 것은?

① 기업의 마케팅 목표 및 마케팅 믹스와의 조화를 고려하여 수립할 필요성이 있다.
② 수요의 가격탄력성이 높지 않을 경우, 상대적 고가격전략이 적합하다.
③ 시장침투(market-penetration) 가격전략은 신제품 출시 초기에 높은 가격을 책정하고, 추후 점차적으로 가격을 인하하여 시장점유율을 확대하고자 하는 전략이다.
④ 진입장벽이 높아 경쟁자의 시장 진입이 어려운 경우, 스키밍(market-skimming) 가격전략이 적합하다.
⑤ 소비자들의 본원적 수요를 자극하고자 하는 경우, 상대적 저가격전략이 적합하다.

해설) ① [O] 당연한 말이다. 예를 들어 마케팅 목표가 매출증진이라면 가격을 낮추는 것이 바람직하지만, 프리미엄 이미지를 구축하는 것이 목표라면 가격을 높여야 할 것이다.
② [O] 수요의 가격탄력성이 높지 않다면 소비자가 가격에 민감하지 않다는 의미이므로 고가전략이 적합하다.
③ [×] 침투전략은 출시 초기에 낮은 가격을 책정하는 정책이다.
④ [O] 진입장벽이 높다면 경쟁자가 적어서 가격이 비싸도 판매가 될 것이다. 따라서 이 경우는 고가전략인 스키밍 정책이 효과적이다.
⑤ [O] 본원적 수요는 파생적 수요의 반대 개념으로서, 제품 자체에 대한 수요를 뜻한다. 제품 수요를 증가시키는 가장 좋은 방법은 저가정책이다.

정답 ③

35-16 ☑☐☐☐ 2024 공인노무사

4P 중 가격에 관한 설명으로 옳지 않은 것은?

① 가격은 다른 마케팅믹스 요소들과 달리 상대적으로 쉽게 변경할 수 있다.
② 구매자가 가격이 비싼지 싼지를 판단하는 기준으로 삼는 가격을 준거가격이라 한다.
③ 구매자가 어떤 상품에 대해 지불할 용의가 있는 최저가격을 유보가격이라 한다.
④ 가격변화를 느끼게 만드는 최소의 가격변화 폭을 JND(just noticeable difference)라 한다.
⑤ 구매자들이 가격이 높은 상품일수록 품질도 높다고 믿는 것을 가격-품질 연상이라 한다.

해설) ① [O] 옳다. 가격은 가장 유연성이 큰 마케팅 믹스이며, 반대로 유통은 가장 변경이 어려운 마케팅 믹스이다.
② [O] 준거가격의 올바른 의미를 잘 설명하고 있다.
③ [×] 틀렸다. 유보가격의 정확한 의미는 '구매자가 지불할 용의가 있는 <u>최고가격</u>'이다.
④ [O] 1,000원짜리 제품의 가격을 인상할 때, 10원 이상의 인상부터 고객이 인지한다면, 바로 이 10원이 JND가 된다.
⑤ [O] 옳은 설명이며, 이처럼 가격이 품질의 추론 근거가 되는 현상을 지각적 추론(perceptual inference)이라 한다.

정답 ③

가격관련 기타 개념

1. 집합제품 가격결정

1) 제품라인 가격결정: <u>원가나 성능 및 품질의 차이</u> 등을 고려하여 가격을 차등화
   (**예** 아반떼 − 소나타 − 그랜저)

2) 결합제품(＝포획제품, captive product) 가격결정: <u>원제품은 싸게, 결합제품은 비싸게</u>
   (**예** 프린터와 토너, 게임기와 소프트웨어)

3) 묶음제품 가격결정(bundling → **예** 세트메뉴, 자유이용권 → 순수묶음과 혼합묶음이 존재)
   ① 순수묶음(pure bundling): 묶음으로만 판매
   ② 혼합묶음(mixed bundling): 묶음으로도 팔고 개별적으로도 판매

2. 가격차별

1) 개념: 동일한 상품에 대해서 <u>개별고객 또는 세분시장마다 다른 가격을 받는 것</u>

2) 적용
   ① 소비자 집단별로 유보가격이나 가격탄력성이 다른 경우
   ② 시간에 따라 <u>제품 가치가 급변하는 경우</u>(**예** 비행기 티켓)

3) 유형
   ① 직접적 가격차별: 동일제품의 가격을 달리 책정
   ② 간접적 가격차별(versioning): 제품구성을 조금씩 다르게 하여 가격차별 실시(**예** 컴퓨터 SW)

3. 심리적 가격조정

1) 단수가격: <u>단위수를 인위적으로 줄여 심리적 부담 경감</u>(**예** 99,900원)

2) 준거가격: 제품판단의 기준가격 → 프로스펙트 이론 적용 可

3) 품질에 따른 가격설정: <u>가격 − 품질 연상에 입각</u>
   ① 프리미엄 전략: 고품질 고가격
   ② 좋은 가격 전략: 고품질 저가격
   ③ 오버차징 전략: 저품질 고가격
   ④ 이코노미 전략: 저품질 저가격

4) 관습가격: <u>사회적으로 통용되는 관념에 입각한 가격결정</u>

4. 촉진용 가격조정

1) 유인용 손실가격책정(loss leader, 손실유도가격)

2) 할인

3) 교환판매(거래공제): 중고품을 돌려주는 소비자에게 신제품 가격을 할인

4) 행사가격(**예** 신학기 노트북 할인)

36-1 ☑☐☐☐

남성 정장류의 가격대를 저가, 중가, 고가 등으로 분류하여 저가 정장류는 5만 원에서 10만 원 사이, 중가 정장류는 13만 원에서 25만 원 사이, 고가 정장류는 30만 원에서 55만 원 사이의 가격을 책정한다고 할 때, 특정 기업이 중가 정장류를 판매하기로 하고 각 제품의 가격을 13만 원, 16만 원, 20만 원, 25만 원으로 결정한다면 이러한 가격결정에 해당하는 것은?

① 시장침투가격 ② 심리적 가격
③ 가격차별화 ④ 가격계열화

해설〉 ① 시장침투가격은 신제품 초기 출시기간동안 파격적으로 싼 가격에 판매하는 전략이다.
② 단수가격, 유인가격 등이 심리적 가격결정의 예이다.
③ 기본적으로 동일한 상품에 대해서 개별고객 또는 세분시장마다 다른 가격을 받는 것을 가격차별(pricing discrimination)이라 한다.
④ 가격계열화는 제품라인 가격결정(product line pricing)이라고도 불린다. 이는 여러 제품라인을 보유하고 있는 기업이 제품간 원가나 성능, 품질의 차이 등을 고려해서 가격을 차등화하는 것을 뜻한다.

정답 ④

36-2 ☑☐☐☐

YJ시네마는 특별 이벤트로 심야에 8,000원에 두 편의 영화를 동시 관람할 수 있는 상품을 판매하고 있었다. 한 손님이 두 편의 영화 중에서 한 편만 보고 싶으니 4,000원에 한 편의 영화티켓을 구입하겠다고 주장했다. 그러나 YJ시네마 측은 단호하게 8,000원을 지불하고 한 편만 볼 수 있지만, 영화 한 편의 티켓을 별도로 팔 수 없다고 답변했다. 이 경우 YJ시네마가 사용하고 있는 가격전략으로 가장 적절한 것은?

① 순수묶음(pure bundling)
② 혼합묶음(mixed bundling)
③ 이중요율(two-part tariff)
④ 스키밍가격(market-skimming pricing)
⑤ 손실유도가격(loss leader price)

요점정리〉 묶음제품 가격결정(bundling, 번들링)은 여러 가지 상품을 묶어서 판매하는 가격정책이다. 순수묶음(pure bundling)은 묶음으로만 판매하는 방법이고, 혼합묶음(mixed bundling)은 묶음으로도 팔고 개별적으로도 판매할 수 있는 방법이다. 번들링을 할 때 묶음으로 판매되는 제품은 햄버거와 콜라처럼 보완재인 경우가 대부분이다. 묶음가격은 개별상품에 대해 소비자가 평가하는 가치가 이질적일 때 더 효과적이며, 개별적으로는 판매가 부진할 수 있는 제품의 매출을 증가시킬 수 있다는 장점을 가진다.

해설〉 묶음으로만 판매하고 개별제품을 판매하지 않으므로 순수묶음이다.

정답 ①

36-2F ☑☐☐☐

제품의 기본가격을 조정하여 세분시장별로 가격을 달리하는 가격결정이 아닌 것은?

① 고객집단 가격결정 ② 묶음제품 가격결정
③ 제품형태 가격결정 ④ 입지 가격결정
⑤ 시간 가격결정

해설〉 세분시장별로 가격을 달리하는 것은 가격정책의 기본전략 중 하나이다. 이는 기업이 이익을 최대로 높일 수 있는 방법이 되며, 유보가격이 다른 소비자들마다 다른 가격을 책정하거나(①), 출시시점에 따라 신제품과 기존제품의 가격차이를 조정하는 방법(⑤), 제품형태(③)나 입지조건(④) 등에 따라 다른 가격을 책정하는 정책 등이 가능하다. 그러나 묶음제품가격(bundle pricing)은 두 가지 이상의 상품(주로 보완재)을 묶어 단일한 가격으로 판매하는 것이며, 세분시장마다 가격을 달리하는 것이 아니라 집합제품을 구성하는 품목에 따라 가격을 책정하는 정책이므로 문제에서 묻는 것과 가장 거리가 멀다.

정답 ②

36-3 ☑☐☐☐

가격관리에서 아래의 상황을 가장 적절하게 설명할 수 있는 것은?

> 1,000원짜리 제품에서 150원 미만의 가격인상은 느끼지 못하지만, 150원 이상의 가격인상은 알아차린다.

① JND(just noticeable difference)
② 단수가격(odd-number pricing)
③ 유보가격(reservation price)
④ 스키밍가격(market-skimming pricing)
⑤ 웨버의 법칙(Weber's Law)

해설 JND는 소비자가 알아차리는 자극의 임계강도를 뜻한다. 이보다 강한 자극은 알아차리지만 그렇지 않은 자극은 느끼지 못한다. 웨버의 법칙도 이와 관련이 있으나, 그 핵심은 초기 자극의 강도와 차이지각간의 관계에 있으므로 문제의 정답이라 보기는 힘들다.

정답 ①

36-4 ☑☐☐☐

A사가 프린터를 저렴하게 판매한 후, 그 프린터의 토너를 비싼 가격으로 결정하는 방법은?

① 종속제품 가격결정(captive product pricing)
② 묶음 가격결정(bundle pricing)
③ 단수 가격결정(odd pricing)
④ 침투 가격결정(penetration pricing)
⑤ 스키밍 가격결정(skimming pricing)

해설 종속제품(포획상품) 가격결정이란 주(main)가 되는 제품은 저렴하게 판매한 다음 그에 종속되는 제품의 가격을 높게 책정하는 방식으로서, 프린터-토너, 면도기-면도날 등의 가격책정에 활용된다.

정답 ①

36-5 ☑☐☐☐

소비자들에게 프린터를 저렴한 가격으로 구매하게 한 다음 프린터 카트리지를 비싼 가격으로 판매하는 제품 믹스 가격전략은?

① 제품라인 가격결정   ② 선택사양제품 가격결정
③ 부산물 가격결정   ④ 묶음제품 가격결정
⑤ 종속제품 가격결정

해설 특정 제품을 싸게 판매하는 대신 그 제품의 사용에 필수적인 결합(종속)제품을 비싸게 판매하는 전략은 종속제품 또는 결합제품 가격전략이다.

정답 ⑤

36-5A ☑☐☐☐

어떤 제품을 비교적 낮은 가격으로 판매한 이후, 그 상품에 필요한 소모품이나 부품 등을 비교적 비싼 가격에 판매하는 가격관리방식으로 가장 적절한 것은?

① 캡티브 제품 가격(captive-product pricing)
② 시장 침투 가격(market-penetration pricing)
③ 경험 곡선 가격(experience-curve pricing)
④ 시장 스키밍 가격(market-skimming pricing)
⑤ 지각된 가치 가격(perceived-value pricing)

해설 결합제품 가격결정(포획제품(종속제품)가격, captive-product pricing)은 일단 어떤 제품을 싸게 판매한 다음에 그 상품에 필요한 결합제품(소모품이나 부품 등의 보완재)을 비싼 가격에 판매함으로써 더 큰 이익을 거둘 수 있는 가격정책을 뜻한다. 최근 프린터보다 토너 값이 비싼 경우가 종종 발견되는데 이는 결합제품 가격결정을 활용한 것이며, 면도기의 가격과 면도날의 가격간 큰 차이가 없는 것 역시 이 가격정책과 관련이 있다.

정답 ①

36-5B ☑☐☐☐

소비자들에게 면도기를 저렴한 가격으로 구매하게 한 다음 면도날을 비싼 가격으로 판매하는 가격 전략은?

① 부산물 가격결정
② 선택사양제품 가격결정
③ 종속제품 가격결정
④ 묶음제품 가격결정

해설 면도기 – 면도날, 프린터 – 토너 등은 모두 종속제품의 가격을 통해 수익을 올리는 방법이다. 선지 ④의 묶음제품(bundling)과 종속제품의 차이는 독립성 유무이다. 즉 묶음의 대상인 여러 제품들(예, 햄버거 세트메뉴의 구성품목들)은 각기 독립적 제품으로도 사용이 되지만, 종속제품인 면도날과 토너는 독자적으로는 사용이 안 된다.

정답 ③

36-5M ☑☐☐☐

다음의 예시들이 의미하는 가격책정 방법은?

- 프린터는 싸게 팔고 프린터 토너는 비싸게 판다.
- 면도기는 싸게 팔고 면도날은 비싸게 판다.

① 종속제품(captive-product) 가격책정
② 제품계열(product line) 가격책정
③ 옵션제품(optional-product) 가격책정
④ 묶음제품(product-bundle) 가격책정
⑤ 차별적(discriminatory) 가격책정

해설 두 예시는 너무나 전형적인 종속제품 가격결정의 사례이다. 종속제품 가격의 다른 명칭은 캡티브 프로덕트 가격결정, 포획상품 가격결정, 결합제품 가격결정 등이다.

정답 ①

36-6F ☑☐☐☐

다음 중 제품믹스에 대한 가격결정에 대한 설명으로 가장 옳지 않은 것은?

① 제품계열에 대한 가격결정은 한 제품계열을 구성하는 여러 제품 간에 어느 정도의 가격 차이를 둘 것인가를 결정하는 데 초점을 맞춘다.
② 사양제품(optional-product)에 대한 가격결정은 주력제품과 함께 판매되는 각종 사양제품 혹은 액세서리에 부과되는 가격을 말한다.
③ 종속제품에 대한 가격결정은 특정 제품과 반드시 함께 사용되는 제품에 부과되는 가격을 말한다.
④ 묶음제품 가격결정은 자사에서 판매하는 관련 제품들을 함께 묶어 고가에 판매하는 방식을 말한다.

해설 ① [O] 제품라인 가격결정(가격계열화, product line pricing)은 여러 제품라인을 보유하고 있는 기업이 제품간 원가나 성능, 품질의 차이 등을 고려해서 가격을 차등화하는 것을 뜻한다. 현대자동차 승용차 라인에는 아반떼, 소나타, 그랜저, 제네시스가 있는데 이들 각각의 가격은 서로에 영향을 미친다 (예, 소나타의 가격이 오르면 그랜저 매출이 증가할 수 있음).
② [O] 사양(옵션)제품 가격결정(optional product pricing)은 주력제품에 추가되는 각종 부가제품 및 액세서리에 부과하는 가격을 말한다. 자동차의 옵션 선택이 그 대표적 예이다. 일반적으로 옵션제품 가격결정을 활용할 경우 본 제품보다는 옵션에 고마진을 적용하는 경우가 많다.
③ [O] 종속제품 가격결정(포획제품(결합제품)가격, captive-product pricing)은 일단 어떤 제품을 싸게 판매한 다음에 그 상품에 필요한 결합제품(소모품이나 부품 등의 보완재)을 비싼 가격에 판매함으로써 더 큰 이익을 거둘 수 있는 가격정책을 뜻한다.
④ [×] 묶음제품 가격결정(bundling, 번들링)은 여러 가지 상품을 묶어서 판매하는 가격정책이다. 순수묶음(pure bundling)은 묶음으로만 판매하는 방법이고, 혼합묶음(mixed bundling)은 묶음으로도 팔고 개별적으로도 판매할 수 있는 방법이다. 번들링을 할 때 묶음으로 판매되는 제품은 햄버거와 콜라처럼 보완재인 경우가 대부분이다. 묶음가격은 개별상품에 대해 소비자가 평가하는 가치가 이질적일 때 더 효과적이며, 개별적으로는 판매가 부진할 수 있는 제품의 매출을 증가시킬 수 있다는 장점을 가진다. 통상 번들가격은 단품의 합계보다 저렴하게 책정되는 것이 일반적이지만 간혹 번들가격이 단품가격 합계보다 더 높은 경우도 종종 있다(예, 백화점에서 판매하는 명절선물세트처럼 개별적으로 사는 것보다 묶음 그 자체가 고객에게 큰 편익을 제공하는 경우).

정답 ④

36-7 ☑□□□

제품 가격을 990원 혹은 9,990원 등으로 책정하는 가격결정 방법은?

① 관습가격결정(customary pricing)
② 단수가격결정(odd pricing)
③ 준거가격결정(reference pricing)
④ 위신가격결정(prestige pricing)

───────

해설 단수가격(odd pricing)은 99,900원 등과 같이 단위수를 인위적으로 미세하게 조정하여 심리적으로 느껴지는 부담을 줄이는 가격책정법이다. 통상적으로 십진수 단위체계에서 1~2단위를 낮추어 가격을 책정한다.

정답 ②

36-8 ☑□□□

이 가격설정방법은 가격을 십진수 단위체계보다 통상 1~2 단위 낮춘 체계로 책정하는 것으로서, 예를 들어 100만 원 대신에 99만 원으로 가격을 정한다. 소비자로 하여금 기업이 제품가격을 정확하게 계산하여 최대한 낮추었다는 인상을 주는 심리적 가격설정방법은?

① 초기고가가격   ② 위신가격(긍지가격)
③ 단수가격   ④ 관습가격
⑤ 준거가격

───────

해설 ③ 심리적으로 저렴한 제품을 구입했다는 느낌을 주는 방법으로서, 99,900원 등의 가격을 의미한다. 이 문제의 정답이다.

추가해설 ① 이는 시장출시 초기에 비싼 가격을 책정하는 방법이다.
② 이는 고품질 내지는 상류층 타겟의 제품이라는 이미지를 위해 고가로 가격을 책정하는 것이다.
④ 이는 별다른 이유 없이 사회관례적으로 정해지는 가격을 의미한다.
⑤ 이는 고객이 제품가격을 싸다 혹은 비싸다고 판단하는 기준을 의미한다.

정답 ③

36-8D ☑□□□

소비자에게 제품의 가격이 낮게 책정되었다는 인식을 심어주기 위해 이용하는 가격설정방법은?

① 단수가격(odd pricing)
② 준거가격(reference pricing)
③ 명성가격(prestige pricing)
④ 관습가격(customary pricing)
⑤ 기점가격(basing-point pricing)

───────

해설 단수가격(odd pricing)은 99,900원 등과 같이 단위수를 인위적으로 미세하게 조정하여 심리적으로 느껴지는 부담을 줄이는 가격책정법이다.

정답 ①

36-9 ☑□□□

원래 가격이 100,000원인 제품을 99,000원으로 할인하여 판매하면 소비자들은 이를 90,000원대의 제품으로 지각하여 구매할 수 있다. 이러한 가격전략은?

① 관습가격   ② 준거가격
③ 촉진가격   ④ 단수가격
⑤ 특별행사가격

───────

해설 단위수를 조절하여 비교적 저렴하다고 느끼는 가격전략은 단수가격 정책이다.

정답 ④

36-9A ☑□□□

㈜한국은 10,000원에 상당하는 두루마리 화장지 가격을 9,990원으로 책정하였다. 이러한 가격결정 방법은?

① 단수가격   ② 명성가격
③ 층화가격   ④ 촉진가격
⑤ 관습가격

───────

해설 ① 단수가격(odd pricing)은 99,900원 등과 같이 단위수를 인위적으로 미세하게 조정하여 심리적으로 느껴지는 부담을 줄이는 가격책정법이다. 통상적으로 십진수 단위체계에서 1~2 단위를 낮추어 가격을 책정한다.

추가해설 ② 명성가격(Prestige Pricing)은 일부러 비싼 가격을 책정하는 정책을 뜻한다. 자신의 명성이나 위신을 나타내는 제품(예, 사치품)의 경우에 일시적으로 가격이 높아짐에 따라 수요가 증가되는 경향을 보이기도 한다.
④ 촉진가격은 제품의 판매를 증진시키기 위하여 이벤트성으로 제공하는 할인가격 등을 뜻한다.
⑤ 관습가격은 별다른 이유 없이 사회관례적으로 정해지는 가격을 의미한다.

정답 ①

36-10 ☑☐☐☐　　　2012 가맹거래사

우수한 품질에 저렴한 가격을 책정하는 전략은?

① 고가격(premium pricing) 전략
② 침투가격(penetration pricing) 전략
③ 초과가격(overcharging pricing) 전략
④ 평균가격(average pricing) 전략
⑤ 저렴한 가치(cheap value) 전략

해설 ① 우수한 품질에 높은 가격
② 우수한 품질에 낮은 가격
③ 보통 또는 낮은 품질에 높은 가격
④ 적정한 가격
⑤ 저렴한 가격

정답 ②

36-11 ☑☐☐☐　　2016 가맹거래사, 2017 가맹거래사 변형

가격조정 방식 중 심리적 조정방식으로 옳지 않은 것은?

① 단수(odd)가격
② 관습(customary)가격
③ 기점(basing-point)가격
④ 준거(reference)가격
⑤ 명성(prestige)가격

요점정리 심리적 가격조정방식으로는 준거가격(판단의 기준이 되는 가격), 단수가격(자릿수 조정을 통한 심리적 부담 경감), 관습가격(사회적으로 통용되는 관념에 입각한 가격), 명성가격(구매고객의 사회적 위신 등을 드러내는 고가격) 등이 있다.

해설 ③ 손익분기점과 같이 가격결정의 기준점을 기점이라 부른다. 이는 고객의 심리와는 아무런 상관이 없는 것이다.

정답 ③

36-12 ☑☐☐☐　　　2019 공인노무사

소비자 심리에 근거한 가격결정 방법으로 옳지 않은 것은?

① 종속가격(captive pricing)
② 단수가격(odd pricing)
③ 준거가격(reference pricing)
④ 긍지가격(prestige pricing)
⑤ 관습가격(customary pricing)

해설 가격결정 전략들을 유형별로 분류하면 다음과 같다. 종속가격은 집합제품 가격결정 방법으로서, 가격정책의 유형이 다르다.
• 신제품의 가격결정 방법: 시장침투 가격, 스키밍 가격
• 집합제품 가격결정 방법: 포획상품(종속, captive) 가격, 제품라인 가격, 묶음제품 가격(bundling), 옵션제품 가격
• 소비자 심리에 근거한 가격결정 방법: 단수가격, 준거가격, 프리미엄 가격, 긍지 가격(prestige pricing, 가격-품질 연상을 활용한 가격), 관습 가격 등

정답 ①

36-12D ☑☐☐☐　　　2021 경영지도사

가격이 높으면 품질이 좋다는 판단을 유도하는 가격전략은?

① 심리가격　　　　　② 명성가격
③ 유보가격　　　　　④ 습관가격
⑤ 준거가격

해설 가격이 높으면 품질이 좋다는 판단을 '가격-품질 연상'이라 한다. 이에 따르면 제품이나 서비스의 가격은 높을수록 좋다. 이에 입각한 가격정책을 명성(prestige) 가격이라 한다.

정답 ②

36-13 ☑☐☐☐

2015 7급공무원 3책형

유인가격(leader pricing) 및 단수가격(odd pricing)에 대한 설명으로 옳지 않은 것은?

① 유인가격 전략은 일부 상품을 싸게 판매하면서 고객을 유인하는 전략이다.

② 유인가격 전략은 우유, 과일, 화장지 등의 제품 판매에 많이 적용되는 경향이 있다.

③ 단수가격 전략은 판매 가격의 끝자리를 미세한 단위로 조정하여 소비자가 받아들이는 심리적 가격 차이를 증가시키는 것이다.

④ 국내 의류회사가 고가 의류 100벌을 한정하여 판매한 경우, 유인가격 전략을 적용한 것이다.

───

요점정리▷ 유인가격은 고객을 유인하기 위해 일부 상품의 가격을 저가로 책정하는 전략이다(①). 주로 생활필수품의 가격책정에 활용된다(②). 단수가격은 판매가격의 끝자리를 99,900원과 같이 미세하게 조정하여 소비자가 생각하기에 비싸지 않다는 느낌을 주는 심리적 가격책정 방식이다(③).

해설▷ ④ 한정판매라는 문구만 있고, 가격책정 내용이 없으므로 유인가격을 사용하였는지의 여부를 확인할 수 없다.

정답 ④

36-13J ☑☐☐☐

2023 군무원 9급

가격전략에 대한 설명으로 가장 적절한 것은?

① 원가가산 가격결정 방법은 제품의 단위당 원가에 일정 비율의 마진을 더해 판매 가격을 결정하는 방법이다.

② 단수가격은 소비자가 제품의 구매를 결정할 때 기준이 되는 가격이다.

③ 2부제가격(two-part tariff)은 성수기와 비수기의 가격을 다르게 책정하는 방식이다.

④ 유보가격(reserved price)보다 제품의 가격이 낮으면, 소비자가 제품의 품질을 의심해서 구매를 유보하게 된다.

───

해설▷ ① [O] 원가가산법(cost-plus pricing 또는 markup pricing)은 상품의 원가에 일정금액비율(예, 원가의 20% 등)의 마진을 더해서 가격을 결정하는 방법이다.

② [×] 제품의 구매를 결정할 때 기준이 되는 가격은 '준거가격'이다. '단수가격'(odd pricing)은 99,900원 등과 같이 단위수를 인위적으로 미세하게 조정하여 심리적으로 느껴지는 부담을 줄이는 가격책정법이다. 통상적으로 십진수 단위체계에서 1~2 단위를 낮추어 가격을 책정한다.

③ [×] 2부제가격 또는 이중요율가격(two-part pricing)은 멀티플렉스 영화관에서 영화+팝콘, 통신사의 기본료+통화료 등 두 개의 가격구성을 결합하는 것을 뜻한다. 성수기와 비수기의 가격이 달라지는 것은 '가격차별'에 속한다.

④ [×] 고객이 지불가능한 최대치를 유보가격(reservation price)이라 한다. 한편 품질을 의심치 않고 구매할 수 있는 최저치는 최저수용가격(lowest acceptable price)이라 부른다.

정답 ①

36-14 ☑☐☐☐

2018 가맹거래사

가격책정에 관한 설명으로 옳지 않은 것은?

① 묶음가격책정(bundling pricing)은 함께 사용하는 제품에 대해 각각의 가격을 설정하는 것이다.

② 시장침투가격책정(penetration pricing)은 빠른 시간 내에 매출 및 시장점유율을 확대하기 위해 신제품 도입 초기에 낮은 가격을 설정하는 것이다.

③ 초기고가책정(skimming pricing)은 신제품을 시장에 출시할 때 신제품이 지니고 있는 편익을 수용하고자 하는 소비자층을 상대로 가격을 높게 설정하는 것이다.

④ 단수가격책정(odd pricing)은 제품가격을 단수로 책정함으로써 실제보다 제품가격이 저렴한 것으로 느끼도록 가격을 설정하는 것이다.

⑤ 가격계열화(price lining)는 품질이나 디자인의 차이에 따라 가격대를 설정하고 그 가격대 내에서 개별제품에 대한 구체적인 가격을 설정하는 것이다.

───

해설▷ ① 묶음가격책정은 함께 사용되는 여러 제품에 대해 각각 가격을 매기는 것이 아니라 전체 총합에 대해 가격을 설정하는 방법을 뜻한다.

정답 ①

36-17 ✅□□□　　　　　　　　　2016 서울시 7급

가격전략에 대한 설명으로 가장 옳지 않은 것은?

① 시장침투가격(market-penetration pricing)은 단기 이익을 조금 희생하더라도 장기적인 이익을 실현하려는 경우에 쓰인다.

② 묶음가격(product bundled pricing)은 자사가 제공하는 여러 개의 제품이나 서비스를 묶어서 하나의 가격으로 판매하는 것으로, 상품들이 상호 대체재인 경우에 효과적이다.

③ 단수가격(odd pricing)은 현재의 화폐단위보다 조금 낮춘 가격 책정을 통해 소비자들에게 가격을 낮게 책정하였다는 인식을 심어준다.

④ 종속제품에 대한 가격결정(captive-product pricing)은 면도기와 면도날처럼 주제품과 종속제품의 상호관련성을 고려한 가격결정 방식이다.

──────────────

해설 ② 묶음가격(bundling)을 할 때 묶음으로 판매되는 제품은 햄버거와 콜라처럼 보완재인 경우가 대부분이다.

정답 ②

36-17A ✅□□□　　　　　　　　　2017 군무원 복원

가격전략에 대한 설명으로 옳지 않은 것은?

① 유인가격전략이란 잘 알려진 제품의 가격을 저렴한 가격으로 판매하는 전략이다.

② 묶음제품 가격전략이란 두 가지 이상의 제품 또는 서비스 등을 결합하여 하나의 특별한 가격으로 판매하는 방식이다.

③ 옵션제품 가격전략에서는 옵션제품에 대하여 높은 가격이 책정되는 경향이 있다.

④ 단수 가격전략은 비용 단위를 단순화할 수 있는 강점을 가진다.

──────────────

해설 ① [O] 유인가격전략의 사례로는 마트에서 유명한 감자칩의 가격을 대폭 할인하여 고객들을 마트로 유인하는 것이다.
② [O] 묶음제품 가격전략의 사례로는 두 편의 영화를 결합하여 저렴한 가격에 판매하는 영화관을 들 수 있다.
③ [O] 옵션제품 가격전략의 예로는 자동차의 고급옵션을 들 수 있다.

④ [×] 단수 가격전략은 가격의 끝자리를 9가 되게 하여(예, 99,900) 상대적으로 저렴한 가격이라는 느낌이 들게 하는 것이다.

정답 ④

36-17J ✅□□□　　　　　　　　　2023 서울시 7급

마케팅 가격결정전략으로 가장 옳지 않은 것은?

① 원가가산가격결정법(cost-plus pricing)은 가격변동이 판매량에 미치는 영향이 크고 기업이 가격을 통제할 수 없는 경우에 사용한다.

② 경쟁자의 진입이 용이하지 않을 경우 신제품에 대한 조기수용자층에 대해서는 스키밍 가격(market-skimming pricing)을 사용한다.

③ 어떤 제품을 비교적 낮은 가격으로 판매한 다음 그 상품에 필요한 소모품이나 부품 등을 비교적 비싼 가격에 판매하는 가격관리방식은 종속제품에 대한 가격결정(captive-product pricing)이다.

④ 규모의 경제가 존재하거나 소비자들이 가격에 민감할 경우에는 시장침투가격(market-penetration pricing)을 사용한다.

──────────────

해설 ① [×] 원가가산법은 원가에 기업이 원하는 이익규모(마진, margin)를 추가하여 가격을 결정하는 방식이다. 따라서 이 방법에 깔린 전제는 기업이 가격을 결정한다는 것(기업＝price setter, 가격설정자)이다.
② [O] 경쟁자의 진입이 어렵다면 기업은 원하는 대로 가격을 결정할 가능성이 높다. 이 경우 고가정책인 스키밍 가격정책을 사용할 수 있다.
③ [O] 맞는 설명이며, 관련 사례로는 프린터를 저렴하게 판매하는 대신 토너 값을 올리는 경우가 있겠다. (학원업계의 영업비밀이지만 수강료를 저렴하게 책정하는 대신 교재값을 올리는 전략도 여기에 속한다.)
④ [O] 규모의 경제가 존재한다면 대량생산시 원가가 절감되므로 가격을 인하하는 시장침투가격의 효용성이 커진다. 소비자들이 가격에 민감한(＝가격탄력성이 높은) 경우에도 마찬가지이다.

정답 ①

36-17K ☑☐☐☐
2023 가맹거래사

가격에 관한 설명 중 옳지 않은 것은?

① 준거가격은 구매자가 가격이 비싼지 싼지를 판단하는 기준으로 삼는 가격이다.
② 스키밍가격전략은 신상품이 처음 나왔을 때 낮은 가격을 책정하고 이후 시간의 흐름에 따라 가격을 높이는 방식이다.
③ 최저수용금액은 구매자가 의심하지 않고 구매할 수 있는 최저금액이다.
④ 단수가격조정은 끝자리를 미세한 단위(~ 9원)로 정하는 방식이다.
⑤ 유인가격은 일부 제품에 대해 원가와 무관하게 낮은 가격을 제시하는 것이다.

해설 ② [×] 스키밍 정책은 신제품 출시 초기에 높은 가격을 책정하는 가격전략이다.
⑤ [○] 유인용 손실가격책정(loss leader, 손실유도가격)은 파격적인 할인율의 제품을 의미하는데, 그 목적은 이 제품의 구매를 위해 매장으로 들어오는 고객들이 다른 정상마진의 제품도 함께 구매할 것이 기대되기 때문이다.

정답 ②

36-18 ☑☐☐☐
2016 CPA

가격관리에서 아래의 현상을 가장 적절하게 설명할 수 있는 것은?

> 500원의 가격인상이 5,000원짜리 제품에서는 크게 여겨지는 반면에 50,000원짜리 제품에서는 작게 여겨진다.

① 웨버의 법칙(Weber's Law)
② 준거가격(reference price)
③ 가격 – 품질 연상(price-quality association)
④ 유보가격(reservation price)
⑤ JND(just noticeable difference)

해설 ① 가격변화 전의 가격이 어느 정도인지에 따라 동일한 가격차이가 크게 또는 작게 느껴질 수 있음을 의미하는 법칙이다. 따라서 이 문제의 정답이 된다.

추가해설 ② 이는 소비자가 가격판단의 기준으로 삼는 가격이다.
③ 이는 가격이 비싸질수록 품질도 향상될 것이라 믿는 소비자의 사고방식이다.
④ 이는 소비자가 특정한 제품이나 서비스에 대하여 지불할 수 있는 최대의 가격을 뜻한다.
⑤ 이는 소비자가 알아차릴 수 있는 최소한의 변화치를 의미한다. 가격의 경우 JND 이상의 변화는 소비자가 알아차리지만, 그렇지 않은 변화에 대해서는 인지하지 못할 가능성이 있다.

정답 ①

36-19 ☑☐☐☐
2019 CPA

아래의 경우에서 가장 적합하게 사용될 수 있는 가격결정 전략은?

> • 잠재 구매자들이 가격 – 품질 연상을 강하게 갖고 있는 경우
> • 가격을 높게 매겨도 경쟁자들이 들어올 가능성이 낮은 경우

① 사양제품 가격결정(optional-product pricing)
② 시장침투가격(market-penetration pricing)
③ 혼합 묶음가격(mixed bundling)
④ 이중요율(two-part tariff)
⑤ 스키밍 가격(market-skimming pricing)

해설 가격 – 품질 연상은 가격과 품질이 비례한다는 고객의 심리이다. 이 경우 기업은 제품의 가격을 높게 책정하는 것이 유리하다. 가격이 비싸도 경쟁자의 진입이 적다면 이 역시 제품의 가격을 인상시키는 요인이 된다. 따라서 정답은 고가정책에 어울리는 스키밍 가격(⑤)이 된다.
① 주력제품에 추가되는 각종 부가제품 및 액세서리에 부과하는 가격정책이다.
② 시장진입 초기에 낮은 가격을 책정하는 전략이다.
③ 여러 가지 상품을 묶음으로도 판매하고 개별 단품으로도 판매하는 가격정책이다.
④ 기본요금과 부가요금 등의 두 구간으로 구성된 가격정책을 뜻한다.

정답 ⑤

36-20D ☑□□□　　　　　2021 CPA
가격관리에 관한 설명으로 적절한 항목만을 모두 선택한 것은?

a. 준거가격(reference price)은 구매자가 어떤 상품을 구매할 때 싸다 또는 비싸다의 기준이 되는 가격을 의미한다.
b. 묶음가격(bundling price)은 여러 가지 상품들을 묶어서 판매할 때 사용된다.
c. 유보가격(reservation price)은 구매자가 어떤 상품에 대해 지불할 용의가 있는 최저 가격을 의미한다.

① a
② a, b
③ a, c
④ b, c
⑤ a, b, c

해설〉 a. [○] 준거가격(reference price)은 소비자들이 제품의 가격을 판단하는 기준을 뜻한다. 소비자들은 과거의 구매행태와 경쟁제품의 가격 및 타인의 경험 등을 토대로 나름의 준거가격을 형성하며, 실제 제품의 가격과 준거가격의 차이를 토대로 구매여부를 판단하게 된다.
b. [○] 묶음제품 가격결정(bundling, 번들링)은 여러 가지 상품을 묶어서 판매하는 가격정책이다. 순수묶음(pure bundling)은 묶음으로만 판매하는 방법이고, 혼합묶음(mixed bundling)은 묶음으로도 팔고 개별적으로도 판매할 수 있는 방법이다. 번들링을 할 때 묶음으로 판매되는 제품은 햄버거와 콜라처럼 보완재인 경우가 대부분이다. 묶음가격은 개별상품에 대해 소비자가 평가하는 가치가 이질적일 때 더 효과적이며, 개별적으로는 판매가 부진할 수 있는 제품의 매출을 증가시킬 수 있다는 장점을 가진다.
c. [×] 고객이 지불가능한 최대가격을 유보가격(reservation price)이라 한다. 반대로 품질을 의심치 않고 구매할 수 있는 최저가격을 최저수용가격(lowest acceptable price)이라 부른다.

정답 ②

유통관리

1. 유통의 개념

1) 의미: 소비자의 상품 구매과정을 돕거나 이 과정에 참여하는 조직체나 개인들의 각종 활동
2) 발생원인: 생산자와 소비자간 시간, 장소, 형태상의 불일치

2. 유통의 기능

구 분	내 용
효율 증진	• 중개역할을 통해 총 거래수를 최소화
상적(商的) 유통기능	• 판매와 구매를 통한 소유권의 이전
물적(物的) 유통기능	• 재고관리(제품의 보관과 운송)를 통한 시간효용 및 장소효용의 창출
조성(助成) 기능	• 상품 전달 과정에서의 위험이 유통업체에 의해 분산 • 상품에 대한 정보의 전달 • 제조업체를 대행하여 상품의 촉진기능 수행 • 상품을 품질수준에 따라 구분하는 표준화 기능 • 외상 및 할부판매 등의 금융 기능

3. 유통경로의 길이: 유통경로에 참여하는 중간상의 수

통합적 유통경로(직접유통) vs. 독립적 유통경로(간접유통) → 투자비용과 통제가능성의 trade-off

	통합적 유통경로 : 짧은 유통경로 선호, 투자비용 高	독립적 유통경로 : 긴 유통경로 선호, 투자비용 低
시장요인	기업고객	개인소비자
	지리적 집중	지리적 분산
	정기적 기술지원 필요	기술지원 불필요
	대량 주문	소량 주문
제품요인	부패성 제품	내구성 제품
	복잡한 제품	표준화된 제품
	고가 제품	중저가 제품
자사요인	유통기능 수행 감당하기에 충분한 자원 보유	유통기능 수행 감당하기에 불충분한 자원 보유
	넓은 제품 믹스 보유	좁은 제품 믹스 보유
	유통경로의 통제가 중요	유통경로의 통제가 덜 중요
중간상요인	경로기능을 잘 수행할 만한 중간상을 경제적으로 활용할 수 없는 경우	경로기능을 잘 수행할 만한 중간상을 경제적으로 활용할 수 있는 경우

37-1 ☑□□□
2010 CPA

제조업체가 유통업자를 이용하게 되는 이유로 가장 적절하지 않은 것은?

① 총 거래 수가 증가하게 되어 거래의 경제성을 달성할 수 있다.
② 소비자가 원하는 시간에 제품을 구매할 수 있도록 생산시점과 소비시점의 불일치를 감소시킬 수 있다.
③ 소비자가 원하는 장소에서 제품을 구매할 수 있도록 생산장소와 소비장소의 불일치를 감소시킬 수 있다.
④ 유통업자가 제조업체를 대신하여 판매, 재고부담 등의 마케팅 기능을 수행할 수 있다.
⑤ 유통업자가 제조업체를 대신하여 거래촉진기능(시장정보 제공, 금융기능 등)을 수행할 수 있다.

요점정리 유통은 중개역할(intermediaries)을 통해 거래횟수를 줄임으로써 **효율을 증진**(실제로 중간상의 존재 없이 생산자와 소비자가 직접 접촉한다면 기하급수적인 수송과정이 필요하게 됨)할 뿐만 아니라, **상적 기능**(판매와 구매를 통한 소유권의 이전), **물적 기능**[재고관리(제품의 안전한 보관과 효율적 운송)를 통한 시간효용 및 장소효용의 창출], **조성 기능**(상품전달과정의 위험을 분산, 고객에게 상품관련 정보를 제공, 대 고객 접점으로서의 역할 수행, 가격과 거래조건의 협상 및 중개, 거래촉진기능 수행, 할부판매 등의 금융 제공) 등의 다양한 기능을 수행한다.

해설 ① 유통은 총 거래수를 줄인다.

정답 ①

37-2 ☑□□□

다음 중 생산자들이 중간상을 활용하는 근거에 대한 설명으로 알맞지 않은 것은?

① 위험부담의 원리
② 마케팅 기능의 통합
③ 총 거래 수 최소의 원리
④ 정보탐색비용 등 거래비용의 감소
⑤ 마케팅 기능의 특화에 의한 전문화

해설 ② 중간상을 활용한다는 의미는 소비자에게 수송하는

작업을 별도로 전담하는 업체를 이용한다는 의미이므로, 마케팅 기능을 분리하게 되는 것이다.

정답 ②

37-2A ☑□□□
2020 서울시 7급

제3자 물류(third party logistics, 3PL)에 대한 설명으로 가장 옳지 않은 것은?

① 물류의 전문화로 인해 물류비용이 증가한다.
② 물류 서비스의 수준이 향상된다.
③ 물류의 효율성이 높아진다.
④ 종합물류 서비스를 지향한다.

요점정리 제3자 물류라는 새로운 개념이 별도로 존재하는 것이 아니다. 제조업체가 직접 운송을 하는 것이 아니라 물류를 담당하는 업체에게 맡길 경우 이를 제3자 물류라 한다. 쉽게 말해서 유통기능을 전문으로 하는 기업을 통하여 배송업무를 수행하는 경우라고 보면 된다.

해설 ① 전문 물류업체를 별도로 이용하는 이유는 제조업체가 직접 배송하는 경우보다 각종 비용이 저렴하기 때문이다. 물류비용이 더 비싸다면 전문업체를 둘 필요가 없다.

정답 ①

37-4 ☑□□□
2013 가맹거래사

유통과정에서 중간상의 역할로 옳지 않은 것은?

① 정보탐색비용 등 거래비용을 줄이는 역할을 한다.
② 생산자에게 적정 이윤을 보장하는 역할을 한다.
③ 생산자와 소비자 사이의 접촉횟수를 줄이는 역할을 한다.
④ 생산자와 소비자 사이의 교환과정을 촉진하는 역할을 한다.
⑤ 생산자와 소비자 사이에서 수요와 공급을 조절하는 역할을 한다.

해설 ② 적정이윤의 보장은 유통업자의 역할이 아니다. 이윤 획득은 생산자 자신의 몫이다.

추가해설
①, ⑤ 중간상은 소비자에게 제품에 대한 정보를, 생산자에게는 소비자 니즈에 관한 정보를 전달함으로써 거래비용을 감소

시켜 줄 수 있다. 또한 중간상은 생산자와 소비자 간에 존재하는 수요와 공급의 불일치 정도를 재고의 보관 등의 유통과정을 통해 감소시켜준다.
③ 중간상의 존재 덕분에 생산자와 소비자 간의 거래횟수가 감소된다.
④ 중간상인은 거래의 촉진(활성화) 기능을 담당한다.

정답 ②

37-6 ☑□□□
2015 경영지도사

유통경로전략을 수립할 때 일반적으로 직접유통경로(또는 유통단계의 축소)를 선택하는 경우가 아닌 것은?

① 제품의 기술적 복잡성이 클수록
② 경쟁의 차별화를 시도할수록
③ 제품이 표준화 되어 있을수록
④ 소비자의 지리적 분산정도가 낮을수록
⑤ 제품의 부패가능성이 높을수록

해설〉 제품간 차이가 작아 어느 브랜드를 구매해도 일정 수준 이상의 만족을 누릴 수 있는 표준화된 제품의 예로는 비누나 휴지 등의 편의품을 들 수 있다. 이 때는 제조업체가 직접 소비자에게 배송하기보다는 도매, 소매 등의 유통업체를 통해 전달하는 간접유통경로를 활용하게 된다. 고가의 전문품(예: 자동차)이라면 본사가 직접 유통에 나서는 직접유통경로를 구축할 가능성이 크다.

정답 ③

37-7 ☑□□□
2000 CPA

마케팅의 기능을 상적(商的) 유통기능, 물적(物的) 유통기능, 조성(助成) 기능으로 구분할 때 물적 유통기능과 가장 관련이 깊은 것을 두 가지만 고르시오.

a. 시간효용 창조 기능
b. 금융 기능
c. 소유(권)효용 창조 기능
d. 위험부담 기능
e. 장소효용 창조 기능

① a, c   ② b, c
③ a, e   ④ b, d
⑤ c, e

해설〉 물적 유통이란 곧 물류를 뜻하며 이는 시간효용의 증가, 장소효용의 증가 등과 관련이 있다.
c → 상적 유통기능
b, d → 조성기능

정답 ③

37-8D ☑□□□
2021 군무원 5급

아래에 설명된 마케팅 유통경로 커버리지 전략(= 유통경로전략)을 표기한 것 중 가장 옳은 것은?

> ㉠ 가능한 한 많은 소매상들이 자사의 제품을 취급할 수 있도록 함으로써 포괄되는 시장의 범위를 확대시키려는 전략
> ㉡ 각 판매지역별로 하나 혹은 극소수의 중간상들에게 자사 제품의 유통에 대한 독점권을 부여하는 방식의 전략
> ㉢ 판매지역별로 자사의 제품을 취급하기를 원하는 중간상 중에서 일정 자격을 갖춘 하나 이상 혹은 소수의 중간상들에게 판매를 허가하는 전략

① ㉠ 집약적 유통(intensive), ㉡ 전속적 유통(exclusive), ㉢ 선택적 유통(selective)
② ㉠ 전속적 유통(exclusive), ㉡ 집약적 유통(intensive), ㉢ 선택적 유통(selective)
③ ㉠ 전속적 유통(exclusive), ㉡ 선택적 유통(selective), ㉢ 집약적 유통(intensive)
④ ㉠ 선택적 유통(selective), ㉡ 전속적 유통(exclusive), ㉢ 집약적 유통(intensive)

해설〉 유통경로의 커버리지(coverage)란 동일 경로단계 상의 중간상(예, 소매상) 수를 뜻하며 집약적 유통, 전속적 유통, 선택적 유통으로 구분된다.
• 집약적 유통(intensive distribution, 집중적 유통)은 최대한 많은 수의 유통업자를 활용하는 것이다. → ㉠에 해당함
• 전속적 유통(exclusive distribution)은 한 상권 내에서 하나의 유통업자에게 독점적 지위를 보장하는 것이다. → ㉡에 해당함
• 선택적 유통(selective distribution)은 집중적 유통과 전속적 유통의 절충된 형태로 제조사가 한 시장 내 소수의 중간상을 선정하여 자사 제품을 판매할 수 있게 하는 것이다. → ㉢에 해당함

정답 ①

37-9 ✔□□□ 2009 가맹거래사

유통경로의 설계전략에 관한 ( ) 안의 용어가 올바르게 묶인 것은?

- (ㄱ) 유통은 가능한 많은 중간상들에게 자사의 제품을 취급하도록 하는 것으로 과자, 저기소비재 등과 같이 소비자들이 구매의 편의성을 중시하는 품목에서 채택하는 방식
- (ㄴ) 유통은 제품의 이미지를 유지하고 중간상들의 협조를 얻기 위해 일정 지역 내에서의 독점 판매권을 중간상에게 부여하는 방식
- (ㄷ) 유통은 앞의 두 유통대안의 중간 형태로 각 지역별로 복수의 중간상에게 자사의 제품을 취급할 수 있도록 하는 방식

① ㄱ - 전속적, ㄴ - 집중적, ㄷ - 선택적
② ㄱ - 집중적, ㄴ - 전속적, ㄷ - 선택적
③ ㄱ - 선택적, ㄴ - 전속적, ㄷ - 집중적
④ ㄱ - 선택적, ㄴ - 집중적, ㄷ - 전속적
⑤ ㄱ - 전속적, ㄴ - 선택적, ㄷ - 집중적

해설 편의품의 경우에는 집중적(집약적) 유통, 전문품의 경우에는 전속적 유통, 선매품의 경우에는 선택적 유통을 사용하는 것이 일반적이다.

정답 ②

37-10 ✔□□□ 2019 공인노무사

수직적 마케팅 시스템(Vertical Marketing System) 중 소유권의 정도와 통제력이 강한 유형에 해당하는 것은?

① 계약형 VMS   ② 기업형 VMS
③ 관리형 VMS   ④ 협력형 VMS
⑤ 혼합형 VMS

해설 수직적 마케팅시스템(VMS, vertical marketing system)은 경로구성원간의 기능분업과 조정을 담당하는 경로선도자(channel leader)에 유통경로 시스템 내의 주도권이 집중된 형태로서 경로구성원간의 상호 협력과 연계를 강조한다. VMS는 크게 기업형 경로, 계약형 경로, 관리형 경로로 구분된다. 기업형(corporate) VMS는 특정 경로구성원이 다른 경로구성원을 소유하는 것(예, 전방·후방 통합)으로서 경로시스템이 사실상

통합되어 있는 형태이다. 계약형(contractual) VMS는 개별구성원들이 유통목표의 달성을 위하여 공식적인 상위조직을 결성한 것(예, 프랜차이즈, 소매상 협동조합, 도매상이 후원하는 자발적 체인 등)이다. 관리형(administerd) VMS는 개별구성원들이 각자 독자적 목표를 가지며 전체 경로목표의 달성을 위해 비공식적으로 협력하는 형태로서 각 구성원들은 경로시스템에 대한 낮은 몰입도를 보인다. <u>가장 강한 통제력을 가지는 VMS는 기업형이고, 그 다음으로 계약형과 관리형의 순서이다.</u>

정답 ②

37-11 ✔□□□ 2017 가맹거래사

수직적 마케팅시스템(vertical marketing system: VMS)에 관한 설명으로 옳은 것을 모두 고른 것은?

ㄱ. 수직적 마케팅시스템은 유통조직의 생산시점과 소비시점을 하나의 고리형태로 유통계열화하는 것이다.
ㄴ. 수직적 마케팅시스템은 유통경로 구성원인 제조업자, 도매상, 소매상, 소비자를 각각 별개로 파악하여 운영한다.
ㄷ. 유통경로 구성원의 행동은 시스템 전체 보다는 각자의 이익을 극대화하는 방향으로 조정된다.
ㄹ. 수직적 마케팅시스템의 유형에는 기업적 VMS, 관리적 VMS, 계약적 VMS 등이 있다.
ㅁ. 프랜차이즈 시스템은 계약에 의해 통합된 수직적 마케팅시스템이다.

① ㄱ, ㄴ, ㄷ   ② ㄱ, ㄴ, ㄹ
③ ㄱ, ㄹ, ㅁ   ④ ㄴ, ㄷ, ㄹ
⑤ ㄴ, ㄹ, ㅁ

요점정리 수직적 마케팅시스템(VMS, vertical marketing system)은 경로구성원 간의 기능분업과 조정을 담당하는 경로선도자(channel leader)에 유통경로 시스템 내의 주도권이 집중되고 통합된 형태로서 경로구성원 간의 상호 협력과 연계를 강조한다.
ㄱ. [○] VMS는 제조업체에서 시작되는 유통조직의 시점으로부터 출발하여 도매상, 소매상 등 소비자 방향으로 진행되는 유통흐름을 하나의 통합된 계열로 묶어나가는 것이다.
ㄴ. [×] VMS는 구성원인 제조업자, 도매상, 소매상, 소비자를 통합된 관점에서 바라본다.
ㄷ. [×] VMS는 유통구조 전체의 최적화를 위해 노력하는 시스템이다.

ㄹ. [O] VMS는 크게 통합강도의 크기에 따라 기업형 경로, 계약형 경로, 관리형 경로로 구분된다.

ㅁ. [O] 계약형(contractual) VMS는 상호 독립적인 경로구성원들이 유통목표의 달성을 위하여 서로의 활동을 통제하고 조정하는 내용의 공식적인 계약을 체결하고 상위조직을 결성한 것(예: 프랜차이즈 조직, 소매상 협동조합, 도매상이 후원하는 자발적 체인)으로서 경로의사결정과 권한은 해당 상위조직에서 담당하며 중간 정도의 경로몰입수준을 갖는다.

정답 ③

37-11J ✅☐☐☐　　　　2023 군무원 9급

수직적 마케팅시스템(VMS : Vertical Marketing System)에 대한 설명으로 가장 거리가 먼 것은?

① 기업형 VMS를 통해 경로갈등을 해결할 수 있다.
② 제조기업이 중간상을 통합하는 것은 전방통합에 해당한다.
③ 프랜차이즈 시스템은 관리형 VMS에 해당한다.
④ 계약형 VMS가 관리형 VMS보다 수직적 통합의 정도는 강하다.

해설 ① [O] 기업형(corporate) VMS는 특정 경로구성원이 다른 경로구성원을 소유하는 것(예, 전방·후방 통합)으로서 경로시스템이 사실상 통합되어 있는 형태이므로 경로갈등(여러 유통경로간 갈등)이 근원적으로 해결된다.
② [O] 후방통합(backward integration)은 기업이 부품과 원료와 같은 투입(공급)요소에 대한 소유권을 갖고 이를 통제할 수 있는 능력을 갖는 것(예, 자동차 생산회사가 생산에 필요한 강판을 안정적으로 확보하기 위해 철강회사를 인수하는 것)을 의미하는 반면, 전방통합(forward integration)은 기업이 유통부문에 대한 소유권과 통제능력을 갖는 것(예, 선지의 서술처럼 제조기업이 중간상을 통합하는 것)을 의미한다.
③ [×] 계약형(contractual) VMS는 상호 독립적인 경로구성원들이 유통목표의 달성을 위하여 서로의 활동을 통제하고 조정하는 내용의 공식적인 계약을 체결하고 상위조직을 결성한 것으로서, 프랜차이즈 조직, 소매상 협동조합, 도매상이 후원하는 자발적 체인 등이 그 예이다.
④ [O] VMS는 크게 통합강도의 크기에 따라 기업형 경로, 계약형 경로, 관리형 경로의 순서로 나열할 수 있다.

정답 ③

37-11M ✅☐☐☐　　　　2024 가맹거래사

수직적 마케팅 시스템(vertical marketing system: VMS)에 관한 설명으로 옳지 않은 것은?

① 프랜차이즈 조직은 기업형 VMS의 한 유형이다.
② 계약형 VMS는 경로 구성원들 간의 명시적인 계약을 통해 경로관계가 형성된다.
③ 기업형 VMS는 계약형 VMS보다 경로 구성원들에게 더 강한 통제력을 행사할 수 있다.
④ 관리형 VMS에서는 명시적인 계약에 의하지 않고 운영되는 특성이 있다.
⑤ VMS에서는 특정 경로 구성원에게 힘이 집중되는 특성이 있다.

해설 ① [×] 프랜차이즈 조직은 계약형 VMS의 일종이다.

정답 ①

37-12 ✅☐☐☐　　　　2012 CPA

수직적 마케팅 시스템(vertical marketing system; VMS)을 경로 구성원의 통합화된 정도가 낮은 수준에서 높은 수준의 순서로 나타낸 것으로 가장 적절한 것은?

① 계약형 VMS < 기업형 VMS < 관리형 VMS
② 기업형 VMS < 계약형 VMS < 관리형 VMS
③ 계약형 VMS < 관리형 VMS < 기업형 VMS
④ 관리형 VMS < 계약형 VMS < 기업형 VMS
⑤ 기업형 VMS < 관리형 VMS < 계약형 VMS

해설 기업형 VMS는 타 경로구성원을 경로선도자가 소유하는 형태이므로 가장 강력한 통합수준을 가진다. 반면 관리형 VMS는 각 경로구성원간 독자적으로 행동하는 경우이므로 경로에 대한 몰입도가 낮다. 계약형 VMS는 기업형과 관리형의 중간이다.

정답 ④

37-12F ☑☐☐☐   2022 공인노무사

새로운 마케팅 기회를 확보하기 위해 동일한 유통경로 단계에 있는 둘 이상의 기업이 제휴하는 시스템은?

① 혁신 마케팅시스템
② 수평적 마케팅시스템
③ 계약형 수직적 마케팅시스템
④ 관리형 수직적 마케팅시스템
⑤ 기업형 수직적 마케팅시스템

──────────────────────

해설> ② 수평적 마케팅시스템은 동일 경로단계 상에 있는 복수의 기업들이 새로운 마케팅 기회의 활용을 위해 동등한 입장에서 협력하는 것을 뜻한다.

추가해설> 수직적 마케팅시스템(VMS, vertical marketing system)은 경로구성원간의 기능분업과 조정을 담당하는 경로선도자(channel leader)에 유통경로 시스템 내의 주도권이 집중된 형태로서 경로구성원간의 상호 협력과 연계를 강조한다. VMS는 크게 통합강도의 크기에 따라 기업형 경로, 계약형 경로, 관리형 경로로 구분된다.
- 기업형(corporate) VMS는 특정 경로구성원이 다른 경로구성원을 소유하는 것(예, 전방·후방 통합)으로서 경로시스템이 사실상 통합되어 있는 형태이다.
- 계약형(contractual) VMS는 상호 독립적인 경로구성원들이 유통목표의 달성을 위하여 서로의 활동을 통제하고 조정하는 내용의 공식적인 계약을 체결하고 상위조직을 결성한 것(예, 프랜차이즈 조직, 소매상 협동조합, 도매상이 후원하는 자발적 체인 등)으로서 경로의사결정과 권한은 해당 상위조직에서 담당하며 중간 정도의 경로몰입수준을 갖는다.
- 관리형(administerd) VMS는 개별구성원들이 각자 독자적 목표를 가지며 전체 경로목표의 달성을 위해 비공식적으로 협력하는 형태로서, 각 구성원들은 자율적 상호이해와 협력에 의존하지만 계약이나 소유권의 구속을 받지 않으므로 경로시스템에 대한 몰입도는 낮다.

정답 ②

37-13 ☑☐☐☐   2017 경영지도사

프랜차이즈 계약의 단점에 해당하는 것을 모두 고른 것은?

┌────────────────────────────┐
│ ㄱ. 이익공유   │
│ ㄴ. 경영규제   │
│ ㄷ. 연미복 효과(coattail effect)   │
│ ㄹ. 매각제한   │
└────────────────────────────┘

① ㄱ, ㄴ   ② ㄷ, ㄹ
③ ㄱ, ㄴ, ㄷ   ④ ㄴ, ㄷ, ㄹ
⑤ ㄱ, ㄴ, ㄷ, ㄹ

──────────────────────

해설> 프랜차이즈는 가맹점이 벌어들인 돈을 본사와 공유해야 하므로 가맹점주 입장에서는 아쉬움이 발생할 수 있다(ㄱ). 또한 본사의 지도하에 사업방향의 설정이나 홍보전략 및 가격정책 등 경영전반에 걸쳐 규제를 받으며(ㄴ), 점포의 매각에도 제한을 받는다(ㄹ). 프랜차이즈의 속성상 다른 특정 가맹영업점의 문제점이 우리 점포의 문제로 전이되기도 한다. 이를 연미복 효과라 부른다(ㄷ).

정답 ⑤

37-13F ☑☐☐☐   2022 공인노무사

프랜차이즈(franchise)에 관한 설명으로 옳지 않은 것은?

① 가맹점은 운영측면에서 개인점포에 비해 자율성이 높다.
② 가맹본부의 사업확장이 용이하다.
③ 가맹점은 인지도가 있는 브랜드와 상품으로 사업을 시작할 수 있다.
④ 가맹점은 가맹본부로부터 경영지도와 지원을 받을 수 있다.
⑤ 가맹점은 프랜차이즈 비용이 부담이 될 수 있다.

──────────────────────

해설> 프랜차이즈는 가맹본부가 가맹점에 대하여 각종 매장운영의 노하우 등을 제공하는 대가로 로열티(loyalty) 등을 받는 유통형태이다. 전국적으로 잘 알려져 있다는 인지도를 활용하여(③) 매장점포 수를 빠르게 확장시킬 수 있으며(②), 가맹점 입장에서는 본사(가맹본부)로부터 다양한 지원을 받을 수 있다(④). 다만 본부에 제공해야 하는 로열티비용이 든다는 점에서 개인점포보다 불리한 측면이 있다(⑤). 선지①은 프랜차이즈의 특성을 반대로 해석한 것이다. 오히려 프랜차이즈가맹점은 개인이 스스로 운영하는 단독점포보다 운영자율성이 낮다. 왜냐하면 프랜차이즈의 개념 자체가 운영노하우를 전수받아 쉽고 빠르게 창업할 수 있는 대신 운영측면의 자율성을 희생하고 상당한 정도의 의사결정을 가맹본부에 의존해야 하기 때문이다.

정답 ①

37-13J ☑□□□　　　2023 서울시 7급

특정 지역 내에서 일정 기간 동안 모기업이 비교적 규모가 작은 개인기업에 자신들의 제품, 서비스, 상표 및 기타 기업운영방식을 사용하여 영업할 수 있는 권한을 허가해 주는 유통형태인 프랜차이즈 시스템에 해당하는 유통경로는?

① 수평적 마케팅시스템
② 기업형 수직적 마케팅시스템
③ 계약형 수직적 마케팅시스템
④ 관리형 수직적 마케팅시스템

해설） ③ 프랜차이즈 시스템은 '소매상 협동조합', '도매상이 후원하는 자발적 체인' 등과 함께 대표적인 계약형 수직적 마케팅 시스템(VMS)의 한 유형이다. 계약형(contractual) VMS는 상호 독립적인 경로구성원들이 유통목표의 달성을 위하여 서로의 활동을 통제하고 조정하는 내용의 공식적인 계약을 체결하고 상위조직을 결성한 것으로서 경로의사결정과 권한은 해당 상위조직에서 담당하며 중간 정도의 경로몰입수준을 갖는다.

추가해설） ①은 동일 경로단계 상에 있는 복수의 기업들이 새로운 마케팅 기회의 활용을 위해 동등한 입장에서 협력하는 것을 뜻한다.
②는 특정 경로구성원이 다른 경로구성원을 소유하는 것(예, 전방·후방 통합)으로서 경로시스템이 사실상 통합되어 있는 형태이다.
④는 개별구성원들이 각자 독자적 목표를 가지며 전체 경로목표의 달성을 위해 비공식적으로 협력하는 형태로서, 각 구성원들은 자율적 상호이해와 협력에 의존하지만 계약이나 소유권의 구속을 받지 않으므로 경로시스템에 대한 몰입도는 낮다.

정답 ③

37-13K ☑□□□　　　2023 가맹거래사

프랜차이즈 가맹점의 장점으로 옳지 않은 것은?

① 관리 및 마케팅 지원 ② 개인 소유
③ 이익 공유　　　　④ 재정지원 및 조언
⑤ 높은 인지도

해설） 프랜차이즈 가맹점은 본사의 관리노하우 및 재정적 지원을 받으며, 본사의 브랜드 파워를 활용하여 인지도를 단기간에 확보할 수 있다. 운영상에서는 점주가 영업점에 대한 소유권을 행사하는 이점도 있다. 그러나 개별 가맹점에서 발생한 이익을 본사와 공유해야 한다는 점은 프랜차이즈의 장점이 아니라 단점에 속한다.

정답 ③

37-14 ☑□□□　　　2019 7급 가형

제조업자가 유통업자(중간상)를 자신이 기대하는 대로 행동하도록 유도하기 위해 동원할 수 있는 영향력의 원천에 해당하지 않는 것은?

① 강압적 힘(coercive power)
② 대항적 힘(countervailing power)
③ 보상적 힘(reward power)
④ 합법적 힘(legitimate power)

해설） 여러 경로구성원들의 행동에 변화를 이끌어 낼 수 있는 능력을 유통경로에서의 권력(power)이라 한다. 프렌치와 레이븐(French & Raven)에 따르면 권력의 원천은 모두 다섯 가지이며 이들은 각각 강압적 권력(coercive power. 영향력 행사에 따르지 않는 구성원에게 처벌과 제재를 가할 수 있는 능력), 보상적 권력(reward power, 영향력 행사에 순응할 경우 물질적·경제적 보상을 제공할 수 있는 능력), 합법적 권력(legitimate power, 관습이나 공식적 계약(예, 프랜차이즈 등)에 의해 규정된 행동을 준수하도록 정당하게 주장할 수 있는 능력), 전문적 권력(expert power, 상대방이 중요하게 인식하는 우수한 지식이나 경험·노하우 혹은 정보능력), 준거적 권력(referent power, 매력이나 일체감 및 안전욕구에 의해 거래관계를 계속 유지하고 싶어하게 할 수 있는 능력) 으로 구분된다.

정답 ②

37-15 ☑☐☐☐

유통경로 내의 서로 다른 단계에 속하는 유통기관들 사이의 경로갈등으로 옳은 것은?

① 수직적 갈등
② 수평적 갈등
③ 능력 소요 갈등
④ 능력 쿠션 갈등

요점정리》 동일한 유통단계상에 위치한 같은 유형의 경로구성원간에 일어나는 갈등(예, 같은 책을 유통하는 두 서점간의 갈등)을 수평적 갈등(horizontal conflict), 서로 다른 유통단계상의 구성원간에 일어나는 갈등(예, 도매상과 소매상의 갈등)을 수직적 갈등(vertical conflict), 동일한 유통단계 상에 위치한 다른 유형의 경로구성원간에 일어나는 갈등(예, 같은 책을 유통하는 온라인 서점과 오프라인 서점간의 갈등)을 경로유형간 갈등(intertype conflict)라 한다.

해설》 서로 다른 단계에 속하는 유통기관 사이의 갈등은 수직적 갈등(①)이 된다. 가치사슬상의 전후단계간의 갈등이며, 경영전략론에서 학습한 수직적 통합 등의 개념을 떠올려 보면 쉽게 이해가 될 것이다.

정답 ①

37-15F ☑☐☐☐

다음 중 유통경로 갈등(channel conflict)에 대한 설명으로 가장 옳지 않은 것은?

① 수평적 갈등은 유통경로 상의 동일한 수준(단계)에 있는 경로 구성원들 간의 갈등을 말한다.
② 유통경로 구성원들 간의 갈등은 유통경로 성과에 긍정적 혹은 부정적 영향을 미칠 수 있으며, 때로는 유통경로 성과에 영향을 주지 않는 경우도 있다.
③ 일반적으로 유통경로 갈등의 발생 원인은 유통경로 구성원 간 목표의 불일치, 현실 인식에서의 차이, 각 경로 구성원이 수행해야 할 영역의 불일치 등이 있다.
④ 유통경로의 갈등은 상위목표가 아닌 거래 쌍방의 개별적 목표를 명확히 설정함으로써 해결할 수 있다.

해설》 ① [O] 경로갈등(channel conflict)은 한 경로구성원의 활동이 다른 구성원의 목표달성에 위협을 주는 것을 서로가 인지할 때 발생하는 충돌이다. 그 중 동일한 유통단계상에 위치한 같은 유형의 경로구성원간에 일어나는 갈등(예, 같은 책을 유통하는 두 서점간의 갈등)을 수평적 갈등(horizontal conflict)이라 한다.

② [O] 경로갈등은 성과에 부정적 영향을 주지만, 모든 갈등이 그렇듯이 비 온 뒤 땅이 굳는 경우, 즉 갈등의 결과가 긍정적인 경우도 있으며 때로는 갈등이 성과에 영향을 주지 않는 경우도 존재할 수 있는 것이다. 즉 본 선지는 너무나 당연한 말을 길게 적어 놓은 것이다.

③ [O] 일반적으로 경로갈등은 목표 불일치, 정보와 인식(지각)의 불일치, 영역 및 역할과 권한의 불명확성, 상대방에 대한 의존성 등의 원인으로 인해 발생한다. 중간상의 자질에 관한 문제나 유통마진의 크기에 관한 문제 등과 같이 각자의 목표가 다르고 이를 동시에 달성할 수 없는 경우 경로구성원들 사이에서 발생하는 갈등은 목표 불일치(goal differences)에 의한 수직적 갈등이라 할 수 있으며, 동일한 사실을 놓고도 경로구성원들이 인식을 다르게 하는 경우 발생하는 갈등은 지각 불일치(perceptual differences)에 의한 갈등이라 할 수 있다. 영역 불일치(domain dissensus)는 경로 구성원 각자의 활동범위(역할이나 운영영역 등)에 대하여 합의가 이루어지지 않은 경우를 의미한다.

④ [×] 경로갈등을 해결하기 위해서는 세분시장별로 경로를 구분하거나 경로별로 유통되는 상품 및 브랜드를 차별화하는 방법을 사용할 수 있으며, 그 밖에도 전체 시장의 규모를 키우는 일, 유통 과정의 투명화, 경로구성원간 공통목표(상위목표)의 설정 등이 갈등관리 방안으로 제안될 수 있다.

정답 ④

37-16 ☑☐☐☐

국내외의 최근 소매업의 변화추세를 설명하는 것이 아닌 것은?

① 소매업 업태 중 전문점, 편의점, 백화점 실패율의 상대적 증가
② 다른 유형의 소매업체간 경쟁 격화
③ 무점포 소매업의 증가
④ 초대형 소매점의 증가
⑤ 소매업 경영에 있어서 정보통신기술의 중요성 증대

해설》 ① 전문점, 편의점, 백화점은 점점 더 매출이 증가하고 있다.

정답 ①

37-17 ☑□□□
2006 가맹거래사

상품라인(상품계열)의 깊이가 깊고 폭이 좁은 상품구색을 지닐 가능성이 높은 소매업 형태는?

① 일반 소매점　　　② 슈퍼마켓
③ 할인점　　　　　④ 전문점
⑤ 편의점

해설 폭이 좁다는 의미는 범위가 제한적이라는 것이고, 깊이가 깊다는 것은 해당 분야의 전문적 제품이라는 뜻이다.

정답 ④

37-18 ☑□□□
2018 가맹거래사

슈퍼마켓이나 할인점 등의 장점을 결합한 대형화된 소매 업체로 주로 유럽을 중심으로 발전한 유형은?

① 회원제 도매클럽　　② 하이퍼마켓
③ 전문할인점　　　　④ 양판점
⑤ 전문점

해설 월마트, 까르푸, 이마트 등의 대형할인점을 하이퍼마켓(hypermarket)이라 부른다. 이는 슈퍼마켓 · 대형 할인점 · 백화점의 형태가 결합된 대규모 소매 점포로서, 기존의 슈퍼마켓에서 취급하는 식료품 · 일용잡화에서부터 의류 · 자동차용품 · 전자제품 · 가구 등도 취급하는 대형 점포이다. 1960년대에 미국과 프랑스에서 이러한 개념의 점포가 시작된 것으로 알려져 있다.

정답 ②

37-19 ☑□□□
2019 가맹거래사

한 가지 또는 한정된 상품군을 깊게 취급하며 저렴한 가격으로 판매하여 동종의 제품을 취급하는 업태들을 제압하는 소매업태는?

① 편의점　　　　　② 상설할인매장
③ 카테고리 킬러　　④ 회원제 도매클럽
⑤ 슈퍼마켓

해설 한 가지 상품군을 깊게 취급하는 업태는 전문점이다. 그러나 전문점은 대개 가격이 저렴해지는 않다. 문제에서는 저렴

한 가격을 통해 다른 상점들을 제압한다는 문구가 있으므로 '전문할인점'에 해당하는 선지를 찾아야 한다. 전문할인점은 전자제품을 전문적으로 취급하지만 가격대가 다소 저렴하게 책정되는 하이마트 등과 같은 카테고리 킬러(category killer)를 지칭한다.

정답 ③

37-21 ☑□□□
2008 가맹거래사

제조업자가 중간상들로 하여금 제품을 최종사용자에게 전달, 촉진 및 판매하도록 권유하기 위해 자사의 판매원을 이용하는 유통경로(channel)전략은?

① 집중적 경로전략　　② 전속적 경로전략
③ 선택적 경로전략　　④ 푸쉬(push) 전략
⑤ 풀(pull) 전략

해설 판매원을 활용하여 최종 사용자에게 제품구입을 독려하는 과정은 푸쉬 전략에 해당한다. 반면 고객이 스스로 제품을 원하게 만들어 구입요청을 하게끔 만드는 전략은 풀 전략에 해당한다.

정답 ④

37-22 ☑□□□
2018 가맹거래사

창고나 물류센터로 입고되는 상품이 곧바로 소매 점포로 배송되는 방식은?

① 동기화　　　　　② 채찍효과
③ 최적화 분석　　　④ 자동발주시스템
⑤ 크로스 도킹시스템

해설 크로스도킹(Cross Docking)은 창고나 물류센터에서 수령한 상품을 창고에서 재고로 보관하는 것이 아니라 즉시 소매점 등의 매장으로 배송하는 물류시스템이다. 다시 말해, 크로스도킹은 배달된 상품을 수령하는 즉시 중간 저장단계 없이 배송 지점으로 배송하는 것이다.

정답 ⑤

37-23 ☑□□□ 2019 서울시 7급 B책형

유통관리에 대한 설명으로 가장 옳지 않은 것은?

① 경로갈등 중 제조업자와 도매상 간에 발생하는 갈등은 수직적 갈등이다.

② 집약적 유통(intensive distribution)은 중간상의 판매가격, 신용정책, 서비스 등에 관해 보다 강한 통제를 할 수 있다.

③ 프랜차이즈 시스템은 계약형 수직적 마케팅 시스템(vertical marketing system)의 한 유형이다.

④ 유통경로가 길어질수록 각 중간상들이 수행하는 마케팅 기능은 보다 전문화된다.

해설 ① [○] 유통경로상의 전후단계 구성원간의 갈등은 수직적 갈등이다. 제조업자는 도매상의 이전 단계이고, 도매상은 제조업자의 이후 단계이므로 전후단계 구성원간의 수직적 갈등이 맞다.

② [×] 집약적 유통은 가장 많은 수의 매장에 제품을 유통시키는 방식이므로 배송 및 회수 등의 절차가 복잡하고 많은 매장을 통제하기도 힘들다. 제조업체가 가장 강력한 통제를 할 수 있는 유통방식은 특정지역 내 하나의 유통업체와 거래하는 전속적 유통 방식이다.

③ [○] 계약형 VMS의 사례로는 프랜차이즈, 소매상 협동조합, 도매상이 후원하는 자발적 체인 등이 있다.

④ [○] 유통경로가 길어진다는 말은 곧 제조업체, 도매상, 소매상 등의 역할이 철저하게 분업된다는 의미이다. 반대로 유통경로가 짧아진다는 것은 제조업체가 유통기능도 도맡아 진행한다는 뜻이다.

정답 ②

TOPIC 38 촉진믹스(1): 광고

1. 촉진의 개념과 IMC

1) 촉진: 상품을 알리고 구매를 설득하여 고객을 유인하는 제 수단
2) 촉진믹스: <u>광고, PR, 판매촉진, 인적판매, 다이렉트 마케팅, PPL</u>
3) 통합적 마케팅 커뮤니케이션(IMC)
    ① 촉진＝소비자와의 소통 경로＝마케팅 커뮤니케이션
    ② 커뮤니케이션에서의 잡음(noise): 계획하지 않았던 커뮤니케이션 과정상의 왜곡

2. 촉진전략의 수립

1) 촉진의 과정
    ① 고객과의 기존 관계에 대한 모니터링 및 평가
    ② 커뮤니케이션 목표의 설정: **효과계층모형 활용**

인지 – 지식 – 호감 – 선호 – 확신 – 구매

(광고)　　　(광고, PR, 인적판매)　(판촉, 인적판매)

    ③ 전달 메시지의 설계: 메시지 내용, 전달방식, 형태 등
    ④ 촉진믹스의 설계: 어떤 촉진믹스를 어떻게 활용할 것인가?
    ⑤ 실행 및 피드백
2) 촉진 촉진수단의 유형과 효과성: Push vs. Pull
    ① 푸시(push): 유통업자를 대상으로 **판촉과 인적판매 활용**
    ② 풀(pull): 최종구매자를 대상으로 **광고와 판촉을 주로** 활용

3. 광 고

1) 개념: 기업이 매체를 통하여 기업/상품들을 알리고 구매를 촉진하기 위해 벌이는 모든 활동
2) 유형: TV광고, 라디오광고, 신문광고, 잡지광고, 인터넷광고 등
3) 목적: 인지도 향상, 상품에 대한 정보 제공, 구매의 설득, 기억 속 상기 등
4) 예산
    ① 가용자원법(＝지불능력 기준): 자금여유범위 내에서 결정 → 촉진의 매출영향을 무시
    ② 매출액 비율법: 기존 또는 예상 매출액 중 적정비율 설정 → **광고를 매출의 결과로 간주**
    ③ 경쟁자 기준법: 경쟁자 광고예산에 필적하는 수준 설정
    ④ 목표과업법: 광고목적과 도달목표에 따라 설정
5) 소구방법: 이성, 감성(온정), 도덕, 유명인사, 성, 공포, 유머, 음악, 환상자극, 삶의 단면
6) 매체전략
    ① 매체목표: GRP＝**도달률**(노출인구, 표적청중 애매 時↑) × **도달빈도**(노출횟수, 메시지 복잡 時↑)
    ② 매체유형의 결정: 메시지 전달비용, 청중의 주의수준, 비용효율성(CPM, 1000명 청중도달비용)
7) 스케줄: 매크로스케줄링(1년 이상의 장기), <u>마이크로스케줄링(1년 이하의 단기)</u>
   → 집중형(여행용품), 연속형(구매빈도↑ or 표적청중 명확), 파동형(주기적 관심 환기)
8) 광고효과: 커뮤니케이션 효과, 매출 효과
   → 일반적으로 광고효과는 이월되는 경우가 많으므로 커뮤니케이션 효과를 주로 측정

38-1 ☑□□□　　　　　2010 공인노무사

마케팅 믹스에서 촉진활동에 해당되지 않는 것은?

① 광고　　　　　　② 구전
③ 홍보　　　　　　④ 판매촉진
⑤ 인적판매

해설 전통적 촉진믹스: 광고, 홍보(PR), 판매촉진, 인적판매 다만 최근에는 구전도 촉진의 수단 중 하나로 인식되는 경향이 있음에 유의할 것.

정답 ②

38-2 ☑□□□　　　　　2018 가맹거래사

마케팅믹스(marketing mix)에 대한 의사결정 중 촉진 계획이 아닌 것은?

① 광고　　　　　　② 재고관리
③ 인적판매　　　　④ PR(public relations)
⑤ 판매촉진

해설 재고관리는 생산운영관리의 내용영역이며, 마케팅관리의 내용범위가 아니다.

정답 ②

38-3 ☑□□□　　　2011 가맹거래사, 2020 가맹거래사 변형

마케팅믹스(4P) 중 촉진믹스가 아닌 것은?

① 홍보(PR)　　　　② 광고
③ 인적판매　　　　④ 수요예측
⑤ 판매촉진

해설 촉진믹스: 광고, PR(홍보), 판매촉진, 인적판매

정답 ④

38-4 ☑□□□　　　　　2018 공인노무사

촉진믹스(promotion mix) 활동에 해당되지 않는 것은?

① 옥외광고　　　　② 방문판매
③ 홍보　　　　　　④ 가격할인
⑤ 개방적 유통

요점정리 촉진은 광고, PR, 판매촉진, 인적판매 등으로 구성된다.

해설 ① 광고의 한 유형이다.
② 인적판매의 방식 중 하나이다.
③ 언론이나 대중매체를 활용한 PR의 전달방식이다.
④ 이는 판매촉진 중 가격을 활용한 촉진수단에 속한다. 유사한 사례로 쿠폰 증정, 보조금 지급 등이 있다.
⑤ 이는 4P 중 place, 즉 유통방식에 관한 것이다. 개방적 유통이란 집약적 유통, 즉 가장 많은 점포에 우리 회사 제품을 취급하게 하는 방식을 의미한다.

정답 ⑤

38-5 ☑□□□　　　　　2016 공인노무사

마케팅 커뮤니케이션 활동인 촉진믹스(promotion mix)의 구성요소와 관련이 없는 것은?

① 선별적 유통점포 개설
② 구매시점 진열　　③ PR(public relations)
④ 광고　　　　　　⑤ 인적판매

요점정리 통합적 마케팅 커뮤니케이션(integrated marketing communication, IMC)이란 촉진의 새로운 명칭으로서, 마케팅 과정을 고객과의 소통과정으로 이해하는 개념이다. 마케팅 커뮤니케이션 과정은 표적고객들과 자사 및 자사 제품 간의 모든 잠재적 상호작용을 검토하는 것에서 출발해야 한다. 이 과정에서 광고(④), PR(③), 판매촉진(②), 인적판매(⑤) 등의 촉진믹스가 활용될 수 있다. 유통점포 개설은 촉진이 아니라 4P 중 place, 즉 유통관리에 해당되는 내용이다.

정답 ①

38-6 ☑☐☐☐
2015 경영지도사

마케팅 믹스 중 촉진 활동이 아닌 것은?

① 광고(Advertisement)
② 포지셔닝(Positioning)
③ 인적판매(Personal sale)
④ 판매촉진(Promotion)
⑤ PR(Public relations)

해설) 촉진믹스: 광고, 인적판매, 판매촉진, PR

정답 ②

38-7 ☑☐☐☐
2000 CPA

마케팅에서 촉진(promotion)의 정의를 고려할 때 다음 중에서 촉진믹스(promotion mix)에 해당되지 않은 것을 모두 고르시오.

a. 제품	b. 가격
c. 광고	d. 인적판매
e. 유통	f. 홍보 · PR

① a, b, d
② a, b, e
③ b, c, e
④ d, e
⑤ e, f

해설) 제품, 가격, 유통은 마케팅 믹스의 구성요소로서 촉진과 동일한 위상을 가진다. 광고, 인적판매, 홍보 등은 촉진의 하위 구성요소로서 촉진믹스에 해당한다.

정답 ②

38-8 ☑☐☐☐
2014 경영지도사

마케팅전략에 관한 설명으로 옳지 않은 것은?

① STP 전략이란 시장세분화, 목표시장선정, 제품포지셔닝을 의미한다.
② 시장세분화는 하나의 시장을 다양한 특성에 따라 구분하는 것이다.
③ 마케팅믹스전략은 제품, 가격, 유통경로, 촉진의 4P 전략으로 구성된다.
④ 유통경로는 직접유통경로와 간접유통경로로 구분하는 것이 가능하다.
⑤ 촉진수단에는 상표결정과 포장결정 등이 있다.

해설) ⑤ 상표와 포장 등은 4P 중 촉진의사결정이 아니라 제품의사결정에 해당한다.

요점정리) ① S(segmentation): 시장세분화, T(targeting): 목표시장선정, P(positioning): 제품포지셔닝
② 세분화의 의미 그 자체이다.
③ 4P: product(제품), price(가격), place(유통), promotion(촉진)
④ 직접유통은 제조업체가 유통경로를 직접 관리하는 것이고, 간접유통은 별도의 유통전문업체에게 맡기는 것이다.

정답 ⑤

38-9 ☑☐☐☐
2006 CPA

소비자의 구매의사 결정단계는 '문제인식', '정보탐색', '대안평가', '구매', '구매 후 행동'의 다섯 단계로 이루어진다. 그 중 소비자의 '구매' 의사결정에 가장 효과적인 촉진믹스로 이루어진 것은?

a. 광고	b. PR
c. 판매촉진	d. 인적판매

① a, c
② b, d
③ c, d
④ a, b
⑤ a, d

해설) 구매 단계에서 가장 효과적인 수단은 판매촉진과 인적판매이다.

정답 ③

38-11D ☑☐☐☐   2021 서울시 7급

촉진전략(promotion)에 대한 설명으로 가장 옳지 않은 것은?

① 풀(pull)전략에는 제조사가 인적판매를 동원하여 유통채널에 제품을 많이 취급하도록 유도하는 방법이 포함된다.

② 소비자 판매촉진의 수단에는 쿠폰, 할인, 사은품 등이 포함된다.

③ 중간상 판매촉진은 푸시(push)전략에 포함된다.

④ 저가의 일상생활용품에 비해 고가의 가전제품의 경우 풀(pull)전략이 더 효과적이다.

요점정리 구매의사결정에 미치는 촉진의 영향을 살펴볼 때 특기할 만한 사항이 바로 푸쉬와 풀의 개념이다. 푸쉬(push)는 제조업자가 중간상(유통업자)을 대상으로 하여 주로 판매촉진과 인적판매 수단을 동원하여 촉진활동을 하는 것이고 풀(pull)은 제조업자가 최종구매자들을 대상으로 하여 주로 광고와 PR 및 판촉 수단들을 동원하여 촉진활동을 수행하는 것이다.

해설 ① [×] 인적판매는 (중간상 판매촉진과 더불어) 푸쉬 수단에 속한다.

추가해설 ④ 일반적으로 고가의 전문품은 소비자 스스로 제품의 특성을 이해하고 설득이 될 때 구매의사결정을 하는 경우가 대부분이므로 푸쉬보다 풀 방식으로 의사결정이 이루어진다.

정답 ①

38-11J ☑☐☐☐   2023 군무원 5급

홍보 전략에 관한 설명으로 가장 적절한 것은?

① 풀 전략(pull strategy)은 중간상으로 하여금 고객에게 자사 상품을 적극적으로 판매하도록 동기를 부여하는 전략이다.

② 푸시 전략(push strategy)은 소비자가 자사 상품을 찾게 하여 중간상이 자발적으로 자사 상품을 취급하도록 유도하는 전략이다.

③ 판매 홍보 활동을 통해 이루어지는 수요의 자극은 기업이 풀 전략(pull strategy)을 채택할 때 중요하다.

④ 기업은 홍보 전략을 사용할 때 푸시 전략(push strategy)과 풀 전략(pull strategy) 중 하나를 선택

하여 사용하는 것이 결합(hybrid) 전략을 사용하는 것보다 효율적이다.

해설 ① [×] 중간상으로 하여금 고객에게 자사 상품을 판매하도록 동기부여하거나 독려하는 전략은 푸시(push)이다.

② [×] 소비자가 자사 상품을 찾게 하여 중간상이 자발적으로 자사 상품을 취급하도록 유도하는 전략은 풀(pull)이다.

③ [○] 홍보를 포함한 PR이나 광고 및 소비자판촉 등의 촉진믹스는 주로 풀 전략에서 활용되며, 인적판매나 중간상판촉 등의 촉진믹스는 주로 푸시 전략에서 활용된다.

④ [×] 통상 기업들은 푸시와 풀 전략을 혼용하는 경우가 많다. 소비자도 자극하고(풀) 중간상도 자극해야(푸시) 매출이 증가하지 않겠는가?

정답 ③

38-11M ☑☐☐☐   2024 가맹거래사

촉진전략의 두 가지 유형인 푸시(push) 전략과 풀(pull) 전략에 관한 설명으로 옳은 것은?

① 푸시 전략에서는 제조업체가 주로 최종소비자를 대상으로 촉진활동을 수행한다.

② 푸시 전략에서는 풀 전략보다 광고를 많이 사용한다.

③ 풀 전략에서는 제조업체가 주로 유통업체를 대상으로 촉진활동을 수행한다.

④ 풀 전략에서는 푸시 전략보다 인적판매를 많이 사용한다.

⑤ 촉진믹스 중 판매촉진은 푸시 전략과 풀 전략 모두에서 사용된다.

해설 ① [×] 푸시전략은 중간상을 대상으로 하는 촉진활동이다.

② [×] 광고는 풀 전략의 주요 수단이다.

③ [×] 풀 전략에서는 제조업체가 주로 최종소비자를 대상으로 촉진활동을 수행한다.

④ [×] 인적판매는 푸시전략에서 주로 사용된다.

⑤ [○] 소비자 판매촉진은 풀 전략에서, 중간상 판매촉진은 푸시 전략에서 사용되므로 옳은 설명이다.

정답 ⑤

38-12 ☑□□□
2015 가맹거래사
기업이 광고예산을 책정하는 방법이 아닌 것은?

① 수익성지수법　　② 가용예산활용법
③ 매출액비례법　　④ 경쟁자기준법
⑤ 목표 및 과업기준법

요점정리 광고예산을 책정하는 방법에는 크게 네 가지가 있다. 여기서 목표과업법을 상향식(bottom-up), 나머지 기법들을 하향식(top-down) 방식이라 부르기도 한다.
- 지불능력 기준법(affordable method, 가용자원법)은 자금여유범위 내에서 적정수준으로 결정하는 방법으로서, 촉진이 매출에 미치는 영향을 완전히 무시하는 방법이다.
- 매출액 비율법(percentage-of-sales method)은 기존 또는 예상 매출액 중 적정 비율을 광고비로 책정하므로, 광고비를 매출액의 원인이 아니라 결과로 보는 기법이다.
- 경쟁자 기준법(competitive-parity method)은 경쟁자의 광고예산에 필적하는 수준으로 광고비를 잡는 것이다.
- 목표과업법(objective-and-task method)은 광고목적과 도달목표에 따라 예산을 정하는 것으로서, 광고를 비용이 아니라 투자로 간주하기에 논리적이라는 장점을 갖고 있지만 실제 현실에 적용하여 사용하기가 쉽지 않다는 단점을 가진다.

해설 ① 수익성지수법은 '재무관리'에서 다루는 투자대상의 평가방법(자본예산기법)에 해당한다.

정답 ①

38-13 ☑□□□
2016 CPA
논리적이라는 장점을 갖고 있지만 실제 현실에 적용하여 사용하기가 쉽지 않은 광고예산 결정방법으로 다음 중 가장 적절한 것은?

① 매출액 비율법(percentage-of-sales method)
② 가용예산 할당법(affordable method)
③ 목표 과업법(objective-and-task method)
④ 경쟁자 기준법(competitive-parity method)
⑤ 전년도 광고예산 기준법

해설 원래 광고의 목적은 인지도의 상승을 통한 매출 증가에 있다. 즉 광고가 원인, 매출이 결과인 것이다. 이를 염두에 두고 각 결정방법을 검토해 본다.
① 매출액 비율법은 매출액 중 일부를 광고예산으로 책정하는 것이다. 즉 매출액이 광고예산을 결정하는 원인으로 작용하는 것이다. 따라서 광고의 취지를 생각해 보면 비논리적이다.

② 이 역시 마찬가지이다. 가용한 예산 중 일부를 광고비에 쓴다는 것인데, 사실 광고목표에 따라 광고비를 적게 쓸 수도 있고 많이 지출할 수도 있음을 생각해 보면 가용예산의 할당이라는 방식이 그다지 논리적이라 보기 어렵다.
③ 이는 광고목표에 따라 추진되는 여러 과업수행에 드는 예산을 광고비로 책정한다는 것이다. 따라서 논리적이고 또한 바람직한 방식이다. 그러나 현실적이지는 않다. 왜냐하면 대부분의 기업에서는 ①이나 ②방식으로 광고예산을 정하기 때문이다. 따라서 목표과업법이 이 문제의 정답이다.
④ 이는 경쟁사에서 책정하는 광고예산규모에 준하여 우리회사의 광고예산을 정한다는 것이니 논리적일 리가 없다.
⑤ 이는 전년도에 우리회사에서 책정했던 광고예산규모에 준하여 우리회사의 광고예산을 정한다는 것인데, 매년 시장상황이 바뀔 것이므로 이 역시 논리적일 리가 없다.

정답 ③

38-13J ☑□□□
2023 CPA
촉진비용과 촉진성과 간의 관계 규명이 어렵다는 단점과 논리적 타당성이 높다는 장점을 가지고 있는 촉진예산 결정방법으로 가장 적절한 것은?

① 매출액 비율법
② 가용예산 활용법(가용 자원법)
③ 경쟁자 기준법
④ 목표과업법
⑤ 수익률 비율법

해설 광고예산을 책정하는 방법에는 크게 네 가지가 있다. 여기서 목표과업법을 상향식(bottom-up), 나머지 기법들을 하향식(top-down) 방식이라 부르기도 한다.
- 지불능력 기준법(affordable method, 가용자원법)은 자금여유범위 내에서 적정 수준으로 결정하는 방법으로서, 촉진이 매출에 미치는 영향을 완전히 무시하는 방법이다.
- 매출액 비율법(percentage-of-sales method)은 기존 또는 예상 매출액 중 적정 비율을 광고비로 책정하므로, 광고비를 매출액의 원인이 아니라 결과로 보는 기법이다.
- 경쟁자 기준법(competitive-parity method)은 경쟁자의 광고예산에 필적하는 수준으로 광고비를 잡는 것이다.
- 목표과업법(objective-and-task method)은 광고목적과 도달목표에 따라 예산을 정하는 것으로서, 광고를 비용이 아니라 투자로 간주하기에 논리적이라는 장점을 갖고 있지만 실제 현실에 적용하여 사용하기가 쉽지 않다는 단점을 가진다. 따라서 본 문제의 정답은 목표과업법이다.

추가해설 그런데 문제의 발문에서 "촉진비용과 촉진성과 간의 관계 규명이 어렵다는 단점"은 무엇을 뜻할까? 한 마디로 광고비를 지출하는 것과 광고성과가 매출 등으로 나타나는 것 간에는 시차(time lag)가 존재하기에 매출증가가 광고만의 효과라고 상정하는 것이 너무나 거친(rough) 가정이라는 것이다.

정답 ④

38-14 ☑□□□　2015 가맹거래사

효과적인 광고 목표를 달성하기 위한 소비자의 심리적 반응단계를 순서대로 나타낸 것은?

ㄱ. 주의(attention)	ㄴ. 구매행동(action)
ㄷ. 욕구(desire)	ㄹ. 관심(interest)

① ㄱ - ㄴ - ㄷ - ㄹ　② ㄱ - ㄷ - ㄹ - ㄴ
③ ㄱ - ㄹ - ㄷ - ㄴ　④ ㄹ - ㄱ - ㄴ - ㄷ
⑤ ㄹ - ㄱ - ㄷ - ㄴ

해설 광고메시지는 A – I – D – A, 즉 소비자의 반응순서인 주의 – 관심 – 욕구 – 구매행동의 순서에 따라 이를 유발할 수 있도록 만들어져야 한다.

추가해설 효과적인 광고메시지는 소비자들의 주의(attention)을 집중시키고, 흥미(interest)를 유발하며, 욕구(desire)를 일으키고, 구매행동(action)을 이끌 수 있는 것이다. 이를 변형한 일본의 덴츠社에서는 '주의'와 '흥미'과정 이후에 소비자들이 이 제품이나 서비스에 관한 정보를 검색(search)한 이후 '구매'를 하게 되고, 그 만족/불만족 여부를 주변 지인들과 공유(share)한다는 A – I – S – A – S 모형을 개발하였다.

정답 ③

38-16 ☑□□□　2013 가맹거래사

소비자가 사랑, 가족애, 우정 등을 경험하게 함으로써 긍정적이고 온화한 감정을 불러일으키는 광고실행 전략은?

① 증언형 광고　② 비교광고
③ 유머소구　④ 온정소구
⑤ 이성적 소구

요점정리 메시지의 내용을 전달하는 과정에서 등장하는 개념이 소구(appeal, 설득력 있는 간절한 요청과 호소)이다. 광고에 많이 사용되는 소구법으로는 이성소구(rational appeal, 이해득실에 대한 메시지를 전달), 감성소구(emotional appeal, 구매동기와 관련된 긍정적 또는 부정적 감정의 유발 → 온정소구가 대표적 예), 도덕소구(moral appeal, 당위적 가치관을 자극), 유명인사를 통한 소구, 성(性)적인 소구(sex appeal), 공포소구(fear appeal), 유머소구(humor appeal), 삶의 단면을 보여주는 소구 등이 있다.

해설 ④ 사랑, 가족애, 우정 → 온정적 감정

정답 ④

38-16F ☑□□□　2022 국가직 7급

감성적 메시지 소구 광고에 해당하는 것은?

① 제품 구매를 통해 얻게 되는 물리적 혜택을 강조하는 광고
② "아이의 흉터는 엄마 가슴에 새겨진대요"의 카피로 소구하는 유아용 밴드 제품 광고
③ 공정무역을 기치로 생산자와 직접 연계하여 유통마진을 낮췄다는 '착한 농산물' 광고
④ 우리의 헌혈이 이웃에게 도움을 줄 수 있다는 대의명분에 호소하는 광고

요점정리 메시지의 내용을 전달하는 과정에서 등장하는 개념이 소구(appeal, 설득력 있는 간절한 요청과 호소)이다. 광고에 많이 사용되는 소구법으로는 이성소구(rational appeal, 이해득실에 대한 메시지를 전달), 감성소구(emotional appeal, 구매동기와 관련된 긍정적 또는 부정적 감정의 유발 → 온정소구가 대표적 예), 도덕소구(moral appeal, 당위적 가치관을 자극), 유명인사를 통한 소구, 성(性)적인 소구(sex appeal), 공포소구(fear appeal), 유머소구(humor appeal), 삶의 단면을 보여주는 소구 등이 있다.

해설 ① 이성소구에 가깝다.
② 아이의 상처에 대한 엄마의 안타까운 마음을 나타내므로 감성소구에 가깝다. 이 선지가 정답이다.
③ 도덕적으로 옳고 정당한 기업활동임을 강조하므로 도덕소구에 가깝다고 볼 수 있다.
④ 이 역시 대의명분을 강조하므로 도덕소구에 가깝다. 물론 이웃을 돕자는 주제를 감성소구를 통해 전달하는 것도 가능하다. 그러나 현재의 선지는 '이웃에 대한 도움'이라는 명분을 중심으로 설명되어 있으므로 감성소구보다는 도덕소구로 해석하는 것이 옳다.

정답 ②

38-17 ☑□□□ 2015 7급공무원 3책형

A사는 자사 제품을 B신문에 광고하고자 한다. B신문을 읽는 사람이 5천 명이고, B신문사는 CPM(Cost Per Milli(A Thousand) Persons Reached) 기준으로 10만 원을 요구하고 있다. B신문사의 요구대로 광고계약을 한다면 예상되는 광고비는?

① 5만 원   ② 50만 원
③ 500만 원   ④ 5,000만 원

해설 CPM은 1,000명당 비용이다. 이 값이 10만 원이므로 5천 명에게 요구되는 비용은 50만 원이다.

정답 ②

38-18 ☑□□□ 2010 CPA

KS사는 자사 제품을 청소년들이 즐겨보는 잡지에 전면 4색 컬러광고를 하고자 한다. 이 잡지는 구독자 수가 100만명이고, CPM[cost per mill(thousand) persons reached] 기준으로 10만원을 요구하고 있다. 이 잡지의 요구대로 광고계약을 한다면 예상되는 광고비 금액에 대한 설명으로 가장 적절한 것은?

① 예상되는 광고비 금액 < 1,000만원
② 1,000만원 ≤ 예상되는 광고비 금액 < 10,000만원
③ 10,000만원 ≤ 예상되는 광고비 금액 < 100,000만원
④ 100,000만원 ≤ 예상되는 광고비 금액 < 1,000,000만원
⑤ 1,000,000만원 ≤ 예상되는 광고비 금액

해설 1,000명당 10만원이고 총 100만명의 독자가 광고를 보게 되므로 (1,000,000/1,000) × 10만 = 10,000만원의 광고예산이 필요하다.

정답 ③

38-19 ☑□□□ 2013 가맹거래사

현재 보고 있는 인터넷 창에 새로운 창이 나타나면서 행하여지는 온라인 광고 형태는?

① 스팟광고   ② 배너광고
③ 팝업광고   ④ PPL광고
⑤ POP광고

해설 ③ 새로운 창이 나오는 것을 pop-up이라 한다.

추가해설 ② 배너광고 또는 웹 배너(web banner)는 온라인 광고의 일종으로서, 웹 페이지에 광고를 추가하는 것이다. 광고주의 웹사이트에 링크하여 웹사이트로의 트래픽을 이끌어내는 것이 목적이다.
④ PPL은 product placement의 약자로서 방송프로그램 속에 특정 제품을 노출시키는 방식의 촉진기법이다.
⑤ POP 광고(Point Of Purchase)은 소비자가 상품을 구입하는 최종지점에서의 광고이다. 상품의 실물대, 모형·포스터·간판 등 소매상에 있는 광고물 일체를 말한다. PP 광고라고도 하며, 광고주의 입장에서는 PS(Point of Sales)광고가 된다.

정답 ③

38-20 ☑□□□ 2011 가맹거래사

영화나 드라마 상에 특정한 상품을 노출시키거나 사용상황을 보여줌으로써 광고효과를 도모하는 광고기법은?

① POP(point of purchase)
② USP(unique selling point)
③ PPL(product placement)
④ POS(point of sale)
⑤ WOM(word of mouth)

해설 ① 구매시점 ② 독특한 판매포인트
③ 제품의 배치. 이것이 정답
④ 판매시점 ⑤ 입소문

정답 ③

38-23 ☑☐☐☐

다음 자료를 이용하여 구매전환율(Conversion Rate)을 계산하면?

> 100,000명의 소비자가 e-쇼핑몰 광고를 보았고 1,000명의 소비자가 광고를 클릭하여 e-쇼핑몰을 방문하였다. e-쇼핑몰을 방문한 소비자 중 실제 제품을 구매한 소비자는 50명이며 이들 구매고객 중 12명이 재구매를 하여 충성고객이 되었다.

① 24%   ② 5%

③ 1%   ④ 0.05%

요점정리 구매전환율은 웹사이트를 방문한 사람들 가운데 실제 구매로 이어진 비율을 뜻한다.

해설 쇼핑몰 방문고객 1,000명 중 제품을 구매한 사람이 50명이므로, 구매전환율은 50/1,000, 즉 5%가 된다.

정답 ②

38-24 ☑☐☐☐

2,000명이 인터넷 광고를 열람하였고, 그 중 100명이 회사의 홈페이지를 방문하였다. 그 중 50명이 제품을 구매했고, 그 중 12명만이 제품을 재주문하였다. 이 경우 회사의 구매전환율과 재구매율은 각각 얼마인가?

① 50%, 24%   ② 5%, 50%

③ 2.5%, 12%   ④ 5%, 12%

해설 회사의 홈페이지를 방문한 100명 중 50명이 구매하였으므로 구매전환율은 50%(=50/100)이고, 구매자 50명 중 재구매자가 12명이므로 재구매율은 24%(=12/50)이다.

정답 ①

촉진믹스(2): 판매촉진, PR, 인적판매

1. 판매촉진

1) 의의와 목적
   ① 개념: 상품 구매를 촉진하기 위한 <u>단기적인 인센티브의 제공</u>
   ② 목적: 단기적 인센티브의 제공을 통한 고객과의 관계 구축
2) 실행수단
   ① 소비자 판촉
      i) 가격수단: 할인쿠폰, 리베이트, 보너스팩, 보상판매, 할인 등
         (소비자유지와 구매량 증가에 가장 효과적인 것은 상품포장 내(in-pack) 쿠폰)
      ii) 비가격수단: 샘플, 무료시용, 사은품, 경품, 콘테스트, 고정고객 우대, 구매시점 DP 등
   ② 중간상 판촉
      i) 가격수단: 중간상 공제, 구매공제, 광고공제, 진열공제, 대금지급 조건완화, 판매장려금 등
      ii) 비가격수단: 판매원 훈련, 판매보조자료 제공, 판촉물 제공, 반품 회수 등

2. PR(홍보)

1) 의의: 기업이미지 제고와 구매촉진을 위해 이해관계자들과의 관계를 관리·유지하는 제 수단
      (홍보는 PR의 여러 수단 중 하나)
2) 기능: **주의환기**(예 루머 해명), **태도변화**(예 스포츠팀 후원), **고객충성도 강화**(예 각종 CSR 활동)
3) 효과측정: <u>노출횟수(exposure) 측정 → PR효과를 지나치게 단순하게 측정한다는 한계</u>

3. 인적판매

1) 의의와 특징
   ① 개념: 상품을 알리고 질문에 답하며 주문을 끌어내기 위하여 잠재고객들과 대면접촉하는 활동
   ② 특징: **산업재 시장에서 촉진예산의 가장 높은 비중 차지**, **혁신적 신제품 도입에 효과적**
2) 판매원의 역할: 고객이 미처 깨닫지 못한 니즈 발견, 개별 고객의 구체적 요구를 마케팅에 반영, 구매조건 협상권, 장기적 관계 형성, 고객에는 회사를 대표, 회사에는 고객을 대표
3) 패러다임 전환: [과거] 거래지향적 판매 → [현재] 컨설턴트식·관계지향적 판매

4. 인터넷 마케팅의 특징

1) 실질적 대량고객화 가능: 고객맞춤형 제품의 대량생산 달성
2) 수확체증의 법칙 적용: 선점효과(예 카카오톡)
3) 다양한 가격정책 실시 가능
4) 중간상 재창출(예 Amazon, 11번가 등)
5) 인터넷 구전의 중요성 증가

5. 마케팅 윤리

1) 제품과 서비스 관련 윤리문제: 결함과 하자, 허위표시, 의도적 진부화, 환경오염 물질 함유
2) 가격 관련 윤리문제: 저품질 고가격(overcharging), 의도적인 가격경쟁 제한(예 담합), 고객기만가격
3) 유통 관련 윤리문제: 경로구성원에 대한 권력 남용(예 납품단가 후려치기, 대금지급 연기 등)
4) 촉진 관련 윤리문제: 허위/과장 광고, 과도한 판매촉진, 비윤리적 인적판매
5) 기타: 고객정보 유출, 불법적 로비활동

39-1 ☑☐☐☐

기업이 소비자에게 무료샘플, 경품, 리베이트, 쿠폰 등을 제공하는 마케팅 활동은?

① 광고 　　　　　　② 홍보
③ 판매촉진 　　　　④ 인적 판매

요점정리 판매촉진(sales promotion, 판촉)은 어떤 상품의 구매를 촉진하기 위하여 여러 가지 단기적인 인센티브를 제공하는 활동을 뜻한다. 판촉활동의 일차적인 목적은 소비자들이 제품과 서비스를 '더 많이', '더 빨리' 구매하도록 하는 단기적 인센티브를 제공하는 것이지만, 커뮤니케이션 활동으로서의 판촉이 가지는 궁극적 목적은 고객과의 관계 구축에 있다.

해설 샘플, 쿠폰, 홍보자료 등을 제공하는 촉진활동을 판매촉진(sales promotion)이라 한다.

정답 ③

39-2 ☑☐☐☐

촉진믹스(promotion mix) 중 판매촉진(sales promotion) 활동에 해당하지 않는 것은?

① 적극적인 광고 및 홍보
② 샘플 제공 　　　　③ 가격 할인
④ 상품전시회 개최 　⑤ 할인권 제공

해설 광고나 홍보는 판매촉진의 하위항목이 아니다. 촉진믹스에는 광고, 홍보, 판매촉진, 인적판매가 있으며 샘플, 가격할인, 전시회, 할인권 제공 등은 판매촉진의 일환이다.

정답 ①

39-3 ☑☐☐☐

다음 쿠폰의 유형 중, 소비자를 유지하고 구매량을 증가시키기 위하여 가장 효과적인 것은?

① 즉석 쿠폰
② 매체(media) 쿠폰
③ 계산대 스캐너 쿠폰
④ 상품포장 내(in-pack) 쿠폰
⑤ 우편물 쿠폰

해설 산 것을 또 사게 만드는 가장 좋은 방법은 구매하여 포장지를 뜯자마자 '하나 더'가 적혀 있는 쿠폰을 발견할 수 있게 하는 것이다.

정답 ④

39-4 ☑☐☐☐

기업에서 수행하는 PR(public relations)에 해당하는 것을 모두 고른 것은?

| ㄱ. 제품홍보 | ㄴ. 로비활동 |
| ㄷ. 교차촉진 | ㄹ. 언론관계 |

① ㄱ, ㄴ 　　　　　② ㄱ, ㄷ
③ ㄱ, ㄴ, ㄷ 　　　④ ㄱ, ㄴ, ㄹ
⑤ ㄴ, ㄷ, ㄹ

요점정리 PR(public relation, 홍보)은 기업이 직간접적으로 관련을 맺고 있는 여러 집단들과 좋은 관계를 지속적으로 구축하고 유지함으로써, 기업 이미지를 제고하고 구매를 촉진시키기 위해 사용하는 제 수단을 총칭하는 개념이다. 일반적으로 홍보라고도 하지만, 실제로 홍보는 PR의 여러 수단 중 하나를 뜻한다.

해설 PR에서 널리 활용되는 수단으로는 언론을 활용한 홍보[인터넷 웹사이트, 뉴스, 보도자료 배포(press release), 기자간담회(press conference), 인터뷰 등], 각종 대중집회, 대형 행사(events)의 스폰서십(후원, sponsorship), 인쇄물이나 동영상, 사회공헌활동(CSR) 등이 있다. 따라서 (ㄱ)의 홍보, (ㄴ)의 로비활동, (ㄹ)의 언론관계관리 등이 모두 PR의 영역이라 할 수 있다. 특히 로비활동의 경우 그 윤리성에 대한 의문이 제기되는 경우가 있지만, 대개 PR에 포함시키는 경우가 많다.

정답 ④

39-4A ☑☐☐☐

판매자가 비용을 지불하거나 통제하지 않고 개인, 제품, 조직에 대한 정보를 언론 매체가 일반 보도로 다루도록 함으로써 무료 광고 효과를 얻는 것은?

① PPL(product placement) 광고
② 바이럴 마케팅(viral marketing)
③ 블로깅(blogging)
④ 퍼블리시티(publicity)
⑤ 팟캐스팅(podcasting)

해설〉 언론을 통한 홍보를 publicity라 부르며, 이는 PR(public relations)의 대표적 도구이다. 여기에는 인터넷 웹사이트, 뉴스, 보도자료 배포(press release), 기자간담회(press conference), 인터뷰 등이 포함된다.

추가해설〉 ③ 블로깅은 블로그를 통한 마케팅 방법이다. 블로그(영어: blog 또는 web log)는 정보 공유나 의견 교환을 목적으로 올리는 글을 모아 인터넷상에 게시하는 웹사이트의 일종이다. 블로그라는 말은 웹(web)과 로그(log, 기록)를 합친 낱말로, 스스로가 가진 느낌이나 품어오던 생각, 알리고 싶은 견해나 주장 같은 것을 일기처럼 차곡차곡 적어 올리는 형식을 취한다.
⑤ 팟캐스팅은 팟캐스트를 통한 방송이나 정보전달을 뜻한다. 팟캐스트(podcast) 또는 넷캐스트(netcast)는 시청을 원하는 사용자들이 원하는 프로그램을 선택하여 자동으로 구독할 수 있도록 하는 인터넷 방송이다. 사용자가 다운로드하여 들을 수 있는 일련의 디지털 오디오 또는 비디오 파일의 형태를 취한다.

정답 ④

39-4J ☑□□□　　　2023 공인노무사

광고(advertising)와 홍보(publicity)에 관한 설명으로 옳지 않은 것은?

① 광고는 홍보와 달리 매체 비용을 지불한다.
② 홍보는 일반적으로 광고보다 신뢰성이 높다.
③ 광고는 일반적으로 홍보보다 기업이 통제할 수 있는 영역이 많다.
④ 홍보는 언론의 기사나 뉴스 형태로 많이 이루어진다.
⑤ 홍보의 세부 유형으로 PR(Public Relations)이 있다.

해설〉

1) PR의 개념과 홍보와의 관계
PR(public relation, 홍보)은 기업이 직간접적으로 관련을 맺고 있는 여러 집단들과 좋은 관계를 지속적으로 구축하고 유지함으로써, 기업 이미지를 제고하고 구매를 촉진시키기 위해 사용하는 제 수단을 총칭하는 개념이다. PR은 대중 관계, 공중 관계를 의미하는 퍼블릭 릴레이션스(Public Relations)의 약자로 각종 마케팅 주체가 대중(공중)과의 호의적인 관계를 위해 하는

모든 활동을 지칭한다. 마케팅 주체가 대중 매체를 이용하여 마케팅 활동을 하는 홍보(弘報)는 PR의 주된 수단이다. 따라서 홍보는 PR의 한 부분집합이라 할 수 있다. 따라서 선지⑤는 PR과 홍보의 관계를 반대로 설명한 것이다.
2) PR(홍보)과 광고의 관계
• 광고는 매체사용에 대한 대가를 지불하지만, PR은 매체사용료를 지불하지 않는다. (선지 ①)
• 또한 신뢰성의 측면에서도 광고보다는 PR의 효과가 크다는 점에서 장점이 있다. (선지 ②)
• 하지만 광고는 기업이 통제할 수 있지만(선지 ③) PR은 언론을 통하는 경우가 많으므로 (선지 ④) 세부적인 내용에 대한 개입이 어렵다는 점에서 단점도 있다.

정답 ⑤

39-6 ☑□□□　　　2019 가맹거래사

소비자 판촉수단이 아닌 것은?

① 소비자에게 무료로 제공하는 샘플
② 제품 구입 시 소비자에게 일정금액을 할인해주는 쿠폰
③ 제품 구입 시 소비자에게 무료로 제공되는 사은품
④ 자사제품의 활용을 소비자들에게 보여주는 시연회
⑤ 자사의 제품을 적극적으로 판매하도록 하기 위해 중간상에게 제공하는 영업지원금

해설〉 판매촉진의 수단은 제조업자가 소비자에게 실시하는 소비자 판촉(할인, 쿠폰, 리베이트, 보너스팩, 사은품 등)과 제조업자가 유통업자에게 실시하는 중간상 판촉(중간상 공제, 판매장려금 제공)이 있다. ⑤의 영업지원금은 소비자가 아니라 중간상에게 제공되는 것이므로 소비자 판촉수단이라 볼 수 없다.

정답 ⑤

39-6A ☑□□□　　　2018 군무원 복원

다음 중 소비자 대상의 판매촉진활동이 아닌 것은?

① 샘플 제공　　　　② 푸시 지원금
③ 프리미엄(사은품)　　④ 현금 환급

해설〉 푸시 지원금은 소비자 대상이 아니라 중간상을 대상으로 특정 제품의 홍보를 독려하는 중간상판촉 수단이다.

정답 ②

39-6M ☑□□□

판매촉진의 수단 중 소비자들의 구입가격을 인하시키는 효과를 갖는 가격수단의 유형을 모두 고른 것은?

ㄱ. 할인쿠폰	ㄴ. 샘플
ㄷ. 보상판매	ㄹ. 보너스팩

① ㄱ, ㄴ
② ㄷ, ㄹ
③ ㄱ, ㄴ, ㄷ
④ ㄱ, ㄷ, ㄹ
⑤ ㄱ, ㄴ, ㄷ, ㄹ

해설 원래 가격인하 효과를 가지는 가장 좋은 수단은 할인 그 자체이다. 그러나 할인을 남발할 경우에는 소비자의 준거가격 자체가 내려가서 브랜드의 고급화 이미지 구축에 실패할 우려가 있기에 기업들은 할인의 효과를 갖는 다양한 대체수단을 마련하기 위해 고심하고 있다. 이러한 상황에서 할인쿠폰(ㄱ)은 실구매가를 인하시키는 효과를 갖는 전형적 수단이다. 다만 쿠폰을 사용하기 위한 조건이 까다롭거나 힘든 경우가 있다면 다른 방식의 촉진수단을 사용할 수 있는데, 기존제품을 반납할 경우 신제품 구매가격을 할인해주는 보상판매(trade-in, 선지 ㄷ)나 몇 개의 제품을 묶어서 할인가격을 제시하는 보너스팩(bonus-pack, 선지 ㄹ)도 실질적 가격인하 효과를 갖는 수단이 된다.

추가해설 샘플(선지 ㄴ)은 가격인하와는 관련이 적다. 물론 샘플의 양이 본 제품의 양과 비슷할 만큼 많아서 샘플제공 자체가 마치 1+1 promotion과 유사한 효과를 갖는다면 이 경우에는 가격인하와 비슷한 정책이라 할 수 있겠지만, 문제에서는 이러한 단서가 없다. 일반적 의미의 샘플은 시용(trial)을 유도하여 새로운 제품에 대한 소비자의 거부감을 줄이는 역할을 하거나, 관심을 끌 목적으로 사용하는 정책이므로 가격인하의 수단으로 해석하기는 힘들다.

정답 ④

39-6J ☑□□□

촉진믹스(promotion mix)에 대한 설명으로 옳은 것은?

① 광고의 이월효과(carryover effect)는 광고의 노출빈도가 어느 수준을 넘어서면 광고효과가 떨어지는 것이다.

② 광고예산 결정방법에서 매출액 비율법은 광고비를 매출액의 원인으로 보는 방법이다.

③ 광고공제(advertising allowances)는 중간상 판매촉진(trade promotion)에 해당된다.

④ 진열공제(display allowances)는 제조업자가 소매업자에게 신상품 취급 대가로 상품 대금의 일부를 공제해 주는 것이다.

해설 ① [×] 광고의 노출빈도가 어느 수준을 넘어서면 광고효과가 떨어지는 현상은 광고감퇴(advertising wearout)라 부른다. 이월효과는 특정 시기에 집행된 광고의 효과가 다음 시기에도 영향을 줄 수 있음을 의미한다.

② [×] 매출액 비율법은 매출액의 일정 비율을 광고비로 책정하는 것이므로 광고비를 매출액의 원인이 아니라 결과로 보는 방법이다.

③ [○] 가격수단으로 주로 사용되는 <u>중간상 공제(trade allowance)는 상품을 취급하거나 대량구매 시 유통업자(중간상)가 지불해야 하는 상품대금 중 일부를 공제하는 촉진수단</u>을 뜻한다. 그 사례로는 구매공제(buying allowance, 대량구매시 출고가를 일시 인하하거나 일부 물량을 무료로 제공), 입점공제(slotting allowances, 소매업자가 신상품을 취급해 주는 대가로 제조업자가 상품대금 일부를 공제), <u>광고공제(advertising allowances, 소매상이 자신의 광고물에 어떤 상품을 중점 광고해주는 대가로 제조기업이 상품 구매가격의 일정 비율을 공제)</u>, 진열공제(display allowances, 소매기업이 점포 내에 어떤 상품을 일정 기간 동안 눈에 잘 띄게 진열해 주는 대가로 제조기업이 상품 구매가격의 일정 비율을 공제) 등이 있다.

④ [×] 앞의 선지 ③에서 알 수 있듯이 신상품 취급 대가로 제공하는 중간상 판촉 방식은 입점공제이고, 진열공제는 점포 내에 어떤 상품을 일정 기간 동안 눈에 잘 띄게 진열해 주는 대가로 제조기업이 상품 구매가격의 일정 비율을 공제해주는 방법이다.

정답 ③

39-7 ✓☐☐☐

촉진 믹스 중 인적 판매에 관한 설명으로 옳지 않은 것은?

① 개별 고객을 대상으로 한다.
② 고객에게 많은 양과 높은 질의 정보를 제공한다.
③ 비용이 적게 든다.
④ 고객의 즉각적인 피드백을 받을 수 있다.
⑤ 산업재 판매에 주로 적용된다.

해설 ① [O] 인적판매는 흔히 '영업'으로 불리며, 고객 한명 한명을 직접 만나서 거래조건을 협의하는 과정을 포함한다.
② [O] 정보가 일방적으로 전달되는 다른 촉진방식(예, 광고, PR 등)과는 달리 인적판매의 과정에서는 특정 고객이 영업사원과 대면하여 자신만을 위한 상담을 받는 시간이 포함된다. 따라서 정보의 양과 질적 측면 모두에서 고객의 니즈를 충족시키기가 쉽다.
③ [×] 앞서 설명한 이유로 인하여 인적판매에서는 기업의 마케팅 역량이 고객 한명 한명에게 상대적으로 더 많이 집중되어야 하기에, 고객당 비용은 다른 촉진수단에 비해 높은 편이다.
④ [O] 고객과의 대면접촉 과정에서 즉각적 피드백을 받는 것이 가능하다.
⑤ [O] 산업재의 대부분은 대량으로 주문, 구매되며 한번 의사결정이 이루어지면 이를 번복하거나 계약조건을 수정하는 것이 쉽지 않기에, 통상 인적판매의 방식으로 판매된다.
정답 ③

39-7A ✓☐☐☐

산업재에서 가장 많이 사용되는 촉진 수단은?

① 광고　　② 홍보(PR)
③ 판매촉진　　④ 인적판매

해설 산업재, 즉 기업이 구매하는 제품은 주로 기업간의 인적판매, 즉 영업사원의 인적 설득을 통해 촉진된다.
정답 ④

39-8 ✓☐☐☐

다음은 촉진 관리에 관한 설명들이다. 이들 중 가장 적절하지 않은 것은?

① 중간상 판매촉진(trade promotion)은 제조업자가 중간상(도소매업자)을 대상으로 인센티브를 제공하는 것이다.
② 제조업체가 제품 취급의 대가로 특정 유통업체에게 제품 대금의 일부를 공제해 준다면, 이러한 판매촉진은 입점 공제(slotting allowances)에 해당한다.
③ 매체 결정에서 표적 청중을 명확히 하기 어려운 경우에는 일반적으로 도달률(reach)보다는 빈도(frequency)를 높이는 것이 바람직하다.
④ 광고모델의 매력도와 신뢰성은 각각 동일시(identification) 과정과 내면화(internalization) 과정을 거쳐 소비자를 설득한다.

해설 ① [O] 중간상 판매촉진은 중간상에게 혜택을 제공하는 것이므로 옳다.
② [O] 신상품 취급의 대가로 판매대금의 일부를 공제하는 것을 입점공제라 하므로 옳다.
③ [×] 표적청중이 명확하지 않다면 광고횟수(빈도)보다는 광고범위(도달률)를 넓히는 것이 바람직하다. 누가 우리 광고를 보고 제품을 구매할지 모르기 때문에 최대한 많은 이들이 광고를 보게 할 필요가 있다.
④ [O] 매력적 모델은 동일시를, 신뢰가능한 모델은 내면화를 거치며, 이는 켈만(Kelman)의 권력수용모델의 연구결과를 광고학에서 응용한 것이다.
정답 ③

39-10 ☑☐☐☐

2015 공인노무사

통합적 마케팅 커뮤니케이션에 관한 설명 중 옳지 않은 것은?

① 강화광고는 기존 사용자에게 브랜드에 대한 확신과 만족도를 높여 준다.

② 가족 브랜딩(family branding)은 개별 브랜딩과는 달리 한 제품을 촉진하면 나머지 제품도 촉진된다는 이점이 있다.

③ 촉진에서 풀(pull) 정책은 제품에 대한 강한 수요를 유발할 목적으로 광고나 판매 촉진 등을 활용하는 정책이다.

④ PR은 조직의 이해관계자들에게 호의적인 인상을 심어주기 위하여 홍보, 후원, 이벤트, 웹사이트 등을 사용하는 커뮤니케이션 방법이다.

⑤ 버즈(buzz) 마케팅은 소비자에게 메시지를 빨리 전파할 수 있게 이메일이나 모바일을 통하여 메시지를 공유한다.

해설 ⑤ 버즈 마케팅은 개인 대 개인의 입소문을 통한 전파를 의미한다. 따라서 이메일 등의 대량 발송매체를 활용하는 경우와는 구분된다.

추가해설 ① 강화광고는 소비자가 올바른 선택을 하였음을 확신시켜주는 것이다. 따라서 옳다.

② 가족 브랜딩은 여러 제품이 하나의 공통브랜드를 공유하는 것으로서, 한 제품의 후광효과가 다른 제품에 미칠 수 있다. 따라서 옳다.

③ 촉진믹스를 효과계층모형(인지-지식-호감-선호-확신-구매)에 따라 배열할 경우 광고와 PR은 '인지'쪽에 가깝게, 판매촉진과 인적판매는 대개 '확신'과 '구매'에 가깝게 위치한다. 이는 광고는 주로 pull에, 인적판매는 주로 push의 수단으로 쓰임을 뜻한다. 하지만 판매촉진의 경우는 push와 pull모두에 다 고루 사용된다. 따라서 이 지문은 옳다.

④ PR의 수단으로는 홍보, 후원, 이벤트, 웹사이트 등이 사용된다. 따라서 이 지문도 옳다.

정답 ⑤

39-11 ☑☐☐☐

2015 경영지도사

甲은 산행을 가기로 하였는데, A 대형마트 인터넷 쇼핑몰에서 품질 좋은 등산화를 싸게 판다는 얘기를 친구들로부터 들은 후 그 쇼핑몰에서 등산화를 구입하였다. 이러한 마케팅을 일컫는 말은?

① 퍼미션 마케팅(Permission marketing)

② 박리다매 마케팅(薄利多賣 marketing)

③ 옵트인 마케팅(Opt-in marketing)

④ 바이럴 마케팅(Viral marketing)

⑤ 옵트아웃 마케팅(Opt-out marketing)

해설 ① 퍼미션 마케팅이란 낯선 고객을 여러 노력을 기울여 점점 충성스러운 로열(Loyal)고객으로 만들어가는 기법이다.

② 싸게 많이 판매하는 전략이다.

③ 고객이 동의하는 항목에 대하여 이메일이나 문자를 전송하는 방식이다.

④ 지인들의 구전(word-of-mouth)으로 전해지는 마케팅을 바이럴이라 한다.

⑤ 고객이 동의하지 않는 항목에 대하여 이메일이나 문자전송을 자제하는 방식이다.

정답 ④

39-12 ☑☐☐☐

2017 경영지도사

소비자들로 하여금 온라인을 통해 다른 사람에게 오디오, 비디오, 문서로 된 정보 또는 기업이 개발한 제품이나 서비스를 전달하도록 고무시키는 방법은?

① 소문 마케팅(buzz marketing)

② PPL(product placement)광고

③ 팟캐스팅(podcasting)

④ 바이러스성 마케팅(viral marketing)

⑤ 홍보(publicity)

해설 ④ 바이러스 마케팅(virus marketing)은 네티즌들이 온라인상의 이메일이나 다른 전파 가능한 매체를 통해 자발적으로 어떤 기업이나 기업의 제품을 홍보하여 전파시키는 마케팅 기법을 말한다. 컴퓨터 바이러스처럼 확산된다고 해서 이런 이름이 붙었다.

추가해설 ① 이는 입소문, 즉 구전(word-of-mouth)을 통하여 마케팅 효과를 누리는 방식이다.

② 이는 제품을 방송 프로그램에 배치하여 소비자에게 자연스

럽게 노출되도록 하는 방법이다.
③ 팟캐스팅(Podcasting)은 인터넷을 통하여 시청하려는 사용자들이 원하는 팟캐스트를 선택하여 정기적 혹은 새로운 내용이 올라올 때마다 자동으로 구독할 수 있도록 함으로써 방송을 전달하는 방법을 의미한다.
⑤ 홍보는 PR 중 언론을 통한 촉진활동을 의미한다.

정답 ④

계를 구축해 나가는 마케팅 방법이다.
② 이는 통신판매, 즉 전화 등의 수단을 활용하는 마케팅 방법이다.
④ 이는 여러 고객관련 정보(예: 구매내역, 관심분야, 거주지역 등)를 활용하는 마케팅 방법이다.
⑤ 이는 전략적 제휴와 같이 여러 기업이 마케팅 관리를 공동으로 수행하는 방법이다.

정답 ③

39-12A ☑□□□   2020 경영지도사

직접적인 대면 접촉에 의한 전통적인 구전(word of mouth)과 비교할 때, 인터넷을 매개로 하는 온라인 구전의 특성에 해당하는 것을 모두 고른 것은?

> ㄱ. 불특정 다수에게 정보의 전달이 가능
> ㄴ. 더 많은 대상에게 정보의 전달이 가능
> ㄷ. 직접적인 연관성이 낮은 대상에게도 정보의 전달이 가능

① ㄱ   ② ㄱ, ㄴ
③ ㄱ, ㄷ   ④ ㄴ, ㄷ
⑤ ㄱ, ㄴ, ㄷ

해설 온라인 구전(word of mouse, eWOM)은 SNS나 인터넷 매체를 통한 입소문 전파이므로 불특정 다수(ㄱ)를 포함한 많은 대상(ㄴ)에게 전파가 가능하며, 구전내용과 관련이 적은 대상에게까지 전달될 수 있는(ㄷ) 특징을 갖는다.

정답 ⑤

39-14 ☑□□□   2013 가맹거래사

고객과의 지속적이고 개별적인 유대를 통하여 마케팅 네트워크라는 기업자산을 구축하고자 하는 마케팅 전략은?

① 대량 마케팅   ② 니치 마케팅
③ 관계 마케팅   ④ 차별화 마케팅
⑤ 테스트 마케팅

해설 고객과의 유대관계를 형성하는 것이므로 관계 마케팅이 정답이다.

추가해설 ① 대량 마케팅은 시장세분화를 하지 않고 전체 고객을 대상으로 하는 마케팅 전략이다.
② 니치(niche)는 틈새를 뜻한다. 따라서 니치 마케팅은 틈새시장 고객을 공략하는 전략이 된다.
④ 차별화 마케팅은 특정한 세분시장을 표적으로 삼아 다른 시장과 차별화된 방식으로 공략하는 방법이다.
⑤ 테스트 마케팅은 본(main) 시장에 진입하기 이전에 제품이나 서비스의 성공가능성 여부를 타진하기 위해 소규모 시장에서 마케팅 활동을 펼치는 것이다.

정답 ③

39-13 ☑□□□   2017 가맹거래사

고객들로 하여금 인터넷을 통해 자발적으로 친구나 주변사람들에게 제품을 홍보하도록 함으로써 제품홍보가 더 많은 네티즌 사이에 저절로 퍼져나가도록 하는 것은?

① 다이렉트 마케팅   ② 텔레 마케팅
③ 바이럴 마케팅   ④ 데이터베이스 마케팅
⑤ 심바이오틱 마케팅

해설 인터넷을 통한 자발적 전파효과를 노리는 마케팅 기법은 바이러스 마케팅이며, 이를 다른 말로 바이럴이라 부른다.
추가해설 ① 이는 목표고객에 직접 접근하여 반응을 얻고 관

39-15 ☑□□□   2016 경영지도사

관계마케팅의 등장이유로 옳지 않은 것은?

① SNS 등 정보통신기술의 발전과 다양화
② 고객욕구의 다양화
③ 시장규제 강화에 따른 경쟁자의 감소
④ 표적고객들에게 차별화된 메시지 전달 필요
⑤ 판매자에서 소비자 중심시장으로 전환

해설 ③ 관계마케팅은 한 번 관계를 맺은 고객이 지속적으로 우리회사의 고객이 되게끔 하는 방법이다. 최근 경쟁이 격화되고

있는 시장환경 속에서 관계마케팅 전략의 효용이 있다 하겠다.
정답 ③

39-17 ☑□□□　　　2014 가맹거래사
인터넷마케팅의 장점이 아닌 것은?

① 주문 편의성　　　② 판매원의 설득 노력
③ 정보탐색 용이　　　④ 낮은 원가 시현
⑤ 방문자수 파악

해설》 ② 인터넷 마케팅은 비인적 마케팅이다. 따라서 인적 마케팅에서와 같은 판매원 설득이 일어나기 어렵다.
추가해설》 인터넷 마케팅은 정보검색과 주문이 편리하고(③, ①), 오프라인 매장이 필요없으므로 비용이 절감된다(④). 또한 페이지뷰 등의 데이터를 활용하여 방문자수를 파악하는 것도 쉽다(⑤).
정답 ②

39-17F ☑□□□　　　2022 가맹거래사
디지털마케팅 커뮤니케이션에 관한 설명으로 옳지 않은 것은?

① 디지털 기술의 발전으로 인해 마케팅 전달매체는 파편화되기보다는 통합화되었다.
② 대원칙은 각 매체의 믹스(mix)와 서로 다른 매체의 메시지 통합이다.
③ 디지털마케팅의 출발은 인터넷의 보급과 이용에서 촉발되었다.
④ 사용기기는 PC, 스마트폰, 태블릿 PC 등을 포함한다.
⑤ 인터넷마케팅 커뮤니케이션의 대표적 수단은 디스플레이(노출형)광고와 검색광고이다.

해설》 ① 오늘날 마케팅 매체의 수가 늘었는가, 줄었는가? 이 질문에 답을 해보면 본 선지가 틀렸음을 너무나 쉽게 알 수 있다.
추가해설》 ② 매체의 믹스와 메시지 통합이 무슨 말인가? '매체의 믹스'는 다양한 매체를 종합적으로 활용한다는 의미이고, '메시지 통합'은 일관된 메시지 전달이 중요하다는 의미이다. 따라서 옳다.
③, ④ 해설이 필요없는 너무나 당연한 말들이다.

⑤ 인터넷이 발달되면서 전통적인 매체(TV, 라디오 등)를 사용한 광고보다는 컴퓨터·모바일·태블릿의 화면에 노출되는 이미지나 검색을 활용한 (연관검색어 등의) 광고를 활용하는 빈도가 증가하고 있다.
정답 ①

39-18 ☑□□□
온라인 상의 사회적 관계를 나타내는 소셜 그래프(social graph)의 아이디어에 바탕을 두고 이루어지는 전자상거래는?

① 전자지갑(digital wallet)
② 고객관계관리(customer relationship management)
③ 홈쇼핑(home shopping)
④ T-커머스(T-commerce)
⑤ 소셜 커머스(social commerce)

해설》 ⑤ 소셜 커머스(Social commerce)는 소셜 미디어와 온라인 미디어를 활용하는 전자상거래의 일종이다. 온라인상의 관계망(network)을 활용한 마케팅 방식이다.
추가해설》 ① 전자지갑은 스마트폰에 모바일 신용카드·멤버십카드·쿠폰·전자화폐 등을 담아두고 결제·관리하는 전자지불 시스템이다.
② 고객과의 지속적이고 긍정적인 관계구축을 통해 고객생애가치를 극대화하는 전략이다.
③ 가정에서 쇼핑을 즐기는 것이다.
④ TV 리모컨을 조작해 홈쇼핑 상품을 간단하게 살 수 있는 전자상거래 시스템이다.
정답 ⑤

PART 06

생산운영관리론

TOPIC 40 생산운영의 목표와 제품설계

1. 생산운영관리의 목표 → 원가, 품질, 시간, 유연성

원가(cost)	설비투자 및 운영에 소요되는 비용 → 절감할수록 좋음
품질(quality)	제품이나 서비스가 특정표준에 가까워 오류나 불량이 적은 동시에, 특정 품질수준을 유지하는 정도 → 높을수록 좋음
시간(time)	생산이나 서비스 공급에 걸리는 시간(납기(lead time), 적시인도(on-time delivery), 제품개발속도) → 일반적으로 짧을수록 좋음
유연성(flexibility)	제품설계와 생산량 및 고객니즈의 측면에서 변화에 적응하고 대응하는 정도 → 높을수록 좋음

2. 신제품 개발의 과정

1) Plan: 아이디어 창출 및 제품 계획 → 연구개발(R&D) 활동

아이디어 도출 원천	고객욕구(시장견인, market pull)+생산기술의 발전
접근법	개발단계의 순차적 접근법 vs. 동시공학
기술조달의 전략	자체 연구개발, 기술제휴, 기술도입(구입)
연구개발의 순서	기초 연구 → 응용 연구 → 개발 연구
기술발전 과정	기술 S-Curve: 도입 → 발전(성장) → 성숙 → 쇠퇴 성과(output) ·속도 ·생산성 ·집적도 ·내구성 ·출력 ·연비 기술의 이론한계 누적 투입량(input)

2) Do: 설계 및 제작 → 컨셉을 구현

3) See: 시험 → 시제품과 제작과정 검토

3. 제품설계의 관련 개념

1) 동시공학(concurrent engineering)

　① 설계자, 생산자, 마케팅 담당자, 구매담당자 등 여러 주체가 참여

　② 제품개발의 초기작업과 제작 프로세스를 연계 → 제품개발 소요시간 단축 가능

　③ 제품개발 과정에 시간, 품질, 가격, 유연성 등의 경쟁요소를 주입(built-in)

　④ 매우 경쟁적인 시장상황에 적합

2) 고객 지향적 설계: 고객이 원하는 사양을 설계에 반영

3) 품질기능전개(QFD): 고객의 요구사항을 설계 및 생산과정에 반영 → 품질의 집(house of quality)

4) 가치분석/가치공학(VA/VE): 완제품이 고객에 줄 수 있는 가치를 분석(원가 대비 기능 향상)

5) 로버스트 디자인: 품질에 나쁜 영향을 미치는 多 상황에서도 최적의 성능을 발휘하도록 설계

40-1 ☑☐☐☐　　　　2010 공인노무사

생산관리의 주요 활동목표와 가장 거리가 먼 것은?

① 포지셔닝　　　　② 품질
③ 원가　　　　　　④ 납기
⑤ 유연성

요점정리 일반적으로 생산관리를 담당하는 부서는 원가, 품질, 시간, 유연성에 초점을 두고 이들 모두를 충족시킬 수 있도록 관리활동을 펼치게 된다.

- 원가 경쟁력은 상대적으로 낮은 가격의 투입자원을 확보하거나 생산성을 향상시킴으로써 얻어지는 가격경쟁력을 의미한다.
- 품질 경쟁력은 상대적으로 높은 수준의 제품품질(product quality)을 확보할 수 있는 능력뿐만 아니라 적합한 품질수준을 유지하는 능력도 포함한다.
- 시간 경쟁력은 빠른 제품개발능력뿐만 아니라 빠른 인도(fast delivery) 및 적시인도(on-time delivery)능력도 포괄하는 개념이다.
- 유연성 경쟁력은 다양한 종류의 제품을 공급할 수 있는 능력뿐만 아니라 주문물량의 대소에 관계없이 대응할 수 있는 능력을 의미한다.

해설 생산관리의 목표: 원가 절감, 품질 향상, 시간 단축, 유연성 제고

정답 ①

40-2 ☑☐☐☐　　　　2015 공인노무사

생산관리의 전형적인 목표(과업)로 옳지 않은 것은?

① 촉진강화　　　　② 품질향상
③ 원가절감　　　　④ 납기준수
⑤ 유연성제고

해설 생산관리의 4대 목표: 원가 절감, 품질 향상, 시간(납기), 유연성 제고

정답 ①

40-2A ☑☐☐☐　　　　2020 가맹거래사

생산관리의 목표에 해당하지 않는 것은?

① 원가우위
② 고객만족을 통한 순현가 극대화
③ 품질우위
④ 납기준수 및 단축
⑤ 생산시스템 유연성 향상

해설 생산관리의 4대 목표는 원가, 품질, 시간, 유연성 등이다.

정답 ②

40-2F ☑☐☐☐　　　　2022 군무원 9급

다음 중에서 생산관리의 목적으로 가장 옳지 않은 것은?

① 원가절감　　　　② 최고의 품질
③ 유연성 확보　　　④ 촉진강화

해설 기업 전체의 목표를 이윤 극대화 또는 기업가치의 극대화라 할 때 생산관리는 이들 목표의 달성을 위한 주요수단으로서의 역할을 하게 된다. 일반적으로 생산관리를 담당하는 부서는 원가의 절감, 품질의 향상, 시간의 단축(고객이 원하는 시간에 배송하는 것을 포함), 유연성(고객의 다양한 요구사항을 받아들이거나, 생산수량의 변경을 포함)에 초점을 두고 이들 모두를 충족시킬 수 있도록 관리활동을 펼치게 된다. 선지 ④의 촉진강화는 생산관리가 아니라 마케팅에서의 주요 활동에 해당한다.

정답 ④

40-2M ☑☐☐☐　　　　2024 공인노무사

기업에서 생산목표상의 경쟁우선순위에 해당하지 않는 것은?

① 기술　　　　　　② 품질
③ 원가　　　　　　④ 시간
⑤ 유연성

해설 생산운영관리의 4대 목표는 원가의 절감, 품질의 향상, 시간의 단축, 유연성의 향상 등에 있다.

정답 ①

40-3 ☑□□□

커피를 생산하는 기업의 경쟁우위 확보를 위한 수단 및 효과에 대한 설명으로 옳지 않은 것은?

① 제품 생산 프로세스를 바꾸어 동일품질의 제품을 생산하는 데 걸리는 시간을 단축하였다.
② 모든 구성원을 대상으로 종합적 품질경영에 참여 하도록 독려하여 고객만족도를 향상시켰다.
③ 신기술 도입으로 원두 가공방식을 수정하여 커피 의 품질을 향상시켰다.
④ 제품을 납품하는 대형마트의 재고시스템과 연계 된 생산시스템을 도입하여 재고회전율을 낮췄다.

해설> 생산운영관리에서 경쟁우위를 확보하는 수단은 <u>원가의 절감, 품질의 향상, 시간의 절감, 고객요구에 대한 유연성 증가의 4가지</u>이다. ①은 시간, ②는 품질, ③도 품질 측면과 관련이 있다. ④ 재고회전율은 매출원가를 평균재고자산가치로 나눈 값으로 서 이 값이 크면 당기에 재고자산을 매입하고 이를 판매하는 거 래를 활발히 수행하였다는 의미이다. 재고회전율은 높아야 좋다.

정답 ④

40-4 ☑□□□

생산운영관리의 전형적 목표가 아닌 것은?

① 매출액 대비 제조원가 비율을 현행 60%에서 2년 뒤 50%로 낮춘다.
② 생산능력의 10% 변경기간을 현행 6개월에서 2년 뒤 2개월로 단축한다.
③ 재가공 및 재검사 비율을 현행 0.2%에서 2년 뒤 0.1%로 낮춘다.
④ 재고보충을 위한 리드타임을 현행 2주에서 2년 뒤 1주로 단축한다.
⑤ A제품의 시장침투율을 현행 15%에서 2년 뒤 30% 로 증대한다.

해설> 생산관리의 4대 목표는 원가 절감(①), 유연성 제고(②), 품질 향상(③), 시간 단축(④)이다.

정답 ⑤

40-5 ☑□□□

원가(cost)를 경쟁우선순위(competitive priority)로 하는 제조업체가 가지는 일반적인 특징으로 가장 옳은 것은?

① 다품종 소량생산체제를 가지고 있다.
② 다양한 일을 처리할 수 있도록 작업자들을 교차훈 련시킨다.
③ 생산라인 자동화를 위한 투자가 비교적 많이 이루 어진다.
④ 고객맞춤형 제품을 주력으로 생산한다.

요점정리> 원가 경쟁력은 상대적으로 낮은 가격의 투입자원을 확보하거나 생산성을 향상시킴으로써 얻어지는 가격경쟁력을 의미한다.

해설> ① 다품종 소량생산체제에서는 일반적으로 생산단가가 상승하게 된다. 단일한 품목을 대량으로 생산할 때 원가가 절 감된다.
② 작업자들의 교차훈련(cross-training)이란 다양한 과업을 수 행할 수 있도록 다기능(multi-skills)을 교육하는 것이다. 인력이 다기능화될수록 적은 인력으로 많은 업무를 할 수 있다는 점에 서 작업의 유연성은 증가하지만, 수준높은 인력을 고용하는 대 가, 즉 인건비가 상승할 가능성이 있다.
③ 생산라인이 자동화된다면 더 많은 시간동안 공장을 가동할 수 있으므로 규모의 경제(economies of scale) 효과가 달성될 수 있어 생산원가가 절감된다. 이것이 정답
④ 고객맞춤형 제품을 생산하기 위해서는 생산공정의 유연성 이 극대화되어야 한다. 이처럼 유연성을 중시하여 다양한 제품 을 생산하는 경우 생산원가가 상승하게 된다.

정답 ③

40-8 ☑□□□

제품의 디자인에서 생산에 이르기까지 각 과정의 설계 작업을 동시에 수행함으로써 생산리드타임을 획기적으 로 단축시키는 기법은?

① 벤치마킹(benchmarking)
② 리엔지니어링(reengineering)
③ 리스트럭처링(restructuring)
④ 콘커런트 엔지니어링(concurrent engineering)
⑤ 다운사이징(downsizing)

요점정리 새로운 제품을 보다 빠르게 시장에 내놓기 위해 개발속도를 높이는 동시에 시장에서의 실패확률을 줄일 수 있도록 하는 방법의 하나가 콘커런트 엔지니어링(concurrent engineering), 즉 동시공학의 개념이다. 동시공학에서는 제품개발의 초기과정에서부터 모든 관련부서(설계자와 생산자 같은 엔지니어뿐만 아니라 고객의 목소리 반영을 위하여 마케팅 담당자와 구매담당자도 포함)가 함께 참여하여 제품의 개발 과정과 제작 프로세스를 설계하며, 이를 통해 제품설계의 내역이 프로세스 및 공급사슬에서의 생산능력과 불일치하는 경우를 방지할 수 있다.

해설 동시에(concurrent) 수행하는 설계작업이므로 동시공학이 정답이다.

추가해설 ①은 타사의 모범사례를 수용/모방하는 작업이고, ②는 기존의 업무수행과정을 재설계하는 것이다. ③은 조직의 구조를 재편하는 작업을 뜻하고, ⑤는 조직의 규모를 줄이는 것이다.

정답 ④

40-9 ☑□□□   2017 가맹거래사

대량 맞춤화(mass customization)에 관한 내용이 아닌 것은?

① 개별고객을 만족시키기 위한 제품맞춤화
② 소프트웨어 융합을 통한 맞춤화 실현
③ 전용설비를 사용한 소품종 대량생산화
④ IT기술과 3D 프린터를 이용한 개별생산 가능
⑤ 일대일 마케팅의 현실화

해설 대량맞춤화 또는 대량고객화는 고객별 니즈를 반영하는 대량생산을 의미한다. 따라서 ①의 제품맞춤화, ②의 소프트웨어를 통한 맞춤화, ④의 개별생산, ⑤의 1:1 마케팅 등은 모두 대량맞춤화와 관련이 있다. 하지만 ③의 소품종 대량생산은 고객별 니즈를 반영하는 것이 아니라 표준화된 제품을 대량으로 만들어 내는 것이므로 mass customization과는 거리가 있다.

정답 ③

40-9A ☑□□□   2020 경영지도사

많은 개별 고객들의 요구를 만족시키기 위해 제품들을 맞춤화하여 생산하는 것은?

① 서비타이제이션(servitization)
② 가치 공학(value engineering)
③ 린 생산(lean production)
④ 매스 커스터마이제이션(mass customization)
⑤ 대량 생산(mass production)

해설 많은 고객(mass)의 요구를 만족시키는 동시에 맞춤생산(customization)을 하는 방식은 대량고객화, 즉 매스 커스터마이제이션이다.

추가해설 ①의 서비타이제이션은 제조기업 또는 제조산업의 벨류체인에 서비스를 융합함으로써 제품을 구매한 소비자의 만족도 극대화를 추구하는 전략이다.

정답 ④

40-10 ☑□□□   2009 7급공무원 봉책형

대량생산체제에서 대량맞춤생산(mass customization)으로의 진화를 가능하게 하는 제품 디자인 및 프로세스 혁신으로 볼 수 없는 것은?

① 모듈러 디자인: 제품이 모듈의 결합으로 완성되도록 디자인함으로써 제조공정의 효율화 및 리드타임의 단축 가능
② 유연생산시스템(FMS): 고도로 자동화된 셀 제조방식으로 제조공정을 유연하게 변경 가능
③ 차별화의 지연: 제조공정의 마지막 부분이나 유통단계에서 제품의 차별적 특성 구축 가능
④ 가치공학(VE): 가치개선을 위한 체계적인 접근방법으로 제품이나 부품 및 작업요소 등의 가치혁신 가능

요점정리 대량맞춤생산 또는 대량고객화란 대량생산의 이점을 누리는 동시에 고객별 니즈를 효과적으로 반영하는 전략을 뜻한다. 대량 고객화를 위한 세부 방안으로는 모듈화 설계, 유연생산, 주문조립생산, 연기, 채널 조립 등이 있다.

해설 ④ 가치공학은 완제품이 고객에 줄 수 있는 가치를 증대시키기 위한 분석의 과정이다. 구체적으로는 동일한 원가로 제품의 유용성을 증대시키거나, 유용성을 유지하는 선에서 제품의 원가를 줄이는 방법을 연구하는 기법을 뜻한다.

정답 ④

40-11 ☑□□□
2016 가맹거래사

고객의 요구를 기술적 특성과 연결시켜 제품에 반영하는 기법은?

① 품질기능전개(QFD) ② 동시공학(CE)
③ 가치분석(VA) ④ 가치공학(VE)
⑤ 유연생산시스템(FMS)

해설〉 ① 고객요구를 제품의 기술적 특성(specification)과 연결시키는 기법. 이것이 정답
② 마케터, 생산자, 공급자 등 여러 주체가 참여하여 제품개발 과정과 제작 프로세스를 설계
③, ④ 완제품이 고객에 줄 수 있는 가치를 분석
⑤ 효율성과 유연성의 동시충족을 추구하는 기법으로서, JIT와 관련됨

정답 ①

40-12 ☑□□□
2018 서울시 7급 A형

제품설계방법 중 하나로서 추상적인 고객의 욕구, 필요성, 기호 등을 설계, 생산에서 적용할 수 있는 구체적인 기술적 명세로 전환시키는 기법은?

① 품질기능전개(quality function deployment)
② 가치공학(value engineering)
③ 동시공학(concurrent engineering)
④ 모듈러 설계(modular design)

해설〉 ① 고객의 요구사항을 도출·분석하여 이를 제품과 서비스의 설계와 생산 프로세스에 구체적 특성과 기능(기술적 명세, specification)으로 반영하는 방법으로서, 이것이 문제의 정답이다.
② 가치공학과 가치분석은 완제품이 고객에 줄 수 있는 가치를 증대시키기 위한 일련의 분석과정으로서, 제품의 가치에 공헌하지 않는 불필요한 기능을 제거하는 것을 목표로 한다.
③ 동시공학은 제품개발의 초기과정에서부터 모든 관련부서(설계자와 생산자 같은 엔지니어뿐만 아니라 고객의 목소리 반영을 위하여 마케팅 담당자와 구매담당자도 포함)가 함께 참여하여 제품의 개발 과정과 제작 프로세스를 설계하며, 이를 통해 제품설계의 내역이 프로세스 및 공급사슬에서의 생산능력과 불일치하는 경우를 방지할 수 있다.

④ 모듈화 설계(modular design)는 제품을 그 핵심 구성요소별로 표준화하여 생산한 다음 최종 조립단계에서 서로 다른 요소끼리 결합시켜 다양한 제품을 만들어 내는 것으로서, 자동차나 컴퓨터의 생산이 그 예가 된다.

정답 ①

40-12J ☑□□□
2023 가맹거래사

품질의 집(house of quality) 구성요소가 아닌 것은?

① 고객요구사항
② 제품의 기술특성
③ 기술특성에 관한 경쟁사의 설계목표
④ 고객요구사항과 기술특성의 상관관계
⑤ 고객요구사항에 관한 자사와 경쟁사 수준 평가

해설〉 동시공학이나 고객 지향적 설계를 구체적으로 실현하기 위한 도구로 흔히 언급되는 것이 바로 품질기능전개(QFD)이다. 이는 고객의 요구사항을 도출·분석하여 이를 제품과 서비스의 설계와 생산 프로세스에 구체적 특성과 기능(기술적 명세, specification)으로 반영하는 방법이다. 일반적으로 QFD는 다음과 같은 절차를 거친다.
• 고객 요구사항과 제품의 기술특성 수집 및 상관관계 분석 (선지 ①, ②, ④)
• 요구사항별 중요도 또는 시급성에 따른 가중치 부여
• 고객 요구사항에 대한 자사와 경쟁사 제품수준의 비교·평가 (선지 ⑤)
• 개선작업의 실시
이상의 QFD 과정을 정리하면 품질의 집(house of quality)이라 불리는 매트릭스가 도출된다.

정답 ③

40-13 ☑□□□
2013 가맹거래사

모듈화(modularization) 생산의 목적으로 옳지 않은 것은?

① 조립시간 단축을 통한 원가절감
② 생산성 향상
③ 다양한 고객의 요구 충족
④ 품질과 기능의 향상
⑤ 제품개발 기간의 단축

요점정리 모듈은 부품들을 생산의 부위별로 정리해 조립한 집합체를 뜻한다. 세부 부품을 바로 조립하는 것이 아니라 미리 중간 수준의 모듈로 구성해 둔 다음 생산필요시 완제품으로 구현하는 것이다. 따라서 원가절감(①)과 시간단축(⑤)이 가능하며, 생산성(②)과 품질 및 기능을 향상시키는(④) 수단으로 활용될 수 있다.

해설 ③ 원칙적으로 모듈화 생산을 통해 대량고객화(mass customization)가 가능하므로 맞는 보기로 이해할 수도 있다. 하지만 모듈화는 대량생산과 유연생산을 혼합하기 위해 절충안을 택한 것이다. 따라서 다양한 고객의 수많은 요구를 모두 감당할 수는 없으며, 개별주문생산에 비해서는 유연성이 떨어진다고 볼 수 있다.

정답 ③

40-13D ☑□□□   2021 군무원 5급

생산공정의 유연성을 높이기 위해 적용되는 기술 혹은 기법 중 다품종 소량생산방식에 해당하지 않는 것은?

① 집단가공법(Group Technology, GT)
② 유연생산시스템(Flexible Manufacturing System, FMS)
③ 컴퓨터통합생산(Computer Integrated Manufacturing, CIM)
④ 모듈러설계(Modular Design, MD)

해설 까다로운 문제이다. 왜냐하면 정답으로 표시된 모듈러 설계 역시 유연성 증가에 어느 정도 기여하기 때문이다. 실제로 모듈러 설계에 관한 기출문제는 크게 유연성을 주요 목적으로 인정하는 관점(예, 2009년 7급 기출문제(본서 40-10번))과 아닌 관점(예, 2013년 가맹거래사 기출문제(본서 40-13번))으로 구분된다. 이러한 문제를 해결하는 편저자 나름의 방법을 소개하면 다음과 같다. 첫째, '목적'이 무엇인지를 묻는 문제에서는 모듈러 설계의 제1의 목표가 효율성에 있음을 생각하라는 것이다. 즉 모듈생산의 목적은 효율과 유연 둘 다이지만, 우선순위에 있어서는 효율성이 유연성보다 앞선다는 점이다. 본 문제는 이러한 관점에서 해결할 수 있다. 둘째, '특성'을 묻는 경우에는 모듈생산을 통해 대량생산의 효율성과 유연생산의 다양성 모두를 *어느 정도* 충족할 수 있음을 기억할 것. 즉 모듈생산은 완전 대량생산에 비해서는 유연성이 크고, 완전 주문생산과 비교해 보면 효율성이 크다. 상대적으로 선지의 진위여부를 파악해야 한다는 의미이다.

정답 ④

40-13M ☑□□□   2024 군무원 7급

다음 중 모듈러 설계(modular design) 방식 생산의 특징에 해당되는 것으로 가장 알맞게 짝지어진 것은?

> ㉠ 소품종 대량생산 체제의 최적화를 위한 기법이다.
> ㉡ 모듈식 생산을 통하여 대량 고객화를 달성할 수 있다.
> ㉢ 완제품의 표준화를 위한 기법이다.
> ㉣ 소량생산 체제와 대량생산 체제의 접근화의 한 사례이다.

① ㉠   ② ㉠, ㉡
③ ㉠, ㉡, ㉣   ④ ㉠, ㉢, ㉣

해설 ㄱ. [O] 모듈생산의 본래 목적은 소품종 대량생산에서 효율성을 높이는 동시에 약간의 고객화를 부수적으로 추가하기 위함이다.
ㄴ. [O] 위 (ㄱ)에서 설명한 바에 따르면 모듈생산의 목적은 대량생산과 고객화의 동시 달성, 즉 대량고객화에 있다.
ㄷ. [×] 모듈생산은 동일제품을 많이 생산하는 경우에는 오히려 불필요하다. 완제품의 표준화, 즉 통일성 추구를 위한다면 그냥 똑같은 제품을 많이 만들면 되기 때문이다.
ㄹ. [O] 대량고객화는 소품종 대량생산과 고객화의 동시 추구의 결과이므로 본 선지는 옳다.

정답 ③

40-14 ☑□□□   2017 경영지도사

제품 설계시 제품의 변동을 일으키는 원인인 노이즈를 제거하거나 차단하는 대신에 노이즈에 대한 영향을 없애거나 줄이도록 하는 설계방법은?

① 손실함수(loss function)설계
② 로버스트(robust)설계
③ 프로젝트(project)설계
④ 학습곡선(learning curve)설계
⑤ 동시공학(concurrent engineering)설계

요점정리 로버스트 디자인(robust design)은 제품이나 서비스가 보다 다양한 환경에서 성능을 발휘할 수 있도록 하는 설계방법이다. 경영학 교재를 만들 적에 수강생들이 어떤 종류의

펜으로 필기를 할 지 알 수 없으므로 가급적 모든 종류의 필기구에 대하여 일정한 필기감을 유지할 수 있는 종이를 사용해서 책을 만드는 것이 로버스트 디자인의 대표적 사례라 할 수 있다. 물이 들어가지 않는 방수설계, 먼지가 들어가지 않는 방진설계 등도 로버스트 설계의 대표적인 사례이다.

[해설] ① 제품의 품질특성이 애초 정한 목표로부터 벗어나는 순간 발생하는 손실(loss)을 함수화한 것으로서, 규격범위만 충족하는 것이 아니라 목표치에 정확히 부합되도록 품질오류를 줄이는 것을 강조하는 개념이다. 일본의 다구치(Taguchi)가 주창하였다.
② 이 문제의 정답. 여기서 노이즈(noise)란 제품에 변동을 일으키는 제반 요인을 총칭한다.
③ 시작과 끝이 정해져 있는 과업인 프로젝트의 개념을 활용한 것이다.
④ 학습곡선은 경험곡선이라고도 부르며, 어떠한 과업을 수행하는 횟수가 증가할수록 그 과업 수행에 걸리는 시간이나 투입되는 에너지가 감소함을 뜻한다.
⑤ 제품의 디자인에서 생산에 이르기까지 각 과정의 설계 작업을 동시에 수행하는 것을 뜻한다.

정답 ②

40-16 ☑☐☐☐　　　　　2024 공인노무사

가치분석/가치공학분석에서 사용하는 브레인스토밍(brainstorming)의 주제로 옳지 않은 것은?

① 불필요한 제품의 특성은 없는가?
② 추가되어야 할 공정은 없는가?
③ 무게를 줄일 수는 없는가?
④ 두 개 이상의 부품을 하나로 결합할 수 없는가?
⑤ 제거되어야 할 비표준화된 부품은 없는가?

[해설] 가치공학과 가치분석은 완제품이 고객에 줄 수 있는 가치를 증대시키기 위한 일련의 분석과정으로서, 제품의 가치에 공헌하지 않는 불필요한 기능을 제거하는 것을 목표로 한다. 따라서 선지 ②처럼 공정추가에 관한 의사결정을 하지는 않으며, 다음과 같은 질문을 함으로써 불필요 원가를 줄이고자 한다.
• 제품이 불필요한 설계요소들을 포함하고 있지는 않은가? (선지 ① 관련)
• 2개 또는 여러 개의 부품들을 하나로 묶는 방법은 없는가? (선지 ④ 관련)
• 무게를 줄일 수 있는 방법은 없는가? (선지 ③ 관련)
• 제거되어도 되는 부품은 없는가? (선지 ⑤ 관련)

정답 ②

40-17 ☑☐☐☐　　　　　2018 가맹거래사

제품설계 및 개발에 관한 설명으로 옳지 않은 것은?

① 제조용이성설계(DFM): 제품의 생산이 용이하고 경제적으로 이뤄질 수 있도록 하는 제품설계 방법
② 품질기능전개(QFD): 고객의 요구사항을 제품이나 서비스의 설계명세에 반영하는 방법
③ 로버스트 설계(robust design): 제품의 성능 특성이 제조 및 사용 환경의 변화에 민감하도록 설계하는 방법
④ 모듈러 설계(modular design): 제품의 다양성을 높이면서 동시에 제품라인의 생산에 사용되는 구성품의 수를 최소화하는 제품설계 방법
⑤ 가치분석(VA): 기능적 요구조건을 충족시키는 범위 내에서 불필요하게 원가를 유발하는 요소를 제거하고자 하는 체계적인 방법

[해설] ③ 로버스트(강건) 설계는 제품의 특성이 다양한 환경의 영향을 덜 받도록(즉 변화에 민감하지 않도록) 설계하는 방식이다.

정답 ③

40-17D ☑☐☐☐　　　　　2021 군무원 7급

제품설계의 방법에 대한 설명으로 가장 옳지 않은 것은?

① 최종제품 설계는 기능설계, 형태설계, 생산설계로 구분하며 그중 형태설계는 제품의 모양, 색깔, 크기 등과 같은 외형과 관련된 설계이다.
② 가치분석(value analysis)은 불필요하게 원가를 유발하는 요소를 제거하고자 하는 방법을 의미한다.
③ 동시공학(concurrent engineering)은 제품개발 속도를 줄이기 위해 각 분야의 전문가들이 기능식 팀(functional team)을 구성하고 모든 업무를 각자 동시에 진행하는 제품개발 방식이다.
④ 품질기능전개(QFD)는 품질개선의 방법으로 표준화된 의사소통을 통해 고객의 요구를 각 단계에서 전달하는 기법으로 시행착오를 줄이는데 그 목적이 있다.

해설 ① [O] 형태는 제품의 모습을 뜻하므로 본 선지는 형태설계에 대한 옳은 설명이 된다.
② [O] 가치분석/가치공학(VA/VE, value analysis/value engineering)은 완제품이 고객에 줄 수 있는 가치를 증대시키기 위한 일련의 분석과정으로서, 제품의 가치에 공헌하지 않는 불필요한 기능을 제거하는 것을 목표로 한다. 구체적으로는 동일한 원가로 제품의 유용성을 증대시키거나, 유용성을 유지하는 선에서 제품의 원가를 줄이는 방법을 연구하는 기법을 뜻한다. 가치분석은 다음과 같은 질문에 답을 하면서 진행된다.
• 제품이 불필요한 설계요소들을 포함하고 있지는 않은가?
• 2개 또는 여러 개의 부품들을 하나로 묶는 방법은 없는가?
• 무게를 줄일 수 있는 방법은 없는가?
• 제거되어도 되는 부품은 없는가?
③ [×] 동시공학에서는 제품개발의 초기과정에서부터 모든 관련부서(설계자와 생산자 같은 엔지니어뿐만 아니라 고객의 목소리 반영을 위하여 마케팅 담당자와 구매담당자도 포함)가 함께 참여하여 제품의 개발 과정과 제작 프로세스를 설계하며, 이를 통해 제품설계의 내역이 프로세스 및 공급사슬에서의 생산능력과 불일치하는 경우를 방지할 수 있다. 따라서 동시공학에서는 분업을 중시하는 기능식 조직이 아니라 협력을 중시하는 팀제 조직이 적합하다.
④ [O] 동시공학이나 고객 지향적 설계를 구체적으로 실현하기 위한 도구로 흔히 언급되는 것이 바로 품질기능전개(QFD)이다. 이는 고객의 요구사항을 도출·분석하여 이를 제품과 서비스의 설계와 생산 프로세스에 구체적 특성과 기능(기술적 명세, specification)으로 반영하는 방법이다.

정답 ③

40-17E ☑☐☐☐   2021 가맹거래사

제품과 서비스 설계에 관한 설명으로 옳지 않은 것은?

① 동시공학(concurrent engineering)은 제품 및 서비스 개발과 관련된 다양한 부서원들이 공동 참여하는 방식이다.
② 품질기능전개(quality function deployment)는 고객의 요구사항을 설계특성으로 변환하는 방법이다.
③ 가치분석/가치공학(value analysis/value engineering)은 제품의 가치를 증대시키기 위한 체계적 방법이다.
④ 모듈화설계(modular design)는 구성품의 다양성을 높여 완제품의 다양성을 낮추는 방법이다.
⑤ 강건설계(robust design)는 제품이 작동환경의 영향을 덜 받고 기능하도록 하는 방법이다.

해설 모듈화 설계(modular design)는 제품을 그 핵심 구성요소별로 표준화하여 생산한 다음 최종 조립단계에서 서로 다른 요소끼리 결합시켜 다양한 제품을 만들어 내는 것으로서, 자동차나 컴퓨터의 생산이 그 예가 된다. 이는 대량생산의 이점을 누리는 동시에 고객별 니즈를 효과적으로 반영하는 맞춤형 전략을 뜻한다. 따라서 선지 ④의 다양성을 낮춘다는 언급은 잘못된 것이다.

정답 ④

40-17F ☑☐☐☐   2022 군무원 7급

다음 제품설계와 관련된 내용에서 (___)에 해당하는 설명으로 가장 옳은 것은?

> ㄱ. (___)은(는) 원가를 올리지 않으면서 제품의 유용성을 향상시키거나 또는 제품의 유용성을 감소시키지 않으면서 원가를 절감하는 방법이다.
> ㄴ. (___)은(는) 제품의 다양성은 높이면서도 동시에 제품생산에 사용되는 구성품의 다양성은 낮추는 제품설계 방법이다.
> ㄷ. (___)은(는) 제품의 성능특성이 제조 및 사용 환경의 변화에 영향을 덜 받도록 제품을 설계하는 방법이다.
> ㄹ. (___)은(는) 마케팅, 생산, 엔지니어링 등 신제품 관련 부서와 경우에 따라서는 외부 공급자까지 참여시켜 제품을 설계하는 방법이다.

① ㄱ(가치분석),   ㄴ(모듈러 설계),
   ㄷ(로버스트 설계),   ㄹ(동시공학)
② ㄱ(로버스트 설계),   ㄴ(모듈러 설계),
   ㄷ(가치분석),   ㄹ(동시공학)
③ ㄱ(동시공학),   ㄴ(가치분석),
   ㄷ(모듈러 설계),   ㄹ(로버스트 설계)
④ ㄱ(동시공학),   ㄴ(로버스트 설계),
   ㄷ(가치분석),   ㄹ(모듈러 설계)

해설 생산운영관리에서 자주 출제되는 용어들로 구성된 좋은 문제이므로 이번 기회에 각 개념들을 확실히 익혀 두자.
ㄱ. 가치분석/가치공학(VA/VE, value analysis/value engineering)에 관한 선지이다. 가치공학과 가치분석은 완제품이 고객에 줄 수 있는 가치를 증대시키기 위한 일련의 분석과정으로서, 제품의 가치에 공헌하지 않는 불필요한 기능을 제거하는 것을

목표로 한다. 구체적으로는 동일한 원가로 제품의 유용성을 증대시키거나, 유용성을 유지하는 선에서 제품의 원가를 줄이는 방법을 연구하는 기법을 뜻한다.

ㄴ. 이는 모듈화 설계(modular design)에 대한 설명이다. 모듈화 설계는 제품을 그 핵심 구성요소별로 표준화하여 생산한 다음(구성요소의 다양성은 낮은 수준으로 유지) 최종 조립단계에서 서로 다른 요소끼리 결합시켜 다양한 제품을 만들어 내는 것(최종 제품의 다양성은 높은 수준으로 유지)으로서, 자동차나 컴퓨터의 생산이 그 예가 된다. 대량생산의 이점을 누리는 동시에 고객별 니즈를 효과적으로 반영하는 맞춤형 전략을 뜻한다.

ㄷ. 로버스트 디자인(robust design)은 제품이나 서비스가 보다 다양한 환경에서 성능을 발휘할 수 있도록 하는 설계방법이다. 경영학 교재를 만들 적에 수강생들이 어떤 종류의 펜으로 필기를 할 지 알 수 없으므로 가급적 모든 종류의 필기구에 대하여 일정한 필기감을 유지할 수 있는 종이를 사용해서 책을 만드는 것이 로버스트 디자인의 대표적 사례라 할 수 있다.

ㄹ. 전통적인 제품개발의 단계는 계획 – 제작 – 시험의 단계순으로 이루어지므로(순차적 접근법, sequential approach) 제품개발 소요시간이 길어질 뿐만 아니라 컨셉을 잡는 디자이너(설계자)와 실제 제작을 담당하는 생산자 사이의 유기적 협력이 제대로 이루어지지 못한다는 문제가 있어서 경쟁이 치열한 오늘날 시장우위의 달성에 도움이 되지 못한다. 새로운 제품을 보다 빠르게 시장에 내놓기 위해 개발속도를 높이는 동시에 시장에서의 실패확률을 줄일 수 있도록 하는 방법의 하나가 콘커런트 엔지니어링(concurrent engineering), 즉 동시공학의 개념이다. 동시공학에서는 제품개발의 초기과정에서부터 모든 관련부서(설계자와 생산자 같은 엔지니어뿐만 아니라 고객의 목소리 반영을 위하여 마케팅 담당자와 구매담당자도 포함)가 함께 참여하여 제품의 개발 과정과 제작 프로세스를 설계하며, 이를 통해 제품설계의 내역이 프로세스 및 공급사슬에서의 생산능력과 불일치하는 경우를 방지할 수 있다.

정답 ①

40-17J ☑□□□　　　　2023 공인노무사

제품설계 기법에 관한 설명으로 옳은 것은?

① 동시공학은 부품이나 중간 조립품의 호환성과 공용화를 높여서 생산원가를 절감하는 기법이다.
② 모듈러설계는 불필요한 원가요인을 발굴하여 제거함으로써 제품의 가치를 높이는 기법이다.
③ 가치공학은 신제품 출시과정을 병렬적으로 진행하여 신제품 출시기간을 단축하는 기법이다.
④ 품질기능전개는 소비자의 요구사항을 체계적으로 제품의 기술적 설계에 반영하는 과정이다.
⑤ 가치분석은 제품이나 공정을 처음부터 환경변화의 영향을 덜 받도록 설계하는 것이다.

해설 본 문항의 선지들은 각 용어에 대한 맞는 설명(서술)을 적어두고 주어를 바꾸어서 오답을 만든 것이다.

① [×] 본 설명은 모듈러 설계(②)에 대한 설명이다. 모듈화 설계(modular design)는 제품을 그 핵심 구성요소별로 표준화하여 (중간 조립품을) 생산한 다음 최종 조립단계에서 서로 다른 요소끼리 결합시켜 다양한 제품을 만들어 내는 것으로서, 자동차나 컴퓨터의 생산이 그 예가 된다. 다만 한 가지 주의해야 할 점은 모듈화 설계의 가장 중요한 목표는 유연성이 아니라 효율의 증진에 있다는 것이다. 더 빠르게 생산하기 위해 반제품 모듈을 미리 만들어 주는 것이다. 그 결과 계획생산방식보다는 다양한 제품을 만들게 되므로 결과적으로 생산운영관리의 유연성 증대에 기여하는 것이다.

② [×] 본 설명은 가치공학(③)에 대한 설명이다. 가치분석/가치공학(VA/VE, value analysis/value engineering)은 완제품이 고객에 줄 수 있는 가치를 증대시키기 위한 일련의 분석과정으로서, 제품의 가치에 공헌하지 않는 불필요한 기능을 제거하는 것을 목표로 한다. 구체적으로는 동일한 원가로 제품의 유용성을 증대시키거나, 유용성을 유지하는 선에서 제품의 원가를 줄이는 방법을 연구하는 기법을 뜻한다.

③ [×] 본 설명은 동시공학(①)에 대한 설명이다. 전통적인 제품개발의 단계는 계획-제작-시험의 단계순으로 이루어지므로(순차적 접근법, sequential approach) 제품개발 소요시간이 길어질 뿐만 아니라 컨셉을 잡는 디자이너(설계자)와 실제 제작을 담당하는 생산자 사이의 유기적 협력이 제대로 이루어지지 못한다는 문제가 있어서 경쟁이 치열한 오늘날 시장우위의 달성에 도움이 되지 못한다. 새로운 제품을 보다 빠르게 시장에 내놓기 위해 개발속도를 높이는 동시에 시장에서의 실패확률을 줄일 수 있도록 하는 방법의 하나가 콘커런트 엔지니어링(concurrent engineering), 즉 동시공학의 개념이다. 동시공학에서는 제품개발의 초기과정에서부터 모든 관련부서(설계자와 생산자 같은 엔지니어뿐만 아니라 고객의 목소리 반영을 위하

여 마케팅 담당자와 구매담당자도 포함)가 함께 참여하여 제품의 개발 과정과 제작 프로세스를 설계하며, 이를 통해 제품설계의 내역이 프로세스 및 공급사슬에서의 생산능력과 불일치하는 경우를 방지할 수 있다.

④ [○] 품질기능전개에 대한 옳은 설명이다. 품질기능전개(QFD, quality function deployment)는 동시공학이나 고객 지향적 설계를 구체적으로 실현하기 위한 도구로 흔히 언급되는 것이다. 이는 고객의 요구사항을 도출·분석하여 이를 제품과 서비스의 설계와 생산 프로세스에 구체적 특성과 기능(기술적 명세, specification)으로 반영하는 방법이다.

⑤ [×] 본 설명은 로버스트 설계에 대한 설명이다. 로버스트 디자인(robust design, 강건설계)은 제품이나 서비스가 품질에 나쁜 영향을 미치는 여러 상황에서도 제품이 최적의 성능을 발휘하도록 설계하는 방법이라 할 수 있다. 여기서 '품질에 나쁜 영향을 주는 여러 상황'을 노이즈(noise)라 하며, 물이나 습기 혹은 고온 등이 그 예가 된다. 방수가 되는 스마트폰은 로버스트 디자인을 적용한 대표적인 사례이다.

정답 ④

40-19 ☑□□□

서비스업에 대한 운영관리가 유형제품의 생산관리보다 상대적으로 복잡하고 어려운 이유와 가장 관련이 깊은 것은?

① 상대적으로 고가이기 때문에
② 준거집단의 영향력이 상대적으로 크기 때문에
③ 종류가 많기 때문에
④ 소비와 구매가 동시에 이루어지기 때문에
⑤ 고객화에 드는 비용이 크기 때문에

[해설] 제품의 생산과 관련한 경영학의 영역을 생산관리라 부르는데 비해 서비스의 관련영역은 운영관리라고 부른다. 서비스의 특징 중 하나로 소비와 구매가 동시에 이루어지므로 선택을 번복할 수가 없다는 점이다. 따라서 소비자들은 서비스 구매시 더욱 신중을 기하게 되고, 그에 따라 서비스를 제공하는 기업도 그 운영관리에 보다 신경을 많이 써야 한다.

정답 ④

40-20 ☑□□□

다음에 해당하는 서비스의 예로 적절한 것을 고르면?

이는 고객접촉 및 고객화의 정도가 높은 반면 노동집약도는 낮은 경우의 서비스 형태로서, 서비스 공급의 일정관리(scheduling), 비수기와 성수기의 수요관리 등에 의사결정의 중점을 두어야 한다.

① 성형외과
② 공무원 시험대비 학원
③ 회계법인
④ 대형 호텔
⑤ 건축사무소

[요점정리] 슈메너(Schmenner)는 서비스 매트릭스(service matrix)를 통해 서비스의 유형 분류를 시도하였다. 그는 서비스 프로세스에서 고객이 참여하는 정도를 뜻하는 고객접촉(customer contact)과 고객별 서비스 차별화의 정도인 고객화(customization), 그리고 서비스에 투입되는 자본 대비 노동의 비중인 노동집약도에 따라 서비스를 분류하였다.

		고객접촉 및 고객화(customization) 정도	
		낮음 • 마케팅이 중요 • 서비스 표준화 高	높음 • 일관된 서비스 품질 유지 필요 • 종업원의 충성도 관리
노동 집약 도	낮음 (자본 집약적, 비수기와 성수기 관리 필요)	서비스 공장 (service factory) → 효율성 중시 (항공사, 운수회사, 호텔 등)	서비스 숍 (service shop) → 스케줄 관리(scheduling) 중시 (병원, 자동차 수리 등)
	높음 (인력의 교육과 복지 중요)	대량 서비스 (mass service) → 인적자원 투입이 많음 (도·소매상, 학교 등)	전문 서비스 (professional service) → 고객 맞춤형 전문직 (회계사, 세무사, 변호사 등)

[해설] 서비스 매트릭스 상의 서비스 숍(service shop)에 관한 설명이다. 병원업이나 자동차 정비업소 등이 이에 해당한다.

[추가해설] ②의 학원은 대량서비스, ③의 회계법인과 ⑤의 건축사무소는 전문서비스, ④의 대형 호텔은 서비스 공장에 해당한다.

정답 ①

40-20M ✔☐☐☐

2024 군무원 7급

다음 중 슈머너(R.W. Schmenner)가 제시한 서비스 프로세스 매트릭스에 대한 설명으로 가장 적절하지 않은 것은?

		고객과의 상호작용 및 고객화 정도	
		저	고
노동 집약도의 정도	저	(가)	(나)
	고	(다)	(라)

① (가)유형은 유형제품의 생산공장처럼 표준화된 서비스를 대량으로 공급하며, 항공사와 호텔이 포함된다.

② (나)유형에는 병원, 자동차 정비소 등이 포함된다.

③ (다)유형에는 도·소매점, 학교, 은행 등이 포함된다

④ (라)유형은 전문적인 교육을 받은 서비스 제공자가 고객의 일반적 요구에 맞는 서비스를 제공한다.

해설〉 ① [O] (가)는 서비스 공장이며, 항공기나 호텔 산업처럼 고객화의 필요가 적은 동시에 자본집약적인 서비스를 의미한다.

② [O] (나)는 서비스숍이며, 병원이나 자동차 정비소처럼 고객화가 필요한 동시에 자본집약적인 서비스를 의미한다.

③ [O] (다)의 대량서비스는 학교나 은행과 같이 고객화의 필요가 적은 동시에 노동집약적인 서비스를 의미한다.

④ [×] (라)의 전문서비스는 변호사, 노무사, 회계사 등과 같이 고객화의 필요가 높은 동시에 노동집약적인 서비스를 의미한다. 따라서 '고객의 일반적 요구'가 아니라 개별 고객이 원하는 맞춤형 서비스를 제공해야 하므로 본 선지가 틀렸고, 문제의 정답이 된다.

정답 ④

40-21 ✔☐☐☐

2016 7급공무원 2책형

서비스 단계별 '고객의 행동, 종업원의 행동, 종업원 지원 프로세스'를 가시선을 기준으로 나누어서 제시하는 플로우 차트(flow chart)는?

① 피쉬본 다이어그램(Fishbone Diagram)

② LOB(Line of Balance)

③ 간트 차트(Gant Chart)

④ 서비스 청사진(Service Blueprint)

해설〉 ① 이는 작업환경, 자재, 장비, 작업자, 작업방법 등을 고려하여 품질문제의 원인을 추적하는 그림이다. 특성요인도, 인과분석도, 이시가와 다이어그램, 어골도(魚骨圖) 등으로도 불린다.

② 공정혁신에 사용되는 수치(라인효율)로서, 공정시간의 총합을 공정의 주기시간(최장소요공정의 시간)과 작업장 수의 곱으로 나눈 값이다.

③ 업무처리의 순서를 나타내는 그림이다.

④ 서비스의 성공적 수행을 위해 조직 내 각 부서들이 어떻게 유기적으로 움직여야 하는지를 효과적으로 보여주는 그림이다. 여기서 가시선(line of visibility)이란 청사진에 포함된 각종 서비스 업무들을 눈에 보이는 전방 업무와 보이지 않는 후방업무로 구분하는 기준선이다. 이 지문이 정답이다.

정답 ④

40-23 ✔☐☐☐

2019 가맹거래사

제품설계과정에서 활용되는 방법과 이에 관한 설명의 연결이 옳은 것은?

> ㄱ. 가치분석
> ㄴ. 품질기능전개(QFD)
> ㄷ. 모듈러 설계(modular design)

> a. 낮은 부품다양성으로 높은 제품다양성을 추구하는 방법
> b. 제품의 원가대비 기능의 비율을 개선하려는 체계적 노력
> c. 고객의 다양한 요구사항과 제품의 기능적 요소들을 상호 연결

① ㄱ: a, ㄴ: b, ㄷ: c   ② ㄱ: a, ㄴ: c, ㄷ: b

③ ㄱ: b, ㄴ: a, ㄷ: c   ④ ㄱ: b, ㄴ: c, ㄷ: a

⑤ ㄱ: c, ㄴ: a, ㄷ: b

해설 가치분석(ㄱ)의 의미는 제품의 원가 대비 기능의 수준을 높이는 것이므로 b와 관련이 있다. 품질기능전개(ㄴ)는 고객의 요구를 제품의 품질특성으로 연결시키는 것이므로 c와 관련이 있으며, 모듈러 설계(ㄷ)는 소수의 중간단계 생산품인 모듈들을 조합하여 다양한 제품들을 생산하는데 목적이 있으므로 a와 관련이 있다.

정답 ④

40-25 ☑□□□

2013 경영지도사

유연성을 높이는 공장자동화와 관련된 용어가 아닌 것은?

① JIT   ② CAD/CAM

③ robotics   ④ FMS

⑤ CIM

해설 ① 이는 적시생산, 즉 just-in-time의 약자이다. 공장자동화와 직접적 상관은 없다.
② 이는 컴퓨터 활용 디자인 및 생산을 의미한다.
③ 이는 컴퓨터와 기계를 활용하여 생산과 제조 및 디자인이 이루어지는 공학분야를 일컫는다.
④ 유연생산시스템(FMS)에서는 공장자동화가 중요하다.
⑤ 이는 컴퓨터 통합생산을 의미하므로 공장자동화와 관련이 깊다.

정답 ①

40-24 ☑□□□

2015 CPA

다음의 설계기법과 이에 대한 설명을 가장 적절하게 연결한 것은?

(ㄱ) VE(value engineering)
(ㄴ) DFA(design for assembly)
(ㄷ) QFD(quality function deployment)
(ㄹ) Robust Design

a. 부품수 감축, 조립 방법 및 순서에 초점을 맞추는 설계
b. 품질에 나쁜 영향을 미치는 노이즈(noise)로부터 영향정도를 최소화 할 수 있도록 설계
c. 제품의 원가대비 기능의 비율을 개선하려는 노력
d. 고객의 다양한 요구사항과 제품의 기능적 요소들을 상호 연결함

① (ㄱ)−a, (ㄴ)−c, (ㄷ)−d
② (ㄱ)−c, (ㄴ)−a, (ㄹ)−d
③ (ㄱ)−a, (ㄷ)−b, (ㄹ)−d
④ (ㄱ)−c, (ㄷ)−a, (ㄹ)−b
⑤ (ㄴ)−a, (ㄷ)−d, (ㄹ)−b

해설 (ㄱ) VE(가치공학)는 완제품이 고객에 줄 수 있는 가치를 분석하여 원가 대비 기능의 비율을 개선하려는 노력이므로 c와 연결된다.
(ㄴ) DFA(조립용이성설계)는 조립에 용이한 방식으로 제품을 설계하는 것이므로 a와 연결된다.
(ㄷ) QFD(품질기능전개)는 고객의 요구사항을 설계 및 제품생산 프로세스에 반영하는 것으로서 d와 연결된다.
(ㄹ) 로버스트 디자인은 품질에 나쁜 영향을 미치는 여러 상황에서도 최적의 성능을 발휘할 수 있도록 설계하는 것으로서 b와 연결된다.

TOPIC 41

예측(Forecasting)

1. 정성적 예측기법

→ 시장조사, 패널 동의법, 경영자 판단법, 역사적 유추법, 판매원 추정법, 델파이법

2. 정량적 예측기법

1) 시계열분석

① 시계열＝추세＋순환＋계절변동＋임의변동

(가법모형에서는 4대 구성요소의 합으로 수요를 예측하지만 승법(비례)모형에서는 곱으로 예측)

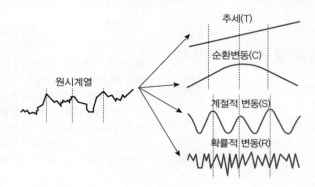

② 이동평균법: 단순이동평균법, 가중이동평균법

　　　　　　　(1/n)　　　　(합이 1인 범위 내에서 상이한 가중치)

③ 지수평활법: 예측값＝전기 예측값＋평활계수×(전기 실제값−전기 예측값)

→ 한 기수씩 이전으로 갈수록 예측치의 중요도가 (1−평활계수) 만큼 감소하게 됨

2) 인과분석: 회귀분석 → 복수의 상관성 있는 변수들 간 인과관계 추정에 활용됨

3. 예측오차

1) 예측오차 ＝ 편의오차(예측모형의 구조적 원인으로 인하여 발생)＋무선오차

2) 예측모형의 구조적 오차원인: 잘못된 변수의 사용, 변수들간의 잘못된 상관성, 잘못된 추세선의 도입, 계절적 요인의 잘못된 반영

3) 예측오차의 주요 척도와 해석 지침

> 누적오차(CFE)＝발생오차의 합＝Σ(실제치−예측치)
>
> 평균오차(ME)＝누적오차 / n
>
> 평균자승오차(MSE, 평균제곱오차)＝오차 제곱의 평균
>
> 평균절대편차(MAD)＝오차 절대값 평균
>
> 평균절대비율오차(MAPE)＝오차가 실측치에서 차지하는 비율
>
> 추적지표(tracking signal)＝누적오차 / MAD

① 평균오차가 0이라 해서 예측이 정확한 것이 아님(단 편의오차가 적다는 해석은 가능)

② MSE나 MAD가 0인 경우 예측이 정확하다고 볼 수 있음

③ 예측이 정확할수록 누적오차나 평균오차 또는 추적지표값이 작아짐(역명제는 옳지 않음)

41-1 ☑□□□
수요예측 기법 중 정성적 기법에 해당되지 않는 것은?

① 델파이법   ② 시계열분석
③ 전문가패널법   ④ 자료유추법
⑤ 패널동의법

요점정리 정성적 기법: 시장조사법, 패널 동의법, 경영자 판단법, 역사적(자료) 유추법, 판매원 추정법, 델파이법

해설 ② 시계열분석: 시계열분석(time series analysis)은 시간의 흐름으로 정리된 과거 자료(예: 매출액, 수요량, 생산량 등)의 집합인 시계열(time series) 정보에 기반을 두고 미래를 예측하는 계량적 기법이다.

추가해설 ① 델파이법: 1950년대 Rand Corporation에서 개발된 정성적 기법으로서, 전문가들로 구성된 집단 구성원 각각에게 개별적으로 특정 주제에 관한 의견을 수집한 다음 이를 전체 구성원에게 회람시킨 이후 다시 의견을 묻는 절차를 반복하면서 집단 전체의 합일된 견해를 도출하는 과정이다.
④ 자료유추법(역사적 유추법): 신제품이 출시되는 경우처럼 과거 전례가 없을 때 이와 비슷한 기존의 제품이나 서비스가 시장에서 성장해 온 과정에 입각하여 예측을 수행하는 과정을 뜻한다.
⑤ 패널동의법: 한 사람의 의견보다 여러 사람의 의견이 더 나은 예측결과를 가져온다는 가정에 입각하여, 다양한 계층과 다양한 배경의 사람들이(이들의 집단을 패널이라 함) 서로의 의견을 자유로이 나누면서 예측결과를 구하는 방법이다. ③의 전문가패널법은 패널을 전문가로 구성하는 방법이다.

정답 ②

41-2 ☑□□□
수요예측의 정성적 기법에 해당하지 않는 것은?

① 지수평활법   ② 시장조사법
③ 델파이법   ④ 패널동의법
⑤ 역사적 유추법

해설 ① 지수평활법은 전기의 예측치와 실제치, 그리고 평활상수를 활용하여 이번기의 수요를 예측하는 정량적 기법이다.

정답 ①

41-2J ☑□□□
공급사슬계획에서 활용하는 정성적 수요예측기법을 모두 고른 것은?

ㄱ. 선형회귀분석	ㄴ. 지수평활법
ㄷ. 시장조사	ㄹ. 패널동의법
ㅁ. 이동평균법	ㅂ. 델파이기법

① ㄱ, ㄴ, ㄷ   ② ㄱ, ㄹ, ㅁ
③ ㄴ, ㄷ, ㅁ   ④ ㄴ, ㅁ, ㅂ
⑤ ㄷ, ㄹ, ㅂ

해설 정성적 수요예측법의 사례로는 시장조사법(ㄷ), 패널 동의법(ㄹ), 경영자 판단법, 역사적(자료) 유추법, 판매원 추정법, 델파이법(ㅂ) 등이 있다. 나머지 기법들(회귀분석, 지수평활법, 이동평균법)은 모두 정량적 기법에 속한다.

정답 ⑤

41-3 ☑□□□
수요예측 방법 중 정성적(qualitative) 예측법이 아닌 것은?

① 경영자 판단   ② 델파이법
③ 회귀분석   ④ 소비자조사법
⑤ 판매원 의견종합법

해설 ③ 회귀분석(regression analysis)은 둘 또는 그 이상의 상관성이 있는 변수들 간의 관계를 찾아내기 위하여 사용하는 분석기법으로, 변수들 간의 관계식(회귀방정식 또는 회귀식)을 찾아내고 그 관계식의 정확도 등을 검토하는 통계적 방법을 말한다. 따라서 정량적 방법이라 할 수 있다.

추가해설 ① 경영자 판단: 패널 동의법의 진화된 형태로서, 신제품 개발이나 새로운 시장으로의 진입 등과 같이 전략적인 판단이 필요한 경우 경영층의 임원진들이 의견교환을 통하여 예측을 수행하는 과정을 뜻한다.
④ 소비자조사법: 외부의 전문 조사기관이 소비자를 대상으로 실시하는 정성적 예측방법이다. 이러한 조사방식은 신제품 개발에 대한 아이디어, 제품에 대한 소비자 의견, 경쟁 제품과의 강점과 약점 비교 등을 그 내용으로 하며, 주로 인터뷰와 설문조사를 통하여 이루어진다.
⑤ 판매원 의견종합법: 고객과 가장 밀접한 곳에서 정보를 수집하는 판매원을 대상으로 주기적으로 수요추정치 등을 확보한 다음 이를 바탕으로 예측을 수행하는 것이다.

정답 ③

41-3A ☑☐☐☐
2020 경영지도사

생산관리에서 수요예측 방법 중 양적 기법(quantitative method)이 아닌 것은?

① 이동평균법(moving average)
② 델파이(Delphi) 기법
③ 지수평활법(exponential average)
④ 회귀모형(regression model)
⑤ 시계열분해법(decomposition of a time series)

해설 델파이법은 전문가들의 비대면 토론방식을 뜻하며 대표적인 정성적(질적) 기법이다.

정답 ②

41-3F ☑☐☐☐
2022 군무원 7급

다음 중 수요예측 기법에 대한 설명으로 가장 옳지 않은 것은?

① 주관적 모형의 델파이기법은 주어진 분야의 전문가들에게 반복적인 질의와 응답을 통한 합의를 도출한다.
② 일반적으로 예측기간은 주관적 모형에서 인과형 모형, 그리고 시계열 모형을 이동함에 따라 점점 짧아진다.
③ 주관적 모형의 상호영향분석 기법은 미래의 사건이 이전 사건의 발생과 관련이 있다고 가정하고 미래사건의 발생가능성을 추정한다.
④ 주관적 모형의 역사적 유추법은 독립변수와 종속변수 간의 관계를 파악하여 수요를 예측한다.

해설 ④ 독립변수와 종속변수간의 관계를 파악하여 수요를 예측하는 기법은 회귀분석에 가까운 설명이며, 회귀분석은 정량적 모형에 해당한다. 역사적 유추법(history analogy)은 신제품이 출시되는 경우처럼 과거 전례가 없을 때 이와 비슷한 기존의 제품이나 서비스가 시장에서 성장해 온 과정에 입각하여 예측을 수행하는 과정을 뜻한다.

추가해설 ② 주관적 모형을 정성적 모형이라 해석한다면 옳

은 설명이 된다. 시계열 모형은 시간자료를 활용하여 지금까지의 추세를 반영한 미래예측 기법이므로 추세가 유효한 범위 안에서만 예측이 가능하다. 인과모형의 대표적 사례인 회귀분석은 독립변수와 종속변수간 비교적 논리적인 관계를 파악하여 수요를 예측하는 것이므로 독립변수(원인변수)가 이론적으로 종속변수(결과변수, 여기서는 고객수요)와 관계가 있는 것으로 가정되는 범위 내에서는 예측이 유효하다. 정성적 모형은 소위 질적 접근법으로서 다양한 전문가와 사내 경영진 및 종업원들의 의견을 종합하는 과정에서 (예측의 정교함은 떨어지더라도) 여러 변수를 반영할 수 있다는 점에서 예측의 유연성을 확보하여 장기예측에 활용될 수 있다.

정답 ④

41-4 ☑☐☐☐
2019 서울시 7급 B책형

정성적 예측방법 중 하나인 델파이법(Delphi method)에 대한 설명으로 가장 옳은 것은?

① 다수의 전문가들로 전문가그룹을 구성하고 이들에게 수차례에 걸쳐 설문지를 배부하여 예측사안에 대해 의견을 수렴하는 방법이다.
② 사내 다양한 부서로부터 경험과 지식이 풍부한 전문가들로 위원회를 구성하여 자유토론을 통해 의견일치를 도출하는 방법이다.
③ 실제 조사하고자 하는 내용에 대한 가설을 세우고 설문지, 인터뷰 등을 통해 자료를 수집해서 가설을 검증하는 방법이다.
④ 판매원들로 하여금 그들이 담당하고 있는 지역 내의 수요를 예측하게 한 다음, 모든 판매원들이 예측한 자료를 종합하여 전체 수요를 예측하는 방법이다.

해설 수요예측기법의 뜻을 묻는 문제이다. ①은 전문가, 설문지 등의 키워드를 통해 〈델파이법〉임을 짐작할 수 있다.
② [×] '전문가'라는 키워드 때문에 오해하기 쉬운 선지인데, 위원회에서의 자유로운 토론은 직접 만나는(face-to-face) 방식이므로, 서로 만나지 않는 상태에서의 토론인 델파이법과는 어울리지 않는다.
③ [×] 이는 외부 전문 조사기관에 의뢰하여 시장수요를 예측하는 시장조사(market research) 방식이며, 신제품 개발에 대한 아이디어, 제품에 대한 소비자 의견, 경쟁 제품과의 강점과 약점 비교 등을 그 내용으로 한다.
④ [×] 이는 고객과 가장 밀접한 곳에서 정보를 수집하는 판매

원을 대상으로 주기적으로 수요추정치 등을 확보한 다음 이를 바탕으로 예측을 수행하는 판매원 추정법(Salesforce Opinions)에 해당한다.

정답 ①

41-5 ☑☐☐☐　　　　2014 가맹거래사

다음 수요예측기법 중 시계열분석기법이 아닌 것은?

① 이동평균법　　　　② 지수평활법
③ 추세분석법　　　　④ 선도지수법
⑤ 전기수요법

[요점정리] 시계열 예측기법은 과거의 수요를 분석하여 시간에 따른 수요의 패턴(추세)을 파악하고 그 연장선상에서 미래의 수요를 예측하는 방법이다(③). 그러나 과거의 수요패턴이 항상 계속적으로 유지된다고 할 수 없으므로 시계열 예측기법은 주로 중단기 예측에 이용되며 적은 자료로도 비교적 정확한 예측이 가능하다. 목측법, 이동평균(moving average)법(①), 지수평활(exponential smoothing)법(②), 최소자승법(least square method), 박스-젠킨스(Box-Jenkins)법, 전기수요법(⑤) 등이 그 예가 된다.

[해설] ④ 인과형 예측기법은 수요에 영향을 주는 환경 요인들을 파악하고 수요와 이 요인들간의 인과관계를 파악함으로써 미래의 수요를 예측하는 기법이다. 인과형 예측기법으로는 회귀분석(regression analysis), 산업연관분석, 투입산출모형(input output analysis), 선도지표법(선도지수법, leading indicator method) 등이 있다.

정답 ④

41-5F ☑☐☐☐　　　　2022 군무원 9급

다음 중 시계열분석기법에 속하는 수요예측방법과 가장 옳지 않은 것은?

① 델파이법　　　　② 이동평균법
③ 지수평활법　　　　④ 추세분석법

[요점정리] 시계열분석(time series analysis)은 시간의 흐름으로 정리된 과거 자료(예, 매출액, 수량, 생산량 등)의 집합인 시계열(time series) 정보에 기반을 두고 미래를 예측하는 기법으로서, 과거의 수요패턴이 미래에도 어느 정도 계속 이어진다고 가정한다. 일반적으로 시계열분석에 해당되는 기법으로는 이동평균법, 지수평활법, 추세분석법, 전기수요법, 박스-젠킨스법, 시계열분해법 등이 있다.

[해설] ① 델파이법은 수요예측기법 중 정성적(비계량적) 기법에 속한다.

정답 ①

41-5J ☑☐☐☐　　　　2023 공인노무사

다음의 수요예측기법 중 시계열(time series) 예측기법에 해당하는 것을 모두 고른 것은?

> ㄱ. 이동평균법　　　　ㄴ. 지수평활법
> ㄷ. 델파이 기법

① ㄱ　　　　　　　　② ㄴ
③ ㄱ, ㄴ　　　　　　④ ㄴ, ㄷ
⑤ ㄱ, ㄴ, ㄷ

[해설] 수요예측기법을 분류하면 다음 표와 같다.

정성적 기법		시장조사법, 패널동의법, 경영자판단법, 역사적유추법, 판매원추정법, 델파이법
정량적 기법	시계열 분석법	이동평균법, 지수평활법, 추세분석법, 전기수요법, 박스-젠킨스법, 시계열 분해법
	인과 분석법	회귀분석, 계량경제모형, 투입-산출 모형, 선도지표법, 시뮬레이션 모형

표의 내용을 토대로 시계열 예측기법에 해당하는 것을 고르면 이동평균법과 지수평활법이 된다.

정답 ③

41-6 ☑☐☐☐　　　　2013 공인노무사

시계열(time series) 분해법은 시계열변동을 4가지 구성요소로 분해하여 수요를 예측하는 방법이다. 4가지 구성요소에 해당하지 않는 것은?

① 계절(seasonal) 변동　　② 추세(trend) 변동
③ 불규칙(irregular) 변동　④ 순환(cyclical) 변동
⑤ 인과(causal) 변동

[요점정리] 시계열은 중장기적 증감의 양상인 추세(trend), 거시환경요인(정치, 경제, 사회적 측면)으로 인한 변화양상인 순환(cycle, 주기), 1년 단위로 되풀이되는 변화양상인 계절변동(seasonal variation), 타 변수에 의해 설명이 힘든 돌발적 변화양상인 임의변동(random variation, 확률변동, 무선변동, 우연변

동, 불규칙변동)으로 구성된다. 원자료를 정리한 원시계열은 이러한 4개 요인으로 분해할 수 있다.

해설 시계열: 추세(T) + 계절(S) + 주기(순환, C) + 임의(불규칙, R)

정답 ⑤

41-7 ☑□□□
2011 가맹거래사

시계열(time-series)분석기법은 시계열의 구성요소를 4가지로 정의한다. 구성요소에 해당하지 않는 것은?

① 추세(trend)
② 회귀적 요인(regressional element)
③ 계절적 변동(seasonal variation)
④ 불규칙 변동(irregular variation)
⑤ 순환 요인(cyclical element)

해설 시계열의 구성요소는 추세, 계절적 변동, 순환, 불규칙(우연) 변동의 4가지이다.

정답 ②

41-8 ☑□□□
2012 가맹거래사

수요예측기법 중 시계열(time-series)과 시계열분석기법에 관한 설명으로 옳지 않은 것은?

① 시계열은 특정 현상을 일정시간 간격으로 관찰하여 얻어지는 일련의 관측치이다.
② 시계열분석기법은 과거의 수요패턴이 미래에도 계속될 것이라는 가정 하에 수요를 예측한다.
③ 대표적인 시계열분석기법에는 이동평균법, 지수평활법, 추세분석법이 있다.
④ 시계열분석기법은 수요패턴의 전환점이나 근본적 변화를 예측할 수 있다.
⑤ 시계열은 추세, 계절적 변동, 순환요인 및 불규칙 변동과 같은 패턴을 가지고 있다.

해설 ④ 시계열분석은 과거의 수요패턴이 미래에도 어느 정도 계속 이어진다고 가정하는 방법이므로(②) 급격한 변화를 예측할 수는 없다.
추가해설 시계열이라는 명칭 자체가 시간 간격으로 관찰된 자료

라는 의미이며(①) 단순이동평균법, 가중이동평균법, 지수평활법, 추세분석법 등이 포함된다(③). 또한 시계열의 구성요소는 추세, 계절적 변동, 순환, 불규칙(우연) 변동의 4가지이다(⑤).

정답 ④

41-8M ☑□□□
2024 가맹거래사

시계열 자료에서 발견할 수 있는 수요 변동의 형태를 모두 고른 것은?

ㄱ. 수직적 패턴	ㄴ. 수평적 패턴
ㄷ. 추세 패턴	ㄹ. 계절적 패턴

① ㄱ, ㄴ
② ㄱ, ㄹ
③ ㄴ, ㄷ
④ ㄱ, ㄷ, ㄹ
⑤ ㄴ, ㄷ, ㄹ

해설 시계열의 구성요소는 추세, 계절, 순환, 우연변동이며, 추세를 반영하는 자료의 특성상 평균값도 포함된다. 여기서 평균을 수평적 패턴이라고 부른다.

정답 ⑤

41-9 ☑□□□
2017 서울시 7급

다음 중 시계열 수요예측 기법에 대한 설명으로 가장 옳은 것은?

① 과거에 발생하지 않았던 요소를 고려하여 미래의 수요를 예측한다.
② 시계열 수요예측 기법에는 델파이 방법과 회귀분석 방법 등이 있다.
③ 일반적으로 시계열은 추세, 계절적 요소, 주기 등과 같은 패턴을 갖는다.
④ 전략적 계획을 수립하는 데 필요한 장기적인 시장 수요를 파악하기 위하여 주로 사용된다.

해설 ③ 시계열의 구성요소는 추세, 계절적 변동, 순환, 불규칙(우연) 변동의 4가지이다.
추가해설 시계열은 시간의 흐름으로 정리된 과거 자료(예: 매출액, 수요량, 생산량 등)의 집합을 뜻하며(①), 단순이동평균법, 가중이동평균법, 지수평활법, 추세분석법 등이 포함된다(②). ②의 델파이법은 정성적 분석에 속하며 회귀분석은 시계

열분석과는 달리 인과관계 분석에 활용된다. 시계열분석은 대개 장기적 예측보다는 과거의 추세가 앞으로도 이어질 것이라 예상되는 단기예측에 활용된다(④).

정답 ③

41-9A ☑☐☐☐　　　　　2019 하반기 군무원 복원

수요예측에 관한 다음 설명 중 옳지 않은 것은?

① 수요예측 방법은 정성적 방법과 정량적 방법 등 두 가지로 나뉜다.
② 주문생산에서 수요예측은 중요시된다.
③ 수요예측기법을 선택하는 기준은 예측대상 품목, 예측기간의 길이, 분석비용과 시간, 적용분야, 기대되는 정확도, 변수의 복잡성 등이 된다.
④ 수요예측을 할 때 우연 변동은 고려대상이 아니다.

해설 수요예측이 중시되는 것은 주문생산이 아니라 계획생산에서이다.

정답 ②

41-9B ☑☐☐☐　　　　　2020 공인노무사

㈜한국의 연도별 제품 판매량은 다음과 같다. 과거 3년간의 데이터를 바탕으로 단순이동평균법을 적용하였을 때 2020년도의 수요예측량은?

연 도	판매량(개)
2014	2,260
2015	2,090
2016	2,110
2017	2,150
2018	2,310
2019	2,410

① 2,270　　　　② 2,280
③ 2,290　　　　④ 2,300
⑤ 2,310

해설 2020년의 시점에서 과거 3년은 2017~2019년이 된다. 이들 3개년의 데이터값을 평균하면 되므로 2020년의 수요예측량

은 $\dfrac{2,150 + 2,310 + 2,410}{3} = 2,290$이 된다.

정답 ③

41-10 ☑☐☐☐　　　　　2017 공인노무사

최근 3개월 자료로 가중이동평균법을 적용할 때, 5월의 예측생산량은? (단, 가중치는 0.5, 0.3, 0.2를 적용한다.)

구 분	1월	2월	3월	4월
제품생산량(개)	90만	70만	90만	110만

① 87만개　　　　② 90만개
③ 93만개　　　　④ 96만개
⑤ 99만개

해설 최근 3개월의 가중이동평균은 4월, 3월, 2월의 순으로 각각 0.5, 0.3, 0.2의 가중치를 적용하여 계산한다. 따라서 예측치는 (110만×0.5) + (90만×0.3) + (70만×0.2) = 96만개 이다.

정답 ④

41-10M ☑☐☐☐　　　　　2024 공인노무사

최근 5개월간의 실제 제품의 수요에 대한 데이터가 주어져 있다고 할 때, 3개월 가중이동평균법을 적용하여 계산된 5월의 예측 수요 값은? (단, 가중치는 0.6, 0.2, 0.2이다.)

구분	1월	2월	3월	4월	5월
실제 수요(개)	680만	820만	720만	540만	590만

① 606만개　　　　② 632만개
③ 658만개　　　　④ 744만개
⑤ 766만개

해설 5월의 예측수요값을 최근 3개월의 가중이동평균법으로 구하려면 4월, 3월, 2월의 데이터가 필요하며, 각 데이터에 가중치 0.6, 0.2, 0.2를 순차적으로 곱하여 더하면 된다.

$F_{5월} = (0.6 \times 540만) + (0.2 \times 720만) + (0.2 \times 820만)$(개)

$= 324만 + 144만 + 164만 = 632만$

정답 ②

41-11 ☑□□□
2014 공인노무사

2014년 5월 수요예측치는 200개이고 실제수요치는 180개인 경우, 지수평활계수가 0.8이면 단순지수평활법에 의한 2014년 6월 수요예측치는?

① 164개   ② 184개
③ 204개   ④ 214개
⑤ 224개

요점정리 지수평활법(exponential smoothing method)은 최근의 정보가 예측에 더욱 중요한 역할을 한다는 가중이동평균법의 기본가정을 보다 발전시킨 정량적 예측법으로서, 단순히 가까운 시기의 자료에 많은 가중치를 부여하는 단순지수평활법(simple exponential smoothing)과 추세를 반영하는 추세조정 지수평활법(trend-adjusted exponential smoothing)으로 나눌 수 있다. 일반적으로 많이 사용되는 단순지수평활법은 평활상수(exponential parameter), 그리고 전기의 예측값 및 전기의 실제값만으로 미래 예측값을 구할 수 있다는 점에서 많은 정보값을 필요로 하는 이동평균법에 비해 효율적이라는 장점을 가진다. 단순지수평활법에서의 예측값은 다음과 같이 구한다.

> 예측값＝전기 예측값＋평활계수×(전기 실제값－전기 예측값)

해설 6월 수요예측치＝5월 수요예측치＋평활계수×(5월 실제치－5월 예측치)＝200＋0.8(180－200)＝184

정답 ②

41-11A ☑□□□
2020 가맹거래사

생산활동에서 수요예측기법에 관한 설명으로 옳은 것은?

① 델파이법은 공개적으로 진행되며, 과반수로 결정하는 방법이다.
② 전문가패널법은 비공개적으로 진행되며, 만장일치제로 결정하는 방법이다.
③ 추세분석법, 자료유추법 등은 대표적 시계열분석기법에 해당한다.
④ 가중이동평균법은 단순이동평균법에 비해 환경변화를 민감하게 반영하게 된다.
⑤ 지수평활법은 비교적 장기 자료만으로 수요예측이 가능한 정성적기법이다.

해설 ④ [○] 가중이동평균법은 최근 자료에 높은 가중치를 부여할 수 있으므로 환경변화를 민감하게 반영할 수 있다.

추가해설 ⑤ [×] 지수평활법은 단기자료(특히 전년도의 예측치와 실제값)를 활용하는 수요예측 기법이다.

정답 ④

41-12 ☑□□□
2012 가맹거래사

A제품의 지난 달 수요예측치가 200개였는데, 지난 달 실제 수요는 150개 였다. 평활상수가 $\alpha = 0.3$ 이라면, 단순지수평활법(simple exponential smoothing)에 의한 A제품의 이번 달 수요예측치는?

① 165개   ② 175개
③ 185개   ④ 195개
⑤ 215개

해설 수요예측치 ＝ 200 ＋ 0.3 × (150 － 200) ＝ 185

정답 ③

41-13 ☑□□□
2014 경영지도사

지난 달의 수요예측치가 300개이고, 실제수요치가 250개로 나타났다. 평활계수가 0.1인 경우 단순지수평활법을 이용하여 계산한 이번 달의 수요예측치는?

① 280개   ② 285개
③ 290개   ④ 295개
⑤ 300개

해설 이번달 수요예측치＝지난달 예측치＋평활계수×(지난달 실제치－지난달 예측치)＝300＋0.1(250－300)＝295

정답 ④

41-14 ☑□□□

이번 달의 수요 예측치가 1,000개이고 실제 수요는 900개일 때, 지수평활법을 이용하여 다음 달의 수요 예측치를 계산하면? (단, 평활상수(α)는 0.1이다)

① 990 ② 1,090
③ 1,100 ④ 1,190

해설〉 지수평활법 공식에 대입하면 된다.
예측값 = 전기 예측값 + 평활상수 × (전기 실제값 − 전기 예측값)
= 1,000 + 0.1 × (900 − 1,000) = 990

정답 ①

41-15 ☑□□□

A자동차 회사의 3월 판매예측치는 20,000대, 3월 판매실적치는 21,000대이며 지수평활계수는 0.3일 때, 지수평활법을 활용한 4월의 판매예측치는 얼마인가?

① 20,000대 ② 20,100대
③ 20,200대 ④ 20,300대
⑤ 20,400대

해설〉 4월 판매예측치 = 3월 판매예측치 + 평활계수 × (3월 판매실적치 − 3월 판매예측치)
= 20,000 + 0.3(21,000 − 20,000) = 20,300

정답 ④

41-15A ☑□□□

A전자 회사는 지난 해 판매예측치로 100만 대를 예상하였고, 실제 판매치는 110만 대였다. 지수평활계수가 0.6일 때 올해 판매예측치를 구하면?

① 100만 대 ② 106만 대
③ 96만 대 ④ 90만 대

해설〉 지수평활법 공식을 이용하자.
미래예측치 = 과거예측치 + 평활상수 × (실제치 − 과거예측치)
= 100만 + 0.6(110만 − 100만) = 106만

정답 ②

41-16 ☑□□□

K사는 작년 4분기 수요를 15만개로 예측하였으나, 실제 판매량은 13만개였다. 단순 지수평활법(exponential smoothing)을 사용하여 올해 1분기 수요를 예측하니 14만 4천개였다. 사용한 평활상수(α)는 얼마인가?

① 0.1 ② 0.3
③ 0.4 ④ 0.5
⑤ 0.7

해설〉 예측값 = 전기 예측값 + 평활계수 × (전기 실제값 − 전기 예측값)
위 식에 문제에서 주어진 정보를 대입하여 계산하면, 144,000 = 150,000 + α (130,000 − 150,000)이므로 평활상수는 0.3이 된다.

정답 ②

41-17 ☑□□□

대리점의 4월 판매예측치는 1,000대, 4월 판매실제치는 1,100대이다. 지수평활법에 의한 5월의 판매예측치가 1,030대인 경우 평활상수는?

① 0.2 ② 0.3
③ 0.4 ④ 0.5
⑤ 0.6

해설〉 1,030 = 1,000 + 평활상수 × (1,100 − 1,000)
위 식을 풀면 평활상수는 0.3이 된다.

정답 ②

41-17F ☑□□□

㈜가맹의 지난달 A품목 예측 수요가 2,200개이고, 실제 수요가 2,100개로 나타났을 때, 지수평활법으로 이번 달 수요를 예측하니 2,180개가 되었다. 이때 사용한 지수 평활계수는?

① 0.05 ② 0.1
③ 0.15 ④ 0.2
⑤ 0.25

해설 지수평활법 공식을 활용하면 된다.

다음번 수요예측치 = 지난번 수요예측치 + 평활계수×(지난번 실제수요값 − 지난번 수요예측치)

$$2,180 = 2,200 + \alpha(2,100 - 2,200)$$

이 식을 풀면 평활계수 α는 0.2가 된다.

정답 ④

41-18 ☑☐☐☐

2016 가맹거래사

다음 자료를 이용하여 지수평활법에 의해 계산한 6월의 판매예측치는?

- 5월 예측치 10,000대
- 5월 실제치 11,000대
- α (평활상수) 0.3

① 10,100대   ② 10,200대
③ 10,300대   ④ 10,400대
⑤ 10,500대

해설 판매 예측치 = 전기 예측치 + 평활계수×(전기 실제치 − 전기 예측치) = 10,000 + 0.3(11,000 − 10,000) = 10,300

정답 ③

41-18M ☑☐☐☐

2024 군무원 7급

국방산업㈜은 단순지수평활법(simple exponential smoothing)을 이용하여 수요를 예측하고 있다. 다음 표는 4월과 5월의 수요예측치와 실제 수요를 나타낸 것이다. 다음 중 6월의 수요예측치와 가장 가까운 것은?

월	4월	5월	6월
수요예측치	60	50	?
실제 수요	52	55	

① 54.75   ② 56.25
③ 57.75   ④ 59.25

해설 단순지수평활법에는 평활상수를 알아야 6월의 수요 산출이 가능하다. 따라서 이미 주어진 4월과 5월의 자료를 토대로 평활상수를 구해보자.

$$F_{t+1} = F_t + \alpha(A_t - F_t)$$

$$F_{5월} = 60 + \alpha(52 - 60) = 50$$

$$\alpha = 1.25$$

평활상수 1.25를 활용하여 6월의 수요예측치를 구하면 다음과 같다.

$$F_{6월} = 50 + 1.25(55 - 50) = 56.25$$

추가해설 그런데 평활상수는 0과 1사이의 값으로 정의된다. 따라서 이 문제는 출제 자체가 잘못된 것이다. 평활상수값의 범위를 모르는 출제자가 문제를 냈다면, 그리고 검수를 통과하였다면, 국가시험의 신뢰성에 결정적인 문제가 야기되는 심각한 사안이다. 군무원시험의 출제와 관리를 담당하는 국방부의 각성을 바란다.

정답 ②

41-18J ☑☐☐☐

2023 군무원 5급

지수평활 수요예측 모형에 관한 설명으로 가장 적절하지 못한 것은?

① 과거자료는 평준화 과정에서 배제된다.
② 가장 최근 자료만 예측치를 수정하기 위해 이용된다.
③ 최근 자료는 오래된 자료보다 더 많은 가중치를 받는다.
④ 평활 상수는 모형이 자료에 있는 패턴의 변화에 대응하는 정도를 변화시킬 수 있게 한다.

해설 ① [×] 지수평활법에는 직전 시기의 예측치와 실제 수요가 계산공식에 반영된다.

$$F_{t+1} = F_t + \alpha(A_t - F_t)$$

② [○] 일반적으로 많이 사용되는 단순지수평활법은 앞의 공식에 따르면 평활상수(exponential parameter), 그리고 전기의 예측값 및 전기의 실제값만으로 미래 예측값을 구할 수 있다는 점에서 많은 정보값을 필요로 하는 이동평균법에 비해 효율적이라는 장점을 가진다.
③ [○] 예측값은 과거 실제데이터들의 가중평균에 가까워지며, 이 때 각 실제값들의 가중치가 과거로 갈수록 점차 작아진다.
④ [○] 지수평활법 모형에 포함되는 <u>평활상수 α는 예측치가 기존의 실제 수요변화에 민감하게 반응하는 정도</u>를 나타낸다. 따라서 평활상수 값이 클수록 최근의 자료를 더 많이 반영하며, 평활상수 값이 작을수록 최근의 자료를 반영하는 정도가 작아

지므로 예측값의 변동폭도 작아져 평활효과(smoothing effect, 예측값 변동이 작아지는 효과)가 커진다.

정답 ①

41-19 ☑☐☐☐
2010 가맹거래사

다음 수요예측기법 중 인과형(causal) 모형에 속하는 것은?

① 시계열분해법　　　② 지수평활법
③ 다중선형회귀분석　④ 이동평균법
⑤ 추세분석법

해설 인과모델에 속하는 기법은 회귀분석이다. 독립변수가 하나면 단순회귀분석, 둘 이상이면 다중(중다)회귀분석이 된다.

정답 ③

41-20 ☑☐☐☐
2019 공인노무사

수요예측기법 중 인과형 예측기법(causal forecasting methods)에 해당하는 것은?

① 델파이법　　　　② 패널동의법
③ 회귀분석법　　　④ 판매원 의견종합법
⑤ 자료유추법

해설 수요예측 기법을 분류하면 다음과 같다.

정성적 기법	시장조사, 패널동의법, 경영자 판단법, 유추법, 판매원 추정법, 델파이법	
정량적 기법	시계열 분석	이동평균법, 지수평활법, 추세분석법, 전기수요법, 박스-젠킨스법
	인과형 분석	회귀분석, 계량경제모형, 투입-산출 모형, 선도지표법, 시뮬레이션

따라서 문제에서 묻는 인과형 예측기법에 해당하는 것은 회귀분석이 된다.

정답 ③

41-21 ☑☐☐☐
2014 경영지도사

인과관계 예측기법으로 옳지 않은 것은?

① 회귀분석법　　　　② 계량경제모형
③ 박스-젠킨스모형　④ 투입-산출모형
⑤ 시뮬레이션모형

요점정리 회귀분석 외에도 시뮬레이션 모형, 계량경제 모형, 투입-산출 모형 등이 인과관계 예측에 활용된다. 시뮬레이션 모형(simulation model)은 다양한 변수에 대하여 가정을 설정한 다음 컴퓨터를 활용한 모의실험을 통해 다양한 예측값을 얻어내는 동적 모형(dynamic model, 하나의 복잡한 문제를 여러 개의 하위문제로 나누어 풀어내는 방식)이고, 계량경제 모형(econometrics model)은 일련의 상호 관련된 회귀방정식을 이용하여 각종 경제활동을 예측하는데 활용되며, 투입-산출 모형(input-output model)은 각 산업부분 간의 제품이나 서비스의 흐름을 분석함으로써 수요를 예측한다.

해설 ③ 예측기법은 크게 인과예측법과 시계열분석으로 나뉘는데, 박스-젠킨스 모형은 두 기법 중 시계열분석의 한 유형이다.

정답 ③

41-23 ☑☐☐☐
2024 군무원 7급

다음 중 수요예측과 관련된 정량적 기법에 대한 설명으로 가장 적절하지 않은 것은?

① 정량적 수요예측은 단순이동평균법이나 지수평활법 등 시계열 예측기법과 선형추세법이나 다중 회귀 예측 등 인과적 예측기법으로 나눌 수 있다.
② 단순이동평균법은 최근의 과거 수요를 사용하여 예측하는 기법으로, 수요가 시간에 따라 불안정할 때 상당히 신뢰할 수 있다.
③ 지수평활법은 정교한 형태의 가중 이동 평균 예측으로, 다음 기간의 예측치는 현재 기간의 예측치에서 현재 기간의 실제 데이터와 예측 기간의 가중 차이를 조정한 것이다.
④ 다중 회귀 예측은 종속변수인 수요를 예측하는 데 여러 독립변수가 함께 사용되는 경우 사용되는 방법이다.

해설 ② [×] 단순이동평균법은 최근값의 비중을 과거값과 다르지 않게 가정하는 수요예측기법이므로 수요가 상당히 안정적

(즉, 과거나 현재나 비슷)이라는 점을 가정할 수 있을 때 그 효용가치가 높다.

정답 ②

41-26F ☑☐☐☐   2022 공인노무사

㈜한국의 4개월간 제품 실제 수요량과 예측치가 다음과 같다고 할 때, 평균절대오차(MAD)는?

월(t)	실제 수요량(D_t)	예측치(F_t)
1월	200개	225개
2월	240개	220개
3월	300개	285개
4월	270개	290개

① 2.5   ② 10
③ 20   ④ 412.5
⑤ 1650

해설 평균절대오차(=평균절대편차)는 오차 절대값의 평균치이며, 오차는 실제값과 예측값의 차이를 뜻한다. 따라서 각 월별로 예측오차를 구한 다음, 그 절대값을 평균하면 된다. 따라서 평균절대오차는 20(=80/4)이 된다.

월(t)	실제 수요량(D_t)	예측치(F_t)	예측오차	예측오차의 절대값
1월	200개	225개	-25	25
2월	240개	220개	20	20
3월	300개	285개	15	15
4월	270개	290개	-20	20

정답 ③

생산운영의 과정과 절차

1. 생산운영 계획의 수립

> 장기계획: 생산능력, R&D, 신제품계획, 입지 등
> 중기계획: 총괄생산계획, 판매, 고용, 재고, 하청 등
> 단기계획: 일정계획, 직무배정, 주문, 작업배정 등

→ 하위기간계획은 상위기간계획에서의 의사결정 사항을 제약조건으로 받아들인다.

2. 설비의 입지

1) 제조업의 주요 입지결정요인: 노동력의 공급, 시장과의 근접성, 공급자 및 자원과의 근접성, 전력이나 공업용수 등 유틸리티의 비용, 세제혜택, 토지 및 건축관련 비용, 구성원들의 생활여건 등

2) 서비스업의 주요 입지결정요인: 고객 및 시장과의 근접성, 창고 및 물류지점과의 수송비용, 경쟁업체의 입지, 인구밀도, 교통의 흐름 등

3. 생산규모와 경제성

1) 규모의 경제(economies of scale): 생산량의 증가 등으로 인해 단위당 고정비가 줄어 단위당 평균원가가 감소하는 현상

2) 생산능력의 측정지표

① 설계능력 ≥ 유효능력 ≥ 실제생산량

　(이상조건)　(일상적 조건)

② 가동률＝실제생산량 / 설계능력

　생산능력효율성＝실제생산량/유효능력

③ 여유생산능력(%)＝100%－가동률(%)

4. 총괄생산계획: 6~18개월의 중기계획

1) 총괄생산을 위한 의사결정 사항들: 시장 니즈에 대한 대응방안

① 수요의 조절전략: 가격정책, 광고 및 판매촉진, 추후납품(backorder, 부재고), 사전예약, 계절적 보완상품의 개발 등

② 공급의 조절전략: 추가고용, 해고, 잔업, 근로시간 단축, 파트타임이나 임시직 노동력 활용, 재고의 축적, 하청, 타사와의 전략적 제휴 등

2) 생산량(공급)조절의 구체적 대안

① 추종전략: 모든 수요변화를 고용 변화(정규인력의 채용/해고)를 통해 흡수 → 시장상황에 부합하는 생산수준 유지 및 재고비용 감소 가능, 인적자원의 사기저하 문제 있음

② 평준화 전략: 고용수준이나 생산설비 이용률을 일정하게 유지한 상태에서 재고, 초과작업, 하청 등 가능한 모든 수단을 사용하여 수요변화에 대응

3) 관련비용: 생산비용, 인력비용, 재고유지비용, 재고부족비용 등

4) 관련기법: 도표법(그림으로 도해), 선형계획법(최적화 문제 해결), 휴리스틱(직관으로 판단)

5. 주일정계획(MPS)

1) 의미: 총괄생산계획을 제품별 · 기간별로 분해하여 세분화 (＝대생산일정계획, 기준생산계획 등)

2) 후속절차: MPS → MRP → 작업일정 계획

42-1 ☑□□□
2016 공인노무사

생산시스템 설계에 해당하는 것은?

① 일정관리   ② 시설입지

③ 재고관리   ④ 품질관리

⑤ 수요예측

요점정리 생산시스템 설계(시설입지) → 생산능력 결정 → 총괄계획 → 주일정계획 → 자재소요계획 → 작업일정계획

해설 보기에 제시된 다섯 가지 항목 가운데 가장 논리적 순서상 먼저 결정되어야 할 것을 찾아보자. 주의할 것은 생산시스템 설계는 일단 생산하기로 의사결정을 한 다음 고민하게 되는 작업이라는 점이다. 수요예측과 시설입지 모두 생산운영관리상에서 먼저 수행하는 의사결정내용이다. 그러나 수요예측은 시설입지 결정 이후에(예: 과자공장 입지 결정) 특정한 제품단위 의사결정(예: 포카칩이 몇 개 팔릴 것인지를 고민)에서 수행할수도 있다. 따라서 둘 중 하나를 고르라면 시설입지가 가장 앞선다. 이후 생산일정을 짜고, 재고관리와 품질관리를 수행한다.

정답 ②

42-1D ☑□□□
2021 군무원 9급

생산시스템 설계과정에 해당하지 않는 것은?

① 생산입지선정   ② 자원계획

③ 설비배치   ④ 제품설계

해설 개인적으로는 어려운 문제라 생각한다. 생산운영관리의 각 개념을 이해했다고 해도 이것이 설계이슈인지 운영이슈인지 구분하는 것이 어렵기 때문이다. 생산시스템의 설계는 보통 장기의사결정 주제에 해당하는 제품설계, 수요예측, 입지선정, 생산용량계획 등을 포함하며, 간혹 설비배치도 포함시키는 경우도 있다. 그러나 자원계획(MRP 등)은 단기의사결정 항목에 속한다.

정답 ②

42-3 ☑□□□
2018 7급 나형

생산입지에 대한 설명으로 옳지 않은 것은?

① 원자재의 부피가 크거나 무겁다면 원자재 가공공장은 원자재 산지 근처에 두는 것이 유리하다.

② 지역별로 생활수준, 취업률, 노동인력의 숙련도 등이 다르기 때문에 임금수준의 격차가 발생한다.

③ 완제품의 수송비용이 많이 드는 경우에는 완제품 조립공장을 원자재 산지 근처에 두는 것이 유리하다.

④ 유사업체들이 이미 생산설비를 가동하고 있다면 원자재 공급업체 확보가 용이하다.

해설 ③ 완제품, 즉 이미 만들어진 상품의 수송비용이 비싸다면 그 상품의 수요자가 많은 곳, 즉 시장 근처에 조립공장을 두는 것이 오히려 더 유리하다. 원자재 산지 근처에 공장을 둘 경우 고객시장까지의 운송비가 많이 들게 된다.

추가해설 ① 음료수 공장은 물을 많이 사용하므로 수원지(水源地, 샘물이나 하천이 발원하는 지역) 근처에 공장을 두는 것이 유리하다.

② 바로 이 때문에 공장입지에서 인건비를 고려하는 것이다.

④ 만약 최초로 만들어지는 신제품이라 한다면 공급업체를 확보하기가 힘들겠지만 기존 유사업체들이 원자재를 공급받는 업체가 있으므로 우리도 그들을 활용하면 된다.

정답 ③

42-4 ☑□□□
2015 가맹거래사

서비스시설과 관련된 입지요인이 아닌 것은?

① 고객과의 근접성   ② 생산능력

③ 경쟁업자의 위치   ④ 부지의 위치

⑤ 시장의 근접성과 운송비

요점정리 서비스업의 입지를 결정할 때 고려해야 하는 사항으로는 고객 및 시장과의 근접성, 창고 및 물류지점과의 수송비용, 경쟁업체의 입지, 인구밀도, 교통의 흐름 등이 있다.

해설 생산능력은 입지선정과는 별도의 고려요소이다. 예를 들어 공장의 위치를 선정하는 작업과 공장에서 생산가능한 제품의 수량을 결정하는 것은 분리되는 의사결정 과제이다.

정답 ②

42-5 ☑□□□

㈜가맹이 전자제품 조립공장 입지를 선정하기 위해 다음과 같이 3가지 대안에 관한 정보를 파악하였을 때, 입지 대안 비교 결과로 옳지 않은 것은?

대 안	고정비(원)	단위당 변동비(원)
1	4,000	10
2	2,000	20
3	1,000	40

① 생산량이 40단위라면 대안 2와 대안 3의 입지비용은 동일하다.
② 생산량이 70단위라면 대안 2가 가장 유리하다.
③ 생산량이 100단위라면 대안 1과 대안 3의 입지비용은 동일하다.
④ 생산량이 200단위라면 대안 1과 대안 2의 입지비용은 동일하다.
⑤ 생산량이 210단위라면 대안 1이 가장 유리하다.

요점정리 총입지비용은 고정비와 전체변동비를 합한 값이다.

> 총입지비용 = 고정비 + (단위당 변동비 × 생산량)

해설 생산량을 x라 하면,
대안1의 총비용: $4,000 + 10x$
대안2의 총비용: $2,000 + 20x$
대안3의 총비용: $1,000 + 40x$ 이 된다.
① 생산량 40단위 일 경우 → 대안2의 총입지비용은 위의 공식에 대입하면 2,800이며 대안3의 총입지비용은 위의 공식에 대입하면 2,600이 되어 두 대안의 입지비용은 다르게 된다. 나머지 선지들의 경우 위 공식에 대입하면 모두 옳은 선지임을 알수 있다.

정답 ①

42-5M ☑□□□

다음은 여주, 음성, 구미 등 세 곳의 잠정적 유통센터 입지를 분석하기 위해 필요한 다섯 가지 요소에 대한 가중치와 평가점수이다. 가중 요소 평가기법을 이용할 경우 입지의 우선순위로 가장 적절한 것은?

입지 요소	가중치	여주	음성	구미
토지/건설비용	.20	70	90	100
숙련된 노동 가용성	.15	100	80	90
시장까지의 거리	.30	100	90	80
세금/인센티브	.25	80	100	70
삶의 질	.10	70	60	100

① (1순위) 여주 – (2순위) 음성 – (3순위) 구미
② (1순위) 음성 – (2순위) 여주 – (3순위) 구미
③ (1순위) 구미 – (2순위) 음성 – (3순위) 여주
④ (1순위) 여주 – (2순위) 구미 – (3순위) 음성

해설 가중요소평가기법은 입지를 정할 때 각 지역별 점수를 가중치와 곱하여 합산하는 방식이다. 이 방식에 따라 각 도시의 점수를 계산하면 다음과 같다.

여주 $= (70 \times 0.20) + (100 \times 0.15) + (100 \times 0.30)$
$+ (80 \times 0.25) + (70 \times 0.10) = 86$

음성 $= (90 \times 0.20) + (80 \times 0.15) + (90 \times 0.30)$
$+ (100 \times 0.25) + (60 \times 0.10) = 88$

구미 $= (100 \times 0.20) + (90 \times 0.15) + (80 \times 0.30)$
$+ (70 \times 0.25) + (100 \times 0.10) = 85$

따라서 점수가 높은 순서대로 우선순위를 잡으면, 1순위는 음성(88점), 2순위는 여주(86점), 3순위는 구미(85점)이 된다.

정답 ②

42-7 ☑□□□

생산능력(capacity)에 대한 다음 설명 가운데 틀린 것은?

① 서비스에서의 생산능력은 일정 시간 동안 처리하는 고객의 수와 관련이 깊다.
② 설계능력은 이상적 조건하에서 최대한 생산할 수 있는 수량이다.
③ 유효능력은 정상적이고 일반적 제약 하에서 경제적으로 지속가능한 최대 생산량이다.
④ 유효능력은 일반적으로 설계능력보다 크다.
⑤ 가동률은 설계능력에 대한 실제 생산량의 비율이다.

요점정리 설비의 생산능력을 표시하는 개념으로는 설계능력, 유효능력, 실제생산량이 있다. 설계능력(design capacity, peak capacity)은 이상적 조건하에서 최대 생산할 수 있는 수량으로서 설비의 명세서에 표기되어 있는 생산량이다. 유효능력(effective capacity)은 정상적이고 일반적인 제약 하에서 경제적으로 지속가능한 최대 생산량이고, 실제생산량(actual output)은 일정 기간 동안에 실제로 달성한 생산량을 뜻한다.

해설 설계능력 ≥ 유효능력 ≥ 실제 생산량

정답 ④

42-7M ☑□□□　　2024 군무원 7급

다음은 생산능력(production capacity)에 관한 여러 설명들이다. 이들 중 가장 적절한 것은?

① 유효생산능력(effective capacity)은 설비의 설계명세서에 명시되어 있는 생산능력으로, 설비 운영의 내적·외적 요인에 영향을 받지 않고 생산 가능한 최대 생산량이다.
② 규모의 경제(economies of scale)란 생산량의 증가 등으로 인해 단위당 변동비가 줄어들어 단위당 평균원가가 감소하는 현상을 의미한다.
③ 최적조업도는 단위당 고정원가가 최소로 되는 산출량을 말한다.
④ 유효생산능력(effective capacity)은 설계생산능력(design capacity)을 초과할 수 없다.

해설 ① [×] 유효능력은 설비운영의 내적 및 외적 요인에 영

향을 받는 일상적 경우를 가정하였을 때의 최대 생산량이다.
② [×] 규모의 경제는 생산량이 증가할 때 단위당 고정비가 감소하는 현상이다.
③ [×] 최적조업도는 총비용이 최소가 되는 산출량이다.
④ [O] 설계능력, 유효능력, 실제생산량의 관계는 다음과 같으므로, 본 선지가 옳다.

설계능력 > 유효능력 > 실제생산량

정답 ④

42-8D ☑□□□　　2021 군무원 7급

생산능력(capacity)에 대한 설명으로 가장 옳지 않은 것은?

① 규모의 경제(economic of scale)는 생산량이 고정비를 흡수하게 됨으로써 단위당 고정비용이 감소하는 것을 의미한다.
② 실제생산능력(actual output rate)은 생산시스템이 실제로 달성하는 산출량이다.
③ 병목(bottleneck)을 고려한 정상적인 조건하에서 보여지는 산출량은 유효생산능력(effective capacity)이다.
④ 생산능력 이용률(capacity utilization)은 설계생산능력(design capacity)이 커지면 함께 증가한다.

해설 ① 대량생산을 할 경우 제품 1단위당 생산변동원가가 점차 감소하므로 공헌이익(=판매가격-단위당 변동원가)이 커져서 고정비용의 회수에 유리하다.
②, ③ 설비의 생산능력을 표시하는 개념으로는 설계능력, 유효능력, 실제생산량이 있다. 설계능력(design capacity, peak capacity)은 이상적 조건하에서 최대한 생산할 수 있는 수량으로서 설비의 명세서에 표기되어 있는 생산량이다. 유효능력(effective capacity)은 정상적이고 일반적인 제약(병목 포함)하에서 경제적으로 지속가능한 최대 생산량이고, 실제생산량(actual output)은 일정 기간 동안에 실제로 달성한 생산량을 뜻한다.
④ 가동률(utilization, 생산능력이용률)은 설비나 노동력이 현재 사용되고 있는 정도를 뜻하며, 실제생산량이 설계능력으로부터 차지하는 비율로 흔히 계산된다. 따라서 설계능력이 커지면 이용률은 감소한다. 틀린 설명이다.

정답 ④

42-8M ☑□□□
2024 가맹거래사

규모의 경제가 발생하는 이유로 옳지 않은 것은?

① 단위당 고정비용 분산
② 단위당 건설비용 감소
③ 단위당 자재 구매비용 감소
④ 관료주의 심화
⑤ 학습효과 가속화

해설 규모의 경제는 대량생산시 고정비가 줄어드는 긍정적 현상을 뜻한다. 따라서 고정비용 그 자체나 그에 준하는 건설비, 구매비용, 학습효과(학습곡선효과) 등이 모두 포함된다. 그러나 선지 ④는 기본적으로 단점이므로 옳지 않다.

정답 ④

42-9 ☑□□□
2007 7급공무원 문책형

㈜한국산업의 공장은 한 작업자가 1시간에 20개의 제품을 생산하도록 설계되어 있다. 이번 달 가동률은 80%이며, 생산량은 8,000개였다. 작업자가 5명이고, 하루 8시간, 한 달에 25일 작업한다고 할 때, 이 공장의 생산효율은?

① 40%   ② 50%
③ 70%   ④ 80%

해설 생산효율 = 실제생산량 / 생산가능수량

= 8,000 / (1시간×20개×5명×8시간×25일×80%)
= 8,000 / 16,000 = 50(%)

정답 ②

42-11 ☑□□□
2014 경영지도사

계획기간 내에 변화하는 수요를 가장 경제적으로 충족시킬 수 있도록 기업이 보유한 생산능력의 범위내에서 생산수준, 고용수준, 재고수준, 하청수준 등을 결정하는 것은?

① 기준생산계획   ② 능력소요계획
③ 총괄생산계획   ④ 자재소요계획
⑤ 생산일정계획

해설 생산계획의 수준(level)은 장기계획, 중기계획, 단기계획 등으로 구분된다. 장기계획에는 생산능력계획(②)이, 중기계획에는 생산과 고용 및 재고의 수준을 전체적으로 결정하는 총괄생산계획(③)과 각 제품/기간별 생산계획인 기준생산계획(MPS, ①), 제품생산에 필요한 원자재와 관련된 자재소요계획(④) 등이 포함된다. 단기계획에는 자재소요계획의 일부와 생산일정계획(scheduling, ⑤)이 포함된다.

정답 ③

42-12 ☑□□□
2017 경영지도사

변동적 수요에 효과적으로 대처하기 위해 생산자원을 효율적으로 분배하고 비용 최소화를 목적으로 장래 일정기간의 생산율, 고용수준, 재고수준, 잔업 및 하청 등을 중심으로 수립하는 계획은?

① 일정계획   ② 자재소요계획
③ 총괄생산계획   ④ 주일정계획
⑤ 전략적 능력계획

해설 총괄생산계획에서 중기의 수요에 대응하여 공급을 조절하고자 한다면 수요에 따라서 고용수준을 조절하는 추종전략이나 고용수준을 일정하게 유지하되 재고수준을 변화시키는 평준화전략을 활용하는 것이 일반적이며, 그 밖에도 작업시간의 조정전략(잔업 포함), 하청 실시 등도 공급조절에 사용될 수 있다. 이상의 전략들 가운데 한 가지만을 사용하면 단독전략(순수전략), 둘 이상을 병행하면 혼합전략이 되며 실제 기업들의 대부분은 혼합전략을 사용하고 있다.

정답 ③

42-13 ☑☐☐☐　　　　2011 7급공무원 우책형

총괄생산계획(aggregate production planning)에 대한 설명으로 옳은 것은?

① 총괄생산계획은 자재소요계획(material require-ment planning)을 바탕으로 장기 생산계획을 수립하는 과정이다.
② 총괄생산계획에서 평준화전략(level strategy)은 재고수준을 연중 일정하게 유지하고자 하는 전략이다.
③ 총괄생산계획은 제품군에 대한 생산계획으로 추후 개별제품의 주일정계획(master production sched-ule)으로 분해된다.
④ 총괄생산계획에서 추종전략(chase strategy)은 고객주문의 변화에 따라 재고수준을 기간별로 조정하고자 하는 전략이다.

요점정리 총괄생산계획은 여러 제품과 서비스에 관한 다기간 의사결정이며, 이를 제품/서비스의 품목별 및 기간별로 분해한 것이 주일정계획이다.
해설 ①, ③ 총괄생산계획을 제품 및 기간으로 분해하여 주일정계획을, 그리고 주일정계획을 소요되는 자재를 기준으로 분석한 것이 자재소요계획이다.
② 평준화전략은 재고수준보다 고용수준이나 생산설비 이용률을 일정하게 유지하려는 전략이다.
④ 추종전략은 고용수준을 수요에 따라 변화시키려는 전략이다.
정답 ③

42-14 ☑☐☐☐　　　　2016 가맹거래사

총괄생산계획에서 선택할 수 있는 공급능력의 대안으로 옳지 않은 것은?

① 노동력의 규모를 조정하는 전략
② 노동력의 이용률을 조정하는 전략
③ 재고수준을 조정하는 전략
④ 추후납품(back-order)을 통해 조정하는 전략
⑤ 하청(subcontracting)을 이용하는 전략

해설
• 수요의 조절전략: 가격정책, 광고 및 판매촉진, <u>추후납품(backorder, 부재고)</u>, 사전예약, 계절적 보완상품의 개발 등
• 공급의 조절전략: 추가고용, 해고, 잔업, 근로시간 단축, 파트타임이나 임시직 노동력 활용, 재고의 축적, 하청, 타사와의 전략적 제휴 등
정답 ④

42-14M ☑☐☐☐　　　　2024 가맹거래사

총괄생산계획에서 선택할 수 있는 수요전략 방안으로 옳지 않은 것은?

① 노동력 이용률 조정
② 가격 조정
③ 광고와 판매촉진 활용
④ 보완제품의 수요 개발
⑤ 추후납품(back-order) 조절

해설 ① [×] 노동력의 이용률은 수요가 아니라 공급측면의 고려방안이다. 나머지 선지들은 모두 고객수요의 변동과 관련이 있다.
정답 ①

42-15 ☑☐☐☐　　　　2002 CPA

총괄생산계획(aggregate production planning)은 향후 약 1년 기간동안의 수요를 가장 경제적으로 충족시킬 수 있는 월별 생산 공급계획을 세우는 일이다. 이러한 총괄계획의 대안들을 평가할 때 총비용에서 고려해야 하는 비용요소 중에 포함되지 않는 것은?

① 하청비용
② 채용비용과 해고비용
③ 잔업비용과 유휴시간비용
④ 생산설비 운용 및 확장비용
⑤ 재고유지비용과 재고부족비용

요점정리 생산설비 입지 및 생산설비 용량 결정 → 총괄생산계획 → 주일정계획 → 자재소요계획 → 작업일정계획
해설 생산설비 운용 및 확장비용은 장기계획에서 고려하는

사항들이다. 총괄계획은 생산설비의 입지와 가동능력 등이 정해진 상태에서 하청, 채용과 해고, 재고수준 조절, 추가근로(잔업) 여부 결정 등의 의사결정을 통해 구체화된다.

정답 ④

42-15D ☑□□□

다음 중 총괄생산계획에서 고려하지 않는 비용으로 옳은 것은?

① 채용과 해고비용
② 재고유지비용
③ 초과근무비용
④ 생산입지 선정비용

요점정리 총괄생산계획(aggregate production planning)은 대략 6개월에서 18개월간에 발생하는 수요를 충족시키는 동시에 관련 비용을 최소화할 수 있도록 제품군(product family)별 생산량과 고용수준 등을 정하는 중기생산계획이며, 이후에 주일정계획으로 구체화된다. 총괄계획은 설비, 인력, 투입부품 등을 공통으로 사용하는 제품모델들로 구성된 제품군에 대한 생산계획이므로 각 제품모델별 생산계획을 도출하는 것은 아니며, 기업이 생산하는 여러 제품에 공통으로 적용될 수 있는 총괄생산단위(aggregate production unit)를 사용하여 계획할 필요가 있다.

총괄생산계획의 핵심은 시장수요에 대응하여 기업의 공급능력을 구체화하는 것이다. 따라서 총괄계획에서의 의사결정은 크게 수요의 조절과 공급의 조절로 구분될 수 있다.

- 수요의 조절전략: 고객의 수요를 우리 기업이 원하는 방식으로 조절하기 위해서는 가격정책, 광고 및 판매촉진, 인적판매, 추후납품(backorder, 부재고), 사전예약, 계절적 보완상품의 개발(예, 골프장을 겨울에 스키장으로 활용) 등의 방법들을 사용할 수 있다.
- 공급의 조절전략: 우리 기업의 공급능력을 조절하기 위해서는 종업원의 추가고용이나 해고, 잔업(overtime), 근로시간 단축(undertime), 파트타임이나 임시직 노동력의 활용, 재고의 축적, 하청(subcontract), 타사와의 전략적 제휴 등이 있다.

해설 ①, ②, ③에 언급된 인력수급조정비용(채용비용, 해고비용)과 근로시간비용(초과근로비용, 단축근로비용)은 모두 총괄계획의 고려요인에 해당하지만, ④의 생산입지 선정비용은 총괄계획 이전 단계에서 확정되어야 하는 요인이므로 ④가 정답이 된다.

정답 ④

42-15J ☑□□□

총괄생산계획에서 고려되는 비용에 대한 설명으로 옳지 않은 것은?

① 기본 생산비용은 주어진 기간 내에 제품을 생산하는 데 소요되는 고정비 및 변동비 등을 의미한다.
② 생산율 변경비용은 생산율 변화에 따른 인력 충원, 해고, 교육 훈련 등에 소요되는 비용을 의미한다.
③ 재고유지비용에는 원자재 및 완제품 등 유형자원에 묶여 있는 자본비용과 보관, 보험, 세금, 손괴 및 진부화에 따른 비용이 포함된다.
④ 재고부족비용은 산출이 용이한 비용으로 납품 지연으로 발생하는 생산 촉진비용, 판매기회 상실에 따른 비용 등을 의미한다.

해설 ① [○] 상식적인 선지이다. 생산비용은 생산과정에 지출되는 제반비용을 말한다.
② [○] 생산율의 변경이라는 것은 생산속도나 생산량의 변화를 의미한다. 생산량을 늘리고자 한다면 채용규모를 증가시키거나 근로시간을 늘릴 필요가 있으며, 경우에 따라 신규기술과 지식을 교육시킬 필요도 있을 것이다.
③ [○] 재고유지비용은 1) 재고를 보관하는데 드는 비용과 2) 재고보유에 따르는 기회비용(예, 현금자산 보유시 얻을 수 있는 이자수익), 3) 재고의 멸실·도난(손괴)이나 사용이나 판매 연한의 도과(진부화)로 인한 비용 등을 모두 포함한다.
④ [×] 재고부족비용의 대표적 사례는 품절로 인한 판매기회 상실비용인데, 여기서 판매기회를 얼마나 상실할 것인지를 가정해야만 그 비용을 계산할 수 있다. 예를 들어 재고가 10개 뿐인 상황에서 만약 20개의 수요가 발생한다면 10개에 해당되는 판매기회가 상실되는 것이지만, 40개의 수요가 발생한다면 30개에 해당되는 판매기회가 상실되는 것이다. 따라서 재고부족비용은 시장상황에 따라 유동적일 수 있다.

정답 ④

42-16 ☑□□□ 　　　2024 경영지도사

생산계획에 관한 설명으로 옳지 않은 것은?

① 생산계획은 수요예측 및 판매계획을 토대로 수립된다.
② 생산계획은 생산품종, 생산수량, 생산시기 등을 결정하는 것이다.
③ 총괄생산계획은 개별 제품이 아닌 제품그룹을 대상으로 한다.
④ 주생산계획은 개별 제품별로 생산시기와 생산수량을 결정하는 것이다.
⑤ 생산일정계획은 제품생산에 필요한 부품과 원자재의 종류, 수량, 주문시기 등을 결정하는 과정이다.

해설 ① [○] 일반적인 생산운영관리 프로세스는 제품·서비스의 설계, 수요예측과 입지선정, 설비용량계획, 총괄생산계획, 주일정계획, 자재소요계획, 일정관리 순이다. 여기서 수요예측 안에는 고객의 수요발생 시점과 기업의 판매계획이 포함되며, 설비용량계획과 총괄생산계획 및 주일정계획 등을 통상 '생산계획'이라고 부른다. 따라서 본 선지는 옳다.
② [○] 생산계획은 어떤 물건을(생산품종) 얼마나 많이(생산수량) 언제까지(생산시기) 만들지 정하는 것이므로 본 선지는 옳다.
③ [○] 총괄생산계획(aggregate production planning)은 대략 6개월에서 18개월간에 발생하는 수요를 충족시키는 동시에 관련 비용을 최소화할 수 있도록 제품군(product family)별 생산량과 고용수준 등을 정하는 중기생산계획이며, 이후에 주일정계획으로 구체화된다.
④ [○] 주일정계획(MPS, master production schedule)은 총괄생산계획을 제품별·기간별로 분해한 것으로서, 개별 제품이 언제 얼마만큼 만들어져야 하는지를 알 수 있도록 노동시간과 기계시간 및 무게와 용량단위 등으로 세분화시킨 생산계획을 뜻한다.
⑤ [×] 선지의 서술은 자재소요계획(MRP, material requirement planning)에 관한 것이다. 이는 적기생산을 위하여 주일정계획에 소요되는 원자재 및 반제품의 납기 및 수량을 구체적으로 파악하는 과정이다. '생산일정계획'은 총괄생산계획과 주일정계획에 의해 지시된 생산주문을 실행하기 위해 생산주문별 납기일과 작업소요시간에 대한 정보 등을 바탕으로 구체적인 작업일정을 마련하는 것이다.

정답 ⑤

43 자재소요계획과 작업일정계획

1. 자재소요계획(MRP)

1) 개념
  ① 주일정계획에 소요되는 원자재 및 반제품의 납기 및 수량을 구체적으로 파악하는 과정
  ② 완제품 생산에 필요한 <u>종속수요(자재 및 부품)의 소요량을 역산</u>하여 효과적 재고통제에 사용

2) 특징과 효과
  ① 컴퓨터 프로그램을 활용하여 구축
  ② 제품 인도시간 감축
  ③ 정확한 수요예측
  ④ 생산운영효율성 제고

3) 구성요소(＝입력자료): 주일정계획, 자재명세서(BOM), 재고기록철(IR)

4) 유형: 재생형 시스템(주기적 입력) vs. 순변화 시스템(입력자료 변화 즉시 반영)

5) 확장개념
  ① 폐쇄순환 MRP: MRP＋CRP(생산능력)
  ② MRP II: 폐쇄순환 MRP＋기업 내 모든 제조자원을 계획하고 통제하는 통합시스템
  ③ ERP: MRP II＋조직 전체 의사결정자와 이해관계자들에 대한 통합데이터베이스 제공

2. 작업일정계획

1) 개념: 생산라인, 기계, 작업장에서의 생산일정을 구체적으로 계획하는 과정

2) 유형
  ① 선착순 규칙: 먼저 도착하는 순서대로 작업
  ② 최소납기일 규칙: 가장 납기가 이른 것부터 작업
  ③ 최소처리시간 규칙: 작업시간이 가장 짧은 것부터 작업

> 존슨의 규칙(Johnson's Rule): 모든 작업이 동일한 순서로 2개의 작업장을 거치는 경우 최종작업이 두 번째 작업장에서 완료되는 시간, 즉 모든 작업이 끝나는 총완료시간 (makespan)이 최소가 되도록 작업순서를 결정하는 방법

  ④ 최소여유시간 규칙: 납기까지의 여유시간이 가장 작은 작업부터 처리
  ⑤ 긴급률 규칙: 긴급률(＝납기일/작업처리기간)이 작은 작업부터 처리

43-1 ☑☐☐☐

총괄생산계획(aggregate production planning)에 대한 설명으로 옳은 것은?

① 총괄생산계획은 자재소요계획(MRP)을 바탕으로 장기 생산계획을 수립하는 과정이다.
② 총괄생산계획은 제품군에 대한 생산계획으로 추후 개별제품의 주일정계획(MPS)으로 분해된다.
③ 평준화전략(level strategy)은 재고수준을 연중 일정하게 유지하고자 하는 전략이다.
④ 추종전략(chase strategy)은 고객주문의 변화에 따라 재고수준을 기간별로 조정하고자 하는 전략이다.
⑤ 자재소요계획(MRP)은 총괄생산계획으로 분해되며, 이는 다시 주일정계획(MPS)으로 분해된다.

해설 총괄생산계획 이후 MPS와 MRP가 도출되므로 ①은 잘못되었으며, ③의 평준화전략은 인력수준을 유지하는 대신 재고를 변동시키는 것이다. 반대로 ④의 추종전략은 인력수준을 기간별로 조정하는 전략이다. 총괄생산계획 이후 MPS와 MRP가 도출되므로 ⑤의 설명도 틀렸다.

정답 ②

43-2 ☑☐☐☐

2017 공인노무사

생산수량과 일정을 토대로 필요한 자재조달 계획을 수립하는 관리시스템은?

① CIM
② FMS
③ MRP
④ SCM
⑤ TQM

해설 ①은 Computer Integrative Manufacturing(컴퓨터 통합생산), ②는 Flexible Management System(유연생산시스템), ③은 Material Requirement Planning(자재소요계획), ④는 Supply Chain Management(공급사슬관리), ⑤는 Total Quality Management(전사적 품질관리)의 약자이다.

정답 ③

43-3 ☑☐☐☐

2018 공인노무사

최종품목 또는 완제품의 주생산일정계획(master production schedule)을 기반으로 제품생산에 필요한 각종 원자재, 부품, 중간조립품의 주문량과 주문 시기를 결정하는 재고관리방법은?

① 자재소요계획(MRP)
② 적시(JIT) 생산시스템
③ 린(lean) 생산
④ 공급사슬관리(SCM)
⑤ 칸반(Kanban) 시스템

해설 주일정계획(MPS)을 바탕으로 완제품 생산에 필요한 자재나 부품 등의 재고조달 및 주문에 관한 각종 의사결정을 수행하는 기법을 자재소요계획(material requirement planning)이라 부른다.

정답 ①

43-3F ☑☐☐☐

2022 경영지도사

반제품에 대한 수요 패턴 및 재고통제에 관한 설명으로 옳은 것은?

① 독립적인 재고수요를 따른다.
② 경제적 주문량에 따라 주문을 하여 재고를 통제한다.
③ 자재소요계획을 이용한 단위주문량에 의해 재고를 통제한다.
④ 수요를 파악하기 위해 정교한 예측 기법을 사용한다.
⑤ 수요의 발생 원천이 회사의 통제권 밖에 있기 때문에 기업에서 관리하는 것은 불가능하다.

해설 ③ 반제품은 완제품이 아니라 1) 중간제품(예, 원유를 정제하여 만들어지는 가솔린이나 경유 등은 그 자체로도 판매 가능하지만 후속공정에 투입되는 원료로도 사용 가능)이거나 2) 부분품(예, 볼트와 너트 등과 같은 부속품)을 의미한다. 따라서 이들은 독립수요품목이라기보다는 종속수요품목에 해당되므로 이에 대한 재고통제기법인 MRP(자재소요계획)나 JIT(적시생산계획)가 활용된다. Push 방식의 생산에서는 MRP를 사용하고, Pull 방식의 생산에서는 JIT를 사용하게 된다. 나머지 선지(①, ②, ④)들은 모두 독립수요품목에 해당되는 설명이며, 선지 ⑤는 애초에 말이 안 된다. (기업에서 관리할 수 없다면 왜 경영학 이론으로 공부를 하겠는가?)

정답 ③

43-4 ☑□□□
2011 7급공무원 우책형

자재소요계획(material requirement planning)을 수립하기 위해 필요한 3대 투입요소에 해당되지 않는 것은?

① 주일정계획(master production schedule)
② 자재명세서(bill of material)
③ 재고기록철(inventory record file)
④ 부하계획(loading)

─────────────────

요점정리 자재소요계획(MRP, material requirement planning)는 적기생산을 위하여 주일정계획에 소요되는 원자재 및 반제품의 납기 및 수량을 구체적으로 파악하는 과정이다. 주로 완제품의 생산에 필요한 종속수요(자재 및 부품)의 소요량을 역산하여 효과적인 재고통제를 하는데 사용되며, 각 부품에 대한 주문과 중간조립품의 생산이 언제 이루어져야 하는가를 컴퓨터 프로그램을 활용하여 계획하는 것이다. MRP시스템의 구축을 위해서는 주일정계획, 자재명세서, 재고기록철 등이 필요하다. 주일정계획(MPS)은 총괄생산계획을 개별 제품의 생산일정과 작업단위 등으로 세분화한 자료이며, 자재명세서(BOM, bill of material)는 최종제품의 생산에 필요한 모든 부품 및 원자재의 소요량을 기록한 자료로서, 특정 품목의 모든 부품들과 이들의 공정상의 선후관계 및 소요량을 제품구조나무(product structure tree)와 같은 그림이나 체계화된 목록으로 나타낸 것이다. 한편 재고기록철(IR, inventory record)은 부품별 현재 재고상태와 발주량 및 총소요량과 조달기간(leadtime) 등을 정리한 문서이다.

해설 자재소요계획의 3대 투입요소: 주일정계획(MPS), 자재명세서(BOM), 재고기록철(IR)

정답 ④

43-4A ☑□□□
2019 하반기 군무원 복원

자재소요계획(MRP)의 구성요소가 아닌 것은?

① 기준생산계획(MPS)　② 자재명세서(BOM)
③ 재고기록(IR)　④ 작업일정계획(OP)

─────────────────

해설 자재소요계획은 주일정계획(MPS), 자재명세서(BOM), 재고기록철(IR)을 주된 구성요소로 삼는다.

정답 ④

43-4J ☑□□□
2023 가맹거래사

자재소요계획(MRP)의 입력자료를 모두 고른 것은?

| ㄱ. 주일정계획(MPS)　ㄴ. 자재명세서(BOM)
| ㄷ. 재고기록철　ㄹ. 발주계획 보고서
| ㅁ. 예외 보고서 |

① ㄱ, ㄴ, ㄷ　　② ㄱ, ㄴ, ㄹ
③ ㄱ, ㄷ, ㅁ　　④ ㄴ, ㄹ, ㅁ
⑤ ㄷ, ㄹ, ㅁ

─────────────────

해설 MRP 시스템의 구축을 위해서는 주일정계획, 자재명세서, 재고기록철 등이 필요하다. 주일정계획(MPS)은 전술한 바와 같이 개별 제품의 생산일정과 작업단위 등을 세분화한 자료이며, 자재명세서(BOM, bill of material)는 최종제품의 생산에 필요한 모든 부품 및 원자재의 소요량을 기록한 자료로서, 특정 품목의 모든 부품들과 이들의 공정상의 선후관계 및 소요량을 제품구조나무(product structure tree)와 같은 그림이나 체계화된 목록으로 나타낸 것이다. 한편 재고기록철(IR, inventory record)은 부품별 현재 재고상태와 발주량 및 총소요량과 조달기간(lead-time) 등을 정리한 문서이다.

정답 ①

43-5 ☑□□□
2018 경영지도사

자재소요계획(MRP)을 효과적으로 수립하고 원활히 실행하기 위해서 직접적으로 필요한 정보가 아닌 것은?

① 총괄생산계획(aggregate production planning)
② 자재명세서(bill of materials)
③ 재고기록철(inventory record file)
④ 자재조달기간(lead time)
⑤ 주일정계획(master production scheduling)

─────────────────

해설 MRP의 3대 투입요소는 주일정계획, 자재명세서, 재고기록철이다. 그 밖에도 자재가 수송되는 기간(리드타임)도 MRP 설계에 필요하다. 그러나 총괄생산계획은 주일정계획보다 더 상위의 것이므로 직접필요소는 아니다.

정답 ①

43-6 ☑□□□

2012 가맹거래사

MRP(material requirements planning) 시스템의 3대 입력자료 중 하나로 최종제품으로부터 시작하여 각 상위품목을 한 단위 생산하는데 필요한 자재명과 소요량을 보여주는 것은?

① 주일정계획(master production schedule)

② 재고기록철(inventory records file)

③ 생선뼈 다이어그램(fishbone diagram)

④ 공급사슬(supply chain)

⑤ 자재명세서(bill of materials)

해설〉 MRP의 3대 입력자료: 주일정계획(특정제품의 특정기간 단위 생산계획), 재고기록철(재고수량 등의 기록파일), 자재명세서(상위품목 생산에 필요한 자재명과 소요량을 표시한 파일)

추가해설〉 ③은 품질문제의 원인을 분석하는데 활용되는 도구이고, ④는 원료의 투입-생산-운송-고객도달까지의 작업 및 정보의 흐름을 뜻하는 용어이다.

정답 ⑤

43-7 ☑□□□

2000 CPA

자재소요계획(MRP)에 관한 설명으로 가장 거리가 먼 것은?

① 독립수요 제품의 소요량 산정을 위해 주로 사용된다.

② 계획생산에 입각한 푸쉬(push)방식을 적용한다.

③ 자재명세서(Bill Of Materials)를 필요로 한다.

④ MRP운영에는 전산시스템이 중요하다.

⑤ 총괄생산계획(Master Production Schedule)이 전제가 되어야 한다.

해설〉 ① MRP는 완제품의 생산에 필요한 종속수요(자재 및 부품)의 소요량을 역산하여 효과적인 재고통제를 하는데 사용된다.

추가해설〉 ② MRP는 앞의 공정(前공정)에서 생산된 자재가 뒤의 공정(後공정)에 전달되는 푸시(push, 밀어내기) 방식으로서 주로 수요예측치가 정해지고 그에 따른 생산일정이 도출된 경우에 활용되는 계획생산의 관점이다. JIT가 풀(pull)관점을 취하는 것과 대비된다.

③ MRP의 3대 입력자료는 주일정계획(MPS, 특정제품의 특정기간단위 생산계획), 재고기록철(IR, 재고수량 등의 기록파일),

자재명세서(BOM, 상위품목 생산에 필요한 자재명과 소요량을 표시한 파일)이다.

④ 자재소요계획에서는 각 부품에 대한 주문과 중간조립품의 생산이 언제 이루어져야 하는가를 컴퓨터 프로그램을 활용하여 계획한다.

⑤ 총괄생산계획을 분해하면 주일정계획이 되고, 주일정계획이 MRP의 투입요소가 되므로, 총괄계획 역시 MRP의 전제라 할 수 있다.

정답 ①

43-8 ☑□□□

2010 가맹거래사

최종제품 A의 자재명세서(BOM)는 아래의 그림과 같다. A를 100단위 생산하는데 소요되는 부품 E의 양은?

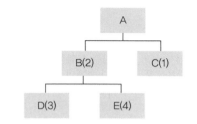

① 100단위 ② 200단위

③ 400단위 ④ 600단위

⑤ 800단위

해설〉 A를 하나 만들기 위해 B가 2개, B를 하나 만들기 위해 E가 4개 필요하므로, 결과적으로 A를 하나 만들기 위해 E는 8개(=2×4)가 필요하게 된다.

정답 ⑤

43-9 ☑□□□

2011 가맹거래사

최종제품 V의 자재명세서(BOM)가 아래의 그림과 같을 경우, 제품 V를 100개 생산하는데 소요되는 부품 Z의 소요량은?

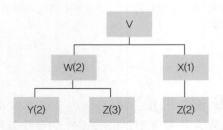

① 300개
② 500개
③ 600개
④ 800개
⑤ 900개

───────────────

해설 자재명세서 상의 각 숫자는 상위품목 1개를 생산하기 위해 필요한 해당부품의 숫자이다. 1개의 V를 만들기 위해 W가 2개 필요하고 1개의 W를 위해 Z는 3개가 필요하며, 1개의 V를 위해 X가 1개 필요하고 이를 위해 Z는 2개가 필요하다. 결국 V를 1개 만드는데 Z는 모두 8개가 필요함을 알 수 있다. 따라서 필요 Z의 개수는 V의 8배이다.

정답 ④

43-9D ☑□□□

2021 가맹거래사

제품 A를 1개 만들기 위해서는 2개의 부품 B와 3개의 부품 C가 필요하다. 그리고 1개의 부품 B에는 1개의 부품 D와 2개의 부품 E가 필요하며, 1개의 부품 C에는 3개의 부품 D와 1개의 부품 E가 필요하다. 제품 A를 100개 생산하기 위해 필요한 부품 D와 부품 E의 수량은?

① D: 800개, E: 500개
② D: 800개, E: 600개
③ D: 1,000개, E: 600개
④ D: 1,100개, E: 700개
⑤ D: 1,300개, E: 800개

───────────────

해설 문제에서 설명하는 내용을 자재명세서(BOM)로 표현하면 다음과 같다.

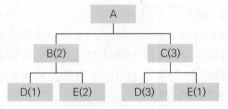

팔호 안의 숫자는 상위 제품 1개를 생산하기 위해 필요한 부품의 숫자이다.

- D는 B를 1개 만들기 위해 1개, C를 1개 만들기 위해 3개 필요하다. 따라서 B를 2개 만들기 위해서는 2개, C를 3개 만들기 위해서는 9개가 필요하다. 즉 A를 1개 생산하는 과정에서 D는 11개가 소요된다.
- E는 B를 1개 만들기 위해 2개, C를 1개 만들기 위해 1개 필요하다. 따라서 B를 2개 만들기 위해서는 4개, C를 3개 만들기 위해서는 3개가 필요하다. 즉 A를 1개 생산하는 과정에서 E는 7개가 소요된다.

이상의 논의를 종합해 보면 A를 100개 만들기 위해서 D는 1100개, E는 700개가 필요하다.

정답 ④

43-13 ☑□□□

2016 공인노무사

다음에서 설명하는 것은?

> 기업의 자재, 회계, 구매, 생산, 판매, 인사 등 모든 업무의 흐름을 효율적으로 지원하기 위한 통합정보 시스템

① CRM
② SCM
③ DSS
④ KMS
⑤ ERP

───────────────

해설 ① 고객관계관리
② 공급사슬관리
③ 의사결정지원시스템
④ 지식경영시스템
⑤ 전사적 자원관리. 이것이 정답이다.

정답 ⑤

43-14 ☑□□□
2019 경영지도사

다음에서 공통으로 설명하는 개념은?

> • MRP, MRP II를 거치면서 등장하였으며, 전체 기업 내부의 운영효율화를 위해 정보시스템을 활용한다.
> • 기업 내 구매, 생산, 물류, 판매, 회계영역의 프로세스를 개선하기 위해 통합된 데이터베이스를 운영한다.

① business intelligence
② customer relationship management
③ enterprise resource planning
④ supplier relationship management
⑤ supply chain management

해설》 ERP(Enterprise Resource Planning)는 공통의 데이터베이스를 통해 생산, 재무, 회계, 마케팅, 인적자원관리에서의 정보시스템을 통합하고, 나아가 공급자와 고객까지 연결함으로써 기업의 모든 자원을 최적으로 관리하는 시스템을 의미한다.
정답 ③

43-15 ☑□□□
2014 가맹거래사

독립적으로 운영되어 온 생산, 유통, 재무, 인사 등의 기능영역별 정보시스템을 전사적 차원에서 단일 플랫폼으로 통합하는 정보시스템의 명칭은?

① DSS   ② BPR
③ MRP   ④ KMS
⑤ ERP

요점정리》 ERP(Enterprise Resource Planning)는 공통의 데이터베이스를 통해 생산, 재무, 회계, 마케팅, 인적자원관리에서의 정보시스템을 통합하고, 나아가 공급자와 고객까지 연결함으로써 기업의 모든 자원을 최적으로 관리하는 시스템을 의미한다.
해설》 ① 의사결정지원시스템(decision support system)
② 비즈니스 프로세스 리엔지니어링(business process reengineering)
③ 자재소요계획(material requirement planning)
④ 지식경영시스템(knowledge management system)

⑤ 경영시스템의 제반 요소(인사, 생산, 재무, 마케팅 등)를 전사적 차원에서 결합한 정보시스템을 ERP(전사적 자원관리, enterprise resource planning)라 한다.
정답 ⑤

43-15A ☑□□□
2020 경영지도사

기업내 판매, 생산, 회계, 인사 등 여러 부문의 데이터를 일원화하여 관리함으로써 경영 자원을 효율적으로 운용할 수 있도록 하는 기법은?

① 전사적 자원관리(ERP: enterprise resource planning)
② 공급사슬관리(SCM: supply chain management)
③ 자재소요계획(MRP: material requirements planning)
④ PERT(program evaluation and review technique)
⑤ 컴퓨터지원생산(CAM: computer-aided manufacturing)

해설》 기업 전반의 여러 분야, 즉 전사적인 데이터를 통합 관리할 수 있는 종합정보시스템을 ERP라 한다.
정답 ①

43-15B ☑□□□
2020 가맹거래사

조직의 구매, 인적자원, 생산, 판매, 회계 활동 등에 대한 모든 데이터를 하나의 시스템으로 통합한 것은?

① 경영정보시스템(MIS)
② 그룹의사결정지원시스템(GDSS)
③ 공급사슬관리시스템(SCM)
④ 고객관리시스템(CRM)
⑤ 전사적자원관리(ERP)

해설》 기업의 통합정보시스템을 전사적 자원관리라 부른다.
정답 ⑤

43-16 ☑□□□
2017 공인노무사

전사적 자원관리(ERP) 도입의 효과가 아닌 것은?

① 신기술 수용 및 활용 ② 사업장 및 업무통합
③ 고객 이미지 개선　　④ 정보 적시 제공
⑤ 업무프로세스 복잡화

해설 전사적 자원관리는 조직내부의 여러 분야를 정보통신기술을 활용하여 통합함으로써(②) 의사결정을 보다 신속하고 정확하게 내리는데 도움을 주며, 업무속도의 개선(④)과 더불어 신기술의 활용을 용이(①)하게 한다. 그 결과 고객이미지가 개선되고(③) 기존의 복잡했던 업무프로세스가 합리적으로 개선된다(⑤).

정답 ⑤

43-17 ☑□□□
2019 가맹거래사

전사적 자원관리(ERP) 시스템의 도입효과로 옳지 않은 것은?

① 부서 간 실시간 정보공유
② 데이터의 일관성 유지
③ 적시 의사결정 지원
④ 조직의 유연성과 민첩성 증진
⑤ 기존 비즈니스 프로세스 유지

해설 ERP는 MRP의 개념을 전사적으로 확장한 것으로서 기업의 정보공유와 의사결정을 지원하여 조직의 유연성을 획기적으로 증진시켜준다. 그 결과 기존 경영방식과 과정의 혁신이 일어나게 되므로 기존 프로세스를 유지한다는 ⑤의 서술은 잘못된 것이다.

정답 ⑤

43-17D ☑□□□
2021 군무원 9급

전사적 자원관리(ERP)의 장점으로 가장 옳지 않은 것은?

① 경영자원의 통합적 관리
② 자원의 생산성 극대화
③ 차별화된 현지 생산
④ 즉각적인 의사결정 지원

해설 상대적으로 쉬운 문제에 속한다. 전사적 자원관리, 즉 기업 내부의 통합적 의사결정 시스템을 구축하는 것과 ③의 현지생산 차별화와는 직접적 관련성이 적다.

정답 ③

43-18 ☑□□□
2008 7급공무원 봉책형

전사적자원관리(ERP) 시스템을 도입하려는 배경으로 적절하지 않은 것은?

① 기업의 전산 유지 비용을 절감하는 효과를 기대
② 다양한 소비자의 요구에 대한 기업의 전사적 대응이 필요
③ 조직의 리엔지니어링을 도입하는 실천수단으로 활용될 수 있다는 기대감
④ 급격하게 길어지는 제품의 라이프사이클(product life cycle)에 대한 대응이 필요

해설 ④ 일반적으로 점차 제품의 수명주기는 짧아지고 있다. 즉 제품수명이 짧아진다는 의미이다. 따라서 기업들은 새로운 제품을 보다 일찍 내놓아야 한다.

추가해설 ERP는 그 자체가 기업의 여러 세부분야를 하나의 단일한 정보시스템으로 통합관리하는 것이다. 따라서 각 영역별로 흩어져 있던 시스템을 통합함으로써 각종 전산비용을 절감할 수 있고(①) 각 분야가 아니라 기업 전체, 즉 전사적 관점에서 계획을 수립하고 시장변화에 대응할 수 있다(②). 또한 단순한 전산통합이 아니라 궁극적으로는 조직혁신과 업무과정의 재설계(reengineering)의 도구로도 활용될 수 있다(③).

정답 ④

43-19 ✔☐☐☐　　　2017 가맹거래사

ERP(enterprise resource planning) 시스템에 관한 설명으로 옳지 않은 것은?

① ERP 시스템은 기능영역 정보시스템들 사이의 커뮤니케이션 결여를 바로 잡고자 하는 것이다.
② ERP 시스템은 기능영역에 걸친 기업성과에 대한 기업정보를 제공하여 관리자의 의사결정능력을 향상시킬 수 있다.
③ ERP 시스템은 비즈니스 프로세스를 통합하여 고객서비스를 개선시킬 수 있다.
④ ERP 시스템을 구축·실행하는 데 초기비용이 적게 소요된다.
⑤ ERP 시스템 도입 후에는 통합 데이터베이스를 운영하게 되어 정보의 공유가 용이해진다.

해설　④ ERP는 기업 전체를 통합 전산화하는 것이므로 초기에는 비용이 든다.

추가해설　ERP는 생산, 재무, 회계, 마케팅, 인적자원관리에서의 정보시스템을 통합(③)하고 공유(⑤)하는 것이므로 각 부문 간 커뮤니케이션의 부족을 메워줄 수 있다(①). 그 결과, 경영자에게 적절한 다양한 정보를 제공할 수 있어 의사결정에 도움을 준다(②).

정답 ④

43-19J ✔☐☐☐　　　2023 가맹거래사

ERP(enterprise resource planning) 시스템의 특징에 해당하지 않는 것은?

① 통합 데이터베이스를 매개로 기업의 다양한 업무에 적용이 가능하다.
② 영업, 생산, 구매, 재고, 회계, 인사 등 기업 내 단위업무를 통합적으로 처리한다.
③ 국제적으로 인정된 표준에 맞게 업무프로세스를 구현할 수 있다.
④ 다양한 기능을 내장한 ERP 패키지는 파라미터 지정을 통해 해당기업에 맞도록 시스템을 적용할 수 있다.
⑤ 기업 업무내용의 외부유출을 방지하기 위해 폐쇄적 구조로 설계되어 시스템 확장이 어렵다.

해설　ERP 시스템을 통해 기업 내 구매, 생산, 물류, 판매, 회계 등의 영역에서 통합된 데이터베이스를 운영하게 되어 정보의 공유가 용이해지고, 기능영역 정보시스템들 사이의 커뮤니케이션 결여를 바로 잡을 수 있으며, 기능영역에 걸친 기업성과에 대한 기업정보를 통하여 관리자의 의사결정능력을 향상시킬 수 있다. 또한 궁극적으로는 ERP를 통해 비즈니스 프로세스를 통합하여 고객서비스를 개선시킬 수 있다. ERP는 그 개념을 확장한 ERP II로 진화하는데 이는 기업내부, 기업간의 협력적 프로세스, 운영 프로세스, 재무 프로세스를 최적화하고 구동 가능케 함으로서 고객과 주주의 가치를 증진시키는 전략이자 산업 고유의 어플리케이션의 총체를 뜻한다. 따라서 폐쇄적이거나 시스템확장이 어렵다는 선지 ⑤의 서술은 잘못된 것이다.

정답 ⑤

43-19M ✔☐☐☐　　　2024 경영지도사

전사적 자원관리(ERP) 시스템에 관한 설명으로 옳지 않은 것은?

① 자재, 회계, 구매, 생산, 판매, 인사 등 기업 내 업무의 통합정보시스템을 의미한다.
② 기업 내 각 부문의 데이터를 일원화하여 관리함으로써 경영자원을 계획적이고 효율적으로 운영하도록 해 준다.
③ 선진 프로세스를 내장하고 있는 패키지 도입 시 기업의 업무처리 방식을 최적화하는 데 도움이 될 수 있다.
④ 수주처리에서 출하 및 회계처리까지 일련의 업무 통합으로 고객 요구에 신속하고 정확하게 대응할 수 있다.
⑤ 정보기술의 급속한 발전에 따라 ERP를 SCM, CRM 등과 연계시켜 MRP로 진화하고 있다.

해설　⑤ [×] 자재소요계획(MRP)은 부품과 원자재의 소요량과 발주시기를 정하는 단순한 시스템으로 출발하였으나, 점차 생산능력과의 피드백을 고려하는 폐쇄순환 MRP, 제조기업의 모든 자원을 계획하고 통제하는 MRP II, 전사적 자원관리 시스템인 전사적 자원관리(ERP) 등으로 확대 발전하였다. 따라서 본 선지는 ERP와 MRP의 발전 순서를 거꾸로 설명한 것이다.

정답 ⑤

43-20 ☑□□□

2016 경영지도사

다음은 어떤 생산시스템에 관한 설명인가?

- 원재료·부품·반제품 등과 같은 종속적 수요의 재고에 대한 주문 및 생산계획을 처리하도록 만들어진 정보시스템
- 재고관리, 일정계획과 통제의 두 가지 기능을 동시에 수행하는 기법

① 공급사슬관리(SCM) ② 자재소요계획(MRP)
③ 적시생산시스템(JIT) ④ 컴퓨터통합생산(CIM)
⑤ 유연제조시스템(FMS)

해설 종속적 수요(부품수요 등)의 재고관리 기법에는 MRP와 JIT 두 가지가 있다. 그 중에서도 재고관리와 일정계획 및 통제의 기능 모두를 수행하는 기법은 MRP이다.

정답 ②

43-21J ☑□□□

2023 군무원 7급

하나의 작업장에서 작업순서를 결정하려고 한다. 4개 작업(A, B, C, D)의 현재 시점에서의 작업정보가 다음과 같을 때, 최소여유시간법(LSTR : Least Slack Time Remaining)에 따른 작업순서로 가장 적절한 것은?

작 업	A	B	C	D
잔여작업 소요시간(일)	3	10	8	4
납기까지 남은 시간(일)	10	18	17	8

① D A B C ② A D C B
③ D A C B ④ A D B C

해설 여유시간은 납기와 작업처리종료일간의 차이를 뜻한다. 예를 들어 10일이 납기인데, 작업종료가 9일차라면 그 차이인 1일이 여유시간이 된다. 문제에서 주어진 정보는 납기까지의 남은 날과 작업소요기간이다. 따라서 이 두 정보간의 격차가 여유시간이 되며, 최소여유시간 순서대로 나열하면 정답이 된다.

작 업	A	B	C	D
잔여작업 소요시간(일)	3	10	8	4
납기까지 남은 시간(일)	10	18	17	8
여유시간(일)	7	8	9	4

앞의 표에서 여유시간이 작은 순서대로 작업순서를 나열하면 D-A-B-C가 된다.

정답 ①

43-21K ☑□□□　　2023 가맹거래사

5개 작업이 동일한 순서(기계1 → 기계2)로 두 대의 기계에서 처리되는 경우, 존슨의 규칙(Johnson's rule)을 적용하여 모든 작업의 완료시간을 최소화할 수 있는 작업순서는?

작업	작업시간	
	기계1	기계2
A	3	5
B	4	2
C	6	4
D	6	6
E	5	7

① A－B－C－D－E　　② A－B－E－C－D
③ A－E－D－C－B　　④ B－A－C－E－D
⑤ B－C－A－D－E

해설 존슨의 규칙(Johnson's Rule)은 모든 작업이 동일한 순서로 2개의 작업장을 거치는 경우 최종작업이 두 번째 작업장에서 완료되는 시간, 즉 모든 작업이 끝나는 총완료시간(makespan)이 최소가 되도록 작업순서를 결정하는 방법이다. 대개 소요시간(processing time)이 가장 짧은 순서대로 첫 번째 작업장과 두 번째 작업장에 각각 할당하는 방식으로 배치한다. 통상 다음과 같이 작업순서를 결정한다.

• 먼저 가장 짧은 작업시간을 찾는다. 이 작업시간이 두 작업장(또는 기계) 중 첫 번째에 해당하면 이 작업을 가장 먼저 할당하고, 반대로 이 작업시간이 두 작업장(또는 기계) 중 두 번째에 해당하면 이 작업을 가장 뒤로 할당한다. 본 문제에서는 최단시간 2가 기계2에 해당하므로 이에 해당하는 작업 B를 가장 마지막에 수행한다. (사실 여기서 이미 정답이 결정된 것이다. 선지 중 작업 B를 마지막에 수행하는 것이 ③밖에 없다.)

• 다음에는 두 번째로 짧은 작업시간을 찾는다. 표에서는 기계1의 작업A에 해당하는 3이 두 번째로 짧은 작업시간을 갖는다. 이것이 기계1에 속하므로 작업 A를 가장 먼저 수행한다.

• 나머지 중에서 가장 짧은 작업시간을 찾아보면 기계2의 작업C에 해당하는 4가 된다. 이것이 기계2에 해당하므로 작업 C는 앞서 가장 마지막에 배치한 작업 B의 바로 앞 순서에 할당한다.

• 남은 작업 D와 E에 해당하는 작업 시간 중 최단시간은 기계1의 작업 E에 해당하는 5이다. 이것은 기계1의 작업이므로 앞서 가장 먼저 배치한 작업 A 다음 순서로 작업 E를 할당한다.

• 앞 순서대로 A-E, 뒷 순서에서는 C-B가 결정되었으므로 남은 D는 그 중간에 할당된다.

• 따라서 최종 작업순서는 A-E-D-C-B가 된다.

정답 ③

TOPIC 44 공정과 배치

1. 생산운영에서의 공정

프로세스(=공정): 투입을 산출로 바꾸는 기업의 모든 기능을 지칭

1) 주문충족의 유형에 따른 구분: 주문생산(납기 > 수요예측), 계획생산(수요예측 > 납기)

2) 제품흐름에 따른 구분

   ① 주문생산(jobshop): 인쇄소, 고가명품

   ② 묶음생산(batch): 감자칩, 전자부품

   ③ 조립생산(묶음과 연속사이): 자동차

   ④ 연속생산: 액체나 고체 등의 원자재가 이동 → 자동화, 24시간 가동(석유화학)

3) 프로젝트 공정: 특정 목적달성을 위하여 일정기간 동안 수행(例 영화촬영)

4) 제약이론(TOC): 골드렛에 의해 제안 → 기업의 생산능력은 병목(bottleneck)에 의해 결정

2. 설비의 배치

배치(layout): 시설 내 부서, 작업장, 기계 등의 물리적 배열

1) 제품별 배치(product layout)

   ① 개념: 제품생산의 순서대로 배치 → 직선형, 일자형, L/O/S/U 자형(연속공정)

   ② 특징: 소품종 대량생산에 적합, 감독과 훈련이 용이, 자재운반거리 짧고 대기시간 감소, 설비변경 어렵고 직무만족 낮음

2) 공정별 배치(process layout)

   ① 개념: 유사기능을 수행하는 기계나 장비 및 부서를 한 곳에 묶어 배치(단속공정)

   ② 특징: 다품종 소량생산에 적합, 자재이동거리가 길고 대기시간 증가, 작업장/개인별 인센티브 지급 가능, 제품설계나 작업순서상의 유연성 大, 직무만족도가 높음, 자재취급비용 높고 재고비용 증가, 관리통제가 어렵고 숙련공 필요

3) 위치고정형 배치(=프로젝트 배치): 비행기나 선박의 제조

4) 공정과 설비배치의 관계

공정(process)		설비배치(layout)
단속적 공정 (intermittent process)	주문생산공정	공정별 배치
	묶음생산공정	
연속적 공정 (continuous process)	조립생산공정	제품별 배치
	연속생산공정	

3. 라인밸런싱(조립라인 균형)

각 공정별 작업시간이 유사해지도록 배치하여 공정간 유휴시간(대기시간)을 줄이는 것을 목표로 하는 작업배치

주기시간(cycle time)	한 제품이 조립라인에서 생산되어 나오는 시간간격
유휴시간(idle time)	낭비되는 시간: (주기시간×작업장의 수)−총작업소요시간
작업처리시간(flow time)과 리틀의 법칙(Little's law)	• 작업처리시간: 모든 작업 소요시간의 합 • 리틀의 법칙: 작업처리시간과 재공품, 주기간의 관계 $$작업처리시간 = \frac{재공품의\ 수}{단위\ 시간당\ 처리하는\ 제품\ 수}$$
효율(efficiency)	이론적 생산시간 가운데 실제 생산을 수행한 시간의 비율 $$효율 = \frac{총\ 작업소요시간의\ 합}{주기시간 \times 작업장의\ 수}$$

44-1 ☑□□□

생산방식의 유형에 대한 다음 설명 중 가장 적절하지 않은 것은?

① 고객의 주문을 받아서 제품을 계획적으로 생산하는 것을 계획생산이라고 한다.
② 개별 생산은 주로 고객의 주문에 따라 소량을 생산하는 방식이다.
③ 로트(lot) 생산방식은 제품이 비교적 규격화되어 있으며 주기적으로 일정량을 생산해야 할 때 활용된다.
④ 표준화된 제품을 대량으로 생산하여 불특정 다수에게 공급하는 생산방식을 대량생산이라고 한다.

[해설] ① [×] 주문을 받아 만드는 방식은 주문생산이다.
② [○] 개별생산, 소량생산, 단위생산 등은 모두 유사한 표현이다.
③ [○] 로트 생산은 과자나 아이스크림 등의 생산에서 사용되며, 규격화된 일정량 생산에 사용된다.
④ [○] 표준화, 즉 통일성을 가진 제품을 많이 생산하는 것을 대량생산이라 하며, 자동차 산업이 그 사례가 된다.

정답 ①

44-1A ☑□□□

시장의 수요 변동성에 의한 위험에 대응하기 위하여 다양한 제조전략을 활용할 수 있는데, 동일한 제품에 대하여 고객의 주문 시점부터 제품의 인도 시점까지인 리드타임(lead-time)이 가장 긴 제조전략은?

① 재고생산(make-to-stock)
② 주문생산(make-to-order)
③ 재고조립생산(assemble-to-stock)
④ 주문조립생산(assemble-to-order)

[해설] 리드타임이 길어진다는 것은 물건을 미리 만들어 두지 않고 고객이 주문한 이후에 생산하는 방식이라는 의미이다. ①의 재고생산(MTS)은 미리 물건을 만들어 두고 판매하는 방식이므로 리드타임이 최소화되는 방식이며, 그 반대는 ②의 주문생산(MTO)이 된다.
[추가해설] ④의 주문조립생산(ATO)은 모듈 등의 중간반제품을 활용하여 고객이 주문하는 즉시 조립하여 완제품을 생산하는 방식이므로, 주문생산(MTO)보다는 리드타임이 단축되는 기법이다. 미리 물건을 만들어 판매하는 재고생산(MTS)만큼 리드타임이 줄어들지는 않지만 주문생산보다는 고객응대가 빨라지므로 MTO와 MTS의 중간에 위치하는 생산기법이라 할 수 있다.

	원재료	모듈, 중간반제품	최종제품
재고생산 (MTS)			미리 만들어 둔 물품을 판매
주문조립생산 (ATO)		중간반제품을 결합하여 최종 제품을 생산	
주문생산 (MTO)	주문시 원재료부터 가공 시작		

정답 ②

44-2 ☑□□□

제품과 그 제조공정의 특성을 연결한 것 중 가장 적절하지 않은 것은?

① 휘발유 - 연속흐름(continuous flow)
② 소형승용차 - 조립라인(assembly line)
③ 전통공예가구 - 개별작업(job-shop)
④ 특수 중장비 - 다중흐름라인(multi-flow line)
⑤ 제과점의 여러 가지 빵과 생과자 - 뱃치 프로세스 (batch process)

[요점정리]

주문생산 프로세스 (개별작업, jobshop)	다품종 소량생산이 이루어지는 공정으로서, 특정 장비와 특정 작업자가 한 공간에 배치 → 인쇄소, 명품, 공예품
묶음생산 프로세스 (배치, batch)	표준화된 특정제품을 한동안 생산한 뒤 다른 제품을 같은 라인에서 만드는 방식 → 감자칩, 전자부품, 중장비
조립생산 프로세스 (assembly line)	고정된 경로를 따라 순차적으로 생산이 이루어지며 통제된 생산속도에 따라 제품이 이동 → 자동차, 전자제품
연속생산 프로세스 (continuous flow)	자본집약도가 높은 장치산업에서 주로 나타나는 고표준화 제품의 대량생산공정 → 석유화학, 제지, 음료

[해설] ④ 특수 중장비는 묶음생산공정(batch process)을 사용하는 것이 적합하다.

정답 ④

44-3 ☑□□□

생산공정에 대한 설명으로 옳은 것은?

① 일반적으로 저가품 단일시장은 프로젝트 공정(project process)을 요구한다.
② 단속적 공정(intermittent process)은 대량생산공정(mass production process)보다 더 많은 자본을 요구한다.
③ 고가품 대량시장은 단속적 공정(intermittent process)을 요구한다.
④ 대량생산공정(mass production process)은 다른 공정에 비해 상대적으로 값싸고 덜 숙련된 노동자를 요구한다.

해설) ④ 대량생산공정 또는 조립생산공정에서는 고정된 경로를 따라 순차적으로 생산이 이루어지며 제품이 완성될 때까지 한 작업장에서 다른 작업장으로 통제된 생산속도에 맞추어 이동하게 되는 것이 큰 특징이다(예: 자동차, 장난감, 전자제품 등). 이 경우 작업순서를 따라 직원들이 배치되고 각 직원들은 자신이 맡은 한 가지 업무에만 집중하면 되므로 감독과 훈련이 용이하고, 상대적으로 덜 숙련된 저임금 노동자의 채용이 가능하므로 비용절감이 가능하다. 하지만 단순작업으로 인한 직원들의 직무만족이 낮으며 생산라인 중에서 한 부분의 문제가 전체공정에 영향을 미칠 수 있다는 단점도 있다.

추가해설) ① 저가품 단일시장은 조립(대량)생산공정을 활용한다.
② 대량생산공정은 단속공정에 비해 더 많은 자본을 요구한다. 공장 규모로 비교해 보더라도 자동차 산업(대량생산공정)이 가죽공방(단속공정)에 비해 자본투자 요구금액이 훨씬 크다.
③ 고가품의 시장 중 주문생산으로 만들어지는 최고급 명품들은 단속공정이라 할 수 있으나, 대량으로 생산되는 경우에는 연속공정이라 할 수 있다.

정답 ④

44-4 ☑□□□

다음은 어떤 생산공정에 관한 설명인가?

- 고객의 주문에 따라 일정기간 동안에 정해진 제품만을 생산한다.
- 이 공정의 예로는 건축, 선박제조, 신제품 개발 등이 있다.

① 프로젝트공정　　　　② 대량생산공정
③ 유연생산공정　　　　④ 자동생산공정
⑤ 연속생산공정

해설) 일정기간 동안 정해진 제품을 고정된 장소나 위치에서 제작하는 공정은 프로젝트 공정이라 한다. 프로젝트(project)는 특정한 목적달성을 위하여 일정한 기간 내에 수행되어야 하는 일련의 작업묶음으로서 선박의 건조, 항공기 제작, 영화의 촬영 등이 대표적 예가 된다. 프로젝트 공정은 이러한 프로젝트성 과업의 달성을 위하여 여러 투입요소가 집중적으로 투하되는 경우의 작업프로세스를 말한다.

정답 ①

44-6 ☑□□□

병목작업장이란 처리능력 이상으로 가동되고 있어 언제나 하나 이상의 작업이 대기 중인 작업장을 말한다. 병목작업장이 어디인지 찾아내고 거기에 생산능력을 추가하여 공정의 흐름을 개선함으로써 조직 전체의 최적화를 추구하는 이론은?

① 제약이론(theory of constraints)
② 공급체인관리(supply chain management)
③ 고객관계관리(customer relationship management)
④ 전사적자원관리(enterprise resource planning)

요점정리) 작업일정 관리에 있어 매우 중요한 시사점을 제공한 골드렛(E. Goldratt)의 베스트셀러 『더 골(The Goal)』에서는 복잡하게 느껴지는 생산운영관리의 핵심을 간명하게 소개하고 있다. 기업의 목표는 바로 '돈을 버는 것'이며 이를 위해 생산의 모든 역량이 집중되어야 한다는 것이다. 특히 병목(bottleneck), 즉 다른 작업들에 비해 상대적으로 오랜 시간이 소요되는 작업의 존재와 병목이 공정상에서의 차지하는 위치는 생산일정의 수립에 있어 핵심적 고려사항이 된다. 골드렛은 버퍼(buffer), 즉 병목공정 전후의 공정이 쉼 없이 지속되도록 여유자원 및 용량을 축적하는 단계의 개념을 제안했는데 이는 재공품(WIP, work-in-process) 재고를 활용하여 시간완충역할을 시키는 것이다. 병목공정에서 작업이 멈추면 전체 작업속도가 늦어지므로 병목공정 근처에 여유자원 및 용량을 축적하여 작업의 연속성을 보호함으로써 조직 전체의 최적화를 추구한다.

해설 병목은 생산과정에서의 제약(constraints)이 된다. 이를 연구하는 이론은 제약이론이다.

추가해설 ②는 공급사슬관리, ③은 고객관계 지속을 통한 고객생애가치 극대화를 추구하는 마케팅 개념, ④는 MRP의 개념을 전체 기업차원으로 확장한 통합 기업정보시스템을 의미한다.

정답 ①

44-8 ✓☐☐☐
2018 서울시 7급 A형

기업의 성과측정기준으로 와 같은 세 가지 운영적 지표를 사용하여야 한다고 주장하는 생산이론은?

> < 보기 >
> • 판매를 통하여 시스템에 의해 창출된 돈
> • 판매를 목적으로 한 물건들을 구매하는 데 투자된 모든 돈
> • 재고를 산출로 전환하는 데 시스템이 소비하는 모든 돈

① 린 생산이론(lean manufacturing)
② 제약이론(theory of constraints)
③ 식스시그마(six sigma)
④ 가치분석(value analysis)

해설 '판매를 통하여 시스템에 의해 창출된 돈'은 산출(throughput), '판매를 목적으로 한 물건들을 구매하는 데 투자된 모든 돈'은 재고(inventory), '재고를 산출로 전환하는 데 시스템이 소비하는 모든 돈'은 운영비용(operating expenses)이다. 이 세 개념을 통해 생산시스템의 운영성과를 측정하는 이론은 골드렛(Goldratt)이 창안한 제약이론(TOC)이다.

정답 ②

44-9 ✓☐☐☐
2011 7급공무원 우책형

제품별 배치(product layout)와 공정별 배치(process layout)에 대한 설명으로 가장 적절하지 않은 것은?

① 대량생산을 통한 규모의 경제(economies of scale)를 추구하는 경우에는 제품별 배치가 보다 바람직하다.
② 다양한 제품 생산을 위하여 제조유연성을 추구하는 경우에는 공정별 배치가 보다 바람직하다.
③ 연속흐름(continuous flow) 생산공정을 구현하고자 할 경우에는 제품별 배치가 보다 바람직하다.
④ 제품생산의 효율성을 제고하고, 재공품 재고를 줄이고자 할 경우에는 공정별 배치가 보다 바람직하다.

요점정리 제품별 배치(product layout)는 제품이 만들어지는 생산 순서대로 기계 및 설비를 배열하는 것을 의미한다. 따라서 자재의 흐름은 해당 제품의 전용라인을 따르는 직선형(경우에 따라 L, O, S, U자의 형태를 가질 수도 있음)이 되며, 대량의 설비투자를 통한 풍부한 생산능력(규모의 경제)으로 인해 소품종 대량생산에 적합하지만 유연성이 떨어진다. 일반적으로 표준화된 제품의 대량생산에 적합하며, 신발공장, 자동차 세차장, 정유공장, 제철공장 등에서 흔히 볼 수 있다. 여기서는 제품이나 고객이 일정한 연속흐름을 따라 움직이며 생산설비와 자원은 해당 제품이나 서비스의 완성경로에 따라 배치된다. 반면 공정별 배치(process layout)는 유사한 기능을 수행하는 기계나 장비 또는 부서를 한 곳에 묶어 배치하는 것을 의미한다. 따라서 자재의 흐름은 사전에 계획된 경로를 따라 작업장과 작업장 사이를 오가는 방식이 되고, 표준화보다는 고객화 정도가 높은 다품종 소량생산(예: 주문생산 등)에 적합하며 유연성이 크다. 일반적으로 제품별 배치에 비하여 자재의 이동거리가 길고 재공품(WIP: work-in-process) 재고가 증가하며 생산경로가 다양할 수 있으므로 작업장의 크기 및 작업장 간 인접요인의 계량화가 매우 중요하다.

해설 ④ 효율성을 위해서는 제품별 배치를 채택해야 한다. 재공품 재고는 작업대기중인 중간완성품으로서, 공정별 배치에서는 작업장과 작업장 간을 재공품들이 이동하는 방식의 설비배치방식이므로 제품별 배치(직선형 배치)에 비해 재공품 재고가 증가할 가능성이 크다.

추가해설 ① 대량생산은 제품별 배치, 소량생산은 공정별 배치가 적합하다.
② 공정별 배치는 유연성이 큰 대신 효율성이 떨어진다.
③ 연속생산, 즉 하나의 제품을 끊임없이 만드는 과정에 적합한 것은 제품별 배치이다.

정답 ④

44-10 ☑□□□

제품별 배치(product layout)에 관한 설명 중 적절한 항목으로만 구성된 것은?

> a. 소품종 대량생산에 적합하지만 유연성이 떨어진다는 단점이 있다.
> b. 자재들이 작업장 사이를 오고가며 작업이 진행된다.
> c. 제품이 만들어지는 순서를 따라 배치되므로 주로 저가품이나 소량생산에 적합하다.
> d. 표준화된 제품의 조립과 같이 반복적인 생산에 적합하다.
> e. 작업자의 직무만족도가 낮은 경우가 많으므로 동기유발에 신경을 써야 한다.

① a, c
② b, c
③ b, c, d
④ a, d, e
⑤ b, e

요점정리 제품별 배치는 제품이 만들어지는 생산 순서대로 기계 및 설비를 배열하는 것이므로 대량의 설비투자를 통한 풍부한 생산능력(규모의 경제)으로 인해 소품종 대량생산에 적합하지만 유연성이 떨어진다(a). 일반적으로 표준화된 제품의 반복 대량생산에 적합하며(d), 신발공장, 자동차 세차장, 정유공장, 제철공장 등에서 흔히 볼 수 있다. 대개 작업자들이 생산라인 상에서 한 가지 업무에 집중하는 분업시스템으로 운영되므로 작업자의 직무만족이 낮을 수 있다(e).

해설 b. 자재들이 이동하는 것은 공정별 배치이다.
c. 제품별 배치는 주로 소품종의 대량생산에 활용된다.

정답 ④

44-11 ☑□□□

공정별 배치의 장점에 관한 설명으로 옳지 않은 것은?

① 다양한 생산공정으로 신축성이 크다.
② 생산시스템의 계획 및 통제가 단순하다.
③ 범용설비는 비교적 저렴하므로 초기 투자비용이 크지 않다.
④ 하나의 기계가 고장나도 전체시스템은 크게 영향을 받지 않는다.
⑤ 종업원들에게 다양한 과업을 제공해 줄 수 있어서 직무의 권태감을 줄일 수 있다.

요점정리 공정별 배치는 유사한 기능을 수행하는 기계나 장비 또는 부서를 한 곳에 묶어 배치하는 것을 의미한다. 표준화보다는 고객화 정도가 높은 다품종 소량생산(예: 주문생산 등)에 적합하며 유연성(신축성)이 크다(①). 일반적으로 제품별 배치에 비하여 자재들이 각 작업장과 작업장 사이를 필요에 따라 이동하므로 자재의 이동거리가 길고 생산경로가 다양할 수 있기에 작업장의 크기 및 작업장간 인접요인의 계량화가 매우 중요하다. 작업장이나 개인별로 인센티브를 지급하는 것이 가능하다. 범용설비를 활용하므로 설비투자비용이 절약되며(③) 시스템 내부에 여러 개의 범용설비들이 존재하므로 어느 한 기계나 장비가 고장나도 전체 시스템이 멈추거나 중단되지는 않는다(④). 제품설계나 작업순서상의 유연성이 크고 다양해서 (즉 덜 지루해서) 종업원들의 직무만족도가 높다는 장점이 있지만 (⑤), 유연성이 크고 설비 가동률이 낮은 만큼 생산원가(자재취급이나 재고비용 등)가 증가하며 자재와 가공품들의 이동이 복잡해서 관리와 통제가 어렵고 생산의 효율성이 떨어지며 숙련된 노동력을 필요로 한다는 단점이 있다.

해설 ② 공정별 배치에서는 범용설비, 즉 여러 생산에 활용가능한 설비를 사용한다. 따라서 한 공장 안에 여러 제품이나 서비스를 담당하는 흐름이 존재할 수 있으므로 생산시스템의 계획과 통제가 다소 복잡한 경향이 있다.

정답 ②

44-11J ☑□□□

설비 배치에 관한 설명으로 가장 적절하지 않은 것은?

① 같은 종류의 기계를 한 작업장에 모아 놓은 방식을 공정별 배치라고 한다.

② 제품별 배치란 제품의 가공 혹은 조립에 필요한 기계를 일렬로 배치하고, 제품이 모든 기계를 순차적으로 거치도록 하는 방식이다.

③ 제품을 고정시키고 작업자와 기계가 필요에 따라 이동하면서 작업하는 방식을 셀 방식(cell manufacturing)이라고 한다.

④ 조립라인 배치란 생산라인을 따라 제품이 반복적이고 연속적으로 흘러가도록 하는 방식이다.

[해설] ① [O] 공정별 배치(process layout)는 유사한 기능을 수행하는 기계나 장비 또는 부서를 한 곳에 묶어 배치하는 것을 의미한다.

② [O] 제품별 배치(product layout)는 제품이 만들어지는 생산 순서대로 기계 및 설비를 배열하는 것을 의미한다.

③ [×] 이는 위치고정형 배치(fixed-position layout)에 관한 설명이다. 주로 대체로 제품의 무게가 무겁거나 부피가 방대하여 공정간의 이동이 어려운 경우에 사용되는 배치로서, 프로젝트 배치(project layout)라고도 한다. 자재는 한 자리에 고정되어 있고 제품 완성에 필요한 작업자와 기계 및 장비들이 자재의 주위를 돌아다니며 제품을 완성해 가는 형태이다. 비행기나 선박의 제조, 주택이나 도로 공사 등이 이에 해당한다.

④ [O] 조립라인 배치는 제품별 배치의 일종으로서 생산라인을 따라 제품이 흘러가는 방식이다.

정답 ③

44-14 ☑□□□

생산시설 배치(facility layout)에 대한 설명으로 옳지 않은 것은?

① 제품형 시설배치(product layout)는 특정 제품을 생산하는 데 필요한 작업순서에 따라 시설을 배치하는 방식을 말한다.

② 공정형 시설배치(process layout)는 다품종 소량 생산에 적합하고 범용기계 설비의 배치에 많이 이용된다.

③ 항공기, 선박의 생산에 효과적인 생산시설 배치의 유형은 고정형 시설배치(fixed-position layout)이다.

④ 제품형 시설배치는 재공품 재고의 수준이 상대적으로 높으며 작업기술이 복잡하다.

[해설] ④ 제품별 배치는 특정제품을 위한 전용설비들로 생산라인을 구성한다. 따라서 작업속도가 빠르고 중간대기나 작업지연이 드물어 재공품(처리중인 재고들) 재고수준이 낮다.

[추가해설] ③ 위치고정형 배치(fixed-position layout)는 대체로 제품의 무게가 무겁거나 부피가 방대하여 공정 간의 이동이 어려운 경우에 사용되는 배치로서, 프로젝트 배치(project layout)라고도 한다. 자재는 한 자리에 고정되어 있고 제품 완성에 필요한 작업자와 기계 및 장비들이 자재의 주위를 돌아다니며 제품을 완성해 가는 형태이다. 비행기나 선박의 제조, 주택이나 도로 공사 등이 이에 해당한다.

정답 ④

44-15 ☑☐☐☐

공장 내 설비 배치에 관한 설명으로 옳지 않은 것은?

① 공정별 배치는 비슷한 작업을 수행하는 기계, 활동들을 그룹별로 모아 놓은 것으로 개별주문생산시스템에 적합하다.

② 제품별 배치는 공정의 순서에 따라 배치하는 것으로 연속적인 대량생산에 적합하고, 재공품과 물류비 감소 및 생산 통제가 용이하다.

③ 위치고정형 배치는 대단위 제품들을 한 곳에 모아 놓고 조립하는 형태로 프로젝트 기법을 활용하여 생산계획과 통제를 한다.

④ 혼합형 배치는 공정과 제품요소를 동시에 혼합하는 것으로 소품종 대량생산의 경우에 적합하다.

⑤ 프로세스별 배치는 특정제품을 생산하는 일련의 고정된 순서에 의해 배치하는 것으로 주로 특수화된 공구와 장치 생산에 적합하다.

요점정리 혼합형 배치(hybrid layout)는 기업의 전략에 따라 제품별 배치와 공정별 배치를 적절히 혼합한 것이다. 즉 공정의 일부는 제품별 배치의 형태로, 일부는 공정별 배치의 형태로 만드는 것이 이에 해당한다. 이러한 혼합형 배치는 유연생산시스템(FMS) 및 그룹 테크놀러지(GT)와 밀접한 관련이 있다.

해설 ④ 혼합형 배치는 다품종 대량생산에서 활용한다.

추가해설 공정별 배치는 다품종 소량생산에, 제품별 배치는 소품종 대량생산에 활용된다(①, ②). 위치고정형 배치는 선박이나 항공기 제작과 같이 대규모 제품을 한 장소에서 생산하는 프로젝트형 배치방식이고(③)이다. 프로세스별 배치는 제품생산의 흐름이 특화된 장치의 생산에 활용된다(⑤).

정답 ④

44-18 ☑☐☐☐

설비배치의 유형 중 공정별 배치와 제품별 배치를 비교한 것으로 옳은 것은?

① 제품별 배치는 다양한 제품을 소량으로 생산하는 경우에 적합하다.

② 공정별 배치는 제품별 배치에 비해 생산속도가 빠르며 생산설비의 효율성이 높다.

③ 특정 제품만을 생산하기 위한 전용생산라인은 제품별 배치에 해당한다.

④ 공정별 배치는 제품의 공정 순서에 따라 일자형의 형태를 취하는 것이 보통이다.

해설 ③ 전용설비는 제품별 배치, 범용설비는 공정별 배치와 관련이 있다.

추가해설 ① 공정별 배치는 다품종 소량생산에, 제품별 배치는 소품종 대량생산에 가깝다.
② 제품별 배치는 공정별 배치에 비해 생산속도가 빠르고 설비 활용도가 높아 효율성이 크다.
④ 제품별 배치는 제품 공정순서에 따라 자재가 흘러가므로 해당 제품의 전용라인을 따르는 직선형(경우에 따라 L, O, S, U자의 형태를 가질 수도 있음)의 형태를 취한다.

정답 ③

44-19 ☑☐☐☐

다음과 같이 A, B, C, D 네 개의 순차적인 단계를 거쳐 제품이 조립되는 생산라인이 있다. 네 단계 중 생산량에 제약을 주는 병목공정(bottleneck operation)은 무엇이며, 작업수행시간의 조정을 통해 해당 병목공정의 작업수행시간이 5초로 조정된다면 전체 공정에서의 1분당 생산량은 얼마가 되겠는가?

작업공정	A	B	C	D
공정별 작업수행시간	4초	12초	6초	10초

① A, 5개 ② A, 12개
③ A, 15개 ④ B, 12개
⑤ B, 6개

해설 다른 정보가 없으므로 가장 오랜 시간이 걸리는 B 공정이 병목이며, 여기서의 시간이 5초로 줄어든다면 이제 D(=10초)가 병목이 되어 전체 생산량을 제약하게 된다. 다른 A, B, C 공정이 아무리 효율적으로 진행된다 하더라도 D의 처리속도 이상으로 진행할 수가 없으므로 1분당 생산량은 6(=60초/10초)개가 된다.

정답 ⑤

44-20 ☑□□□

2002 CPA

아래 그림과 같이 a, b, c 세 개의 순차적인 과업을 통해 제품을 조립하는 생산라인이 있다. 이를 하루 8시간 가동할 때 조립라인 균형의 효율(efficiency)과 하루 생산량은 각각 얼마인가?

	ⓐ	→	ⓑ	→	ⓒ
수행시간	10초		30초		5초

① 50%, 960개 ② 66.7%, 960개
③ 75%, 960개 ④ 50%, 640개
⑤ 66.7%, 640개

해설 효율을 구하기 위해서는 주기시간(cycle time)을 알아야 한다. 그러나 이 문제에서는 생산량에 대한 정보가 없으므로 병목공정인 b의 소요시간인 30초를 주기시간으로 상정한다.

$$효율 = \frac{총\ 작업소요시간의\ 합}{주기시간 \times 작업장의\ 수} = \frac{10+30+5}{30 \times 3} = 0.5$$

하루 8시간 가동하므로 이를 초단위로 바꾸어 한 제품당 생산시간으로 나누면 된다. 따라서 8시간(=28,800초)을 30초로 나눈 960개가 일일 총 생산량이 된다.

정답 ①

44-20J ☑□□□

2023 국가직 7급

라인밸런싱(line balancing)에 대한 설명으로 옳지 않은 것은?

① 라인밸런싱의 목표는 유휴시간을 최소화하는 것이다.
② 단위기간 내 목표생산량이 증가하면 생산주기(cycle time)도 증가한다.
③ 라인밸런싱은 제품별 배치의 설계를 위해 사용한다.
④ 밸런스 지체(balance delay)가 감소하면 라인효율(efficiency)은 증가한다.

해설 ①, ③ [○] 라인밸런싱(line balancing, 조립라인 균형)은 제품별 배치의 가장 대표적 유형인 조립라인 상에서 비병목공정에서의 작업들을 각 공정별 작업시간이 유사해지도록 배치하여 공정간 유휴시간(대기시간)을 줄이는 것을 목표로 한다.
② [×] 같은 기간 내 목표로 하는 생산수량이 늘어나면 제품 1단위당 생산간격인 주기는 감소하게 된다.
④ [○] 밸런스 지체(balance delay)는 전체 100%와 효율간의

차이이다. (밸런스지체=100%−효율) 따라서 밸런스 지체가 감소하면 효율은 증가한다.

정답 ②

44-22 ☑□□□

2017 7급공무원 가책형

다음과 같이 순서의 변경이 가능한 7개의 작업요소로 구성된 조립라인에서 시간당 20개의 제품을 생산한다. 공정균형화(Line-Balancing)를 고려한 주기시간(Cycle Time)과 공정효율(Efficiency)은?

작업요소	시간(초)
A	100
B	90
C	45
D	110
E	50
F	100
G	85

① 110초, 약 81% ② 110초, 약 107%
③ 180초, 약 81% ④ 180초, 약 107%

해설 작업순서의 변경이 가능하며, 시간당 20개 제품을 생산하므로 제품 1개당 생산에 3분, 즉 180초가 소요되게끔 라인을 설계해야 한다.
⟨1단계⟩ 문제에서 제품 1단위 생산에 필요한 시간을 제시하는 경우 이것이 바로 주기가 되므로 주기는 180초이다.
⟨2단계⟩ 다음으로 우리가 해야 할 일은 180초의 주기에 맞추어 작업라인 순서를 변화시키는 것이다. 주기는 최장작업시간이므로 우리가 각 작업들의 순서를 정하고 묶어가는 과정에서 1개의 작업장(work station)에서 생산에 걸리는 시간이 반드시 180초를 넘지는 않도록 해야 한다. 또한 라인밸런싱의 개념을 고려해 보면 각 작업장마다 소요되는 시간의 편차가 크지 않아야 한다. 즉 각 작업장의 생산소요시간이 비슷해야 생산속도 균형이 이루어진다는 것이다. 문제에서 각 작업장마다 소요되는 시간을 합해 보면 총 580초인데, 주기가 180초이므로 580/180=3.222…가 되어서 최소 4개의 작업장에 A~G까지의 작업들을 나누어 편성을 해야 한다. 문제에서 각 작업장별로 세부 작업의 구성이 어떻게 되는지 혹은 작업순서를 어떻게 바꾸어야 하는지 등을 묻지는 않았으므로 이제 효율 계산으로 넘어가자.
⟨3단계⟩ 효율은 다음 공식으로 구한다.

$$효율 = \frac{총\ 작업소요시간의\ 합}{주기시간 \times 작업장의\ 수} = \frac{580}{180 \times 4} = 0.8055…$$

따라서 우리가 구해야 하는 작업효율은 약 81%가 된다.

정답 ③

TOPIC 45 공급사슬관리

1. 공급사슬관리의 개념과 필요성

1) 의의: 원료의 처리에서 시작하여 최종 소비자에 제품 및 서비스가 도달하기까지 <u>각 단계에서의 작업흐름과 정보의 총체적 관리</u>

2) 필요성: 물류비용 증가, 글로벌화, 외주화(outsourcing), 전자상거래의 보편화 등

3) 채찍효과(bullwhip effect): 수요정보의 왜곡 현상

→ [원인] 수요의 급변동, 예측오류, 일괄주문방식, 생산업체들의 유동적 가격정책 등

2. 공급사슬의 효과적 관리방안

1) 통합적 공급사슬의 설계: 생산운영 프로세스의 단계적 통합

→ 관련개념: risk pooling(여러 지역 수요 통합시 위험 감소)

2) 대량 고객화: 대량생산의 이점을 누리는 동시에 고객별 니즈의 효과적 반영 도모

→ 모듈화 설계, 주문조립생산, 연기, 채널 조립 등으로 구현

3) 아웃소싱

4) 불확실성 프레임워크: 수요와 공급의 측면을 모두 고려하여 공급사슬의 관리특성을 파악

		수요의 불확실성	
		低 (기능적 제품)	高 (혁신적 제품)
공급의 불확실성	低 (안정적 프로세스)	식료품, 기본의류, 가스 (효율적 공급사슬)	패션의류, 컴퓨터, 팝 뮤직 (반응적 공급사슬)
	高 (진화적 프로세스)	수력발전, 일부 식품 (위험회피 공급사슬)	통신, 첨단 컴퓨터, 반도체 (민첩 공급사슬)

5) 공급사슬의 성과측정 척도: 주로 재고검토를 통해 파악

① 재고회전율＝매출원가/재고가치

② 재고일수＝(재고가치/매출원가)×기간

6) 공급사슬관리의 핵심성공요인

① 구성원간 유기적 통합과 연계와 정보공유 필요

② 관리자들의 리더십과 강한 조직문화 및 효과적 인적자원관리 등이 필요

45-1 ☑□□□
2015 가맹거래사

동일한 목표를 달성하고 새로운 가치창출을 위해 공급 업체들과 자원 및 정보를 협력하여 하나의 기업처럼 움직이는 생산시스템은?

① 공급사슬관리(SCM) ② 적시생산시스템(JIT)
③ 자재소요계획(MRP) ④ 유연제조시스템(FMS)
⑤ 컴퓨터통합생산(CIM)

요점정리 공급사슬관리(supply chain management, SCM)는 원료의 처리에서 시작하여 최종 소비자에 제품 및 서비스가 도달하는데 이르는 각 단계에서의 작업흐름에 관한 순차적인 통합과 정보관리의 과정을 총칭하는 개념이다. 공급사슬관리가 잘 이루어지게 된다면 고객에 대한 대응성을 높일 수 있으며, 사슬 내의 모든 이해관계자들이 이익을 얻을 수 있다.

해설 ① 공급업자들과 자원 및 정보를 공유하는 시스템은 SCM이다. 이것이 정답

추가해설 ② 이는 유연생산시스템(④)의 일종이다.
③ 이는 최종제품 생산에 필요한 부품(종속수요)의 원활한 조달을 목적으로 하는 정보시스템이다.
⑤ 이는 컴퓨터 시스템에 의하여 제품 및 서비스의 설계부터 생산운영공정의 전 과정이 통합되는 것이다.

정답 ①

45-1A ☑□□□
2017 군무원 복원

다음에서 설명하는 용어는 무엇인가?

> 공급자로부터 최종소비자에게 제품 및 서비스가 도달하기까지의 전체 시스템을 최적화하여 관리하는 작업흐름으로서, 채찍효과(bullwhip effect)를 보완하기 위해 등장했다.

① SCM   ② CRM
③ 6시그마   ④ JIT

해설 ① SCM: [○] 이는 공급자 – 생산업체 – 고객간 정보와 물류의 흐름을 종합적으로 관리하는 시스템인 공급사슬관리의 약자이다.
② CRM: [×] 이는 고객관계관리의 약자이다. 관련용어로 기업과 종업원간의 관계를 관리하는 방법론을 ERM(employee relationship management)이라 부른다. 참고할 것.
③ 6시그마: [×] 이는 100만개 제품 중 불량을 3.4개로 줄이기

위한 품질관리 방법론을 뜻한다.
④ JIT: [×] 이는 적시생산시스템 내지 유연생산시스템을 의미한다.

정답 ①

45-1D ☑□□□
2021 공인노무사

공급자에서 기업 내 변환과정과 유통망을 거쳐 최종 고객에 이르기까지 자재, 제품, 서비스 및 정보의 흐름을 전체 시스템 관점에서 설계하고 관리하는 것은?

① EOQ   ② MRP
③ TQM   ④ SCM
⑤ FMS

해설 ④ 공급사슬관리(supply chain management, SCM)는 원료의 처리에서 시작하여 최종 소비자에 제품 및 서비스가 도달하는데 이르는 각 단계에서의 작업흐름에 관한 순차적인 통합과 정보관리의 과정을 총칭하는 개념이다.

추가해설 ①의 EOQ는 경제적 주문량을, ②의 MRP는 자재소요계획을, ③의 TQM은 전사적 품질관리를, ⑤의 FMS는 유연생산시스템을 각각 의미하는 생산운영관리에서의 주요 개념들이다.

정답 ④

45-1J ☑□□□
2023 가맹거래사

원자재 조달, 제품 생산, 유통 등을 통해 상품이 고객에게 전달되는 과정을 효율적으로 관리하는 시스템은?

① 공급사슬관리(SCM)   ② 고객관계관리(CRM)
③ 공급자재고관리(VMI)   ④ 전사적자원관리(ERP)
⑤ 업무프로세스리엔지니어링(BPR)

해설 ① 공급사슬관리(supply chain management, SCM)는 원료의 처리에서 시작하여 최종 소비자에 제품 및 서비스가 도달하는데 이르는 각 단계에서의 작업흐름에 관한 순차적인 통합과 정보관리의 과정을 총칭하는 개념이다.

추가해설 ② IT 기술 등을 활용하여 고객과의 관계를 체계적으로 관리함으로써 고객생애가치의 극대화를 추구하는 활동을 고객관계관리(CRM, customer relationship management)라 한다.
③ 유통업자 및 소매상의 재고를 공급자가 직접 모니터링하고 필요시에 재고를 자동적으로 보충하는 방식을 공급자 재고관리

(vendor managed inventory)라 한다.
④ ERP(Enterprise Resource Planning)는 공통의 데이터베이스를 통해 생산, 재무, 회계, 마케팅, 인적자원관리에서의 정보시스템을 통합하고, 나아가 공급자와 고객까지 연결함으로써 기업의 모든 자원을 최적으로 관리하는 시스템을 의미한다.
⑤ 비즈니스 프로세스 리엔지니어링(Business Process Reengineering, BPR)은 영업실적을 나타내는 중요하고도 현대적인 척도인 비용, 품질, 서비스, 속도 등의 극적인(급진적인) 변혁을 실현하기 위해 업무수행 전 과정을 완전히 재고(from the zero-based perspective)하여 근본적으로 재설계하는 것이다.

정답 ①

45-2 ☑□□□
2011 공인노무사

기업이 공급사슬관리(SCM)를 적극적으로 수행해야 할 필요성과 관계가 없는 것은?

① 운송비의 지속적 감소
② 글로벌화의 진전
③ 아웃소싱의 증가
④ 공급사슬의 복잡화
⑤ 전자상거래 도입의 증가

요점정리 공급사슬관리가 필요한 이유는 다음과 같다. 경영환경의 불확실성 속에서 물류비용이 지속적으로 증가하고 있으며, 글로벌화가 진전됨에 따라 생산의 각 단계를 개별적으로 관리하기보다는 단계별 지식·정보·작업의 흐름을 통합적으로 관리할 필요가 증가하고 있다. 또한 외주화(outsourcing)와 전자상거래(e-commerce)의 보편화는 공급사슬을 더욱 복잡하게 만들고 있다.

해설 ① 운송비가 감소한다면 공급사슬 구성원간 긴밀한 관계를 맺을 필요가 없다.

정답 ①

45-3 ☑□□□
2016 경영지도사

공급사슬관리(SCM)가 중요해지는 이유에 해당하는 것은?

① 경영환경의 불확실성 증가
② 물류비용의 감소
③ 채찍효과로 인한 예측의 불확실성 감소
④ 기업의 경쟁강도 약화
⑤ 리드타임의 영향력 감소

해설 공급사슬관리가 필요한 가장 큰 이유 중 하나는 경영환경의 불확실성이다.

추가해설 ② 물류비용은 점차 증가하고 있다.
③ 채찍효과로 인한 예측의 불확실성이 증가할 때 SCM이 필요해진다.
④ 기업의 경쟁강도는 점차 강화되고 있다.
⑤ 리드타임이 SCM에 미치는 영향력은 지대하다.

정답 ①

45-4 ☑□□□
2015 가맹거래사

공급사슬관리가 중요해지는 이유에 해당하는 것은?

① 경영활동의 글로벌화에 따른 리드타임과 불확실성의 증가
② 물류비용의 중요성 감소
③ 채찍효과로 인한 예측의 불확실성 감소
④ 기업의 경쟁강도 약화
⑤ 고객맞춤형 서비스의 감소

해설 물류비용(②)과 예측 불확실성(③)이 증가하고 있으며, 경쟁강도가 격화되고(④) 고객맞춤형 서비스의 필요가 증가함에 따라(⑤) 공급망관리의 중요성이 증가하고 있다.

정답 ①

45-5 ☑□□□
2017 경영지도사

공급사슬관리(SCM)의 필요성이 증대되고 있는 이유로 볼 수 없는 것은?

① 생산, 재무, 마케팅 등 기업기능의 독립적 수행 필요 증대
② 아웃소싱(outsourcing)의 증대
③ 고객화 요구 증대
④ 기업간의 경쟁 치열
⑤ 글로벌화 증대

해설 ① 생산의 각 단계를 개별적으로 관리하기보다는 단계별 지식·정보·작업의 흐름을 통합적으로 관리할 필요가 증가하고 있다.

추가해설 글로벌화로 인해(⑤) 기업간 경쟁이 점차 치열해지고 있으며(④) 고객맞춤형 서비스의 필요가 증가함에 따라(③) 공급망관리의 중요성이 증가하고 있다. 또한 외주화(②) 트렌드는 공급사슬의 복잡성을 증가시키고 있기에 철저한 관리가 요청된다.

정답 ①

45-5F ☑☐☐☐
2022 군무원 9급

다음 중 공급사슬관리(SCM, Supply Chain Management)의 기대효과에 해당하지 않는 것은?

① 거래 비용의 절감
② 채찍 효과(bullwhip effect)의 증폭
③ 거래의 오류 감소
④ 정보 전달과 처리의 편의성 증대

요점정리 공급사슬관리(supply chain management, SCM)는 원료의 처리에서 시작하여 최종 소비자에 제품 및 서비스가 도달하는데 이르는 각 단계에서의 작업흐름에 관한 순차적인 통합과 정보관리의 과정을 총칭하는 개념이다. 공급사슬은 이를 구성하는 각 단계간의 상호작용이 큰 시스템으로서 어느 한 부분의 의사결정이 나머지 다른 부분에 영향을 미칠 수 있다. 또한 한 공급사슬 내에 속한 기업들간의 관계는 공급자와 구매자 간의 관계로서, 공급사슬은 공급자와 구매자간의 관계가 연달아 이어지는 관계의 사슬이라고도 볼 수 있다. 따라서 공급사슬관리가 잘 이루어지게 된다면 고객에 대한 대응성을 높일 수 있으며, 사슬 내의 모든 이해관계자들이 이익을 얻을 수 있다.

해설 ② 채찍효과는 공급사슬에서 나타나는 대표적인 문제점이며, 모든 공급사슬관리는 궁극적으로 채찍효과를 줄이는 것을 그 목표로 하고 있다. 채찍효과(bullwhip effect)는 제품에 대한 수요정보가 공급사슬상의 참여 주체를 하나씩 거쳐서 전달될 때마다 점차 왜곡되는 현상을 뜻한다. 구체적으로는 고객으로부터 소매점, 도매점, 제조업체, 부품업체의 순으로 사슬의 상류로 가면서 최종 소비자의 수요 변동에 따른 수요 변동폭이 증폭되어 가는 현상을 지칭한다.

추가해설 ①, ③ 공급자와 구매자가 품질, 경영, 기술 및 생산에 대한 공동 노력과 지원을 하는 경우, 협력적 관계에 있다고 볼 수 있으며, 이 때 공급자와 구매자간의 거래비용(transaction cost)이 줄어들어 공급사슬의 효율성은 증가할 것이다. 이는 궁극적으로 거래에서 발생하는 다양한 오류가 줄어들 수 있음을 뜻한다.
④ 공급사슬의 효과성을 높이는 과정에서 사용하는 전자문서교환(EDI), 무선주파수인식(RFID)과 같은 정보기술을 활용하면 공급사슬망 가시성(visibility)을 높이는 동시에 리드타임도

감축되므로 정보전달과 정보처리에 들어가는 비용이 줄어든다.

정답 ②

45-6 ☑☐☐☐
2009 7급공무원 봉책형

다음 중 공급사슬상에서 고객으로부터 생산자 방향으로 갈수록 수요의 변동성이 증폭되어 나타나는 현상을 지칭하는 것은?

① 채찍효과(bullwhip effect)
② 가치밀도효과(value density effect)
③ 프로세스지연효과(process postponement effect)
④ 물류고려설계효과(design effect for logistics)

해설 채찍효과(bullwhip effect)는 제품에 대한 수요정보가 공급사슬상의 참여 주체를 하나씩 거쳐서 상류로 전달될 때마다 점차 왜곡되는 현상을 뜻한다. 공급사슬상의 특정 주체의 입장에서 제품이나 부품에 대한 수요가 변화하게 되면 해당 주체는 이에 대비하기 위하여 여유재고를 가지려 한다. 그리고 공급사슬상에서 해당 주체의 전후에 위치한 다른 주체 역시 마찬가지로 '만약에 대비하기 위한(just-in-case)'재고를 축적하게 된다. 이러한 대응 추세는 주문단계에서의 작은 변화가 공급사슬을 통해 증폭되어 생산관리 전반에 걸쳐 재고비용의 과다를 통한 비효율을 야기하게 된다.

정답 ①

45-6M ☑☐☐☐
2024 경영지도사

공급사슬관리(SCM)에 관한 설명으로 옳지 않은 것은?

① 자재 조달에서 제조, 판매, 고객까지 물류 및 정보 흐름을 최적화하는 것을 의미한다.
② 정보공유를 토대로 공급업체, 제조업체, 유통업체 및 소비자를 유기적으로 연결하여 통합적으로 관리하는 시스템을 말한다.
③ 내부 물류 흐름뿐만 아니라 외부 물류 흐름의 통합에도 초점을 두고 있다.
④ 상류 기능과 하류 기능을 유기적으로 연결시켜 주는 것이기 때문에 수직계열화와 같다.
⑤ 공급사슬관리의 확산 배경으로는 인터넷을 비롯한 정보통신기술의 진전을 들 수 있다.

해설 ④ [×] 수직계열화는 가치사슬(value chain)의 전·후에 위치한 회사간 통합 계열 형성을 뜻한다. 의류회사가 직물회사를 편입시키는 경우가 이에 해당한다. <u>공급사슬관리의 기법 중 하나가 수직계열화일 수는 있으나, 두 용어(SCM, 수직계열화)가 동의어는 결코 아니다.</u> 최근 이처럼 용어간의 위상이나 상하관계 내지는 두 용어간 관계를 정확히 알아야 풀 수 있는 문제들이 종종 출제되므로 학습에 유의할 것.

정답 ④

45-7 ☑□□□ 2016 가맹거래사

공급사슬 내에서 소비자로부터 생산자로 갈수록 수요변동 폭이 확대되는 것은?

① 채찍효과(bullwhip effect)
② 크로스도킹(cross docking)
③ 동기화(synchronization)
④ 순환변동(cyclical movement)
⑤ 불규칙변동(random variation)

해설 공급사슬의 상류(소비자 → 생산자)로 갈수록 수요변동 폭이 커지는 현상을 채찍효과라 한다.

추가해설 ② 크로스도킹 시스템은 창고에 입고되는 상품을 보관하는 것이 아니라 곧바로 소매점포에 배송하는 물류시스템을 말한다.
③ 동기화는 둘 혹은 그 이상의 업무진행이나 속도를 맞추는 것을 뜻한다.
④, ⑤ 순환변동과 불규칙변동은 추세 및 계절적 변동과 더불어 시계열(time-series)의 구성요소이다.

정답 ①

45-8 ☑□□□ 2019 경영지도사

공급사슬 내에서 소비자로부터 생산자로 갈수록 그 주문 변동 폭이 확대되는 것은?

① 크로스도킹시스템(cross docking system)
② 동기화(synchronization)
③ e-커머스(e-commerce)
④ 채찍효과(bullwhip effect)
⑤ 자동발주시스템(computer assisted ordering)

해설 채찍효과(bullwhip effect)는 제품에 대한 수요정보가 공급사슬상의 참여 주체를 하나씩 거쳐서 전달될 때마다 점차 왜곡되는 현상을 뜻한다. 구체적으로는 고객으로부터 소매점, 도매점, 제조업체, 부품업체의 순으로 사슬의 상류로 가면서 최종 소비자의 수요 변동에 따른 수요 변동폭이 증폭되어 가는 현상을 지칭한다.

추가해설 ①은 물류창고에 입고되자마자 바로 출고되는 시스템을 뜻한다.

정답 ④

45-9 ☑□□□ 2016 서울시 7급

고객 주문 및 수요에 대한 예측 정보가 소매업체, 도매업체, 물류센터, 제조업체, (원료)공급자 방향으로 전달되는 과정에서 지연이나 왜곡현상이 발생하여 과잉재고 등의 문제가 발생하는 것을 무엇이라 하는가?

① 시장실패　　　　　② 인지부조화
③ 집단사고　　　　　④ 채찍효과

해설 ④ 수요정보가 공급사슬의 상류로 가면서 점차 왜곡, 증폭되는 현상을 채찍효과라 한다.

추가해설 ① 이는 시장에서의 거래가 각종 거래비용(transaction cost)으로 인해 최적효율을 달성하지 못하는 현상을 뜻한다.
② 이는 태도와 행동간의 불일치로 인한 불편한 심정을 뜻한다.
③ 이는 집단구성원간 응집성이 지나쳐 대안적 사고나 의견을 인정하지 않는 현상을 뜻한다.

정답 ④

45-9J ☑□□□ 2023 공인노무사

최종소비자의 수요변동 정보가 전달되는 과정에서 지연이나 왜곡현상이 발생하여 재고부족 또는 과잉 문제가 발생하고 공급사슬 상류로 갈수록 수요변동이 증폭되는 현상은?

① 채찍 효과　　　　② 포지셔닝 효과
③ 리스크 풀링 효과　　④ 크로스 도킹 효과
⑤ 레버리지 효과

해설 ① 채찍효과(bullwhip effect)는 제품에 대한 수요정보가 공급사슬상의 참여 주체를 하나씩 거쳐서 전달될 때마다 점차 왜곡되는 현상을 뜻한다. 구체적으로는 고객으로부터 소매점, 도매점, 제조업체, 부품업체의 순으로 사슬의 상류로 가면서 최종 소비자의 수요 변동에 따른 수요 변동폭이 증폭되어가는 현상을 지칭한다. 공급사슬상의 특정 주체의 입장에서 제품이나 부품에 대한 수요가 변화하게 되면 해당 주체는 이에 대비하기 위하여 여유재고를 가지려 한다. 그리고 공급사슬상에서 해당 주체의 전후에 위치한 다른 주체 역시 마찬가지로 '만약에 대비하기 위한(just-in-case)' 재고를 축적하게 된다. 이러한 대응 추세는 주문단계에서의 작은 변화가 공급사슬을 통해 증폭되어 생산관리 전반에 걸쳐 재고비용의 과다를 통한 비효율을 야기하게 된다.

추가해설 ② 포지셔닝(positioning)은 고객의 마음 속에 경쟁상품과 구별되는 분명한 위치를 차지하여 전달한다는 의미의 마케팅 용어이다.

③ 리스크풀링(risk pooling) 효과는 여러 지역의 수요를 하나로 통합했을 때 수요 변동성이 감소하는 것을 뜻하는데, 이는 동종의 사업을 여러 지역이나 국가에서 영위하는 업체간 통합이 이루어질 경우 공급사슬에서의 비효율성을 줄일 수 있다는 점에서 그 의미가 있다.

④ 크로스도킹(cross-docking, 동시접안)은 입고되는 제품을 창고에 보관하지 않고 재분류를 통해 곧바로 배송하는 것으로 재고비용과 리드타임(lead time)을 줄일 수 있다. 일반적으로는 공급업자의 트럭이 물건을 창고에 내려두면 물류창고에서 이를 보관하다가 운송업체의 트럭이 나중에 와서 물건을 다시 싣고 가는 방식을 사용하므로 재고비용이 들고, 시간상의 손실도 발생한다. 그러나 크로스도킹 방식을 도입하면 그럴 필요가 없이 물건의 입고와 출고가 동시에 이루어지므로 창고의 재고비용을 현격하게 줄일 수 있다.

⑤ 레버리지 효과는 매출액의 변화가 영업이익과 주당순이익에 미치는 영향을 뜻하며, 이는 기업의 사업위험과 재무위험의 개념과 관련이 있다. 레버리지(leverage)는 지렛대를 뜻하며 특정한 하나의 변수가 변화할 때 관련된 다른 변수가 더 큰 폭으로 변화하는 경우를 비유적으로 일컬을 때 사용된다. 재무관리에서의 레버리지는 "매출액의 변화가 영업이익과 주당순이익에 미치는 영향력"을 의미하는데, 이는 곧 "유·무형자산의 사용으로 인한 고정영업비용과 타인자본의 사용으로 인한 이자비용이 영업이익이나 순이익에 미치는 영향을 분석하는 것"을 뜻한다.

정답 ①

45-10 ☑□□□ 2014 공인노무사

채찍효과의 발생요인이 아닌 것은?

① 공급망의 단계별로 이루어지는 수요예측
② 일정기간 예상되는 물량에 대한 일괄주문방식
③ 판촉 및 세일 등으로 인한 가격변동
④ 공급을 초과하는 수요에 따른 구매자간 힘겨루기
⑤ 전자자료교환 사용

요점정리 채찍효과가 발생하는 근본원인은 공급사슬 상류의 각 단계로 갈수록 실제 시장수요에 대한 정보를 얻기가 어려우며, 각 공급사슬 주체별 리드타임(lead time)의 발생으로 인해 불가피하게 안전재고(safety stock)를 보유하게 되기 때문이다. 따라서 공급사슬의 구성단계가 복잡하고 주체가 다양할수록(①) 채찍효과의 발생폭은 커질 수 있다. 그 외에도 일반적으로 수요의 급변동(고객의 주문수량이 갑작스럽게 변경됨), 수요예측의 빈약(정보의 오류), 일괄주문방식(한꺼번에 주문시 가격할인이 제공)(②), 생산업체들의 유동적 가격정책(구매가격의 잦은 변동 때문에 쌀 때 대량구매)(③), 인기상품에 대한 구매자들간의 제품확보 경쟁(④) 등의 원인들이 채찍효과를 발생시키는 원인이 된다.

해설 ⑤는 채찍효과를 줄이는 방법에 해당한다.

정답 ⑤

45-11 ☑□□□ 2017 경영지도사

공급사슬의 상류로 올라갈수록 수요의 변동폭이 증폭되어 나타나는 현상인 채찍효과(bullwhip effect)의 원인에 해당하지 않는 것은?

① 수요정보처리과정의 정보왜곡
② 배급게임(rationing game)
③ 일괄주문의 영향
④ 가격변동의 영향
⑤ 실시간 수요정보 공유

해설 수요정보의 왜곡(①), 인기상품의 배분을 두고 구매자들간에 벌어지는 물류확보 경쟁(②), 가격할인을 받기 위한 일괄주문(③), 가격변동을 감안하여 저렴한 시기에 대량으로 구매하는 관행(④) 등은 모두 채찍효과를 발생시키는 원인이 된다. 그러나 공급사슬을 구성하는 주체들간에 정보를 공유하게 된다면(⑤) 이는 오히려 채찍효과를 감소시키는 요인으로 작용할 수 있다.

정답 ⑤

45-12 ☑□□□

공급사슬상 채찍효과(Bullwhip Effect)가 발생하는 원인으로 옳지 않은 것은?

① 과잉 주문
② 일괄 주문
③ 큰 가격 변동
④ 짧은 리드타임

해설〉 ④ 리드타임이 짧을 때 보다는 길 때 채찍효과가 증폭된다.

추가해설〉 채찍효과는 필요량 이상을 주문하는 경우(①)나 한꺼번에 많은 양을 주문할 때(②) 발생한다. 그 이유 중 하나는 제품의 가격이 수시로 변동하므로(③) 비교적 저렴할 때 구입하려는 경향이 있기 때문이다.

정답 ④

45-12A ☑□□□

공급사슬관리에서 황소채찍효과(bullwhip effect)의 발생 원인으로 가장 거리가 먼 것은?

① 수요정보의 공유
② 뱃치(batch)식 주문
③ 가격할인
④ 공급자의 전략적 분배

요점정리〉 황소채찍효과와 채찍효과는 같은 말이다. 오해하지 말 것.

해설〉 채찍효과의 발생 원인은 공급사슬 상류의 각 단계로 갈수록 실제 시장수요에 대한 정보를 얻기가 어려우며, 각 공급사슬 주체별 리드타임(lead time)의 발생으로 인해 불가피하게 안전재고(safety stock)를 보유하게 되기 때문이다. 따라서 공급사슬의 구성단계가 복잡하고 주체가 다양할수록 채찍효과의 발생폭은 커질 수 있다. 그 외에도 일반적으로 수요의 급변동(고객의 주문수량이 갑작스럽게 변경됨), 수요예측의 빈약(정보의 오류), 일괄주문방식(뱃치 단위로 한꺼번에 주문시 가격할인이 제공, ②, ③), 생산업체들의 유동적 가격정책(구매가격의 잦은 변동 때문에 쌀 때 대량구매, ④) 등의 원인들이 채찍효과를 발생시키는 원인이 된다. 수요정보가 만약 ①의 설명처럼 공유된다면 채찍효과는 근본적으로 사라지게 된다.

정답 ①

45-13 ☑□□□

제품을 생산하는 기업이 느끼는 시장수요의 변동폭이 최종소비자의 실제 시장수요의 변동폭보다 큰 현상을 채찍효과라 한다. 이러한 문제점을 해소하기 위해 개발된 경영관리기법은?

① 공급망 관리(Supply Chain Management : SCM)
② 비즈니스 프로세스 리엔지니어링(Business Process Reengineering : BPR)
③ 식스시그마운동(Six Sigma Movement)
④ 전사적 자원소요계획(Enterprise Resource Planning : ERP)

해설〉 ① 채찍효과 극복을 위해 공급사슬관리 또는 공급망관리 기법이 고안되었다.
② 이는 업무과정의 혁신을 뜻한다.
③ 이는 품질관리 기법에 속한다.
④ 이는 기업 전체의 기능을 통합하는 정보시스템을 뜻한다.

정답 ①

45-14 ☑□□□

라이트(J.N. Wright)가 제시한 채찍효과(bullwhip effect)의 대처방안이 아닌 것은?

① 수요에 대한 정보를 집중화하여 불확실성을 감소시킨다.
② 고객 요구 프로세스의 고유한 변동 폭을 감소시킨다.
③ 안전재고의 양을 감소시키기 위한 리드타임을 단축시킨다.
④ 뱃치(batch) 주문을 실시한다.
⑤ 공급사슬에서 재고를 관리하는 정보를 공유할 수 있는 전략적 파트너십을 구축한다.

요점정리〉 배치(batch) 또는 로트(lot)는 한꺼번에 생산이 이루어지는 단위를 뜻한다. 빵을 구울때는 빵틀에 반죽을 여러 개(10개~20개) 넣고 굽게 되는데, 이 때 10개~20개가 하나의 배치 내지는 로트가 되는 것이다. 따라서 로트 방식으로 생산할 경우에는 개별생산을 할 때보다 생산량이 늘게 된다.

해설〉 채찍효과는 수요정보가 공급사슬의 상류로 갈수록 증폭되는 현상이다. 만약 ④에서처럼 뱃치단위, 즉 개별주문이 아니라 대량주문이 이루어진다면 오히려 채찍효과는 심화될 수 있다.

추가해설 정보공유와 파트너십을 통한 불확실성 감소(①, ⑤), 고객수요의 평준화를 통한 변동폭 감소(②), 배송기간 동안의 불확실성 제거를 위한 리드타임 단축(③) 등은 모두 채찍효과 감소를 통한 공급사슬관리의 효율화 방안이라 할 수 있다.

정답 ④

45-14E ☑☐☐☐　　　2021 가맹거래사

공급사슬관리에서 채찍효과를 해결하기 위한 적절한 방법은?

① 정보시스템을 활용한 공급사슬 구성원 간 정보 공유
② 불확실성에 대비한 대규모 재고 비축
③ 공급자들과 단기계약을 통한 원가 절감
④ 아웃소싱 최소화로 공급불확실성 해소
⑤ 불확실한 수요변화에 대응하기 위한 공급업체의 선적 지연

해설 채찍효과(bullwhip effect)는 제품에 대한 수요정보가 공급사슬상의 참여 주체를 하나씩 거쳐서 전달될 때마다 점차 왜곡되는 현상을 뜻한다. 이러한 채찍효과를 줄이기 위해서는 <u>계획수립과 예측, 재고보충에 있어 공급사슬망 구성원 간의 정보공유와 협조를 강화하고 전자문서교환(EDI), 무선주파수인식(RFID)과 같은 정보기술을 활용하여 공급사슬망 가시성(visibility)을 높이는 동시에 리드타임을 감축하기 위한 노력을 기울일 필요가 있다.</u> 또한 유통업자 및 소매상의 재고를 공급자가 직접 모니터링하고 필요시에 재고를 자동적으로 보충하는 공급자 재고관리(vendor managed inventory)를 도입할 수도 있다.

추가해설 ② 재고를 많이 비축하면 오히려 채찍효과가 증가한다.
③ 채찍효과를 줄이기 위해서는 실시간 공급이 가능한 소수의 협력업체와 긴밀한 관계를 맺는 것이 중요하다.
④ 필요한 경우 아웃소싱을 활용하는 것은 공급사슬의 효율성을 높이는 데 필요하다.
⑤ 지연차별화 내지 연기는 생산자가 소비자에게 공급하는 과정에서 대량고객화 달성을 위해 수행하는 것이다. 공급자가 생산자에게 원자재를 납품할 때는 지연이 없이 빠르고 효율적으로 운송하는 것이 중요하다.

정답 ①

45-14J ☑☐☐☐　　　2023 군무원 9급

다음 중 물류관리에 관한 설명으로 가장 거리가 먼 것은?

① 물류관리의 성과지표에는 매출액 대비 물류비용, 납기 준수율 등이 있다.
② 물류관리의 대상은 하역, 포장, 보관, 운송, 유통가공, 정보 등이다.
③ 제품이 수송 및 배송 활동을 거쳐 소비자에게 전달되는 과정은 인바운드 물류(in-bound logistics)에 해당한다.
④ 생산에 필요한 원자재를 자사 창고나 공장으로 이동하는 활동은 조달물류에 해당한다.

해설 ① [O] 매출액 대비 물류비용, 납기 준수율 등이 높으면 물류성과가 좋은 것으로 볼 수 있다.
② [O] 하역, 포장, 보관, 운송, 유통가공, 정보 등은 모두 물류에서 관리되어야 하는 주요 대상이 된다.
③ [×] 제품이 소비자(고객)에게 전달되는 과정은 아웃바운드 물류(out-bound logistics)이다. 인바운드 물류는 원자재를 기업(공장 등)으로 전달하는 과정을 지칭한다.
④ [△] 원자재의 운송과 조달의 경우는 이를 (본 선지처럼) 구분하지 않는 견해도 있고, 반대로 둘을 구분하는 견해도 있으나(예, 원재료 운송은 인바운드 물류, 소모품 운송은 조달 등) 이 문제에서는 선지 ③이 명백히 틀린 것이므로 이를 정답으로 처리한다.

정답 ③

45-15 ☑☐☐☐　　　2024 공인노무사

공급사슬관리의 효율성을 측정하는 지표로 옳은 것은?

① 재고회전율　　　② 원자재투입량
③ 최종고객주문량　④ 수요통제
⑤ 채찍효과

해설 ① 공급사슬이 얼마나 효과적인지를 검토하는 하나의 기준은 바로 재고를 살펴보는 것이다. 일반적으로는 재고회전율과 재고일수가 널리 사용된다. 재고회전율은 연간 매출원가를 평균 총 재고가치로 나눈 값이며, 이 값이 높을수록 공급사슬의 효율성이 높다. 재고일수는 확보하고 있는 물량으로 공급이 가능한 기간을 의미하며, 재고일수가 짧을수록 재고회전율은 높게 된다. 그 밖에도 매출원가, 현금흐름, 운전자본, ROA

등의 재무적 지표가 공급사슬의 성과를 측정하는 지표로 활용
될 수 있다.

추가해설 ⑤ 공급사슬의 상류로 갈수록 수요예측정보가 증폭
되는 현상을 지칭하는 '채찍효과'는 공급사슬의 체계적 관리가
필요한 이유에 해당한다. 공급사슬의 효율성 자체를 측정하는
지표는 아님에 유의할 것.

정답 ①

45-15M ☑□□□   2024 군무원 7급

다음은 공급망관리 혹은 공급사슬관리(supply chain
management, SCM)와 관련된 여러 설명들이다. 이
들 중 가장 적절한 것은?

① 정보와 물류의 리드타임이 길수록 공급사슬 내 채
찍효과(bullwhip effect)로 인한 현상은 감소한다.
② 공급자 재고관리를 활용하면, 구매자의 재고유지
비용은 빈번한 발주와 리드타임의 증가로 인해 상
승하고, 공급자의 수요예측 정확도는 낮아진다.
③ 고객에서부터 공장에 이르기까지 공급의 모든 과
정을 고객 관점에서 단순화 및 표준화하고, 정보
시스템의 지원을 통해 이 과정을 통합적으로 관리
하고자 하는 경영 노력을 SCM이라고 할 수 있다.
④ 대량 고객화(mass customization) 전략은 표준화
된 단일품목에 대한 고객수요를 최대한 확대하려
는 방향으로 공급 네트워크를 구성하려는 전략이
다.

① [×] 리드타임이 길어지면 채찍효과는 증가한다.
② [×] 공급자 재고관리를 통해 수요예측의 정확도를 높일 수
있다.
③ [○] 공급사슬관리에 대한 올바른 설명이다.
④ [×] 대량고객화는 단일품목에 대한 고객수요 확대가 아니
라 대량생산의 효율성과 고객화를 동시에 추구하는 기법이다.

정답 ③

45-16 ☑□□□   2014 가맹거래사

다음 중 공급망관리(supply chain management)에
관한 설명인 것은?

① ERP시스템을 확장한 것으로 유통망의 최적화와
영업인원의 축소에 목표를 둔다.
② 수직계열화와 유사한 개념으로 외부조달보다는
가급적 자사 내에서 모든 소요제품을 생산 조달함
으로써 리드타임을 줄이고자 하는데 목표가 있다.
③ 조직 내의 물적흐름을 최적화시키기 위해 계량적인
컴퓨터 모델을 이용한 최첨단 물류관리 기법이다.
④ 전통적 재고관리를 발전시킨 것으로 컴퓨터를 이용
한 체계적인 완제품 및 원자재 주문관리시스템이다.
⑤ 고객에서부터 공장에 이르기까지의 공급과정 전
체를 고객관점에서 단순화/표준화하고 정보시스
템의 지원을 통해 통합적으로 관리하고자 한다.

①은 유통의 측면에, ②는 리드타임의 측면에, ③은 컴
퓨터 모델링에, ④는 재고관리에 국한된 설명이다. SCM은 생
산에서 소비에 이르는 가치사슬 전반에 걸쳐 정보를 통합하고
그 효율성을 제고하기 위한 것이다.

정답 ⑤

45-16F ☑□□□   2022 군무원 5급

다음 중 공급사슬관리와 관련된 설명으로 가장 옳은 것은?

① 공급사슬 상의 정보 왜곡 현상은 조직마다 목표가
상이하여 발생하기 때문에 공급사슬의 전체 최적
화보다 부문 최적화를 목표로 하여야 한다.
② 공급사슬에 물자의 흐름은 공급업체에서 고객에
게 이르기까지 구체적인 제품의 흐름을 의미하며,
반품이나 그와 관련된 서비스, 재활용, 처분 등 역
방향의 흐름도 포함한다.
③ 황소채찍효과(bullwhip effect)는 공급사슬 상류
의 고객 주문 정보가 하류로 전달되면서 정보가
왜곡되는 현상을 말한다.
④ 공급사슬관리는 일반적으로 공급자에서 고객에
이르는 공급사슬 상의 물자와 현금의 흐름만을 관
리한다.

해설 ① [×] 성공적인 공급사슬관리를 위해서는 모든 구성원들 사이의 유기적이고 포괄적인 통합 및 연대, 즉 각종 정보의 공유와 전체 최적화가 필수적이다. 당초 이들 부서들은 효율성과 분업의 원리에 따라 분리되었으나, 원활한 조정(coordination)이 필요함에 따라 다시 통합을 필요로 하는 것이다.
② [O] 공급사슬관리는 원료의 처리에서 시작하여 최종 소비자에 제품 및 서비스가 도달하는데 이르는 각 단계에서의 작업흐름에 관한 순차적인 통합과 정보관리의 과정을 총칭하는 개념이므로 물자, 자금, 정보와 관련한 모든 순·역방향의 흐름을 포함한다. 여기서 물자의 흐름과 자금의 흐름은 서로 반대로 흘러가는데 이는 (너무 당연한 말이지만) 물건을 받는 사람이 돈을 지급하기 때문이다.
③ [×] 채찍효과(bullwhip effect)는 제품에 대한 수요정보가 공급사슬상의 참여 주체를 하나씩 거쳐서 전달될 때마다 점차 왜곡되는 현상을 뜻한다. 구체적으로는 고객으로부터 소매점, 도매점, 제조업체, 부품업체의 순으로 사슬의 상류로 가면서 최종 소비자의 수요 변동에 따른 수요 변동폭이 증폭되어 가는 현상을 지칭한다.
④ [×] 공급사슬관리는 공급자에서 고객에 이르는 물자정보뿐만 아니라 앞의 선지 ②에서 설명한 것처럼 그 역방향의 흐름도 관리대상에 포함된다.

정답 ②

45-17 ☑□□□
2018 가맹거래사

공급사슬 구조 개선방법이 아닌 것은?

① 주요 제품설계 개선
② 공급사슬의 수직적 통합
③ 아웃소싱
④ 준비 시간의 단축
⑤ 공급사슬의 네트워크의 구성과 입지개선

해설 준비시간의 단축(④)은 재고관리의 효율성을 높이는 주요 방법이 된다.

추가해설 공급사슬의 주요 개선방안으로는 설계의 개선(①), 공급사슬을 구성하는 각 단계의 통합(②), 일부 기능의 외주화(③), 공급사슬을 구성하는 기업간 네트워크의 개선(⑤) 등이 있다.

정답 ④

45-17G ☑□□□
2022 군무원 7급

다음 중 공급사슬관리의 개념과 내용에 대한 설명으로 가장 옳지 않은 항목은?

① 공급사슬관리는 기업 내 변환과정과 유통망을 거쳐 최종 고객에 이르기까지 자재, 서비스 및 정보의 흐름을 전체 시스템에서 설계하고 관리하는 것이다.
② 채찍효과란 최종 소비자의 수요 변동에 따라 공급사슬의 상류에 있는 주체로 갈수록 하류에 있는 주체로부터 주문을 받는 양의 변동성이 더 커지는 현상을 말한다.
③ 공급사슬의 성과는 총공급사슬원가, 정시납품비율, 재고충족률 등 원가, 품질, 납품, 유연성 및 시간의 측면에서 측정할 수 있다.
④ 공급사슬의 주체들 간 상호작용을 감소시킴으로써 어느 한 주체의 의사결정이 나머지 다른 주체에 영향을 미치지 않는다.

해설 ① [O] 공급사슬관리의 개념을 잘 설명한 선지이다.
② [O] 채찍효과의 핵심은 고객수요변동이 공급사슬의 상류로 갈수록 증폭되는 현상이며, 본 선지는 이를 잘 표현한 것이다.
③ [O] 일반적으로 공급사슬이 얼마나 효과적인지를 검토하는 하나의 기준은 바로 재고를 살펴보는 것이다. 일반적으로는 재고회전율과 재고일수가 널리 사용된다. 재고회전율은 연간 매출원가를 평균 총 재고가치로 나눈 값이다. 재고일수는 확보하고 있는 물량으로 공급이 가능한 기간을 의미하며, 재고일수가 짧을수록 재고회전율은 높게 된다. 그 밖에도 공급사슬의 성과는 생산운영관리의 4대 목표인 원가, 품질, 시간, 유연성 등의 측면에서 검토하는 것이 가능하다.
④ [×] 성공적인 공급사슬관리를 위해서는 모든 구성원들 사이의 유기적이고 포괄적인 통합 및 연대, 즉 각종 정보의 공유가 필수적이다.

정답 ④

45-17J ☑☐☐☐

공급사슬관리에 관한 설명으로 옳지 않은 것은?

① 효율적(efficient) 공급사슬 전략에서는 원가절감에 중점을 두며, 가동률을 높이는 것이 필요하다.

② 반응적(responsive) 공급사슬 전략에서는 신속한 수요대응에 중점을 두며, 여유 생산 능력을 줄이는 것이 필요하다.

③ 재고기간이 짧을수록 재고회전율은 높아진다.

④ 대량 고객화(mass customization)는 대량생산이 주는 이점과 주문 생산의 고객화라는 이점을 동시에 추구한다.

해설 하우 리(Hau L. Lee)에 의해 개발된 불확실성 프레임워크(uncertainty framework)에 따르면 수요의 불확실성 정도 뿐 아니라 공급의 불확실성 정도에 따라서도 공급사슬 전략에 차이가 발생하게 되므로, 수요와 공급의 불확실성에 따라 모두 4가지의 공급사슬 관리방안을 제안한다.

① [○] 효율적 공급사슬(efficient supply chain)은 수요측면의 기능적 제품과 공급측면의 안정적 프로세스가 결합된 경우로서, 효율성 창출을 목표로 하는 공급사슬이다. <u>규모의 경제를 추구</u>하고 각종 최적화 기법을 적용하며 정확성에 초점을 둔다. 따라서 원가절감과 가동률 증대라는 선지의 서술은 옳다.

② [×] 반응적 공급사슬(responsive supply chain)은 수요측면의 혁신적 제품과 공급측면의 안정적 프로세스가 결합된 경우로서, <u>고객의 유동적이고 다양한 니즈에 대해 유연하게 반응하는 것을 목표</u>로 하는 공급사슬이다. 대량 고객화가 매우 중요하게 다루어지므로, 주문생산이 가능한 형태의 공급사슬을 설계하여 사용하는 것이 효과적이다. 일반적으로 다른 조건이 동일하다면 수요의 변동이 크거나 고객서비스가 중요한 업종일수록 여유생산능력을 크게 가져간다. 따라서 선지의 설명처럼 다양한 시장수요에 유연하게 대응하려면 여유생산능력을 높일 필요가 있다.

③ [○] 공급사슬이 얼마나 효과적인지를 검토하는 하나의 기준은 바로 재고를 살펴보는 것이다. 일반적으로는 재고회전율과 재고일수(재고기간)가 널리 사용된다. 재고회전율은 연간 매출원가를 평균 총 재고가치로 나눈 값이다. 재고일수는 확보하고 있는 물량으로 공급이 가능한 기간을 의미하며, <u>재고일수가 짧을수록 재고회전율은 높게 된다.</u>

④ [○] 대량 고객화(mass customization, 대량주문생산)는 대량생산의 이점을 누리는 동시에 고객별 니즈를 효과적으로 반영하는 맞춤형 전략을 뜻한다. 대량 고객화를 위한 세부 방안으로는 모듈화 설계, 주문조립생산, 연기, 채널 조립 등이 있다.

정답 ②

45-18 ☑☐☐☐

다음 중 공급사슬의 유형과 가장 거리가 먼 것은?

① 파트너십 사슬　　② 효율적 사슬
③ 린 사슬　　④ 신속대응 사슬

해설 하우 리(Hau L. Lee)에 의해 개발된 불확실성 프레임워크(uncertainty framework)에 따르면 수요의 불확실성 정도 뿐 아니라 공급의 불확실성 정도에 따라서도 공급사슬 전략에 차이가 발생하게 되므로, 수요와 공급의 불확실성에 따라 모두 4가지의 공급사슬 관리유형을 제안한다. 그 내용은 효율적 공급사슬(안정적 수요, 안정적 공급, 선지 ②), 반응적 공급사슬(= lean 사슬, 불안정적 수요, 안정적 공급, 선지 ③), 위험회피 공급사슬(안정적 수요, 불안정적 공급), 민첩 공급사슬(= 신속대응사슬, 불안정적 수요, 불안정적 공급, 선지 ④)이다.

정답 ①

적시생산(JIT)

1. 유연생산의 개념과 JIT

1) 유연생산시스템: 효율성과 유연성의 동시충족

　　① 새로운 제품의 생산(machine flexibility)　　② 생산량의 조절(routing flexibility)

2) 적시생산(JIT): 불필요한 생산요소를 철저히 배제하면서 부가가치를 높이는 생산방식
(도요타 시스템)

2. 푸시 시스템과 풀 시스템

푸시 시스템(MRP와 관련)	풀 시스템(JIT와 관련)
생산자 중심의 사고(만들면 팔린다)	소비자 중심의 사고(필요한 것을 만든다)
비반복생산에 적합	반복생산에 적합
생산과정에서 발생 가능한 약간의 불량 인정	가급적 무결점을 추구
납품업자에 대한 공격적·적대적 관리	납품업자와의 협력시스템 구축
효율성에 초점	효율성과 유연성의 동시 추구
재고는 불가피한 것	재고는 가급적 적을수록 좋은 것
대규모의 로트(lot) 또는 배치(batch)	소규모의 로트(lot) 또는 배치(batch)

3. 전통적 생산방식과 JIT의 비교

전통적 생산방식	JIT
계획(plan) 중심적이고 컴퓨터 의존적	통제(control) 중심적이며 시각적 통제를 강조
전문화되고 개인주의적인 노동력에 기반	유연하며 팀 중심적인 노동력에 기반
비교적 충분한 재고를 갖고 운영	재고를 낭비로 보아 극소화
다수의 경쟁적인 공급업자와 관계를 맺음	하나 혹은 소수의 협력적 공급업자와 관계를 맺음

4. 생산공정의 유연화 방안

1) 소(小)로트 시스템: 유사 완제품 생산묶음의 규모를 줄임([주의] 생산량을 줄인다는 의미는 아님)

2) 칸반 시스템: 자재나 부품이 필요함을 알려주는 '신호' 또는 '지시' 목적의 카드

3) 자동화(自働化, jidoka): 생산과정에서 품질관리를 즉시 시행 → 포카요케(실수방지)

4) 다기능공화: 인적자원이 여러 기능을 갖춤

5) 모듈화 설계: 제품을 핵심 구성요소별로 표준화하여 생산한 다음 최종 조립단계에서 결합

6) 공장 부하의 평준화(平準化, heijunka): 채찍효과를 줄이기 위하여 산출률을 가급적 고정

7) CIM(computer integrated manufacturing): 컴퓨터 시스템에 의해 생산운영공정의 전 과정이 통합

8) 그룹 테크놀러지(GT)

　　→ 유사 부품들을 군(family)으로 묶고 이를 생산하기 위한 프로세스를 특화 작업셀로 배치

　　→ 셀(cell, 소규모 작업집단) 배치와 관련

　　→ 제품별 배치와 유사한 효과(WIP 재고 감소, set up time 감소 등)를 가지는 동시에 공정별 배치의 장점
도 흡수(다기능공화, 인간관계 개선 등)

46-1 ☑☐☐☐

다음 특성에 알맞은 생산운영관리시스템의 명칭은?

> - 칸반(Kanban) 시스템 · 린(lean) 시스템
> - 무재고 생산 지향 · 생산의 평준화

① JIT   ② MRP
③ MRP II   ④ CIM
⑤ FMS

요점정리 유연생산시스템의 원리는 일본에서 적시생산(JIT)의 개념으로 발전되고 체화되어 왔으며, 린 생산은 JIT를 미국식 환경에 맞추어서 재정립한 것으로 JIT의 주요 구성요소가 린 생산에서도 그대로 적용된다. 적시생산시스템의 주요 개념은 칸반, 재고의 최소화, 생산 평준화, 자동화, 소(小)로트, 포카요케, 다기능공화 등이다.

정답 ①

46-1A ☑☐☐☐

생산에 필요한 요소를 제때에 투입함으로써 재고가 없도록 하는 생산 방식은?

① 유연생산시스템(FMS: flexible manufacturing system)
② 컴퓨터 통합생산(CIM: computer integrated manufacturing)
③ 스마트 팩토리(smart factory)
④ 무결점운동(zero defects program)
⑤ 적시생산(JIT: just in time)

해설 '제때'를 한자로 옮기면 적시(適時)가 된다. 적시생산은 필요한 때 생산함으로써 불필요한 낭비를 줄이는 생산운영관리 기법이다.

추가해설 ① 적시생산의 취지를 확장하여 고객의 다양한 요구에 능동적으로 대응하는 생산시스템을 뜻한다. 만약 ⑤번 선지가 없다면 유연생산이 답이 될 수도 있으나, '재고가 없도록 한다'는 취지에는 적시생산이 보다 가깝다.
② 컴퓨터 시스템에 의하여 제품 및 서비스의 설계부터 생산운영공정의 전 과정이 통합되는 개념이다.
③ 이는 공장 내 설비와 기계에 센서(IoT)가 설치되어 데이터가 실시간으로 수집, 분석되어 공장 내 모든 상황들이 일목요연하게 보여(observability)지고, 이를 분석해 목적된 바에 따라

스스로 제어(controllability)되는 공장을 뜻한다.
④ 이는 크로스비(Crosby)에 의해 주창되었으며 불량을 없애고자 하는 품질관리 운동을 뜻한다.

정답 ⑤

46-1F ☑☐☐☐

생산 프로세스에서 낭비를 제거하여 부가가치를 극대화하기 위한 것은?

① 린(lean) 생산
② 자재소요계획(MRP)
③ 장인생산(craft production)
④ 대량고객화(mass customization)
⑤ 오프쇼오링(off−shoring)

해설 각종 낭비를 제거하여 비용을 절감하고 생산속도를 높이며 고객가치를 높이는 방안은 적시생산(Just-In-Time) 내지는 린(lean) 생산 또는 유연생산(flexible manufacturing)에 해당한다.

추가해설 ②의 자재소요계획은 pull 생산원리에 기초한 린생산과는 반대로 push 생산원리에 입각한 개념이다.
③의 장인생산은 주문생산 내지는 다품종 소량생산을 뜻하는데, 자동차 회사(일본 토요타)에서 유래한 린 생산과는 근본적으로 어울리지 않으며, ④의 대량고객화는 린생산과 근본 취지가 통하지만 '낭비 제거'라는 키워드가 린 생산에 보다 더 어울린다. 대량고객화는 린생산의 결과물에 가깝기 때문이다. ⑤는 기업 업무의 일부를 다른 나라로 이관하는 것을 뜻한다.

정답 ①

46-2 ☑☐☐☐

다양한 종류의 제품을 효율적으로 생산하기에 적합한 방식으로 옳지 않은 것은?

① 유연생산방식
② 린생산(Lean Production)방식
③ 대량생산방식
④ 컴퓨터지원설계·제조(CAD·CAM)방식

해설 효율성과 다양성을 동시에 달성/충족시키는 생산방법은 유연생산시스템(①) 또는 린생산(②)이다. 이 과정에서 컴퓨터를 활용한 설계와 생산(CAD, CAM) 개념이 응용될 수 있다

(④). ③의 경우 효율성은 충족하지만 유연성에 대한(다양한 제품) 언급이 없으므로 4가지 선지 중에서는 가장 따로 노는 것이 된다.

정답 ③

46-2D ☑☐☐☐

자동화기술과 생산관리기술을 결합하여 주문생산과 대량생산을 동시에 고려한 생산시스템은?

① 집단가공법　　　　② 수치제어가공
③ 셀 제조방법　　　　④ 모듈생산
⑤ 유연생산시스템

해설 주문생산은 유연성이 큰 대신 효율성이 낮은 편이고, 대량생산은 효율성이 큰 대신 유연성이 부족하다. 이 두 생산방식의 장점을 조화시킨 생산시스템을 유연생산시스템(flexible manufacturing system, FMS)라 한다.

추가해설 유연생산과 관련된 개념으로 선지 ①의 집단가공법(group technology, GT)과 선지 ③의 셀(cell) 생산 및 선지 ④의 모듈생산 등이 있다. 다만 주의할 것은 이들 개념 모두 유연생산과 관련된 개념이지만 구체적 의미가 조금씩 다르다는 점이다. 집단가공법은 공정별 배치의 장점을 살리면서 제품별 배치의 효율성을 추가한 기법이므로 배치방식에서 논할 수 있는 개념이다. 셀 제조방법 역시 제품별 배치와 공정별 배치를 혼합한 기법의 의미이고, 모듈생산은 애초에 생산효율성을 극대화하기 위해 중간부품(모듈, module)을 미리 만들어뒀다가 수시로 결합한다는 의미로 사용된다. 따라서 문제에서 묻는 '생산시스템'의 취지에는 맞지 않다.

정답 ⑤

46-2J ☑☐☐☐

다음에서 설명하는 생산시스템으로 가장 적절한 것은?

> 이 생산시스템은 생산활동에서 가치를 부가하지 않는 활동, 자재, 운영 등 낭비의 원천을 제거하여 생산효율을 극대화한다. 프로세스 개선을 통해 제품 품질을 향상시킨다. 재고감소를 통한 생산 리드타임 단축으로 고객의 수요변화에 신속히 대응한다.

① 린(Lean) 생산시스템　　② ERP 생산시스템
③ MRP 생산시스템　　　　④ Q-system

해설 낭비의 원천 제거, 프로세스의 개선, 재고 감소, 리드타임 단축, 고객에의 신속한 대응 등의 키워드를 종합해 보면 유연생산시스템(lean system)이나 적시생산(Just-In-Time)에 해당한다. 따라서 정답은 ①이다.

추가해설 ② ERP(Enterprise Resource Planning, 전사적 자원관리)는 공통의 데이터베이스를 통해 생산, 재무, 회계, 마케팅, 인적자원관리에서의 정보시스템을 통합하고, 나아가 공급자와 고객까지 연결함으로써 기업의 모든 자원을 최적으로 관리하는 시스템을 의미한다.
③ 자재소요계획(MRP, material requirement planning)은 적기생산을 위하여 주일정계획에 소요되는 원자재 및 반제품의 납기 및 수량을 구체적으로 파악하는 과정이다. 주로 완제품의 생산에 필요한 종속수요(자재 및 부품)의 소요량을 역산하여 효과적인 재고통제를 하는데 사용되며, 각 부품에 대한 주문과 중간조립품의 생산이 언제 이루어져야 하는가를 컴퓨터 프로그램을 활용하여 계획하는 것이다.
④ 재고관리 유형 중 하나인 고정주문량 모형(Q-system)은 재주문시점(ROP, reorder point) 재고모델 또는 연속조사 시스템(continuous review system)이라고도 불린다. 여기서는 재주문점(reorder point)을 미리 정해 놓고, 재고상태가 이보다 낮아지는 순간 고정량 Q를 주문한다. 따라서 주문사이의 시간간격(order cycle)이 변화하는 대신 주문량은 일정하다.

정답 ①

46-2M ☑☐☐☐

준비비용이 일정하다고 가정하는 경제적 주문량(EOQ)과는 달리 준비비용을 최대한 줄이고자 하는 시스템은?

① 유연생산시스템(FMS)
② 자재소요관리시스템(MRP)
③ 컴퓨터통합생산시스템(CIM)
④ ABC 재고관리시스템
⑤ 적시생산시스템(JIT)

해설 준비비용(set-up cost)은 작업을 시작하기 전에 기계장비를 예열(미리 데워두기)시키거나 작업에 필요한 도구를 셋팅하는 등의 비용을 총칭한다. 일반적으로 준비비용은 정해진 값으로 본다. 많이 만들든 적게 만들든 작업준비에 필요한 과업은 어느 정도 일정하기 때문이다. 하지만 '미리 준비'하지 않고 고객 주문이 들어오면 '즉시 생산에 돌입'하는 것을 강조하는 적시생산시스템(JIT)에서는 이러한 준비비용이 필요 없거나, 극단적인 수준으로 줄일 수 있다는 점을 강조한다. JIT에서는 준비비용만 줄이려는 것이 아니다. 필요한 만큼만 생산하므로 재

고도 발생하지 않는다고 보기에 재고보관비용도 거의 들지 않는다고 가정한다. 나머지 선지들은 준비비용을 줄이는 것을 강조하거나 논의했다고 보기 힘든 여러 생산관리 기법들을 나열한 것이므로 추가적 설명은 생략한다.

정답 ⑤

46-3 ☑☐☐☐ 2014 공인노무사

린(lean) 생산방식의 전제조건이 아닌 것은?

① 작업장 정비
② 품질경영과 실수방지책 구축
③ 푸쉬 시스템 도입
④ 생산준비시간 단축
⑤ 생산스케줄 평준화와 안정화

요점정리 종속수요품목의 재고상황을 관리하는 관점에는 크게 MRP와 관련이 있는 푸시 시스템(push system)과 JIT와 관련이 있는 풀 시스템(pull system)이 있다. 전자(예: MRP)는 만들어진 중간생산물을 다음 단계로 보내는(밀어내는) 방식으로 생산이 이루어지므로 생산속도의 비대칭이 발생하여 공정 중간에 재공품 재고가 축적되거나 또는 부족해질 가능성이 상대적으로 높다. 반면 후자(예: JIT)는 후순위 공정에서 필요할 때 필요한 중간생산물 만큼을 전 단계 공정에 요청하는 방식으로서 공정이 끊어지지 않고 부드럽게 반복·연속적으로 이루어질 가능성이 상대적으로 높으므로 적시생산 구현에 도움이 된다.

해설 ③ 린 시스템은 JIT(적시생산)의 취지에 따라 풀(pull) 방식으로 작업을 처리한다.

추가해설 린 생산에서는 작업장의 정비를 통한 실수방지에 초점을 두며 이는 곧 문제점의 즉시 발견 및 해결을 통한 품질향상으로 이어진다(①, ②). 또한 로트(lot)의 크기를 줄여 재고를 줄이는 동시에 가급적 빠른 속도로 생산이 이루어지게끔 하며, 이 과정에서 생산준비(set-up) 횟수가 증가하므로(적은 분량을 여러 번 생산) 비용절감을 위해 생산준비시간(set-up time)의 감축을 추구하게 된다(④). 또한 낭비를 줄이기 위해 가급적 각 생산공정들의 속도나 작업량을 균일하게 하여 생산평준화를 추구한다(⑤).

정답 ③

46-4 ☑☐☐☐ 2011 공인노무사

적시생산(JIT) 시스템의 특성이 아닌 것은?

① 푸시시스템(push system)
② 칸반 생산
③ 공장부하의 균일화
④ 유연한 자원
⑤ 빠른 생산준비시간

해설 ① 적시생산(JIT) 또는 린 생산시스템은 풀(pull) 시스템을 활용한다.

추가해설 ② 칸반(看板)은 자재나 부품이 필요함을 알려주는 '신호' 또는 '지시'목적의 카드를 뜻한다. 선·후행 작업장 사이에 발생하는 재공품 재고의 양은 칸반(Kanban)의 수에 비례하므로 JIT에서는 칸반의 관리를 통해 생산속도의 조절이 가능해진다.

정답 ①

46-5 ☑☐☐☐ 2010 가맹거래사

적시생산(JIT) 시스템의 특성에 해당하지 않는 것은?

① 다기능 작업자의 투입
② 소규모 로트(lot) 크기
③ 부품과 작업 방식의 표준화
④ 푸시(push) 방식의 자재흐름
⑤ 작업장간 부하 균일화

해설 JIT는 시장수요에 적절하게 대응하는 풀(pull) 방식이라 할 수 있다.

정답 ④

46-6 ☑☐☐☐ 2016 서울시 7급

다음 중 적시생산방식(JIT)시스템의 특징이 아닌 것은?

① 풀시스템(pull system)
② 칸반(kanban)에 의한 생산통제
③ 생산평준화
④ 소품종 대량생산체제

해설 ④ JIT는 유연성(다품종)과 효율성(대량생산)을 모두 추구한다. 만약 대량생산과 소량생산의 둘 중에 하나를 골라야 한다면 JIT는 대량생산에 가까우며, 소품종과 다품종 중에서 하나를 고르라 한다면 JIT는 다품종에 가깝다. 물론 JIT의 개념 자체는 자동차 회사인 도요타로부터 유래한 것이므로 엄밀히 말하면 우리가 머릿속에서 그릴 수 있는 다품종 생산과는 거리가 있는 것이 사실이다. 다만 기존의 자동차회사에 비해(예: 미국의 Ford) 일본의 도요타에서는 JIT 방식의 활용을 통해 상대적으로 다양한 차종과 버전을 선보일 수 있었던 것이 사실이므로 다품종으로 이해하는 것이 본 문제에서는 타당하다.

정답 ④

46-7 ✅☐☐☐ 2017 가맹거래사

JIT(just in time) 구매방식의 특징이 아닌 것은?

① 소량 구매
② 소수의 협력업체
③ 품질과 적정가격에 의한 장기계약
④ 구매에 관한 문서의 최소화
⑤ 적은 납품횟수

해설 ⑤ JIT에서는 소(小)규모 로트 생산을 강조한다. 따라서 적은 분량을 여러 번 납품받는 방식을 선호하게 된다. 따라서 납품횟수는 증가하고, 1회당 납품받는 분량은 줄어든다.

추가해설 ① JIT에서는 자원의 낭비를 방지하기 위해 소(小)규모 로트로 생산하므로 투입자원도 소량으로 구매하게 된다. 로트 크기를 줄이면 주기재고(cycle inventory, 주문기간당 평균재고량)가 감소하여 재고유지비용이 낮아지고 재고 보관을 위한 공간이 줄어들어 재고보관료(예: 보험료, 임대료 등)가 줄어드는 동시에 채찍효과도 줄일 수 있다. 또한 로트 크기를 줄이면 공정에서 발생한 품질문제를 조사하거나 처리하는 시간도 감소하여 비용이 절감될 수 있다.

②, ③ JIT 시스템을 안정적으로 운영하기 위해서는 신뢰할 수 있는 협력적 공급자의 확보가 필수적이다. 기존의 생산방식에서는 다수 공급업자끼리의 경쟁을 통해 원가절감을 꾀하였으나, JIT에서는 공급자와의 신뢰관계가 중시되므로 하나 혹은 소수의 업체들과 장기적 관계를 맺게 된다.

④ JIT에서는 칸반 등을 활용한 시각적 통제를 중시한다. 전산시스템이나 문서보다 눈에 보이는 확실한 방식으로 조직운영의 효율화를 꾀하는 것이다.

정답 ⑤

46-8 ✅☐☐☐ 2015 공인노무사

JIT(Just-in-time) 시스템의 특징으로 옳지 않은 것은?

① 푸쉬(push) 방식이다.
② 필요한 만큼의 자재만을 생산한다.
③ 공급자와 긴밀한 관계를 유지한다.
④ 가능한 한 소량 로트(lot) 크기를 사용하여 재고를 관리한다.
⑤ 생산지시와 자재이동을 가시적으로 통제하기 위한 방법으로 칸반(Kanban)을 사용한다.

해설 ①, ② JIT는 풀(pull) 방식이다. 이는 고객이 요구하는 만큼만 만드는 방식을 뜻한다.
③ JIT에서는 공급업자와 긴밀하고도 협력적 관계를 유지한다.
④ 고객 수요에 기민하게 반응하기 위하여 생산의 단위인 로트 크기를 작게 한다.
⑤ 자재의 흐름을 시각적으로 통제하는 수단이 바로 간판이다.

정답 ①

46-9 ✅☐☐☐ 2016 가맹거래사

JIT시스템의 구성요소로 옳지 않은 것은?

① 간판방식
② 생산의 평준화
③ 공급자 네트워크
④ 다기능작업자
⑤ 대규모 로트 사이즈

해설 ⑤ JIT에서는 소규모 로트 사이즈를 추구한다.

추가해설 ③ JIT에서는 재고감소를 위한 소(小)로트 시스템을 운영하므로 납품을 자주 여러 번 받는다. 이 과정을 효율적으로 수행하기 위해 소규모의 공급업자들과 매우 친밀한 관계를 맺는 것이 중요하다. 예를 들어 1년에 한번 한꺼번에 많이 납품받는 사이라면 친할 필요가 없지만, 매월 조금씩 납품을 자주 받는다면 배송횟수 증가로 인한 번거로움을 기꺼이 감내할 수 있는 친한 공급업자가 필요하기 때문이다. 이를 공급자와의 네트워크라 한다.

④ 다기능공화(多技能工化)는 인적자원이 여러 기능을 갖추는 것을 뜻하며, 이를 통해 예기치 못한 상황이 발생하더라도 기업이 유연적으로 대처할 수 있도록 한다. 기존의 제품별 배치나 공정별 배치에서도 다기능화가 이루어질 수 있으나, JIT에서는 단순히 여러 기능을 수행하는 것을 넘어서 작업자가 기계의 가동준비와 정비까지 할 수 있도록 보다 넓은 범위의 기술을 요구하며, 전통적인 제조방식에 비해 작업자에게 다양한 기술

과 강한 팀워크를 요구한다. 이를 통해 재고비용과 인건비의 절감 효과까지 기대할 수 있게 된다.

정답 ⑤

46-10 ☑□□□　　　　　2017 경영지도사

적시생산시스템(JIT) 구성요소에 해당하지 않는 것은?

① 간판방식　　　　　② 대로트생산
③ 생산의 평준화　　　④ 다기능작업
⑤ 준비시간 최소화

해설 ② JIT에서는 각 제품의 수요율과 생산율을 최대한 일치시키고자 필요한 만큼씩만 생산하게 되므로 로트 크기 감소가 가장 중요한 과제가 된다. 로트 크기를 줄이면 주기재고(cycle inventory, 주문기간당 평균재고량)가 감소하여 재고유지비용이 낮아지고 재고 보관을 위한 공간이 줄어들어 재고보관료(예: 보험료, 임대료 등)가 줄어드는 동시에 채찍효과도 줄일 수 있다. 또한 로트 크기를 줄이면 공정에서 발생한 품질문제를 조사하거나 처리하는 시간도 감소하여 비용이 절감될 수 있다.

추가해설 ⑤ 준비시간(set-up time)의 단축은 가용 생산능력을 향상시키고 일정계획 변경에 대응하는 유연성을 높이며 재고를 감소시키기 때문에 JIT에서 매우 중요하다. 준비시간과 준비비용이 줄어들면 (작업을 자주 여러번 할 수 있으므로) 자연스럽게 경제적 로트(lot) 크기도 줄어든다.

정답 ②

46-10D ☑□□□　　　　　2021 군무원 9급

JIT(Just-In Time) 생산시스템의 특징에 해당하지 않는 것은?

① 적시구매　　　　　② 소로트의 반복생산
③ 안전재고의 저장　　④ 다기능공의 존재

해설 ③ 적시생산에서는 재고의 최소화를 추구한다. 따라서 안전재고수준도 0에 가깝게 유지하는 것이 중요하다.

정답 ③

46-10J ☑□□□　　　　　2023 군무원 5급

적시(just in time) 생산방식이 제조업의 생산성 향상에 기여하는 방식으로 가장 적절하지 않은 것은?

① 원자재와 부품이 최저 가격으로 공급될 수 있도록 충분한 재고를 갖춘다.
② 작업 효율을 높이기 위해 5S라는 작업장 관리운용을 시행한다.
③ 협력사와 긴밀한 업무 협조를 갖추는 것이 필요하다.
④ 종업원의 적극적 참여를 유도하여 생산품질을 높인다.

해설 ① [×] 적시생산에서는 낭비를 죄악시한다. 따라서 원자재나 부품 등의 재고수량도 가능한 한 최소로 유지할 것을 강조한다.
② [○] JIT에서 강조하는 다섯 가지 원칙의 약자를 딴 것이다. 그 내용은 Sort(Seiri, 정리), Set in Order(Seiton, 정돈), Shine(Seiso, 청소), Standardize(Seiketsu, 청결), Sustain(Shitsuke, 습관) 등이다.
③ [○] JIT에 적합한 생산개념은 풀 시스템이며, 이는 수요가 안정적이고 부하가 일정한 반복적 대량생산(예, 자동차)에 보다 효과적이다. 이러한 시스템을 안정적으로 운영하기 위해서는 신뢰할 수 있는 협력적 공급자의 확보가 필수적이다. 기존의 생산방식에서는 다수 공급업자끼리의 경쟁을 통해 원가절감을 꾀하였으나, JIT에서는 공급자와의 신뢰관계가 중시되므로 하나 혹은 소수의 업체들과 관계를 맺게 된다.
④ [○] 품질향상을 위한 구성원의 참여와 관련된 용어가 자동화이다. 자동화(自働化, jidoka)는 품질관리를 생산과정에서 즉시 시행하는 것이다. 뭔가 잘못 되었을 때 작업자 스스로 프로세스와 조립라인을 즉각 중지시키고 품질검사를 행하며, 만약 문제가 발견되면 다른 작업자들과 해당 이슈를 공유한다.

정답 ①

46-10K ☑□□□　　　　　2023 경영지도사

적시생산시스템(JIT)이 지향하는 목표로 옳지 않은 것은?

① 제조 준비시간의 단축
② 충분한 재고의 확보
③ 리드타임의 단축
④ 자재취급 노력의 경감
⑤ 불량품의 최소화

해설 ② 적시생산(just-in-time, JIT)이란 고객이 필요로 하는 제품을 필요수량만큼 적시에 생산한다는 의미이다. 이는 미국식 소품종 대량생산방식에서의 불필요한 생산요소(=제품가치에 기여하지 못하는 요소)를 철저히 배제하는 동시에 부가가치를 높이기 위한 생산방식이며, 부품과 자재공급 및 재고관리로부터 출발하여 생산계획과 통제 등의 분야에까지 확장된 개념이다. JIT에서는 재고를 부채로 인식한다. 즉 재고는 최소화할수록 좋다는 것이다.

추가해설 JIT에서는 앞서 언급한 것처럼 낭비를 죄악시하므로 준비시간의 단축(①), 리드타임의 단축(③), 불량의 제거(⑤), 최소한의 자재취급 노력(④) 등을 강조한다.

정답 ②

46-11 ☑□□□ 2015 경영지도사

적시생산시스템(JIT)에 관한 설명으로 옳지 않은 것은?

① 유럽의 자동차회사에서부터 시작되었음
② 공간절약을 통해 비용을 절감하고자 함
③ 재고를 최소화하고자 함
④ 이 시스템은 대량의 반복생산체제에 적합함
⑤ 유통망의 장애를 고려하지 않는다는 단점이 존재

해설 ① 일본의 도요타에서 비롯되었다.
②, ③ JIT는 비용이나 재고를 최소화하는 것을 목표로 한다.
④ 자동차와 같은 대량반복생산에서 고객 니즈를 어느 정도 반영하기 위해 JIT가 고안된 것이다.
⑤ 유통망의 장애가 존재할 경우 JIT의 원활한 운영이 힘들어진다.

정답 ①

46-11J ☑□□□ 2023 가맹거래사

JIT(just in time) 생산방식에서 제거대상으로 제시한 낭비에 해당하지 않는 것은?

① 과잉생산에 의한 낭비
② 대기시간으로 인한 낭비
③ 수송으로 인한 낭비
④ 재고부족으로 인한 낭비
⑤ 제품불량에 의한 낭비

해설 JIT에서는 생산시스템의 낭비요소를 7가지 범주로 분류하고 있으며, 그 내용은 과잉생산, 대기, 운반(수송), 불필요한 생산과정, 불필요한 재고, 불필요한 행동, 불량품의 생산 등이다. 따라서 정답은 ④이다. JIT에서는 필요량 만큼만 생산할 것을 강조하고 있기에 재고가 남는 것을 부정적으로 보는 반면, 재고가 부족한 상황 역시 발생하면 안 된다고 본다. 통상 재고부족은 낭비가 아니라 판매기회를 놓치는 손실에 속한다.

정답 ④

46-12 ☑□□□ 2018 서울시 7급 A형

적시생산방식(JIT)시스템에 대한 설명 중 가장 옳은 것은?

① 로트(lot)의 크기를 최대화하여 단위 제품당 생산시간과 생산비용을 최소화한다.
② 생산활동에서 낭비적인 요인들을 제거하는 것이 필수적이다.
③ JIT시스템이 원활하게 진행되기 위해서는 제조준비(set-up)시간의 충분한 증가가 먼저 이루어져야 한다.
④ 사전에 수립된 계획에 따라 실제 생산이 이루어지도록 지시하는 일종의 풀(pull)시스템이다.

해설 ① [×] JIT에서는 로트 크기의 최소화를 추구한다.
② [○] JIT에서는 각종 비용의 낭비를 가급적 최소화할 것을 강조한다.
③ [×] 준비시간은 기계설비를 가동하기 위한 준비에 소요되는 시간이다. 이 시간이 증가하면 이는 곧 비용의 증가를 뜻한다. 따라서 회사 입장에서는 가급적 총 준비시간을 적게 하기 위해 한번 가동할 때마다 많은 양을 생산하고자 할 것이다. 이 경우 한번 생산할 때마다 만들어지는 제품의 숫자, 즉 로트(lot) 크기가 증가하게 되므로 JIT가 추구하는 소로트 시스템과 충돌한다.
④ [×] JIT는 수요가 발생하는 즉시 생산에 돌입하는 풀 방식이다. 계획한 대로 생산하는 개념은 푸시(push) 시스템이 되므로, 지문을 어색하게 구성한 오답이 된다.

정답 ②

46-12J ☑☐☐☐

다음 중 도요타 생산시스템에서 정의한 7가지 낭비유형에 해당하는 것을 모두 고른 것은?

┌─────────────────────────────────┐
ㄱ. 과잉생산에 의한 낭비
ㄴ. 대기시간으로 인한 낭비
ㄷ. 재고로 인한 낭비
ㄹ. 작업자 재교육으로 인한 낭비
└─────────────────────────────────┘

① ㄱ, ㄴ   ② ㄷ, ㄹ
③ ㄱ, ㄴ, ㄷ   ④ ㄴ, ㄷ, ㄹ
⑤ ㄱ, ㄴ, ㄷ, ㄹ

해설 도요타생산시스템(TPS, Toyota Production System)에서 정의한 생산의 7대 낭비는 1) 과잉생산의 낭비(ㄱ), 2) 대기의 낭비(ㄴ), 3) 운반의 낭비, 4) 가공의 낭비, 5) 재고의 낭비(ㄷ), 6) 동작의 낭비, 7) 불량의 낭비로 나눌 수 있다. 아래 7대 낭비에 관한 세부설명은 「물류신문」(http://www.klnews.co.kr)에 기고(2016.02.26.)된 기사 "물류현장 7대 낭비"에서 발췌한 것이다.

- 과잉생산의 낭비: 물류센터에서 과잉생산의 낭비는 선(先) Picking(출고 제품을 사전에 준비하는 행위)이다. 선 Picking이 출고 속도를 향상시키는 것만은 분명하다. 출고가 집중되는 시간을 피해 미리 제품을 준비하는 것은 생산성 향상의 측면이 있지만 문제는 선(先) Picking 된 제품이 작업(흐름)을 방해하는 경우가 발생하는 것이다. 또한 과잉생산(선 Picking)된 상품이 오랜 시간 방치되다 보면 물건이 손상되는 경우도 발생할 수 있고 주문 취소 시 원래 위치에 다시 적치해야하기 때문에 중복작업이 발생하는 경우도 있다. 따라서 선 Picking(과잉생산)은 너무 과도하지 않은 범위에서 해야 한다.

- 대기의 낭비: 물류센터에서 대기의 낭비는 주로 상품 Lay-out 배치를 잘못해서 발생한다. ABC분석을 통해 A급 재고만을 한 곳에 집중 배치하면 이곳에 작업자들이 집중되어 오히려 서로의 작업을 방해하는 경우가 발생한다. 또한 2인 이상이 유통가공을 할 경우 작업균형을 잘 조정해야 한다. 작업을 잘못 편성하면 LOB(Line of Balance)가 맞지 않아 한쪽에서 대기의 낭비가 발생한다. 그리고 작업도구(대차, 지게차 등)가 부족하면 아무리 많은 작업자가 있어도 생산성은 절대 높아지지 않는다. 따라서 물류센터를 최초 설계 시 재고배치를 정밀하게 해야 한다. 이론적인 내용만 가지고 재고배치를 하면 대기의 낭비가 생각보다 많이 발생한다. 앞 기고에서 언급했듯이 재고 ABC배치는 출고빈도가 높은 것과 낮은 것을 번갈아 배치하여 한 곳에 작업자들이 집중되지 않도록 해야 한다. 그리고 새로운 유통가공 업무가 생기면 반드시 가장 효율적으로 LOB를 맞출 수 있는 방법을 찾고 작업자를 투입해야 한다. 납기가 급하다는 이유만으로 LOB 조정 없이 작업자를 투입하면 투입인력대비 생산성이 낮아져 더욱 납기가 지연된

다. 작업 장비의 예방정비 또한 정기적으로 해야 한다. 예상치 못한 장비의 고장은 대기의 낭비를 증가시킨다.

- 운반의 낭비: 물류적인 측면에서 고객서비스를 높인다는 이유만으로 불필요한 거점을 많이 운영하는 등 거점전략을 잘못 수립하면 운반의 낭비가 많이 발생한다. 앞에서도 언급했지만 물류센터 Lay-out을 잘 못 배치하면 대기, 운반의 낭비가 가장 많이 발생한다. 제품을 임시적치, 재적치, 상하운반 등 출고와는 관련 없는 동작을 반복하게 된다. 이러한 운반의 낭비를 줄이기 위해서는 작업자 배치와 물류센터 Lay-out 개선과 함께 운반 작업의 흐름을 분석하여 개선하려는 노력이 필요하다.

- 가공의 낭비: 가공의 낭비는 물류센터에서 제품을 2차 가공 시에 주로 생기는데 주로 목적에 맞지 않는 가공방법을 말한다. 예를 들어 택배상자를 포장하는데 파손의 위험이 있다고 하여 테이핑(Taping)을 과도하게 하는 경우가 여기에 해당된다. 1~2박스 정도를 포장하는 경우는 크게 문제 되지 않지만 많은 양을 수작업으로 하는 경우 큰 낭비가 발생한다.

- 재고의 낭비: 재고의 낭비는 공급망(SCM)상에서 가장 중요한 개념인데 물류의 노력만으로는 해결하기 힘든 경우가 많다. 회사에서 정책적으로 결정해야하기 때문이다. 대신 물류센터에서는 제품의 1차 가공에 사용 되어지는 각종 부자재의 적정재고를 정확하게 계산하여 최소한의 재고를 유지해야 한다.

- 동작의 낭비: 동작의 낭비는 부가가치를 창출하지 않는 동작(필요 이상의 노동력, 피로계수 증가)으로서 작업자의 배치, 레이아웃 등이 미흡하거나 부품, 공구 등의 놓는 방법 및 두는 방법의 잘못으로 발생한다. 예를 들어 Picking 작업 시 작업도구 사용법 미숙이나 작업방식의 미숙함으로 불필요한 동작을 반복하는 것이다.

- 불량의 낭비: 불량의 낭비는 규격에 맞지 않거나 오(誤) Picking으로 수정 및 보완작업이 필요한 경우이다. 납기가 임박하여 급하게 작업하거나 작업표준절차의 미준수로 나타난다. 불량의 낭비를 해결하기 위해서는 불량의 발생 원인을 파악해서 제거해야 하며 작업표준절차를 수립하고 지키려는 노력이 필요하다.

정답 ③

46-13A ☑☐☐☐

적시생산시스템(JIT)과 자재소요계획(MRP)의 차이에 대한 설명으로 옳지 않은 것은?

① JIT는 푸시(Push) 방식, MRP는 풀(Pull) 방식이다.
② JIT의 재고는 부채, MRP의 재고는 자산이다.
③ JIT는 무결점을, MRP는 소량의 결점을 인정한다.
④ JIT는 일본의 도요타자동차에서 개발한 기법이다.

해설 MRP가 푸시, JIT가 풀에 해당한다.

푸시 시스템 (MRP와 관련)	풀 시스템 (JIT와 관련)
미래요구 충족을 위해 자재를 생산라인으로 밀어내는 방식 ➡ 개별주문생산의 경우	다음 공정의 수요가 있을 때 자재가 생산라인까지 끌려오는 방식 ➡ 반복생산의 경우
생산자 중심의 사고 (만들면 팔린다)	소비자 중심의 사고 (필요한 것을 만든다)
비반복생산에 적합 (주문에 따라 생산내용이 달라지는 다품종 생산 등)	반복생산에 적합 (비교적 주문량과 주문내역의 변화가 적은 소품종 생산 등)
컴퓨터를 통한 엄격한 계획관리시스템 필요	시각적인 통제수단을 중시
생산과정에서 발생 가능한 약간의 불량 인정	가급적 무결점을 추구
납품업자에 대한 공격적·적대적 관리	납품업자와의 협력시스템 구축
효율성에 초점	효율성과 유연성의 동시 추구
재고는 불가피한 것	재고는 가급적 적을수록 좋은 것
대규모의 로트(lot) 또는 배치(batch)	소규모의 로트(lot) 또는 배치(batch)

정답 ①

46-13B ☑☐☐☐

재고관리의 전통적 접근과 적시관리(just in time, JIT) 접근에 대한 설명으로 가장 옳은 것은?

	전통적 접근	JIT 접근
①	재고는 부채이다	재고는 자산이다
②	단시간 생산가동한다	장시간 생산가동한다
③	조달기간을 단축시킨다	조달시간이 길어도 무방하다
④	다수의 공급자로부터 공급받는다	단일의 공급자로부터 공급받는다

해설 JIT에 적합한 생산개념은 풀(pull) 시스템이며, 이는 전통적 MRP와는 다른 가정하에 작동하는 생산시스템이라 할 수 있다. 풀 시스템은 수요가 안정적이고 부하가 일정한 반복적 대량생산(예, 자동차)에 활용되며, 비교적 적은 품종의 제품을 생산할 경우에 보다 효과적이다. 이러한 시스템을 안정적으로 운영하기 위해서는 <u>신뢰할 수 있는 협력적 공급자의 확보가 필수적</u>이다. 기존의 생산방식에서는 다수 공급업자끼리의 경쟁을 통해 원가절감을 꾀하였으나, JIT에서는 공급자와의 신뢰관계가 중시되므로 <u>하나 혹은 소수의 업체들과 관계</u>를 맺게 된다.

추가해설 ① 재고를 나쁘게(부채로) 보는 것은 JIT이다.
②, ③ JIT에서는 리드타임을 최소화하기 위해 노력한다. 따라서 장시간 생산가동하지 않고 짧게 끊어서 여러 번 작업한다.

정답 ④

46-15 ☑☐☐☐

공정의 유연화와 관련되지 않은 것은?

① 컴퓨터에 의한 설계·제조(CAD/CAM)
② 통합 생산시스템(IPS)
③ 유연 생산시스템(FMS)
④ 집단 가공법(GT)
⑤ 셀룰러 생산시스템(CMS)

해설 ① CAD/CAE는 생산과 설계의 효율화와 관련이 있다. 하지만 반드시 유연생산과 이론적으로 연결되는 것은 아니다. (사실 이 선지도 오해의 소지가 있다. 어떤 문제(2017년 7급 감사직)에서는 컴퓨터 생산을 통해 다양한 종류의 제품을 생산할 수 있다고 설명하기 때문이다. 슬프지만 수험생은 을(乙)이 아니겠는가. 그나마 가장 선지들 중에 유연화와 거리가 먼 것을 찾을 수밖에 없다.)

추가해설 ② 이는 생산이라는 기능 외에 경영, 영업, 개발, 관리 분야들을 컴퓨터 네트워크로 결합하여 기업활동의 종합적인 효율화를 도모하는 생산시스템이다. 따라서 유연화와 관련이 있다.
③ 이는 말 그대로 다양한 종류의 제품을 유연하게 생산하는 시스템이다.
④, ⑤ 집단가공법(GT)을 가능하게 하는 작업방식이 바로 셀룰러 생산이다. 따라서 이 둘은 사실상하나의 개념으로 통한다고 볼 수 있다. 이는 기존의 공정별 배치를 셀룰러(cellular) 배치방식으로 변경함으로써 생산준비시간을 단축시키는 방법으로서, 유사한 부품들을 군(family)으로 묶고 이 부품들을 생산하기 위한 프로세스를 특화 작업셀로 배치하는 개념이다. 서로 다른 기계를 같은 셀(cell)에 할당하여 생산하므로 소규모 로트로 생산하는 기업도 제품별 배치(라인배치)에서와 유사한 경제적 이점을 누릴 수 있기에, 대량생산의 효율성과 소량생산에서의 유연성을 동시에 충족시킬 수 있는 방법이다.

정답 ①

46-16 ☑☐☐☐　　　2016 가맹거래사

셀룰러배치(cellular layouts)의 장점으로 옳지 않은 것은?

① 작업자의 전문성이 향상된다.
② 준비시간을 줄일 수 있다.
③ 재공품 재고를 줄일 수 있다.
④ 자재처리 및 가공대기시간을 줄일 수 있다.
⑤ 생산자동화가 쉽지 않다.

요점정리 셀룰러 배치 또는 그룹테크놀러지(group technology)는 제품별 배치의 이점과 공정별 배치의 이점을 결합한 것으로서, 생산자동화기업에서 널리 활용된다. 서로 다른 기계를 같은 셀(cell)에 할당하여 생산하므로 소규모 로트로 생산하는 기업도 제품별 배치(라인배치)에서와 유사한 경제적 이점을 누릴 수 있으며, 이러한 셀은 몇 가지 생산단계를 결합하여 만들기 때문에 생산라인의 수가 기존에 비해 줄어들게 되므로 재공품 재고가 감소하고 부품의 이동과 대기 시간 및 가동준비시간(setup time)과 가동준비횟수가 줄어든다는 장점이 있다. 여기서는 다기능공화와 전문성 향상이 자연스럽게 달성되므로 빠른 학습효과로 인해 작업자의 능률을 향상 시킬 수 있으며, 소규모 작업팀의 작업자 간에 더 좋은 인간관계가 구축될 수 있다.

해설 ⑤ 셀룰러 배치방식은 금속조립과 컴퓨터 칩 제조 그리고 조립작업 등에 널리 활용된다. 따라서 생산자동화 기업에서 사용되는 것이다.

정답 ⑤

46-18 ☑☐☐☐　　　2018 가맹거래사

GT(group technology)에 관한 설명으로 옳은 것은?

① 다품종 소량생산에서 유사한 가공물들을 집약·가공할 수 있도록 부품설계, 작업표준, 가공 등을 계통화시켜 생산효율을 높이는 기법
② 설계와 관련된 엔지니어링 지식을 병렬적으로 통합하는 기법
③ 제품설계, 공정설계, 생산을 완전히 통합하는 기법
④ 원가절감과 기능개선을 목적으로 가치를 향상시키는 기법
⑤ 기업전체의 경영자원을 최적으로 활용하기 위하여 업무 기능의 효율화를 추구하는 기법

해설 GT는 대량생산의 효율성과 소량주문생산의 다양성(유연성)을 동시에 추구하는 기법이다. 따라서 ①의 설명이 가장 가깝다고 볼 수 있다.

정답 ①

46-20A ☑☐☐☐　　　2020 가맹거래사

JIT 및 MRP 시스템에 관한 설명으로 옳은 것은?

① JIT는 재고를 자산으로 인식한다.
② JIT는 계획추진시스템이다.
③ MRP의 관리목표는 재고의 최소화이다.
④ JIT는 생산준비시간과 로트크기를 최소화 하고자 한다.
⑤ MRP는 무결점을 지향한다.

요점정리 JIT는 풀(pull) 생산시스템을, MRP는 푸시(push) 생산시스템을 각각 가정한다.

해설 계획을 중시하는 MRP와는 달리 JIT는 시장대응을 중시(②)하며, 준비시간의 단축 및 로트크기의 감축(④)을 통한 각종 낭비(재고)의 최소화(①, ③)를 목표로 한다. ⑤에서 무결점을 중시하는 것은 JIT이고, MRP에서는 어느 정도의 결점이나 불량 및 재고를 받아들이는 편이다.
① JIT는 재고를 비용으로 인식한다.
② JIT는 계획보다는 시장환경에 대한 빠른 적응을 중시한다.
③ 재고 최소화를 목표로 하는 것은 JIT이다.
⑤ 무결점을 지향하는 것은 JIT이다.

정답 ④

재고관련 주요 개념

1. 재고의 개념과 유형

1) 재고: 기업 내 창고에 보관되어 있는 제품/자원

　① 과다재고: 자금효율을 저하　　　　　　② 과소재고: 고객대응성 저하

2) 재고의 유형

　① 안전재고(＝완충재고)

　　a. 불확실성에 대처하기 위해 비축하는 재고

　　b. 수요의 표준편차(＝불확실성)가 클수록 안전재고량 증가

　　c. 안전재고량이 많을수록 품절률은 감소, 그러나 그 역은 성립하지 않음

　　　(생산시스템이 효율적이라면 적은 안전재고로도 품절위험을 줄일 수도 있음)

　　d. 조달기간이 짧을수록 (그 기간동안 필요한) 안전재고의 수준은 낮아짐

　② 주기재고: 주문기간당 평균재고량

　③ 예비재고

　　a. 계절적 변동과 같은 불규칙 수요에 대응하기 위한 재고

　　b. 이를 줄이기 위해 평준화(leveling) 실시

　④ 수송재고: 주문 이후 대금은 입금되었지만 아직 입고되지 않은 재고(리드타임과 비례)

2. 재고비용

1) 주문비용: 주문 관련하여 발생하는 비용

2) 재고유지비용: 재고 유지·보관 비용 → 이자비용, 창고사용료, 보험료, 파손비

3) 재고부족비용: 재고 부족으로 야기되는 판매손실 및 고객상실의 비용 → 품절비용

3. 재고관리 모형과 기법

1) 단일기간 재고모형: 수요가 1회적이거나 수명이 짧은 제품에 활용

2) 연속기간 재고모형: 수요가 지속적으로 발생하여 재고를 다음기에 활용할 수 있는 제품에 활용

　① 고정주문량 모형(Q-system): 재고수준이 재주문점(ROP)보다 낮아지는 순간 고정량 Q를 주문

　　→ EOQ 모형과 관련

　　재주문점＝주문기간수요량＋안전재고＝(평균수요량×리드타임)＋안전재고

　　(단, 수요량이나 리드타임이 일정한 경우에는 안전재고가 불필요함)

　② 정기주문 모형(P-system): 주기적으로 재고를 조사하여 부족수량만큼 주문

　　목표재고수준＝기간수요량＋안전재고＝평균수요량×(재고조사간격＋리드타임)＋안전재고

3) ABC 분석(Deckie)

　① 파레토 법칙에 근거하여 통제의 필요성과 정도 및 주문우선순위가 가장 높은 A품목부터 B, C품목 순으로 구분하여 재고관리에 임함

　② A품목은 로트 크기를 줄이고 주문주기도 짧게 하여 재고회전율을 높일 필요가 있으나, C품목의 경우는 안전재고를 많이 확보해도 무방

47-2 ☑▢▢▢

2014 가맹거래사 변형

재고관리에서 재고비축의 이유로 타당한 것은?

① 재고부족비용 감소
② 주문비용 감소
③ 미납주문비용 감소
④ 재고유지비용 감소
⑤ 수송비용 감소

──────────

해설 ④ 재고유지비용이 줄어들면 재고를 많이 쌓아두더라도 비용이 적게 들 것이다.

추가해설 ① 재고부족비용이 줄어들면 재고가 부족해도 큰 손실이 없다는 의미이므로 재고를 군이 비축할 이유가 없다.
② 주문비용이 감소하면 자주 여러 번 주문할 수 있다. 따라서 재고축적의 필요가 없다.
③ 미납주문비용, 즉 backorder에 대한 비용이 줄어든다는 말은 재고를 군이 많이 가지고 있을 필요가 없다는 뜻이다.
⑤ 수송비용이 감소하면 여러 번 주문해도 무방하므로 재고를 군이 쌓아 둘 이유가 없다.

정답 ④

47-2A ☑▢▢▢

2019 하반기 군무원 복원

재고를 많이 비축할 경우 발생하는 비용에 해당하지 않는 것은 무엇인가?

① 자본의 기회비용
② 창고유지비용
③ 진부화비용
④ 매출손실비용

──────────

해설 나머지 선지들은 모두 재고가 증가할 경우의 비용지출을 뜻하지만 선지4는 재고가 부족할 경우의 손실이 되므로 정답이 된다.

정답 ④

47-2F ☑▢▢▢

2022 군무원 9급

다음 중 재고관련비용의 유형에 대한 설명으로 가장 옳지 않은 것은?

① 품목비용: 재고품목 그 자체의 구매비용 또는 생산비용
② 주문비용: 재고품목을 외부에 주문할 때 발생하는 경비와 관리비
③ 재고유지비용: 한 번의 조업을 위한 생산설비의 가동준비에 소요되는 비용
④ 재고부족비용: 재고가 소진된 후 보충될 때까지 기다리는 과정에서 발생하는 비용

──────────

해설 ③ 이는 준비비용(set-up cost)에 대한 설명이다. 생산수량에 관계없이 해당 라인을 가동할 때마다 발생하는 각종 비용을 총칭한다.

추가해설 재고관리와 관련한 비용개념에는 주문과 관련해서 직접적으로 발생되는 비용(예, 구매처 및 가격의 결정, 주문에 관련된 서류의 작성, 물품 수송, 검사, 입고 등의 활동)인 주문비용(ordering cost), 생산라인의 가동을 준비하는데 드는 비용(예, 생산 수량에 관계없이 해당 라인을 가동할 때마다 발생하는 각종 고정비용)인 준비비용(set-up cost), 재고를 유지·보관하는데 소요되는 비용(예, 기업이 보유한 현금을 재고의 형태로 바꾸어 보관하기 때문에 발생하는 기회비용(이자비용) 등)인 재고유지비용(holding cost), 재고의 부족으로 인하여 야기되는 판매기회손실, 고객상실 및 미납주문비용(추후납품비용)에 의해 야기되는 재고부족비용(shortage cost) 등이 있다. 그 밖에도 재고량을 조사하는데 필요한 비용인 재고실사비용도 고려해볼 수 있다. 이는 직접적인 재고비용이라 보기는 어렵지만 실제 많은 기업들이 지출하고 있는 재고관련 비용이다. 최근 증가하고 있는 바코드(barcode) 시스템을 활용할 경우 재고실사에 필요한 많은 시간과 경비를 절약할 수 있다.

정답 ③

47-3 ☑□□□

재고유형과 이에 관한 설명이 다음과 같을 때, (A), (B), (C)의 내용으로 옳은 것은?

재고유형	설 명
파이프라인 재고	공장, 유통센터, 고객 간에 이동 중인 재고
(A)	경제성을 위해 필요 이상 구입하거나 생산하여 남은 재고
(B)	수요나 생산의 불확실성에 대비하여 보유하는 재고
(C)	향후 급격한 수요증가에 대비하여 사전에 확보한 재고

① A: 주기재고, B: 안전재고, C: 예비재고
② A: 주기재고, B: 대응재고, C: 예비재고
③ A: 주기재고, B: 예비재고, C: 수요재고
④ A: 필요재고, B: 안전재고, C: 예비재고
⑤ A: 필요재고, B: 예비재고, C: 대응재고

해설》 경제적 생산과 판매를 위해서는 하나 하나를 생산하는 것보다는 일정량을 한꺼번에 생산하는 것이 유리하다. 이를 주기재고(cycle inventory)라 한다(A). 불확실성에 대비하는 재고는 안전재고(safety stock)이며(B), 사전에 예측된 수요증가에 대응하는 재고는 예비(예상)재고(anticipation inventory)라 한다(C).

정답 ①

47-4 ☑□□□

보유 목적에 따른 재고 유형에 대한 설명으로 옳지 않은 것은?

① 작업의 독립성을 유지하기 위해 보유하는 것은 완충(decoupling) 재고이다.
② 생산준비비용이나 주문비용을 줄이기 위해 보유하는 것은 경제(economic) 재고이다.
③ 수요의 불확실성에 대비하기 위해 추가적으로 보유하는 것은 안전(safety) 재고이다.
④ 계절에 따른 수요 변화에 대응하기 위해 보유하는 것은 비축(anticipation) 재고이다.

요점정리》 주기재고(cycle stock)는 경제적 생산과 구매를 위해 보유하는 주문기간당 평균재고량을 뜻한다. 제품의 생산과정에서는 대개 고정비의 성격을 띤 준비비용(setup cost)이 발생하며, 이러한 준비비용이 발생하지 않는다면 1회 생산량을 줄일 때 재고량과 재고유지비용을 절감할 수 있을 것이다. 하지만 현실적으로는 준비비용이 존재할 수밖에 없기 때문에 준비비용을 줄이기 위해 가급적 한번 설비 가동시 여러 제품을 동시에 로트(lot) 단위로, 즉 몇 개의 제품묶음을 한 단위로 하여 생산하는 경우가 많으며 이때 발생하는 재고가 주기재고의 일종이다. 원자재의 구매에 있어서도 고정비의 성격을 갖는 주문비용(ordering cost)과 수량할인(quantity discount) 및 수송비용 때문에 큰 로트단위로 구매하는 것이 경제적일 수 있으며, 이 경우에도 구매의 결과 창고에 주문량만큼의 재고가 쌓인다.

해설》 ② 생산준비비용이나 주문비용을 줄이기 위해 보유하는 것은 주기(cycle) 재고이다.

추가해설》 ① 완충재고는 안전재고와 유사한 개념이며, 작업 속도의 불균형 등을 줄이려는 목적으로 보유하는 재고가 된다.
③ 불확실성에 대비하는 목적의 재고를 안전재고라 하며, 그 재고량은 수요의 표준편차와 관련이 있다.
④ 미리 예상이 되는 변화(예: 계절적 변동)에 대응하는 재고는 예상(anticipation) 또는 비축재고이다. '예상'에 해당되는 영단어 anticipation을 문제에서는 비축으로 번역하였지만 헷갈리지 (낚이지) 말 것.

정답 ②

47-5 ☑□□□

재고 및 재고관리에 관한 설명으로 옳지 않은 것은?

① 작업의 독립성을 유지하고 생산활동을 용이하게 하기 위해 재고가 필요하다.
② 고객의 불확실한 예상수요에 대비하기 위한 재고를 안전재고(safety stock)라고 한다.
③ 경제적 주문량모형(EOQ)은 재고모형의 확정적 모형 중 고정주문량모형에 속한다.
④ 고정주문량모형(Q시스템)에서는 재고수준이 미리 정해진 재주문점에 도달하면 일정량 Q만큼 주문한다.
⑤ ABC재고관리에서는 재고품목을 연간 사용량에 따라 A등급, B등급, C등급의 세 가지 유형으로 분류한다.

요점정리》 ABC 분석(ABC analysis)은 데키(Deckie)에 의해 고안된 재고관리법으로서, 취급상품의 종류가 여러 가지일 때 재고품목의 가치와 중요도에 따라 관리의 중점을 달리하는 것이다.

해설 ⑤ ABC 재고관리에서는 재고품목을 사용량이 아니라 가치와 중요도에 따라 구분한다.

추가해설 재고의 본질적 필요성 중 하나는 작업활동의 독립성과 안정성 유지이며(①), 불확실성에 대비하기 위한 재고를 안전재고라 부른다(②). 재고모형 가운데 주문량을 고정시키는 유형을 고정주문량모형(Q-system)이라 하며 EOQ가 그 대표적 사례가 된다(③). 고정주문량모형에서는 재고수준이 미리 정해둔 지점(재주문점, reorder point, ROP)에 도달하는 순간 일정량 Q를 주문한다(④).

정답 ⑤

47-5M ☑□□□
2024 군무원 9급

다음 중 안전재고에 대한 설명으로 가장 적절한 것은?

① 바쁜 크리스마스 판매 시즌이나 세일행사 기간과 같이 수요가 높을 것으로 예상되는 기간 동안 수요를 충족시킬 수 있는 재고를 말한다.
② 예상하지 못한 공급이나 생산 문제가 일어나거나 수요가 예상보다 높을 때 수요를 충족시키기 위해 보유하는 재고이다.
③ 기업이 구매나 생산을 하고 다음번 구매나 생산할 기간까지 유지할 수 있는 충분한 양을 구매하거나 생산할 때 발생한다.
④ 기업들이 가격 인상이나 공급축소 등을 대비하여 물품을 비축해 놓을 때 생성되는 재고이다.

해설 ① [×] 이는 예비(예상)재고의 의미에 가깝다.
② [O] 예상하지 못한 경우에 대비하는 재고이므로, 본 선지가 안전재고의 의미에 가깝다.
③ [×] 이는 주기재고(cycle inventory)에 대한 설명이다.
④ [×] 이는 비축재고에 대한 설명이다.

정답 ②

47-6 ☑□□□
2011 7급공무원 우책형

A 핸드폰가게의 하루 판매량은 10개로 일정하고, 주문 리드타임은 5일로 일정하다. 현재 이 가게의 재고량이 30개라면 재주문점(reorder point)은?

① 20개   ② 30개
③ 50개   ④ 80개

해설 재주문점 = 주문기간수요량 + 안전재고

= (평균수요량 × 리드타임) + 안전재고

여기서 판매량이 일정하므로 안전재고는 필요치 않다. 따라서 재주문점은 $10 \times 5 = 50$(개)이다. 이 문제에서 현재 재고량으로 주어진 30은 문제풀이와 무관한 정보이므로 주의할 것

정답 ③

47-6F ☑□□□
2022 가맹거래사

수요와 리드타임이 일정하다면 재주문점은? (단, 연간 수요의 작업 일수는 250일이다.)

- 연간 수요: 10,000개
- 1회당 주문비용: 50,000원
- 단위당 연간 재고 비용: 1,250원
- 리드타임: 7일
- 제품단가: 150원

① 40개   ② 220개
③ 280개   ④ 894개
⑤ 6,258개

해설 재주문점(ROP)을 구하는 공식은 다음과 같다.

$ROP = ($평균수요 $\times$ 리드타임$) + z \times \sqrt{$리드타임 $\times ($수요표준편차$)^2}$

그런데 문제에서 수요와 리드타임이 '일정'하다고 했으므로 이 경우에는 불확실성이 없다는 의미이므로 수요의 표준편차가 0이 된다. 따라서 재주문점은 평균수요와 리드타임의 곱이다. 연간 수요가 10,000개이고 작업일수가 250일이므로 하루 평균 수요량은 40개(= 10,000/250)이고, 리드타임이 7일이므로 재주문점은 이 둘(40개, 7일)의 곱인 280개가 된다.

정답 ③

47-6M ✔□□□

수요와 리드타임이 확실한 고정주문량모형(Q-모형)의 재주문점은?

• 일일수요: 40개	• 리드타임: 4일
• 보유재고: 10개	• 예정입고: 200개
• 미납주문: 0개	

① 10개 ② 40개
③ 160개 ④ 200개
⑤ 210개

해설 Q-모형의 재주문점은 다음 공식으로 구한다.

재주문점(ROP) = (평균수요량 × 리드타임) + 안전재고

문제에서 수요와 리드타임이 확실하다고 했기에(=불확실성이 없음) 안전재고는 불필요하다. 따라서 재주문점은 일일수요 40개에 리드타임 4일을 곱한 160개가 된다.

정답 ③

47-7 ✔□□□

효율적 재고(inventory)관리에 대한 설명으로 옳지 않은 것은?

① 다른 조건들이 동일하다면, 주문간격(order interval)이 길수록 평균재고량이 증가한다.
② 다른 조건들이 동일하다면, 주문에 대한 배달소요시간이 길수록 재주문점(reorder point)은 증가한다.
③ 다른 조건들이 동일하다면, 주문비용(ordering cost)이 증가할수록 회당 주문량은 감소한다.
④ 다른 조건들이 동일하다면, 평균재고량이 증가할수록 재고 회전율(inventory turnover)은 감소한다.

해설 ③ 주문비용이 증가한다면 주문을 가급적 덜 하려 할 것이다. 판매되어야 하는 물건 수가 일정할 때 주문횟수가 줄어든다면 하나의 주문당 많은 수량을 주문할 것이다. 따라서 회당 주문량이 증가한다.

추가해설 ① 주문간격이 길다면 그 기간동안에 팔릴 만큼의 재고를 확보해야 할 것이다. 따라서 평균재고량이 증가한다.
② 재주문점은 주문을 넣어야 되는 순간의 재고량이다. 배달소요기간이 길다면 그 기간동안에 팔릴 재고를 확보해야 한다. 따라서 재주문점이 증가한다.
④ 판매되는 수량이 일정할 때 평균재고량이 많다면 재고회전율(=매출원가/평균재고가치)은 감소한다.

정답 ③

47-8 ✔□□□

대리점의 연간 타이어 수요량은 1,000개이다. 타이어의 단위당 재고유지비는 100원이고 1회 주문비는 2,000원이다. 발주량을 경제적 발주(EOQ)으로 하는 경우 연간 주문횟수는?

① 5 ② 10
③ 12 ④ 15
⑤ 24

해설 $EOQ = \sqrt{\dfrac{2 \times 1,000 \times 2,000}{100}} = 200$ 따라서 주문횟수는 연간수요를 EOQ로 나눈 값인 5(=1,000/200)가 된다.

정답 ①

47-9 ✔□□□

재고관리 Q시스템에 대한 설명으로 가장 옳지 않은 것은?

① 주기적으로 재고를 보충하기 때문에 관리하기가 쉽다.
② 품목별로 조사 빈도를 달리할 수 있다.
③ 고정 로트크기는 수량할인으로 나타나기도 한다.
④ 안전재고 수준이 낮아져서 비용을 절감할 수도 있다.

해설 고정주문량 모형(Q-system)은 재주문시점(ROP, reorder point) 재고모델 또는 연속조사 시스템(continuous review system)이라고도 불린다. 여기서는 재주문점(reorder point)을 미리 정해 놓고, 재고상태가 이보다 낮아지는 순간 고정량 Q를 주문한다. 따라서 주문사이의 시간간격(order cycle)이 변화하는 대신 주문량은 일정하다. 따라서 재고보충 주기가 일정하다는 설명(①)은 잘못되었다. 대신 제품재고의 조사시기를 조절할 수 있으며(②) 고정된 로트크기만큼 주문한다는 점에서 제

품구입비용을 할인받을 수 있고(③) 정기주문모형(P-system)에 비해 재고품절방지기간(prevention interval)이 짧아서 안전재고(safety stock) 수준이 낮아서 재고비용이 줄어든다는 장점을 가진다(④).

정답 ①

47-10 ☑□□□

재고관리의 P시스템(P-모형)과 Q시스템(Q-모형)에 대한 설명으로 옳은 것은?

① Q시스템은 P시스템보다 일반적으로 더 많은 안전재고가 필요하다.
② P시스템에서는 주문시점마다 주문량이 달라지지만 Q시스템에서는 주문주기가 고정된다.
③ 투 – 빈(two-bin)법은 재고량을 절반으로 나누어 안전재고를 확보하는 방법으로 P시스템의 내용을 시각화한 것이다.
④ Q시스템은 현재의 재고량을 수시로 조사하여 재주문점 도달여부를 판단해야 하므로 관리부담이 많다.

요점정리 고정주문량 모형(Q-system)은 재주문시점(ROP, reorder point) 재고모델 또는 연속조사 시스템(continuous review system)이라고도 불린다. 여기서는 재주문점(reorder point)을 미리 정해 놓고, 재고상태가 이보다 낮아지는 순간 고정량 Q를 주문한다. 따라서 주문 사이의 시간간격(order cycle)이 변화하는 대신 주문량은 일정하다. 정기주문 모형(P-system)은 고정기간(fixed-time period) 재고모형 또는 주기조사 시스템이라 하며, 주문과 주문 사이의 기간이 고정되어 있고 정해진 주기가 종료되는 시점에서 목표재고수준과의 차이만큼을 발주하는 재고관리 모형이다. 주문을 정해진 시간 간격으로 규칙적으로 수행하므로 주문주기가 일정한 대신 주문시점마다 주문량이 달라진다.

해설 P시스템은 정기주문 모형(주문량이 변동), Q시스템은 고정주문량 모형(주문주기가 변동)이다(②). 대개 P가 Q보다 안전재고량이 많으며(①), Q에서는 수시로 재주문점 도달여부를 판단해야 하므로 재고관리 비용이 많이 든다(④). Q시스템의 원리를 응용한 것이 투 – 빈법으로서(④) 재고량을 절반으로 나누어 항상 (Q/2) 만큼을 주문한다.

정답 ④

47-11 ☑□□□

재고관리에 관한 설명으로 옳지 않은 것은?

① 동일 공급자로부터 여러 품목을 납품받는 경우에 고정주문간격모형이 많이 사용된다.
② 다른 조건이 일정할 때 연간수요가 증가하면 경제적 주문량은 감소한다.
③ 고정주문간격모형은 주문할 때마다 주문량이 일정하지 않을 수 있다.
④ 고정주문량모형은 재고수준이 재주문점에 도달하면 주문하고, 고정주문간격모형은 정해진 시기에 주문한다.
⑤ 고정주문량모형은 주문할 때마다 주문량이 동일하다.

해설 ① [○] 보통 편의점과 같이 동일 공급자로부터 다품종을 공급받는 경우에는 P-시스템, 즉 고정주문간격모형이 많이 사용된다.
② [×] 아래의 경제적 주문량(EOQ) 공식을 통해 연간수요와 경제적 주문량은 비례함을 알 수 있다.

$$EOQ = \sqrt{\frac{2 \times 연간수요 \times 1회당\ 주문비용}{단위당\ 재고비용}}$$

③ [○] 고정주문간격모형은 주문의 간격을 일정하게 유지하는 대신 매번 주문하는 수량은 달라질 수 있다. 왜냐하면 제품이 판매되는 속도가 매번 달라지기 때문에 필요한 주문량도 변동할 수 있다.
④ 고정주문량모형, 즉 Q-시스템에서는 재주문점(ROP, reorder point)의 설정이 중요하다. 재고량이 ROP에 도달할 때만 주문을 실시하기 때문이다. 대신 매회의 주문수량은 동일하게 된다. 반면 P-시스템에서는 주문간격이 일정한 대신 매회의 주문수량이 변동한다.
⑤ Q-시스템에서는 앞서 설명한 바와 같이 매회 동일수량을 주문한다.

정답 ②

47-11F ☑☐☐☐ 2022 군무원 7급

다음 중 재고(inventory) 및 재고관리에 대한 설명으로 가장 옳지 않은 항목은?

① 재고는 제품의 생산이나 고객 수요의 충족을 위해 보유하고 있는 자재이며, 완제품, 재공품, 각종 원자재 등이 포함된다.
② 재고 관련 비용 중에서 추후납품비용이나 품절비용은 재고부족비용에 해당된다.
③ 경제적 주문량 모형은 연간 주문비용 및 연간 재고유지비용 등의 연간 총비용을 최소화하는 주문량을 산출한다.
④ 일반적으로 고정주문량 모형은 정기주문모형보다 더 많은 안전재고를 요구한다.

해설 ① [O] 재고의 개념과 유형에 대한 적절한 설명이다.
② [O] 재고가 부족할 때 추후납품을 약속하고 그에 대한 가격할인 등을 제공하면서 발생하는 비용이 추후납품(back-order)비용이다. 품절비용 역시 재고가 부족하여 고객이 타사로 이탈하면서 발생하는 비용이다.
③ [O] 경제적 주문량 모형은 상품매매업의 입장에서 고려하는 두 가지 주요 비용(주문비용, 재고유지비용)의 합계를 최소화하는 주문량을 구하는 것이고, 경제적 생산량 모형은 제조업의 입장에서 고려하는 두 가지 주요 비용(준비비용, 재고유지비용)의 합계를 최소화하는 생산량을 구하는 것이다.
④ [×] 고정주문량 모형(Q-system)과 정기주문모형(P-system)에서의 안전재고는 각각 다음 공식으로 구한다.

$Q-system$ 에서의 안전재고

$$= z \times \sqrt{리드타임 \times (수요표준편차)^2}$$

$P-system$ 에서의 안전재고

$$= z \times \sqrt{(리드타임 + 주문간격) \times (수요표준편차)^2}$$

따라서 다른 모든 조건이 동일하다면 고정주문량 모형에서의 안전재고값이 정기주문모형에서의 안전재고값보다 더 작다.

정답 ④

47-11J ☑☐☐☐ 2023 군무원 7급

다음 중 재고관리에 관한 설명으로 가장 적절하지 않은 것은?

① 정량발주시스템(Q-system)에서는 재고 소진 속도가 빨라지면 주문 시기가 빨라진다.
② 정기발주시스템(P-system)에서는 재고조사 기간 사이에 재고 소진이 많을수록 많은 양을 주문하게 된다.
③ 투빈시스템(two-bin system)은 정기발주시스템을 시각화한 것이다.
④ ABC재고관리에서 A그룹은 재고 기록이나 조달기간을 엄격히 관리해야 한다.

해설 ① [O] 정량발주 시스템에서는 주문의 주기가 정해져 있지 않으므로 소진이 빨라질 경우 주문시점도 빨라질 수 있다.
② [O] 정기발주 시스템은 주문의 간격이 정해져 있으므로 그 사이의 기간동안에 품질이 발생할 가능성이 높다면 주문량을 높이게 된다.
③ [×] 투빈시스템은 정량발주모형을 시각화한 것으로서, 두 개의 상자에 재고를 보관하여 필요시 하나의 상자에서 계속 제품을 꺼내어 사용·판매하다가 처음 상자가 바닥이 나게 되면 발주를 하여 바닥난 상자를 채우는 방식이다.
④ [O] ABC 분석(ABC analysis)은 데키(Deckie)에 의해 고안된 재고관리법으로서, 취급상품의 종류가 여러 가지일 때 재고 품목의 가치와 중요도에 따라 관리의 중점을 달리하는 것이다. 일반적으로 20 : 80의 법칙으로도 불리는 파레토 법칙(Pareto's law)에 근거하여 품목의 수는 적지만 그 가치가 가장 커서 경영자의 집중적 관리가 필요한 품목을 A 품목, 그 다음 순위의 품목을 B, C 등으로 분류한다. 여기서 제품의 중요도를 판단하는 기준은 연간 사용금액(=단가×연간수요량)이 되며, <u>A 품목은 통제의 필요성과 정도가 가장 강하고 주문순위도 높으므로 평균 로트크기를 줄이고 주문주기를 줄임으로써 재고회전율을 높일 필요가 있다.</u> 반면에 C 품목은 통제의 정도가 낮고 주문순위 역시 낮으므로 비교적 많은 안전재고를 확보해도 무방하며, P-시스템의 주문방식을 활용하는 것이 적합하다.

정답 ③

47-11K ☑□□□

고정주문량모형(Q-모형)과 고정기간모형(P-모형)을 비교한 설명으로 옳지 않은 것은?

① Q-모형은 주문량이 일정하고, P-모형은 주문량이 변동한다.
② Q-모형은 재고량이 재주문점에 이를 때 주문하고, P-모형은 정기적으로 주문한다.
③ Q-모형은 반입·반출 시 재고량을 파악하고, P-모형은 점검시기에 재고량을 파악한다.
④ Q-모형의 재고량이 P-모형의 재고량보다 상대적으로 많다.
⑤ Q-모형은 고가이고 중요한 품목에 활용되고, P-모형은 저가 품목에 활용된다.

해설 ④ [×] P-시스템 하에서는 일반적으로 Q-시스템에서보다 많은 안전재고를 필요로 한다. 이는 방지기간의 길이가 길어짐에 따라(Q-시스템에서는 리드타임만 고려하지만, P-시스템에서는 리드타임과 주문간격을 함께 고려) 기간표준편차값 자체가 커지는 것에 기인한다.

추가해설 P-시스템과 Q-시스템을 비교하면 다음과 같다.

	P	vs.	Q
안전재고 수준	P	>	Q
제품의 단가	P	<	Q
고정된 것	주기		주문량
제품수요	안정		불안정
재고실사	고정간격		연속간격
확장개념	원-빈법		투-빈법

정답 ④

47-16 ☑□□□

재고관리의 ABC관리법에서 품목을 분류할 때 가장 많이 사용되는 분석방법은?

① 민감도분석 ② 추세분석
③ 비용-편익 분석 ④ 파레토분석
⑤ 인과분석

요점정리 ABC 분석(ABC analysis)은 데키(Deckie)에 의해 고안된 재고관리법으로서, 재고의 가치나 중요도를 고려하여 재고자산 품목들을 분류하고 가장 집중적으로 통제해야 할 재고품목이 무엇인지를 결정하여 이를 집중적으로 관리하고자 하는 방법이다. 일반적으로 20:80의 법칙으로도 불리는 파레토 법칙(Pareto's law)에 근거하여 품목의 수는 적지만 그 가치가 가장 커서 경영자의 집중적 관리가 필요한 품목을 A품목, 그 다음 순위의 품목을 B, C 등으로 분류하며, 기법의 목적과 개념상 3개 이상의 품목으로 분류하는 것도 가능하다.

해설 ④ 파레토분석은 80%의 수입이 20%의 항목 또는 고객으로부터 발생한다는 것인데, ABC 재고관리법은 이 원칙을 응용하여 수는 비록 적지만 가장 중요한 품목을 A로 설정하고 순차적으로 나머지 재고품목들을 B, C…순으로 묶어 관리하는 방법이다.

정답 ④

47-17 ☑□□□

재고품목을 가치나 상대적 중요도에 따라 차별화하여 관리하는 ABC 재고관리에 관한 설명으로 옳은 것은?

① A등급은 재고가치가 낮은 품목들이 속한다.
② A등급 품목은 로트 크기를 크게 유지한다.
③ C등급 품목은 재고유지비가 높다.
④ ABC등급 분석을 위해 롱테일(long tail) 법칙을 활용한다.
⑤ 가격, 사용량 등을 기준으로 등급을 구분한다.

해설 ① [×] A등급은 재고가치가 높은 품목들이다.
② [×] A품목은 통제의 필요성과 정도가 가장 강하고 주문순위도 높으므로 평균 로트크기를 줄이고 주문주기를 줄임으로써 재고회전율을 높일 필요가 있다.
③ [×] C품목은 통제의 정도가 낮고 주문 순위 역시 낮으므로 비교적 많은 안전재고를 확보해도 무방하고, 재고유지비용이 저렴하며, P-시스템의 주문방식을 활용하는 것이 적합하다.
④ [×] 긴 꼬리(The Long Tail), 또는 롱테일 현상은 파레토 법칙을 그래프에 나타냈을 때 꼬리처럼 긴 부분을 형성하는 80%의 부분을 일컫는다. 파레토 법칙에 의한 80:20의 집중현상을 나타내는 그래프에서는 발생확률 혹은 발생량이 상대적으로 적은 부분이 무시되는 경향이 있었다. 그러나 인터넷과 새로운 물류기술의 발달로 인해 이 부분도 경제적으로 의미가 있을 수 있게 되었는데 이를 롱테일이라고 한다. 즉 롱테일 법칙은 ABC 분석의 근거가 되는 파레토 법칙과는 정반대의 의미를 담고 있는 것이다.
⑤ [○] 재고의 유형을 A, B, C 등으로 나누는 과정에서 가격과

사용량 등의 기준이 활용될 수 있다.

정답 ⑤

47-18 ☑□□□
2019 가맹거래사

인터넷 비즈니스에서 성공한 기업들이 20%의 히트상품보다 80%의 틈새상품을 통해 더 많은 매출을 창출하는 현상과 관련된 용어는?

① 파레토(pareto) 법칙
② 폭소노미(folksonomy)
③ 네트워크 효과(network effect)
④ 롱테일(long tail)
⑤ 확장성(scalability)

해설〉 소수의 틈새상품 여럿을 통해 더 많은 매출을 달성할 수 있다는 관점은 롱테일(④) 현상을 지칭한다. '긴 꼬리(The Long Tail)'라는 의미인데, 이는 파레토 법칙을 그래프에 나타냈을 때 아래로 내려가는 꼬리(80%의 부분)가 길게 이어진다면 오히려 이 영역의 비중이 더 커질 수 있다는 아이디어에서 착안된 용어이다.

추가해설〉 ① 이는 20%의 성공한 히트상품이 중요하다는 개념으로, 롱테일 법칙과는 반대되는 의미이다.
② 이는 대중분류법으로도 불리는데, 자유롭게 선택된 키워드를 이용하여 이루어지는 협업적 분류를 뜻하는 신조어이다. 즉 정보를 분류하기 위해 사람들이 자발적으로 협력하는 것을 의미한다.
③ 이는 특정 상품에 대한 어떤 사람의 수요가 다른 사람들의 수요에 의해 영향을 받는 효과이다.
⑤ 이는 Extensibility 로도 불리는데, 대규모적인 재설계/재설치 등의 필요없이 확장이 얼마나 쉽고 가능한가에 대한 용이성을 의미하는 정보통신 용어이다.

정답 ④

47-19 ☑□□□
2005 CPA

ABC재고관리와 관련한 다음의 설명 중 가장 적절치 않은 것은?

① 취급상품의 종류가 다품종인 경우에 적용한다.
② A품목, B품목, C품목 중 총가치 대비 비중이 가장 큰 품목군이 A품목이다.
③ A, B, C 품목 중 C품목의 주문주기가 가장 짧다.
④ C품목군은 정기주문 시스템인 P-시스템 주문모형에 적합하다.
⑤ ABC재고관리 목적과 개념상 3개 이상의 품목으로 분류하는 것도 가능하다.

해설〉 ABC 분석(ABC analysis)은 데키(Deckie)에 의해 고안된 재고관리법으로서, 재고품목의 가치와 중요도에 따라 관리의 중점을 달리하는 것이다. 일반적으로 20 : 80의 법칙으로도 불리는 파레토 법칙(Pareto's law)에 근거하여 품목의 수는 적지만 그 가치가 가장 큰 품목을 A 품목, 그 다음 순위의 품목을 B, C 등으로 분류한다. 여기서 A 품목은 통제의 필요성과 정도가 가장 강하고 주문순위도 높으므로 평균 로트크기를 줄이고 주문주기를 줄임으로써 재고회전율을 높일 필요가 있다. 반면에 C 품목은 통제의 정도가 낮고 주문 순위 역시 낮으므로 비교적 많은 안전재고를 확보해도 무방하다.

정답 ③

경제적 주문량(EOQ)

1. 경제적 주문량의 개념과 기본가정

1) 경제적 주문량(EOQ)의 개념: 재고유지비용과 주문비용의 합을 최소로 하는 주문량

2) 기본가정

① 주문량이 동일(Q-system)

② 수요량과 주문비용 및 재고유지비용이 일정

③ 조달기간 일정 → 공급에서의 불확실성이 없음

④ 재고부족시의 비용은 없음

⑤ 위의 가정들에 의해 안전재고가 필요 없음

2. 경제적 주문량의 도출

1) 총비용 = 재고유지비용 + 주문비용

$$T = T_C + T_O = \left(\frac{Q}{2} \times C\right) + \left(\frac{D}{Q} \times O\right)$$

$$= \left(\frac{1회당\ 주문량}{2} \times 단위당\ 재고비용\right) + \left(\frac{연간\ 수요량}{1회당\ 주문량} \times 1회당\ 주문비용\right)$$

2) 경제적 주문량의 계산: 총비용을 최소로 하는 지점에서의 주문량

(=총비용함수의 미분계수가 0이 되는 지점)

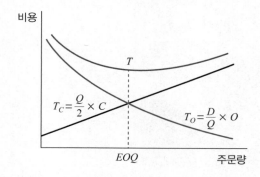

$$EOQ = \sqrt{\frac{2DO}{C}} = \sqrt{\frac{2 \times 연간\ 수요량 \times 1회당\ 주문비용}{단위당\ 재고비용}}$$

3. 주문간격의 계산

연간 수요량에서 EOQ가 차지하는 비중을 기간으로 환산

$$주문간격 = \frac{EOQ}{연간\ 수요량} \times (12월/년)$$

48-1 ☑□□□
2010 7급공무원 고책형

기업은 영업활동을 수행하면서 최소의 비용으로 재고자산을 관리하려 한다. 다음 중 재고관련 비용을 최소화시키는 경제적 주문량(EOQ) 모형의 기본적인 가정에 속하지 않는 것은?

① 단위당 재고유지비용은 일정하다.
② 재고조달기간이 정확히 지켜진다.
③ 재고자산의 사용률은 일정하며 알려져 있다.
④ 재고자산의 단위당 구입원가는 일정하다.

해설 경제적 주문량 모형에서는 매번 주문량이 동일하고, 타품목들과 독립적인 의사결정이 이루어지며, 계획기간 중 수요량 및 판매량(③), 주문 및 재고유지원가(①), 조달기간 등이 일정하며(②) 확실하게 알려져 있다고 본다.

추가해설 ④ 재고자산의 구입원가는 EOQ의 계산에 반영되는 수치가 아니다. 물론 구입단가가 일정하다고 가정하는 것은 사실이지만, 본 문제에서는 EOQ의 계산 및 도출과정에 활용되는 내용만을 ①~③에서 언급하였으므로 EOQ계산에 활용되지 않는 '구입원가'에 관한 ④가 정답이 된다.

정답 ④

48-2 ☑□□□
2016 공인노무사

해리스(F. W. Harris)가 제시한 EOQ(경제적 주문량) 모형의 가정으로 옳은 것은?

① 단일품목만을 대상으로 한다.
② 조달기간은 분기 단위로 변동한다.
③ 수량할인이 적용된다.
④ 연간수요량은 알 수 없다.
⑤ 주문량에 정비례한다.

해설 ① 경제적 주문량 모형에서는 단일 품목만을 대상으로 한다.
② 조달기간은 일정하다.
③ 재고 구입시 단가 역시 일정하다.
④ 연간수요량을 알아야 EOQ를 구할 수 있다.
⑤ 무엇이 주문량에 비례한다는 것인지 이 문구만으로는 판단이 어렵다.

정답 ①

48-3 ☑□□□
2013 가맹거래사

경제적 주문량(EOQ) 모형을 도출하기 위한 가정이 아닌 것은?

① 재고조달기간은 일정하다.
② 단위 기간당 재고사용량이 일정하다.
③ 연간 수요량이 정해져 있다.
④ 수량할인이 인정되지 않는다.
⑤ 1회 주문비용은 주문량에 비례하여 커진다.

해설 ⑤ 1회당 주문비용 역시 정해져 있다.

정답 ⑤

48-3J ☑□□□
2023 군무원 7급

다음 중 재고관리의 접근방법으로서 경제적 주문량(EOQ : Economic Order Quantity) 산출시 적용되는 기본 가정에 해당하지 않는 것은?

① 제품의 수요가 일정하고 균일하다.
② 조달기간이 일정하며 조달이 일시에 이루어진다.
③ 품절이나 과잉재고가 허용된다.
④ 주문비와 재고유지비가 일정하며 재고유지비는 평균재고에 기초를 둔다.

해설 ① [O] 수요가 일정하고 균일하기 때문에 평균재고량은 주문량의 1/2이 된다.
② [O] 이는 EOQ 모형의 가장 핵심적인 가정 중 하나이다.
③ [X] EOQ에서는 품절이나 과잉재고가 존재하지 않는다. 수요, 공급과 주문의 불확실성이 전혀 존재하지 않아서 안전재고가 0이 된다.
④ [O] 모든 비용항목이 변동없이 일정하며, 재고유지비용은 평균재고(=주문량의 1/2)에 1단위당 재고유지비용을 곱하여 계산한다.

정답 ③

48-5F ☑☐☐☐
2022 공인노무사

경제적 주문량(EOQ)에 관한 설명으로 옳지 않은 것은?

① 연간 재고유지비용과 연간 주문비용의 합이 최소화되는 주문량을 결정하는 것이다.
② 연간 재고유지비용과 연간 주문비용이 같아지는 지점에서 결정된다.
③ 연간 주문비용이 감소하면 경제적 주문량이 감소한다.
④ 연간 재고유지비용이 감소하면 경제적 주문량이 감소한다.
⑤ 연간 수요량이 증가하면 경제적 주문량이 증가한다.

해설 ① [O] 경제적 주문량(EOQ, economic order quantity)은 재고유지비용과 주문비용의 합(T)을 최소로 하는 주문량을 뜻한다. 공식은 다음과 같다.

$$경제적주문량 = \sqrt{\frac{2 \times 연간수요량 \times 주문비용}{단위당재고비용}}$$

② [O] 경제적 주문량은 총비용 T를 최소로 하는 주문량이다. 재고유지비용과 주문비용의 합인 총비용(T)은 U자형의 그래프이며, 여기서 극소점은 총비용(T) 함수의 미분계수가 0이 되는 지점이다. 이는 재고유지비용(holding cost)과 주문비용(ordering cost)이 같아지는 지점과도 같다.
③ [O] 앞의 공식에 따르면 연간 주문비용은 식의 분자에 포함되므로 이 값이 감소하면 경제적 주문량도 감소한다.
④ [×] 앞의 공식에 따르면 재고비용은 식의 분모에 포함되므로 이 값이 감소하면 경제적 주문량은 증가한다.
⑤ [O] 앞의 공식에 따르면 연간 수요량은 식의 분자에 포함되므로 이 값이 증가하면 경제적 주문량도 증가한다.

정답 ④

48-6 ☑☐☐☐
2018 7급 나형

재고관리 비용을 최소화하기 위한 재고관리 기법에 해당하지 않는 것은?

① EOQ(Economic Order Quantity)
② JIT(Just-in-Time)
③ MRP(Material-Requirements Planning)
④ PERT(Program Evaluation and Review Technique)

해설 ④ PERT는 제한된 시간내에 목표를 달성해야 하는 프로젝트성 과업의 작업일정을 관리하는 도구이다.

추가해설 EOQ는 재고유지비용과 주문비용의 합계(총재고비용)의 최소화를 추구하며, JIT와 MRP는 모두 종속수요품(부품 등)의 관리비용을 줄이는 것을 목표로 하는 경영기법이다.

정답 ④

48-7 ☑☐☐☐
2012 가맹거래사

확정적 정기주문모형인 경제적 주문량 모형(economic order quantity: EOQ)에서 경제적 주문량은 다음의 산식으로 구한다.

$$EOQ = \sqrt{\frac{2(ㄴ)(ㄷ)}{(ㄱ)}}$$

여기에서 (ㄱ), (ㄴ), (ㄷ)에 해당하는 변수를 바르게 나열한 것은?

	(ㄱ)	(ㄴ)	(ㄷ)
①	1회 주문비용	연간 단위당 재고유지비용	연간 수요
②	연간 수요	단위당 구입가격	연간 단위당 재고유지비용
③	연간 단위당 재고유지비용	단위당 구입가격	1회 주문비용
④	연간 단위당 재고유지비용	연간 수요	1회 주문비용
⑤	1회 주문비용	단위당 구입가격	연간 단위당 재고유지비용

해설 $경제적 주문량 = \sqrt{\frac{2 \times 연간 수요량 \times 1회당 주문비용}{단위당 재고유지비용}}$

정답 ④

48-8 ☑□□□

제품P의 연간 수요는 10,000개로 예상된다. 이 제품의 연간 재고유지비용이 단위당 100원이고, 주문 1회당 소요되는 주문비용은 200원이다. 이 경우 경제적 주문량(EOQ)는?

① 100 ② 150
③ 200 ④ 250
⑤ 300

해설> $EOQ = \sqrt{\dfrac{2 \times 연간\ 수요량 \times 1회당\ 주문비용}{단위당\ 재고비용}}$

$= \sqrt{\dfrac{2 \times 10,000 \times 200}{100}} = 200$

정답 ③

48-8A ☑□□□

㈜경지사의 연간 수요는 10,000단위, 회당 주문비용은 200원, 연간 단위당 재고유지비용은 400원일 경우 경제적 주문량(EOQ)은? (단, 주어진 조건 외에 다른 조건은 고려하지 않음)

① 100단위 ② 200단위
③ 300단위 ④ 400단위
⑤ 500단위

해설> $EOQ = \sqrt{\dfrac{2 \times 연간\ 수요량 \times 1회당\ 주문비용}{단위당\ 재고비용}}$

$= \sqrt{\dfrac{2 \times 10,000 \times 200}{400}} = 100$

정답 ①

48-9 ☑□□□

제품 X의 연간 수요량이 10,000개, 1회당 주문비용이 10,000원, 단위당 재고유지비용이 50원이면 제품 X의 경제적주문량(EOQ)은?

① 500개 ② 1,000개
③ 1,500개 ④ 2,000개
⑤ 2,500개

해설> $EOQ = \sqrt{\dfrac{2 \times 10,000 \times 10,000}{50}} = 2,000$

정답 ④

48-10 ☑□□□

A기업은 1년간 400개의 부품을 사용한다. 부품가격은 개당 1,000원, 주문비용은 회당 10,000원, 단위당 연간 재고유지비용은 부품가격의 20%라면 이 부품의 경제적 주문량(EOQ)은?

① 100개 ② 150개
③ 200개 ④ 250개
⑤ 300개

해설> $EOQ = \sqrt{\dfrac{2 \times 연간\ 수요량 \times 1회당\ 주문비용}{단위당\ 재고비용}}$

$= \sqrt{\dfrac{2 \times 400 \times 10,000}{200}} = 200$

정답 ③

48-11 ☑□□□

㈜한국의 A부품에 대한 연간수요는 4,000개이며, A부품 구입가격은 단위당 8,000원이다. 1회당 주문비용은 4,000원이고, 단위당 연간 재고유지비용은 구입가격의 10%일 때 A부품의 경제적 주문량(EOQ)은?

① 100개 ② 200개
③ 300개 ④ 400개
⑤ 600개

해설

$$EOQ = \sqrt{\frac{2 \times 연간수요 \times 1회당\ 주문비용}{단위당\ 재고유지비용}}$$

$$= \sqrt{\frac{2 \times 4,000 \times 4,000}{8,000 \times 10\%}} = 200$$

정답 ②

48-12 ☑☐☐☐

2018 경영지도사

㈜경지사에서는 연중 일정하게 판매되고 있는 A제품에 대하여 해리스(F. W. Harris)의 경제적 주문량 모형을 활용하여 최적의 주문량을 결정하고 있다. 연간 수요는 2,000개이며, 1회 주문비용은 2,500원, 개당 연간 재고유지비용은 250원으로 추산하고 있을 때의 평균재고수준은?

① 50개   ② 100개
③ 150개   ④ 200개
⑤ 250개

해설 우선 경제적주문량(EOQ)을 구해보자.

$$EOQ = \sqrt{\frac{2 \times 연간\ 수요량 \times 1회당\ 주문비용}{단위당\ 재고유지비용}}$$

$$= \sqrt{\frac{2 \times 2,000 \times 2,500}{250}} = 200$$

EOQ 공식의 도출과정을 열심히 공부했다면, 평균 재고수준은 EOQ의 절반(1/2)임을 알 수 있다. 따라서 평균재고수준은 EOQ의 절반인 100개가 된다.

정답 ②

48-13 ☑☐☐☐

2009 7급공무원 봉책형

기업은 어떤 자재를 필요할 때마다 구매할 수도 있으나 이럴 경우 구매요청에 따른 번거로움과 구매처리비용 등이 많이 발생한다. 그렇다고 한꺼번에 1년치를 주문하면 재고유지비용이 많이 든다. 따라서 주문비용과 재고유지비용을 고려하여 일정량 만큼씩 구매하는 것이 경제적이다. 다음과 같은 자료가 주어져 있을 경우 경제적 주문량은?

> 자재의 구입원가 = 40,000원/단위,
> 연간 수요량 = 20,000단위
> 연간 재고유지비용 = 2,000원/단위,
> 주문비용 = 2,000원/회

① 200단위   ② 300단위
③ 약 333단위   ④ 400단위

해설

$$EOQ = \sqrt{\frac{2 \times 연간\ 수요량 \times 1회당\ 주문비용}{단위당\ 재고유지비용}}$$

$$= \sqrt{\frac{2 \times 20,000 \times 2,000}{2,000}} = 200$$

정답 ①

48-14 ☑☐☐☐

2015 경영지도사

개당 10,000원에 판매되는 제품 A의 연간수요는 400개로 일정하게 발생하고 있으며, 1회 주문비용은 5,000원, 개당 연간 재고유지비용은 판매가격의 25%정도로 추산하고 있다. 경제적 주문량(EOQ) 모형을 적용하여도 큰 무리가 없다고 가정할 때, 경제적 주문량은?

① 25개   ② 30개
③ 35개   ④ 40개
⑤ 50개

해설

$$EOQ = \sqrt{\frac{2 \times 연간수요 \times 1회당\ 주문비용}{단위당\ 재고유지비용}}$$

$$= \sqrt{\frac{2 \times 400 \times 5,000}{2,500(=10,000 \times 25\%)}} = 40$$

정답 ④

48-15 ☑☐☐☐
2007 7급공무원 문책형

이자율은 전년도 대비 9%p 증가하여 18%까지 올라갔다. 또한 주문 1회당 고정주문비용은 전년도 대비 2만원 감소하여 4만 원으로 떨어졌다. 경제적 주문량은 전년도 대비 어떻게 변동하겠는가?

① 증가한다.
② 감소한다.
③ 변동없다.
④ 정보가 충분하지 않아 알 수 없다.

해설 $EOQ = \sqrt{\dfrac{2 \times 연간수요 \times 1회당\ 주문비용}{단위당\ 재고유지비용}}$

이자율이 증가하면 재고를 유지하는 비용이 증가한다. 왜냐하면 재고를 보유하는 대신 현금으로 은행에 넣어둘 경우의 수익이 더 클 수 있기 때문이다. 따라서 분모의 크기가 증가한다. 또한 주문비용이 감소하면 분자의 크기가 감소한다. 분모는 커지고 분자는 작아지므로 결론적으로 EOQ값은 줄어든다.

정답 ②

48-16 ☑☐☐☐
2015 가맹거래사

제품 A의 연간수요는 1,000단위로 예측되며, 단위당 연간 재고 유지비용 1,000원, 1회 경제적 주문량이 100단위일 경우 경제적 주문량(EOQ) 모형을 이용한 1회당 주문비용은?

① 1,000원   ② 2,000원
③ 3,000원   ④ 4,000원
⑤ 5,000원

해설 $EOQ = \sqrt{\dfrac{2 \times 1,000 \times 주문비용}{1,000}} = 100$

따라서 주문비용은 5,000원이다.

정답 ⑤

48-17 ☑☐☐☐
2011 가맹거래사

제품 A의 연간수요는 10,000개로 예측된다. 제품 A의 구입단가는 1,000원, 1회당 주문비용은 2,500원, 연간 재고유지비용은 단위당 200원이다. 제품 A의 경제적주문량(EOQ)으로 산출한 연간 최적주문횟수는?

① 5회   ② 10회
③ 15회   ④ 20회
⑤ 25회

해설 $EOQ = \sqrt{\dfrac{2 \times 10,000 \times 2,500}{200}} = 500$

경제적 주문량이 500인데 연간수요가 10,000개이므로 주문횟수는 (10,000/500)인 20회가 된다.

정답 ④

48-18 ☑☐☐☐
2013 공인노무사

제품 A의 연간 수요는 10,000개로 예상된다. 이 제품의 연간 재고유지비용이 단위당 200원이고 주문 1회당 소요되는 주문비용은 100원이다. 이 경우 경제적 주문량(EOQ)에 의한 최적 주문 횟수는?

① 50회   ② 75회
③ 100회   ④ 150회
⑤ 200회

해설 $EOQ = \sqrt{\dfrac{2 \times 10,000 \times 100}{200}} = 100$ 연간수요가 10,000인데 1회당 주문량(EOQ)이 100이므로 주문횟수는 100이 된다.

정답 ③

48-19 ☑□□□
2018 공인노무사

A점포의 연간 자전거 판매수량은 500대이고, 한 번 주문할 때 소요되는 주문비용은 10만 원이다. 자전거 한 대의 구입가격은 15만 원이며, 재고 유지를 위해 매년 부담하는 비용은 대당 1만 원이다. A 점포의 경제적 주문량(EOQ)과 최적주문횟수는 각각 얼마인가?

① 50대, 5회   ② 50대, 10회

③ 100대, 5회   ④ 100대, 7회

⑤ 250대, 2회

해설 $EOQ = \sqrt{\dfrac{2 \times 500 \times 100,000}{10,000}} = 100$(대), 연간 판매수량이 500인데 1회당 주문량(EOQ)이 100이므로 주문횟수는 5회가 된다.

정답 ③

48-20 ☑□□□
2012 공인노무사

A 기업의 X 부품에 대한 연간 수요는 2,000개 이다. X 부품의 1회 주문비용은 1,000원, 연간 단위당 재고유지비용은 400원일 때 경제적 주문량 모형을 이용하여 1회 경제적 주문량과 이때의 연간 총비용을 구하면?

① 50개, 20,000원   ② 50개, 40,000원

③ 100개, 20,000원   ④ 100개, 40,000원

⑤ 150개, 60,000원

해설 총비용(T)은 주문비용(T_O)과 재고유지비용(T_C)의 합계로 계산한다. 여기서 주문비용은 1회당 주문량(Q)이 많을수록 줄어든다. 이는 연간 총 수요량(D)이 일정하다고 보기 때문이다. 한 단위당 재고유지비용을 C, 1회당 주문비용을 O라 한다면 T는 다음과 같이 계산할 수 있다.

$$T = T_C + T_O = \left(\dfrac{Q}{2} \times C\right) + \left(\dfrac{D}{Q} \times O\right)$$

여기서 $Q/2$는 평균 재고보유량이 되는데, 이는 판매로 인한 재고의 감소가 선형으로 나타난다는 가정에 의한 것이다. EOQ는 다음의 식으로 구한다.

$$EOQ = \sqrt{\dfrac{2 \times \text{연간 수요량} \times \text{1회당 주문비용}}{\text{단위당 재고비용}}}$$

위 식에 문제의 수치들을 대입하여 계산하면 EOQ는 100개, 총비용은 40,000원이 된다.

정답 ④

48-20D ☑□□□
2021 가맹거래사

연간수요가 1,000개, 1회당 주문비용은 50원, 단위당 연간 재고유지비용은 40원이다. 경제적 주문량(EOQ)과 연간 주문비용은 얼마인가?

① 50개, 100원   ② 50개, 500원

③ 50개, 1,000원   ④ 100개, 500원

⑤ 100개, 1,000원

해설 $EOQ = \sqrt{\dfrac{2 \times \text{연간수요} \times \text{1회당 주문비용}}{\text{단위당 재고유지비용}}}$

$= \sqrt{\dfrac{2 \times 1,000 \times 50}{40}} = 50$(개)

연간 주문비용은 주문횟수와 1회당 주문비용의 곱이다. 경제적 주문량이 50이므로 연간 주문횟수는 20(=1,000개/50개)회이고, 1회당 주문비용이 50원이므로 연간 주문비용은 1,000(=20×50)원이다.

정답 ③

48-21 ☑□□□
2024 가맹거래사

경제적 주문량 모형(EOQ)에 관한 설명으로 옳지 않은 것은? (단, 다른 조건이 동일하다고 가정한다.)

① 연간 수요가 감소하면, 경제적 주문량은 감소한다.

② 재고유지비용이 감소하면, 경제적 주문량은 감소한다.

③ 재고유지비용이 감소하면, 재고회전율은 감소한다.

④ 주문비용이 감소하면, 재고회전율은 증가한다.

⑤ 주문비용이 감소하면, 공급주수(weeks of supply)는 감소한다.

해설 ② [×] 재고유지비용이 감소하면 EOQ 공식의 분모가 감소하므로, EOQ는 증가해야 한다.

추가해설 ④ 주문비용이 줄어들면 EOQ, 즉 1회당 주문량이 감소하므로 입고된 재고가 소진되는 속도가 더 빨라질 것이다. 따라서 옳다.

⑤ 위와 같은 논리로 주문비용이 줄어들면 주문량이 줄어들어 평균재고량이 감소하므로 공급주수(=평균재고가치/주당매출원가)도 감소한다.

정답 ②

TOPIC 49 품질의 개념과 통계적 품질관리

1. 품질비용 : 한 제품이 완벽하지 않아서 발생하는 모든 비용

1) 통제비용: 불량제거에 드는 비용 = 검사비용 + 예방비용
   (실험 등) (교육훈련 등)

2) 실패비용: 품질미달시 발생하는 각종 비용 = 내부실패비용 + 외부실패비용
   (고객인도 전) (고객인도 후)

3) 품질차이의 원인 = 무작위변동(=공통변동=우연변동) + 이상변동(=특별변동)
   (공정자체문제) (통제가능요인)

4) 통계적 품질관리(SQC): 이상변동의 제어에 관심이 있음

5) 전사적 품질관리(TQM): 이상변동뿐만 아니라 무작위변동의 제어까지에도 관심이 있음

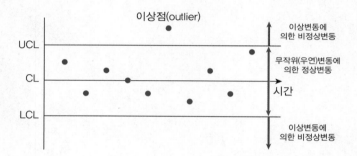

2. 통계적 품질관리의 내용

1) 소비자위험과 생산자위험 → 표본크기가 커질수록 소비자위험은 줄고 생산자위험은 증가

   ① 제1종 오류(α, 생산자위험): 정상치의 범주 내에 있는 값을 이상치로 오인

   ② 제2종 오류(β, 소비자위험): 정상치를 벗어나는 이상치를 정상치로 오인

2) OC(operating characteristic) 곡선

   ① 특정로트의 불량률과 합격률간의 관계를 도해 → 우하향

   ② 표본의 개수가 증가할수록 불량품 식별확률이 증가함

3) 관리도법 → 공정품질관리의 도구 (Shewhart)

   ① 개념: 공정상의 이상변동을 확인하기 위해 사용하는 품질관리의 도해적 방법(LCL, UCL, CL)

   ② 관리도 해석의 일반적 원칙

   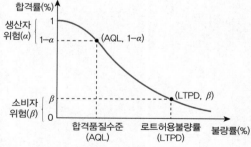
   표본조사에서의 OC곡선

   a. UCL과 LCL사이에 타점분포하면 정상(슈하트의 3σ 법)

   b. 특정 타점들이 상한/하한에 근접하거나 특정한 패턴을 보이는 경우에는 원인조사 필요

   ③ 관리도의 유형

   a. 변량관리도(계량치 관리도): $\overline{X}$ – 관리도(평균), R – 관리도(범위 또는 변동성)

   b. 속성관리도(계수치 관리도): p – 관리도(불량률), np – 관리도(불량수), c – 관리도(결점수), u – 관리도(단위당 결점수) → 불량은 이항분포, 결점은 포아송분포

49-1 ☑☐☐☐

품질비용에 속하지 않는 것은?

① 예방비용(prevention cost)
② 내적 실패비용(internal failure cost)
③ 품절비용(stockout cost)
④ 평가비용(appraisal cost)
⑤ 외적 실패비용(external failure cost)

요점정리 품질비용(quality cost)이란 한 제품이 완벽하지 않아서 발생하는 모든 비용을 뜻하며, 예방 및 검사 등 사전조치에 관련된 비용과 불량이 발생한 이후의 사후조치에 관련된 비용으로 분류해 볼 수 있다. 전자는 생산과정 내에서 불량의 발생 자체를 제거하는데 드는 비용인 통제비용(control cost)이고 후자는 품질이 미달되어 발생하는 비용인 실패비용(failure cost)이며, 일반적으로 통제비용이 증가하면 실패비용은 감소한다. 통제비용과 실패비용은 각각 두 가지로 구분되므로 결론적으로 품질비용은 검사(평가)비용, 예방비용, 내·외부실패비용의 4가지로 분류된다.

해설 품질비용＝평가(검사)비용＋예방비용＋내부실패비용＋외부실패비용

정답 ③

49-1D ☑☐☐☐

품질비용에 관한 설명으로 옳지 않은 것은?

① 품질비용은 100% 완전하지 못한 제품생산으로 인한 비용이다.
② 평가비용은 검사, 측정, 시험 등과 관련한 비용이다.
③ 통제비용은 생산흐름으로부터 불량을 제거하기 위한 활동과 관련된 비용이다.
④ 실패비용은 완성된 제품의 품질이 일정한 수준에 미달함으로써 발생하는 비용이다.
⑤ 외부실패비용은 폐기, 재작업, 등급저하와 관련한 비용이다.

요점정리 품질비용(quality cost)이란 한 제품이 완벽하지 않아서 발생하는 모든 비용을 뜻하며, 예방 및 검사 등 사전조치에 관련된 비용과 불량이 발생한 이후의 사후조치에 관련된 비용으로 분류해 볼 수 있다. 전자는 생산과정 내에서 불량의 발

생 자체를 제거하는데 드는 비용인 통제비용(control cost)이고 후자는 품질이 미달되어 발생하는 비용인 실패비용(failure cost)이며, 일반적으로 통제비용이 증가하면 실패비용은 감소한다.

해설 선지 ⑤는 내부실패비용(internal failure cost), 즉 시스템상의 결함으로 인하여 제품의 생산시점부터 고객에게 인도되기 전까지 발생하는 각종 비용에 해당한다. 구체적으로는 불량이 발견되어 폐기하거나 가동을 중단시킴에 따라 발생하는 각종 비용, 제품을 새로 만들기 위한 재가동 비용 등이 이에 해당한다. 한편 외부실패비용(external failure cost)은 생산시스템 외적 비용으로서 제품이 고객에게 인도된 이후 발생하는 각종 품질문제로 인한 비용을 뜻한다. 품질 보증으로 인한 비용, 불평 및 불만의 접수 및 처리에 드는 비용, 수리비용, 불만으로 인한 이탈비용, 기업 신뢰도 하락으로 인한 미래손실비용 등이 이에 해당한다.

정답 ⑤

49-2 ☑☐☐☐

원자재의 수입(收入)검사, 공정검사, 완제품검사, 품질연구실 운영 등에 소요되는 품질비용을 지칭하는 용어는?

① 내부 실패비용(internal failure cost)
② 외부 실패비용(external failure cost)
③ 평가비용(appraisal cost)
④ 예방비용(prevention cost)
⑤ 준비비용(setup cost)

해설 검사비용(평가비용, appraisal cost)은 생산과정에서 원자재나 제품이 사용가능한지 살펴보는 작업들에 소요되는 비용을 뜻한다. 각종 원자재의 수입(收入)검사, 공정검사, 완제품검사, 품질연구실 운영 등에 드는 비용이 이에 해당한다.

추가해설 내부실패비용은 제품의 생산시점부터 고객에게 인도되기 전까지 발생하는 각종 품질문제로 인한 비용, 외부실패비용은 제품이 고객에게 인도된 이후 발생하는 각종 품질문제로 인한 비용을 뜻한다. 예방비용은 품질문제와 각종 불량을 사전에 방지하기 위하여 소요되는 비용을 뜻한다.

정답 ③

49-2M ☑☐☐☐

품질문제와 관련하여 발생하는 외부 실패비용에 해당하지 않는 것은?

① 고객불만 비용　　② 보증 비용
③ 반품 비용　　　　④ 스크랩 비용
⑤ 제조물책임 비용

해설 외부실패비용(external failure cost)은 생산시스템 외적인 품질 비용으로서 제품이 고객에게 인도된 이후 발생하는 각종 품질문제로 인한 비용을 뜻한다. 품질 보증(②)으로 인한 비용, 불평 및 불만의 접수(①) 및 반품처리에 드는 비용(③), 수리비용, 불만으로 인한 이탈비용, 기업 신뢰도 하락으로 인한 미래손실비용 등이 이에 해당한다. 최근 강조되고 있는 제조물책임(product liability, PL) 역시 외적 실패비용에 포함될 수 있다(⑤). 제조물책임은 제품의 결함으로 인하여 소비자 또는 사용자가 손해를 입었을 경우 그 제품의 제조자나 판매자가 피해자에게 지는 민법상의 배상책임을 뜻한다.

정답 ④

49-5A ☑☐☐☐

품질의 산포가 우연원인에 의한 것인지, 이상원인에 의한 것인지를 밝혀주는 역할을 하며, 제조공정의 상태를 파악하기 위해 공정관리에 이용되는 것은?

① 파레토도　　　　② 관리도
③ 산포도　　　　　④ 특성요인도
⑤ 히스토그램

해설 ① 이는 가장 중요한 품질문제의 원인을 확인하는데 활용되는 도표이다.
② 슈하트(Shewhart)에 의하여 고안된 관리도는 우연변동(무작위변동, random variation)과는 구분되는 공정상의 이상변동(assignable variation)이 발생하는지의 여부를 확인하여, 공정의 안정상태 여부를 검토하고 문제발생시 이를 바로잡기 위해 사용하는 품질관리의 방법이다. 따라서 본 문제의 정답이 된다.
③ 이는 각 데이터값들이 평균으로부터 얼마나 떨어져 있는지를 확인하는데 사용되는 통계값으로서 분산(variance)이나 표준편차(standard deviation)가 그 예이다.
④ 이는 물고기뼈 그림(fishbone chart) 혹은 인과분석도 등으로 불리며, 특정 품질문제를 유발할 수 있는 모든 요인들을 생선뼈와 같은 가지로 표시하여 각 요인별 분석(analysis)을 돕는 그림이다.
⑤ 이는 이상요인(결점이나 불량 등)의 수나 빈도 등을 기록하

는 그림이다.

정답 ②

49-8F ☑☐☐☐

관리도(control chart)에 관한 설명으로 옳은 것은?

① 두 변수간의 상관관계를 분석하는 도표
② 변동의 공통원인과 이상원인을 구분하는 도표
③ 데이터의 누락이나 오류 제거를 위한 데이터 정리 도표
④ 중요한 원인 요소를 구분하기 위한 도표
⑤ 두 개 또는 그 이상의 특성, 기능, 아이디어 상호 관련 도표

해설 슈하트(Shewhart)에 의하여 고안된 관리도는 우연변동(공통변동, 무작위변동, random variation)과는 구분되는 공정상의 이상변동(assignable variation)이 발생하는지의 여부를 확인하여 이를 바로 잡기 위해 사용하는 품질관리의 도해적 방법이다. 관리도는 가로축을 시간, 세로축을 변량 또는 속성으로 하며, 관리상한(UCL, upper control limit)과 관리하한(LCL, lower control limit) 및 평균특성을 의미하는 중심선(CL, central line)을 설정한다. 이 때 UCL과 LCL의 범위는 우연변동을 뜻하므로 공정이 안정상태를 유지할 때 공정내에는 우연변동만이 존재하지만, 이를 넘어서는 범위는 이상변동에 해당한다고 해석한다.

정답 ②

49-9 ☑□□□
2009 7급공무원 봉책형

통계적 공정관리에서 사용되는 관리도에 관한 설명으로 옳은 것으로만 묶은 것은?

> ㄱ. 생산공정상의 품질변동의 원인을 이상원인과 우연원인으로 구분한다.
> ㄴ. 샘플 평균값이 관리상한선과 관리하한선 안에 위치하면 생산되는 제품의 품질특성은 제품규격에 일치하는 것으로 평가한다.
> ㄷ. 기계설비가 완벽하고 공정이 아무 이상 없이 가동되더라도 그 공정에서 나오는 제품이 똑같을 수는 없다는 기본적인 가정에 그 근거를 둔다.

① ㄱ, ㄴ　　② ㄴ, ㄷ
③ ㄱ, ㄷ　　④ ㄱ, ㄴ, ㄷ

해설 ㄱ, ㄷ. 관리도 상의 UCL과 LCL을 기준으로 이상원인과 우연원인이 구분된다. 이는 동일공정 내의 제품이라 해도 특성에 차이가 있을 수 있음을 뜻한다.

ㄴ. 표본들의 평균값이 관리상한과 하한 안에 위치하더라도 타점에서 특정한 패턴이 발견된다면 이상이 있는 경우가 된다. 그리고 규격에의 일치 여부는 관리한계선과는 상관이 없다. 예를 들어 100g의 무게를 가지는 제품의 관리한계선이 99g~101g이라 하고, 회사가 설정해 둔 제품규격이 100g이라고 가정할 때, 실제 관측되는 제품의 무게가 99.5g이라면 이 제품은 관리한계선 내에 존재하고 있지만 규격에 일치하는 것은 아니다.
정답 ③

49-10 ☑□□□
2011 7급공무원 우책형

계수형 관리도와 측정하고자 하는 대상을 바르게 연결한 것은?

① c관리도 – 결점수
② np관리도 – 단위당 결점수
③ p관리도 – 불량품 개수
④ u관리도 – 불량률

요점정리 대표적 관리도에는 정규분포를 따르는 변량관리도(계량관리도)와 이항분포나 포아송분포를 따르는 속성관리도(계수관리도)가 있다.
• 변량관리도: 연속변수의 공정품질관리에 사용되는 변량관리

도(계량치 관리도)는 공정표본의 평균을 타점으로 기록한 $\overline{X}$-관리도와 공정표본값의 범위(=프로세스의 변동성) 크기를 타점으로 기록한 R-관리도가 있다. 전자($\overline{X}$-관리도)는 각 표본의 평균 수치를 계산하여 이를 타점으로 표시한 것으로서 품질특성의 공정평균이 변화하여 이상변동이 발생하고 있는지를 판단하기 위해 사용되며, 후자(R-관리도)는 각 공정표본에서 최대값과 최소값을 차감한 수치를 타점으로 표시한 것으로서 공정의 변동폭이 사전에 설정된 관리상한과 관리하한 사이에 위치하는지를 판별하기 위해 사용된다.
• 속성관리도: 이산변수의 공정품질관리에 사용되는 속성관리도(계수치 관리도)는 생산되는 제품의 불량률을 타점으로 기록한 p-관리도(불량수는 np-관리도)와 설정된 품질수준에 미치지 못하는 결점의 수를 타점으로 기록한 c-관리도(특정한 제품이나 자재의 한 단위당 결점수는 u-관리도, 단위당 평균결점수는 U-관리도)가 있다.

해설 c관리도(①)는 결점수, np관리도(②)는 불량수, p관리도(③)는 불량률, u관리도(④)는 단위당 결점수를 측정한다.

추가해설 불량은 제품의 개별 단위가 양품(洋品)이 아닌 것으로 판정되는 경우이며, 결점은 흠집이나 오탈자 등과 같이 산출물의 일정 단위에서 측정되는 문제점을 의미한다.
정답 ①

49-11 ☑□□□
2012 가맹거래사

통계적 품질관리기법 중에서 산출물의 일정 단위당 결점수를 측정하는데 사용되는 관리도(control chart)는?

① p 관리도　　② R 관리도
③ $\overline{X}$ 관리도　　④ c 관리도
⑤ $\overline{X}$ – R 관리도

해설 ① 불량률 관리도
② 범위(변동성) 관리도
③ 평균 관리도
④ 결점수 관리도
⑤ 평균 – 범위 관리도
정답 ④

49-11M ☑□□□
2024 가맹거래사

통계적 품질관리 기법 중 프로세스의 변동성을 모니터링하기 위하여 사용되는 관리도는?

① R-관리도
② $\bar{x}$-관리도
③ p-관리도
④ c-관리도
⑤ Z-관리도

해설 변동성, 즉 편차나 범위를 확인하는 관리도는 R-관리도이다.

정답 ①

49-11J ☑□□□
2023 국가직 7급

품질관리 도구인 관리도에 대한 설명으로 옳은 것은?

① 관리도는 우연요인에 의한 변동을 감지하는 데 효과적이다.
② p-관리도는 정규분포를 적용하고, c-관리도는 포아송분포를 적용한다.
③ $\bar{X}-R$ 관리도는 계량형 관리도에 해당한다.
④ 계수형 관리도는 길이, 무게, 강도 등의 데이터 관리에 적합하다.

해설 ① [×] 슈하트(Shewhart)에 의하여 고안된 관리도는 우연변동(무작위변동, random variation)과는 구분되는 공정상의 이상변동(assignable variation)이 발생하는지의 여부를 확인하여 이를 바로 잡기 위해 사용하는 품질관리의 도해적 방법이다.
② [×] p-관리도는 이항분포를 적용하고, c-관리도는 포아송분포를 적용한다.
③ [○] $\bar{X}$-관리도는 표본평균에 관한 관리도이고, R-관리도는 표본 내의 변동성(산포)에 관한 관리도이며, $\bar{X}-R$ 관리도는 표본평균과 산포 모두를 표현하는 관리도이다. $\bar{X}$-관리도와 R-관리도가 모두 연속변수(변량)에 관한 계량형 관리도이므로, 이들을 통합한 $\bar{X}-R$ 관리도 역시 마찬가지로 계량형 관리도에 해당한다.
④ [×] 계수형 관리도는 연속변수가 아니라 이산변수에 관한 관리도이다. 선지에서 언급한 길이, 무게, 강도 등은 모두 연속변수로서 계수형이 아니라 계량형 관리도에서 다루어진다. 계수형 관리도에서는 결함의 수, 불량여부 등과 같이 이산변수 항목을 다룬다.

정답 ③

49-12 ☑□□□
2019 가맹거래사

공정중심이 100이고, 규격 하한과 규격 상한이 각각 88과 112이며, 표준편차가 4인 공정의 시그마 수준은?

① 1
② 3
③ 4
④ 6
⑤ 10

해설 시그마 수준은 공정 상한과 하한 사이의 격차를 공정표준편차의 2배($+\sigma$와 $-\sigma$의 간격)로 나눈 값이다. 따라서 $(112-88)/8=3$이 된다.

정답 ②

49-13D ☑□□□
2021 군무원 7급

생산전략과 경쟁우선순위에 대한 설명으로 가장 옳지 않은 것은?

① 품질(quality)경쟁력은 산출된 제품과 설계된 사양의 일치정도인 설계품질(quality of design)의 측면으로 생각해 볼 수 있다.
② 유연성(flexibility)경쟁력은 제품 수량의 유연성과 고객화의 2가지 측면으로 구분할 수 있으며, 고객이 원하는 시점에 제품을 전달하는 능력은 적시인도(on-time delivery)를 의미한다.
③ 경쟁우선순위의 상충모형에서는 품질(quality)은 원가(cost)와 상충되며 신뢰성(reliability)은 유연성(flexibility)과 상충되는 관계를 가진다.
④ 라인흐름전략(product-focused strategy)은 저원가에 대한 강조를 중요시 여기며 대량의 표준화된 제품을 만들기 위한 전략이다.

해설 ① 개념을 충실히 공부하지 않으면 틀리기 쉬운 문제이다. 경영학의 품질개념은 크게 설계품질과 적합품질로 나뉜다.
• 설계품질(quality of design): 이는 제품이 생산되기 전에 마케팅, 엔지니어링, 생산 및 기타 기능부문 담당자가 함께 참여하는 제품설계팀이 고객니즈와 생산능력 등을 고려하여 결정하는 품질요소로서, 설계명세서(설계사양을 구체화한 서식)와 설계도 등으로 구체화된다.
• 적합품질(quality of conformance): 이는 제조품질이라고도 불리며, 설계사양에 부합하는 균일한 제품을 생산하는 능력에 대한 품질을 의미한다. 설계품질의 수준이 낮은 제품(예,

저가의 구두)이라 하더라도 설계명세서대로 만들어졌다면 적합품질의 수준은 높을 수 있다.

따라서 선지 ①의 품질개념은 '적합품질'에 해당한다.

추가해설〉 ③ 상충은 충돌하거나 모순된다는 의미이다. 원가를 낮추려고 하면 품질저하가 동반되는 경우가 많으므로 원가절감과 품질향상은 상충한다. 또한 신뢰성은 제품의 일관성을 뜻하므로 고객 니즈에 맞춤형으로 생산한다는 의미의 용어인 유연성과 상충한다.

정답 ①

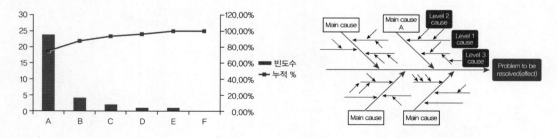

1. 전사적 품질관리(TQM)의 의의

1) 의미: 경영 전반에 걸쳐 지속적인 노력을 통해 조직의 모든 구성원들이 품질향상을 도모

2) 기존 품질관리 개념과의 차이

① 통계적 품질관리는 이상변동만을 관리대상으로 인식한 반면, TQM은 우연변동까지 관리대상으로 파악하여 결점이 없는 생산 및 서비스 운영관리를 지향함

② <u>인적자원관리, 팀워크, 리더십 등의 요인에 대한 강조를 병행함</u>

3) 관련개념

① 카이젠(Kaisen, 改善): 지속적 개선

② 데밍의 수레바퀴: 카이젠을 실천하기 위한 작업순서: <u>계획(Plan) - 실행(Do) - 검토(Check) - 조치(Act)</u>

③ 품질분임조(QC): 품질문제 해결을 위한 자발적 팀

2. 식스 시그마(6-sigma)

1) 개념: 결점률을 매우 낮은 수준으로 유지하고자 하는 전사적 품질개선 전략

2) 특징: 고객의 요구 반영에 초점

3) 단계: D(정의)−M(측정)−A(분석)−I(개선)−C(통제)

4) 추진조직: 그린벨트 → 블랙벨트 → 마스터 블랙벨트 → 챔피언

3. 품질관리에 사용되는 도구들

1) 체크리스트와 히스토그램(histogram): 이상요인(결점이나 불량 등)의 수나 빈도 등을 기록

2) 파레토 도표(pareto diagram): 품질 불량이나 공정오류를 야기하는 여러 항목들을 금액이나 중요도 내지는 빈도에 따라 나열한 그림 → <u>파레토 법칙(pareto's law)에 기인한 방법</u>

3) 피쉬본 차트(fishbone chart, 魚骨圖): 이는 특성요인도(인과분석도, cause and effect diagram)로도 불리는 도표로서, 특정 품질문제를 유발할 수 있는 모든 요인들을 생선뼈와 같은 가지로 표시하여 각 요인별 분석 (analysis)을 돕는 그림 → <u>작업환경, 자재, 장비, 작업자, 작업방법 등을 고려</u>

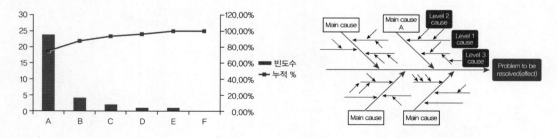

4) 산점도(scatterplot): 품질문제를 유발하는 원인의 분석에 사용되는 도표

5) 런차트(run chart): 시간에 따른 품질변수값의 변화를 표현한 그림

4. 기타 품질관리 관련 용어

1) ISO(국제표준기구) 인증: ISO 9000(품질), ISO 14000(환경경영), ISO 26000(지속가능경영)

2) 말콤 볼드리지 국가 품질상: 미국 상무장관의 이름을 따서 만든 품질상

3) ZD 운동 (크로스비): 품질관리를 생산과 제조뿐만 아니라 일반관리 사무에까지 확대 적용

4) 품질기능전개(QFD): 고객의 요구사항을 도출·분석하여 이를 설계와 생산 프로세스에 반영

50-2 ✔□□□   2016 서울시 7급

전사적 품질경영(TQM)에 대한 설명으로 가장 옳은 것은?

① TQM은 프로세스의 지속적인 개선을 중요시한다.
② TQM은 경영 전략이라기보다 서비스 품질관리기법이다.
③ TQM은 결과지향적인 경영방식으로 완성품의 검사를 강조한다.
④ TQM은 단기적인 품질혁신 프로그램이다.

해설 ① TQM에서 강조하는 카이젠(Kaisen, 改善)은 '지속적개선(continuous improvement)'을 뜻하는 일본어이다. 품질은 일회성으로 개선될 수 있는 것이 아니며 꾸준히 지속적인 과정을 거쳐 관리되어야 한다는 의미이다.

추가해설 ② TQM은 단순한 품질관리기법이 아니라 경영철학이며, 그 범위 역시 서비스와 제품 모두를 아우른다.
③ TQM은 기존의 통계적 품질관리가 결과로서의 품질에 초점을 맞춘 것과는 달리 품질을 개선해 나가는 과정을 중시한다.
④ TQM은 지속적 노력을 통한 장기적 품질개선을 꾀하는 경영 철학이다.

정답 ①

50-2F ✔□□□   2022 군무원 9급

다음 중 전통적 품질관리(QC)와 전사적품질경영(TQC)에 대한 비교가 가장 옳지 않은 것은?

	구분	품질관리(QC)	전사적품질경영(TQC)
가	대상	제조부문 위주	기업 내 전 부문
나	업종	모든 업종에 적용됨	제조업 중심
다	목표	생산관리면에 국한(불량률 감소, 원가절감, 품질의 균일화 등)	기술혁신, 불량예방, 원가절감 등을 통한 총체적 생산성 향상 및 고객만족
라	성격	생산현장에 정통한 품질관리 담당자 중심의 통제	생산직, 관리자, 최고경영자까지 전사적으로 참여

① 가   ② 나
③ 다   ④ 라

요점정리 일반적 품질관리는 생산운영 자체에 집중하여 불량률을 줄이는 관점이라면, 전사적 품질경영은 생산운영 외의 고객 및 조직관리의 측면까지 포괄하여 불량이 애초에 발생하지 않도록 하는(quality at the source) 관점을 가진다고 볼 수 있다.

해설 ② TQM은 제품 및 서비스 생산과정 개선, 바람직한 기업문화 창출, 지속적인 종업원 교육, 미래 경영 환경 대비, 신기술 개발 등을 통해 경쟁력을 높이고 장기적인 성장을 도모하는 데 도움을 준다. 이처럼 TQM에서는 정보시스템이나 통계분석과 같은 측면뿐만이 아니라 품질의 원동력으로서 기업문화나 동기부여와 같은 질적 측면을 상당히 강조한다. 따라서 제조업 분야에만 국한된 것이 아니라 모든 업종에 적용되는 품질경영 원리가 된다.

정답 ②

50-3 ✔□□□   2016 공인노무사

다음에서 설명하는 경영혁신 기법으로 옳은 것은?

> 통계적 품질관리를 기반으로 품질혁신과 고객만족을 달성하기 위하여 전사적으로 실행하는 경영혁신 기법이며 제조과정뿐만 아니라 제품개발, 판매, 서비스, 사무업무 등 거의 모든 분야에서 활용 가능함

① 학습조직(learning organization)
② 다운사이징(downsizing)
③ 리스트럭처링(restructuring)
④ 리엔지니어링(reengineering)
⑤ 6 시그마(six sigma)

요점정리 식스 시그마는 GE, Motorola 등에서 TQM을 발전시킨 개념으로서, 모든 프로세스의 품질수준을 표준편차(σ)의 6배 범위 수준(이는 100만개당 3.4개의 불량률을 뜻함)으로 유지하고자 하는 전사적 품질개선 전략이다. 식스 시그마는 D(정의)－M(측정)－A(분석)－I(개선)－C(통제)의 5단계로 진행된다.

해설 통계적 측면을 강조하는 품질개선 기법은 ⑤이다.

추가해설 ①은 구성원의 학습이 지속적으로 일어나는 조직, ②는 조직규모의 축소, ③은 구조개편 내지는 구조조정을, ④는 업무과정의 개선을 의미한다.

정답 ⑤

50-4 ☑☐☐☐

생산품의 결함발생률을 백만 개 중 3~4개 수준으로 낮추려는 데서 시작된 경영혁신운동으로 '측정' - '분석' - '개선' - '관리'(MAIC)의 과정을 통하여 문제를 찾아 개선해가는 과정은?

① 학습조직(Learning organization)
② 리엔지니어링(Reengineering)
③ 식스 시그마(6-sigma)
④ ERP(Enterprise resource planning)
⑤ BSC(Balanced score card)

———————————————————————

해설 문제에서 설명하는 5단계의 과정은 식스시그마의 절차를 의미한다.

추가해설 ① 말 그대로 지속적 학습을 통해 변화와 혁신을 추구하는 조직이다.
② 업무수행의 과정을 근본적으로 재설계하는 기법이다.
④ 경영시스템의 제반요소(인사, 마케팅, 생산 등)를 연계하여 경영의사결정에 도움이 되도록 구성한 종합정보시스템이다.
⑤ 재무, 고객, 업무프로세스, 종업원 등의 제 측면을 종합적으로 고려하여 경영성과를 판단하는 도구이다.

정답 ③

50-4M ☑☐☐☐

프로세스와 품질 개선을 위해 DMAIC의 5단계 문제해결 접근방식을 활용하는 경영혁신기법은?

① 6시그마(six sigma)
② 종합적 품질경영(TQM)
③ 다운사이징(downsizing)
④ 리엔지니어링(reengineering)
⑤ 리스트럭처링(restructuring)

———————————————————————

해설 식스 시그마는 D(정의)-M(측정)-A(분석)-I(개선)-C(통제)의 5단계로 진행된다. DMAIC는 기존의 제품이나 공정의 품질개선에 활용되며, 새로운 제품이나 공정의 설계시에는 마지막 두 절차를 Design(디자인)과 Verify(검증)으로 바꾼 DMADV가 사용된다. DMAIC와 DMADV는 모두 데밍의 PDCA 사이클에서 영향을 받은 것이다.

정답 ①

50-5 ☑☐☐☐

6시그마 프로젝트의 과정을 순서대로 나열한 것은?

① 정의(define) → 분석(analyze) → 측정(measure) → 개선(improve) → 통제(control)
② 정의(define) → 분석(analyze) → 개선(improve) → 통제(control) → 측정(measure)
③ 정의(define) → 분석(analyze) → 개선(improve) → 측정(measure) → 통제(control)
④ 정의(define) → 측정(measure) → 개선(improve) → 분석(analyze) → 통제(control)
⑤ 정의(define) → 측정(measure) → 분석(analyze) → 개선(improve) → 통제(control)

———————————————————————

해설 6시그마는 핵심적 품질 문제의 정의(Define), 현재 품질 수준의 측정(Measure), 품질문제 핵심원인의 분석(Analysis), 결함 원인의 발견을 통한 프로세스 개선(Improve), 개선결과의 유지와 관리를 포함하는 통제(Control) 등의 5단계 절차로 진행된다.

정답 ⑤

50-5D ☑☐☐☐

식스시그마의 성공적 수행을 위한 5단계 활동으로 옳은 순서는?

① 계획 → 분석 → 측정 → 개선 → 평가
② 계획 → 분석 → 측정 → 평가 → 개선
③ 계획 → 측정 → 평가 → 통제 → 개선
④ 정의 → 측정 → 분석 → 개선 → 통제
⑤ 정의 → 측정 → 평가 → 통제 → 개선

———————————————————————

해설 식스 시그마는 D(정의) - M(측정) - A(분석) - I(개선) - C(통제)의 5단계로 진행된다. DMAIC는 기존의 제품이나 공정의 품질개선에 활용되며, 새로운 제품이나 공정의 설계시에는 마지막 두 절차를 Design(디자인)과 Verify(검증)으로 바꾼 DMADV가 사용된다. DMAIC와 DMADV는 모두 데밍의 PDCA 사이클에서 영향을 받은 것이다.

정답 ④

50-6 ☑□□□

6 시그마의 프로세스 개선 5단계에 해당되지 않는 것은?

① 정의　　　　　　② 측정
③ 분석　　　　　　④ 계획
⑤ 통제

해설 6시그마의 프로세스 개선단계: 정의(define)－측정(measure)－분석(analysis)－개선(improvement)－통제(control)

정답 ④

50-7 ☑□□□

기업이 직면한 문제를 해결하기 위하여 정의－측정－분석－개선－관리(DMAIC)의 과정을 통하여 문제해결을 해나가는 경영혁신기법은?

① IRS　　　　　　② CRM
③ TQM　　　　　　④ DSS
⑤ 6-sigma

해설 ⑤ 문제에서 소개한 5단계 절차는 품질관리의 한 기법인 식스시그마에 관한 설명이다.

추가해설 ① 정보보고시스템(information reporting system)
② 고객관계관리(customer relationship management)
③ 전사적 품질관리(total quality management)
④ 의사결정지원시스템(decision support system)
⑤ 품질관리의 한 기법이다.

정답 ⑤

50-8 ☑□□□

다음 중 6시그마 운동에 대한 설명이 바른 것은?

① QFD와 함께 대표적인 서비스 관리 도구이다.
② 조직 전체가 달성해야 할 품질의 개선 목표를 계량적으로 설정한 것이다.
③ 통계적 기법보다는 팀과 리더십을 강조한다.
④ 시그마는 평균을 의미하며, 시그마 앞에 붙어 있는 숫자는 고객서비스 수준을 표시한다.
⑤ 다양한 예측 기법을 이용하여 품질수준을 평가해 보고자 하는데 목적이 있다.

요점정리 시그마 수준(sigma level)은 공정의 중심(CL)에서 설계규격한계까지의 거리를 공정표준편차의 배수로 표현한 값이다. 예를 들어 3σ 수준이라는 말은 규격상한(또는 규격하한)과 CL까지의 거리가 표준편차의 3배라는 것이고, 6σ 수준이라는 것은 규격상한(또는 규격하한)과 CL까지의 거리가 표준편차의 6배라는 것이다. 시그마 수준이 높을수록 공정의 변동폭이 설계규격 안에 집중적으로 분포하고 있다는 뜻이므로 공정능력이 상당히 우수하다고 볼 수 있다.

해설 식스시그마(six sigma)는 GE나 모토롤라 같은 기업들이 제품과 공정상의 결함을 제거하기 위하여 도입한 철학과 방법으로서, 표준 품질수준으로부터의 편차를 최소화하는 것을 그 목표로 한다. 식스시그마는 통계학적으로 100만개 중에 3.4개 정도의 불량만을 허용한다는 의미이다.

추가해설 식스시그마는 서비스와 제품 모두에 사용되며(①) 전사적 노력과 아울러 통계적 측정을 중시한다(③). 여기서 시그마(σ)는 표준편차를 의미하며(④), 그 수준이 6이라는 것은 규격상한(또는 규격하한)과 CL까지의 거리가 표준편차의 6배라는 것이다. 그리고 식스시그마는 품질의 예측보다는 이미 만들어진 상품이나 서비스의 품질을 통제하는데 활용되는 도구이다(⑤).

정답 ②

50-8D ☑☐☐☐

2021 군무원 9급

식스 시그마와 관련된 내용으로 옳지 않은 것은?

① 매우 높은 품질을 확보하기 위한 혁신활동이다.
② 백만개 중에 8개 정도의 불량만을 허용하는 수준이다.
③ 시그마는 정규분포에서의 표준편차를 의미한다.
④ 모토롤라가 시작해서 GE에 의해 널리 알려졌다.

───────────────

해설〉 ② 식스 시그마는 100만개 중 불량이 3.4개인 정도의 완벽도를 뜻한다.

정답 ②

50-8F ☑☐☐☐

2022 가맹거래사

6시그마 방법론에 관한 설명으로 옳은 것은?

① 정의→측정→개선→분석→통제의 순서로 이루어진다.
② 품질 개선을 위해 개발된 경영철학으로 정성적인 도구를 주로 사용한다.
③ 6시그마 품질 수준은 100 DPMO(Defects Per Million Opportunities)이다.
④ 6시그마는 기업이 원하는 품질 목표를 달성하는 것이다.
⑤ 6시그마의 성공을 위해서는 최고 경영자의 참여가 필수적이다.

───────────────

해설〉 ① [×] 분석과 개선의 순서가 바뀌었다.
② [×] 6시그마라는 명칭 자체가 '100만개 중 3.4개의 불량만을 허용하는 시그마수준'이라는 의미의 정량적 지표이다.
③ [×] 100만개 중 3.4개의 불량만을 허용하므로 3.4 DPMO이다.
④ [×] 6시그마는 고객이 원하는 수준의 최고품질을 지향한다.
⑤ [○] 6시그마는 전사적인 품질관리라는 속성을 가지므로 최고경영진이 주도하는 Top-Down 혁신을 포함한다.

정답 ⑤

50-9J ☑☐☐☐

2023 가맹거래사

식스시그마 방법론(DMAIC)의 단계와 수행활동의 연결로 옳은 것은?

① 정의 - 결함원인을 제거하기 위한 방법 규명
② 측정 - 프로세스 변동을 야기하는 핵심변수를 파악함으로써 결함원인 규명
③ 분석 - 프로세스 측정 및 운영 방법 결정
④ 개선 - 고객이 품질에 가장 큰 영향을 미칠 것이라고 생각하는 품질핵심요인 파악
⑤ 통제 - 개선을 유지할 방법 결정

───────────────

해설〉 식스 시그마는 D(정의)-M(측정)-A(분석)-I(개선)-C(통제)의 5단계로 진행된다. 각 단계별 내용은 다음과 같다.

• 문제의 정의(Define): 이는 소비자들의 니즈를 파악하고 그에 부합되는 공정목표를 세우는 것이다. 이를 위하여 고객의 니즈(needs)를 바탕으로 집중적인 품질개선 대상인 핵심품질특성(CTQ : Critical to Quality,고객에게 중요한 품질특성)을 파악(선지 ④의 서술내용에 해당)한다.
• 측정(Measure): 이는 공정 프로세스 상의 결함을 정의하고 그 측정계획을 수립하는 과정(선지 ③의 서술내용에 해당)을 포함하며, 품질의 현재 수준을 파악하고 문제점을 정의한다.
• 분석(Analysis): 이는 결함의 원인을 규명하고 논리적인 해법을 찾는 과정(선지 ②의 서술내용에 해당)이다. 불량 및 각종 품질문제의 관련 데이터를 수집하고 분석하며, 핵심인자(vital few)를 결정한다. 여기서 피쉬본 차트를 활용할 수 있다.
• 개선(Improve): 이는 결함의 원인을 제거하고 최대 허용치 내에서 시스템이 안정적으로 작동하도록 수정 및 보완을 하는 과정(선지 ①의 서술내용에 해당)이다. 구체적으로는 통계적 방법을 활용하여 핵심인자의 최적 운영 조건을 도출하고, 개선전략을 수립한다.
• 통제(Control): 이는 개선결과를 유지함과 동시에 프로세스 성능을 지속적으로 감시할 수 있는 도구를 배치하는 과정(선지 ⑤의 서술내용에 해당)을 포함한다. 관리도(control chart)를 이용하여 개선 결과를 측정하고 관리하는 방안을 마련하며, 성공조건을 표준화한다.

정답 ⑤

50-11 ☑□□□ 2014 7급공무원 A책형

6시그마(6 sigma)에 대한 설명으로 옳지 않은 것은?

① 프로세스에서 불량과 변동성을 최소화하면서 기업의 성과를 최대화하려는 종합적이고 유연한 시스템이다.

② 프로그램의 최고 단계 훈련을 마치고, 프로젝트 팀 지도를 전담하는 직원은 마스터블랙벨트이다.

③ 통계적 프로세스 관리에 크게 의존하며, '정의 − 측정 − 분석 − 개선 − 통제(DMAIC)'의 단계에 걸쳐 추진된다.

④ 제조프로세스에서 기원하였지만 판매, 인적자원, 고객서비스, 재무서비스 부문으로 확대되고 있다.

요점정리 일반적으로 식스 시그마를 추진하는 과정에서는 구성원들에게 그린벨트(green belt, 식스 시그마에 대하여 훈련을 받은 직원), 블랙벨트(black belt, 식스 시그마 개선 팀의 감독 및 조정자), 마스터 블랙벨트(master black belt, 블랙벨트들의 리더로서 통계적 기법을 활용하여 프로세스 개선에 임하는 사람), 챔피언(식스 시그마 프로젝트의 총괄자)이라는 직위명을 부여하여 품질관리에 임하게 된다.

해설 ② 식스시그마에서 최고 수준의 교육을 이수한 품질 관리자는 '챔피언'이다. 그리고 프로젝트 팀 지도를 담당하는 직원은 블랙벨트이다. 그러니 이 지문은 마스터 블랙벨트와는 무관한 계층 두 개에 관한 설명을 하고 있는 것이다.

추가해설 시그마(σ)는 표준편차를 의미하며, 그 수준이 6이라는 것은 규격상한(또는 규격하한)과 CL까지의 거리가 표준편차의 6배라는 것이다. 이는 곧 프로세스상의 불량이나 변동성을 최소화하려는 노력을 의미한다.(①). 식스시그마는 통계적 개념으로 출발하였으며, 점차 생산을 비롯한 마케팅·재무·회계·인적자원관리·조직문화관리 등 기업의 모든 기능과 서비스까지 그 대상에 포함함으로써 종합적 품질관리 전략으로 진화하였다(③, ④).

정답 ②

50-14 ☑□□□ 2009 7급공무원 봉책형

제품품질을 '제품에 의해 야기된 사회적 손실'로 정의하고, 지속적 품질개선과 원가절감은 기업이 경쟁사회에서 존속하기 위한 필수요건이며, 이를 위한 프로그램은 품질특성의 목표치와의 편차를 끊임없이 감소시켜 나가는 것임을 강조한 사람은?

① 데밍(Deming) ② 쥬란(Juran)
③ 다구치(Taguchi) ④ 크로스비(Crosby)

해설 ① 14대 품질관리의 원칙을 제시했다.
② 품질비용의 개념을 체계화한 학자이다.
③ 품질 개선을 위해서 목표치와의 편차를 지속적으로 줄여 나가야 함을 역설하였으며, 정답이다.
④ 무결점(ZD) 운동을 창안했다.

정답 ③

50-15 ☑□□□ 2010 가맹거래사

다음 중 품질관리의 기법이 아닌 것은?

① ZD 프로그램
② 100PPM 운동
③ 식스 시그마(six sigma)
④ QC 서클
⑤ 간트 차트(Gantt Chart)

해설 ⑤ 간트 차트는 PERT/CPM과 더불어 프로젝트의 일정을 관리하는데 사용되는 도구로서, 작업공정의 흐름을 일목요연하게 보여주는 그림이다.

추가해설 ZD는 zero-defect, 즉 결점이 0인 수준을 뜻하는 품질용어이고(①), 100PPM은 불량률을 제품 100만 개 중에서 100개(0.1%) 이하, 즉, 1만 개 중에서 1개 이하로 낮추기 위한 품질혁신 운동이다(②). 식스시그마는 모든 프로세스의 품질수준을 표준편차(r)의 6배 범위 수준(이는 100만개당 3.4개의 불량률을 뜻함)으로 유지하고자 하는 전사적 품질개선 전략이며(③), 품질분임조로도 불리는 QC 서클은 실무자를 중심으로 품질문제의 해결을 위해 노력하는 일종의 자발적 팀으로서 품질향상을 위한 연구와 실험, 데이터의 수집과 분석, 품질관리를 위한예산 수립과 품질이상 원인의 규명 등을 그 목적으로 한다(④).

정답 ⑤

50-15F ☑□□□
2022 경영지도사

통계적 품질관리(statistical quality control) 기법에 해당하지 않는 것은?

① 관리도　　　　② 파레토도표
③ 표본검사　　　④ QC 써클(circle)
⑤ 도수분포

해설 ④ 통계적 품질관리가 아니라 전사적 품질관리(total quality management)에서 주로 사용되는 품질분임조(QC circle)는 실무자를 중심으로 품질문제의 해결을 위해 노력하는 일종의 자발적 팀으로서 품질향상을 위한 연구와 실험, 데이터의 수집과 분석, 품질관리를 위한 예산수립과 품질이상 원인의 규명 등을 그 목적으로 한다. 나머지 선지(관리도, 파레토도, 표본검사, 도수분포)는 모두 통계적 품질관리에 사용되는 도구들이다.

추가해설 ⑤ 도수분포는 히스토그램 등의 표나 그래프로 변형하여 활용되며 공정의 단계 또는 시간흐름에 따라 발생하는 이상요인(결점이나 불량 등)의 수나 빈도 등을 기록한다.

정답 ④

50-15J ☑□□□
2023 서울시 7급

품질관리에 대한 설명으로 가장 옳은 것은?

① 품질비용을 예방·평가·실패비용으로 구분할 때 예방 및 평가비용을 늘리더라도 실패비용에는 영향을 미치지 않는다.
② 식스시그마의 공식적 문제해결 프로세스는 DAMCI로 정의 → 분석 → 측정 → 통제 → 개선의 순서로 진행된다.
③ p-관리도(p-chart)는 측정단위당 발생빈도를 관리하기 위해 사용되며, 기초가 되는 표본분포는 포아송분포이다.
④ 관리도의 종류에서 R-관리도(R-chart)는 변량관리도이며, c-관리도(c-chart)는 속성관리도이다.

해설 ① [×] 예방비용과 평가비용은 품질문제가 생기지 않도록 관리하는 통제비용(control cost)에 속한다. 따라서 통제비용을 늘릴 경우 일반적으로 품질불량이 줄어들어서 실패비용(failure cost)은 감소한다.
② [×] 식스시그마의 공식적 문제해결 프로세스는 DMAIC(정의−측정−분석−개선−통제)이다.

③ [×] p-관리도는 측정단위당 불량률을 관리하는데 사용된다. 따라서 본 선지의 앞부분은 옳다. 그러나 p-관리도의 기초가 되는 표본분포는 이항분포(binominal distribution)이다. 포아송분포는 c-관리도(결점수관리도)에 적용되는 확률분포이다.
④ [○] 연속변수의 공정품질관리에 사용되는 변량관리도(계량치 관리도)는 공정표본의 평균을 타점으로 기록한 $\overline{X}$-관리도와 공정표본값의 범위(=프로세스의 변동성) 크기를 타점으로 기록한 R-관리도가 있다. 전자($\overline{X}$-관리도)는 각 표본의 평균 수치를 계산하여 이를 타점으로 표시한 것으로서 품질특성의 공정 평균이 변화하여 이상변동이 발생하고 있는지를 판단하기 위해 사용되며, 후자(R-관리도)는 각 공정표본에서 최대값과 최소값을 차감한 수치를 타점으로 표시한 것으로서 공정의 변동폭이 사전에 설정된 관리상한과 관리하한 사이에 위치하는지를 판별하기 위해 사용된다. 한편 이산변수의 공정품질관리에 사용되는 속성관리도(계수치 관리도)는 생산되는 제품의 불량률을 타점으로 기록한 p-관리도(불량수는 np-관리도)와 설정된 품질수준에 미치지 못하는 결점의 수를 타점으로 기록한 c-관리도(특정한 제품이나 자재의 한 단위당 결점수는 u-관리도, 단위당 평균결점수는 U-관리도)가 있다.

정답 ④

50-16 ☑□□□
2015 7급공무원 3책형

주요 국가에서는 제품 및 서비스의 품질을 향상시키기 위해 데밍상 등과 같은 국가품질상을 운영하고 있다. 이러한 시상제도의 목적으로 적절하지 않은 것은?

① 높은 품질 성과를 달성한 제품을 대외적으로 홍보하기 위한 순위 결정
② 품질 향상을 위해 노력하는 기업들을 평가하기 위한 기준 마련
③ 수상 기업의 성공 지식을 다른 기업들에 전파
④ 시상제도를 통해 내부 평가와 품질 향상을 지속하는 데 도움

요점정리 국가품질상 제도는 우수품질기업을 평가 및 선정하고(②), 수상기업의 노하우를 다른 기업에 알리며(③), 상을 수상한 기업 구성원들을 동기부여시켜 지속적으로 품질개선 노력을 기울일 수 있도록 하는데(④) 그 목적이 있다.

해설 ① 국가품질상을 수상한 기업의 제품이 당연히 홍보효과를 누릴 수는 있겠으나, 특정 기업제품의 홍보를 위해 시상제도를 운영하는 것은 아니다.

정답 ①

50-17 ☑☐☐☐

제조물책임(PL : product liability)에서 규정하는 결함의 유형에 해당하지 않는 것은?

① 설계상의 결함　　② 제조상의 결함
③ 분류상의 결함　　④ 경고상의 결함

요점정리 제조물책임은 제품의 결함으로 인하여 소비자 또는 사용자가 손해를 입었을 경우 그 제품의 제조자나 판매자가 피해자에게 지는 민법상의 배상책임을 뜻하며, 설계결함(design defect), 제조결함(manufacturing defect), 경고결함(failure to warn or instruct)으로 구성된다.

정답 ③

50-18 ☑☐☐☐

우리나라 제조물 책임법 상 제조업자의 손해배상책임 대상에 해당하지 않는 것은?

① 원래 의도한 설계와 다르게 제조되어 안전하지 못하게 된 제조물로 인해 손해가 발생한 경우
② 피해나 위험을 줄이거나 피할 수 있는 합리적 대체설계를 채용하지 않아 안전하지 못하게 된 제조물로 인해 손해가 발생한 경우
③ 피해나 위험을 줄이거나 피할 수 있는 합리적 설명이나 경고를 하지 않은 제조물로 인해 손해가 발생한 경우
④ 제조물을 공급한 당시의 과학·기술 수준으로 발견할 수 없었던 결함으로 인해 손해가 발생한 경우

해설 제조물책임(product liability, PL)은 제품의 결함으로 인하여 소비자 또는 사용자가 손해를 입었을 경우 그 제품의 제조자나 판매자가 피해자에게 지는 민법상의 배상책임을 뜻하며, 설계결함(design defect, ②), 제조결함(manufacturing defect, ①), 경고결함(failure to warn or instruct, ③)으로 구성된다.

정답 ④

50-19 ☑☐☐☐

국제표준화기구(ISO)에서 제정한 환경경영체제와 관련된 국제표준은?

① ISO 9001　　② ISO 14001
③ ISO 22000　　④ ISO 26000
⑤ ISO/IEC 27001

요점정리 국제표준협회(ISO, International Organization for Standardization)에서는 품질관련 인증제도를 실시하고 있다. ISO 9000 시리즈는 고객만족 제고와 성과개선을 포함한 일반적인 품질경영에 대한 인증, ISO 14000 시리즈는 환경경영(제품의 설계, 생산, 사용, 폐기 등 제품의 생애주기 과정에서 환경에 미치는 영향 및 개선사항)에 대한 인증, ISO 26000 시리즈는 지속가능경영에 대한 인증이다.

해설 ① 이는 일반적 제품품질과 관련된 국제표준이다.
② 이는 환경경영과 관련된 국제표준이다.
④ 이는 지속가능경영과 관련된 국제표준이다.

정답 ②

50-20 ☑☐☐☐

국제표준화기구(ISO)에서 제정한 환경경영시스템의 국제표준은?

① ISO 9000　　② ISO 14000
③ ISO 26000　　④ ISO 37001
⑤ ISO 50001

해설 환경경영과 관련한 국제표준은 ISO 14000이다.

정답 ②

50-21 ☑☐☐☐

기업의 환경경영체제를 평가하여 인증하는 국제환경규격은?

① ISO 9000　　② ISO 14000
③ ISO 26000　　④ ISO 27000
⑤ ISO 31000

해설 국제표준기구(ISO)에서 제정하는 품질규격은 ISO 9000,

환경경영규격은 ISO 14000, 지속가능경영 관련규격은 ISO 26000이다.

추가해설 정보보안규격은 ISO 27000, 리스크관리규격은 ISO 31000이다.

정답 ②

50-21A ☑□□□
2020 가맹거래사

ISO에서 제정한 환경경영시스템에 관한 국제표준규격은?

① ISO 5000
② ISO 9000
③ ISO 14000
④ ISO 18000
⑤ ISO 20000

해설 환경 관련 국제표준은 ISO 14000 시리즈이다.

정답 ③

50-22 ☑□□□
2014 가맹거래사

ISO 환경경영표준 인증제도로서 제품의 설계, 생산, 사용, 폐기 등 제품의 생애주기 과정에서 환경에 미치는 영향 및 개선사항을 평가하는 규정을 포함하는 것은?

① ISO 9000
② ISO 14000
③ ISO 26000
④ ISO 31000
⑤ ISO 50001

해설 환경표준은 ISO 14000이고, 일반적 품질표준은 ISO 9000, 지속가능경영 표준은 ISO 26000이다.

정답 ②

50-23 ☑□□□
2018 경영지도사

국제표준화기구(ISO)에서 제정한 기업의 사회적 책임에 관한 국제표준은?

① ISO 9000
② ISO 14000
③ ISO 22000
④ ISO 26000
⑤ ISO/IEC 27000

해설 주요 국제표준의 내용: 품질경영(ISO 9000), 환경경영(ISO 14000), 사회적 책임과 지속가능경영(ISO 26000)

정답 ④

50-24 ☑□□□
2019 가맹거래사

식품의 원재료 생산부터 최종 소비자가 섭취하기 전까지 발생할 수 있는 모든 위해요소를 관리함으로써 식품의 안전성을 확보하기 위한 관리체계는?

① HACCP
② QS 9000
③ ISO 9001
④ ISO 14000
⑤ TL 9000

해설 ① 안전관리인증기준(Hazard Analysis and Critical Control Points) 또는 HACCP은 생산 – 제조 – 유통의 전과정에서 식품의 위생에 해로운 영향을 미칠 수 있는 위해요소를 분석하고, 이러한 위해 요소를 제거하거나 안전성을 확보할 수 있는 단계에 중요관리점을 설정하여 과학적이고 체계적으로 식품의 안전을 관리하는 제도이다.

추가해설 ② 이는 GM, 크라이슬러, 포드 등 미국 주요 3개 자동차 제조업체가 공동으로 개발한 품질기준이다.
③ 이는 국제표준기구가 제정한 일반적 품질기준이다.
④ 이는 국제표준기구가 제정한 환경경영 관련 국제기준이다.
⑤ 이는 QuEST Forum(통신 제품 제조업자의 공급자 단체)에서 개발한 품질기준이다.

정답 ①

50-25 ☑□□□ 2013 7급공무원 인책형

생산관리와 관련된 개념들에 대한 설명으로 옳지 않은 것은?

① 동시공학(concurrent engineering)은 신제품 개발 과정의 초기 단계부터 다양한 기능별 집단들의 참여가 중요함을 강조한다.

② 품질기능전개(quality function deployment)는 제품의 설계와 생산 부문의 통합에 큰 역할을 수행하는 기법이다.

③ 인과관계도표(cause and effect diagram)는 품질 불량문제의 해법을 찾아내는데 일차적 초점을 둔 도구이다.

④ 흐름 공정표(flow process chart)는 공정 중에 발생하는 생산 작업과 운반, 저장, 검사 등의 활동까지 기호를 이용하여 도표화한 것으로 작업 흐름 과정의 개선점을 찾는데 도움을 준다.

──────────────────

해설〉 ③ 인과관계도표, 또는 피쉬본 차트는 품질불량문제의 해법이 아니라 원인을 찾아내는 기법이다.

추가해설〉 동시공학에서는 제품개발속도를 빠르게 하고 보다 고객호응도가 높은 제품아이디어를 얻기 위해 마케팅, 생산자, 구매자 등 여러 주체들이 함께 참여하는 방식이며(①), 품질기능전개는 소비자의 요구가 제품설계와 생산으로 이어질 수 있도록 하는 방법이다(②). 흐름공정표는 작업의 흐름을 도식화하여 문제점을 발견할 수 있게 도와준다(④).

정답 ③

50-26 ☑□□□ 2021 군무원 9급

품질경영에 관한 설명으로 가장 옳은 것은?

① 지속적 개선을 위한 도구로 데밍(E. Deming)은 PDAC(Plan－Do－Act－Check) 싸이클을 제시하였다.

② 싱고 시스템은 통계적 품질관리 기법을 일본식 용어로 표현한 것이다.

③ 품질과 관련하여 발생하는 비용은 크게 예방 및 검사 등 사전조치에 관련된 비용과 불량이 발생한 이후의 사후조치에 관련된 비용으로 분류해 볼 수 있다.

④ 품질의 집 구축과정은 기대품질과 지각품질의 차이를 측정하고 차이분석을 하는 작업이다.

──────────────────

해설〉 ① [×] Act와 Check의 순서가 바뀌었다.

② [×] 싱고는 품질관리를 강조한 도요타 부사장의 '이름'이지 '용어'가 아니다.

③ [O] 사전조치에 대한 비용을 통제비용, 사후조치에 대한 비용을 실패비용이라고 한다. 맞는 설명이다.

④ [×] '기대품질과 지각품질의 차이를 측정하고 차이분석을 하는 작업'은 서비스 품질관리의 도구 중 하나인 SERVQUAL에 대한 설명에 가깝다.

정답 ③

50-27D ☑□□□ 2021 서울시 7급

〈보기〉의 내용에 해당하는 품질관리의 기본 도구는?

─────〈 보기 〉─────

특정한 문제나 결과를 일으키는 원인들을 그룹별로 분류하여 인과관계를 일목요연하게 보여줌으로써 문제의 근본원인을 파악하고 해결책을 개발하는 데 도움을 준다. 잠재적 원인을 범주화하고 하부 원인들을 모두 기술한 뒤에 주요한 원인을 찾아나가는 방식으로 활용된다.

① 히스토그램(histogram)

② 파레토 도표(Pareto chart)

③ 피쉬본 다이어그램(fishbone diagram)

④ 관리도(control chart)

──────────────────

해설〉 키워드는 '인과관계'이다. 품질문제의 주요 원인을 추적하고, 이를 다시 세부 원인으로 재추적하는 작업을 거치는 도구를 찾으면 된다. 정답은 ③의 피쉬본 차트(fishbone chart, 魚骨圖)이다. 이는 특성요인도(인과분석도, cause and effect diagram) 또는 이를 고안한 사람의 이름을 딴 이시가와 다이어그램(Ishikawa Diagram)으로 불리는 도표로서, 특정 품질문제를 유발할 수 있는 모든 요인(원인)들을 찾아 생선뼈와 같은 가지로 표시하여 각 요인별 분석(analysis)을 돕는 그림이다. 그 취지상 식스시그마의 DMAIC 방법론 중 A(analysis, 분석)단계에서 문제의 원인을 규명하는 데 사용될 수 있다. 여기서 주로 고려되는 품질관련 요인들로는 작업환경, 자재, 장비, 작업자, 작업방법 등이 있다.

정답 ③

50-27E ☑□□□

2021 가맹거래사

특성요인도(cause-and-effect diagram)에 관한 설명으로 옳은 것은?

① SIPOC(공급자, 투입, 변환, 산출, 고객) 분석의 일부로 프로세스 단계를 묘사하는 도구
② 품질특성의 발생빈도를 기록하는 데 사용되는 양식
③ 연속적으로 측정되는 품질특성치의 빈도분포
④ 불량의 원인을 세분화하여 원인별 중요도를 파악하는 도구
⑤ 개선하려는 문제의 잠재적 원인을 파악하는 도구

해설〉 특성요인도는 인과분석도 또는 이를 고안한 사람의 이름을 딴 이시가와 다이어그램(Ishikawa Diagram)으로 불리는 도표로서, 특정 품질문제를 유발할 수 있는 모든 잠재요인(원인)들을 찾아 생선뼈와 같은 가지로 표시하여 각 요인별 분석(analysis)을 돕는 그림이다. 따라서 가장 근접한 설명은 ⑤가 된다. 여기서 주로 고려되는 품질관련 요인들로는 작업환경, 자재, 장비, 작업자, 작업방법 등이 있다.

추가해설〉 ④의 설명은 '원인별 중요도 파악'에 초점이 있으므로 파레토 도표에 관한 서술에 가깝다.

정답 ⑤

TOPIC 51 PERT/CPM

1. 개 념

프로젝트 등의 일정관리에 사용되는 기법 → 외생변수의 값이 불확실한 경우(확률적 모형)

> **예** 도서출판 '피데스'에서는 신간 『객관식 경영학』의 출간을 위하여 다음과 같이 작업하였다.

활 동	내 용	소요시간(일)	선행활동
A	원고 검토	5	–
B	교정 작업	5	A
C	본문 디자인 및 도표 작성	7	A
D	전체 목차 정리	6	B, C
E	색인 작성 및 최종 교정	5	C, D
F	인쇄	4	D, E
G	각 서점으로 배송	1	F

위의 절차를 도해하면 아래 그림과 같다.

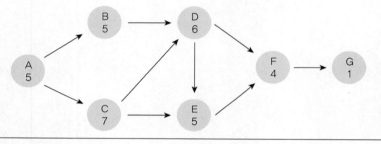

2. 활동시간의 추정

1) 의미: CPM의 경우 활동소요시간이 정해져 있지만, PERT의 경우에는 활동소요시간이 '베타분포'를 따르므로 그 추정이 필요

$$활동소요시간 = \frac{낙관시간 + (4 \times 최빈시간) + 비관시간}{6}$$

3. 프로젝트 관리의 실제

1) 여유시간(slack): 전체 프로젝트를 지연시키지 않으면서 각 단계에서 지체할 수 있는 가능시간

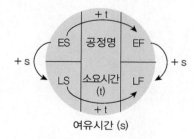

여유시간 (s)

2) 주공정(=주경로): 여유시간이 0인 단계를 차례로 연결한 것 → 프로젝트 내 최장시간
3) 프로젝트 관리의 실제: 주공정을 찾고 이 경로가 지체되지 않도록 관리하는 것이 핵심

51-1 ☑□□□

2019 경영지도사

다음 분석 기법을 설명하는 용어는?

- 프로젝트 내 각 활동들의 시간 추정에 확률적 모형을 사용하며, 단계보다 활동을 중심으로 하는 시스템
- 프로젝트 완료를 위한 활동순서를 표시하고, 각 활동과 관련하여 시간과 비용을 나타내는 흐름 도표

① Markov chain analysis
② Gantt chart
③ LP(linear programming)
④ PERT(program evaluation & review technique)
⑤ VE(value engineering)

해설 경영과학에서 확률적 모형, 프로젝트 활동 등과 관련이 있는 개념은 PERT이다.

추가해설 ① 이는 마코프 분석으로서 이동확률을 통해 미래의 인력변화 등을 예측하는 모형이다.
② 간트 차트는 프로젝트 일정관리에 사용되는 대표적 기법이지만, 확률적 모형이라 보기 힘들다.
③ 선형계획법은 제약조건 하에서 최적화를 하는데 사용되는 확정적 모형이다.
⑤ 가치공학은 제품의 원가 대비 가능의 비율을 개선하려는 노력을 뜻한다.

정답 ④

51-3 ☑□□□

2010 가맹거래사

아래 프로젝트에서 주공정(critical path)에 속하지 않는 작업은?

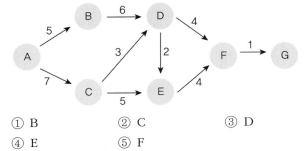

① B   ② C   ③ D
④ E   ⑤ F

요점정리 주공정경로(주경로, critical path)이란 프로젝트 내에서 가능한 여러 경로들 가운데 여유시간이 0인 단계를 차례로 연결한 것으로서 프로젝트 내에서 가장 시간이 오래 걸리는 경로이며, 하나 이상의 주경로가 나타날 수도 있다.

해설 최장시간 경로를 연결해 보면 A−B−D−E−F−G이므로 이것이 주경로가 되고, 여기에 속하지 않은 작업은 C가 된다.

정답 ②

51-4 ☑□□□

2012 7급공무원 인책형

다음 PERT/ CPM 네트워크에서 주공정경로(critical path)의 소요시간은? (단, ⟶ 는 작업, ┅┅➤ 는 가상작업(dummy activity)을 의미한다)

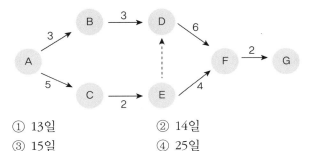

① 13일   ② 14일
③ 15일   ④ 25일

해설 주공정경로는 가장 긴 작업시간을 가지는 경로를 뜻한다. 따라서 A−C−E−D−F−G가 주경로이며, 소요시간의 합계는 15일이 된다.

추가해설 가상작업은 시간이 소요되지 않는 작업경로이다. 따라서 E에서 D로 이동하는 과정에서는 추가되는 시간이 없다.

정답 ③

51-5 ☑☐☐☐

2002 CPA

다음과 같은 프로젝트의 완료시간과 주공정 경로는 각각 무엇인가?

활 동	활동시간(일)	직전 선행활동
A	2	–
B	4	A
C	3	A, B
D	1	B
E	4	B, C, D

① 11일, A–B–D–E
② 13일, A–B–C–E
③ 14일, A–B–C–D–E
④ 10일, A–B–E
⑤ 9일, A–C–E

해설 프로젝트의 내용을 도해하면 쉽게 해결된다. 프로젝트가 완료되는 시간은 주공정경로, 즉 최장 작업시간에 해당되는 A–B–C–E 경로를 거치는 13일이 된다.

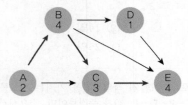

정답 ②

51-6 ☑☐☐☐

2017 서울시 7급

다음 표에는 어떤 프로젝트를 구성하고 있는 작업(activity)들과 관련 정보가 정리되어 있다. 이 프로젝트의 주공정경로(critical path)의 길이는 얼마인가?

작업(activity)	직전 선행활동	활동시간(일)
A	–	13
B	A	8
C	A	7
D	B, C	7
E	B, C	8
F	D, E	3
G	D	5

① 31시간
② 32시간
③ 33시간
④ 34시간

해설 프로젝트 진행순서를 그림으로 나타내면 다음과 같다. 프로젝트의 최장 작업시간 경로, 즉 주공정경로에 해당되는 것은 A–B–D–G 경로를 거치는 33시간이 된다.

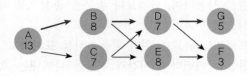

정답 ③

51-8 ☑☐☐☐

2011 가맹거래사

PERT/CPM의 확률적 모형에서 각 활동시간은 낙관적 시간, 비관적 시간, 최빈 시간의 3가지로 추정한다. 또한 각 활동시간은 베타분포(beta distribution)를 따른다고 가정한다. 활동 K의 낙관적 시간이 3일, 비관적 시간이 11일, 최빈 시간이 7일이라고 추정될 경우에, 활동 K의 완료에 소요되는 시간의 최대치는 며칠인가?

① 4일
② 5일
③ 6일
④ 7일
⑤ 8일

요점정리 활동소요시간은 주어지는 경우도 있지만 직접 구해야 하는 경우도 있다. 네트워크 모형은 확률적 모형이므로 특정한 확률분포에 대한 가정이 필요한데, PERT에서는 일반적으로 활동시간이 베타(b)분포를 따른다고 가정한다. 이 때 소요시간을 추정하기 위해서는 다음의 세 가지 시간개념이 필요하다.

- 낙관적 시간(optimistic time, a로 표시): 모든 상황이 순조롭게 진행될 때 걸릴 것으로 예상되는 최단시간
- 비관적 시간(pessimistic time, b로 표시): 기계의 고장이나 파업 등 가장 불리한 상황이 전개될 때 걸릴 것으로 예상되는 최장시간
- 최빈시간(most likely time, m으로 표시): 정상조건에서 가장 많이 나타날 활동시간으로 분포의 최빈값(mode)에 해당하는 시간

일반적으로 PERT 네트워크에서 작업을 마치는데 기대되는 소요시간은 다음 공식으로 추정한다.

$$활동소요시간 = \frac{a + 4m + b}{6}$$

해설 $활동시간 = \dfrac{낙관시간 + (4 \times 최빈시간) + 비관시간}{6}$

$$= \frac{3+(4\times 7)+11}{6} = 7(일)$$

정답 ④

51-9 ☑☐☐☐

활동 A의 활동시간에 대한 낙관적 시간이 5일, 비관적 시간이 27일, 최빈시간이 7일로 추정되는 경우에 PERT/CPM의 확률적 모형에 따른 활동 A의 활동시간에 대한 기대치는? (단, 각 활동시간은 베타분포에 따른다.)

① 7일　　　　　　② 9일
③ 10일　　　　　　④ 13일
⑤ 15일

해설〉

$$활동소요시간 = \frac{낙관시간+(4\times 최빈시간)+비관시간}{6}$$

$$= \frac{(5+4\times 7+27)}{6} = 10$$

정답 ③

51-10 ☑☐☐☐

아래의 도구 중 프로젝트의 완료시간을 계산하는 데 사용되는 적절한 도구만을 모두 선택한 것은?

a. PERT/CPM
b. 간트차트(Gantt Chart)
c. 이시가와 다이어그램(Ishikawa Diagram)
d. 파레토차트(Pareto Chart)

① a　　　　② b　　　　③ a, b
④ a, d　　　⑤ c, d

해설〉 a. 주경로 분석을 통해 프로젝트 완료시간을 도출할 수 있다. → ○
b. 그림을 통해 작업단계와 완료시간을 도출할 수 있다. → ○
c. 이는 소위 '물고기뼈 그림'으로서 품질문제의 원인을 분석하는 도구로 사용된다. → ×
d. 이는 품질에 문제를 일으키는 주요 항목들을 파악하는 도구로 사용된다. → ×

정답 ③

51-12 ☑☐☐☐

프로젝트 일정관리 방법론인 PERT/CPM에서 주공정경로(critical path)에 대한 설명으로 가장 옳은 것은?

① 프로젝트를 완료하는 데 소요되는 시간이 가장 짧은 경로를 주공정경로라고 한다.
② 주공정경로는 여유시간(slack time)이 0보다 큰 활동들을 연결한 경로이다.
③ 주공정경로상의 활동들은 일정 부분 지연이 되더라도 전체 프로젝트 일정에는 영향이 발생하지 않는다.
④ 여유시간이 0인 활동들이 많을수록 일정관리가 더욱 어려워진다.

해설〉 ④ 여유시간이 0인 활동들이 많다는 것은 주공정경로상에 놓인 활동들이 많다는 의미이다. 주경로상의 활동 중 하나라도 지연되면 전체 작업일정에 차질이 생기는데, 주경로상의 활동들이 많다는 의미는 작업지연의 가능성이 높아진다는 의미이다.

추가해설〉 주경로는 최장시간 경로이며(①) 여유시간이 0인 활동들을 연결한 것이다(②). 주경로상의 활동이 지체되면 전체 프로젝트의 완료시간도 예정보다 지연된다(③).

정답 ④

51-12J ☑☐☐☐

프로젝트 일정관리를 위한 PERT/CPM 방법론에서 주경로(critical path)에 대한 설명으로 가장 옳지 않은 것은?

① 프로젝트를 구성하는 활동들의 관계를 네트워크로 나타냈을 때, 시점 마디로부터 종점 마디에 이르기까지의 최장 경로를 말한다.
② 주경로를 구성하는 활동 중 여유시간이 있는 활동의 소요시간을 단축하면 프로젝트 일정을 단축할 수 있다.
③ 조기시작시점(early start)과 만기시작시점(late start) 간의 차이가 없는 활동들로 구성된다.
④ 주경로가 많이 존재할수록 프로젝트 일정관리에 더 많은 노력이 요구된다.

해설〉 ① [○] 주공정경로(주경로, critical path)란 프로젝트 내에서 가능한 여러 경로들 가운데 여유시간이 0인 단계를 차례로 연결한 것으로서 프로젝트 내에서 가장 시간이 오래 걸리는 경로(①)이며, 하나 이상의 주경로가 나타날 수도 있다. 주경로의 정의에 따르면 주경로에 속하지 않는 활동들의 활동여유시간은 0보다 크다. 일반적으로 주경로에 있는 활동들의 소요시간을 합하면 프로젝트 완료시간과 동일하므로, 주경로에 있는 활동이 예상된 소요시간보다 지체될 경우 프로젝트 완료시간도 예정보다 지연된다.

② [×] 주경로에 속하는 모든 활동들은 여유시간이 0이 된다. 따라서 본 서술은 잘못되었다.

③ [○] 여유시간이 없다는 것은 조기시작과 만기시작이 동일하다는 의미이다. 마찬가지로 주경로상에서는 조기종료(early finish)와 만기종료(late finish)도 동일하다.

④ [○] 주경로 활동이 많다면 지체되어서는 안 되는 활동들의 수도 많다는 의미이므로 프로젝트 일정관리가 보다 빡세(?)진다. 생각해 보자. 절대 늦어서는 안 되는 과제가 1개인 경우와 3개인 경우를 비교하면 당연히 어떤 경우 업무관리가 힘들어질지 예상할 수 있을 것이다.

정답 ②

TOPIC **52** 계량경영학

1. 선형계획법

Max $3X_1 + 2X_2$

s.t. (1) $2X_1 + X_2 \leq 7$: 설탕

　　(2) $X_1 + 4X_2 \leq 14$: 밀가루

　　(3) $X_1, X_2 \geq 0$

1) 좌표평면상의 도해를 통한 풀이: 부등식의 영역 도해

　→ 실행가능영역 중 최적해 도출

2) 연립방정식을 사용한 풀이

　① 목적함수의 기울기가 제약식의 기울기 사이에 위치한다면 제약식의 공통해가 최적화 지점

　② 만약 그렇지 않다면 실행가능영역의 다른 꼭지점 중에서 최적해가 도출

2. 수송문제

1) 의의: 다수 공급지에서 다수 수요지로 동질의 한 제품을 최소의 총비용으로 수송하는 해법 도출

2) 해법: 기본가능해(=기저해) 도출 후, 이를 점진적으로 개선하는 방안 찾기

3. 대기행렬모형

1) 의의: 기다림과 관련한 시간 및 비용을 분석

2) 구성요소: 고객의 도착, 서비스, 대기행렬, 서비스 제공자

3) 도착률과 서비스율의 기본가정: 포아송분포 (무작위 도착 등의 상황에 활용됨)

4) 대기행렬의 유형: 단일경로－단일단계, 단일경로－복수단계, 복수경로－단일단계, 복수경로－복수단계

5) 목적: 고객의 대기시간과 시스템의 운영비용을 동시에 최소화하는 방안 모색

4. 불확실성하의 의사결정 → 이익/손실값 알지만 확률을 모르는 경우

1) 최대최대값(MAXIMAX) 기준: 낙관적(상황이 좋을 때 최대 수익을 주는 대안 선택)

2) 최대최소값(MAXIMIN) 기준: 비관적(상황이 나쁠 때 최대 수익을 주는 대안 선택)

3) 최소최대기회손실(MINIMAX) 기준 → 최대기회손실의 최소화

상 황 대 안	호경기(s_1)		불경기(s_2)		대안별 최대기회손실
	수익	기회손실	수익	기회손실	
세운 스퀘어(d_1)	60	40	30	0	40
왕십리 뉴타운(d_2)	100	0	-40	70	70
세종시의 공터(d_3)	40	60	12	18	60

4) 후르비츠(Hurwicz) 기준: 최대성과와 최소성과를 낙관성 계수(α)로 가중평균한 값의 최대화

5) 라플라스(Laplace) 기준: 각 상황별 확률이 모두 같다고 가정하고 성과들의 가중평균 산출

542　PART 06 생산운영관리론

52-1 ✓☐☐☐

계량경영학의 주요 기법으로 옳지 않은 것은?

① 재고모형
② 대기이론
③ 시뮬레이션
④ 선형계획법
⑤ 과학적관리법

요점정리 계량경영학은 2차대전 이후 본격적으로 발달된 경영학의 한 분야로서 재고모형, 대기행렬모형, 시뮬레이션법, 선형계획법, 의사결정론 등의 내용을 포함한다.

해설 ⑤ 과학적 관리법은 테일러에 의해 정립된 전통적 경영이론이다.

정답 ⑤

52-2 ✓☐☐☐

선형계획법(linear programming)에 관한 설명 중 잘못된 것은?

① 목적함수와 제약조건이 모두 선형으로 표현된다.
② 실행가능영역의 꼭짓점에서 주로 최적화 해가 결정된다.
③ 목적함수의 계수가 변화할 경우 실행가능영역이 변경된다.
④ 비음(非陰) 제약을 가지는 경우가 많다.
⑤ 확률적 모형이라기보다는 확정적 모형에 해당한다.

해설 ③ 실행가능영역은 제약조건이 변화할 때만 변경된다.

추가해설 ① 목적함수(의사결정자가 최대화 내지는 최소화해야 하는 것)와 제약조건(의사결정의 폭을 제한하는 요소)이 모두 선형, 즉 일차식으로 표현된다.
② 선형계획법 문제의 빠른 풀이법은 실행가능영역의 꼭짓점을 찾는 것이다. 어느 문제이든 간에 실행가능 영역의 꼭짓점에서 최적화 의사결정이 이루어진다.
④ 선형계획법에서의 각종 변수들은 대개 0 이상의 값을 가지며 이를 비음(非陰) 제약이라 한다.
⑤ 확정적 모형(deterministic model)은 문제해결에 필요한 변수(후술할 의사결정변수)의 값이 사전에 정해져 있는 경우를 의미하며, 선형계획법이 그 예가 된다.

정답 ③

52-2J ✓☐☐☐

여러 대안 중에서 자신의 선호도와 기준의 중요도에 따라 최선의 대안을 선택하는 경영과학 기법으로 가장 적절한 것은?

① 선형계획법(linear programming)
② 게임 이론(game theory)
③ 네트워크 모형(network)
④ 계층화 분석법(AHP)

해설 ① [×] 선형계획법(linear programming, LP)은 경영학 분야에서 가장 널리 사용되는 계량적 모형이다. 주로 목적함수(objective function)와 제약조건(constraints)이 모두 선형(linear, 일차함수의 형태 등)으로 표현되는 경우를 지칭하여 선형계획법이라 한다.
② [×] 게임 이론은 합리적인 경제주체들이 상호 의존성 아래에서 전략적 고려를 할 때 어떤 의사결정을 내리는지를 탐구하는 경제학의 한 분야이다. 여기서 게임(game)이란 여러 경제주체(economic agent)가 모여 의사결정(decision making)을 하는 과정을 뜻한다.
③ [×] '네트워크 모형'은 매우 포괄적인 의미로서, PERT/CPM, 인간관계의 분석, 사회적 자본(social capital) 등 매우 다양한 분야에서 활용되는 용어이다. 따라서 본 선지만 가지고는 그 정확한 뜻을 알 수 없다.
④ [O] 계층화분석법이란 다수의 속성들을 계층적으로 분류하고 각 속성의 중요도를 파악해 최적 대안을 선정하는 기법으로 1970년대 초 새티(Saaty)에 의해 개발된 의사결정법이다. 계층화분석법의 3원리에는 계층적 구조설정의의 원리, 상대적 중요도 설정의 원리, 논리적 일관성의 원리가 있다.

정답 ④

52-3 ☑☐☐☐

㈜한국기계에서는 M1과 M2 두 기계를 사용하여, A와 B 두 제품을 생산하고 있다. A제품 1개를 만들려면 M1 기계로 2시간, M2 기계로 2시간이 소요된다. 그리고 B제품 1개를 만들려면 M1 기계로 3시간, M2 기계로 4시간이 소요된다. 기계 가용 시간을 보면, M1 기계는 120시간, M2 기계는 100시간이다. 제품당 이익은 A 제품이 5만 원, B제품이 4만 원이다. X, Y를 각각 A제품과 B제품의 생산량이라 하고, ㈜한국기계의 이익을 최대로 하기 위해 LP문제의 식을 다음과 같이 설정하였다. 잘못 설정된 식은?

① $X \geq 0, \ Y \geq 0$

② $2X + 3Y \geq 120$

③ 최대화 $Z = 50{,}000X + 40{,}000Y$

④ $2X + 4Y \leq 100$

해설〉 두 변수 X와 Y는 모두 양수이므로 ①은 옳다. 두 제품으로부터 얻는 이익을 합하면 ③의 식과 같으며, M2 기계의 가용 시간이 100시간이므로 그보다 A와 B의 생산에 걸리는 시간이 작아야 하니까 ④도 옳다. 그러나 M1 기계의 최대 가용시간이 120시간이므로 이보다 작은 선에서 생산이 이루어져야 한다. 따라서 ②의 부등호 방향을 반대로 바꾸어야 한다.

정답 ②

52-9F ☑☐☐☐

이익 성과표가 다음과 같을 경우, 라플라스(Laplace) 준거에 의해 선택 가능한 55인치 패널 공장의 최적 규모는?

(단위: 억 원)

77인치 패널 개발 55인치 패널 공장	성공	실패
규모1	− 300	500
규모2	− 225	375
규모3	− 50	100
규모4	− 100	200

① 규모1   ② 규모2

③ 규모3   ④ 규모4

해설〉 라플라스 준거는 각 경우 예상되는 이익성과의 평균치가 가장 높은 대안을 선택하는 의사결정 기준이다. 이는 곧 성공과 실패 각 경우의 이익의 합계치가 가장 높은 대안이 선택된다는 의미와 동일하다. 따라서 합계이익이 200(=(−300)+500)인 규모1이 최적 규모로 선택된다.

정답 ①

52-9J ✓□□□

한 제조기업은 정부 발주 사업을 수주하기 위해 세 가지 장비 구매 대안을 고려하고 있다. 수주 여부에 따른 발생 확률과 각 대안별로 사업 수주 여부에 따른 기업의 성과(순이익)는 〈보기 1〉과 같다. 〈보기 2〉의 기준을 적용하여 의사결정을 할 때, A1이 최적 대안이 되는 경우를 모두 고른 것은?

〈보기 1〉

수주 여부 구매 대안	수주 성공	수주 실패
A1	400	−10
A2	200	40
A3	120	100
발생 확률	0.4	0.6

〈보기 2〉

ㄱ. 최대 최대(maximax)

ㄴ. 최대 최소(maximin)

ㄷ. 최소 최대후회(minimax regret)

ㄹ. 기대가치(expected value) 최대화

① ㄱ, ㄴ
② ㄱ, ㄷ, ㄹ
③ ㄴ, ㄷ, ㄹ
④ ㄱ, ㄴ, ㄷ, ㄹ

해설 ㄱ. 최대 최대 기준은 상황이 낙관적일 때 최대의 성과를 내는 대안을 선택하는 것이다. 낙관적 상황은 '수주 성공'이고, 이 때 최대의 수익을 주는 대안은 400의 성과를 내는 A1이다.

ㄴ. 최대 최소 기준은 상황이 비관적일 때 최대의 성과를 내는 대안을 선택하는 것이다. 비관적 상황은 '수주 실패'이고, 이 때 최대의 수익을 주는 대안은 100의 성과를 내는 A3이다.

ㄷ. 최소 최대후회 기준은 각 상황별 기회손실을 구한 다음, 대안별로 최대의 기회손실을 구한 뒤, 최대의 기회손실이 가장 적은 대안을 선택하는 것이다. 말로는 표현이 쉽지 않으므로 상황별 기회손실을 구해보면 다음 표와 같다.

수주 여부 구매 대안	수주 성공		수주 실패		최대 기회손실
	성과	기회손실	성과	기회손실	
A1	400	0	−10	110	110
A2	200	200	40	60	200
A3	120	280	100	0	280

따라서 기회손실이 최소가 되는 경우는 110의 기회손실이 발생하는 A1이 된다.

ㄹ. 기대가치의 최대화 기준은 기댓값(각 상황의 발생확률과 성과를 곱하여 합산한 값)을 구하여 그 최대값이 발생하는 상황을 선택하는 것이다. 기댓값을 구해보면 다음과 같다.

수주 여부 구매 대안	수주 성공	수주 실패	기댓값
A1	400	−10	160 + (−6) = 154
A2	200	40	80 + 24 = 104
A3	120	100	48 + 60 = 108
발생 확률	0.4	0.6	

따라서 기댓값이 최대가 되는 대안은 A1이다.

정답 ②

PART 07

회계학

TOPIC 53 회계의 의의와 거래

1. 회계의 의의
1) 회계의 의미: 경제주체의 활동에 대한 제반정보를 측정하고 기록하여 전달하는 시스템
2) 회계정보의 속성: 이해가능성, 목적적합성, 신뢰성, 비교가능성
3) 재무회계와 관리회계

	재무회계	관리회계
개념/목적	기업 외부 정보이용자의 의사결정을 돕는 회계의 분야	기업 내부 정보이용자의 의사결정을 돕는 회계의 분야
보고대상	주주, 채권자, 소비자, 정부 등	경영진
준거기준	회계기준(GAAP, IFRS 등)	특정한 작성기준 없음
시간지향성	과거와 관련된 정보	미래와 관련된 정보

2. 재무보고서의 기본 가정
기업실체의 가정, 계속기업의 가정, 기간별 보고의 가정, 화폐단위 측정의 가정

3. 거래의 인식과 기록
1) 거래의 개념: 기업의 재무상태에 변화를 일으키는 각종 경제적 사건
2) 회계상의 거래에 해당하는 사건: 상품소실(화재 등), 급여 체납, 외상매출, 건물장부가액 감소 등
3) 회계상의 거래가 아닌 사건: 납품계약 체결, 건물 임차계약, 신입사원 채용, 계약내용의 협의, 차입금에 대한 담보제공 등

4. 회계감사
1) 개념: 타인이 작성한 회계기록에 대하여 독립적 제3자가 분석적으로 검토하여 그의 적정 여부에 관한 의견을 표명하는 절차
2) 감사의견: 감사인(공인회계사)이 기업을 감사하여 그 내용이 회계 정보로서 적절한 가치를 지니는지에 관해 감사보고서에서 표명하는 의견
   ① 적정 의견: 회사가 기업회계 기준에 맞게 재무제표를 작성했으며, 감사에 필요한 자료를 회사로부터 충분히 제공받았다는 뜻. 적정이라고 해서 반드시 회사의 재무 상태가 양호하다는 뜻은 아님
   ② 한정 의견: 감사 범위가 제한되고 회계 기준 위반 사항은 있었지만, '부적정'이나 '의견 거절'까지 갈 수준은 아니라는 뜻
   ③ 부적정: 중요한 사안에 대해 기업회계 기준을 위배하여 재무제표를 작성한 경우
   ④ 의견 거절: 감사인이 감사보고서를 만드는데 필요한 증거를 얻지 못해 재무제표 전체에 대한 의견 표명이 불가능하거나, 기업의 존립에 의문이 들 때, 혹은 감사인의 독립성 결여 등으로 회계 감사가 불가능한 상황에 제시

53-1 ☑☐☐☐
2019 가맹거래사

재무정보의 질적 특성이 아닌 것은?

① 충실한 표현 ② 비교가능성
③ 발생주의 ④ 적시성
⑤ 이해가능성

해설
- 재무정보의 근본적 질적 특성: 목적적합성(relevance), 충실한 표현(faithful representation)
- 재무정보의 보강적 질적 특성: 비교가능성(comparability), 검증가능성(verifiability), 정보 제공시점의 적시성(timeliness), 정보이용자의 이해가능성(understandability)

정답 ③

53-1A ☑☐☐☐
2018 군무원 복원

다음 회계정보의 질적 특성 중 근본적 특성에 해당하는 것은?

① 적시성 ② 검증가능성
③ 표현의 충실성 ④ 이해가능성

해설
- 재무정보의 근본적 질적 특성: 목적적합성(relevance), 충실한 표현(faithful representation)
- 재무정보의 보강적 질적 특성: 비교가능성(comparability), 검증가능성(verifiability), 정보 제공시점의 적시성(timeliness), 정보이용자의 이해가능성(understandability)

정답 ③

53-1M ☑☐☐☐
2024 가맹거래사

재무정보의 질적 특성으로 옳지 않은 것은?

① 연결성 ② 적시성
③ 검증가능성 ④ 비교가능성
⑤ 이해가능성

해설 재무정보의 질적 특성에는 다음과 같은 것들이 있다.
- 근본적 질적 특성: 목적적합성(relevance), 충실한 표현(faithful representation)

- 보강적 질적 특성: 비교가능성(comparability), 검증가능성(verifiability), 정보 제공시점의 적시성(timeliness), 정보이용자의 이해가능성(understandability)

따라서 해당사항이 없는 것은 '연결성'이다.

정답 ①

53-2 ☑☐☐☐
2019 서울시 7급 B책형

재무정보의 근본적 질적 특성에 해당하는 것은?

① 의사결정에 영향을 미칠 수 있도록 적시성 있는 재무 정보가 제공되어야 한다.
② 재무정보는 이용자가 쉽게 이해할 수 있도록 제공되어야 한다.
③ 정보이용자가 현상을 이해하는 데 필요한 모든 재무정보가 제공되어야 한다.
④ 기업 간 비교가능성과 기간 간 비교가능성이 있는 재무정보가 제공되어야 한다.

해설 재무정보의 질적 특성은 크게 근본적(fundamental) 질적 특성과 보강적(enhancing) 질적 특성으로 구분된다.
- 근본적 질적 특성: 이는 크게 목적적합성(relevance)과 충실한 표현(faithful representation)으로 압축된다. 전자는 의사결정에 필요한 모든 정보가 포함되어야 함을 뜻하고, 후자는 재무정보가 각종 경영현상을 완전하고(completely) 중립적이며(neutrally) 오류없이(without material error) 나타냄을 뜻한다. 문제에서 근본적 질적 특성을 물었으므로 이에 해당되는 항목은 ③이 된다.
- 보강적 질적 특성: 이는 근본적 특성을 보충하는 것으로서 항목간의 비교가능성(comparability, ④), 정보내용의 검증가능성(verifiability), 정보 제공시점의 적시성(timeliness, ①), 정보이용자의 이해가능성(understandability, ②) 등을 포함한다.

정답 ③

53-3 ☑□□□
2017 가맹거래사

회계정보 또는 재무정보의 질적 특성 중 정보이용자가 항목 간의 유사점과 차이점을 식별하고 이해할 수 있도록 하는 것은?

① 적시성(timeliness)
② 비교가능성(comparability)
③ 목적적합성(relevance)
④ 검증가능성(verifiability)
⑤ 표현충실성(representational faithfulness)

요점정리 비교가능성은 기업의 재무상태, 경영성과, 현금흐름 등에 대하여 기간별, 기업별 비교가 가능해야 한다는 것이다. 이를 위해서 이른바 회계기준이 필요하게 된다. 일반적으로 인정된 회계원칙(GAAP: generally accepted accounting principles)이나 국제회계기준(IFRS: international financial reporting standards) 등은 이러한 회계기준의 예가 된다.

해설 ② 유사점과 차이점을 식별할 수 있음. 이 문제의 정답

추가해설 ① 적절한 시점에 정보가 제시된다는 의미
③ 회계정보가 정보이용자의 의사결정 목적과 관련이 있어야 한다는 의미
④ 진위여부의 판정 등이 가능하다는 의미
⑤ 표현이 자세하고 신뢰할 수 있는 정보를 포함한다는 의미

정답 ②

53-4 ☑□□□
2018 가맹거래사

회계정보가 정보로서 가치가 있기 위해 갖추어야 할 질적 특성에 관한 설명으로 옳은 것은?

① 신뢰성 있는 정보란 주관적으로 검증가능 하여야 한다.
② 회계정보가 중립적이려면 편의(bias)가 있어야 한다.
③ 중립적이라 함은 회계정보가 의도된 결과를 유도할 목적으로 정보이용자의 의사결정이나 판단에 영향을 미쳐야 함을 뜻한다.
④ 분기재무제표는 연차재무제표에 비해 적시성 있는 정보를 제공하기 때문에 목적적합성을 높일 수 있다.
⑤ 연차재무제표는 분기재무제표에 비해 신뢰성과 목적적합성이 높은 정보를 제공할 수 있다.

해설 ① 신뢰성 있는 정보는 '객관적'으로 검증가능해야 한다.
② 중립적 회계정보는 편의, 즉 내용의 편향이 '없는' 정보이다.
③ 중립적 정보는 의도된 결과를 유도할 목적으로 정보이용자의 판단에 영향을 '미치지 않는' 것이다.
⑤ 연차재무제표(1년에 한 번)는 분기재무제표(3개월에 한 번)에 비해 작성시점간의 간격(term)이 크다. 따라서 정보의 적시성과 목적적합성이 크다고 보기 어렵다.

정답 ④

53-5 ☑□□□
2012 공인노무사

관리회계에 관한 설명으로 옳지 않은 것은?

① 내부정보이용자에게 유용한 정보이다.
② 재무제표 작성을 주목적으로 한다.
③ 경영자에게 당면한 문제를 해결하기 위한 정보를 제공한다.
④ 경영계획이나 통제를 위한 정보를 제공한다.
⑤ 법적 강제력이 없다.

요점정리 회계의 영역은 회계정보가 담고있는 내용과 그 활용목적에 따라 크게 재무회계와 관리회계로 구분된다. 재무회계(financial accounting)는 기업 외부의 정보이용자가 합리적인 의사결정을 하는데 유용한 정보를 제공하는 것을 목적으로 하는 회계학의 한 분야이고, 관리회계(managerial accounting)는 기업 내부의 정보이용자가 경제적 의사결정을 하는 데 유용한 정보를 제공하는 것을 목적으로 하는 회계학의 한 분야이다.

해설 ② 재무제표 작성은 재무회계의 주된 목적이다.

정답 ②

53-5D ☑□□□
2021 군무원 5급

다음의 회계방식에 대한 설명 중 가장 옳지 않은 것은?

① 재무회계 – 투자자들에게 회사상태를 알려주기 위한 회계
② 세무회계 – 국가에 대한 세무처리를 위한 회계
③ 원가회계 – 투자자들의 의사결정을 지원하기 위한 회계
④ 관리회계 – 기업의 내부상황에 따라 임의로 작성되는 회계

해설 원가회계와 관리회계는 기업 내부 의사결정을 위해 적용하는 회계유형이다. 투자자의 의사결정을 돕는 것은 재무회계의 목표 중 하나에 속한다.

정답 ③

53-5F ☑□□□　　2022 군무원 9급

다음 중에서 관리회계에 대한 설명 중 가장 옳지 않은 것은?

① 기업 외부의 이해관계자들이 필요한 정보를 제공한다.
② 사업부별 성과분석을 제공한다.
③ 원가절감을 위한 원가계산 정보를 제공한다.
④ 기업회계기준이나 국제회계기준 등의 규칙을 준수하지 않아도 된다.

해설 ① 외부이해관계자에게 필요한 정보를 제공하는 활동은 관리회계가 아니라 재무회계이다.

정답 ①

53-5G ☑□□□　　2022 군무원 5급

다음 중 관리회계에 대한 설명으로 가장 옳지 않은 것은?

① 관리회계는 경영자가 경영 의사결정을 내리는데 필요한 회계정보를 제공하는 내부 보고 및 활용을 위한 회계를 말한다.
② 관리회계는 기업 간 비교를 위해 동일한 회계정보나 집계방식을 사용한다.
③ 관리회계는 세금을 최소화하기 위한 전략을 모색하기도 한다.
④ 관리회계는 예산을 편성하여 주어진 예산 안에서 잘 통제되고 있는지를 확인한다.

해설 ② 기업 간 비교를 위해 동일한 방식으로 회계정보를 정리하는 것은 재무회계에 어울리는 설명이다.

정답 ②

53-6 ☑□□□　　2011 공인노무사

회계시스템에 인식·측정될 수 있는 거래로 분류될 수 없는 것은?

① 상품을 구입하다.　② 용역을 제공하다.
③ 돈을 빌려오다.　④ 도난을 당하다.
⑤ 계약을 체결하다.

해설
• 회계상의 거래에 해당하는 사건: 상품소실(화재 등), 급여 체납, 외상매출, 건물장부가액 감소 등
• 회계상의 거래가 아닌 사건: 납품계약 체결, 건물 임차계약, 신입사원 채용, 계약내용의 협의, 차입금에 대한 담보제공 등

정답 ⑤

53-7 ☑□□□　　2011 가맹거래사

회계상의 거래로 인식할 수 없는 것은?

① 화재로 창고가 소실되었다.
② 상품을 외상으로 구입하였다.
③ 은행에서 자금을 차입하였다.
④ 사무실을 임차하는 구두계약을 체결하였다.
⑤ 주주에게 현금으로 배당금을 지급하였다.

해설 건물 임차의 구두계약 체결 자체는 회계상의 거래가 아니다.

정답 ④

53-8 ☑□□□　　2018 가맹거래사

회계상 거래가 아닌 것은?

① 은행에서 현금 300,000원을 인출하였다.
② 상품 150,000원을 도난당하였다.
③ 급료 18,000원을 현금으로 지급하였다.
④ 거래처의 파산으로 외상채권 3,000원이 회수불능이 되었다.
⑤ 다른 회사와 2,000,000원의 상품 판매계약을 체결하였으나 계약금 등을 받지 않았고 아직 상품을 판매하지 않았다.

해설 ⑤ 계약금 등의 수령이 없는 단순계약은 회계상의 거래가 아니다. 나머지 지문(①~④)들은 모두 기업의 경제적 상태를 바꾸는 사건들이므로 회계상의 거래가 된다.

정답 ⑤

53-9 ☑□□□

2015 가맹거래사

회계상의 거래가 아닌 것은?

① 의자를 ₩300,000에 현금으로 구입하다.
② 화재로 재고 ₩100,000이 소실되다.
③ 은행에 현금 ₩100,000을 예금하다.
④ 책상을 ₩500,000에 주문하다.
⑤ 비품을 ₩600,000에 외상으로 구입하다.

해설 거래는 재무상태의 변동을 초래하는 경제적 사건이다. 따라서 자산이나 부채 및 자본상의 변동은 모두 거래가 된다. 심지어 도난이나 분실 및 화재 역시 거래가 된다. 그러나 책상 주문(④)은 지금 주문만 했지 책상이 아직 생긴 것도 아니고 대금을 지급한 것도 아니다. 따라서 거래가 아니다. ①의 경우는 의자를 현금으로 구입한 것이므로 현금자산이 유출된 대신 또 다른 자산(의자)이 증가하였기에 거래가 된다.

정답 ④

53-10 ☑□□□

2019 가맹거래사

회계상 거래가 아닌 것은?

① 상품 3,000만 원을 구입하면서 전액 현금으로 지급하였다.
② 태풍으로 인해 창고에 보관되어 있는 상품 1,000만 원이 훼손되었다.
③ 신규 프로젝트를 위해 매월 급여 200만 원을 지급하기로 하고 종업원을 채용하였으며, 그 종업원은 다음 달부터 출근하기로 하였다.
④ 단기간 자금 운영을 위하여 은행으로부터 2,000만 원을 차입하였다.
⑤ 영업 목적으로 취득한 자동차의 연간 보험료 120만 원을 미리 납부하였다.

해설 재무상태의 변화가 발생할 경우를 거래라 부른다. 이는 곧 재무상태의 변화가 없는 경우 거래가 되지 않는다는 뜻이다. 상품의 구입, 상품의 훼손, 은행으로부터의 차입, 보험료 납부 등은 모두 재무상태의 변화를 초래하는 사건들이므로 거래가 된다. 그러나 ③의 경우에는 채용하기로 결정만 하였을 뿐 아직 종업원이 출근하지 않았으므로 임금지급 의무가 발생하지 않았기에 거래라 볼 수 없다. 만약 종업원이 출근을 시작한다면 그 날부터 임금지급 의무가 발생하므로 거래가 된다.

정답 ③

53-10D ☑□□□

2021 가맹거래사

회계상 거래가 아닌 것은?

① 상품 30만원을 주문하였다.
② 5월분 종업원 급여 20만원을 5월 31일 현재 회사 경영 악화로 인해 지급하지 못하고 있다.
③ 화재로 인하여 상품 10만원이 소실되었다.
④ 영업 목적으로 취득한 화물차 연간보험료 100만원을 미리 지급하였다.
⑤ 업무용 건물을 50만원에 구입하였다.

해설 상품의 주문 자체는 대금지급의무를 발생시키는 경제적 사건이 아니다. 주문한 물건이 도착한 시점으로부터 대금지급 의무가 발생한다.

정답 ①

53-10F ☑☐☐☐

다음 중 회계에서 정의하는 거래에 해당하지 않는 것은?

A. 현금 ₩50,000으로 소모품을 구입하다.

B. 월급 ₩500,000에 종업원을 채용하기로 하다.

C. 현금 ₩100,000과 건물 ₩200,000으로 영업을 시작하다.

D. 어젯밤 창고에 보관 중이던 상품(원가 ₩30,000)이 도난당했다.

E. 원재료 ₩100,000을 구입하기로 하고 계약금 ₩20,000을 선급하다.

F. 서울물산에 상품 ₩150,000을 판매하기로 계약을 맺다.

G. 5월 말 현재 5월분 월급 ₩500,000을 다음달에 지급하기로 하다.

① B, F
② B, D, F
③ B, F, G
④ D, F, G

해설 B. 채용 계약 자체는 경제적 상태에 변화를 유발하지 않으므로 거래가 아니며, 채용된 종업원이 회사에 출근하는 날부터 급여지급 의무가 발생한다. (한편 G의 경우에는 이번달에 주어야 하는 급여를 다음달로 미뤄 지급하게 되므로 급여지급 채무가 발생하기에 거래라 할 수 있다.)
F. 판매 계약 자체는 앞의 B와 마찬가지로 경제적 상태에 변화를 유발하지 않으므로 거래가 아니며, 납품하는 날로부터 대금수령의 권리가 발생한다. (한편 E의 경우에는 계약과 동시에 계약금을 지급하였으므로 재무상태에 변화가 발생하였기에 거래가 된다.)
정답 ①

53-10J ☑☐☐☐

다음 중 회계상 거래에 해당하는 것으로만 짝지은 것은?

ㄱ. ₩1,000짜리 상품을 주문받다.

ㄴ. ₩5,000짜리 상품을 도난당하다.

ㄷ. ㈜甲으로부터 ₩1,000,000짜리 프린터 1대를 기증받다.

ㄹ. ₩500,000짜리 상품을 외상으로 매입하다.

① ㄱ, ㄴ, ㄷ
② ㄱ, ㄴ, ㄹ
③ ㄱ, ㄷ, ㄹ
④ ㄴ, ㄷ, ㄹ

해설 상품의 주문(ㄱ)이나 계약 자체는 재무상태의 변화를 초래하지 않으므로 계약이 아니다. 그러나 상품의 도난(ㄴ)이나 상품의 기증(ㄷ), 외상매입(ㄹ), 외상판매, 대여나 상환 등은 모두 재무적 상태의 변화, 즉 자산과 부채규모의 변화를 초래하므로 거래에 해당한다.
정답 ④

53-11 ☑☐☐☐

다음 중 회계처리(분개)의 대상이 아닌 항목은?

① 현금배당
② 주식배당
③ 주식분할
④ 무상증자
⑤ 자기주식의 취득

해설 주식배당과 주식분할은 총자본을 변화시키지 않고 신주를 발행한다는 공통점이 있으나 실시하는 목적이 다르다. 주식배당은 현금 등을 사외로 유출시키지 않고 주식을 지급함으로써 주주들의 배당욕구를 충족시킴과 동시에 이익잉여금의 영구적 자본화를 목적으로 하는 반면, 주식분할은 주식의 시장가치가 높아 유동성이 낮을 때 시장가치를 하락시켜 시장성을 높이는 것을 목적으로 한다. 주식분할은 총자본의 변화를 수반하지 않고 기존 주주의 지분비율대로 주식을 지급하므로 주주들의 경제적 가치에는 변함이 없고, 분개의 필요도 없다. (반면 주식배당은 주식배당 결의시에 배당액면금액만큼을 미교부주식배당금(자본조정)으로 계상하였다가 주식교부일에 자본금으로 대체 분개한다.)
정답 ③

53-12 ☑☐☐☐

회계감사의 감사의견에 포함되지 않는 것은?

① 적정 의견
② 부적정 의견
③ 한정 의견
④ 불한정 의견
⑤ 의견 거절

해설 감사 의견은 감사인(공인회계사)이 기업을 감사하여 그 내용이 회계 정보로서 적절한 가치를 지니는지에 관해 감사보고서에서 표명하는 의견으로서 '적정', '한정', '부적정', '의견 거절' 등이 있다.
정답 ④

53-12M ☑☐☐☐

2024 가맹거래사

공인회계사가 회계감사를 실시하고 표명하는 감사의견의 유형으로 옳지 않은 것은?

① 적정의견　　　　② 부적정의견
③ 한정의견　　　　④ 불합치의견
⑤ 의견거절

해설〉 감사의견의 유형에는 적정, 한정, 부적정, 의견거절 등이 있다.

정답 ④

재무보고서와 계정과목

1. 재무보고서의 구성항목

계정의 명칭	의 미
자산 (assets)	과거의 거래나 사건의 결과로서 기업이 지배하거나 통제하고 미래에 경제적 효익을 창출할 것으로 기대되는 자원이다.
부채 (liabilities)	과거의 거래나 사건의 결과로 현재 기업이 부담하고 있고 미래에 자원의 유출 또는 사용이 예상되는 의무이다.
자본 (capital)	기업의 자산총액에서 부채총액을 차감한 잔여액 또는 순자산으로서 기업의 자산에 대한 소유주의 청구권이므로 소유주지분(owners' equity)이라 한다.
수익 (revenues)	기업의 경영활동으로서 재화의 판매 또는 용역의 제공 등의 대가로 발생하는 자산의 유입이나 부채의 감소이다.
비용 (expenses)	기업의 경영활동으로서 재화의 판매 또는 용역의 제공 등에 따라 발생하는 자산의 유출이나 사용 또는 부채의 증가이다.

2. 거래요소의 결합관계

차 변	대 변
자산의 증가	자산의 감소
부채의 감소	부채의 증가
자본의 감소	자본의 증가
비용의 발생	수익의 발생

3. 일반적으로 인정된 회계원칙(GAAP)

발생주의 회계(↔ 현금주의), 역사적 원가주의, 수익·비용 대응의 원칙, 보수주의

4. 재무보고서(재무제표)와 회계순환과정

1) 재무보고서: 재무상태표(자산 = 부채+자본), 포괄손익계산서, 자본변동표, 현금흐름표
2) 회계순환과정: 거래의 발생과 분개 → 계정별 잔액의 산출(총계정원장) → 시산표의 작성(선택사항으로서 필수과정이 아님) → 조정(수정)분개 → 재무보고서 작성

54-1 ☑☐☐☐
2011 공인노무사

재무제표의 구성요소에 관한 설명으로 옳지 않은 것은?

① 자산은 기업이 소유하고 있는 토지, 건물, 기계, 채권 등과 같은 경제적 자원을 말한다.

② 부채에는 외상매입금이나 차입금 등이 포함된다.

③ 수익은 자산의 유입이나 증가 또는 부채의 감소에 따라 자본의 증가를 초래하는 특정 회계기간 동안에 발생한 경제적 효익의 증가이다.

④ 부채는 상환될 때까지 지급할 금액을 기준으로 유동부채와 비유동부채로 분류된다.

⑤ 이익 또는 손실은 수익에서 비용을 차감하여 구한다.

해설 ④ 유동부채와 비유동부채의 구분은 상환의무기간이 1년 이상인지 그 이하인지에 따른 것이다.

추가해설 ① 자산은 미래 경제적 효익의 창출에 활용가능한 모든 경제적 자원이다.
② 부채에는 외상매입금, 미지급금, 선수금, 예수금, 사채, 장기차입금 등이 포함된다.
③ 수익은 영업활동을 통해 얻은 경제적 효익 내지는 대가로서, 매출액이나 영업외손실 등이 있다.
⑤ 수익 - 비용 = 이익(만약 이 값이 (-)이면 손실)

정답 ④

54-2 ☑☐☐☐
2012 가맹거래사

재무제표에 관한 설명으로 옳지 않은 것은?

① 외상매출금과 외상매입금은 일반적 상거래에서 발생한 채권, 채무로서 어음상의 채권, 채무가 아닌 것을 말한다.

② 받을어음과 지급어음은 일반적 상거래에서 발생한 어음상의 채권, 채무를 말한다.

③ 미수금이나 미지급금은 토지, 건물, 비품 등 상품 이외의 자산을 매각하거나 취득하는 과정에서 발생한 채권, 채무를 말한다.

④ 대여금이나 차입금은 자금을 대여하거나 차입하고 그 대가로 차용증서를 주고받는 경우에 발생하는 채권, 채무를 말한다.

⑤ 외상매출금과 받을어음 등 일반적으로 상거래에서 발생한 채권은 매출채권이라는 계정과목과 별도로 분류하여 보고해야 한다.

해설 ⑤ 매출채권(Accounts Receivable, 賣出債權)이란 기업이 상품을 매출하는 과정에서 발생한 채권으로, 외상매출금과 받을어음을 말하는 것이다.

정답 ⑤

54-2F ☑☐☐☐
2022 군무원 5급

다음은 회계정보와 관련된 여러 설명들이다. 이 중 가장 옳지 않은 것은?

① 회계정보의 이용자 집단은 다양하며, 이를 크게 외부이용자 집단과 내부이용자 집단으로 분류할 수 있다.

② 회계정보를 이용자들에게 전달하는 가장 주된 수단은 재무제표로서, 여기에는 재무상태표, 포괄손익계산서, 현금흐름표, 이익잉여금처분계산서가 있다.

③ 경영자(혹은 경영진)는 회계정보 이용자 집단 중 내부이용자 집단으로, 주주는 외부이용자 집단으로 분류된다.

④ 외부이용자 집단에게 회계정보를 보고(혹은 전달)하기 위하여 수행되는 회계 분야를 재무회계라 한다.

해설 조금 까다로운 문제인데, 대한민국이 채택한 국제회계기준(K-IFRS) 상에는 다음의 다섯 가지를 재무제표로 인정하고 있다.
• (연결)재무상태표
• (연결)포괄손익계산서
• 자본변동표
• 현금흐름표
• 재무제표에 대한 주석

정답 ②

54-2J ☑□□□
2023 공인노무사

현행 K-IFRS에 의한 재무제표에 해당하지 않는 것은?

① 재무상태변동표   ② 포괄손익계산서

③ 자본변동표   ④ 현금흐름표

⑤ 주석

해설 한국채택 국제회계기준(K-IFRS)에 해당하는 재무제표는 다음과 같다.
- (기말) 재무상태표
- (기간) 포괄손익계산서
- (기간) 자본변동표
- (기간) 현금흐름표
- 주석(유의적인 회계정책 및 그 밖의 설명으로 구성)
- 회계정책을 소급하여 적용하거나, 재무제표의 항목을 소급하여 재작성 또는 재분류하는 경우 가장 이른 비교기간의 기초 재무상태표

따라서 선지 ①은 K-IFRS에 해당하는 재무제표가 아니다.

정답 ①

54-2M ☑□□□
2024 가맹거래사

한국채택국제회계기준에서 규정하는 재무제표로 옳지 않은 것은?

① 재무상태표   ② 현금흐름표

③ 포괄손익계산서   ④ 비교재무제표

⑤ 자본변동표

해설 K-IFRS에서 규정하는 재무제표에는 재무상태표, 포괄손익계산서, 자본변동표, 현금흐름표, 주석 등이 포함된다.

정답 ④

54-3 ☑□□□
2019 가맹거래사

일정시점에서 기업이 보유하고 있는 자산, 부채, 자본의 구성 및 금액을 보고하고자 작성되는 재무보고서는?

① 재무상태표   ② 포괄손익계산서

③ 현금흐름표   ④ 자본변동표

⑤ 이익잉여금처분계산서

해설 자산, 부채, 자본 항목으로 구성되는 재무보고서는 재무상태표(statement of financial position)이다.

추가해설 ② 포괄손익계산서는 일정기간 동안의 기업의 경영성과에 대한 재무적 정보를 제공한다.

③ 현금흐름표는 한 회계기간 동안에 발생한 현금의 유입과 유출에 관한 정보를 제공한다.

④ 자본변동표는 일정기간 동안 발생한 자본의 변동(주주 정보 등)에 대한 정보를 제공한다.

⑤ 이익잉여금처분계산서는 이익잉여금의 처분사항(예: 배당, 사내유보)에 대한 정보를 제공한다. 국제회계기준(IFRS)이 도입되면서 이익잉여금처분계산서는 주된 재무제표가 아닌 주석사항으로 변경되었다.

정답 ①

54-4 ☑□□□
2015 가맹거래사

재무상태표 등식은?

① 자산＝부채＋자본

② 자산＝부채－자본

③ 자본＝부채＋자산

④ 자산＋부채＝수익＋비용

⑤ 자산＋비용＝부채＋수익

해설 자산은 부채와 자본의 합이다.

정답 ①

54-5 ☑□□□
2019 가맹거래사

㈜가맹은 영업개시 후 첫 회계연도 말에 자산합계와 부채합계를 각각 250억 원과 100억 원으로 보고하였다. 첫 회계연도에 이 회사의 순이익은 80억 원이었으며 현금 지급된 배당금이 20억 원이었을 경우, 첫 회계연도에 주주가 출자한 납입자본의 총액은?

① 50억 원   ② 90억 원

③ 110억 원   ④ 150억 원

⑤ 210억 원

해설 자산과 부채의 차이가 자본규모가 된다. 따라서 자본규모는 150억 원이다. 자본은 이익잉여금 80억에서 지급배당금 20억을 제외한 금액에 주주가 출자한 납입자본을 합하여 구성

되므로 납입자본은 90억이 된다. (150억＝80억－20억＋<u>90억</u>)

정답 ②

54-6 ☑☐☐☐

다음의 계정과목 중 재무상태표의 구성항목이 아닌 것은?

① 유형자산   ② 유동부채
③ 자본금   ④ 이익잉여금
⑤ 매출원가

해설 ① 재무상태표의 자산항목
② 재무상태표의 부채항목
③ 재무상태표의 자본항목
④ 재무상태표의 자본항목
⑤ 손익계산서 항목

정답 ⑤

54-7 ☑☐☐☐
2018 공인노무사

재무상태표의 항목에 해당되지 않는 것은?

① 차입금   ② 이익잉여금
③ 매출채권   ④ 판매비
⑤ 재고자산

해설 ① 재무상태표의 부채항목
② 재무상태표의 자본항목
③ 재무상태표의 자산항목
④ 손익계산서의 비용항목
⑤ 재무상태표의 자산항목

정답 ④

54-8 ☑☐☐☐
2012 가맹거래사

재무상태표의 구성요소가 아닌 것은?

① 자산   ② 부채
③ 청구권   ④ 비용
⑤ 지분

해설 재무상태표는 자산, 부채, 자본(＝청구권, 지분)으로 구성된다. 비용은 손익계산서 항목이다.

정답 ④

54-8A ☑☐☐☐
2020 공인노무사

재무상태표와 관련되는 것을 모두 고른 것은?

> ㄱ. 수익·비용 대응의 원칙
> ㄴ. 일정시점의 재무상태
> ㄷ. 유동성배열법
> ㄹ. 일정기간의 경영성과
> ㅁ. 자산, 부채 및 자본

① ㄱ, ㄴ   ② ㄱ, ㄹ
③ ㄴ, ㄷ, ㄹ   ④ ㄴ, ㄷ, ㅁ
⑤ ㄷ, ㄹ, ㅁ

해설 (ㄱ)과 (ㄹ)은 손익계산서에 해당되는 항목이다. 손익계산서는 일정기간, 즉 1년(1월 1일부터 12월 31일까지)의 기간이나 6개월(반기) 또는 3개월(분기)동안에 발생한 수익과 비용에 대한 기록이다. 반면 재무상태표는 특정시점, 즉 어느 한 날짜를 기준으로(ㄴ) 그 날의 자산과 부채 및 자본의 상태(ㅁ)를 기록하는 것이다. 자산항목과 부채항목의 경우에는 유동성, 즉 현금에 가까운 순서에 따라 유동자산과 비유동자산, 유동부채와 비유동부채 항목으로 구분하여 기록한다(ㄷ). 이를 유동성배열법이라 한다.

정답 ④

54-8D ☑☐☐☐
2021 군무원 9급

재무상태표에 대한 설명으로 가장 옳지 않은 것은?

① 재무상태표는 자산, 부채 및 자본으로 구분한다.
② 재무상태표를 통해 기업의 유동성과 재무상태를 파악할 수 있다.
③ 재무상태표는 일정기간 동안의 경영성과를 나타낸 재무제표이다.
④ 재무상태표의 자산항목은 유동자산과 비유동자산으로 구분한다.

해설 ③ 재무상태표는 저량(stock), 즉 특정시점에 해당하는

수치자료의 집계이며, 손익계산서는 유량(flow), 즉 일정기간에 해당하는 수치자료의 집계이다. 따라서 본 선지는 손익계산서에 해당하는 설명이라 할 수 있다.

정답 ③

54-8M ☑□□□
2024 군무원 7급

다음 중 재무상태표에 관한 설명으로 가장 적절하지 않은 것은?

① 재무상태표는 특정 시점의 기업의 재무상태를 나타내는 재무보고서이다.
② 재무상태표에서 기업의 재무상태는 자산과 부채 및 자본으로 분류하여 보고한다.
③ 재무상태표에서 보고되는 자본은 자산 총액에서 부채 총액을 차감한 금액과 항상 일치한다.
④ 재무상태표에서 자산은 중요도가 큰 순서로 보고한다.

해설 ④ [×] 재무상태표에서 자산의 배열 및 보고순서는 유동성(현금에 가까운 정도) 순서이다. 즉 현금에 가깝거나 현금화가 쉬운 자산부터 보고서에 기록한다.

정답 ④

54-9 ☑□□□
2014 가맹거래사

포괄손익계산서의 구성항목에 해당되는 것은?

① 유동부채
② 유동자산
③ 매출원가
④ 자본금
⑤ 이익잉여금

해설 ①, ②, ④, ⑤ → 재무상태표의 구성요소
③ 포괄손익계산서의 구성요소는 수익과 비용 관련 제 항목들이다.

정답 ③

54-10 ☑□□□
2019 공인노무사

포괄손익계산서의 계정에 해당하지 않는 것은?

① 감가상각비
② 광고비
③ 매출원가
④ 자기주식처분이익
⑤ 유형자산처분이익

해설 자기주식처분이익은 자본잉여금으로서, 재무상태표 상의 '자본' 항목에 들어간다.

추가해설 감가상각비(①), 광고비(②), 매출원가(③)는 모두 포괄손익계산서의 '비용' 항목에 들어가고, 유형자산처분이익(⑤)은 포괄손익계산서의 '수익' 중 영업외수익에 포함된다.

정답 ④

54-11 ☑□□□
2012 가맹거래사

손익계산서 작성기준으로 옳지 않은 것은?

① 발생주의
② 실현주의
③ 현금주의
④ 수익-비용 대응의 원칙
⑤ 총액주의

해설 ③ 현금주의는 발생주의의 반대이다. 전자는 현금의 유입과 유출이 있을 때 기록한다는 원칙이고, 후자는 거래가 발생(실현)되면 현금변동에 관계없이 이를 기록해야 한다는 원칙이다.

추가해설 ① 발생주의는 수익과 비용을 현금유출입이 있는 기간이 아니라 당해 거래 또는 사건이 발생한 기간에 인식하는 것을 말한다.
② 실현주의는 수익의 발생을 실현시기를 기준으로 하는 회계처리방식으로서, 기업회계에 있어서 주로 수익의 계상에 관하여 그 계상을 확실한 시점에서 행하기 위하여 재화의 판매시점에서 계상하는 방식을 말한다. 현재의 기간손익계산에서는 비용의 계상은 발생주의에 의하나 수익에 관해서는 원칙적으로 실현주의를 채용하고 있다.
④ 수익-비용 대응의 원칙은 특정한 수익을 창출하기 위해 발생한 비용은 당해 수익이 인식된 회계기간과 동일한 기간에 인식되어야 한다는 원칙이다.
⑤ 총액주의는 재무제표 작성 시, 수익과 비용에 대응되는 모든 과목의 금액을 총으로 표시하는 방법이다. 순액주의와 반대되는 개념이다.

정답 ③

54-12 ☑☐☐☐
2012 공인노무사

거래를 분개할 때 결합관계가 옳지 않은 것은?

	차 변	대 변
①	자본증가	부채증가
②	자산증가	자산감소
③	자산증가	수익발생
④	부채감소	수익발생
⑤	비용발생	자산감소

요점정리

차 변	대 변
자산의 증가	자산의 감소
부채의 감소	부채의 증가
자본의 감소	자본의 증가
비용의 발생	수익의 발생

해설 자본의 증가는 부채의 증가와 마찬가지로 대변에 기록한다.

정답 ①

54-13 ☑☐☐☐
2013 가맹거래사, 2020 가맹거래사 변형

거래의 분개에 있어서 거래의 결합관계로 옳지 않은 것은?

	〈차변〉	〈대변〉
①	자산증가	부채증가
②	자산증가	자산감소
③	부채감소	자산감소
④	자본증가	수익발생
⑤	비용발생	자산감소

해설 ④ 자본증가는 대변 항목이다.

정답 ④

54-14 ☑☐☐☐
2011 가맹거래사

계정과 장부기록의 방법으로 옳지 않은 것은?

① 선수수익의 증가는 차변에 기록한다.
② 미수수익의 증가는 차변에 기록한다.
③ 선급비용의 증가는 차변에 기록한다.
④ 미지급비용의 증가는 대변에 기록한다.
⑤ 미지급금의 증가는 대변에 기록한다.

요점정리 선수수익은 대가의 수입은 이루어졌으나 수익의 귀속시기가 차기 이후인 것을 말한다. 선수수익은 일종의 부채(負債)이긴 하지만, 원칙적으로는 금전으로 변제되는 부채가 아니라, 일반적으로 계속적인 용역의 제공을 통하여 변제되는 부채이다.

해설 ① 선수수익은 부채이므로 그 증가내역은 대변에 기록한다.

정답 ①

54-15 ☑☐☐☐
2016 가맹거래사

회계처리 요소 중 차변요소로 옳지 않은 것은?

① 비용의 발생		② 부채의 감소	
③ 자본의 감소		④ 자산의 증가	
⑤ 수익의 발생			

해설

차 변	대 변
자산의 증가	자산의 감소
부채의 감소	부채의 증가
자본의 감소	자본의 증가
비용의 발생	수익의 발생

정답 ⑤

54-15M ☑□□□
2024 공인노무사

회계거래 분개 시 차변에 기록해야 하는 것은?

① 선수금의 증가   ② 미수수익의 증가
③ 매출의 발생   ④ 미지급비용의 증가
⑤ 매입채무의 증가

해설〉 ① [×] 선수금(미리 받는 돈)은 부채이므로 증가시 대변에 기록한다.
② [O] 미수수익(아직 받지 않은 돈)은 자산이므로 증가시 차변에 기록한다. 따라서 이 문제의 정답이 된다.
③ [×] 매출의 발생은 수익증가로 이어진다. 수익증가는 대변에 기록한다.
④ [×] 미지급비용(나중에 지급해야 하는 비용)은 부채이므로 증가시 대변에 기록한다.
⑤ [×] 매입채무는 부채이므로 증가시 대변에 기록한다.

정답 ②

54-16 ☑□□□
2014 가맹거래사

토지를 10,000,000원에 구입하고 대금은 1개월 후 지급하기로 하고 구입시 중개수수료 등의 제비용 100,000원을 현금지급한 경우 발생하는 거래요소들은?

① 자산의 증가, 부채의 증가, 자산의 감소
② 자산의 증가, 부채의 감소, 비용의 발생
③ 자산의 증가, 부채의 증가, 비용의 발생
④ 자산의 감소, 부채의 감소, 비용의 발생
⑤ 자산의 감소, 부채의 증가, 부채의 감소

해설〉 토지가 증가했으므로 자산이 증가했다. 대금을 나중에 지급키로 했으므로 부채가 발생했고, 현금으로 수수료를 지불했으므로 자산이 줄어들었다.

정답 ①

54-16M ☑□□□
2024 가맹거래사

㈜가맹은 20×3년 4월 30일에 주주들에게 배당금 100억원을 현금으로 지급하였다. 이 거래를 계정에 기록한 것으로 옳은 것은?

① (차변) 자산 감소   (대변) 자본 감소
② (차변) 자본 감소   (대변) 자산 감소
③ (차변) 자산 감소   (대변) 자본 증가
④ (차변) 자본 감소   (대변) 자산 증가
⑤ (차변) 자산 감소   (대변) 이익 감소

해설〉 배당을 현금으로 지급하였기에 현금자산이 감소하는 동시에(대변) 자본금도 지출된다(차변).

정답 ②

54-17 ☑□□□
|필수|
2014 공인노무사

차량을 200만 원에 구입하여 40만 원은 현금 지급하고 잔액은 외상으로 하였다. 이 거래결과로 옳은 것을 모두 고른 것은?

ㄱ. 총자산 감소	ㄴ. 총자산 증가
ㄷ. 총부채 감소	ㄹ. 총부채 증가

① ㄱ, ㄷ   ② ㄱ, ㄹ
③ ㄴ, ㄷ   ④ ㄴ, ㄹ
⑤ ㄷ, ㄹ

해설〉 차량을 구입하였으므로 자산이 증가하였다. 비록 현금자산은 40만 원 감소했지만 유형자산(차량)이 200만 원 증가하였으므로 총자산은 증가했다. 또한 외상액 160만 원이 증가하였으므로 부채가 증가했다.

정답 ④

54-17D ☑□□□   2021 공인노무사

공장을 신축하고자 1억원의 토지를 현금으로 취득한 거래가 재무제표 요소에 미치는 영향은?

① 자본의 감소, 자산의 감소
② 자산의 증가, 자산의 감소
③ 자산의 증가, 자본의 증가
④ 자산의 증가, 부채의 증가
⑤ 비용의 증가, 자산의 감소

해설〉 토지는 유형자산이다. 이를 얻었으므로 자산이 증가했다. 그러나 토지를 구매하기 위해 또 다른 자산인 현금을 지출하였다. 따라서 자산이 감소한 측면도 있다.

정답 ②

54-17F ☑□□□   2022 공인노무사

회계거래 분개에 관한 설명으로 옳은 것은?

① 매입채무의 증가는 차변에 기록한다.
② 장기대여금의 증가는 대변에 기록한다.
③ 자본금의 감소는 차변에 기록한다.
④ 임대료 수익의 발생은 차변에 기록한다.
⑤ 급여의 지급은 대변에 기록한다.

해설〉 ③ [○] 자본금은 증가시 대변에 기록하고, 감소시 차변에 기록한다.

추가해설〉 ① [×] 매입채무는 부채항목에 속하므로 그 증가는 대변에 기록한다.
② [×] 장기대여금은 자산항목에 속하므로 그 증가는 차변에 기록한다.
④ [×] 임대료 수익과 같은 수익항목은 대변에 기록한다.
⑤ [×] 급여와 같은 비용항목은 차변에 기록한다.

정답 ③

54-17J ☑□□□   2023 공인노무사

거래의 결합관계가 비용의 발생과 부채의 증가에 해당하는 것은? (단, 거래금액은 고려하지 않는다.)

① 외상으로 구입한 업무용 컴퓨터를 현금으로 결제하였다.
② 종업원 급여가 발생하였으나 아직 지급하지 않았다.
③ 대여금에 대한 이자를 현금으로 수령하지 못하였으나 결산기말에 인식하였다.
④ 거래처에서 영업용 상품을 외상으로 구입하였다.
⑤ 은행으로부터 빌린 차입금을 상환하였다.

해설〉 ① 외상을 모두 현금결제하였으므로 부채증가가 아니다.
② 급여는 비용항목이며, 이를 지급하지 않았으므로 급여부채도 발생한다. 따라서 이 선지가 정답이다.
③ 대여금이자수익은 영업외수익에 해당한다.
④ 외상구매하였으므로 부채가 발생한다.
⑤ 차입금을 상환하였으므로 부채가 소멸한다.

정답 ②

54-18 ☑□□□
2012 가맹거래사

다음은 A기업에서 발생한 거래를 분개한 것이다. 분개가 옳지 않은 것은?

① 장부금액이 20,000,000원인 건물을 현금 18,000,000원에 판매처분하였다.

(차) 현금		18,000,000
유형자산처분손실		2,000,000
(대) 건물		20,000,000

② 유상증자를 통하여 현금 6,000,000원을 조달하였다.

(차) 현금		6,000,000
(대) 차입금		6,000,000

③ 토지를 현금 7,000,000원에 구매하였다.

(차) 토지		7,000,000
(대) 현금		7,000,000

④ 매출채권 2,000,000원을 현금으로 회수하였다.

(차) 현금		2,000,000
(대) 매출채권		2,000,000

⑤ 은행에서 현금 10,000,000원을 차입하였다.

(차) 현금		10,000,000
(대) 차입금		10,000,000

요점정리 유상증자(有償增資, paid-in capital increase)란 주식회사에서 주식을 추가상장, 즉 더 발행해서 자금을 조달하는 것을 의미한다. '증자(增資)란 '자본금을 늘린다'는 뜻이다.

해설 ② 유상증자를 하였으므로 대변에 자본금이 증가해야 한다.

정답 ②

54-18F ☑□□□
2022 군무원 9급

다음 중 거래에 대한 분개로 가장 옳은 것은?

거래내용: ₩40,000원의 상품을 구매하였는데, 이 중 ₩10,000원을 현금으로 지급하였으며, 나머지는 외상으로 하였다.

	(차변)		(대변)	
① 현금	10,000	상품	40,000	
매출채권	30,000			
② 상품	40,000	현금	10,000	
		매입채무	30,000	
③ 상품	40,000	현금	10,000	
		매출채권	30,000	
④ 현금	10,000	상품	40,000	
매입채무	30,000			

해설 상품 40,000원이 증가하였으며 이는 자산에 속하므로 차변에 기록한다. 지출된 현금 10,000원은 대변에 기록하며, 외상(매입채무)의 증가 역시 대변에 기록한다. 내가 외상으로 구매한 것은 매입채무로, 내가 외상으로 판매한 것은 매출채권으로 기록한다.

정답 ②

54-18G ☑□□□
2022 가맹거래사

㈜가맹은 20X2년 2월 1일에 사무실 임차계약을 체결하고 보증금 1천만원을 현금으로 지급하였다. 이 거래에 대한 분석으로 옳은 것은?

① (차변) 자산증가, (대변) 수익발생
② (차변) 자산증가, (대변) 자산감소
③ (차변) 비용발생, (대변) 자산감소
④ (차변) 자산증가, (대변) 부채증가
⑤ (차변) 부채감소, (대변) 자본증가

해설 임차보증금은 투자자산에 해당하므로 차변항목이 1천만원 증가하게 되며, 이 대금을 현금으로 납부하였으므로 당좌자산이 1천만원 감소하게 된다. 자산증가는 차변에, 자산감소는 대변에 기록한다.

54-19 ☑□□□
정답 ②

2013 공인노무사

회계의 순환과정을 순서대로 나열한 것은?

ㄱ. 수정분개	ㄴ. 거래발생
ㄷ. 분개	ㄹ. 수정전시산표 작성
ㅁ. 원장 전기	ㅂ. 재무제표 작성

① ㄴ－ㄷ－ㄱ－ㅁ－ㄹ－ㅂ
② ㅁ－ㄴ－ㄷ－ㄱ－ㄹ－ㅂ
③ ㅁ－ㄴ－ㄷ－ㄹ－ㅂ－ㄱ
④ ㄴ－ㄷ－ㅁ－ㄹ－ㄱ－ㅂ
⑤ ㄴ－ㄷ－ㄹ－ㅁ－ㅂ－ㄱ

해설 회계순환과정은 거래－분개－원장전기－수정전시산표 작성－수정분개－재무제표 작성 순이다.

정답 ④

54-20 ☑□□□
2018 공인노무사

시산표는 재무상태표 구성요소와 포괄손익계산서 구성요소를 한 곳에 집계한 표이다. 다음 시산표 등식에서 ( )에 들어갈 항목으로 옳은 것은?

자산＋비용＝부채＋( )＋수익

① 매출액 ② 자본
③ 법인세 ④ 미지급금
⑤ 감가상각비

요점정리 시산표(trial balance)는 총계정원장의 금액이 제대로 계산된 것인지 살펴보기 위하여 대차평균의 원리에 따라 차변항목과 대변항목을 모아 비교하는 표이다.

해설 차변항목은 자산과 비용이고, 대변항목은 부채, 자본, 수익 등이다. 차변항목과 대변항목을 각각 더해 보면 괄호안에 들어갈 항목은 '자본'에 해당한다.

정답 ②

54-21 ☑□□□
2013 가맹거래사

회계순환과정을 옳게 나타낸 것은?

① 거래발생 → 분개 → 원장 전기 → 결산수정사항 분개 → 수정전시산표 작성 → 재무제표 작성
② 거래발생 → 분개 → 원장 전기 → 수정전시산표 작성 → 결산수정사항 분개 → 재무제표 작성
③ 거래발생 → 원장 전기 → 분개 → 수정전시산표 작성 → 결산수정사항 분개 → 재무제표 작성
④ 거래발생 → 분개 → 원장 전기 → 수정전시산표 작성 → 재무제표 작성 → 결산수정사항 분개
⑤ 거래발생 → 분개 → 결산수정사항 분개 → 원장 전기 → 수정전시산표 작성 → 재무제표 작성

해설 회계순환과정은 거래의 발생과 분개, 원장 전기, (수정전)시산표의 작성, 수정분개, 재무보고서의 최종 작성 순이다.

정답 ②

54-22 ☑□□□
2010 가맹거래사

회계순환과정(accounting cycle)의 필수적인 절차가 아닌 것은?

① 분개 ② 시산표작성
③ 전기 ④ 수정분개
⑤ 마감분개

해설 회계순환과정: 거래의 발생과 분개 → 계정별 잔액의 산출(총계정원장) → 시산표의 작성(선택사항으로서 필수과정이 아님) → 조정(수정)분개 → 재무보고서 작성
시산표는 회계등식(자산＋비용＝부채＋자본＋수익)을 다른 방식으로 표현한 것이라 할 수 있다. 대부분의 경우 시산표 작성은 이루어지고 있는 것이 사실이지만, 장부에 적은 내용을 보기 좋게 옮기는 것이므로 내용상 필수절차는 아니다.

정답 ②

자 산

1. 자산의 의미

과거의 거래나 사건의 결과로서 기업이 지배하거나 통제하고 <u>미래에 경제적 효익을 창출할 것으로 기대되는 자원</u>

2. 자산의 유형

1) 유동자산: <u>1년 이내 현금화되는</u> 자산

   ① 당좌자산: 현금, 단기금융상품, 유가증권, 매출채권(외상매출금, 받을어음) 등

   ② 재고자산: 상품, 제품, 반제품, 재공품, 원재료, 저장품

   ③ 기타유동자산: 선급금, 선급비용

2) 비유동자산: 비교적 장기간 보유하는 자산

   ① 투자자산: 장기금융상품, 만기보유증권, 출자금, 관계회사 주식, 투자부동산, 장기대여금, 임차보증금, 부도어음

   ② 유형자산: 토지, 건물, 구축물, 기계장치, 차량운반구, 각종 비품

   ③ 무형자산: 산업재산권, 라이선스와 프랜차이즈, 저작권, 컴퓨터 소프트웨어, 개발비, 임차권리금, 광업권 및 어업권, 영업권

   ④ 기타비유동자산: 장기매출채권, 장기미수금

55-1 ☑☐☐☐
2010 가맹거래사

다음 중 자산계정과목이 아닌 것은?

① 매출채권　　② 장기대여금
③ 미수금　　　④ 선급비용
⑤ 예수금

해설〉 예수금은 부채항목이다.

정답 ⑤

55-2 ☑☐☐☐
2012 가맹거래사

유동성이 가장 높은 자산항목은?

① 건물　　　② 당좌예금
③ 제품　　　④ 매출채권
⑤ 영업권

해설〉 유동성이 가장 높다는 말은 현금에 가장 가깝다는 의미이다. 따라서 예금이 정답.

정답 ②

55-3 ☑☐☐☐
2010 공인노무사

유동자산 항목에 해당되는 것은?

① 재고자산　　② 유형자산
③ 기계장치　　④ 차량운반구
⑤ 무형자산

해설〉 재고자산은 판매되는 즉시 현금화할 수 있으므로 유동자산에 포함된다.

정답 ①

55-4 ☑☐☐☐
2015 가맹거래사

유동자산에 속하는 항목은?

① 투자자산　　② 유형자산
③ 무형자산　　④ 매입채무
⑤ 매출채권

해설〉 1년 이상 장기보유목적의 자산(①, ②, ③)은 비유동자산이고, ④는 자산이 아니라 부채이다.

정답 ⑤

55-5 ☑☐☐☐
2012 가맹거래사

다음 중 현금 및 현금성 자산인 것은?

① 차용증　　② 주식
③ 부도수표　　④ 보통예금
⑤ 당좌차월

해설〉 현금에 가장 가까운 것은 예금이다. 주식이나 수표 등은 현금으로 교환하는 작업을 거쳐야 한다.

정답 ④

55-6 ☑☐☐☐
2017 가맹거래사

재무상태표의 현금 및 현금성자산에 해당하지 않는 것은?

① 사채　　　② 보통예금
③ 우편환　　④ 배당금지급통지표
⑤ 당좌수표

해설〉 사채(社債, 회사채)는 주식회사가 자금을 융통하기 위하여 발행하는 채권이며, 회계학에서의 사채는 대개 이 의미이다. 개인이 사사로이 빌리는 금액을 의미하는 사채(예: 사채업자)와는 전혀 다른 의미임에 주의할 것.

정답 ①

55-7 ☑☐☐☐
2018 공인노무사

당좌자산에 해당하는 것을 모두 고른 것은?

ㄱ. 현금	ㄴ. 보통예금
ㄷ. 투자부동산	ㄹ. 단기금융상품

① ㄱ, ㄴ　　　② ㄷ, ㄹ
③ ㄱ, ㄴ, ㄹ　　④ ㄴ, ㄷ, ㄹ
⑤ ㄱ, ㄴ, ㄷ, ㄹ

해설 당좌자산은 가장 현금에 가까운 유동자산으로서, 현금 및 현금성 자산, 단기금융상품, 유가증권, 매출채권(외상매출금, 받을 어음) 등을 포함한다. '투자부동산'은 유형자산으로서 비유동자산에 속한다.

정답 ③

55-8 ☑☐☐☐

2015 공인노무사

재무상태표에서 비유동자산에 해당하는 계정과목은?

① 영업권
② 매입채무
③ 매출채권
④ 자기주식
⑤ 법정적립금

해설
- 유동자산(1년 이내 현금화되는 자산): 당좌자산(현금, 단기금융상품, 유가증권, 매출채권(외상매출금, 받을어음) 등), 재고자산(상품, 제품, 반제품, 재공품, 원재료, 저장품), 기타유동자산(선급금, 선급비용)
- 비유동자산(비교적 장기간 보유하는 자산): 투자자산(장기금융상품, 만기보유증권, 출자금, 관계회사 주식, 투자부동산, 장기대여금, 임차보증금, 부도어음), 유형자산(토지, 건물, 구축물, 기계장치, 차량운반구, 각종 비품), 무형자산(산업재산권, 라이선스와 프랜차이즈, 저작권, 컴퓨터 소프트웨어, 개발비, 임차권리금, 광업권 및 어업권, 영업권), 기타비유동자산(장기매출채권, 장기미수금)

정답 ①

55-8F ☑☐☐☐

2022 공인노무사

재무상태표의 자산 항목에 해당하지 않는 것은?

① 미수금
② 단기대여금
③ 선급금
④ 이익준비금
⑤ 선급비용

해설 이익준비금(earned surplus reserve)은 자산이 아니라 자본항목에 속하며, 매 결산기의 이익에서 적립이 강제되는 준비금으로서 법정준비금의 일종이다. 본래 배당할 수 있는 이익이지만 회사·회사채권자·주주 등의 보호를 위하여 자본유지의 요청에 의거하여 인정된 제도이다. 물적회사(物的會社 : 株式會社가 그 전형임)는 그 자본의 2분의 1에 달할 때까지 매 결

산기의 현금배당액의 10분의 1 이상을 적립하지 않으면 안된다. 이 최소한도액을 넘어서 적립을 한 경우라도 그 금액이 자본의 2분의 1에 달할 때까지는 법정준비금(法定準備金)이 된다. 자본의 2분의 1의 한도액을 넘어 적립한 초과액은 임의준비금(任意準備金)의 성질을 가진다. 이익준비금은 준비금의 자본전입 외에 자본의 결손보전을 위하여서만 사용할 수 있다. (출처: 국세청 용어사전)

정답 ④

55-9 ☑☐☐☐

2018 가맹거래사

재무상태표 상의 유동자산에 포함되지 않는 것은?

① 특허권 등의 산업재산권
② 건설회사가 판매목적으로 건설하였으나 아직 판매되지 않은 아파트
③ 생산에 사용할 목적으로 보유하고 있는 원재료
④ 만기가 6개월 이내에 도래하는 받을어음
⑤ 3개월 이내에 받기로 약정되어 있는 외상매출금

해설 ① 산업재산권은 비유동자산 중 무형자산에 속한다.
② 판매목적으로 보유하는 자산은 유동자산 중 재고자산에 속한다.
③ 생산에 필요한 원재료는 유동자산 중 재고자산에 속한다.
④, ⑤ 받을어음과 외상매출금은 유동자산 중 당좌자산에 속한다.

정답 ①

55-9D ☑☐☐☐

2021 공인노무사

유형자산에 해당하는 항목을 모두 고른 것은?

ㄱ. 특허권	ㄴ. 건물
ㄷ. 비품	ㄹ. 라이선스

① ㄱ, ㄴ
② ㄴ, ㄷ
③ ㄱ, ㄴ, ㄷ
④ ㄴ, ㄷ, ㄹ
⑤ ㄱ, ㄴ, ㄷ, ㄹ

해설 유형자산은 기업의 영업활동에 사용할 목적으로 취득한 형체가 있는 물적 자산으로서, 토지, 건물, 구축물, 기계장치, 차량운반구, 각종 비품 등을 포함한다.

추가해설 (ㄱ)의 특허권과 (ㄹ)의 라이선스는 무형자산에 속한다. 무형자산은 재화의 생산이나 용역의 제공, 타인에 대한

임대나 관리 등에 사용할 목적으로 기업이 보유하고 있으며 물리적 형체가 없지만 식별가능하고 기업이 통제하고 있는 비화폐성자산으로서, 산업재산권, 라이선스와 프랜차이즈, 저작권, 컴퓨터 소프트웨어, 개발비, 임차권리금, 광업권 및 어업권, 영업권(goodwill) 등을 포함한다.

정답 ②

55-9M ☑☐☐☐　　　　2024 공인노무사

유형자산의 취득원가에 포함되는 것은?

① 파손된 유리와 소모품의 대체
② 마모된 자산의 원상복구
③ 건물 취득 후 가입한 보험에 대한 보험료
④ 유형자산 취득 시 발생한 운반비
⑤ 건물의 도색

해설 K-IFRS(한국채택국제회계기준)에 따르면 유형자산의 취득원가는 다음과 같이 구성된다.
- 관세 및 환급불가능한 취득 관련 세금을 가산하고 매입할인과 리베이트를 차감한 구입가격
- 경영진이 의도하는 방식으로 자산을 가동하는 데 필요한 장소와 상태에 이르게 하는 데 직접 관련되는 원가
- 자산을 해체, 제거하거나 부지를 복구하는 데 소요될 것으로 최초에 추정되는 원가. 회사가 자산을 해체, 제거하거나 부지를 복구할 의무는 해당 유형자산을 취득한 시점에 또는 해당 유형자산을 특정기간 동안 재고자산 생산 이외의 목적으로 사용한 결과로서 발생한다.

한편, 경영진이 의도하는 방식으로 자산을 가동하는 데 필요한 장소와 상태에 이르게 하는 데 직접 관련되는 원가의 예는 다음과 같다.
- 유형자산의 매입 또는 건설과 직접적으로 관련되어 발생한 종업원급여(기업회계기준서 제1019호 '종업원급여' 참조)
- 설치장소 준비 원가
- 최초의 운송 및 취급 관련 원가
- 설치원가 및 조립원가
- 유형자산이 정상적으로 작동되는지 여부를 시험하는 과정(예: 자산의 기술적, 물리적 성능이 재화나 용역의 생산이나 제공, 타인에 대한 임대 또는 관리활동에 사용할 수 있는 정도인지를 평가)에서 발생하는 원가.
- 전문가에게 지급하는 수수료

따라서 선지 중에서 취득원가에 해당하는 항목은 운반비(④)가 된다.

정답 ④

55-9F ☑☐☐☐　　　　2022 가맹거래사

다음은 ㈜가맹의 20X2년 회계자료이다. ㈜가맹의 20X2년도 포괄손익계산서에 보고될 매출액은?

- 기초 매출채권: 35,000원
- 기말 매출채권: 25,000원
- 기초 상품재고: 15,000원
- 기말 상품재고: 50,000원
- 당기 상품매입: 200,000원
- 매출총이익: 10,000원

① 175,000원　　　　② 190,000원
③ 215,000원　　　　④ 235,000원
⑤ 240,000원

해설 [매출총이익＝매출액－매출원가]이므로 문제에서 구해야 하는 매출액은 매출총이익(10,000원)과 매출원가의 합계이다. 매출원가는 다음과 같이 구할 수 있다.
- 매출원가＝기초상품재고(15,000)＋당기상품매입(200,000)－기말상품재고(50,000)＝165,000

따라서 최종 매출액은 매출총이익(10,000)과 매출원가(165,000)의 합인 175,000 이다.

정답 ①

55-10 ☑☐☐☐　　　　2017 가맹거래사

부채총계 4억 원, 자본총계 6억 원, 유동자산 3억 원인 기업의 비유동자산은?

① 7억 원　　　　② 9억 원
③ 11억 원　　　　④ 13억 원
⑤ 15억 원

해설 자산은 부채와 자본의 합이므로 총 자산규모는 10억이다. 이 중에서 유동자산이 3억이므로, 그 나머지인 비유동자산의 규모는 7억이 된다.

정답 ①

55-11 ☑☐☐☐
2013 가맹거래사

A기업은 취득원가 ₩1,000,000이고, 잔존가치 ₩100,000이며, 감가상각누계액 ₩400,000인 유형자산을 ₩300,000에 처분하였다. 유형자산처분손익은?

① 손실 ₩100,000 ② 이익 ₩100,000
③ 손실 ₩200,000 ④ 이익 ₩200,000
⑤ 손실 ₩300,000

요점정리 유형자산의 회계처리에 있어 가장 중요한 개념이 감가상각(depreciation)인데, 이는 유형자산의 원가 내지 취득가액에서 잔존가액을 차감한 잔액을 해당 자산의 내용연수에 조직적이고 합리적인 방식으로 배분하는 것이다. 유형자산의 현재가치는 감가상각액을 차감한 규모에 따라 매 기간 달라진다.

해설 취득원가가 1,000,000인데 현재까지의 감가상각누계액이 400,000이므로 현재가치는 600,000이다. 이를 300,000에 처분하였으므로 손실이 300,000 발생한다.

정답 ⑤

55-11F ☑☐☐☐
2022 군무원 5급

K전자에서 공장에서 사용하던 기계장치(M)를 매각하였다. 기계장치(M)와 관련된 자료가 다음과 같을 때 ㈜K전자에서 인식하여야 할 처분손익은 얼마인가? (단, 기계장치(M)의 내용연수는 5년이며 감가상각방법은 정액법으로 월할 상각한다.)

• 기계장치(M)의 취득원가	₩30,000,000
• 기계장치(M)의 전기말 감가상각누계액	₩15,000,000
• 처분일	20×1년 9월 30일
• 처분금액	₩10,000,000
• 당해 자산의 잔존가치는 없는 것으로 한다.	

① 처분손실 ₩500,000
② 처분손실 ₩1,000,000
③ 처분손실 ₩1,500,000
④ 처분손실 ₩2,000,000

해설 3천만원에 취득한 기계장비를 5년간 매월 감가상각하는 정액법 방식이라면 총 60개월(=5년) 감가상각을 진행하는 것이다. 잔존가치가 없으므로 매월 50만원(=30,000,000/60)씩 상각되며 이 때 전기말(전년도 말) 감가상각누계액이 1천 5백만원이라면 전년도 말까지 30개월 감가가 진행된 것이다(=30×500,000=15,000,000). 그런데 처분일이 9월 30일이므로 그 사이 9개월이 더 경과한 만큼 감가상각누계액은 450만원 더 증가하여 총 19,500,000원이 된다. 따라서 9월 30일 당시의 잔존가치는 10,500,000원이다(=30,000,000−19,500,000). 10,500,000원짜리 기계를 1천만원에 처분하였으므로 50만원의 처분손실이 발생한다.

정답 ①

55-12 ☑☐☐☐
2014 경영지도사

지적재산권의 유형이라 할 수 없는 것은?

① 특허권 ② 상표권
③ 통제권 ④ 디자인권
⑤ 실용신안권

해설 지적재산권에는 특허권, 상표권, 디자인권(의장권), 실용신안권 등이 있다.

정답 ③

55-13 ☑☐☐☐
2010 가맹거래사

다음 중 식별가능한(identifiable) 무형자산이 아닌 것은?

① 특허권 ② 상표권
③ 라이선스 ④ 프랜차이즈
⑤ 영업권

해설 일반적으로 무형자산으로 정의되기 위해서는 식별가능성(분리가능하거나 자산이 계약상/법적 권리로부터 발생), 해당 자원으로부터 유입되는 경제적 효익의 통제가능성, 미래 경제적 효익의 존재 등 3가지 요건을 충족시켜야 한다. 이러한 무형자산의 예로는 소프트웨어, 특허권, 저작권, 라이선스, 고객목록, 프랜차이즈, 수입할당량 등이 있다.

한편 영업권은 기업전체와 분리되어 독립적으로 거래될 수 없는 자산이며, 경제적으로는 초과이익을 얻을 수 있는 능력을 뜻한다(미래 초과수익률). 보통 영업권은 기업의 합병, 영업양수 등의 사업결합시 유상으로 취득하게 되며 다음과 같이 계산한다.

영업권＝사업매수원가－식별가능한 자산 및 부채 등의 공정가
치에 대한 취득자의 지분

따라서 영업권은 무형자산에 속하지만 식별이 가능하지는 않다
고 볼 수 있다.

정답 ⑤

55-14 ☑□□□

|필수|

2017 가맹거래사

식별 가능성(identifiability)을 충족하는 무형자산이 아
닌 것은?

① 영업권   ② 프랜차이즈
③ 라이선스   ④ 저작권
⑤ 산업재산권

해설〉 영업권은 무형자산에 속하지만 식별이 가능하지는 않다
고 볼 수 있다.

정답 ①

55-15 ☑□□□

2024 가맹거래사

기업의 재무상태표 상에 나타나는 현금을 감소시킬 수
있는 활동으로 옳지 않은 것은? (단, 해당 활동을 제외한
다른 활동의 영향은 무시한다.)

① 자기자본의 감소   ② 장기부채의 감소
③ 유동부채의 증가   ④ 고정자산의 증가
⑤ 현금 이외의 유동자산의 증가

해설〉 ③ [×] 유동부채, 즉 단기성 부채가 증가하는 경우에는
차입으로 인하여 현금액이 증가할 수 있다.

정답 ③

56 부채와 자본

1. 부채

1) 의미

과거의 거래나 사건의 결과로서 현재 기업이 부담하고 있고 <u>미래에 자원의 유출 또는 사용이 예상되는 의</u>
<u>무금</u>

2) 유형

① 유동부채(<u>1년 이내 상환의무</u> 있는 부채)
- 단기금융부채: 단기차입금
- 매입채무: 외상매입금, 지급어음
- 미지급금
- 선수금: 미리 받은 공사대금 등
- 예수금: 최종 수령인을 대신해 일시로 받아두는 금액
- 기타유동부채 등

② 비유동부채(비교적 상환기간이 긴 부채)
- 장기금융부채: 사채, 장기차입금
- 장기성매입채무
- 장기충당부채
- 이연법인세대: 나중에 더 내야 할 법인세액
- 기타비유동부채

2. 자본

1) 의미: 기업의 자산총액에서 부채총액을 차감한 잔여액
2) 유형: 자본금, 자본잉여금, 이익잉여금, 자본조정, 기타포괄손익누계액 등

3. 수익

기업의 영업활동을 통해 얻은 경제적 효익 내지는 대가 → 매출액, 영업외손익 등

4. 비용

수익을 얻기 위해 지출한 경제적 효익 내지는 대가 → 매출원가, 판매비와 관리비, 영업외비용, 법인세비용 등

56-1 ☑□□□
2011 가맹거래사

계정과목 중 비유동부채에 해당하는 것은?

① 사채(社債) ② 선수금
③ 매입채무 ④ 미지급비용
⑤ 단기차입금

해설 비유동부채는 1년 이내 상환이 쉽지 않은 사채, 장기차입금, 장기성매입채무, 장기충당부채, 이연법인세대 등을 포함한다.

정답 ①

56-1D ☑□□□
2021 공인노무사

재무상태표의 부채에 해당하지 않는 것은?

① 매입채무 ② 선급비용
③ 선수금 ④ 사채
⑤ 예수금

해설 선급금(advanced payment, 예, 미리 지급한 상품대금)과 선급비용(prepaid expense, 예, 선지급한 보험료) 등은 모두 기타유동자산에 해당한다. 선급금과 선급비용은 나중에 지급할 돈을 미리 지불했다는 점에서 미래 어느 시점의 지출금액이 절약되는 것이므로 자산항목으로 반영한다.

정답 ②

56-1F ☑□□□
2022 군무원 5급

기말 결산 과정에서 나타나는 여러 회계 항목이나 경우들에 관한 다음의 설명 중 가장 옳은 것은?

① 수익이나 비용에 속하는 계정들은 그 기말잔액이 차기로 이월된다.
② 선급비용의 결산 시점 현재 기간 미경과 부분은 재무상태표에 자산으로 보고된다.
③ 당기 재무상태표에 보고된 미지급비용 계정은 동시에 포괄손익계산서에도 나타난다.
④ 올바르게 작성될 경우, 잔액시산표는 차변과 대변의 합계가 서로 일치하지만, 합계시산표는 그렇지 않다.

해설 선급비용은 미리 지급한 비용이므로 향후 발생할 현금지출을 줄여주어서 자산으로 처리한다.

정답 ②

56-1M ☑□□□
2024 가맹거래사

재무상태표 상에 기록되는 유동부채로서 옳지 않은 것은?

① 단기차입금 ② 선수수익
③ 예수금 ④ 사채
⑤ 미지급비용

해설 사채(회사채)는 비유동부채, 즉 장기부채에 해당한다.

정답 ④

56-2 ☑□□□
2014 가맹거래사

금융부채로 분류되는 항목은?

① 미지급금 ② 선수금
③ 미지급법인세 ④ 예수금
⑤ 선수수익

해설 금융부채(financial liabilities)는 거래상대방에게 현금 등의 금융자산을 인도하는 계약상 의무를 뜻한다. 금융부채의 예로는 매입채무(재화나 용역의 외상매입에 대한 채무), 미지급금(재화나 용역 외의 외상매입에 대한 채무), 차입금, 사채(회사채) 등이 있다. 반면 선수금, 선수수익 등은 금융자산을 인도하는 것이 아니라 재화나 용역을 인도해야 하는 의무이므로 비금융부채라 한다.

정답 ①

56-2A ☑□□□ 2020 공인노무사

부채에 관한 설명으로 옳지 않은 것은?

① 매입채무는 일반적인 상거래에서 발생한 외상매입금과 지급어음을 말한다.
② 예수금은 거래처나 종업원을 대신하여 납부기관에 납부할 때 소멸하는 부채이다.
③ 미지급금은 비유동자산의 취득 등 일반적인 상거래 이외에서 발생한 채무를 말한다.
④ 장기차입금의 상환기일이 결산일로부터 1년 이내에 도래하는 경우 유동성장기차입금으로 대체하고 유동부채로 분류한다.
⑤ 매입채무, 차입금, 선수금, 사채 등은 금융부채에 속한다.

해설 ⑤ 선수금은 비금융부채에 해당하며, 매입채무, 차입금, 사채 등은 금융부채(기타금융부채)에 속한다.

정답 ⑤

56-2F ☑□□□ 2022 가맹거래사

일반적인 상거래에서 발생한 외상매입금과 지급어음에 해당하는 계정과목은?

① 선수금 ② 예수금
③ 매입채무 ④ 미지급금
⑤ 장기차입금

해설 매입채무는 외상매입금과 지급어음을 포함하는 개념이다.
추가해설 선수금은 미리 받은 금액을, 예수금은 제3자를 위하여 임시로 받아 둔 금액을 뜻한다.

정답 ③

56-3 ☑□□□ 2011 가맹거래사

자본계정 과목이 아닌 것은?

① 감자차익 ② 주식발행초과금
③ 임의적립금 ④ 자기주식처분이익
⑤ 미수금

해설 미수금은 수취채권이며 자산계정에 해당한다.

정답 ⑤

56-4 ☑□□□ 2017 공인노무사

자본 항목에 해당하는 것은?

① 이익잉여금 ② 사채
③ 영업권 ④ 미수수익
⑤ 선수수익

해설 ①은 자본, ②/⑤는 부채, ③/④는 자산항목이다.

정답 ①

56-5 ☑□□□ 2019 공인노무사

다음 중 자본잉여금에 해당하는 항목은?

① 미교부주식배당금 ② 법정적립금
③ 임의적립금 ④ 미처분이익잉여금
⑤ 주식발행초과금

해설 기업회계상 회사의 순자산액이 법정자본의 액을 초과하는 부분을 잉여금이라고 하며, 자본준비금은 잉여금 중 다시 자본거래에 의한 재원을 원천으로 하는 것을 말한다. 자본준비금에 해당하는 것으로는 주식발행초과금, 감자차익, 합병차익, 기타자본잉여금의 4가지가 있다. 여기에서 주식발행초과금은 회사가 액면을 초과하여 주식을 발행할 때에 그 액면을 초과한 금액을 의미하고, 감자차익은 자본감소의 경우에 그 감소액이 주식의 소각, 주금의 반환에 요한 금액과 결손의 보전에 충당한 금액을 초과한 때에 그 초과금액을 말하며, 합병차익이란 회사합병의 경우에 소멸된 회사로부터 승계한 재산의 가액이 그 회사로부터 승계한 채무액, 그 회사의 주주에게 지급한 금액과 합병 후 존속하는 회사의 자본증가액 또는 합병으로 인하여 설립된 회사의 자본액을 초과한 때에는 그 초과금액을 의미한다. 그리고, 기타 자본잉여금에 속하는 것으로는 자본적 지출에 충당할 국고보조금, 공장부담금, 고정자산에 대하여 발생한 보험차익, 자본보전을 위한 자산 수증수익, 채무면제이익, 일시적으로 취득 또는 승계한 자기주식처분이익 등을 들 수 있다. (출처: 국세청)

정답 ⑤

56-6 ☑□□□
2014 가맹거래사

㈜가맹은 20×1년초 현금 1,000,000원을 출자하였으며 20×1년말 현재 자산 및 부채는 다음과 같다.

• 현금	100,000원
• 은행예금	800,000원
• 토지	900,000원
• 상품	250,000원
• 건물	750,000원
• 미지급임차료	300,000원
• 은행차입금	1,000,000원

㈜가맹의 20×1년 순자산변동액은?

① 300,000원   ② 400,000원
③ 500,000원   ④ 600,000원
⑤ 700,000원

해설〉 순자산은 자산에서 부채를 차감한 값, 즉 자본의 규모이다. 기초자본이 1,000,000이므로 기말자본의 규모를 구하면 된다. 자산항목은 현금, 예금, 토지, 상품, 건물 등의 합(2,800,000)이고 부채는 미지급임차료, 은행차입금의 합(1,300,000)이다. 둘의 차이는 1,500,000이므로 이 값이 기말자본이다. 따라서 기초자본과 기말자본의 차이는 500,000이다.

정답 ③

56-6A ☑□□□
2017 군무원 복원

총자산이 2,800만원이고 자본금이 1,000만원, 이익잉여금이 300만원일 때 부채는 얼마인가?

① 0원   ② 1,000만원
③ 1,300만원   ④ 1,500만원

해설〉 자산은 부채와 자본의 합이므로, 부채는 자산에서 자본을 뺀 값이 된다. 문제에서 설명하고 있는 자본금과 이익잉여금은 자본항목에 속하므로 총자산 2,800만원에서 자본금 1,000만원과 이익잉여금 300만원을 빼면 부채규모는 1,500만원이 된다.

정답 ④

56-6B ☑□□□
2019 하반기 군무원 복원

다음 중 손익계산서에 대한 설명으로 옳은 것은?

① 특정 시점에서의 재무상태를 보여주는 것이다.
② 기업의 재무상태를 나타내는 보고서이다.
③ 일정기간 동안의 경영성과를 보여주는 것이다.
④ 현금흐름의 유형을 세 종류로 구분한다.

해설〉 손익계산서는 일정 기간 동안의 경영성과를 기록한 재무제표이며, 여기서 일정 기간이란 특정시점이 아니라 1년이나 6개월 등과 같은 기간 전체에서 발생한 경제적 수익과 비용을 기록하는 것이다.

정답 ③

56-6D ☑□□□
2021 가맹거래사

당기순이익을 구하기 위한 공식으로 옳은 것은?

① 기말자산 + 기말부채 + 기초부채
② 기말자산 + 기말부채 + 기초자본
③ 기말자산 − 기말부채 + 기초자본
④ 기말자산 + 기말부채 − 기초자본
⑤ 기말자산 − 기말부채 − 기초자본

해설〉 (자산−부채)는 자본금액이다. 따라서 기말의 자산과 부채의 차이(=기말자산−기말부채)는 기말의 자본금이 된다. 여기에 기초자본금을 빼면 당기순이익을 구할 수 있다.

정답 ⑤

56-6F ☑□□□
2022 군무원 9급

다음 중 법인세비용 차감 이후의 이익으로 가장 옳은 것은?

① 당기순이익   ② 매출총이익
③ 영업이익   ④ 법인세비용차감전순이익

해설〉 아래 그림에서 '세후순이익'이 당기순이익에 해당한다.

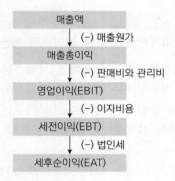

정답 ①

56-6G ☑□□□
2022 군무원 7급

A클리닝(주)의 8월 한 달 동안 세탁으로 벌어들인 수익은 1,000,000원이고, 임차료 300,000원, 급여 400,000원, 운송비 50,000원, 소모품 및 기타 비용 100,000원이다. 다음 중 8월 한 달 A클리닝(주)의 당기순이익은 얼마인가?

① 100,000원　　　　② 150,000원
③ 200,000원　　　　④ 300,000원

해설 당기순이익은 영업이익(=매출−영업관련비용)에서 기타 제반비용을 모두 차감한 값이다. 따라서 수익 1,000,000원에서 임차료, 급여, 운송비, 소모품 및 기타비용 등을 모두 빼면 150,000원이 당기순이익이다.

정답 ②

56-7 ☑□□□
2013 공인노무사

포괄손익계산서상의 '판매비와 관리비'에 해당하지 않는 것은?

① 급여　　　　　　② 임차료
③ 법인세비용　　　④ 감가상각비
⑤ 광고선전비

해설 판매원 급여, 운반비, 광고선전비 등은 판매비, 관리인 급여나 감가상각비 등은 관리비에 포함되며, 임차료도 판매비와 관리비 항목에 포함된다. 법인세비용은 별도 항목이다.

정답 ③

56-7F ☑□□□
2022 가맹거래사

㈜가맹의 20X2년 기초 선급보험료가 25,000원이고, 기말 선급보험료가 36,000원이며, 20X2년 당기에 지급한 보험료가 165,000원이다. ㈜가맹의 20X2년도 포괄손익계산서에 계상될 보험료는?

① 104,000원　　　　② 154,000원
③ 165,000원　　　　④ 176,000원
⑤ 226,000원

해설 기초와 기말의 선급보험료는 11,000원이 증가하였다(= 36,000−25,000). 선급보험료는 미리 지급한 보험료이므로 이 액수만큼 납부해야 하는 실제 보험료가 감소한다. 20X2년의 당기보험료가 165,000원이고 여기서 선급보험료 차액인 11,000원을 빼면 154,000원이 남는다.

정답 ②

56-8 ☑□□□
2011 가맹거래사

기타포괄손익에 해당하는 것은?

① 종업원급여　　　　② 중단영업손실
③ 당기순이익　　　　④ 대손상각비
⑤ 유형자산재평가이익

해설 기타포괄손익에는 금융자산평가손익, 유형자산의 재평가잉여금, 현금흐름위험회피 파생상품평가손익, 외환차이 등을 포함한다.

정답 ⑤

56-9 ☑□□□
2015 공인노무사

액면가액 5,000원인 주식 100주를 발행하여 회사를 설립할 경우 올바른 분개는?

① (차) 현금 500,000　　　(대) 부채 500,000
② (차) 자본금 500,000　　(대) 부채 500,000
③ (차) 자본금 500,000　　(대) 현금 500,000
④ (차) 현금 500,000　　　(대) 자본금 500,000
⑤ (차) 부채 500,000　　　(대) 자본금 500,000

해설 회사설립자금을 주식발행으로 해결한 것이므로 현금의 유입이 차변에, 자본금의 증가가 대변에 기록되는 것이 타당하다.

정답 ④

56-10 ☑☐☐☐

2013 가맹거래사

다음 자료를 이용하여 계산한 영업이익은?

• 판매량	5,000 단위
• 단위당 판매가격	₩1,000
• 단위당 변동비	500
• 고정비	1,000,000

① ₩500,000 ② ₩1,500,000
③ ₩2,500,000 ④ ₩4,000,000
⑤ ₩5,000,000

해설 영업이익 = 매출액 − 비용 = (5,000 × 1,000) − (5,000 × 500)
− 1,000,000 = 1,500,000

정답 ②

56-11 ☑☐☐☐

[필수]
2016 공인노무사

다음 자료를 이용하여 당기순이익을 구하면? (단, 회계기간은 1월 1일부터 12월 31일까지이다.)

영업이익	300,000원
이자비용	10,000원
영업외 수익	50,000원
법인세비용	15,000원

① 275,000원 ② 290,000원
③ 325,000원 ④ 335,000원
⑤ 340,000원

해설 당기순이익 = (매출액 − 매출원가 − 판매관리비) + 영업외수익 − 영업외비용 − 법인세비용
= 영업이익 + 영업외수익 − 영업외비용 − 법인세비용
= 300,000 + 50,000 − 10,000 − 15,000 = 325,000

정답 ③

56-11D ☑☐☐☐

2021 군무원 7급

이익을 계산하는 방법에 대한 설명으로 옳지 않은 것은?

① 매출액에서 총 비용을 차감
② 판매가격에서 단위변동비를 차감
③ 공헌이익에서 총고정비를 차감
④ 총변동비와 총고정비의 합을 매출액에서 차감

해설 이익은 다음의 식을 통해 구한다.

이익 = 매출액 − 총비용 = (가격 × 판매량) − (고정비 + 총변동비)

= (가격 × 판매량) − {고정비 + (단위당 변동비 × 판매량)}

= (가격 − 단위당 변동비) × 판매량 − 고정비

= (단위당 공헌이익 × 판매량) − 고정비

= 공헌이익 − 고정비

이상의 식에서 선지 ②에 해당하는 내용은 없다. 판매가격에서 단위변동비를 차감한 값은 '단위당 공헌이익'이 되며, 이는 이익과는 다른 것이다.

정답 ②

56-11J ☑☐☐☐

2023 군무원 7급

㈜甲의 2년 동안의 재무상태표는 다음과 같다. 2022년 중 ㈜甲의 자본금인출액이 ₩500이라면, 2022년도의 순이익은 얼마인가? (단, ㈜甲의 배당 성향은 0%이고, 다른 자본 항목의 변동은 없다.)

구 분	2021. 12. 31.	2022. 12. 31.
총자산	₩6,000	₩8,000
총부채	2,000	3,000

① ₩500 ② ₩1,000
③ ₩1,500 ④ ₩5,000

해설 2021년 말 자산과 부채의 차이인 4,000원이 21년의 기말자본금이며, 이것이 2022년의 기초자본금이 된다. 한편 2022년 말 자산과 부채의 차이인 5,000원이 22년의 기말자본금이다. 즉 21년말에 비해 22년말의 장부상 자본금액은 1,000원 증가하였다. 그런데 해당년도(22년) 자본금에서 500원을 인출했다고 했으므로 결국 500원의 자본유출에도 불구하고 장부상 자본금액이 1,000원 증가하려면 실제 22년에 발생한 순이익(=이익잉여금)은 1,500원이 되어야 한다.

정답 ③

56-12 ☑☐☐☐

이익잉여금을 증가시키는 요소는?

① 배당금 지급
② 당기순이익의 발생
③ 주식할인발행차금의 상각
④ 자기주식처분손실의 상각
⑤ 감자차손 처리

해설 ② 당기순이익이 발생하면 이익잉여금도 증가한다. 나머지 항목들은 이익잉여금 감소와 관련이 있다.

정답 ②

56-12M ☑☐☐☐

다음 중 이익잉여금에 대한 설명으로 가장 적절한 것은?

① 이익잉여금은 특정 회계기간 동안의 수익과 비용의 세부적인 내역을 나타낸다.
② 배당금으로 지급할 수 있는 현금보유액을 의미한다.
③ 당기순이익과 이익잉여금은 항상 일치한다.
④ 이익잉여금의 증가를 초래하는 주된 항목은 당기순이익이며, 감소를 초래하는 주된 항목은 배당이다.

해설 ① [×] 이익잉여금은 특정 회계기간 동안의 수익과 비용의 대략적인 차이를 나타내며, 세부내역을 보여주지는 않는다.
② [×] 이익잉여금이 곧 배당가능현금액은 아니다. 이익이 커도 배당을 적게 할 수 있으며, 이익규모가 작더라도 대부분의 이익을 배당하는 기업도 있기 때문이다.
③ [×] 당기순이익(영업이익에서 세금 등을 차감)과 법정적립금 등을 포함한 것이 이익잉여금이므로 둘은 같지 않다.
④ [○] 이익잉여금에서 당기순이익이 큰 비중을 차지하는 것이 맞으며, 배당지급액이 클수록 이익잉여금 규모가 감소한다.

정답 ④

56-12N ☑☐☐☐

국방산업㈜의 2023년 12월 31일 재무상태표 계정과목은 다음과 같다. 2023년 12월 31일 이익잉여금은 얼마인가?

매출채권	₩150,000	토지	₩1,200,000
현금 및 현금성자산	₩250,000	단기차입금	₩700,000
건물	₩1,000,000	장기대여금	₩200,000
매입채무	₩750,000	단기대여금	₩300,000
사채	₩550,000	상품	₩800,000
자본금	₩400,000	이익잉여금	(₩ ?)

① ₩1,300,000 ② ₩1,400,000
③ ₩1,500,000 ④ ₩1,600,000

해설 자산항목은 밑줄, 부채항목은 파란색으로 표시하면 다음과 같다.

매출채권	₩150,000	토지	₩1,200,000
현금 및 현금성자산	₩250,000	단기차입금	₩700,000
건물	₩1,000,000	장기대여금	₩200,000
매입채무	₩750,000	단기대여금	₩300,000
사채	₩550,000	상품	₩800,000
자본금	₩400,000	이익잉여금	(₩ ?)

자산항목 합계는 3,900,000원, 부채항목 합계는 2,000,000원이다. 따라서 자본항목의 합계금액은 자산과 부채의 차이인 190만원이 되며(자산＝부채＋자본), 자본항목에는 자본금과 이익잉여금이 포함되므로 자본금 40만원을 제외한 이익잉여금은 150만원이 된다.

정답 ③

56-13 ☑□□□ 　　　　2017 가맹거래사

자본잉여금에 해당하는 것은?

① 이익준비금　　　　② 결손보전적립금
③ 사업확장적립금　　④ 감채적립금
⑤ 주식발행초과금

해설 자본은 다음과 같은 항목들로 구성된다.
• 자본금: 기업이 발행한 주식 액면가의 총합
• 자본잉여금: 주식발행초과금, 감자차익, 기타자본잉여금, 합병차익
• 자본조정: 자기주식, 주식할인발행차금, 주식선택권, 감자차손
• 기타포괄손익누계액: 매도가능증권평가이익/손실, 해외사업환산이익/손실
• 이익잉여금: 법정적립금, 임의적립금, 미처분이익잉여금(미처리결손금)

정답 ⑤

56-13A ☑□□□ 　　　　2020 공인노무사

자본항목의 분류가 다른 것은?

① 주식할인발행차금　② 감자차손
③ 자기주식　　　　　④ 미교부주식배당금
⑤ 자기주식처분이익

해설 자본은 자본금, 자본잉여금, 자본조정, 기타포괄손익누계액, 이익잉여금의 5가지 항목으로 분류된다. 그 중 자기주식처분이익(⑤)은 자본잉여금에 해당하며, 나머지 선지들은 모두 자본조정(주식할인발행차금, 자기주식, 감자차손 및 자기주식처분손실, 미교부주식배당금 등을 포함)에 해당한다.

정답 ⑤

56-13D ☑□□□ 　　　　2021 가맹거래사

자본 항목으로 옳지 않은 것은?

① 우선주 자본금　　② 미지급배당금
③ 자기주식　　　　④ 기타포괄손익누계액
⑤ 이익잉여금

해설 미지급배당금은 주주총회에서 배당선언이 되었지만 아직 지급이 안 된 배당금을 뜻하며, 유동부채에 해당한다.

정답 ②

56-14 ☑□□□ 　　　　2018 가맹거래사

다음 자료를 이용하여 계산한 자본의 합계는?

• 외상매출금: 150,000원	• 비　　품: 450,000원
• 현　　금: 600,000원	• 차 입 금: 750,000원
• 건　　물: 570,000원	• 대 여 금: 300,000원
• 외상매입금: 360,000원	• 받을어음: 240,000원
• 지 급 어음: 150,000원	• 당좌예금: 600,000원

① 1,550,000원　　　② 1,650,000원
③ 2,150,000원　　　④ 2,950,000원
⑤ 3,150,000원

해설 표에 나타난 항목들을 계정유형에 따라 분류하면 다음과 같다.
• 자산: 외상매출금, 비품, 현금, 건물, 대여금, 받을어음, 당좌예금
• 부채: 차입금, 외상매입금, 지급어음

'자본＝자산－부채'이므로 위 표의 항목을 자산과 부채로 묶어 그 차이를 계산하면 자본의 금액은 1,650,000원이 된다.

정답 ②

연습문제

56-14F ☑☐☐☐
2022 공인노무사

다음의 주어진 자료를 이용하여 산출한 기말자본액은?

─── 〈 자료 〉 ───
- 기초자산: 380,000원
- 기초부채: 180,000원
- 당기 중 유상증자: 80,000원
- 당기 중 현금배당: 40,000원
- 당기순이익: 100,000원

① 260,000원   ② 300,000원
③ 340,000원   ④ 380,000원
⑤ 420,000원

해설〉 재무상태표의 기본공식(자산＝부채＋자본)을 활용하면 기초자본이 20만원(＝기초자산－기초부채)임을 알 수 있다. 여기서 유상증자한 금액(80,000)을 더하고, 현금배당한 금액(40,000) 뺀 다음, 당기순이익(100,000)을 더하면 기말자본액은 34만원이 된다.

정답 ③

56-15 ☑☐☐☐
2015 가맹거래사

대손충당금의 과소설정이 재무제표에 미치는 영향으로 옳은 것은?

① 자산 감소   ② 자본 감소
③ 부채 증가   ④ 당기순이익 증가
⑤ 당기순이익 감소

해설〉 대손충당금은 받을어음이나 외상매출금 중에서 상환받기 어려운 돈을 미리 설정해두는 것이다. 이 금액만큼 당기순이익이 줄어든다. 그런데 이를 과소설정하게 된다면 당기순이익이 증가할 것이다.

정답 ④

56-16 ☑☐☐☐
2016 7급공무원 2책형

주식배당과 주식분할에 대한 설명으로 옳지 않은 것은? (단, 주식배당과 주식분할 전후 순이익은 변화가 없다)

① 주식분할 후 주당 순이익이 감소한다.
② 주식배당 후 주식의 액면가는 변화가 없지만, 주식분할 후 주식의 액면가는 감소한다.
③ 주식배당 후 주당 순이익은 변화가 없다.
④ 주식배당 후 이익잉여금은 감소하지만, 주식분할 후 이익잉여금은 변화가 없다.

해설〉 주식배당은 배당을 현금이 아니라 주식을 신규발행하는 형태로 지급하는 것이다. 현금지출이 없으므로 자산에는 아무런 변화가 없으며 자본계정의 이익잉여금 항목을 자본금(액면가 부분)과 자본잉여금(액면가 초과분)의 형태로 전환시키는 것이다(④). 주식의 수가 증가하므로 주당순이익은 감소한다(③).

주식분할(株式分割)은 시가총액의 변동없이 기존 주식을 일정한 비율로 액면가를 나누는 것이다. 기업가치는 이전과 동일하지만 주당 순이익(①)과 주식액면가는 감소한다(②).

정답 ③

회계처리의 실제

1. 상품매매업의 회계처리

순매입액 = 총매입액 − (매입환출 + 매입에누리 + 매입할인)

순매출액 = 총매출액 − (매출환입 + 매출에누리 + 매출할인)

매출원가(COGS) = (기초상품재고액 + 당기순매입액) − 기말상품재고액

매출총이익 = 순매출액 − 매출원가

2. 재고자산의 회계처리

1) 선입선출법(FIFO): 먼저 매입된 상품이 먼저 판매

2) 후입선출법(LIFO): 나중에 매입된 상품이 먼저 판매

3) 총평균법: 평균매입단가를 재고자산의 단가로 간주

4) 개별법: 판매된 제품 각각의 취득원가가 얼마인지를 일일이 추적하여 재고자산의 단가 결정

3. 유형자산의 회계처리 : 감가상각의 방법

1) 정액법: 감가상각액 = $\dfrac{\text{취득원가} - \text{잔존가치}}{\text{내용연수}}$

2) 정률법: 감가상각액 = (취득원가 − 전기말 감가상각누계액) × 상각률

3) 연수합계법: 감가상각액 = (취득원가 − 잔존가치) × $\dfrac{\text{잔존내용연수}}{\text{내용연수의 합계}}$

57-1 ☑□□□
2011 가맹거래사

다음 자료를 이용하여 계산한 A사의 2010년 매출원가는?

〈A사 2010년 자료〉	
당기매입액	₩500,000
기초상품재고액	₩70,000
매입환출	₩40,000
매입에누리	₩30,000
매입할인	₩10,000
기말상품재고액	₩30,000

① ₩400,000 ② ₩420,000
③ ₩440,000 ④ ₩450,000
⑤ ₩460,000

해설 매출원가＝기초재고액＋순매입액－기말재고액
＝70,000＋(500,000－40,000－30,000－10,000)－30,000
＝460,000

정답 ⑤

57-1D ☑□□□
2021 서울시 7급

〈보기〉는 ㈜서울의 포괄손익계산서 항목의 일부이다. 매출원가의 값은?

〈 보기 〉	
총매출액	₩5,500,000
매출에누리와 환입	₩100,000
매출할인	₩50,000
기초상품재고액	₩300,000
당기상품총매입액	₩3,700,000
매입에누리와 환출	₩70,000
매입할인	₩30,000
기말상품재고액	₩200,000
매출원가	(?)

① ₩3,700,000 ② ₩3,600,000
③ ₩3,500,000 ④ ₩3,400,000

해설 일반적으로 매출원가(COGS)는 기초상품재고액과 당기의 순매입액의 합에서 기말상품재고액을 차감하여 구한다. 문제에서 기초상품재고액과 기말상품재고액을 알려주었으므로 순매입액만 구하면 된다.

순매입액＝총매입액－(매입에누리와 환출＋매입할인)

위 식을 활용하면 총매입액 370만원, 매입에누리 및 환출 7만원, 매입할인 3만원이므로 순매입액은 360만원임을 알 수 있다.

매출원가＝(30만원＋360만원)－20만원＝370만원

정답 ①

57-1M ☑□□□
2024 가맹거래사

㈜가맹의 20×3년도 회계자료가 다음과 같을 때, 이를 이용하여 계산한 매출원가는? (단위: 원)

• 기초상품재고액	50,000	• 기말상품재고액	25,000
• 총매입액	630,000	• 매입운임	20,000
• 매입환출	30,000	• 매입할인	16,000
• 총매출액	780,000	• 매출환입	23,000
• 매출할인	12,000		

① 579,000 ② 589,000
③ 604,000 ④ 621,000
⑤ 629,000

해설 다음의 식을 참고하여 매출원가를 구할 수 있다.

순매입액＝총매입액－(매입환출＋매입에누리＋매입할인)＋매입운임
＝630,000－(30,000＋0＋16,000)＋20,000＝604,000

매출원가(COGS)＝(기초상품재고액＋당기순매입액)－기말상품재고액
＝50,000＋604,000－25,000＝629,000

정답 ⑤

57-2 ☑□□□   2018 가맹거래사

㈜가맹의 20x1년 기초상품 재고는 400만 원이며, 20x1년 중에 총 3,460만 원의 상품을 매입하였으나 110만 원의 매입할인을 받아 실제 지불한 상품매입대금은 3,350만 원이었다. 20x1년에 판매 가능한 상품 중에서 410만 원이 기말재고로 남아 있다. 제시된 자료만을 사용하였을 때, ㈜가맹의 20x1년의 매출원가는?

① 3,340만 원   ② 3,450만 원

③ 3,750만 원   ④ 3,860만 원

⑤ 3,960만 원

─────────────────────

해설〉 매출원가＝기초재고액＋(당기매입액－매입할인)－기말재고액＝3,340(만 원)

정답 ①

57-2A ☑□□□   2017 군무원 복원

다음의 자료를 활용하여 매출원가를 계산하면?

• 기초재고자산	150만원
• 기말재고자산	180만원
• 당기상품매입액	800만원

① 770만원   ② 780만원

③ 800만원   ④ 830만원

─────────────────────

해설〉 매출원가＝기초재고＋당기상품매입액－기말재고
＝150＋800－180＝770(만원)

정답 ①

57-2D ☑□□□   2021 가맹거래사

㈜가맹의 20×1년 기초상품 재고는 120만원이며, 20×1년 중에 2,830만원의 상품을 매입하였으나 대량구매로 인하여 도매상에서 30만원의 매입할인을 받아 실제 지불한 상품매입대금은 2,800만원이다. ㈜가맹은 상품매입시 운반비로 10만원을 운송회사에 별도 지불하였다. 20×1년 판매 가능한 상품 중에서 150만원이 기말재고로 남아있다. 제시된 자료만을 사용하였을 때, ㈜가맹의 20×1년 매출원가는?

① 2,530만원   ② 2,770만원

③ 2,780만원   ④ 2,800만원

⑤ 2,810만원

─────────────────────

해설〉 매출원가는 기초상품재고액과 당기의 순매입액의 합에서 기말상품재고액을 차감하여 구한다.

　기초상품재고액＝120만원

　순매입액＝총매입액－(매입에누리와 환출＋매입할인)

　　　＝2,830만원－30만원＝2,800만원

　기말상품재고액＝150만원

여기서 주의할 점이 상품매입시의 운반비를 매입대금에 추가하여 계산한다는 것이다. 이상을 정리하면 매출원가는 기초상품재고 120만원에 순매입액 2,800만원과 운반비 10만원을 더하고, 거기서 기말상품재고액인 150만원을 차감하여 구한다. 따라서 매출원가는 2,780만원이 된다.

정답 ③

57-3 ☑□□□   2019 가맹거래사

단일 종류의 상품을 취급하는 ㈜가맹의 당기 재고자산 관련 자료는 다음과 같다. 이 회사가 실지재고조사법 하에서 가중평균법을 사용하는 경우 당기 매출원가는?

구 분		수량(개)	단 가
1월 1일	기초재고	100	11,000원(구입가)
3월 15일	매입	120	12,000원(구입가)
5월 19일	매출	160	20,000원(판매가)
12월 11일	매입	140	14,000원(구입가)

① 1,847,200원   ② 2,000,000원

③ 2,247,200원   ④ 3,400,000원

⑤ 4,500,000원

요점정리 재고자산의 가치를 평가하는 방법에는 계속기록법과 실지재고조사법의 두 종류가 있다. 계속기록법(perpetual inventory system)은 상품을 구입할 때마다 상품계정에 기록하며 상품을 판매하는 경우에 판매시점마다 매출액만큼을 수익으로 기록하고 동시에 상품원가를 매출원가로 기록하는 방법이다. 반면 실지재고조사법(periodic inventory system)은 기말실사를 통해 기말재고수량을 파악하고 판매가능수량(기초재고수량＋당기매입수량)에서 실사를 통해 파악된 기말재고수량을 차감하여 매출수량을 결정하는 방법이다. 가중평균법이란 재고의 가치를 각 시기별 입고된 재고의 수량과 단가의 곱을 합산한 뒤 평균하여 결정한다는 뜻이다.

해설 판매한 개수는 〈매출수량〉이므로 160개가 된다. 그리고 160개가 얼마에 판매되었는지는 가중평균법으로 계산하므로 $\{(11,000 \times 100) + (12,000 \times 120) + (14,000 \times 140)\} / (100 + 120 + 140) = 12,500$(원)이 된다. 따라서 당기의 매출원가는 $12,500 \times 160 = 2,000,000$(원)이 된다.

정답 ②

57-4 ☑☐☐☐
2013 가맹거래사

다음 자료를 이용하여 계산한 매출총이익은?

• 기초재고	₩100,000
• 총매입	₩730,000
• 총매출	₩1,000,000
• 매입환출	₩50,000
• 매출환입	₩30,000
• 매입에누리	₩10,000
• 매출에누리	₩20,000
• 기말재고	₩380,000

① ₩270,000 ② ₩550,000
③ ₩560,000 ④ ₩570,000
⑤ ₩580,000

해설 매출총이익＝순매출액－매출원가
＝{총매출액－(매출환입＋매출에누리＋매출할인)}－{(기초재고＋당기순매입)－기말재고}
＝{1,000,000－(20,000＋30,000)}－{(100,000＋670,000)－380,000)}＝950,000－390,000＝560,000

정답 ③

57-4J ☑☐☐☐
2023 공인노무사

도소매업을 영위하는 ㈜한국의 재고 관련 자료가 다음과 같을 때, 매출이익은?

총매출액	₩10,000	총매입액	₩7,000
매출환입액	50	매입에누리액	80
기초재고액	200	매입운임액	20
기말재고액	250		

① ₩2,980 ② ₩3,030
③ ₩3,060 ④ ₩3,080
⑤ ₩3,110

해설 매출이익은 순매출액에서 매출관련 원가와 비용(매출원가)을 제거하여 구한다. 따라서 순매출액과 매출원가를 구해야 하는데, 여기서 매출원가를 구하려면 순매입액을 알아야 한다.

순매입액＝총매입액－(매입환출＋매입에누리＋매입할인)＋매입운임
＝7,000－(0＋80＋0)＋20＝6,940

순매출액＝총매출액－(매출환입＋매출에누리＋매출할인 등의 기타발생액)
＝10,000－(50＋0＋0)＝9,950

매출원가＝기초재고액＋순매입액－기말재고액
＝200＋6,940－250＝6,890

매출이익＝순매출액－매출원가＝9,950－6,890＝3,060(원)

정답 ③

57-5 ☑☐☐☐
2014 가맹거래사

매출원가가 1,000,000원이고 매출총이익률이 20%일 때 매출총이익률법에 의한 매출액은?

① 1,000,000원 ② 1,200,000원
③ 1,250,000원 ④ 1,500,000원
⑤ 5,000,000원

해설 매출총이익률 ＝ $\dfrac{\text{매출총이익}}{\text{매출액}}$ ＝20%

위 식에 따라 매출액 중 이익이 20%고 나머지가 매출원가임을 알 수 있다. 즉 매출원가가 매출액의 80%라는 의미이므로 매출액은 매출원가를 0.8로 나눈 값이다. 따라서 매출액은 1,250,000원이 된다.

정답 ③

57-6 ☑☐☐☐

2012 가맹거래사

다음 자료에 따른 재고감모수량은?

- 기초재고수량: 500개
- 당기매입수량: 2,000개
- 계속기록법에 의한 기중 매출수량: 1,800개
- 실지재고조사법에 의한 기말재고수량: 180개

① 520개   ② 580개
③ 620개   ④ 680개
⑤ 720개

해설 기초재고수량과 당기매입수량의 합 2,500개에서 매출이 1,800개 발생하였으므로 남은 재고는 700개가 되어야 한다. 그러나 실지재고조사법 결과 기말재고가 180개가 되므로 그 차이인 520이 감모손실이 된다.

정답 ①

57-7 ☑☐☐☐

2016 가맹거래사

선입선출법에 관한 설명으로 옳은 것은?

① 물가 상승시 기말재고자산이 과소 표시된다.
② 물가 상승시 세금이 줄어든다.
③ 물가 상승시 재무상태 측면에서 보수적인 회계처리 방법이다.
④ 기말재고액은 시가인 현행원가에 근접한다.
⑤ 나중에 매입한 상품을 먼저 출고한다.

해설 선입선출법(FIFO)법은 먼저 구입한 재고자산이 먼저 판매된다고 가정한다. 따라서,
① 물가가 상승하면 상승전 구입자산이 판매된 것으로 처리하므로 기말재고자산이 과다 표시된다.
② 위 ①의 논리에 따라 세금도 늘어날 수 있다.
③ 물가 상승시 회사가 부담하는 위험이 커지므로 보수적 기법이 아니다.
④ 먼저 구입한 자산이 먼저 판매된다고 가정하기에, 남아있는 재고는 나중에 구입한 물품으로 간주된다. 따라서 기말재고액은 시가에 근접해진다. 이것이 정답
⑤ 이는 후입선출법(LIFO)에 대한 설명이다.

정답 ④

57-7F ☑☐☐☐

2022 가맹거래사

재무상태표의 재고자산에 관한 설명으로 옳지 않은 것은?

① 원재료는 제품의 생산 시에 투입되는 원자재를 말한다.
② 제품은 기업이 자체적으로 또는 일부 외주로 가공하여 생산한 재화를 말한다.
③ 반제품은 기업이 자체적으로 생산한 중간제품과 부분품을 말한다.
④ 소모품은 내용연수가 1년 미만인 예비부품과 수선용구를 말한다.
⑤ 재공품은 제품의 생산에 보조적으로 사용하는 소모성 재료를 말한다.

해설 재공품(work-in-process)은 소모성 재료가 아니라 제작 중에 있는 중간생산물이다. 반제품과 유사하지만, 그 상태 그대로 판매나 저장이 불가능하다는 점에서 반제품과는 구별된다.

정답 ⑤

57-7M ☑☐☐☐

2024 가맹거래사

물가가 상승하는 경우, 기말재고자산의 단가 결정방법에 따라 계상되는 매출총이익의 크기를 비교한 것으로 옳은 것은?

① 후입선출법 < 평균법 < 선입선출법
② 후입선출법 < 선입선출법 < 평균법
③ 선입선출법 < 평균법 < 후입선출법
④ 선입선출법 < 후입선출법 < 평균법
⑤ 평균법 < 선입선출법 < 후입선출법

해설 물가가 상승한다면 연초보다 연말에 입고되는 재고자산의 가치가 상승하게 된다. 따라서 재고처리 시 먼저 들어온 재고가 판매되는(즉 연말에 입고된 물건이 남아있는) 것으로 상정하는 선입선출법의 재고자산 가치가 가장 클 것이고, 반대로 나중에 들어온 재고가 판매되는(즉 연초에 입고된 물건이 남아있는) 것으로 상정하는 후입선출법의 재고자산 가치가 가장 작을 것이다(평균법의 재고자산가치는 선입선출 재고가치와 후입선출 재고가치의 중간에 위치함). 매출총이익은 순매출액에서 매출원가를 뺀 값이며, 매출원가는 기말상품재고액과 반비례한다. 결론적으로 매출총이익이 커지려면 매출원가가 작아야 하

고, 매출원가가 작아지려면 기말상품재고액이 커야 한다. 따라서 기말상품재고액의 크기 순서에 따라 매출총이익의 순서도 결정된다. 앞서 재고자산 가치는 선입선출법이 가장 크며, 후입선출법이 가장 작다고 하였기에 정답은 ①이 된다.

정답 ①

57-8 ☑☐☐☐
2019 가맹거래사

감가상각에 관한 설명으로 옳지 않은 것은?

① 감가상각은 자산의 내용연수 동안 체계적인 방법에 의해 감가상각대상금액을 회계기간별로 배분하는 절차이다.
② 감가상각비의 결정요소는 감가상각대상금액, 내용연수, 감가상각방법이다.
③ 감가상각누계액은 자산의 취득원가 중 비용으로 계상되어 현재까지 소멸된 원가를 누계한 값이다.
④ 취득원가에서 감가상각누계액을 차감한 값을 장부가액이라 한다.
⑤ 정률법은 매 회계기간에 동일한 금액을 상각하는 방법으로 균등액상각법이라고도 한다.

해설 ⑤ 정률법은 일정한 비율만큼 금액을 상각하는 것이다. 예를 들어 100만 원짜리 기계를 매년 10%씩 감가상각한다면, 첫 해는 100만 원의 10%인 10만 원이 감가상각된다. 2년차에는 100만 원에서 1년차 10만 원이 상각되고 남은 90만 원의 10%인 9만 원이 감가상각된다. 이런 식으로 정률법에서는 매년 일정한 금액이 감가상각되는 것이 아니라 매년 감가상각되는 금액의 크기가 감소한다.

추가해설 감가상각된 금액들을 누적하여 합산한 것을 감가상각누계액이라 한다. 당초 유형자산을 취득한 금액에서 현재시점까지의 감가상각누계액을 차감한 값을 장부가액(book value)이라 부른다.

정답 ⑤

57-8M ☑☐☐☐
2024 군무원 9급

다음 중 유형자산을 감가상각하는 이유로 가장 적절한 것은?

① 유형자산의 가치를 정확하게 평가하기 위해서이다.
② 일정 기간 동안 감소한 자산의 가치를 정확히 측정하기 위해서이다.
③ 향후 자산을 교체하기 위한 자금을 미리 마련하기 위해서이다.
④ 자산의 취득원가를 체계적으로 각 회계기간에 배분하기 위해서이다.

해설 감가상각(depreciation)은 유형자산의 원가 내지 취득가액에서 잔존가액을 차감한 잔액을 해당 자산의 내용연수에 조직적이고 합리적인 방식으로 배분하는 것이다. 물론 유형자산의 사용에 있어 실제로 현금이 지출되는 것은 아니지만, 회계학에서는 유형자산의 원가를 하나의 시점이 아니라 해당 자산이 사용되는 기간동안 배분하기 위하여 감가상각비용의 회계처리를 실시하고 있다. 이는 '수익과 비용의 대응 원칙'과 관련이 깊다. 유형자산을 통해 효익을 얻는 기간은 1년 이상인데 반해, 유형자산의 취득원가를 취득시점에서만 고려하게 되면 2년차, 3년차 등 후속연도의 효용(수익)에 대응하는 비용을 추정하기가 어려워지기 때문이다.

정답 ④

57-8N ☑☐☐☐
2024 공인노무사

유형자산의 감가상각에 관한 설명으로 옳은 것은?

① 감가상각누계액은 내용연수 동안 비용처리 할 감가상각비의 총액이다.
② 정액법과 정률법에서는 감가대상금액을 기초로 감가상각비를 산정한다.
③ 정률법은 내용연수 후반부로 갈수록 감가상각비를 많이 인식한다.
④ 회계적 관점에서 감가상각은 자산의 평가과정이라기 보다 원가배분과정이라고 할 수 있다.
⑤ 모든 유형자산은 시간이 경과함에 따라 가치가 감소하므로 가치의 감소를 인식하기 위해 감가상각한다.

해설 ① [×] 감가상각누계액(Accumulated depreciation)은 해당 자산의 취득시점부터 (내용연수 전체가 아니라) 현재까지 인식한 감가상각비의 총액이며, 이는 재무상태표에 자산의 차감 항목으로 표시된다. 즉, 감가상각누계액이 존재할 경우 장부가는 취득원가에서 감가상각누계액을 차감한 금액이 된다.

② [×] 정액법에서 감가상각비를 계산하는 기준은 감가상각대상금액(Depreciable base), 즉 자산의 취득원가에서 잔존가치를 차감한 금액이 맞지만, 정률법에서는 <u>매 기간별 자산의 기초장부금액에 일정비율을 곱하여 감가상각비를 계산한다.</u>

③ [×] 정률법은 내용연수 초반부에서 감가상각비를 많이 인식하는 가속상각법의 일종이다.

④ [O] 회계학에서 감가상각은 시간이 지나면서 유형자산의 가치가 실제로 감소한다는 의미, 즉 자산평가의 의미가 아니다. 수익-비용의 대응이라는 회계상 원칙을 위하여 취득원가를 매년마다 비용화 시키는 일련의 과정으로서 원가를 배분하는 과정에 가깝다. 따라서 이 선지는 옳다.

⑤ [×] 앞서 선지 ④의 설명을 통해 감가상각은 자산가치 감소를 기록하는 의미가 아니라고 하였기에 틀린 선지가 된다.

정답 ④

57-9 ☑☐☐☐

[필수] 2015 공인노무사

내용연수를 기준으로 초기에 비용을 많이 계상하는 감가상각방법은?

① 정액법   ② 정률법
③ 선입선출법   ④ 후입선출법
⑤ 저가법

해설 ① 이는 매년 일정한 금액만큼이 감가상각된다.
② 정률법과 연수합계법은 초기에 많은 금액이 감가상각된다.
③, ④ 이는 모두 재고관리 기법이다.
⑤ 이는 재고자산의 가치를 취득원가와 순실현가능가치 가운데 낮은 금액으로 측정하는 것이다.

정답 ②

57-10 ☑☐☐☐

2014 가맹거래사

㈜가맹은 20×1년 1월 1일 기계장치를 600,000원에 취득하였다. 기계장치의 내용연수는 3년이고 잔존가치는 없으며 정액법으로 감가상각한다고 할 때 ㈜가맹의 20×1년도 감가상각비는? (단, ㈜가맹의 회계기간은 매년 1월 1일부터 12월 31일까지이다.)

① 100,000원   ② 150,000원
③ 200,000원   ④ 300,000원
⑤ 600,000원

해설 $감가상각비 = \dfrac{취득원가 - 잔존가치}{내용연수} = \dfrac{600,000 - 0}{3}$

$= 200,000$

정답 ③

57-11 ☑☐☐☐

2016 가맹거래사

㈜가맹은 2016년 1월 1일 건물을 5,000,000원에 취득하고, 취득세 300,000원과 등록세 200,000원을 현금으로 지급하였다. 감가상각방법은 정액법이고 건물내용연수는 10년, 10년 후 잔존가액이 취득원가의 10%라면 2016년 감가상각비는?

① 450,000원   ② 495,000원
③ 500,000원   ④ 550,000원
⑤ 620,000원

해설 $감가상각비 = \dfrac{취득원가 - 잔존가치}{내용연수}$

$= \dfrac{5,000,000 + 300,000 + 200,000 \times (1 - 0.1)}{10}$

$= 495,000$

정답 ②

57-11J ☑☐☐☐
2023 군무원 7급

㈜대한기업은 2023년 1월 2일에 최신형 노트북을 총 3,000,000원(세금 포함)에 구입하였다. 감가상각법은 정액법을 따른다고 가정하고, 사무용기기의 내용연수는 5년이며, 5년 후 잔존가치는 취득원가의 10%로 추정된다. 이 사무용기기의 2023년 감가상각비는 얼마인가?

① 500,000원 ② 540,000원
③ 580,000원 ④ 620,000원

───────────────

해설 내용연수가 5년이고, 잔존가치는 취득원가인 3,000,000의 10%인 300,000이므로 매년 감가상각되는 금액은 (3,000,000 -300,000)/5＝540,000이다. 정액법은 매년 감가상각액이 동일한 방법이므로 2023년의 감가상각비도 540,000원이다.

정답 ②

57-12 ☑☐☐☐
2010 가맹거래사

A기업은 20×1년 1월 1일에 기계장치를 5억 원에 취득하였다. 이 기계장치의 내용년수는 3년이고, 잔존가치는 없는 것으로 추정된다. 연수합계법으로 감가상각을 한다면, 20×1년의 감가상각액은 얼마인가? (단, A기업의 회계기간은 매년 1월 1일부터 12월 31일까지임)

① 1억 원 ② 1억 5천만 원
③ 2억 원 ④ 2억 5천만 원
⑤ 3억 원

───────────────

해설 감가상각액 ＝ (5 억 － 0 원) × $\frac{3}{(1+2+3)}$ ＝ 2.5억

정답 ④

57-13 ☑☐☐☐
2019 공인노무사

㈜한국(결산일: 12월 31일)은 2017년 초 기계장치를 2,000,000원에 취득하고, 잔존가치 200,000원, 내용연수 5년, 정액법으로 감가상각하였다. ㈜한국은 2019년 초 이 기계장치를 1,300,000원에 처분하였다. ㈜한국의 기계장치 처분으로 인한 손익은?

① 처분이익 20,000원 ② 처분손실 20,000원
③ 처분이익 100,000원 ④ 처분손실 100,000원
⑤ 처분손실 300,000원

───────────────

해설 200만 원에 취득한 기계장치의 잔존가치가 20만 원이므로 그 차이인 180만 원을 5년간 정액법, 즉 일정한 액수로 나누면 36만 원이 된다. 2017년 초 취득한 기계를 2년 후인 2019년 초 처분하였으므로 2년간의 감가상각액은 72만 원(36만 원씩 2년간)이 되고, 감가상각액 만큼 기계장치의 가치가 감소하므로 2017년 초 기계의 가치는 200만 원에서 72만 원을 차감한 128만 원이다. 이를 130만 원에 처분하였으니 결과적으로 ㈜한국은 2만 원의 처분이익을 보게 된다.

정답 ①

57-14 ☑☐☐☐
2021 군무원 7급

감가상각의 옳은 방법이 아닌 것은?

① 대상 자산의 원가에서 잔존가치를 차감한 금액을 추정내용연수로 나누어 매년 동일한 금액을 차감하는 방법
② 추정내용연수의 합계와 잔여내용연수의 비율을 이용하여 구한 금액을 차감하는 방법
③ 대상 자산의 기초 장부가객에 일정한 상각률을 곱하여 구한 금액을 차감하는 방법
④ 대상 자산의 잔존가치를 매년 동일하게 차감하는 방법

───────────────

해설 ①은 정액법, ②는 연수합계법, ③은 정률법에 관한 설명이다. 선지 ④에서 잔존가치(감가상각 후 남은 자산가치)를 동일하게 차감한다는 말은 논리적으로 성립하기 어려운 서술이다. 또한 동일하게 차감한다고 하더라도 어떤 방식으로 차감하는지에 관한 설명이 없으므로 감가상각방법에 관한 서술이라 보기 힘들다. (예를 들어 동일한 금액이라든지 동일한 비율로 차감한다 등의 언급이 있어야 할 것이다.)

정답 ④

TOPIC 57 회계처리의 실제　589

57-14D ☑☐☐☐   2021 서울시 7급

A, B, C 회사는 20×1년 초 동일한 기계장치(내용연수 3년, 잔존가치 없음)를 X원에 각각 구입하였다. 동 기계장치에 대해 A회사는 정액법을, B회사는 이중체감법을, C회사는 연수합계법을 적용하여 감가상각한다고 할 때, 20×3년 말 보고하게 될 세 회사의 감가상각비를 모두 더한 값은?

① $\dfrac{1}{2}X$ ② $\dfrac{5}{9}X$

③ $\dfrac{11}{18}X$ ④ $\dfrac{2}{3}X$

요점정리 감가상각법 중 정액법, 이중체감법, 연수합계법의 의미는 다음과 같다.

- 정액법(straight-line method): 이는 감가상각대상금액(= 취득원가 - 잔존가치)을 내용연수로 나눈 금액을 각 연도의 감가상각액으로 상정하는 기법이다.

$$\text{감가상각액} = \frac{\text{취득원가} - \text{잔존가치}}{\text{내용연수}}$$

- 이중체감법(double-declining-balance method): 이는 정률법을 변형한 것으로서, 내용연수동안 감가상각비가 일정한 비율(2/n)로 감소하게 된다.

$$\text{감가상각액} = \frac{2}{\text{내용연수}}(\text{취득원가} - \text{잔존가치})$$

이상의 값은 초년도의 감가상각액이고, 2차년도부터는 이상의 감가상각액을 취득원가에서 뺀 값에 상각률(2/n)을 곱해서 해당년도의 감가상각액을 구한다.

- 연수합계법(sum-of-the-year's-digit method): 이는 감가상각대상금액(= 취득원가 - 잔존가치)을 내용연수의 합계에 대한 잔존내용연수의 비율에 곱한 금액을 각 연도의 감가상각액으로 상정하는 기법이다.

$$\text{감가상각액} = (\text{취득원가} - \text{잔존가치}) \times \frac{\text{잔존내용연수}}{\text{내용연수의 합계}}$$

해설 문제에서 주어진 정보(취득원가 X, 잔존가치 0, 내용연수 3)를 이상의 산식에 대입하여 구한 감가상각비는 다음과 같다.

- 정액법 사용한 감가상각비:

$$\text{감가상각액} = \frac{\text{취득원가} - \text{잔존가치}}{\text{내용연수}} = \frac{X}{3} = \frac{1}{3}X$$

- 이중체감법 사용한 감가상각비:

$$\text{1차년도 감가상각액} = \frac{2}{\text{내용연수}}(\text{취득원가} - \text{잔존가치}) = \frac{2}{3}X$$

위의 값은 1차년도의 감가상각비이고, 2차년도의 감가상각비는 다음과 같다.

$$\text{2차년도 감가상각액} = \frac{2}{3}\left(\frac{1}{3}X - \text{잔존가치}\right) = \frac{2}{9}X$$

이상의 1, 2차년도 감가상각액을 합한 금액(= 2차년도까지의 감가상각누계액)을 (취득원가 - 잔존가치)에서 빼 준 값이 마지막 3차년도의 감가상각액이다.

$$\text{3차년도 감가상각액} = X - \left(\frac{2}{3}X + \frac{2}{9}X\right) = \frac{1}{9}X$$

- 연수합계법 사용한 감가상각비: 20×1년 구매하였으므로, 20×3년에는 잔존내용연수가 1이다.

$$\text{감가상각액} = (\text{취득원가} - \text{잔존가치}) \times \frac{\text{잔존내용연수}}{\text{내용연수의 합계}} = \frac{1}{6}X$$

결론적으로 세 감가상각액을 모두 합치면 된다.

$$\text{감가상각액 합계} = \frac{1}{3}X + \frac{1}{9}X + \frac{1}{6}X = \frac{11}{18}X$$

정답 ③

57-14M ☑☐☐☐   2024 군무원 9급

다음 중 감가상각방법에 대한 설명으로 가장 적절하지 않은 것은?

① 초기에 감가상각비를 많이 인식하는 감가상각방법을 가속상각법이라 한다.

② 생산량비례법은 자산의 가치감소의 원인이 진부화나 부적응과 같은 경제적 요인에 의해 발생할 경우 적합하다.

③ 정액법은 매 회계기간 일정한 금액을 상각하는 방법이다.

④ 이중체감법은 정액법에 의한 상각률의 두 배를 상각률로 정하고 정률법과 동일한 방법을 사용하여 감가상각한다.

해설 ① [O] 가속상각법에 대한 올바른 설명이다. 가속상각법의 사례로는 정률법, 연수합계법, 이중체감법 등이 있다.
② [×] 생산량비례법(units-of-production method)은 실제생산량에 비례하여 감가상각비를 인식하는 방법으로서, 자산을 사용하면서 생산된 제품 등의 생산량에 감가상각비를 비례적으로 인식하는 방법이다. 즉 자산을 사용한 만큼 감가상각을 인식한다.
③ [O] 정액법에 대한 올바른 설명이다.
④ [O] 문장이 조금 이상하긴 한데, 선지를 끊어서 설명하면 다음과 같다.
- "정액법에 의한 상각률의 두 배를 상각률로 정하고" → 이중

체감법에서의 초년도 감가상각액은 정액법에서의 감가상각액에 2배를 곱한 금액이다.

• "정률법과 동일한 방법을 사용하여 감가상각" → 이중체감법에서는 매년 감가상각비가 일정한 비율(2/n)만큼 감소한다는 점에 착안한 문구이다.

정답 ②

57-15 ☑□□□
2019 가맹거래사

유형자산의 취득 후 발생되는 지출 중 수익적 지출에 해당하는 것은?

① 상당한 원가절감을 가져오는 지출
② 생산력 증대를 가져오는 지출
③ 경제적 내용연수를 연장시키는 지출
④ 마모된 자산의 원상복구에 사용된 지출
⑤ 품질향상을 가져오는 지출

해설〉 수익적 지출(revenue expenditure)은 비용으로 나가는 지출을 뜻하고, 자본적 지출(capital expenditure)은 자산의 성능을 극복하여 내용연수를 연장(③)하는 효과를 가지는 지출을 뜻한다. 여기서 성능극복이란 원가절감(①), 생산력의 증대(②), 품질향상(⑤) 등을 포함한다. 하지만 ④의 내용은 현상유지일 뿐 성능의 향상에 관한 것은 아니다.

정답 ④

57-16 ☑□□□
2019 하반기 군무원 복원

다음의 영업순이익은 얼마인가?

• 총매출액	2,000,000원
• 매출원가	1,000,000원
• 판매관리비용	400,000원
• 이자비용	30,000원
• 법인세비용	240,000원

① 800,000원   ② 600,000원
③ 430,000원   ④ 330,000원

해설〉 총매출에서 매출원가, 판매관리비를 뺀 값이 영업순이익이다.

• 매출액 − 매출원가 = 매출총이익

• 매출액 − 매출원가 − 판매관리비 = 영업순이익
• 매출액 − 매출원가 − 판관비 − 이자 − 법인세 = 당기순이익

따라서 영업순이익은 60만원이다.

정답 ②

관리회계: 손익분기점

1. 손익분기점(BEP)

영업활동에 따른 이익이나 손실이 발생하지 않는 점

→ 영업이익이 0이 되는 지점에서의 매출규모

$$손익분기점 = \frac{고정비}{판매단가 - 단위당 \ 변동비} = \frac{고정비}{단위당 \ 공헌이익}$$

2. 공헌이익

고정비를 충당하고 영업이익을 창출하는데 공헌한 이익으로 손익분기점 공식의 분모

3. 목표이익과 목표수량

$$목표판매수량 = \frac{고정비 + 목표이익}{판매단가 - 단위당 \ 변동비} = \frac{고정비 + 목표이익}{단위당 \ 공헌이익}$$

58-1 ☑️□□□
2018 가맹거래사

경영자가 기업 내의 투자 및 운영 등에 관한 의사결정을 할 때 필요한 정보를 제공하는 회계분야는?

① 고급회계
② 재무회계
③ 관리회계
④ 세무회계
⑤ 정부회계

해설 관리회계(managerial accounting)는 기업 내부의 정보 이용자가 경제적 의사결정을 하는 데 유용한 정보를 제공하는 것을 목적으로 하는 회계학의 한 분야이다.

정답 ③

58-2 ☑️□□□
2017 가맹거래사

(   )에 들어갈 용어로 옳은 것은?

> (   )은 영업이익이 0원이 될 때의 판매량 또는 생산량을 말한다.

① 손익분기점
② 자본조달분기점
③ 목표판매량
④ 경제적 주문량
⑤ 최적 재고량

요점정리 손익분기점(break even point, BEP)이란 영업활동에 따른 이익이나 손실이 발생하지 않는 점, 즉 영업이익이 0이 되는 지점(매출량)을 말한다.

정답 ①

58-2A ☑️□□□
|필수|
2020 경영지도사

손익분기점(break-even point)이란?

① 고정비와 변동비가 일치하는 점
② 부채와 자본이 일치하는 점
③ 부채와 자산이 일치하는 점
④ 총비용과 총수익이 일치하는 점
⑤ 총비용과 총이익이 일치하는 점

해설 손익분기점은 벌어들인 돈(총수익, 매출)과 지출한 돈 (비용)이 일치하는 지점, 즉 이익이 0이 되는 지점의 매출수량 을 뜻한다.

정답 ④

58-2B ☑️□□□
2020 가맹거래사

손익분기점(BEP) 분석에 관한 설명으로 옳지 않은 것은?

① 총수익과 총비용이 일치하는 매출액 수준을 의미한다.
② 비용은 변동비와 고정비로 분류해야 한다.
③ 공헌이익으로 고정비를 모두 충당할 경우의 매출액 수준이다.
④ 공헌이익률은 '1 − 변동비율'을 의미한다.
⑤ 매출총이익이 '0'이 되는 판매량 수준을 말한다.

해설 ⑤ [×] 손익분기점은 매출총이익이 아니라 영업이익(순 이익)이 0인 지점에서의 판매량을 뜻한다. 매출총이익은 매출 액에서 매출원가(제조 등의 활동을 위하여 원료 등의 매입, 제 조활동을 위하여 지출된 경비 등의 원가)을 차감한 후의 이익 을 의미하며, 영업이익은 매출이익에서 판매활동을 위하여 지 출된 경비를 차감한 후의 이익을 의미한다.

추가해설 ③ [○] 손익분기점 공식은

$$BEP = \frac{고정비}{가격 - 단위당 \ 변동비} = \frac{고정비}{단위당 \ 공헌이익}$$ 이므로

공헌이익(분모)으로 고정비(분자)를 나눈 값과 동일하다. 이는 다시 풀어서 설명하면 선지와 같이 '공헌이익으로 고정비를 모 두 충당할 경우'의 매출 수준을 뜻한다.

④ [○] 공헌이익률은 고정비가 전체 매출액에서 차지하는 비 율을 뜻한다. 따라서 전체 100%(=1)에서 변동비율을 차감한 값과 동일하다.

정답 ⑤

58-2D ☑️□□□
2021 국가직 7급

손익분기점분석(break-even analysis)에 대한 설명으로 옳은 것은?

① 총고정비가 증가하면 손익분기점은 감소한다.
② 비용함수는 비선형곡선이다.
③ 수량당 변동비가 감소하면 손익분기점은 증가한다.
④ 손익분기점은 판매가격에서 수량당 변동비를 뺀 값으로 총고정비를 나눈 값이다.

해설 손익분기점(break even point, BEP) 이란 영업활동에 따른 이익이나 손실이 발생하지 않는 점, 즉 영업이익이 0이 되는 지점(매출량)을 말한다. 손익분기점은 다음의 공식으로 구한다.

$$손익분기점 = \frac{총고정비}{판매가격 - 단위당\ 변동비}$$

위 식을 토대로 각 선지를 분석해보면 다음과 같다.

① [×] 총고정비가 증가하면 분자가 커지므로 손익분기점은 증가한다.

② [×] 비용함수는 총비용을 구하는 함수를 뜻하므로, 총고정비용과 총변동비용의 합계가 된다. 고정비는 정해져 있고, 변동비용은 판매량이 증가할수록 커지는 증가함수이므로 다음과 같이 식을 세울 수 있다.

총비용 = 총고정비 + (단위당 변동비 × 판매수량)

따라서 총비용 함수는 판매수량에 대한 선형함수가 된다. (보통 1차함수의 형태로 주어지면 선형함수가 된다.)

③ [×] 수량, 즉 판매단위당 변동비가 감소하면 손익분기점 공식의 분모가 커지므로 손익분기점 자체는 감소하게 된다.

④ [O] 손익분기점 공식을 문장으로 정확하게 표현한 것이다.

정답 ④

58-2E ☑☐☐☐
2021 군무원 9급

손익분기점을 파악하기 위해 반드시 필요한 정보에 해당하지 않는 것은?

① 총고정비용
② 제품단위당 변동비용
③ 제품가격
④ 영업이익

해설 손익분기점은 다음 공식을 통해 구한다.

$$손익분기점 = \frac{총고정비용}{제품가격 - 단위당\ 변동비용}$$

따라서 ④의 영업이익은 손익분기점 계산에 필요한 정보가 아니다.

정답 ④

58-3 ☑☐☐☐
2016 공인노무사

다음과 같은 조건에서 손익분기점에 도달하기 위한 판매수량(단위)은?

단위당 판매가격	20,000원
단위당 변동비	14,000원
총고정비	48,000,000원

① 5,000
② 6,000
③ 7,000
④ 8,000
⑤ 9,000

해설 $BEP = \dfrac{고정비용}{공헌이익(= 단위당\ 가격 - 단위당\ 변동비)}$

$$= \frac{48,000,000}{6,000} = 8,000$$

정답 ④

58-3A ☑☐☐☐
2017 군무원 복원

판매가격이 1,000원이고, 변동비가 800원, 고정비가 500,000원인 상품의 손익분기점에서의 매출량은?

① 1,500개
② 2,500개
③ 3,500개
④ 4,500개

해설 손익분기점(BEP)에서의 매출량은 다음 공식으로 구한다.

$$BEP = \frac{고정비}{가격 - 단위당\ 변동비} = \frac{500,000}{1,000 - 800} = 2,500$$

정답 ②

58-4 ☑☐☐☐
2007 7급공무원 문책형

㈜한국전관은 모니터를 생산, 판매하고 있다. 모니터 판매 가격은 대당 30만 원, 변동비는 대당 6만 원이며, 총고정비는 7억 2천만 원, 유동자산은 3억 원, 고정자산은 40억 5천만 원이라고 한다. 손익분기점의 매출량은 얼마인가?

① 2,000대
② 3,000대
③ 4,000대
④ 5,000대

해설 $손익분기점 = \dfrac{고정비}{단위당\ 가격 - 단위당\ 변동비}$

$$= \frac{720,000,000}{300,000 - 60,000} = 3,000(대)$$

정답 ②

58-5 ✔□□□

2013 경영지도사

어느 회사 제품의 단위당 판매가격이 10만 원, 단위당 변동비가 5만 원, 총고정비가 500만 원이라면 손익분기점(BEP) 매출량은?

① 100개　　　　　② 150개
③ 200개　　　　　④ 250개
⑤ 300개

[해설] 손익분기점 매출량＝총고정비 / (판매가격 − 변동비) ＝ 5,000,000 / (100,000 − 50,000) ＝ 100(개)

정답 ①

58-6 ✔□□□

2014 가맹거래사

단위당 판매가격 200,000원, 단위당 변동비 100,000원, 총고정비 50,000,000원인 제품의 손익분기점 매출량은?

① 100단위　　　　② 200단위
③ 250단위　　　　④ 300단위
⑤ 500단위

[해설] 손익분기점 매출량 ＝ $\dfrac{고정비용}{단위당\ 가격 − 단위당\ 변동비용}$

$$= \frac{50,000,000}{200,000 − 100,000} = 500$$

정답 ⑤

58-7 ✔□□□

|탭쉬|
2010 가맹거래사

A기업은 단일품목을 생산하여 판매하고 있다. 변동비는 판매가의 60%이고 고정비가 600,000원일 때, 손익분기점(BEP)에 해당하는 매출액은?

① 1,000,000원　　② 1,250,000원
③ 1,500,000원　　④ 1,800,000원
⑤ 2,000,000원

[해설] 손익분기점 매출량 ＝ $\dfrac{고정비용}{단위당\ 가격 − 단위당\ 변동비용}$

$$= \frac{600,000}{A − 0.6A} = \frac{600,000}{0.4A}$$

이 값에 제품가격 A를 곱하면 손익분기점에서의 매출액이 나온다. 그 값은 1,500,000이다.

정답 ③

58-7J ✔□□□

2023 가맹거래사

㈜가맹의 20×2년 회계자료는 다음과 같다. ㈜가맹의 손익분기점 판매수량은? (단, 제시된 자료 외에는 고려사항이 없다.)

• 매출액	800,000원
• 단위당 판매가격	100원
• 단위당 변동원가	60원
• 단위당 고정원가	25원

① 5,000개　　　　② 6,000개
③ 7,000개　　　　④ 8,000개
⑤ 9,000개

[해설] 손익분기점(BEP)은 다음 공식으로 구한다.

$$BEP = \frac{고정원가}{가격 − 단위당\ 변동원가}$$

위 공식에서 필요한 정보 중 '고정원가', 즉 총 고정비를 문제에서 직접적으로 제공하지 않고 있으므로 다음과 같은 우회루트로 계산해 보자. 먼저 단위당 가격과 판매량의 곱이 매출액이므로 총 판매량은 8,000개이다.

$$100n = 800,000$$

판매량이 8,000개이므로 여기에 단위당 고정원가를 곱하면 총 고정원가는 200,000이다.

$$8,000 \times 25 = 200,000$$

고정원가를 구했으므로 손익분기점 공식에 대입하면 다음과 같다.

$$BEP = \frac{200,000}{100 − 60} = 5,000$$

정답 ①

58-7M ☑□□□

2024 군무원 9급

점포를 임대하여 에어컨 판매 영업을 하고 있는 한국유통㈜에서는 에어컨을 대당 ₩1,800,000에 구입하여 ₩2,000,000에 판매하고 있다. 임대료는 매월 ₩1,000,000이며, 점포의 영업용 집기 설비들에 대한 감가상각비는 매월 ₩200,000이라고 한다. 주어진 이 자료들만 고려한다고 할 경우, 월간 손익분기점 (break-even point, BEP) 매출 수량은 몇 대인가?

① 3 　　　　　　② 4
③ 5 　　　　　　④ 6

해설 ▷ 손익분기점을 구하는 방법은 다음과 같다.

$$BEP = \frac{고정원가}{가격 - 단위당 변동원가}$$

문제에서 주어진 데이터를 살펴보면, 고정원가는 매월 일정하게 발생하는 임대료(1,000,000원)와 감가상각비(200,000원)를 합친 금액이며, 가격(2,000,000원)에서 변동원가(1,800,000원)를 차감한 값은 200,000원이다. 따라서 고정원가 1,200,000원을 200,000원으로 나눈 6대가 손익분기점에서의 매출수량이 된다.

정답 ④

58-8 ☑□□□

2010 공인노무사

상품A의 단위당 가격이 20,000원이고, 단위당 변동영업비용이 14,000원이다. 고정영업비용이 48,000,000원이라면 상품A의 손익분기점에 해당하는 매출액은?

① 140,000,000원 　　　② 150,000,000원
③ 160,000,000원 　　　④ 170,000,000원
⑤ 180,000,000원

해설 ▷ 손익분기점 = $\frac{고정비용}{단위당 가격 - 단위당 변동비용}$

$$= \frac{48,000,000}{20,000 - 14,000} = 8,000$$

8,000개가 팔리면 이 경우의 매출액은 가격 20,000을 곱한 160,000,000이다.

정답 ③

58-9 ☑□□□

2011 가맹거래사

A기업이 생산하는 제품의 단위당 판매가격이 3만 원, 단위당 변동비용이 1만 원, 고정비가 1,000만 원일 경우, 목표 영업이익 500만 원을 달성하기 위한 매출량은?

① 550개 　　　　② 650개
③ 750개 　　　　④ 850개
⑤ 950개

해설 ▷ 목표매출량 = $\frac{고정비 + 목표이익}{단위당 가격 - 단위당 변동비}$

$$= \frac{10,000,000 + 5,000,000}{30,000 - 10,000} = 750(개)$$

정답 ③

58-10 ☑□□□

2017 서울시 7급

사무용 의자를 생산하는 기업의 총고정비가 1,000만 원, 단위당 변동비가 10만 원이며, 500개의 의자를 판매하여 1,000만 원의 이익을 목표로 한다면, 비용가산법(Cost-Plus Pricing)에 의한 의자 1개의 가격은?

① 100,000원 　　　② 120,000원
③ 140,000원 　　　④ 160,000원

해설 ▷ 목표매출량 = $\frac{고정비 + 목표이익}{단위당 가격 - 단위당 변동비}$

$$= \frac{10,000,000 + 10,000,000}{X - 100,000} = 500(개)$$

위 식을 풀어보면 의자 1개의 가격 X는 140,000원이 된다.

정답 ③

58-11 ☑□□□

2015 가맹거래사

고정영업비 5억 원, 5,000단위가 판매된 경우 영업이익이 5억 원이라면 단위당 판매 가격과 단위당 변동영업비의 차이는?

① 100,000원 　　　② 200,000원
③ 300,000원 　　　④ 400,000원
⑤ 500,000원

해설 영업이익이 5억인 경우의 판매단위가 5,000이라면 손익분기점 공식을 응용하여 다음과 같은 식을 세울 수 있다.

$$5,000 = \frac{\text{고정비용} + \text{영업이익}}{\text{단위당 판매가격} - \text{단위당 변동비용}}$$

$$= \frac{500,000,000 + 500,000,000}{x}$$

따라서 우리가 구하는 값 x는 200,000이다.

정답 ②

58-12 ☑☐☐☐
2016 가맹거래사

다음 자료를 이용하여 계산한 손익분기점의 판매량과 매출액은?

• 총고정비용	20,000,000원
• 단위당 가격	50,000원
• 단위당 변동비용	10,000원

	판매량	매출액
①	400개	20,000,000원
②	500개	25,000,000원
③	600개	30,000,000원
④	700개	35,000,000원
⑤	800개	40,000,000원

해설 손익분기점 $= \dfrac{\text{고정비용}}{\text{단위당 가격} - \text{단위당 변동비}}$

$$= \frac{20,000,000}{50,000 - 10,000} = 500(\text{개})$$

또한 이 때의 매출액은 손익분기점에 제품단가 50,000을 곱한 값(= 25,000,000원)이 된다.

정답 ②

58-12F ☑☐☐☐
2022 국가직 7급

다음과 같은 투자안의 추정치를 이용하여 단위당 변동비를 구하면?

건물임차료:	20,000원
감가상각비:	10,000원
단위당 판매 가격:	2원
회계적 손익분기점:	60,000단위

① 0.5원   ② 1.0원
③ 1.5원   ④ 2.0원

해설 손익분기점은 고정비를 공헌이익(=단위가격−단위당 변동비)으로 나눈 값이다. 이를 활용해 보면 단위당 변동비는 단위당 판매가격에서 (고정비/손익분기점)을 뺀 값이 된다. 이 문제에서 고정비는 제품판매단위에 상관없이 일정하게 주어지는 비용항목이므로 건물임차료와 감가상각비의 합인 30,000원이 된다.

$$\text{손익분기점} = \frac{\text{고정비}}{\text{단위당 판매가격} - \text{단위당 변동비}}$$

$$\text{단위당 변동비} = \text{단위당 판매가격} - \frac{\text{고정비}}{\text{손익분기점}}$$

$$= 2 - \left(\frac{30,000}{60,000}\right) = 1.5$$

정답 ③

58-13 ☑☐☐☐
2018 가맹거래사

㈜가맹은 20x1년에 3가지 제품을 생산하여 판매하였는데, 각 제품의 판매단가, 단위당 변동비, 각 제품의 매출액이 총매출액에서 차지하는 비율은 아래와 같다. 이 회사의 20x1년 연간 총고정비용은 550,000원이며, 원가−조업도−이익분석의 일반적인 가정에 추가하여 각 제품의 매출액 구성 비율은 변하지 않는다고 가정한다. ㈜가맹의 20x1년 손익분기점에서 3가지 제품 A, B, C의 매출액 합계는?

제품	판매단가(원)	단위당 변동비(원)	매출액 구성 비율(%)
A	500	400	20
B	1,100	880	30
C	2,000	1,300	50

① 1,000,000원   ② 1,250,000원
③ 1,500,000원   ④ 1,750,000원
⑤ 2,000,000원

해설 A의 판매량을 a, B의 판매량을 b, C의 판매량을 c로 놓고, 우리가 구해야 하는 전체 매출액을 T로 두자.

〈A의 매출액 $=0.2T=500a$〉, 〈B의 매출액 $=0.3T=1100b$〉,

〈C의 매출액 $=0.5T=2000c$〉이 되고,

손익분기점(BEP)에서의 매출액은 총고정비용과 변동비용의 합계라는 점에 착안하면 다음의 식을 세울 수 있다.

$$총매출(T) = 500a + 1,100b + 2,000c$$

$$= 550,000 + 400a + 880b + 1300c$$

위 식에 a, b, c 를 대입하면 총매출 T만 남는 방정식이 만들어진다.

$$\left(100 \times \frac{0.2}{500}T\right) + \left(220 \times \frac{0.3}{1,100}T\right) + \left(700 \times \frac{0.5}{2,000}T\right) = 550,000$$

이 식을 풀면 총매출 T는 2,000,000원이 된다.

정답 ⑤

58-13D ✔☐☐☐

㈜가맹의 손익분기점 매출액은 360,000원이고 공헌이익률은 30%이다. ㈜가맹이 90,000원의 영업이익을 달성하고자 할 때, 총매출액은?

① 300,000원   ② 480,000원
③ 560,000원   ④ 660,000원
⑤ 680,000원

해설 제품 한 단위당 가격을 P, 손익분기점에서의 판매량을 X라 하면, 손익분기점 매출액 36만원은 다음과 같이 구할 수 있다.

$$360,000 = PX$$

공헌이익률은 매출에 대한 공헌이익의 비중을 뜻한다.

$$공헌이익률\ 30\% = \frac{단위당\ 공헌이익}{제품가격} = \frac{단위당\ 공헌이익}{P}$$

따라서 단위당 공헌이익은 $0.3P$가 된다.

$$손익분기점\ 판매량(=X) = \frac{고정비용}{단위당\ 공헌이익}$$

따라서 고정비용은 $0.3PX$가 된다.

$$목표판매량 = \frac{고정비용 + 목표이익}{단위당공헌이익} = \frac{0.3PX + 90,000}{0.3P}$$

$$총매출액 = 목표판매량 \times 가격 = \left(\frac{0.3PX + 90,000}{0.3P}\right) \times P$$

$$= \frac{(0.3 \times 360,000) + 90,000}{0.3} = 660,000$$

정답 ④

58-14 ✔☐☐☐

P 제조업체에서는 비용 – 조업도 분석(cost – volume analysis)을 활용하여 생산방식에 대한 두 가지 대안을 검토 중이다. 생산품목은 단일품목이고 판매가는 단위당 7만 원이다. 각 대안에 대한 비용요소가 다음과 같을 때 분석 결과로 가장 적절하지 않은 것은? 단, 생산량은 발생하는 수요량과 동일하다고 가정한다.

대안 A	고정비 8억 원, 단위당 변동비 5만 원
대안 B	고정비 9억 3천만 원, 단위당 변동비 1만 원

① 대안 A의 BEP(손익분기점)는 40,000단위이다.
② 대안 B의 BEP는 15,500단위이다.
③ 대안 B의 이익(profit)이 9억 3천만 원이 되기 위한 수요량은 31,000단위이다.
④ 생산량이 3,250단위 미만일 때는 대안 A가 대안 B보다 유리하다.
⑤ 다른 조건이 동일할 때, 대안 A의 단위당 변동비가 16,500원으로 변경되면 두 대안의 BEP는 같아진다.

해설 ① [○] 아래의 식을 활용하여 대안 A의 손익분기점을 구하면 그 값은 40,000이 된다.

$$BEP = \frac{고정비}{가격 - 단위당\ 변동비} = \frac{800,000,000}{70,000 - 50,000} = 40,000(단위)$$

② [○] 아래의 식을 활용하여 대안 B의 손익분기점을 구하면 그 값은 15,500이 된다.

$$BEP = \frac{고정비}{가격 - 단위당\ 변동비} = \frac{930,000,000}{70,000 - 10,000} = 15,500(단위)$$

③ [○] 대안 B의 목표이익이 9억 3천만 원일 경우의 수요량을 아래 식을 활용하여 계산하면 그 값은 31,000이 된다.

$$목표판매수량 = \frac{고정비 + 목표이익}{가격 - 단위당\ 변동비}$$

$$= \frac{930,000,000 + 930,000,000}{70,000 - 60,000}$$

$$= 31,000(단위)$$

④ [○] 원칙적으로는 그래프를 그리는 것이 이해가 쉽지만, 상식적으로 고정비용을 y절편, 단위당 변동비용을 기울기로 두고 일차함수를 도출하여 두 대안의 총비용이 같아지는 경우의 생산량을 구해보자.

$$800,000,000 + 50,000x = 930,000,000 + 10,000x$$

이 때의 x값은 3,250이다. 따라서 이 단위를 기준으로 x값이 3,250보다 작을 때는 대안 A가, 클 때는 대안 B가 더욱 저렴하게 생산할 수 있는 방법이 된다. (쉽게 확인하고자 한다면 3,250보다 작은 임의의 값 0을 위 식의 좌변과 우변에 대입해 볼 것. 이 때 좌변, 즉 대안 A의 생산비용이 더 저렴함을 확인할 수 있다.)

⑤ [×] 대안 A의 변동비가 16,500으로 변경될 경우의 BEP는 다음과 같다.

$$BEP = \frac{고정비}{가격 - 단위당 변동비} = \frac{800,000,000}{70,000 - 16,500} ≒ 14,953(단위)$$

이 때의 BEP는 14,953이 되므로 두 대안의 BEP는 같지 않다.

정답 ⑤

58-14F ☑☐☐☐　　　　　2022 군무원 5급

다음은 손익분기점(Break-Even Point : BEP) 분석에 관한 여러 설명들이다. 이들 중 그 내용이 가장 옳지 않은 것은?

① 손익분기점 분석에서 분석의 단순화를 위해 필요한 여러 가정 중 하나는 모든 비용이 고정비와 변동비로 구분된다고 가정하는 것이다.

② 화폐의 시간가치를 고려함이 없이 단순히 총비용과 총수익이 일치하는 매출량(혹은 매출액)을 계산했다면, 이는 회계적 손익분기점(accounting BEP)이라고 할 수 있다.

③ 기업의 가치창출 기준으로서 손실과 이익이 일치하는 조업수준을 계산하려면 재무적 손익분기점(financial BEP)이 필요하며, 이는 화폐의 시간가치를 고려한 순현재가치(Net Present Value : NPV)가 0이 되게 하는 매출수준을 말하는데, 보통 이는 손익분기점보다 낮다.

④ 손익분기점을 응용한 것으로 현금분기점(cash BEP) 개념이 있는데, 이는 현금유출이 없는 감가상각비를 고정비용에서 차감하여 계산한 BEP이다.

───────────────

해설〉 손익분기점에는 세 종류의 유형이 있다.

• 회계적 손익분기점: 우리가 일반적으로 알고 있는 관리회계에서의 손익분기점을 회계적 손익분기점이라 하며 이는 <u>총수익과 총비용이 일치하는 지점, 즉 순이익이 0이 되는 지점에서의 매출(판매)량</u>을 뜻한다(②). <u>총고정비를 (가격−변동비)로 나누어 계산한다(①).</u>

• 현금 손익분기점: 이는 영업현금흐름(operating cash flow)이 0이 되는 지점에서의 매출(판매)량을 뜻한다. 일반적으로 <u>현금지출을 수반하지 않는 비용(감가상각비 등)의 효과를 고정비용에서 제거한 뒤 영업이익이 0이 되는 수준의 매출량으로 계산한다(④).</u>

• 재무적 손익분기점: 이는 순현재가치(NPV)가 0이 되는 지점에서의 매출(판매)량을 뜻한다.

세 종류의 손익분기점 간에는 다음과 같은 관계가 성립한다. 이 관계는 계산식으로 유도되는 것이므로 그 결과만을 기억해 두면 된다.

현금 손익분기점 < 회계적 손익분기점 < 재무적 손익분기점

따라서 선지 ③은 틀렸다.

정답 ③

TOPIC 59 회계정보의 활용

1. 현금흐름표

1) 의의: 한 회계기간 동안에 발생한 현금의 유입과 유출에 관한 정보를 제공하는 재무보고서

2) 현금흐름의 유형

① 영업활동 현금흐름: 제품의 생산과 판매활동, 상품과 용역의 구매와 판매활동 및 관리활동

영업현금흐름 = 영업이익 × (1 − 법인세율) + 현금지출 없는 비용 − 현금유입 없는 수익

② 투자활동 현금흐름: 현금의 대여와 회수활동, 유가증권, 투자자산, 유형자산 및 무형자산의 취득과 처분

③ 재무활동 현금흐름: 현금의 차입과 상환, 신주발행과 배당금의 지급

3) 현금흐름표의 작성: 직접법 vs. 간접법

2. 재무비율 분석

1) 유동성 비율: 단기채무 변제능력

→ 유동비율($= \dfrac{유동자산}{유동부채}$), 당좌비율($= \dfrac{당좌자산}{유동부채}$)

2) 안전성 비율: 경기변동에 대한 대응능력

→ 부채비율($= \dfrac{유동부채 + 비유동부채}{자기자본}$), 이자보상비율($= \dfrac{EIT(이자\ 및\ 법인세\ 차감전\ 순이익)}{이자비용}$),

자기자본비율($= \dfrac{자기자본}{총자산}$), 고정비율 등

3) 활동성 비율: 자산의 효율적 활용도

→ 매출채권회전율($= \dfrac{순외상매출액}{연평균\ 매출채권}$), 매출채권 평균회수기간($= \dfrac{365일}{매출채권회전율}$),

재고자산회전율($= \dfrac{매출원가}{재고자산\ 평균잔액}$), 재고자산 평균보유기간($= \dfrac{365일}{재고자산회전율}$),

총자산회전율($= \dfrac{매출액}{평균\ 총자산}$), 자기자본회전율($= \dfrac{매출액}{평균자기자본}$)

4) 수익성 비율: 경영성과의 판단기준

매출액순이익률($= \dfrac{당기순이익}{순매출액}$), 투자수익률($= \dfrac{순이익}{평균\ 총자산(총자본)}$),

자기자본순이익률($= \dfrac{순이익}{자기자본}$), 총자본순이익률($= \dfrac{이자비용\ 차감전\ 순이익}{총자본}$),

주당순이익($= \dfrac{당기순이익 − 우선주배당금}{보통주\ 유통주식수}$)

5) 성장성 비율: 기업의 성장률 파악 → 매출액증가율, 총자산증가율, 순이익증가율

6) 주가 관련 비율: 영업실적과 미래이익에 대한 투자자의 기대반영치

→ 주가이익비율(PER: price earning ratio)($= \dfrac{보통주\ 1\ 주당시가}{주당순이익}$)

600   PART 07 회계학

59-1 ☑☐☐☐
2010 공인노무사

영업활동을 통한 현금흐름에 해당되는 것은?

① 재화와 용역의 구입에 따른 현금유출
② 유형자산 처분에 따른 현금유입
③ 제3자에 대한 대여금
④ 주식이나 기타 지분상품의 발행에 따른 현금유입
⑤ 차입금의 상환에 따른 현금유출

해설 기업의 수익창출에 필요한 각종 재화나 용역의 구입은 영업활동의 중요한 예가 된다. 유형자산의 처분(②)과 현금대여(③)는 투자활동, 주식발행(④)과 차입금의 상환(⑤)은 재무활동에 속하는 현금흐름이 된다.

정답 ①

59-1M ☑☐☐☐
2024 군무원 9급

다음 중 현금흐름표상 현금흐름으로 옳지 않은 것은?

① 매출활동 현금흐름
② 영업활동 현금흐름
③ 투자활동 현금흐름
④ 재무활동 현금흐름

해설 현금흐름표에서의 현금흐름은 영업활동 현금흐름, 투자활동 현금흐름, 재무활동 현금흐름으로 구분된다.

정답 ①

59-2 ☑☐☐☐
2017 서울시 7급

다음 중 영업현금흐름(OCF)의 정의로 옳은 것은?

① EBIT + 감가상각비 − 세금
② EBIT + 감가상각비 + 유동자산
③ EBIT − 감가상각비 + 세금
④ 세금 − 감가상각비 − EBIT

해설 영업현금흐름 = 영업이익 × (1 − 법인세율) + 현금지출 없는 비용 − 현금유입 없는 수익
EBIT는 이자비용과 세금을 고려하기 전의 이익을 뜻한다. 여기서 이자비용이 없다고 가정하고 세금을 빼면 EBIT × (1 − 법인세율)이 되며, 여기서 감가상각비는 현금지출이 없는 비용이므

로 OCF 계산과정에서는 더해주어야 한다.
즉, EBIT − 세금 + 감가상각비 = OCF가 된다.

정답 ①

59-2F ☑☐☐☐
2022 국가직 7급

잉여현금흐름(free cash flow: FCF)을 채권자와 주주에게 귀속되는 현금흐름의 합으로 계산할 때, 잉여현금흐름을 증가시키는 요인에 해당하는 것만을 모두 고르면?

ㄱ. 자사주 매입
ㄴ. 신주발행
ㄷ. 장기부채 상환
ㄹ. 현금배당금 증가

① ㄱ, ㄴ
② ㄷ, ㄹ
③ ㄱ, ㄴ, ㄹ
④ ㄱ, ㄷ, ㄹ

해설 ㄱ. [O] 자사주를 매입하면 주주에게 귀속되는 현금흐름이 증가한다.
ㄴ. [×] 신주를 발행하면 누군가 이 주식을 매입하는 것이므로 주주의 입장에서는 현금이 유출되는 것이다.
ㄷ. [O] 부채, 즉 빚을 갚으면 채권자의 현금흐름이 증가한다.
ㄹ. [O] 현금배당을 증가시키면 주주에게 유입되는 현금흐름이 증가한다.

정답 ④

59-3 ☑☐☐☐
2017 7급공무원 가책형

두 기업 A와 B의 영업이익(EBIT: Earnings Before Interest and Taxes)은 1억 원, 이자비용은 0원, 법인세율은 20%로 동일하다. A의 영업현금흐름(OCF: Operating Cash Flow)이 B의 영업현금 흐름보다 클 때 옳은 것은?

① A의 영업현금흐름은 B의 세후영업이익보다 작다.
② B의 영업현금흐름은 B의 세후영업이익보다 작다.
③ A의 감가상각비는 B의 감가상각비보다 크다.
④ A의 감가상각비의 감세효과는 B의 감가상각비의 감세효과보다 작다.

해설 A의 OCF＝A의 EBIT×(1－법인세율)＋현금지출 없는 비용(예: 감가상각비)－현금유입 없는 수익
B의 OCF＝B의 EBIT×(1－법인세율)＋현금지출 없는 비용(예: 감가상각비)－현금유입 없는 수익
A와 B 두 기업이 영업이익과 이자비용 및 법인세율이 동일한 상태인데 A의 영업현금흐름이 B보다 더 크다면, A의 감가상각비가 더 크다고 추정할 수 있다.

정답 ③

59-3A ☑□□□
2017 군무원 복원

현금흐름표(statement of cash flow)의 세 가지 구성요소가 아닌 것은?

① 영업활동 현금흐름　　② 투자활동 현금흐름
③ 재무활동 현금흐름　　④ 정보활동 현금흐름

해설 현금흐름표는 영업현금, 투자현금, 재무현금의 세 요소로 구성된다.

정답 ④

59-3J ☑□□□
2023 군무원 7급

다음 중 일정 기간 동안 기업의 현금 변동 상황, 즉 현금유입과 현금유출에 대한 정보를 제공하는 재무제표의 하나로서 현금흐름표(statement of cash flow)의 3가지 구성요소를 가장 올바르게 표시하고 있는 것은?

① 관리활동/영업활동/투자활동으로 인한 현금흐름
② 영업활동/투자활동/재무활동으로 인한 현금흐름
③ 투자활동/재무활동/정보활동으로 인한 현금흐름
④ 정보활동/관리활동/영업활동으로 인한 현금흐름

해설 현금흐름표(cash flow statement)는 한 회계기간 동안에 발생한 현금의 유입과 유출에 관한 정보를 제공하는 재무보고서이다. 현금흐름표에서 다루게 되는 현금흐름은 그 원천에 따라 영업활동으로 인한 현금흐름, 투자활동으로 인한 현금흐름, 재무활동으로 인한 현금흐름으로 분류할 수 있다.

정답 ②

59-4 ☑□□□
2011 가맹거래사

투자활동으로 인한 현금흐름에 해당하는 것은?

① 현금 대여　　　　　② 주식 발행
③ 사채(社債) 발행　　④ 차입금 상환
⑤ 배당금 지급

해설 ① 투자현금흐름
② 재무현금흐름
③ 재무현금흐름
④ 재무현금흐름
⑤ 재무현금흐름

정답 ①

59-5 ☑□□□
2015 가맹거래사

재무활동으로 인한 현금흐름에 해당하는 것은?

① 차입금의 상환에 따른 현금유출
② 무형자산의 처분에 따른 현금유입
③ 재화의 판매와 용역제공에 따른 현금유입
④ 재화와 용역의 구입에 따른 현금유출
⑤ 유형자산의 취득에 따른 현금유출

해설 ① 차입금 관련 항목, 신주발행 및 배당금의 지급 등은 재무활동이다.
② 투자활동 현금흐름이다.
③ 영업활동 현금흐름이다.
④ 영업활동 현금흐름이다.
⑤ 투자활동 현금흐름이다.

정답 ①

59-6 ☑☐☐☐

다음 자료를 이용하여 계산한 재무활동으로 인한 현금흐름은?

• 기초현금	₩1,000
• 영업활동으로 인한 현금흐름	₩400
• 투자활동으로 인한 현금흐름	₩200
• 기말현금	₩1,800

① ₩0　　　　　　　② ₩200
③ ₩400　　　　　　④ ₩600
⑤ ₩800

[해설] 현금흐름 총액에서 영업활동 및 투자활동을 뺀 값이 재무활동 현금흐름이다. 따라서 200원이 정답이다.

정답 ②

59-7 ☑☐☐☐

다음 자료를 이용하여 계산한 재무활동으로 인한 현금흐름은?

• 기초현금	2,000,000원
• 기말현금	2,700,000원
• 영업활동으로 인한 현금흐름	200,000원
• 투자활동으로 인한 현금흐름	100,000원

① 100,000원　　　　② 200,000원
③ 300,000원　　　　④ 400,000원
⑤ 500,000원

[해설] 전체 현금규모에서 영업활동 현금흐름과 투자활동 현금흐름을 제한 값이 재무활동 현금흐름이다. 기초와 기말의 현금 차이인 700,000원에서 영업 및 투자현금의 합인 300,000을 뺀 400,000이 투자현금의 규모이다.

정답 ④

59-8 ☑☐☐☐

A 기업의 관련 자료가 아래와 같을 때 간접법을 적용하여 영업활동으로 인한 현금흐름을 구하면?

• 당기순이익	10,000원
• 매출채권 증가	5,000원
• 매입채무 증가	3,000원
• 장기차입금 증가	4,000원
• 감가상각비	5,000원
• 재고자산 감소	1,000원
• 유형자산 증가	10,000원

① 12,000원　　　　② 13,000원
③ 14,000원　　　　④ 18,000원
⑤ 22,000원

[해설] 유형자산 증가와 장기차입금 증가부분은 각각 투자활동과 재무활동 관련 현금흐름이므로 계산에서 제외한다. 남은 수치들 가운데 감가상각비는 실제로는 현금지출이 이루어지지 않는 장부상의 비용이므로 현금액에 더해주고, 매출채권(현금유입 없는 매출)과 매입채무(현금유출 없는 채무)는 실제 현금이 들어온 방향으로 해석해주면 된다. 재고자산의 감소분은 매출이라 볼 수 있으므로 현금의 증가이다.

영업현금흐름＝당기순이익(10,000)＋감가상각비(5,000원)
－매출채권(5,000)＋매입채무(3,000)
＋재고자산(1,000)＝14,000원

정답 ③

59-8J ☑□□□

주요 재무제표인 현금흐름표(statement of cash flows)에 관한 설명으로 가장 적절하지 않은 것은?

① 영업활동으로부터의 현금이 영(0)보다 크다는 것은 그 회사가 추가 현금을 창출했음을 의미한다.
② 재무활동으로부터의 현금이 영(0)보다 크다는 것은 그 회사가 장기부채를 갚아 나가고 있음을 의미한다.
③ 투자활동으로부터의 현금이 영(0)보다 크다는 것은 그 회사가 보유하고 있는 장기자산을 매각하고, 미래 생산 가능 능력을 줄이고 있음을 의미한다.
④ 현금은 재무상태표에 있는 자산 항목 중 하나이며, 현금흐름표는 그 현금을 어떻게 사용했는지에 대한 자세한 정보를 제공한다.

해설 ① [O] 영업활동 현금흐름(cash flow from operating activities)은 기업의 주요 수익창출활동, 그리고 투자활동과 재무활동이 아닌 기타의 활동으로 창출된 현금흐름을 뜻한다. 영업활동에는 주로 제품의 생산과 판매활동, 상품과 용역의 구매와 판매활동 및 관리활동이 포함된다. 따라서 이 값이 0보다 크다면 회사가 추가현금창출에 성공한다는 의미이다.
② [×] 재무현금흐름이 0보다 크다는 것은 차입이나 투자받는 금액이 현금유출(차입상환 등)보다 크다는 의미이다. 부채를 갚게 되면 재무현금유출이 재무현금유입보다 커지므로 재무현금흐름이 0보다 작아진다.
③ [O] 투자활동 현금흐름(cash flow from investing activities)은 미래이익과 미래 현금흐름을 창출할 장기성 자산 및 현금성자산에 속하지 않는 기타 투자자산의 취득과 처분에 관련된 현금흐름을 뜻한다. 투자활동은 현금의 대여나 대여금의 회수, 유가증권, 투자자산, 유형자산 및 무형자산의 취득과 처분활동을 포함한다. 따라서 이 값이 0보다 크다는 것은 자산의 매각이 이루어짐을 뜻하므로 미래 생산가능능력을 줄인다는 의미이다.
④ [O] 현금은 유동자산의 항목이며, 현금흐름표(cash flow statement)는 한 회계기간 동안에 발생한 현금의 유입과 유출에 관한 정보를 제공하는 재무보고서이다. 이를 통해 순자산의 변화, 재무구조 및 현금흐름의 크기와 시기를 조절할 수 있는 기업의 능력을 평가하는데 유용한 정보를 얻을 수 있다. 현금흐름정보는 기업의 현금창출능력을 평가하는데 유용할 뿐만 아니라, 여러 기업의 미래 현금흐름의 현재가치를 비교·평가하는데 필요한 기초 자료를 제공한다.
정답 ②

59-9 ☑□□□

기업의 단기채무 지급능력을 측정하기 위해 가장 많이 이용하는 재무비율은?

① 부채비율　　② 유동비율
③ 매출액순이익률　　④ 자기자본순이익률
⑤ 총자산회전율

해설 유동성 비율(liquidity ratio)은 기업의 단기채무의 변제능력을 평가하는 비율로서, 유동비율과 당좌비율 등이 있다.
정답 ②

59-9F ☑□□□

자기자본과 부채와의 구성 비율로서 기업의 타인자본 의존도를 나타내는 것은?

① 유동성 비율　　② 레버리지 비율
③ 활동성 비율　　④ 수익성 비율
⑤ 시장가치 비율

해설 안전성 비율(safety ratio, 또는 레버리지 비율)은 주로 부채와 자본간의 관계를 이용하여 기업의 장기채무불이행위험을 평가하고 또한 경기변동에 따른 기업의 장기적인 대응능력을 평가하는 비율이다.
정답 ②

59-10 ☑□□□

재무비율 중 레버리지 비율에 해당하지 않는 것은?

① 유동비율　　② 부채비율
③ 이자보상비율　　④ 고정비율

해설 레버리지 비율이란 기업의 자본 가운데 채권자의 자본, 즉 타인자본에 대한 의존도를 측정하는 지표이다. 부채비율, 이자보상비율 등이 대표적 레버리지 비율이다. 한편 고정비율은 고정자산에 대한 자기자본의 비율을 의미한다. 이 값은 100% 이상인 경우가 바람직하며 그 이유는 고정자산 구입에 투하되는 자본이 모두 자기자본인 것이 바람직하다는 관점 때문이다. 만약 고정비율이 100%보다 낮으면 타인자본으로 일정 비율의 고정자산을 구입하였다는 의미이므로 레버리지 비율과 관련이 있다.
정답 ①

59-11 ☑☐☐☐
2018 경영지도사

기업의 장기채무지급능력을 나타내는 레버리지비율(자본구조비율)에 해당되지 않는 것은?

① 당좌비율　　　② 부채비율
③ 자기자본비율　④ 비유동비율
⑤ 이자보상비율

해설 ① 당좌비율은 유동부채의 크기에 대한 당좌자산의 비율로서, 단기채무 변제능력과 관련이 있는 유동성 비율에 해당되는 재무비율이다.

정답 ①

59-12 ☑☐☐☐
2010 가맹거래사

이자보상비율 = $\dfrac{(ㄱ)}{\text{이자비용}}$ 에서 (ㄱ)에 해당하는 것은?

① 순이익　　　　② 영업이익
③ 유동부채　　　④ 매출총이익
⑤ 매출액

해설 이자보상비율은 영업이익을 이자비용을 나누어 계산한다. 이 값은 일정기간 동안의 기업의 장단기 지급 능력을 보여주며, 그 수치가 3보다 작으면 금융기관이 장기차입금을 단기차입금으로 전환할 경우 유동성 문제로 이어질 가능성이 크다.

정답 ②

59-12D ☑☐☐☐
2021 군무원 9급

재무분석에 관한 설명으로 가장 옳지 않은 것은?

① 재무분석은 기업과 관련된 의사결정에 필요한 정보를 제공하기 위하여 설계된 일종의 정보가공 시스템이다.
② 재무분석은 경영자가 내부통제 또는 재무예측을 위하여 기업의 재무상태와 경영성과의 적정성 여부를 검토하는 것을 의미한다.
③ 재무분석을 좁은 의미로 말할 때는 주로 재무비율 분석을 지칭한다.
④ 재무분석시 주로 회계적 자료를 이용한다.

해설 ② 재무분석은 주로 재무회계에서 말하는 재무보고서를 토대로 기업성과를 따져보는 것이므로, 외부정보이용자(투자자 등)에게 도움이 된다.

정답 ②

59-12F ☑☐☐☐
2022 군무원 7급

다음 중 기업의 장기 채무 지급능력인 레버리지 비율에 대한 설명으로 가장 옳지 않은 것은?

① 부채비율은 타인자본 의존도를 나타나며, 타인자본을 총자산으로 나누어 계산한다.
② 자기 자본비율(capital adequacy ratio)이란 총자산 중에서 자기 자본이 차지하는 비율을 의미한다.
③ 비유동비율은 비유동자산의 자기자본에 대한 비율로서 자기자본이 자금의 회전율이 낮은 비유동자산에 얼마나 투자되어 있는가의 정도를 나타낸다.
④ 이자보상배율은 영업이익을 이자비용으로 나눈 값으로 기업이 경영을 통해 벌어들인 영업이익으로부터 이자를 얼마나 갚을 수 있는지 측정하는 지표이다.

해설 ① 부채비율은 타인자본을 (총자본이 아니라) 자기자본으로 나누어 계산한다.

정답 ①

59-13 ✅☐☐☐
2011 공인노무사

재무비율에 관한 설명으로 옳지 않은 것은?

① 수익성 비율은 한 기업이 이익을 얻기 위해 다양한 자원들을 얼마나 효율적으로 사용하는지를 측정한다.
② 주가수익비율(PER)은 기업의 현재 주가를 주당순이익(EPS)으로 나누어 산출한다.
③ 활동성 비율은 기업의 자산을 얼마나 효율적으로 사용했는지를 측정한다.
④ 레버리지 비율은 기업의 장기채무 지급능력을 측정한다.
⑤ 재고자산회전율이 산업평균보다 낮은 경우 재고부족으로 인한 기회비용이 나타난다.

해설〉 ⑤ 재고자산회전율이 낮다는 말은 확보한 판매를 위해 구입한 재고 중 상당수가 판매되지 않았다는 의미이므로 재고부족으로 인한 문제보다는 재고과잉으로 인한 문제가 발생한다.
정답 ⑤

59-14 ✅☐☐☐
2016 가맹거래사

재무비율에 관한 설명으로 옳지 않은 것은?

① 자기자본이익률은 당기순이익을 높이면 향상된다.
② 매출채권회전율은 매출채권이 현금으로 회수되는 기간을 나타낸다.
③ 부채비율은 재무적 안정성을 평가하는 비율 중 하나이다.
④ 유동비율은 유동자산을 유동부채로 나누어 측정한다.
⑤ 기업의 위험이 동일한 경우, 성장성이 높은 기업일수록 주가수익비율이 높게 나타나는 경향이 있다.

해설〉 ② 매출채권회전율은 외상매출규모를 연평균 매출채권으로 나눈 값이다. 매출채권이 현금으로 회수되는 기간은 $\frac{365일}{매출채권 회전율}$ 로 계산한다.
정답 ②

59-14J ✅☐☐☐
2023 군무원 5급

재무제표의 비율분석에 관한 설명으로 가장 적절하지 않은 것은?

① 비율분석은 재무제표를 사용하여 기업의 영업활동, 기업 전반의 재무 상태를 나타내기 때문에 실제적으로 문제가 존재한다는 것을 의미한다.
② 비율분석의 주요 비율로는 유동성비율, 수익성비율, 활동성비율 그리고 부채비율 등이 있다.
③ 비율분석의 주요 비율을 여러 해에 걸쳐 비교함으로써 추세를 발견하여 기업의 강점을 발견하는 것이 중요하다.
④ 비율분석의 주요 비율은 기업의 재무 건전성을 평가하고 싶어 하는 현재 및 장래 채권자에게 있어서도 중요하다.

해설〉 ① [×] 재무비율을 개별적으로 분석하는 것만으로는 기업의 경영상태를 종합적으로 평가하고, 의사결정에 필요한 정보를 획득하는데 한계가 있다. 예를 들어 부채비율이 높다는 사실만으로 기업에 문제가 있다고 판단하기는 어렵다. 왜냐하면 투자자금을 확보하기 위해 일시적으로 부채를 조달했으며, 내년부터 막대한 투자이익이 유입될 가능성도 있기 때문이다. 따라서 비율분석만으로 실제적 문제의 존재여부를 판단하는 것은 섣부른 것이다.
② [O] 재무비율의 주요 내용으로는 유동성비율, 수익성비율, 안전성(레버리지 또는 부채)비율, 성장성비율, 활동성비율 등이 있다.
③ [O] 개별 재무비율 하나만으로 의사결정하기는 위험하지만 여러 해에 걸친 비율의 추세를 파악하는 것은 경영의사결정에 중요한 부분일 수 있다.
④ [O] 안전성비율 등을 토대로 재무건전성을 파악할 수 있다.
정답 ①

59-15 ☑☐☐☐
2013 경영지도사

재무비율에 관한 설명으로 옳지 않은 것은?

① 유동성 비율은 단기에 지급해야할 기업의 채무를 갚을 수 있는 기업의 능력을 측정하는 것이다.
② 수익성 비율이란 기업이 경영활동을 하면서 어느 정도의 수익을 발생시키는지를 나타내는 지표이다.
③ 부채비율은 기업이 조달한 자본 중에서 자기자본에 의존하고 있는 정도를 나타내는 지표이다.
④ 활동성 비율은 기업의 자산이 효율적으로 관리되고 있는 정도를 나타내는 지표로서, 주로 기업의 자산과 자본회전율에 의해 측정된다.
⑤ 레버리지 비율을 통해 기업의 채무불이행 위험을 평가할 수 있다.

───────────

해설 ③ 부채비율은 자기자본 중에서 부채가 차지하는 비율을 뜻한다.

정답 ③

59-15A ☑☐☐☐
2019 하반기 군무원 복원

다음 중 해당 재무비율이 높아질 경우 경영상태가 개선되지 않는 무엇인가?

① 부채비율
② 총자본순이익률
③ 매출액순이익률
④ 이자보상비율

───────────

해설 부채비율이 높아지면 기업의 재무상태는 악화된다.

정답 ①

59-15F ☑☐☐☐
2022 군무원 9급

다음 중에서 안전성 비율로 옳지 않은 것은?

① 부채비율
② 유동비율
③ 당좌비율
④ 자본이익율

───────────

요점정리 안전성 비율(safety ratio, 또는 레버리지 비율)은 주로 부채와 자본간의 관계를 이용하여 기업의 장기채무불이행위험을 평가하고 또한 경기변동에 따른 기업의 장기적인 대응능력을 평가하는 비율이다. 부채비율(＝(유동부채＋비유동부채)/

자기자본), 이자보상비율(＝(EBIT(이자 및 법인세 차감전 순이익))/이자비용), 자기자본비율(＝자기자본/총자산), 고정비율(＝고정자산/자기자본)이 대표적인 안전성 비율이다. (선지 ②와 ③의 유동비율과 당좌비율은 분류상으로는 '유동성 비율'에 속하지만 넓은 의미에서 안전성 비율에 포함시킬 수도 있다.)

해설 ④ 자본이익율은 기업의 경영성과를 평가하는데 주로 사용되는 재무비율인 '수익성 비율'에 속한다.

정답 ④

59-16 ☑☐☐☐
2011 가맹거래사

A기업의 유동자산은 300억 원, 유동부채 200억 원, 자본 500억 원이다. 이 기업의 유동비율은?

① 100%
② 150%
③ 200%
④ 250%
⑤ 300%

───────────

해설 유동비율 $= \dfrac{\text{유동자산}}{\text{유동부채}} = \dfrac{300}{200} = 150\%$

정답 ②

59-16A ☑☐☐☐
2020 공인노무사

㈜한국의 총자산이 40억원, 비유동자산이 25억원, 유동부채가 10억원인 경우 유동비율은?

① 50%
② 70%
③ 100%
④ 150%
⑤ 200%

───────────

해설 총자산 40억원 중 비유동자산이 25억원이므로 유동자산의 규모는 15억원이 된다.

$$\text{유동비율} = \frac{\text{유동자산}}{\text{유동부채}} = \frac{15억원}{10억원} = 1.5 = 150(\%)$$

정답 ④

59-17 ☑□□□
2017 가맹거래사

㈜가맹의 20×7년도 말의 재무자료는 다음과 같다. ㈜
가맹의 유동자산은?

• 자산총계 :	100,000,000원
• 자본총계 :	40,000,000원
• 유동부채 :	20,000,000원
• 유동비율 :	150%

① 15,000,000원 ② 20,000,000원
③ 25,000,000원 ④ 30,000,000원
⑤ 35,000,000원

해설 유동비율은 (유동자산/유동부채)로 계산한다. 유동비율이
150%이므로 유동자산이 유동부채의 1.5배가 되므로 유동부채
(20,000,000원)의 1.5배인 30,000,000원이 유동자산 규모가 된다.

정답 ④

59-18 ☑□□□
|필수|
2016 경영지도사

유동자산 20억 원, 유동부채 10억 원, 재고자산 5억
원인 경우 당좌비율은?

① 50% ② 80%
③ 100% ④ 150%
⑤ 200%

해설 당좌비율＝당좌자산/유동부채＝(20－5)/10＝1.5(150%)
유동자산에는 당좌자산과 재고자산이 포함됨에 유의할 것.

정답 ④

59-19 ☑□□□
2014 공인노무사

유동비율 120%, 유동부채 100억 원, 재고자산 40억
원이면 당좌비율은?

① 70% ② 80%
③ 90% ④ 100%
⑤ 110%

해설 여기서 유동비율이 120%이므로 유동자산의 규모를 추

정할 수 있다. 유동비율은 (유동자산/유동부채)이므로 유동부
채 100억을 토대로 유동자산이 120억임을 알 수 있다.

$$당좌비율 = \frac{당좌자산}{유동부채} = \frac{유동자산 - 재고자산}{유동부채} = \frac{120-40}{100} = 80\%$$

정답 ②

59-20 ☑□□□
2015 가맹거래사

유동자산 1,200,000원, 유동부채 1,000,000원, 당좌
비율이 80%인 경우 재고자산은? (단, 유동자산은 당좌
자산과 재고자산으로만 구성된다고 가정한다.)

① 200,000원 ② 300,000원
③ 400,000원 ④ 500,000원
⑤ 800,000원

해설
$$당좌비율 = \frac{당좌자산(= 유동자산 - 재고자산)}{유동부채}$$

$$= \frac{1,200,000 - 재고자산}{1,000,000} = 80\%$$

따라서 재고자산은 400,000이다.

정답 ③

59-21 ☑□□□
2019 공인노무사

㈜한국의 유동자산은 1,200,000원이고, 유동비율과
당좌비율은 각각 200%와 150%이다. ㈜한국의 재고자
산은?

① 300,000원 ② 600,000원
③ 900,000원 ④ 1,800,000원
⑤ 2,400,000원

요점정리 유동비율$(= \frac{유동자산}{유동부채})$, 당좌비율$(= \frac{당좌자산}{유동부채})$,
1%＝0.01, 100%＝1

해설 유동비율은 (유동자산/유동부채)로 구한다. 유동자산이
120만 원이고 유동비율이 200%이므로 유동부채는 60만 원임
을 알 수 있다. 당좌비율은 (당좌자산/유동부채)로 구하는데,
분모의 유동부채가 앞서 구한대로 60만 원이므로 당좌비율이
150%가 되려면 분자의 당좌자산은 90만 원이 되어야 한다. 유
동자산은 재고자산과 당좌자산의 합계인데, 그 값이 120만 원

이고 여기서 당좌자산이 90만 원을 차지하므로 재고자산은 30만 원(＝120만 원－90만 원)이 된다.

정답 ①

59-21D ☑☐☐☐

2021 경영지도사

유동자산 1억원, 유동부채 1억원, 총부채 6억원, 자기자본 2억원, 총자본 8억원인 ㈜우리기업의 부채비율은?

① 50%

② 100%

③ 200%

④ 300%

⑤ 400%

해설〉 부채비율은 자기자본에 대비한 총부채의 비율이다. 따라서 자기자본 2억에 대비한 총부채 6억의 비율은 3배, 즉 300%가 된다.

정답 ④

59-22 ☑☐☐☐

2013 가맹거래사

비유동(고정)장기적합률을 나타내는 산식은?

① $\dfrac{비유동자산}{자기자본 + 비유동부채} \times 100$

② $\dfrac{비유동자산}{자기자본} \times 100$

③ $\dfrac{비유동자산}{자기자본 + 유동부채} \times 100$

④ $\dfrac{총자산}{유동부채 + 비유동부채} \times 100$

⑤ $\dfrac{총자산}{비유동부채} \times 100$

해설〉 비유동장기적합률은 비유동자산을 장기성 자본(자기자본＋비유동부채)으로 나눈 재무비율을 뜻한다.

정답 ①

59-22A ☑☐☐☐

2019 상반기 군무원 복원

다음 중 자산의 효율적 활용도를 알 수 있는 것은?

① 수익성 비율

② 유동성 비율

③ 활동성 비율

④ 안전성 비율

해설〉 수익성 비율은 투자한 자본으로 얼마만큼의 이익을 얻는가를 나타내는 지표이고, 유동성 비율은 단기채무지급능력을 유동자산과 유동부채의 비율로 확인하는 지표이다. 안전성비율은 기업의 장기채무불이행 가능성을 확인하는 지표이다. 따라서 자산의 활용도를 뜻하는 개념은 활동성 비율이 된다.

정답 ③

59-23 ☑☐☐☐

2015 가맹거래사

㈜가맹의 20X1년도 자료는 다음과 같다.

• 매출액	1,600,000원
• 기초매출채권	120,000원
• 기말매출채권	200,000원

매출채권이 1회전 하는데 소요되는 기간은? (단, 회계기간은 1월 1일부터 12월 31일까지이다.)

① 28.5일

② 32.5일

③ 36.5일

④ 42.5일

⑤ 48.5일

해설〉 $매출채권회전율 = \dfrac{순외상매출액}{연평균 매출채권}$

$$= \dfrac{1,600,000}{\dfrac{120,000 + 200,000}{2}} = 10$$

이는 매출채권이 연 10회 회전한다는 의미이므로, 1회당 회전기간은 1년(365일)의 1/10인 36.5일이 된다.

정답 ③

59-23A ✅☐☐☐ 2020 가맹거래사

㈜가맹의 매출액이 48,000,000원, 매출채권이 8,000,000원인 경우, 매출채권을 회수하는데 걸리는 평균기간은? (단, 매출채권은 매출액 발생연도의 기초와 기말의 평균값이며, 1년은 360일로 가정한다.)

① 40일   ② 45일
③ 50일   ④ 55일
⑤ 60일

해설 매출채권회전율 $= \dfrac{(외상)매출금}{연평균\ 매출채권} = \dfrac{48,000,000}{8,000,000} = 6$

따라서 1년(문제에서 360일로 가정)에 6번 매출채권이 회전되므로 1번 회전할 때의 기간, 즉 매출채권의 평균회수기간은 360일을 6으로 나눈 60일이 된다.

정답 ⑤

59-23J ✅☐☐☐ 2023 공인노무사

㈜한국의 매출 및 매출채권 자료가 다음과 같을 때, 매출채권의 평균회수기간은? (단, 1년은 360일로 가정한다.)

매출액	₩3,000,000
기초매출채권	150,000
기말매출채권	100,000

① 10일   ② 15일
③ 18일   ④ 20일
⑤ 24일

해설 아래의 두 공식을 활용한다. 매출채권회전율 공식의 분모(연평균 매출채권)는 기초매출채권과 기말매출채권의 평균으로 계산한다.

매출채권회전율 $= \dfrac{순외상매출액}{연평균\ 매출채권} = \dfrac{3,000,000}{\left(\dfrac{150,000 + 100,000}{2}\right)} = 24$

매출채권 평균회수기간 $= \dfrac{360일}{24} = 15(일)$

정답 ②

59-24 ✅☐☐☐ 2016 가맹거래사

제조원가가 109,500원, 기초재고가 18,000원, 기말재고가 15,000원인 경우, 재고자산 회전율은?(단, 소숫점 둘째자리에서 반올림한다.)

① 6.2회   ② 6.4회
③ 6.6회   ④ 6.8회
⑤ 7.0회

해설 재고자산회전율 $= \dfrac{매출원가}{재고자산의\ 평균잔액}$

$= \dfrac{18,000 + 109,500 - 15,000}{\dfrac{18,000 + 15,000}{2}}$

$= 6.818181\cdots$

정답 ④

59-24F ✅☐☐☐ 2022 가맹거래사

재고회전율에 관한 설명으로 옳지 않은 것은?

① 재고회전율을 높이면 재고가 늘어나 현금성 자산의 소요가 증가한다.
② 재고회전율을 이용한 재고수준 평가방법 중 하나는 업계 선두기업과 비교하는 것이다.
③ 재고회전율은 연간 매출원가에 연간 평균총재고액을 나눈 값이다.
④ 매출원가 계산 기준은 제품의 판매가격이 아닌 제조원가이다.
⑤ 총자산 중 재고비율은 일반적으로 도·소매업이 제조업보다 높다.

해설 ① 재고회전율을 높이면 평균재고량이 줄어든다. 따라서 현금지출도 줄어든다.

정답 ①

59-24M ☑☐☐☐

㈜가맹의 20×2년도 및 20×3년도 회계자료가 다음과 같을 때, 이를 이용하여 계산한 20×3년의 당좌비율과 재고자산회전율은? (단위: 천원)

	20×2. 12. 31.	20×3. 12. 31.
• 현금 및 현금성자산	60,000	30,000
• 매출채권	250,000	170,000
• 재고자산	120,000	40,000
• 장기금융자산	20,000	20,000
• 토지 및 건물	530,000	450,000
• 장기차입금	400,000	320,000
• 매입채무	120,000	80,000
• 매출원가	1,200,000	1,000,000

① 당좌비율=200%   재고자산회전율=25회
② 당좌비율=250%   재고자산회전율=12.5회
③ 당좌비율=250%   재고자산회전율=25회
④ 당좌비율=300%   재고자산회전율=12.5회
⑤ 당좌비율=300%   재고자산회전율=25회

해설 당좌비율은 당좌자산과 유동부채의 비율이다. 당좌자산은 현금(3만), 매출채권(17만)의 합이며, 유동부채는 매입채무(8만)이므로 그 비율은 250%(=200,000/80,000=2.5)이다. 한편 재고자산회전율은 재고자산의 평균잔액과 매출원가의 비율이다. 재고자산의 평균잔액은 8만(=(120,000+40,000)/2)이며 20×3년 기준의 매출원가는 100만이므로 그 비율은 12.5(=1,000,000/80,000)이다.

정답 ②

59-25 ☑☐☐☐
|필수|

총자산회전율의 산식은?

① 매출액/매출채권   ② 매출액/총자산
③ 순이익/자기자본   ④ 총자산/매출액
⑤ 자기자본/순이익

해설 ① 매출채권회전율
② 총자산회전율
③ 자기자본순이익률

정답 ②

59-26 ☑☐☐☐

총자산회전율을 계산할 때 분자에 해당되는 항목은?

① 당기순이익   ② 매출액
③ 유동자산   ④ 재고자산
⑤ 비유동자산

해설 총자산회전율 = $\dfrac{매출액}{총자산}$

정답 ②

59-26M ☑☐☐☐

총자산순이익률(ROA)이 20%, 매출액순이익률이 8%일 때 총자산회전율은?

① 2   ② 2.5
③ 3   ④ 3.5
⑤ 4

해설

총자산회전율 = $\dfrac{매출액}{총자산}$,   총자산순이익률 = $\dfrac{순이익}{총자산}$,

매출액순이익률 = $\dfrac{순이익}{매출액}$

이상의 식을 고려하면 총자산회전율과 매출액순이익률을 곱하면 총자산순이익률이 된다.

총자산순이익률 = $\dfrac{순이익}{총자산}$ = $\dfrac{매출액}{총자산} \times \dfrac{순이익}{매출액}$ = $x \times 8\%$ = 20%

따라서 총자산회전율(x)은 2.5가 된다.

정답 ②

59-27 ☑□□□

2011 가맹거래사

(ㄱ)에 해당하는 재무비율은?

$$총자본순이익률 = (ㄱ) \times 매출액순이익률$$

① 총자본회전율   ② 자기자본회전율
③ 유동자산회전율   ④ 비유동자산회전율
⑤ 매출채권회전율

해설 $총자본순이익률 = \dfrac{순이익}{총자본} = \dfrac{매출액}{총자본} \times \dfrac{순이익}{매출액}$

$$= (ㄱ) \times 매출액순이익률$$

따라서 (ㄱ)은 총자본회전율이 된다.

정답 ①

59-28 ☑□□□

2015 공인노무사

매출액순이익률이 2%이고 총자본회전율이 5인 기업의 총자본순이익률은?

① 1%   ② 2.5%
③ 5%   ④ 7%
⑤ 10%

해설 $총자본순이익률 = \dfrac{순이익}{총자본} = \dfrac{매출액}{총자본} \times \dfrac{순이익}{매출액}$

$$= 총자본회전율 \times 매출액순이익률$$

$$= 5 \times 2\% = 10\%$$

정답 ⑤

59-29 ☑□□□

2011 가맹거래사

배당수익률을 계산하는 산식은?

① $\dfrac{총배당액}{주식수}$ ② $\dfrac{주당배당액}{주가}$

③ $\dfrac{주당순이익}{총배당액}$ ④ $\dfrac{총배당액}{주당순이익}$

⑤ $\dfrac{주당배당액}{주식수}$

해설 배당수익률은 주식의 가격 대비 얼마만큼의 배당금을 지급하였는지를 나타내는 지표이다.

정답 ②

59-30 ☑□□□

2012 7급공무원 인책형

㈜한국은 매출액순이익률이 5%이고, 총자산회전율이 1.2이며, 부채비율(부채/자기자본)이 100%이다. 이 자료만을 활용한 ㈜한국의 ROE(자기자본순이익률)는?

① 6%   ② 8%
③ 10%   ④ 12%

해설 $ROE = \dfrac{순이익}{자기자본} = \dfrac{순이익}{매출액} \times \dfrac{매출액}{총자산} \times \dfrac{총자산}{자기자본}$

$$= 매출액순이익률 \times 총자산회전율 \times 2 = 12\%$$

여기서 마지막에 곱한 2는 부채비율로부터 추론된 것이다. 부채와 자본의 비율이 같으므로(100%) 자기자본에 대한 총자산(부채+자기자본)의 비율은 2가 된다.

정답 ④

59-31 ☑□□□

2017 공인노무사

유동비율 = $\dfrac{(A)}{유동부채} \times 100$, 자기자본순이익률(ROE)
= (1 + 부채비율) × (B) 일 때, 각각 옳게 짝지어진 것은?

① A: 유동자산,   B: 총자본순이익률
② A: 유동자산,   B: 매출액순이익률
③ A: 유동자산,   B: 총자본회전율
④ A: 유형자산,   B: 총자본회전율
⑤ A: 유형자산,   B: 매출액영업이익률

해설 유동비율은 유동자산과 유동부채의 비율이므로 (A)는 유동자산이다. 자기자본순이익률은 순이익과 자기자본의 비율인데, 문제에서는 부채비율을 활용하게끔 되어 있으므로 그에 맞게 식을 전개할 수 있다.

$$ROE = \left(1 + \dfrac{부채}{자기자본}\right) \times (B)$$

$$= \left(\dfrac{자기자본 + 부채}{자기자본}\right) \times \left(\dfrac{순이익}{자기자본 + 부채}\right) = \dfrac{순이익}{자기자본}$$

여기서 (B)는 순이익과 총자본(=자기자본+부채)의 비율이라 할 수 있으므로 (B)는 총자본순이익률에 해당된다.

정답 ①

59-32 ☑☐☐☐

다음 ( )에 해당하는 비율은?

$$\text{자기자본순이익율} = (\qquad) \times \frac{\text{총자본}}{\text{자기자본}}$$

① 총자본순이익율 ② 총자본회전율
③ 매출액순이익율 ④ 총자산영업이익율
⑤ 총자산회전율

해설> 자기자본순이익률 $= \dfrac{\text{순이익}}{\text{자기자본}} = \dfrac{\text{순이익}}{\text{총자본}} \times \dfrac{\text{총자본}}{\text{자기자본}}$

$= \text{총자본순이익률} \times \dfrac{\text{총자본}}{\text{자기자본}}$

정답 ①

59-32A ☑☐☐☐

재무비율이란 재무제표에 포함된 유용한 정보를 통하여 중요한 의사결정에 도움을 주도록 고안된 것이다. 재무비율에 대한 설명으로 가장 옳지 않은 것은?

① 부채비율(debt to equity ratio)은 총부채를 자기자본으로 나눈 비율로서 기업의 재무안정성을 측정하는 지표이다.
② 유동비율은 단기 채무를 상환할 수 있는 능력을 측정하는 재무비율로서 여기서 단기는 1분기, 즉 통상 3개월의 기간을 의미한다.
③ 자기자본순이익률은 자기자본의 성과를 나타내는 지표로서 주주들이 요구하는 투자수익률을 의미한다.
④ 총자산증가율은 일정기간 동안 총자산이 얼마나 증가하였는가를 나타내는 비율로서 총자산증가율이 높을수록 투자활동이 적극적으로 이루어져 기업규모가 증가하고 있음을 의미한다.

해설> ② 유동과 비유동의 구분기준은 1년이다. 1년 이내 현금화 가능한 자산은 유동자산이고, 1년 내 상환해야 하는 채무는 유동부채이다.

정답 ②

59-32B ☑☐☐☐

ROI(Return on Investment) 분석에 대한 설명으로 가장 옳지 않은 것은?

① ROI분석은 기업의 경영성과를 여러 부분의 재무요인으로 분해하여 경영성과의 변동요인을 분석하는 것이다.
② ROI는 경영관리의 효율성을 나타내는 지표이다.
③ ROI는 총자산순이익률(ROA)로 정의할 수도 있고, 자기자본순이익률(ROE)로 정의할 수도 있다.
④ ROI는 기업의 여러 사업부분의 성과에 대한 평가에는 활용되지 못한다.

요점정리> 투자수익률(投資收益率, Return of Investment)은 투자한 자본에 대한 수익 혹은 손실의 비율을 일컫는 용어이다. 투자 금액의 수익 및 손실은 금융 이자, 이익 실현, 이익 손실, 순수입, 순손실 등에서 기인한다. 투자한 자본은 일반적인 자본 외에 비용이 수반된 투자, 자산, 자본 등을 모두 일컫는다. 계산하여 수치를 나타낼 때 분수보다는 비율로 나타내는 경우가 많으며, 총자산이익률(Return on asset, ROA)과 자기자본이익률(Return on equity, ROE)을 포함한다.

해설> ④ 투자수익률(ROI)는 기업의 여러 사업부문에 대한 성과평가에 실제로 널리 활용되고 있다.

정답 ④

59-32D ☑☐☐☐

재무비율에 대한 설명으로 옳은 것은?

① 매출액 증가율은 생산성 비율에 해당한다.
② 이자보상비율이 낮을수록 재무적 안정성이 높다.
③ 주가수익비율(PER)은 주가를 주당순자산으로 나눈 비율이다.
④ 재고기간(재고자산 회전기간)은 재고자산회전율의 역수에 365를 곱하여 구할 수 있다.

해설> ① [×] 매출액 증가율은 기준기간(전년 혹은 전월 등) 대비 매출액이 얼마나 증가했는지를 나타내는 수치로서, 이는 재무비율 중 성장성 비율에 해당한다.
② [×] 이자보상비율은 이자비용에 대한 순이익의 비율이므로, 이 값이 커질수록 장기채무 불이행 위험이 감소한다.
③ [×] 주가수익비율은 주가를 (주당순자산이 아닌) 주당순이

익으로 나눈 비율이다.

④ [O] 재고기간은 다음 공식으로 구하므로 옳은 설명이다.

$$재고기간 = \frac{365일}{재고자산회전율}$$

정답 ④

59-32M ☑□□□　　2024 공인노무사

재무비율에 관한 설명으로 옳지 않은 것은?

① 자산이용의 효율성을 분석하는 것은 활동성비율이다.

② 이자보상비율은 채권자에게 지급해야 할 고정비용인 이자비용의 안전도를 나타낸다.

③ 유동비율은 유동자산을 유동부채로 나눈 것이다.

④ 자기자본순이익률(ROE)은 주주 및 채권자의 관점에서 본 수익성비율이다.

⑤ 재무비율분석 시 기업 간 회계방법의 차이가 있음을 고려해야 한다.

[해설] ① [O] 활동성 비율은 기업이 보유하고 있는 자산을 얼마나 효율적으로 활용하고 있는가를 측정하는 재무비율로서, 기업의 수익을 나타내는 매출액과 특정자산 혹은 전체자산의 비율로 계산된다.

② [O] 이자보상비율이란 영업이익을 이자비용으로 나눈 것으로, 기업이 번 돈으로 이자를 지급할 수 있는 능력이 얼마나 되는지를 나타내는 지표다.

③ [O] 유동비율의 올바른 계산법이다.

④ [×] 자기자본순이익률은 기업이 자기자본(주주지분)을 활용해 1년간 얼마를 벌어들였는가를 나타내는 대표적인 수익성 지표로 경영효율성을 표시해 준다. 아는 주주입장의 수익성비율이며, 채권자 관점과는 무관하다.

⑤ [O] 기존 GAAP과는 다르게 K-IFRS(한국채택국제회계기준)는 유사한 거래일지라도 판단기준에 따라 다른 회계처리가 가능한 다양성, 유연성을 강조하는 특징을 가지고 있다. 따라서 재무비율의 차이가 발생할 수 있으므로 해석시 유의해야 한다.

정답 ④

59-33 ☑□□□　　2019 7급 가형

투자수익률(return on investment, ROI) 분석 기법의 하나인 자기자본수익률(return on equity, ROE)에 대한 설명으로 옳지 않은 것은?

① 매출액에서 차지하는 순이익의 비중이 높아지면 자기자본수익률이 높아진다.

② 매출액을 기준으로 총자산이 1년 동안 반복 운용되는 횟수가 증가하면 자기자본수익률이 높아진다.

③ 부채비율이 높아지면 자기자본수익률이 낮아진다.

④ 자기자본수익률은 순이익을 자기자본으로 나누어 자기자본의 효율적 이용도를 측정하는 투자 지표이다.

[해설] 자기자본수익률은 주주가 투자한 돈으로 어느 정도의 수익률을 내었는가를 나타낸다. 그 계산공식은 당기순이익을 자기자본(자본금＋법정준비금＋잉여금)으로 나눈 값이다.

① [O] 계산공식의 분자가 당기순이익이므로 순이익의 비중이 높아질 경우 자기자본수익률도 상승한다.

② [O] '매출액을 기준으로 총자산이 1년 동안 반복 운용되는 횟수'는 총자산회전률이고 이는 매출액을 자산총액으로 나누어 구한다. 이 값이 증가한다면 동일 매출액 대비 자산총액이 감소하게 되고, 자산총액이 감소하면 자본도 감소할 가능성이 크므로 자본을 분모로 삼는 자기자본수익률은 상승한다.

③ [×] 부채비율이 증가하면 부채와 자본의 합계인 총자산이 증가함에 따른 이자비용 증가보다 부채가 증가함에 따라 증가하는 자산에 의한 수익이 더 커지게 되므로 부채비율이 높을수록 자기자본수익률(ROE)이 증가한다.

④ [O] 이 지문은 자기자본수익률의 개념 자체를 잘 설명한 것이다.

정답 ③

59-33F ☑□□□
2022 군무원 5급

다음은 재무적 측면의 경영기법인 ROI(Return On Investment, 투자수익률) 기법에 관한 설명들이다. 이 중 가장 옳지 않은 것은?

① 투자수익률은 투자액 대비 이익의 크기 비율로 측정하는 지표로서, 보통 투자액은 재무상태표(대차대조표)의 총자산을, 이익은 포괄손익계산서의 당기순이익을 사용하므로, 이는 결국 재무비율 중 하나인 총자산이익률에 해당한다.

② 매출액의 크기에 따라 당기순이익의 크기도 달라지므로, 총자산이익률을 투자수익률로 사용할 경우, 그 측정 결과는 매출액의 크기에 따라 영향을 받게 된다.

③ 총자산이익률은 매출액이익률에 총자산회전율을 곱한 것과 동일하다.

④ ROI기법은 기업의 목표를 투자수익률 극대화로 설정하고서, 이를 결정하는 각 재무요인들을 해당 부서에서 집중관리 함으로써, 전사적(全社的)으로 목표를 달성하려는 관리기법이라고 할 수 있다.

해설〉 ② 얼핏 보면 맞는 말 같다. 매출액에서 영업비용 및 비영업관련비용을 제한 값이 당기순이익이기 때문이다. 그러나 선지 ③을 잘 보자.

총자산이익률 = 매출액이익률 × 총자산회전율

$$= \frac{당기순이익}{매출액} \times \frac{매출액}{총자산}$$

따라서 이 식에 따르면 매출액은 분모와 분자에서 한번씩 등장하여 결국 상쇄되므로 매출액 변동이 있어도 총자산이익률은 변화하지 않는다.

정답 ②

59-34 ☑□□□
2018 가맹거래사

재무비율을 계산하는 방법으로 옳지 않은 것은?

① 배당수익률(%) $= \dfrac{총배당액}{당기순이익} \times 100$

② 당좌비율(%) $= \dfrac{당좌자산}{유동부채} \times 100$

③ 비유동장기적합율(%)
$= \dfrac{비유동자산}{자기자본 + 비유동부채} \times 100$

④ 유동비율(%) $= \dfrac{유동자산}{유동부채} \times 100$

⑤ 주가수익비율(%) $= \dfrac{주동주가}{주당순이익}$

해설〉 ① 배당수익률은 (1주당 배당금)/(현재주가)를 통해 구한다.

정답 ①

59-34A ☑□□□
2018 군무원 복원

다음 중 재무비율에 대한 공식으로 옳은 것을 모두 고르면?

ㄱ. 부채비율 $= \dfrac{(유동부채 + 비유동부채)}{자기자본}$
ㄴ. 자기자본비율 $= \dfrac{자본}{총부채}$
ㄷ. 총자산회전율 $= \dfrac{매출액}{평균총자산}$
ㄹ. 주당순이익 $= \dfrac{당기순이익}{주식수}$
ㅁ. 주가수익률 $= \dfrac{우선주\ 1주당\ 주가}{주당순이익}$

① ㄱ, ㄷ, ㄹ
② ㄱ, ㄷ, ㅁ
③ ㄴ, ㄷ, ㅁ
④ ㄴ, ㄹ, ㅁ

해설〉

- 자기자본비율 $= \dfrac{자기자본}{총자산}$

- 주가수익비율 $= \dfrac{보통주\ 1주당\ 시가}{주당순이익}$

정답 ①

59-34D ✔☐☐☐
2021 가맹거래사

㈜가맹의 회계담당자가 실수로 외상매출거래의 일부를 누락하였으나, 기말재고는 올바르게 기록하였다. 이로 인해 영향을 받지 않은 재무비율로 옳은 것은?

① 부채비율
② 당좌비율
③ 유동비율
④ 매출채권회전율
⑤ 자기자본비율

해설 부채비율은 자기자본에 대한 총부채(유동부채와 비유동부채의 합)의 비율이므로 외상매출거래의 누락, 즉 당좌자산의 누락에 대하여 영향을 받지 않는다.

정답 ①

59-34F ✔☐☐☐
2022 군무원 7급

다음 중 주가수익비율(PER)에 대한 설명으로 가장 옳지 않은 것은?

① 주가수익비율(PER)은 주가를 주당순이익(EPS)으로 나눈 값을 의미한다.
② 기업의 이익 대비 주가가 몇 배인가를 의미하며, 상대 가치평가에 사용된다.
③ 당기순이익이 증가하면 PER는 작아지게 된다.
④ PER이 높을수록 투자원금을 더욱 빨리 회수할 수 있다는 것이고 투자수익율이 높다.

요점정리 주가이익비율(PER: price earning ratio＝(보통주 1주당 시가)/주당순이익)은 기업의 과거 영업실적과 미래이익에 대한 투자자의 기대반영치를 의미한다. 따라서 동일한 과거 실적 대비 PER값이 큰 기업은 향후 성장기대치가 높은 회사라 할 수 있다. PER 계산시 분자에는 주식의 액면가가 아니라 현재 가격, 즉 시가가 반영됨에 유의해야 한다.

해설 ① PER의 올바른 정의이다.
② 이익 대비 주가의 배수가 맞고, 상대적인 기업가치평가에 활용될 수 있다. 왜 상대적이냐 하면 이익이나 주가의 절대크기가 아니라 이들간의 비율로 표시되는 것이기 때문이다.
③ 당기순이익이 증가하면 주당순이익도 커지고, 분모가 커지므로 PER은 작아진다.
④ 틀린 설명이다. 앞의 선지 ③에 따르면 당기순이익이 커지면 PER은 작아진다. 그런데 당기순이익이 커지면 투자수익률은 커진다. 왜냐하면 투자수익률의 분자가 당기순이익이기 때문이다.

정답 ④

59-35 ✔☐☐☐
2014 가맹거래사

주가수익률(PER)을 계산하는 산식은?

① $\dfrac{주당순이익}{현재주가}$
② $\dfrac{주식액면가}{주당순이익}$
③ $\dfrac{주당순이익}{주식액면가}$
④ $\dfrac{현재주가}{주당순이익}$
⑤ $\dfrac{주당배당액}{현재주가}$

해설 PER은 주식의 시가(현재 주가)를 주당 순이익으로 나눈 값이다.

정답 ④

59-36 ✔☐☐☐
2018 경영지도사

㈜경지사의 보통주 주가는 100원, 순이익 10,000원, 평균발행주식(보통주) 500주, 우선주배당금은 없을 경우의 주가수익비율(PER)은? (단, 주어진 조건 의에 다른 조건은 가정하지 않음)

① 1(배)
② 2(배)
③ 3(배)
④ 4(배)
⑤ 5(배)

해설 PER ＝ (1주당 시가/주당순이익)이다.
따라서 PER＝100/(10,000/500)＝5가 된다.

정답 ⑤

59-37 ☑□□□
2017 7급공무원 가책형

기업의 재무제표분석과 관련된 내용으로 옳지 않은 것은?

① 주당순이익(Earnings Per Share)을 통해 기업이 주주에게 배당할 수 있는 역량을 파악할 수 있으며 주당순이익이 높을수록 주주들은 높은 배당금을 받게 된다.

② 유동비율(Current Ratio)은 유동부채 대비 유동자산의 비율을 의미한다.

③ 재고자산회전율(Inventory Turnover Ratio)이 높다는 것은 재고자산관리가 효율적임을 의미한다.

④ 부채비율(Debt to Equity Ratio)은 타인자본과 자기자본 사이의 관계를 측정하는 것으로 낮을수록 재무상태가 건전하다고 볼 수 있다.

───────────

해설〉 ① 배당금을 많이 주는지의 여부는 배당성향, 즉 이익 중 배당금의 비율을 보아야 한다.

정답 ①

59-37D ☑□□□
2021 서울시 7급

재무비율의 계산 및 분석에 대한 설명으로 가장 옳지 않은 것은?

① 유동비율은 유동자산을 유동부채로 나눈 비율로, 단기부채지급능력을 평가하는 데 사용된다. 수익성과 상충관계에 있기 때문에 경영자의 판단하에 적절한 비율을 유지할 필요가 있다.

② 당좌비율은 재고자산을 제외한 유동자산을 유동부채로 나눈 비율이다. 유동성이 상대적으로 낮은 재고자산을 제외함으로써, 유동자산 중에서도 유동성이 매우 높은 자산만을 통해 유동성을 평가하는 비율이다.

③ 총자산회전율은 매출액을 총자산으로 나눈 비율로, 총자본회전율이라고도 한다. 이 비율은 기업이 보유한 총자산을 얼마나 효율적으로 이용했는가를 보여준다.

④ 총자본순이익률은 자기자본대비 당기순이익의 규모를 나타내는 지표로, 주주가 기업에 투자한 자본에 대해 벌어들이는 수익성을 측정하는 비율이다.

───────────

해설〉 ④ 총자본순이익률은 자기자본이 아니라 총자본에 대비한 순이익의 규모를 뜻한다. 선지에서 설명하는 '자기자본대비 당기순이익'은 자기자본순이익률을 의미한다.

정답 ④

59-38 ☑□□□

2019 서울시 7급 B책형

회계오류의 수정에 대한 설명으로 가장 옳지 않은 것은?

① 매출채권을 미수금으로 처리하여 발생하는 오류는 당기순이익에 영향을 미치지 않는다.

② 포괄손익계산서의 수익과 비용계정 과목을 잘못 분류하여 발생하는 오류는 당기순이익에 영향을 미친다.

③ 재고자산오류, 선수수익 관련 오류는 자동조정오류로 재무상태표와 손익계산서 모두에 영향을 미친다.

④ 오류의 효과가 다음 연도에 자동적으로 상계되지 않는 비자동조정오류는 당기순이익에 영향을 미친다.

해설 회계오류는 크게 두 종류로 구분된다. 하나는 재무상태표나 포괄손익계산서 둘 중 하나에만 관련되므로 당기순이익에 영향을 주지 않는 '계정분류상의 오류'이고, 또 다른 하나는 둘 다에 관련되므로 당기순이익에 영향을 주는 오류이다. 후자는 다시 특정기간의 오류가 다음기간에 바로잡아져서 결국 전체시기를 합산할 때 오류가 상쇄되는 '자동조정오류'와 그렇지 않은 '비자동조정오류'로 나뉜다.

① [○] 매출채권이나 미수금 모두의 공통점은 아직 받지 못한 돈이라는 것이다. 따라서 항목의 오류일 뿐 자산규모에 차이를 가져오지 않는다.

② [×] 단순한 계정분류상의 오류(예, 수익과 비용항목의 잘못된 분류)와 같이 재무상태표나 손익계산서 둘 중 하나에만 영향을 미치는 오류는 당기순이익에 영향을 미치지 않는다.

③ [○] 자동조정오류는 오류발생시점에서의 잘못된 회계처리가 다음 시기의 회계처리에서 자동으로 조정되는 것이다. 대표적인 자동조정오류 항목으로는 재고자산의 과대·과소계상, 선급비용·미지급비용·선수수익·미수수익의 과대 및 과소계상 등이 있다. 자동조정오류는 재무상태표와 손익계산서 모두에 영향을 미치는 오류에 속한다.

④ [○] 비자동조정오류는 별도의 수정절차를 거치지 않는 한 회계기간이 경과되더라도 발생한 오류가 자동수정되지 않는다. 따라서 당기순이익에 영향을 미치게 되므로 반드시 소급적용하여 오류를 바로잡아야 한다. 비자동조정오류 역시 재무상태표와 손익계산서 모두에 영향을 미치는 오류에 속한다.

정답 ②

재무관리론

화폐의 시간가치

1. 재무관리의 의의와 목표

1) 의의: 기업의 자금흐름과 관련된 제반 활동을 다루는 경영학의 분야

2) 목표: 기업가치(＝자기자본＋타인자본)의 극대화, 자기자본가치의 극대화, 경영자이익의 극대화

2. 가치평가의 기초 : 화폐의 시간가치

1) 미래가치: 미래가치$_n$ ＝ 원금×$(1 ＋$이자율$)^n$

   (단리일때는 원금＋(이자×n)으로 계산)

2) 현재가치: 현재가치$_n$ ＝ $\dfrac{\text{현재의 현금흐름}}{(1＋\text{이자율})^n}$ ← 현금흐름할인모형(DCF)

60-1 ☑☐☐☐
2018 가맹거래사

재무관리의 주요한 영역에 포함되지 않는 것은?

① 투자결정　　② 종업원 관리
③ 위험관리　　④ 운전자본관리
⑤ 자본조달결정

해설 종업원의 관리는 재무관리가 아니라 '인적자원관리' 분야에 속하는 영역이다.

정답 ②

60-1D ☑☐☐☐
2021 군무원 9급

다음 중 재무관리자의 역할이 아닌 것은?

① 투자결정　　② 자본조달결정
③ 회계처리　　④ 배당결정

해설 ③ 엄격히 회계와 재무를 구분한다면, 회계처리는 회계 담당자 영역이다. 투자할 것인지 말지(선지 ①), 자본을 타인자본과 자기자본 중 무엇으로부터 조달할 것인지(선지 ②), 발생한 이익을 주주에게 배당할 것인지 아니면 다른 사업에 재투자할 것인지(선지 ④) 등은 모두 재무관리자의 역할에 해당한다.

정답 ③

60-2 ☑☐☐☐
▮唰◈▮
2013 경영지도사

재무의사 결정의 기초적 원리에 관한 설명으로 옳지 않은 것은?

① 오늘의 1원은 내일의 1원보다 가치가 크다.
② 위험이 높아지면 기대수익률은 낮아진다.
③ 투자안 평가는 회계상의 이익이 아닌 현금흐름을 기초로 이루어진다.
④ 자본시장에서 모든 정보는 신속히 반영되며, 주가는 기업의 진정한 가치를 반영한 적정가격이다.
⑤ 재무적 의사결정의 궁극적 목표는 기업 가치 극대화에 있다.

해설 ① 현재가치 $= \dfrac{\text{미래가치}}{(1+\text{할인율})^{\text{기간}}}$ 으로 표현할 수 있다. 따

라서 오늘의 1원은 내일의 1원보다 그 가치가 큰 것이다.
② 기대수익률과 위험은 비례한다. High risk, high return!!
③ 현금흐름은 현금의 유입과 유출을 의미한다. 투자안의 평가 대상은 바로 현금흐름이다.
④ 주가에 대한 옳은 설명이다.
⑤ 이 역시 기업재무의사결정의 본질을 설명한 옳은 문장이다.

정답 ②

60-3 ☑☐☐☐
2014 가맹거래사

재무적 의사결정에 관한 설명으로 옳지 않은 것은?

① 투자결정을 통해 최적자산을 구성하려는 노력이 필요하다.
② 자금조달결정을 통해 최적자본구조를 형성하려는 노력이 필요하다.
③ 투자안 평가는 회계상 이익이 아닌 현금흐름을 기초로 이루어진다.
④ 위험이 높아지면 기대수익률은 낮아진다.
⑤ 오늘의 100원은 내일의 100원보다 가치가 더 크다.

해설 ④ 위험과 기대수익률은 비례하는 경향이 있다. "High risk, high return."이라는 격언을 생각해 볼 것

정답 ④

60-4 ☑☐☐☐
2018 가맹거래사

현대 재무관리의 궁극적인 장기 목표는?

① 종업원 만족 극대화
② 기업가치 극대화
③ 고객만족 극대화
④ 조세납부 최소화
⑤ 협력업체 만족 극대화

해설 재무관리의 목표는 기업가치의 극대화이며, 이는 자기자본가치와 타인자본가치로 구성된다.

정답 ②

60-5 ☑☐☐☐
2016 공인노무사

주식에 관한 설명으로 옳지 않은 것은?

① 기업의 이익 중 일부를 주주에게 분배하는 것을 배당이라 한다.
② 기업은 발행한 보통주에 대한 상환의무를 갖지 않는다.
③ 주식은 자금조달이 필요한 경우 추가로 발행될 수 있다.
④ 모든 주식은 채권과 달리 액면가가 없다.
⑤ 주주는 투자한 금액 내에서 유한책임을 진다.

───────────

요점정리 가장 대표적인 유가증권이라 할 수 있는 주식(stock)은 주식회사의 주주가 출자의 징표로 발급받는 증서이다. 기업이 발행하는 주식의 종류는 이익배당과 잔여재산의 분배에 대한 권리의 순서에 따라 일반 주식인 보통주, 우선주, 후배주, 혼합주 등으로 구분된다. 우선주는 이익배당이나 잔여재산분배에 관한 우선적 지위가 인정되는 주식이며, 후배주는 열등한 지위를 갖는 주식, 혼합주는 이익배당에는 우선하지만 잔여재산분배에 있어서는 열등한 주식을 뜻한다. 일반적으로 주식이라 하면 별다른 언급이 없는 한 보통주를 뜻한다. 보통주는 주주가 스스로의 책임하에 구입하는 것이므로 기업이 보통주에 대하여 상환해야 할 의무는 없다.

해설 ④ 주식에도 액면가가 있다.

정답 ④

60-5J ☑☐☐☐
2023 군무원 7급

다음 중 주식회사의 현금흐름에 대한 설명으로 가장 적절하지 않은 것은?

① 주식회사는 현금을 조달하기 위해 채권을 발행한다.
② 주식회사는 주주가 투자한 원금을 상환할 의무가 있다.
③ 주식회사는 영구채권의 원금을 채권자에게 상환할 의무가 없다.
④ 주식회사는 채권자에게 약정한 이자를 지급한다.

───────────

해설 ① [O] 주식회사에서 현금을 조달하는 두 방식은 주식발행과 채권발행이다.
② [×] 주주가 투자한 금액은 자신의 판단 하에 투자하는 것이므로 주주 본인이 주식을 판매하여 회수하는 방식으로 현금화

할 수 있다. 주주에게는 배당금 외에 기업이 지급하거나 상환하는 것이 존재하지 않으며, 오히려 원금상환 의무가 존재하는 유가증권은 채권이라 할 수 있다.
③ [O] 영구채권은 영구히 채권자에게 기업이 이자를 지급하는 조건의 채권이며, 원금상환의무가 없다.
④ [O] 통상적으로 기업은 채권자에게 원금의 일정비율(coupon rate)만큼의 이자를 정기적으로 지급한다.

정답 ②

60-6 ☑☐☐☐
2008 7급공무원 봉책형

기업가치평가에서 DCF(discounted cash flow) 접근법에 대한 설명으로 옳지 않은 것은?

① 해당 현금흐름이 갖고 있는 위험 수준을 반영한다.
② 미래보다는 과거 실적을 평가하는데 유용하다.
③ 전체 기업가치를 평가하는데 활용될 수 있다.
④ 기업의 장기적인 현금창출 능력을 의미한다.

───────────

해설 ① DCF에서는 앞으로의 현금흐름을 이자율로 할인하여 현재가치를 판단하게 되는데, 여기서의 이자율이 위험을 반영하는 지표가 된다. 일반적으로 수익률과 위험은 비례한다.
② DCF는 앞으로의 현금흐름을 파악하는 방법이다. 할인(discount)은 미래가치를 현재시점의 가치로 환산하는 것이다. 따라서 '과거'의 실적평가가 아니라 '미래'의 실적평가에 사용되는 것이다.

정답 ②

60-7 ☑☐☐☐
2010 가맹거래사

연간이자율이 10%인 경우, 단리계산에 의한 현재 100,000원의 2년 후 미래가치는?

① 100,000원   ② 110,000원
③ 120,000원   ④ 121,000원
⑤ 133,100원

───────────

해설 단리계산의 미래가치 $= 100,000 + (100,000 \times 10\% \times 2)$

$= 120,000$

정답 ③

60-8 ☑□□□

2013 공인노무사

현재 100,000원을 연 10% 확정된 복리이자로 은행에 예금할 경우 2년 후 미래가치는?

① 110,000원   ② 111,000원
③ 120,000원   ④ 121,000원
⑤ 122,000원

해설 미래가치 $= 100,000 \times (1+0.1)^2 = 121,000$

정답 ④

60-9 ☑□□□

2014 가맹거래사

현재 1,000,000원을 연 3% 복리이자로 은행에 정기예금하였을 때 2년 후 미래가치는?

① 1,050,900원   ② 1,060,000원
③ 1,060,900원   ④ 1,100,900원
⑤ 1,130,900원

해설 2년 후 미래가치 $= 1,000,000 \times (1+0.03)^2 = 1,060,900$

정답 ③

60-9A ☑□□□

2017 군무원 복원

일정금액을 투자하여 2년 후 6,050만원을 만들기 위해 투자해야 할 원금으로 옳은 것은? (단, 연이율은 10%이고, 천원 단위에서 반올림한다)

① 4,050만원   ② 5,000만원
③ 4,850만원   ④ 5,800만원

해설 2년을 복리로 투자한 금액이 6,050만원이 되는 금액 A 는 다음과 같이 구한다.

$$A(1+0.1)^2 = 6,050 \rightarrow A = \frac{6,050}{(1+0.1)^2} = 5,000$$

정답 ②

60-10 ☑□□□

2014 경영지도사

A씨는 건물을 지어 분양하려고 한다. 이 건물을 짓는데 7,000만 원이 소요되지만 1년 후에 7,865만 원의 현금을 받고 매각할 수 있다. 시장이자율이 연 10%라고 할 때 이 투자안의 현재 가치는?

① 7,100만 원   ② 7,150만 원
③ 7,200만 원   ④ 7,250만 원
⑤ 7,300만 원

해설 현재가치 $=$ 수익예상액의 현재가치

$$= \frac{7,865}{(1+0.1)} = 7,150(\text{만 원})$$

정답 ②

60-11 ☑□□□

2016 가맹거래사

현금유입이 1년 후에는 500만 원, 2년 후에는 800만 원, 3년 후에는 900만 원이 예상되는 투자안이 있다. 할인율이 20%라고 할 때, 이 투자안의 현재가치는? (단, 가장 근사치를 선택한다.)

① 1,293만 원   ② 1,393만 원
③ 1,493만 원   ④ 1,550만 원
⑤ 1,833만 원

해설 현재가치 $= \frac{5,000,000}{(1+0.2)} + \frac{8,000,000}{(1+0.2)^2} + \frac{9,000,000}{(1+0.2)^3}$

$$= 4,166,667 + 5,555,556 + 5,208,333$$

$$= 14,930,555$$

정답 ③

60-12 ☑□□□
2018 공인노무사

A기업은 2019년 1월 1일에 150만 원을 투자하여 2019년 12월 31일과 2020년 12월 31일에 각각 100만 원을 회수하는 투자안을 고려하고 있다. A기업의 요구수익률이 연 10%일 때, 이 투자안의 순현재가치(NPV)는 약 얼마인가? (단, 연 10% 기간이자율에 대한 2기간 단일현가계수와 연금현가계수는 각각 0.8264, 1.7355이다.)

① 90,910원 ② 173,550원
③ 182,640원 ④ 235,500원
⑤ 256,190원

해설 투자안의 순현재가치(NPV)는 투자안으로부터 기대되는 현금흐름의 현재가치에서 투자금액을 뺀 값으로 계산한다.

$$NPV = \frac{1,000,000}{(1+0.1)^1} + \frac{1,000,000}{(1+0.1)^2} - 1,500,000$$

$$= 1,000,000 \left(\frac{1}{(1+0.1)^1} + \frac{1}{(1+0.1)^2} \right) - 1,500,000$$

문제에서 제시한 '연금현가계수'는 위 식의 파란색 부분이다. 따라서 굳이 복잡하게 계산할 필요 없이 문제에서 준 정보를 사용하자.

$$NPV = (1,000,000 \times 1.7355) - 1,500,000 = 235,500(원)$$

정답 ④

60-13 ☑□□□
필수
2015 공인노무사

매년 말 200만 원을 영원히 지급받는 영구연금의 현재가치는? (단, 연간이자율은 10%)

① 1,400만 원 ② 1,600만 원
③ 1,800만 원 ④ 2,000만 원
⑤ 2,200만 원

해설 영구연금의 현재가치 = $\dfrac{\text{매기마다 주어지는 금액}}{\text{할인율}}$

$$= \frac{2,000,000}{0.1} = 20,000,000$$

정답 ④

60-14 ☑□□□
2017 서울시 7급

대한이는 오늘부터 매년 1백만 원씩 5년 간 지급받는 연금복권에 당첨되었고 민국이는 1년 후부터 매년 1백만 원씩 5년 간 지급받는 연금복권에 당첨되었다. 대한이가 당첨된 연금복권의 현재가치와 민국이가 당첨된 연금복권의 현재 가치의 차이는 얼마인가? (단, 연간 이자율은 10%이고, $(1.1)^{-5}$ 은 0.620921이다.)

① 0원 ② 379,079원
③ 620,921원 ④ 1,000,000원

해설
- 대한이 연금복권 현재가치 $= 100만 + \underline{100만/(1+0.1) + \cdots + 100만/(1+0.1)^4}$
- 민국이 연금복권 현재가치 $= \underline{100만/(1+0.1) + \cdots} + 100만/(1+0.1)^5$
- 둘의 차이 $= 100만 - 100만/(1+0.1)^5 = 379,079(원)$

정답 ②

60-15 ☑□□□
2018 서울시 7급 A형

연초에 은행에서 100만 원을 연 10%의 이자율로 2년 간 차입하였다. 1년 후에 60만 원을 상환해야 할 경우, 2년 후에 상환해야 할 금액은?

① 50만 원 ② 55만 원
③ 60만 원 ④ 65만 원

해설 전체 총 상환액은 빌린 돈 100만 원과 2년간의 이자를 미래가치로 환산한 금액이다.

$$상환예정액 = 100만원 \times (1+0.1)^2 = 121만원$$

그런데 문제에서 1년 후 60만 원을 상환한다고 했다. 본래 1년차의 발생이자는 100만 원의 10%인 10만 원인데, 60만 원을 상환했다는 것은 원금 50만 원도 함께 갚았다는 뜻이다. 그렇다면 이제 2년차에는 원금이 50만 원만 남게 되고, 그에 대한 10% 이자 역시 5만 원으로 줄어든다. 따라서 2년이 끝나는 시점에서 갚아야 할 전체 금액은 55만 원이 된다.

정답 ②

채권과 주식의 가치평가

1. 채권의 종류와 가치평가

1) 순수할인채권(=무이표채): 만기까지 이자지급이 없고 만기일에 액면금액 수령

$$순수할인채권의\ 현재가치 = \frac{액면가}{(1+이자율)^{만기}}$$

2) 영구채권: 만기가 없이 매 기간마다 이자만 수령

$$영구채권의\ 현재가치 = \frac{이자}{(1+이자율)^1} + \frac{이자}{(1+이자율)^2} + \cdots + \frac{이자}{(1+이자율)^n} + \cdots = \frac{이자}{이자율}$$

2. 만기수익률과 채권가치

만기수익률 > 표면이자율 → 채권가격 < 액면가 → 할인채권

만기수익률 < 표면이자율 → 채권가격 > 액면가 → 할증채권

만기수익률 = 표면이자율 → 채권가격 = 액면가 → 액면채권

3. 채권가치에 영향을 미치는 요인(말킬의 연구)

1) 채권가치는 채권이자율과 역의 관계 (이자율은 할인율이기 때문)
2) 이자율 하락으로 인한 채권가치 상승폭 > 이자율 상승으로 인한 채권가치 하락폭
3) 만기가 길어질수록 채권가치 변동폭이 커짐
4) 표면이자율이 낮을수록 시장이자율 변동에 따른 채권가치 변동폭이 커짐

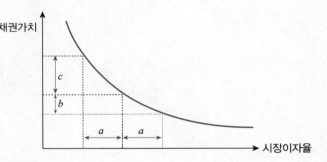

4. 주식가치의 평가

1) 배당평가모형(DDM)

$$주식가치평가액 = \frac{1기\ 배당금}{(1+이자율)^1} + \frac{2기\ 배당금}{(1+이자율)^2} + \cdots + \frac{\infty기\ 배당금}{(1+이자율)^\infty}$$

2) 배당금의 성장이 없는 경우

$$주식의\ 현재가치 = \frac{배당금}{(1+이자율)^1} + \frac{배당금}{(1+이자율)^2} + \cdots + \frac{배당금}{(1+이자율)^n} + \cdots = \frac{배당금}{이자율}$$

3) 배당금의 성장이 일정한 경우(항상성장모형 또는 고든모형)

$$주식의\ 현재가치 = \frac{배당금}{(1+이자율)^1} + \frac{배당금(1+g)}{(1+이자율)^2} + \cdots + \frac{배당금(1+g)^{n-1}}{(1+이자율)^n} + \cdots = \frac{배당금}{이자율-g}$$

61-1 ☑☐☐☐
2013 가맹거래사

A기업은 액면금액이 ₩1,000,000이고, 액면이자율이 연 5%인 영구채권을 발행하였다. 이자는 연 1회 지급되며, 할인율이 연 10%인 경우, 이 채권의 균형가격은?

① ₩300,000　　　　② ₩500,000

③ ₩800,000　　　　④ ₩1,000,000

⑤ ₩1,200,000

해설 채권균형가격 $= \dfrac{\text{연지급이자}}{\text{할인율}} = \dfrac{50,000}{0.1} = 500,000$

정답 ②

61-2 ☑☐☐☐
2015 가맹거래사

액면금액이 1,000,000원, 표면이자율 연 8%, 만기가 2년인 채권이 있다. 이자는 연말에 지급되고, 채권에 대한 요구수익률이 연 8%인 경우 이 채권의 균형가격은?

① 800,000원　　　　② 900,000원

③ 1,000,000원　　　　④ 1,200,000원

⑤ 1,500,000원

해설 표면이자율(=액면이자율)과 할인율(=수익률)이 같다면 채권의 가치(=균형가격)는 액면가와 같아진다.

정답 ③

61-3 ☑☐☐☐
2016 서울시 7급

㈜서울은 만기 1년, 액면금액 100,000원인 무이표채(zero coupon bond)를 발행하려 한다. 무이표채의 만기수익률(YTM)이 연 10%라고 할 때, 동 채권 발행시 조달할 수 있는 자금은 얼마인가?

① 82,645원　　　　② 90,909원

③ 99,000원　　　　④ 110,000원

해설 순수할인채권(무이표채)의 현재가치 $= \dfrac{\text{액면가}}{(1 + \text{이자율})^{\text{만기}}}$

$= \dfrac{100,000}{(1+0.1)^1} = 90,909$

정답 ②

61-4 ☑☐☐☐
2018 공인노무사

A기업은 액면가액 10,000원, 만기 2년, 액면이자율 연 3%인 채권을 발행하였다. 시장이자율이 연 2%라면, 이 채권의 이론가격은? (단, 가격은 소수점 첫째 자리에서 반올림한다.)

① 9,194원　　　　② 9,594원

③ 10,194원　　　　④ 10,594원

⑤ 10,994원

해설 채권의 가치는 이자와 원금 각각의 현재가치를 합산하는 것이다. 이자는 액면이자율로 계산하고, 현재가치를 구할 때 사용하는 할인율로는 시장이자율을 사용한다.

채권가치
= 1년치 이자의 현재가치 + 2년치 이자 및 원금의 현재가치
$= \dfrac{10,000 \times 0.03}{(1+0.02)} + \dfrac{(10,000 \times 0.03) + 10,000}{(1+0.02)^2} = 10,194(\text{원})$

정답 ③

61-4J ☑☐☐☐
2023 공인노무사

㈜한국은 다음과 같은 조건의 사채(액면금액 ₩1,000,000, 액면이자율 8%, 만기 5년, 이자는 매년 말 지급)를 발행하였다. 시장이자율이 10%일 경우, 사채의 발행금액은? (단, 사채발행비는 없으며, 현가계수는 주어진 자료를 이용한다.)

기간(년)	단일금액 ₩1의 현가계수		정상연금 ₩1의 현가계수	
	8%	10%	8%	10%
5	0.68	0.62	3.99	3.79

① ₩896,800　　　　② ₩923,200

③ ₩939,800　　　　④ ₩983,200

⑤ ₩999,200

해설 사채발행금액 또는 사채발행가치는 사채에서 발생하는 미래현금흐름(이자지급 및 원금상환)을 사채발행일 현재 적정한 이자율(유효이자율)로 할인한 현재가치를 뜻한다. 쉽게 말해서 사채의 현재가치라 보면 된다. 일반적 사채(이표채)는 매년 이자를 수령하고, 만기에 원금을 수령한다. 이를 식으로 표현하면 다음과 같다.

$$\frac{1기\ 이자}{(1+이자율)^1} + \frac{2기\ 이자}{(1+이자율)^2} + \cdots + \frac{만기\ 이자}{(1+이자율)^{만기}} +$$

$$\frac{액면가}{(1+이자율)^{만기}}$$

결국 매기간 발생하는 이자의 현재가치를 각각 계산하여 더한 다음, 만기에 수령할 원금의 현재가치를 다시 계산하여 더해주어야 하는 복잡한 계산절차가 필요하다. 그러나 다행히도 문제에서 현가계수를 표로 제시해 주었다. 현가계수는 앞서 언급한 복잡한 식의 도움 없이 현재가치를 구할 수 있도록 도와준다. 이자와 같이 여러 시점에 걸쳐서 발생하는 금액의 현재가치를 구할 때는 이자에 '연금현가계수'를 곱하기만 하면 되고, 원금처럼 단일 시점에만 발생하는 금액의 현재가치를 구할 때는 원금에 '단일현가계수'를 곱하면 된다.

따라서 사채 발행금액은 다음의 두 값을 더하면 된다.

- 이자의 현재가치 = 80,000(액면이자율에 원금을 곱한 값) × 3.79 (할인율 10%, 기간 5년에 해당하는 연금현가계수) = 303,200
- 원금의 현재가치 = 1,000,000 × 0.62 (할인율 10%, 기간 5년에 해당하는 단일현가계수) = 620,000

두 금액을 합치면 문제에서 묻는 사채발행금액은 923,200(원)이 된다.

정답 ②

61-5 ☑☐☐☐

2008 가맹거래사

수익률의 변화에 따른 채권가격의 변화에 관한 설명으로 옳지 않은 것은?

① 다른 조건이 동일하면 표면이자율이 높을수록 채권수익률 변화에 따른 채권가격의 변화가 크다.
② 채권수익률이 상승하면 채권의 가격은 하락한다.
③ 잔존만기가 길수록 수익률변화에 따른 채권가격의 변화가 크다.
④ 변동금리부 채권은 확정금리부 채권보다 수익률변화에 따른 채권가격의 변화가 작다.
⑤ 수익률변화에 따른 채권가격의 변화는 현재 수익률이 낮을수록 크다.

해설 ① 표면이자율이 낮을수록 채권수익률 변화에 따른 채권가격 변동폭이 커진다.

정답 ①

61-5D ☑☐☐☐

2021 가맹거래사

채권의 가치평가에 관한 설명으로 옳지 않은 것은?

① 채권수익률이 하락하면 채권가격은 상승한다.
② 액면이자율이 낮은 채권은 높은 채권보다 이자율 변화에 따라 더 작은 채권가격변동율을 보인다.
③ 채권의 이자율변동에 대한 위험은 만기가 길수록 더 크다.
④ 채권수익률이 액면이자율과 동일하면 채권의 가치는 액면가와 동일하다.
⑤ 채권의 가치는 만기가 가까워질수록 액면가에 접근한다.

해설 ② 말킬의 원리에 따르면 액면(=표면)이자율이 낮은 채권은 높은 채권보다 이자율변화에 따라 채권가격이 변동되는 비율이 더욱 크다.

정답 ②

61-5J ☑☐☐☐

2023 군무원 9급

다음 중 채권(bond)에 대한 설명으로 가장 거리가 먼 것은?

① 채권 발행자는 구매자에게 액면가(face value)를 만기(maturity date)에 지불한다.
② 연간 지급되는 이자를 '액면가의 비율로 표시한 것'을 쿠폰(coupon)이라고 한다.
③ 채권의 이자를 1년에 2회 지급하기도 한다.
④ 기업이 채권을 발행하여 조달한 자금은 부채에 해당한다.

해설 ① [○] 채권발행자는 돈을 빌리는 사람이다. 따라서 만기에 액면가를 지불하는(갚는) 것이 맞다.
② [×] 연간 지급되는 이자를 쿠폰(coupon)이라 부른다. 이자를 '액면가의 비율로 표시한 것'은 쿠폰율(coupon rate)이다.
③ [○] 채권이자는 통상 연1회 지급하지만, 채권자와 채무자의 약정에 따라 지급시기를 조율할 수 있다.
④ [○] 채권은 타인자본이므로 이를 통한 조달자금은 부채에 속한다.

정답 ②

61-6 ☑☐☐☐
2019 가맹거래사

채권의 만기수익률(yield to maturity)에 관한 설명으로 옳은 것은?

① 액면가(face value)보다 높게 발행된 할증채권의 만기수익률은 액면이자율(coupon rate)과 같다.
② 만기수익률은 액면이자(coupon)를 채권가격으로 나누어 구한다.
③ 만기수익률은 채무불이행위험과 무관하다.
④ 만기수익률은 액면가의 현재가치와 채권가격을 일치시키는 할인율을 의미한다.
⑤ 만기수익률이 상승하면 채권가격은 하락한다.

해설 ① [×] 할증채권의 만기수익률은 액면이자율보다 낮다.
② [×] 채권가격은 원금현재가치와 액면이자현재가치의 합이다. 여기서 현재가치를 계산하는 할인율이 만기수익률이 되므로 만기수익률을 역으로 구할 때는 다음 식을 활용해야 한다.

$$채권가격 = \frac{원금}{(1+만기수익률)^n} + \sum_{i=1}^{n} \frac{액면이자}{(1+만기수익률)^n}$$

③ [×] 채무불이행위험이 클수록 만기수익률이 높아야 한다.
④ [×] 만기수익률은 채권의 미래 현금흐름을 채권의 현재가격으로 일치시키는 할인율을 의미한다.
⑤ [○] 만기수익률이 상승하면 채권가격은 하락한다. 왜냐하면 만기수익률은 채권의 할인율에 해당되기 때문이다.

정답 ⑤

61-7 ☑☐☐☐
2016 서울시 7급

다음 중 채권에 대한 설명으로 가장 옳지 않은 것은?

① 채권의 이표율과 채권수익률이 동일한 경우 채권가격은 액면가와 같다.
② 채권의 이표율이 채권수익률보다 높은 경우 채권가격은 액면가보다 낮다.
③ 채권의 구입 가격은 채권보유로부터 얻어지는 현금흐름을 이자율로 할인한 것과 같다.
④ 만기수익률은 보통 약속수익률이라 한다.

요점정리 만기수익률 < 표면이자율 → 채권가격 > 액면가 → 할증채권
해설 채권의 이표율이 시장에서의 채권수익률보다 높다면,

이 채권은 액면가보다 비싸게 거래된다.

정답 ②

61-7A ☑☐☐☐
2019 하반기 군무원 복원

채권(bond)에 관한 설명으로 옳지 않은 것은?

① 채권이란 회사에서 발행하는 유가증권으로 일정한 이자의 지급을 예정하여 발행하는 타인자본이다.
② 채권은 주식과는 다르게 만기가 정해져 있다.
③ 채권의 발행기관은 정부와 지자체, 특수법인 등이 있다.
④ 영구채권(perpetual bond)은 일정한 기간 동안 이자만 지급하는 채권으로, 만기가 도래했을 때에는 이자와 원금을 모두 지급해야 하는 채권이다.

해설 영구채권은 영구히 이자만 지급하는 채권으로서, 원금지급 의무가 없다.

정답 ④

61-7D ☑☐☐☐
2021 군무원 5급

조직의 타인자본 조달의 한 방법으로서 채권(bond)에 대한 특징으로 가장 적절하지 않은 것은?

① 채권자들은 의결권이 없기 때문에 채권발행조직은 경영권을 유지할 수 있다.
② 만기에 채권의 액면금액을 상환해야 하며 필요에 따라 채권의 이자는 지불면제가 가능하다.
③ 채권은 일시적으로 자금을 조달할 수 있는 방법으로 채권을 상환하면 부채가 사라진다.
④ 조기상환조건을 지닌 채권을 발행할 경우 조기상환이 가능하다.

요점정리 채권(bond)은 발행자가 자금을 조달하기 위하여 발행한 유가증권으로서, 일정한 이자를 지급함과 동시에 일정기간 후에는 약속한 금액(액면금액)을 상환할 것을 약속한 증서이다. 채권의 가치를 평가하기 위해서는 만기일, 액면금액, 표면이자율 등의 용어를 숙지해야 한다. 만기일(maturity date)은 이자와 더불어 액면금액을 최종적으로 채권자(돈을 빌려준 사람)에게 지급하기로 한 날을 의미한다. 5년 만기, 20년 만기 등

의 채권이 존재하며, 영구히 이자만을 갚아 나가는 영구채권도 존재한다. 액면금액(par 또는 face value: F)은 만기일에 지급하기로 채권 증서에 기재한 금액을 뜻한다. 채권 증서에는 액면금액뿐만 아니라 매 기간(매월 또는 매년) 지급하기로 약속한 이자율도 표시되어 있는데, 이를 표면이자율(coupon rate, 액면이자율)이라 부르며 지급되는 이자금액을 표면이자(coupon)라 한다. 액면금액에 표면이자율을 곱하면 표면이자를 계산할 수 있다.

해설 ② (선지 ④의 경우처럼) 만기 이전에 액면금액을 상환하는 것이 가능하며, 이자는 채권가치 평가의 핵심적 요인이므로 원칙적으로 면제되지 않는다.

정답 ②

61-7M ☑□□□
2024 공인노무사

다음 채권의 듀레이션은? (단, 소수점 셋째 자리에서 반올림한다.)

- 액면가액 1,000원
- 액면이자율 연 10%, 매년 말 이자지급
- 만기 2년
- 만기수익률 연 12%

① 1.75년   ② 1.83년
③ 1.87년   ④ 1.91년
⑤ 2.00년

해설 맥컬리(Macaulay)가 고안한 채권의 듀레이션이란, 채권에서 발생하는 현금흐름의 가중평균만기로서 이자율변화에 대한 채권가격의 민감도를 측정하기 위한 척도이며, 통상 다음의 식으로 계산한다.

$$D = \sum_{t=1}^{n} t \frac{PV_t}{PB_B}$$ (PV_t는 각 시점(t)의 채권가치, PB_B는 채권의 현재가치, D는 듀레이션)

따라서 위 식을 활용하면 채권의 듀레이션은 1년차의 채권현금흐름과 2년차의 채권현금흐름을 시간가중치를 곱하여 더한 값을 채권의 현재가치로 나눈 것이다.

1년차 채권현금흐름 = (1,000원×10%) = 100원
2년차 채권현금흐름 = (1,000원×10%) + (1,000원) = 1,100원

$$PB_B = \frac{100}{(1+0.12)} + \frac{1100}{(1+0.12)^2} = 966.2$$

$$D = \frac{\frac{100}{(1+0.12)} \times 1}{966.2} + \frac{\frac{1100}{(1+0.12)^2} \times 2}{966.2} = 1.91$$

정답 ④

61-8 ☑□□□
2010 가맹거래사

A기업은 주당 1,000원의 배당을 지급하고 있고, 이는 향후 변하지 않을 것으로 예상된다. 이 주식의 기대수익률이 10%이면, 배당평가모형에 의한 이 주식의 적정가격은?

① 10,000원   ② 15,000원
③ 20,000원   ④ 25,000원
⑤ 30,000원

해설 주식의 적정가격 $= \frac{\text{초기배당금}}{\text{이자율(수익률)}} = \frac{1,000}{10\%} = 10,000$

정답 ①

61-9 ☑□□□
2017 가맹거래사

매년 1,200원의 주당 배당금을 영구히 지급하여야 하는 우선주가 현재 주당 12,000원에 거래된다. 이 우선주의 자본비용은?

① 6%   ② 8%
③ 10%   ④ 12%
⑤ 14%

해설 주식의 현재가치 $= \frac{\text{배당금}}{(1+\text{이자율})^1} + \frac{\text{배당금}}{(1+\text{이자율})^2} + \cdots$
$+ \frac{\text{배당금}}{(1+\text{이자율})^n} + \cdots = \frac{\text{배당금}}{\text{이자율}} = \frac{1,200}{X}$

위 식을 풀면 이자율 X는 10%(=0.1)가 된다.

정답 ③

61-10 ☑□□□

㈜가맹의 올해 말 주당순이익은 1,000원으로 예상되며, 주주들의 요구수익률은 20%이다. 성장이 없다고 가정하는 무성장모형(zero growth model)을 적용할 경우, ㈜가맹의 현재주가는?

① 2,000원   ② 4,000원
③ 5,000원   ④ 7,000원
⑤ 10,000원

해설 원래 주식의 가치를 구하기 위해서는 배당금에 대한 정보가 필요하다. 그러나 매기간 일정한 배당금은 통상 주당순이익(EPS, earnings per share)과 같다고 볼 수 있으므로, 배당금 대신 주당순이익을 사용할 수도 있다. 따라서 적정주가는 주당순이익을 요구수익률(할인율)로 나눈 값이 된다.

$$적정주가 = \frac{1,000}{0.2} = 5,000(원)$$

정답 ③

61-11 ☑□□□

|필수|

A 주식의 금년도 말 1주당 배당금은 1,100원으로 추정되며, 이후 배당금은 매년 10%씩 증가할 것으로 예상된다. A 주식에 대한 요구수익률이 15%일 경우, 고든(M. J. Gordon)의 항상 성장모형에 의한 A 주식의 1주당 현재가치는?

① 4,400원   ② 7,333원
③ 11,000원   ④ 22,000원
⑤ 23,000원

해설 $$주식의 현재가치 = \frac{배당금}{할인율 - 성장률} = \frac{1,100}{15\% - 10\%}$$
$$= 22,000$$

정답 ④

61-12 ☑□□□

A기업의 적정주가는 3,000원이다. 1년 후 150원의 배당금을 지급하고 이 배당금은 매년 10%씩 영구히 성장한다고 한다. 고든(Gordon)의 항상성장모형을 이용하여 구한 할인율은?

① 8%   ② 10%
③ 12%   ④ 13%
⑤ 15%

해설 $$항상성장모형에서의 적정주가 = \frac{배당금}{할인율 - 성장률}$$
$$= \frac{150}{x - 10\%} = 3,000$$

따라서 할인율 x는 15%가 된다.

정답 ⑤

61-13 ☑□□□

㈜가맹은 지난 해 말에 주당 1,500원의 현금배당을 실시하였다. 그리고 이 회사 배당금의 성장률은 매년 5%이며, 이러한 성장률은 앞으로도 계속 유지될 것으로 기대된다. 이 회사 주식의 요구수익률이 15%라고 할 경우 주식의 현재가치는?

① 15,000원   ② 15,750원
③ 16,000원   ④ 16,250원
⑤ 16,500원

해설 배당금이 성장하고 있으므로 고든모형 공식을 활용한다. 다만 주의할 것은 첫 해의 배당금이 아니라 지난해의 배당금을 문제에서 제시하고 있다는 점이다. 작년에 1,500원을 배당하였고 매년 배당성장률이 5%이므로 금년의 배당금은 1,575가 된다. 이 점이 함정이다. 첫 해의 배당금을 1,575로 설정한 다음 고든모형 공식을 사용하면 다음과 같다.

$$주식가치 = \frac{1,575원}{요구수익률 - 배당성장률} = \frac{1,575}{15\% - 5\%} = 15,750(원)$$

정답 ②

61-13M ✓☐☐☐

2024 가맹거래사

㈜가맹은 작년에 1주당 1,000원의 배당금을 지급하였고, 향후 배당금은 매년 10%씩 증가할 것으로 기대된다. 현재 주가가 50,000원일 때, 배당성장모형을 이용하여 계산한 자기자본비용은?

① 12% 　　　　　② 12.2%

③ 12.4% 　　　　④ 12.6%

⑤ 12.8%

해설〉 고든모형에서 주가는 다음과 같이 계산한다.

$$주식의\ 가치 = \frac{배당액}{할인율 - 성장률}$$

이 식에서 할인율이 자기자본비용이다. 여기서 주의할 점이 있다. 배당액과 주식가치의 계산시점이 동일해야 한다는 것이다. 즉 금년의 주식가치는 금년의 배당금을 기초로 해야 한다. 문제에서 주어진 1,000원은 작년의 배당액이며, 금년의 배당액은 여기서 10% 증가한 1,100원이 된다. 따라서 배당액 1,100원, 성장률 10% 하에서 주가 50,000원을 공식에 대입하면 다음과 같다.

$$50,000 = \frac{1,100}{x - 10\%}$$

이 식을 풀면 x는 12.2%가 된다.

정답 ②

61-14 ✓☐☐☐

2011 가맹거래사

A기업 주식의 내년 주당예상배당액은 1만 원이고, 향후 연 5%씩 일정하게 성장할 것으로 기대된다. 이 주식의 요구수익률이 15%일 때, 고든(Gordon)의 배당평가모형 중 항상성장모형에 의한 적정주가는?

① 4만 원 　　　　② 6만 원

③ 8만 원 　　　　④ 10만 원

⑤ 12만 원

해설〉 적정주가 $= \dfrac{10,000}{15\% - 5\%} = 100,000$

정답 ④

61-14D ✓☐☐☐

2021 공인노무사

올해 말(t = 1)에 예상되는 A사 보통주의 주당 배당금은 1,000원이며, 이후 배당금은 매년 10%씩 영구히 증가할 것으로 기대된다. 현재(t = 0) A사 보통주의 주가(내재가치)가 10,000원이라고 할 경우 이 주식의 자본비용은?

① 10% 　　　　　② 15%

③ 20% 　　　　　④ 25%

⑤ 30%

해설〉 배당평가모형에 따르면 주식의 가치는 배당금의 현재가치 합계와 같다. 만약 배당금이 지속적으로 성장하는 경우에는 고든모형을 활용하여 그 값을 계산할 수 있다. 배당금의 현재가치를 구하기 위해서는 배당에 적용될 할인율이 필요하며, 이것이 문제에서 묻는 '주식의 자본비용'이 된다. 고든모형을 적용하면 다음과 같은 식이 도출된다.

$$주식의\ 가치 = 10,000 = \frac{1,000}{주식의\ 자본비용 - 10\%}$$

위 식을 통해 주식의 자본비용을 계산하면 20%가 된다.

정답 ③

61-14F ✓☐☐☐

2022 가맹거래사

㈜가맹은 당해연도 말(t=1)에 주당 1,500원의 배당을 실시할 예정이며, 이러한 배당금은 매년 10%의 성장률로 계속 증가할 것으로 기대된다. 현재 ㈜가맹의 주가가 10,000원이라고 할 경우, 이 주식의 자본비용(요구수익률)은?

① 10% 　　　　　② 15%

③ 20% 　　　　　④ 25%

⑤ 30%

해설〉 주가는 곧 주식의 현재가치를 반영한다. 배당금과 성장률, 자본비용과 주식가치간의 관계는 다음 식(고든모형)과 같다.

$$주식의\ 현재가치 = \frac{배당금}{자본비용 - 배당성장률}$$

이 식에 문제에서 주어진 정보를 대입하면, 주식의 자본비용 (x)을 구할 수 있다.

$$10,000 = \frac{1,500}{x - 0.1}$$

자본비용은 0.25, 즉 25%가 된다.

정답 ④

61-14M ☑☐☐☐
2024 공인노무사

금년 초에 5,000원의 배당(=d_0)을 지급한 A기업의 배당은 매년 영원히 5%로 일정하게 성장할 것으로 예상된다. 요구수익률이 10%일 경우 이 주식의 현재가치는?

① 50,000원 ② 52,500원
③ 100,000원 ④ 105,000원
⑤ 110,000원

해설 영원히 배당이 꾸준하게 성장하는 주식의 현재가치는 고든모형을 통해 계산할 수 있다. 1년차에 5,000원의 배당을 영구히 (그것도 매년 5%씩 성장시키며) 지급하는 주식의 현재가치는 다음과 같다.

$$\text{주식의 현재가치} = \frac{\text{첫 배당액}}{\text{할인율} - \text{배당성장률}} = \frac{5,000}{10\% - 5\%} = 100,000$$

그런데, 이 식의 값은 어디까지나 1년차가 끝나는 시점(연말)부터 배당이 지급되는 경우의 현재가치이다. 본 문제에서는 연초부터 배당을 지급했다는 점을 언급하였기에, 배당이 연말에 지급되는 경우를 기준으로 계산한 현재가치에 5,000원을 더한 105,000원이 정답이 된다.

정답 ④

61-15 ☑☐☐☐
2020 서울시 7급

㈜XYZ의 주주는 1년 후에 2,000원의 배당을 예상하고 있다. 이 회사가 영구히 같은 규모의 배당을 연 1회 지급하리라고 예상할 때(A)와 1년 후부터 5%의 연간 성장률로 영구히 연 1회 배당을 지급하리라고 예상할 때(B)의 현재주가를 옳게 짝지은 것은? (단, 할인율은 (A), (B) 모두 연 10%라고 가정한다.)

	(A)	(B)
①	10,000원	20,000원
②	20,000원	10,000원
③	20,000원	40,000원
④	40,000원	20,000원

해설 A는 일반적 경우의 배당평가모형, B는 고든모형(항상성장배당모형)을 활용하여 구하면 된다.

$$A = \frac{\text{첫 배당액}}{\text{할인율}} = \frac{2,000}{0.1} = 20,000(\text{원})$$

$$B = \frac{\text{첫 배당액}}{\text{할인율} - \text{성장률}} = \frac{2,000}{10\% - 5\%} = \frac{2,000}{0.05} = 40,000(\text{원})$$

정답 ③

62 자본예산

1. 의 미

1) 개념: 투자효과가 장기적으로 나타나는 투자안의 경제성 분석을 통해 최적 투자결정을 내리는 것
2) 기본가정
  ① 현금흐름의 추정에 주의할 것: 현금의 유출에 해당하는 자본적 지출과 현금유입에 해당하는 순운전자본은 현금흐름에 포함시켜 고려해야 하며, 현금유출을 동반하지 않는 비용항목(예 감가상각비 등)은 고려 대상에서 제외해야 한다. 또한 이미 할인율(자본비용)에 반영되어 있는 이자비용이나 배당금과 같은 항목들 역시 현금유출에 중복적으로 포함시켜서는 안 된다.
  ② 부수효과와 기회비용: 새로운 투자로 인하여 기존 투자안의 현금흐름이 증가하는 부수효과(side effect)는 현금유입에, 특정 자원을 현재의 용도 이외의 다른 용도로 사용하여 얻을 수 있는 기회비용(opportunity cost)은 현금유출에 반영하여야 한다.
  ③ 매몰비용(sunk cost): 고려하지 않는다. 이는 과거에 이미 발생한 비용이므로 향후 의사결정에 반영해서는 안 되는 비용항목이다.
  ④ 법인세: 법인세는 현금의 유출에 해당하므로 자본예산에서 고려하여야 한다.
  ⑤ 인플레이션의 영향: 현금흐름과 할인율에서 반영하여야 한다.

2. 자본예산 기법

		독립적 투자안	상호배타적 투자안
화폐의 시간 가치 고려 ×	회수기간법	기준회수기간보다 짧은 투자안 선택	회수기간이 가장 짧은 투자안 선택
	회계적 이익률법 $=\dfrac{연평균\ 순이익}{연평균\ 투자액}$	기준이익률보다 큰 투자안 선택	회계적 이익률이 가장 큰 투자안 선택
화폐의 시간 가치 고려 ○	수익성지수(PI)법 $=\dfrac{총현금수입합계의\ 현재가치}{순현금투자지출합계의\ 현재가치}$	수익성지수가 1보다 크면 투자가치가 있는 것으로 판단	
		기준수익성보다 큰 투자안 선택	수익성지수가 가장 큰 투자안 선택
	순현재가치(NPV)법 =현금유입 현재가치 − 투자액	순현재가치가 0보다 큰 투자안 선택	순현재가치가 가장 큰 투자안 선택
	내부수익률(IRR)법 =미래현금 순현가를 0으로 만드는 할인율	내부수익률이 이자율(자본비용)보다 큰 모든 투자안 선택	내부수익률이 가장 큰 투자안 선택

(상호배타적 투자안에 대한 경제성 평가 수행시 순현가법의 결과와 내부수익률법의 결과가 다를 수 있음)

62-1 ☑☐☐☐

자본예산(capital budgeting)을 위한 현금흐름 측정의 기본 원칙에 대한 설명으로 옳지 않은 것은?

① 감가상각비는 손익계산서에서는 비용항목이지만 장부상으로만 발생하는 비용이므로 현금유출로 취급해서는 안 된다.

② 이자비용은 현금흐름의 할인과정에서 고려되므로 현금유출로 취급해서는 안 된다.

③ 기회비용, 부수효과, 매몰비용 등 간접적으로 발생하는 수익과 비용도 모두 고려해야 한다.

④ 기존 투자설비로부터 발생하는 현금흐름에 비해 증가하거나 감소한 증분 현금흐름으로 투자안을 평가해야 한다.

해설 ① 감가상각비는 수익 – 비용 대응 원칙을 실현하기 위해 장부상으로만 설정한 비용이다. 옳다.

② 자본예산은 기본적으로 (이자비용을 수반하는) 타인자본 없이 자기자본만으로 자금을 조달한다는 가정 하에 논의를 진행하는 것이므로 이자비용은 고려될 필요가 없다. 또한 현금유입을 할인하는 이자율이 곧 가중평균자본비용(WACC)인데 그 계산과정에서 이미 이자비용이 감안되기도 하므로 추가로 현금유출에 이자비용을 반영할 필요가 없다.

③ 자본예산, 즉 투자대안의 평가시에는 매몰비용 등 직접적으로 발생하지 않은 비용들을 고려하지는 않는다.

④ 투자안의 평가는 항상 증분, 즉 기존에 비해 변화된 현금흐름을 토대로 판단하는 것이 옳다.

정답 ③

62-1D ☑☐☐☐

자본예산시 현금흐름을 추정할 때 포함해야 할 항목으로 옳은 것은?

① 이자비용   ② 감가상각비

③ 배당금 지급   ④ 매몰비용

⑤ 기회비용

해설 이자비용과 배당금은 이미 할인율(자본비용)에 반영되어 있으므로 추가로 포함시킬 필요가 없으며, 매몰비용은 경제적 의사결정에서 고려할 필요가 없다. 기회비용은 현금유출항목에 포함시킨다.

추가해설 감가상각비에 대해서 의문이 많을 것이다. 포함시킨다는 것인지 아닌지? 감가상각비 자체는 '비용' 항목이지만 현금유출을 동반하지 않으므로 법인세의 감소효과를 가져온다. 즉 감가상각비가 없을 때 냈던 법인세가 감가상각비로 인해 감소하는 것이다. 이러한 법인세 감소효과는 분명 현금유입이라 할 수 있다. 즉 자본예산에서 반영되는 것은 '감가상각비로 인한 법인세 감세효과'이다.

정답 ⑤

62-2 ☑☐☐☐

투자안 평가에 사용되는 현금흐름 추정에 대한 설명으로 가장 옳지 않은 것은?

① 감가상각비는 인위적으로 배분된 회계적 비용으로서 기업이 실제로 지출하는 것은 아니지만 현금유출에 포함시켜야 한다.

② 이자비용과 배당금은 할인율에 적절하게 반영되어 차감되므로 현금유출에 포함시키지 않는다.

③ 기업의 순운전자본은 현금흐름에 포함시켜야 한다.

④ 자본적 지출은 현금지출을 수반하므로 자본적 지출이 발생하는 시점의 현금유출에 포함시켜야 한다.

해설 ① [×] 감가상각비는 실제로 지출되지 않은 회계상의 비용이므로 '현금유입'에 포함시킨다.

② [○] 이자비용은 타인의 자본을 사용한 대가이므로 타인자본비용에, 배당금은 자기자본을 사용한 대가이므로 자기자본비용에 포함된다. 따라서 이들 둘은 모두 가중평균자본비용(WACC)에 반영되므로 현금유출에 포함하지 않는다.

③ [○] 순운전자본(net working capital)은 유동자산과 유동부채의 차이를 뜻하며, 기업의 단기자본운용의 핵심이 된다. 만약 유동자산이 유동부채보다 크다면 현금유입이 커지고, 그 반대가 되면 현금유출이 발생하므로 순운전자본은 현금흐름에 포함된다.

④ [○] 자본적 지출은 자산의 구조변경이나 생산능률을 향상시키는 지출로, 해당 지출은 지출시점의 자산에 반영하여 추후 감가상각으로 안분하여 비용에 반영하게 된다. 즉 자본적 지출 발생시점에는 현금유출로 기록하며, 추후 감가상각시점에는 해당금액만큼 현금유입이 된다.

정답 ①

62-3 ☑☐☐☐　　　　2017 가맹거래사

자본예산(capital budgeting)을 수행하기 위한 현금흐름 추정에 관한 설명으로 옳은 것을 모두 고른 것은?

> ㄱ. 감가상각비는 현금유출에 포함한다.
> ㄴ. 감가상각비로 인한 법인세 절감효과는 현금유입에 포함한다.
> ㄷ. 주주에게 지급하는 배당금은 현금유출에 포함한다.
> ㄹ. 매몰비용(sunk cost)은 현금유출에 포함하지 않는다.

① ㄱ, ㄴ　　　　　　② ㄱ, ㄷ
③ ㄴ, ㄷ　　　　　　④ ㄴ, ㄹ
⑤ ㄴ, ㄷ, ㄹ

해설　ㄱ. [×] 현금유출을 동반하지 않는 비용항목(예: 감가상각비 등)은 현금유입에 포함해야 한다.
ㄴ. [O] 법인세는 현금유출, 법인세 절감효과는 현금유입이므로 이들은 고려한다.
ㄷ. [×] 배당금은 이미 자기자본비용에 반영되어 있으므로 추가로 반영할 필요가 없다.
ㄹ. [O] 매몰비용은 과거에 이미 발생한 비용이므로 향후 의사결정에 반영해서는 안 되는 비용항목이다.

정답 ④

62-3F ☑☐☐☐　　　　2022 가맹거래사

자본예산의 현금흐름 추정에 관한 설명으로 옳지 않은 것은?

① 현금흐름은 증분기준(incremental basis)으로 측정한다.
② 매몰비용은 현금유출에 포함하지 않는다.
③ 기회비용은 현금유출에 포함한다.
④ 감가상각비와 같은 비현금성 지출은 현금유출에 포함하지 않는다.
⑤ 이자비용은 현금유출에 포함하지만 배당금은 현금유출에 포함하지 않는다.

해설　⑤ 이미 할인율(자본비용)에 반영되어 있는 이자비용이나 배당금과 같은 항목들은 현금유출에 중복적으로 포함시켜서는 안 된다.

정답 ⑤

62-4 ☑☐☐☐　　　　2016 7급공무원 2책형

100% 자기자본만으로 구성되어 있는 X회사와 Y회사의 현재 기업가치는 각각 70억 원, 30억 원이다. X회사가 Y회사를 합병하여 XY회사가 탄생하면 합병 후 기업가치는 120억 원이 될 것으로 추정된다. X회사의 Y회사 인수가격이 40억 원일 경우 X회사의 입장에서 합병의 순현가는? (단, 다른 조건은 고려하지 않는다.)

① 10억 원　　　　　　② 20억 원
③ 50억 원　　　　　　④ 80억 원

해설　[합병의 이익] 인수 전의 가치는 70억과 30억의 합인 100억 원이다. 합병 후 기업가치는 120억 원이다. 따라서 합병으로 인한 기업가치 증가분은 20억 원이다.
[합병의 비용] 한편 X기업의 입장에서는 30억 원짜리 가치의 Y를 40억 원을 주고 인수해야 하므로 추가적으로 10억을 투자하는 것이라 보면 된다.
[합병의 순현가] 합병의 순이익 20억에서 합병의 비용 10억을 차감하면 된다.

정답 ①

62-5 ☑☐☐☐　　　　2017 경영지도사

투자안 평가방법에 해당하지 않는 것은?

① 순현가법　　　　　　② 회수기간법
③ 매출액백분율법　　　④ 회계적 이익률법
⑤ 내부수익률법

해설　투자안의 평가에 활용되는 자본예산 기법으로는 회수기간법(②), 회계적 이익률법(④), 수익성지수법, 순현가법(①), 내부수익률법(⑤) 등이 있다.

정답 ③

62-5F ☑□□□　　2022 군무원 9급

다음 중 자본예산의 의사결정준칙에 대한 설명으로 가장 옳지 않은 것은?

① 회수기간법　　　② 순현가법
③ 내부수익률법　　④ 선입선출법

해설　자본예산에서 투자대안의 경제성을 판단하는 방법에는 회수기간법, 회계적 이익률법, 수익성지수법, 순현재가치법, 내부수익률법 등이 있다. ④의 선입선출법은 재고자산의 회계처리 방법 중 하나로서, 창고에 먼저 입고된 상품이 먼저 판매된다고 가정하는 기법이다.

정답 ④

62-6 ☑□□□　　2018 공인노무사

자본예산은 투자로 인한 수익이 1년 이상에 걸쳐 장기적으로 실현될 투자결정에 관한 일련의 과정을 말한다. 투자안의 평가방법에 해당하지 않는 것은?

① 유동성분석법　　② 수익성지수법
③ 순현재가치법　　④ 내부수익률법
⑤ 회수기간법

요점정리　투자안의 평가방법(자본예산기법)으로는 회수기간법, 회계적이익률법, 수익성지수법, 순현재가치법(NPV), 내부수익률법(IRR) 등이 있다.

해설　① 유동성분석법은 자본예산기법이 아니다.

정답 ①

62-7 ☑□□□　　2019 공인노무사, 2020 가맹거래사 변형

|필수|

투자안의 경제성분석방법 중 화폐의 시간가치를 고려한 방법을 모두 고른 것은?

| ㄱ. 회수기간법　　　ㄴ. 수익성지수법 |
| ㄷ. 회계적이익률법　　ㄹ. 순현재가치법 |
| ㅁ. 내부수익률법 |

① ㄱ, ㄴ　　　　　② ㄱ, ㄹ
③ ㄴ, ㄷ　　　　　④ ㄴ, ㄹ, ㅁ
⑤ ㄷ, ㄹ, ㅁ

해설
• 화폐의 시간가치 고려: 내부수익률법, 순현재가치법, 수익성지수법
• 화폐의 시간가치 비고려: 회계적이익률법, 회수기간법

정답 ④

62-8 ☑□□□　　2011 가맹거래사

화폐의 시간적 가치를 고려하지 않는 투자안의 경제성 평가방법을 모두 고른 것은?

| ㄱ. 내부수익률법　　ㄴ. 회계적이익률법 |
| ㄷ. 순현재가치법　　ㄹ. 회수기간법 |

① ㄱ, ㄴ　　　　　② ㄱ, ㄷ
③ ㄴ, ㄷ　　　　　④ ㄴ, ㄹ
⑤ ㄷ, ㄹ

해설
• 화폐의 시간가치 고려: 내부수익률법, 순현재가치법, 수익성지수법
• 화폐의 시간가치 비고려: 회계적이익률법, 회수기간법

정답 ④

62-8D ☑□□□　　2021 군무원 5급

투자안의 경제성 분석기법 중 화폐의 시간적 가치를 고려한 방법에 해당하는 것은?

① 순현재가치법(Net Present Value, NPV), 회수기간법(Payback Period Method, PPM)
② 회수기간법(Payback Period Method, PPM), 회계적이익률법(Accounting Rate of Return, ARR)
③ 내부수익률법(Internal Rate of Return, IRR), 회수기간법(Payback Period Method, PPM)
④ 순현재가치법(Net Present Value, NPV), 내부수익률법(Internal Rate of Return, IRR)

해설　화폐의 시간가치를 고려하는 투자안 경제성 분석(=자본예산) 기법에는 수익성지수법, 순현재가치법, 내부수익률법 등이 있다.

자본예산 기법	화폐의 시간가치를 고려하지 않음	회수기간법, 회계적 이익률법
	화폐의 시간가치를 고려함	수익성지수법, 순현재가치법, 내부수익률법

정답 ④

62-9 ☑☐☐☐

2015 공인노무사

투자안의 순현가를 0으로 만드는 수익률(할인율)은?

① 초과수익률 ② 실질수익률
③ 경상수익률 ④ 내부수익률
⑤ 명목수익률

해설 내부수익률: '투자안의 현재가치 = 투자비용'일 때의 할인율 → 즉 투자안의 NPV=0인 경우의 할인율이다.

정답 ④

62-10 ☑☐☐☐

2017 가맹거래사

투자안의 경제성 평가에 이용되는 지표 중 현금유입의 현재가치에서 현금유출의 현재가치를 차감한 것은?

① 내부수익률 ② 순현재가치
③ 회수기간 ④ 수익성지수
⑤ 평균회계이익률

해설 현금유입(수익)의 현재가치－현금유출(투자)의 현재가치＝순현재가치

정답 ②

62-11 ☑☐☐☐

2013 공인노무사

투자안 분석기법으로서의 순현가(NPV)법에 관한 설명으로 옳은 것은?

① 순현가는 투자의 결과 발생하는 현금유입의 현재가치에서 현금유입의 미래가치를 차감한 것이다.
② 순현가법에서는 수익과 비용에 의하여 계산한 회계적 이익을 사용한다.
③ 순현가법에서는 투자안의 내용연수 동안 발생할 미래의 모든 현금흐름을 반영한다.
④ 순현가법에서는 현금흐름을 최대한 큰 할인율로 할인한다.
⑤ 순현가법에서는 투자의 결과 발생하는 현금유입이 투자안의 내부수익률로 재투자될 수 있다고 가정한다.

해설 ① 순현가는 현금유입의 현재가치에서 최초 투자액을 차감한 것이다.
② 순현가법에서는 투자액과 순이익의 차이로 계산되는 회계적 이익이 아니라 미래현금흐름을 사전에 수집된 정보에 의해 결정되는 수익률로 할인한 현재가치를 사용한다.
④ 할인율은 사전에 수집된 정보에 의해 결정된다.
⑤ 이는 내부수익률법에 대한 설명이다.

정답 ③

62-11A ☑☐☐☐

2019 하반기 군무원 복원

순현재가치법(NPV)에 대한 설명으로 잘못된 것은?

① 화폐의 시간가치를 고려한다.
② 모든 현금흐름을 고려한다.
③ 할인율이 필요하다.
④ 매출액을 기준으로 삼는다.

해설 순현재가치법은 매출액이 아니라 기업에 실제로 유입되는 현금흐름과 지출되는 현금흐름을 따진다. 매출은 판매액인데 이것이 곧 현금유입은 아니다. 왜냐하면 외상매출이 있기 때문이다.

정답 ④

62-11D ☑□□□

순현가(NPV)의 특성으로 옳지 않은 것은?

① 투자안의 모든 현금흐름을 사용한다.
② 모든 개별 투자안들간의 상호관계를 고려한다.
③ 가치의 가산원칙이 성립한다.
④ 화폐의 시간가치를 고려한다.

해설 ② 순현가법을 포함한 모든 자본예산 기법들은 개별투자안에 대한 독립적 의사결정과 상호 연관된(인과적 투자, 배타적 투자) 의사결정 모두에 사용 가능하다.

정답 ②

62-12 ☑□□□

A 기업이 현금 1,000만 원을 투자하여 1년 후 2,000만 원의 현금유입이 발생하였다. 투자안의 순현재가치(NPV)는 약 얼마인가? (단, 요구수익률은 10%이다.)

① 618만 원   ② 668만 원
③ 718만 원   ④ 768만 원
⑤ 818만 원

요점정리 요구수익률은 할인율 내지는 이자율로 보면 된다.

해설 순현재가치는 현금유입의 현재가치에서 현금유출의 가치를 빼면 된다.

$$\text{NPV} = \frac{2{,}000만원}{(1+0.1)} - 1{,}000만원 = 818.1818\dots(만원)$$

정답 ⑤

62-12F ☑□□□

다음 투자안의 순현재가치(NPV)는?

• A는 올해 초 신사업에 10억원을 투자하였다. 이 투자는 1년 후 1억원의 현금유입이 발생하고, 앞으로 현금유입이 영구히 5%씩 성장할 것으로 예상된다. (단, 요구수익률이 10%이다.)

① 0원   ② 1억원
③ 5억원   ④ 10억원
⑤ 20억원

해설 현금유입액의 현재가치를 구한 다음 여기서 투자액(10억원)을 차감하면 순현재가치를 구할 수 있다. 현금유입액은 매년 5%씩 성장하므로 고든모형을 활용하여 금액을 계산할 수 있다. 첫 해의 현금유입이 1억원이고, 요구수익률(할인율)이 10%이며 성장률이 5%이므로 미래현금흐름의 현재가치는 다음과 같다.

$$\text{미래현금흐름의 현재가치} = \frac{첫\ 해의\ 현금흐름}{요구수익률 - 성장률}$$

$$= \frac{1억원}{10\% - 5\%} = 20억원$$

투자금액이 10억원이므로 두 값의 차이인 10억원(=20억원−10억원)이 투자안의 순현재가치가 된다.

정답 ④

62-13 ✅☐☐☐

㈜서울은 서울에 빌딩 건설을 추진하여 영화관, 커피숍, 옷가게 등을 유치할 계획이다. ㈜서울은 당장 대지구입에 100억 원, 건물설계에 50억 원을 지출해야 하고, 공사비로 1년, 2년 후 각각 100억 원씩 지출해야 한다. 현금유입으로는 1년 후 분양계약금 150억 원, 2년 후 분양잔금으로 300억 원의 수입이 예상된다. 위험수준을 고려할 때 조달금리는 10%이다. 이 사업의 추진타당성과 그 판단기준으로 가장 옳은 것은? (단, 소수점 둘째 자리에서 반올림한다.)

① 사업추진이 타당하다. 사업의 순현재가치(NPV)가 약 60.7억 원이다.
② 사업추진이 타당하다. 사업의 순현재가치가 약 34.3억 원이다.
③ 사업추진이 타당하다. 사업의 순현재가치가 약 371.9억 원이다.
④ 사업을 포기해야 한다. 사업의 순현재가치가 약 −21.9억 원이다.

해설 순현재가치를 구해보자.

현금유입의 현재가치 $= \dfrac{150}{(1+0.1)^1} + \dfrac{300}{(1+0.1)^2} = 136.36 + 247.93$

현금유출의 현재가치 $= 100 + 50 + \dfrac{100}{(1+0.1)^1} + \dfrac{100}{(1+0.1)^2}$

$= 150 + 90.09 + 82.64$

현금유입의 현재가치에서 현금유출의 현재가치를 차감하면 대략 60억 원이 나온다.

정답 ①

62-14 ✅☐☐☐

내부수익률법에 관한 설명으로 옳은 것은?

① 수익률은 순현재가치를 0으로 만드는 할인율이다.
② 수익률이 1보다 크면 투자안을 채택하고, 1보다 작으면 기각한다.
③ 투자안의 현재가치를 초기투자비용으로 나누어 구한다.
④ 상호배타적인 투자안을 쉽게 분별할 수 있게 한다.
⑤ 화폐의 시간적 가치를 고려하지 않는다.

해설 ① 내부수익률의 정확한 정의이다. 이것이 정답.
② 내부수익률이 시장할인율보다 크다면 채택하고 그에 미치지 못하면 기각한다.
⑤ 화폐의 시간적 가치를 고려한다.

정답 ①

62-14J ✅☐☐☐

내부수익률(internal rate of return, IRR)에 대한 설명으로 가장 옳은 것은?

① 투자안으로부터 얻게 될 미래 순현금흐름의 현재가치를 최초투자액으로 나누어 구한다.
② 현금유입의 현재가치에서 현금유출의 현재가치를 뺀 값으로 정의된다.
③ 한 가지 투자안에서 복수의 값이 얻어질 수도 있다.
④ 상호배타적인 투자안들의 우선순위를 결정하고자 할 경우, 순현재가치 방법과 항상 동일한 결론을 가져다준다.

해설 ① [×] 이는 수익성지수(PI)에 가까운 설명이다.
② [×] 이는 순현재가치(NPV)에 관한 설명이다.
③ [○] 내부수익률은 이론상 다음 공식으로 계산한다.

$$\sum_{t=1}^{n} \frac{\text{현금흐름}_t}{(1+IRR)^t} - \text{최초투자액} = 0$$

내부수익률 계산과정은 분수방정식의 풀이이므로, 제곱근 계산을 하는 과정에서 복수해가 등장하거나 불능(해가 존재하지 않는 경우)의 상황에 놓일 수 있다.
④ [×] 독립적 투자안(또는 단일투자안)에 대한 경제성평가를

수행하는 과정에서는 순현가법과 내부수익률법이 동일한 결과를 보인다. 내부수익률이 할인율보다 크다는 것은 순현가가 0보다 크다는 것과 이론상 동일한 의미이기 때문이다. 반면 상호배타적인 투자안에 대한 경제성평가를 수행하는 과정에서는 순현가법에 의하여 선정되는 투자안과 내부수익률법에 의하여 선정되는 투자안이 서로 달라질 수도 있다. 이는 투자규모의 차이, 투자수명의 차이, 현금흐름 양상의 차이 등에 의하여 발생할 수 있다.

정답 ③

62-14K ☑☐☐☐ 2023 가맹거래사

자본예산 기법 중 내부수익률(IRR)법에 관한 설명으로 옳지 않은 것은?

① 투자안의 연평균수익률을 의미한다.
② 순현가(NPV)가 0이 되는 할인율이다.
③ 내부수익률이 자본비용보다 크면 투자한다.
④ 자본비용으로 재투자된다고 가정한다.
⑤ 화폐의 시간적 가치를 고려한다.

해설 ①,② [○] 내부수익률법(IRR: internal rate of return method)은 미래현금의 순현가를 0으로 만드는, 즉 미래 현금유입의 현가와 현금유출의 현가를 같게 만드는 할인율(수익률)인 내부수익률(internal rate of return, IRR)을 기준으로 투자안을 평가하는 자본예산 기법이다.
③ [○] 내부수익률이 시장에서의 할인율(자본비용)보다 크면 좋다.
④ [×] 순현가법에서는 투자로부터 발생하는 현금흐름을 할인율(자본비용)로 재투자한다고 보는 반면 내부수익률법에서는 투자로부터 발생하는 현금흐름을 내부수익률로 재투자한다고 가정한다.
⑤ [○] 투자안의 경제성분석에 있어서 순현가법과 내부수익률법은 모두 화폐의 시간가치를 고려하는 방법들이기 때문에 회수기간법이나 회계적이익률법에 비하면 이론적으로 우수한 방법들이라 할 수 있다.

정답 ④

62-15 ☑☐☐☐ 2016 서울시 7급

내부수익률(IRR)에 대한 설명으로 가장 옳은 것은?

① 현금유입의 현재가치에서 현금유출의 현재가치를 뺀 값으로 정의된다.
② 투자안으로부터 얻어지게 될 미래 순현금흐름의 현재가치를 최초투자액으로 나누어 구한다.
③ 한 가지 투자안에서 복수의 값이 얻어질 수도 있다.
④ 상호배타적인 투자안들의 우선순위를 결정하고자 할 경우, 순현재가치 방법과 항상 동일한 결론을 가져다 준다.

해설 ① 순현재가치의 정의이다.
② 수익성지수의 정의이다.
③ 내부수익률의 계산을 위해서 고차방정식이 사용되는데 이 과정에서 방정식의 해가 존재하지 않거나 복수해가 등장하는 경우가 종종 있다.
④ 상호배타적인 투자안에 대한 경제성평가를 수행하는 과정에서는 순현가법에 의하여 선정되는 투자안과 내부수익률법에 의하여 선정되는 투자안이 서로 달라질 수도 있다. 이는 투자규모의 차이, 투자수명의 차이, 현금흐름 양상의 차이 등에 의하여 발생할 수 있다.

정답 ③

62-15A ☑☐☐☐ 2020 공인노무사

다음에서 설명하는 투자안의 경제적 평가방법은?

- 투자안으로부터 예상되는 미래 기대현금 유입액의 현재가치와 기대현금 유출액의 현재가치를 일치시키는 할인율을 구한다.
- 산출된 할인율, 즉 투자수익률을 최소한의 요구수익률인 자본비용 또는 기회비용과 비교하여 투자안의 채택여부를 결정한다.

① 순현가법   ② 내부수익률법
③ 수익성지수법   ④ 평균회계이익률법
⑤ 회수기간법

해설
- 미래 기대현금 유입액의 현재가치와 기대현금 유출액의 현재가치를 일치시키는 할인율 ⇨ 내부수익률

• 내부수익률을 자본비용과 비교 ⇨ 내부수익률이 더 큰 경우 투자안의 채택이 이루어짐

정답 ②

62-15B ☑□□□
2017 군무원 복원

다음에서 설명하는 용어는 무엇인가?

> 어떤 사업에 대해 사업기간 동안의 현금수익 흐름을 현재가치로 환산하여 합한 값이 투자지출과 같아지도록 할인하는 이자율을 말한다.

① 평균이익률 ② 내부수익률
③ 순현재가치 ④ 수익성지수

해설 투자대상으로부터 산출되는 이익의 현금흐름을 투자, 즉 지출의 현금흐름과 같게 만드는 할인율을 내부수익률(internal rate of return, IRR)이라 부른다. 선지 ④의 수익성지수는 이익의 현재가치와 지출의 현재가치 사이의 비율을 뜻한다.

정답 ②

62-15D ☑□□□
2021 공인노무사

K사는 A, B, C 세 투자안을 검토하고 있다. 모든 투자안의 내용연수는 1년으로 동일하며, 투자안의 자본비용은 10%이다. 투자액은 투자 실행 시 일시에 지출되며 모든 현금흐름은 기간 말에 발생한다. 투자안의 투자액과 순현재가치(NPV)가 다음과 같을 경우 내부수익률(IRR)이 높은 순서대로 나열한 것은?

투자안	A	B	C
투자액	100억원	200억원	250억원
순현재가치	20억원	30억원	40억원

① A, B, C ② A, C, B
③ B, A, C ④ C, A, B
⑤ C, B, A

해설 내부수익률은 순현재가치를 0으로 만드는 할인율을 뜻한다. 문제에서는 순현재가치가 0이 아닌 다른 수치들로 제시되어 있으므로 우선 각 투자안을 통해 벌어들인 금액부터 확인해 보자.

벌어들인 돈의 현재가치 – 투자액 = 순현재가치

이상의 식을 염두에 두고, 각 투자안을 통해 벌어들인 돈을 A, B, C로 놓자.

$$\frac{A}{(1+0.1)} - 100 = 20 \quad \Rightarrow \quad A = 132$$

$$\frac{B}{(1+0.1)} - 200 = 30 \quad \Rightarrow \quad B = 253$$

$$\frac{C}{(1+0.1)} - 250 = 40 \quad \Rightarrow \quad C = 319$$

위에서 도출한 A, B, C 금액을 토대로 각 투자대안의 내부수익률, 즉 순현가가 0이 되게 하는 할인율을 도출하면 다음과 같다.

$$\frac{132}{(1+IRR_A)} - 100 = 0 \quad \Rightarrow \quad IRR_A = 32\%(0.32)$$

$$\frac{253}{(1+IRR_B)} - 200 = 0 \quad \Rightarrow \quad IRR_B = 26.5\%(0.265)$$

$$\frac{319}{(1+IRR_C)} - 250 = 0 \quad \Rightarrow \quad IRR_C = 27.6\%(0.276)$$

따라서 내부수익률이 가장 큰 투자대안은 A이고, 그 다음은 C, 마지막은 B가 된다.

정답 ②

62-16 ☑□□□
2012 7급공무원 인책형

투자안 분석에서 순현가법(net present value method)과 내부수익률법(internal rate of return method)을 비교한 설명으로 적절하지 않은 것은?

① 투자안에서 발생하는 현금유입을 순현가법에서는 할인율로, 내부수익률법에서는 내부수익률로 재투자한다고 가정한다.
② 순현가법에서는 순현가가 하나 존재하고, 내부수익률법에서는 내부수익률이 전혀 존재하지 않거나 여러 개의 내부수익률이 나타날 수 있다.
③ 순현가법에서는 가치의 가산법칙이 적용되지 않고, 내부수익률법에서는 가치의 가산법칙이 적용된다.
④ 독립적 투자안의 경우 순현가법이나 내부수익률법에 의한 투자평가 결과가 항상 같지만, 상호배타적 투자안의 경우 두 방법의 투자평가 결과가 서로 다를 수 있다.

해설 ② 내부수익률을 구하는 과정에서 고차방정식의 해를 찾게 되므로 복수해가 존재할 수도 있고, 실수 범위에서 해가 존재하지 않을 수도 있다.
③ 순현가법에서는 가치의 가산원리가 적용되지만 내부수익률 법에서는 그렇지 않다. 이는 곧 상호독립적 투자안들의 의사결 정에 있어 순현재가치는 각 투자대안의 순현재가치의 합이지만 내부수익률의 경우 그렇지 않다는 의미이다.

순현재가치: $NPV_{AB} = NPV_A + NPV_B$

내부수익률: $IRR_{AB} \neq IRR_A + IRR_B$

정답 ③

62-16F ✓☐☐☐
2022 군무원 5급

기업에서 투자 의사 결정을 내림에 있어서, 가장 우선시 되는 것은 그 투자로 인해 기업의 가치가 극대화될 수 있어야 한다는 것으로서, 이를 위해 수행하는 것이 투자 안의 경제성 분석이다. 투자안의 경제성 분석을 위한 이상적 평가 방법이 되기 위해서는 다음의 여러 사항들 이 충족될 수 있어야 하는데, 이러한 취지에서 볼 때 다음 중 가장 옳지 않은 것은?

① 투자안의 경제성분석에서는 투자로 인해 예상되 는 모든 현금흐름이 고려되어야 한다.
② 투자안의 경제성분석에서는 적절한 할인율을 사 용하여 계산된 화폐의 시간가치를 고려하는 것이 바람직하다.
③ 여러 투자안을 결합한 복합투자안을 평가할 경우 는 개별 투자안의 가치들에 대해 단순가산 원칙을 적용하려고 하기보다는, 가급적 결합 투자안에 대 한 새로운 현금흐름을 추정하여 경제성을 분석하 는 것이 바람직하다.
④ 경제성 분석 방법으로서의 순현가법(net present value method)이나 내부수익률법(internal rate of return method)은 화폐의 시간가치를 고려하는 방법이다.

해설 ③ [×] 현금흐름을 추정하여 투자안의 가치를 평가하는 방법의 대표적 사례로 순현재가치(NPV)법이 있다. 여기서 여러 개의 개별 투자안별로 각각 구한 투자안의 가치 합계와 전체를 결합한 하나의 종합투자안이 갖는 가치는 동일하다. 즉 현금흐름 으로 투자안을 평가할 때는 가치의 가산원리가 적용된다.

정답 ③

62-17 ✓☐☐☐
2016 경영지도사

투자안의 경제성 평가방법에 관한 설명으로 옳은 것은?

① 회수기간법은 회수기간 이후의 현금흐름을 고려 한다.
② 회계적이익률법은 화폐의 시간적 가치를 고려한다.
③ 수익성지수법에 의하면 수익성지수는 투자비/현 금유입액의 현재가치이다.
④ 순현재가치법에 의하면 순현재가치는 현금유입액 의 현재가치에다 투자비를 더한 것이다.
⑤ 내부수익률법에 의하면 개별 투자안의 경우 내부 수익률이 자본비용보다 커야 경제성이 있다.

해설 독립적 투자안의 경우 내부수익률이 할인율(이자율, 자 본비용)보다 큰 모든 투자안을 투자가치가 있는 것으로 평가하 게 된다.

추가해설 ① 회수기간법은 회수기간 이후의 현금흐름을 고려 하지 않는다.
② 회계적이익률법은 화폐의 시간적 가치를 고려하지 않는다.
③ 수익성지수법에 의하면 수익성지수는 (현금유입액의 현재 가치)/(투자비의 현재가치)이다.
④ 순현재가치법에 의하면 순현재가치는 현금유입액의 현재가 치에서 투자비를 뺀 것이다.

정답 ⑤

62-17M ☑□□□

투자안의 경제성 평가방법에 관한 설명으로 옳지 않은 것은?

① 순현재가치(NPV: Net Present Value)법은 투자안으로부터 발생하는 순현금흐름의 현재가치가 1보다 큰 가의 여부에 따라 투자안을 평가한다.

② 회수기간(PBP: Pay Back Period)법은 투자원금을 회수하는 기간만을 고려하여 투자안을 평가하는 방법이다.

③ 내부수익률(IRR: Internal Rate of Return)법은 내부수익률이 투자안의 요구수익률보다 높은지의 여부에 따라 투자안을 평가하는 방법이다.

④ 수익성지수(PI: Profitability Index)법은 투자안의 현금흐름을 고려하여 투자안을 평가하는 방법이다.

⑤ 회계적이익률(ARR: Account Rate of Return)법은 회계처리방법의 선택에 따라 투자안의 평가결과가 달라질 수 있다.

해설 ① [×] 순현재가치의 값이 1이 아니라 0보다 클 때 경제성이 있는 투자대안이라 할 수 있다.
② [○] 옳은 설명이며, 회수기간법의 단점이기도 하다.
③ [○] 내부수익률이 투자안의 요구수익률, 즉 시장할인율보다 클 때 경제성 있는 투자대안이 된다.
④ [○] 수익성지수는 투자안으로부터 비롯되는 현금유입의 현재가치와 현금유출의 현재가치를 비교하는 방법이므로, 투자안의 현금흐름을 고려한다고 말할 수 있다.
⑤ [○] 회계처리 방법, 즉 거래의 분개와 장부기록 방법이 달라지면 회계적 이익의 계산이 달라지므로 옳은 설명이다.
정답 ①

62-18 ☑□□□

투자안의 경제성 평가방법에 관한 설명으로 옳은 것은?

① 회수기간법은 시간적 가치를 고려한다.

② 순현가법은 투자를 하여 얻은 현금흐름의 현재가치와 초기 투자금액을 비교하여 투자의 적정성을 평가한다.

③ 내부수익률은 미래의 현금흐름의 순현가를 1로 만드는 할인율이다.

④ 회계적이익률법에서 회계적이익률은 연평균투자액을 연평균순이익으로 나눈 것이다.

⑤ 수익성지수법에서 수익성지수는 투자비를 현금유출액으로 나눈 것이다.

해설 ① [×] 회수기간법은 화폐의 시간가치를 고려하지 않는다.
② [○] 순현재가치법은 현금유입의 현재가치에서 현금유출(=투자액)의 가치를 뺀 값이 0보다 큰 경우 투자가 적정하다고 보는 기법이다.
③ [×] 내부수익률은 미래 현금흐름의 순현가를 0으로 만드는 할인율이다.
④ [×] 회계적이익률은 연평균순이익을 연평균투자액으로 나눈 것이다.
⑤ [×] 수익성지수는 현금유입액을 투자비(=현금유출)로 나눈 값이고, 그 값이 1보다 크면 타당한 투자로 보는 기법이다.
정답 ②

62-18A ✅☐☐☐
2020 7급 나형

단일 투자대안의 경제성 평가방법에 대한 설명으로 옳지 않은 것은?

① 순현가법(NPV)은 투자대안의 현금흐름을 현재가치로 할인하고 투자원금과 비교하여 채택 여부를 결정한다.
② 회계적이익률법(AAR)은 장부상 연평균 회계적이익이 장부상 총자산에서 차지하는 비율로 측정된다.
③ 내부수익률(IRR)로 투자대안의 현금흐름을 할인하면 순현재가치는 '0'이 된다.
④ 회수기간법(PB)은 투자대안의 현금흐름을 바탕으로 투자원금을 회수하는 데 걸리는 기간을 측정하지만, 자의적인 판단기준이 필요하다.

해설〉 ② 회계적이익률은 장부상 연평균 순이익을 연평균 투자액으로 나누어 계산한다.

추가해설〉 ④ 회수기간은 짧을수록 좋다. 다만 어느 정도의 회수기간이 바람직한지에 관해서는 별도의 기준이 없으므로 의사결정자가 나름의 기준을 설정할 필요가 있다.

정답 ②

62-19 ✅☐☐☐
2011 공인노무사

투자안의 평가방법에 관한 설명으로 옳지 않은 것은?

① 순현재가치(NPV)법에서 투자안의 NPV가 0보다 크면 투자안을 채택한다.
② 수익성지수(PI)법에서 투자안의 PI가 0보다 크면 투자안을 채택한다.
③ 내부수익률(IRR)법에서 투자안의 IRR이 자본비용보다 크면 투자안을 채택한다.
④ 회계이익률법에서 투자안의 회계이익률이 목표회계이익률보다 크면 투자안을 채택한다.
⑤ 회수기간법에서 투자안의 회수기간이 목표회수기간보다 짧으면 투자안을 채택한다.

해설〉 ② 수익성지수는 1보다 클 때 투자안을 채택한다.

정답 ②

62-19F ✅☐☐☐
2022 공인노무사

투자안의 경제성 평가 방법에 관한 설명으로 옳은 것은?

① 회계적이익률법의 회계적이익률은 연평균 영업이익을 연평균 매출액으로 나누어 산출한다.
② 회수기간법은 회수기간 이후의 현금흐름을 고려한다.
③ 순현재가치법은 재투자수익률을 내부수익률로 가정한다.
④ 내부수익률법에서 개별투자안의 경우 내부수익률이 0보다 크면 경제성이 있다.
⑤ 수익성지수법에서 개별투자안의 경우 수익성 지수가 1보다 크면 경제성이 있다.

해설〉 ① [×] 회계적이익률은 연평균 순이익을 연평균 투자액으로 나누어 계산한다.
② [×] 회수기간법의 가장 큰 단점 중 하나가 바로 회수기간 이후의 현금흐름을 반영하지 못한다는 점이다.
③ [×] 순현재가치법에서는 투자로부터 발생하는 현금흐름을 할인율(자본비용)로 재투자한다고 보는 반면 내부수익률법에서는 투자로부터 발생하는 현금흐름을 내부수익률로 재투자한다고 가정한다.
④ [×] 상호배타적인 투자안의 의사결정에 있어서는 내부수익률이 이자율(자본비용)보다 큰 투자안들 가운데 가장 내부수익률이 큰 투자안을 선택하면 된다. 그러나 독립적인 개별투자안의 경우에는 투자안의 내부수익률이 할인율(이자율, 자본비용)보다 큰 모든 투자안을 투자가치가 있는 것으로 평가하게 된다.
⑤ [○] 수익성지수법(profitability index method)은 사업기간 중의 총현금수입합계의 현재가치를 순현금투자지출합계의 현재가치로 나눈 상대지수인 수익성지수에 따라 투자안의 경제성을 분석하는 방법이다. 일반적으로 총현금수입합계의 현재가치가 총현금투자지출의 합계보다 크면(즉, 수익성지수〉1)이면 투자가치가 있는 투자안으로 분류된다.

정답 ⑤

62-20 ☑☐☐☐

2018 가맹거래사

투자안의 경제성 평가에 사용하는 자본예산기법에 관한 설명으로 옳은 것은?

① 회수기간법은 화폐의 시간가치를 고려한 자본예산기법이다.

② 회수기간의 역수는 항상 내부수익률의 대용치로 사용해야 한다.

③ 순현재가치법은 'NPV(A+B)=NPV(A)+NPV(B)'와 같은 가치가산의 원리가 성립하지 않는다.

④ 수익성지수는 현금유출액의 현재가치를 현금유입액의 현재가치로 나누어 산출한다.

⑤ 내부수익률은 현금유입액의 현재가치와 현금유출액의 현재가치를 일치시켜 주는 할인율을 의미한다.

해설 ① [×] 회수기간법은 화폐의 시간가치를 고려하지 않는 기법이다.
② [×] 내부수익률은 NPV(순현재가치)가 0이 되는 할인율이므로, 회수기간의 역수와 무관하다.
③ [×] 순현재가치법에서는 가치가산의 원리가 적용된다.
④ [×] 수익성지수는 현금유입액의 현재가치를 현금유출액의 현재가치로 나누어 산출한다.
⑤ [O] 내부수익률은 NPV=0인 경우의 할인율을 뜻한다. 'NPV=현금유입액의 현재가치－현금유출액의 현재가치'이므로 옳은 설명이다.

정답 ⑤

62-20F ☑☐☐☐

2022 군무원 7급

다음 중 투자안 평가방법에 대한 설명으로 가장 옳지 않은 것은?

① 회계적 이익률법은 화폐의 시간적 가치를 고려하지 않는다.

② 회수기간법에서는 원금 회수기간이 목표회수기간보다 긴 투자안을 선택한다.

③ 내부수익률법에서는 내부수익률(r)이 투자자 요구 수익률보다 큰 투자안을 선택한다.

④ 순현가법에서는 순현가(NPV)가 투자자 요구 수익률보다 큰 투자안을 선택한다.

해설 ② 어찌 보면 상식적인 판단인데, 목표회수기간보다 실제 회수기간이 더 짧아야 좋은 것 아니겠는가? 투자금을 회수하는데 걸리는 시간이 긴 것은 결코 바람직한 상황이 아니다.

정답 ②

62-21 ☑☐☐☐

2019 가맹거래사

자본예산에 관한 설명으로 옳지 않은 것은?

① 순현재가치는 현금유입의 현재가치에서 현금유출의 현재가치를 차감한 값이다.

② 상호배타적 투자안 평가 시 순현재가치법과 내부수익률법에 의한 평가 결과는 서로 다를 수 있다.

③ 내부수익률법을 이용한 상호배타적 투자안 평가 시 최적의 투자결정은 내부수익률이 가장 큰 투자안을 선택하는 것이다.

④ 수익성지수가 1보다 큰 투자안의 순현재가치는 0보다 크다.

⑤ 회수기간법은 사용하기에 간편하나 현금흐름에 대한 화폐의 시간적 가치를 반영하지 못한다.

해설 ③ 내부수익률법을 사용하여 상호배타적 투자(어느 한 투자안을 선택할 경우 다른 투자안을 동시에 선택할 수 없음)안을 평가할 때는 <u>우선 자본비용(시장할인율)보다 큰 투자안을 추려낸 다음 그 중에서 내부수익률이 가장 큰 투자안을 골라야 한다.</u> 만약 내부수익률만을 따져 그 값이 가장 큰 투자안을 고른다 하여도 그 때의 내부수익률이 시장할인율보다 낮다면 굳이 해당 투자안을 선택할 이유가 없고, 차라리 은행에 돈을 넣어두는 것이 더 이득일 수 있다.

정답 ③

62-22 ✔️□□□ 2010 공인노무사

투자안의 경제성 분석을 위한 자본예산기법에 관한 설명으로 옳은 것을 모두 고른 것은?

> ㄱ. 독립적인 투자안의 경우, 순현재가치법에서는 투자안의 순현재가치가 투자비용보다 크면 채택한다.
> ㄴ. 순현재가치법과 내부수익률법은 화폐의 시간적 가치를 고려한다.
> ㄷ. 내부수익률법에서 내부수익률은 투자로부터 기대되는 현금유입의 현가와 현금유출의 현가를 같게 하는 할인율이다.
> ㄹ. 상호배타적인 투자안의 경우 순현재가치법과 내부수익률법은 상반된 결론이 나올 수도 있다.

① ㄱ, ㄴ   ② ㄴ, ㄷ
③ ㄱ, ㄷ, ㄹ   ④ ㄴ, ㄷ, ㄹ
⑤ ㄱ, ㄴ, ㄷ, ㄹ

해설 ㄱ. 독립적 투자의 경우 순현재가치가 0보다 크면 채택한다. → [×]
ㄴ. 순현재가치법과 내부수익률법은 화폐의 시간가치를 고려한다. → [○]
ㄷ. 내부수익률의 정확한 정의가 맞다. → [○]
ㄹ. 순현재가치법과 내부수익률의 경우 상호독립적인 투자의 경우에는 그 결과가 같지만 상호배타적 투자의 경우에는 상반된 결론이 나올 수 있다. → [○]

정답 ④

62-22M ✔️□□□ 2024 공인노무사

투자안의 경제성 분석방법에 관한 설명으로 옳은 것은?

① 투자형 현금흐름의 투자안에서 내부수익률은 투자수익률을 의미한다.
② 화폐의 시간가치를 고려하는 분석방법은 순현재가치법이 유일하다.
③ 순현재가치법에서는 가치가산의 원칙이 성립하지 않는다.
④ 내부수익률법에서는 재투자수익률을 자본비용으로 가정한다.
⑤ 수익성지수법은 순현재가치법과 항상 동일한 투자선택의 의사결정을 한다.

해설 ① [○] 투자형 현금흐름은 돈을 투자하여 그에 대한 이익이 발생하는 경우의 현금흐름을 뜻하며, 일반적인 자본예산(capital budget) 이론에서 가정하는 대부분의 현금흐름이 이에 해당한다. 내부수익률은 투자안의 순현재가치를 0으로 만드는 할인율이며, 투자현금으로부터 기대되는 수익률을 의미한다.
② [×] 순현재가치법 뿐만 아니라 수익성지수법과 내부수익률법도 화폐의 시간가치를 고려한다.
③ [×] 순현재가치법에서는 가치의 가산원리가 적용되며, 내부수익률법에서는 가치의 가산원리가 적용되지 않는다.
④ [×] 내부수익률법의 재투자수익률은 자본비용(=시장할인율)이 아니라 내부수익률 자체이다.
⑤ [×] 수익성지수법은 투자금액과 회수금액의 비율로 투자여부를 판단하는 기법이며, 순현재가치법은 투자금액과 회수금액의 차이로 투자여부를 판단한다. 따라서 그 판단결과가 동일할 수도 있지만 다를 수도 있다.

정답 ①

62-23 ☑☐☐☐

2012 가맹거래사

투자안의 경제성 평가 방법에 관한 설명으로 옳지 않은 것은?

① 회수기간법과 회계적 이익률법은 화폐의 시간적 가치를 무시한다.
② 순현가법의 경우 순현가는 현금유입의 현재가치에서 현금유출의 현재가치를 차감하여 구한다.
③ 수익성지수법은 현금유입의 현재가치와 현금유출의 현재가치의 비율로 구한다.
④ 순현가법과 내부수익률법에 의한 개별투자안의 경제성평가 결과는 상이할 수 있다.
⑤ 순현가법이 내부수익률법에 비해 재투자수익률에 대한 가정이 더 합리적이다.

해설) ④ 순현가법과 내부수익률법에 의한 개별투자안의 경제성평가 결과는 동일하지만, 상호배타적 투자안의 경제성 평가 결과는 달라질 수 있다.

정답 ④

62-24 ☑☐☐☐

🔼필수

2014 공인노무사

투자안의 경제성 평가방법에 관한 설명으로 옳은 것은?

① 회계적이익률법은 화폐의 시간적 가치를 고려한다.
② 회수기간법은 회수기간 이후의 현금흐름을 고려한다.
③ 내부수익률법은 평균이익률법이라고도 한다.
④ 순현재가치법에서는 가치의 가산원리가 적용된다.
⑤ 수익성지수법은 수익성지수가 0보다 커야 경제성이 있다.

해설) ① 회계적이익률법은 화폐의 시간가치를 고려하지 않는다.
② 회수기간법은 회수기간까지의 현금흐름을 고려한다.
③ 내부수익률은 평균이익과 다르다.
④ 순현재가치를 구하는 과정에서 종합적 투자안의 순현재가치는 발생되는 개별투자안의 순현재가치를 합산한 것이다.
⑤ 수익성지수는 1보다 커야 한다.

정답 ④

62-25 ☑☐☐☐

2014 가맹거래사

투자안의 경제적 평가방법에 관한 설명으로 옳지 않은 것은?

① 현재가치지수가 1보다 작으면 투자안을 채택한다.
② 회계적 이익률이 높을수록 양호하다고 판단한다.
③ 회수기간이 짧을수록 유리하다고 판단한다.
④ 순현재가치가 0보다 크면 경제성이 있는 것으로 판단한다.
⑤ 내부수익률이 기회비용보다 크면 채택한다.

해설) ① 수익성지수가 1보다 크면 투자안을 채택한다. 현재가치지수라는 개념은 없다.

정답 ①

62-26 ☑☐☐☐

2015 7급공무원 3책형

투자안의 경제성 평가 방법에서 상호배타적 투자안에 대한 의사 결정으로 적절한 것은?

① 투자안의 수익성지수(PI)가 0보다 큰 투자안 중에서 가장 낮은 투자안을 선택한다.
② 투자안의 내부수익률(IRR)이 할인율보다 낮은 투자안 중에서 가장 높은 투자안을 선택한다.
③ 투자안의 평균회계이익률(AAR)이 목표 AAR보다 큰 투자안 중에서 가장 낮은 투자안을 선택한다.
④ 투자안의 순현재가치(NPV)가 0보다 큰 투자안 중에서 가장 높은 투자안을 선택한다.

해설) ① 수익성지수 기준에서는 1보다 큰 투자안 중에서 가장 그 값이 큰 투자안을 선택한다.
② 내부수익률 기준에서는 그 값이 할인율보다 큰 것들 중에서 최대의 투자대안을 선택한다.
③ 평균회계이익률은 그 값이 커야 좋다.
④ 순현재가치 기준은 이 값이 0보다 큰 투자안들 중에서 최대값을 제공하는 투자안을 선택하는 것이다.

정답 ④

62-27 ☑□□□
2013 가맹거래사

자본예산기법에 관한 설명으로 옳은 것은?

① 회계적이익률법은 화폐의 시간적 가치를 고려한다.
② 회수기간법은 회수기간 이후의 현금흐름을 고려한다.
③ 순현가법은 개별투자안의 경우 순현가가 0보다 크면 경제성이 있다.
④ 내부수익률법은 화폐의 시간적 가치를 고려하지 않는다.
⑤ 수익성지수법은 개별투자안의 경우 수익성지수가 1보다 작으면 경제성이 있다.

해설 ① 회계적이익률법은 화폐의 시간적 가치를 고려하지 않는다.
② 회수기간법은 회수기간 이전의 현금흐름을 고려한다.
④ 내부수익률법은 화폐의 시간적 가치를 고려한다.
⑤ 수익성지수법은 개별투자안의 경우 수익성지수가 1보다 크면 경제성이 있다.

정답 ③

62-27D ☑□□□
2021 국가직 7급

자본예산에 대한 설명으로 옳지 않은 것은?

① 단일 투자안의 경우에는 항상 유일한 내부수익률이 산출된다.
② 내부수익률(IRR)은 수익성지수(PI)가 1이 되도록 해 주는 할인율이다.
③ 내부수익률(IRR)은 순현가(NPV)가 0이 되도록 해 주는 할인율이다.
④ 상호배타적인 두 투자안에 대한 순현가법과 내부수익률법의 경제성 평가결과가 상반되는 이유는 재투자수익률에 대한 가정의 차이 때문이다.

해설 ① [×] 내부수익률의 정의는 (단일 투자안이든 복수의 투자안이든 상관없이) 투자안의 순현재가치가 0이 되게 하는 할인율이다. 따라서 순현재가치를 구하는 식이 일차함수이면 그 해(=내부수익률)가 1개이지만, 2차함수 이상의 고차함수인 경우에는 2개 이상의 내부수익률이 산출될 수도 있다.
②, ③ [○] 투자안의 순현재가치가 0인 경우의 할인율이 내부수익률이므로, 이때는 현금유입의 현재가치와 현금유출의 현재

가치가 같게 된다. 따라서 수익성지수(현금유입의 현재가치와 현금유출의 현재가치의 비율)는 1이 된다.
④ [○] 순현가법에서는 투자로부터 발생하는 현금흐름을 할인율(자본비용)로 재투자한다고 보는 반면 내부수익률법에서는 투자로부터 발생하는 현금흐름을 내부수익률로 재투자한다고 가정한다.

정답 ①

62-27F ☑□□□
2022 가맹거래사

투자안의 경제성 분석에 관한 설명으로 옳지 않은 것은?

① 순현재가치법은 화폐의 시간적 가치를 반영한 평가방법이다.
② 순현재가치법은 가치가산의 원리가 성립한다.
③ 내부수익률은 투자안의 현금유입의 현재가치와 현금유출의 현재가치를 일치시키는 할인율이다.
④ 상호배타적 투자안 평가 시 내부수익률법과 순현재가치법의 평가결과는 항상 서로 일치한다.
⑤ 수익성지수가 1인 투자안의 순현재가치는 0이 된다.

해설 독립적 투자안(또는 단일투자안)에 대한 경제성평가를 수행하는 과정에서는 순현가법과 내부수익률법이 동일한 결과를 보인다. 내부수익률이 할인율보다 크다는 것은 순현가가 0보다 크다는 것과 이론상 동일한 의미이기 때문이다. 반면 상호배타적인 투자안에 대한 경제성평가를 수행하는 과정에서는 순현가법에 의하여 선정되는 투자안과 내부수익률법에 의하여 선정되는 투자안이 서로 달라질 수도 있다. 이는 투자규모의 차이, 투자수명의 차이, 현금흐름 양상의 차이 등에 의하여 발생할 수 있다.

정답 ④

63 위험과 수익률

TOPIC

1. 위험과 수익률
1) 위험: 미래수익률의 변동 정도(=분산)
2) 기대수익률: 기대값
3) 평균−분산 무차별곡선

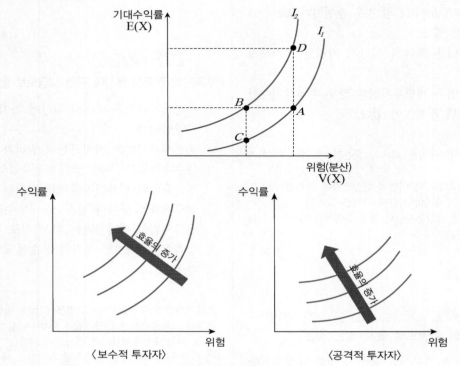

〈보수적 투자자〉   〈공격적 투자자〉

4) 위험 프리미엄: 위험에 대한 보상으로 얻는 수익률

2. 포트폴리오 이론
1) 포트폴리오의 개념: 여러 투자대상의 집합
2) 포트폴리오의 위험: 각 구성자산과 포트폴리오의 공분산을 각 자산의 투자비율로 가중평균하여 계산
3) 포트폴리오의 위험분산효과: 복수의 자산을 결합하여 위험이 줄어들고 자산의 기대값이 증가하는 현상
4) 체계적 위험: 분산투자로서 제거할 수 없는 위험

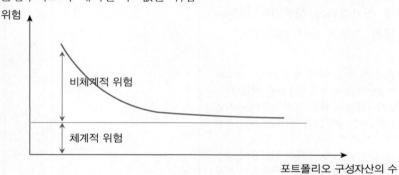

63-1 ☑☐☐☐

미래수익의 위험(변동정도)을 측정하기 위한 지표로 옳지 않은 것은?

① 분산
② 분산의 제곱근
③ 표준편차
④ 평균값

해설 변동성이나 위험은 '산포도'로 측정한다. 대표적인 산포도에는 분산(①)과 표준편차(③)가 있으며, 표준편차는 분산의 양의 제곱근(②)이다.

정답 ④

63-1F ☑☐☐☐

여러 자산에 분산투자하는 목적은?

① 자본비용 감소
② 자본조달 용이
③ 투자비용 감소
④ 투자위험 감소
⑤ 거래비용 감소

해설 복수의 자산을 결합하여 포트폴리오를 구성함으로써 위험이 줄어들어 자산에 대한 기대값이 증가하는 현상을 분산효과(diversification effect) 또는 포트폴리오 효과(portfolio effect)라 한다. 이러한 현상의 원인은 포트폴리오를 구성하는 자산들의 움직임이 서로의 위험을 상쇄하기 때문이다. 특히 두 자산간 상관계수가 −1인 경우에는 특정한 비율로 포트폴리오를 구성할 때 위험을 완전히 제거할 수도 있다.

정답 ④

63-2 ☑☐☐☐

A주식의 기대수익률은 10%이고, B주식의 기대수익률은 20%이다. A주식에 40%, B주식에 60%를 투자한 포트폴리오의 기대수익률은?

① 13%
② 15%
③ 16%
④ 18%
⑤ 20%

해설 포트폴리오의 기대수익률은 개별주식 수익률을 투자비율에 따라 가중평균한 값이다.

포트폴리오 기대수익률 $= (10\% \times 0.4) + (20\% \times 0.6)$
$= 4\% + 12\%$
$= 16\%$

정답 ③

63-2D ☑☐☐☐

주식 A와 B의 기대수익률은 각각 10%, 20%이다. 총 투자자금 중 40%를 주식 A에, 60%를 주식 B에 투자하여 구성한 포트폴리오 P의 기대수익률은?

① 15%
② 16%
③ 17%
④ 18%
⑤ 19%

해설 포트폴리오의 기대수익률은 해당 포트폴리오를 구성하는 개별 자산(주식)의 수익률을 포트폴리오 구성비율로 가중평균한 값이다. 구체적으로 말하자면 각 주식마다 기대수익률에 포트폴리오에서의 비중을 곱한 다음 이 값들을 모두 더하면 된다. 즉 주식 A의 수익률과 주식 A의 구성비중을 곱하고, 주식 B의 수익률과 주식 B의 구성비중을 곱하여 더하면 된다는 것이다.

포트폴리오 기대수익률 $= (10\% \times 40\%) + (20\% \times 60\%) = 16\%$

정답 ②

63-2M ☑☐☐☐

다음 세 주식으로 구성된 포트폴리오의 기대수익률은 얼마인가?

주식	투자액(만원)	기대수익률
A	1,000	10%
B	600	8%
C	400	6%

① 8.2%
② 8.4%
③ 8.6%
④ 8.8%

해설 포트폴리오의 기대수익률은 개별주식의 수익률을 투자비중에 따라 가중평균한 값이다. A주식의 투자비중은 전체 투자금액의 50%이며, B는 30%, C는 20%의 비중을 갖는다. 따라서 기대수익률은 다음과 같이 구할 수 있다.

$$E_{portfolio} = (10\% \times 0.5) + (8\% \times 0.3) + (6\% \times 0.2) = 8.6\%$$

정답 ③

63-3 ☑□□□
2019 가맹거래사

㈜가맹 주식은 현재 주당 10,000원에 거래되고 있다. 미래 경기 상황에 따른 ㈜가맹 주식의 수익률 확률 분포가 다음과 같을 때, 이 주식의 기대수익률은?

경기 상황	㈜가맹 주식의 수익률	확률
호황	20%	40%
불황	5%	60%

① 10% ② 11%
③ 12% ④ 13%
⑤ 14%

해설 기대수익률 $= (20\% \times 40\%) + (5\% \times 60\%)$
$= 8\% + 3\%$
$= 11\%$

정답 ②

63-4 ☑□□□
2012 가맹거래사

위험회피형 투자자의 평균 – 분산 무차별곡선에 관한 설명으로 옳지 않은 것은?

① 우상방으로 올라갈수록 더 큰 효용을 나타낸다.
② 특정 개인의 무차별곡선은 서로 교차하지 않는다.
③ 무차별곡선은 양(+)의 기울기를 가지며 원점에 대하여 볼록하다.
④ 위험회피성향이 큰 투자자는 작은 투자자에 비하여 무차별곡선의 기울기가 더 커진다.
⑤ 동일한 효용을 갖기 위해 위험이 한 단위 증가할 때마다 요구하는 기대수익률의 크기는 증가한다.

해설 무차별곡선은 동일효용을 주는 지점을 연결한 선이므로, 서로 다른 효용을 의미하는 두 개의 무차별곡선끼리 겹칠 수는 없다(②). 무차별곡선의 모양은 위험이 증가함에 따라 이에 상응하는 요구기대수익률이 커지기 때문에(⑤) 원점에 대하여 볼록하며 양의 기울기를 갖고(③) 투자자의 위험회피성향이 증가함에 따라 기울기 역시 증가한다(④).
① 무차별곡선상의 모든 점들은 동일한 크기의 효용을 가진다. 따라서 틀렸다.

정답 ①

63-5 ☑□□□
⟨필수⟩
2016 가맹거래사

다음 포트폴리오와 관련된 설명으로 옳은 것은?

	매입시점		매도시점		표준편차(%)
	주가	주식 수	주가	주식 수	
주식 A	10,000원	400주	15,000원	400주	10
주식 B	20,000원	200주	20,000원	200주	13

① 매입시점에서 주식 A와 주식 B의 구성비율은 주식 A=33.3%, 주식 B=66.6%이다.
② 매도시점에서 주식 A와 주식 B의 구성비율은 주식 A=60%, 주식 B=40%이다.
③ 주식 A와 주식 B의 구성비율을 계산할 때 주식 수만 고려한다.
④ 주식 A와 주식 B의 구성비율을 계산할 때 주가만 고려한다.
⑤ 위험을 싫어하는 투자자들은 주식 A보다 B를 선호한다.

해설 ① 구성비율은 총 자산규모 대비 특정자산의 비율이다. 매입시점의 총자산은 800만 원이므로 A와 B는 각각 50%의 구성비율을 갖는다.
② 위 ①의 논리에 따라 매도시점 총자산 1,000만 원 대비 A의 비율은 60%이고 B의 비율은 40%이다. 따라서 이것이 정답
③, ④ 구성비율은 주식의 수뿐만 아니라 주가도 고려한다.
⑤ 위험은 표준편차의 값으로 판단한다. A의 위험이 더 작으므로 B보다 A를 선호한다.

정답 ②

63-6 ☑□□□
2017 가맹거래사

자본시장에 다음과 같은 포트폴리오(A~E)가 존재한다.

구 분	A	B	C	D	E
기대수익률	25%	25%	15%	15%	10%
분 산	0.2	0.1	0.2	0.1	0.1

위 포트폴리오 중 효율적(efficient) 포트폴리오에 해당하는 것은? (단, 평균 – 분산 기준의 포트폴리오 이론이 성립한다고 가정함)

① A ② B
③ C ④ D
⑤ E

요점정리　투자자들의 투자결정은 투자대상의 기대수익률과 표준편차에 의존하며, 평균-분산 모형(지배원리)에 따라 투자대상을 선정한다. 여기서 지배원리란, 기대수익률이 같다면 위험이 낮은 포트폴리오를 선택하고, 위험이 같다면 기대수익률이 높은 포트폴리오를 선택하는 포트폴리오 선택기준을 말한다. 지배원리를 활용하여 효율적 포트폴리오와 아닌 것을 구분할 수 있다.

해설　같은 수익률을 가지는 포트폴리오 중에서는 위험(분산)이 가장 작은 것을, 그리고 동일한 위험(분산)을 가지는 포트폴리오 중에서는 수익률이 가장 높은 것을 고르면 B가 된다.

정답 ②

63-6F ☑☐☐☐　　2022 가맹거래사

상호배타적 포트폴리오인 A, B, C, D, E의 기대수익률과 수익률의 표준편차는 다음과 같다.

구분	A	B	C	D	E
기대수익률	9%	15%	19%	12%	19%
수익률의 표준편차	3%	5%	8%	5%	10%

평균-분산(mean-variance) 기준의 포트폴리오 이론이 성립하며 투자자는 위험 회피형(risk averse)이라고 가정할 경우, 효율적(efficient) 포트폴리오에 해당하는 것을 모두 고른 것은?

① A, B
② A, D
③ C, E
④ A, B, C
⑤ B, C, E

해설　투자자는 기왕이면 높은 수익률과 낮은 위험을 갖는 주식을 선호할 것이다. 수익률의 표준편차가 곧 위험을 뜻하므로 결국 문제에서 구하라고 하는 효율적 포트폴리오는 같은 수익률을 가지는 주식 중에서는 가장 표준편차가 작은 것을, 같은 표준편차를 갖는 주식 중에서는 가장 수익률이 높은 주식을 고르라는 것이다. 그런데 문제에서 '위험 회피형'인 투자자를 가정하였으므로 우선순위는 위험이 낮은 것을 먼저 선택하는 것이다. 표에서 위험(수익률의 표준편차)이 3%로 가장 낮은 주식 A가 우선 선택된다. 그 다음으로 위험이 낮은 5% 주식(B, D)들 중에서는 상대적으로 수익률이 높은(15%) 주식 B가 선택된다. 마지막으로 수익률이 19%로 동일한 주식 C와 E 중에서는 위험이 더 낮은 주식 C가 선택된다.

정답 ④

63-7 ☑☐☐☐　　　　ㅣ필수ㅣ
2012 공인노무사

자본예산기법과 포트폴리오에 관한 설명으로 옳지 않은 것은?

① 포트폴리오의 분산은 각 구성주식의 분산을 투자비율로 가중평균하여 산출한다.
② 비체계적 위험은 분산투자를 통해 제거할 수 있는 위험이다.
③ 단일 투자안의 경우 순현가법과 내부수익률법의 경제성 평가 결과는 동일하다.
④ 포트폴리오 기대수익률은 각 구성주식의 기대수익률을 투자비율로 가중평균하여 산출한다.
⑤ 두 투자안 중 하나의 투자안을 선택해야 하는 경우 순현가법과 내부수익률법의 선택 결과가 다를 수 있다.

해설　① 포트폴리오의 분산은 각 구성주식과 포트폴리오의 공분산(covariance)을 각 자산의 투자비율로 가중평균하여 계산한다.

정답 ①

63-7D ☑☐☐☐　　　2021 가맹거래사

포트폴리오 이론에 관한 설명으로 옳지 않은 것은?

① 체계적 위험을 측정하는 방법으로 베타계수를 사용할 수 있다.
② '계란을 한 바구니에 담지 말라'는 포트폴리오 투자를 대표하는 격언이다.
③ 포트폴리오의 구성자산 수를 늘릴수록 제거할 수 있는 위험을 체계적 위험이라고 한다.
④ 구성자산들간의 상관계수가 낮을수록 분산투자효과가 높은 편이다.
⑤ KODEX200 ETF에 투자하는 것은 분산투자의 일종이다.

해설　③ 구성자산 수를 늘릴수록 감소하는 위험은 비체계적 위험, 구성자산 수를 늘려도 제거되지 않는 위험이 체계적 위험이다.

추가해설　⑤ ETF(exchange traded fund)는 상장지수펀드를

뜻한다. 주식, 원자재, 채권 등의 기초자산 포트폴리오로 구성되어 있어서 분산투자용으로 널리 사용된다.

정답 ③

63-7F ☑□□□ 2022 공인노무사

A주식에 대한 분산은 0.06이고, B주식에 대한 분산은 0.08이다. A주식의 수익률과 B주식의 수익률간의 상관계수가 0인 경우, 총 투자자금 중 A주식과 B주식에 절반씩 투자한 포트폴리오의 분산은?

① 0.025   ② 0.035
③ 0.045   ④ 0.055
⑤ 0.065

해설 포트폴리오의 위험(분산)은 각 구성자산과 포트폴리오간의 공분산(covariance)을 각 자산의 투자비율로 가중평균하여 계산한다. 주의할 것은 분산이 아니라 공분산을 가중평균한다는 것이다. 공분산은 두 확률변수가 같이 움직이는지 또는 두 변수의 움직임간의 관계가 어떠한지를 측정하는데 사용되는 개념으로서, 각 확률변수의 실현가능한 값과 기대값의 차이인 편차의 곱을 발생확률로 곱하여 모두 더한 값이다. 두 확률변수가 같은 방향으로 움직이면 공분산은 양(+)의 값을, 반대 방향으로 움직이면 음(−)의 값을 가진다. 공분산을 각 변수의 표준편차로 나누면 상관계수가 된다.
포트폴리오의 분산을 구하는 방법을 일반화하여 표현하면 다음과 같다.

$$\sigma_p^2 = w_1\sigma_{1p} + w_2\sigma_{2p} + ... + w_n\sigma_{np} = \sum_{i=1}^{n} w_i\sigma_{ip}$$

여기서 두 주식(A, B)으로 구성된 포트폴리오의 분산은 다음 식을 통해 구한다.

$$\sigma_{A+B}^2 = w_A^2\sigma_A^2 + w_B^2\sigma_B^2 + 2w_1w_2Cov(A,B)$$

두 주식의 상관계수가 0이면 공분산(Cov)도 0이고, 각 주식의 투자비중이 동일하므로 가중치(w)는 1/2가 된다. 이 점을 활용하여 계산하면 다음과 같다.

$$\sigma_{A+B}^2 = (\frac{1}{2})^2(0.06) + (\frac{1}{2})^2(0.08) = 0.035$$

정답 ②

63-8 ☑□□□ 2017 경영지도사

분산투자를 함으로써 제거할 수 있는 위험은?

① 베타위험(beta risk)
② 시장위험(market risk)
③ 체계적위험(systematic risk)
④ 비체계적위험(unsystematic risk)
⑤ 분산불가능위험(non-diversifiable risk)

해설 포트폴리오의 위험 중에서 자산 종류의 다양화, 즉 분산투자로써 제거할 수 있는 위험을 비체계적 위험(unsystematic risk) 또는 기업고유의 위험(firm-specific risk)이라 하며, 분산투자로써 감소시킬 수 없는 위험을 체계적 위험(systemic risk) 또는 시장위험(market risk)이라 한다. 체계적 위험은 시장의 전반적 상황, 즉 인플레이션이나 이자율의 변화 또는 경기변동 등에 의해 영향을 받기 때문에 분산투자를 하여도 제거할 수 없다.

정답 ④

63-8J ☑□□□ 2023 서울시 7급

자본시장 전체의 수익률 변동과 무관하게 자산 자체 고유 요인의 영향을 받아 변동하는 위험에 해당하는 것은?

① 체계적 위험(systematic risk)
② 채무불이행위험(default risk)
③ 이자율위험(interest rate risk)
④ 비체계적 위험(unsystematic risk)

해설 자본시장 전체의 위험으로서 분산투자를 해도 제거되지 않는 위험을 체계적 위험이라 하고, 반대로 분산투자를 하여 제거할 수 있는 자산의 고유위험을 비체계적 위험으로 정의한다.

정답 ④

63-9 ☑☐☐☐
2018 7급 나형

포트폴리오의 위험분산효과에 대한 설명으로 옳지 않은 것은?

① 자산을 결합하여 포트폴리오를 구성함으로써 위험이 감소하는 현상이다.

② 위험분산효과가 나타나는 이유는 포트폴리오를 구성하는 자산들의 변동성이 상쇄되기 때문이다.

③ 포트폴리오의 위험 중에서 분산투자로 줄일 수 없는 위험을 체계적 위험이라고 한다.

④ 포트폴리오의 위험은 일반적으로 포트폴리오를 구성하는 투자종목수가 많을수록 증가한다.

───

[해설] ④ 포트폴리오의 위험분산효과는 여러 자산에 함께 투자할수록 그들간의 위험(변동성)이 상쇄되기 때문이다. 즉 ②의 설명을 따르는 것이다. 그렇다면 포트폴리오의 구성자산의 숫자가 늘어날수록 포트폴리오의 위험은 당연히 감소할 것이다.

정답 ④

63-9F ☑☐☐☐
2022 국가직 7급

다음과 같이 구성된 포트폴리오에 대한 설명으로 옳지 않은 것은?

	주식 A	주식 B
기대수익률(%)	20	10
표준편차(%)	10	20
투자비중(%)	50	50
상관계수	$\rho_{A,B} = 1$	

① 위험－수익률 관계를 고려하면 위험회피적 투자자는 주식 A보다 포트폴리오를 선호한다.

② 주식 A의 주가가 10% 상승하면 주식 B의 주가도 10% 상승한다.

③ 포트폴리오는 위험분산효과가 전혀 발생하지 않는다.

④ 주식 A와 주식 B 사이의 공분산은 0.02이다.

───

[해설] ②, ③ [O] 위험회피적 투자자는 (당연한 말이지만) 더 적은 위험을 가진 투자대안을 선호한다. 현재 두 주식의 상관계수는 1이다. 이는 곧 주식 A와 B의 변화가 동일한 방향으로

일어난다는 것이다. 예를 들어 주식 A의 가치가 상승하면 B도 함께 상승한다(②). 일반적으로 포트폴리오의 위험분산효과는 상관계수가 음(－)인 경우 극대화된다. 하지만 문제에서 제시된 포트폴리오는 그렇지 않으므로 위험분산효과가 발생하지 않는다(③).

④ [O] 공분산(covariance)은 두 확률변수가 같이 움직이는지 또는 두 변수의 움직임간의 관계가 어떠한지를 측정하는데 사용되는 개념으로서, 각 확률변수의 실현가능한 값과 기대값의 차이인 편차의 곱을 발생확률로 곱하여 모두 더한 값이다. 두 확률변수가 같은 방향으로 움직이면 공분산은 양(＋)의 값을, 반대 방향으로 움직이면 음(－)의 값을 가진다. 공분산을 각 변수의 표준편차로 나누면 상관계수가 되므로, 두 주식의 공분산을 구하기 위해서는 문제에서 주어진 상관계수(＝1)와 두 주식의 표준편차(10%, 20%)를 곱하면 된다. 10%는 0.1이고 20%는 0.2이므로 공분산은 0.02가 된다.

① [✕] 실제로 포트폴리오의 위험(분산)을 계산할 때는 개별주식과 포트폴리오의 공분산을 투자비중으로 가중평균한 다음 식으로 계산한다.

$$\sigma_p^2 = w_1\sigma_{1p} + w_2\sigma_{2p} + \ldots + w_n\sigma_{np} = \sum_{i=1}^{n} w_i\sigma_{ip}$$

그러나 문제에서 이미 두 주식의 상관계수가 1이라고 하였기에 포트폴리오와 개별주식 역시 같은 방향으로 움직일 것이다. 따라서 포트폴리오의 위험(분산)은 주식 A의 위험보다 큰 값을 갖게 된다. 결국 위험회피적인 투자자는 포트폴리오보다 주식 A를 선택하는 것이 낫다.

정답 ①

63-10 ☑☐☐☐
2018 가맹거래사

주식투자 시 분산투자를 통해 회피할 수 있는 위험은?

① 시장위험 ② 마케팅 위험
③ 체계적 위험 ④ 비체계적 위험
⑤ 분산불가능위험

───

[해설] 분산투자를 통해 제거할 수 있는 위험을 비체계적 위험이라 하고, 분산투자를 통해서도 제거되지 않는 시장고유의 위험을 체계적 위험이라 한다.

정답 ④

63-10F ☑□□□
2022 군무원 9급

다음 중 유가증권이나 투자안의 위험(risk) 중 특정기업에만 해당하는 수익률변동성(위험)으로 가장 옳은 것은?

① 포트폴리오 효과　　② 체계적 위험

③ 변동계수　　　　　④ 비체계적 위험

해설 포트폴리오의 위험 중에서 자산 종류의 다양화, 즉 <u>분산투자로써 제거할 수 있는 위험을 비체계적 위험(unsystematic risk) 또는 기업고유의 위험(firm-specific risk)이라</u> 하며, 분산투자로써 감소시킬 수 없는 위험을 체계적 위험(systemic risk) 또는 시장위험(market risk)이라 한다. 체계적 위험은 시장의 전반적 상황, 즉 인플레이션이나 이자율의 변화 또는 경기변동 등에 의해 영향을 받기 때문에 분산투자를 하여도 제거할 수 없다.

정답 ④

63-10G ☑□□□
2022 군무원 7급

다음 중 분산 투자를 함으로써 제거할 수 있는 비체계적 위험으로 옳은 것은?

① 기업의 노사분규나 소송발생 등과 같은 요인에서 발생하는 위험

② 이자율과 같은 금리 인상 요인에서 발생하는 위험

③ 물가 상승 요인에 의해 발생하는 위험

④ 정부의 경기 정책에 의해 발생하는 위험

해설 포트폴리오의 위험 중에서 자산 종류의 다양화, 즉 분산투자로써 제거할 수 있는 위험을 비체계적 위험(unsystematic risk) 또는 기업고유의 위험(firm-specific risk)이라 하며, 분산투자로써 감소시킬 수 없는 위험을 체계적 위험(systemic risk) 또는 시장위험(market risk)이라 한다. <u>체계적 위험은 시장의 전반적 상황, 즉 인플레이션(물가상승, ③)이나 이자율의 변화(②) 또는 경기변동, 정부정책(④) 등에 의해 영향을 받기 때문에 분산투자를 하여도 제거할 수 없다.</u> 선지 ①의 내용은 모두 특정기업에 국한된 기업고유의 위험이므로 비체계적 위험에 해당된다.

정답 ①

자본자산가격결정모형(CAPM)

1. 마코위츠의 평균-분산 포트폴리오 이론

1) 모든 투자자들의 투자기간은 1기간이다.

2) 투자자들은 위험회피적이고 자신의 기대효용(기대수익과 다름)을 극대화하려 한다.

3) 투자자들의 투자결정은 투자대상의 기대수익률과 표준편차에 의존하며, 평균-분산 모형(지배원리)에 따라 투자대상을 선정한다. 여기서 지배원리란, 기대수익률이 같다면 위험이 낮은 포트폴리오를 선택하고, 위험이 같다면 기대수익률이 높은 포트폴리오를 선택하는 포트폴리오 선택기준을 말한다.

4) 자본시장에 마찰요인이 없어 거래비용과 세금이 없으며, 모든 투자자가 동일한 무위험이자율로 대출과 차입을 무한정 할 수 있다.

5) 모든 투자자들은 자산의 기대수익률, 분산, 공분산에 대해 같은 기대를 한다. 이는 투자자들이 증권의 미래 수익률 분포에 대해 동질적 기대(homogeneous expectation)를 한다는 가정이다.

2. 자본자산가격결정모형(CAPM)

1) 의의: 자산의 위험에 따라 기대수익률이 어떻게 결정되는지를 보여주는 균형이론(가격결정 원리)

2) 기본가정: 마코위츠 이론 + 완전경쟁시장 가정(증권공급은 고정) + 무위험자산 존재

3) 자본시장선(CML): 시장포트폴리오와 무위험자산에 대한 자산배분을 통하여 구성된 자본배분선으로서, 효율적 투자자가 어떻게 투자하는지를 보여주는 선

$$E(r_p) = r_f + \left[\frac{E(r_m) - r_f}{\sigma_m} \right] \cdot \sigma_p$$

4) 베타(체계적 위험): 시장전체의 위험을 1로 보았을 때 개별주식 i가 갖는 위험의 크기

$$개별주식\ i의\ 체계적\ 위험(\beta_i) = \frac{\sigma_{im}}{\sigma_m^2}$$

5) 증권시장선(SML): 자본시장선에 비효율적 포트폴리오를 고려

$$E(r_i) = r_f + [E(r_m) - r_f] \cdot \beta_i$$

① 증권의 기대수익률 산정에는 베타만이 중요한 역할을 하고, 비체계적 위험은 반영 ×

② 시장 위험프리미엄은 양의 값을 갖는다(위험회피형 투자자).

③ SML의 절편은 명목무위험이자율 ← 실질무위험이자율과 예상 인플레이션율에 따라 결정

④ 주식이 증권시장선 위쪽에 위치하면 과소평가된 주식

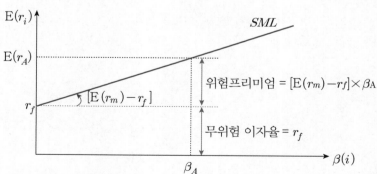

64-1 ☑☐☐☐
2014 공인노무사

마코위츠(Markowitz)가 제시한 포트폴리오 이론의 가정으로 옳은 것은?

① 투자자들은 기대수익극대화를 추구한다.
② 거래비용과 세금을 고려한다.
③ 투자자들은 포트폴리오 구성 시 무위험자산을 고려한다.
④ 완전자본시장이 고려된다.
⑤ 투자자들은 투자대상의 미래수익률 확률분포에 대하여 같은 예측을 한다.

해설 ① 투자자들은 기대효용의 극대화를 추구한다.
② 거래비용과 세금은 없다고 가정한다.
③ 투자자들이 구성하는 포트폴리오에는 위험자산만을 고려한다. 무위험자산까지 고려하여 자산을 배분하는 경우는 자본자산가격결정모형(CAPM)과 관련이 있다.
④ 완전자본시장의 가정 역시 CAPM과 관련이 있다.
⑤ 이것이 정답이다.
정답 ⑤

64-2 ☑☐☐☐
2015 가맹거래사

포트폴리오의 기대수익률과 표준편차 간의 선형관계를 나타내는 선은?

① 자본시장선 ② 증권시장선
③ 증권특성선 ④ 순현가곡선
⑤ 무차별곡선

해설 ① 자본시장선의 정의: 시장포트폴리의 기대수익률과 표준편차간의 선형관계를 나타내는 선
② 증권시장선의 정의: 개별 주식의 수익률과 표준편차간의 선형관계를 나타내는 선
정답 ①

64-3 ☑☐☐☐
2013 가맹거래사

자본시장선에 관한 설명으로 옳은 것은?

① 위험자산과 무위험자산을 모두 고려할 경우 효율적 투자기회선이다.
② 포트폴리오 기대수익률과 시장수익률 간의 선형관계를 나타낸다.
③ 개별주식의 기대수익률과 체계적 위험 간의 선형관계를 나타낸다.
④ 모든 포트폴리오들의 균형가격을 산출할 수 있다.
⑤ 개별주식의 균형가격을 산출할 수 있다.

해설 ② 자본시장선은 포트폴리오 기대수익률과 위험간의 선형관계를 나타낸다.
③ 자본시장선은 포트폴리오의 기대수익률과 위험간의 선형관계를 나타낸다.
④ 자본시장선은 효율적 포트폴리오(=지배원리에 의한 개선이 더 이상 불가능한 포트폴리오)에 관한 식이므로 비효율적 포트폴리오의 균형가격 산정에는 적절치 않다.
⑤ 개별주식의 균형가격은 증권시장선(SML)에서 도출할 수 있다.
정답 ①

64-4 ☑☐☐☐
2017 공인노무사

자본시장선(CML)에 관한 설명으로 옳은 것을 모두 고른 것은?

ㄱ. 위험자산과 무위험자산을 둘 다 고려할 경우의 효율적 투자 기회선이다.
ㄴ. 자본시장선 아래에 위치하는 주식은 주가가 과소평가된 주식이다.
ㄷ. 개별주식의 기대수익률과 체계적 위험 간의 선형관계를 나타낸다.
ㄹ. 효율적 포트폴리오의 균형가격을 산출하는데 필요한 할인율을 제공한다.

① ㄱ, ㄴ   ② ㄴ, ㄷ
③ ㄱ, ㄹ   ④ ㄷ, ㄹ
⑤ ㄴ, ㄷ, ㄹ

해설 ㄱ/ㄹ. 자본시장선은 위험자산(시장포트폴리오)과 무위

험자산에 대한 자산배분 결과 구성되는 효율적포트폴리오에 관한 정보를 제공한다.

ㄴ/ㄷ. 자본시장선은 개별주식에 관한 이론이 아니다. 개별주식의 과대/과소평가 여부는 증권시장선(SML)을 통해 확인 가능하다.

정답 ③

64-5 ☑□□□

2017 공인노무사

자본자산가격결정모형(CAPM)의 가정으로 옳지 않은 것은?

① 투자자는 위험회피형 투자자이며 기대효용 극대화를 추구한다.

② 무위험자산이 존재하며, 무위험이자율로 무제한 차입 또는 대출이 가능하다.

③ 세금과 거래비용이 존재하는 불완전 자본시장이다.

④ 투자자는 평균−분산 기준에 따라 포트폴리오를 선택한다.

⑤ 모든 투자자는 투자대상의 미래 수익률의 확률분포에 대하여 동질적 예측을 한다.

해설 CAPM에서는 세금과 거래비용이 존재하지 않는다고 가정한다.

정답 ③

64-6 ☑□□□

2015 가맹거래사

자본자산가격결정모형(CAPM)의 가정으로 옳지 않은 것은?

① 투자자들은 기대효용을 극대화하고자 하는 위험회피자이다.

② 투자자들의 투자기간은 1기간이다.

③ 투자자들은 투자대상의 미래수익률 확률분포에 대하여 동질적으로 예측(homogeneous expectation)한다.

④ 세금과 거래비용이 존재한다.

⑤ 투자자들은 무위험이자율로 아무런 제한 없이 차입과 대출이 가능하다.

해설 ④ CAPM에서는 세금과 거래비용이 존재하지 않는다고 가정한다.

정답 ④

64-6D ☑□□□

2021 서울시 7급

자본자산가격결정모형(CAPM)을 도출하기 위한 가정으로 가장 옳지 않은 것은?

① 자본시장의 수요와 공급이 항상 일치하지는 않는다.

② 모든 투자자는 투자기간이 같고 미래 증권수익률의 확률분포에 대해 동질적으로 예측한다.

③ 자본시장에서 정보의 흐름이 원활하고 거래비용과 세금이 없다.

④ 투자자는 단일기간에 걸쳐 기대수익과 분산기준에 의해서 포트폴리오를 선택한다.

해설 CAPM에서는 특정 자산에 대한 초과수요나 초과공급이 없는(즉 특정자산의 위험보상비율이 다른 자산의 그것보다 크거나 작지 않은) 균형상태를 상정한다. 따라서 ①의 서술은 잘못된 것이다.

정답 ①

64-6J ☑□□□

2023 군무원 7급

주식이나 채권 등의 자본자산들의 기대수익률과 위험과의 관계를 도출해내는 모형으로서 자본자산가격결정모형(CAPM: Capital Asset Pricing Model)의 기본 가정과 가장 거리가 먼 것은?

① 투자자들의 투자기간은 단일기간의 투자를 가정한다.

② 투자자들은 위험회피 성향이 낮으며 기대효용을 최소화하려고 노력한다.

③ 투자자들은 평균−분산 기준에 따라 포트폴리오를 선택한다.

④ 투자자들은 자산의 기대수익률, 분산, 공분산에 대해 동일한 기대를 한다.

해설 ① [O] 모든 투자자들의 투자기간은 1기간이다.
② [×] 모든 투자자들은 위험회피성향을 가지며, 기대효용의 극대화를 위해 노력한다고 가정한다.
③ [O] 투자자들의 투자결정은 투자대상의 기대수익률과 표준편차에 의존하며, 평균-분산 모형(지배원리)에 따라 투자대상을 선정한다. 여기서 지배원리란, 기대수익률이 같다면 위험이 낮은 포트폴리오를 선택하고, 위험이 같다면 기대수익률이 높은 포트폴리오를 선택하는 포트폴리오 선택기준을 말한다.
④ [O] 모든 투자자들은 자산의 기대수익률, 분산, 공분산에 대해 같은 기대를 한다. 이는 투자자들이 증권의 미래수익률 분포에 대해 동질적 기대(homogeneous expectation)를 한다는 것이다.

정답 ②

64-7 ☑☐☐☐
2017 공인노무사

다음에서 증권시장선(SML)을 이용하여 A주식의 균형 기대수익률을 구한 값은?

- 무위험이자율: 5%
- 시장포트폴리오 기대수익률: 10%
- A주식의 베타: 1.2

① 5% ② 7%
③ 9% ④ 11%
⑤ 13%

해설 증권시장선에서 개별 주식의 기대수익률과 베타간의 관계는 다음과 같다.

$$E(r_i) = r_f + [E(r_m) - r_f] \cdot \beta_i$$

따라서 위 식에 문제에서 주어진 수치를 반영하면 된다.

$$E(r_i) = r_f + [E(r_m) - r_f] \cdot \beta_i$$
$$= 5\% + [10\% - 5\%] \times 1.2 = 11\%$$

정답 ④

64-7M ☑☐☐☐
2024 경영지도사

㈜경영의 주식에 관한 자료이다.

- 시장 포트폴리오의 기대수익률: 10%
- 무위험이자율: 5.2%
- ㈜경영의 주식에 관한 베타: 1.5

위 자료와 증권시장선(SML: Security Market Line)을 이용할 때, ㈜경영의 주식에 관한 기대수익률은?

① 7.8% ② 10%
③ 12.4% ④ 13%
⑤ 15.2%

해설 증권시장선의 기대수익률은 다음 식으로 구한다.
$$E_i = r_f + (E_{r(m)} - r_f) \times \beta_i = 5.2 + (10 - 5.2) \times 1.5 = 12.4$$

정답 ③

64-8 ☑☐☐☐
2019 서울시 7급 B책형

주식의 기대수익률을 자본자산가격결정모형(CAPM)을 통하여 계산하고자 한다. 어떤 주식의 수익률과 시장포트폴리오 수익률의 공분산이 0.4이고, 시장포트폴리오 수익률의 분산이 0.2라고 한다. 이때 시장포트폴리오의 기대수익률이 4%, 무위험 수익률이 2%라고 하면, 이 주식의 기대수익률은?

① 2% ② 4%
③ 6% ④ 8%

해설 이 문제의 핵심은 베타(β)값을 구하는 것인데, 베타는 주식수익률과 시장포트폴리오의 공분산을 시장포트폴리오 수익률의 분산으로 나누어 계산한다. 따라서 베타는 (0.4/0.2)가 되므로 2임을 알 수 있다. CAPM 공식은 다음과 같다.

$$E(r_i) = r_f + [E(r_m) - r_f] \cdot \beta_i$$

위 식에 문제에서 제시한 값을 대입하면 된다. 무위험 수익률(r_f), 시장포트폴리오의 기대수익률($E(r_m)$)이 제시되어 있으므로 주식수익률($E(r_i)$)은 다음과 같다.

$$E(r_i) = r_f + [E(r_m) - r_f] \cdot \beta_i = 2 + [4 - 2] \times 2 = 6(\%)$$

정답 ③

64-9 ☑☐☐☐
2010 가맹거래사

증권시장선에 관한 설명으로 옳은 것은?

① 증권시장선에 의하면 주식의 균형수익률을 결정하는 것은 배당수익률이다.

② 어떤 주식이 증권시장선보다 위쪽에 위치하면 이 주식은 저평가된 것이다.

③ 증권시장선을 이용하더라도 비효율적 포트폴리오의 균형가격은 구할 수 없다.

④ 증권시장선은 시장포트폴리오 수익률과 개별주식 수익률간의 선형관계를 나타내는 선이다.

⑤ 증권시장선은 포트폴리오 수익률의 표준편차와 포트폴리오 기대수익률간의 선형관계를 나타내는 선이다.

해설 ① 주식의 균형수익률은 시장포트폴리오의 수익률과 주식의 위험(베타)에 의해 결정된다.
② 증권시장선 위쪽의 주식은 균형수익률 이상의 할인율을 가지므로 저평가(과소평가)된다. 이것이 정답
③ 증권시장선은 비효율적 포트폴리오까지 고려한 것이다.
④, ⑤ 증권시장선은 개별주식의 수익률과 개별주식 위험(베타)간의 선형관계를 나타낸다.

정답 ②

64-9F ☑☐☐☐
2022 공인노무사

증권시장선(SML)에 관한 설명으로 옳은 것을 모두 고른 것은?

> ㄱ. 개별주식의 기대수익률과 체계적 위험간의 선형관계를 나타낸다.
> ㄴ. 효율적 포트폴리오에 한정하여 균형가격을 산출할 수 있다.
> ㄷ. 증권시장선보다 상단에 위치하는 주식은 주가가 과소평가된 주식이다.
> ㄹ. 증권시장선은 위험자산만을 고려할 경우 효율적 투자기회선이다.

① ㄱ, ㄴ   ② ㄱ, ㄷ
③ ㄱ, ㄹ   ④ ㄴ, ㄷ
⑤ ㄷ, ㄹ

해설 ㄱ. [○] 증권시장선은 개별주식의 수익률과 체계적 위험(베타)간의 관계이며, 이는 다음 공식을 통해 확인할 수 있다.

$$E(r_i) = r_f + [E(r_m) - r_f] \cdot \beta_i$$

ㄴ. [×] 증권시장선은 비효율적인 포트폴리오 혹은 개별증권들에 대한 위험과 수익률간의 관계를 설명할 수 있다는 점에서 자본시장선(CML)과 구분된다.
ㄷ. [○] 만약 주식이 증권시장선의 위쪽에 위치한다면 동일위험을 가진 타 주식에 비해 시장참여자들의 예상수익률이 증권시장선이 예측하는 기대수익률(요구수익률)보다 높다고 볼 수 있으므로 시장가격이 균형가격보다 낮아서 과소평가된 주식이라 할 수 있으며, 증권시장선의 아래쪽에 위치한다면 그 반대로 과대평가된 주식이라 할 수 있다.
ㄹ. [×] 증권시장선 공식에서도 확인할 수 있듯이, 여기서는 무위험자산과 위험자산을 함께 고려한다.

정답 ②

64-10 ☑☐☐☐
2019 7급 가형

주식 또는 포트폴리오의 기대수익률과 체계적 위험인 베타(β) 사이의 관계를 보여 주는 증권시장선(security market line, SML)에 대한 설명으로 옳은 것은?

① 증권시장선의 기울기를 나타내는 베타(β)는 체계적 위험의 크기를 의미한다.

② 베타(β)는 체계적 위험을 나타내는 척도이므로 0 이상의 값을 가져야 한다.

③ 증권시장선의 기울기는 음(−)이 될 수 없다.

④ 시장포트폴리오의 베타(β)는 증권시장의 호황 또는 불황 여부에 따라 그 값이 달라진다.

해설 ① [×] 베타는 증권시장선 그래프의 가로축, 즉 독립변수이다. 증권시장선의 기울기는 위험프리미엄을 뜻한다.
② [×] 베타는 개별주식과 시장포트폴리오의 공분산을 시장포트폴리오의 분산으로 나눈 값이다.
③ [○] 증권시장선의 기울기는 위험프리미엄, 즉 위험자산이 무위험자산에 비해 가지는 프리미엄을 뜻한다. 위험자산은 항상 무위험자산보다 높은 수익률을 갖게 되므로 증권시장선의 기울기는 음(−)이 될 수 없다.
④ [×] 시장포트폴리오의 베타는 개별 주식자산이 전체 시장의 수익성과 같은 방향(증가 내지 감소)으로 움직이는 정도를 뜻한다.

정답 ③

64-11 ☑□□□
2008 7급공무원 봉책형

증권시장선과 자본시장선에 대한 설명으로 옳은 것은?

① 증권시장선은 체계적 위험과 보상과의 관계를 나타내며, 보상은 체계적 위험이 커짐에 따라 작아진다.

② 자본시장선은 효율적인 포트폴리오 뿐 아니라 비효율적인 포트폴리오의 위험과 기대수익률간의 관계도 설명할 수 있다.

③ 효율적 포트폴리오는 증권시장선과 자본시장선 모두에 적용된다.

④ 증권시장선과 자본시장선은 위험을 총위험으로 정의한다.

[해설] ① 체계적 위험과 보상크기는 비례한다.
② 자본시장선은 효율적 포트폴리오에서만 적용된다.
③ 자본시장선에서는 효율적 포트폴리오를, 증권시장선은 효율적 포트폴리오와 비효율적 포트폴리오 모두를 설명할 수 있다. 따라서 이 지문은 옳다.
④ 위험은 체계적 위험과 비체계적 위험으로 구분되며, 그 중 증권시장선과 자본시장선 모두 체계적 위험만을 고려한다.

정답 ③

64-12 ☑□□□
2012 공인노무사

자본시장선(CML)과 증권시장선(SML)에 관한 설명으로 옳은 것은?

① 자본시장선을 이용하여 타인자본 비용을 산출할 수 있다.

② 자본시장선을 이용하여 비효율적 포트폴리오의 균형가격을 산출할 수 있다.

③ 자본시장선은 위험자산만을 고려할 경우의 효율적 투자기회선이다.

④ 증권시장선은 포트폴리오 기대수익률과 포트폴리오 표준편차간의 선형관계를 나타낸다.

⑤ 증권시장선 위에 존재하는 주식은 주가가 과소평가된 주식이다.

[해설] ① 자본시장선은 자기자본비용 산출에 활용된다.
② 자본시장선을 이용하여 효율적 포트폴리오의 균형가격을

산출할 수 있다.

③ 자본시장선은 위험자산과 무위험자산을 결합한 포트폴리오를 상정한다.

④ 증권시장선은 개별주식의 기대수익률과 베타와의 선형관계를 나타낸다.

정답 ⑤

64-12D ☑□□□
2021 공인노무사

증권시장선(SML)과 자본시장선(CML)에 관한 설명으로 옳지 않은 것은?

① 증권시장선의 기울기는 표준편차로 측정된 위험 1단위에 대한 균형가격을 의미한다.

② 증권시장선 아래에 위치한 자산은 과대평가된 자산이다.

③ 자본시장선은 효율적 자산의 기대수익률과 표준편차의 선형관계를 나타낸다.

④ 자본시장선에 위치한 위험자산은 무위험자산과 시장포트폴리오의 결합으로 구성된 자산이다.

⑤ 자본시장선에 위치한 위험자산과 시장포트폴리오의 상관계수는 1이다.

[해설] ① 증권시장선(SML)의 기울기는 체계적 위험(베타)값의 증가분에 대해 요구되는 위험프리미엄이다. '표준편차로 측정된 위험 1단위에 대한 추가수익'은 자본시장선(CML)의 기울기에 해당한다.

정답 ①

64-12M ☑☐☐☐

2024 공인노무사

자본시장선(CML)과 증권시장선(SML)에 관한 설명으로 옳지 않은 것은?

① 증권시장선 보다 아래에 위치하는 주식은 주가가 과대평가 된 주식이다.

② 자본시장선은 개별위험자산의 기대수익률과 체계적 위험(베타) 간의 선형관계를 설명한다.

③ 자본시장선 상에는 비체계적 위험을 가진 포트폴리오가 놓이지 않는다.

④ 동일한 체계적 위험(베타)을 가지고 있는 자산이면 증권시장선 상에서 동일한 위치에 놓인다.

⑤ 균형상태에서 모든 위험자산의 체계적 위험(베타) 대비 초과수익률(기대수익률[$E(r_i)$] − 무위험수익률[r_f])이 동일하다.

해설 ① [○] 만약 주식이 증권시장선의 위쪽에 위치한다면 동일위험을 가진 타 주식에 비해 시장참여자들의 예상수익률이 CAPM이 예측하는 기대수익률(요구수익률)보다 높다고 볼 수 있으므로 시장가격이 균형가격보다 낮아서 과소평가된 주식이라 할 수 있으며, 증권시장선의 아래쪽에 위치한다면 그 반대로 과대평가된 주식이라 할 수 있다.
② [×] 자본시장선은 개별위험자산이 아니라 효율적 포트폴리오와 무위험자산간의 자본배분선이다. 따라서 포트폴리오의 수익률과 위험간의 선형관계를 나타낸다고 해석할 수 있다.
③ [○] 자본시장선상에 있는 모든 포트폴리오는 비체계적 위험이 모두 제거되고(완전 분산투자가 진행됨) 체계적 위험만 남아있게 된다.
④ [○] 증권시장선은 체계적 위험(베타)과 수익률간의 선형관계를 나타낸다. 따라서 독립변수인 체계적 위험 값이 동일하다면 수익률도 동일하게 되므로 이 선지는 옳다.
⑤ [○] 체계적 위험과 수익률간 선형관계가 성립하는 경우를 균형상태라 한다. 즉 이 경우에는 선지 ①에서와 같은 주식가치의 과대평가 및 과소평가가 발생하지 않으므로 모든 위험자산의 위험대비 초과수익률이 동일하게 된다.

정답 ②

64-13 ☑☐☐☐

2015 가맹거래사

시장포트폴리오 수익률의 표준편차가 0.1이고, 주식A의 수익률과 시장포트폴리오 수익률간의 공분산이 0.02일 경우 주식A의 베타(β)는?

① 0.8 ② 1
③ 2 ④ 2.5
⑤ 3

해설

$$\text{주식 A의 } \beta = \frac{\text{주식 A와 시장포트폴리오 수익률의 공분산}}{(\text{시장포트폴리오 수익률의 표준편차})^2}$$

$$= \frac{0.02}{0.1^2} = 2$$

정답 ③

64-14 ☑☐☐☐

2019 가맹거래사

시장 포트폴리오의 기대수익률이 5%, 무위험이자율이 3%, 주식 A의 기대수익률이 8%이다. 증권시장선(SML)이 성립할 때 주식 A의 베타는?

① 0.5 ② 1.0
③ 1.5 ④ 2.0
⑤ 2.5

해설 $E(r_a) = r_f + [E(r_m) - r_f] \cdot \beta = 3 + [5-3] \times \beta_a = 8(\%)$

위 식을 풀면 주식 A의 베타는 2.5가 된다.

정답 ⑤

64-14M ☑□□□
2024 가맹거래사

다음의 정보가 주어졌을 때, ㈜가맹 주식의 베타(β)는? (단, 주식수익률은 CAPM에 의해 완전하게 예측될 수 있다고 가정한다.)

- ㈜가맹 주식의 기대수익률: 21%
- 시장에 대한 기대수익률: 14%
- 무위험이자율: 7%

① 1.2 　　　　　② 1.4

③ 1.6 　　　　　④ 1.8

⑤ 2

해설 〉 증권시장선 공식을 사용한다.

$E_{r(가맹)} = 7\% + (14\% - 7\%) \times \beta_{(가맹)} = 21\%$

위 식을 풀면 베타는 2가 된다.

정답 ⑤

64-15 ☑□□□
2018 7급 나형

두 자산 A, B의 베타(β, 체계적 위험)는 각각 1.35와 0.9이다. 자산 A에 40%, 자산 B에 60%를 투자하여 구성한 포트폴리오의 베타는?

① 0.45 　　　　② 1.08

③ 1.17 　　　　④ 2.25

요점정리 〉 여러 자산으로 이루어진 포트폴리오의 베타(체계적 위험)는 각 구성주식의 베타값에 투자비율을 가중평균한 값이다.

$$\beta_p = w_1\beta_1 + w_2\beta_2 + \cdots + w_k\beta_k$$

해설 〉 포트폴리오의 베타 $= (1.35 \times 0.4) + (0.9 \times 0.6) = 1.08$

정답 ②

64-16 ☑□□□
2011 가맹거래사

시장포트폴리오 기대수익률이 12%이고 무위험수익률은 6%이다. A주식의 베타가 1.5라면 증권시장선(SML)에 의한 이 주식의 균형수익률은?

① 10% 　　　　② 11%

③ 12% 　　　　④ 15%

⑤ 16%

해설 〉 CAPM 공식에 대입하면 된다.

균형수익률 $= 6\% + (12\% - 6\%) \times 1.5 = 15\%$

정답 ④

64-16D ☑□□□
2021 국가직 7급

자본자산가격결정모형(Capital Asset Pricing Model)에 따르면 무위험이자율이 3%이고, 시장의 위험프리미엄은 8%, 베타가 1.5인 주식의 기대수익률은?

① 15% 　　　　② 12%

③ 10.5% 　　　④ 13.5%

해설 〉 CAPM 공식을 활용한다.

주식의 기대수익률 = 무위험이자율 + (위험프리미엄 × 베타)

$$= 3\% + (8\% \times 1.5) = 15\%$$

정답 ①

64-16E ☑☐☐☐
2021 서울시 7급

증권시장선(Security Market Line, SML)은 자본자산의 위험과 기대수익률의 관계를 무위험자산의 수익률(R_f)과 체계적 위험의 단위 베타(β)를 이용하여 설명한다. 자산 A의 기대수익률 E(R_A)이 18%, 무위험수익률(R_f)이 6%, 그리고 베타(β)가 1.2일 때 시장포트폴리오의 기대수익률 E(R_m)은?

① 5%   ② 10%
③ 16%   ④ 18%

해설 증권시장선 공식은 다음과 같다.

$$E(r_i) = r_f + [E(r_m) - r_f] \cdot \beta_i$$

위 식에 수치를 대입하면

$$18\% = 6\% + [E(R_m) - 6\%] \times 1.2$$

$$E(R_m) = [(18\% - 6\%)/1.2] + 6\%$$

$$\therefore E(R_m) = 16\%$$

정답 ③

64-17 ☑☐☐☐
2018 가맹거래사

㈜가맹 주식의 베타가 1.4, 무위험이자율이 4%, 시장포트폴리오의 기대수익률이 8%일 때, 증권시장선(SML)을 이용하여 산출한 ㈜가맹 주식의 기대수익률은? (단, 문제에서 주어지지 않은 조건은 고려하지 않는다.)

① 6.4%   ② 7.6%
③ 9.6%   ④ 10.4%
⑤ 12.0%

해설 기대수익률 = 4 + (8 - 4) × 1.4 = 9.6(%)

정답 ③

64-17F ☑☐☐☐
2022 가맹거래사

자본자산가격결정모형(CAPM)이 성립하며 시장이 균형인 상태에서 포트폴리오 A와 B의 기대수익률과 베타(체계적 위험)는 다음과 같다. 시장포트폴리오의 기대수익률은?

구분	기대수익률	베타
A	10%	0.5
B	20%	1.5

① 15%   ② 16%
③ 17%   ④ 18%
⑤ 19%

해설 자본자산가격결정모형에서 개별주식의 수익률은 (시장포트폴리오의 수익률과 무위험이자율 및 베타를 알고 있을 경우) 다음 공식을 통해 구한다.

$$E(r_i) = r_f + [E(r_m) - r_f] \cdot \beta_i$$

문제에서 개별주식의 수익률과 베타값을 제공하였고, 시장포트폴리오의 수익률($E(r_m)$)과 무위험이자율(r_f)을 모르기에 주어진 정보로 미지수가 2개인 연립방정식을 세울 수 있다.

주식 A: $10\% = r_f + [E(r_m) - r_f] \times 0.5$
$$= 0.5 r_f + 0.5 E(r_m)$$

주식 B: $20\% = r_f + [E(r_m) - r_f] \times 1.5$
$$= -0.5 r_f + 1.5 E(r_m)$$

두 식을 더하면 다음과 같다.

$$30\% = 2 E(r_m) \rightarrow E(r_m) = 15\%$$

정답 ①

64-18 ☑□□□   2009 7급공무원 봉책형

다음 표는 세 가지 주식의 베타를 측정한 결과를 나타내고 있다.

주식	주식 A	주식 B	주식 C
베타	3	1	− 0.5

이 자료의 해석으로 옳지 않은 것은?

① 경기상황에 가장 민감하게 반응하는 주식은 주식 A이다.
② 주식 B는 시장상황과 동일하게 움직이는 주식이다.
③ 시장포트폴리오의 수익률이 10 % 감소할 경우 수익률이 가장 좋은 주식은 주식 C이다.
④ 주식 A는 시장포트폴리오의 수익률이 3% 변동할 경우 자신의 수익률은 1% 변동하는 주식이다.

해설 ① 옳다. 베타는 시장위험에 대비한 개별주식의 위험도이므로 이 값이 가장 큰 주식 A가 경기에 민감하다고 볼 수 있다.
② 옳다. 시장위험과 주식 B의 베타가 같다는 의미는 그 변동의 방향과 크기가 동일하다는 것이다.
③ 옳다. 주식 C의 베타가 음(−)의 값이므로 시장수익률이 감소할 때 오히려 주식 C는 그 수익이 증가하게 된다.
④ 틀렸다. 주식 A의 베타가 3이므로 시장수익률 변동 1단위당 주식 A의 수익률은 3 단위만큼 변하게 된다.

정답 ④

64-19 ☑□□□   2019 가맹거래사

자본자산가격결정모형(CAPM)에 관한 설명으로 옳은 것을 모두 고른 것은?

> ㄱ. 증권시장선(SML)은 위험자산의 총위험과 기대수익률 간의 선형적인 관계를 나타낸다.
> ㄴ. 증권시장선의 균형기대수익률보다 낮은 수익률이 기대되는 자산은 과대평가된 자산이다.
> ㄷ. 무위험자산의 베타는 0이다.
> ㄹ. 증권시장선에 위치한 위험자산과 시장 포트폴리오 간의 상관계수는 항상 1이다.

① ㄱ, ㄴ   ② ㄴ, ㄷ
③ ㄱ, ㄴ, ㄷ   ④ ㄱ, ㄷ, ㄹ
⑤ ㄱ, ㄴ, ㄷ, ㄹ

해설 ㄱ. [×] 증권시장선은 위험자산의 (총위험이 아닌) 체계적 위험과 기대수익률간의 선형관계를 나타낸다.
ㄴ. [○] 기대수익률보다 낮은 수익률이 기대되는 자산은 증권시장선 아래에 위치하게 되므로 과대평가된다.
ㄷ. [○] 무위험자산은 증권시장선의 y축 절편을 의미하므로 여기서의 베타(x축 값)는 0이 된다.
ㄹ. [×] 증권시장선에 위치한 위험자산과 효율적 시장포트폴리오간의 상관계수는 1이다. 이 선지에서는 '시장 포트폴리오'가 '효율적 시장포트폴리오'로 바뀌어야 한다.

정답 ②

64-20 ☑□□□   2017 가맹거래사

증권시장선(security market line)이 성립한다고 할 경우 시장포트폴리오(market portfolio)의 베타(β)는?

① −1   ② −0.5
③ 0   ④ 0.5
⑤ 1

해설 베타는 개별주식과 시장포트폴리오와의 공분산을 시장포트폴리오의 분산으로 나누어 표준화한 값이다. 이 정의에 의하면 시장포트폴리오의 베타는 '시장포트폴리오와 시장포트폴리오의 공분산'을 '시장포트폴리오의 분산'으로 나눈 값이 된다. 공분산은 서로 다른 두 변수가 함께 움직이는 정도인데, 시장포트폴리오와 시장포트폴리오의 공분산은 결국 둘이 같은 변수이므로 분산 그 자체가 된다. 따라서 베타는 분산과 분산의 비율로 간단히 표현되므로 그 값은 1이 된다.

정답 ⑤

64-20J ✓☐☐☐

자본자산가격결정 모형(CAPM: capital asset pricing model)에 대한 설명으로 옳지 않은 것은?

① 무위험 자산의 베타는 0이다.
② 시장 포트폴리오의 베타는 1이다.
③ 개별 주식의 위험 중에서 시장 포트폴리오를 구성하여도 제거되지 않는 위험을 그 주식의 비체계적 위험이라고 한다.
④ CAPM에 따르면, 주식의 기대수익률은 무위험 수익률과 시장 위험프리미엄에 체계적 위험의 측정치를 곱한 위험프리미엄의 합으로 결정된다.

해설 ① [O] 베타는 시장 전체의 위험을 1로 보았을 때 개별 주식 i가 갖는 위험의 크기를 나타낸다. 무위험자산은 말 그대로 위험이 0이므로 베타도 0이다.
② [O] 베타는 시장 전체의 위험을 1로 보았을 때 개별 주식 i가 갖는 위험의 크기를 나타내므로 시장포트폴리오의 베타는 '시장위험에 대비한 시장포트폴리오의 위험'이 된다. 시장포트폴리오는 위험자산(주식)의 시장가치를 모두 가중평균한 분산투자자산이므로 그 위험은 시장위험과 동일하다. 따라서 이 경우의 베타는 1이 된다.
③ [×] 위험 중에는 분산투자를 해도(즉 시장포트폴리오를 구성하여도) 제거되지 않는 위험이 있으며, 이를 체계적 위험 (systemic risk)이라 부른다.
④ [O] 증권시장선 하에서 자산(주식)의 기대수익률은 무위험이자율에 위험프리미엄을 더한 값으로 결정되며, 위험프리미엄의 크기는 시장 위험프리미엄에 체계적 위험의 측정치인 베타를 곱하여 결정된다.

정답 ③

64-20K ✓☐☐☐

자본자산가격결정모형(CAPM)에서 베타계수(β)에 관한 설명 중 옳지 않은 것은?

① 시장포트폴리오 베타 값은 1이다.
② 증권시장선(SML)의 기울기를 의미한다.
③ 개별 주식의 체계적 위험을 계산할 때 사용한다.
④ 베타 값이 1보다 크면 공격적 자산, 1보다 작으면 방어적 자산이라 한다.
⑤ 개별 주식과 시장포트폴리오의 공분산을 시장포트폴리오의 분산으로 나눈 값이다.

해설 ② [×] 증권시장선의 기울기는 '시장 위험프리미엄'이다.
③,④ [O] 베타는 시장위험에 대비한 개별주식의 위험도이므로 이 값이 가장 큰 자산일수록 경기에 민감하다고 볼 수 있다.
⑤ [O] 개별 주식의 체계적 위험은 그 주식과 시장포트폴리오와의 공분산을 시장포트폴리오의 분산으로 나누어 표준화한 값이다.

정답 ②

64-21 ✓☐☐☐

㈜서울은 올해 말에 배당을 2,000원 지급할 예정이고, 배당은 매년 일정할 것으로 예상된다. 이 회사의 베타계수가 1.6, 시장포트폴리오(market portfolio)의 기대수익률이 14%이고, 무위험이자율이 4%일 경우에 자본자산가격결정모형(CAPM)과 배당평가모형(dividend discount model)을 이용하여 계산한 올해 초 ㈜서울의 적정주가는?

① 10,000원　　② 12,500원
③ 100,000원　　④ 125,000원

해설 배당평가모형을 사용한 적정주가 계산공식은 (배당금/할인율)이다. 따라서 적정주가 계산을 위해서는 할인율을 알아야 한다. 주식의 할인율은 곧 수익률이다. CAPM 공식을 사용하여 수익률을 구해보자.

$$\text{주식수익률} = 4\% + (14\% - 4\%) \times 1.6 = 20\%$$

따라서 ㈜서울의 적정주가는 (배당금/할인율) = (2,000원/20%) = 10,000원이 된다.

정답 ①

자본비용과 레버리지

1. 자본비용

원천(자기자본 S, 타인자본 B)별 자본비용을 각 자본이 차지하는 구성비율로 가중평균한 값

1) WACC(가중평균자본비용)

$$\text{WACC} = k_B \cdot \frac{B}{B+S} + k_S \cdot \frac{S}{B+S}$$

2) 세후타인자본비용

세후타인자본비용 = 세전타인자본비용 − 법인세 감세효과 = $k_B(1-T)$

3) 자기자본비용

- 배당이 일정한 경우: 자기자본비용(이자율) $= \dfrac{\text{배당금}}{\text{주식의 현재가치}} = $ 배당수익률

- 배당이 성장하는 경우: 자기자본비용(이자율) $= \dfrac{\text{배당금}}{\text{주식의 현재가치}} + g$

4) 법인세의 감세효과와 우선주까지 고려한 경우의 WACC

$$\text{WACC} = k_B(1-T) \cdot \frac{B}{B+S+P} + k_S \cdot \frac{S}{B+S+P} + k_P \cdot \frac{P}{B+S+P}$$

2. 레버리지

1) 의의: 매출액의 변화가 영업이익과 주당순이익에 미치는 영향력

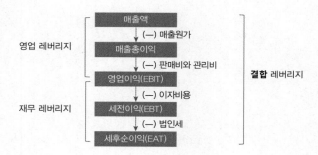

2) 영업레버리지(DOL)

$$\text{영업레버리지(DOL)} = \frac{\text{영업이익의 변화율}}{\text{매출액의 변화율}} = \frac{\text{공헌이익}}{\text{영업이익}} = \frac{Q(p-v)}{EBIT}$$

3) 재무레버리지(DFL)

$$\text{재무레버리지(DFL)} = \frac{\text{주당순이익의 변화율}}{\text{영업이익의 변화율}} = \frac{\text{영업이익}}{\text{세전이익}} = \frac{EBIT}{EBIT-I}$$

4) 결합레버리지(DCL)

$$\text{결합레버리지(DCL)} = \frac{\text{주당순이익 변화율}}{\text{매출액 변화율}} = \text{DOL} \times \text{DFL} = \frac{\text{공헌이익}}{\text{세전이익}} = \frac{Q(p-v)}{EBIT-I}$$

65-1 ☑️☐☐☐
2016 경영지도사

기업의 세후 타인자본비용 5%, 자기자본 비용 10%, 타인자본의 시장가치 20억 원, 자기자본의 시장가치 80억 원인 경우 가중평균자본비용은?

① 5% ② 7%
③ 9% ④ 11%
⑤ 13%

해설 $WACC = \left(\dfrac{\text{자기자본}}{\text{자기자본} + \text{타인자본}} \times \text{자기자본비용} \right)$

$+ \left(\dfrac{\text{타인자본}}{\text{자기자본} + \text{타인자본}} \times \text{타인자본비용} \right)$

위 식에 대입해보면 $WACC = (0.8 \times 10\%) + (0.2 \times 5\%) = 9\%$

정답 ③

65-2 ☑️☐☐☐
2015 가맹거래사, 2020 가맹거래사 변형

다음 자료를 이용하여 가중평균자본비용을 구하면?

구분	가치(억 원)	자본비용(%)
부채	300	6
우선주	200	8
보통주	500	10
합계	1,000	—

① 6.4% ② 7.4%
③ 8.4% ④ 9.4%
⑤ 10.4%

해설

가중평균자본비용(WACC) $= \left(\dfrac{300}{1,000} \times 6\% \right) + \left(\dfrac{200}{1,000} \times 8\% \right)$

$+ \left(\dfrac{500}{1,000} \times 10\% \right) = 8.4\%$

정답 ③

65-2J ☑️☐☐☐
2023 경영지도사

A사는 타인자본 500억원, 자기자본 500억원을 조달하였다. A사의 자본비용은 타인자본이 10%, 자기자본이 20%일 때, 가중평균자본비용(WACC)은? (단, 법인세는 고려하지 않음)

① 5% ② 10%
③ 15% ④ 20%
⑤ 25%

해설 법인세가 없는 경우의 가중평균자본비용 공식을 활용한다.

$$WACC = \left(k_b \times \dfrac{B}{B+S} \right) + \left(k_s \times \dfrac{S}{B+S} \right) \quad \text{(B는 부채, S는 자본)}$$

문제에서 주어진 정보를 공식에 대입하면 다음과 같다.

$$WACC = \left(10\% \times \dfrac{500}{500+500} \right) + \left(20\% \times \dfrac{500}{500+500} \right) = 15\%$$

정답 ③

65-2K ☑️☐☐☐
2023 가맹거래사

㈜가맹의 부채비율이 200%일 때 법인세 절세효과를 차감한 세후타인자본(부채)비용이 9%, 자기자본비용이 12%이다. ㈜가맹의 가중평균자본비용(WACC)은?

① 9.5% ② 10%
③ 10.5% ④ 11%
⑤ 11.5%

해설 법인세(세율: T)를 감안한 가중평균자본비용 공식은 다음과 같다.

$$WACC = \left(k_s \times \dfrac{S}{B+S} \right) + \left(k_B \times \dfrac{B}{B+S} \right)(1-T)$$

문제에서 법인세를 감안한 세후타인자본비용($k_B(1-T)$)을 9%로 알려주었고, 부채비율이 200%이므로 자기자본(S)에 비해 타인자본(B)이 2배 규모(B = 2S)가 된다. 이상의 정보를 감안하여 가중평균자본비용을 구하면 다음과 같다.

$$WACC = \left(12\% \times \dfrac{S}{2S+S} \right) + \left(9\% \times \dfrac{2S}{2S+S} \right) = 4\% + 6\% = 10\%$$

정답 ②

65-3 ☑☐☐☐

|판수|
2011 공인노무사

자기자본과 타인자본이 차지하는 비중이 5:5이며, 자기자본비용은 12%이고, 타인자본비용은 10%이다. 법인세율 50%를 가정하여 가중평균자본비용(WACC)을 계산하면? (단, 이자비용의 세금절감 효과는 자본비용에 반영함)

① 8.5% ② 9.5%
③ 10.5% ④ 12.5%
⑤ 14.5%

해설

$$\text{WACC} = 10\% \times \frac{5}{5+5} \times (1-50\%) + 12\% \times \frac{5}{5+5} = 8.5\%$$

정답 ①

65-4 ☑☐☐☐

2019 공인노무사

㈜한국의 자기자본 시장가치와 타인자본 시장가치는 각각 5억 원이다. 자기자본비용은 16%이고, 세전타인자본비용은 12%이다. 법인세율이 50%일 때 ㈜한국의 가중평균자본비용(WACC)은?

① 6% ② 8%
③ 11% ④ 13%
⑤ 15%

요점정리 타인자본을 B, 자기자본을 S라 하고 각각의 구성비율을 k_B, k_S라 할 때 WACC의 산식은 다음과 같다.

$$\text{WACC} = k_B \cdot \frac{B}{B+S} + k_S \cdot \frac{S}{B+S}$$

해설 위의 WACC 공식에 대입하면 된다. 주의할 것은 법인세가 존재하므로 타인자본비용은 법인세율 만큼 감소한다.

따라서 k_B에 (1－법인세율) 만큼을 곱해야 한다.

$$\text{WACC} = k_B \cdot (1-T) \cdot \frac{B}{B+S} + k_S \cdot \frac{S}{B+S}$$

$$= \left[12\% \times (1-0.5) \times \frac{5}{5+5} \right] + \left[16\% \times \frac{5}{5+5} \right]$$

$$= 11\%$$

정답 ③

65-4D ☑☐☐☐

2021 가맹거래사

㈜가맹은 부채와 자기자본의 비율이 1:1이고 자기자본비용은 12%, 부채비용은 10%이다. 법인세율이 40%라고 할 때 가중평균자본비용(WACC)은?

① 9% ② 8%
③ 7% ④ 6%
⑤ 5%

해설

$$\text{WACC} = \left(\frac{1}{2} \times 12\% \right) + \left(\frac{1}{2} \times 10\% \times (1-0.4) \right) = 9\%$$

정답 ①

65-5 ☑☐☐☐

2013 가맹거래사

다음 자료를 이용하여 계산한 가중평균자본비용은?

• 타인자본 시장가치	2억 원
• 자기자본 시장가치	3억 원
• 세전타인자본비용	10%
• 자기자본비용	20%
• 법인세율	50%

① 10% ② 12%
③ 14% ④ 16%
⑤ 18%

해설

$$\text{WACC} = \left(\frac{3}{5} \times 20\% \right) + \left(\frac{2}{5} \times 10\% \right)(1-0.5)$$

$$= 12\% + 2\% = 14\%$$

정답 ③

65-6 ☑☐☐☐

A주식회사는 우선주 1만 주와 보통주 5만 주를 발행하였으며, 우선주의 시장가격은 주당 5,000원, 보통주의 시장가격은 주당 2,000원이다. 또한 A주식회사가 발행한 회사채의 시장가치는 1억 원이다. 우선주 자본비용이 6%, 보통주 자본비용이 8%, 회사채 자본비용이 5%이고, 법인세율이 40%일 때 A주식회사의 가중평균자본비용은?

① 5.00%
② 5.60%
③ 6.00%
④ 6.40%

해설 가중평균자본비용(WACC)은 각 구성자산의 비율대로 자본비용을 가중평균한 값이다. 법인세의 감세효과는 부채비용에 반영한다. 우선주의 가치는 10,000주×5,000원=5천만 원이고, 보통주의 가치는 50,000주×2,000원=1억 원이다. 이상의 논의를 감안하여 가중평균자본비용을 다음과 같이 계산한다.

$$\text{WACC} = 5\% \times (1-40\%) \times \frac{1}{2.5} + 6\% \times \frac{0.5}{2.5} + 8\% \times \frac{1}{2.5}$$

$$= 1.2\% + 1.2\% + 3.2\% = 5.6\%$$

정답 ②

65-6A ☑☐☐☐

표면이자율 연 10%, 이자 연 2회 지급, 만기 20년인 채권은 기업의 유일한 부채이고 액면가에 거래되고 있으며 부채비율(부채/자기자본)은 0.5이다. 이 기업의 가중평균자본비용(WACC)은 12%이고 법인세율은 20%일 때, 자기자본비용은?

① 8%
② 10%
③ 13%
④ 14%

해설 가중평균자본비용은 자기자본비용과 타인자본비용을 각 자본의 구성비율에 따라 가중평균한 값이다. 따라서 이를 구하는 과정에서는 자기자본비용, 타인자본비용, 총자본규모 중 자기자본의 비율, 총자본 규모 중 타인자본의 비율 등을 알면 계산이 가능하며, 법인세율은 타인자본비용을 줄여주는(법인세의 감세효과) 역할을 한다. 현재 문제에서 부채비율이 0.5이므로 자기자본에 비해 부채가 절반 규모임을 알 수 있다. 따라서 부채를 D라 하면 자기자본은 2D가 되고, 총자본은 타인자본과 자기자본의 합이므로 3D가 된다. 그리고 액면가에 거래되는 채권은 표면이자율과 할인율(부채에 대한 자본비용)이 동일하므로 타인자본비용은 10%가 된다. 자기자본비용을 구하는 문제이므로 이 값을 x로 두고 방정식을 풀어보자.

$$\text{WACC} = \left(\frac{\text{자기자본}}{\text{총자본}} \times \text{자기자본비용} \right) +$$

$$\left(\frac{\text{타인자본}}{\text{총자본}} \times \text{타인자본비용} \right)(1 - \text{법인세율})$$

$$12\% = \left(\frac{2D}{3D} \times x \right) + \left(\frac{D}{3D} \times 10\% \right)(1 - 0.2) = \frac{2}{3}x + \left(\frac{1}{3} \times 8\% \right)$$

위 식을 풀면 x는 14%가 된다.

정답 ④

65-6B ☑□□□

기업이 보유하고 있는 매출채권을 매도하는 방식으로 이루어지는 단기자금조달 방법은?

① 신용거래(trade credit)
② 회전신용약정(revolving credit agreement)
③ 팩토링(factoring)
④ 상업어음(commercial paper)
⑤ 무담보대출(unsecured loan)

해설 ③ 기업이 매출채권(아직 대금을 받지 못한 외상매출금과 받을어음 포함)을 다른 기업에 매도하는 것을 팩토링이라 부른다.

추가해설 ② 회전대출(revolving facility)이란 은행이 차입자에 대하여 자금공급 규모를 확정해 두고 일정기간 동안 그 범위 이내에서 대출하겠다는 공식적인 약정하에 이루어지는 융자방식으로 회전신용(revolving credit)과 동의어이다. 이 방식은 차입자가 차입한도 내에서 언제든지 자금을 인출할 수 있기 때문에 은행은 항상 대출자금을 준비해 두어야 하는 구속을 받게 된다. 따라서 은행은 이러한 제약을 보상받기 위하여 한도금액과 대출금액의 차액에 대하여 약정수수료를 징구하게 된다.

정답 ③

65-6M ☑□□□

다음 중 자본비용과 성격이 다른 용어는?

① 평균수익률 ② 할인율
③ 필수수익률 ④ 기대수익률

해설 자본비용(cost of capital)은 자본의 사용에 따르는 비용으로서 자본제공자에게 지급하는 대가로서, 요구수익률(required return) 내지는 할인율(discount rate, ②)과 동일한 의미이다. 그 뜻은 주식에 투자를 하거나 채권을 보유하는 사람이 기대하는 최소한의 수익률(＝기대수익률, ④) 내지는 이익률이 된다. 자본비용은 이처럼 돈을 사용하는 측이 돈을 제공하는 사람에게 최소한으로 보장해야 하는 이익률(＝필수수익률, ③)이 된다는 점에서 할인율 내지는 요구수익률의 의미와 본질적으로 통하는 개념이라 할 수 있다.

정답 ①

65-6J ☑□□□

㈜대한을 100% 소유하고 있는 K씨가 사업확장을 위해 10억 원의 신규자금조달을 계획하고 있다. 자금조달은 신주발행 또는 10% 이자율의 부채차입으로 이루어질 수 있다. 신주발행을 하는 경우 K씨의 지분율은 40%로 떨어진다. 사업확장 후, 얻게 되는 미래의 성과는 K씨가 얼마나 열심히 일(3시간 또는 5시간)을 하느냐에 따라 다음과 같이 달라진다. 다음 표에 대한 설명으로 옳지 않은 것은?

(단위: 백만)

구분	부채차입(이자율 10%)				신주발행			
근로시간	기업의 현금흐름	이자비용	주주현금흐름	K씨의 몫(지분율 100%)	기업의 현금흐름	이자비용	주주현금흐름	K씨의 몫(지분율 40%)
3시간	150	100	50		150	0	150	
5시간	200	100	100		200	0	200	
2시간 추가 노동의 대가	50	0	50		50	0	50	

① K씨는 3시간 일하는 경우, 신주발행을 통한 자금조달을 더 선호한다.
② K씨는 5시간 일하는 경우, 부채차입을 통한 자금조달을 더 선호한다.
③ 부채차입으로 자금조달을 하는 경우, 신주발행으로 조달하는 경우보다 K씨는 2시간의 추가 노동의 대가가 더 작다.
④ 부채차입으로 자금조달을 하는 경우, 외부 주주들이 없으므로 자기자본의 대리비용이 발생하지 않는다.

해설 ① [O] 3시간 일하는 경우 K씨의 몫은, 부채차입시 (주주현금흐름인) 50이 되며, 신주발행시 (주주현금흐름에서 지분율 40%를 곱한) 60이 된다. 따라서 신주발행시 더 많은 몫을 기대할 수 있다.

② [O] 5시간 일하는 경우 K씨의 몫은, 부채차입시 (주주현금흐름인) 100이 되며, 신주발행시 (주주현금흐름에서 지분율 40%를 곱한) 80이 된다. 따라서 부채차입시 더 많은 몫을 기대할 수 있다.

③ [×] 위의 ①과 ②에서 논의한 내용을 종합해 보면 K씨는 부채차입의 경우 3시간 일할 때는 50을, 5시간 일할 때는 100

을 얻게 된다. 즉 부채차입시 2시간 추가노동의 대가는 50(=100−50)이다. 반면 신주발행의 경우 3시간 일할 때는 60을, 5시간 일할 때는 80을 얻게 된다. 즉 부채차입시 2시간 추가노동의 대가는 20(=80−60)이다. 따라서 부채차입시 2시간 노동의 대가가 신주발행시보다 더 크다.

④ [○] 부채만으로 자본조달을 할 경우 소유주 K씨 외의 다른 주주의 유입이 없으므로 자기자본의 대리비용, 즉 대리인 비용이 존재하지 않게 된다.

추가해설 자기자본의 대리비용이란 경영자가 지분이 없거나 작은 경우 주주의 이익에는 반하지만 경영자 자신의 이익이나 효용을 증대시키기 위해 특권적 소비(고급승용차나 호화로운 사무실 등)를 하거나 업무를 태만히 하여 발생하는 기업가치의 손실을 말한다. 대리인 이론의 창시자인 Jensen과 Meckling은 대리인비용을 자기자본의 대리인비용과 부채의 대리인비용으로 구분하여 설명한 바 있다.

정답 ③

65-7 ✅☐☐☐
2019 서울시 7급 B책형

우선주에 대한 설명으로 가장 옳은 것은?

① 기업의 입장에서 볼 때 우선주는 사채에 비해 일반적으로 자본비용이 높다.
② 일반적으로 우선주는 보통주와 달리 만기가 있는 자본이다.
③ 기업은 우선주에 대해 당기에 배당을 지급하지 않으면 파산상태가 된다.
④ 우선주는 일반적으로 의결권이 주어진다.

해설 우선주(優先株, Preferred stock)는 주식의 일종으로서 보통주보다 이익배당 우선순위가 높다. 일반적으로 주식회사가 발행하는 주식은 보통주로 불리는 의결권이 있는 주식이다. 그러나 우선주에는 의결권이 없는(④) 대신 높은 이익배당순위를 보장한다. 원래 우선주에는 만기가 없었으나 1996년 이후부터는 보통 3~5년 정도의 만기로 우선주를 발행한다(②). 우선주는 참가적 우선주와 비(非)참가적 우선주로 분류되는데, 참가적 우선주는 배당이 확정된 이후 남은 배당액을 나눠 가질 수 있는 권리가 있지만, 비참가적 우선주에는 보통주보다 우선해서 받는 확정 배당 이외에는 배당을 추가로 요구할 수 없다(③).

① [○] 일반적으로 주식(자기자본)은 사채(타인자본)보다 자본비용이 높다. 왜냐하면 타인자본을 사용할 경우 기업이 누릴 수 있는 법인세 감세효과를 자기자본을 사용할 경우에는 누릴 수 없기 때문이다.

정답 ①

65-7M ✅☐☐☐

다음 중 우선주에 대한 설명으로 가장 적절하지 않은 것은?

① 우선주의 주주는 채권자와 마찬가지로 주주총회에서 의결권이 없지만, 이자처럼 매년 고정된 배당금을 지급받으므로 이익배당에서 보통주보다 우선한다.
② 우선주는 회사채와 마찬가지로 타인자본으로 분류되지만, 회사채와 달리 기업에 원금반환을 요구할 수 없다.
③ 전환우선주는 우선주를 발행한 기업의 보통주로 전환할 수 있는 우선주이다.
④ 누적형 우선주는 우선주에 대한 배당을 지급하지 않은 경우 차후 연도에 과거 미지급 배당분까지도 포함한 배당금을 지급한다.

해설 ② [×] 우선주는 이름에 '주'가 들어간다. 따라서 주식의 한 유형이므로 자기자본으로 분류된다. 다만 보통주에 비해 경영참가권보다 이익배당에 대한 우선권이 존재할 뿐이다.

정답 ②

65-8 ✅☐☐☐

경제적 부가가치(Economic Value Added: EVA)에 대한 설명으로 옳지 않은 것은?

① EVA를 증가시키기 위해서는 세후 영업이익을 늘려야 한다.
② EVA는 장기성과를 측정하는 데 유용하다.
③ EVA가 0보다 큰 기업은 자본비용 이상을 벌어들인 기업으로 평가된다.
④ 다각화된 기업은 사업단위별로 EVA를 평가하여 핵심사업과 한계사업을 분류할 수 있다.

요점정리 경제적 부가가치(EVA)는 기업이 영업활동을 통하여 창출한 순가치 증가분으로서 세후영업이익(NOPAT: Net Operating Profit after Tax)에서 가중평균자본비용(WACC)을 차감하고서 얼마만큼의 이익을 창출하였는지를 나타내는 지표이다.

$$EVA = NOPAT - (투자자본 \times WACC)$$

해설 ② EVA는 주로 단기적 성과측정에 사용되며, 장기적 성장가능성을 확인하기에는 적합하지 않다. 짧은 시간안에 EVA를 높이기 위해서 경영자는 때로 연구개발이나 교육훈련비를 삭감하거나 고객서비스의 질을 떨어뜨려 비용을 줄일 가능성이 있음에 유의할 것.

추가해설 ① 식의 우변을 보면 옳은 말이다.
③ EVA가 0보다 크다는 말은 가중평균자본비용을 감안해도 기업이 수익을 낸다는 의미이다.
④ EVA가 높은 사업을 핵심사업으로, EVA가 0에 가깝거나 음(−)인 경우는 한계사업(간신히 이익을 내므로 정리를 고려해야 하는 사업)이라 할 수 있다.

정답 ②

65-8A ☑□□□
2020 서울시 7급

재무관리에 대한 설명으로 가장 옳지 않은 것은?

① 잉여금이나 주식 발행은 자기 자본의 조달 원천이다.
② 주식으로 인한 자본비용 지출을 최소화할 수 있도록 배당을 관리한다.
③ 자본조달 과정에서는 자본비용을 극대화하여 투자안의 경제성을 높인다.
④ 자산의 규모와 유동성을 고려하여 사업별 투자 결정을 한다.

해설 ③ 자본비용은 자본사용에 대한 대가이다. 이 값이 작아지면 투자안의 현금흐름에 대한 할인율이 낮아지므로 투자경제성이 커진다.

정답 ③

65-8D ☑□□□
|필수|
2021 군무원 9급

타인자본 비율에 따라 기업의 수익에 차이가 발생하는 현상을 의미하는 용어로 가장 적절한 것은?

① 레버리지 효과　　② 가중 효과
③ 톱니바퀴 효과　　④ 비례 효과

해설 타인자본비율이 자기자본비율에 비해 상대적으로 높은 경우(재무레버리지)나 고정비용의 비중이 변동비 비중보다 높은 경우 발생하는 수익증폭효과(영업레버리지)를 레버리지효과라 한다. 레버리지에는 영업레버리지, 재무레버리지, 그리고 이 둘을 합친 결합레버리지 등이 있으며, 본 문제에서는 부채(타인자본)의 레버리지, 즉 재무레버리지를 설명하고 있다. 선지 ③의 톱니바퀴 효과는 목표관리(mbo)의 단점으로 언급되는 것인데, 상당히 고급주제이고 노무사 2차 수험범위에서 편저자가 수업 중 다루는 내용인데 군수 9급에 출제되어서 의외라 생각한다.

정답 ①

65-9 ☑□□□
2015 가맹거래사

A사의 제품 단위당 판매가격 2,000원, 제품 단위당 변동영업비 1,000원, 고정영업비 8,000,000원일 경우 10,000개를 판매하면 A사의 영업레버리지도는?

① 1　　② 2
③ 3　　④ 4
⑤ 5

해설

$$영업레버리지 = \frac{단위당\ 공헌이익(= 가격 - 변동비) \times 판매량}{총\ 영업이익(= 총\ 매출액 - 고정비 - 변동비)}$$

$$= \frac{(2,000 - 1,000) \times 10,000}{(2,000 \times 10,000) - (1,000 \times 10,000) - 8,000,000}$$

$$= 5$$

정답 ⑤

65-10 ☑☐☐☐
2010 가맹거래사

영업레버리지도가 3이고 재무레버리지도가 2인 경우, 매출액이 10% 상승하면 순이익은 얼마나 상승하는가?

① 20% ② 30%
③ 50% ④ 60%
⑤ 100%

해설)

영업레버리지 $= \dfrac{\text{영업이익 변화}}{\text{매출액 변화}}$, 재무레버리지 $= \dfrac{\text{순이익 변화}}{\text{영업이익 변화}}$ 이므로 둘을 곱하면 $\dfrac{\text{순이익 변화}}{\text{매출액 변화}}$ 가 되고 이를 결합레버리지라 한다. 문제의 조건에서 결합레버리지는 6이므로 이는 매출액 10% 상승시 순이익 60% 상승을 의미한다.

정답 ④

65-11 ☑☐☐☐
2017 가맹거래사

영업부분에서 손익 확대효과가 존재하지 않는 기업의 영업레버리지도는?

① 0 ② 1
③ 2 ④ 3
⑤ 4

해설) 영업레버리지는 $\dfrac{\text{영업이익 변화}}{\text{매출액 변화}}$, 또는 $\dfrac{\text{공헌이익}}{\text{영업이익}}$ 으로 계산할 수 있다. 고정비의 비중이 클수록 변동비의 비중이 작아지므로 동일한 영업이익 증가분 대비 공헌이익의 증가분이 커진다. 이러한 증폭효과를 레버리지 효과라 부르는데, 만약 손익의 확대효과가 존재하지 않는다고 한다면 이러한 레버리지 효과가 존재하지 않는 경우, 즉 고정비의 비중이 작아서 결국 대부분의 비용이 변동비용과 같음을 의미한다. 이때는 영업이익과 공헌이익의 증감이 유사해지므로 영업레버리지도는 1이 된다.

정답 ②

65-11J ☑☐☐☐
2023 군무원 9급

다음 중 레버리지 효과에 관한 설명으로 가장 적절한 것은? (단, 이자, 세금 등의 비용이 없다고 가정함.)

① 기업이 타인자본을 사용하면 자기자본만을 사용하는 경우보다 자기자본 이익률이 높아진다.
② 기업은 타인자본 조달로 인해 발생하는 이자비용보다 높은 수익률이 기대되는 경우에만 타인자본을 활용하여 투자하는 것이 바람직하다.
③ 기업이 부채비율을 낮게 유지하여야만 레버리지 효과를 최대로 활용할 수 있다.
④ 레버리지 비율을 낮추기 위해서는 자본을 감소시켜야 한다.

요점정리) 레버리지(leverage)는 지렛대를 뜻하며 특정한 하나의 변수가 변화할 때 관련된 다른 변수가 더 큰 폭으로 변화하는 경우를 비유적으로 일컬을 때 사용된다. 재무관리에서의 레버리지는 "매출액의 변화가 영업이익과 주당순이익에 미치는 영향력"을 의미하는데, 이는 곧 "유·무형자산의 사용으로 인한 고정영업비용과 타인자본의 사용으로 인한 이자비용이 영업이익이나 순이익에 미치는 영향을 분석하는 것"을 뜻한다.

해설) ① [×] 원칙적으로는 맞는 말이다. 원래 레버리지 효과는 타인자본을 사용함으로써 발생하는 수익률이 자기자본만을 사용할 때에 비해 증가하는 경우를 일컫기 때문이다. 이를테면 10억의 자기자본만으로 1억의 수익을 창출하면 자기자본수익률이 10%지만, 10억 중 5억을 타인자본의 대출로 해결할 경우에는 같은 1억의 수익을 내더라도 자기자본의 투자는 5억 뿐이므로 자기자본수익률은 20%가 되는 것이다. 따라서 이 선지는 일반적으로 '이익'이 예상되는 경우에는 옳은 말이다. 그러나 반대로 손해가 발생할 경우에는 자기자본이익률이 더욱 크게 줄어든다. 따라서 손해의 경우를 포함하면 옳다고 볼 수 없다.
② [O] 앞의 선지 ①의 설명에 추가하자면, 10억 중 5억을 타인자본으로 조달하여 1억의 수익이 발생하여 자기자본이익률 20%가 달성되는 경우라 하더라도, 5억의 타인자본 사용에 따르는 이자비용이 20%의 이익을 초과해 버린다면 타인자본을 사용하는 실익이 없다. 따라서 이 선지는 옳다.
③ [×] 앞의 선지들의 서술을 활용해 본다면, 레버리지 효과를 극대화하기 위해서는 가급적 부채비율을 높이는 것이 옳다.
④ [×] 레버리지 비율은 부채사용 비율과도 맥락이 같으므로 그 비율을 낮추려면 자기자본의 비율이 증가해야 한다.

정답 ②

자본구조와 배당정책

1. 자본구조이론

1) MM의 자본구조이론: 모디글리아니와 밀러

  ① 법인세를 고려하지 않는 경우: 완전자본시장 하에서 <u>기업가치는 자본구조(채권과 주식의 구성비율)와 무관하게 결정</u>

  ② 법인세를 고려하는 경우: <u>이자비용의 법인세 절감효과</u>가 발생 → 부채를 사용하는 기업의 가치가 무부채기업의 가치보다 큼

2) 그 밖의 자본구조이론

  ① 파산비용이론: 법인세와 파산비용 고려시 타인자본을 사용하는 기업의 가치가 그렇지 않은 기업의 가치보다 더 큼

  ② 자본조달우선순위이론(마이어스): 내 · 외부투자자 간 정보비대칭의 상황에서 기업은 내부금융 – 부채 – 자기자본의 순으로 자본을 조달하는 것이 바람직

2. 배당정책

1) 의미: 기업이 벌어들인 이익을 주주에게 줄 배당금과 회사에 남길 유보이익으로 나누는 결정

2) 배당정책과 기업가치

  ① 기업가치를 떨어뜨리는 경우: 배당으로 인하여 새로운 투자에 필요한 자금이 부족

  ② 기업가치를 높이는 경우: 경영자의 자의적 자금활용 여지를 줄여 대리인 문제가 해결

  ③ 세금효과: 우리나라에서는 배당소득세율이 자본이득세율보다 높<u>으므로 투자자들은 배당성향이 낮은 기업을 선호</u>

  ④ 모디글리아니와 밀러의 주장: <u>완전자본시장 하에서는 배당정책과 기업가치가 무관</u>

3) 배당정책에 영향을 미치는 요인

  → 당기순이익, 기업의 유동성, 새로운 투자기회, 부채상환의무, 기업의 지배권, 안정성, 자본구조 부실, 물가상승률(높을수록 배당 줄임) 등

66-1 ☑□□□

2010 7급공무원 고책형

|필수|

다음 중 기업의 장기자금조달 수단으로 적절하지 않은 것은?

① 전환사채(CB) 발행 ② 기업어음(CP) 발행
③ 우선주 발행 ④ 이표채 발행

해설〉 은행차입이나 어음발행은 간접금융을 통한 단기자본조달에 속한다. 나머지 보기는 전부 직접금융, 그 중에서도 장기자본조달에 해당하는 내용이다.

정답 ②

66-1A ☑□□□

2019 상반기 군무원 복원

|필수|

다음 중 간접적 자본조달 수단으로 옳은 것을 모두 고르면?

ㄱ. 주식 발행 ㄴ. 기업어음 할인
ㄷ. 은행 차입 ㄹ. 회사채 발행

① ㄱ, ㄴ ② ㄴ, ㄷ
③ ㄴ, ㄹ ④ ㄷ, ㄹ

해설〉

	직접금융	간접금융
단기 (1년 이하)	기업어음(commercial paper, CP)의 발행	단기차입 (은행, 종합금융사) 보유한 어음의 할인
장기 (1년 이상)	주식(보통주) 채권(회사채)	장기차입 (은행, 보험사)

정답 ②

66-1D ☑□□□

2021 군무원 5급

기업의 직접 자금조달 방식으로 가장 적절한 것을 모두 고른 것은?

ㄱ. 전환사채 발행
ㄴ. 어음발행
ㄷ. 비참가적 우선주 발행
ㄹ. 은행차입
ㅁ. 벤처투자사 투자
ㅂ. 사모펀드(PEF)투자

① ㄱ, ㄷ ② ㅁ, ㅂ
③ ㄱ, ㄷ, ㄹ ④ ㄹ, ㅁ, ㅂ

해설〉 기업이 필요로 하는 자본을 조달하는 방법은 크게 직접금융을 통한 방법과 간접금융을 통한 방법으로 나뉜다. 직접자금조달 방식이란 기업이 주식(보통주, 우선주 등)이나 채권(회사채, 수의상환사채, 전환사채 등)을 통하여 자본의 공급자인 투자자로부터 직접 자본을 조달받는 것을 의미한다. 한편 간접자금조달 방식이란 투자자들로부터 직접 자본을 제공받는 것이 아니라, 은행 등 금융기관을 통해 간접적으로 자본을 조달하는 경우이다. 은행차입, 매입채무, 어음할인 등이 이에 해당한다. (ㅁ), (ㅂ)은 투자수단이므로 필요자금의 조달과는 관련이 적다.

정답 ①

66-1J ☑□□□

2023 군무원 5급

기업의 무보증 단기차입 방식으로 가장 적절한 것을 모두 고른 것은?

ㄱ. 우선주 발행 ㄴ. 외상거래
ㄷ. 기업 어음 ㄹ. 은행차입
ㅁ. 팩토링(factoring) ㅂ. 벤처캐피털

① ㄱ, ㄷ, ㄹ ② ㄴ, ㄷ, ㄹ
③ ㄷ, ㄹ, ㅁ ④ ㄹ, ㅁ, ㅂ

해설〉 (ㄱ) [×] 일반적으로 주식이나 채권은 장기자본조달수단이다. 따라서 (ㄱ)은 정답에서 제외된다.
(ㄴ) [○] 외상거래를 통해 물건을 매입할 경우 이자가 없는 부채로 자금을 조달하는 것과 마찬가지의 효과를 갖는다. (물건부터 구매하고 돈은 나중에 갚는 것이므로)
(ㄷ) [○] 기업어음(commercial paper, CP)은 자금이 필요한

기업이 일정한 날짜에 일정한 금액의 지급을 약속하는 증서를 발행하는 단기자본조달 수단이다. 기업이 어음을 발행하면 다른 기업이나 은행 또는 증권사 등이 이를 매입함으로써 기업은 필요자금을 조달받을 수 있다.

(ㄹ) [○] 은행으로부터 대출을 받는 것은 대표적인 단기자금조달이다. 대개 단기부채의 자본비용은 장기부채의 자본비용보다 저렴한 경우가 많다. 또한 단기부채를 사용하면 필요시기에 적절한 자금을 신속하게 조달받을 수 있다.

(ㅁ) [×] 팩토링은 은행이 판매기업/구매기업간 상거래에 의해 발생한 매출채권을 양수받아 매입한 후 판매기업 앞으로 금전을 지급하고, 구매기업으로부터 매출채권의 만기에 매출대금을 지급받아 상환하는 상품이다. 따라서 이는 차입과는 다른 방식의 금전취득 방법이다.

(ㅂ) [×] 벤처 캐피털(venture capital, VC)이란 잠재력이 있는 벤처기업에 (대출이 아닌 투자 형식으로) 자금을 대고 경영과 기술 지도 등을 종합적으로 지원하여 높은 자본이득을 추구하는 금융자본을 말한다. 주로 기술력은 뛰어나지만 경영이나 영업의 노하우 등이 없는 초창기의 벤처기업을 대상으로 한다.

정답 ②

66-2 ☑□□□
2014 가맹거래사

보통주에 관한 설명으로 옳지 않은 것은?

① 장기자금을 안정적으로 조달할 수 있다.
② 이자와 같은 고정채무비용을 발생시키지 않는다.
③ 보통주 발행비용은 부채발행비용보다 낮다.
④ 기업의 재무구조를 개선시킨다.
⑤ 보통주에 대한 배당실시의무규정은 없다.

해설 보통주(common stock)는 주식회사가 출자의 증거로 주주에게 발행한 증권을 뜻하며, 보통주는 법인세의 절감효과가 없다. 따라서 보통주의 자본비용과 발행비용은 부채의 자본비용 및 발행비용보다 큰 경우가 대부분이다.

정답 ③

66-2A ☑□□□
2019 상반기 군무원 복원

다음 중 우선주에 대한 설명으로 옳은 것은?

① 회사의 이익과 상관없이 미리 배당금이 정해져 있다.
② 이자가 미리 정해져 있다.
③ 세금 감면 혜택이 있다.
④ 우선주에 대해서 비용을 공제하기 전이라도 우선배당이 이루어진다.

해설 ① 우선주는 분기별로 고정된 배당을 지급하게 된다. 물론 그렇지 않은 예외(변동배당우선주)도 있지만 일반적인 우선주는 고정배당을 지급한다.
② 우선주는 주식의 일종이므로 이자와 상관이 전혀 없다.
③ 세금감면과 우선주는 무관하다. 배당에는 소득세가 부과된다.
④ 비용 공제 후 이익을 정산하고 거기서 배당이 이루어진다.

정답 ①

66-3 ☑□□□
2014 7급공무원 A책형

신주인수권부사채에 대한 설명으로 옳지 않은 것은?

① 신주를 매입한 후에 채권은 소멸된다.
② 신주인수권은 분리되어 별도로 거래될 수 있다.
③ 주식의 인수 여부는 투자자의 판단에 달려 있다.
④ 보통주를 매입할 수 있는 권리를 갖게 된다.

요점정리 신주인수권부사채(BW, bond with warrants)는 사채를 포기하지 않고 주식을 인수할 수 있는 권리가 첨부되어 있는 경우를 뜻한다. BW에서 신주인수 여부는 투자자의 판단에 전적으로 달려 있으며, 신주인수권은 별도의 거래가 가능하다.

해설 ① 신주인수권부사채는 주식 인수여부와 상관없이 채권을 보유할 수 있는 증권이다.

정답 ①

66-3A ☑☐☐☐ 2008 7급공무원 봉책형

운전자본을 효율적으로 관리하기 위해 기업이 할 수 있는 행위로 적절하지 않은 것은?

① 생산과정에 필요한 원재료를 정확한 시점에 구입하는 행위
② 대금을 빨리 지급하는 고객에게 할인을 해주는 행위
③ 채무를 가능한 늦게 지급하는 행위
④ 원재료 구입을 현금으로 지불하는 행위

해설〉 순운전자본은 유동자산과 유동부채의 차이를 뜻한다. 유동자산이 늘고 유동부채가 줄수록 순운전자본은 증가한다. 원재료구입을 현금으로 하는 것보다 외상으로 구입하게 되면 지금 당장의 유동성이 증가하므로 운전자본 관리의 효율성이 증가할 수 있다.

정답 ④

66-3B ☑☐☐☐ 2020 7급 나형

운전자본관리에 대한 설명으로 옳지 않은 것은?

① 매입채무회전기간을 연장하면 현금전환주기를 단축시킬 수 있다.
② 영업주기는 재고자산회전기간과 매출채권회전기간을 합한 것이다.
③ 매출채권관리에서 현금할인율이 높을수록 매출채권의 회수속도가 빨라진다.
④ 보수적 단기자본조달은 유동자산을 주로 단기부채로 조달하는 방법이다.

요점정리〉 운전자본의 확보를 위한 단기자금조달과 관련하여 기업은 공격적 정책, 보수적 정책, 중립적 정책을 활용할 수 있다. 공격적 정책은 단기자금은 단기부채로, 장기자금은 장기부채로 각각 충당하는 방식으로서, 유휴자금을 최소화하고 수익성을 높일 수 있다는 장점을 가지는 반면에 (총자산에서 차지하는 비중이 큰 편인 유동자산을 모두 유동부채로 충당하므로) 단기부채에 대한 의존도가 높아져서 예상하지 못한 상황이 생길 경우 지급불능 등으로 인하여 기업경영의 어려움이 초래된다는 단점을 가진다. 보수적 정책은 거의 모든 필요자금을 장기자본으로 조달하는 정책으로서, 항상 풍부한 유동성을 유지할 수 있어서 단기부채를 상환하지 못하는 위험을 원천차단하는 장점을

가지지만, 일반적으로 고정자산보다 기대수익률이 낮은 유동자산을 보유한다는 점에서 기업의 수익성이 낮아진다는 단점도 가진다. 중간적 정책은 공격적 정책과 보수적 정책의 중간 형태를 의미한다. 기업이 공격적, 보수적, 중간적 정책 중 무엇을 택할지는 각 정책의 수익과 위험에 따라 달라질 것이다.

해설〉 ④ 보수적 정책은 유동자산을 주로 장기부채로 조달하는 방법이다.

추가해설〉 ① 현금전환주기(cash conversion cycle)는 기업이 원재료 및 재고를 구입하기 위해서 지급한 현금이 제품 및 상품의 판매를 통해서 다시 기업으로 돌아오는 기간이며, '재고자산회전일+매출채권회전일−매입채무회전일'로 계산한다.
② 영업주기는 상품의 매입시점부터 판매후 대금회수 시점까지의 기간이며 '재고자산회전일+매출채권회전일'로 계산한다.

정답 ④

66-3M ☑☐☐☐ 2024 군무원 5급

다음 중 자본구조 의사결정에 대한 설명으로 가장 적절하지 않은 것은?

① 법인세율이 높은 기업은 법인세율이 낮은 기업에 비하여 상대적으로 높은 부채비율을 유지한다.
② 부채뿐만 아니라 감가상각도 세금을 줄이는 데 도움이 된다.
③ 영업이익과 현금흐름의 변동성이 클 경우에는 부채를 적게 사용해야 재무적 곤경의 가능성을 줄일 수 있다.
④ 수익성이 높은 기업일수록 부채비율이 높다.

해설〉 ④ 상식적으로 수익성이 높은 기업이라면 돈을 많이 벌어서 부채를 상환할 가능성이 높다.

추가해설〉 ③ 변동성, 즉 위험이 큰 경우에는 부채를 줄여서 상황이 더욱 악화될 수도 있는 만일의 가능성에 대비해야 한다. 따라서 이 선지는 옳다.

정답 ④

66-4 ☑☐☐☐

자본구조이론에 대한 설명으로 적절하지 않은 것은?

① 정보비대칭이 존재하는 경우 기존 주주의 입장에서 보면 내부유보이익으로 필요자금을 조달하는 것이 최선이다.

② 정보가 불균형인 상태에서 기존 주주에게 유리한 자본조달 순위는 내부금융 → 신주발행 → 부채발행 순이다.

③ 대리인 비용, 파산 비용 등의 재무적 곤경비용을 고려할 경우 적정수준의 부채 사용 시 기업가치가 최대가 된다.

④ 법인세가 존재하는 경우 부채를 많이 사용할수록 법인세 절감효과가 발생하여 기업의 가치는 증가하게 된다.

해설 ② 정보가 불균형인 상태에서 기존 주주에게 유리한 자본조달순위는 내부금융 – 부채 – 신주발행 순이다.

추가해설 ① 정보비대칭은 정보량의 불균형을 의미하므로 이 경우 주주들은 내부자금조달을 선호하게 된다.
③ 파산비용이론에 따르면 법인세와 파산비용을 동시에 고려할 경우 타인자본을 사용하는 기업의 가치가 그렇지 않은 기업의 가치보다 크다.
④ 법인세를 고려하는 경우에는 이자비용의 법인세 절감효과가 발생하기에 부채를 사용하는 기업의 가치가 무부채기업의 가치보다 크다고 한다.

정답 ②

66-5 ☑☐☐☐

모딜리아니(F. Modigliani)와 밀러(M. H. Miller)의 무관련이론(MM이론)에 대한 설명으로 가장 옳지 않은 것은?

① 법인세가 없는 완전자본시장을 가정한다.

② 자기자본비용은 부채비율에 비례하므로 가중평균자본비용(WACC)은 부채비율에 대해 일정하게 된다.

③ 기업의 가치는 자본구조와 무관하다.

④ 법인세가 있는 경우를 상정한 수정 MM이론에서는 부채가 증가함에 따라 비례적으로 기업의 가치가 낮아진다고 주장한다.

해설 모디글리아니와 밀러(MM: Modigliani & Miller)는 자본구조이론에서 가장 핵심이 되는 이론적 논리를 정립하였다. 그들의 이론은 크게 법인세를 고려하지 않는 경우와 고려하는 경우로 나누어 설명된다. MM에 따르면 법인세를 고려하지 않는 경우에는 완전자본시장 하에서(①) 기업가치가 자본구조와 무관하게 결정된다고 한다(③). 이는 자기자본에 비해 상대적으로 자본비용이 저렴한 타인자본(부채)을 사용할 경우 WACC가 낮아지는 동시에 주주가 부담하는 재무위험이 증가하고 그 결과 자기자본비용(요구수익률)이 상승하여 WACC가 높아져 결국 WACC가 일정하게 유지되기 때문이다(②). 그러나 법인세를 고려하는 경우에는 이자비용의 법인세 절감효과가 발생하기에 부채를 사용하는 기업의 가치가 무부채기업의 가치보다 크다고 한다. 따라서 ④번 설명이 잘못되었다.

정답 ④

66-6 ☑☐☐☐

자본구조이론의 쟁점은 타인자본을 사용할 때 기업가치가 어떻게 변할까 하는 것이다. 자본구조이론에 대한 설명으로 옳지 않은 것은?

① 완전자본시장의 가정하에서 모디글리아니(Modigliani)와 밀러(Miller)는 기업가치와 자본구조는 서로 관련이 없다고 주장하였다.

② 완전자본시장의 가정하에서 불완전시장요인으로 법인세만을 고려하는 경우, 모디글리아니(Modigliani)와 밀러(Miller)는 타인자본을 사용하는 기업의 가치는 타인자본을 사용하지 않는 기업의 가치보다 작다고 주장하였다.

③ 완전자본시장의 가정하에서 불완전시장요인으로 파산비용과 법인세를 함께 고려하는 경우, 적절한 타인자본을 사용할 때 기업가치가 최대가 된다.

④ 마이어스(Myers)에 의하면 경영자와 일반투자자 사이에 서로 다른 수준의 정보를 갖게 되는 정보비대칭의 상황에서 기업은 내부유보자금 – 부채 – 자기자본 순으로 자본을 조달한다.

해설 ① 모디글리아니(Modigliani)와 밀러(Miller)에 따르면 완전자본시장의 가정하에서 법인세가 없다면 자본구조와 무관하게 기업가치가 결정된다고 한다. 자기자본에 비해 상대적으로 자본비용이 저렴한 타인자본을 사용할 경우 WACC(가중평균자본비용)이 낮아져 기업가치가 상승할 수도 있지만, 이 경우 주주가 부담하는 재무위험이 증가하고 그 결과 자기자본비

용(요구수익률)이 상승하여 WACC가 높아져 결국 기업가치가 하락할 가능성도 있기 때문이다.
② 모디글리아니(Modigliani)와 밀러(Miller)에 따르면 법인세를 고려하는 경우에는 이자비용의 법인세 절감효과가 발생하기에 부채를 사용하는 기업의 가치가 무부채기업의 가치보다 크다.
③ 파산비용이론에 따르면 법인세와 파산비용을 동시에 고려할 경우 타인자본을 사용하는 기업의 가치가 그렇지 않은 기업의 가치보다 크다.
④ 자본조달순위이론에 관한 설명으로서, 옳다.

정답 ②

66-7 ✓☐☐☐
2018 서울시 7급 A형

자본구조에 대한 설명 중 가장 옳지 않은 것은?

① Modigliani-Miller(MM)의 제1명제(세금이 없는 경우)에서는 부채가 있는 기업A의 가치는 부채가 없는 기업B의 가치와 같다. (단, 기업A와 기업B의 영업이익은 매년 같다.)
② 자본조달 계층이론(pecking order theory)에서는 최적부채수준이 존재하며 이를 목표부채수준으로 삼아 자본을 조달한다.
③ 자본조달 계층이론(pecking order theory)에 따르면 가장 먼저 내부자본을 사용해야 한다.
④ MM의 제1명제(세금이 없는 경우)하에서는 기업의 가치가 자본구조와 무관하다.

해설 ①, ④ [O] MM에 따르면 법인세가 없는 경우 부채비율(자본구조)에 상관없이 기업의 가치는 동일하다.
② [×] 자본조달 계층이론(자본조달순위이론)은 기업의 자본조달 순서가 내부유보자금 – 부채 – 자기자본 순으로 결정된다는 이론이다. 최적부채수준에 관한 이론은 파산비용이론이다.
③ [O] 이 이론을 주장한 마이어스(Myers)에 따르면 기존주주와 외부투자자 사이에 서로 다른 수준의 정보를 갖게 되는 정보비대칭의 상황에서 기업은 내부금융 → 부채 → 자기자본의 순으로 자본을 조달하는 것이 바람직하다고 한다. 그 이유는 기존 주주의 입장에서 가장 유리한 방식이 내부금융(유보이익의 재투자 등)이며, 외부에서 자금을 조달하는 경우에도 기존 주주의 지분율에 변동이 없는 타인자본(부채)의 사용이 자기자본의 조달(신주발행 등)보다 우선적으로 고려되기 때문이다.

정답 ②

66-7J ✓☐☐☐
2023 국가직 7급

자본구조이론(capital structure theory)에 대한 설명으로 옳지 않은 것은?

① 모딜리아니와 밀러(MM: Modigliani and Miller) 제1 명제에 의하면, 완전자본시장에서 기업의 가치는 자본구조와 무관하다.
② MM에 의하면, 법인세를 고려할 경우 차입 기업의 전체가치는 무차입 기업의 가치와 이자 비용의 법인세 절감효과의 현재가치를 더한 것과 같다.
③ 자본조달순위이론(pecking-order theory)에 따르면, 경영진은 투자 자금을 조달하기 위해서 주식 발행, 전환사채, 일반사채, 이익잉여금의 순으로 선택한다.
④ 부채의 신호이론(signaling theory of debt)은 투자자에게 좋은 정보를 알리기 위해 부채를 사용한다는 이론이다.

해설 ① [O] 모디글리아니와 밀러(MM: Modigliani & Miller)에 따르면 법인세를 고려하지 않는 경우에는 완전자본시장 하에서 기업가치가 자본구조와 무관하게 결정된다고 한다. 이를 MM의 제1명제라 한다. 완전자본시장이란 시장참여자가 무수히 많고 세금과 각종 거래비용이 없으며 모든 정보가 투자자에게 정확하게 전달되는 시장을 의미한다.
② [O] MM에 따르면 법인세를 고려하는 경우에는 이자비용의 법인세 절감효과가 발생하기에 부채를 사용하는 기업의 가치가 무부채기업의 가치보다 크며, 그 차이는 부채사용에 따른 이자의 감세효과만큼이 된다. 이를 '수정된 MM의 제1명제'라 한다.
③ [×] 마이어스(Myers)에 따르면 주주와 외부투자자간에 정보비대칭이 존재하는 상황에서 기업은 <u>내부금융, 부채, 자기자본의 순서로 자본을 조달</u>하는 것이 바람직하다고 한다. 따라서 선지에서처럼 주식발행을 먼저 하는 것보다는 내부금융(이익잉여금), 채권(일반사채 및 전환사채), 주식발행의 순으로 자본을 조달하는 것이 적절하다.
④ [O] 부채는 상식적으로는 좋지 않은 것으로 인식되지만, 재무관리에서는 다음의 몇 가지 경우 부채를 사용하는 것이 시장에 긍정적인 신호(signal)를 보낼 수 있다고 한다. 1) 듀퐁방정식(자기자본이익률=매출액순이익률 × 총자산회전율 × 재무레버리지) 하에서 부채의 사용은 재무레버리지를 높여서 자기자본이익률(ROE)을 높인다. 2) 앞의 선지 ②에서 살펴본 수정된 MM의 제1명제에 따르면 부채사용은 법인세를 줄여줘서 기업가치를 높일 수 있다. 3) 앞의 선지 ③에서 살펴본 자본조달순위이론에 따르면 부채사용은 자기자본의 사용보다 자본조달 순서상 더 앞선다.

정답 ③

연습문제

66-8 ☑□□□　　　　2019 7급 가형

기업의 자본구조와 자본조달에 대한 설명으로 옳은 것은?

① 5 : 1로 주식을 분할(stock split)할 경우, 장부상 자본잉여금이 보통주 자본금으로 전입될 뿐 자기자본 총액에는 변동이 없다. (단, 주식분할과 관련된 모든 비용은 무시한다)
② 기업의 입장에서 볼 때 사채에 비해 우선주는 세후 자본비용이 높다는 단점을 가지고 있다.
③ 수정된 MM 이론에 의하면 불완전시장요인으로 법인세만을 고려하는 경우, 부채를 사용하는 기업의 가치는 부채를 사용하지 않는 기업의 가치보다 법인세의 현재가치만큼 크다.
④ 현금배당으로 유보이익이 작을 경우, 투자 자금을 외부에서 조달하기 위해 보통주를 발행하여도 기업경영의 지배권과 지분율에는 영향이 없다.

해설 ① [×] 주식분할(stock split)은 기존 주식 하나를 둘 이상의 새로운 주식으로 만드는 것이다. 예를 들어 주식을 둘로 쪼갠다면 발행주식의 수가 두 배로 증가한다. 여기서는 주주의 부가 증가하지는 않는다. 단순히 주식의 수만 증가하기 때문이다. 또한 이익잉여금의 변화도 없다. 발행주식 수가 늘어나는 대신 액면가가 줄어들어서 자본구성항목(보통주자본금, 자본잉여금, 이익잉여금)이 기존 상태 그대로 유지되기 때문이다. 결국 주식분할은 액면가를 낮추려는 목적으로 행해지는 작업이라 할 수 있다.
② [○] 자기자본비용은 법인세의 감세효과가 없기에 타인자본비용보다 큰 편이다. 우선주는 주식, 즉 자기자본에 해당되고 사채는 타인자본에 해당되므로 우선주의 자본비용이 사채의 자본비용보다 높다.
③ [×] 수정된 MM 이론에 의하면 불완전시장요인으로 법인세만을 고려하는 경우, 부채를 사용하는 기업의 가치는 부채를 사용하지 않는 기업의 가치보다 법인세의 '감세효과'만큼 크다.
④ [×] 보통주를 발행하면 주주의 수가 늘어난다. 따라서 기존 주주의 지분비율이 변경된다. 예를 들어 총 100주 중 10주를 갖고 있던 주주의 지분율은 10%지만, 보통주 100주를 추가발행할 경우 총주식 수가 200이 되어 기존 10주를 갖고 있던 주주의 지분율은 5%로 감소한다.

정답 ②

66-8D ☑□□□　　　　2021 가맹거래사

배당정책에 관한 설명으로 옳지 않은 것은?

① 고든(M. Gordon)의 '손 안에 있는 새'는 배당유관설과 관련이 있다.
② 밀러(M. Miller)와 모딜리아니(F. Modigliani)는 배당무관설을 주장했다.
③ 액면분할은 이론상 기업의 가치에 아무런 영향을 주지 않는다.
④ 주식배당은 기업의 이익 중 주식배당금 만큼 자본금으로 편입시키기 때문에 주주의 부를 증가시킨다.
⑤ 현금배당은 배당락이 있으나 자사주매입은 배당락이 없는 배당의 특수형태라고 할 수 있다.

해설 ① [○] 고든은 주주들이 현재의 확실한 소득인 배당을 (미래 불확실성이 큰) 자본이득보다 더욱 선호할 것이라 주장하였다. 이를 '손 안에 있는 새'에 비유한다.
② [○] MM은 완전자본시장 하에서 배당정책과 기업가치가 무관하다고 설명하였다.
③ [○] 액면분할(stock split)은 주식회사에서 자본금의 증자 없이 기존 주식의 액면가를 떨어뜨려서 총 주식수를 늘리는 것이다. 2018년 5월 삼성전자가 기존 250만원에 달하던 주식액면가를 1/50에 해당하는 5만원으로 분할한 바 있다. 분할 전후 기업의 총 가치는 일정하다.
④ [×] 주식배당(stock dividend)은 이익 배당의 일부나 전부를 현금 대신 신주(新株)를 발행하여 주주에게 지급하는 것이다. 미처분이익잉여금을 자본금으로 전환하는 것이므로 자본항목 내 이동이 일어나는 것이라 순자산(자본)의 변동은 없다.
⑤ [○] 배당락은 주식의 배당 기준일이 지나 배당금을 받을 권리가 없어지는 것을 뜻한다. 보통 배당기준일 다음날의 주가는 기지급된 배당금만큼 하락한다. 배당을 나눠줬으므로 시가총액이 감소하는 대신 주식수는 그대로 유지되기 때문이다. 반면 자사주매입의 경우 시가총액도 감소하고 주식수도 그만큼 줄어들기에 배당락이 없다.

정답 ④

66-8F ☑□□□　2022 국가직 7급

배당 유형에 대한 설명으로 옳지 않은 것은?

① 현금배당은 가장 보편적인 유형으로 정규현금배당과 특별현금배당으로 구분할 수 있으며, 특별현금배당은 특정 기간에 한해 지급되는 특징이 있다.
② 청산배당은 채권자지분을 지급하고 남은 영업이익을 주주에게 배분하는 것이다.
③ 주식배당은 해당 회사의 주식으로 지급하는 유형이므로 실질적인 현금 지출이 발생하지 않는다.
④ 주식배당과 주식분할은 회계처리방법이 다르지만 모두 발행주식수를 증가시킨다.

─────

해설 ② [×] 청산배당은 기업이 그 활동을 종료하고 시장을 떠날 때 유동자산 및 비유동자산에서 부채를 차감하고 남은 순자산 가치(이것은 영업이익과는 다른 개념임)를 주주들에게 분배하는 과정이다.

정답 ②

66-8M ☑□□□　2024 군무원 5급

다음 중 기업의 배당정책의 일반적인 설명으로 가장 적절하지 않은 것은?

① 이익이 증가했다고 해서 곧바로 배당을 늘리지 않는다.
② 이익이 감소했다고 해서 곧바로 배당을 줄이지 않는다.
③ 이익의 변화폭과 배당의 변동폭은 장기적으로는 같다.
④ 기업의 성장률과 배당성향 간에 반비례 관계가 있다.

─────

해설 ① [○] 그렇다. 아래 선지 ③의 해설을 참조할 것.
② [○] 이 역시 위 ①과 아래 ③의 논리에 비추어 볼 때 타당하다.
③ [×] 이익이 증가해도 배당을 적게 하는 경우(예, 스티브 잡스 집권시절의 Apple)도 존재한다.
④ [○] 배당을 하지 않는다면 이익잉여금의 대부분이 미래성장을 위해 재투자되기에 옳다.

정답 ③

66-9 ☑□□□　2016 7급공무원 2책형

마이어스(C. Myers)의 자본조달순서이론(pecking order theory)에 따를 경우, 기업이 가장 선호하는 투자자금 조달방식은?

① 회사채　② 내부유보자금(유보이익)
③ 우선주　④ 보통주

─────

해설 마이어스에 따르면 기업의 자본조달 선호순서는 내부금융(유보이익의 재투자) → 부채 → 자기자본의 순서이다.

정답 ②

66-10 ☑□□□　2011 공인노무사

기업의 배당정책에 영향을 미치는 요인으로 가장 거리가 먼 것은?

① 기업의 유동성　② 시장의 경쟁상태
③ 새로운 투자기회　④ 부채상환의 의무
⑤ 기업의 지배권

─────

해설 유동성, 투자기회, 부채상환의무, 지배구조 등은 모두 기업의 배당정책에 영향을 미친다.

정답 ②

66-11 ☑□□□
2011 7급공무원 우책형

다음과 같이 ㈜한국기업의 배당정책이 바뀐 후, 이 기업의 가치는?

㈜한국기업은 부채를 사용하지 않는 기업으로 매년 100억 원의 현금흐름을 창출하고 있으며, 매년 발생하는 현금흐름은 재투자없이 모두 배당하는 정책을 가지고 있었다. 그런데, 새로 임명된 최고경영자(CEO)는 향후 매년 발생하는 100억 원의 현금흐름 중 1/2은 재투자하고, 나머지 1/2은 배당하는 것으로 정책을 바꾸었다. (단, 이 기업의 자본비용과 재투자수익률은 10%이며, 이 기업은 Modigliani and Miller가 가정하는 세계에 존재한다)

① 500억 원　　　② 1,000억 원
③ 1,100억 원　　④ 1,200억 원

[해설] 모디글리아니와 밀러에 따르면 배당정책에 상관없이 기업의 가치가 일정하다. 따라서 매년 배당되는 금액 100억을 할인율 10%으로 나누면 1,000억 원이 된다. (왜 100억을 10%로 나누냐 하면, 영구히 100억이 발생하기 때문이다. 이 경우 발생금액의 현재가치는 기간당 발생액을 할인율로 나눈 값이다.)

정답 ②

66-12 ☑□□□
2014 7급공무원 A책형

우리나라 주식시장에서 주주들이 고배당기업을 선호하는 이유로 옳지 않은 것은?

① 세금효과　　　② 불확실성 제거
③ 신호효과　　　④ 현재수입 선호

[해설] ① 우리나라 세법상 배당소득세율이 자본이득세율보다 높기에, 배당을 하지 않는 것이 주주의 부 증진에 오히려 도움이 되는 경우도 있다.
② 배당성향의 증가는 주주들의 미래 불확실성을 제거해 준다.
③ 배당을 많이 하는 기업에 대해서는 시장에 긍정적 신호가 가는 경우가 많다.
④ 미래의 이익보다 현재 받을 현금, 즉 배당을 선호할 수 있다.

정답 ①

66-13 ☑□□□
2017 서울시 7급

다음 중 기업의 배당전략에 대한 설명으로 가장 옳지 않은 것은?

① 수동적 잔고정책(passive residual policy)에 따르면, 수행할 만한 투자기회의 존재와 상관없이 배당금이 일정하다.
② 배당률은 이익의 증가를 따라가는 경향을 보이지만, 기업들은 대체로 안정적인 배당정책을 선호한다.
③ 장래의 전망이 밝은 기업의 경영자들은 자신들의 장래 전망에 대한 정보를 투자자들에게 알리는 수단으로서 배당정책을 사용하며, 투자자들은 배당정책의 변화를 기업내용 변화의 신호로 인식함으로써 주가에 변화를 가져온다.
④ 분기마다 배당을 지급하는 경우에 매 사분기마다 지급하는 배당금은 작게 하고 회계연도 말이 되어서 추가배당을 하는 정책은 연도별 이익규모와 현금수요가 각각 변동이 심한 기업들에게 적합하다.

[해설] 수동적 잔고정책은 가능한 투자기회 등을 고려한 뒤 배당을 수행하는 방식이다. 즉 투자필요대상이 있다면 거기에 먼저 자원을 할당한 뒤 배당을 실시한다.

정답 ①

66-14 ☑□□□

최근 대규모 사업의 추진을 위해 프로젝트 파이낸싱(project financing) 방법이 많이 활용되고 있다. 다음 중 프로젝트 파이낸싱에 대한 설명으로 옳은 것은?

① 대출을 위해 물적 담보를 제공해야 한다.
② 대출신청자의 신용이 대출 결정의 주된 기준이 된다.
③ 프로젝트 사업자가 무한책임을 지고 대출금을 상환한다.
④ 프로젝트의 수익이 있어야 대출금을 상환할 수 있다.

해설〉 ① 프로젝트 파이낸싱은 자금공여자가 특정 프로젝트(예: 대규모 터널이나 교량공사)의 수익에 의한 현금흐름을 1차적 대출금 회수원으로 하고 그 프로젝트의 자산을 담보로 하는 금융으로 정의된다. 따라서 자금조달이 이루어지는 시점에서는 물적 담보가 없을 수도 있다.
② 자금공여자 입장에서는 아직 만들어지지 않은 프로젝트를 대상으로 실시하는 위험이 상당히 큰 자금조달방식이므로 신용을 따지게 될 거라 예상할 수 있다. 그러나 프로젝트 파이낸싱에서는 사실 돈을 빌리는 사람의 신용보다는 완성될 프로젝트 자체의 수익성이 더 중요하다. 생산되는 산출물의 시장성과 가치가 명확하게 파악되며 산출물의 가치가 특정기업의 개성 및 역량에 의존하지 않는 사업이라면 오히려 수익의 지속가능성이 보장될 수 있다.
③ 프로젝트 파이낸싱에서는 자금을 차입·상환하는 주체가 프로젝트의 사업주나 주주가 아니라 새로 개발되거나 설립되는 프로젝트 그 자체이다. 따라서, 대출담보로서는 프로젝트 자산보다는 프로젝트의 현금흐름이 중요하게 되며 파이낸싱의 구조는 프로젝트의 경제적 타당성과 현금흐름의 상대적 신뢰성에 따라 달라지게 된다.
④ 프로젝트 완성 후 조달되는 수익으로부터 대출금을 상환한다. 따라서 이 지문이 옳다.

정답 ④

66-14D ☑□□□

효율적 시장의 특성에 대한 설명으로 가장 옳지 않은 것은?

① 과거 시점의 가격 변화와 현재 시점의 가격 변화는 상관관계가 있다.
② 시장이 정보를 입수하자마자 증권가격은 이들 정보에 신속하게 반응한다.
③ 어느 시점에 이용 가능한 정보를 바탕으로 투자 전략이나 거래 규칙을 수립했을 때, 미래 평균투자수익률 이상의 투자 성과를 지속적으로 얻을 수 없다.
④ 특정 정보를 알고 있는 전문 투자자들과 모르고 있는 투자자들의 평균적인 투자 성과에는 유의미한 차이가 없다.

요점정리〉 역대 공무원 재무관리에서 출제된 적이 없는 주제여서 기본이론강좌에서는 다루지 않았지만 21년에 처음으로 출제되었다. 효율적 시장에 관한 아래 해설은 대부분 편저자의 『재미있는 재무관리』에서 발췌한 것이다.
파마(Fama)의 효율적 시장가설(effective market hypothesis: EMH)에 따르면 증권(주식)의 가격은 시장에서 활용가능한 모든 정보를 완전하고(fully) 즉각적으로(immediately) 반영하며, 자본시장의 효율성은 크게 세 가지 유형으로 나뉜다.
• 약형 효율성(weak-form efficiency): 과거의 가격패턴은 이미 주식가격에 반영되어 있으므로 이를 활용하여 미래의 가격을 예측하거나 초과수익률을 달성할 수는 없다.
• 준강형 효율성(semi-strong-form efficiency): 과거의 역사적 정보뿐만 아니라 일반 대중에게 공개된 모든 공적 정보(public information)가 완전하고 즉각적으로 시장가격에 반영되므로, 재무제표를 활용하여 증권의 내재가치를 파악하고 주가를 예측하는 기본적 분석(fundamental analysis) 역시 별 의미를 갖지 못한다.
• 강형 효율성(strong-form efficiency): 과거의 역사적 정보와 공적 정보뿐만 아니라 대중에게 미공개된 사적 정보(private information)까지 완전하고 즉각적으로 증권의 시장가격에 반영되는 것이다. 여기서는 모든 정보가 완벽하게 주가에 반영되어 있으므로 내부자정보(inside information)를 활용한 거래를 하더라도 추가수익률을 얻을 수 없다.

해설〉 선지 ②는 약형 효율성, 선지 ③은 준강형 효율성, 선지 ④는 강형 효율성에 관한 언급에 가깝다. 그러나 선지 ①은 파마의 효율적 시장이론에 해당하는 서술이라 보기 어렵다.

정답 ①

66-14J ☑☐☐☐

2023 국가직 7급

효율적 시장가설(EMH: efficient market hypothesis)은 주가에 반영되는 정보의 성격에 따라 약형(weak form), 준강형(semi-strong form), 강형(strong form)의 효율적 시장으로 구분된다. 다음 중 옳지 않은 것은?

① 약형에서는 과거 주식가격의 패턴을 보고 시장평균 이상의 초과수익을 얻을 수 있다.
② 준강형에서는 증권분석가가 공개된 재무제표의 정보를 분석하여 미래 주가의 움직임을 예측하려는 노력은 의미가 없다.
③ 준강형에서는 주가는 이미 공개적으로 이용 가능한 모든 정보를 반영한다.
④ 강형에서는 주가는 기업의 내부자만이 이용 가능한 정보까지 포함하여 기업에 관련된 모든 정보를 반영한다.

해설 증권의 가격이 시장에서 활용가능한 모든 정보를 완전하고(fully) 즉각적으로(immediately) 반영한다는 주장을 효율적 시장가설(effective market hypothesis: EMH)이라 부른다. 그러나 현실에서는 정보의 내용이나 성격에 따라 정보의 즉각적 반영이 가능할 수도 있고 그렇지 않을 수도 있다. 파마(Fama)에 따르면 자본시장의 효율성은 크게 세 가지로 나뉜다.
① [×] 약형 효율성(weak-form efficiency)이란 과거의 역사적인 정보를 증권의 현재가격이 반영하는 것이다. 과거의 역사적 정보에는 거래량, 수익률의 패턴이나 기존가격의 변동추이 등이 포함된다. 약형 효율성 시장에서는 과거의 가격패턴이 이미 주식가격에 반영되어 있으므로 이를 활용하여 미래의 가격을 예측하거나 초과수익률을 달성할 수는 없다. 약형 효율성 시장에서 주식의 가격은 랜덤워크(random walk)를 따른다. 따라서 과거의 패턴이나 주기를 분석해서 주가를 예측하는 기술적 분석(technical analysis)은 의미가 없다.
②, ③ [O] 준강형 효율성(semi-strong-form efficiency)이란 과거의 역사적 정보뿐만 아니라 일반 대중에게 공개된 모든 공적 정보(public information)가 완전하고 즉각적으로 시장가격에 반영되는 것이다. 공적 정보에는 신문기사나 공개된 재무제표 등이 포함된다. 따라서 앞서 언급한 기술적 분석뿐만 아니라 재무제표를 활용하여 증권의 내재가치를 파악하고 주가를 예측하는 기본적 분석(fundamental analysis) 역시 별 의미를 갖지 못한다.
④ [O] 강형 효율성(strong-form efficiency)이란 과거의 역사적 정보와 공적 정보뿐만 아니라 대중에게 미공개된 사적 정보(private information)까지 완전하고 즉각적으로 증권의 시장가격에 반영되는 것이다. 여기서는 모든 정보가 완벽하게 주가에 반영되어 있으므로 내부자정보(inside information)를 활용한 거래를 하더라도 추가수익률을 얻을 수 없다.

정답 ①

66-14M ☑☐☐☐

2024 군무원 7급

다음 중 효율적 시장가설에 대한 설명으로 가장 적절하지 않은 것은?

① 현재의 주가가 과거의 주가자료에 포함된 정보를 반영하여 결정된다고 보는 견해를 약형(weak form) 효율시장 가설이라고 한다.
② 효율적 시장에서는 주가의 움직임에 패턴이 있으며, 어제의 주가변화와 오늘의 주가변화는 상관관계가 존재한다.
③ 특정 거래전략이 지속해서 통계적으로 유의한 초과수익을 낼 수가 없다.
④ 전문투자자와 보통투자자 간의 투자성과는 통계적으로 유의한 차이가 없다.

해설 ① [O] 약형 효율성(weak-form efficiency)이란 과거의 역사적인 정보를 증권의 현재가격이 반영하는 것이다. 과거의 역사적 정보에는 거래량, 수익률의 패턴이나 기존가격의 변동추이 등이 포함된다.
② [×] 약형 효율성 시장에서의 미래 주식가격은 다음의 공식으로 계산된다.

미래주식가격 = 현재주식가격 + 기대수익 + 무작위오차

기대수익은 자본자산가격결정모형(CAPM) 등을 통해 계산되는 증권의 위험을 반영한다. 무작위오차는 매일 매일 새롭게 등장하는 정보가 반영된 결과로서 예측이 불가능한 것이다. 결국 이 무작위오차를 모르기 때문에 우리는 미래주식가격의 패턴을 확인하는 것이 불가능하다. 즉 약형 효율성 시장에서 주식의 가격은 랜덤워크(random walk)를 따른다. 따라서 과거의 패턴이나 주기를 분석해서 주가를 예측하는 기술적 분석(technical analysis)은 의미가 없다.
③ [O] 정보효율성에 초점을 맞출 경우, 효율적인 자본시장 하에서는 그 누구도 시장에서 형성된 수익률 이상의 초과수익률을 얻는 것이 불가능하다. 초과수익을 볼 수 있게끔 하는 그 어떠한 정보도 모두 즉각적으로 시장참여자들에게 전달되기 때문에 다른 참여자들의 정보무지를 토대로 하는 차익실현이 원천적으로 봉쇄되기 때문이다.
④ [O] 위 선지 ③의 설명에 따르면 옳은 서술이다.

정답 ②

67 옵 션

1. 개 념

미리 정해진 기간(만기) 동안에 시장가치(S)와 상관없이 정해진 가격(행사가격, K)으로 특정 자산(기초자산)을 사거나(call) 팔(put) 수 있는 권리가 부여된 증권

→ 유럽식 옵션(만기일에만 행사 가능), 미국식 옵션(만기 이전에도 행사 가능)

2. 옵션의 가치

1) 콜옵션의 가치: $C = \text{Max}\,[0,\,(S-K)]$

   → 콜옵션의 가격은 기초자산의 시장가격보다 클 수가 없다.

2) 풋옵션의 가치: $P = \text{Max}\,[0,\,(K-S)]$

   → 풋옵션의 가격은 행사가격보다 클 수가 없다.

3. 옵션가격의 결정요인

	콜옵션		풋옵션	
	유럽식	미국식	유럽식	미국식
행사가격	−	−	+	+
만기까지의 기간	?	+	?	+
현재의 주가	+	+	−	−
주가변동성	+	+	+	+
무위험이자율	+	+	−	−
배당	−	−	+	+

4. 심화개념

1) 풋−콜 등가: 콜옵션이나 풋옵션 중 어느 하나의 가격을 알면 나머지의 가격도 구할 수 있으며, 옵션의 매입이나 행사포기를 활용하여 포트폴리오의 가치를 행사가격 내지는 그 이상으로 유지 가능

2) 포트폴리오 보험: 기초포트폴리오를 구성하고 그 가치가 미리 정한 수준 이하로 떨어질 경우 그 손실을 보상해 주는 보험계약 → 기초포트폴리오와 그에 대한 풋옵션을 구입한 것과 같음(=방어적 풋 전략)

3) 옵션부사채: 신주인수권부사채(BW), 전환사채(CB), 수의상환사채 등

4) 실물옵션(real option): 전통적 NPV 뿐만 아니라 투자전략의 수정 등의 가치를 옵션의 개념에 비추어 판단·반영하는 것 → 행사가 이루어지더라도 그 가치가 소멸하지 않는 경우가 많음

67-1 ☑☐☐☐
I필수I
2013 7급공무원 인책형

기초 자산을 약정된 만기일에 약정된 행사가격을 받고 매도할 수 있는 권리는?

① 콜옵션(call option)
② 풋옵션(put option)
③ 선물(futures)
④ 선도거래(forward transaction)

해설〉 판매할 수 있는 권리는 풋옵션이다. 반면에 구입할 수 있는 권리는 콜옵션이다.

정답 ②

67-2 ☑☐☐☐
2010 가맹거래사

상품이나 유가증권 등 기초자산을 미리 정해진 가격으로 팔 수 있는 권리는?

① 콜옵션(call option)
② 공매도(short-selling)
③ 스왑(swap)
④ 선도거래(forward transaction)
⑤ 풋옵션(put option)

해설〉 ① 콜옵션은 미리 정해진 가격으로 기초자산을 살 수 있는 권리이다.
② 공매도는 주식, 채권 등을 보유하지 않은 상태에서 매도하는 행위로서, 주가하락이 예상되는 시점에 시세차익을 내기위한 한 방법이다. 매도한 주식·채권은 결제일 이전에 구해 매입자에게 갚아야 한다.
③ 스왑은 거래 상대방이 미리 정한 계약조건에 따라 일정시점에 두개의 서로 다른 방향의 자금흐름을 교환을 통해 이루어지는 금융기법이다.
④ 선도거래는 매매계약의 체결시점과 결제시점간에 차이가 있는 거래를 뜻한다.
⑤ 풋옵션은 미리 정해진 가격으로 기초자산을 팔 수 있는 권리이다.

정답 ⑤

67-2F ☑☐☐☐
2022 가맹거래사

특정자산을 만기일 또는 그 이전에 미리 정해진 가격으로 사거나 팔 수 있는 권리가 부여된 증권은?

① 주식(stock)   ② 채권(bond)
③ 옵션(option)   ④ 스왑(swap)
⑤ 선물(futures)

해설〉 옵션(option)은 미리 정해진 기간(만기) 동안에 정해진 가격(행사가격)으로 특정 자산(기초자산)을 사거나 팔 수 있는 권리가 부여된 증권을 뜻한다.

정답 ③

67-3 ☑☐☐☐
I필수I
2013 공인노무사

옵션에 관한 설명으로 옳지 않은 것은?

① 옵션이란 약정된 기간 동안에 미리 정해진 가격으로 약정된 증권이나 상품 등을 사거나 팔 수 있는 권리이다.
② 콜옵션은 약정된 증권이나 상품 등을 팔 수 있는 권리이다.
③ 유럽형 옵션은 만기에만 권리를 행사할 수 있다.
④ 옵션은 위험 회피를 위한 유용한 수단이다.
⑤ 기초자산이란 옵션의 근간이 되는 자산을 의미한다.

해설〉 ② 콜옵션은 약정된 가격에 살 수 있는 권리, 풋옵션은 약정된 가격에 팔 수 있는 권리이다.

정답 ②

67-4 ☑□□□
2015 가맹거래사

옵션에 관한 설명으로 옳은 것은?

① 풋옵션은 기초자산을 살 수 있는 권리가 부여된 옵션이다.
② 유럽형 옵션은 만기시점 이전이라도 유리할 경우 행사가 가능한 옵션이다.
③ 콜옵션은 기초자산의 가격이 낮을수록 유리하다.
④ 풋옵션의 경우 행사가격이 낮을수록 유리하다.
⑤ 콜옵션의 경우 기초자산의 현재가격이 행사가격보다 작을 경우 내재가치는 0이다.

해설 ① 풋옵션은 판매할 수 있는 권리이다. 구입하는 권리는 콜옵션이다.
② 유럽형옵션은 만기일에만 권리행사가 가능하다.
③, ⑤ 콜옵션은 기초자산 가격이 높을수록 유리하다. 만약 기초자산의 현재가격이 행사가격보다 작을 경우 그 가치가 0이 된다.
④ 풋옵션은 행사가격이 기초자산의 가격에 비해 높을수록 유리하다.

정답 ⑤

67-5 ☑□□□
2013 가맹거래사

파생상품 중 옵션에 관한 설명으로 옳지 않은 것은?

① 주식을 기초자산으로 하는 유럽형 콜옵션의 경우 만기시점에서 주식의 가격이 행사가격보다 낮으면 행사한다.
② 현재의 주식가격이 높을수록 주식을 기초자산으로 하는 유럽형 콜옵션 가격은 높아진다.
③ 유럽형 옵션은 만기일에 옵션 행사가 가능하다.
④ 옵션 프리미엄은 옵션의 가격을 말한다.
⑤ 행사가격이 높을수록 주식을 기초자산으로 하는 유럽형 풋옵션의 가격은 높아진다.

해설 ① 콜옵션은 주식을 살 수 있는 권리이다. 주식의 가격이 행사가격보다 낮다면 옵션보유자는 실제로 싸게 거래되는 주식을 비싸게 사야 한다. 이 경우 손해가 되므로 콜옵션을 행사하지 않는다.

정답 ①

67-6 ☑□□□
2017 가맹거래사

㈜가맹의 주식을 기초자산으로 하며, 만기가 1개월이고 행사가격이 10,000원인 유럽형 콜옵션이 있다. 이 옵션의 만기일에 ㈜가맹의 주가가 12,000원인 경우 만기일의 옵션 가치는?

① -2,000원   ② 0원
③ 2,000원   ④ 10,000원
⑤ 12,000원

해설 만기에서의 행사가격이 10,000인 콜옵션이므로 주식을 10,000원에 매입할 수 있다. 만기일의 실제 주가는 12,000원이므로 이 옵션을 가진 사람은 시가보다 2,000원 싸게 주식을 구입할 수 있고, 이를 매각할 경우 그만큼의 차익을 남길 수 있다. 따라서 옵션의 가치는 2,000원이다.

정답 ③

67-7 ☑□□□
2009 7급공무원 봉책형

한국상사㈜의 주식은 현재 5만 원이다. 이 주식은 1년 후 5만 원에 매입할 수 있는 콜옵션의 가격이 1만 원이고, 5만 원에 매도할 수 있는 풋옵션의 가격이 5천 원이다. 만기시(1년 후) 한국상사㈜의 주가가 7만 원이라고 할 경우, 다음 중 옳은 것은? (단, 화폐의 시간 가치는 무시한다)

① 이 콜옵션의 매입자는 만기시 1만 원 손실을 입는다.
② 이 콜옵션의 매도자는 만기시 1만 원 손실을 입는다.
③ 이 풋옵션의 매입자는 만기시 5천 원 이익을 얻는다.
④ 이 풋옵션의 매도자는 만기시 5천 원 손실을 입는다.

해설
• 콜옵션의 매입자: 1년 후 7만 원짜리 주식을 5만 원에 매입할 수 있으므로 차익 2만 원을 콜옵션 가격1만 원에 매입하는 것이므로 총 1만 원 이익을 얻는다.
• 콜옵션의 매도자: 1년 후 2만 원의 차익을 남길 수 있는 콜옵션을 1만 원에 팔아버린 것이므로 1만 원 손실을 입는다.
• 풋옵션의 매입자: 1년 후 7만 원짜리 주식을 5만 원에 판매할 리가 없으므로 이 때 옵션행사를 거부하면 주식가격으로 인한 손해는 없지만, 해당 풋옵션을 5천 원에 매입했으므로 그만큼은 손실을 본다.
• 풋옵션의 매도자: 1년 후 풋옵션 행사를 하지 않으면 주식가격차이로 인한 손실은 없으며, 매도가격 5천 원만큼의 이익을 본다.

정답 ②

권리이므로 이 값이 커져야 그 가치가 증가한다.

정답 ②

67-8 ☑□□□
2010 가맹거래사

|필수|

다음 중 주식을 기초자산으로 하는 미국식 콜옵션 가격에 음(−)의 영향을 주는 것은?

① 주식가격 ② 만기까지의 기간
③ 주가의 변동성 ④ 옵션의 행사가격
⑤ 무위험이자율

[해설] 미국식 콜옵션은 만기까지의 기간, 현재의 주가, 주가변동성, 무위험이자율 등에 의해 양(+)의 영향을 받고, 행사가격, 배당 등에 의해 음(−)의 영향을 받는다.

정답 ④

67-9 ☑□□□
2007 7급공무원 문책형

주식 풋옵션(put option)의 가치는 주가, 행사가격, 변동성, 이자율, 배당률, 잔존만기에 의해 결정된다고 한다. 각 요인이 주식 풋옵션의 가치에 미치는 영향에 대한 설명으로 옳지 않은 것은?

① 주가가 낮을수록 주식 풋옵션의 가치는 높아진다.
② 행사가격이 낮을수록 주식 풋옵션의 가치는 높아진다.
③ 변동성이 높을수록 주식 풋옵션의 가치는 높아진다.
④ 잔존만기가 길수록 주식 풋옵션의 가치는 높아진다.

[해설] 옵션가격에 영향을 미치는 요인은 다음과 같다.

	콜옵션		풋옵션	
	유럽식	미국식	유럽식	미국식
행사가격	−	−	+	+
만기까지의 가격	?	+	?	+
현재의 주가	+	+	−	−
주가변동성	+	+	+	+
무위험이자율	+	+	−	−
배당	−	−	+	+

위 그림에서 주식풋옵션의 가치는 유럽식과 미국식을 막론하고 행사가격과 비례한다. 실제로 풋옵션은 행사가격에 팔 수 있는

67-9J ☑□□□
2023 서울시 7급

주식을 기초자산으로 하는 옵션(option)에 대한 설명으로 가장 옳지 않은 것은?

① 콜옵션은 행사가격이 높을수록 가치가 감소한다.
② 콜옵션은 주식가격의 변동성이 증가할수록 가치가 증가한다.
③ 풋옵션은 주가가 하락할수록 가치가 증가한다.
④ 풋옵션은 주식가격의 변동성이 증가할수록 가치가 감소한다.

[해설] 옵션가치에 영향을 주는 요인을 정리하면 다음 표와 같다.

	콜옵션		풋옵션	
	유럽식	미국식	유럽식	미국식
행사가격	−	−	+	+
만기까지의 가격	?	+	?	+
현재의 주가	+	+	−	−
주가변동성	+	+	+	+
무위험이자율	+	+	−	−
배당	−	−	+	+

① [O] 콜옵션은 시장가격에서 행사가격을 뺀 값만큼 차익을 볼 수 있으므로 행사가격이 높을수록 그 가치가 감소한다.
② [O] 콜옵션과 풋옵션 모두 주가변동성이 커지면 그 가치가 증가한다. 따라서 본 선지는 옳다.
③ [O] 풋옵션은 행사가격에서 시장가격(주가)을 뺀 값만큼 차익을 볼 수 있으므로 주가가 낮을수록 그 가치가 증가한다.
④ [×] 콜옵션과 풋옵션 모두 주가변동성이 커지면 그 가치가 증가한다. 따라서 본 선지는 틀렸다.

정답 ④

67-10 ☑☐☐☐

|필수|
2017 서울시 7급

㈜서울의 보통주에 대한 콜옵션과 풋옵션의 행사가격이 모두 22,000원으로 동일하며, 두 옵션은 유러피언옵션으로 만기일 이전에 행사할 수 없다고 가정한다. 만기일은 1년 후, 현재의 주가는 16,000원이며 주식에 대한 배당은 없다. 1년 간의 무위험 이자율이 10%이고 풋-콜 등가(Put-Call parity)가 성립할 때 콜옵션의 현재가치가 4,000원이면 풋옵션의 현재 가치는 얼마인가?

① 5,000원 　　　② 6,000원
③ 7,000원 　　　④ 8,000원

해설 풋-콜 등가 공식을 활용한다.

$$\frac{K}{S+P-C}=(1+r_f)^{옵션만기}$$

$$\rightarrow 22,000/(16,000+P-4,000)=(1+0.1)^1$$

$$\rightarrow P=8,000$$

정답 ④

67-11 ☑☐☐☐

2017 서울시 7급

옵션포지션의 위험을 측정하는 그릭문자(Greeks)에 관한 설명으로 가장 옳지 않은 것은?

① 델타는 기초자산의 가격변화에 대한 옵션가격의 변화로 정의된다.
② 옵션포트폴리오의 세타는 거래비용의 변화에 대한 옵션 가격의 변화로 정의된다.
③ 옵션포트폴리오의 감마는 기초자산의 가격변화에 대한 포트폴리오 델타의 변화로 정의된다.
④ 파생상품으로 구성된 포트폴리오의 베가는 기초자산의 변동성 변화에 대한 포트폴리오의 가치 변화로 정의된다.

해설 조금 슬프지만 그릭문자의 의미 자체를 알아야 풀 수 있는 문제이다.
① 델타(Δ)에 대한 설명이 맞다.
② 틀렸다. 세타(θ)는 잔존만기가 줄어듦에 따라 옵션 가격이 변하는 정도를 의미한다.
③ 감마(Γ)에 대한 설명이 맞다.
④ 맞다. 베가(ν)는 표준편차 변화에 따른 가치 변화를 의미한다.

정답 ②

67-11D ☑☐☐☐

2021 국가직 7급

옵션에 대한 설명으로 옳지 않은 것은?

① 옵션의 델타는 기초자산의 가격변화분에 대한 옵션가격의 변화분을 나타내는 지표이다.
② 무위험이자율이 높을수록 콜옵션의 가격은 높다.
③ 풋옵션 매도자는 옵션 만기에 기초자산을 팔 의무가 존재한다.
④ 콜옵션의 매도자는 행사가격이 기초자산의 가격보다 낮을 때 그 의무를 이행한다.

해설 ① [O] 2017년 서울시 7급 기출문제의 선지 ①을 그대로 활용한 것이다.
② [O] 콜옵션은 미래에 행사가격을 지불하고 주식을 매입할 권리이므로 미래의 권리행사에 대비해서 은행에 자금을 예치해 둘 수 있다. 이때 무위험이자율이 높다면 은행금리가 높아지므로 콜옵션 매입자가 유리해진다. 풋옵션의 경우는 반대 논리가 성립한다.
③ [×] 풋옵션은 주식을 매도할 권리이므로 이를 매입한 사람은 만기에 기초자산(주식)을 팔 권리가 있고, 반대로 풋옵션을 매도한 사람은 만기가 되면 행사가격에 기초자산을 매입해야 한다.
④ [O] 콜옵션의 매입자는 특정 가격(=행사가격)에 기초자산(주식)을 매입할 권리를 가지며, 행사가격보다 기초자산의 가격이 높은 경우 행사하는 것이 일반적이다(이 경우 비싼 자산을 저렴하게 구매하는 것이 되기 때문임). 따라서 콜옵션의 매도자는 행사가격보다 기초자산 가격이 높을 경우, 즉 행사가격이 기초자산 가격보다 낮을 경우에 (콜옵션 매입자의) 옵션행사에 응해야 할 의무가 있다.

정답 ③

67-12 ☑☐☐☐

옵션부 채권에 내재된 옵션의 종류와 채권보유자 입장에서의 포지션을 바르게 연결한 것은?

① 수의상환사채: 콜옵션 – 매입포지션
② 전환사채: 콜옵션 – 매입포지션
③ 신주인수권부사채: 풋옵션 – 매도포지션
④ 신주인수권부사채: 풋옵션 – 매입포지션

───────────────────

해설〉 전환사채는 콜옵션의 매입포지션이라 할 수 있다.
⑧ 수의상환사채는 채권발행자 입장에서의 콜옵션이므로 매도포지션이다.
③, ④ 신주인수권부사채는 매입자입장에서의 콜옵션이라 할 수 있다.

정답 ②

67-13 ☑☐☐☐

포트폴리오보험(portfolio insurance)전략에 대한 설명으로 옳지 않은 것은?

① 포트폴리오의 가치가 일정수준 이하로 하락하는 것을 방지하려는 투자전략이다.
② 보유하고 있는 포트폴리오에 기초한 풋옵션을 포트폴리오와 함께 매입하여 만들 수 있다.
③ 주식포트폴리오의 경우 콜옵션을 매도하고 동시에 무위험채권을 매입하여 만들 수 있다.
④ 풋옵션 매입포지션을 이용할 경우 방어적 풋(protective put) 전략이라고도 한다.

───────────────────

해설〉 포트폴리오 보험은 기초 포트폴리오를 구성하고 그 가치가 미리 정한 수준 이하로 떨어지게 될 때 이 손실을 보상해 주는 보험계약으로서, 만약 포트폴리오의 가치가 상승하여 이익이 발생하면 보험에 따른 비용을 제외한 모든 이익을 투자자가 가질 수 있다. 포트폴리오 보험의 성과형태는 기초포트폴리오와 그에 대한 풋옵션(기초포트폴리오의 가치를 특정 수준으로 유지하는데 적합한 행사가격을 갖는)을 구입한 것과 같다.
③ 주식포트폴리오로 포트폴리오 보험을 구성하고자 하는 경우 풋옵션을 매입하여 만들 수 있다.

정답 ③

67-14 ☑☐☐☐

표준적인 금융옵션과 실물투자 기회가 내재된 실물옵션(real option)에 대한 설명 중 옳지 않은 것은?

① 금융옵션을 행사하면 옵션의 경제적 효과가 즉각적으로 발생하지만, 실물옵션의 경우는 경제적 효과가 상당기간에 걸쳐 발생하는 경우가 많다.
② 실물옵션은 기초자산에 대한 분산이 알려져 있고 만기일까지 일정하다고 가정한다.
③ 실물옵션의 행사가격은 일정하지 않거나 불확실한 경우가 많다.
④ 실물옵션은 행사가 이루어지더라도 옵션으로서 가치가 소멸되지 않는 경우가 많다.

───────────────────

해설〉 실물옵션은 투자안의 평가시 전통적 NPV에 의한 가치뿐만 아니라 투자전략의 수정(예: 사업의 연기, 투자의 포기) 등의 전략적 가치를 옵션의 개념에 비추어 판단·반영하는 것을 뜻한다. 금융옵션에 비해 구조가 복잡하고(가격이 일정하지 않거나 불확실함) 분산을 추정하기가 어려우며(②, ③), 그 경제적 효과가 상당기간에 걸쳐 발생하는 경우가 많다(①). 실물옵션은 행사가 이루어지더라도 그 가치가 소멸되지 않는 경우가 많다(④).

정답 ②

67-14D ☑☐☐☐

2021 군무원 7급

투자안 평가를 위한 실물옵션 접근법과 순현재가치법의 차이에 대한 설명으로 옳은 것은?

① 실물옵션 접근법에서는 불확실성, 순현재가치법에서는 위험의 개념을 사용한다.

② 실물옵션 접근법에서는 확장옵션, 순현재가치법에서는 포기옵션에 초점을 맞춘다.

③ 실물옵션 접근법에서는 현금흐름이 고정되어 있지 않다고 가정하지만 순현재가치법에서는 현금흐름이 고정되어 있다고 가정한다.

④ 실물옵션 접근법에서는 만기가 고정되어 있지 않다고 가정하지만 순현재가치법에서는 만기가 고정되어 있다고 가정한다.

요점정리 실물옵션(real option)은 투자안의 평가시 전통적 NPV에 의한 가치뿐만 아니라 투자전략의 수정(예, 사업의 연기, 투자의 포기) 등의 전략적 가치를 옵션의 개념에 비추어 판단·반영하는 것을 뜻한다. 금융옵션에 비해 구조가 복잡하고 (가격이 일정하지 않거나 불확실) 분산을 추정하기가 어려우며, 그 경제적 효과가 상당기간에 걸쳐 발생하는 경우가 많다. 실물옵션은 행사가 이루어지더라도 그 가치가 소멸되지 않는 경우가 많다.

해설 ① 실물옵션은 투자전략의 수정이나 추가 및 포기, 혹은 투자시기의 결정 등과 같은 전략적 판단의 가치를 옵션의 개념을 활용하여 평가 및 계산하는 것이다. 이를 통해서 (위험을 반영하는 할인율로 계산하는) 순현재가치법조차 반영하지 못하는 미래의 불확실한 현금흐름에 대한 평가가 가능하다.

추가해설 ② 확장옵션과 포기옵션은 모두 실물옵션의 내용이다. 경영자는 프로젝트 선택 이후 초기에 발생하는 현금흐름이 긍정적일 경우 해당 투자안에 대한 추가적 투자, 즉 확장옵션(option to expand)을 선택할 수 있으며, 반대의 경우에는 포기옵션(option to abandon)을 선택하면 된다.
③ 두 기법의 차이는 현금흐름의 고정 유무가 아니다. 현금흐름은 투자의사결정 이전에도 발생하고 이후에도 발생하는데, 실물옵션은 이전과 이후의 현금흐름을 모두 반영하며, 순현재가치법은 투자의사결정 이전의 현금흐름을 반영한다는 점에서 차이가 발생하는 것이다.
④ 실물옵션과 순현재가치법 모두 만기의 개념을 상정하지 않는다.

정답 ①

67-15 ☑☐☐☐

2011 7급공무원 우책형

향후 발생할 수 있는 불확실한 자산가격변동 위험대비 투자전략에 대한 설명으로 옳은 것은?

① 분산 투자된 자산의 위험회피는 양(+)의 상관관계가 높은 자산들에 동일한 방향으로 포지션을 취할 때 효과적이다.

② 분산 투자된 자산의 위험회피는 자산들 간의 상관계수가 +0.5에 가까울수록 효과적이다.

③ 자산의 헤지(hedge)는 헤지대상과 헤지수단 간의 상관계수가 +1.0에 가까울수록 효과적이다.

④ 자산의 헤지(hedge)는 양(+)의 상관관계가 낮은 자산들에 반대방향으로 포지션을 취할 때 효과적이다.

해설 분산투자와 헤지는 모두 위험관리(risk management)의 수단이다. 하지만 분산투자가 서로 반대로 움직이는(즉 상관계수가 −1에 가까운) 자산들에 동일포지션(매입 또는 매도)을 취함으로써 위험상쇄효과를 노리는 반면, 헤지는 상관관계가 높은 자산들에 반대포지션을 취함으로써 위험을 상쇄한다.

	분산투자	헤지
대상위험	비체계적 위험	체계적＋비체계적 위험
대상자산의 상관관계	−1에 가까움	＋1에 가까움
포지션	동일포지션	반대포지션

정답 ③

67-15J ☑☐☐☐   2023 가맹거래사

분산투자 효과가 가장 크게 나타나는 두 자산 간 상관계수는?

① 1

② 0.5

③ 0

④ -0.5

⑤ -1

해설 분산투자(diversification), 즉 포트폴리오를 구성하여 자금을 여러 투자대상에 분산할 경우 동일한 수익률을 누리는 동시에 위험의 크기를 줄일 수 있다. 그 이유는 포트폴리오를 구성하는 개별 자산들의 가격변동이 서로를 상쇄하기 때문이다. 특히 상관관계가 −1에 가까울수록, 그리고 구성자산의 수가 늘어날수록 이러한 분산효과가 더욱 커진다. 다만 분산투자를 통해 줄일 수 있는 위험은 총위험이 아니라 비체계적 위험이다.

정답 ⑤

선물과 국제재무관리

1. 선물(futures)

1) 의의: 현물거래와 달리 매매계약의 체결시점과 결제시점 간 차이가 있는 거래인 선도거래 중 계약불이행의 위험을 줄일 수 있는 제반장치를 마련한 특수한 형태

선도거래	선물거래
• 장외에서 거래 • 당사자 간의 직접거래 • 계약조건 합의가능 • 만기일에 결제	• 선물거래소에서 거래 • 결제소가 개입 • 계약조건이 표준화되어 있음 • 결제소에 의해 일일정산 　(만기 전 정산가능)

2) 선물거래의 매입과 매도

선물매입자의 수익 = 만기일의 현물가격 - 선물계약시의 선물가격

선물매도자의 수익 = 선물계약시의 선물가격 - 만기일의 현물가격

3) 증거금: 선물거래의 이행을 보증하기 위해 매입자와 매도자 모두가 예치하는 현금 또는 현금등가물

2. 국제재무관리

1) 환율결정이론

① 구매력 평가설: 두 나라 사이의 환율은 두 나라의 기대인플레이션율 차이에 비례

② 피셔효과: 명목이자율 = 실질이자율 + 기대인플레이션율

③ 국제피셔효과(구매력평가설 + 피셔효과): 두 나라 사이의 현물환율 변동이 두 나라 사이의 명목이자율 차이에 의해 발생

④ 이자율 평가설: 두 나라 사이의 명목이자율의 차이가 선물환율의 할증(또는 할인)과 동일

2) 환위험(환율변동으로 인한 위험)의 관리

① 네팅(상계): 외환거래 내역을 특정시점을 기준으로 결제통화별로 지불액과 수취액 대비

② 매칭: 수취금액과 지불금액을 통화별·만기별로 일치시키는 작업

③ 리딩과 래깅: 환율변동에 대한 예상에 따라 외화로 표시된 채권의 수취/지급시기를 앞당기거나 늦추는 방법(가치상승예상시 외화채권의 수취 앞당기고 외화채무 지급은 늦춤)

④ 결제통화의 조정: 환율변동예상에 따라 수출입 결제통화를 달리하는 전략(수출대금의 결재는 강세가 예상되는 통화로)

68-1 ☑☐☐☐
2013 가맹거래사

선도거래에 관한 설명으로 옳은 것을 모두 고른 것은?

> ㄱ. 계약조건이 표준화되어 있다.
> ㄴ. 장외시장에서 거래가 이루어진다.
> ㄷ. 만기일에 결제가 이루어진다.
> ㄹ. 청산소에 의해 일일정산이 이루어진다.
> ㅁ. 거래상대방의 신용리스크가 직접적으로 노출된다.

① ㄱ, ㄴ, ㄷ
② ㄱ, ㄷ, ㄹ
③ ㄴ, ㄷ, ㄹ
④ ㄴ, ㄷ, ㅁ
⑤ ㄷ, ㄹ, ㅁ

해설 선도거래는 계약조건이 표준화되어 있지 않고(ㄱ) 장외시장에서 거래된다(ㄴ). 만기일에 결제가 이루어지며(ㄷ) 별도의 청산소는 없다(ㄹ). 상대방의 계약불이행에 따르는 위험이 있기에 신용리스크가 크다(ㅁ).

정답 ④

68-2 ☑☐☐☐
2016 가맹거래사

미리 정해놓은 일정한 시점에 양, 등급, 가격, 만기일 등에 대하여 계약을 맺고, 이 계약의 만기일 이전에 반대매매를 행하거나 또는 만기일에 현물을 인수 및 인도함으로써 그 계약을 종결하는 거래 형태는?

① 교환사채(exchangeable bond)거래
② 선물(futures)거래
③ 스왑(swap)거래
④ 워런트(warrant)거래
⑤ 주식(stock)거래

해설 ② 선물거래는 현물거래와 달리 매매계약의 체결시점과 결제시점 간 차이가 있는 거래인 선도거래를 보완한 것으로서, 계약불이행의 위험을 줄일 수 있는 제반장치를 마련한 선도거래의 특수한 형태이다.
③ 스왑은 계약 기간동안 계약당사자가 특정한 통화(currency)를 다른 통화로 교환하여 사용한 후, 만기일에 원래의 통화로 재교환하는 거래를 뜻한다.

정답 ②

68-3 ☑☐☐☐
2014 공인노무사

선물거래에 관한 설명으로 옳은 것은?

① 계약당사자 간 직접거래가 이루어진다.
② 계약조건이 표준화되어 있지 않다.
③ 결제소에 의해 일일정산이 이루어진다.
④ 장외시장에서 거래가 이루어진다.
⑤ 계약불이행 위험이 커서 계약당사자의 신용이 중요하다.

해설 ①, ④ 거래소를 통한 장내 간접거래가 이루어진다.
② 계약조건이 표준화되어 있다.
③ 장내시장에서 거래가 이루어진다.
⑤ 계약불이행 위험이 컸던 선도거래의 단점을 보완한 것이 선물거래이다.

정답 ③

68-4 ☑☐☐☐
2012 가맹거래사

선물거래의 특성에 해당되는 것은?

① 장외거래
② 당사자 간 직접거래
③ 계약조건 합의 가능
④ 낮은 유동성
⑤ 결제소에 의한 일일정산

해설 선물거래는 장내거래이며 거래소에서 간접적으로 이루어진다(①, ②). 또한 거래조건이 표준화되어 있으며(③) 일일정산(⑤)이 결제소에서 원활하게 이루어지도록 하기 위하여 현금 또는 현금등가물을 예치하고, 거래를 통해 현금화할 수 있기에 유동성이 크다(④).

정답 ⑤

68-4A ☑□□□
2020 공인노무사

선물거래에 관한 설명으로 옳지 않은 것은?

① 조직화된 공식시장에서 거래가 이루어진다.

② 다수의 불특정 참가자가 자유롭게 시장에 참여한다.

③ 거래대상, 거래단위 등의 거래조건이 표준화되어 있다.

④ 계약의 이행을 보증하려는 제도적 장치로 일일정산, 증거금 등이 있다.

⑤ 반대매매를 통한 중도청산이 어려워 만기일에 실물의 인수·인도가 이루어진다.

해설 ⑤ 선물거래는 반대매매(선물을 매입한 사람이 매도하거나 선물을 매도한 사람이 매입하는 등)가 항상 가능하므로 만기일 전에도 중도청산이 가능하다.

정답 ⑤

68-5 ☑□□□
2017 7급공무원 가책형

1년 후에 현물가격이 변동하면 발생할 수 있는 손해를 제거하기 위해 선물(Futures)계약을 이용하여 헤지(Hedge)를 할 경우 포지션이 다른 것은?

① 주식을 공매하고 1년 후에 공매한 주식을 상환할 경우

② 해외골동품 대금을 1년 후에 유로화로 지급할 경우

③ 유학을 가기 위해 1년 후에 미국 달러화로 환전할 경우

④ 보유 중인 채권을 1년 후에 매각할 경우

해설 선물을 활용한 헤지시에 매도/매입은 다음과 같은 예상 하에 이루어진다.

• 현물 소유자가 가격하락을 예상시 → 선물을 매도

• 현물 구입예정자가 가격상승을 예상시 → 선물을 매입

문제에서 ①, ②, ③은 가격이 하락할 것을 예상하는 경우이지만, ④는 가격을 상승할 것을 예상하는 경우이다.

추가해설 ① 공매도(空賣渡, short selling, shorting)는 글자 뜻 그대로 '없는 것을 판다'는 의미이다. 개인 혹은 단체가 주식, 채권 등을 보유하지 않은 상태에서 매도하는 행위를 말한

다. 매도한 주식·채권은 결제일 이전에 구해 매입자에게 갚아야 한다. 주가하락이 예상되는 시점에 시세차익을 내기위한 한 방법이다.

정답 ④

68-6 ☑□□□
2012 7급공무원 인책형

파생금융상품에 대한 설명으로 옳지 않은 것은?

① 옵션은 만기와 행사가격이 미리 정해지기 때문에 기초자산가격에 관계없이 그 가치가 일정한 조건 부청구권이다.

② 풋옵션은 기초자산을 팔 수 있는 권리이므로 만기일이 도래했을 때 기초자산의 시장가격이 행사가격보다 낮으면 그 권리를 행사하여 시장가격보다 비싼 가격으로 판매한다.

③ 제품의 실수요자와 실공급자는 미래에 나타날 수 있는 가격변동위험을 회피하기 위해 선물계약을 체결할 수 있다.

④ 옵션소유자에게는 권리만이 존재하는 반면 선물거래당사자는 의무를 부담한다.

해설 ① 옵션의 가치는 시장가격에 따라 변동한다. 따라서 틀렸다.

④ 옵션은 사거나 파는 권리이지만, 선물거래 당사자는 상품인도와 대금지급의 쌍방의무를 부담한다. 따라서 옳다.

정답 ①

68-7 ☑□□□
2016 서울시 7급

파생상품(derivatives)에 대한 설명으로 가장 옳지 않은 것은?

① 풋옵션은 팔 수 있는 권리로 만기일에 기초자산의 시장가격이 행사가격보다 낮으면 행사하여 이익을 본다.
② 옵션매입자에게는 거래를 할 수 있는 권리가 부여되고, 옵션매도자는 옵션매입자가 권리를 행사하며 거래 요구시 거래에 응하여야 할 의무를 가진다.
③ 만기일 이전에 언제든지 그 권리를 행사할 수 있는 옵션을 미국식 옵션(American option)이라 한다.
④ 선물의 계약가치는 선물가격이기 때문에 선물매입계약 체결시 매입자는 매도자에게 선물가격을 지불하여야 한다.

─────────────

[해설] ① 자산을 팔 권리인 풋옵션은 기초자산의 시장가격이 하락할 경우 이보다 높은 행사가격에 팔 수 있으므로 이익을 볼 수 있다.
② 옵션은 사고 팔 권리이므로 이를 매입하는 사람에게는 권리가, 매도자에게는 거래에 응할 의무가 있다.
③ 만기일 이전에도 권리행사가 가능하면 미국식, 만기일에만 행사가 가능하면 유럽식 옵션이다.
④ 선물의 계약가치는 선물가격과 현물가격의 차이이다.

정답 ④

68-7A ☑□□□
2019 하반기 군무원 복원

파생상품에 대한 설명으로 옳지 않은 것은?

① 콜옵션은 사는 것을 의미하고, 풋옵션은 파는 것을 의미한다.
② 미국형은 만기에만 결제가 가능하고, 유럽형은 언제든지 결제가 가능하다.
③ 선물, 옵션, 스왑계약은 대표적인 파생상품에 해당한다.
④ 파생상품은 거래장소에 따라 장내거래와 장외거래로 구분된다.

─────────────

[해설] 미국형 옵션은 만기 이전에도 결제가 가능하고, 유럽형 옵션은 만기에만 결제가 가능하다.

정답 ②

68-8 ☑□□□
2016 서울시 7급

금융시장의 위험관리(risk management)기법에 대한 설명으로 가장 옳은 것은?

① 분산투자를 통해 체계적 위험을 없앨 수 있지만, 비체계적 위험은 없앨 수 없다.
② 두 자산의 상관관계가 높을수록 분산투자효과가 크다.
③ 헤지(hedge)가 모든 위험을 없애고자 하는 전략이라면, 보험(insurance)은 하방위험을 없애고자 하는 전략이다.
④ 헤지대상과 헤지수단 간의 상관관계가 낮을수록 헤지(hedge)효과가 크다.

─────────────

[요점정리] 헤지(Hedge)는 자산가격의 변동으로부터 발생하는 위험을 줄이거나 없애는 투자전략이다. 위험에 노출되어 관리대상이 되는 자산을 헤지대상, 그 위험을 줄이기 위해 이용되는 자산을 헤지수단이라 한다. 대개 분산투자와 헤지는 위험을 줄인다는 공통점을 가지지만, 다음의 측면에서 차이도 가진다.
첫째, 분산투자에서는 비체계적 위험만을 줄이려 하지만, 헤지에서는 체계적 위험도 관리하려 한다.
둘째, 분산투자에서는 상관관계가 낮은(즉 상관계수가 −1에 가까운) 자산들의 매입·매도에 있어 동일포지션을 취하는 방식으로 위험을 상쇄하지만, 헤지에서는 상관관계가 높은(즉 상관계수가 1에 가까운) 자산들에 반대포지션을 취하는 방식으로 위험을 상쇄한다.

[해설] ③ 헤지는 모든 위험을 줄이는게 목표이다. 그러나 보험은 그 개념상 부정적 방향의 위험만 줄이려 한다. 잘 될때를 대비해서 보험을 들지는 않는다는 점을 기억할 것

정답 ③

68-9 ✓☐☐☐

미국과 한국의 실질이자율이 동일하고 원화의 명목이자율이 미국 달러화의 명목이자율보다 5% 높게 예상되면, 미국 달러화에 대해 원화의 가치가 5% 떨어져 기대현물환율이 결정된다고 보는 것은 어떤 이론에 따른 것인가?

① 구매력평가이론　　② 피셔효과
③ 국제피셔효과　　④ 이자율평가이론

해설〉 두 나라 사이 명목이자율의 차이가 현물환율의 변동을 가져온다는 이론은 국제피셔효과이다.

정답 ③

68-10 ✓☐☐☐

환율결정이론에 대한 설명으로 옳지 않은 것은?

① 한 국가의 물가상승률이 높을수록 그 국가의 환율은 장기적으로 평가절상된다.
② 구매력평가설이 성립하는 상황에서 환율의 변동은 국내물가 상승률과 외국물가상승률의 차이로 결정된다.
③ Big Mac지수는 같은 비용을 지불하여 전 세계 어디에서나 동일한 품질의 햄버거를 구매할 수 있다는 가정하에 균형환율을 계산한 것이다.
④ 구매력평가설은 일물일가의 법칙이 성립하고, 관세를 포함한 무역장벽이 없으며, 수송비용이 크지 않은 경쟁적인 시장을 가정한다.

요점정리〉 환율(exchange rate)은 한 나라의 화폐가 다른 나라의 화폐로 교환되는 비율이다. 일반적으로 환율은 기축통화(基軸通貨, 국제거래의 기준통화)인 미국 달러화를 기준으로 결정된다.
해설〉 ① [×] 특정 국가의 물가상승률, 즉 인플레이션율이 높다면 같은 물건을 사기 위해 더 많은 돈이 필요해진다는 의미이다. 이는 그 나라 화폐의 가치가 감소(=평가절하)한다는 의미이다. 따라서 틀렸다.
② [○] 구매력 평가설(PPP : purchasing power parity theorem)은 두 나라 통화 간의 현물환율은 두 나라의 기대인플레이션율의 차이에 비례하여 변동한다는 관점이다.
③ [○] 빅맥지수는 같은 물건(맥도날드의 빅맥버거)의 국가별 가격을 비교하여 환율을 가늠하는 척도이다.
④ [○] 구매력 평가설의 기본가정은 상품의 구입비용이 거래

국가와 무관하게 일정(一物一價, 같은 물건은 같은 가격으로 거래됨)하다는 것이다.

정답 ①

68-11 ✓☐☐☐

1달러 = 1,150원이고, 1유로 = 1.6달러인 경우, 원화와 유로화 간의 재정환율(Arbitrage Rate)은?

① 1유로 = 718.75원　　② 1유로 = 1,150원
③ 1유로 = 1,265원　　④ 1유로 = 1,840원

요점정리〉 금융시장에서의 환율은 자국통화(예, 한국의 원화)와 기축통화(국제거래의 기준통화인 미국 달러화)간의 교환비율을 뜻한다. 즉 모든 통화는 달러화를 기준으로 환율을 계산한다. 그렇다면 달러화가 아닌 다른 두 화폐간의 환율을 계산할 때는 일단 달러화 가치로 환산한 다음, 그 달러화를 특정 국가의 화폐가치로 재환산하는 방식을 사용한다. 예를 들어 한국 원화와 일본 엔화간 환율은 1) 원 → 달러 교환을 먼저 하고, 2) 달러 → 엔화 교환을 실시하는 방식으로 계산한다. 이렇게 계산되는 환율을 재정환율이라 부른다. 복잡하게 생각하지 말고 달러를 기준으로 계산한다고 이해하면 된다.
해설〉 문제에서는 1유로가 한국 원화로 얼마인지를 묻고 있다. 제시된 정보대로 계산을 차근차근 해 보자. 1유로는 1.6달러이다. 그런데 1달러가 1,150원이니까 1.6달러(=1유로)는 1,150원의 1.6배, 즉 1,840원이 된다.

정답 ④

68-11J ☑☐☐☐

다음 표에서 이자율 평형이론(IRP: interest rate parity)에 의한 1년 균형 선물환 환율은?

초기투자금	현물환율	미국 1년 명목이자율	한국 1년 명목이자율
$100	₩1,650/$	10%	6%

① ₩1,590/$ ② ₩1,600/$
③ ₩1,610/$ ④ ₩1,620/$

해설 이자율 평가설(IRP: interest rate parity theorem)은 두 나라 사이의 명목이자율의 차이가 선물환율의 할증(또는 할인)과 동일하다는 것이다. 여기서 선물환율은 현 시점에서 미래의 거래에 대해 결정되는 환율을 뜻한다. 만약 명목이자율의 차이와 선물환율의 할증(또는 할인)간에 차이가 존재한다면 차익거래의 기회가 생기게 되는데, 효율적 시장에서는 이러한 경우가 발생하지 않는다. 이자율 평가설에서 선물환율은 다음의 공식으로 구할 수 있다.

$$선물환율 = (현물환율) \times \left(\frac{1+국내이자율}{1+해외이자율}\right)$$

위 공식에 문제에서 주어진 조건을 대입하면 계산은 다음과 같다.

$$선물환율 = 1,650 \times \left(\frac{1+0.06}{1+0.1}\right) = 1,590$$

정답 ①

68-12 ☑☐☐☐

특정시점을 기준으로 각각의 결제통화별로 대금의 지불액과 수취액을 대비시켜 실제 결제액을 줄이는 방법으로 환위험을 관리하는 것은?

① 네팅(netting)
② 리딩과 래깅(leading&lagging)
③ 매칭(matching)
④ 자산부채관리(asset liability management)

해설 문제에서 설명하는 용어는 네팅이다.
② 이는 환율변동에 대한 예상에 따라 외화로 표시된 채권의 수취/지급시기를 앞당기거나 늦추는 방법이다. 만약 자국통화의 가치가 상승(즉, 환율 하락)할 것으로 예상되는 경우에는 외화채권의 수취는 앞당기고 외화채무의 지급은 늦추는 것이 유리하며, 자국통화의 가치가 하락(즉, 환율 상승)할 것으로 예상되는 경우에는 외화채무의 지급을 앞당기고 외화채권의 수취는 늦추는 것이 좋다.
③ 이는 미래에 수취할 금액과 지불할 금액을 통화별·만기별로 일치시킴으로써 자금흐름의 불일치에서 발생할 수 있는 위험을 제거하는 기법이다.

정답 ①

경영정보시스템론

기업경영과 정보시스템

1. 데이터와 정보의 개념(데이터 → 정보 → 지식)

1) 데이터: 가공되지 않은 그대로의 사실
2) 정보
   ① 개념: 각각의 사실들이 지니고 있는 본래의 가치를 초월하여 새로운 <u>부가적 가치를 지니는 방식으로 조직화된 데이터들의 집합</u>
   ② 정보의 속성: 정확성, 적합성, 경제성, 완전성, 적시성, 관련성, 간편성, 검증가능성, 신뢰성, 형태성(필요한 형태로 제시) 등
3) 정보보안의 목표: 기밀성, 무결성, 가용성(필요시 사용가능), 인증성, 부인방지성(봉쇄성)

2. 경영정보시스템

1) 정보시스템의 의의
   ① 정보시스템의 뜻: 특정 목적을 위해 정보를 수집, 처리, 저장, 분석, 배포하는 관련 요소들의 집합
   ② 정보시스템의 구성요소: 하드웨어, 소프트웨어, 데이터베이스, 통신 및 네트워크, 사람, 절차 등
   ③ 정보시스템 개발 방법론의 흐름: 정보공학 방식 → 시스템개발 생애주기 방식 → 프로토타이핑 기법 → 최종사용자 컴퓨팅 방식
2) 경영정보시스템(MIS)의 개념
   ① 의의: 경영목표의 달성을 위해 관리자에게 정보를 제공하고 의사결정을 지원하는 종합적 체계
   ② 특징: 정보기술뿐만 아니라 인적자원도 포함, 성과와 자원낭비 방지 목적, 데이터베이스 필요, 경영의사결정에 도움
   ③ 구성: 정보처리시스템, 거래처리시스템, 의사결정시스템, 의사결정지원시스템, 의사소통시스템
3) 정보시스템의 유형
   ① 와이즈맨의 분류: 거래처리시스템(TPS), 정보보고시스템(IRS), 경영지원시스템(MSS), 전략정보시스템(SIS)
   ② 기능별 분류: 생산정보시스템, 마케팅정보시스템, 인사정보시스템, 재무 및 회계정보시스템
4) 관리지원시스템
   ① 중역정보시스템(EIS): 고위 경영자들의 비구조화된(unstructured) 의사결정 지원
   ② 의사결정지원시스템(DSS)
      • 의미: 의사결정 지원을 위해 사용되는 사람, 절차, 데이터베이스, 소프트웨어, 하드웨어, 통신 등의 조직화된 집합체
      • 구성요소: 모델관리시스템, 데이터관리시스템, 대화관리시스템
      • 집단의사결정지원시스템(GDSS)으로 확장
   ③ 전략정보시스템(SIS): 조직의 전략수행이나 경쟁우위 확보를 위해 개발, 활용되는 정보시스템
   ④ 전문가시스템(ES)
      • 의미: 전문적인 분야를 연구하는 이들을 위해 구체적이면서 깊은 지식을 일정한 규칙에 의해 저장한 정보시스템
      • 구성요소: 지식베이스＋작업메모리＋추론기관＋지식획득시스템＋사용자인터페이스＋추론과정 설명시스템

69-1 ☑□□□

기업경영에서 정보의 가치를 결정하는 요인으로 옳지 않은 것은?

① 적합성   ② 정확성
③ 적시성   ④ 형태성
⑤ 접근성

───────────────

해설 정보의 가치를 결정하는 요인으로는 정확성, 경제성, 완전성, 적시성, 관련성(정보가 필요로 하는 목적에 맞게 사용될 수 있어야 함), 간편성, 검증가능성(많은 정보원을 검토하여 정보의 정확성을 확인할 수 있어야 함), 신뢰성(데이터의 원천과 수집방법을 믿을 수 있어야 함), 형태성(의사결정자의 요구에 부합되는 형태로 제시) 등이 있다.

정답 ⑤

69-1M ☑□□□

다음 중 고품질 데이터의 특징과 관련된 내용이 올바르게 짝지어진 것은?

┌─────────────────────────────┐
│ ㉠ 정보에 누락된 값이 있는가?   │
│ ㉡ 통합 정보 또는 요약 정보가 상세 정보와 일치 │
│   하는가?   │
│ ㉢ 정보가 비즈니스 필요의 관점에서 최근의 것인 │
│   가?   │
└─────────────────────────────┘

① ㉠ 완전성, ㉡ 일관성, ㉢ 적시성
② ㉠ 완전성, ㉡ 일관성, ㉢ 고유성
③ ㉠ 일관성, ㉡ 완전성, ㉢ 적시성
④ ㉠ 일관성, ㉡ 완전성, ㉢ 고유성

───────────────

해설 정보에 누락이 없으면 데이터가 완전성(completeness)을 가진다는 의미이며, 전체 정보와 하위 정보의 일치는 정보의 일관성(consistency)을, 최근의 값으로 구성된 것은 정보의 적시성(timeliness)을 뜻한다.

정답 ①

69-2 ☑□□□

정보가 지녀야 할 바람직한 가치 및 특성 중 가장 거리가 먼 것은?

① 적시성   ② 완전성
③ 검증 가능성   ④ 관련성
⑤ 복잡성

───────────────

해설 정보가 복잡하다면 의사결정에 사용하기 어려울 것이다.

정답 ⑤

69-3 ☑□□□

정보의 가치와 특성으로 옳지 않은 것은?

① 정확성   ② 적시성
③ 관련성   ④ 완전성
⑤ 휘발성

───────────────

해설 정보가 휘발되어 버리면 안된다.

정답 ⑤

69-3M ☑□□□

정보가 의사결정에 유용하게 활용되기 위해 갖추어야할 특성에 관한 설명으로 옳지 않은 것은?

① 정확하고 신뢰할 수 있는 현실을 반영해야 한다.
② 필요한 시기에 이용될 수 있도록 제공되어야 한다.
③ 효과적 의사결정에 부합하도록 충분히 제공되어야 한다.
④ 의사결정과 직접적 관련성이 있어야 한다.
⑤ 물리적으로 존재하여 보거나 만져볼 수 있어야 한다.

───────────────

해설 ⑤ [×] 정보가 물리적으로 존재한다는 것이 곧 만져보거나 볼 수 있다는 의미는 아니다. 수소와 산소를 화학적으로 결합하면 물이 된다는 '정보'를 어떻게 만질 수가 있을까? (약간 어처구니가 없는 선지인데, 당연히 틀린 것인데도 틀린 이유를 설명하기가 쉽지 않다!) 정보를 만질 수 있다는 게 무슨 의미인지 편저자는 알 수가 없다. 솔직히 말하자면 출제자가 이 선지를 만든 의도를 모르겠다.

정답 ⑤

69-4 ☑☐☐☐
圓순
2013 경영지도사

정보의 생성, 처리, 전송, 출력 등 정보순환의 모든 과정에서 중요시 되는 정보보안의 목표에 해당되지 않는 것은?

① 인증성(authentication)
② 가용성(availability)
③ 무결성(integrity)
④ 기밀성(confidentiality)
⑤ 실행성(execution)

해설 단순암기성 문제이다. 정보보안의 목표로는 기밀성, 무결성, 가용성(필요시 사용가능), 인증성, 부인방지성(봉쇄성) 등이 있다. 실행성은 이 목표에 해당하지 않기에 정답이 된다.

정답 ⑤

69-5 ☑☐☐☐
2014 가맹거래사

e-비즈니스와 전자상거래를 수행하는데 요구되는 보안 요건에 해당되지 않는 것은?

① 무결성(integrity)
② 부인방지(nonrepudiation)
③ 확장성(scalability)
④ 프라이버시(privacy)
⑤ 인증(authentication)

요점정리 정보보안의 목표로는 기밀성(confidentiality, 수신자 이외에는 정보를 보지 못해야 함), 무결성(integrity, 데이터가 중간에 변조되지 않고 그대로 전달이 되어야 함), 가용성(availability, 정보가 필요할 때 사용가능하도록 준비되어야 함), 인증성(authentication, 상대방의 신원확인 가능), 부인방지성(봉쇄성, non repudiation, 거래 이후에는 이미 발생한 거래에 대한 부인을 방지할 수 있어야 함) 등의 다섯 가지로 요약된다.

해설 정보보안의 목표: 기밀성, 무결성, 가용성(필요시 사용가능), 인증성, 부인방지성(봉쇄성)

정답 ③

69-6 ☑☐☐☐
2011 가맹거래사

정보통신 보안의 요건에 해당하지 않는 것은?

① 인증(authentication)
② 부인방지(non repudiation)
③ 무결성(integrity)
④ 기밀성(confidentiality)
⑤ 위조(fabrication)

해설 정보보안의 목표: 기밀성, 무결성, 가용성(필요시 사용가능), 인증성, 부인방지성(봉쇄성)

정답 ⑤

69-6F ☑☐☐☐
2022 가맹거래사

기업의 정보보안 취약성 증가 요인에 해당하지 않는 것은?

① 신뢰성 높은 네트워크 환경
② 더 작고, 빠르고, 저렴해진 컴퓨터와 저장장치
③ 국제적 범죄조직의 사이버 범죄 진출
④ 점점 복잡하며, 상호 연결되고, 의존적인 무선 네트워크 환경
⑤ 관리적 지원의 부족

해설 ① 오늘날 기업의 네트워크 환경에서는 정보유출이나 각종 보안사고가 발생할 위험성이 더욱 증가하고 있다. 만약 네트워크 환경의 신뢰성이 증가한다면 기업의 정보보안이 취약해지는 것이 아니라 강화될 것이다.

정답 ①

69-7 ☑□□□

홈페이지를 통해 피자 한 판을 주문한 고객은 피자가 배달되었을 때 변심하여 주문하지 않았다고 주장하였다. 전자상거래에서 발생할 수 있는 이러한 상황을 방지하고자 하는 정보보호 요소는?

① 무결성(integrity)
② 자기부정방지(non-repudiation)
③ 인증(authentication)
④ 기밀성(confidentiality)

해설〉 ① 이는 데이터가 중간에 변조되지 않고 그대로 전달이 되어야 한다는 정보보안의 요소이다.
② 이는 거래 이후에는 이미 발생한 거래에 대한 부인을 방지할 수 있다는 정보보안 요소이다. 본 문제의 정답이다.
③ 이는 상대방의 인원확인을 가능하게 하는 정보보안 요소이다.
④ 이는 수신자 이외에는 정보를 보지 못하게 하는 정보보안 요소이다.

정답 ②

69-8 ☑□□□

정보 사일로(information silo)의 의미는?

① 2개 이상의 독립적인 기업이 특정 시스템을 공유하는 것
② 다양한 업무부서의 활동을 지원하기 위한 정보시스템
③ 서로 다른 정보시스템에서 데이터가 고립되어 상호작용이 어려운 관리시스템
④ 고객과의 상호작용 업무와 관련된 모든 시스템을 연결한 통합관리 시스템
⑤ 고유프로세스, 어플리케이션, 데이터베이스를 단일한 플랫폼으로 연결한 집합체

해설〉 사일로(Silo)는 원래 곡식을 저장하는 원통형 창고를 뜻한다. 이것이 경영학에서는 자신만의 입장을 고집하는 부서 이기주의나 정보공유가 일어나지 않는 고립시스템을 뜻한다.

정답 ③

69-9 ☑□□□

개인 정보보호 방안에 관한 설명으로 옳지 않은 것은?

① 업무를 위해 수집한 개인정보를 타 부서에 제공할 경우에 외부 유출방지를 위해 해당부서의 서면 동의만 받는다.
② 방화벽을 설치하여 허가 받지 않은 사용자의 불법 침입을 막는다.
③ 침입탐지장치를 설치하여 네트워크를 감시하고 이상 징후를 기록한다.
④ 기밀정보를 암호화하여 지정된 수취인만 해독할 수 있게 한다.
⑤ 사용자의 업무에 따른 최소한의 권한을 부여하도록 한다.

해설〉 ① 개인정보제공과 관련해서는 서면동의 뿐만이 아니라 음성동의 등의 방식도 사용될 수 있다. 또한 타 부서에 제공할 때 타 부서의 동의가 아니라 원 정보 제공자의 동의를 받아야 한다는 점에서 어색한 문장이다.

추가해설〉 ②의 방화벽, ③의 침입탐지장치, ④의 암호화, ⑤의 권한부여 방식 등은 모두 개인 정보보호를 위해 필요한 조치들이다.

정답 ①

69-10 ☑□□□

기업정보자원의 이용목적 및 정보접근권한 보유자를 규정하는 것은?

① 인증정책   ② 보안정책
③ 재난 복구계획   ④ 비즈니스 연속성 계획
⑤ 위험도 평가

해설〉 ① 정보접근 권한이 누구에게 있는지를 규정하는 것은 보안정책의 내용이다.

정답 ②

69-11 ☑☐☐☐
2016 가맹거래사

정보시스템 개발을 위한 절차는?

① 분석 → 설계 → 구축 → 구현
② 설계 → 분석 → 구축 → 구현
③ 설계 → 구축 → 분석 → 구현
④ 설계 → 분석 → 구현 → 구축
⑤ 분석 → 설계 → 구현 → 구축

해설 정보시스템은 우선 기존 시스템의 '분석'을 통해 '설계'되며, 설계내용을 실제 시스템으로 '구축(construction)'하고 이를 '구현(implementation)'하는 과정을 거친다.

정답 ①

69-12 ☑☐☐☐
2013 가맹거래사

정보시스템의 개발방식이 아닌 것은?

① 시스템개발 수명주기 방식
② 정보공학 방식
③ 프로토타이핑 방식
④ 최종사용자 컴퓨팅 방식
⑤ 전략정보시스템 방식

요점정리 정보시스템의 개발에 사용된 방법론은 각 시대별로 강조되어온 여러 개념에 따라 구분되며, 그 내용은 다음과 같다.
• 1950~1960년대 : 초기의 간트차트(Gantt Chart) 등의 수작업 방식이 활용되었으나, 1960년대로 넘어오면서 공정의 가시성(visibility)을 높이고 생산의 효율화를 도모하기 위하여 초보적 수준의 정보공학(소프트웨어공학) 방식이 제안된다.
• 1970년대 : 이 시기에는 기업 내 데이터의 흐름을 구조적으로 분석하여 경영프로세스를 설계하는 시스템개발 생애주기 방식(계획 - 분석 - 일반설계 - 평가 - 상세설계 - 구현 - 유지)이 널리 활용된다.
• 1980년대 이후 : 이 시기에는 PC(personal computer) 보급과 확산에 힘입어 프로토타이핑 기법(나중에 수정한다는 전제 하에 일단 신속하게 만들어 낸 응용 프로그램의 초기 산출물인 프로토타입(prototype)을 활용하여 개발에 드는 시간과 비용을 줄이는 방법), 최종사용자 컴퓨팅 방식(사용자가 직접 정보의 입력과 시스템 구축에 관여할 수 있는 사용자 중심의 정보시스템) 등이 확산되었다.

해설 정보시스템 개발방식에는 정보공학 방식(②), 시스템개발 생애주기 방식(①), 프로토타이핑 방식(③), 최종사용자 컴퓨팅 방식(④) 등이 있다.

정답 ⑤

69-13 ☑☐☐☐
2011 공인노무사

경영정보시스템(MIS)에 관한 설명으로 옳지 않은 것은?

① MIS는 경영시스템의 하위 시스템 중 하나이다.
② MIS는 경영자에게 데이터보다 정보를 제공하는 데 중점을 둔다.
③ MIS는 정보시스템을 통해 기업의 경영목표를 달성하도록 지원하는 시스템이다.
④ 정보는 숫자, 이름 또는 수량과 같이 분석되지 않은 사실을 말한다.
⑤ 정보시스템은 데이터를 입력받아 이를 정보로 변화시키는 시스템이다.

요점정리 경영정보시스템(MIS, management information system)은 경영목표의 달성을 위해 관리자에게 정보를 제공하고 조직의 운영과 관리자의 의사결정을 지원하는 종합적인 체계로서, 경영시스템의 하위시스템으로 정의된다.

해설 ④ 정보는 개별 사실(data)들이 가지는 가치를 분석·조합한 것으로서 부가적 가치를 갖는다.

추가해설 ① 경영시스템의 구성요소 중 하나가 MIS이다. 따라서 옳다.
② 데이터를 가공한 것이 정보이다.
③ MIS의 정확한 정의이다.
⑤ 정보시스템(IS, information system)은 특정한 목적달성을 위해 정보를 수집·처리·저장·분석·배포하는 관련 요소들의 집합으로 정의할 수 있다.

정답 ④

69-14 ☑☐☐☐　　　　2016 공인노무사

경영정보시스템의 분석 및 설계 과정에서 수행하는 작업이 아닌 것은?

① 입력 자료의 내용, 양식 형태, 분량 분석
② 출력물의 양식, 내용, 분량, 출력주기 정의
③ 시스템 테스트를 위한 데이터 준비, 시스템 수정
④ 자료가 출력되기 위해 필요한 수식연산, 비교연산, 논리연산 설계
⑤ 데이터베이스 구조 및 특성, 자료처리 분량 및 속도, 레코드 및 파일 구조 명세화

해설 ①, ②, ④, ⑤에 제시된 입출력 자료 관련 내용은 정보시스템의 분석 및 설계 과정에 해당한다. ③의 내용은 시스템이 구축된 이후 이를 테스트하는 과정과 관련이 있다.

정답 ③

69-15 ☑☐☐☐　　　　2011 공인노무사

조직의 최하위부서에서 이루어지는 일상적인 업무처리를 돕는 정보시스템은?

① 전략계획시스템(strategic planning system)
② 거래처리시스템(transaction processing system)
③ 의사결정지원시스템(decision support system)
④ 전문가시스템(expert system)
⑤ 관리통제시스템(managerial control system)

해설 거래내역의 입력 등과 같은 일상적·단순적 업무처리를 지원하는 시스템은 거래처리시스템(TPS)이다.

추가해설 ①은 고위층이 경쟁우위를 점하기 위한 신사업 창출이나 업계의 구조적 변화 등에 대응하여 최적전략을 수립하는데 도움을 주기 위한 시스템이다. ③은 제목 그대로 의사결정에 도움을 주는 시스템이고, ④는 전문적이면서 세부적인 분야를 연구하는 전문가들을 위해 구체적이면서도 깊은 지식을 일정한 규칙에 의해 저장한 정보시스템이다.

정답 ②

69-16 ☑☐☐☐　　　　2013 가맹거래사

거래를 처리하는 과정에서 발생하는 데이터를 저장하고 관리하는 시스템은?

① TPS　　　　　② MIS
③ EIS　　　　　④ DSS
⑤ SIS

해설 거래＝Transaction, 처리＝Processing, 시스템＝System

추가해설 ② MIS: Management Information System(경영정보시스템)
③ EIS: Executive Information System(중역정보시스템)
④ DSS: Decision Support System(의사결정지원시스템)
⑤ SIS: Strategic Information System(전략정보시스템)

정답 ①

69-17 ☑☐☐☐　　　　2015 경영지도사

조직의 말단부에서 이루어지는 일상적인 업무처리를 자동화하여 처리해주는 시스템은?

① 전략계획시스템(Strategic planning system)
② 운영통제시스템(Operational control system)
③ 거래처리시스템(Transactional processing system)
④ 관리통제시스템(Managerial control system)
⑤ 의사결정지원시스템(Decision support system)

해설 ① 조직의 최상층에서 이루어지는 의사결정에 활용되는 정보시스템이다.
③ 조직의 최하층에서 이루어지는 일상적인 업무를 자동화하는 정보시스템이다.

정답 ③

69-17D ☑□□□

급여계산, 고객주문처리, 재고관리 등 일상적이고 반복적인 과업을 주로 수행하는 정보시스템은?

① EIS
② DSS
③ ES
④ SIS
⑤ TPS

해설 ⑤ 거래처리시스템(TPS, transaction processing system)은 거래내역을 입력하는 등 단순작업들의 자동화와 관련된 가장 일상적인 업무를 수행하는 정보시스템을 뜻한다.

추가해설 ①은 중역정보시스템, ②는 의사결정지원시스템, ③은 전문가 시스템, ④는 전략정보시스템을 뜻한다.

정답 ⑤

69-17J ☑□□□

기업의 반복적인 과업을 수행하는 운영관리 업무에 유용한 정보시스템으로서 주로 조직의 운영상 기본적으로 발생하는 자료를 신속하고 정확하게 처리하는 데에 초점을 두고 있는 정보시스템의 유형을 무엇이라고 하는가?

① 거래처리시스템
(TPS : Transaction Processing System)
② 정보보고시스템
(IRS : Information Reporting System)
③ 중역정보시스템
(EIS : Executive Information System)
④ 의사결정지원시스템
(DSS : Decision Support System)

해설 와이즈맨(Wiseman)은 정보시스템을 거래처리시스템(TPS, transaction processing system, 거래내역을 입력하는 등 단순작업들의 자동화와 관련), 정보보고시스템(IRS, information reporting system, 하위 경영층에 대한 감독 및 통제와 최고경영진에 대한 정보제공 역할을 수행하는 중간관리층을 위한 시스템), 경영지원시스템(MSS, management support system, 의사결정과 관련한 관리자의 정보요구 충족), 전략정보시스템(SIS, strategic information system, 경쟁우위를 점하기 위한 신사업 창출이나 업계의 구조적 변화 등에 대응하여 최적전략을 수립하는데 도움을 주기 위한 시스템)으로 분류하고 있다.

정답 ①

69-18 ☑□□□

최고경영자층의 의사결정을 지원하기 위한 목적으로 개발된 경영정보시스템의 명칭은?

① ERP
② EDI
③ POS
④ EIS
⑤ TPS

해설 ④ 중역정보시스템. 고위 경영자들의 비구조화된(unstructured) 의사결정을 지원하도록 설계된 전략적 수준의 정보시스템을 뜻하며 이것이 정답이다.

추가해설 ① Enterprise Resource Planning: 전사적 자원관리
② Electronic Data Interchange: 전자문서교환
③ Point-Of-Sale: 판매시점
⑤ Transaction Processing System: 거래처리시스템

정답 ④

69-19 ☑□□□

최고경영자층의 의사결정을 지원하기 위한 목적으로 개발된 경영정보시스템은?

① EDI
② POS
③ TPS
④ SCM
⑤ EIS

해설 ⑤ 중역정보시스템(executive information system). 이것이 정답

추가해설 ① Electronic Data Interchange: 전자정보교환
② Point-Of-Sale: 판매시점
③ Transaction Processing System: 거래처리시스템
④ Supply Chain Management: 공급사슬관리

정답 ⑤

69-19D ☑☐☐☐

정보기술을 전략수행이나 경쟁우위 확보를 위해 활용하는 정보시스템은?

① EDP(electronic data processing)
② ES(expert system)
③ SIS(strategic information system)
④ DSS(decision support system)
⑤ TPS(transactional processing system)

해설 전략수행을 위해 사용하는 정보시스템은 문구 그대로 전략정보시스템이 된다. 전략이 영어로 strategy이므로 정답을 찾기는 어렵지 않을 것이다.

정답 ③

69-20 ☑☐☐☐

다음의 설명에 가장 적합한 경영정보시스템의 명칭은?

- 반구조적(semi-structured) 경영문제
- Ad-hoc 질의
- 모델베이스
- 대화기반(dialog-based) 사용자 인터페이스

① TPS
② DSS
③ ERP
④ POS
⑤ SCM

해설 의사결정 지원 시스템(DSS, Decision Support System)은 사용자들이 기업의 의사결정을 쉽게 내릴 수 있도록 사업자료를 분석해주는 역할을 하는 컴퓨터 응용 프로그램이다. 이는 기업경영에 당면하는 여러 가지 문제를 해결하기 위해 복수의 대안을 개발하고, 비교 평가하여 최적안을 선택하는 의사결정과정을 지원하는 정보시스템으로 정의된다. 구체적으로 분석모형, 데이터베이스, 대화식 컴퓨터모형화 과정 등을 통해 반구조적 또는 비구조적 성격을 갖는 의사결정문제에 대해 개별관리자의 의사결정 스타일과 정보요구를 반영하여 의사결정과정을 지원하는 시스템이다.

정답 ②

69-20A ☑☐☐☐

의사결정지원시스템에 대한 설명 중 옳지 않은 것은?

① 의사결정지원시스템은 관련성 있는 데이터를 포함하고 있는 데이터베이스에의 접근을 용이하게 해주는 기능을 수행한다.
② 의사결정지원시스템은 구조적인 의사결정을 지원하는 기능만을 수행한다.
③ 의사결정지원시스템을 통한 효과적인 문제해결은 사용자와 시스템 간의 대화를 통해 향상된다.
④ 의사결정지원시스템은 기업경영에 당면하는 여러 가지 문제를 해결하기 위해 복수의 대안을 개발하고, 비교 평가하여 최적안을 선택하도록 하는 시스템이다.

해설 의사결정 지원 시스템(DSS, Decision Support System)은 사용자들이 기업의 의사결정을 쉽게 내릴 수 있도록 사업자료를 분석해주는 역할을 하는 컴퓨터 응용 프로그램이다. 이는 기업경영에 당면하는 여러 가지 문제를 해결하기 위해 복수의 대안을 개발하고, 비교 평가하여 최적안을 선택하는 의사결정과정을 지원하는 정보시스템으로 정의된다. 구체적으로 분석모형, 데이터베이스, 대화식 컴퓨터모형화 과정 등을 통해 반구조적 또는 비구조적 성격을 갖는 의사결정문제에 대해 개별관리자의 의사결정 스타일과 정보요구를 반영하여 의사결정과정을 지원하는 시스템이다.

정답 ②

69-20F ☑□□□
2022 군무원 5급

다음 중 의사결정지원시스템과 관련된 설명으로 가장 옳지 않은 것은?

① 의사결정지원시스템은 반구조적 및 비구조적인 의사결정 문제보다 일상적이며 구조적인 의사결정 문제를 지원한다.

② 의사결정지원시스템은 대화식 정보처리와 그래픽 디스플레이를 지원하는 사용자 인터페이스를 통해 시스템의 효과를 크게 높여준다.

③ 의사결정지원시스템에서 활용하는 민감도분석은 결정된 해결 방안과 관련하여 일부 변수의 변화가 여타 변수에 미치는 영향을 분석함으로써 불확실한 미래의 상황에 대한 가정을 테스트하는 데 사용된다.

④ 의사결정지원시스템에서 활용하는 목표값 찾기 분석은 결과변수 값이 주어질 때 입력변수가 어떠한 값을 가져야 하는지 역으로 추적하는 데 사용된다.

──────────

해설〉 의사결정지원시스템(decision support system)은 상위 관리자를 위한 보조 시스템이다. 따라서 경영의사결정 중 상급관리자가 자신에게 주어진 미션을 해결하는 것에 도움을 주는 것이 의사결정지원시스템의 본질적 역할이다. 그렇다면 (다른 선지의 내용이나 용어를 모르더라도) 상급관리자의 의사결정이 갖는 특징이 아닌 것을 찾으면 된다. 선지 ①에서 반구조 및 비구조적인 문제는 반복되지 않거나 드물게 나타나는 현상을 의미하며 이러한 문제에 대한 답을 찾는 것이 상급의사결정자의 중요한 역할이 된다. 일상적이고 구조적인 문제는 곧 반복되는 문제, 루틴(routine)화된 문제를 뜻하며 이는 하급관리자나 기계, 컴퓨터 등에 의해 수행 가능한 것이다. 따라서 본 선지의 설명은 옳지 않다.

정답 ①

69-21 ☑□□□
|필수|
2012 공인노무사

경영정보시스템 관련 용어에 대한 설명으로 옳은 것은?

① 데이터베이스관리시스템은 비즈니스 수행에 필요한 일상적인 거래를 처리하는 정보시스템이다.

② 전문가시스템은 일반적인 업무를 지원하는 정보시스템이다.

③ 전사적자원관리시스템은 공급자와 공급기업을 연계하여 활용하는 정보시스템이다.

④ 의사결정지원시스템은 데이터를 저장하고 관리하는 정보시스템이다.

⑤ 중역정보시스템은 최고경영자층이 전략적인 의사결정을 하도록 도와주는 정보시스템이다.

──────────

해설〉 중역정보시스템은 그래픽과 통신 등의 수단을 통해 기업의 고위 경영자들의 비구조화된(unstructured) 의사결정을 지원하도록 설계된 전략적 수준의 정보시스템이다.

추가해설〉 ① 일상적 거래 처리 → 거래처리시스템
② 업무지원 → 업무지원시스템
③ 공급자와 공급기업의 연계 → 공급사슬관리와 관련
④ 데이터의 저장과 관리 → 데이터베이스관리시스템

정답 ⑤

69-22 ☑☐☐☐

전문가시스템(ES)의 구성요소에 해당되지 않는 것은?

① 지식베이스　　② 추론기관
③ 계획기관　　④ 설명기관
⑤ 사용자인터페이스

요점정리 전문가시스템(ES, expert system)은 굉장히 전문적이면서 세부적인 분야를 연구하는 전문가들을 위해 구체적이면서도 깊은 지식을 일정한 규칙에 의해 저장한 정보시스템이다. 일반적으로 지식베이스(문제해결에 도움이 되는 노하우를 정리, 축적), 작업메모리(문제해결 과정에서 도출되는 상태를 축적, 저장), 추론기관(지식을 결합하여 새로운 지식을 유도), 지식획득시스템(전문가와 시스템 간의 인터페이스로서 기존 지식을 확인), 사용자 인터페이스(전문가 지식과 노하우의 입력이 편리하도록 함), 추론과정 설명시스템(문제해결의 어떤 결론에 도달했을 때 그에 대한 이유를 설명하는 시스템)으로 구성된다.

해설 전문가시스템은 지식베이스(①), 작업메모리, 추론기관(②), 지식획득시스템, 사용자 인터페이스(⑤), 추론과정 설명시스템(④) 등으로 구성된다.

정답 ③

69-23 ☑☐☐☐

전문가시스템(expert system)에 대한 설명으로 가장 옳지 않은 것은?

① 인간의 지식을 규칙의 집합으로 모델링한 것이다.
② 입력층, 은닉층, 출력층으로 구성되어 있다.
③ 지식베이스를 검색하기 위해 사용되는 추론엔진을 포함한다.
④ 오작동 기계의 진단이나 신용대출 여부 결정 같은 업무에 적용할 수 있다.

해설 전문가시스템(專門家 system, experts system)은 생성시스템의 하나로서, 인공지능 기술의 응용분야 중에서 가장 활발하게 응용되고 있는 분야이다. 이는 전문적이면서 세부적인 분야를 연구하는 전문가들을 위해 구체적이면서도 깊은 지식을 일정한 규칙에 의해 저장한 정보시스템이다. 일반적으로 지식베이스(문제해결에 도움이 되는 노하우를 정리, 축적), 작업메모리(문제해결 과정에서 도출되는 상태를 축적, 저장), 추론기관(지식을 결합하여 새로운 지식을 유도), 지식획득시스템(전문가와 시스템간의 인터페이스로서 기존 지식을 확인), 사용자 인터페이스(전문가 지식과 노하우의 입력이 편리하도록 함), 추론과정 설명시스템(문제해결의 어떤 결론에 도달했을 때 그에 대한 이유를 설명하는 시스템)으로 구성된다. 전문가시스템은 인간이 특정분야에 대하여 가지고 있는 전문적인 지식을 정리하고 표현하여 컴퓨터에 기억시킴으로써, 일반인도 이 전문지식을 이용할 수 있도록 하는 시스템으로서, 의료 진단 시스템, 설계 시스템, 은행의 여신·수신 시스템 등의 예가 있다.
② [×] Input(입력층), Hidden(은닉층), Output(출력층) 등은 신경망(neural network)에 사용되는 용어이다.

정답 ②

데이터베이스의 관리

1. 데이터의 구조

비트(bit) → 바이트(byte) → 필드(field) → 레코드(record) → 파일(file) → 데이터베이스(DB)

2. 데이터의 관리

1) 전통적 접근: 파일관리방식 → 데이터를 각자 별도파일에 관리하므로 중복이나 불일치 문제 발생

2) 현대적 접근: 데이터베이스 방식

① 개념: 데이터를 체계적으로 조직화된 DB상에서 관리하여 무결성(변조되지 않는 속성) 증대

② 데이터베이스 관리시스템(DBMS)

- 계층형 데이터 모델: 조직도나 수형도와 같은 연속적 계층구조로 데이터 관리
- 네트워크형 데이터 모델: 多:多의 연결방식으로 데이터 관리
- 관계형 데이터 모델: 정규화(normalization) 과정을 거쳐 행·열의 표 방식으로 데이터 관리

③ 데이터 웨어하우징

- 의미: 정보를 한 곳에 모으는 정보통합체계의 구축과정
- 특징: 안정성(비휘발성), 시간가변성, 주제지향성, 통합성
- 관련개념: 데이터 웨어하우스, 온라인 분석처리(OLAP), 데이터 마이닝(의사결정자에게 유용한 정보를 찾는 제반 활동)

70-1 ☑□□□
2014 가맹거래사

데이터 용량을 측정하는 단위를 오름차순으로 바르게 배열한 것은?

① GB - TB - PB - EB
② GB - PB - EB - TB
③ TB - EB - GB - PB
④ GB - PB - TB - EB
⑤ GB - TB - EB - PB

──────────────

해설 KB → MB → GB → TB → PB → EB → ZB → YB

정답 ①

70-1A ☑□□□
2020 가맹거래사

컴퓨터가 다룰 수 있는 데이터의 가장 작은 단위는?

① 비트(bit)　　　　② 바이트(byte)
③ 필드(field)　　　④ 레코드(record)
⑤ 파일(file)

──────────────

해설 컴퓨터가 다룰 수 있는 최소한의 단위는 0과 1로 구성된 비트이다. 이후 바이트, 필드, 레코드, 파일, 데이터베이스 등의 순으로 데이터 범위가 확장된다.

정답 ①

70-2 ☑□□□
2015 가맹거래사

가장 기본적인 데이터의 구성요소로 0과 1을 표현하는 비트가 모여 조합을 이룬 것으로 하나의 문자를 표현하는 단위는?

① 필드　　　　　　② 바이트
③ 레코드　　　　　④ 파일
⑤ 데이터베이스

──────────────

해설 비트(bit) → 바이트(byte) → 필드(field) → 레코드(record) → 파일(file) → 데이터베이스(database)

정답 ②

70-3 ☑□□□
2011 가맹거래사

데이터베이스관리시스템(DBMS)에 관한 설명으로 옳지 않은 것은?

① 파일처리방식에서 발생할 수 있는 데이터의 중복성과 불일치성을 감소시킨다.
② 다수의 응용프로그램에서 데이터를 공유할 수 있다.
③ 응용프로그램과 데이터간의 의존성을 높여 준다.
④ 파일처리방식보다 데이터 보안을 강화할 수 있다.
⑤ 데이터의 표준화 작업을 용이하게 한다.

──────────────

요점정리 데이터베이스 관리방식은 데이터를 체계적으로 조직화한 데이터베이스(database)를 활용하는 정보관리 방식이다. 과거의 파일 관리방식에서는 데이터를 각각의 파일에 별도 저장하고 이를 활용하기 위한 응용 프로그램도 별도로 작성하여야 했으나, 데이터베이스 관리방식에서는 데이터를 한곳에 모아 놓고 이를 여러 응용 프로그램이 공유하므로 다양한 정보 간의 중복이나 불필요한 데이터 변형을 최소화(이를 무결성(integrity)의 증대라 한다)하여 많은 응용 프로그램을 효과적으로 운용할 수 있도록 해 준다.

정답 ③

70-4 ☑□□□
2012 가맹거래사

전통적인 파일관리 시스템의 한계를 극복하기 위해 등장한 것이 데이터베이스관리시스템(database management system: DBMS)이다. DBMS 도입의 장점으로 옳지 않은 것은?

① 데이터 중복성(redundancy)을 최소화할 수 있다.
② 데이터 무결성(integrity) 제어가 용이하다.
③ 데이터와 프로그램 사이의 의존성(dependency)을 증대시켜 준다.
④ 데이터 동시성(concurrency) 제어가 가능하다.
⑤ 데이터 불일치성(inconsistency)을 최소화할 수 있다.

──────────────

해설 데이터베이스 관리시스템은 데이터와 프로그램 간 중개 역할을 하기에 이들간의 의존성을 줄여주며(③) 무결성(정보왜곡의 감소)을 보장해 준다(②). 또한 데이터의 중복과 불일치를 최소화하여(①, ⑤) 동시적 제어를 용이하게 한다(④).

정답 ③

70-4F ☑☐☐☐
2022 가맹거래사

데이터베이스관리시스템(DBMS)의 주요 이점으로 옳지 않은 것은?

① 데이터의 중복성 제거
② 데이터의 무결성 향상
③ 데이터와 프로그램간 독립성 유지
④ 데이터의 공유 촉진
⑤ 데이터 접근의 복잡화

해설 데이터베이스 관리방식은 데이터를 체계적으로 조직화한 데이터베이스(database)를 활용하는 정보관리 방식이다. 과거의 파일 관리 방식에서는 데이터를 각각의 파일에 별도 저장하고 이를 활용하기 위한 응용 프로그램도 별도로 작성하여야 했으나, 데이터베이스 관리방식에서는 데이터를 한곳에 모아놓고 이를 여러 응용 프로그램이 공유하므로 다양한 정보간의 중복이나 불필요한 데이터 변형을 최소화(이를 무결성(integrity)의 증대라 한다)하여 많은 응용 프로그램을 효과적으로 운용할 수 있도록 해 준다. 데이터베이스 관리시스템(DBMS, database management system)은 데이터베이스를 생성·처리·관리하기 위한 프로그램이며, 이를 통해 다양한 데이터의 통합적이고 동시적인 관리가 가능해진다. (따라서 데이터 접근이 복잡해진다는 선지 ⑤의 설명은 틀린 것이다.)

정답 ⑤

70-5 ☑☐☐☐
🔁🔟
2015 공인노무사

데이터 중복을 최소화하고 무결성을 극대화하며, 최상의 성능을 달성할 수 있도록 관계형 데이터베이스를 분석하고 효율화하는 과정을 지칭하는 용어는?

① 통합화(integration)
② 최적화(optimization)
③ 정규화(normalization)
④ 집중화(centralization)
⑤ 표준화(standardization)

해설 관계형 데이터 모델에서는 정규화(normalization) 과정을 거쳐 행·열의 표 방식으로 데이터를 관리한다. 이를 통해 데이터를 쉽고 빠르게 분석하는 것이 가능해지며 데이터의 중복이나 변조가능성을 최소화할 수 있다.

정답 ③

70-6 ☑☐☐☐
2019 가맹거래사

관계형 데이터베이스 설계에서 연관된 테이블들 간의 관계성이 일관성 있게 유지될 수 있도록 해주는 규칙은?

① 정규화
② 핵심업무 무결성 제약조건
③ 개념적 데이터 설계
④ 참조 무결성
⑤ 자료 중복성

해설 ④의 참조 무결성(referential integrity)은 관계 데이터베이스 관계 모델에서 2개의 관련 있던 관계 변수(테이블) 간의 일관성(데이터 무결성)을 뜻한다. (무결성은 데이터가 온전하게 유지되는 속성)

정답 ④

70-7 ☑☐☐☐
2015 가맹거래사

기업 경영 활동 과정에서 발생한 대규모 데이터에 담겨 있는 변수들 간에 존재하는 패턴과 관계를 발견하여 가치 있는 정보를 추출하는 기법은?

① 델파이법   ② 데이터마이닝
③ 명목집단법   ④ 데이터베이스
⑤ 신디케이트 조사

해설 ② 데이터에 담긴 의미를 해석하고 분석하는 기법을 데이터마이닝(datamining)이라 한다.
⑤ 이는 정보가 필요한 기업에 데이터를 판매하기 위한 조사를 뜻한다.

정답 ②

70-8 ☑☐☐☐
2017 가맹거래사

대규모 데이터베이스에서 숨겨진 패턴이나 관계를 발견하여 의사결정 및 미래예측에 활용할 수 있도록 데이터를 모아서 분석하는 것은?

① 데이터 웨어하우스(data warehouse)
② 데이터 마이닝(data mining)
③ 데이터 마트(data mart)
④ 데이터 정제(data cleansing)
⑤ 데이터 세정(data scrubbing)

해설 데이터 마이닝(data mining)은 수많은 데이터가 저장된 장소에서 각 자료 간의 상관관계 분석, 시간에 따른 유형 분석, 특정 기준에 따른 분석 등을 통해 의사결정자에게 유용한 정보를 찾아내는 제반 활동을 의미한다.

정답 ②

70-8A ☑☐☐☐
2020 공인노무사

기업이 미래 의사결정 및 예측을 위하여 보유하고 있는 고객, 거래, 상품 등의 데이터와 각종 외부 데이터를 분석하여 숨겨진 패턴이나 규칙을 발견하는 것은?

① 데이터 관리(data management)
② 데이터 무결성(data integrity)
③ 데이터 마이닝(data mining)
④ 데이터 정제(data cleaning)
⑤ 데이터 마트(data mart)

해설 데이터에 담겨있는 변수들 간에 존재하는 패턴과 관계를 발견하여 가치 있는 정보를 추출하는 기법을 데이터마이닝이라 부른다.

추가해설 ② 데이터 무결성이란 데이터가 전송되는 도중에 변조되지 않는 속성을 뜻한다.
④ 데이터 정제는 비구조화 상태의 데이터를 구조화(structuring)하고 누락이나 비어 있는 값을 보정하는 작업을 의미한다.
⑤ 데이터 마트(Data Mart, DM)는 데이터 웨어하우스(Data Warehouse, DW) 환경에서 정의된 접근계층으로, 데이터 웨어하우스에서 데이터를 꺼내 사용자에게 제공하는 역할을 한다.

정답 ③

70-9 ☑☐☐☐
2012 가맹거래사

데이터베이스의 보안관리, 장애복구, 무결성, 사용자 허가 및 비허가 사용자의 접근통제 등의 업무를 수행하며, 데이터베이스의 정의, 갱신 및 유지에 대한 책임을 지는 사람을 지칭하는 용어는?

① Database Operator
② Database Designer
③ Database Manager
④ Database Officer
⑤ Database Administrator

해설 데이터베이스 관리자(database administrator, DBA)는 한 조직 내에서 데이터베이스를 설치, 구성, 업그레이드, 관리, 감시하는 일을 맡은 사람을 가리킨다.

정답 ⑤

70-10 ☑☐☐☐
2016 가맹거래사

여러 개의 데이터베이스를 통합한 보다 큰 데이터베이스로서 의사결정에 필요한 정보를 제공하는 것은?

① 아웃소싱관계관리　② 데이터 웨어하우스
③ 중역정보시스템　④ 거래처리시스템
⑤ 경영지원시스템

해설 여러 데이터베이스를 합친 것은 데이터의 창고, 즉 database warehouse이다.

정답 ②

70-10F ✓☐☐☐
2022 경영지도사

다양한 업무 데이터베이스로부터 정보를 모아 비즈니스 분석활동과 의사결정 업무를 지원하는 것은?

① 자료중심적 웹사이트(data-focused website)
② 데이터웨어하우스(data warehouse)
③ 비즈니스 프로세스 관리시스템(business process management system)
④ 의사결정지원시스템(decision support system)
⑤ 관리통제시스템(managerial control system)

──────────

해설 데이터 웨어하우징(data warehousing)은 신속한 의사결정과 환경대처 능력을 키우기 위하여 여러 정보시스템 내에 산재되어 있는 역사적(시계열적) 데이터를 한 곳으로 모아 손쉬운 검색, 유지, 활용을 가능케 하는 안정된(비휘발적, nonvolatile, 한 번 저장되면 쉽게 변경되지 않음) 정보통합체계의 구축과정을 뜻한다. 데이터 웨어하우징의 결과로 탄생하는 데이터 웨어하우스(data warehouse)는 임시적(ad hoc, 비일상적) 정보요구에 따라 관련 데이터를 조회·보고하는 과정에 사용될 수 있으며, 온라인 분석처리(OLAP, online analytical processing), EIS나 DSS의 구축 및 데이터 마이닝 등에도 활용될 수 있다.

정답 ②

70-11 ✓☐☐☐
2014 가맹거래사

데이터 웨어하우스의 특성으로 옳지 않은 것은?

① 주제지향성(subject-oriented)
② 통합성(integrated)
③ 시간 가변성(time-variant)
④ 비휘발성(non-volatile)
⑤ 정규성(normalized)

──────────

해설 데이터 웨어하우스에서는 정보를 특정한 주제를 중심으로(①) 통합하며(②), 일정한 시간 주기로 업데이트하여(③) 손쉬운 검색과 자료활용을 가능케(④) 한다.

정답 ⑤

70-12 ✓☐☐☐
2019 가맹거래사

데이터 웨어하우스에 관한 설명으로 옳지 않은 것은?

① 데이터는 의사결정 주제 영역별로 분류되어 저장된다.
② 대용량 데이터에 숨겨져 있는 데이터 간 관계와 패턴을 탐색하고 모형화한다.
③ 데이터는 통일된 형식으로 변환 및 저장된다.
④ 데이터는 읽기 전용으로 보관되며, 더 이상 갱신되지 않는다.
⑤ 데이터는 시간 정보와 함께 저장된다.

──────────

해설 데이터 웨어하우스는 데이터 자체를 저장하는 것이 목표이다. 따라서 이들간의 관계나 패턴을 파악하는 것(②)은 데이터 웨어하우스에 관한 설명이라 보기 힘들다(오히려 빅데이터 분석과 관련이 깊다).

정답 ②

70-12J ✓☐☐☐
2023 군무원 7급

기업의 의사결정을 지원하기 위한 핵심 기반 구조로서 데이터웨어하우스(DW: Data Ware-house)의 주요 특징에 대한 설명 중 가장 적절하지 않은 것은?

① 주제지향성(subject-orientation) : DW의 데이터는 컴퓨터에 익숙하지 않은 사용자라도 이해하기 쉬운 의사결정 주제를 중심으로 구성됨
② 통합성(integration) : DW의 데이터는 유관기업과의 통합된 업무처리를 위한 일관적인 형태(일관된 코드 등)를 유지하도록 추출, 변환, 적재되기 때문에 통합성이 유지됨
③ 시계열성(time-variancy) : DW의 데이터는 시간의 경과에 따라 일정 부분 변경되더라도 변경 이전의 과거 데이터가 계속해서 관리됨
④ 비휘발성(non-volatilization) : DW의 데이터는 과거 데이터를 제외한 최신 3년 동안의 데이터에 한해서는 추가 및 삭제 등이 허용되지 않음

──────────

요점정리 데이터 웨어하우징(data warehousing)은 신속한 의사결정과 환경대처 능력을 키우기 위하여 여러 정보시스템 내에

산재되어 있는 역사적(시계열적) 데이터를 한 곳으로 모아 손쉬운 검색, 유지, 활용을 가능케 하는 안정된(비휘발적, nonvolatile, 한 번 저장되면 쉽게 변경되지 않음) 정보통합체계의 구축과정을 뜻한다. 데이터 웨어하우스를 통하여 호환성이 없던 각각의 정보들이 필요할 때마다(매시간, 매일, 매주, 또는 매달의 시간단위별로 각 단위에 맞는 정보로 변화가 가능 → 시간가변성, 시계열성) 하나의 주제 중심(subject-oriented)으로 통합된 데이터베이스로 합류되고 의미있는 정보로 변환됨으로써 경영자들이 더욱 실질적이고, 정확하고, 일관성 있는 분석을 할 수 있도록 도와준다.

해설〉 ④ [×] 비휘발성이란 입력된 데이터의 수정이나 삭제가 허용되지 않음을 뜻한다. 따라서 수정이나 삭제가 최신 3년이라는 특정 기간 동안에만 국한될 이유가 없다.

정답 ④

70-13 ☑☐☐☐

2011 가맹거래사

데이터웨어하우스의 활용방안으로 가장 거리가 먼 것은?

① TPS
② OLAP
③ 데이터마이닝
④ DSS
⑤ EIS

요점정리〉 데이터 웨어하우징의 결과로 탄생하는 데이터 웨어하우스(data warehouse)는 임시적(ad hoc, 비일상적) 정보요구에 따라 관련 데이터를 조회·보고하는 과정에 사용될 수 있으며, 온라인 분석처리(OLAP, online analytical processing), EIS나 DSS의 구축 및 데이터 마이닝 등에도 활용될 수 있다.

해설〉 TPS는 일상적인 거래를 처리하고 기록하는 시스템이다. 여기서 수집된 정보들이 집적되어 데이터가 되는 것이다. 따라서 데이터웨어하우스의 활용방안이라는 문제의 조건과 부합하지 않는다.

정답 ①

70-13F ☑☐☐☐

2022 가맹거래사

빅데이터를 포함한 기업환경에서 발생한 데이터를 저장, 결합, 보고, 분석하는 인프라를 통칭하는 포괄적 의사결정 응용프로그램을 지칭하는 용어로 하워드 드레스너(H. Dresner)가 사용한 것은?

① 비즈니스 인텔리전스(Business Intelligence)
② 비즈니스 빅데이터(Business Big Data)
③ 비즈니스 지식(Business Knowledge)
④ 비즈니스 공학(Business Engineering)
⑤ 비즈니스 어낼리틱스(Business Analytics)

해설〉 ① 기업에서 데이터를 수집, 정리, 분석하고 활용하여 효율적인 의사결정을 할 수 있는 방법에 대해 연구하는 분야를 비즈니스 인텔리전스(BI)라고 한다. 인텔리전스를 직역하면 '지식', '정보'이며, 지식과 정보는 데이터를 가공하여 특정 의미가 내포된 데이터이다. 때문에 비즈니스 인텔리전스는 데이터를 수집하고, 이 데이터를 가공하여 올바른 의사결정을 내릴 수 있도록 지원하는 시스템 및 기술이라고 할 수 있다. (출처: 한국어 위키백과)

추가해설〉 ⑤ 비즈니스 애널리틱스(Business analytics, BA)는 웹사이트의 실적을 높이고 온라인 비즈니스의 성공을 돕는 효율적인 웹사이트 분석 도구의 솔루션이다. 기업의 경영활동의 효율성을 제고하기 위해 지원되는 비즈니스 도구로, 데이터 분석 위주의 비즈니스 인텔리전스(BI)에 통계 기반의 예측기능을 부가한 소프트웨어이다. 비즈니스 애널리틱스(BA)는 비즈니스 인텔리전스(BI)·데이터 웨어하우스(DW)·분석 관련 SW를 총칭하고 있다.

정답 ①

1. 정보 시스템 계획

1) 개념: 정보 시스템의 구조 및 내용과 그 개발 방법을 결정하는 계획

2) 놀란(Nolan)의 성장단계모형: 도입(착수) - 전파 - 통제 - 통합 - 데이터 관리 - 성숙

2. IT 관련 용어

1) LAN(근거리 네트워크), WAN(원거리 네트워크), MAN(광역도시권 네트워크), VAN(부가네트워크)

2) EDI: 전자 데이터 교환

3) 전자상거래(EC): 사이버 상에서의 상거래(e-Business)

4) USB: Universal Serial Bus

5) C/S 아키텍쳐: 클라이언트 - 서버

6) TCP/IP, USB(universal serial bus)

7) B2B: business-to-business

8) RFID: Radio Frequency Identification

9) ERP: Enterprise Resource Planning

10) 클라우드 컴퓨팅: 컴퓨터 자원의 공유 풀을 활용하는 정보관리 기법 → 최소의 관리 노력으로 데이터 관리 가능

11) 무어의 법칙: Intel의 공동창업자인 고든 무어가 1965년 정리한 것으로서, 반도체 집적회로의 성능이 18개월마다 2배로 증가한다는 법칙

12) 그리드 컴퓨팅: 여러 컴퓨터를 가상으로 연결해서 고도의 연산작업을 빠르고 쉽게 처리하는 것

13) 유비쿼터스(Ubiquitous): '어디에나 있음'을 의미하는 라틴어 'ubique'에서 유래. 늘 어디서나 항상 존재한다는 편재(遍在)로 번역됨

14) 빅 데이터: 대량(수십 테라바이트)의 정형 또는 비정형의 데이터 집합으로부터 가치를 추출하고 결과를 분석하는 기술 → volume(정보의 양), variety(정보의 다양성), velocity(정보생성과 처리의 속도)를 요건으로 함

71-1 ☑□□□
2013 경영지도사

최근 전자상거래(E-비즈니스)가 증가하는 이유로 옳지 않은 것은?

① 공간효율
② 시간효율
③ 광고비 절감
④ 정보의 손쉬운 취득과 비교 구매 가능
⑤ 소비자권리 보호

해설〉 ⑤ 직접 물건을 보고 구매하지 못하므로 온라인 거래에서는 소비자권리 침해사례가 늘고 있다.

추가해설〉 전자상거래는 물리적 매장공간을 필요로 하지 않으므로 시간과 공간적 효율이 창출되고(①, ②) 그 결과 광고비 등의 제반비용이 절감되며(③) 검색 등을 통해 손쉽게 정보를 얻을 수 있다(④).

정답 ⑤

71-1F ☑□□□
2022 경영지도사

전자상거래에 있어서 차세대 결제수단인 전자화폐의 장점을 모두 고른 것은?

> ㄱ. 위조 및 이중 사용의 불가능
> ㄴ. 국가적 통화 관리의 용이
> ㄷ. 대금 결제 용이
> ㄹ. 고객의 익명성 보장

① ㄱ, ㄴ   ② ㄷ, ㄹ
③ ㄱ, ㄷ, ㄹ   ④ ㄴ, ㄷ, ㄹ
⑤ ㄱ, ㄴ, ㄷ, ㄹ

해설〉 전자화폐는 현금이나 직불/신용카드가 아니라 전자 기기를 이용해서 충전하고 결제할 수 있는 신종 화폐이다. 편리함과 프라이버시 보장, 거래효율 향상, 거래비용 감소(ㄷ, ㄹ), 인터넷 경제활동 확장으로 인한 새로운 사업 기회 같은 이점이 많음에도 불구하고 몇가지 잠재적 문제점이 있다. 세금을 어떻게 부과하고 돈세탁을 방지할 것인가의 문제, 거시경제적인 환율 불안정(국가간 통화관리의 어려움), 화폐 공급 부족(전자화폐 총량 대 실제 화폐 총량, 기본적으로 디지털 현금이 실제 현금을 초과할 수도 있음) 등이다. 또 다른 문제는 컴퓨터 범죄에 노출되기 쉽다는 점이다. 전자화폐를 훔치기 위해 데이터베이스를 조작하거나 계정의 전자화폐 총액을 줄일 수 있다. 이 문

제를 해결하기 위해서는 법적 규제를 강화할 수 있겠지만 장기적으로는 분산형 자유오픈소스 시스템을 사용하여 보안을 강화하는 것이 바람직하다. (출처: 한국어 위키백과)

정답 ②

71-2 ☑□□□
2016 경영지도사

E-비즈니스에 관한 설명으로 옳지 않은 것은?

① E-비즈니스는 전자상거래와 인터넷 비즈니스를 포괄하는 개념이다.
② 인터넷 비즈니스는 네트워크의 규모가 클수록 새로운 참여자에 대한 가치가 커지는 무어의 법칙(Moore's Law)이 존재한다.
③ 인터넷 애플리케이션이란 고객에게 가치를 제공하는 인터넷 기반의 소프트웨어를 의미한다.
④ E-비즈니스에서 정보를 전략적으로 활용하는 능력은 경쟁우위의 확보와 직결된다.
⑤ E-비즈니스 기업은 빠르게 변화하는 초고속정보화 시대에 적응하기 위해 학습조직화 되어야 한다.

요점정리〉 수확체증의 법칙은 소위 정(+)의 피드백(positive feedback), 또는 선순환 구조를 지칭하는 용어로서, 선두로 앞서고 있는 자가 더 많은 수확을 거둬가면서 더욱 앞서가고 뒤쳐진 자는 더욱 곤경에 처하는 것을 뜻한다. 이는 곧 성공한 개인이나 기업이 더욱 성공하게 되고 손실을 입은 쪽은 더욱 더 악화되는 현상과 관련이 있다. 일반적으로 지식과 지식관련서비스는 이를 함께 공유하는 사람의 수가 많아져야 그 가치가 증가된다. 카카오톡이 우리나라에서 지배적 위치를 점하는 SNS가 된 것은 그 서비스를 사용하는 사람의 숫자가 경쟁메신저를 압도하기 때문이다.

해설〉 ② 무어의 법칙은 반도체 집적회로의 성능이 18개월마다 2배로 증가한다는 법칙이다. 인텔의 공동창업자인 고든 무어에 의해 제시되었다. 문제에서 제시하는 개념은 수확체증의 법칙(law of increasing returns)이다.

정답 ②

71-3 ☑□□□
2013 경영지도사

e-커머스의 효과에 관한 설명으로 옳지 않은 것은?

① 기업의 점포 운영비 절감
② 대기업과 중소기업이 대등한 관계에서 공정경쟁
③ 브랜드 이미지와 물리적 요소의 영향력 증대
④ 소비자의 제품 가격 비교 용이
⑤ 소비자의 제품 선택 폭 확대

해설 ③ 전자상거래는 가상의 공간에서 이루어지는 상거래이므로 물리적 요소보다 비물리적 요소의 중요성이 부각된다.

정답 ③

71-4 ☑□□□
2011 가맹거래사

다음은 무엇에 관한 설명인가?

- 조직의 경영전략과 정보시스템 전략을 정렬(alignment)한다.
- 조직의 정보요구사항을 반영하는 정보 아키텍처를 설계한다.
- 정보시스템 개발을 위한 통합 프레임워크를 제공한다.

① ERP   ② MRP
③ ISP   ④ KMS
⑤ ASP

해설 ① 전사적 자원관리
② 자재소요계획
③ 정보시스템계획. 정보 시스템의 구조 및 내용과 그 개발 방법을 결정하는 계획. 이것이 정답
④ 지식경영시스템

정답 ③

71-5 ☑□□□
2012 가맹거래사

ISP(information strategy planning)의 목표에 관한 설명으로 옳지 않은 것은?

① 국지적 차원의 정보시스템 부문의 최적화를 통해서 미래지향적 시스템 계획을 마련한다.
② 현행 정보시스템과 정보시스템 조직을 분석, 진단, 평가한다.
③ 정보시스템의 구축과 운영에 소요되는 자원의 효율적 활용을 위한 프로젝트 계획을 수립한다.
④ 경영전략을 체계적으로 검토하고 경영전략에 부합하는 정보전략을 도출한다.
⑤ 통합정보시스템에 대한 아키텍쳐와 이를 구성하는 핵심요소를 기술한 마스터 플랜을 작성한다.

요점정리 정보시스템 계획(ISP: Information System Planning)은 정보시스템의 구조 및 내용과 그 개발 방법을 결정하는 것이다. 구체적으로는 정보시스템 개발 프로젝트에 우선순위(자원배분 기준 포함)를 부여하고, 환경 및 조직변화에 대응하여 정보시스템의 계획과 예산을 수립·수정하며, 시스템을 비용-편익의 관점에서 평가하려는 제반 노력 등을 모두 포함한다. ISP를 통해 조직은 경영전략과 정보시스템 전략을 정렬(alignment) 시킬 수 있기에 최근에는 ISP를 정보 전략 계획(information strategy planning)으로 부르기도 한다.

해설 ① ISP는 국지적 시스템의 최적화보다 전사적 측면의 최적화에 초점을 둔다.

정답 ①

71-6 ☑☐☐☐　　2010 가맹거래사

ISP(information strategy planning)의 일반적인 수행 단계에 해당하지 않는 것은?

① 조직이 보유하고 있는 제반 자원의 기준정보(master data)체계 구축
② 조직의 경영전략과 정보시스템 전략간의 연계
③ 조직의 정보요구사항을 반영하는 정보시스템 아키텍처 설계
④ 정보시스템 구축·운영에 필요한 자원의 합리적 배분계획 수립
⑤ 정보시스템 개발 프로젝트에 대한 적정한 일정 및 예산 계획 수립

해설 ISP는 정보시스템의 구조 및 내용과 그 개발방법을 결정하는 일련의 활동이다. 전략과 정보시스템을 연계하고(②) 정보시스템의 구조를 정하며(③), 이 과정에서 필요한 예산을 계획하고(⑤) 자원배분 기준을 설정한다(④).

정답 ①

71-7 ☑☐☐☐　　2019 가맹거래사

정보시스템 활동 중 일부분을 아웃소싱하는 이유로 옳지 않은 것은?

① IT와 비즈니스 지식을 겸비한 자체인력 양성
② 적은 노력으로 전문지식과 경험 확보
③ 외부인력 활용을 통한 비용 절감
④ 일정 수준의 품질 보장을 통한 리스크 감소
⑤ 인터넷 확산으로 국외 위탁 용이

해설 아웃소싱, 즉 외주는 자체적으로 어떤 활동을 하기보다는 외부업체에 맡겨 비용도 절감시키고 개발부담(위험)도 줄일 수 있다고 판단하기에 실시하는 것이다. 따라서 ①의 자체양성은 아웃소싱에 관한 올바른 설명이라 할 수 없다.

정답 ①

71-7D ☑☐☐☐　　2021 가맹거래사

기업이 정보시스템을 아웃소싱 하는 목적으로 옳지 않은 것은?

① 외부 공급업체에 의한 규모의 경제효과로 비용 절감
② 외부 공급업체의 경험이나 최신정보기술 습득 및 활용
③ 향후 비용에 대한 예측가능성 제고
④ 인력수급의 경직성 확보
⑤ 기업 전문인력의 전략적 활용

해설 ④ 아웃소싱을 통해 인력수급의 경직성, 즉 쉽게 사람을 뽑거나 내보내기 어려운 현상을 '극복'할 수 있다. 즉 경직성 해소를 위해 아웃소싱을 사용한다.
추가해설 ③ 외부 업체에 아웃소싱을 해 보면 특정 업무 수행에 얼마 정도의 비용이 드는지 대략적 예측이 가능하므로, 향후 인력을 선발할 때 지침이 될 수 있다.
⑤ 아웃소싱을 통해 불필요한 업무를 줄임으로서 기업 내 인재들은 중요한 전략적 업무에 집중할 수 있다.

정답 ④

71-7J ☑☐☐☐　　2023 가맹거래사

정보시스템 아웃소싱의 장점이 아닌 것은?

① 규모의 경제를 활용한 비용 절감
② 개발과정이나 개발결과에 관한 통제 용이
③ 외부 조직의 기술이나 경험 활용
④ 고정자산에 관한 투자 회피를 통한 유동성 증진
⑤ 핵심적 활동에 조직 자원 집중

해설 아웃소싱은 통상 필수업무가 아닌 부가적 업무를 외주화하는 것이다. 정보시스템의 아웃소싱에서는 시스템의 설계, 개발, 관리의 과정 대부분이 외주화되므로 고정비적 성격을 갖는 인건비를 절감할 수 있으며, 외부의 전문지식과 기술인력을 활용할 수 있다는 장점이 있다. 외부전문업체에게 맡기므로 해당 업체의 입장에서는 정보시스템 개발업무를 많이 수주할수록 규모의 경제를 활용한 비용절감도 가능하다. 그러나 외주화의 특성상 정보시스템의 개발과정이나 그 결과에 관한 본사차원의 통제가 쉽지 않다.

정답 ②

71-8 ☑□□□
2010 가맹거래사

놀란(Richard L. Nolan)의 정보기술 성장의 6단계 모델의 각 단계를 바르게 나열한 것은?

① 착수(initiation) → 전파(contagion) → 통제(control) → 통합(integration) → 데이터관리(data administration) → 성숙(maturity)

② 착수(initiation) → 전파(contagion) → 통제(control) → 통합(integration) → 성숙(maturity) → 데이터관리(data administration)

③ 착수(initiation) → 통제(control) → 전파(contagion) → 통합(integration) → 성숙(maturity) → 데이터관리(data administration)

④ 착수(initiation) → 통합(integration) → 전파(contagion) → 통제(control) → 성숙(maturity) → 데이터관리(data administration)

⑤ 착수(initiation) → 데이터관리(data administration) → 통제(control) → 통합(integration) → 성숙(maturity) → 전파(contagion)

해설》 놀란(Nolan)의 정보기술 성장단계모형: 도입(착수)−전파−통제−통합−데이터 관리−성숙

정답 ①

71-9 ☑□□□
2012 가맹거래사

다음은 놀란(Richard L. Nolan)이 제시한 정보기술 성장의 6단계 모델을 나열한 것이다. 빈 칸의 (ㄱ), (ㄴ), (ㄷ)에 해당하는 단계를 바르게 나열한 것은?

착수 → (ㄱ) → (ㄴ) → (ㄷ) → 데이터관리 → 성숙

	(ㄱ)	(ㄴ)	(ㄷ)
①	전파	통합	통제
②	전파	통제	통합
③	통제	전파	통합
④	통제	통합	전파
⑤	통합	통제	전파

해설》 놀란(Nolan)의 성장단계모형: 도입(착수)−전파−통제−통합−데이터 관리−성숙

정답 ②

71-10 ☑□□□
2014 가맹거래사

놀란(Nolan)이 제시한 정보기술 성장의 6단계 모델은 다음과 같다. (ㄱ), (ㄴ), (ㄷ)에 해당하는 단계명칭을 바르게 나열한 것은?

착수 − (ㄱ) − 통제 − (ㄴ) − (ㄷ) − 성숙

	(ㄱ)	(ㄴ)	(ㄷ)
①	전파	데이터관리	통합
②	통합	전파	데이터관리
③	데이터관리	전파	통합
④	전파	통합	데이터관리
⑤	통합	데이터관리	전파

해설》 놀란(Nolan)의 성장단계모형: 도입(착수)−전파−통제−통합−데이터 관리−성숙

정답 ④

71-10J ☑□□□
2023 서울시 7급

정보시스템 통제 중 응용통제(application control)의 하위 유형으로 가장 옳지 않은 것은?

① 입력 통제   ② 프로세스 통제
③ 구현 통제   ④ 출력 통제

해설》 응용통제는 개별적인 거래를 처리하기 위해 응용프로그램별로 수행되는 구체적인 작업과 관련하여 적용되는 내부통제이다. 구체적 항목은 입력통제(정보가 완전하고 정확하게 입력되도록 하는 통제), 처리통제(프로세스 통제, 애플리케이션의 처리논리와 처리과정이 원래 목적대로 수행되도록 하는 통제), 출력통제(처리된 결과물이 승인된 자에게만 의도된대로 정확하게 작성 및 보고되도록 하는 통제)로 구분된다.

정답 ③

71-11 ☑□□□
2016 경영지도사

인터넷 쇼핑몰, 인터넷 뱅킹, 공연이나 여행관련 예약 등 기업과 소비자 간에 이루어지는 전자상거래의 형태는?

① B2B   ② C2C
③ B2C   ④ B2G
⑤ G2C

해설 기업(business)과 소비자(Customer)간의 전자상거래 →
B2C
참고로 G는 정부(government)의 약자이다.

추가해설 ① B2B: business-to-business(기업과 기업)
② C2C: customer-to-customer(고객과 고객)
④ B2G: business-to-government(기업과 정부)
⑤ G2C: government-to-citizen(정부와 시민)

정답 ③

71-12 ☑□□□
2015 가맹거래사

e-비즈니스 관련 기술을 활용한 정부–시민 간 서비스 제공유형은?

① B2B   ② B2C
③ C2B   ④ G2C
⑤ G2B

해설 Government(정부) to Citizen(시민) → G2C

추가해설 ③ consumer-to-business (고객과 기업)

정답 ④

71-13 ☑□□□
2018 경영지도사

원자재가 필요한 회사가 인터넷 온라인을 통해 불특정 다수의 기업으로부터 입찰을 받아서 공급회사를 결정하는 전자상거래 형태는?

① B2B   ② C2C
③ B2C   ④ G2C
⑤ B2G

해설 회사(business)와 회사(business)의 거래관계를 뜻하므

로, Business to Business, 즉 B2B가 된다.

정답 ①

71-14 ☑□□□
2019 경영지도사

기업 간 전자상거래를 의미하는 용어는?

① B2B   ② B2C
③ B2G   ④ G2C
⑤ C2C

해설 ① B2B: business-to-business → 기업 간 거래이므로 본 문제의 정답이다.
② B2C: business-to-customer → 기업과 고객의 거래
③ B2G: business-to-government → 기업과 정부의 거래
④ G2C: government-to-citizen → 정부와 시민의 거래
⑤ C2C: consumer-to-consumer → 소비자 간의 거래

정답 ①

71-14A ☑□□□
2020 공인노무사

전자(상)거래의 유형에 관한 설명으로 옳은 것은?

① B2E는 기업과 직원 간 전자(상)거래를 말한다.
② B2C는 소비자와 소비자 간 전자(상)거래를 말한다.
③ B2B는 기업 내 전자(상)거래를 말한다.
④ C2C는 기업과 소비자 간 전자(상)거래를 말한다.
⑤ C2G는 기업 간 전자(상)거래를 말한다.

해설 B는 business(기업), C는 customer(consumer, 소비자), G는 government(정부)의 약자이다. 따라서 ②는 기업과 소비자, ③은 기업과 기업, ④는 소비자와 소비자간 관계를 뜻한다. 한편 ⑤는 citizen-to-government, 즉 시민과 정부의 관계를 의미한다.

정답 ①

71-14J ☑□□□
2023 경영지도사

고객이 인터넷으로 호텔 객실의 가격을 미리 제시하면 공급사가 판매여부를 결정하는 사례와 같이, 고객이 주체가 되어 원하는 상품이나 아이디어를 기업에 제공하고 대가를 얻는 e-비지니스 모델은?

① B2B
② B2C
③ B2E
④ C2B
⑤ C2C

해설 ④ 고객(customer)으로부터 출발하여 기업(business)으로 가는 모델이므로 C2B가 정답이 된다.

추가해설 ① B2B는 기업과 기업간 거래이다.
② B2C는 기업과 고객간 거래이다.
③ B2E는 기업과 종업원(employee)간 거래이다.
⑤ C2C는 고객과 고객간 거래이다.

정답 ④

71-14M ☑□□□
2024 군무원 5급

다음 중 B2B 시장의 장점에 대한 설명으로 가장 적절하지 않은 것은?

① B2B 거래는 계약 예정이거나 계약 진행 중인 거래를 포함하기 때문에 어느 정도의 수요를 예측할 수 있다.

② B2B 거래는 일반적으로 B2C 거래보다 규모가 크다.

③ B2B 거래는 일반적으로 B2C보다 판매 주기가 짧다.

④ B2B 비즈니스는 종종 추천 및 입소문에 의해 거래할 수 있어 마케팅 비용이 절감된다.

해설 ①,② [O] 기업고객은 (개인고객에 비해) 일정한 생산계획에 따라 대량으로 구매하는 경우가 많으므로 어느정도의 수요예측이 가능하다.
③ [×] 기업고객은 대량으로 주문하므로 주문의 term(주기)이 긴 편이다.
④ [O] 다른 기업의 추천이나 업계에서의 평판 등을 참조하여 기업간 거래가 이루어질 수 있다.

정답 ③

71-15 ☑□□□
2011 가맹거래사

다음 네트워크 용어의 약어에서 밑줄 친 P에 동일하게 해당하는 영어 단어는?

HTT_P_	FT_P_	TC_P_ / I_P_

① Process
② Program
③ Protocol
④ Project
⑤ Principle

해설 HTTP: Hypertext Transfer Protocol
FTP: File Transfer Protocol
TCP/IP: Transmission Control Protocol/Internet Protocol

정답 ③

71-16 ☑□□□
2013 공인노무사

다음 네트워크 용어들의 밑줄 친 P에 해당하는 영어 단어는?

• TC_P_ / I_P_	• HTT_P_

① program
② process
③ procedure
④ profile
⑤ protocol

해설 TCP/IP: Transmission Control Protocol/Internet Protocol
HTTP: Hypertext Transfer Protocol

정답 ⑤

71-16J ☑□□□
2023 경영지도사

중거리무선 네트워크에 해당하지 않는 것은?

① 초광대역 네트워크(Ultra Wide Band)
② 와이파이(Wi-Fi)
③ 와이파이 다이렉트(Wi-Fi Direct)
④ 마이파이(Mi-Fi)
⑤ 라이파이(Li-Fi)

해설 ① 초광대역(Ultra-wideband, UWB)은 기존의 스펙트럼에 비해 (중거리가 아니라) 매우 넓은 대역에 걸쳐 낮은 전력으로 대용량의 정보를 전송하는 무선통신 기술이다.

추가해설 ② 와이파이(Wi-Fi)는 Wireless fidelity의 약자로, IEEE 802.11 통신규정을 만족하는 기기들끼리 무선으로 데이터를 주고받을 수 있도록 하는 기술을 뜻한다. IEEE 802.11은 미국전기전자학회(IEEE)에서 개발한 무선 랜 규격이다.
③ 와이파이 다이렉트(Wi-Fi Direct)는 무선 액세스 포인트가 없어도 장치들을 쉽게 연결할 수 있도록 하는 와이파이 표준이다. 인터넷 탐색부터 파일 전송에 이르기까지 모든 것에 유용하며, 일반적인 와이파이 속도 수준으로 하나 이상의 장치와 동시에 통신(single radio hop communication)할 수 있다.
④ 마이파이(Mi-Fi)는 모바일 핫스팟처럼 활용가능한 무선통신 라우터를 의미한다.
⑤ 라이파이(Li-Fi)는 '라이트 피델리티(Light-Fidelity)'의 약자로서 LED를 이용하는 통신 수단의 한 종류이며, 그 원리는 무선 버전 광섬유 통신, TV 리모컨의 송수신부와 비슷하다. (출처: 한국어 위키백과)

정답 ①

71-17 ☑□□□
2014 가맹거래사

인터넷에서 사용되는 TCP/IP 프로토콜을 구성하는 4개 계층에 해당되지 않는 것은?

① 응용(application) 계층
② 네트워크 인터페이스(network interface) 계층
③ 전송(transport) 계층
④ 인터넷(internet) 계층
⑤ 게이트웨이(gateway) 계층

해설 TCP/IP 프로토콜의 4계층은 응용 계층, 전송 계층, 인터넷 계층, 네트워크인터페이스 계층이다.

정답 ⑤

71-18 ☑□□□
평수
2014 공인노무사

클라우드 컴퓨팅에 관한 설명으로 옳지 않은 것은?

① 인터넷기술을 활용하여 가상화된 IT자원을 서비스로 제공하는 방식이다.
② 사용자는 소프트웨어, 스토리지, 서버, 네트워크 등 다양한 IT자원을 필요한 만큼 빌려서 사용한다.
③ 조직의 모든 정보시스템의 중앙집중화로 막대한 IT자원을 필요로 한다.
④ 사용자 주문형 셀프서비스, 광범위한 네트워크 접속, 자원공유, 사용량 기반 과금제 등의 특징을 갖는다.
⑤ 단기간 필요한 서비스, 규모의 변화가 큰 서비스, 범용 애플리케이션을 구축하는 경우에 효과적이다.

요점정리 클라우드 컴퓨팅(cloud computing)은 컴퓨터 자원의 공유 풀에 편리하게, 필요할 때 네크워크를 통해 접속할 수 있도록 하는 모델로서, 컴퓨팅 자원은 최소의 관리 노력이나 서비스 사업자와의 상호 작용으로 신속한 공급 및 제공이 가능하다.

해설 ③ 클라우드 컴퓨팅은 회사 밖의 전문업체가 가지고 있는 서버자원을 활용하는 방법이므로, 우리회사의 입장에서 IT자원이 그다지 많이 필요하지는 않다.

정답 ③

71-18A ☑□□□
2020 경영지도사

정보를 자신의 컴퓨터가 아닌 인터넷에 연결된 다른 컴퓨터들을 이용하여 처리하는 기술은?

① 매시업(mashup) 서비스
② 클라우드 컴퓨팅(cloud computing)
③ 사물인터넷(IoT)
④ 크라우드소싱(crowdsourcing)
⑤ 정보 사일로(information silo)

해설 ① 매시업(mashup) 서비스는 웹으로 제공하고 있는 정보와 서비스를 융합하여 새로운 소프트웨어나 서비스, 데이터베이스 등을 만드는 것이다.
② 클라우드 컴퓨팅(cloud computing)은 컴퓨터 자원의 공유 풀에 편리하게, 필요할 때 네크워크를 통해 접속할 수 있도록 하는 모델로서, 컴퓨팅 자원은 최소의 관리 노력이나 서비스

사업자와의 상호 작용으로 신속한 공급 및 제공이 가능하다. 본 문제의 정답이다.
③ 사물인터넷(IoT)은 각종 사물에 센서와 통신 기능을 내장하여 인터넷에 연결하는 기술. 즉, 무선 통신을 통해 각종 사물을 연결하는 기술을 의미한다.
④ 크라우드소싱(crowdsourcing)은 여러 사람들의 아이디어를 결합하여 혁신을 도모하는 개념이다.
⑤ 정보 사일로(information silo)는 서로 다른 정보시스템에서 데이터가 고립되어 상호작용이 어려운 관리시스템을 뜻한다.

정답 ②

71-18B ✔☐☐☐ 2020 가맹거래사

클라우드 컴퓨팅(cloud computing)에 관한 설명으로 옳지 않은 것은?

① 비즈니스 데이터 및 시스템 보안에 대한 우려를 없애준다.
② 자신 소유의 하드웨어 및 소프트웨어에 많은 투자를 할 필요가 없다.
③ 사용자는 광대역 네트워크 통신망을 통해 클라우드에 접속해 업무를 수행할 수 있다.
④ 필요한 IT 자원을 빌려 쓸 때 용량 등에 있어 확장성이 있다.
⑤ 인터넷을 통해 원격으로 제공되는 자원이나 응용프로그램을 사용하는 것이다.

해설 ① 클라우드 컴퓨팅에서는 다른 조직의 서버를 활용하므로 보안문제가 발생할 가능성이 있다.

정답 ①

71-18D ✔☐☐☐ 2021 경영지도사

우버(Uber)와 에어비엔비(Airbnb) 등 공유가치 기반 창업의 핵심요인은?

① 클라우드(cloud)
② 다단계 유통채널(distribution channel)
③ 규모의 경제(economy of scale)
④ 물류단지(logistic facility)
⑤ 경험효과(effect of experience)

해설 시사상식에 입각한 문제에 가깝다. 클라우드 컴퓨팅(cloud computing)은 컴퓨터 자원의 공유 풀에 편리하게, 필요할 때 네크워크를 통해 접속할 수 있도록 하는 모델로서, 컴퓨팅 자원은 최소의 관리 노력이나 서비스 사업자와의 상호 작용으로 신속한 공급 및 제공이 가능하다.

정답 ①

71-18F ✔☐☐☐ 2022 공인노무사

컴퓨터, 저장장치, 애플리케이션, 서비스 등과 같은 컴퓨팅 자원의 공유된 풀(pool)을 인터넷으로 접근할 수 있게 해주는 것은?

① 클라이언트/서버 컴퓨팅(client/server computing)
② 엔터프라이즈 컴퓨팅(enterprise computing)
③ 온프레미스 컴퓨팅(on-premise computing)
④ 그린 컴퓨팅(green computing)
⑤ 클라우드 컴퓨팅(cloud computing)

해설 ⑤ 클라우드 컴퓨팅(cloud computing)은 컴퓨터 자원의 공유 풀에 편리하게, 필요할 때 네크워크를 통해 접속할 수 있도록 하는 모델로서, 컴퓨팅 자원은 최소의 관리 노력이나 서비스 사업자와의 상호 작용으로 신속한 공급 및 제공이 가능하다.

추가해설 선지 ③의 온프레미스 컴퓨팅은 소프트웨어 등 솔루션을 클라우드 같이 원격 환경이 아닌 자체적으로 보유한 전산실 서버에 직접 설치해 운영하는 방식을 뜻하므로, 클라우드 컴퓨팅의 상대적 개념이라 할 수 있다.

정답 ⑤

71-18M ☑☐☐☐　　　　　2024 공인노무사

다음에서 설명하는 것은?

> - 데이터 소스에서 가까운 네트워크 말단의 서버들에서 일부 데이터 처리를 수행한다.
> - 클라우드 컴퓨팅 시스템을 최적화하는 방법이다.

① 엣지 컴퓨팅
② 그리드 컴퓨팅
③ 클라이언트/서버 컴퓨팅
④ 온디멘드 컴퓨팅
⑤ 엔터프라이즈 컴퓨팅

해설 ① 이는 클라우드 컴퓨팅의 최적화 방식 중 하나로서, 데이터 소스에서 가까운 네트워크 말단의 서버들에서 일부 데이터 처리를 수행하는 것이다. 클라우드 서비스를 이용하는 사람들이 기하급수적으로 증가하면서 서버 및 데이터 센터에서 처리할 수 있는 데이터의 용량에 한계가 오기 시작했고 수집한 데이터를 분석하고 송신하는 과정에서 발생하는 데이터 지연 현상도 문제가 되었다. 또한 클라우드 컴퓨팅의 통신 과정에서 보안 문제도 발생하였다. 이처럼 클라우드에서 발생하는 데이터 처리 속도, 용량 및 보안 등의 문제를 해결하기 위해 탄생한 것이 엣지 컴퓨팅이며, 본 문제의 정답이다.
② 이는 지리적으로 분산된 여러 컴퓨터와 저장장치 및 데이터베이스 등을 가상으로 연결해서 고도의 연산작업을 빠르고 쉽게 처리하는 것이다.
③ 이는 서비스 요청자인 클라이언트와 서비스 자원의 제공자인 서버 간에 작업을 분리해주는 분산 애플리케이션 구조이자 네트워크 아키텍처를 나타낸다.
④ 클라우드 컴퓨팅 개념 중 하나인 온디멘드는 외부 서비스 공급자가 데이터를 관리하는 방식이다.
⑤ 이는 기업이 인터넷을 통해 가상화된 IT 리소스에 접속할 수 있는 종량제 컴퓨팅 모델이다.

정답 ①

71-18N ☑☐☐☐　　　　　2024 가맹거래사

클라우드 컴퓨팅과 관련된 개념으로 옳은 것은?

① Saas: 사용자들은 클라우드 컴퓨팅 제공업체의 컴퓨터 자원을 활용하여 자신들의 정보시스템을 가동시킨다.
② Paas: 사용자들은 기존의 애플리케이션을 실행할 수 있고, 새로운 애플리케이션을 개발하여 테스트할 수도 있다.
③ Iaas: 클라우드 컴퓨팅 제공업체가 사용자들의 요구사항에 특화된 소프트웨어를 제공한다.
④ On-demand self service: 클라우드 컴퓨팅 시스템을 최적화하기 위해 데이터를 네트워크 말단의 서버에서 처리한다.
⑤ Edge Computing: 사용자들은 자신만의 서버 타임이나 네트워크 저장소와 같은 컴퓨터 역량을 얻을 수 있다.

해설 ② [O] 클라우드 컴퓨팅 관련 용어를 정리하면 다음과 같다.
- IaaS(Infrastructure as a Service): 클라우드를 통해 스토리지, 네트워킹 등의 주문형 인프라 리소스를 조직에 제공
- CaaS(Containers as a Service): 컨테이너를 사용하여 애플리케이션의 개발 및 배포에 필요한 모든 하드웨어 및 소프트웨어 리소스를 제공 및 관리
- PaaS(Platform as a Service): 클라우드를 통해 애플리케이션의 개발에 필요한 모든 하드웨어 및 소프트웨어 리소스를 제공하고 관리
- SaaS(Software as a Service): 고객이 액세스하고 사용할 수 있는 전체적인 클라우드 기반 애플리케이션을 제공

추가해설 ⑤의 엣지 컴퓨팅은 클라우드 컴퓨팅의 최적화 방식 중 하나로서, 데이터 소스에서 가까운 네트워크 말단의 서버들에서 일부 데이터 처리를 수행하는 것이다. 클라우드 서비스를 이용하는 사람들이 기하급수적으로 증가하면서 서버 및 데이터 센터에서 처리할 수 있는 데이터의 용량에 한계가 오기 시작했고 수집한 데이터를 분석하고 송신하는 과정에서 발생하는 데이터 지연 현상도 문제가 되었다. 또한 클라우드 컴퓨팅의 통신 과정에서 보안 문제도 발생하였다. 이처럼 클라우드에서 발생하는 데이터 처리 속도, 용량 및 보안 등의 문제를 해결하기 위해 탄생한 것이 엣지 컴퓨팅이다.

정답 ②

71-19 ☑☐☐☐
2015 공인노무사

USB는 컴퓨터와 주변장치(키보드, 마우스, 메모리스틱 등)를 연결하는 장치이다. 여기서, USB는 U = Universal, S = Serial, B = (　　　)의 약자이다. 괄호 안에 들어갈 단어는?

① Bit　　　　　　② Bus
③ Box　　　　　　④ Boot
⑤ Base

해설〉 USB = Universal Serial Bus

정답 ②

71-20 ☑☐☐☐
2018 가맹거래사

가상이미지들이 실제 시야와 통합되어 증강디스플레이를 만드는 기술은?

① AR　　　　　　② LBS
③ GPS　　　　　　④ VR
⑤ EA

해설〉 증강현실(增強現實, 영어: augmented reality, AR)은 가상현실(VR)의 한 분야로 실제 환경에 가상 사물이나 정보를 합성하여 원래의 환경에 존재하는 사물처럼 보이도록 하는 컴퓨터 그래픽 기법이다. 디지털 미디어에서 빈번하게 사용된다.

정답 ①

71-20A ☑☐☐☐
2020 가맹거래사

인공지능 시스템 중 실제 세상 또는 상상 속의 행위를 모방한 컴퓨터 생성 시뮬레이션은?

① 인공신경망(artificial neutral network)
② 전문가시스템(expert system)
③ 지능형에이전트(intelligent agent)
④ 영상인식시스템(visionary recognition system)
⑤ 가상현실시스템(virtual reality system)

해설〉 가상현실(假想現實, 영어: virtual reality, VR)은 컴퓨터 등을 사용한 인공적인 기술로 만들어낸 실제와 유사하지만 실

제가 아닌 어떤 특정한 환경이나 상황 혹은 그 기술 자체를 의미한다. 여기서 만들어진 가상의(상상의) 환경이나 상황 등은 사용자의 오감을 자극하며 실제와 유사한 공간적, 시간적 체험을 하게 함으로써 현실과 상상의 경계를 자유롭게 드나들 수 있게 한다. 또한 사용자는 가상현실에 단순히 몰입할 뿐만 아니라 실재(實在)하는 디바이스를 이용해 조작이나 명령을 가하는 등 가상현실 속에 구현된 것들과 상호작용이 가능하다. 또 가상현실은 사용자와 상호작용이 가능하고 사용자의 경험을 창출한다는 점에서 일방적으로 구현된 시뮬레이션과는 구분된다. (출처: 한국어 위키백과)

정답 ⑤

71-20J ☑☐☐☐
2023 군무원 7급

다음 중 4차 산업혁명 시대의 핵심기술에 대한 설명으로 가장 적절하지 않은 것은?

① 빅데이터는 경쟁력 향상을 위한 중요한 자산이라는 점에서, 데이터 자본주의 시대가 도래하였다.
② 클라우드 컴퓨팅 서비스가 증가한다.
③ 사물인터넷을 통해 '현실 세계에 존재하는 물리적 사물'과 '사이버 세상에 존재하는 가상의 사물'을 결합하여 상호작용한다.
④ 가상현실(VR : Virtual Reality)이란 사용자가 눈으로 보는 실제 세계의 배경이나 이미지에 가상의 이미지를 겹쳐 하나의 영상으로 보여주는 기술이다.

해설〉 ① [O] 빅데이터(big data)란 대량의 정형 또는 비정형의 데이터로부터 가치를 추출하고 결과를 분석하는 기술이다. 빅데이터의 특징인 흔히 3V로 지칭되는데 이는 각각 volume(정보의 양), variety(정보의 다양성), velocity(정보생성과 처리의 속도)를 뜻한다.
② [O] 오늘날 널리 활용되고 있는 클라우드 컴퓨팅(cloud computing)은 컴퓨터 자원의 공유 풀에 편리하게, 필요할 때 네크워크를 통해 접속할 수 있도록 하는 모델로서, 컴퓨팅 자원은 최소의 관리 노력이나 서비스 사업자와의 상호 작용으로 신속한 공급 및 제공이 가능하다.
③ [O] 유비쿼터스 기술을 활용한 사물인터넷(IoT, internet of things)은 각종 (물리적) 사물에 센서와 무선통신 기능을 내장하여 인터넷(사이버스페이스)에 연결하는 기술을 뜻한다.
④ [×] 이는 증강현실에 관한 설명이다. 가상현실은 현실이 아닌 세상이며, 증강현실은 가상의 이미지가 등장하는 것은 맞지만 배경은 실제 현실이 되는 것이다. 두 개념을 비교 설명하면 다음과 같다.

- 증강현실(AR, augmented reality)은 가상이미지들이 실제 시야와 통합되어 증강디스플레이를 만드는 기술을 뜻한다. 실제 환경에 가상 사물이나 정보를 합성하여 원래의 환경에 존재하는 사물처럼 보이도록 하는 컴퓨터 그래픽 기법이며, 디지털 미디어에서 빈번하게 사용된다.
- 가상현실(VR, virtual reality)은 컴퓨터 등을 사용한 인공적인 기술로 만들어낸 실제와 유사하지만 실제가 아닌 어떤 특정한 환경이나 상황 혹은 그 기술 자체를 의미한다.

정답 ④

71-20M ✅☐☐☐　　　2024 가맹거래사

인간의 시각시스템을 모방하여 실제 이미지에서 정보를 추출하는 방법으로 옳은 것은?

① 딥러닝(deep learning)
② 로봇공학(robotics)
③ 컴퓨터비전(computer vision)
④ 자연어처리(natural language processing)
⑤ 지능형에이전트(intelligent agent)

해설 컴퓨터 비전(computer vision)은 컴퓨터로 시각(vision) 데이터를 처리하는 컴퓨터공학의 한 분야이다. 우리 주변에서는 얼굴 및 물체 인식 등의 기능으로 접할 수 있다. 휴대폰 카메라로 할 수 있는 QR 코드/바코드 스캐닝, 페이스북의 얼굴인식, 아이폰의 Face ID 등이 모두 컴퓨터 비전의 사례이다.

정답 ③

71-21 ✅☐☐☐　　　2016 가맹거래사

'언제, 어디서나 존재한다'라는 의미로, 사용자가 시간과 장소에 상관없이 네트워크를 사용할 수 있는 환경은?

① 무선망　　　　② 인터넷
③ 유비쿼터스　　④ 홈네트워크
⑤ 전자상거래

해설 Ubiquitous = 언제 어디서나 존재 = 전재(全在)

정답 ③

71-21F ✅☐☐☐　　　2022 가맹거래사

전자상거래 수익모델(business model)에 관한 설명으로 옳은 것을 모두 고른 것은?

> ㄱ. 제휴수익모델은 거래를 가능하게 해주는 대가로 수수료를 받아 수익을 창출한다.
> ㄴ. 구독료수익모델은 서비스를 제공하는 웹사이트를 일정기간 접근하는 것을 허용하여 수익을 창출한다.
> ㄷ. 판매수익모델은 제품, 정보, 서비스를 고객에게 판매함으로써 수익을 창출한다.
> ㄹ. 광고수익모델은 기본 서비스는 무료로 제공하지만 특별한 서비스에는 사용료를 부과하여 수익을 창출한다.

① ㄱ, ㄴ　　　　　② ㄱ, ㄷ
③ ㄴ, ㄷ　　　　　④ ㄴ, ㄹ
⑤ ㄴ, ㄷ, ㄹ

해설 ㄱ. [×] 제휴수익모델은 제휴 웹 사이트가 방문자를 다른 웹사이트로 보내주거나, 잠재고객들에게 필요한 웹사이트를 소개해주고 소개료 또는 고객구매금액의 일부를 받는 수익모델이다. 선지의 설명은 거래수수료형 수익모델(transaction fee revenue model)에 관한 것이다.
ㄴ. [○] 구독의 의미 자체가 일정기간 요금을 지불하고 서비스를 사용하는 것이다.
ㄷ. [○] 판매의 의미 그 자체를 잘 설명한 선지이다.
ㄹ. [×] 광고수익모델은 (광고노출에 들어가는 각종 비용을 광고주가 지불하기 때문에) 가장 많이 사용되는 전자상거래 수익모델로서, 배너나 위젯, 게임, 검색어에 맞는 광고 등을 보여주는 수익모델이다.

정답 ③

71-22 ☑☐☐☐

2016 가맹거래사

그리드 컴퓨팅(grid computing)에 관한 설명으로 옳지 않은 것은?

① 그리드 상의 모든 관련 컴퓨터의 계산능력을 결합하여 저렴한 가격으로 복잡한 연산을 수행한다.
② 할당 받은 작업을 처리용량에 여유가 있는 PC에 할당한다.
③ 지리적으로 멀리 떨어져 있는 컴퓨터들을 하나의 네트워크로 연결한다.
④ 컴퓨터 자원을 효율적으로 사용하지만 기존 컴퓨터보다는 업무 처리 속도가 느리다.
⑤ 그리드 컴퓨팅의 보편화를 위해서는 컴퓨팅 기술 표준과 보안문제가 해결되어야 한다.

해설》 그리드 컴퓨팅은 최근 활발히 연구가 진행되고 있는 분산 병렬 컴퓨팅의 한 분야로서, 원거리 통신망(WAN, Wide Area Network)으로 연결된 서로 다른 기종의(heterogeneous) 컴퓨터들을 묶어 가상의 대용량 고성능 컴퓨터를 구성하여 고도의 연산 작업(computation intensive jobs) 혹은 대용량 처리(data intensive jobs)를 수행하는 것을 일컫는다. 즉 여러 컴퓨터를 가상으로 연결해서 빠른 속도로 정보를 처리함으로써 고도의 연산작업을 쉽게 하는 것을 뜻한다.

정답 ④

71-23 ☑☐☐☐

2018 공인노무사

다음에서 설명하는 것은?

> 지리적으로 분산된 네트워크 환경에서 수많은 컴퓨터와 저장장치, 데이터 베이스 시스템 등과 같은 자원들을 고속 네트워크로 연결하여 그 자원을 공유할 수 있도록 하는 방식

① 전문가 시스템(Expert System)
② 그린 컴퓨팅(Green Computing)
③ 사물인터넷(Internet of Things)
④ 그리드 컴퓨팅(Grid Computing)
⑤ 인트라넷(Intranet)

해설》 지리적 분산, 고속 네트워크, 자원의 공유 등의 키워드가 공통적으로 가리키는 용어는 그리드 컴퓨팅(grid computing)이다.

이는 모든 컴퓨터를 하나의 초고속 네트워크(광통신)로 연결하여 계산능력을 극대화시키는 차세대 디지털 신경망 서비스를 말한다. 여러 컴퓨터를 가상으로 연결해서 공동으로 연산작업을 수행하게 하는 것이며 분산 컴퓨팅이라고도 한다.

추가해설》 ③ 사물인터넷(Internet of Things, 약어로 IoT)은 각종 사물에 센서와 통신 기능을 내장하여 인터넷에 연결하는 기술. 즉, 무선 통신을 통해 각종 사물을 연결하는 기술을 의미한다. 인터넷으로 연결된 사물들이 데이터를 주고받아 스스로 분석하고 학습한 정보를 사용자에게 제공하거나 사용자가 이를 원격 조정할 수 있는 인공지능 기술이다. 여기서 사물이란 가전제품, 모바일 장비, 웨어러블 디바이스 등 다양한 임베디드 시스템이 된다. 사물인터넷에 연결되는 사물들은 자신을 구별할 수 있는 유일한 아이피를 가지고 인터넷으로 연결되어야 하며, 외부 환경으로부터의 데이터 취득을 위해 센서를 내장할 수 있다. 모든 사물이 해킹의 대상이 될 수 있어 사물인터넷의 발달과 보안의 발달은 함께 갈 수밖에 없는 구조이다. (출처: 한국어 위키백과)

정답 ④

71-23J ☑☐☐☐

2023 군무원 5급

여러 대의 컴퓨터를 하나의 대규모 가상 컴퓨터처럼 사용하는 기술로 가장 적절한 것은?

① 클라우드 컴퓨팅(cloud computing)
② 집중 컴퓨팅(distributed computing)
③ 양자 컴퓨팅(quantum computing)
④ 그리드 컴퓨팅(grid computing)

해설》 ④ 그리드 컴퓨팅(grid computing)은 지리적으로 분산된 여러 컴퓨터와 저장장치 및 데이터베이스 등을 가상으로 연결해서 고도의 연산작업을 빠르고 쉽게 처리하는 것을 뜻한다.

추가해설》 ②는 하나의 중앙 서버 또는 데이터베이스에서 모든 처리를 수행하는 시스템이고, ③은 양자역학을 활용해 컴퓨터 과학, 물리학, 수학의 여러 측면을 종합적으로 응용하여 기존의 컴퓨터보다 빠르게 복잡한 문제를 해결하는 방식을 뜻한다.

정답 ④

71-24 ☑☐☐☐
2018 가맹거래사

지리적으로 떨어져 있는 많은 컴퓨터들을 연결해서 가상 슈퍼컴퓨터를 구축함으로써 복잡한 연산을 수행하는 방식은?

① 가상화
② 서버 컴퓨팅
③ 클라이언트 컴퓨팅
④ 그리드 컴퓨팅
⑤ 전사적 컴퓨팅

해설〉 모든 컴퓨터를 하나의 초고속 네트워크(광통신)로 연결하여 계산능력을 극대화시키는 차세대 디지털 신경망 서비스를 뜻하는 용어는 그리드 컴퓨팅(grid computing)이다.

정답 ④

71-24A ☑☐☐☐
2020 공인노무사

경영정보시스템 용어에 관한 설명으로 옳지 않은 것은?

① 비즈니스 프로세스 리엔지니어링(business process reengineering)은 새로운 방식으로 최대한의 이득을 얻기 위해 기존의 비즈니스 프로세스를 변경하는 것이다.
② 비즈니스 인텔리전스(business intelligence)는 사용자가 정보에 기반하여 보다 나은 비즈니스 의사결정을 돕기 위한 응용프로그램, 기술 및 데이터 분석 등을 포함하는 시스템이다.
③ 의사결정지원시스템(decision support system)은 컴퓨터를 이용하여 의사결정자가 효과적인 의사결정을 할 수 있도록 지원하는 시스템이다.
④ 위키스(Wikis)는 사용자들이 웹페이지 내용을 쉽게 추가·편집할 수 있는 웹사이트의 일종이다.
⑤ 자율컴퓨팅(autonomous computing)은 지리적으로 분산된 네트워크 환경에서 수많은 컴퓨터와 데이터베이스 등을 고속 네트워크로 연결하여 공유할 수 있도록 한다.

해설〉 ⑤ 이는 그리드 컴퓨팅(grid computing)에 관한 설명이다.

정답 ⑤

71-25 ☑☐☐☐
|圖♠|
2017 공인노무사

모바일 비즈니스의 특성으로 옳지 않은 것은?

① 편재성
② 접근성
③ 고정성
④ 편리성
⑤ 접속성

해설〉 편재성(ubiquity)이란 언제 어디서나 늘 정보를 얻을 수 있다는 의미이므로 모바일 비즈니스와 어울린다. 또한 접근성과 편리성 및 접속성 역시 모바일 생태계에 어울리는 단어이다. 그러나 고정성은 이동성과는 반대되는 개념으로서 모바일과는 어울리지 않는다.

정답 ③

71-26 ☑☐☐☐
2018 경영지도사

m-Business로 창출되는 서비스에 해당하지 않는 것은?

① 위치 지리정보 서비스
② 위치 확인 서비스
③ 개인 특화 서비스
④ 콘텐츠 제공 서비스
⑤ 인터넷 TV 서비스

해설〉 m-business는 스마트폰을 활용한 모바일 비즈니스이다. 따라서 스마트폰과 관련이 덜 한 것을 찾으면 된다. ⑤의 인터넷 TV는 IPTV를 의미하므로, 관련이 적다.

정답 ⑤

71-27 ☑☐☐☐
|圖♠|
2016 공인노무사

빅데이터 기술에 관한 설명으로 옳지 않은 것은?

① 관계형 데이터베이스인 NoSQL, Hbase 등을 분석에 활용한다.
② 구조화되지 않은 데이터도 분석 대상으로 한다.
③ 많은 양의 정보를 처리한다.
④ 빠르게 변화하거나 증가하는 데이터도 분석이 가능하다.
⑤ 제조업, 금융업, 유통업 등 다양한 분야에 활용된다.

요점정리 빅데이터(big data)란 대량의 정형 또는 비정형의 데이터로부터 가치를 추출하고 결과를 분석하는 기술이다. 즉 기존의 데이터 처리 기술보다 훨씬 큰 용량의 데이터를 사용하며 그 형식 역시 구조화되거나 정형화되지 않은 경우도 활용한다는 의미이다. 따라서 계속 변화하거나 증가하는 데이터도 분석 대상이 되며, 다변화된 현대 사회를 더욱 정확하게 예측하고 각각의 소비자에게 어울리는 맞춤형 정보를 제공, 관리, 분석할 수 있다는 점에서 제조업, 금융업, 유통업 등의 다양한 분야에서 널리 활용된다.

해설 ① NoSQL은 SQL(Structured Query Language), 즉 기존의 관계형 데이터베이스가 아니라는 의미로서 빅데이터 분석에 활용될 수 있다. Hbase 역시 빅데이터 분석에 활용되는 도구이다.

정답 ①

71-27F ☑☐☐☐　　　2022 가맹거래사

빅데이터에 관한 설명으로 옳지 않은 것은?

① 빅데이터는 관계형 데이터베이스에 테이블 형태로 저장된다.
② 빅데이터는 전통적인 데이터들에 비해 훨씬 많은 양과 훨씬 빠른 속도로 생성된다.
③ 빅데이터의 사용 목적은 통합된 관점에서 데이터를 분석하여 새로운 사실을 예측하는 것이다.
④ 빅데이터를 확보, 저장, 분석하는 데 많은 비용이 든다.
⑤ 빅데이터는 기존에 기업에서 관리하는 데이터 뿐만 아니라 비정형화된 데이터를 포함한다.

해설 ① 빅데이터 분석에는 기존의 관계형 데이터베이스가 아닌 NoSQL이나 Hbase 등이 주로 사용된다.

정답 ①

71-27M ☑☐☐☐　　　2024 군무원 9급

다음 중 비즈니스 인텔리전스에 관한 설명으로 가장 적절하지 않은 것은?

① 온라인 분석처리는 다차원 데이터분석을 가능하도록 해준다.
② 텍스트 마이닝은 대량의 구조화된 데이터 집합으로부터 핵심요인을 추출하고 패턴을 발견하도록 해준다.
③ 웹 마이닝은 웹 컨텐츠 마이닝, 웹 구조 마이닝, 웹 사용 마이닝으로 분류된다.
④ 데이터 마이닝을 통해 획득 가능한 정보의 유형은 연관성, 순차, 분류, 군집, 예보 등이다.

해설 ② [×] 텍스트 마이닝은 비정형 텍스트 데이터의 가치와 의미를 찾아내는 빅데이터 분석법이다.

정답 ②

71-28 ☑☐☐☐　　　2017 공인노무사

빅데이터(big data)의 기본적 특성(3v)으로 옳은 것을 모두 고른 것은?

> ㄱ. 거대한 양(volume)
> ㄴ. 모호성(vagueness)
> ㄷ. 다양한 형태(variety)
> ㄹ. 생성 속도(velocity)

① ㄱ, ㄴ　　　② ㄴ, ㄷ
③ ㄱ, ㄴ, ㄹ　　④ ㄱ, ㄷ, ㄹ
⑤ ㄴ, ㄷ, ㄹ

해설 빅데이터의 특징인 3v는 volume(정보의 양), variety(정보의 다양성), velocity(정보생성과 처리의 속도)이다. 모호함(vagueness)과는 어울리지 않는다.

정답 ④

71-28D ☑☐☐☐   2021 군무원 5급

디지털 경제의 확산에 따라 많은 관심을 받는 빅데이터 (big data)의 대표적 특징인 '3V'에 해당하지 않는 것은?

① 데이터의 생성 속도(velocity)
② 데이터 출처의 가상성(virtuality)
③ 데이터의 양(volume)
④ 데이터 형태의 다양성(variety)

해설 빅데이터(big data)는 대량의 정형 또는 비정형의 데이터로부터 가치를 추출하고 결과를 분석하는 기술이다. 빅데이터의 특징은 흔히 3V로 지칭되는데 이는 각각 volume(정보의 양), variety(정보의 다양성), velocity(정보생성과 처리의 속도)를 뜻한다. 즉 기존의 데이터 처리 기술보다 훨씬 큰 용량의 데이터를 사용하며 그 형식 역시 구조화되거나 정형화되지 않은 경우도 활용한다는 의미이다.

정답 ②

71-28J ☑☐☐☐   2023 군무원 9급

빅데이터(Big Data)의 대표적 특징인 3V에 해당하지 않는 것은?

① 변동성(Variability)   ② 규모(Volume)
③ 다양성(Variety)   ④ 속도(Velocity)

해설 빅데이터(big data)란 대량의 정형 또는 비정형의 데이터로부터 가치를 추출하고 결과를 분석하는 기술이다. 빅데이터의 특징은 흔히 3V로 지칭되는데 이는 각각 volume(정보의 양), variety(정보의 다양성), velocity(정보생성과 처리의 속도)를 뜻한다.

정답 ①

71-28M ☑☐☐☐   2024 경영지도사

빅데이터의 특징에 관한 설명으로 옳은 것을 모두 고른 것은?

> ㄱ. 수집하여 분석하는 데이터 분량이 매우 많다.
> ㄴ. ERP, SCM, MES, CRM 등의 시스템에 저장된 정형화된 데이터를 분석한다.
> ㄷ. 사진 및 동영상, 콜센터 고객상담 내용 등 비정형화된 데이터를 분석한다.
> ㄹ. 수많은 사용자 요청을 신속하게 처리하여 결과를 제시한다.

① ㄱ, ㄴ, ㄷ   ② ㄱ, ㄴ, ㄹ
③ ㄱ, ㄷ, ㄹ   ④ ㄴ, ㄷ, ㄹ
⑤ ㄱ, ㄴ, ㄷ, ㄹ

해설 ㄱ. [O] 빅데이터는 대량의 정보, 빠르게 변화하는 속도의 정보, 다양한 정보를 총칭한다. 따라서 옳다.
ㄴ. [O] 빅데이터는 다양한 경영정보시스템 내의 정형화된(통계처리가 가능한 상태로 정리·가공된) 데이터를 분석한다. 여기서 MES는 Manufacturing execution system(생산실행시스템)을 의미한다. 또한 오늘날에는 비정형 데이터를 활용하는 빅데이터 분석도 등장하고 있다. ('정형화'된 데이터라는 점이 약간 거슬리는가? 선지에서 '정형화된 데이터만 분석한다'라고 표현하였다면 이 선지는 틀린 것이지만, '정형화된 데이터를 분석한다'고 하였기에 정형·비정형 데이터 모두를 활용하여 분석할 수 있는 오늘날의 빅데이터 시스템의 특징과 본 선지가 무관하다고 말할 수는 없다.)
ㄷ. [O] 앞선 선지의 해설에서와 같이, 비정형 데이터도 빅데이터의 분석대상에 포함된다.
ㄹ. [O] 빅데이터 분석의 특징 중 하나는 속도이다. 데이터 변화의 속도를 의미하기도 하지만, 시스템의 처리속도를 의미하기도 한다.

정답 ⑤

연습문제

71-29 ☑☐☐☐
2017 경영지도사

빅데이터의 요건인 4V에 해당하지 않는 것은?

① volume   ② velocity
③ variety   ④ virtuality
⑤ value

요점정리 빅데이터 요건을 3V로 정의할 경우에는 volume(정보의 양), variety(정보의 다양성), velocity(정보생성과 처리의 속도)가 포함되며, 때로는 여기에 value(정보의 가치)와 veracity(정보의 진실성과 정확성)을 추가하여 5V로 부르기도 한다. 만약 4V라고 할 때는 value나 veracity 중 하나를 포함시키게 된다.

해설 volume, variety, velocity, value, veracity 중에 해당되지 않는 것은 virtuality가 된다.

정답 ④

71-29M ☑☐☐☐
2024 공인노무사

비정형 텍스트 데이터의 가치와 의미를 찾아내는 빅데이터 분석기법은?

① 에쓰노그라피(ethnography) 분석
② 포커스그룹(focus group) 인터뷰
③ 텍스트마이닝
④ 군집 분석
⑤ 소셜네트워크 분석

해설 ③ 텍스트 마이닝(text mining), 텍스트 데이터 마이닝(text data mining, TDM), 또는 텍스트 분석(text analytics)은 텍스트에서 고품질 정보를 추출하는 프로세스이다. 여기에는 '다양한 문서 자원에서 정보를 자동으로 추출하여 이전에 알려지지 않은 새로운 정보를 컴퓨터로 발견하는 것'이 포함된다. 문서 리소스에는 웹사이트, 서적, 이메일, 리뷰 및 기사가 포함될 수 있다. 일반적으로 통계적 패턴 학습 등을 통해 패턴과 추세를 고안함으로써 고품질 정보를 얻는다. 호토(Hoto, 2005) 등에 따르면 텍스트 마이닝에는 세 가지 다른 관점, 즉 정보 추출, 데이터 마이닝, 데이터베이스 프로세스의 지식 발견(KDD)이 존재한다. 텍스트 마이닝은 일반적으로 입력 텍스트를 구조화하는 프로세스(일반적으로 일부 파생된 언어적 특징을 추가하고 다른 기능을 제거한 후 데이터베이스에 삽입하는 것과 함께 구문 분석), 구조화된 데이터 내에서 패턴을 파생하고 최종적으로 평가 및 해석하는 프로세스를 포함한다. 텍스트 마이닝에서 '높은 품질'이란 일반적으로 관련성, 참신함, 관심도의 조합을 의미한다. 일반적인 텍스트 마이닝 작업에는 텍스트 분류, 텍스트 클러스터링, 개념/엔티티 추출, 세분화된 분류 생성, 감정 분석, 문서 요약 및 엔티티 관계 모델링(즉, 명명된 엔티티 간의 관계 학습)이 포함된다. (출처: 한국어 위키백과)

추가해설 ① Ethnography는 문화인류학에서 널리 사용되는 질적 연구방법의 하나로서, 어떤 하나의 문화를 기준으로 묶일 수 있는 민족집단에 참여하여 그들이 경험하는 일상의 의미를 생생하게 해석하는 연구방법이다.
② 표적집단면접으로도 불리는 focus group interview는 숙달된 진행자가 여러 집단을 대표하는 6~12명 규모의 참여자와 함께 특정한 문제에 대한 의견을 나누는 소규모 논의 방식이다.
④ Cluster analysis는 관측값들을 상대적으로 동질적인 속성을 가지는 집단으로 분류하는 기법이다.
⑤ Social network analysis는 네트워크와 그래프 이론을 사용하여 사회 구조를 조사하는 과정이다. 여기서는 노드(네트워크 내의 개별 행위자, 사람 또는 사물)와 이를 연결하는 연결, 가장자리 또는 링크(관계 또는 상호 작용) 측면에서 네트워크 구조를 특성화한다.

정답 ③

71-29D ☑☐☐☐
2021 가맹거래사

기업과 조직들이 중앙집중적 권한 없이 거의 즉시 네트워크에서 거래를 생성하고 확인할 수 있는 분산 데이터베이스 기술로 옳은 것은?

① 빅데이터(big data)
② 클라우드 컴퓨팅(cloud computing)
③ 블록체인(blockchain)
④ 핀테크(fintech)
⑤ 사물인터넷(internet of things)

해설 ③ 시사용어로서 알아두면 좋을 것이다. 블록체인은 분산 컴퓨팅 기술을 기반으로 한 위변조 방지 기술로서, 소규모 데이터를 블록(block)으로 불리는 분산데이터 저장소에 보관함으로써 누구도 임의로 수정하거나 변경하기 어렵게 만드는 것이다. 따라서 중앙 서버에 거래기록을 보관하는 것이 아니라 모든 사용자에게 거래 기록을 보여주며 서로 비교해 위조를 막는다.

추가해설 ④ 핀테크는 금융(finance)과 기술(technology)의 합성어이다.

정답 ③

71-30 ☑☐☐☐　　　2018 가맹거래사, 2018 군무원 군수직 변형

정보시스템을 구축할 때 최소 규모의 개발 팀을 이용하여 프로젝트를 능률적으로 신속하게 개발하는 방식은?

① 최종 사용자(end-user) 개발
② 컴포넌트 기반(component-based) 개발
③ 폭포수 모델(waterfall model) 개발
④ 웹마이닝(web mining) 개발
⑤ 애자일(agile) 개발

해설 ⑤ 애자일 개발 방법론은 계획을 통해서 주도해 나갔던 과거의 방법론과는 다르게 앞을 예측하며 개발을 하지 않고, 일정한 주기를 가지고 끊임없이 프로토 타입을 만들어내며 그때 그때 필요한 요구를 더하고 수정하여 하나의 커다란 소프트웨어를 개발해 나가는 adaptive style이라 할 수 있다.

추가해설 ① 최종 사용자 개발(end-user development, EUD)은 최종 사용자가 기술전문가의 도움 없이 정보시스템을 직접 개발하는 것을 말한다.
② 컴포넌트 기반 개발(component-based development, CBD)은 기존의 시스템이나 소프트웨어를 구성하는 컴포넌트를 조립해서 하나의 새로운 응용 프로그램을 만드는 소프트웨어 개발방법론이다. 기업들은 쇼핑바구니, 사용자 인증, 검색엔진, 카탈로그 등 상업적으로 이용 가능한 컴포넌트를 결합하여 그들의 전자상거래 응용 프로그램을 개발하는 컴포넌트 기반 개발을 사용한다.
③ 폭포수 모델(waterfall model)은 순차적인 소프트웨어 개발 프로세스(소프트웨어를 만들기 위한 프로세스)로, 개발의 흐름이 마치 폭포수처럼 지속적으로 아래로 향하는 것처럼 보이는 데서 이름이 붙여졌다. 이 폭포수 모델의 흐름은 소프트웨어 요구사항 분석 단계에서 시작하여, 소프트웨어 설계, 소프트웨어 구현, 소프트웨어 시험, 소프트웨어 통합 단계 등을 거쳐, 소프트웨어 유지보수 단계에까지 이른다.
④ 웹 마이닝(Web mining)은 웹자원으로부터 의미있는 패턴, 프로파일, 추세 등을 발견하기 위하여 데이터마이닝 기술(많은 데이터 가운데 숨겨져 있는 유용한 상관관계를 발견하여 미래에 실행 가능한 정보를 추출해 내고 의사결정에 이용하는 과정)을 응용한 것이다. 그 활용분야에는 정보필터링, 경쟁자와 특허 그리고 기술개발 등의 감시, 이용도 분석을 위한 웹 엑세스 로그의 마이닝, 브라우징(고객의 웹에서의 이동경로 탐색) 지원 등이 있다.

정답 ⑤

71-30A ☑☐☐☐　　　2018 군무원 복원

정보시스템의 개발에 대한 설명 중 옳지 않은 것은?

① 폭포수 이론은 자원을 순차적으로 배분하는 관리 방법이다.
② 애자일 이론은 반복·점진적 방식을 통해 지속적으로 요구사항 개발과 변경을 수용한다.
③ 폭포수 이론은 유연성이 높고 비용이 적게 든다.
④ 애자일 이론은 이터레이션이라는 일정 기간 단위를 반복한다.

해설 폭포수 모델(waterfall model)은 순차적인 소프트웨어 개발프로세스(소프트웨어를 만들기 위한 프로세스)로, 개발의 흐름이 마치 폭포수처럼 지속적으로 아래로 향하는 것처럼 보이는 데서 이름이 붙여졌다. 이 폭포수 모델의 흐름은 소프트웨어 요구사항 분석 단계에서 시작하여, 소프트웨어 설계, 소프트웨어 구현, 소프트웨어 시험, 소프트웨어 통합 단계 등을 거쳐, 소프트웨어 유지보수 단계에까지 이른다. <u>계획적으로 진행되므로 중간에 변경되거나 수정하기가 어렵다.</u>

반면 애자일 개발 방법론은 계획을 통해서 주도해 나갔던 과거의 방법론(예, 폭포수 방법)과는 다르게 앞을 예측하며 개발을 하지 않고, 일정한 주기(iteration)를 가지고 끊임없이 프로토 타입을 만들어내며 그때 그때 필요한 요구를 더하고 수정하여 하나의 커다란 소프트웨어를 개발해 나가는 adaptive style이라 할 수 있다.

정답 ③

71-31 ☑☐☐☐　　　2013 가맹거래사

초소형 칩에 데이터를 저장하고 무선으로 데이터를 송수신하는 기술은?

① OCR　　　　② RFID
③ LAN　　　　④ 바코드
⑤ 자기문자인식장치

해설 RFID(Radio Frequency Identification): 제품에 붙은 칩 또는 태그로서, 각종 정보를 담고 있다.

정답 ②

71-31A ☑☐☐☐
2020 가맹거래사

무선 PAN(personal area network) 기술로 휴대전화, 컴퓨터 및 다른 장치들 사이의 짧은 거리에서 신호를 전송해 주는 근거리 무선통신기술은?

① 블루투스(bluetooth)
② 와이브로(wibro)
③ 웹브라우저(web browser)
④ 텔레매틱스(telematics)
⑤ 소셜 네트워킹(social networking)

해설 블루투스(영어: Bluetooth)는 1994년에 에릭슨이 최초로 개발한 디지털 통신 기기를 위한 개인 근거리 무선 통신 산업 표준이다. ISM 대역에 포함되는 2.4~2.485GHz의 단파 UHF 전파를 이용하여 전자 장비 간의 짧은 거리의 데이터 통신 방식을 규정하는 블루투스는 개인용 컴퓨터에 이용되는 마우스, 키보드를 비롯해, 휴대전화 및 스마트폰, 태블릿, 스피커 등에서 문자 정보 및 음성 정보를 비교적 낮은 속도로 디지털 정보를 무선 통신을 통해 주고 받는 용도로 사용되고 있다.

추가해설 ② 와이브로: 무선광대역인터넷
④ 텔레매틱스: 자동차에서의 이동통신 서비스

정답 ①

71-32 ☑☐☐☐
2019 공인노무사

스마트폰에 신용카드 등의 금융정보를 담아 10~15cm의 근거리에서 결제를 가능하게 하는 무선통신기술은?

① 블루투스 (Bluetooth)
② GPS (Global Positioning System)
③ NFC (Near Field Communication)
④ IoT (Internet of Things)
⑤ 텔레매틱스 (Telematics)

해설 ① 블루투스(Bluetooth)는 1994년에 에릭슨이 최초로 개발한 디지털 통신 기기를 위한 개인 근거리 무선 통신 산업 표준이다. 개인용 컴퓨터에 이용되는 마우스, 키보드를 비롯해, 휴대전화 및 스마트폰, 태블릿, 스피커 등에서 문자 및 음성 디지털 정보를 무선 통신을 통해 주고 받는 용도로 사용되고 있다.
② GPS는 미국에서 개발하고 관리하는 위성항법 시스템으로서, 세계 어느 곳에서든지 인공위성을 이용하여 각종 위치정보(경도, 위도, 표고(해발 고도) 등)과 정확한 시간정보를 얻을 수 있다.

③ 근거리 무선 통신(近距離無線通信, 영어: Near Field Communication, NFC)은 13.56MHz의 대역을 가지며, 아주 가까운 거리의 무선 통신(교통, 티켓, 지불 등 여러 서비스)을 하기 위한 기술이다. 현재 지원되는 데이터 통신 속도는 초당 424 킬로비트다. 본 문제의 정답이다.
④ 사물인터넷(Internet of Things, 약어로 IoT)은 각종 사물에 센서와 통신 기능을 내장하여 인터넷에 연결하는 기술. 즉, 무선 통신을 통해 각종 사물을 연결하는 기술을 의미한다. 여기서 사물이란 가전제품, 모바일 장비, 웨어러블 디바이스 등을 뜻한다.
⑤ 텔레매틱스(telematics)는 무선통신과 GPS(Global Positioning system) 기술이 결합되어 자동차에서 위치 정보, 안전 운전, 오락, 금융 서비스, 예약 및 상품 구매 등의 다양한 이동통신 서비스를 제공하는 것을 뜻하며, 좀 더 넓은 의미에서 원격진료(Telemedicine)및 원격검진(Telemetry)를 포함하여 지칭하기도 한다.

정답 ③

71-32D ☑☐☐☐
2021 가맹거래사

SNS(social networking service)에 해당하지 않는 것은?

① 페이스북
② 인공지능
③ 카카오스토리
④ 트위터
⑤ 인스타그램

해설 인공지능(AI)은 컴퓨터 내의 알고리즘을 생성, 적용함으로써 인간의 지능을 모방하는 것이다. SNS와는 관련이 적다.

정답 ②

71-33 ☑☐☐☐
2010 가맹거래사

ISO가 제정한 OSI(open system interconnection) 7계층 참조모델의 계층에 해당하지 않는 것은?

① 전송 계층(transfer layer)
② 방화벽 계층(firewall layer)
③ 물리 계층(physical layer)
④ 세션 계층(session layer)
⑤ 네트워크 계층(network layer)

해설 국제표준기구(ISO)가 제정한 OSI 7계층은 컴퓨터 네트워크 프로토콜 디자인과 통신을 계층으로 나누어 설명한 것으로서, 물리 계층(계층 1), 데이터 링크 계층(계층 2), 네트워크 계층(계층 3), 전송 계층(계층 4), 세션 계층(계층 5), 표현 계층(계층 6), 응용 계층(계층 7)로 구성된다.

정답 ②

71-34 ☑☐☐☐
2017 경영지도사

사용자가 올바른 웹페이지 주소를 입력해도 가짜 웹페이지로 보내는 피싱기법은?

① 파밍(pharming)   ② 투플(tuple)
③ 패치(patch)   ④ 쿠키(cookie)
⑤ 키 로거(key logger)

요점정리▷ 피싱(phishing)은 전자우편 또는 메신저를 사용해서 신뢰할 수 있는 사람 또는 기업이 보낸 메시지인 것처럼 가장함으로써, 비밀번호 및 신용카드 정보와 같이 기밀을 요하는 정보를 부정하게 얻으려는 social engineering의 한 종류이다.

해설▷ ① 파밍은 새로운 피싱 기법 중 하나로서, 사용자가 자신의 웹 브라우저에서 정확한 웹 페이지 주소를 입력해도 가짜 웹 페이지에 접속하게 하여 개인정보를 훔치는 것을 말한다.

추가해설▷ ② 투플은 관계형 데이터베이스에서 관계(표) 내의 속성과 관계되는 값의 집합. 관계형 데이터베이스 내에서 관계는 표로 저장되는데, 표의 열이 속성이고 행이 투플이다. 투플은 비관계 파일에서의 레코드와 같은 의미이다.
③ 패치는 수정 또는 개선을 위해 컴퓨터 프로그램이나 지원 데이터를 업데이트하도록 설계된 일종의 소프트웨어이다. 즉, 일반적으로 이미 발표된 소프트웨어 제품에서 발견된 사소한 기능 개선 또는 버그나 오류 등을 수정하기 위해 개발자(개발회사)가 내놓는 업데이트 프로그램을 지칭한다.
④ 쿠키는 하이퍼 텍스트의 기록서(HTTP)의 일종으로서 인터넷 사용자가 어떠한 웹사이트를 방문할 경우 그 사이트가 사용하고 있는 서버를 통해 인터넷 사용자의 컴퓨터에 설치되는 작은 기록 정보 파일을 일컫는다.
⑤ 키 로거는 키보드를 통한 입력의 기록을 제작하는 장치를 뜻한다.

정답 ①

71-34M ☑☐☐☐
2024 가맹거래사

합법적인 웹사이트로의 요청경로를 바꾸어 가짜 웹사이트로 연결시키는 수법은?

① 피싱(phishing)
② 파밍(pharming)
③ 도스(Dos: Denial of Service)
④ 디도스(DDos: Distributed Denial of Service)
⑤ 백도어(back door program)

해설▷ 정확한 웹 주소를 입력해도 가짜 웹페이지로 이동시켜 개인정보를 획득하는 피싱의 한 종류는 파밍이다.

정답 ②

71-34D ☑☐☐☐
2021 가맹거래사

암호화(encryption)에 관한 설명으로 옳지 않은 것은?

① 암호화 기술은 디지털 정보를 저장하거나 인터넷을 통해 전송할 때 이를 보호하기 위해 사용된다.
② 공개키 암호화 방식은 공개키만으로 편리하게 사용된다.
③ 전자인증서는 전자거래에서 사용자의 신원과 전자자산의 고유성을 확립하기 위해 사용된다.
④ 암호화란 원래의 메시지를 의도된 수신자를 제외한 누군가에 의해 읽힐 수 없는 형태로 변형시키는 것이다.
⑤ 인증기관은 디지털인증서를 발급하고, 인증서의 진위와 무결성을 확인해준다.

해설▷ ② 공개키 암호화 방식에 따르면 정보의 암호화 과정에서는 공개키를 사용하지만, 이를 복호화하는 데는 비밀키가 필요하다. 즉 메시지를 암호로 바꾸는 방법과 과정은 누구에게나 공개되어 있으나, 이를 해독하기 위해서는 반드시 비밀키가 필요한 것이다.

정답 ②

71-34F ☑□□□
2022 공인노무사

특정기업의 이메일로 위장한 메일을 불특정 다수에게 발송하여 권한 없이 데이터를 획득하는 방식은?

① 파밍(pharming)
② 스니핑(sniffing)
③ 피싱(phishing)
④ 서비스 거부 공격(denial-of-service attack)
⑤ 웜(worm)

해설 ③ 피싱은 전자우편(이메일)이나 메신저를 활용하여 개인기밀정보를 부정하게 획득하는 방식으로서, 본 문제의 정답이 된다.

추가해설 파밍(①)은 정확한 웹 주소를 입력해도 가짜 웹페이지로 이동시켜 개인정보를 획득하는 방식으로서 피싱의 일종이라 할 수 있으며, 스니핑(②)은 네트워크 상에서 자신이 아닌 상대방들의 패킷 교환을 엿듣는(도청) 것이다. ④의 서비스 거부 공격은 디오에스/도스(DoS)로도 불리며, 시스템을 악의적으로 공격해 해당 시스템의 자원을 부족하게 하여 원래 의도된 용도로 사용하지 못하게 하는 공격방식으로서, 특정 서버에게 수많은 접속 시도를 만들어 다른 이용자가 정상적으로 서비스 이용을 하지 못하게 하는 경우를 포함한다. ⑤의 웜은 다른 프로그램에 감염되어 전파되는 컴퓨터 바이러스와는 달리 자체적으로 실행되면서 다른 컴퓨터에 전파가 가능한 프로그램을 뜻한다.

정답 ③

71-34J ☑□□□
2023 가맹거래사

정보 및 정보시스템 보안에 관한 설명 중 옳지 않은 것은?

① 방화벽은 네트워크에 승인되지 않은 사용자가 접근하는 것을 막는 장치이다.
② 방화벽은 하드웨어, 소프트웨어 혹은 그 두 개의 결합으로 구성된다.
③ 암호화는 텍스트나 데이터를 송신자와 수신예정자 이외의 다른 사람이 읽을 수 없는 형태로 변경하는 프로세스이다.
④ 암호화 방법은 대칭키 암호화와 공개키 암호화 방식이 있다.
⑤ 대칭키 암호화 방식은 공개키와 비밀키를 사용한다.

해설 암호화 방식에는 대칭키 방식과 공개키 방식이 있다. 대칭키 암호화 방식에서는 암호화와 복호화에 사용하는 키가 동일한 반면, 공개키 암호화 방식에서는 암호화와 복호화에 사용하는 키가 서로 다르기에 비대칭키 암호화라고도 한다. 공개키 암호화 방식에 따르면 정보의 암호화 과정에서는 공개키를 사용하지만, 이를 복호화하는 데는 비밀키가 필요하다. 즉 메시지를 암호로 바꾸는 방법과 과정은 누구에게나 공개되어 있으나, 이를 해독하기 위해서는 반드시 비밀키가 필요한 것이다.

정답 ⑤

71-35 ☑□□□
2018 공인노무사

네트워크 붕괴를 목적으로 다수의 잘못된 통신이나 서비스 요청을 특정 네트워크 또는 웹 서버에 보내는 방식을 의미하는 것은??

① 스푸핑(spoofing)
② 스니핑(sniffing)
③ 서비스 거부 공격(denial-of-service attack)
④ 신원도용(identity theft)
⑤ 피싱(phishing)

해설 ③ 서비스 거부 공격(Denial of Service attack) 또는 디오에스/도스(DoS)는 시스템을 악의적으로 공격해 해당 시스템의 자원을 부족하게 하여 원래 의도된 용도로 사용하지 못하게 하는 공격이다. 특정 서버에게 수많은 접속 시도를 만들어 다른 이용자가 정상적으로 서비스 이용을 하지 못하게 하는 경우를 포함한다.

추가해설 ① 스푸핑(Spoofing)의 사전적 의미는 '속이다'이다. 네트워크에서 스푸핑 대상은 MAC 주소, IP주소, 포트 등 네트워크 통신과 관련된 모든 것이 될 수 있고, 스푸핑은 속임을 이용한 공격을 총칭한다.
② 스니핑(Sniffing)은 '냄새를 맡다'의 어원에서 유래한 해킹 기법으로서, 네트워크 상에서 자신이 아닌 다른 상대방들의 패킷 교환을 엿듣는 것을 의미한다. 간단히 말하여 네트워크 트래픽을 도청(eavesdropping)하는 과정을 스니핑이라고 할 수 있다.
④ 신원도용(identity theft)은 다른 누군가로 가장하려고 그 사람의 주민번호, 운전면허증번호, 신용 카드번호 등 개인 핵심정보를 빼내는 범죄를 말한다.
⑤ 피싱(phishing)은 전자우편 또는 메신저를 사용해서 신뢰할 수 있는 사람 또는 기업이 보낸 메시지인 것처럼 가장함으로써, 비밀번호 및 신용카드 정보와 같이 기밀을 요하는 정보를 부정하게 얻으려는 social engineering의 한 종류이다.

정답 ③

71-36 ☑☐☐☐

2018 가맹거래사

사용자의 컴퓨터를 조정하거나 성가신 팝업 메시지들을 띄워서 컴퓨터시스템을 악성코드로 감염시켜 사용자의 돈을 갈취하는 악성 프로그램은?

① 웜
② 엑스트라넷
③ 트로이 목마
④ 스파이웨어
⑤ 랜섬웨어

해설 ⑤ 랜섬웨어(Ransomware)는 컴퓨터 시스템을 감염시켜 접근을 제한하고 일종의 몸값을 요구하는 악성 소프트웨어의 한 종류이다.

추가해설 ① 웜(worm)은 일반적인 바이러스와 달리 네트워크를 사용하여 스스로 복사본을 전파할 수 있다. 이들은 또한 자기 복제를 이용하여 네트워크를 손상시키고, 파일 등을 악의적으로 암호화한다. 일부 웜의 경우 악성 백도어 프로그램을 유포하기도 한다.

② 엑스트라넷(extranet)은 외부 조직의 승인된 사용자들에게 확장된 사설 인트라넷이다. 엑스트라넷은 인트라넷과 달리, 특정회사 내의 종업원들만 사용하는 시스템이 아니라, 오히려 해당회사 외부의 이해관계자들도 함께 사용할 수 있는 시스템을 의미한다.

③ 트로이 목마(Trojan horse)는 악성 루틴이 숨어 있는 프로그램으로, 겉보기에는 정상적인 프로그램으로 보이지만 실행하면 악성 코드를 실행한다.

④ 스파이웨어(Spyware)는 사용자의 동의 없이 설치되어 컴퓨터의 정보를 수집하고 전송하는 악성 소프트웨어로, 신용 카드와 같은 금융 정보 및 주민등록번호와 같은 신상정보, 암호를 비롯한 각종 정보를 수집한다.

정답 ⑤

71-36J ☑☐☐☐

2023 공인노무사

일반 사용자의 컴퓨터 시스템 접근을 차단한 후, 접근을 허용하는 조건으로 대가를 요구하는 악성코드는?

① 스니핑(sniffing)
② 랜섬웨어(ransomware)
③ 스팸웨어(spamware)
④ 피싱(phishing)
⑤ 파밍(pharming)

해설 ② 랜섬웨어(Ransomware)는 사용자의 컴퓨터를 장악하거나 데이터를 암호화한 다음 정상적인 작동을 위한 대가로 금품을 요구하는 유형의 악성코드다. 랜섬웨어의 가장 잘 알려진 예로는 케르베르(Cerber), 크립토락커(CryptoLocker), 워너

크라이(Wanna Cry)가 있다. (출처: 한국어 위키백과)

추가해설 ① 스니핑은 네트워크 상에서 자신이 아닌 상대방들의 패킷 교환을 엿듣는 것(도청)을 뜻한다.
③ 스팸메일을 통해 랜섬웨어가 배포될 수는 있겠다.
④ 피싱은 전자우편이나 메신저를 활용하여 개인기밀정보를 부정하게 획득하는 것이다.
⑤ 파밍은 정확한 웹 주소를 입력해도 가짜 웹페이지로 이동시켜 개인정보 획득하는 피싱의 한 종류이다.

정답 ②

71-37 ☑☐☐☐

2017 경영지도사

개인 사용자, 비즈니스 프로세스, 소프트웨어 응용프로그램을 대상으로 반복적이고 예측가능한 특정 작업들을 수행하기 위해 구축되거나 학습된 지식 베이스를 이용하는 소프트웨어 프로그램은?

① 지능형 에이전트(intelligent agent)
② 유전자 알고리즘(genetic algorithm)
③ 신경망(neural network)
④ 기계학습(machine learning)
⑤ 퍼지논리(fuzzy logic)

해설 ① 사용자의 개입 없이 주기적으로 정보를 모으거나 또는 일부 다른 서비스를 수행하는 프로그램이다. 이 문제의 정답이다.

추가해설 ② 생물의 진화를 모방한 진화 연산의 대표적인 기법으로, 실제 진화의 과정에서 많은 부분을 차용하였다.

③ 기계학습과 인지과학에서 생물학의 신경망(동물의 중추신경계중 특히 뇌)에서 영감을 얻은 통계학적 학습 알고리즘이다.

④ 머신 러닝(machine learning)으로도 불리는 인공 지능의 한 분야로, 컴퓨터가 학습할 수 있도록 하는 알고리즘과 기술을 개발하는 분야를 말한다.

⑤ 불분명한 상태, 모호한 상태를 참 혹은 거짓의 이분법 논리에서 벗어난 다양성으로 표현하는 논리 개념이다.

정답 ①

71-37F ☑☐☐☐
2022 경영지도사

네트워크 전송 중 지켜야 할 규칙과 데이터 포맷을 상세화한 표준은?

① 프로토콜(protocol)
② 패킷 교환(packet switching)
③ 토폴로지(topology)
④ 라우터(router)
⑤ 허브(hub)

해설 ① 규칙 내지는 규약을 의미하는 용어가 바로 프로토콜이다.

추가해설 ② 이는 작은 블록의 패킷으로 데이터를 나누어 전송하고 수신측에서 이를 원래의 메시지로 조립하는 전달 방식이다.
③ 이는 네트워크를 구성하는 요소들(link, node 등) 간의 연결망 또는 연결방식을 뜻한다.
④ 이는 컴퓨터 네트워크 간에 데이터 패킷을 전송하는 네트워크 장치이다.
⑤ 이는 인터넷 IP를 할당하는 장치 또는 연결망의 중심을 의미한다.

정답 ①

71-38 ☑☐☐☐
2020 가맹거래사

Web 2.0의 4가지 규정적 특징이 아닌 것은?

① 상호작용성
② 실시간 사용자 통제
③ 사회적 참여 및 정보공유
④ 사용자 생성 콘텐츠(user-generated content)
⑤ 시맨틱 검색(semantic search)

요점정리 웹 2.0(Web 2.0)이란 개방, 참여, 공유의 정신을 바탕으로 사용자가 직접 정보를 생산하여 쌍방향으로 소통하는 웹 기술을 말한다. 웹 1.0이 인터넷을 통해 일방적으로 정보를 보여주었다면, 웹 2.0은 사용자가 직접 콘텐츠를 생산하여 쌍방향으로 소통할 수 있다. 게시판, 댓글, 블로그, UCC, 지식백과 등이 있다. 단순한 웹사이트의 집합체를 웹 1.0으로 보고, 웹 애플리케이션을 제공하는 하나의 플랫폼으로의 웹 2.0은 데스크톱 컴퓨터의 응용 프로그램을 대체할 것으로 예견된다. 사용자들의 참여, 공유, 개방을 유도하여 산출물을 공유하고, 외부에 개방할 수 있도록 하는 서비스라고 할 수 있다. (출처: 한국어 위키백과)

해설 ⑤ 시맨틱 검색은 컴퓨터가 사람을 대신하여 정보를 읽고 이해하고 가공하여 새로운 정보를 창출하는 과정을 뜻한다.
추가해설 ② 웹 2.0에서는 개방, 참여, 공유를 통한 사용자 통제성의 강화가 가능하다.

정답 ⑤

71-38J ☑☐☐☐
2023 공인노무사

다음에서 설명하는 기술발전의 법칙은?

- 1965년 미국 반도체회사의 연구개발 책임자가 주장하였다.
- 마이크로프로세서의 성능은 18개월마다 2배씩 향상된다.

① 길더의 법칙
② 메칼프의 법칙
③ 무어의 법칙
④ 롱테일 법칙
⑤ 파레토 법칙

해설 ③ 무어의 법칙(Moore's law)은 인텔(Intel)의 공동창업자인 고든 무어(Gordon Moore)가 1965년 정리한 것으로서, 반도체 집적회로의 성능이 18개월마다 2배로 증가한다는 법칙을 뜻한다.

추가해설 ① 길더의 법칙은 "가장 비싼 자원을 아끼기 위한 최선의 방법은 가장 값싼 자원을 마구 쓰는 것이다"라는 조지 길더의 말에서 유래된 정보통신 법칙이다.
② 메칼프의 법칙(Metcalfe's law)은 통신망 사용자에 대한 효용성을 나타내는 망의 가치는 대체로 사용자 수의 제곱에 비례한다는 법칙이다.
④ 롱테일 법칙은 덜 중요한 다수가 전통적으로 중요하게 여겨지는 소수보다 더 큰 가치를 창출하는 현상이다. '역파레토 법칙'이라고 부르기도 한다. 파레토 법칙에서 하위 80%에 해당하는 다수의 비인기 상품을 긴 꼬리에 비유한 용어다.
⑤ 파레토 법칙은 상위 20%가 전체 생산의 80%를 해낸다는 법칙으로서, 경영학에서는 20%의 고객이 매출의 80%를 차지하거나, 20%의 재고품목이 전체 매출비중의 80%를 차지한다는 내용으로 활용되며, 경제학이나 사회학에서는 사회적 양극화 현상을 설명할 때 이 법칙을 활용하기도 한다.

정답 ③

71-38K ☑□□□

다음 중 '네트워크의 가치는 그 이용자 수의 제곱에 비례한다'는 법칙으로 가장 적절한 것은?

① 멧칼프의 법칙(Metcalfe's Law)
② 길더의 법칙(Gilder's Law)
③ 무어의 법칙(Moore's Law)
④ 황의 법칙(Hwang's Law)

해설 ① [O] 멧칼프의 법칙(Metcalfe's law)은 네트워크의 규모가 커지면 비용은 직선적으로 늘지만, 그 가치는 기하급수적으로 증가한다는 법칙이다. 미국의 쓰리콤(3com)사의 창립자면서 전기공학자인 밥 메트칼프(Bob Metcalfe)가 고안했다. 이 법칙의 이론적 근거는 특정 상품의 수요가 다른 사람들의 수요에 영향을 준다고 보는 네트워크 효과(Network Effect)다. 메트칼프는 통신 네트워크가 커지면 구축 비용은 이용자 수에 비례해 증가하지만, 네트워크의 가치는 이용자 수의 제곱에 비례해 늘어난다고 설명했다. 예를 들어 100명으로 구성된 네트워크에서 100명이 늘어나면 비용은 두 배로 늘지만, 네트워크 참여 인원은 200명의 제곱인 4만 명으로 급증한다. (출처 : 연합인포맥스(https://news.einfomax.co.kr))
② [X] 길더의 법칙(Guilder's Law)은 "가장 비싼 자원을 아끼기 위한 최선의 방법은 가장 값싼 자원을 마구 쓰는 것이다"라는 조지 길더(George Guilder)의 말에서 유래된 정보통신 법칙이다. 무어의 법칙에 따른 반도체 성능의 고성능화와 멧칼프 법칙에 따른 네트워크 규모 증가에 기인한 네트워크 가치의 폭발적 상승에 힘입어 1990년대 이후 데이터 전송능력의 비약적 성장으로 인한 IT현상을 설명해주는데 유용하다. Google이 가장 비싼 자원인 인력을 아끼기 위한 방법으로 가장 값싼 자원인 컴퓨팅 전력을 사용하는 것처럼, 현재 가장 값이 싼 자원인 컴퓨팅 전력과 광대역 통신의 성장세를 논리적으로 설명해준다. (출처: 한국어 위키백과)
③ [X] 무어의 법칙(Moore's law)은 인텔(Intel)의 공동창업자인 고든 무어(Gordon Moore)가 1965년 정리한 것으로서, 반도체 집적회로의 성능이 18개월마다 2배로 증가한다는 법칙을 뜻한다.
④ [X] 황의 법칙(Hwang's Law)은 한국의 삼성전자의 기술총괄 사장이었던 황창규(전 KT 대표이사 회장)가 제시한 이론이다. 2002년 2월 미국 샌프란시스코에서 열렸던 ISSCC(국제반도체회로 학술회의)에서 그는 '메모리 신성장론'을 발표하였는데, 무어의 법칙과 달리 메모리반도체의 집적도가 1년에 두 배씩 늘어난다는 이론이었다. 그는 이에 맞는 제품을 개발하여 이론을 입증하는데 성공하였다. 2008년에 삼성이 128GB짜리 NAND플래시 메모리를 발표하지 않음에 따라 법칙이 깨졌다. (출처: 한국어 위키백과)

정답 ①